光伏、风电项目
常用政策法规与典型案例全书

PHOTOVOLTAIC & WIND POWER PROJECTS:
LAWS, REGULATIONS,
POLICIES & TYPICAL CASES

樊　荣／编

法律出版社
LAW PRESS · CHINA
北京

图书在版编目(CIP)数据

光伏、风电项目常用政策法规与典型案例全书 / 樊荣编. -- 北京 : 法律出版社, 2023

ISBN 978-7-5197-7389-2

Ⅰ. ①光… Ⅱ. ①樊… Ⅲ. ①新能源－电力法－案例－中国 Ⅳ. ①D922.292.5

中国版本图书馆 CIP 数据核字(2022)第 242530 号

光伏、风电项目常用政策法规与典型案例全书
GUANGFU、FENGDIAN XIANGMU CHANGYONG ZHENGCE FAGUI YU DIANXING ANLI QUANSHU

樊 荣 编

责任编辑 似 玉
装帧设计 汪奇峰

出版发行 法律出版社
编辑统筹 法律应用出版分社
责任校对 朱海波
责任印制 刘晓伟
经　　销 新华书店

开本 A5
印张 42.125　　字数 1140 千
版本 2023 年 1 月第 1 版
印次 2023 年 1 月第 1 次印刷
印刷 天津嘉恒印务有限公司

地址:北京市丰台区莲花池西里 7 号(100073)
网址:www.lawpress.com.cn
投稿邮箱:info@lawpress.com.cn
举报盗版邮箱:jbwq@lawpress.com.cn
销售电话:010-83938349
客服电话:010-83938350
咨询电话:010-63939796

书号:ISBN 978-7-5197-7389-2　　定价:198.00 元

作者简介

樊　荣

新能源领域的知名法律专家，执业近20年，服务境内外各类新能源企业，在新能源项目的融资、并购、上市、合规体系搭建等领域具有丰富经验。樊荣律师带领团队在复杂多变的商业和监管环境中积累了丰富的实践经验，善于在各类复杂或新颖的交易中为投资人、新能源企业提供专业且具有可执行性的综合解决方案。樊荣律师主导、参与过多家大型国有电力企业的重大资产重组，为众多央企、境内外知名投资机构开发建设、投资并购中国境内百余个光伏电站和风电电站提供了全程法律服务，其中包括一些国家级新能源创新发展战略项目和新能源领域标志性项目。此外，樊荣律师还协助多家新能源头部企业全面识别新能源项目法律风险并搭建内部合规体系，并为多家知名企业开拓碳交易业务提供全程法律服务。

编写说明

2020年9月，国家主席习近平在第七十五届联合国大会上宣布，中国力争2030年前二氧化碳排放达到峰值，努力争取2060年前实现碳中和目标。党的二十大报告也明确指出要积极稳妥推进碳达峰碳中和；推动能源清洁低碳高效利用，推进工业、建筑、交通等领域清洁低碳转型；到2035年，广泛形成绿色生产生活方式，碳排放达峰后稳中有降，生态环境根本好转，美丽中国目标基本实现。

光伏和风力发电作为新能源领域的重要组成部分，经过十余年不断迭代、发展、改革，在"双碳"政策的指引和市场化驱动下，时至今日已经进入了高质量发展阶段。投资人、新能源企业对光伏、风力发电项目的合规性、合规体系搭建愈发重视。以此为契机，我们结合十余年新能源领域的项目经验，将较为分散的新能源政策法规加以梳理，并配以典型案例说明，以期系统、全面地呈现光伏、风电项目政策法规体系。

本书以新能源项目开发建设流程为主线，将全书分为六个部分。具体来说，第一部分梳理了光伏、风电等新能源项目须遵循的综合性规范文件。第二部分围绕新能源项目前期开发流程，梳理了与光伏、风电项目立项、选址、招投标及各项前期审查批复手续相关的政策法规。第三部分系统梳理了与光伏、风电项目建设相关的政策法规。第四部分为与新能源项目运营、电价、消纳等问题相关的政策法规梳理。第五部分梳理了读者应给予关注的其他重要规范性文件。第六部分精选了具有代表性的典型案例，从法律实务角度帮助读者分析、理解法律规范的具体含义。

在此，要特别感谢我的团队成员——安筱可、邓策、靳行、景丹妮、林漫青、刘萧嘉、刘毅、罗小琼、杨皓越，从写作之初的架构搭建，到写作过程中法律、法规的梳理及典型案例的检索，他们为这本书的出版付出了大量心血。

谨以此书献给新能源法治之路的每一位践行者。

樊　荣

2023 年 1 月 4 日

目　录

(二)项目税费

(三)资质与消纳

五、其他政策文件

六、典型案例

一、综合类

中华人民共和国电力法

（1995年12月28日第八届全国人民代表大会常务委员会第十七次会议通过　根据2009年8月27日第十一届全国人民代表大会常务委员会第十次会议《关于修改部分法律的决定》第一次修正　根据2015年4月24日第十二届全国人民代表大会常务委员会第十四次会议《关于修改〈中华人民共和国电力法〉等六部法律的决定》第二次修正　根据2018年12月29日第十三届全国人民代表大会常务委员会第七次会议《关于修改〈中华人民共和国电力法〉等四部法律的决定》第三次修正　2018年12月29日公布　中华人民共和国主席令第23号　自2018年12月29日起实施）

第一章　总　　则

第一条　为了保障和促进电力事业的发展，维护电力投资者、经营者和使用者的合法权益，保障电力安全运行，制定本法。

第二条　本法适用于中华人民共和国境内的电力建设、生产、供应和使用活动。

第三条　电力事业应当适应国民经济和社会发展的需要，适当超前发展。国家鼓励、引导国内外的经济组织和个人依法投资开发电源，兴办电力生产企业。

电力事业投资，实行谁投资、谁收益的原则。

第四条　电力设施受国家保护。

禁止任何单位和个人危害电力设施安全或者非法侵占、使用电能。

第五条 电力建设、生产、供应和使用应当依法保护环境,采用新技术,减少有害物质排放,防治污染和其他公害。

国家鼓励和支持利用可再生能源和清洁能源发电。

第六条 国务院电力管理部门负责全国电力事业的监督管理。国务院有关部门在各自的职责范围内负责电力事业的监督管理。

县级以上地方人民政府经济综合主管部门是本行政区域内的电力管理部门,负责电力事业的监督管理。县级以上地方人民政府有关部门在各自的职责范围内负责电力事业的监督管理。

第七条 电力建设企业、电力生产企业、电网经营企业依法实行自主经营、自负盈亏,并接受电力管理部门的监督。

第八条 国家帮助和扶持少数民族地区、边远地区和贫困地区发展电力事业。

第九条 国家鼓励在电力建设、生产、供应和使用过程中,采用先进的科学技术和管理方法,对在研究、开发、采用先进的科学技术和管理方法等方面作出显著成绩的单位和个人给予奖励。

第二章 电力建设

第十条 电力发展规划应当根据国民经济和社会发展的需要制定,并纳入国民经济和社会发展计划。

电力发展规划,应当体现合理利用能源、电源与电网配套发展、提高经济效益和有利于环境保护的原则。

第十一条 城市电网的建设与改造规划,应当纳入城市总体规划。城市人民政府应当按照规划,安排变电设施用地、输电线路走廊和电缆通道。

任何单位和个人不得非法占用变电设施用地、输电线路走廊和电缆通道。

第十二条 国家通过制定有关政策,支持、促进电力建设。

地方人民政府应当根据电力发展规划,因地制宜,采取多种措施开发电源,发展电力建设。

第十三条 电力投资者对其投资形成的电力,享有法定权益。并网运行的,电力投资者有优先使用权;未并网的自备电厂,电力投资者自行支配使用。

第十四条 电力建设项目应当符合电力发展规划,符合国家电力产业政策。

电力建设项目不得使用国家明令淘汰的电力设备和技术。

第十五条 输变电工程、调度通信自动化工程等电网配套工程和环境保护工程,应当与发电工程项目同时设计、同时建设、同时验收、同时投入使用。

第十六条 电力建设项目使用土地,应当依照有关法律、行政法规的规定办理;依法征收土地的,应当依法支付土地补偿费和安置补偿费,做好迁移居民的安置工作。

电力建设应当贯彻切实保护耕地、节约利用土地的原则。

地方人民政府对电力事业依法使用土地和迁移居民,应当予以支持和协助。

第十七条 地方人民政府应当支持电力企业为发电工程建设勘探水源和依法取水、用水。电力企业应当节约用水。

第三章 电力生产与电网管理

第十八条 电力生产与电网运行应当遵循安全、优质、经济的原则。

电网运行应当连续、稳定,保证供电可靠性。

第十九条 电力企业应当加强安全生产管理,坚持安全第一、预防为主的方针,建立、健全安全生产责任制度。

电力企业应当对电力设施定期进行检修和维护,保证其正常运行。

第二十条 发电燃料供应企业、运输企业和电力生产企业应当依照国务院有关规定或者合同约定供应、运输和接卸燃料。

第二十一条 电网运行实行统一调度、分级管理。任何单位和个人不得非法干预电网调度。

第二十二条 国家提倡电力生产企业与电网、电网与电网并网运行。具有独立法人资格的电力生产企业要求将生产的电力并网运行的,电网经营企业应当接受。

并网运行必须符合国家标准或者电力行业标准。

并网双方应当按照统一调度、分级管理和平等互利、协商一致的原则,签订并网协议,确定双方的权利和义务;并网双方达不成协议的,由省级以上电力管理部门协调决定。

第二十三条 电网调度管理办法,由国务院依照本法的规定制定。

第四章 电力供应与使用

第二十四条 国家对电力供应和使用,实行安全用电、节约用电、计划用电的管理原则。

电力供应与使用办法由国务院依照本法的规定制定。

第二十五条 供电企业在批准的供电营业区内向用户供电。

供电营业区的划分,应当考虑电网的结构和供电合理性等因素。一个供电营业区内只设立一个供电营业机构。

供电营业区的设立、变更,由供电企业提出申请,电力管理部门依据职责和管理权限,会同同级有关部门审查批准后,发给《电力业务许可证》。供电营业区设立、变更的具体办法,由国务院电力管理部门制定。

第二十六条 供电营业区内的供电营业机构,对本营业区内的用户有按照国家规定供电的义务;不得违反国家规定对其营业区内申请用电的单位和个人拒绝供电。

申请新装用电、临时用电、增加用电容量、变更用电和终止用电,应当依照规定的程序办理手续。

供电企业应当在其营业场所公告用电的程序、制度和收费标准,并提供用户须知资料。

第二十七条 电力供应与使用双方应当根据平等自愿、协商一致的原则，按照国务院制定的电力供应与使用办法签订供用电合同，确定双方的权利和义务。

第二十八条 供电企业应当保证供给用户的供电质量符合国家标准。对公用供电设施引起的供电质量问题，应当及时处理。

用户对供电质量有特殊要求的，供电企业应当根据其必要性和电网的可能，提供相应的电力。

第二十九条 供电企业在发电、供电系统正常的情况下，应当连续向用户供电，不得中断。因供电设施检修、依法限电或者用户违法用电等原因，需要中断供电时，供电企业应当按照国家有关规定事先通知用户。

用户对供电企业中断供电有异议的，可以向电力管理部门投诉；受理投诉的电力管理部门应当依法处理。

第三十条 因抢险救灾需要紧急供电时，供电企业必须尽速安排供电，所需供电工程费用和应付电费依照国家有关规定执行。

第三十一条 用户应当安装用电计量装置。用户使用的电力电量，以计量检定机构依法认可的用电计量装置的记录为准。

用户受电装置的设计、施工安装和运行管理，应当符合国家标准或者电力行业标准。

第三十二条 用户用电不得危害供电、用电安全和扰乱供电、用电秩序。

对危害供电、用电安全和扰乱供电、用电秩序的，供电企业有权制止。

第三十三条 供电企业应当按照国家核准的电价和用电计量装置的记录，向用户计收电费。

供电企业查电人员和抄表收费人员进入用户，进行用电安全检查或者抄表收费时，应当出示有关证件。

用户应当按照国家核准的电价和用电计量装置的记录，按时交纳电费;对供电企业查电人员和抄表收费人员依法履行职责,应当提供方便。

第三十四条 供电企业和用户应当遵守国家有关规定,采取有效措施,做好安全用电、节约用电和计划用电工作。

第五章 电价与电费

第三十五条 本法所称电价,是指电力生产企业的上网电价、电网间的互供电价、电网销售电价。

电价实行统一政策,统一定价原则,分级管理。

第三十六条 制定电价,应当合理补偿成本,合理确定收益,依法计入税金,坚持公平负担,促进电力建设。

第三十七条 上网电价实行同网同质同价。具体办法和实施步骤由国务院规定。

电力生产企业有特殊情况需另行制定上网电价的,具体办法由国务院规定。

第三十八条 跨省、自治区、直辖市电网和省级电网内的上网电价,由电力生产企业和电网经营企业协商提出方案,报国务院物价行政主管部门核准。

独立电网内的上网电价,由电力生产企业和电网经营企业协商提出方案,报有管理权的物价行政主管部门核准。

地方投资的电力生产企业所生产的电力,属于在省内各地区形成独立电网的或者自发自用的,其电价可以由省、自治区、直辖市人民政府管理。

第三十九条 跨省、自治区、直辖市电网和独立电网之间、省级电网和独立电网之间的互供电价,由双方协商提出方案,报国务院物价行政主管部门或者其授权的部门核准。

独立电网与独立电网之间的互供电价,由双方协商提出方案,报有管理权的物价行政主管部门核准。

第四十条 跨省、自治区、直辖市电网和省级电网的销售电价,由电网经营企业提出方案，报国务院物价行政主管部门或者其授权的部门核准。

独立电网的销售电价，由电网经营企业提出方案，报有管理权的物价行政主管部门核准。

第四十一条 国家实行分类电价和分时电价。分类标准和分时办法由国务院确定。

对同一电网内的同一电压等级、同一用电类别的用户，执行相同的电价标准。

第四十二条 用户用电增容收费标准，由国务院物价行政主管部门会同国务院电力管理部门制定。

第四十三条 任何单位不得超越电价管理权限制定电价。供电企业不得擅自变更电价。

第四十四条 禁止任何单位和个人在电费中加收其他费用；但是，法律、行政法规另有规定的，按照规定执行。

地方集资办电在电费中加收费用的，由省、自治区、直辖市人民政府依照国务院有关规定制定办法。

禁止供电企业在收取电费时，代收其他费用。

第四十五条 电价的管理办法，由国务院依照本法的规定制定。

第六章 农村电力建设和农业用电

第四十六条 省、自治区、直辖市人民政府应当制定农村电气化发展规划，并将其纳入当地电力发展规划及国民经济和社会发展计划。

第四十七条 国家对农村电气化实行优惠政策，对少数民族地区、边远地区和贫困地区的农村电力建设给予重点扶持。

第四十八条 国家提倡农村开发水能资源，建设中、小型水电站，促进农村电气化。

国家鼓励和支持农村利用太阳能、风能、地热能、生物质能和其他能源进行农村电源建设，增加农村电力供应。

第四十九条 县级以上地方人民政府及其经济综合主管部门在安排用电指标时，应当保证农业和农村用电的适当比例，优先保证农村排涝、抗旱和农业季节性生产用电。

电力企业应当执行前款的用电安排，不得减少农业和农村用电指标。

第五十条 农业用电价格按照保本、微利的原则确定。

农民生活用电与当地城镇居民生活用电应当逐步实行相同的电价。

第五十一条 农业和农村用电管理办法，由国务院依照本法的规定制定。

第七章 电力设施保护

第五十二条 任何单位和个人不得危害发电设施、变电设施和电力线路设施及其有关辅助设施。

在电力设施周围进行爆破及其他可能危及电力设施安全的作业的，应当按照国务院有关电力设施保护的规定，经批准并采取确保电力设施安全的措施后，方可进行作业。

第五十三条 电力管理部门应当按照国务院有关电力设施保护的规定，对电力设施保护区设立标志。

任何单位和个人不得在依法划定的电力设施保护区内修建可能危及电力设施安全的建筑物、构筑物，不得种植可能危及电力设施安全的植物，不得堆放可能危及电力设施安全的物品。

在依法划定电力设施保护区前已经种植的植物妨碍电力设施安全的，应当修剪或者砍伐。

第五十四条 任何单位和个人需要在依法划定的电力设施保护区内进行可能危及电力设施安全的作业时，应当经电力管理部门批准并采取安全措施后，方可进行作业。

第五十五条 电力设施与公用工程、绿化工程和其他工程在新建、改建或者扩建中相互妨碍时，有关单位应当按照国家有关规定协商,达成协议后方可施工。

第八章 监督检查

第五十六条 电力管理部门依法对电力企业和用户执行电力法律、行政法规的情况进行监督检查。

第五十七条 电力管理部门根据工作需要,可以配备电力监督检查人员。

电力监督检查人员应当公正廉洁,秉公执法,熟悉电力法律、法规,掌握有关电力专业技术。

第五十八条 电力监督检查人员进行监督检查时,有权向电力企业或者用户了解有关执行电力法律、行政法规的情况,查阅有关资料,并有权进入现场进行检查。

电力企业和用户对执行监督检查任务的电力监督检查人员应当提供方便。

电力监督检查人员进行监督检查时,应当出示证件。

第九章 法律责任

第五十九条 电力企业或者用户违反供用电合同,给对方造成损失的,应当依法承担赔偿责任。

电力企业违反本法第二十八条、第二十九条第一款的规定,未保证供电质量或者未事先通知用户中断供电,给用户造成损失的,应当依法承担赔偿责任。

第六十条 因电力运行事故给用户或者第三人造成损害的,电力企业应当依法承担赔偿责任。

电力运行事故由下列原因之一造成的,电力企业不承担赔偿责任:

(一)不可抗力;

(二)用户自身的过错。

因用户或者第三人的过错给电力企业或者其他用户造成损害的,

该用户或者第三人应当依法承担赔偿责任。

第六十一条 违反本法第十一条第二款的规定，非法占用变电设施用地、输电线路走廊或者电缆通道的，由县级以上地方人民政府责令限期改正；逾期不改正的，强制清除障碍。

第六十二条 违反本法第十四条规定，电力建设项目不符合电力发展规划、产业政策的，由电力管理部门责令停止建设。

违反本法第十四条规定，电力建设项目使用国家明令淘汰的电力设备和技术的，由电力管理部门责令停止使用，没收国家明令淘汰的电力设备，并处五万元以下的罚款。

第六十三条 违反本法第二十五条规定，未经许可，从事供电或者变更供电营业区的，由电力管理部门责令改正，没收违法所得，可以并处违法所得五倍以下的罚款。

第六十四条 违反本法第二十六条、第二十九条规定，拒绝供电或者中断供电的，由电力管理部门责令改正，给予警告；情节严重的，对有关主管人员和直接责任人员给予行政处分。

第六十五条 违反本法第三十二条规定，危害供电、用电安全或者扰乱供电、用电秩序的，由电力管理部门责令改正，给予警告；情节严重或者拒绝改正的，可以中止供电，可以并处五万元以下的罚款。

第六十六条 违反本法第三十三条、第四十三条、第四十四条规定，未按照国家核准的电价和用电计量装置的记录向用户计收电费、超越权限制定电价或者在电费中加收其他费用的，由物价行政主管部门给予警告，责令返还违法收取的费用，可以并处违法收取费用五倍以下的罚款；情节严重的，对有关主管人员和直接责任人员给予行政处分。

第六十七条 违反本法第四十九条第二款规定，减少农业和农村用电指标的，由电力管理部门责令改正；情节严重的，对有关主管人员和直接责任人员给予行政处分；造成损失的，责令赔偿损失。

第六十八条 违反本法第五十二条第二款和第五十四条规定，未经批准或者未采取安全措施在电力设施周围或者在依法划定的电力设施保护区内进行作业，危及电力设施安全的，由电力管理部门责令停止作业、恢复原状并赔偿损失。

第六十九条 违反本法第五十三条规定，在依法划定的电力设施保护区内修建建筑物、构筑物或者种植植物、堆放物品，危及电力设施安全的，由当地人民政府责令强制拆除、砍伐或者清除。

第七十条 有下列行为之一，应当给予治安管理处罚的，由公安机关依照治安管理处罚法的有关规定予以处罚；构成犯罪的，依法追究刑事责任：

（一）阻碍电力建设或者电力设施抢修，致使电力建设或者电力设施抢修不能正常进行的；

（二）扰乱电力生产企业、变电所、电力调度机构和供电企业的秩序，致使生产、工作和营业不能正常进行的；

（三）殴打、公然侮辱履行职务的查电人员或者抄表收费人员的；

（四）拒绝、阻碍电力监督检查人员依法执行职务的。

第七十一条 盗窃电能的，由电力管理部门责令停止违法行为，追缴电费并处应交电费五倍以下的罚款；构成犯罪的，依照刑法有关规定追究刑事责任。

第七十二条 盗窃电力设施或者以其他方法破坏电力设施，危害公共安全的，依照刑法有关规定追究刑事责任。

第七十三条 电力管理部门的工作人员滥用职权、玩忽职守、徇私舞弊，构成犯罪的，依法追究刑事责任；尚不构成犯罪的，依法给予行政处分。

第七十四条 电力企业职工违反规章制度、违章调度或者不服从调度指令，造成重大事故的，依照刑法有关规定追究刑事责任。

电力企业职工故意延误电力设施抢修或者抢险救灾供电，造成严重后果的，依照刑法有关规定追究刑事责任。

电力企业的管理人员和查电人员、抄表收费人员勒索用户、以电谋私，构成犯罪的，依法追究刑事责任；尚不构成犯罪的，依法给予行政处分。

第十章 附 则

第七十五条 本法自1996年4月1日起施行。

中华人民共和国可再生能源法

（2005年2月28日第十届全国人民代表大会常务委员会第十四次会议通过 根据2009年12月26日第十一届全国人民代表大会常务委员会第十二次会议《关于修改〈中华人民共和国可再生能源法〉的决定》修正 2009年12月26日公布 中华人民共和国主席令第23号 自2010年4月1日起实施）

第一章 总 则

第一条 为了促进可再生能源的开发利用，增加能源供应，改善能源结构，保障能源安全，保护环境，实现经济社会的可持续发展，制定本法。

第二条 本法所称可再生能源，是指风能、太阳能、水能、生物质能、地热能、海洋能等非化石能源。

水力发电对本法的适用，由国务院能源主管部门规定，报国务院批准。

通过低效率炉灶直接燃烧方式利用秸秆、薪柴、粪便等，不适用本法。

第三条 本法适用于中华人民共和国领域和管辖的其他海域。

第四条 国家将可再生能源的开发利用列为能源发展的优先领域，通过制定可再生能源开发利用总量目标和采取相应措施，推动可再生能源市场的建立和发展。

国家鼓励各种所有制经济主体参与可再生能源的开发利用，依法保护可再生能源开发利用者的合法权益。

第五条 国务院能源主管部门对全国可再生能源的开发利用实施统一管理。国务院有关部门在各自的职责范围内负责有关的可再生能源开发利用管理工作。

县级以上地方人民政府管理能源工作的部门负责本行政区域内可再生能源开发利用的管理工作。县级以上地方人民政府有关部门在各自的职责范围内负责有关的可再生能源开发利用管理工作。

第二章 资源调查与发展规划

第六条 国务院能源主管部门负责组织和协调全国可再生能源资源的调查,并会同国务院有关部门组织制定资源调查的技术规范。

国务院有关部门在各自的职责范围内负责相关可再生能源资源的调查,调查结果报国务院能源主管部门汇总。

可再生能源资源的调查结果应当公布;但是,国家规定需要保密的内容除外。

第七条 国务院能源主管部门根据全国能源需求与可再生能源资源实际状况,制定全国可再生能源开发利用中长期总量目标,报国务院批准后执行,并予公布。

国务院能源主管部门根据前款规定的总量目标和省、自治区、直辖市经济发展与可再生能源资源实际状况,会同省、自治区、直辖市人民政府确定各行政区域可再生能源开发利用中长期目标,并予公布。

第八条 国务院能源主管部门会同国务院有关部门,根据全国可再生能源开发利用中长期总量目标和可再生能源技术发展状况,编制全国可再生能源开发利用规划,报国务院批准后实施。

国务院有关部门应当制定有利于促进全国可再生能源开发利用中长期总量目标实现的相关规划。

省、自治区、直辖市人民政府管理能源工作的部门会同本级人民政府有关部门,依据全国可再生能源开发利用规划和本行政区域可再生能源开发利用中长期目标,编制本行政区域可再生能源开发利用规划，经本级人民政府批准后，报国务院能源主管部门和国家电力监管机构备案，并组织实施。

经批准的规划应当公布；但是，国家规定需要保密的内容除外。

经批准的规划需要修改的，须经原批准机关批准。

第九条 编制可再生能源开发利用规划，应当遵循因地制宜、统筹兼顾、合理布局、有序发展的原则，对风能、太阳能、水能、生物质能、地热能、海洋能等可再生能源的开发利用作出统筹安排。规划内容应当包括发展目标、主要任务、区域布局、重点项目、实施进度、配套电网建设、服务体系和保障措施等。

组织编制机关应当征求有关单位、专家和公众的意见，进行科学论证。

第三章 产业指导与技术支持

第十条 国务院能源主管部门根据全国可再生能源开发利用规划，制定、公布可再生能源产业发展指导目录。

第十一条 国务院标准化行政主管部门应当制定、公布国家可再生能源电力的并网技术标准和其他需要在全国范围内统一技术要求的有关可再生能源技术和产品的国家标准。

对前款规定的国家标准中未作规定的技术要求，国务院有关部门可以制定相关的行业标准，并报国务院标准化行政主管部门备案。

第十二条 国家将可再生能源开发利用的科学技术研究和产业化发展列为科技发展与高技术产业发展的优先领域，纳入国家科技发展规划和高技术产业发展规划，并安排资金支持可再生能源开发利用的科学技术研究、应用示范和产业化发展，促进可再生能源开发利用的技术进步，降低可再生能源产品的生产成本，提高产品质量。

国务院教育行政部门应当将可再生能源知识和技术纳入普通教育、职业教育课程。

第四章 推广与应用

第十三条 国家鼓励和支持可再生能源并网发电。

建设可再生能源并网发电项目,应当依照法律和国务院的规定取得行政许可或者报送备案。

建设应当取得行政许可的可再生能源并网发电项目,有多人申请同一项目许可的,应当依法通过招标确定被许可人。

第十四条 国家实行可再生能源发电全额保障性收购制度。

国务院能源主管部门会同国家电力监管机构和国务院财政部门,按照全国可再生能源开发利用规划,确定在规划期内应当达到的可再生能源发电量占全部发电量的比重,制定电网企业优先调度和全额收购可再生能源发电的具体办法,并由国务院能源主管部门会同国家电力监管机构在年度中督促落实。

电网企业应当与按照可再生能源开发利用规划建设,依法取得行政许可或者报送备案的可再生能源发电企业签订并网协议,全额收购其电网覆盖范围内符合并网技术标准的可再生能源并网发电项目的上网电量。发电企业有义务配合电网企业保障电网安全。

电网企业应当加强电网建设,扩大可再生能源电力配置范围,发展和应用智能电网、储能等技术,完善电网运行管理,提高吸纳可再生能源电力的能力,为可再生能源发电提供上网服务。

第十五条 国家扶持在电网未覆盖的地区建设可再生能源独立电力系统,为当地生产和生活提供电力服务。

第十六条 国家鼓励清洁、高效地开发利用生物质燃料,鼓励发展能源作物。

利用生物质资源生产的燃气和热力,符合城市燃气管网、热力管网的入网技术标准的,经营燃气管网、热力管网的企业应当接收其入网。

国家鼓励生产和利用生物液体燃料。石油销售企业应当按照国务院能源主管部门或者省级人民政府的规定,将符合国家标准的生物液体燃料纳入其燃料销售体系。

第十七条 国家鼓励单位和个人安装和使用太阳能热水系统、太阳能供热采暖和制冷系统、太阳能光伏发电系统等太阳能利用系统。

国务院建设行政主管部门会同国务院有关部门制定太阳能利用系统与建筑结合的技术经济政策和技术规范。

房地产开发企业应当根据前款规定的技术规范,在建筑物的设计和施工中,为太阳能利用提供必备条件。

对已建成的建筑物,住户可以在不影响其质量与安全的前提下安装符合技术规范和产品标准的太阳能利用系统;但是,当事人另有约定的除外。

第十八条 国家鼓励和支持农村地区的可再生能源开发利用。

县级以上地方人民政府管理能源工作的部门会同有关部门,根据当地经济社会发展、生态保护和卫生综合治理需要等实际情况,制定农村地区可再生能源发展规划,因地制宜地推广应用沼气等生物质资源转化、户用太阳能、小型风能、小型水能等技术。

县级以上人民政府应当对农村地区的可再生能源利用项目提供财政支持。

第五章 价格管理与费用补偿

第十九条 可再生能源发电项目的上网电价,由国务院价格主管部门根据不同类型可再生能源发电的特点和不同地区的情况,按照有利于促进可再生能源开发利用和经济合理的原则确定,并根据可再生能源开发利用技术的发展适时调整。上网电价应当公布。

依照本法第十三条第三款规定实行招标的可再生能源发电项目的上网电价,按照中标确定的价格执行;但是,不得高于依照前款规定确定的同类可再生能源发电项目的上网电价水平。

第二十条 电网企业依照本法第十九条规定确定的上网电价收购可再生能源电量所发生的费用,高于按照常规能源发电平均上网电价计算所发生费用之间的差额,由在全国范围对销售电量征收可再生能源电价附加补偿。

第二十一条 电网企业为收购可再生能源电量而支付的合理的接网费用以及其他合理的相关费用,可以计入电网企业输电成本,并从销售电价中回收。

第二十二条 国家投资或者补贴建设的公共可再生能源独立电力系统的销售电价,执行同一地区分类销售电价,其合理的运行和管理费用超出销售电价的部分,依照本法第二十条的规定补偿。

第二十三条 进入城市管网的可再生能源热力和燃气的价格,按照有利于促进可再生能源开发利用和经济合理的原则,根据价格管理权限确定。

第六章 经济激励与监督措施

第二十四条 国家财政设立可再生能源发展基金,资金来源包括国家财政年度安排的专项资金和依法征收的可再生能源电价附加收入等。

可再生能源发展基金用于补偿本法第二十条、第二十二条规定的差额费用,并用于支持以下事项:

(一)可再生能源开发利用的科学技术研究、标准制定和示范工程;

(二)农村、牧区的可再生能源利用项目;

(三)偏远地区和海岛可再生能源独立电力系统建设;

(四)可再生能源的资源勘查、评价和相关信息系统建设;

(五)促进可再生能源开发利用设备的本地化生产。

本法第二十一条规定的接网费用以及其他相关费用,电网企业不能通过销售电价回收的,可以申请可再生能源发展基金补助。

可再生能源发展基金征收使用管理的具体办法,由国务院财政部门会同国务院能源、价格主管部门制定。

第二十五条 对列入国家可再生能源产业发展指导目录、符合信贷条件的可再生能源开发利用项目,金融机构可以提供有财政贴息的优惠贷款。

第二十六条 国家对列入可再生能源产业发展指导目录的项目给予税收优惠。具体办法由国务院规定。

第二十七条 电力企业应当真实、完整地记载和保存可再生能源发电的有关资料,并接受电力监管机构的检查和监督。

电力监管机构进行检查时,应当依照规定的程序进行,并为被检查单位保守商业秘密和其他秘密。

第七章 法律责任

第二十八条 国务院能源主管部门和县级以上地方人民政府管理能源工作的部门和其他有关部门在可再生能源开发利用监督管理工作中,违反本法规定,有下列行为之一的,由本级人民政府或者上级人民政府有关部门责令改正,对负有责任的主管人员和其他直接责任人员依法给予行政处分;构成犯罪的,依法追究刑事责任:

(一)不依法作出行政许可决定的;

(二)发现违法行为不予查处的;

(三)有不依法履行监督管理职责的其他行为的。

第二十九条 违反本法第十四条规定,电网企业未按照规定完成收购可再生能源电量,造成可再生能源发电企业经济损失的,应当承担赔偿责任,并由国家电力监管机构责令限期改正;拒不改正的,处以可再生能源发电企业经济损失额一倍以下的罚款。

第三十条 违反本法第十六条第二款规定,经营燃气管网、热力管网的企业不准许符合入网技术标准的燃气、热力入网,造成燃气、热力生产企业经济损失的,应当承担赔偿责任,并由省级人民政府管理能源工作的部门责令限期改正;拒不改正的,处以燃气、热力生产企业经济损失额一倍以下的罚款。

第三十一条 违反本法第十六条第三款规定,石油销售企业未按照规定将符合国家标准的生物液体燃料纳入其燃料销售体系,造成生物液体燃料生产企业经济损失的,应当承担赔偿责任,并由国务院能源主管部门或者省级人民政府管理能源工作的部门责令限期改正；拒不改正的，处以生物液体燃料生产企业经济损失额一倍以下的罚款。

第八章　附　　则

第三十二条　本法中下列用语的含义：

（一）生物质能，是指利用自然界的植物、粪便以及城乡有机废物转化成的能源。

（二）可再生能源独立电力系统，是指不与电网连接的单独运行的可再生能源电力系统。

（三）能源作物，是指经专门种植，用以提供能源原料的草本和木本植物。

（四）生物液体燃料，是指利用生物质资源生产的甲醇、乙醇和生物柴油等液体燃料。

第三十三条　本法自2006年1月1日起施行。

电力监管条例

（2005年2月2日国务院第80次常务会议通过　2005年2月15日公布　国务院令第432号　自2005年5月1日起实施）

第一章　总　　则

第一条　为了加强电力监管，规范电力监管行为，完善电力监管制度，制定本条例。

第二条　电力监管的任务是维护电力市场秩序，依法保护电力投资者、经营者、使用者的合法权益和社会公共利益，保障电力系统安全稳定运行,促进电力事业健康发展。

第三条 电力监管应当依法进行,并遵循公开、公正和效率的原则。

第四条 国务院电力监管机构依照本条例和国务院有关规定,履行电力监管和行政执法职能;国务院有关部门依照有关法律、行政法规和国务院有关规定,履行相关的监管职能和行政执法职能。

第五条 任何单位和个人对违反本条例和国家有关电力监管规定的行为有权向电力监管机构和政府有关部门举报,电力监管机构和政府有关部门应当及时处理,并依照有关规定对举报有功人员给予奖励。

第二章 监管机构

第六条 国务院电力监管机构根据履行职责的需要,经国务院批准,设立派出机构。国务院电力监管机构对派出机构实行统一领导和管理。

国务院电力监管机构的派出机构在国务院电力监管机构的授权范围内,履行电力监管职责。

第七条 电力监管机构从事监管工作的人员,应当具备与电力监管工作相适应的专业知识和业务工作经验。

第八条 电力监管机构从事监管工作的人员,应当忠于职守,依法办事,公正廉洁,不得利用职务便利谋取不正当利益,不得在电力企业、电力调度交易机构兼任职务。

第九条 电力监管机构应当建立监管责任制度和监管信息公开制度。

第十条 电力监管机构及其从事监管工作的人员依法履行电力监管职责,有关单位和人员应当予以配合和协助。

第十一条 电力监管机构应当接受国务院财政、监察、审计等部门依法实施的监督。

第三章 监管职责

第十二条 国务院电力监管机构依照有关法律、行政法规和本条例的规定,在其职责范围内制定并发布电力监管规章、规则。

第十三条 电力监管机构依照有关法律和国务院有关规定,颁发和管理电力业务许可证。

第十四条 电力监管机构按照国家有关规定,对发电企业在各电力市场中所占份额的比例实施监管。

第十五条 电力监管机构对发电厂并网、电网互联以及发电厂与电网协调运行中执行有关规章、规则的情况实施监管。

第十六条 电力监管机构对电力市场向从事电力交易的主体公平、无歧视开放的情况以及输电企业公平开放电网的情况依法实施监管。

第十七条 电力监管机构对电力企业、电力调度交易机构执行电力市场运行规则的情况,以及电力调度交易机构执行电力调度规则的情况实施监管。

第十八条 电力监管机构对供电企业按照国家规定的电能质量和供电服务质量标准向用户提供供电服务的情况实施监管。

第十九条 电力监管机构具体负责电力安全监督管理工作。

国务院电力监管机构经商国务院发展改革部门、国务院安全生产监督管理部门等有关部门后,制订重大电力生产安全事故处置预案,建立重大电力生产安全事故应急处置制度。

第二十条 国务院价格主管部门、国务院电力监管机构依照法律、行政法规和国务院的规定,对电价实施监管。

第四章 监管措施

第二十一条 电力监管机构根据履行监管职责的需要,有权要求电力企业、电力调度交易机构报送与监管事项相关的文件、资料。

电力企业、电力调度交易机构应当如实提供有关文件、资料。

第二十二条 国务院电力监管机构应当建立电力监管信息系统。

电力企业、电力调度交易机构应当按照国务院电力监管机构的规定将与监管相关的信息系统接入电力监管信息系统。

第二十三条　电力监管机构有权责令电力企业、电力调度交易机构按照国家有关电力监管规章、规则的规定如实披露有关信息。

第二十四条　电力监管机构依法履行职责,可以采取下列措施,进行现场检查:

(一)进入电力企业、电力调度交易机构进行检查;

(二)询问电力企业、电力调度交易机构的工作人员,要求其对有关检查事项作出说明;

(三)查阅、复制与检查事项有关的文件、资料,对可能被转移、隐匿、损毁的文件、资料予以封存;

(四)对检查中发现的违法行为,有权当场予以纠正或者要求限期改正。

第二十五条　依法从事电力监管工作的人员在进行现场检查时,应当出示有效执法证件;未出示有效执法证件的,电力企业、电力调度交易机构有权拒绝检查。

第二十六条　发电厂与电网并网、电网与电网互联,并网双方或者互联双方达不成协议,影响电力交易正常进行的,电力监管机构应当进行协调;经协调仍不能达成协议的,由电力监管机构作出裁决。

第二十七条　电力企业发生电力生产安全事故,应当及时采取措施,防止事故扩大,并向电力监管机构和其他有关部门报告。电力监管机构接到发生重大电力生产安全事故报告后,应当按照重大电力生产安全事故处置预案,及时采取处置措施。

电力监管机构按照国家有关规定组织或者参加电力生产安全事故的调查处理。

第二十八条　电力监管机构对电力企业、电力调度交易机构违反有关电力监管的法律、行政法规或者有关电力监管规章、规则,损害社会公共利益的行为及其处理情况,可以向社会公布。

第五章　法律责任

第二十九条　电力监管机构从事监管工作的人员有下列情形之

一的，依法给予行政处分；构成犯罪的，依法追究刑事责任：

（一）违反有关法律和国务院有关规定颁发电力业务许可证的；

（二）发现未经许可擅自经营电力业务的行为，不依法进行处理的；

（三）发现违法行为或者接到对违法行为的举报后，不及时进行处理的；

（四）利用职务便利谋取不正当利益的。

电力监管机构从事监管工作的人员在电力企业、电力调度交易机构兼任职务的，由电力监管机构责令改正，没收兼职所得；拒不改正的，予以辞退或者开除。

第三十条 违反规定未取得电力业务许可证擅自经营电力业务的，由电力监管机构责令改正，没收违法所得，可以并处违法所得5倍以下的罚款；构成犯罪的，依法追究刑事责任。

第三十一条 电力企业违反本条例规定，有下列情形之一的，由电力监管机构责令改正；拒不改正的，处10万元以上100万元以下的罚款；对直接负责的主管人员和其他直接责任人员，依法给予处分；情节严重的，可以吊销电力业务许可证：

（一）不遵守电力市场运行规则的；

（二）发电厂并网、电网互联不遵守有关规章、规则的；

（三）不向从事电力交易的主体公平、无歧视开放电力市场或者不按照规定公平开放电网的。

第三十二条 供电企业未按照国家规定的电能质量和供电服务质量标准向用户提供供电服务的，由电力监管机构责令改正，给予警告；情节严重的，对直接负责的主管人员和其他直接责任人员，依法给予处分。

第三十三条 电力调度交易机构违反本条例规定，不按照电力市场运行规则组织交易的，由电力监管机构责令改正；拒不改正的，处10万元以上100万元以下的罚款；对直接负责的主管人员和其他直接责任人员，依法给予处分。

电力调度交易机构工作人员泄露电力交易内幕信息的，由电力监管机构责令改正，并依法给予处分。

第三十四条　电力企业、电力调度交易机构有下列情形之一的，由电力监管机构责令改正；拒不改正的，处5万元以上50万元以下的罚款，对直接负责的主管人员和其他直接责任人员，依法给予处分；构成犯罪的，依法追究刑事责任：

（一）拒绝或者阻碍电力监管机构及其从事监管工作的人员依法履行监管职责的；

（二）提供虚假或者隐瞒重要事实的文件、资料的；

（三）未按照国家有关电力监管规章、规则的规定披露有关信息的。

第三十五条　本条例规定的罚款和没收的违法所得，按照国家有关规定上缴国库。

第六章　附　　则

第三十六条　电力企业应当按照国务院价格主管部门、财政部门的有关规定缴纳电力监管费。

第三十七条　本条例自2005年5月1日起施行。

光伏电站开发建设管理办法

（2022年11月30日公布　国能发新能规〔2022〕104号
自2022年11月30日起实施）

第一章　总　　则

第一条　为规范光伏电站开发建设管理，保障光伏电站和电力系统清洁低碳、安全高效运行，促进光伏发电行业持续健康高质量发展，根据《中华人民共和国可再生能源法》《中华人民共和国电力法》《企业投资项目核准和备案管理条例》《电力监管条例》《国务院关于促进光伏产业健康发展的若干意见》《国务院办公厅转发国家发展改革委国家能源局关于促进新时代新能源高质量发展实施方案的通知》等有关规定,制定本办法。

第二条 本办法适用于集中式光伏电站的行业管理、年度开发建设方案、项目建设管理、电网接入管理、运行监测等。分布式光伏发电管理另行规定。

第三条 国家能源局负责全国光伏电站开发建设和运行的监督管理工作。省级能源主管部门在国家能源局指导下,负责本省(区、市)光伏电站开发建设和运行的监督管理工作。国家能源局派出机构负责所辖区域内光伏电站的国家规划与政策执行、资质许可、公平接网、电力消纳等方面的监管工作。电网企业承担光伏电站并网条件的落实或认定、电网接入、调度能力优化、电量收购等工作,配合各级能源主管部门分析测算电网消纳能力与接入送出条件。有关方面按照国家法律法规和部门职责等规定做好光伏电站的安全生产监督管理工作。

第二章 行业管理

第四条 国家能源局编制全国可再生能源发展规划,确定全国光伏电站开发建设的总体目标和重大布局,并结合发展实际与需要适时调整。

第五条 国家能源局依托国家可再生能源发电项目信息管理平台组织开展并网在运光伏电站项目的建档立卡工作。建档立卡的内容主要包括项目名称、建设地点、项目业主、装机容量、并网时间、项目运行状态等信息。每个建档立卡的光伏电站项目由系统自动生成项目编码,作为项目全生命周期的唯一身份识别代码。

第六条 国家能源局加强对光伏电站项目开发建设及运行的全过程监测,规范市场开发秩序,优化发展环境,根据光伏电站发展的实际情况及时完善行业政策、规范和标准等，并会同有关部门深化“放管服”改革，完善相关支持政策。

第三章　年度开发建设方案

第七条　省级能源主管部门负责做好本省（区、市）可再生能源发展规划与国家能源、可再生能源、电力等发展规划和重大布局的衔接，根据本省（区、市）可再生能源发展规划、非水电可再生能源电力消纳责任权重以及电网接入与消纳条件等，制定光伏电站年度开发建设方案。涉及跨省跨区外送消纳的光伏电站，相关送受端省（区、市）能源主管部门在制定可再生能源发展规划、年度开发建设方案时应充分做好衔接。

第八条　省级能源主管部门制定的光伏电站年度开发建设方案可包括项目清单、开工建设与投产时间、建设要求、保障措施等内容，其中项目清单可视发展需要并结合本地实际分类确定为保障性并网项目和市场化并网项目。各地可结合实际，一次性或分批确定项目清单，并及时向社会公布相关情况。纳入光伏电站年度开发建设方案的项目，电网企业应及时办理电网接入手续。鼓励各级能源主管部门采用建立项目库的管理方式，做好光伏电站项目储备。

第九条　保障性并网项目原则上由省级能源主管部门通过竞争性配置方式确定。市场化并网项目按照国家和各省（区、市）有关规定确定，电网企业应配合省级能源主管部门对市场化并网项目通过自建、合建共享或购买服务等市场化方式落实的并网条件予以认定。

第十条　各省（区、市）光伏电站年度开发建设方案和竞争性配置项目办法应及时向国家能源局报备，并抄送当地国家能源局派出机构。各级能源主管部门要优化营商环境，规范开发建设秩序，不得将强制配套产业或投资、违规收取项目保证金等作为项目开发建设的门槛。

第四章　项目建设管理

第十一条　光伏电站项目建设前应做好规划选址、资源测评、建设条件论证、市场需求分析等各项准备工作，重点落实光伏电站项目的接网消纳条件，符合用地用海和河湖管理、生态环保等有关要求。

第十二条 按照国务院投资项目管理规定，光伏电站项目实行备案管理。各省（区、市）可制定本省（区、市）光伏电站项目备案管理办法，明确备案机关及其权限等，并向社会公布。备案机关及其工作人员应当依法对项目进行备案，不得擅自增减审查条件，不得超出办理时限。备案机关及有关部门应当加强对光伏电站的事中事后监管。

第十三条 光伏电站完成项目备案后，项目单位应抓紧落实各项建设条件。已经完成备案并纳入年度开发建设方案的项目，在办理完成相关法律法规要求的各项建设手续后应及时开工建设，并会同电网企业做好与配套电力送出工程的衔接。

第十四条 光伏电站项目备案容量原则上为交流侧容量（即逆变器额定输出功率之和）。项目单位应按照备案信息进行建设，不得自行变更项目备案信息的重要事项。项目备案后，项目法人发生变化，项目建设地点、规模、内容发生重大变更，或者放弃项目建设的，项目单位应当及时告知备案机关并修改相关信息。各省级能源主管部门和备案机关可视需要组织核查备案后 2 年内未开工建设或者未办理任何其他手续的项目，及时废止确实不具备建设条件的项目。

第五章　电网接入管理

第十五条 光伏电站配套电力送出工程（含汇集站，下同）建设应与光伏电站建设相协调。光伏电站项目单位负责投资建设项目场址内集电线路和升压站（开关站）工程，原则上电网企业负责投资建设项目场址外配套电力送出工程。各省级能源主管部门负责做好协调工作。

第十六条 电网企业应根据国家确定的光伏电站开发建设总体目标和重大布局、各地区可再生能源发展规划和年度开发建设方案，结合光伏电站发展需要，及时优化电网规划建设方案和投资计划安排，统筹开展光伏电站配套电网建设和改造，鼓励采用智能电网等先进技术,提高电力系统接纳光伏发电的能力。

第十七条 光伏电站项目接入系统设计工作一般应在电源项目本体可行性研究阶段开展,在纳入年度开发建设方案后 20 个工作日内向电网企业提交接入系统设计方案报告。电网企业应按照积极服务、简捷高效的原则,建立和完善光伏电站项目接网审核和服务程序。项目单位提交接入系统设计报告评审申请后,电网企业应按照电网公平开放的有关要求在规定时间内出具书面回复意见,对于确实不具备接入条件的项目应书面说明原因。鼓励电网企业推广新能源云等信息平台,提供项目可用接入点、可接入容量、技术规范等信息,实现接网全流程线上办理,提高接网申请审核效率。

第十八条 500 千伏及以上的光伏电站配套电力送出工程,由项目所在地省(区、市)能源主管部门上报国家能源局,履行纳入规划程序;500 千伏以下的光伏电站配套电力送出工程经项目所在地省(区、市)能源主管部门会同电网企业审核确认后自动纳入相应电力规划。

第十九条 电网企业应改进完善内部审批流程,合理安排建设时序,加强网源协调发展,建立网源沟通机制,提高光伏电站配套电力送出工程相关工作的效率,衔接好网源建设进度,确保配套电力送出工程与光伏电站项目建设的进度相匹配,满足相应并网条件后"能并尽并"。光伏电站并网后,电网企业应及时掌握情况并按月报送相关信息。

第二十条 电网企业建设确有困难或规划建设时序不匹配的光伏电站配套电力送出工程,允许光伏电站项目单位投资建设。光伏电站项目单位建设配套送出工程应充分进行论证,并完全自愿,可以多家企业联合建设,也可以一家企业建设,多家企业共享。光伏电站项目单位建设的配套电力送出工程,经电网企业与光伏电站项目单位双方协商同意,可由电网企业依法依规进行回购。

第二十一条 光伏电站项目应符合国家有关光伏电站接入电网的技术标准规范等有关要求,科学合理确定容配比,交流侧容量不得大于备案容量或年度开发建设方案确定的规模。涉网设备必须通过经国家认可的检测认证机构检测认证,经检测认证合格的设备,电网企业非必要不得要求重复检测。项目单位要认真做好涉网设备管理,不得擅自停运和调整参数。

第二十二条 项目主体工程和配套电力送出工程完工后,项目单位应及时组织项目竣工验收。项目单位提交并网运行申请书后,电网企业应按国家有关技术标准规范和管理规定,在规定时间内配合开展光伏电站涉网设备和电力送出工程的并网调试、竣工验收,并参照《新能源场站并网调度协议示范文本》《购售电合同示范文本》与项目单位签订并网调度协议和购售电合同。对于符合条件且自愿参与市场化交易的光伏电站,项目单位按照相关电力市场规则要求执行。

第二十三条 除国家能源局规定的豁免情形外,光伏电站项目应当在并网后 6 个月内取得电力业务许可证,国家能源局派出机构按规定公开行政许可信息。电网企业不得允许并网后 6 个月内未取得电力业务许可证的光伏电站项目发电上网。

第二十四条 电网企业应采取系统性技术措施,合理安排电网运行方式,完善光伏电站并网运行的调度技术体系,按照有关规定保障光伏电站安全高效并网运行。光伏电站项目单位应加强运行维护管理,积极配合电网企业的并网运行调度管理。

第六章 运行监测

第二十五条 光伏电站项目单位负责电站建设和运营,是光伏电站的安全生产责任主体,必须贯彻执行国家及行业安全生产管理规定,依法加强光伏电站建设运营全过程的安全生产管理,并加大对安全生产的投入保障力度,改善安全生产条件,提高安全生产水平,确保安全生产。

第二十六条 国家能源局负责全国光伏电站工程的安全监管(包括施工安全监管、质量监督管理及运行监管),国家能源局派出机构依职责承担所辖区域内光伏电站工程的安全监管,地方政府电力管理等部门依据法律法规和相关规定落实“管行业必须管安全、管业务必须管安全、管生产经营必须管安全”的相关工作。光伏电站建设、调试、运行和维护过程中发生电力事故、电力安全事件和信息安全事件时，项目单位和有关参建单位应按相关规定要求及时向有关部门报告。

第二十七条 国家能源局依托国家可再生能源发电项目信息管理平台和全国新能源电力消纳监测预警平台开展光伏电站项目全过程信息监测。省级能源主管部门应督促项目单位按照有关要求，及时在国家可再生能源发电项目信息管理平台和全国新能源电力消纳监测预警平台报送相关信息，填写、更新项目建档立卡内容。

第二十八条 电网企业要会同全国新能源消纳监测预警中心及时公布各省级区域并网消纳情况及预测分析，引导理性投资、有序建设。对项目单位反映的有关问题，省级能源主管部门要会同电网企业等有关单位及时协调、督导和纠正。

第二十九条 鼓励光伏电站开展改造升级工作，应用先进、高效、安全的技术和设备。光伏电站的拆除、设备回收与再利用，应符合国家资源回收利用和生态环境、安全生产等相关法律法规与政策要求，不得造成环境污染破坏与安全事故事件，鼓励项目单位为设备回收与再利用创造便利条件。

第三十条 各省级能源主管部门可根据本办法，制定适应本省（区、市）实际的具体管理办法。

第七章 附 则

第三十一条 本办法由国家能源局负责解释。

第三十二条 本办法自发布之日起施行，有效期5年。《光伏电站项目管理暂行办法》（国能新能〔2013〕329号）同时废止。

国家能源局关于进一步加强光伏电站建设与运行管理工作的通知

（2014年10月9日公布 国能新能〔2014〕445号
自2014年10月9日起实施）

各省（区、市）发展改革委（能源局）、新疆生产建设兵团发展改革委，各派出机构，国家电网公司、南方电网公司、内蒙古电力（集团）公司，中国华能集团公司、中国大唐集团公司、中国华电集团公司、中国国电集团公司、中国电力投资集团公司、神华集团公司、国家开发投资公司、中国节能环保集团公司、中国广核集团有限公司，水电水利规划设计总院、电力规划设计总院：

2013年以来，光伏电站建设规模显著扩大，为我国光伏产业持续健康发展提供了有力的市场支撑，但部分地区光伏电站与配套电网建设不同步、项目管理不规范、标准和质量管理薄弱的问题也很突出。为进一步规范光伏电站建设和运行管理，提高光伏电站利用效率，保障光伏发电有序健康发展，现将有关要求通知如下：

一、高度认识有序推进光伏电站建设的重要性。光伏发电是我国重要的战略性新兴产业，有序推进光伏电站建设对光伏技术进步、产业升级、优化能源结构和防治大气污染具有重大战略意义。各地区要按照能源生产和消费革命的总要求以及能源、经济和社会效益相统一的原则，把光伏发电作为控制能源消费总量、保护生态环境的重要措施，创新发展方式，完善政策体系和管理机制，推动光伏电站健康有序发展。

二、加强光伏电站规划管理工作。国家能源局根据国家可再生能源开发利用中长期总量目标，结合电力发展规划和电力市场消纳情况,在组织各地区对光伏电站建设条件进行研究论证基础上,统筹制定全国光伏电站建设规划,并建立光伏电站建设规划实施和滚动调整机制。各省级能源主管部门根据全国光伏电站建设规划有关要求,结合本地区电力市场及电网规划、建设和运行等情况,商国家能源局派出机构编制本地区光伏电站建设规划和年度实施计划建议,按有关管理要求上报国家能源局。规划内容应包括发展目标、主要任务、区域布局、重点项目、实施步骤、配套电网建设和保障措施等。年度实施计划建议应包括拟建项目布局和规模、电网接入及市场消纳条件。

三、统筹推进大型光伏电站基地建设。国家能源局组织有关省级能源主管部门,选择太阳能资源丰富、未利用土地面积大、电网送出条件好的地区,编制大型光伏电站基地建设规划。鼓励结合调节性能好的水电站、外送电源基地等规划建设大型光伏电站(群)。国家能源局根据大型光伏电站基地建设规划及电力送出等建设条件落实情况,适时将其纳入年度实施计划或在计划调整时增加相应建设规模。大型光伏电站基地要起到引领技术进步、促进产业升级、推动光伏发电成本下降的作用。

四、创新光伏电站建设和利用方式。各地区要加强对荒漠化土地、荒山荒地、滩涂、废弃物堆放场、废弃矿区以及各类未利用土地资源的调查,鼓励建设与生态治理、废弃或污染土地治理或者贫困县扶贫工作相结合的光伏电站项目,鼓励建设与现代设施农业、养殖业以及智能电网、区域多能互补清洁能源示范区相结合的光伏电站。优先支持有关省(区、市)建设以推动光伏技术进步、集成技术应用和光伏发电价格下降的示范工程以及新能源示范省(区、市)、新能源示范城市、绿色能源县建设规划中的光伏电站项目。

五、以年度规模管理引导光伏电站与配套电网协调建设。国家能源局于第四季度组织编制下年度光伏电站建设年度实施计划,各省级能源主管部门应在国家能源局下达光伏电站年度指导规模一个月内,明确各光伏电站项目的容量及投资主体,并与电网企业衔接电力送出工程,商国家能源局派出机构形成年度实施计划并报送国家能源局,同时抄送国家能源局派出机构。在省级能源主管部门确定年度实施计划后，发电企业要及时开展项目接入系统设计，电网企业要及时确定接入系统方案，出具项目接网意见并开展配套送出工程可行性研究。在项目备案后，电网企业与发电企业按接网协议约定开展工程建设。电网企业要简化内部审批程序，缩短企业内部决策流程，对一般性的光伏电站项目由省级或以下电网企业办理相关手续。

六、规范光伏电站资源配置和项目管理。各省级能源主管部门应按照《光伏电站项目管理暂行办法》等要求，明确光伏电站项目备案条件及流程，并尽可能减少项目备案前置性条件。各地区要科学安排项目布局和建设规模，鼓励采取招标、竞争性比选等方式选择技术经济指标先进、市场消纳条件好以及采用新技术新产品的项目，取得备案的项目在规定时限内未开工，省级及以下能源主管部门可用其他等容量的项目替代。禁止买卖项目备案文件及相关权益，已办理备案手续的光伏电站项目，如果投资主体发生重大变化，应当重新备案。

七、加强电网接入和并网运行管理。各级电网企业应按照国家能源局和省级能源主管部门的要求，研究光伏电站的电力送出和市场消纳方案。根据所在地区光伏电站年度实施计划，及时落实项目接网条件，在规定时限内出具电网接入意见、审核接入系统设计方案、安排配套电网建设。电网企业应采取智能化运行调度技术和管理措施，统筹系统内火电、水电等调峰电源与光伏电站的配置和协调运行，深入挖掘系统调峰潜力，确保符合规划和技术标准的光伏电站的电力优先上网和全额保障性收购。电网企业应按有关规定对外公开与光伏电站并网运行相关的调度信息。

八、创新光伏电站金融产品和服务。鼓励银行、保险、投资银行等金融机构结合光伏电站的特点和融资需求，对光伏电站提供优惠贷款，简化贷款管理流程，采取灵活的贷款担保方式，实行以项目售电收费权为质押的贷款机制。鼓励银行等金融机构与地方政府合作建立融资服务平台，与光伏电站投资企业建设银企战略合作关系，探索对有效益、有市场、有订单、有信誉的“四有企业”实行封闭贷款。统筹国家支持光伏发电政策、国家扶贫政策和地方支持政策，支持具有扶贫性质的光伏电站项目建设。鼓励各类投资银行、基金、保险、信托等金融机构探索建立健全光伏发电投资基金，开发各种金融产品，推动光伏电站资产证券化。

九、加强工程建设质量管理。并网运行的光伏电站项目须采用经国家认监委批准的认证机构认证的光伏电池组件、逆变器等关键设备。项目单位进行设备采购招标时，应明确要求采用获得认证且达到国家规定指标的产品。光伏电池组件供货厂商应提供与检测认证相一致的电池片、银浆、封装材料、玻璃、背板、接线盒、连接器等关键部件和原辅材料来源、规格和等级信息。光伏电站工程设计和建设单位应严格执行国家标准(含行业标准)和工程规范，项目单位应按照有关管理规定进行工程项目竣工验收，并将竣工验收报告报送省级能源主管部门、国家能源局派出机构，抄报国家光伏发电技术管理归口单位，竣工验收报告是项目列入国家可再生能源发展基金补贴目录的前提条件。国家能源局会同国务院相关部门适时组织光伏电站工程质量检查，并将检查结果以适当方式对外公布。

十、加强光伏电站建设运行监管工作。国家能源局派出机构会同各省级能源主管部门等加强对光伏电站项目的事中事后监管。对年度实施计划中的光伏电站项目，督促协调电网企业及时落实接网条件并按规定时限审核接入系统设计，出具接网意见。加强对年度实施计划项目前期工作和建设进度的监测，对影响年度实施计划完成的项目要及时查明原因，并提出整改意见。对光伏电站设计和工程建设执行国家标准(含行业标准)规范和竣工验收情况进行监督检查。对并网运行项目的全额上网情况进行监管，对未能全额上网的，要查明原因，认定责任，督促相关方限期改正，并将情况上报国家能源局。国家能源局派出机构按半年、全年向国家能源局上报专项监管报告。监管报告应包括年度计划执行情况、光伏电站并网运行及限电情况、电费结算及补贴拨付情况等，并对下半年计划调整或下年度实施计划的制度提出意见。国家能源局及派出机构对各地区光伏电站备案和建设进度监测，对进展迟缓的省（区、市），在确认其不能完成年度规模时，将不能完成部分的规模指标调剂到有能力完成的地区。

十一、加强监测及信息统计和披露。各级能源主管部门和国家能源局派出机构要加强光伏电站项目备案、工程建设、并网运行及电费结算等信息统计及对外发布等产业发展监测工作。各省级及以下地方能源主管部门按照《国家能源局关于印发加强光伏产业信息监测工作方案的通知》（国能新能〔2014〕113 号）和《国家能源局综合司关于加强光伏发电项目信息统计及报送工作的通知》（国能综新能〔2014〕389 号）等文件的有关要求，按月在国家光伏发电信息管理系统填报信息，每年 1 月 30 日前向国家能源局上报上年度总结报告，7 月 15 日前上报年度实施计划上半年进展报告，同时抄送国家能源局派出机构，报告内容包括各项目备案、开工时间、建设进度安排、电力送出工程建设情况等，国家能源局按季度发布光伏电站建设和运行信息。国家能源局会同有关部门加强光伏电站建设运行相关信息监测统计和对外公开工作，并将年度实施计划的完成情况、弃光限电等信息作为制定光伏电站建设规划、下年度年度实施计划的重要依据。对弃光限电较严重的地区，暂停下达该地区下年度新增建设规模指标。

光伏扶贫电站管理办法

（2018 年 3 月 26 日公布　国能发新能〔2018〕29 号
自 2018 年 3 月 26 日起实施）

第一条　光伏扶贫是资产收益扶贫的有效方式，是产业扶贫的有效途径。为规范光伏扶贫电站建设运行管理，保障光伏扶贫实施效果，根据《中共中央国务院关于打赢脱贫攻坚战的决定》（中发〔2015〕34 号）和《关于实施光伏发电扶贫工作的意见》（发改能源〔2016〕621

号),制定本办法。

第二条 光伏扶贫电站是以扶贫为目的,在具备光伏扶贫实施条件的地区,利用政府性资金投资建设的光伏电站,其产权归村集体所有,全部收益用于扶贫。

第三条 本办法适用于国家"十三五"光伏扶贫电站项目。

第四条 光伏扶贫对象为列入国家光伏扶贫实施范围的建档立卡贫困村的建档立卡贫困户,优先扶持深度贫困地区和弱劳动能力贫困人口。

第五条 光伏扶贫电站原则上应在建档立卡贫困村按照村级电站方式建设。根据当地实际情况,确有必要并经充分论证可以联建方式建设村级电站。

第六条 光伏扶贫电站由各地根据财力可能筹措资金建设,包括各级财政资金以及东西协作、定点帮扶和社会捐赠资金。光伏扶贫电站不得负债建设,企业不得投资入股。

第七条 村级扶贫电站规模根据帮扶的贫困户数量按户均5千瓦左右配置,最大不超过7千瓦,单个电站规模原则上不超过300千瓦,具备就近接入和消纳条件的可放宽至500千瓦。村级联建电站外送线路电压等级不超过10千伏,建设规模不超过6000千瓦。

第八条 光伏扶贫电站由县级政府按照"规划、设计、施工、验收、运维"五统一的原则实施,运用市场化方式委托专业机构负责光伏扶贫电站的建设、运行和维护。电站建设应符合国家相关规程规范和技术要求,确保质量与安全。光伏组件、逆变器等主要设备应采用国家资质检测认证机构认证的产品,鼓励采用达到"领跑者"技术指标的先进技术。鼓励采用设计施工采购(EPC)总承包方式统一开展县域内村级电站建设。

第九条 县级政府负责落实村级扶贫电站的建设场址和用地,场址土地不得属于征收土地使用税、耕地占用税的范围,不得占用基本农田,并符合《国土资源部 国务院扶贫办 国家能源局关于支持光伏扶贫和规范光伏发电产业用地的意见》(国土资规〔2017〕8号)

规定。

电网公司负责建设配套接入电网工程,将光伏扶贫电站接网工程优先纳入电网改造升级计划,确保村级扶贫电站和接入电网工程同步建成投产。

第十条 省级政府能源、扶贫主管部门根据光伏扶贫政策要求组织对各县级光伏扶贫电站进行验收和评估,并将验收和评估情况形成书面报告报送国家能源局和国务院扶贫办。国家能源局会同国务院扶贫办对光伏扶贫电站验收和评估情况进行监督检查。

第十一条 电网公司保障光伏扶贫项目优先调度与全额消纳。

第十二条 光伏扶贫电站不参与竞价,执行国家制定的光伏扶贫价格政策。

第十三条 光伏扶贫电站优先纳入可再生能源补助目录,补助资金优先发放,原则上年度补助资金于次年1季度前发放到位。

第十四条 光伏扶贫电站收益分配与使用管理,按国务院扶贫办《村级光伏扶贫电站收益分配管理办法》(国开办〔2017〕61号)执行。

第十五条 光伏扶贫电站实行目录管理。国家能源局会同国务院扶贫办按建档立卡贫困村代码,对光伏扶贫电站统一编码、建立目录。纳入目录的,享受光伏扶贫电站政策。光伏扶贫电站有关信息统一纳入国家可再生能源信息管理平台。

第十六条 光伏扶贫电站项目计划下达后,对于一年内未开工建设、验收不合格且未按期整改的项目撤回计划,并给予通报。

第十七条 国家能源局、国务院扶贫办负责组织协调光伏扶贫重大问题,会同相关部门审核各省光伏扶贫实施方案,下达项目计划,对各省光伏扶贫实施工作进行指导监督。国务院扶贫办负责扶贫对象的识别认定和扶贫收益分配的管理监督。省级政府能源、扶贫主管部门负责本省光伏扶贫工作的统筹协调和管理监督,审核县级政府申报的扶贫实施方案和光伏扶贫补助目录,编制本省光伏扶贫实施方案并上报项目计划,出台本省光伏扶贫管理实施细则,组织本省光伏扶贫电站的验收和评估,保障本省光伏扶贫电站财政补助资金及时拨付和收益合理分配。县级政府负责落实光伏扶贫电站各项建设条件，编制本县光伏扶贫实施方案，申报光伏扶贫补助目录，组织实施光伏电站建设与运维，做好光伏扶贫收益分配。

第十八条 鼓励光伏企业积极履行社会责任，采取农光、牧光、渔光等复合方式，以市场化收益支持扶贫。

第十九条 本办法发布前已纳入国家光伏扶贫计划且已建成的集中式电站，按本办法执行。省级政府能源、扶贫主管部门应根据本办法制定本省光伏扶贫实施细则。

第二十条 本办法由国家能源局会同国务院扶贫办负责解释，自发布之日起施行。

风电开发建设管理暂行办法

（2011年8月25日公布　国能新能〔2011〕285号
自2011年8月25日起实施）

第一章　总　　则

第一条 为加强风能资源开发管理，规范风电项目建设，促进风电有序健康发展，根据《中华人民共和国行政许可法》、《中华人民共和国可再生能源法》和《企业投资项目核准暂行办法》，制定本办法。

第二条 风电开发建设管理包括风电场工程的建设规划、项目前期工作、项目核准、竣工验收、运行监督等环节的行政组织管理和技术质量管理。

第三条 国务院能源主管部门负责全国风电开发建设管理。各省（区、市）政府能源主管部门在国务院能源主管部门的指导和组织下，按照国家有关规定负责本地区风电开发建设管理。委托国家风电建设技术归口管理单位承担全国风电技术质量管理。

第四条 本办法适用于国务院投资主管部门和省级政府投资主管部门核准的所有风电项目。海上风电开发建设还应符合《海上风电开发建设管理暂行办法》(国能新能〔2010〕29号)的要求。

第二章 建设规划

第五条 风电场工程建设规划是风电场工程项目建设的基本依据,要坚持"统筹规划、有序开发、分步实施、协调发展"的方针,协调好风电开发与环境保护、土地及海域利用、军事设施保护、电网建设及运行的关系。

第六条 国务院能源主管部门负责全国风电场工程建设规划(含百万千瓦级、千万千瓦级风电基地规划)的编制和实施工作,在进行风能资源评价、风电市场消纳、土地及海域使用、环境保护等建设条件论证的基础上,确定全国风电建设规模和区域布局。

第七条 省级政府能源主管部门根据全国风电场工程建设规划要求,在落实项目风能资源、项目场址和电网接入等条件的基础上,综合项目建设的经济效益和社会效益,按照有关技术规范要求组织编制本地区的风电场工程建设规划与年度开发计划,报国务院能源主管部门备案,并抄送国家风电建设技术归口管理单位。

第八条 风电建设技术归口管理单位综合考虑风能资源、能源需求和技术进步等因素,负责对各省(区、市)风电场工程建设规划与年度开发计划进行技术经济评价。

第九条 国务院能源主管部门依法对地方规划进行备案管理,各省(区、市)风电场工程年度开发计划内的项目经国务院能源主管部门备案后,方可享受国家可再生能源发展基金的电价补贴。

第十条 各电网企业依据国务院能源主管部门备案的各省(区、市)风电场工程建设规划、年度开发计划,落实风电场工程配套电力送出工程。

第三章　项目前期工作

第十一条　项目前期工作包括选址测风、风能资源评价、建设条件论证、项目开发申请、可行性研究和项目核准前的各项准备工作。

企业开展测风要向县级以上政府能源主管部门提出申请,按照气象观测管理要求开展相关工作。

第十二条　风电项目开发企业开展前期工作之前应向省级以上政府能源主管部门提出开展风电场项目开发前期工作的申请。按照项目核准权限划分,5 万千瓦及以上项目开发前期工作申请由省级政府能源主管部门受理后,上报国务院能源主管部门批复。

第十三条　省级政府能源主管部门提出的年度开发计划,应包括建设总规模和各项目的开发申请报告,国务院投资主管部门和省级政府投资主管部门核准的项目均应包括在内。项目的开发申请报告应在预可行性研究阶段工作成果的基础上编制,包括以下内容:

(一)风电场风能资源测量与评估成果、风电场地形图测量成果、工程地质勘察成果及工程建设条件;

(二)项目建设必要性,初步确定开发任务、工程规模、设计方案和电网接入条件;

(三)初拟建设用地或用海的类别、范围,环境影响初步评价;

(四)初步的项目经济和社会效益分析;

国务院能源主管部门对满足上述要求的项目予以备案。

第十四条　为促进风电技术进步,国务院能源主管部门可根据需要选择特定开发区域及项目,组织省级政府能源主管部门采取特许权招标方式确定项目投资开发主体及项目关键设备。也可对已明确投资开发主体的大型风电基地的项目提出统一的技术条件,会同项目所在地省级政府能源主管部门指导项目单位对关键设备集中招标采购。

第四章　项目核准

第十五条　为做好地方规划及项目建设与国家规划衔接,根据项目核准管理权限,省级政府投资主管部门核准的风电场工程项目,须按照报国务院能源主管部门备案后的风电场工程建设规划和年度开发计划进行。

第十六条 风电场工程项目按照国务院规定的项目核准管理权限,分别由国务院投资主管部门和省级政府投资主管部门核准。

由国务院投资主管部门核准的风电场工程项目,经所在地省级政府能源主管部门对项目申请报告初审后,按项目核准程序,上报国务院投资主管部门核准。项目单位属于中央企业的,所属集团公司需同时向国务院投资主管部门报送项目核准申请。

第十七条 项目单位应遵循节约、集约和合理利用土地资源的原则,按照有关法律法规与技术规定要求落实建设方案和建设条件,编写项目申请报告,办理项目核准所需的支持性文件。

第十八条 风电场工程项目申请报告应达到可行性研究的深度,并附有下列文件:

(一)项目列入全国或所在省(区、市)风电场工程建设规划及年度开发计划的依据文件;

(二)项目开发前期工作批复文件,或项目特许权协议,或特许权项目中标通知书;

(三)项目可行性研究报告及其技术审查意见;

(四)土地管理部门出具的关于项目用地预审意见;

(五)环境保护管理部门出具的环境影响评价批复意见;

(六)安全生产监督管理部门出具的风电场工程安全预评价报告备案函;

(七)电网企业出具的关于风电场接入电网运行的意见,或省级以上政府能源主管部门关于项目接入电网的协调意见;

(八)金融机构同意给予项目融资贷款的文件;

(九)根据有关法律法规应提交的其它文件。

第十九条 风电场工程项目须经过核准后方可开工建设。项目核准后 2 年内不开工建设的,项目原核准机构可按照规定收回项目。

风电场工程开工以第一台风电机组基础施工为标志。

第五章 竣工验收与运行监督

第二十条 项目所在省级政府能源主管部门负责指导和监督项目竣工验收,协调和督促电网企业完成电网接入配套设施建设并与项目单位签订并网调度协议和购售电合同。项目单位完成土建施工、设备安装和配套电力送出设施,办理好各专项验收,待电网企业建成电力送出配套电网设施后,制定整体工程竣工验收方案,报项目所在地省级政府能源主管部门备案。项目单位和电网企业按有关技术规定和备案的验收方案进行竣工验收,将结果报告省级政府能源主管部门,省级政府能源主管部门审核后报国务院能源主管部门备案。

第二十一条 电网企业配合进行项目并网运行调试,按照相关技术规定进行项目电力送出工程和并网运行的竣工验收。完成竣工验收后将结果报告省级政府能源主管部门,省级政府能源主管部门审核后报国务院能源主管部门备案。

第二十二条 项目单位应根据电网调度和信息管理要求,向电网调度机构及可再生能源信息管理机构传送和报告运行信息。未经批准,项目运行实时数据不得向境外传送,项目控制系统不能与公共互联网直接联接。项目单位长期保留的测风塔、机组附带的测风仪的使用要符合气象观测管理的有关要求。

第二十三条 项目投产1年后,国务院能源主管部门可组织有规定资质的单位,根据相关技术规定对项目建设和运行情况进行后评估,3个月内完成评估报告,评估结果作为项目单位参与后续风电项目开发的依据。项目单位应按照评估报告对项目设施和运行管理进行必要的改进。

第二十四条 多个风电场工程在同一地域同期建设,可由项目所在地省级政府能源主管部门组织有关单位统一协调办理电网接入、建设用地或用海预审、环境影响评价、安全预评价等手续。

第二十五条 风电项目单位应按照国务院能源主管部门及国家可再生能源信息管理机构的要求，报告风电场工程相关运行信息。如发生火灾、风电机组严重损毁以及其他停产7天以上事故，或风电机组部件发生批量质量问题，应在第一时间向国务院能源主管部门及省级政府能源主管部门报告。

第六章 违规责任

第二十六条 风电场工程未按规定程序和条件获得核准擅自开工建设，不能享受国家可再生能源发展基金的电价补贴，电网企业不予接受其并网运行。

第二十七条 对于违规擅自开工建设的项目，一经发现，省级以上政府能源主管部门将责令其停止建设，并依法追究有关责任人的法律和行政责任。

第二十八条 通过国家特许权招标方式获得投资开发主体资格的项目单位发生违约，项目单位承担特许权协议规定的相关责任；情节严重的，按照招投标法规定，自违约时间起3年内取消其参与同类项目投标资格，并予以公告。参加国家特许权项目招标或设备集中招标的设备制造企业违反招标约定，自违约发生时间起3年内该企业不得参与同类项目投标。

第二十九条 风电场发生火灾、风电机组严重损毁以及其他停产7天以上事故，或风电机组部件发生批量质量问题，超过7天未以任何方式报告情况，或未按规定向国家可再生能源信息管理机构提交有关信息的，省级以上政府能源主管部门将责令其改正，并依法追究有关责任人的法律和行政责任。

第七章 附 则

第三十条 本办法由国家能源局负责解释。

第三十一条 本办法由国家能源局发布，自发布之日起施行。

海上风电开发建设管理办法

（2016年12月29日公布　国能新能〔2016〕394号
自2016年12月29日起实施）

第一章　总　　则

第一条　为规范海上风电项目开发建设管理，促进海上风电有序开发、规范建设和持续发展，根据《行政许可法》、《可再生能源法》、《海域使用管理法》、《海洋环境保护法》和《海岛保护法》，特制定本办法。

第二条　本办法所称海上风电项目是指沿海多年平均大潮高潮线以下海域的风电项目，包括在相应开发海域内无居民海岛上的风电项目。

第三条　海上风电开发建设管理包括海上风电发展规划、项目核准、海域海岛使用、环境保护、施工及运行等环节的行政组织管理和技术质量管理。

第四条　国家能源局负责全国海上风电开发建设管理。各省（自治区、直辖市）能源主管部门在国家能源局指导下，负责本地区海上风电开发建设管理。可再生能源技术支撑单位做好海上风电技术服务。

第五条　海洋行政主管部门负责海上风电开发建设海域海岛使用和环境保护的管理和监督。

第二章　发展规划

第六条　海上风电发展规划包括全国海上风电发展规划、各省（自治区、直辖市）以及市县级海上风电发展规划。全国海上风电发展规划和各省（自治区、直辖市）海上风电发展规划应当与可再生能源发展规划、海洋主体功能区规划、海洋功能区划、海岛保护规划、海洋经济发展规划相协调。各省（自治区、直辖市）海上风电发展规划应符合全国海上风电发展规划。

第七条 海上风电场应当按照生态文明建设要求，统筹考虑开发强度和资源环境承载能力，原则上应在离岸距离不少于10公里、滩涂宽度超过10公里时海域水深不得少于10米的海域布局。在各种海洋自然保护区、海洋特别保护区、自然历史遗迹保护区、重要渔业水域、河口、海湾、滨海湿地、鸟类迁徙通道、栖息地等重要、敏感和脆弱生态区域，以及划定的生态红线区内不得规划布局海上风电场。

第八条 国家能源局统一组织全国海上风电发展规划编制和管理；会同国家海洋局审定各省（自治区、直辖市）海上风电发展规划；适时组织有关技术单位对各省（自治区、直辖市）海上风电发展规划进行评估。

第九条 各省（自治区、直辖市）能源主管部门组织有关单位，按照标准要求编制本省（自治区、直辖市）管理海域内的海上风电发展规划，并落实电网接入方案和市场消纳方案。

第十条 各省（自治区、直辖市）海洋行政主管部门，根据全国和各省（自治区、直辖市）海洋主体功能区规划、海洋功能区划、海岛保护规划、海洋经济发展规划，对本地区海上风电发展规划提出用海用岛初审和环境影响评价初步意见。

第十一条 鼓励海上风能资源丰富、潜在开发规模较大的沿海县市编制本辖区海上风电规划，重点研究海域使用、海缆路由及配套电网工程规划等工作，上报当地省级能源主管部门审定。

第十二条 各省（自治区、直辖市）能源主管部门可根据国家可再生能源发展相关政策及海上风电行业发展状况，开展海上风电发展规划滚动调整工作，具体程序按照规划编制要求进行。

第三章 项目核准

第十三条 省级及以下能源主管部门按照有关法律法规，依据经国家能源局审定的海上风电发展规划,核准具备建设条件的海上风电项目。核准文件应及时对全社会公开并抄送国家能源局和同级海洋行政主管部门。

未纳入海上风电发展规划的海上风电项目,开发企业不得开展海上风电项目建设。

鼓励海上风电项目采取连片规模化方式开发建设。

第十四条 国家能源局组织有关技术单位按年度对全国海上风电核准建设情况进行评估总结,根据产业发展的实际情况完善支持海上风电发展的政策措施和规划调整的建议。

第十五条 鼓励海上风电项目采取招标方式选择开发投资企业,各省(自治区、直辖市)能源主管部门组织开展招投标工作,上网电价、工程方案、技术能力等作为重要考量指标。

第十六条 项目投资企业应按要求落实工程建设方案和建设条件,办理项目核准所需的支持性文件。

第十七条 省级及以下能源主管部门应严格按照有关法律法规明确海上风电项目核准所需支持性文件,不得随意增加支持性文件。

第十八条 项目开工前,应落实有关利益协调解决方案或协议,完成通航安全、接入系统等相关专题的论证工作,并依法取得相应主管部门的批复文件。

海底电缆按照《铺设海底电缆管道管理规定》及实施办法的规定,办理路由调查勘测及铺设施工许可手续。

第四章　海域海岛使用

第十九条 海上风电项目建设用海应遵循节约和集约利用海域和海岸线资源的原则,合理布局,统一规划海上送出工程输电电缆通道和登陆点,严格限制无居民海岛风电项目建设。

第二十条 海上风电项目建设用海面积和范围按照风电设施实际占用海域面积和安全区占用海域面积界定。海上风电机组用海面积为所有风电机组塔架占用海域面积之和,单个风电机组塔架用海面积一般按塔架中心点至基础外缘线点再向外扩 50m 为半径的圆形区域计算；海底电缆用海面积按电缆外缘向两侧各外扩 10m 宽为界计算；其他永久设施用海面积按《海籍调查规范》的规定计算。各种用海面积不重复计算。

第二十一条 项目单位向省级及以下能源主管部门申请核准前，应向海洋行政主管部门提出用海预审申请，按规定程序和要求审查后，由海洋行政主管部门出具项目用海预审意见。

第二十二条 海上风电项目核准后，项目单位应按照程序及时向海洋行政主管部门提出海域使用申请，依法取得海域使用权后方可开工建设。

第二十三条 使用无居民海岛建设海上风电的项目单位应当按照《海岛保护法》等法律法规办理无居民海岛使用申请审批手续，并取得无居民海岛使用权后，方可开工建设。

第五章 环境保护

第二十四条 项目单位在提出海域使用权申请前，应当按照《海洋环境保护法》、《防治海洋工程建设项目污染损害海洋环境管理条例》、地方海洋环境保护相关法规及相关技术标准要求，委托有相应资质的机构编制海上风电项目环境影响报告书，报海洋行政主管部门审查批准。

第二十五条 海上风电项目核准后，项目单位应按环境影响报告书及批准意见的要求，加强环境保护设计，落实环境保护措施；项目核准后建设条件发生变化，应在开工前按《海洋工程环境影响评价管理规定》办理。

第二十六条 海上风电项目建成后，按规定程序申请环境保护设施竣工验收，验收合格后，该项目方可正式投入运营。

第六章 施工及运行

第二十七条 海上风电项目经核准后，项目单位应制定施工方案,办理相关施工手续,施工企业应具备海洋工程施工资质。项目单位和施工企业应制定应急预案。

项目开工以第一台风电机组基础施工为标志。

第二十八条 项目单位负责海上风电项目的竣工验收工作,项目所在省(自治区、直辖市)能源主管部门负责海上风电项目竣工验收的协调和监督工作。

第二十九条 项目单位应建立自动化风电机组监控系统,按规定向电网调度机构和国家可再生能源信息管理中心传送风电场的相关数据。

第三十条 项目单位应建立安全生产制度,发生重大事故和设备故障应及时向电网调度机构、当地能源主管部门和能源监管派出机构报告,当地能源主管部门和能源监管派出机构按照有关规定向国家能源局报告。

第三十一条 项目单位应长期监测项目所在区域的风资源、海洋环境等数据,监测结果应定期向省级能源主管部门、海洋行政主管部门和国家可再生能源信息管理中心报告。

第三十二条 新建项目投产一年后,项目建设单位应视实际情况,及时委托有资质的咨询单位,对项目建设和运行情况进行后评估,并向省级能源主管部门报备。

第三十三条 海上风电设计方案、建设施工、验收及运行等必须严格遵守国家、地方、行业相关标准、规程规范,国家能源局组织相关机构进行工程质量监督检查工作,形成海上风电项目质量监督检查评价工作报告,并向全社会予以发布。

第七章 其　　它

第三十四条 海上风电基地或大型海上风电项目,可由当地省级能源主管部门组织有关单位统一协调办理电网接入系统、建设用海预审、环境影响评价等相关手续。

第三十五条 各省(自治区、直辖市)能源主管部门可根据本办法,制定本地区海上风电开发建设管理办法实施细则。

第八章 附 则

第三十六条 本办法由国家能源局和国家海洋局负责解释。

第三十七条 本办法由国家能源局和国家海洋局联合发布,自发布之日起施行,原发布的《海上风电开发建设管理暂行办法》(国能新能〔2010〕29 号)和《海上风电开发建设管理暂行办法实施细则》(国能新能〔2011〕210 号)自动失效。

分布式发电管理暂行办法

(2013 年 7 月 18 日公布 发改能源〔2013〕1381 号
自 2013 年 7 月 18 日起实施)

第一章 总 则

第一条 为推进分布式发电发展,加快可再生能源开发利用,提高能源效率,保护生态环境,根据《中华人民共和国可再生能源法》、《中华人民共和国节约能源法》等规定,制定本办法。

第二条 本办法所指分布式发电,是指在用户所在场地或附近建设安装、运行方式以用户端自发自用为主、多余电量上网,且在配电网系统平衡调节为特征的发电设施或有电力输出的能量综合梯级利用多联供设施。

第三条 本办法适用于以下分布式发电方式:

(一)总装机容量 5 万千瓦及以下的小水电站;

(二)以各个电压等级接入配电网的风能、太阳能、生物质能、海洋能、地热能等新能源发电;

(三)除煤炭直接燃烧以外的各种废弃物发电,多种能源互补发电，余热余压余气发电、煤矿瓦斯发电等资源综合利用发电；

（四）总装机容量5万千瓦及以下的煤层气发电；

（五）综合能源利用效率高于70%且电力就地消纳的天然气热电冷联供等。

第四条　分布式发电应遵循因地制宜、清洁高效、分散布局、就近利用的原则，充分利用当地可再生能源和综合利用资源，替代和减少化石能源消费。

第五条　分布式发电在投资、设计、建设、运营等各个环节均依法实行开放、公平的市场竞争机制。分布式发电项目应符合有关管理要求，保证工程质量和生产安全。

第六条　国务院能源主管部门会同有关部门制定全国分布式发电产业政策，发布技术标准和工程规范，指导和监督各地区分布式发电的发展规划、建设和运行的管理工作。

第二章　资源评价和综合规划

第七条　发展分布式发电的领域包括：

（一）各类企业、工业园区、经济开发区等；

（二）政府机关和事业单位的建筑物或设施；

（三）文化、体育、医疗、教育、交通枢纽等公共建筑物或设施；

（四）商场、宾馆、写字楼等商业建筑物或设施；

（五）城市居民小区、住宅楼及独立的住宅建筑物；

（六）农村地区村庄和乡镇；

（七）偏远农牧区和海岛；

（八）适合分布式发电的其他领域。

第八条　目前适用于分布式发电的技术包括：

（一）小水电发供用一体化技术；

（二）与建筑物结合的用户侧光伏发电技术；

（三）分散布局建设的并网型风电、太阳能发电技术；

（四）小型风光储等多能互补发电技术；

（五）工业余热余压余气发电及多联供技术；

（六）以农林剩余物、畜禽养殖废弃物、有机废水和生活垃圾等为原料的气化、直燃和沼气发电及多联供技术；

（七）地热能、海洋能发电及多联供技术；

（八）天然气多联供技术、煤层气（煤矿瓦斯）发电技术；

（九）其他分布式发电技术。

第九条　省级能源主管部门会同有关部门，对可用于分布式发电的资源进行调查评价，为分布式发电规划编制和项目建设提供科学依据。

第十条　省级能源主管部门会同有关部门，根据各种可用于分布式发电的资源情况和当地用能需求，编制本省、自治区、直辖市分布式发电综合规划，明确分布式发电各重点领域的发展目标、建设规模和总体布局等，报国务院能源主管部门备案。

第十一条　分布式发电综合规划应与经济社会发展总体规划、城市规划、天然气管网规划、配电网建设规划和无电地区电力建设规划等相衔接。

第三章　项目建设和管理

第十二条　鼓励企业、专业化能源服务公司和包括个人在内的各类电力用户投资建设并经营分布式发电项目，豁免分布式发电项目发电业务许可。

第十三条　各省级投资主管部门和能源主管部门组织实施本地区分布式发电建设。依据简化程序、提高效率的原则，实行分级管理。

第十四条　国务院能源主管部门组织分布式发电示范项目建设，推动分布式发电发展和管理方式创新，促进技术进步和产业化。

第四章　电 网 接 入

第十五条　国务院能源主管部门会同有关方面制定分布式发电接入配电网的技术标准、工程规范和相关管理办法。

第十六条 电网企业负责分布式发电外部接网设施以及由接入引起公共电网改造部分的投资建设，并为分布式发电提供便捷、及时、高效的接入电网服务，与投资经营分布式发电设施的项目单位（或个体经营者、家庭用户）签订并网协议和购售电合同。

第十七条 电网企业应制定分布式发电并网工作流程，以城市或县为单位设立并公布接受分布式发电投资人申报的地点及联系方式，提高服务效率，保证无障碍接入。

对于以35千伏及以下电压等级接入配电网的分布式发电，电网企业应按专门设置的简化流程办理并网申请，并提供咨询、调试和并网验收等服务。

对于小水电站和以35千伏以上电压等级接入配电网的分布式发电，电网企业应根据其接入方式、电量使用范围，本着简便和及时高效的原则做好并网管理，提供相关服务。

第十八条 鼓励结合分布式发电应用建设智能电网和微电网，提高分布式能源的利用效率和安全稳定运行水平。

第十九条 国务院能源主管部门派出机构负责建立分布式发电监管和并网争议解决机制，切实保障各方权益。

第五章 运行管理

第二十条 分布式发电有关并网协议、购售电合同的执行及多余上网电量的收购、调剂等事项，由国务院能源主管部门派出机构会同省级能源主管部门协调，或委托下级部门协调。

分布式发电如涉及供电营业范围调整，由国务院能源主管部门派出机构会同省级能源主管部门根据相关法律法规予以明确。

第二十一条 分布式发电以自发自用为主，多余电量上网，电网调剂余缺。采用双向计量电量结算或净电量结算的方式，并可考虑峰谷电价因素。结算周期在合同中商定，原则上按月结算。电网企业应保证分布式发电多余电量的优先上网和全额收购。

第二十二条 国务院能源主管部门派出机构会同省级能源主管

部门组织建立分布式发电的监测、统计、信息交换和信息公开等体系，可委托电网企业承担有关信息统计工作，分布式发电项目单位（或个体经营者、家庭用户）应配合提供有关信息。

第二十三条 分布式发电投资方要建立健全运行管理规章制度。包括个人和家庭用户在内的所有投资方，均有义务在电网企业的指导下配合或参与运行维护，保障项目安全可靠运行。

第二十四条 分布式发电设施并网接入点应安装电能计量装置，满足上网电量的结算需要。电网企业负责对电能计量进行管理。

分布式发电在运行过程中应保存完整的能量输出和燃料消耗计量数据。

第二十五条 拥有分布式发电设施的项目单位、个人及家庭用户应接受能源主管部门及相关部门的监督检查，如实提供包括原始数据在内的运行记录。

第二十六条 分布式发电应满足有关发电、供电质量要求，运行管理应满足有关技术、管理规定和规程规范要求。

电网及电力运行管理机构应优先保障分布式发电正常运行。具备条件的分布式发电在紧急情况下应接受并服从电力运行管理机构的应急调度。

第六章 政策保障及措施

第二十七条 根据有关法律法规及政策规定，对符合条件的分布式发电给予建设资金补贴或单位发电量补贴。建设资金补贴方式仅限于电力普遍服务范围。享受建设资金补贴的，不再给予单位发电量补贴。

享受补贴的分布式发电包括：风力发电、太阳能发电、生物质发电、地热发电、海洋能发电等新能源发电。其他分布式发电的补贴政策按相关规定执行。

第二十八条 对农村、牧区、偏远地区和海岛的分布式发电，以及分布式发电的科学技术研究、标准制定和示范工程，国家给予资金支持。

第二十九条 加强科学技术普及和舆论宣传工作，营造有利于加快发展分布式发电的社会氛围。

第七章 附 则

第三十条 各省级能源主管部门会同国务院能源主管部门派出机构及价格、财政等主管部门，根据本办法制定分布式发电管理实施细则。

第三十一条 本办法自发布之日起施行。

分布式光伏发电项目管理暂行办法

（2013年11月18日公布 国能新能〔2013〕433号
自2013年11月18日起实施）

第一章 总 则

第一条 为规范分布式光伏发电项目建设管理，推进分布式光伏发电应用，根据《中华人民共和国可再生能源法》、《中华人民共和国电力法》、《中华人民共和国行政许可法》以及《国务院关于促进光伏产业健康发展的若干意见》，制定本办法。

第二条 分布式光伏发电是指在用户所在场地或附近建设运行，以用户侧自发自用为主、多余电量上网且在配电网系统平衡调节为特征的光伏发电设施。

第三条 鼓励各类电力用户、投资企业、专业化合同能源服务公司、个人等作为项目单位，投资建设和经营分布式光伏发电项目。

第四条 国务院能源主管部门负责全国分布式发电规划指导和监督管理；地方能源主管部门在国务院能源主管部门指导下，负责本地区分布式光伏发电规划、建设的监督管理；国家能源局派出机构负责对本地区分布式光伏发电规划和政策执行、并网运行、市场公平及运行安全进行监管。

第五条 分布式光伏发电实行"自发自用、余电上网、就近消纳、电网调节"的运营模式，电网企业采用先进技术优化电网运行管理，为分布式光伏发电运行提供系统支撑，保障电力用户安全用电，鼓励项目投资经营主体与同一供电区内的电力用户在电网企业配合下以多种方式实现分布式光伏发电就近消纳。

第二章 规模管理

第六条 国务院能源主管部门依据全国太阳能发电相关规划，各地区分布式发电需求和建设条件，对需要国家资金补贴的项目实行总量平衡和年度指导规模管理，不需要国家资金补贴的项目部纳入年度指导规模管理范围。

第七条 省级能源主管部门依据本地区分布式光伏发电发展情况，提出下一年度需要国家资金补贴的项目规划申请。国务院能源主管部门结合各地项目资源、实际应用以及可再生能源电价附加征收情况，统筹协调平衡后，下达各地区年度指导规模，在年度中期可视各地区实施情况进行微调。

第八条 国务院能源主管部门下达的分布式光伏发电年度指导规模，在该年度内未使用的规模指标自动失效，当年规模指标与实际需求差距较大的，地方能源主管部门可适时提出调整申请。

第九条 鼓励各级地方政府通过市场竞争方式降低分布式光伏发电的补贴标准，优先支持申请低于国家补贴标准的分布式光伏发电项目建设。

第三章 项目备案

第十条 省级以下能源主管部门依据国务院投资项目管理规定和国务院能源主管部门下达的本地区分布式光伏发电的年度指导规

模指标，对分布式光伏发电项目实行备案管理，具体备案办法由省级人民政府制定。

第十一条 项目备案工作应根据分布式光伏发电项目特点尽可能简化程序，免除发电业务许可、规划选址、土地预审、水土保持、环境影响评价、节能评估及社会风险评估等支持性文件。

第十二条 对个人利用自有住宅及在住宅区域内建设的分布式光伏发电项目，由当地电网企业直接登记并集中向当地能源主管部门备案，不需要国家资金补贴的项目由省级能源主管部门自行管理。

第十三条 各级管理部门和项目单位不得自行变更项目备案文件的主要事项，包括投资主体、建设地点、项目规划、运营模式等，确需变更时，由备案部门按程序办理。

第十四条 在年度指导规模指标范围内的分布式光伏发电项目，自备案之日起两年内未建成投产的，在年度指导规模中取消，并同时取消享受国家资金补贴的资格。

第十五条 鼓励地市级或县级政府结合当地实际建设与电网接入申请、并网调试和验收、电费结算和补贴发放等相结合的分布式光伏发电项目备案、竣工验收等一站式服务体系，简化办理流程、提高管理效率。

第四章 建设条件

第十六条 分布式光伏发电项目所依托的建筑物及设施应具有合法性，项目单位与项目所依托的建筑物、场地及设施所有人非同一主体时，项目单位应与所有人签订建筑物、场地及设施的使用或租用协议，视经营方式与电力用户签订合同能源服务协议。

第十七条 分布式光伏发电项目的设计和安装应符合有关管理规定、设备标准、建筑工程规范和安全规范等要求，承担项目设计、查咨询、安装和监理的单位，应具有国家规定的相应资质。

第十八条 分布式光伏发电项目采用的光伏电池组件、逆变器等设备应通过符合国家规定的认证认可机构的检测认证，符合相关接入电网的技术要求。

第五章 电网接入和运行

第十九条 电网企业收到项目单位并网接入申请后,应在20个工作日内出具并网接入意见,对于集中多点接入的分布式光伏发电项目可延长到30个工作日。

第二十条 以35千伏及以下电压等级接入电网的分布式光伏发电项目,由地级市或县级电网企业按照简化程序办理相关并网手续,并提供并网咨询、电能表安装、并网调试及验收等服务。

第二十一条 以35千伏以上电压等级接入电网且所发电力在并网点范围内使用的分布式光伏发电项目,电网企业应根据其接入方式、电量使用范围,本着简便和及时高效的原则做好并网管理,提供相关服务。

第二十二条 接入公共电网的分布式光伏发电项目,接入系统工程以及因接入引起的公共电网改造部分由电网企业投资建设,接入用户侧的分布式光伏发电项目,用户侧的配套工程由项目单位投资建设,因项目接入电网引起的公共电网改造部分由电网企业投资建设。

第二十三条 电网企业应采用先进运行控制技术,提高配电网智能化水平,为接纳分布式光伏发电创造条件,在分布式光伏发电安装规模较大、占电网负荷比重较高的供电区,电网企业应根据发展需要建设分布式光伏发电并网运行监测、公寓预测和优化运行相结合的综合技术体系,实现分布式光伏发电高效利用和系统安全运行。

第六章 计量与结算

第二十四条 分布式光伏项目本体工程建成后,向电网企业提出并网调试和验收申请,电网企业指导和配合项目单位开展并网运行调试和验收,电网企业应根据国家有关标准制定分布式光伏发电电网接入和并网运行验收办法。

第二十五条 电网企业负责对分布式光伏发电项目的全部发电

量、上网电量分布计量、免费提供并安装电能计量表，不向项目单位收取系统备用容量费。电网企业在有关并网接入和运行灯所有环节提供的服务均不向项目单位收取费用。

第二十六条 享受电量补贴政策的分布式光伏发电项目，由电网企业负责向项目单位按月转付国家补贴资金，按月结算余电上网电量电费。

第二十七条 在经济开发区灯相对独立的供电区同一组织建设的分布式光伏发电项目，余电上网部分可向该供电区内其他电力用户直接售电。

第七章 产业信息监测

第二十八条 组织地市级或县级能源主管部门按月汇总项目备案信息，省级能源主管部门按季分类汇总备案信息后报送国务院能源主管部门。

第二十九条 各省级能源主管部门负责本地区分布式光伏发电项目建设和运行信息统计，并分别于每年 7 月、次年 1 月向国务院能源主管部门报送上半年和上一年度的统计信息，同时抄送国家能源局及其派出监管机构，国家可再生能源信息中心。

第三十条 电网企业负责建设本级电网覆盖范围内分布式光伏发电的运行监测体系，配合本级能源主管部门内所在地的能源管理部门按季报送项目建设运行信息，包括项目建设、发电量、上网电量，电费和补贴发放与结算等信息。

第三十一条 国务院能源主管部门委托国家可再生能源信息中心开展分布式光伏发电行业信息管理，组织研究制定工程设计、安装、验收等环节的标准规范、统计全国分布式光伏发电项目建设运行信息，分析评价行业发展现状和趋势，及时提出相关政策建议，经国务院能源主管部门批准，适时发布相关产业信息。

第八章 违规责任

第三十二条 电网企业未能按照规定收购分布式光伏发电项目余电上网电量,造成项目单位损失的,应当按照《中华人民共和国可再生能源法》的规定承担经济赔偿责任。

第九章 附 则

第三十三条 本办法由国家能源局负责解释,自发布之日起施行。

附表:1. 分布式光伏发电项目备案汇总表(略)

2. 1兆以上分布式光伏发电项目信息表(略)

分散式风电项目开发建设暂行管理办法

(2018年4月3日公布 国能发新能〔2018〕30号
自2018年4月3日起实施)

第一章 总 则

第一条 为推进分散式风电发展,规范分散式风电项目建设管理,根据《中华人民共和国可再生能源法》《中华人民共和国电力法》《中华人民共和国行政许可法》《中华人民共和国土地管理法》以及《分布式发电管理暂行办法》,制定本办法。

第二条 分散式风电项目是指所产生电力可自用,也可上网且在配电系统平衡调节的风电项目。项目建设应满足以下技术要求:

(一)接入电压等级应为110千伏及以下,并在110千伏及以下电压等级内消纳,不向110千伏的上一级电压等级电网反送电。

(二)35千伏及以下电压等级接入的分散式风电项目,应充分利用电网现有变电站和配电系统设施，优先以 T 或者 π 接的方式接入电网。

（三）110 千伏（东北地区 66 千伏）电压等级接入的分散式风电项目只能有 1 个并网点，且总容量不应超过 50 兆瓦。

（四）在一个并网点接入的风电容量上限以不影响电网安全运行为前提，统筹考虑各电压等级的接入总容量。

国家关于分布式发电的政策和管理规定均适用于分散式风电项目；110 千伏（东北地区 66 千伏）电压等级接入的分散式风电项目，接入系统设计和管理按照集中式风电场执行。

第三条　鼓励各类企业及个人作为项目单位，在符合土地利用总体规划的前提下，投资、建设和经营分散式风电项目。鼓励开展商业模式创新，吸引社会资本参与分散式风电项目开发，充分激发市场活力。

第四条　各省级能源主管部门在国务院能源主管部门的组织和指导下，负责本地区分散式风电项目的开发规划、建设管理以及质量和安全监督管理职责。

第二章　规划指导

第五条　地方各级能源主管部门会同国土、环保、规划等部门和相关企业，依据当地土地利用总体规划和风能资源、电网接入、清洁能源消纳能力等开发建设条件，制订当地分散式风电开发建设规划，并依法开展环境影响评价工作，编制规划环境影响报告书，同时结合实际情况及时对规划进行滚动修编。分散式风电开发建设规划应做好与《风电发展“十三五”规划》的衔接，在落实消纳条件和分散式风电技术要求的条件下，严格按照《国家能源局关于可再生能源发展“十三五”规划实施的指导意见》对风电建设规模的相关要求以及我局关于风电预警管理的相关规定编制，不得随意扩大建设规模。

规划编制可按以下流程开展：1. 能源主管部门根据土地、资源等提出规模及布点方案；2. 电网企业据此方案，基于电网、负荷，按照电网接入条件约束进行容量和布点的优化;3.能源主管部门公开发布分散式风电规划报告并进行滚动修编。

第六条 全面拓宽应用领域。鼓励分散式风电项目与太阳能、天然气、生物质能、地热能、海洋能等各类能源形式综合开发,提高区域可再生能源利用水平;与生态旅游、美丽乡村、特色小镇等民生改善工程深入结合,促进县域经济发展;与智慧城市、智慧园区、智慧社区等有效融合,为构建未来城市(社区)形态提供能源支撑;与海岛资源开发利用充分结合,促进发展海洋经济、拓宽发展空间。

第七条 各级电网企业应积极配合分散式风电开发建设规划制订工作,提供本地区电网建设规划、潮流、新能源消纳等相关信息,并明确各并网点及其潜在接入容量等数据。鼓励分散式风电等分布式发电建设条件好的市(县)及地区电网企业编制分布式新能源电网接入和消纳的专项规划。

第八条 分散式风电项目开发建设规划应与土地利用、生态保护、乡村发展、电网建设等相关规划有效衔接,并符合城乡规划,避免分散式风电开发建设规划与其他规划冲突。

第三章 项目建设和管理

第九条 各地方要简化分散式风电项目核准流程,建立简便高效规范的核准管理工作机制,鼓励试行项目核准承诺制。地方能源主管部门制订完善的分散式风电项目核准管理工作细则,建立简便高效规范的工作流程,明确项目核准的申报材料、办理流程和办理时限等,并向社会公布。对于试行项目核准承诺制的地区,地方能源主管部门不再审查前置要件,审查方式转变为企业提交相关材料并作出信用承诺,地方能源主管部门审核通过后,即对项目予以核准。

第十条 鼓励各地方政府设立以能源主管部门牵头的"一站式"管理服务窗口,建立国土、环保等多部门高效协调的管理工作机制,并与电网企业有效衔接,建立与电网接入申请、并网调试、电费结算和补贴发放等相结合的分散式风电项目核准等"一站式"服务体系。

第十一条　分散式风电项目开发企业在项目取得土地、规划、环保等职能部门的支持性文件后，按照地方政府有关规定，向相应的项目核准机关报送项目申请报告。各地相关部门要针对分散式风电项目的特点简化工作流程，降低项目前期成本。

第十二条　开发企业应按照核准文件的要求进行建设。项目核准后两年内不开工建设的，按照《企业投资项目核准和备案管理办法》（国家发展和改革委员会令第2号）处理。项目开工以第一台风电机组基础浇筑为标志。

第十三条　在满足国家环保、安全生产等相关要求的前提下，开发企业可使用本单位自有建设用地（如园区土地），也可租用其他单位建设用地开发分散式风电项目。

分散式风电项目不得占用永久基本农田。对于占用其他类型土地的，应依法办理建设用地审批手续；在原土地所有权人、使用权人同意的情况下，可通过协议等途径取得建设用地使用权。

第十四条　分散式风电项目申请核准时可选择"自发自用、余电上网"或"全额上网"中的一种模式。自发自用部分电量不享受国家可再生能源发展基金补贴，上网电量由电网企业按照当地风电标杆上网电价收购，其中电网企业承担燃煤机组标杆上网电价部分，当地风电标杆上网电价与燃煤机组标杆上网电价差额部分由可再生能源发展基金补贴。对未严格按照技术要求建设的分散式风电项目，国家不予补贴。

第十五条　鼓励开发企业将位于同一县域内的多个电网接入点的风电机组打捆成一个项目统一开展前期工作，办理相关支持性文件，进行项目前期工作和开发建设。

第四章　电网接入

第十六条　通过110千伏（东北地区66千伏）电压等级接入的分散式风电项目，应满足国家标准GB/T 19963《风电场接入电力系统技术规定》及其他国家/行业相关标准的技术要求；通过35千伏及以下电压等级接入的分散式风电项目,应满足国家标准 GB/T 33593《分布式电源并网技术要求》及其他国家/行业相关标准的技术要求。

第十七条 电网企业应为纳入专项规划的 35 千伏及以下电压等级的分散式风电项目接入电网提供便利条件,为接入系统工程建设开辟绿色通道。接入公共电网的分散式风电项目,接入系统工程以及接入引起的公共电网改造部分由电网企业投资建设。接入用户侧的分散式风电项目,在用户范围内的接入系统工程由项目业主投资建设,接入引起的公共电网改造部分由电网企业投资建设。

第十八条 电网企业应完善 35 千伏及以下电压等级接入分散式风电项目接网和并网运行服务。由地市或县级电网企业设立分散式风电项目"一站式"并网服务窗口,按照简化程序办理电网接入,提供相应并网服务,并及时向社会公布配电网可接入容量信息。

第十九条 35 千伏及以下电压等级接入分散式风电项目办理并网手续的工作流程、办理时限,参照以下要求执行:

(一)地市或县级电网企业客户服务中心为分散式风电项目业主提供并网申请受理服务,向项目业主填写并网申请表提供咨询指导,接受相关支持性文件,不得以政府核准文件、客户有效身份证明之外的材料缺失为由拒绝并网申请。

(二)电网企业为分散式风电项目业主提供接入系统方案制订和咨询服务,并在受理并网申请后 20 个工作日内,由客户服务中心将接入系统方案送达项目业主,经项目业主确认后实施。

(三)分散式风电项目主体工程和接入系统工程竣工后,客户服务中心受理项目业主并网调试申请,接收相关材料。

(四)电网企业在受理并网调试申请后,10 个工作日内完成关口电能计量装置安装服务,并与项目业主(或电力用户)签署购售电合同和并网调度协议。合同和协议内容参照有关部门制订的示范文本内容。

(五)电网企业在关口电能计量装置安装完成后,10 个工作日内组织并网调试,调试通过后直接转入并网运行。

（六）电网企业在并网申请受理、接入系统方案制订、合同和协议签署、并网调试全过程服务中，不收取任何费用。

第二十条　电网企业应按规定的并网点及时完成应承担的接网工程，在符合电网运行安全以及网络与信息安全技术要求的前提下，尽可能在用户侧以较低电压等级接入，允许内部多点接入配电系统，避免安装不必要的升压设备。

第二十一条　电网企业应根据分散式风电接入方式、电量使用范围，本着安全、简便、及时、高效的原则做好并网管理，提供相关服务。

第二十二条　分散式风电与电网的产权分界点为风电机组集电线路最靠近电网的最后一台风电机组处，电量计量点原则上尽可能接近产权分界点，在技术条件复杂时可由开发企业与当地电网企业协商确定。电网企业提供的电能计量表应可明确区分项目总发电量、“自发自用”电量和上网电量。

第二十三条　完善分散式风电项目电费结算和补贴拨付。

（一）电网企业按月（或双方约定）与分散式风电项目单位（含个人）结算电费和转付国家补贴资金，按分散式风电项目优先原则做好补贴资金使用预算和计划，保障国家补贴资金及时足额转付到位。

（二）电网企业应按照有关规定配合当地税务部门处理好购买自然人（个人）分散式风电项目电力产品发票开具和税款征收问题。

（三）电网企业应做好项目电费结算和补贴发放情况的统计，并按要求向国务院能源主管部门及其派出机构、省级能源主管部门报送相关信息。

（四）分散式风电项目并网调试完成，并具备正式结算条件后，由电网企业按季度按流程向财政部、国家发展改革委、国家能源局申报纳入可再生能源发电补贴目录。

第二十四条　对于接入10千伏及以上电压等级电力系统的分散式风电项目，开发企业应确保其安装的风电机组型号通过了相关国家标准、行业标准所规定的测试，并网运行时电能质量和所在公共电网的接入点电压合格。分散式风电应充分利用自身无功电压调节能力，补偿分散式风电接入带来的无功和电能质量控制需求。电网企业根据当地电网运行需要,统一建立覆盖本地区的功率预测预报体系。

第二十五条　分散式风电项目根据其所用的风电机组技术特性运行,在确保电力系统网络与信息安全的前提下,向地市或县级电网调度部门上传运行信息。

第五章　运行管理

第二十六条　分散式风电项目运营主体应当遵守电力业务许可制度,依法开展发电相关业务,并接受国务院能源主管部门及其派出机构的监管。

第二十七条　加强分散式风电项目监测和评价。电网企业应与分散式风电项目建立沟通协调机制,及时掌握分散式风电运行情况。在电网和分散式风电项目检修期间,做好接入点隔离措施。

第二十八条　完善产业技术服务体系。通过市场机制培育分散式风电项目规划设计、工程建设、评估认证、运行维护等环节的专业化服务能力,满足分散式风电项目多元化参与主体的技术需求。

第二十九条　探索新型专业化的运维商业模式。鼓励分散式风电项目应用智能化运行管理技术,实现无人值守的运行模式;鼓励开发企业委托第三方专业机构提供运维服务。

第三十条　完善分散式风电项目机组退役管理。制订风电机组剩余寿命评估标准,在风电机组并网运行达到设计寿命前1~2年内,对机组状况、运行条件及剩余寿命等进行综合评估,按照标准要求对机组采取延期服役或拆除处理。

第六章　金融和投资开发模式创新

第三十一条　创新投融资机制。鼓励各类企业、社会机构、农村集体经济组织和个人参与投资分散式风电项目,实现投资主体多元化。

(一)鼓励项目所在地政府建立分散式风电项目融资服务平台,与银行、保险公司等金融机构合作开展金融服务创新，如设立公共担保基金、风险补偿基金等。鼓励项目所在地政府结合民生项目对分散式风电项目提供贷款贴息。

（二）鼓励银行等金融机构，在有效防控风险的前提下，综合考虑社会效益和商业可持续性，积极为分散式风电项目提供金融服务，探索以项目售电收费权和项目资产为质押的贷款机制。

（三）在确保不增加地方政府隐性债务的前提下，鼓励合法合规地采用融资租赁方式为分散式风电项目提供一体化融资租赁服务；鼓励各类基金、保险、信托等与产业资本结合，探索建立分散式风电项目投资基金；鼓励担保机构对中小企业和个人提供建设分散式风电项目的信用担保，支持分散式风电入户、入社区（乡村和工业园区等）。

第三十二条　积极开展商业模式创新。在农民自愿的前提下，可以将征地补偿费和租用农用地费作为资产入股项目，形成集体股权，并量化给农村集体经济组织成员，建立公平、公正、公开的项目收益分配制度，以组、村、乡镇不同层级农村集体经济组织为股权持有者，其成员为集体股权受益主体，推动实现共享发展。鼓励社会资本采取混合所有制、设立基金、组建联合体等多种方式，以 PPP 合作模式参与地方政府主导的分散式风电项目投资建设。

第三十三条　鼓励项目所在地开展分散式风电电力市场化交易试点，允许分散式风电项目向配电网内就近电力用户直接售电，市场化交易范围、交易方式、交易电价、输配电价、交易各主体权利和义务等按照分布式发电市场化交易相关规定执行。

第七章　附　　则

第三十四条　本办法自颁布之日起实施，有效期 5 年。

第三十五条　本办法由国家能源局负责解释。

二、项目开发与选址

(一)项目立项

中华人民共和国行政许可法

(2003年8月27日第十届全国人民代表大会常务委员会第四次会议通过　根据2019年4月23日第十三届全国人民代表大会常务委员会第十次会议《关于修改〈中华人民共和国建筑法〉等八部法律的决定》修正　2019年4月23日公布　中华人民共和国主席令第29号　自2019年4月23日起实施)

第一章　总　　则

第一条　为了规范行政许可的设定和实施,保护公民、法人和其他组织的合法权益,维护公共利益和社会秩序,保障和监督行政机关有效实施行政管理,根据宪法,制定本法。

第二条　本法所称行政许可,是指行政机关根据公民、法人或者其他组织的申请,经依法审查,准予其从事特定活动的行为。

第三条　行政许可的设定和实施,适用本法。

有关行政机关对其他机关或者对其直接管理的事业单位的人事、财务、外事等事项的审批,不适用本法。

第四条　设定和实施行政许可,应当依照法定的权限、范围、条件和程序。

第五条　设定和实施行政许可,应当遵循公开、公平、公正、非歧视的原则。

有关行政许可的规定应当公布;未经公布的,不得作为实施行政许可的依据。行政许可的实施和结果,除涉及国家秘密、商业秘密或者个人隐私的外,应当公开。未经申请人同意,行政机关及其工作人员、参与专家评审等的人员不得披露申请人提交的商业秘密、未披露信息或者保密商务信息,法律另有规定或者涉及国家安全、重大社会公共利益的除外;行政机关依法公开申请人前述信息的,允许申请人在合理期限内提出异议。

符合法定条件、标准的,申请人有依法取得行政许可的平等权利,行政机关不得歧视任何人。

第六条 实施行政许可,应当遵循便民的原则,提高办事效率,提供优质服务。

第七条 公民、法人或者其他组织对行政机关实施行政许可,享有陈述权、申辩权;有权依法申请行政复议或者提起行政诉讼;其合法权益因行政机关违法实施行政许可受到损害的,有权依法要求赔偿。

第八条 公民、法人或者其他组织依法取得的行政许可受法律保护,行政机关不得擅自改变已经生效的行政许可。

行政许可所依据的法律、法规、规章修改或者废止,或者准予行政许可所依据的客观情况发生重大变化的,为了公共利益的需要,行政机关可以依法变更或者撤回已经生效的行政许可。由此给公民、法人或者其他组织造成财产损失的,行政机关应当依法给予补偿。

第九条 依法取得的行政许可,除法律、法规规定依照法定条件和程序可以转让的外,不得转让。

第十条 县级以上人民政府应当建立健全对行政机关实施行政许可的监督制度,加强对行政机关实施行政许可的监督检查。

行政机关应当对公民、法人或者其他组织从事行政许可事项的活动实施有效监督。

第二章 行政许可的设定

第十一条 设定行政许可,应当遵循经济和社会发展规律,有利于发挥公民、法人或者其他组织的积极性、主动性,维护公共利益和社会秩序,促进经济、社会和生态环境协调发展。

第十二条 下列事项可以设定行政许可:

(一)直接涉及国家安全、公共安全、经济宏观调控、生态环境保护以及直接关系人身健康、生命财产安全等特定活动,需要按照法定条件予以批准的事项;

(二)有限自然资源开发利用、公共资源配置以及直接关系公共利益的特定行业的市场准入等,需要赋予特定权利的事项;

(三)提供公众服务并且直接关系公共利益的职业、行业,需要确定具备特殊信誉、特殊条件或者特殊技能等资格、资质的事项;

(四)直接关系公共安全、人身健康、生命财产安全的重要设备、设施、产品、物品,需要按照技术标准、技术规范,通过检验、检测、检疫等方式进行审定的事项;

(五)企业或者其他组织的设立等,需要确定主体资格的事项;

(六)法律、行政法规规定可以设定行政许可的其他事项。

第十三条 本法第十二条所列事项,通过下列方式能够予以规范的,可以不设行政许可:

(一)公民、法人或者其他组织能够自主决定的;

(二)市场竞争机制能够有效调节的;

(三)行业组织或者中介机构能够自律管理的;

(四)行政机关采用事后监督等其他行政管理方式能够解决的。

第十四条 本法第十二条所列事项,法律可以设定行政许可。尚未制定法律的,行政法规可以设定行政许可。

必要时,国务院可以采用发布决定的方式设定行政许可。实施后,除临时性行政许可事项外,国务院应当及时提请全国人民代表大会及其常务委员会制定法律,或者自行制定行政法规。

第十五条 本法第十二条所列事项,尚未制定法律、行政法规的,地方性法规可以设定行政许可;尚未制定法律、行政法规和地方性法规的,因行政管理的需要,确需立即实施行政许可的,省、自治区、直辖市人民政府规章可以设定临时性的行政许可。临时性的行政许可实施满一年需要继续实施的,应当提请本级人民代表大会及其常务委员会制定地方性法规。

地方性法规和省、自治区、直辖市人民政府规章,不得设定应当由国家统一确定的公民、法人或者其他组织的资格、资质的行政许可;不得设定企业或者其他组织的设立登记及其前置性行政许可。其设定的行政许可,不得限制其他地区的个人或者企业到本地区从事生产经营和提供服务,不得限制其他地区的商品进入本地区市场。

第十六条 行政法规可以在法律设定的行政许可事项范围内,对实施该行政许可作出具体规定。

地方性法规可以在法律、行政法规设定的行政许可事项范围内,对实施该行政许可作出具体规定。

规章可以在上位法设定的行政许可事项范围内,对实施该行政许可作出具体规定。

法规、规章对实施上位法设定的行政许可作出的具体规定,不得增设行政许可;对行政许可条件作出的具体规定,不得增设违反上位法的其他条件。

第十七条 除本法第十四条、第十五条规定的外,其他规范性文件一律不得设定行政许可。

第十八条 设定行政许可,应当规定行政许可的实施机关、条件、程序、期限。

第十九条 起草法律草案、法规草案和省、自治区、直辖市人民政府规章草案,拟设定行政许可的,起草单位应当采取听证会、论证会等形式听取意见,并向制定机关说明设定该行政许可的必要性、对经济和社会可能产生的影响以及听取和采纳意见的情况。

第二十条 行政许可的设定机关应当定期对其设定的行政许可

进行评价；对已设定的行政许可，认为通过本法第十三条所列方式能够解决的，应当对设定该行政许可的规定及时予以修改或者废止。

行政许可的实施机关可以对已设定的行政许可的实施情况及存在的必要性适时进行评价，并将意见报告该行政许可的设定机关。

公民、法人或者其他组织可以向行政许可的设定机关和实施机关就行政许可的设定和实施提出意见和建议。

第二十一条 省、自治区、直辖市人民政府对行政法规设定的有关经济事务的行政许可，根据本行政区域经济和社会发展情况，认为通过本法第十三条所列方式能够解决的，报国务院批准后，可以在本行政区域内停止实施该行政许可。

第三章 行政许可的实施机关

第二十二条 行政许可由具有行政许可权的行政机关在其法定职权范围内实施。

第二十三条 法律、法规授权的具有管理公共事务职能的组织，在法定授权范围内，以自己的名义实施行政许可。被授权的组织适用本法有关行政机关的规定。

第二十四条 行政机关在其法定职权范围内，依照法律、法规、规章的规定，可以委托其他行政机关实施行政许可。委托机关应当将受委托行政机关和受委托实施行政许可的内容予以公告。

委托行政机关对受委托行政机关实施行政许可的行为应当负责监督，并对该行为的后果承担法律责任。

受委托行政机关在委托范围内，以委托行政机关名义实施行政许可；不得再委托其他组织或者个人实施行政许可。

第二十五条 经国务院批准，省、自治区、直辖市人民政府根据精简、统一、效能的原则，可以决定一个行政机关行使有关行政机关的行政许可权。

第二十六条 行政许可需要行政机关内设的多个机构办理的，该行政机关应当确定一个机构统一受理行政许可申请，统一送达行政许可决定。

行政许可依法由地方人民政府两个以上部门分别实施的，本级人民政府可以确定一个部门受理行政许可申请并转告有关部门分别提出意见后统一办理，或者组织有关部门联合办理、集中办理。

第二十七条 行政机关实施行政许可，不得向申请人提出购买指定商品、接受有偿服务等不正当要求。

行政机关工作人员办理行政许可，不得索取或者收受申请人的财物，不得谋取其他利益。

第二十八条 对直接关系公共安全、人身健康、生命财产安全的设备、设施、产品、物品的检验、检测、检疫，除法律、行政法规规定由行政机关实施的外，应当逐步由符合法定条件的专业技术组织实施。专业技术组织及其有关人员对所实施的检验、检测、检疫结论承担法律责任。

第四章 行政许可的实施程序

第一节 申请与受理

第二十九条 公民、法人或者其他组织从事特定活动，依法需要取得行政许可的，应当向行政机关提出申请。申请书需要采用格式文本的，行政机关应当向申请人提供行政许可申请书格式文本。申请书格式文本中不得包含与申请行政许可事项没有直接关系的内容。

申请人可以委托代理人提出行政许可申请。但是，依法应当由申请人到行政机关办公场所提出行政许可申请的除外。

行政许可申请可以通过信函、电报、电传、传真、电子数据交换和电子邮件等方式提出。

第三十条 行政机关应当将法律、法规、规章规定的有关行政许可的事项、依据、条件、数量、程序、期限以及需要提交的全部材料的目录和申请书示范文本等在办公场所公示。

申请人要求行政机关对公示内容予以说明、解释的，行政机关应当说明、解释，提供准确、可靠的信息。

第三十一条 申请人申请行政许可,应当如实向行政机关提交有关材料和反映真实情况,并对其申请材料实质内容的真实性负责。行政机关不得要求申请人提交与其申请的行政许可事项无关的技术资料和其他材料。

行政机关及其工作人员不得以转让技术作为取得行政许可的条件;不得在实施行政许可的过程中,直接或者间接地要求转让技术。

第三十二条 行政机关对申请人提出的行政许可申请,应当根据下列情况分别作出处理:

(一)申请事项依法不需要取得行政许可的,应当即时告知申请人不受理;

(二)申请事项依法不属于本行政机关职权范围的,应当即时作出不予受理的决定,并告知申请人向有关行政机关申请;

(三)申请材料存在可以当场更正的错误的,应当允许申请人当场更正;

(四)申请材料不齐全或者不符合法定形式的,应当当场或者在五日内一次告知申请人需要补正的全部内容,逾期不告知的,自收到申请材料之日起即为受理;

(五)申请事项属于本行政机关职权范围,申请材料齐全、符合法定形式,或者申请人按照本行政机关的要求提交全部补正申请材料的,应当受理行政许可申请。

行政机关受理或者不予受理行政许可申请,应当出具加盖本行政机关专用印章和注明日期的书面凭证。

第三十三条 行政机关应当建立和完善有关制度,推行电子政务,在行政机关的网站上公布行政许可事项,方便申请人采取数据电文等方式提出行政许可申请;应当与其他行政机关共享有关行政许可信息,提高办事效率。

第二节 审查与决定

第三十四条 行政机关应当对申请人提交的申请材料进行审查。

申请人提交的申请材料齐全、符合法定形式，行政机关能够当场作出决定的，应当当场作出书面的行政许可决定。

根据法定条件和程序，需要对申请材料的实质内容进行核实的，行政机关应当指派两名以上工作人员进行核查。

第三十五条　依法应当先经下级行政机关审查后报上级行政机关决定的行政许可，下级行政机关应当在法定期限内将初步审查意见和全部申请材料直接报送上级行政机关。上级行政机关不得要求申请人重复提供申请材料。

第三十六条　行政机关对行政许可申请进行审查时，发现行政许可事项直接关系他人重大利益的，应当告知该利害关系人。申请人、利害关系人有权进行陈述和申辩。行政机关应当听取申请人、利害关系人的意见。

第三十七条　行政机关对行政许可申请进行审查后，除当场作出行政许可决定的外，应当在法定期限内按照规定程序作出行政许可决定。

第三十八条　申请人的申请符合法定条件、标准的，行政机关应当依法作出准予行政许可的书面决定。

行政机关依法作出不予行政许可的书面决定的，应当说明理由，并告知申请人享有依法申请行政复议或者提起行政诉讼的权利。

第三十九条　行政机关作出准予行政许可的决定，需要颁发行政许可证件的，应当向申请人颁发加盖本行政机关印章的下列行政许可证件：

（一）许可证、执照或者其他许可证书；

（二）资格证、资质证或者其他合格证书；

（三）行政机关的批准文件或者证明文件；

（四）法律、法规规定的其他行政许可证件。

行政机关实施检验、检测、检疫的，可以在检验、检测、检疫合格的设备、设施、产品、物品上加贴标签或者加盖检验、检测、检疫印章。

第四十条　行政机关作出的准予行政许可决定，应当予以公开，公众有权查阅。

第四十一条 法律、行政法规设定的行政许可,其适用范围没有地域限制的,申请人取得的行政许可在全国范围内有效。

第三节 期 限

第四十二条 除可以当场作出行政许可决定的外,行政机关应当自受理行政许可申请之日起二十日内作出行政许可决定。二十日内不能作出决定的,经本行政机关负责人批准,可以延长十日,并应当将延长期限的理由告知申请人。但是,法律、法规另有规定的,依照其规定。

依照本法第二十六条的规定,行政许可采取统一办理或者联合办理、集中办理的,办理的时间不得超过四十五日;四十五日内不能办结的,经本级人民政府负责人批准,可以延长十五日,并应当将延长期限的理由告知申请人。

第四十三条 依法应当先经下级行政机关审查后报上级行政机关决定的行政许可,下级行政机关应当自其受理行政许可申请之日起二十日内审查完毕。但是,法律、法规另有规定的,依照其规定。

第四十四条 行政机关作出准予行政许可的决定,应当自作出决定之日起十日内向申请人颁发、送达行政许可证件,或者加贴标签、加盖检验、检测、检疫印章。

第四十五条 行政机关作出行政许可决定,依法需要听证、招标、拍卖、检验、检测、检疫、鉴定和专家评审的,所需时间不计算在本节规定的期限内。行政机关应当将所需时间书面告知申请人。

第四节 听 证

第四十六条 法律、法规、规章规定实施行政许可应当听证的事项,或者行政机关认为需要听证的其他涉及公共利益的重大行政许可事项,行政机关应当向社会公告,并举行听证。

第四十七条 行政许可直接涉及申请人与他人之间重大利益关系的,行政机关在作出行政许可决定前,应当告知申请人、利害关系人享有要求听证的权利；申请人、利害关系人在被告知听证权利之日起五日内提出听证申请的，行政机关应当在二十日内组织听证。

申请人、利害关系人不承担行政机关组织听证的费用。

第四十八条 听证按照下列程序进行：

（一）行政机关应当于举行听证的七日前将举行听证的时间、地点通知申请人、利害关系人，必要时予以公告；

（二）听证应当公开举行；

（三）行政机关应当指定审查该行政许可申请的工作人员以外的人员为听证主持人，申请人、利害关系人认为主持人与该行政许可事项有直接利害关系的，有权申请回避；

（四）举行听证时，审查该行政许可申请的工作人员应当提供审查意见的证据、理由，申请人、利害关系人可以提出证据，并进行申辩和质证；

（五）听证应当制作笔录，听证笔录应当交听证参加人确认无误后签字或者盖章。

行政机关应当根据听证笔录，作出行政许可决定。

第五节 变更与延续

第四十九条 被许可人要求变更行政许可事项的，应当向作出行政许可决定的行政机关提出申请；符合法定条件、标准的，行政机关应当依法办理变更手续。

第五十条 被许可人需要延续依法取得的行政许可的有效期的，应当在该行政许可有效期届满三十日前向作出行政许可决定的行政机关提出申请。但是，法律、法规、规章另有规定的，依照其规定。

行政机关应当根据被许可人的申请，在该行政许可有效期届满前作出是否准予延续的决定；逾期未作决定的，视为准予延续。

第六节 特别规定

第五十一条 实施行政许可的程序，本节有规定的，适用本节规定;本节没有规定的,适用本章其他有关规定。

第五十二条 国务院实施行政许可的程序,适用有关法律、行政法规的规定。

第五十三条 实施本法第十二条第二项所列事项的行政许可的,行政机关应当通过招标、拍卖等公平竞争的方式作出决定。但是,法律、行政法规另有规定的,依照其规定。

行政机关通过招标、拍卖等方式作出行政许可决定的具体程序,依照有关法律、行政法规的规定。

行政机关按照招标、拍卖程序确定中标人、买受人后,应当作出准予行政许可的决定,并依法向中标人、买受人颁发行政许可证件。

行政机关违反本条规定,不采用招标、拍卖方式,或者违反招标、拍卖程序,损害申请人合法权益的,申请人可以依法申请行政复议或者提起行政诉讼。

第五十四条 实施本法第十二条第三项所列事项的行政许可,赋予公民特定资格,依法应当举行国家考试的,行政机关根据考试成绩和其他法定条件作出行政许可决定;赋予法人或者其他组织特定的资格、资质的,行政机关根据申请人的专业人员构成、技术条件、经营业绩和管理水平等的考核结果作出行政许可决定。但是,法律、行政法规另有规定的,依照其规定。

公民特定资格的考试依法由行政机关或者行业组织实施,公开举行。行政机关或者行业组织应当事先公布资格考试的报名条件、报考办法、考试科目以及考试大纲。但是,不得组织强制性的资格考试的考前培训,不得指定教材或者其他助考材料。

第五十五条 实施本法第十二条第四项所列事项的行政许可的,应当按照技术标准、技术规范依法进行检验、检测、检疫,行政机关根据检验、检测、检疫的结果作出行政许可决定。

行政机关实施检验、检测、检疫,应当自受理申请之日起五日内指派两名以上工作人员按照技术标准、技术规范进行检验、检测、检疫。不需要对检验、检测、检疫结果作进一步技术分析即可认定设备、设施、产品、物品是否符合技术标准、技术规范的，行政机关应当当场作出行政许可决定。

行政机关根据检验、检测、检疫结果，作出不予行政许可决定的，应当书面说明不予行政许可所依据的技术标准、技术规范。

第五十六条 实施本法第十二条第五项所列事项的行政许可，申请人提交的申请材料齐全、符合法定形式的，行政机关应当当场予以登记。需要对申请材料的实质内容进行核实的，行政机关依照本法第三十四条第三款的规定办理。

第五十七条 有数量限制的行政许可，两个或者两个以上申请人的申请均符合法定条件、标准的，行政机关应当根据受理行政许可申请的先后顺序作出准予行政许可的决定。但是，法律、行政法规另有规定的，依照其规定。

第五章 行政许可的费用

第五十八条 行政机关实施行政许可和对行政许可事项进行监督检查，不得收取任何费用。但是，法律、行政法规另有规定的，依照其规定。

行政机关提供行政许可申请书格式文本，不得收费。

行政机关实施行政许可所需经费应当列入本行政机关的预算，由本级财政予以保障，按照批准的预算予以核拨。

第五十九条 行政机关实施行政许可，依照法律、行政法规收取费用的，应当按照公布的法定项目和标准收费；所收取的费用必须全部上缴国库，任何机关或者个人不得以任何形式截留、挪用、私分或者变相私分。财政部门不得以任何形式向行政机关返还或者变相返还实施行政许可所收取的费用。

第六章 监督检查

第六十条 上级行政机关应当加强对下级行政机关实施行政许可的监督检查，及时纠正行政许可实施中的违法行为。

第六十一条 行政机关应当建立健全监督制度,通过核查反映被许可人从事行政许可事项活动情况的有关材料,履行监督责任。

行政机关依法对被许可人从事行政许可事项的活动进行监督检查时,应当将监督检查的情况和处理结果予以记录,由监督检查人员签字后归档。公众有权查阅行政机关监督检查记录。

行政机关应当创造条件,实现与被许可人、其他有关行政机关的计算机档案系统互联,核查被许可人从事行政许可事项活动情况。

第六十二条 行政机关可以对被许可人生产经营的产品依法进行抽样检查、检验、检测,对其生产经营场所依法进行实地检查。检查时,行政机关可以依法查阅或者要求被许可人报送有关材料;被许可人应当如实提供有关情况和材料。

行政机关根据法律、行政法规的规定,对直接关系公共安全、人身健康、生命财产安全的重要设备、设施进行定期检验。对检验合格的,行政机关应当发给相应的证明文件。

第六十三条 行政机关实施监督检查,不得妨碍被许可人正常的生产经营活动,不得索取或者收受被许可人的财物,不得谋取其他利益。

第六十四条 被许可人在作出行政许可决定的行政机关管辖区域外违法从事行政许可事项活动的,违法行为发生地的行政机关应当依法将被许可人的违法事实、处理结果抄告作出行政许可决定的行政机关。

第六十五条 个人和组织发现违法从事行政许可事项的活动,有权向行政机关举报,行政机关应当及时核实、处理。

第六十六条 被许可人未依法履行开发利用自然资源义务或者未依法履行利用公共资源义务的,行政机关应当责令限期改正;被许可人在规定期限内不改正的,行政机关应当依照有关法律、行政法规的规定予以处理。

第六十七条 取得直接关系公共利益的特定行业的市场准入行政许可的被许可人,应当按照国家规定的服务标准、资费标准和行政机关依法规定的条件,向用户提供安全、方便、稳定和价格合理的服务,并履行普遍服务的义务;未经作出行政许可决定的行政机关批准,不得擅自停业、歇业。

被许可人不履行前款规定的义务的,行政机关应当责令限期改正,或者依法采取有效措施督促其履行义务。

第六十八条 对直接关系公共安全、人身健康、生命财产安全的重要设备、设施,行政机关应当督促设计、建造、安装和使用单位建立相应的自检制度。

行政机关在监督检查时,发现直接关系公共安全、人身健康、生命财产安全的重要设备、设施存在安全隐患的,应当责令停止建造、安装和使用,并责令设计、建造、安装和使用单位立即改正。

第六十九条 有下列情形之一的,作出行政许可决定的行政机关或者其上级行政机关,根据利害关系人的请求或者依据职权,可以撤销行政许可:

(一)行政机关工作人员滥用职权、玩忽职守作出准予行政许可决定的;

(二)超越法定职权作出准予行政许可决定的;

(三)违反法定程序作出准予行政许可决定的;

(四)对不具备申请资格或者不符合法定条件的申请人准予行政许可的;

(五)依法可以撤销行政许可的其他情形。

被许可人以欺骗、贿赂等不正当手段取得行政许可的,应当予以撤销。

依照前两款的规定撤销行政许可,可能对公共利益造成重大损害的,不予撤销。

依照本条第一款的规定撤销行政许可,被许可人的合法权益受到损害的,行政机关应当依法给予赔偿。依照本条第二款的规定撤销行政许可的,被许可人基于行政许可取得的利益不受保护。

第七十条 有下列情形之一的,行政机关应当依法办理有关行政许可的注销手续：

（一）行政许可有效期届满未延续的；

（二）赋予公民特定资格的行政许可，该公民死亡或者丧失行为能力的；

（三）法人或者其他组织依法终止的；

（四）行政许可依法被撤销、撤回，或者行政许可证件依法被吊销的；

（五）因不可抗力导致行政许可事项无法实施的；

（六）法律、法规规定的应当注销行政许可的其他情形。

第七章　法律责任

第七十一条　违反本法第十七条规定设定的行政许可，有关机关应当责令设定该行政许可的机关改正，或者依法予以撤销。

第七十二条　行政机关及其工作人员违反本法的规定，有下列情形之一的，由其上级行政机关或者监察机关责令改正；情节严重的，对直接负责的主管人员和其他直接责任人员依法给予行政处分：

（一）对符合法定条件的行政许可申请不予受理的；

（二）不在办公场所公示依法应当公示的材料的；

（三）在受理、审查、决定行政许可过程中，未向申请人、利害关系人履行法定告知义务的；

（四）申请人提交的申请材料不齐全、不符合法定形式，不一次告知申请人必须补正的全部内容的；

（五）违法披露申请人提交的商业秘密、未披露信息或者保密商务信息的；

（六）以转让技术作为取得行政许可的条件，或者在实施行政许可的过程中直接或者间接地要求转让技术的；

（七）未依法说明不受理行政许可申请或者不予行政许可的理由的；

（八）依法应当举行听证而不举行听证的。

第七十三条　行政机关工作人员办理行政许可、实施监督检查，索取或者收受他人财物或者谋取其他利益，构成犯罪的，依法追究刑事责任；尚不构成犯罪的，依法给予行政处分。

第七十四条　行政机关实施行政许可，有下列情形之一的，由其上级行政机关或者监察机关责令改正，对直接负责的主管人员和其他直接责任人员依法给予行政处分；构成犯罪的，依法追究刑事责任：

（一）对不符合法定条件的申请人准予行政许可或者超越法定职权作出准予行政许可决定的；

（二）对符合法定条件的申请人不予行政许可或者不在法定期限内作出准予行政许可决定的；

（三）依法应当根据招标、拍卖结果或者考试成绩择优作出准予行政许可决定，未经招标、拍卖或者考试，或者不根据招标、拍卖结果或者考试成绩择优作出准予行政许可决定的。

第七十五条　行政机关实施行政许可，擅自收费或者不按照法定项目和标准收费的，由其上级行政机关或者监察机关责令退还非法收取的费用；对直接负责的主管人员和其他直接责任人员依法给予行政处分。

截留、挪用、私分或者变相私分实施行政许可依法收取的费用的，予以追缴；对直接负责的主管人员和其他直接责任人员依法给予行政处分；构成犯罪的，依法追究刑事责任。

第七十六条　行政机关违法实施行政许可，给当事人的合法权益造成损害的，应当依照国家赔偿法的规定给予赔偿。

第七十七条　行政机关不依法履行监督职责或者监督不力，造成严重后果的，由其上级行政机关或者监察机关责令改正，对直接负责的主管人员和其他直接责任人员依法给予行政处分；构成犯罪的，依法追究刑事责任。

第七十八条　行政许可申请人隐瞒有关情况或者提供虚假材料申请行政许可的，行政机关不予受理或者不予行政许可，并给予警告；

行政许可申请属于直接关系公共安全、人身健康、生命财产安全事项的,申请人在一年内不得再次申请该行政许可。

第七十九条 被许可人以欺骗、贿赂等不正当手段取得行政许可的,行政机关应当依法给予行政处罚;取得的行政许可属于直接关系公共安全、人身健康、生命财产安全事项的,申请人在三年内不得再次申请该行政许可;构成犯罪的,依法追究刑事责任。

第八十条 被许可人有下列行为之一的,行政机关应当依法给予行政处罚;构成犯罪的,依法追究刑事责任:

(一)涂改、倒卖、出租、出借行政许可证件,或者以其他形式非法转让行政许可的;

(二)超越行政许可范围进行活动的;

(三)向负责监督检查的行政机关隐瞒有关情况、提供虚假材料或者拒绝提供反映其活动情况的真实材料的;

(四)法律、法规、规章规定的其他违法行为。

第八十一条 公民、法人或者其他组织未经行政许可,擅自从事依法应当取得行政许可的活动的,行政机关应当依法采取措施予以制止,并依法给予行政处罚;构成犯罪的,依法追究刑事责任。

第八章 附 则

第八十二条 本法规定的行政机关实施行政许可的期限以工作日计算,不含法定节假日。

第八十三条 本法自 2004 年 7 月 1 日起施行。

本法施行前有关行政许可的规定,制定机关应当依照本法规定予以清理;不符合本法规定的,自本法施行之日起停止执行。

企业投资项目核准和备案管理条例

（2016 年 11 月 30 日公布　国务院令第 673 号
自 2017 年 2 月 1 日起实施）

第一条　为了规范政府对企业投资项目的核准和备案行为，加快转变政府的投资管理职能，落实企业投资自主权，制定本条例。

第二条　本条例所称企业投资项目（以下简称项目），是指企业在中国境内投资建设的固定资产投资项目。

第三条　对关系国家安全、涉及全国重大生产力布局、战略性资源开发和重大公共利益等项目，实行核准管理。具体项目范围以及核准机关、核准权限依照政府核准的投资项目目录执行。政府核准的投资项目目录由国务院投资主管部门会同国务院有关部门提出，报国务院批准后实施，并适时调整。国务院另有规定的，依照其规定。

对前款规定以外的项目，实行备案管理。除国务院另有规定的，实行备案管理的项目按照属地原则备案，备案机关及其权限由省、自治区、直辖市和计划单列市人民政府规定。

第四条　除涉及国家秘密的项目外，项目核准、备案通过国家建立的项目在线监管平台（以下简称在线平台）办理。

核准机关、备案机关以及其他有关部门统一使用在线平台生成的项目代码办理相关手续。

国务院投资主管部门会同有关部门制定在线平台管理办法。

第五条　核准机关、备案机关应当通过在线平台列明与项目有关的产业政策，公开项目核准的办理流程、办理时限等，并为企业提供相关咨询服务。

第六条　企业办理项目核准手续，应当向核准机关提交项目申请

书;由国务院核准的项目,向国务院投资主管部门提交项目申请书。项目申请书应当包括下列内容:

(一)企业基本情况;

(二)项目情况,包括项目名称、建设地点、建设规模、建设内容等;

(三)项目利用资源情况分析以及对生态环境的影响分析;

(四)项目对经济和社会的影响分析。

企业应当对项目申请书内容的真实性负责。

法律、行政法规规定办理相关手续作为项目核准前置条件的,企业应当提交已经办理相关手续的证明文件。

第七条 项目申请书由企业自主组织编制,任何单位和个人不得强制企业委托中介服务机构编制项目申请书。

核准机关应当制定并公布项目申请书示范文本,明确项目申请书编制要求。

第八条 由国务院有关部门核准的项目,企业可以通过项目所在地省、自治区、直辖市和计划单列市人民政府有关部门(以下称地方人民政府有关部门)转送项目申请书,地方人民政府有关部门应当自收到项目申请书之日起5个工作日内转送核准机关。

由国务院核准的项目,企业通过地方人民政府有关部门转送项目申请书的,地方人民政府有关部门应当在前款规定的期限内将项目申请书转送国务院投资主管部门,由国务院投资主管部门审核后报国务院核准。

第九条 核准机关应当从下列方面对项目进行审查:

(一)是否危害经济安全、社会安全、生态安全等国家安全;

(二)是否符合相关发展建设规划、技术标准和产业政策;

(三)是否合理开发并有效利用资源;

(四)是否对重大公共利益产生不利影响。

项目涉及有关部门或者项目所在地地方人民政府职责的,核准机关应当书面征求其意见,被征求意见单位应当及时书面回复。

核准机关委托中介服务机构对项目进行评估的,应当明确评估重点;除项目情况复杂的,评估时限不得超过 30 个工作日。评估费用由核准机关承担。

第十条 核准机关应当自受理申请之日起 20 个工作日内,作出是否予以核准的决定;项目情况复杂或者需要征求有关单位意见的,经本机关主要负责人批准,可以延长核准期限,但延长的期限不得超过 40 个工作日。核准机关委托中介服务机构对项目进行评估的,评估时间不计入核准期限。

核准机关对项目予以核准的,应当向企业出具核准文件;不予核准的,应当书面通知企业并说明理由。由国务院核准的项目,由国务院投资主管部门根据国务院的决定向企业出具核准文件或者不予核准的书面通知。

第十一条 企业拟变更已核准项目的建设地点,或者拟对建设规模、建设内容等作较大变更的,应当向核准机关提出变更申请。核准机关应当自受理申请之日起 20 个工作日内,作出是否同意变更的书面决定。

第十二条 项目自核准机关作出予以核准决定或者同意变更决定之日起 2 年内未开工建设,需要延期开工建设的,企业应当在 2 年期限届满的 30 个工作日前,向核准机关申请延期开工建设。核准机关应当自受理申请之日起 20 个工作日内,作出是否同意延期开工建设的决定。开工建设只能延期一次,期限最长不得超过 1 年。国家对项目延期开工建设另有规定的,依照其规定。

第十三条 实行备案管理的项目,企业应当在开工建设前通过在线平台将下列信息告知备案机关:

(一)企业基本情况;

(二)项目名称、建设地点、建设规模、建设内容;

(三)项目总投资额;

(四)项目符合产业政策的声明。

企业应当对备案项目信息的真实性负责。

备案机关收到本条第一款规定的全部信息即为备案;企业告知的

信息不齐全的,备案机关应当指导企业补正。

企业需要备案证明的,可以要求备案机关出具或者通过在线平台自行打印。

第十四条 已备案项目信息发生较大变更的,企业应当及时告知备案机关。

第十五条 备案机关发现已备案项目属于产业政策禁止投资建设或者实行核准管理的,应当及时告知企业予以纠正或者依法办理核准手续,并通知有关部门。

第十六条 核准机关、备案机关以及依法对项目负有监督管理职责的其他有关部门应当加强事中事后监管,按照谁审批谁监管、谁主管谁监管的原则,落实监管责任,采取在线监测、现场核查等方式,加强对项目实施的监督检查。

企业应当通过在线平台如实报送项目开工建设、建设进度、竣工的基本信息。

第十七条 核准机关、备案机关以及依法对项目负有监督管理职责的其他有关部门应当建立项目信息共享机制,通过在线平台实现信息共享。

企业在项目核准、备案以及项目实施中的违法行为及其处理信息,通过国家社会信用信息平台向社会公示。

第十八条 实行核准管理的项目,企业未依照本条例规定办理核准手续开工建设或者未按照核准的建设地点、建设规模、建设内容等进行建设的,由核准机关责令停止建设或者责令停产,对企业处项目总投资额1‰以上5‰以下的罚款;对直接负责的主管人员和其他直接责任人员处2万元以上5万元以下的罚款,属于国家工作人员的,依法给予处分。

以欺骗、贿赂等不正当手段取得项目核准文件,尚未开工建设的,由核准机关撤销核准文件,处项目总投资额1‰以上5‰以下的罚款;已经开工建设的,依照前款规定予以处罚;构成犯罪的,依法追究刑事责任。

第十九条　实行备案管理的项目，企业未依照本条例规定将项目信息或者已备案项目的信息变更情况告知备案机关，或者向备案机关提供虚假信息的，由备案机关责令限期改正；逾期不改正的，处2万元以上5万元以下的罚款。

第二十条　企业投资建设产业政策禁止投资建设项目的，由县级以上人民政府投资主管部门责令停止建设或者责令停产并恢复原状，对企业处项目总投资额5‰以上10‰以下的罚款；对直接负责的主管人员和其他直接责任人员处5万元以上10万元以下的罚款，属于国家工作人员的，依法给予处分。法律、行政法规另有规定的，依照其规定。

第二十一条　核准机关、备案机关及其工作人员在项目核准、备案工作中玩忽职守、滥用职权、徇私舞弊的，对负有责任的领导人员和直接责任人员依法给予处分；构成犯罪的，依法追究刑事责任。

第二十二条　事业单位、社会团体等非企业组织在中国境内投资建设的固定资产投资项目适用本条例，但通过预算安排的固定资产投资项目除外。

第二十三条　国防科技工业企业在中国境内投资建设的固定资产投资项目核准和备案管理办法，由国务院国防科技工业管理部门根据本条例的原则另行制定。

第二十四条　本条例自2017年2月1日起施行。

企业投资项目核准和备案管理办法

（2017年3月8日公布　国家发展和改革委员会令第2号
自2017年4月8日起实施）

第一章　总　　则

第一条　为落实企业投资自主权，规范政府对企业投资项目的核准和备案行为，实现便利、高效服务和有效管理，依法保护企业合法权益，依据《行政许可法》、《企业投资项目核准和备案管理条例》等有关法律法规，制定本办法。

第二条 本办法所称企业投资项目（以下简称项目），是指企业在中国境内投资建设的固定资产投资项目，包括企业使用自己筹措资金的项目，以及使用自己筹措的资金并申请使用政府投资补助或贷款贴息等的项目。

项目申请使用政府投资补助、贷款贴息的，应在履行核准或备案手续后，提出资金申请报告。

第三条 县级以上人民政府投资主管部门对投资项目履行综合管理职责。

县级以上人民政府其他部门依照法律、法规规定，按照本级政府规定职责分工，对投资项目履行相应管理职责。

第四条 根据项目不同情况，分别实行核准管理或备案管理。

对关系国家安全、涉及全国重大生产力布局、战略性资源开发和重大公共利益等项目，实行核准管理。其他项目实行备案管理。

第五条 实行核准管理的具体项目范围以及核准机关、核准权限，由国务院颁布的《政府核准的投资项目目录》（以下简称《核准目录》）确定。法律、行政法规和国务院对项目核准的范围、权限有专门规定的，从其规定。

《核准目录》由国务院投资主管部门会同有关部门研究提出，报国务院批准后实施，并根据情况适时调整。

未经国务院批准，各部门、各地区不得擅自调整《核准目录》确定的核准范围和权限。

第六条 除国务院另有规定外，实行备案管理的项目按照属地原则备案。

各省级政府负责制定本行政区域内的项目备案管理办法，明确备案机关及其权限。

第七条 依据本办法第五条第一款规定具有项目核准权限的行

政机关统称项目核准机关。《核准目录》所称国务院投资主管部门是指国家发展和改革委员会;《核准目录》规定由省级政府、地方政府核准的项目,其具体项目核准机关由省级政府确定。

项目核准机关对项目进行的核准是行政许可事项,实施行政许可所需经费应当由本级财政予以保障。

依据国务院专门规定和省级政府规定具有项目备案权限的行政机关统称项目备案机关。

第八条 项目的市场前景、经济效益、资金来源和产品技术方案等,应当依法由企业自主决策、自担风险,项目核准、备案机关及其他行政机关不得非法干预企业的投资自主权。

第九条 项目核准、备案机关及其工作人员应当依法对项目进行核准或者备案,不得擅自增减审查条件,不得超出办理时限。

第十条 项目核准、备案机关应当遵循便民、高效原则,提高办事效率,提供优质服务。

项目核准、备案机关应当制定并公开服务指南,列明项目核准的申报材料及所需附件、受理方式、审查条件、办理流程、办理时限等;列明项目备案所需信息内容、办理流程等,提高工作透明度,为企业提供指导和服务。

第十一条 县级以上地方人民政府有关部门应当依照相关法律法规和本级政府有关规定,建立健全对项目核准、备案机关的监督制度,加强对项目核准、备案行为的监督检查。

各级政府及其有关部门应当依照相关法律法规及规定对企业从事固定资产投资活动实施监督管理。

任何单位和个人都有权对项目核准、备案、建设实施过程中的违法违规行为向有关部门检举。有关部门应当及时核实、处理。

第十二条 除涉及国家秘密的项目外,项目核准、备案通过全国投资项目在线审批监管平台(以下简称在线平台)实行网上受理、办理、监管和服务,实现核准、备案过程和结果的可查询、可监督。

第十三条 项目核准、备案机关以及其他有关部门统一使用在线平台生成的项目代码办理相关手续。

项目通过在线平台申报时,生成作为该项目整个建设周期身份标识的唯一项目代码。项目的审批信息、监管(处罚)信息,以及工程实施过程中的重要信息,统一汇集至项目代码,并与社会信用体系对接,作为后续监管的基础条件。

第十四条 项目核准、备案机关及有关部门应当通过在线平台公开与项目有关的发展规划、产业政策和准入标准,公开项目核准、备案等事项的办理条件、办理流程、办理时限等。

项目核准、备案机关应根据《政府信息公开条例》有关规定将核准、备案结果予以公开,不得违法违规公开重大工程的关键信息。

第十五条 企业投资建设固定资产投资项目,应当遵守国家法律法规,符合国民经济和社会发展总体规划、专项规划、区域规划、产业政策、市场准入标准、资源开发、能耗与环境管理等要求,依法履行项目核准或者备案及其他相关手续,并依法办理城乡规划、土地(海域)使用、环境保护、能源资源利用、安全生产等相关手续,如实提供相关材料,报告相关信息。

第十六条 对项目核准、备案机关实施的项目核准、备案行为,相关利害关系人有权依法申请行政复议或者提起行政诉讼。

第二章 项目核准的申请文件

第十七条 企业办理项目核准手续,应当按照国家有关要求编制项目申请报告,取得第二十二条规定依法应当附具的有关文件后,按照本办法第二十三条规定报送。

第十八条 组织编制和报送项目申请报告的项目单位,应当对项目申请报告以及依法应当附具文件的真实性、合法性和完整性负责。

第十九条 项目申请报告应当主要包括以下内容:

(一)项目单位情况;

(二)拟建项目情况,包括项目名称、建设地点、建设规模、建设内容等;

（三）项目资源利用情况分析以及对生态环境的影响分析；

（四）项目对经济和社会的影响分析。

第二十条　项目申请报告通用文本由国务院投资主管部门会同有关部门制定，主要行业的项目申请报告示范文本由相应的项目核准机关参照项目申请报告通用文本制定，明确编制内容、深度要求等。

第二十一条　项目申请报告可以由项目单位自行编写，也可以由项目单位自主委托具有相关经验和能力的工程咨询单位编写。任何单位和个人不得强制项目单位委托中介服务机构编制项目申请报告。

项目单位或者其委托的工程咨询单位应当按照项目申请报告通用文本和行业示范文本的要求编写项目申请报告。

工程咨询单位接受委托编制有关文件，应当做到依法、独立、客观、公正，对其编制的文件负责。

第二十二条　项目单位在报送项目申请报告时，应当根据国家法律法规的规定附具以下文件：

（一）城乡规划行政主管部门出具的选址意见书（仅指以划拨方式提供国有土地使用权的项目）；

（二）国土资源（海洋）行政主管部门出具的用地（用海）预审意见（国土资源主管部门明确可以不进行用地预审的情形除外）；

（三）法律、行政法规规定需要办理的其他相关手续。

第三章　项目核准的基本程序

第二十三条　地方企业投资建设应当分别由国务院投资主管部门、国务院行业管理部门核准的项目，可以分别通过项目所在地省级政府投资主管部门、行业管理部门向国务院投资主管部门、国务院行业管理部门转送项目申请报告。属于国务院投资主管部门核准权限的项目，项目所在地省级政府规定由省级政府行业管理部门转送的，可以由省级政府投资主管部门与其联合报送。

国务院有关部门所属单位、计划单列企业集团、中央管理企业投资建设应当由国务院有关部门核准的项目，直接向相应的项目核准机关报送项目申请报告,并附行业管理部门的意见。

企业投资建设应当由国务院核准的项目,按照本条第一、二款规定向国务院投资主管部门报送项目申请报告,由国务院投资主管部门审核后报国务院核准。新建运输机场项目由相关省级政府直接向国务院、中央军委报送项目申请报告。

第二十四条 企业投资建设应当由地方政府核准的项目,应当按照地方政府的有关规定,向相应的项目核准机关报送项目申请报告。

第二十五条 项目申报材料齐全、符合法定形式的,项目核准机关应当予以受理。

申报材料不齐全或者不符合法定形式的,项目核准机关应当在收到项目申报材料之日起 5 个工作日内一次告知项目单位补充相关文件,或对相关内容进行调整。逾期不告知的,自收到项目申报材料之日起即为受理。

项目核准机关受理或者不予受理申报材料,都应当出具加盖本机关专用印章并注明日期的书面凭证。对于受理的申报材料,书面凭证应注明项目代码,项目单位可以根据项目代码在线查询、监督核准过程和结果。

第二十六条 项目核准机关在正式受理项目申请报告后,需要评估的,应在 4 个工作日内按照有关规定委托具有相应资质的工程咨询机构进行评估。项目核准机关在委托评估时,应当根据项目具体情况,提出评估重点,明确评估时限。

工程咨询机构与编制项目申请报告的工程咨询机构为同一单位、存在控股、管理关系或者负责人为同一人的,该工程咨询机构不得承担该项目的评估工作。工程咨询机构与项目单位存在控股、管理关系或者负责人为同一人的,该工程咨询机构不得承担该项目单位的项目评估工作。

除项目情况复杂的,评估时限不得超过 30 个工作日。接受委托的工程咨询机构应当在项目核准机关规定的时间内提出评估报告,并对评估结论承担责任。项目情况复杂的,履行批准程序后,可以延长评估时限，但延长的期限不得超过 60 个工作日。

项目核准机关应当将项目评估报告与核准文件一并存档备查。

评估费用由委托评估的项目核准机关承担，评估机构及其工作人员不得收取项目单位的任何费用。

第二十七条 项目涉及有关行业管理部门或者项目所在地地方政府职责的，项目核准机关应当商请有关行业管理部门或地方人民政府在 7 个工作日内出具书面审查意见。有关行业管理部门或地方人民政府逾期没有反馈书面审查意见的，视为同意。

第二十八条 项目建设可能对公众利益构成重大影响的，项目核准机关在作出核准决定前，应当采取适当方式征求公众意见。

相关部门对直接涉及群众切身利益的用地（用海）、环境影响、移民安置、社会稳定风险等事项已经进行实质性审查并出具了相关审批文件的，项目核准机关可不再就相关内容重复征求公众意见。

对于特别重大的项目，可以实行专家评议制度。除项目情况特别复杂外，专家评议时限原则上不得超过 30 个工作日。

第二十九条 项目核准机关可以根据评估意见、部门意见和公众意见等，要求项目单位对相关内容进行调整，或者对有关情况和文件做进一步澄清、补充。

第三十条 项目违反相关法律法规，或者不符合发展规划、产业政策和市场准入标准要求的，项目核准机关可以不经过委托评估、征求意见等程序，直接作出不予核准的决定。

第三十一条 项目核准机关应当在正式受理申报材料后 20 个工作日内作出是否予以核准的决定，或向上级项目核准机关提出审核意见。项目情况复杂或者需要征求有关单位意见的，经本行政机关主要负责人批准，可以延长核准时限，但延长的时限不得超过 40 个工作日，并应当将延长期限的理由告知项目单位。

项目核准机关需要委托评估或进行专家评议的，所需时间不计算在前款规定的期限内。项目核准机关应当将咨询评估或专家评议所需时间书面告知项目单位。

第三十二条 项目符合核准条件的,项目核准机关应当对项目予以核准并向项目单位出具项目核准文件。项目不符合核准条件的,项目核准机关应当出具不予核准的书面通知,并说明不予核准的理由。

属于国务院核准权限的项目,由国务院投资主管部门根据国务院的决定向项目单位出具项目核准文件或者不予核准的书面通知。

项目核准机关出具项目核准文件或者不予核准的书面通知应当抄送同级行业管理、城乡规划、国土资源、水行政管理、环境保护、节能审查等相关部门和下级机关。

第三十三条 项目核准文件和不予核准书面通知的格式文本,由国务院投资主管部门制定。

第三十四条 项目核准机关应制定内部工作规则,不断优化工作流程,提高核准工作效率。

第四章 项目核准的审查及效力

第三十五条 项目核准机关应当从以下方面对项目进行审查:

(一)是否危害经济安全、社会安全、生态安全等国家安全;

(二)是否符合相关发展建设规划、产业政策和技术标准;

(三)是否合理开发并有效利用资源;

(四)是否对重大公共利益产生不利影响。

项目核准机关应当制定审查工作细则,明确审查具体内容、审查标准、审查要点、注意事项及不当行为需要承担的后果等。

第三十六条 除本办法第二十二条要求提供的项目申请报告附送文件之外,项目单位还应在开工前依法办理其他相关手续。

第三十七条 取得项目核准文件的项目,有下列情形之一的,项目单位应当及时以书面形式向原项目核准机关提出变更申请。原项目核准机关应当自受理申请之日起20个工作日内作出是否同意变更的书面决定:

(一)建设地点发生变更的;

(二)投资规模、建设规模、建设内容发生较大变化的;

（三）项目变更可能对经济、社会、环境等产生重大不利影响的；

（四）需要对项目核准文件所规定的内容进行调整的其他重大情形。

第三十八条　项目自核准机关出具项目核准文件或同意项目变更决定2年内未开工建设，需要延期开工建设的，项目单位应当在2年期限届满的30个工作日前，向项目核准机关申请延期开工建设。项目核准机关应当自受理申请之日起20个工作日内，作出是否同意延期开工建设的决定，并出具相应文件。开工建设只能延期一次，期限最长不得超过1年。国家对项目延期开工建设另有规定的，依照其规定。

在2年期限内未开工建设也未按照规定向项目核准机关申请延期的，项目核准文件或同意项目变更决定自动失效。

第五章　项目备案

第三十九条　实行备案管理的项目，项目单位应当在开工建设前通过在线平台将相关信息告知项目备案机关，依法履行投资项目信息告知义务，并遵循诚信和规范原则。

第四十条　项目备案机关应当制定项目备案基本信息格式文本，具体包括以下内容：

（一）项目单位基本情况；

（二）项目名称、建设地点、建设规模、建设内容；

（三）项目总投资额；

（四）项目符合产业政策声明。

项目单位应当对备案项目信息的真实性、合法性和完整性负责。

第四十一条　项目备案机关收到本办法第四十条规定的全部信息即为备案。项目备案信息不完整的，备案机关应当及时以适当方式提醒和指导项目单位补正。

项目备案机关发现项目属产业政策禁止投资建设或者依法应实行核准管理，以及不属于固定资产投资项目、依法应实施审批管理、不属于本备案机关权限等情形的,应当通过在线平台及时告知企业予以纠正或者依法申请办理相关手续。

第四十二条 项目备案相关信息通过在线平台在相关部门之间实现互通共享。

项目单位需要备案证明的,可以通过在线平台自行打印或者要求备案机关出具。

第四十三条 项目备案后,项目法人发生变化,项目建设地点、规模、内容发生重大变更,或者放弃项目建设的,项目单位应当通过在线平台及时告知项目备案机关,并修改相关信息。

第四十四条 实行备案管理的项目,项目单位在开工建设前还应当根据相关法律法规规定办理其他相关手续。

第六章 监督管理

第四十五条 上级项目核准、备案机关应当加强对下级项目核准、备案机关的指导和监督,及时纠正项目管理中存在的违法违规行为。

第四十六条 项目核准和备案机关、行业管理、城乡规划(建设)、国家安全、国土(海洋)资源、环境保护、节能审查、金融监管、安全生产监管、审计等部门,应当按照谁审批谁监管、谁主管谁监管的原则,采取在线监测、现场核查等方式,依法加强对项目的事中事后监管。

项目核准、备案机关应当根据法律法规和发展规划、产业政策、总量控制目标、技术政策、准入标准及相关环保要求等,对项目进行监管。

城乡规划、国土(海洋)资源、环境保护、节能审查、安全监管、建设、行业管理等部门,应当履行法律法规赋予的监管职责,在各自职责范围内对项目进行监管。

金融监管部门应当加强指导和监督,引导金融机构按照商业原则,依法独立审贷。

审计部门应当依法加强对国有企业投资项目、申请使用政府投资资金的项目以及其他公共工程项目的审计监督。

第四十七条 各级地方政府有关部门应按照相关法律法规及职责分工,加强对本行政区域内项目的监督检查,发现违法违规行为的,应当依法予以处理,并通过在线平台登记相关违法违规信息。

第四十八条 对不符合法定条件的项目予以核准,或者超越法定职权予以核准的,应依法予以撤销。

第四十九条 各级项目核准、备案机关的项目核准或备案信息,以及国土(海洋)资源、城乡规划、水行政管理、环境保护、节能审查、安全监管、建设、工商等部门的相关手续办理信息、审批结果信息、监管(处罚)信息,应当通过在线平台实现互通共享。

第五十条 项目单位应当通过在线平台如实报送项目开工建设、建设进度、竣工的基本信息。

项目开工前,项目单位应当登录在线平台报备项目开工基本信息。项目开工后,项目单位应当按年度在线报备项目建设动态进度基本信息。项目竣工验收后,项目单位应当在线报备项目竣工基本信息。

第五十一条 项目单位有下列行为之一的,相关信息列入项目异常信用记录,并纳入全国信用信息共享平台:

(一)应申请办理项目核准但未依法取得核准文件的;

(二)提供虚假项目核准或备案信息,或者未依法将项目信息告知备案机关,或者已备案项目信息变更未告知备案机关的;

(三)违反法律法规擅自开工建设的;

(四)不按照批准内容组织实施的;

(五)项目单位未按本办法第五十条规定报送项目开工建设、建设进度、竣工等基本信息,或者报送虚假信息的;

(六)其他违法违规行为。

第七章 法律责任

第五十二条 项目核准、备案机关有下列情形之一的,由其上级

行政机关责令改正,对负有责任的领导人员和直接责任人员由有关单位和部门依纪依法给予处分:

(一)超越法定职权予以核准或备案的;

(二)对不符合法定条件的项目予以核准的;

(三)对符合法定条件的项目不予核准的;

(四)擅自增减核准审查条件的,或者以备案名义变相审批、核准的;

(五)不在法定期限内作出核准决定的;

(六)不依法履行监管职责或者监督不力,造成严重后果的。

第五十三条 项目核准、备案机关及其工作人员,以及其他相关部门及其工作人员,在项目核准、备案以及相关审批手续办理过程中玩忽职守、滥用职权、徇私舞弊、索贿受贿的,对负有责任的领导人员和直接责任人员依法给予处分;构成犯罪的,依法追究刑事责任。

第五十四条 项目核准、备案机关,以及国土(海洋)资源、城乡规划、水行政管理、环境保护、节能审查、安全监管、建设等部门违反相关法律法规规定,未依法履行监管职责的,对直接负责的主管人员和其他直接责任人员,依法给予处分;构成犯罪的,依法追究刑事责任。

项目所在地的地方政府有关部门不履行企业投资监管职责的,对直接负责的主管人员和其他直接责任人员,依法给予处分。

第五十五条 企业以分拆项目、隐瞒有关情况或者提供虚假申报材料等不正当手段申请核准、备案的,项目核准机关不予受理或者不予核准、备案,并给予警告。

第五十六条 实行核准管理的项目,企业未依法办理核准手续开工建设或者未按照核准的建设地点、建设规模、建设内容等进行建设的,由核准机关责令停止建设或者责令停产,对企业处项目总投资额1‰以上5‰以下的罚款;对直接负责的主管人员和其他直接责任人员处2万元以上5万元以下的罚款,属于国家工作人员的,依法给予处分。项目应视情况予以拆除或者补办相关手续。

以欺骗、贿赂等不正当手段取得项目核准文件,尚未开工建设的,由核准机关撤销核准文件,处项目总投资额1‰以上5‰以下的罚款;已经开工建设的,依照前款规定予以处罚;构成犯罪的,依法追究刑事责任。

第五十七条 实行备案管理的项目,企业未依法将项目信息或者已备案项目信息变更情况告知备案机关,或者向备案机关提供虚假信息的,由备案机关责令限期改正;逾期不改正的,处2万元以上5万元以下的罚款。

第五十八条 企业投资建设产业政策禁止投资建设项目的,由县级以上人民政府投资主管部门责令停止建设或者责令停产并恢复原状,对企业处项目总投资额5‰以上10‰以下的罚款;对直接负责的主管人员和其他直接责任人员处5万元以上10万元以下的罚款,属于国家工作人员的,依法给予处分。法律、行政法规另有规定的,依照其规定。

第五十九条 项目单位在项目建设过程中不遵守国土(海洋)资源、城乡规划、环境保护、节能、安全监管、建设等方面法律法规和有关审批文件要求的,相关部门应依法予以处理。

第六十条 承担项目申请报告编写、评估任务的工程咨询评估机构及其人员、参与专家评议的专家,在编制项目申请报告、受项目核准机关委托开展评估或者参与专家评议过程中,违反从业规定,造成重大损失和恶劣影响的,依法降低或撤销工程咨询单位资格,取消主要责任人员的相关职业资格。

第八章 附 则

第六十一条 本办法所称省级政府包括各省、自治区、直辖市及计划单列市人民政府和新疆生产建设兵团。

第六十二条 外商投资项目和境外投资项目的核准和备案管理办法另行制定。

第六十三条 省级政府和国务院行业管理部门,可以按照《企业投资项目核准和备案管理条例》和本办法的规定,制订具体实施办法。

第六十四条　事业单位、社会团体等非企业组织在中国境内利用自有资金、不申请政府投资建设的固定资产投资项目，按照企业投资项目进行管理。

个人投资建设项目参照本办法的相关规定执行。

第六十五条　本办法由国家发展和改革委员会负责解释。

第六十六条　本办法自2017年4月8日起施行。《政府核准投资项目管理办法》（国家发展改革委令第11号）同时废止。

关于完善光伏发电规模管理和实行竞争方式配置项目的指导意见

（2016年5月30日公布　发改能源〔2016〕1163号
自2016年5月30日起实施）

各省、自治区、直辖市、新疆生产建设兵团发展改革委（能源局）、物价局，国家能源局各派出机构，国家电网公司、南方电网公司，内蒙古电力公司，陕西地方电力公司，水电规划总院、电力规划总院，有关光伏发电投资开发企业：

近年来，在一系列政策支持下，我国光伏发电规模迅速扩大，既为光伏制造产业提供了有效的市场支撑，又为清洁低碳能源发展注入了新生力量。但与此同时，随着行政审批权限下放，部分地区也出现了光伏发电项目资源配置不科学、管理秩序混乱等问题，阻碍了光伏技术进步和成本下降，影响了光伏产业的健康发展。为进一步完善光伏发电建设规模管理，优化项目配置方式，规范市场开发秩序，加快推进光伏产业升级，按照“放管结合”的原则，提出以下意见：

一、光伏发电年度建设规模实行分类管理

按照光伏发电项目的类型及规模、接网条件及消纳范围和促进技术进步的作用等因素,对光伏发电建设规模实行分类管理。

(一)不限规模的光伏发电类型和地区

1. 利用固定建筑物屋顶、墙面及附属场所建设的光伏发电项目以及全部自发自用的地面光伏电站项目不受年度规模限制,各地区可随时受理项目备案,项目投产后即纳入国家可再生能源发电补贴范围。

2. 鼓励各地区结合电力体制改革总体框架开展光伏发电市场交易等改革创新试点。相关省(自治区、直辖市)发展改革委(能源局)研究制订试点地区光伏发电(含新能源微电网)市场交易改革创新试点方案,报国家发展改革委、国家能源局。国家发展改革委、国家能源局在明确试点相关政策的同时,对试点地区光伏电站建设规模专门作出安排,支持试点工作的顺利进行。

3. 光伏扶贫中的村级电站和集中式电站,不占国家能源局下达的所在省(自治区、直辖市)普通光伏电站建设规模。地方能源主管部门会同扶贫部门,以县为单元按要求编制实施方案,明确扶贫人口数、扶贫收益及分配方式后,经省(自治区、直辖市)发展改革委(能源局)审核后报国家能源局,国家能源局专项下达建设规模。

(二)普通光伏电站项目。各省(自治区、直辖市)发展改革委(能源局)要进一步完善普通光伏电站项目管理方式,鼓励采用竞争方式配置项目,并将上网电价作为主要竞争条件。对采取公开招标、竞争性比选等竞争方式配置项目并推动电价或度电补贴额度明显下降的地区,其当年普通光伏电站建设规模直接按一定比例扩大,具体扩大比例在每年下达建设规模时一并确定。有关省(自治区、直辖市)发展改革委、能源局应将采取竞争方式确定的项目上网电价及时抄送所在省级价格主管部门。

(三)光伏发电领跑技术基地。国家每年安排专门的建设规模组织建设光伏发电领跑技术基地,引导光伏技术进步和成本及电价下降。有关部门提出基地的技术指标、建设规范、运行管理及信息监测、评价等要求。各地区可结合采煤(矿)沉陷区生态治理、设施农业、渔业养殖、工业废气地、废弃油田等综合利用工程,以具备一定规模、场址相对集中、电力消纳条件好且可统一实施建设为前提开展基地规划。基地原则上以市为单位,规划容量不小于50万千瓦,基地内的光伏电站项目通过竞争方式配置。

二、光伏电站项目竞争配置方式及要求

（一）普通光伏电站项目竞争配置方式。各省（自治区、直辖市）发展改革委（能源局）负责制定普通光伏电站项目的竞争性配置办法,并向国家能源局报备,抄送当地国家能源局派出机构,同时向社会公布。原则上项目竞争配置由各省（自治区、直辖市）能源主管部门统一组织进行。采取竞争方式确定的项目上网电价要及时抄送各省级价格主管部门。各省级价格主管部门按照竞争确定的项目上网电价执行电价及补贴政策。普通光伏电站项目的竞争配置方式如下:

1. 对未确定投资主体的项目,通过招标等竞争方式公开选择投资主体。竞争条件应包括企业经营光伏发电项目的业绩、投资能力、技术先进性等。应将上网电价（或度电补贴额度）作为主要竞争条件。

2. 对已开展前期工作且已确定投资主体的项目,通过竞争性比选、优选等竞争方式配置年度建设规模指标。竞争条件应包含企业投资能力、项目前期工作深度、电网接入及消纳条件等。应将上网电价（或度电补贴额度）作为主要竞争条件。

（二）光伏发电领跑技术基地项目的竞争方式。各省（自治区、直辖市）发展改革委（能源局）统一组织本省（自治区、直辖市）内符合建设条件的地区编制领跑技术基地规划,连同基地项目竞争配置办法及建设实施方案一并报送国家能源局。基地必须采取招标或竞争性比选等方式配置项目,且电价（或度电补贴额度）应作为主要竞争条件。基地优选项目投资主体和建设等工作由省（自治区、直辖市）发展改革委（能源局）统一组织实施,或者由其委托基地所在市（县）政府组织实施。各省级价格管理部门按照竞争确定的项目上网电价执行电价及补贴政策。基地内单个光伏电站项目的建设规模原则上应为10万千瓦以上,项目采用的光伏组件等主要光伏产品须符合光伏“领跑者”先进技术产品指标。国家能源局对基地项目建设的组织和建设给予指导和监督。

（三）禁止地方保护和不正当收费行为。各地区在实施竞争配置项目过程中，不得限制外地企业参与竞争，不得对本地、外地企业差别对待；不得将企业购买本地光伏电池等设备、建设配套产能作为竞争配置项目的前提条件；不得向企业收取法律法规规定以外的各种费用，不得以各种有价方式出让项目，不能以干股等非法方式侵害企业合法权益。

（四）竞争性配置项目的程序要求。各类项目的竞争办法均应及时向社会公开，公平对待各类投资主体。采用公开招标或者优选办法的，应当提前公开招标规则和评分办法。竞争过程中应当严格依法依规公开公平公正进行，竞争结果应当向社会公示，公示内容包括项目装机容量、建设地点、控股投资主体等基本信息。

三、加强项目开发的监督管理

（一）各省（自治区、直辖市）发展改革委（能源局）应按照国家能源局下达的年度建设规模安排项目，对于超规模配置的项目，须占用以后年度国家能源局下达的建设规模。各类项目均应严格按照《国家能源局关于实行可再生能源发电项目信息化管理的通知》（国能新能〔2015〕358号）要求，纳入国家能源局可再生能源发电项目信息管理平台管理。对于因信息填报错误、填报不及时导致不能及时接入电网、列入补贴目录和获得电价附加补贴的，由项目单位自行承担相关责任。

（二）光伏电站项目纳入年度建设规模后，其投资主体及股权比例、建设规模和建设场址等主要内容不得擅自变更。已纳入年度建设规模、未进入实质性工程建设阶段的项目不得向其他投资人转让，投资主体无力建设，应向所在省（自治区、直辖市）发展改革委（能源局）申请从年度规模中取消，并向原备案机关申请撤销备案。在建设期确因企业兼并重组、同一集团内部分工调整等原因需要变更投资主体或股权比例的，或者调整建设规模和场址的，项目投资主体应向所在省（自治区、直辖市）发展改革委（能源局）提出申请，获得审核确认后方可实施变更，并向国家能源局派出机构报备，同时在国家可再生能源信息管理平台重新登记有关信息。在项目投产后变更投资主体，应向原备案机关进行变更登记，抄送国家能源局派出机构和当地电网企业，并在国家可再生能源信息管理平台变更登记信息。

（三）各省（自治区、直辖市）发展改革委（能源局）和国家能源局派出机构应加强对光伏电站项目的监督管理。对于在一定期限内未开工的项目，应在本年度建设规模中予以取消，具体期限由各省（自治区、直辖市）发展改革委（能源局）规定。对于在投产前擅自变更投资主体等主要建设内容的，有关部门应当将项目从年度建设规模中取消，禁止该项目申请国家可再生能源补贴，并禁止相关投资主体在一定期限内参与后续光伏电站项目的配置。国家能源局派出机构应按照闭环监管工作要求，加强对项目工程建设、并网运行和电费结算等建设运行情况的监管，及时向属地省级能源管理部门通报项目建设运行中出现的问题，跟踪整改落实情况，同时向国家能源局报告。

国家发展改革委、中央编办关于一律不得将企业经营自主权事项作为企业投资项目核准前置条件的通知

（2014 年 12 月 31 日公布　发改投资〔2014〕2999 号
自 2014 年 12 月 31 日起实施）

各省、自治区、直辖市及计划单列市人民政府、新疆生产建设兵团，工业和信息化部、国家烟草局、国家能源局：

根据《国务院办公厅关于印发精简审批事项规范中介服务实行企业投资项目网上并联核准制度工作方案的通知》（国办发〔2014〕59 号）要求，对于属于企业经营自主权的事项，一律不再作为企业投资项

目核准前置条件,并要求2014年底前公布取消。现将有关事项通知如下:

一、总体要求

全面贯彻落实党的十八大和十八届二中、三中、四中全会精神,按照使市场在资源配置中起决定性作用和更好发挥政府作用的要求,全面深化投资体制改革,按照“谁投资、谁决策、谁受益、谁承担风险”的原则,确立企业投资主体地位。企业投资项目,除关系国家安全和生态安全、涉及全国重大生产力布局、战略性资源开发和重大公共利益等项目外,一律由企业依法依规自主决策。

企业投资建设实行核准制的项目,政府仅从维护经济安全、合理开发利用资源、保护生态环境、优化重大布局、保障公共利益、防止出现垄断等“外部性”方面进行核准。对外商投资项目,还要从市场准入、资金项目管理等方面进行核准。项目的市场前景、经济效益、资金来源和产品技术方案等“内部性”条件,均由企业自主决策、自担风险,项目核准机关不得干预企业投资自主权,不得将属于企业经营自主权的事项作为企业投资项目核准的前置条件。

二、取消范围

下列事项一律不再作为企业投资项目核准的前置条件:

(一)银行贷款承诺;

(二)融资意向书;

(三)资金信用证明;

(四)股东出资承诺;

(五)其他资金落实情况证明材料;

(六)可行性研究报告审查意见;

(七)规划设计方案审查意见;

(八)电网接入意见;

(九)接入系统设计评审意见;

(十)铁路专用线接轨意见;

(十一)原材料运输协议;

（十二）燃料运输协议；

（十三）供水协议；

（十四）与相关企业签署的副产品资源综合利用意向协议；

（十五）与相关供应商签署的原材料供应协议等；

（十六）与合作方签署的合作意向书、协议、框架协议（中外合资、合作项目除外）；

（十七）通过企业间协商和市场调节能够解决的协议、承诺、合同等事项；

（十八）其他属于企业经营自主决策范围的事项。

三、工作要求

（一）按照"法无授权不可为"的原则，除法律、行政法规明确规定作为项目核准前置条件的外，项目核准机关一律不得将其他事项作为项目核准的前置条件。

（二）项目核准机关不得以任何形式和任何理由，将属于企业经营自主权的事项及内容作为项目申请报告的前置条件。企业在项目申报过程中，有权拒绝将属于企业经营自主权的事项作为项目核准前置条件的要求。

（三）项目申请报告中属于企业经营自主权的相关内容，仅供项目核准机关在核准过程中了解，项目核准机关不得以"内部性"条件否决企业的项目申请。

（四）相关制度规定、通知及办事指南等将属于企业经营自主权事项规定为项目核准前置条件的，相关条款一律无效，制定部门应及时清理调整。同时，新制定的制度规定、通知及办事指南等，一律不得将属于企业经营自主权事项规定为项目核准的前置条件，否则，相关条款一律无效。

四、上述规定自本通知发布之日起施行。

关于深化能源行业投融资体制改革的实施意见

（2017年3月27日公布　国能法改〔2017〕88号
自2017年3月27日起实施）

为贯彻落实《中共中央、国务院关于深化投融资体制改革的意见》（中发〔2016〕18号），进一步发挥能源投融资对稳增长、调结构、惠民生，推进供给侧结构性改革的重要作用，坚持企业为主、规划引导、放管结合、优化服务、创新机制、畅通渠道、统筹兼顾、协同推进的原则，提出以下实施意见。

一、充分激发社会资本参与能源投资的动力和活力

（一）确立能源企业投资主体地位。在增量配电网、规划内风电、背压式热电联产、燃气分布式发电等项目先行试点企业投资项目承诺制，推动以政策性条件引导、企业信用承诺、监管有效约束为核心的管理模式。

（二）实行能源投资项目管理负面清单制度。进一步取消下放能源投资项目核准权限。严格按照《政府核准的投资项目目录》规定核准能源项目，目录范围外的项目，一律实行备案制，不得进行任何形式的审批。

（三）建立能源投资项目管理权力清单制度。能源项目核准机关要根据《政府核准的投资项目目录》，制定本级能源投资项目管理权力清单，国家能源局要抓紧制定并试行《国家能源局权力和责任清单》。各省级能源项目核准机关要根据《政府核准的投资项目目录》规定的权限开展核准工作，要坚持投资审批权限下放层级与承接能力匹配，对涉及本地区重大规划布局、重要能源资源开发配置的项目，原则上不下放到地市级政府、一律不得下放到县级及以下政府核准。

（四）建立能源投资项目管理责任清单制度。能源项目核准机关

要厘清职权所对应的责任事项,明确责任主体,健全问责机制。按照简化程序、优化流程、透明高效的原则,制作行政职权运行流程图,规范每个环节的承办机构、办理程序、办理要求、办理时限等,确保权力规范行使。

(五)规范能源投资项目备案管理制度。实行备案制的能源投资项目,备案机关要通过全国投资项目在线审批监管平台或政务服务大厅,提供快捷备案服务,备案不得设置任何前置条件。

(六)优化能源投资项目核准流程。实行核准制的能源投资项目,核准机关要依托全国投资项目在线审批监管平台或政务服务大厅实行并联核准,项目核准的前置许可条件不得互为前置。按照并联办理、联合评审的要求,配合推动相关部门协同下放审批权限,探索建立多评合一、统一评审的新模式。

(七)精简能源投资项目核准前置许可。能源投资项目核准只保留选址意见和用地(用海)预审作为前置条件,除法律法规明确规定的,各级能源项目核准机关一律不得设置任何项目核准的前置条件,不得发放同意开展项目前期工作的"路条"性文件。

(八)创新能源投资项目业主确定方式。在光伏、生物质能、火电站、水电站、风电等项目开展以竞争性方式确定能源投资项目业主试点。根据资源调查和专项规划,委托有资质的中介机构对纳入规划的项目进行咨询评估,通过招标、竞争性磋商等方式,公开、公平、公正确定业主。

(九)加强能源企业投资行为事中事后监管。企业投资能源项目要严格按照国家有关规定实施。未依法办理核准或备案手续开工建设,或者未按照核准的建设地点、建设规模、建设内容等进行建设的,核准机关应当根据法律法规规定,按情节轻重依法给予警告、责令停止建设、责令停产等处罚。

二、发挥好能源行业政府投资的引导和带动作用

(十)正确把握政府投资方向,明确投资范围。能源领域政府投资资金重点支持农村电网改造、煤矿安全改造、国家石油储备基地等市场不能有效配置资源的基础设施和公共服务类项目。

（十一）优化完善政府投资资金安排方式。对农村电网改造、煤矿安全改造、油气储备设施建设等政府投资的能源项目，建立政府投资资金分配信息发布机制，具备条件的项目采用招投标的方式取代行政指定性的资金分配方式，不设置歧视性条件，平等对待各类投资主体。对确需支持的经营性能源项目，政府投资主要采取资本金注入方式，也可适当采取投资补助、贷款贴息等方式进行引导。

（十二）编制能源领域三年滚动政府投资计划。依据国家宏观调控总体要求和能源发展规划，编制能源领域三年滚动政府投资计划，明确规划期内政府投资的重大能源项目。建立能源领域政府投资项目库，未入库项目原则上不予安排政府投资。

（十三）加强能源领域政府投资事中事后监管。以更严格标准加强对能源领域政府投资的概算预算、建设标准、建设工期、竣工验收等事项的要求。严格按照项目建设进度下达政府投资计划。严格概算执行和造价控制，健全概算审批、调整等管理制度。加强政府投资项目的竣工验收管理。探索与投资项目审计监督、重大项目稽察等部门实施联合监督的新机制，强化政府投资监管。

（十四）建立政府投资资金使用情况后评估制度。对能源领域政府投资项目的质量、工期、资金使用和安全性评价等事项进行专项监管和动态跟踪。完善政府投资追责体系，建立政府投资黑名单制度，项目一经发现违法违规问题，视情节轻重限制、禁止项目业主申请中央预算内投资资金，并追究法律责任。

（十五）鼓励政府和社会资本合作。落实《国家能源局关于在能源领域积极推广政府和社会资本合作模式的通知》（国能法改〔2016〕96号），重点在城镇配电网、农村电网、电动汽车充电桩、城市燃气管网、液化天然气（LNG）储运设施等领域推广运用政府和社会资本合作（PPP）模式。建立 PPP 项目联审机制，进一步简化 PPP 项目审批流程，提高行政服务效率。建立主要由市场决定能源价格的机制，为社会资本投资能源领域创造有利条件。对确定采用 PPP 模式的能源项目，通过竞争性机制公平择优选择社会资本作为合作伙伴。

三、畅通能源投资项目融资渠道

（十六）鼓励发展能源项目直接融资。依托多层次资本市场体系，拓宽和优化能源领域投资项目的直接融资渠道，鼓励符合条件的能源企业开展股票上市融资。总结能源领域资产证券化实践经验，鼓励金融机构选择符合条件的能源信贷资产、企业应收款、信托受益权、基础设施收益权等为基础资产，开展形式多样的资产证券化业务，盘活存量能源设施资产。加大创新力度，丰富债券品种，鼓励有条件的能源企业发行企业债券、项目收益债、重点产业专项债，通过债券市场筹措资金。

（十七）大力加强能源领域“双创”项目金融扶持力度。加大对电动汽车充电基础设施、氢燃料电池、储能、综合智慧能源等科技程度高、资本密度低，并处于种子期、初创期项目的金融支持力度，鼓励金融机构有针对性地为能源领域“双创”项目提供股权、债券以及信用贷款等融资综合服务。

（十八）建立能源领域政府、银行、企业、社会合作对接机制。搭建政银企社合作平台，通过联合开展项目推介会等方式，加强与政策性、开发性金融机构以及广大社会资本的对接，为能源领域重大项目获取长期稳定、低成本的资金支持创造条件。

（十九）完善保险资金等机构资金对能源项目建设的投资机制。大力发展债权投资计划、产业投资基金、资产支持计划等融资工具，引导社保资金、保险资金、企业年金等用于收益稳定、回收期长的能源项目。建立信贷、证券、保险和基金等机构资金支持重大能源项目建设的合作对接机制，保障重大项目资金需求。

（二十）构建更加开放的投融资体制。加强与金融机构的协调配合，促进金融机构对重大能源基础设施建设合作项目提供信贷、担保、保险、国际结算等全方位、全流程的金融服务。促进金融机构针对能源领域对外合作的需求和特点，主动创新金融产品和服务方式，加快拓展和优化境外服务网络，为能源企业“走出去”和重点国际合作项目提供境内外一体化金融服务。积极搭建能源领域双多边政府间合作平台，建立健全能源行业“走出去”协调服务机制，更好地支持能源对外投资项目。加强与国际金融机构和各国政府、企业、金融机构在能源领域的多层次投融资合作。

四、提升综合服务管理水平

（二十一）落实能源投资项目审批负责制。探索建立并逐步推行能源投资项目审批、核准和备案首问负责制。能源项目核准、备案机关或审批协调机构实行“一站式”受理、“全流程”服务，一家负责到底。

（二十二）大力推进阳光审批。落实投资项目统一代码制度相关要求，充分利用全国投资项目在线审批监管平台，做好能源项目审批、监管等信息公开工作，提高透明度。制定能源项目审批工作规则，梳理整合办事环节，编制、更新企业办事流程图。推进能源项目审批管理工作的信息公开制度，及时公开项目受理情况、办理过程、审批结果。鼓励新闻媒体、公民、法人和其他组织依法对能源部门的服务管理行为进行监督。

（二十三）加强规划引领。完善能源规划体系，强化地方规划与国家规划的衔接，加强能源规划与城乡、土地、环保等领域规划的衔接。完善能源规划的约束引导机制，发挥好规划对能源投资的龙头性、引领性作用，促进能源产业科学有序发展。处理好规划和具体投资项目的关系，既要依据规划布局项目，也要防止规划制定过细、规划变相指定项目单位、规划套规划搞层层加码等有碍市场在能源投资中起决定性作用的问题出现。

（二十四）健全监管机制。按照谁审批谁监管、谁主管谁监管的原则，依托能源投资项目在线审批监管平台，加强项目建设全过程监管。完善有关规章制度，制定监管工作指南和操作规程，促进监管工作标准化、规范化、公开化。

（二十五）加强重点领域专项监管。煤矿、火电等产能过剩或存在潜在过剩风险的投资领域要严格按照国家专项规划和产业政策开展项目建设，对违规、违建项目责令停止建设或责令停产。切实保护社会资本在能源投资中的正当权益，加大监管力度，保障投资者合法合理诉求得到解决。

（二十六）加强能源企业信用体系建设。按照国家统一规划和部署，加强能源企业信用体系建设，实现信用信息公开共享。开展信用评价，曝光严重违法失信、发生重大以上安全事故“黑名单”企业。将企业信用记录纳入全国信用信息共享平台，强化政府和投资者的契约意识和诚信意识，形成守信激励、失信惩戒的约束机制，促使相关主体切实承担责任，履行法定义务，确保投资建设市场安全高效运行。

五、确保改革任务落实到位

（二十七）加强分工协作。建立能源投融资体制改革工作会商制度和协调机制，分解任务，明确责任，加强协同配合。能源项目审核机关要充分认识深化投融资体制改革的重要性和紧迫性，及时制定具体工作方案，明确任务分工、时间节点，做好相关支持配合工作。国家能源局派出能源监管机构要充分发挥监管职能，按照统一部署开展能源投融资体制改革工作落实情况专项监管。

（二十八）加快法制建设。完善与能源投融资相关的规章制度和行业标准，制定能源领域贯彻落实投资领域立法的具体管理办法或实施方案。加快推进《电力法》、《煤炭法》修订，积极推动《能源法》、《核电管理条例》、《国家石油储备条例》、《能源监管条例》、《海洋石油天然气管道保护条例》等法律法规制定出台。加快制定修订能耗、碳排放等领域技术标准，实施能效“领跑者”制度，研究建立煤电机组能效领跑者机制。

（二十九）推进配套改革。能源投融资体制改革与其他领域改革要协同推进，形成叠加效应，充分释放改革红利。加快能源体制改革，落实电力体制改革措施，深化石油天然气体制改革，推进电力市场建设、售电侧改革、油气行业上游勘探开发领域改革等试点工作，有序放开油气勘查、开采、市场准入，完善油气进出口管理体制、完善油气加工环节准入和淘汰机制，推动油气管网基础设施公平开放。推动能源价格改革，完善油气产品定价机制，有序放开上网电价和公益性以外的销售电价。积极鼓励国有能源企业开展混合所有制改革，推动体制机制创新，为社会资本在能源领域开展投融资活动创造有利条件。

附件：任务分工和进度安排（略）

（二）项目选址、用地

中华人民共和国土地管理法

（1986年6月25日第六届全国人民代表大会常务委员会第十六次会议通过　根据1988年12月29日第七届全国人民代表大会常务委员会第五次会议《关于修改〈中华人民共和国土地管理法〉的决定》第一次修正　1998年8月29日第九届全国人民代表大会常务委员会第四次会议修订　根据2004年8月28日第十届全国人民代表大会常务委员会第十一次会议《关于修改〈中华人民共和国土地管理法〉的决定》第二次修正　根据2019年8月26日第十三届全国人民代表大会常务委员会第十二次会议《关于修改〈中华人民共和国土地管理法〉、〈中华人民共和国城市房地产管理法〉的决定》第三次修正　2019年8月26日公布　中华人民共和国主席令第32号　自2020年1月1日起实施）

第一章　总　　则

第一条　为了加强土地管理，维护土地的社会主义公有制，保护、开发土地资源，合理利用土地，切实保护耕地，促进社会经济的可持续发展，根据宪法，制定本法。

第二条　中华人民共和国实行土地的社会主义公有制，即全民所有制和劳动群众集体所有制。

全民所有，即国家所有土地的所有权由国务院代表国家行使。

任何单位和个人不得侵占、买卖或者以其他形式非法转让土地。

土地使用权可以依法转让。

国家为了公共利益的需要,可以依法对土地实行征收或者征用并给予补偿。

国家依法实行国有土地有偿使用制度。但是,国家在法律规定的范围内划拨国有土地使用权的除外。

第三条 十分珍惜、合理利用土地和切实保护耕地是我国的基本国策。各级人民政府应当采取措施,全面规划,严格管理,保护、开发土地资源,制止非法占用土地的行为。

第四条 国家实行土地用途管制制度。

国家编制土地利用总体规划,规定土地用途,将土地分为农用地、建设用地和未利用地。严格限制农用地转为建设用地,控制建设用地总量,对耕地实行特殊保护。

前款所称农用地是指直接用于农业生产的土地,包括耕地、林地、草地、农田水利用地、养殖水面等;建设用地是指建造建筑物、构筑物的土地,包括城乡住宅和公共设施用地、工矿用地、交通水利设施用地、旅游用地、军事设施用地等;未利用地是指农用地和建设用地以外的土地。

使用土地的单位和个人必须严格按照土地利用总体规划确定的用途使用土地。

第五条 国务院自然资源主管部门统一负责全国土地的管理和监督工作。

县级以上地方人民政府自然资源主管部门的设置及其职责,由省、自治区、直辖市人民政府根据国务院有关规定确定。

第六条 国务院授权的机构对省、自治区、直辖市人民政府以及国务院确定的城市人民政府土地利用和土地管理情况进行督察。

第七条 任何单位和个人都有遵守土地管理法律、法规的义务,并有权对违反土地管理法律、法规的行为提出检举和控告。

第八条 在保护和开发土地资源、合理利用土地以及进行有关的科学研究等方面成绩显著的单位和个人,由人民政府给予奖励。

第二章　土地的所有权和使用权

第九条　城市市区的土地属于国家所有。

农村和城市郊区的土地,除由法律规定属于国家所有的以外,属于农民集体所有;宅基地和自留地、自留山,属于农民集体所有。

第十条　国有土地和农民集体所有的土地,可以依法确定给单位或者个人使用。使用土地的单位和个人,有保护、管理和合理利用土地的义务。

第十一条　农民集体所有的土地依法属于村农民集体所有的,由村集体经济组织或者村民委员会经营、管理;已经分别属于村内两个以上农村集体经济组织的农民集体所有的,由村内各该农村集体经济组织或者村民小组经营、管理;已经属于乡(镇)农民集体所有的,由乡(镇)农村集体经济组织经营、管理。

第十二条　土地的所有权和使用权的登记,依照有关不动产登记的法律、行政法规执行。

依法登记的土地的所有权和使用权受法律保护,任何单位和个人不得侵犯。

第十三条　农民集体所有和国家所有依法由农民集体使用的耕地、林地、草地,以及其他依法用于农业的土地,采取农村集体经济组织内部的家庭承包方式承包,不宜采取家庭承包方式的荒山、荒沟、荒丘、荒滩等,可以采取招标、拍卖、公开协商等方式承包,从事种植业、林业、畜牧业、渔业生产。家庭承包的耕地的承包期为三十年,草地的承包期为三十年至五十年,林地的承包期为三十年至七十年;耕地承包期届满后再延长三十年,草地、林地承包期届满后依法相应延长。

国家所有依法用于农业的土地可以由单位或者个人承包经营,从事种植业、林业、畜牧业、渔业生产。

发包方和承包方应当依法订立承包合同,约定双方的权利和义务。承包经营土地的单位和个人,有保护和按照承包合同约定的用途合理利用土地的义务。

第十四条 土地所有权和使用权争议,由当事人协商解决;协商不成的,由人民政府处理。

单位之间的争议,由县级以上人民政府处理;个人之间、个人与单位之间的争议,由乡级人民政府或者县级以上人民政府处理。

当事人对有关人民政府的处理决定不服的,可以自接到处理决定通知之日起三十日内,向人民法院起诉。

在土地所有权和使用权争议解决前,任何一方不得改变土地利用现状。

第三章 土地利用总体规划

第十五条 各级人民政府应当依据国民经济和社会发展规划、国土整治和资源环境保护的要求、土地供给能力以及各项建设对土地的需求,组织编制土地利用总体规划。

土地利用总体规划的规划期限由国务院规定。

第十六条 下级土地利用总体规划应当依据上一级土地利用总体规划编制。

地方各级人民政府编制的土地利用总体规划中的建设用地总量不得超过上一级土地利用总体规划确定的控制指标,耕地保有量不得低于上一级土地利用总体规划确定的控制指标。

省、自治区、直辖市人民政府编制的土地利用总体规划,应当确保本行政区域内耕地总量不减少。

第十七条 土地利用总体规划按照下列原则编制:

(一)落实国土空间开发保护要求,严格土地用途管制;

(二)严格保护永久基本农田,严格控制非农业建设占用农用地;

(三)提高土地节约集约利用水平;

(四)统筹安排城乡生产、生活、生态用地,满足乡村产业和基础设施用地合理需求,促进城乡融合发展;

(五)保护和改善生态环境,保障土地的可持续利用;

(六)占用耕地与开发复垦耕地数量平衡、质量相当。

第十八条 国家建立国土空间规划体系。编制国土空间规划应当坚持生态优先,绿色、可持续发展,科学有序统筹安排生态、农业、城镇等功能空间,优化国土空间结构和布局,提升国土空间开发、保护的质量和效率。

经依法批准的国土空间规划是各类开发、保护、建设活动的基本依据。已经编制国土空间规划的,不再编制土地利用总体规划和城乡规划。

第十九条 县级土地利用总体规划应当划分土地利用区,明确土地用途。

乡(镇)土地利用总体规划应当划分土地利用区,根据土地使用条件,确定每一块土地的用途,并予以公告。

第二十条 土地利用总体规划实行分级审批。

省、自治区、直辖市的土地利用总体规划,报国务院批准。

省、自治区人民政府所在地的市、人口在一百万以上的城市以及国务院指定的城市的土地利用总体规划,经省、自治区人民政府审查同意后,报国务院批准。

本条第二款、第三款规定以外的土地利用总体规划,逐级上报省、自治区、直辖市人民政府批准;其中,乡(镇)土地利用总体规划可以由省级人民政府授权的设区的市、自治州人民政府批准。

土地利用总体规划一经批准,必须严格执行。

第二十一条 城市建设用地规模应当符合国家规定的标准,充分利用现有建设用地,不占或者尽量少占农用地。

城市总体规划、村庄和集镇规划,应当与土地利用总体规划相衔接,城市总体规划、村庄和集镇规划中建设用地规模不得超过土地利用总体规划确定的城市和村庄、集镇建设用地规模。

在城市规划区内、村庄和集镇规划区内,城市和村庄、集镇建设用地应当符合城市规划、村庄和集镇规划。

第二十二条 江河、湖泊综合治理和开发利用规划,应当与土地利用总体规划相衔接。在江河、湖泊、水库的管理和保护范围以及蓄洪滞洪区内,土地利用应当符合江河、湖泊综合治理和开发利用规划,符合河道、湖泊行洪、蓄洪和输水的要求。

第二十三条 各级人民政府应当加强土地利用计划管理,实行建设用地总量控制。

土地利用年度计划,根据国民经济和社会发展计划、国家产业政策、土地利用总体规划以及建设用地和土地利用的实际状况编制。土地利用年度计划应当对本法第六十三条规定的集体经营性建设用地作出合理安排。土地利用年度计划的编制审批程序与土地利用总体规划的编制审批程序相同,一经审批下达,必须严格执行。

第二十四条 省、自治区、直辖市人民政府应当将土地利用年度计划的执行情况列为国民经济和社会发展计划执行情况的内容,向同级人民代表大会报告。

第二十五条 经批准的土地利用总体规划的修改,须经原批准机关批准;未经批准,不得改变土地利用总体规划确定的土地用途。

经国务院批准的大型能源、交通、水利等基础设施建设用地,需要改变土地利用总体规划的,根据国务院的批准文件修改土地利用总体规划。

经省、自治区、直辖市人民政府批准的能源、交通、水利等基础设施建设用地,需要改变土地利用总体规划的,属于省级人民政府土地利用总体规划批准权限内的,根据省级人民政府的批准文件修改土地利用总体规划。

第二十六条 国家建立土地调查制度。

县级以上人民政府自然资源主管部门会同同级有关部门进行土地调查。土地所有者或者使用者应当配合调查,并提供有关资料。

第二十七条 县级以上人民政府自然资源主管部门会同同级有关部门根据土地调查成果、规划土地用途和国家制定的统一标准,评定土地等级。

第二十八条 国家建立土地统计制度。

县级以上人民政府统计机构和自然资源主管部门依法进行土地

统计调查,定期发布土地统计资料。土地所有者或者使用者应当提供有关资料,不得拒报、迟报,不得提供不真实、不完整的资料。

统计机构和自然资源主管部门共同发布的土地面积统计资料是各级人民政府编制土地利用总体规划的依据。

第二十九条 国家建立全国土地管理信息系统,对土地利用状况进行动态监测。

第四章 耕地保护

第三十条 国家保护耕地,严格控制耕地转为非耕地。

国家实行占用耕地补偿制度。非农业建设经批准占用耕地的,按照"占多少,垦多少"的原则,由占用耕地的单位负责开垦与所占用耕地的数量和质量相当的耕地;没有条件开垦或者开垦的耕地不符合要求的,应当按照省、自治区、直辖市的规定缴纳耕地开垦费,专款用于开垦新的耕地。

省、自治区、直辖市人民政府应当制定开垦耕地计划,监督占用耕地的单位按照计划开垦耕地或者按照计划组织开垦耕地,并进行验收。

第三十一条 县级以上地方人民政府可以要求占用耕地的单位将所占用耕地耕作层的土壤用于新开垦耕地、劣质地或者其他耕地的土壤改良。

第三十二条 省、自治区、直辖市人民政府应当严格执行土地利用总体规划和土地利用年度计划,采取措施,确保本行政区域内耕地总量不减少、质量不降低。耕地总量减少的,由国务院责令在规定期限内组织开垦与所减少耕地的数量与质量相当的耕地;耕地质量降低的,由国务院责令在规定期限内组织整治。新开垦和整治的耕地由国务院自然资源主管部门会同农业农村主管部门验收。

个别省、直辖市确因土地后备资源匮乏,新增建设用地后,新开垦耕地的数量不足以补偿所占用耕地的数量的,必须报经国务院批准减免本行政区域内开垦耕地的数量,易地开垦数量和质量相当的耕地。

第三十三条 国家实行永久基本农田保护制度。下列耕地应当根据土地利用总体规划划为永久基本农田，实行严格保护：

（一）经国务院农业农村主管部门或者县级以上地方人民政府批准确定的粮、棉、油、糖等重要农产品生产基地内的耕地；

（二）有良好的水利与水土保持设施的耕地，正在实施改造计划以及可以改造的中、低产田和已建成的高标准农田；

（三）蔬菜生产基地；

（四）农业科研、教学试验田；

（五）国务院规定应当划为永久基本农田的其他耕地。

各省、自治区、直辖市划定的永久基本农田一般应当占本行政区域内耕地的百分之八十以上，具体比例由国务院根据各省、自治区、直辖市耕地实际情况规定。

第三十四条 永久基本农田划定以乡（镇）为单位进行，由县级人民政府自然资源主管部门会同同级农业农村主管部门组织实施。永久基本农田应当落实到地块，纳入国家永久基本农田数据库严格管理。

乡（镇）人民政府应当将永久基本农田的位置、范围向社会公告，并设立保护标志。

第三十五条 永久基本农田经依法划定后，任何单位和个人不得擅自占用或者改变其用途。国家能源、交通、水利、军事设施等重点建设项目选址确实难以避让永久基本农田，涉及农用地转用或者土地征收的，必须经国务院批准。

禁止通过擅自调整县级土地利用总体规划、乡（镇）土地利用总体规划等方式规避永久基本农田农用地转用或者土地征收的审批。

第三十六条 各级人民政府应当采取措施，引导因地制宜轮作休耕，改良土壤，提高地力，维护排灌工程设施，防止土地荒漠化、盐渍化、水土流失和土壤污染。

第三十七条 非农业建设必须节约使用土地，可以利用荒地的，不得占用耕地；可以利用劣地的，不得占用好地。

禁止占用耕地建窑、建坟或者擅自在耕地上建房、挖砂、采石、采矿、取土等。

禁止占用永久基本农田发展林果业和挖塘养鱼。

第三十八条 禁止任何单位和个人闲置、荒芜耕地。已经办理审批手续的非农业建设占用耕地，一年内不用而又可以耕种并收获的，应当由原耕种该幅耕地的集体或者个人恢复耕种，也可以由用地单位组织耕种；一年以上未动工建设的，应当按照省、自治区、直辖市的规定缴纳闲置费；连续二年未使用的，经原批准机关批准，由县级以上人民政府无偿收回用地单位的土地使用权；该幅土地原为农民集体所有的，应当交由原农村集体经济组织恢复耕种。

在城市规划区范围内，以出让方式取得土地使用权进行房地产开发的闲置土地，依照《中华人民共和国城市房地产管理法》的有关规定办理。

第三十九条 国家鼓励单位和个人按照土地利用总体规划，在保护和改善生态环境、防止水土流失和土地荒漠化的前提下，开发未利用的土地；适宜开发为农用地的，应当优先开发成农用地。

国家依法保护开发者的合法权益。

第四十条 开垦未利用的土地，必须经过科学论证和评估，在土地利用总体规划划定的可开垦的区域内，经依法批准后进行。禁止毁坏森林、草原开垦耕地，禁止围湖造田和侵占江河滩地。

根据土地利用总体规划，对破坏生态环境开垦、围垦的土地，有计划有步骤地退耕还林、还牧、还湖。

第四十一条 开发未确定使用权的国有荒山、荒地、荒滩从事种植业、林业、畜牧业、渔业生产的，经县级以上人民政府依法批准，可以确定给开发单位或者个人长期使用。

第四十二条 国家鼓励土地整理。县、乡（镇）人民政府应当组织农村集体经济组织，按照土地利用总体规划，对田、水、路、林、村综合整治，提高耕地质量，增加有效耕地面积，改善农业生产条件和生态环境。

地方各级人民政府应当采取措施，改造中、低产田，整治闲散地和废弃地。

第四十三条 因挖损、塌陷、压占等造成土地破坏，用地单位和个人应当按照国家有关规定负责复垦；没有条件复垦或者复垦不符合要求的，应当缴纳土地复垦费，专项用于土地复垦。复垦的土地应当优先用于农业。

第五章 建设用地

第四十四条 建设占用土地，涉及农用地转为建设用地的，应当办理农用地转用审批手续。

永久基本农田转为建设用地的，由国务院批准。

在土地利用总体规划确定的城市和村庄、集镇建设用地规模范围内，为实施该规划而将永久基本农田以外的农用地转为建设用地的，按土地利用年度计划分批次按照国务院规定由原批准土地利用总体规划的机关或者其授权的机关批准。在已批准的农用地转用范围内，具体建设项目用地可以由市、县人民政府批准。

在土地利用总体规划确定的城市和村庄、集镇建设用地规模范围外，将永久基本农田以外的农用地转为建设用地的，由国务院或者国务院授权的省、自治区、直辖市人民政府批准。

第四十五条 为了公共利益的需要，有下列情形之一，确需征收农民集体所有的土地的，可以依法实施征收：

（一）军事和外交需要用地的；

（二）由政府组织实施的能源、交通、水利、通信、邮政等基础设施建设需要用地的；

（三）由政府组织实施的科技、教育、文化、卫生、体育、生态环境和资源保护、防灾减灾、文物保护、社区综合服务、社会福利、市政公用、优抚安置、英烈保护等公共事业需要用地的；

（四）由政府组织实施的扶贫搬迁、保障性安居工程建设需要用地的；

（五）在土地利用总体规划确定的城镇建设用地范围内，经省级以上人民政府批准由县级以上地方人民政府组织实施的成片开发建设需要用地的；

（六）法律规定为公共利益需要可以征收农民集体所有的土地的其他情形。

前款规定的建设活动，应当符合国民经济和社会发展规划、土地利用总体规划、城乡规划和专项规划；第（四）项、第（五）项规定的建设活动，还应当纳入国民经济和社会发展年度计划；第（五）项规定的成片开发并应当符合国务院自然资源主管部门规定的标准。

第四十六条　征收下列土地的，由国务院批准：

（一）永久基本农田；

（二）永久基本农田以外的耕地超过三十五公顷的；

（三）其他土地超过七十公顷的。

征收前款规定以外的土地的，由省、自治区、直辖市人民政府批准。

征收农用地的，应当依照本法第四十四条的规定先行办理农用地转用审批。其中，经国务院批准农用地转用的，同时办理征地审批手续，不再另行办理征地审批；经省、自治区、直辖市人民政府在征地批准权限内批准农用地转用的，同时办理征地审批手续，不再另行办理征地审批，超过征地批准权限的，应当依照本条第一款的规定另行办理征地审批。

第四十七条　国家征收土地的，依照法定程序批准后，由县级以上地方人民政府予以公告并组织实施。

县级以上地方人民政府拟申请征收土地的，应当开展拟征收土地现状调查和社会稳定风险评估，并将征收范围、土地现状、征收目的、补偿标准、安置方式和社会保障等在拟征收土地所在的乡（镇）和村、村民小组范围内公告至少三十日，听取被征地的农村集体经济组织及其成员、村民委员会和其他利害关系人的意见。

多数被征地的农村集体经济组织成员认为征地补偿安置方案不

符合法律、法规规定的，县级以上地方人民政府应当组织召开听证会，并根据法律、法规的规定和听证会情况修改方案。

拟征收土地的所有权人、使用权人应当在公告规定期限内，持不动产权属证明材料办理补偿登记。县级以上地方人民政府应当组织有关部门测算并落实有关费用，保证足额到位，与拟征收土地的所有权人、使用权人就补偿、安置等签订协议；个别确实难以达成协议的，应当在申请征收土地时如实说明。

相关前期工作完成后，县级以上地方人民政府方可申请征收土地。

第四十八条　征收土地应当给予公平、合理的补偿，保障被征地农民原有生活水平不降低、长远生计有保障。

征收土地应当依法及时足额支付土地补偿费、安置补助费以及农村村民住宅、其他地上附着物和青苗等的补偿费用，并安排被征地农民的社会保障费用。

征收农用地的土地补偿费、安置补助费标准由省、自治区、直辖市通过制定公布区片综合地价确定。制定区片综合地价应当综合考虑土地原用途、土地资源条件、土地产值、土地区位、土地供求关系、人口以及经济社会发展水平等因素，并至少每三年调整或者重新公布一次。

征收农用地以外的其他土地、地上附着物和青苗等的补偿标准，由省、自治区、直辖市制定。对其中的农村村民住宅，应当按照先补偿后搬迁、居住条件有改善的原则，尊重农村村民意愿，采取重新安排宅基地建房、提供安置房或者货币补偿等方式给予公平、合理的补偿，并对因征收造成的搬迁、临时安置等费用予以补偿，保障农村村民居住的权利和合法的住房财产权益。

县级以上地方人民政府应当将被征地农民纳入相应的养老等社会保障体系。被征地农民的社会保障费用主要用于符合条件的被征地农民的养老保险等社会保险缴费补贴。被征地农民社会保障费用的筹集、管理和使用办法，由省、自治区、直辖市制定。

第四十九条 被征地的农村集体经济组织应当将征收土地的补偿费用的收支状况向本集体经济组织的成员公布，接受监督。

禁止侵占、挪用被征收土地单位的征地补偿费用和其他有关费用。

第五十条 地方各级人民政府应当支持被征地的农村集体经济组织和农民从事开发经营，兴办企业。

第五十一条 大中型水利、水电工程建设征收土地的补偿费标准和移民安置办法，由国务院另行规定。

第五十二条 建设项目可行性研究论证时，自然资源主管部门可以根据土地利用总体规划、土地利用年度计划和建设用地标准，对建设用地有关事项进行审查，并提出意见。

第五十三条 经批准的建设项目需要使用国有建设用地的，建设单位应当持法律、行政法规规定的有关文件，向有批准权的县级以上人民政府自然资源主管部门提出建设用地申请，经自然资源主管部门审查，报本级人民政府批准。

第五十四条 建设单位使用国有土地，应当以出让等有偿使用方式取得；但是，下列建设用地，经县级以上人民政府依法批准，可以以划拨方式取得：

（一）国家机关用地和军事用地；

（二）城市基础设施用地和公益事业用地；

（三）国家重点扶持的能源、交通、水利等基础设施用地；

（四）法律、行政法规规定的其他用地。

第五十五条 以出让等有偿使用方式取得国有土地使用权的建设单位，按照国务院规定的标准和办法，缴纳土地使用权出让金等土地有偿使用费和其他费用后，方可使用土地。

自本法施行之日起，新增建设用地的土地有偿使用费，百分之三十上缴中央财政，百分之七十留给有关地方人民政府。具体使用管理办法由国务院财政部门会同有关部门制定，并报国务院批准。

第五十六条 建设单位使用国有土地的，应当按照土地使用权出让等有偿使用合同的约定或者土地使用权划拨批准文件的规定使用土地；确需改变该幅土地建设用途的，应当经有关人民政府自然资源主管部门同意，报原批准用地的人民政府批准。其中，在城市规划区内改变土地用途的，在报批前，应当先经有关城市规划行政主管部门同意。

第五十七条 建设项目施工和地质勘查需要临时使用国有土地或者农民集体所有的土地的，由县级以上人民政府自然资源主管部门批准。其中，在城市规划区内的临时用地，在报批前，应当先经有关城市规划行政主管部门同意。土地使用者应当根据土地权属，与有关自然资源主管部门或者农村集体经济组织、村民委员会签订临时使用土地合同，并按照合同的约定支付临时使用土地补偿费。

临时使用土地的使用者应当按照临时使用土地合同约定的用途使用土地，并不得修建永久性建筑物。

临时使用土地期限一般不超过二年。

第五十八条 有下列情形之一的，由有关人民政府自然资源主管部门报经原批准用地的人民政府或者有批准权的人民政府批准，可以收回国有土地使用权：

（一）为实施城市规划进行旧城区改建以及其他公共利益需要，确需使用土地的；

（二）土地出让等有偿使用合同约定的使用期限届满，土地使用者未申请续期或者申请续期未获批准的；

（三）因单位撤销、迁移等原因，停止使用原划拨的国有土地的；

（四）公路、铁路、机场、矿场等经核准报废的。

依照前款第（一）项的规定收回国有土地使用权的，对土地使用权人应当给予适当补偿。

第五十九条 乡镇企业、乡（镇）村公共设施、公益事业、农村村民住宅等乡（镇）村建设，应当按照村庄和集镇规划，合理布局，综合开发，配套建设；建设用地，应当符合乡（镇）土地利用总体规划和土地利用年度计划，并依照本法第四十四条、第六十条、第六十一条、第六十二条的规定办理审批手续。

第六十条　农村集体经济组织使用乡（镇）土地利用总体规划确定的建设用地兴办企业或者与其他单位、个人以土地使用权入股、联营等形式共同举办企业的，应当持有关批准文件，向县级以上地方人民政府自然资源主管部门提出申请，按照省、自治区、直辖市规定的批准权限，由县级以上地方人民政府批准；其中，涉及占用农用地的，依照本法第四十四条的规定办理审批手续。

按照前款规定兴办企业的建设用地，必须严格控制。省、自治区、直辖市可以按照乡镇企业的不同行业和经营规模，分别规定用地标准。

第六十一条　乡（镇）村公共设施、公益事业建设，需要使用土地的，经乡（镇）人民政府审核，向县级以上地方人民政府自然资源主管部门提出申请，按照省、自治区、直辖市规定的批准权限，由县级以上地方人民政府批准；其中，涉及占用农用地的，依照本法第四十四条的规定办理审批手续。

第六十二条　农村村民一户只能拥有一处宅基地，其宅基地的面积不得超过省、自治区、直辖市规定的标准。

人均土地少、不能保障一户拥有一处宅基地的地区，县级人民政府在充分尊重农村村民意愿的基础上，可以采取措施，按照省、自治区、直辖市规定的标准保障农村村民实现户有所居。

农村村民建住宅，应当符合乡（镇）土地利用总体规划、村庄规划，不得占用永久基本农田，并尽量使用原有的宅基地和村内空闲地。编制乡（镇）土地利用总体规划、村庄规划应当统筹并合理安排宅基地用地，改善农村村民居住环境和条件。

农村村民住宅用地，由乡（镇）人民政府审核批准；其中，涉及占用农用地的，依照本法第四十四条的规定办理审批手续。

农村村民出卖、出租、赠与住宅后，再申请宅基地的，不予批准。

国家允许进城落户的农村村民依法自愿有偿退出宅基地，鼓励农村集体经济组织及其成员盘活利用闲置宅基地和闲置住宅。

国务院农业农村主管部门负责全国农村宅基地改革和管理有关工作。

第六十三条 土地利用总体规划、城乡规划确定为工业、商业等经营性用途，并经依法登记的集体经营性建设用地，土地所有权人可以通过出让、出租等方式交由单位或者个人使用，并应当签订书面合同，载明土地界址、面积、动工期限、使用期限、土地用途、规划条件和双方其他权利义务。

前款规定的集体经营性建设用地出让、出租等，应当经本集体经济组织成员的村民会议三分之二以上成员或者三分之二以上村民代表的同意。

通过出让等方式取得的集体经营性建设用地使用权可以转让、互换、出资、赠与或者抵押，但法律、行政法规另有规定或者土地所有权人、土地使用权人签订的书面合同另有约定的除外。

集体经营性建设用地的出租，集体建设用地使用权的出让及其最高年限、转让、互换、出资、赠与、抵押等，参照同类用途的国有建设用地执行。具体办法由国务院制定。

第六十四条 集体建设用地的使用者应当严格按照土地利用总体规划、城乡规划确定的用途使用土地。

第六十五条 在土地利用总体规划制定前已建的不符合土地利用总体规划确定的用途的建筑物、构筑物，不得重建、扩建。

第六十六条 有下列情形之一的，农村集体经济组织报经原批准用地的人民政府批准，可以收回土地使用权：

（一）为乡（镇）村公共设施和公益事业建设，需要使用土地的；

（二）不按照批准的用途使用土地的；

（三）因撤销、迁移等原因而停止使用土地的。

依照前款第（一）项规定收回农民集体所有的土地的，对土地使用权人应当给予适当补偿。

收回集体经营性建设用地使用权，依照双方签订的书面合同办理，法律、行政法规另有规定的除外。

第六章 监督检查

第六十七条 县级以上人民政府自然资源主管部门对违反土地管理法律、法规的行为进行监督检查。

县级以上人民政府农业农村主管部门对违反农村宅基地管理法律、法规的行为进行监督检查的，适用本法关于自然资源主管部门监督检查的规定。

土地管理监督检查人员应当熟悉土地管理法律、法规，忠于职守、秉公执法。

第六十八条 县级以上人民政府自然资源主管部门履行监督检查职责时，有权采取下列措施：

（一）要求被检查的单位或者个人提供有关土地权利的文件和资料，进行查阅或者予以复制；

（二）要求被检查的单位或者个人就有关土地权利的问题作出说明；

（三）进入被检查单位或者个人非法占用的土地现场进行勘测；

（四）责令非法占用土地的单位或者个人停止违反土地管理法律、法规的行为。

第六十九条 土地管理监督检查人员履行职责，需要进入现场进行勘测、要求有关单位或者个人提供文件、资料和作出说明的，应当出示土地管理监督检查证件。

第七十条 有关单位和个人对县级以上人民政府自然资源主管部门就土地违法行为进行的监督检查应当支持与配合，并提供工作方便，不得拒绝与阻碍土地管理监督检查人员依法执行职务。

第七十一条 县级以上人民政府自然资源主管部门在监督检查工作中发现国家工作人员的违法行为，依法应当给予处分的，应当依法予以处理；自己无权处理的，应当依法移送监察机关或者有关机关处理。

第七十二条 县级以上人民政府自然资源主管部门在监督检查

工作中发现土地违法行为构成犯罪的，应当将案件移送有关机关，依法追究刑事责任；尚不构成犯罪的，应当依法给予行政处罚。

第七十三条　依照本法规定应当给予行政处罚，而有关自然资源主管部门不给予行政处罚的，上级人民政府自然资源主管部门有权责令有关自然资源主管部门作出行政处罚决定或者直接给予行政处罚，并给予有关自然资源主管部门的负责人处分。

第七章　法律责任

第七十四条　买卖或者以其他形式非法转让土地的，由县级以上人民政府自然资源主管部门没收违法所得；对违反土地利用总体规划擅自将农用地改为建设用地的，限期拆除在非法转让的土地上新建的建筑物和其他设施，恢复土地原状，对符合土地利用总体规划的，没收在非法转让的土地上新建的建筑物和其他设施；可以并处罚款；对直接负责的主管人员和其他直接责任人员，依法给予处分；构成犯罪的，依法追究刑事责任。

第七十五条　违反本法规定，占用耕地建窑、建坟或者擅自在耕地上建房、挖砂、采石、采矿、取土等，破坏种植条件的，或者因开发土地造成土地荒漠化、盐渍化的，由县级以上人民政府自然资源主管部门、农业农村主管部门等按照职责责令限期改正或者治理，可以并处罚款；构成犯罪的，依法追究刑事责任。

第七十六条　违反本法规定，拒不履行土地复垦义务的，由县级以上人民政府自然资源主管部门责令限期改正；逾期不改正的，责令缴纳复垦费，专项用于土地复垦，可以处以罚款。

第七十七条　未经批准或者采取欺骗手段骗取批准，非法占用土地的，由县级以上人民政府自然资源主管部门责令退还非法占用的土地，对违反土地利用总体规划擅自将农用地改为建设用地的，限期拆除在非法占用的土地上新建的建筑物和其他设施，恢复土地原状，对符合土地利用总体规划的，没收在非法占用的土地上新建的建筑物和其他设施，可以并处罚款；对非法占用土地单位的直接负责的主管人员和其他直接责任人员，依法给予处分；构成犯罪的，依法追究刑事责任。

超过批准的数量占用土地，多占的土地以非法占用土地论处。

第七十八条 农村村民未经批准或者采取欺骗手段骗取批准，非法占用土地建住宅的，由县级以上人民政府农业农村主管部门责令退还非法占用的土地，限期拆除在非法占用的土地上新建的房屋。

超过省、自治区、直辖市规定的标准，多占的土地以非法占用土地论处。

第七十九条 无权批准征收、使用土地的单位或者个人非法批准占用土地的，超越批准权限非法批准占用土地的，不按照土地利用总体规划确定的用途批准用地的，或者违反法律规定的程序批准占用、征收土地的，其批准文件无效，对非法批准征收、使用土地的直接负责的主管人员和其他直接责任人员，依法给予处分；构成犯罪的，依法追究刑事责任。非法批准、使用的土地应当收回，有关当事人拒不归还的，以非法占用土地论处。

非法批准征收、使用土地，对当事人造成损失的，依法应当承担赔偿责任。

第八十条 侵占、挪用被征收土地单位的征地补偿费用和其他有关费用，构成犯罪的，依法追究刑事责任；尚不构成犯罪的，依法给予处分。

第八十一条 依法收回国有土地使用权当事人拒不交出土地的，临时使用土地期满拒不归还的，或者不按照批准的用途使用国有土地的，由县级以上人民政府自然资源主管部门责令交还土地，处以罚款。

第八十二条 擅自将农民集体所有的土地通过出让、转让使用权或者出租等方式用于非农业建设，或者违反本法规定，将集体经营性建设用地通过出让、出租等方式交由单位或者个人使用的，由县级以上人民政府自然资源主管部门责令限期改正，没收违法所得，并处罚款。

第八十三条 依照本法规定，责令限期拆除在非法占用的土地上新建的建筑物和其他设施的，建设单位或者个人必须立即停止施工，自行拆除;对继续施工的,作出处罚决定的机关有权制止。建设单位或者个人对责令限期拆除的行政处罚决定不服的,可以在接到责令限期拆除决定之日起十五日内,向人民法院起诉;期满不起诉又不自行拆除的,由作出处罚决定的机关依法申请人民法院强制执行,费用由违法者承担。

第八十四条 自然资源主管部门、农业农村主管部门的工作人员玩忽职守、滥用职权、徇私舞弊,构成犯罪的,依法追究刑事责任;尚不构成犯罪的,依法给予处分。

第八章 附 则

第八十五条 外商投资企业使用土地的,适用本法;法律另有规定的,从其规定。

第八十六条 在根据本法第十八条的规定编制国土空间规划前,经依法批准的土地利用总体规划和城乡规划继续执行。

第八十七条 本法自1999年1月1日起施行。

中华人民共和国土地管理法实施条例

(1998年12月27日国务院令第256号公布 根据2011年1月8日《国务院关于废止和修改部分行政法规的决定》第一次修订 根据2014年7月29日《国务院关于修改部分行政法规的决定》第二次修订 2021年7月2日国务院令第743号第三次修订 2021年7月2日公布 自2021年9月1日起实施)

第一章 总 则

第一条 根据《中华人民共和国土地管理法》(以下简称《土地管

理法》），制定本条例。

第二章　国土空间规划

第二条　国家建立国土空间规划体系。

土地开发、保护、建设活动应当坚持规划先行。经依法批准的国土空间规划是各类开发、保护、建设活动的基本依据。

已经编制国土空间规划的，不再编制土地利用总体规划和城乡规划。在编制国土空间规划前，经依法批准的土地利用总体规划和城乡规划继续执行。

第三条　国土空间规划应当细化落实国家发展规划提出的国土空间开发保护要求，统筹布局农业、生态、城镇等功能空间，划定落实永久基本农田、生态保护红线和城镇开发边界。

国土空间规划应当包括国土空间开发保护格局和规划用地布局、结构、用途管制要求等内容，明确耕地保有量、建设用地规模、禁止开垦的范围等要求，统筹基础设施和公共设施用地布局，综合利用地上地下空间，合理确定并严格控制新增建设用地规模，提高土地节约集约利用水平，保障土地的可持续利用。

第四条　土地调查应当包括下列内容：

（一）土地权属以及变化情况；

（二）土地利用现状以及变化情况；

（三）土地条件。

全国土地调查成果，报国务院批准后向社会公布。地方土地调查成果，经本级人民政府审核，报上一级人民政府批准后向社会公布。全国土地调查成果公布后，县级以上地方人民政府方可自上而下逐级依次公布本行政区域的土地调查成果。

土地调查成果是编制国土空间规划以及自然资源管理、保护和利用的重要依据。

土地调查技术规程由国务院自然资源主管部门会同有关部门制定。

第五条 国务院自然资源主管部门会同有关部门制定土地等级评定标准。

县级以上人民政府自然资源主管部门应当会同有关部门根据土地等级评定标准,对土地等级进行评定。地方土地等级评定结果经本级人民政府审核,报上一级人民政府自然资源主管部门批准后向社会公布。

根据国民经济和社会发展状况,土地等级每五年重新评定一次。

第六条 县级以上人民政府自然资源主管部门应当加强信息化建设,建立统一的国土空间基础信息平台,实行土地管理全流程信息化管理,对土地利用状况进行动态监测,与发展改革、住房和城乡建设等有关部门建立土地管理信息共享机制,依法公开土地管理信息。

第七条 县级以上人民政府自然资源主管部门应当加强地籍管理,建立健全地籍数据库。

第三章 耕地保护

第八条 国家实行占用耕地补偿制度。在国土空间规划确定的城市和村庄、集镇建设用地范围内经依法批准占用耕地,以及在国土空间规划确定的城市和村庄、集镇建设用地范围外的能源、交通、水利、矿山、军事设施等建设项目经依法批准占用耕地的,分别由县级人民政府、农村集体经济组织和建设单位负责开垦与所占用耕地的数量和质量相当的耕地;没有条件开垦或者开垦的耕地不符合要求的,应当按照省、自治区、直辖市的规定缴纳耕地开垦费,专款用于开垦新的耕地。

省、自治区、直辖市人民政府应当组织自然资源主管部门、农业农村主管部门对开垦的耕地进行验收,确保开垦的耕地落实到地块。划入永久基本农田的还应当纳入国家永久基本农田数据库严格管理。占用耕地补充情况应当按照国家有关规定向社会公布。

个别省、直辖市需要易地开垦耕地的,依照《土地管理法》第三十二条的规定执行。

第九条　禁止任何单位和个人在国土空间规划确定的禁止开垦的范围内从事土地开发活动。

按照国土空间规划,开发未确定土地使用权的国有荒山、荒地、荒滩从事种植业、林业、畜牧业、渔业生产的,应当向土地所在地的县级以上地方人民政府自然资源主管部门提出申请,按照省、自治区、直辖市规定的权限,由县级以上地方人民政府批准。

第十条　县级人民政府应当按照国土空间规划关于统筹布局农业、生态、城镇等功能空间的要求,制定土地整理方案,促进耕地保护和土地节约集约利用。

县、乡(镇)人民政府应当组织农村集体经济组织,实施土地整理方案,对闲散地和废弃地有计划地整治、改造。土地整理新增耕地,可以用作建设所占用耕地的补充。

鼓励社会主体依法参与土地整理。

第十一条　县级以上地方人民政府应当采取措施,预防和治理耕地土壤流失、污染,有计划地改造中低产田,建设高标准农田,提高耕地质量,保护黑土地等优质耕地,并依法对建设所占用耕地耕作层的土壤利用作出合理安排。

非农业建设依法占用永久基本农田的,建设单位应当按照省、自治区、直辖市的规定,将所占用耕地耕作层的土壤用于新开垦耕地、劣质地或者其他耕地的土壤改良。

县级以上地方人民政府应当加强对农业结构调整的引导和管理,防止破坏耕地耕作层;设施农业用地不再使用的,应当及时组织恢复种植条件。

第十二条　国家对耕地实行特殊保护,严守耕地保护红线,严格控制耕地转为林地、草地、园地等其他农用地,并建立耕地保护补偿制度,具体办法和耕地保护补偿实施步骤由国务院自然资源主管部门会同有关部门规定。

非农业建设必须节约使用土地,可以利用荒地的,不得占用耕地;可以利用劣地的,不得占用好地。禁止占用耕地建窑、建坟或者擅自在耕地上建房、挖砂、采石、采矿、取土等。禁止占用永久基本农田发展林果业和挖塘养鱼。

耕地应当优先用于粮食和棉、油、糖、蔬菜等农产品生产。按照国家有关规定需要将耕地转为林地、草地、园地等其他农用地的,应当优先使用难以长期稳定利用的耕地。

第十三条 省、自治区、直辖市人民政府对本行政区域耕地保护负总责,其主要负责人是本行政区域耕地保护的第一责任人。

省、自治区、直辖市人民政府应当将国务院确定的耕地保有量和永久基本农田保护任务分解下达,落实到具体地块。

国务院对省、自治区、直辖市人民政府耕地保护责任目标落实情况进行考核。

第四章 建设用地

第一节 一般规定

第十四条 建设项目需要使用土地的,应当符合国土空间规划、土地利用年度计划和用途管制以及节约资源、保护生态环境的要求,并严格执行建设用地标准,优先使用存量建设用地,提高建设用地使用效率。

从事土地开发利用活动,应当采取有效措施,防止、减少土壤污染,并确保建设用地符合土壤环境质量要求。

第十五条 各级人民政府应当依据国民经济和社会发展规划及年度计划、国土空间规划、国家产业政策以及城乡建设、土地利用的实际状况等,加强土地利用计划管理,实行建设用地总量控制,推动城乡存量建设用地开发利用,引导城镇低效用地再开发,落实建设用地标准控制制度,开展节约集约用地评价,推广应用节地技术和节地模式。

第十六条 县级以上地方人民政府自然资源主管部门应当将本级人民政府确定的年度建设用地供应总量、结构、时序、地块、用途等在政府网站上向社会公布,供社会公众查阅。

第十七条 建设单位使用国有土地,应当以有偿使用方式取得;

但是,法律、行政法规规定可以以划拨方式取得的除外。

国有土地有偿使用的方式包括:

(一)国有土地使用权出让;

(二)国有土地租赁;

(三)国有土地使用权作价出资或者入股。

第十八条　国有土地使用权出让、国有土地租赁等应当依照国家有关规定通过公开的交易平台进行交易,并纳入统一的公共资源交易平台体系。除依法可以采取协议方式外,应当采取招标、拍卖、挂牌等竞争性方式确定土地使用者。

第十九条　《土地管理法》第五十五条规定的新增建设用地的土地有偿使用费,是指国家在新增建设用地中应取得的平均土地纯收益。

第二十条　建设项目施工、地质勘查需要临时使用土地的,应当尽量不占或者少占耕地。

临时用地由县级以上人民政府自然资源主管部门批准,期限一般不超过二年;建设周期较长的能源、交通、水利等基础设施建设使用的临时用地,期限不超过四年;法律、行政法规另有规定的除外。

土地使用者应当自临时用地期满之日起一年内完成土地复垦,使其达到可供利用状态,其中占用耕地的应当恢复种植条件。

第二十一条　抢险救灾、疫情防控等急需使用土地的,可以先行使用土地。其中,属于临时用地的,用后应当恢复原状并交还原土地使用者使用,不再办理用地审批手续;属于永久性建设用地的,建设单位应当在不晚于应急处置工作结束六个月内申请补办建设用地审批手续。

第二十二条　具有重要生态功能的未利用地应当依法划入生态保护红线,实施严格保护。

建设项目占用国土空间规划确定的未利用地的,按照省、自治区、直辖市的规定办理。

第二节 农用地转用

第二十三条 在国土空间规划确定的城市和村庄、集镇建设用地范围内,为实施该规划而将农用地转为建设用地的,由市、县人民政府组织自然资源等部门拟订农用地转用方案,分批次报有批准权的人民政府批准。

农用地转用方案应当重点对建设项目安排、是否符合国土空间规划和土地利用年度计划以及补充耕地情况作出说明。

农用地转用方案经批准后,由市、县人民政府组织实施。

第二十四条 建设项目确需占用国土空间规划确定的城市和村庄、集镇建设用地范围外的农用地,涉及占用永久基本农田的,由国务院批准;不涉及占用永久基本农田的,由国务院或者国务院授权的省、自治区、直辖市人民政府批准。具体按照下列规定办理:

(一)建设项目批准、核准前或者备案前后,由自然资源主管部门对建设项目用地事项进行审查,提出建设项目用地预审意见。建设项目需要申请核发选址意见书的,应当合并办理建设项目用地预审与选址意见书,核发建设项目用地预审与选址意见书。

(二)建设单位持建设项目的批准、核准或者备案文件,向市、县人民政府提出建设用地申请。市、县人民政府组织自然资源等部门拟订农用地转用方案,报有批准权的人民政府批准;依法应当由国务院批准的,由省、自治区、直辖市人民政府审核后上报。农用地转用方案应当重点对是否符合国土空间规划和土地利用年度计划以及补充耕地情况作出说明,涉及占用永久基本农田的,还应当对占用永久基本农田的必要性、合理性和补划可行性作出说明。

(三)农用地转用方案经批准后,由市、县人民政府组织实施。

第二十五条 建设项目需要使用土地的,建设单位原则上应当一次申请,办理建设用地审批手续,确需分期建设的项目,可以根据可行性研究报告确定的方案,分期申请建设用地,分期办理建设用地审批手续。建设过程中用地范围确需调整的,应当依法办理建设用地审批手续。

农用地转用涉及征收土地的,还应当依法办理征收土地手续。

第三节 土地征收

第二十六条 需要征收土地,县级以上地方人民政府认为符合《土地管理法》第四十五条规定的,应当发布征收土地预公告,并开展拟征收土地现状调查和社会稳定风险评估。

征收土地预公告应当包括征收范围、征收目的、开展土地现状调查的安排等内容。征收土地预公告应当采用有利于社会公众知晓的方式,在拟征收土地所在的乡(镇)和村、村民小组范围内发布,预公告时间不少于十个工作日。自征收土地预公告发布之日起,任何单位和个人不得在拟征收范围内抢栽抢建;违反规定抢栽抢建的,对抢栽抢建部分不予补偿。

土地现状调查应当查明土地的位置、权属、地类、面积,以及农村村民住宅、其他地上附着物和青苗等的权属、种类、数量等情况。

社会稳定风险评估应当对征收土地的社会稳定风险状况进行综合研判,确定风险点,提出风险防范措施和处置预案。社会稳定风险评估应当有被征地的农村集体经济组织及其成员、村民委员会和其他利害关系人参加,评估结果是申请征收土地的重要依据。

第二十七条 县级以上地方人民政府应当依据社会稳定风险评估结果,结合土地现状调查情况,组织自然资源、财政、农业农村、人力资源和社会保障等有关部门拟定征地补偿安置方案。

征地补偿安置方案应当包括征收范围、土地现状、征收目的、补偿方式和标准、安置对象、安置方式、社会保障等内容。

第二十八条 征地补偿安置方案拟定后,县级以上地方人民政府应当在拟征收土地所在的乡(镇)和村、村民小组范围内公告,公告时间不少于三十日。

征地补偿安置公告应当同时载明办理补偿登记的方式和期限、异议反馈渠道等内容。

多数被征地的农村集体经济组织成员认为拟定的征地补偿安置方案不符合法律、法规规定的，县级以上地方人民政府应当组织听证。

第二十九条 县级以上地方人民政府根据法律、法规规定和听证会等情况确定征地补偿安置方案后，应当组织有关部门与拟征收土地的所有权人、使用权人签订征地补偿安置协议。征地补偿安置协议示范文本由省、自治区、直辖市人民政府制定。

对个别确实难以达成征地补偿安置协议的，县级以上地方人民政府应当在申请征收土地时如实说明。

第三十条 县级以上地方人民政府完成本条例规定的征地前期工作后，方可提出征收土地申请，依照《土地管理法》第四十六条的规定报有批准权的人民政府批准。

有批准权的人民政府应当对征收土地的必要性、合理性、是否符合《土地管理法》第四十五条规定的为了公共利益确需征收土地的情形以及是否符合法定程序进行审查。

第三十一条 征收土地申请经依法批准后，县级以上地方人民政府应当自收到批准文件之日起十五个工作日内在拟征收土地所在的乡（镇）和村、村民小组范围内发布征收土地公告，公布征收范围、征收时间等具体工作安排，对个别未达成征地补偿安置协议的应当作出征地补偿安置决定，并依法组织实施。

第三十二条 省、自治区、直辖市应当制定公布区片综合地价，确定征收农用地的土地补偿费、安置补助费标准，并制定土地补偿费、安置补助费分配办法。

地上附着物和青苗等的补偿费用，归其所有权人所有。

社会保障费用主要用于符合条件的被征地农民的养老保险等社会保险缴费补贴，按照省、自治区、直辖市的规定单独列支。

申请征收土地的县级以上地方人民政府应当及时落实土地补偿费、安置补助费、农村村民住宅以及其他地上附着物和青苗等的补偿费用、社会保障费用等，并保证足额到位，专款专用。有关费用未足额到位的，不得批准征收土地。

第四节　宅基地管理

第三十三条　农村居民点布局和建设用地规模应当遵循节约集约、因地制宜的原则合理规划。县级以上地方人民政府应当按照国家规定安排建设用地指标,合理保障本行政区域农村村民宅基地需求。

乡(镇)、县、市国土空间规划和村庄规划应当统筹考虑农村村民生产、生活需求,突出节约集约用地导向,科学划定宅基地范围。

第三十四条　农村村民申请宅基地的,应当以户为单位向农村集体经济组织提出申请;没有设立农村集体经济组织的,应当向所在的村民小组或者村民委员会提出申请。宅基地申请依法经农村村民集体讨论通过并在本集体范围内公示后,报乡(镇)人民政府审核批准。

涉及占用农用地的,应当依法办理农用地转用审批手续。

第三十五条　国家允许进城落户的农村村民依法自愿有偿退出宅基地。乡(镇)人民政府和农村集体经济组织、村民委员会等应当将退出的宅基地优先用于保障该农村集体经济组织成员的宅基地需求。

第三十六条　依法取得的宅基地和宅基地上的农村村民住宅及其附属设施受法律保护。

禁止违背农村村民意愿强制流转宅基地,禁止违法收回农村村民依法取得的宅基地,禁止以退出宅基地作为农村村民进城落户的条件,禁止强迫农村村民搬迁退出宅基地。

第五节　集体经营性建设用地管理

第三十七条　国土空间规划应当统筹并合理安排集体经营性建设用地布局和用途,依法控制集体经营性建设用地规模,促进集体经营性建设用地的节约集约利用。

鼓励乡村重点产业和项目使用集体经营性建设用地。

第三十八条　国土空间规划确定为工业、商业等经营性用途,且已依法办理土地所有权登记的集体经营性建设用地,土地所有权人可以通过出让、出租等方式交由单位或者个人在一定年限内有偿使用。

第三十九条 土地所有权人拟出让、出租集体经营性建设用地的,市、县人民政府自然资源主管部门应当依据国土空间规划提出拟出让、出租的集体经营性建设用地的规划条件,明确土地界址、面积、用途和开发建设强度等。

市、县人民政府自然资源主管部门应当会同有关部门提出产业准入和生态环境保护要求。

第四十条 土地所有权人应当依据规划条件、产业准入和生态环境保护要求等,编制集体经营性建设用地出让、出租等方案,并依照《土地管理法》第六十三条的规定,由本集体经济组织形成书面意见,在出让、出租前不少于十个工作日报市、县人民政府。市、县人民政府认为该方案不符合规划条件或者产业准入和生态环境保护要求等的,应当在收到方案后五个工作日内提出修改意见。土地所有权人应当按照市、县人民政府的意见进行修改。

集体经营性建设用地出让、出租等方案应当载明宗地的土地界址、面积、用途、规划条件、产业准入和生态环境保护要求、使用期限、交易方式、入市价格、集体收益分配安排等内容。

第四十一条 土地所有权人应当依据集体经营性建设用地出让、出租等方案,以招标、拍卖、挂牌或者协议等方式确定土地使用者,双方应当签订书面合同,载明土地界址、面积、用途、规划条件、使用期限、交易价款支付、交地时间和开工竣工期限、产业准入和生态环境保护要求,约定提前收回的条件、补偿方式、土地使用权届满续期和地上建筑物、构筑物等附着物处理方式,以及违约责任和解决争议的方法等,并报市、县人民政府自然资源主管部门备案。未依法将规划条件、产业准入和生态环境保护要求纳入合同的,合同无效;造成损失的,依法承担民事责任。合同示范文本由国务院自然资源主管部门制定。

第四十二条 集体经营性建设用地使用者应当按照约定及时支付集体经营性建设用地价款,并依法缴纳相关税费,对集体经营性建设用地使用权以及依法利用集体经营性建设用地建造的建筑物、构筑物及其附属设施的所有权,依法申请办理不动产登记。

第四十三条 通过出让等方式取得的集体经营性建设用地使用权依法转让、互换、出资、赠与或者抵押的，双方应当签订书面合同，并书面通知土地所有权人。

集体经营性建设用地的出租，集体建设用地使用权的出让及其最高年限、转让、互换、出资、赠与、抵押等，参照同类用途的国有建设用地执行，法律、行政法规另有规定的除外。

第五章 监督检查

第四十四条 国家自然资源督察机构根据授权对省、自治区、直辖市人民政府以及国务院确定的城市人民政府下列土地利用和土地管理情况进行督察：

（一）耕地保护情况；

（二）土地节约集约利用情况；

（三）国土空间规划编制和实施情况；

（四）国家有关土地管理重大决策落实情况；

（五）土地管理法律、行政法规执行情况；

（六）其他土地利用和土地管理情况。

第四十五条 国家自然资源督察机构进行督察时，有权向有关单位和个人了解督察事项有关情况，有关单位和个人应当支持、协助督察机构工作，如实反映情况，并提供有关材料。

第四十六条 被督察的地方人民政府违反土地管理法律、行政法规，或者落实国家有关土地管理重大决策不力的，国家自然资源督察机构可以向被督察的地方人民政府下达督察意见书，地方人民政府应当认真组织整改，并及时报告整改情况；国家自然资源督察机构可以约谈被督察的地方人民政府有关负责人，并可以依法向监察机关、任免机关等有关机关提出追究相关责任人责任的建议。

第四十七条 土地管理监督检查人员应当经过培训，经考核合格，取得行政执法证件后，方可从事土地管理监督检查工作。

第四十八条 自然资源主管部门、农业农村主管部门按照职责分

工进行监督检查时,可以采取下列措施:

(一)询问违法案件涉及的单位或者个人;

(二)进入被检查单位或者个人涉嫌土地违法的现场进行拍照、摄像;

(三)责令当事人停止正在进行的土地违法行为;

(四)对涉嫌土地违法的单位或者个人,在调查期间暂停办理与该违法案件相关的土地审批、登记等手续;

(五)对可能被转移、销毁、隐匿或者篡改的文件、资料予以封存,责令涉嫌土地违法的单位或者个人在调查期间不得变卖、转移与案件有关的财物;

(六)《土地管理法》第六十八条规定的其他监督检查措施。

第四十九条 依照《土地管理法》第七十三条的规定给予处分的,应当按照管理权限由责令作出行政处罚决定或者直接给予行政处罚的上级人民政府自然资源主管部门或者其他任免机关、单位作出。

第五十条 县级以上人民政府自然资源主管部门应当会同有关部门建立信用监管、动态巡查等机制,加强对建设用地供应交易和供后开发利用的监管,对建设用地市场重大失信行为依法实施惩戒,并依法公开相关信息。

第六章 法律责任

第五十一条 违反《土地管理法》第三十七条的规定,非法占用永久基本农田发展林果业或者挖塘养鱼的,由县级以上人民政府自然资源主管部门责令限期改正;逾期不改正的,按占用面积处耕地开垦费2倍以上5倍以下的罚款;破坏种植条件的,依照《土地管理法》第七十五条的规定处罚。

第五十二条 违反《土地管理法》第五十七条的规定,在临时使用的土地上修建永久性建筑物的,由县级以上人民政府自然资源主管部门责令限期拆除,按占用面积处土地复垦费5倍以上10倍以下的罚款;逾期不拆除的,由作出行政决定的机关依法申请人民法院强制执行。

第五十三条 违反《土地管理法》第六十五条的规定，对建筑物、构筑物进行重建、扩建的，由县级以上人民政府自然资源主管部门责令限期拆除；逾期不拆除的，由作出行政决定的机关依法申请人民法院强制执行。

第五十四条 依照《土地管理法》第七十四条的规定处以罚款的，罚款额为违法所得的10%以上50%以下。

第五十五条 依照《土地管理法》第七十五条的规定处以罚款的，罚款额为耕地开垦费的5倍以上10倍以下；破坏黑土地等优质耕地的，从重处罚。

第五十六条 依照《土地管理法》第七十六条的规定处以罚款的，罚款额为土地复垦费的2倍以上5倍以下。

违反本条例规定，临时用地期满之日起一年内未完成复垦或者未恢复种植条件的，由县级以上人民政府自然资源主管部门责令限期改正，依照《土地管理法》第七十六条的规定处罚，并由县级以上人民政府自然资源主管部门会同农业农村主管部门代为完成复垦或者恢复种植条件。

第五十七条 依照《土地管理法》第七十七条的规定处以罚款的，罚款额为非法占用土地每平方米100元以上1000元以下。

违反本条例规定，在国土空间规划确定的禁止开垦的范围内从事土地开发活动的，由县级以上人民政府自然资源主管部门责令限期改正，并依照《土地管理法》第七十七条的规定处罚。

第五十八条 依照《土地管理法》第七十四条、第七十七条的规定，县级以上人民政府自然资源主管部门没收在非法转让或者非法占用的土地上新建的建筑物和其他设施的，应当于九十日内交由本级人民政府或者其指定的部门依法管理和处置。

第五十九条 依照《土地管理法》第八十一条的规定处以罚款的，罚款额为非法占用土地每平方米100元以上500元以下。

第六十条 依照《土地管理法》第八十二条的规定处以罚款的，罚款额为违法所得的10%以上30%以下。

第六十一条 阻碍自然资源主管部门、农业农村主管部门的工作人员依法执行职务，构成违反治安管理行为的，依法给予治安管理处罚。

第六十二条 违反土地管理法律、法规规定，阻挠国家建设征收土地的，由县级以上地方人民政府责令交出土地；拒不交出土地的，依法申请人民法院强制执行。

第六十三条 违反本条例规定，侵犯农村村民依法取得的宅基地权益的，责令限期改正，对有关责任单位通报批评、给予警告；造成损失的，依法承担赔偿责任；对直接负责的主管人员和其他直接责任人员，依法给予处分。

第六十四条 贪污、侵占、挪用、私分、截留、拖欠征地补偿安置费用和其他有关费用的，责令改正，追回有关款项，限期退还违法所得，对有关责任单位通报批评、给予警告；造成损失的，依法承担赔偿责任；对直接负责的主管人员和其他直接责任人员，依法给予处分。

第六十五条 各级人民政府及自然资源主管部门、农业农村主管部门工作人员玩忽职守、滥用职权、徇私舞弊的，依法给予处分。

第六十六条 违反本条例规定，构成犯罪的，依法追究刑事责任。

第七章 附 则

第六十七条 本条例自2021年9月1日起施行。

中华人民共和国城乡规划法

（2007年10月28日第十届全国人民代表大会常务委员会第三十次会议通过　根据2015年4月24日第十二届全国人民代表大会常务委员会第十四次会议《关于修改〈中华人民共和国港口法〉等七部法律的决定》第一次修正　根据2019年4月23日第十三届全国人民代表大会常务委员会第十次会议《关于修改〈中华人民共和国建筑法〉等八部法律的决定》第二次修正　2019年4月23日公布　中华人民共和国主席令第29号　自2019年4月23日起实施）

第一章　总　　则

第一条　为了加强城乡规划管理，协调城乡空间布局，改善人居环境，促进城乡经济社会全面协调可持续发展，制定本法。

第二条　制定和实施城乡规划，在规划区内进行建设活动，必须遵守本法。

本法所称城乡规划，包括城镇体系规划、城市规划、镇规划、乡规划和村庄规划。城市规划、镇规划分为总体规划和详细规划。详细规划分为控制性详细规划和修建性详细规划。

本法所称规划区，是指城市、镇和村庄的建成区以及因城乡建设和发展需要，必须实行规划控制的区域。规划区的具体范围由有关人民政府在组织编制的城市总体规划、镇总体规划、乡规划和村庄规划中，根据城乡经济社会发展水平和统筹城乡发展的需要划定。

第三条　城市和镇应当依照本法制定城市规划和镇规划。城市、镇规划区内的建设活动应当符合规划要求。

县级以上地方人民政府根据本地农村经济社会发展水平，按照因地制宜、切实可行的原则,确定应当制定乡规划、村庄规划的区域。在确定区域内的乡、村庄,应当依照本法制定规划,规划区内的乡、村庄建设应当符合规划要求。

县级以上地方人民政府鼓励、指导前款规定以外的区域的乡、村庄制定和实施乡规划、村庄规划。

第四条 制定和实施城乡规划,应当遵循城乡统筹、合理布局、节约土地、集约发展和先规划后建设的原则,改善生态环境,促进资源、能源节约和综合利用,保护耕地等自然资源和历史文化遗产,保持地方特色、民族特色和传统风貌,防止污染和其他公害,并符合区域人口发展、国防建设、防灾减灾和公共卫生、公共安全的需要。

在规划区内进行建设活动,应当遵守土地管理、自然资源和环境保护等法律、法规的规定。

县级以上地方人民政府应当根据当地经济社会发展的实际,在城市总体规划、镇总体规划中合理确定城市、镇的发展规模、步骤和建设标准。

第五条 城市总体规划、镇总体规划以及乡规划和村庄规划的编制,应当依据国民经济和社会发展规划,并与土地利用总体规划相衔接。

第六条 各级人民政府应当将城乡规划的编制和管理经费纳入本级财政预算。

第七条 经依法批准的城乡规划,是城乡建设和规划管理的依据,未经法定程序不得修改。

第八条 城乡规划组织编制机关应当及时公布经依法批准的城乡规划。但是,法律、行政法规规定不得公开的内容除外。

第九条 任何单位和个人都应当遵守经依法批准并公布的城乡规划,服从规划管理,并有权就涉及其利害关系的建设活动是否符合规划的要求向城乡规划主管部门查询。

任何单位和个人都有权向城乡规划主管部门或者其他有关部门举报或者控告违反城乡规划的行为。城乡规划主管部门或者其他有关部门对举报或者控告,应当及时受理并组织核查、处理。

第十条 国家鼓励采用先进的科学技术,增强城乡规划的科学性,提高城乡规划实施及监督管理的效能。

第十一条 国务院城乡规划主管部门负责全国的城乡规划管理工作。

县级以上地方人民政府城乡规划主管部门负责本行政区域内的城乡规划管理工作。

第二章 城乡规划的制定

第十二条 国务院城乡规划主管部门会同国务院有关部门组织编制全国城镇体系规划,用于指导省域城镇体系规划、城市总体规划的编制。

全国城镇体系规划由国务院城乡规划主管部门报国务院审批。

第十三条 省、自治区人民政府组织编制省域城镇体系规划,报国务院审批。

省域城镇体系规划的内容应当包括:城镇空间布局和规模控制,重大基础设施的布局,为保护生态环境、资源等需要严格控制的区域。

第十四条 城市人民政府组织编制城市总体规划。

直辖市的城市总体规划由直辖市人民政府报国务院审批。省、自治区人民政府所在地的城市以及国务院确定的城市的总体规划,由省、自治区人民政府审查同意后,报国务院审批。其他城市的总体规划,由城市人民政府报省、自治区人民政府审批。

第十五条 县人民政府组织编制县人民政府所在地镇的总体规划,报上一级人民政府审批。其他镇的总体规划由镇人民政府组织编制,报上一级人民政府审批。

第十六条 省、自治区人民政府组织编制的省域城镇体系规划,城市、县人民政府组织编制的总体规划,在报上一级人民政府审批前,应当先经本级人民代表大会常务委员会审议,常务委员会组成人员的审议意见交由本级人民政府研究处理。

镇人民政府组织编制的镇总体规划，在报上一级人民政府审批前，应当先经镇人民代表大会审议，代表的审议意见交由本级人民政府研究处理。

规划的组织编制机关报送审批省域城镇体系规划、城市总体规划或者镇总体规划，应当将本级人民代表大会常务委员会组成人员或者镇人民代表大会代表的审议意见和根据审议意见修改规划的情况一并报送。

第十七条 城市总体规划、镇总体规划的内容应当包括：城市、镇的发展布局，功能分区，用地布局，综合交通体系，禁止、限制和适宜建设的地域范围，各类专项规划等。

规划区范围、规划区内建设用地规模、基础设施和公共服务设施用地、水源地和水系、基本农田和绿化用地、环境保护、自然与历史文化遗产保护以及防灾减灾等内容，应当作为城市总体规划、镇总体规划的强制性内容。

城市总体规划、镇总体规划的规划期限一般为二十年。城市总体规划还应当对城市更长远的发展作出预测性安排。

第十八条 乡规划、村庄规划应当从农村实际出发，尊重村民意愿，体现地方和农村特色。

乡规划、村庄规划的内容应当包括：规划区范围，住宅、道路、供水、排水、供电、垃圾收集、畜禽养殖场所等农村生产、生活服务设施、公益事业等各项建设的用地布局、建设要求，以及对耕地等自然资源和历史文化遗产保护、防灾减灾等的具体安排。乡规划还应当包括本行政区域内的村庄发展布局。

第十九条 城市人民政府城乡规划主管部门根据城市总体规划的要求，组织编制城市的控制性详细规划，经本级人民政府批准后，报本级人民代表大会常务委员会和上一级人民政府备案。

第二十条 镇人民政府根据镇总体规划的要求，组织编制镇的控制性详细规划，报上一级人民政府审批。县人民政府所在地镇的控制性详细规划，由县人民政府城乡规划主管部门根据镇总体规划的要求组织编制，经县人民政府批准后，报本级人民代表大会常务委员会和上一级人民政府备案。

第二十一条　城市、县人民政府城乡规划主管部门和镇人民政府可以组织编制重要地块的修建性详细规划。修建性详细规划应当符合控制性详细规划。

第二十二条　乡、镇人民政府组织编制乡规划、村庄规划，报上一级人民政府审批。村庄规划在报送审批前，应当经村民会议或者村民代表会议讨论同意。

第二十三条　首都的总体规划、详细规划应当统筹考虑中央国家机关用地布局和空间安排的需要。

第二十四条　城乡规划组织编制机关应当委托具有相应资质等级的单位承担城乡规划的具体编制工作。

从事城乡规划编制工作应当具备下列条件，并经国务院城乡规划主管部门或者省、自治区、直辖市人民政府城乡规划主管部门依法审查合格，取得相应等级的资质证书后，方可在资质等级许可的范围内从事城乡规划编制工作：

（一）有法人资格；

（二）有规定数量的经相关行业协会注册的规划师；

（三）有规定数量的相关专业技术人员；

（四）有相应的技术装备；

（五）有健全的技术、质量、财务管理制度。

编制城乡规划必须遵守国家有关标准。

第二十五条　编制城乡规划，应当具备国家规定的勘察、测绘、气象、地震、水文、环境等基础资料。

县级以上地方人民政府有关主管部门应当根据编制城乡规划的需要，及时提供有关基础资料。

第二十六条　城乡规划报送审批前，组织编制机关应当依法将城乡规划草案予以公告，并采取论证会、听证会或者其他方式征求专家和公众的意见。公告的时间不得少于三十日。

组织编制机关应当充分考虑专家和公众的意见，并在报送审批的材料中附具意见采纳情况及理由。

第二十七条 省域城镇体系规划、城市总体规划、镇总体规划批准前，审批机关应当组织专家和有关部门进行审查。

第三章 城乡规划的实施

第二十八条 地方各级人民政府应当根据当地经济社会发展水平，量力而行，尊重群众意愿，有计划、分步骤地组织实施城乡规划。

第二十九条 城市的建设和发展，应当优先安排基础设施以及公共服务设施的建设，妥善处理新区开发与旧区改建的关系，统筹兼顾进城务工人员生活和周边农村经济社会发展、村民生产与生活的需要。

镇的建设和发展，应当结合农村经济社会发展和产业结构调整，优先安排供水、排水、供电、供气、道路、通信、广播电视等基础设施和学校、卫生院、文化站、幼儿园、福利院等公共服务设施的建设，为周边农村提供服务。

乡、村庄的建设和发展，应当因地制宜、节约用地，发挥村民自治组织的作用，引导村民合理进行建设，改善农村生产、生活条件。

第三十条 城市新区的开发和建设，应当合理确定建设规模和时序，充分利用现有市政基础设施和公共服务设施，严格保护自然资源和生态环境，体现地方特色。

在城市总体规划、镇总体规划确定的建设用地范围以外，不得设立各类开发区和城市新区。

第三十一条 旧城区的改建，应当保护历史文化遗产和传统风貌，合理确定拆迁和建设规模，有计划地对危房集中、基础设施落后等地段进行改建。

历史文化名城、名镇、名村的保护以及受保护建筑物的维护和使用，应当遵守有关法律、行政法规和国务院的规定。

第三十二条 城乡建设和发展，应当依法保护和合理利用风景名胜资源,统筹安排风景名胜区及周边乡、镇、村庄的建设。

风景名胜区的规划、建设和管理,应当遵守有关法律、行政法规和国务院的规定。

第三十三条 城市地下空间的开发和利用,应当与经济和技术发展水平相适应,遵循统筹安排、综合开发、合理利用的原则,充分考虑防灾减灾、人民防空和通信等需要,并符合城市规划,履行规划审批手续。

第三十四条 城市、县、镇人民政府应当根据城市总体规划、镇总体规划、土地利用总体规划和年度计划以及国民经济和社会发展规划,制定近期建设规划,报总体规划审批机关备案。

近期建设规划应当以重要基础设施、公共服务设施和中低收入居民住房建设以及生态环境保护为重点内容,明确近期建设的时序、发展方向和空间布局。近期建设规划的规划期限为五年。

第三十五条 城乡规划确定的铁路、公路、港口、机场、道路、绿地、输配电设施及输电线路走廊、通信设施、广播电视设施、管道设施、河道、水库、水源地、自然保护区、防汛通道、消防通道、核电站、垃圾填埋场及焚烧厂、污水处理厂和公共服务设施的用地以及其他需要依法保护的用地,禁止擅自改变用途。

第三十六条 按照国家规定需要有关部门批准或者核准的建设项目,以划拨方式提供国有土地使用权的,建设单位在报送有关部门批准或者核准前,应当向城乡规划主管部门申请核发选址意见书。

前款规定以外的建设项目不需要申请选址意见书。

第三十七条 在城市、镇规划区内以划拨方式提供国有土地使用权的建设项目,经有关部门批准、核准、备案后,建设单位应当向城市、县人民政府城乡规划主管部门提出建设用地规划许可申请,由城市、县人民政府城乡规划主管部门依据控制性详细规划核定建设用地的位置、面积、允许建设的范围,核发建设用地规划许可证。

建设单位在取得建设用地规划许可证后,方可向县级以上地方人民政府土地主管部门申请用地,经县级以上人民政府审批后,由土地主管部门划拨土地。

第三十八条 在城市、镇规划区内以出让方式提供国有土地使用权的，在国有土地使用权出让前，城市、县人民政府城乡规划主管部门应当依据控制性详细规划，提出出让地块的位置、使用性质、开发强度等规划条件，作为国有土地使用权出让合同的组成部分。未确定规划条件的地块，不得出让国有土地使用权。

以出让方式取得国有土地使用权的建设项目，建设单位在取得建设项目的批准、核准、备案文件和签订国有土地使用权出让合同后，向城市、县人民政府城乡规划主管部门领取建设用地规划许可证。

城市、县人民政府城乡规划主管部门不得在建设用地规划许可证中，擅自改变作为国有土地使用权出让合同组成部分的规划条件。

第三十九条 规划条件未纳入国有土地使用权出让合同的，该国有土地使用权出让合同无效；对未取得建设用地规划许可证的建设单位批准用地的，由县级以上人民政府撤销有关批准文件；占用土地的，应当及时退回；给当事人造成损失的，应当依法给予赔偿。

第四十条 在城市、镇规划区内进行建筑物、构筑物、道路、管线和其他工程建设的，建设单位或者个人应当向城市、县人民政府城乡规划主管部门或者省、自治区、直辖市人民政府确定的镇人民政府申请办理建设工程规划许可证。

申请办理建设工程规划许可证，应当提交使用土地的有关证明文件、建设工程设计方案等材料。需要建设单位编制修建性详细规划的建设项目，还应当提交修建性详细规划。对符合控制性详细规划和规划条件的，由城市、县人民政府城乡规划主管部门或者省、自治区、直辖市人民政府确定的镇人民政府核发建设工程规划许可证。

城市、县人民政府城乡规划主管部门或者省、自治区、直辖市人民政府确定的镇人民政府应当依法将经审定的修建性详细规划、建设工程设计方案的总平面图予以公布。

第四十一条 在乡、村庄规划区内进行乡镇企业、乡村公共设施和公益事业建设的，建设单位或者个人应当向乡、镇人民政府提出申请，由乡、镇人民政府报城市、县人民政府城乡规划主管部门核发乡村建设规划许可证。

在乡、村庄规划区内使用原有宅基地进行农村村民住宅建设的规划管理办法，由省、自治区、直辖市制定。

在乡、村庄规划区内进行乡镇企业、乡村公共设施和公益事业建设以及农村村民住宅建设，不得占用农用地；确需占用农用地的，应当依照《中华人民共和国土地管理法》有关规定办理农用地转用审批手续后，由城市、县人民政府城乡规划主管部门核发乡村建设规划许可证。

建设单位或者个人在取得乡村建设规划许可证后，方可办理用地审批手续。

第四十二条 城乡规划主管部门不得在城乡规划确定的建设用地范围以外作出规划许可。

第四十三条 建设单位应当按照规划条件进行建设；确需变更的，必须向城市、县人民政府城乡规划主管部门提出申请。变更内容不符合控制性详细规划的，城乡规划主管部门不得批准。城市、县人民政府城乡规划主管部门应当及时将依法变更后的规划条件通报同级土地主管部门并公示。

建设单位应当及时将依法变更后的规划条件报有关人民政府土地主管部门备案。

第四十四条 在城市、镇规划区内进行临时建设的，应当经城市、县人民政府城乡规划主管部门批准。临时建设影响近期建设规划或者控制性详细规划的实施以及交通、市容、安全等的，不得批准。

临时建设应当在批准的使用期限内自行拆除。

临时建设和临时用地规划管理的具体办法，由省、自治区、直辖市人民政府制定。

第四十五条 县级以上地方人民政府城乡规划主管部门按照国务院规定对建设工程是否符合规划条件予以核实。未经核实或者经核实不符合规划条件的，建设单位不得组织竣工验收。

建设单位应当在竣工验收后六个月内向城乡规划主管部门报送有关竣工验收资料。

第四章　城乡规划的修改

第四十六条　省域城镇体系规划、城市总体规划、镇总体规划的组织编制机关，应当组织有关部门和专家定期对规划实施情况进行评估，并采取论证会、听证会或者其他方式征求公众意见。组织编制机关应当向本级人民代表大会常务委员会、镇人民代表大会和原审批机关提出评估报告并附具征求意见的情况。

第四十七条　有下列情形之一的，组织编制机关方可按照规定的权限和程序修改省域城镇体系规划、城市总体规划、镇总体规划：

（一）上级人民政府制定的城乡规划发生变更，提出修改规划要求的；

（二）行政区划调整确需修改规划的；

（三）因国务院批准重大建设工程确需修改规划的；

（四）经评估确需修改规划的；

（五）城乡规划的审批机关认为应当修改规划的其他情形。

修改省域城镇体系规划、城市总体规划、镇总体规划前，组织编制机关应当对原规划的实施情况进行总结，并向原审批机关报告；修改涉及城市总体规划、镇总体规划强制性内容的，应当先向原审批机关提出专题报告，经同意后，方可编制修改方案。

修改后的省域城镇体系规划、城市总体规划、镇总体规划，应当依照本法第十三条、第十四条、第十五条和第十六条规定的审批程序报批。

第四十八条　修改控制性详细规划的，组织编制机关应当对修改的必要性进行论证，征求规划地段内利害关系人的意见，并向原审批机关提出专题报告，经原审批机关同意后，方可编制修改方案。修改后的控制性详细规划，应当依照本法第十九条、第二十条规定的审批程序报批。控制性详细规划修改涉及城市总体规划、镇总体规划的强制性内容的,应当先修改总体规划。

修改乡规划、村庄规划的,应当依照本法第二十二条规定的审批程序报批。

第四十九条 城市、县、镇人民政府修改近期建设规划的,应当将修改后的近期建设规划报总体规划审批机关备案。

第五十条 在选址意见书、建设用地规划许可证、建设工程规划许可证或者乡村建设规划许可证发放后,因依法修改城乡规划给被许可人合法权益造成损失的,应当依法给予补偿。

经依法审定的修建性详细规划、建设工程设计方案的总平面图不得随意修改;确需修改的,城乡规划主管部门应当采取听证会等形式,听取利害关系人的意见;因修改给利害关系人合法权益造成损失的,应当依法给予补偿。

第五章 监督检查

第五十一条 县级以上人民政府及其城乡规划主管部门应当加强对城乡规划编制、审批、实施、修改的监督检查。

第五十二条 地方各级人民政府应当向本级人民代表大会常务委员会或者乡、镇人民代表大会报告城乡规划的实施情况,并接受监督。

第五十三条 县级以上人民政府城乡规划主管部门对城乡规划的实施情况进行监督检查,有权采取以下措施:

(一)要求有关单位和人员提供与监督事项有关的文件、资料,并进行复制;

(二)要求有关单位和人员就监督事项涉及的问题作出解释和说明,并根据需要进入现场进行勘测;

(三)责令有关单位和人员停止违反有关城乡规划的法律、法规的行为。

城乡规划主管部门的工作人员履行前款规定的监督检查职责,应当出示执法证件。被监督检查的单位和人员应当予以配合,不得妨碍和阻挠依法进行的监督检查活动。

第五十四条 监督检查情况和处理结果应当依法公开,供公众查阅和监督。

第五十五条 城乡规划主管部门在查处违反本法规定的行为时,发现国家机关工作人员依法应当给予行政处分的,应当向其任免机关或者监察机关提出处分建议。

第五十六条 依照本法规定应当给予行政处罚,而有关城乡规划主管部门不给予行政处罚的,上级人民政府城乡规划主管部门有权责令其作出行政处罚决定或者建议有关人民政府责令其给予行政处罚。

第五十七条 城乡规划主管部门违反本法规定作出行政许可的,上级人民政府城乡规划主管部门有权责令其撤销或者直接撤销该行政许可。因撤销行政许可给当事人合法权益造成损失的,应当依法给予赔偿。

第六章 法律责任

第五十八条 对依法应当编制城乡规划而未组织编制,或者未按法定程序编制、审批、修改城乡规划的,由上级人民政府责令改正,通报批评;对有关人民政府负责人和其他直接责任人员依法给予处分。

第五十九条 城乡规划组织编制机关委托不具有相应资质等级的单位编制城乡规划的,由上级人民政府责令改正,通报批评;对有关人民政府负责人和其他直接责任人员依法给予处分。

第六十条 镇人民政府或者县级以上人民政府城乡规划主管部门有下列行为之一的,由本级人民政府、上级人民政府城乡规划主管部门或者监察机关依据职权责令改正,通报批评;对直接负责的主管人员和其他直接责任人员依法给予处分:

(一)未依法组织编制城市的控制性详细规划、县人民政府所在地镇的控制性详细规划的;

(二)超越职权或者对不符合法定条件的申请人核发选址意见书、建设用地规划许可证、建设工程规划许可证、乡村建设规划许可证的;

（三）对符合法定条件的申请人未在法定期限内核发选址意见书、建设用地规划许可证、建设工程规划许可证、乡村建设规划许可证的；

（四）未依法对经审定的修建性详细规划、建设工程设计方案的总平面图予以公布的；

（五）同意修改修建性详细规划、建设工程设计方案的总平面图前未采取听证会等形式听取利害关系人的意见的；

（六）发现未依法取得规划许可或者违反规划许可的规定在规划区内进行建设的行为，而不予查处或者接到举报后不依法处理的。

第六十一条　县级以上人民政府有关部门有下列行为之一的，由本级人民政府或者上级人民政府有关部门责令改正，通报批评；对直接负责的主管人员和其他直接责任人员依法给予处分：

（一）对未依法取得选址意见书的建设项目核发建设项目批准文件的；

（二）未依法在国有土地使用权出让合同中确定规划条件或者改变国有土地使用权出让合同中依法确定的规划条件的；

（三）对未依法取得建设用地规划许可证的建设单位划拨国有土地使用权的。

第六十二条　城乡规划编制单位有下列行为之一的，由所在地城市、县人民政府城乡规划主管部门责令限期改正，处合同约定的规划编制费一倍以上二倍以下的罚款；情节严重的，责令停业整顿，由原发证机关降低资质等级或者吊销资质证书；造成损失的，依法承担赔偿责任：

（一）超越资质等级许可的范围承揽城乡规划编制工作的；

（二）违反国家有关标准编制城乡规划的。

未依法取得资质证书承揽城乡规划编制工作的，由县级以上地方人民政府城乡规划主管部门责令停止违法行为，依照前款规定处以罚款；造成损失的，依法承担赔偿责任。

以欺骗手段取得资质证书承揽城乡规划编制工作的，由原发证机关吊销资质证书，依照本条第一款规定处以罚款；造成损失的，依法承担赔偿责任。

第六十三条 城乡规划编制单位取得资质证书后，不再符合相应的资质条件的，由原发证机关责令限期改正；逾期不改正的，降低资质等级或者吊销资质证书。

第六十四条 未取得建设工程规划许可证或者未按照建设工程规划许可证的规定进行建设的，由县级以上地方人民政府城乡规划主管部门责令停止建设；尚可采取改正措施消除对规划实施的影响的，限期改正，处建设工程造价百分之五以上百分之十以下的罚款；无法采取改正措施消除影响的，限期拆除，不能拆除的，没收实物或者违法收入，可以并处建设工程造价百分之十以下的罚款。

第六十五条 在乡、村庄规划区内未依法取得乡村建设规划许可证或者未按照乡村建设规划许可证的规定进行建设的，由乡、镇人民政府责令停止建设、限期改正；逾期不改正的，可以拆除。

第六十六条 建设单位或者个人有下列行为之一的，由所在地城市、县人民政府城乡规划主管部门责令限期拆除，可以并处临时建设工程造价一倍以下的罚款：

（一）未经批准进行临时建设的；

（二）未按照批准内容进行临时建设的；

（三）临时建筑物、构筑物超过批准期限不拆除的。

第六十七条 建设单位未在建设工程竣工验收后六个月内向城乡规划主管部门报送有关竣工验收资料的，由所在地城市、县人民政府城乡规划主管部门责令限期补报；逾期不补报的，处一万元以上五万元以下的罚款。

第六十八条 城乡规划主管部门作出责令停止建设或者限期拆除的决定后，当事人不停止建设或者逾期不拆除的，建设工程所在地县级以上地方人民政府可以责成有关部门采取查封施工现场、强制拆除等措施。

第六十九条 违反本法规定，构成犯罪的，依法追究刑事责任。

第七章 附 则

第七十条 本法自2008年1月1日起施行。《中华人民共和国城市规划法》同时废止。

中华人民共和国城市房地产管理法

（1994年7月5日第八届全国人民代表大会常务委员会第八次会议通过 根据2007年8月30日第十届全国人民代表大会常务委员会第二十九次会议《关于修改〈中华人民共和国城市房地产管理法〉的决定》第一次修正 根据2009年8月27日第十一届全国人民代表大会常务委员会第十次会议《关于修改部分法律的决定》第二次修正 根据2019年8月26日第十三届全国人民代表大会常务委员会第十二次会议《关于修改〈中华人民共和国土地管理法〉、〈中华人民共和国城市房地产管理法〉的决定》第三次修正 2019年8月26日公布 中华人民共和国主席令第32号 自2020年1月1日起实施）

第一章 总 则

第一条 为了加强对城市房地产的管理，维护房地产市场秩序，保障房地产权利人的合法权益，促进房地产业的健康发展，制定本法。

第二条 在中华人民共和国城市规划区国有土地（以下简称国有土地）范围内取得房地产开发用地的土地使用权，从事房地产开发、房地产交易，实施房地产管理，应当遵守本法。

本法所称房屋，是指土地上的房屋等建筑物及构筑物。

本法所称房地产开发，是指在依据本法取得国有土地使用权的土地上进行基础设施、房屋建设的行为。

本法所称房地产交易,包括房地产转让、房地产抵押和房屋租赁。

第三条 国家依法实行国有土地有偿、有限期使用制度。但是,国家在本法规定的范围内划拨国有土地使用权的除外。

第四条 国家根据社会、经济发展水平,扶持发展居民住宅建设,逐步改善居民的居住条件。

第五条 房地产权利人应当遵守法律和行政法规,依法纳税。房地产权利人的合法权益受法律保护,任何单位和个人不得侵犯。

第六条 为了公共利益的需要,国家可以征收国有土地上单位和个人的房屋,并依法给予拆迁补偿,维护被征收人的合法权益;征收个人住宅的,还应当保障被征收人的居住条件。具体办法由国务院规定。

第七条 国务院建设行政主管部门、土地管理部门依照国务院规定的职权划分,各司其职,密切配合,管理全国房地产工作。

县级以上地方人民政府房产管理、土地管理部门的机构设置及其职权由省、自治区、直辖市人民政府确定。

第二章 房地产开发用地

第一节 土地使用权出让

第八条 土地使用权出让,是指国家将国有土地使用权(以下简称土地使用权)在一定年限内出让给土地使用者,由土地使用者向国家支付土地使用权出让金的行为。

第九条 城市规划区内的集体所有的土地,经依法征收转为国有土地后,该幅国有土地的使用权方可有偿出让,但法律另有规定的除外。

第十条 土地使用权出让,必须符合土地利用总体规划、城市规划和年度建设用地计划。

第十一条 县级以上地方人民政府出让土地使用权用于房地产开发的,须根据省级以上人民政府下达的控制指标拟订年度出让土地使用权总面积方案，按照国务院规定，报国务院或者省级人民政府批准。

第十二条 土地使用权出让，由市、县人民政府有计划、有步骤地进行。出让的每幅地块、用途、年限和其他条件，由市、县人民政府土地管理部门会同城市规划、建设、房产管理部门共同拟定方案，按照国务院规定，报经有批准权的人民政府批准后，由市、县人民政府土地管理部门实施。

直辖市的县人民政府及其有关部门行使前款规定的权限，由直辖市人民政府规定。

第十三条 土地使用权出让，可以采取拍卖、招标或者双方协议的方式。

商业、旅游、娱乐和豪华住宅用地，有条件的，必须采取拍卖、招标方式；没有条件，不能采取拍卖、招标方式的，可以采取双方协议的方式。

采取双方协议方式出让土地使用权的出让金不得低于按国家规定所确定的最低价。

第十四条 土地使用权出让最高年限由国务院规定。

第十五条 土地使用权出让，应当签订书面出让合同。

土地使用权出让合同由市、县人民政府土地管理部门与土地使用者签订。

第十六条 土地使用者必须按照出让合同约定，支付土地使用权出让金；未按照出让合同约定支付土地使用权出让金的，土地管理部门有权解除合同，并可以请求违约赔偿。

第十七条 土地使用者按照出让合同约定支付土地使用权出让金的，市、县人民政府土地管理部门必须按照出让合同约定，提供出让的土地；未按照出让合同约定提供出让的土地的，土地使用者有权解除合同，由土地管理部门返还土地使用权出让金，土地使用者并可以请求违约赔偿。

第十八条 土地使用者需要改变土地使用权出让合同约定的土

地用途的，必须取得出让方和市、县人民政府城市规划行政主管部门的同意，签订土地使用权出让合同变更协议或者重新签订土地使用权出让合同，相应调整土地使用权出让金。

第十九条 土地使用权出让金应当全部上缴财政，列入预算，用于城市基础设施建设和土地开发。土地使用权出让金上缴和使用的具体办法由国务院规定。

第二十条 国家对土地使用者依法取得的土地使用权，在出让合同约定的使用年限届满前不收回；在特殊情况下，根据社会公共利益的需要，可以依照法律程序提前收回，并根据土地使用者使用土地的实际年限和开发土地的实际情况给予相应的补偿。

第二十一条 土地使用权因土地灭失而终止。

第二十二条 土地使用权出让合同约定的使用年限届满，土地使用者需要继续使用土地的，应当至迟于届满前一年申请续期，除根据社会公共利益需要收回该幅土地的，应当予以批准。经批准准予续期的，应当重新签订土地使用权出让合同，依照规定支付土地使用权出让金。

土地使用权出让合同约定的使用年限届满，土地使用者未申请续期或者虽申请续期但依照前款规定未获批准的，土地使用权由国家无偿收回。

第二节 土地使用权划拨

第二十三条 土地使用权划拨，是指县级以上人民政府依法批准，在土地使用者缴纳补偿、安置等费用后将该幅土地交付其使用，或者将土地使用权无偿交付给土地使用者使用的行为。

依照本法规定以划拨方式取得土地使用权的，除法律、行政法规另有规定外，没有使用期限的限制。

第二十四条 下列建设用地的土地使用权，确属必需的，可以由县级以上人民政府依法批准划拨：

（一）国家机关用地和军事用地；

（二）城市基础设施用地和公益事业用地；

（三）国家重点扶持的能源、交通、水利等项目用地；

（四）法律、行政法规规定的其他用地。

第三章 房地产开发

第二十五条 房地产开发必须严格执行城市规划，按照经济效益、社会效益、环境效益相统一的原则，实行全面规划、合理布局、综合开发、配套建设。

第二十六条 以出让方式取得土地使用权进行房地产开发的，必须按照土地使用权出让合同约定的土地用途、动工开发期限开发土地。超过出让合同约定的动工开发日期满一年未动工开发的，可以征收相当于土地使用权出让金百分之二十以下的土地闲置费；满二年未动工开发的，可以无偿收回土地使用权；但是，因不可抗力或者政府、政府有关部门的行为或者动工开发必需的前期工作造成动工开发迟延的除外。

第二十七条 房地产开发项目的设计、施工，必须符合国家的有关标准和规范。

房地产开发项目竣工，经验收合格后，方可交付使用。

第二十八条 依法取得的土地使用权，可以依照本法和有关法律、行政法规的规定，作价入股，合资、合作开发经营房地产。

第二十九条 国家采取税收等方面的优惠措施鼓励和扶持房地产开发企业开发建设居民住宅。

第三十条 房地产开发企业是以营利为目的，从事房地产开发和经营的企业。设立房地产开发企业，应当具备下列条件：

（一）有自己的名称和组织机构；

（二）有固定的经营场所；

（三）有符合国务院规定的注册资本；

（四）有足够的专业技术人员；

（五）法律、行政法规规定的其他条件。

设立房地产开发企业,应当向工商行政管理部门申请设立登记。工商行政管理部门对符合本法规定条件的,应当予以登记,发给营业执照;对不符合本法规定条件的,不予登记。

设立有限责任公司、股份有限公司,从事房地产开发经营的,还应当执行公司法的有关规定。

房地产开发企业在领取营业执照后的一个月内,应当到登记机关所在地的县级以上地方人民政府规定的部门备案。

第三十一条 房地产开发企业的注册资本与投资总额的比例应当符合国家有关规定。

房地产开发企业分期开发房地产的,分期投资额应当与项目规模相适应,并按照土地使用权出让合同的约定,按期投入资金,用于项目建设。

第四章 房地产交易

第一节 一般规定

第三十二条 房地产转让、抵押时,房屋的所有权和该房屋占用范围内的土地使用权同时转让、抵押。

第三十三条 基准地价、标定地价和各类房屋的重置价格应当定期确定并公布。具体办法由国务院规定。

第三十四条 国家实行房地产价格评估制度。

房地产价格评估,应当遵循公正、公平、公开的原则,按照国家规定的技术标准和评估程序,以基准地价、标定地价和各类房屋的重置价格为基础,参照当地的市场价格进行评估。

第三十五条 国家实行房地产成交价格申报制度。

房地产权利人转让房地产,应当向县级以上地方人民政府规定的部门如实申报成交价,不得瞒报或者作不实的申报。

第三十六条 房地产转让、抵押,当事人应当依照本法第五章的规定办理权属登记。

第二节 房地产转让

第三十七条 房地产转让,是指房地产权利人通过买卖、赠与或者其他合法方式将其房地产转移给他人的行为。

第三十八条 下列房地产,不得转让:

(一)以出让方式取得土地使用权的,不符合本法第三十九条规定的条件的;

(二)司法机关和行政机关依法裁定、决定查封或者以其他形式限制房地产权利的;

(三)依法收回土地使用权的;

(四)共有房地产,未经其他共有人书面同意的;

(五)权属有争议的;

(六)未依法登记领取权属证书的;

(七)法律、行政法规规定禁止转让的其他情形。

第三十九条 以出让方式取得土地使用权的,转让房地产时,应当符合下列条件:

(一)按照出让合同约定已经支付全部土地使用权出让金,并取得土地使用权证书;

(二)按照出让合同约定进行投资开发,属于房屋建设工程的,完成开发投资总额的百分之二十五以上,属于成片开发土地的,形成工业用地或者其他建设用地条件。

转让房地产时房屋已经建成的,还应当持有房屋所有权证书。

第四十条 以划拨方式取得土地使用权的,转让房地产时,应当按照国务院规定,报有批准权的人民政府审批。有批准权的人民政府准予转让的,应当由受让方办理土地使用权出让手续,并依照国家有关规定缴纳土地使用权出让金。

以划拨方式取得土地使用权的,转让房地产报批时,有批准权的人民政府按照国务院规定决定可以不办理土地使用权出让手续的,转让方应当按照国务院规定将转让房地产所获收益中的土地收益上缴国家或者作其他处理。

第四十一条 房地产转让,应当签订书面转让合同,合同中应当载明土地使用权取得的方式。

第四十二条 房地产转让时,土地使用权出让合同载明的权利、义务随之转移。

第四十三条 以出让方式取得土地使用权的,转让房地产后,其土地使用权的使用年限为原土地使用权出让合同约定的使用年限减去原土地使用者已经使用年限后的剩余年限。

第四十四条 以出让方式取得土地使用权的,转让房地产后,受让人改变原土地使用权出让合同约定的土地用途的,必须取得原出让方和市、县人民政府城市规划行政主管部门的同意,签订土地使用权出让合同变更协议或者重新签订土地使用权出让合同,相应调整土地使用权出让金。

第四十五条 商品房预售,应当符合下列条件:

(一)已交付全部土地使用权出让金,取得土地使用权证书;

(二)持有建设工程规划许可证;

(三)按提供预售的商品房计算,投入开发建设的资金达到工程建设总投资的百分之二十五以上,并已经确定施工进度和竣工交付日期;

(四)向县级以上人民政府房产管理部门办理预售登记,取得商品房预售许可证明。

商品房预售人应当按照国家有关规定将预售合同报县级以上人民政府房产管理部门和土地管理部门登记备案。

商品房预售所得款项,必须用于有关的工程建设。

第四十六条 商品房预售的,商品房预购人将购买的未竣工的预售商品房再行转让的问题,由国务院规定。

第三节 房地产抵押

第四十七条 房地产抵押,是指抵押人以其合法的房地产以不转移占有的方式向抵押权人提供债务履行担保的行为。债务人不履行债务时，抵押权人有权依法以抵押的房地产拍卖所得的价款优先受偿。

第四十八条　依法取得的房屋所有权连同该房屋占用范围内的土地使用权，可以设定抵押权。

以出让方式取得的土地使用权，可以设定抵押权。

第四十九条　房地产抵押，应当凭土地使用权证书、房屋所有权证书办理。

第五十条　房地产抵押，抵押人和抵押权人应当签订书面抵押合同。

第五十一条　设定房地产抵押权的土地使用权是以划拨方式取得的，依法拍卖该房地产后，应当从拍卖所得的价款中缴纳相当于应缴纳的土地使用权出让金的款额后，抵押权人方可优先受偿。

第五十二条　房地产抵押合同签订后，土地上新增的房屋不属于抵押财产。需要拍卖该抵押的房地产时，可以依法将土地上新增的房屋与抵押财产一同拍卖，但对拍卖新增房屋所得，抵押权人无权优先受偿。

第四节　房屋租赁

第五十三条　房屋租赁，是指房屋所有权人作为出租人将其房屋出租给承租人使用，由承租人向出租人支付租金的行为。

第五十四条　房屋租赁，出租人和承租人应当签订书面租赁合同，约定租赁期限、租赁用途、租赁价格、修缮责任等条款，以及双方的其他权利和义务，并向房产管理部门登记备案。

第五十五条　住宅用房的租赁，应当执行国家和房屋所在城市人民政府规定的租赁政策。租用房屋从事生产、经营活动的，由租赁双方协商议定租金和其他租赁条款。

第五十六条　以营利为目的，房屋所有权人将以划拨方式取得使用权的国有土地上建成的房屋出租的，应当将租金中所含土地收益上缴国家。具体办法由国务院规定。

第五节　中介服务机构

第五十七条　房地产中介服务机构包括房地产咨询机构、房地产价格评估机构、房地产经纪机构等。

第五十八条　房地产中介服务机构应当具备下列条件：

（一）有自己的名称和组织机构；

（二）有固定的服务场所；

（三）有必要的财产和经费；

（四）有足够数量的专业人员；

（五）法律、行政法规规定的其他条件。

设立房地产中介服务机构，应当向工商行政管理部门申请设立登记，领取营业执照后，方可开业。

第五十九条　国家实行房地产价格评估人员资格认证制度。

第五章　房地产权属登记管理

第六十条　国家实行土地使用权和房屋所有权登记发证制度。

第六十一条　以出让或者划拨方式取得土地使用权，应当向县级以上地方人民政府土地管理部门申请登记，经县级以上地方人民政府土地管理部门核实，由同级人民政府颁发土地使用权证书。

在依法取得的房地产开发用地上建成房屋的，应当凭土地使用权证书向县级以上地方人民政府房产管理部门申请登记，由县级以上地方人民政府房产管理部门核实并颁发房屋所有权证书。

房地产转让或者变更时，应当向县级以上地方人民政府房产管理部门申请房产变更登记，并凭变更后的房屋所有权证书向同级人民政府土地管理部门申请土地使用权变更登记，经同级人民政府土地管理部门核实，由同级人民政府更换或者更改土地使用权证书。

法律另有规定的，依照有关法律的规定办理。

第六十二条　房地产抵押时，应当向县级以上地方人民政府规定的部门办理抵押登记。

因处分抵押房地产而取得土地使用权和房屋所有权的，应当依照本章规定办理过户登记。

第六十三条　经省、自治区、直辖市人民政府确定，县级以上地方人民政府由一个部门统一负责房产管理和土地管理工作的，可以制作、颁发统一的房地产权证书，依照本法第六十一条的规定，将房屋的所有权和该房屋占用范围内的土地使用权的确认和变更，分别载入房地产权证书。

第六章　法律责任

第六十四条　违反本法第十一条、第十二条的规定，擅自批准出让或者擅自出让土地使用权用于房地产开发的，由上级机关或者所在单位给予有关责任人员行政处分。

第六十五条　违反本法第三十条的规定，未取得营业执照擅自从事房地产开发业务的，由县级以上人民政府工商行政管理部门责令停止房地产开发业务活动，没收违法所得，可以并处罚款。

第六十六条　违反本法第三十九条第一款的规定转让土地使用权的，由县级以上人民政府土地管理部门没收违法所得，可以并处罚款。

第六十七条　违反本法第四十条第一款的规定转让房地产的，由县级以上人民政府土地管理部门责令缴纳土地使用权出让金，没收违法所得，可以并处罚款。

第六十八条　违反本法第四十五条第一款的规定预售商品房的，由县级以上人民政府房产管理部门责令停止预售活动，没收违法所得，可以并处罚款。

第六十九条　违反本法第五十八条的规定，未取得营业执照擅自从事房地产中介服务业务的，由县级以上人民政府工商行政管理部门责令停止房地产中介服务业务活动，没收违法所得，可以并处罚款。

第七十条　没有法律、法规的依据，向房地产开发企业收费的，上级机关应当责令退回所收取的钱款；情节严重的，由上级机关或者所在单位给予直接责任人员行政处分。

第七十一条 房产管理部门、土地管理部门工作人员玩忽职守、滥用职权，构成犯罪的，依法追究刑事责任；不构成犯罪的，给予行政处分。

房产管理部门、土地管理部门工作人员利用职务上的便利，索取他人财物，或者非法收受他人财物为他人谋取利益，构成犯罪的，依法追究刑事责任；不构成犯罪的，给予行政处分。

第七章 附 则

第七十二条 在城市规划区外的国有土地范围内取得房地产开发用地的土地使用权，从事房地产开发、交易活动以及实施房地产管理，参照本法执行。

第七十三条 本法自1995年1月1日起施行。

建设项目用地预审管理办法

（2001年7月25日国土资源部令第7号公布 2004年10月29日修订 2008年11月12日第一次修正 根据2016年11月25日国土资源部令第68号《关于修改〈建设项目用地预审管理办法〉的决定》第二次修正 2016年11月29日公布 国土资源部令第68号 自2017年1月1日起实施）

第一条 为保证土地利用总体规划的实施，充分发挥土地供应的宏观调控作用，控制建设用地总量，根据《中华人民共和国土地管理法》、《中华人民共和国土地管理法实施条例》和《国务院关于深化改革严格土地管理的决定》，制定本办法。

第二条 本办法所称建设项目用地预审,是指国土资源主管部门在建设项目审批、核准、备案阶段,依法对建设项目涉及的土地利用事项进行的审查。

第三条 预审应当遵循下列原则:

(一)符合土地利用总体规划;

(二)保护耕地,特别是基本农田;

(三)合理和集约节约利用土地;

(四)符合国家供地政策。

第四条 建设项目用地实行分级预审。

需人民政府或有批准权的人民政府发展和改革等部门审批的建设项目,由该人民政府的国土资源主管部门预审。

需核准和备案的建设项目,由与核准、备案机关同级的国土资源主管部门预审。

第五条 需审批的建设项目在可行性研究阶段,由建设用地单位提出预审申请。

需核准的建设项目在项目申请报告核准前,由建设单位提出用地预审申请。

需备案的建设项目在办理备案手续后,由建设单位提出用地预审申请。

第六条 依照本办法第四条规定应当由国土资源部预审的建设项目,国土资源部委托项目所在地的省级国土资源主管部门受理,但建设项目占用规划确定的城市建设用地范围内土地的,委托市级国土资源主管部门受理。受理后,提出初审意见,转报国土资源部。

涉密军事项目和国务院批准的特殊建设项目用地,建设用地单位可直接向国土资源部提出预审申请。

应当由国土资源部负责预审的输电线塔基、钻探井位、通讯基站等小面积零星分散建设项目用地,由省级国土资源主管部门预审,并报国土资源部备案。

第七条 申请用地预审的项目建设单位,应当提交下列材料:

(一)建设项目用地预审申请表;

(二)建设项目用地预审申请报告,内容包括拟建项目的基本情况、拟选址占地情况、拟用地是否符合土地利用总体规划、拟用地面积是否符合土地使用标准、拟用地是否符合供地政策等;

(三)审批项目建议书的建设项目提供项目建议书批复文件,直接审批可行性研究报告或者需核准的建设项目提供建设项目列入相关规划或者产业政策的文件。

前款规定的用地预审申请表样式由国土资源部制定。

第八条 建设单位应当对单独选址建设项目是否位于地质灾害易发区、是否压覆重要矿产资源进行查询核实;位于地质灾害易发区或者压覆重要矿产资源的,应当依据相关法律法规的规定,在办理用地预审手续后,完成地质灾害危险性评估、压覆矿产资源登记等。

第九条 负责初审的国土资源主管部门在转报用地预审申请时,应当提供下列材料:

(一)依据本办法第十一条有关规定,对申报材料作出的初步审查意见;

(二)标注项目用地范围的土地利用总体规划图、土地利用现状图及其他相关图件;

(三)属于《土地管理法》第二十六条规定情形,建设项目用地需修改土地利用总体规划的,应当出具规划修改方案。

第十条 符合本办法第七条规定的预审申请和第九条规定的初审转报件,国土资源主管部门应当受理和接收。不符合的,应当场或在五日内书面通知申请人和转报人,逾期不通知的,视为受理和接收。

受国土资源部委托负责初审的国土资源主管部门应当自受理之日起二十日内完成初审工作,并转报国土资源部。

第十一条 预审应当审查以下内容:

(一)建设项目用地是否符合国家供地政策和土地管理法律、法规规定的条件;

(二)建设项目选址是否符合土地利用总体规划,属《土地管理

法》第二十六条规定情形,建设项目用地需修改土地利用总体规划的,规划修改方案是否符合法律、法规的规定;

(三)建设项目用地规模是否符合有关土地使用标准的规定;对国家和地方尚未颁布土地使用标准和建设标准的建设项目,以及确需突破土地使用标准确定的规模和功能分区的建设项目,是否已组织建设项目节地评价并出具评审论证意见。

占用基本农田或者其他耕地规模较大的建设项目,还应当审查是否已经组织踏勘论证。

第十二条 国土资源主管部门应当自受理预审申请或者收到转报材料之日起二十日内,完成审查工作,并出具预审意见。二十日内不能出具预审意见的,经负责预审的国土资源主管部门负责人批准,可以延长十日。

第十三条 预审意见应当包括对本办法第十一条规定内容的结论性意见和对建设用地单位的具体要求。

第十四条 预审意见是有关部门审批项目可行性研究报告、核准项目申请报告的必备文件。

第十五条 建设项目用地预审文件有效期为三年,自批准之日起计算。已经预审的项目,如需对土地用途、建设项目选址等进行重大调整的,应当重新申请预审。

未经预审或者预审未通过的,不得批复可行性研究报告、核准项目申请报告;不得批准农用地转用、土地征收,不得办理供地手续。预审审查的相关内容在建设用地报批时,未发生重大变化的,不再重复审查。

第十六条 本办法自2009年1月1日起施行。

中华人民共和国城镇国有土地使用权出让和转让暂行条例

（1990年5月19日国务院令第55号公布　根据2020年11月29日《国务院关于修改和废止部分行政法规的决定》修订　2020年11月29日公布　国务院令第732号　自2020年11月29日起实施）

第一章　总　　则

第一条　为了改革城镇国有土地使用制度，合理开发、利用、经营土地，加强土地管理，促进城市建设和经济发展，制定本条例。

第二条　国家按照所有权与使用权分离的原则，实行城镇国有土地使用权出让、转让制度，但地下资源、埋藏物和市政公用设施除外。

前款所称城镇国有土地是指市、县城、建制镇、工矿区范围内属于全民所有的土地（以下简称土地）。

第三条　中华人民共和国境内外的公司、企业、其他组织和个人，除法律另有规定者外，均可依照本条例的规定取得土地使用权，进行土地开发、利用、经营。

第四条　依照本条例的规定取得土地使用权的土地使用者，其使用权在使用年限内可以转让、出租、抵押或者用于其他经济活动，合法权益受国家法律保护。

第五条　土地使用者开发、利用、经营土地的活动，应当遵守国家法律、法规的规定，并不得损害社会公共利益。

第六条　县级以上人民政府土地管理部门依法对土地使用权的出让、转让、出租、抵押、终止进行监督检查。

第七条　土地使用权出让、转让、出租、抵押、终止及有关的地上建筑物、其他附着物的登记,由政府土地管理部门、房产管理部门依照法律和国务院的有关规定办理。

登记文件可以公开查阅。

第二章　土地使用权出让

第八条　土地使用权出让是指国家以土地所有者的身份将土地使用权在一定年限内让与土地使用者,并由土地使用者向国家支付土地使用权出让金的行为。

土地使用权出让应当签订出让合同。

第九条　土地使用权的出让,由市、县人民政府负责,有计划、有步骤地进行。

第十条　土地使用权出让的地块、用途、年限和其他条件,由市、县人民政府土地管理部门会同城市规划和建设管理部门、房产管理部门共同拟定方案,按照国务院规定的批准权限报经批准后,由土地管理部门实施。

第十一条　土地使用权出让合同应当按照平等、自愿、有偿的原则,由市、县人民政府土地管理部门(以下简称出让方)与土地使用者签订。

第十二条　土地使用权出让最高年限按下列用途确定:

(一)居住用地七十年;

(二)工业用地五十年;

(三)教育、科技、文化、卫生、体育用地五十年;

(四)商业、旅游、娱乐用地四十年;

(五)综合或者其他用地五十年。

第十三条　土地使用权出让可以采取下列方式:

(一)协议;

(二)招标;

(三)拍卖。

依照前款规定方式出让土地使用权的具体程序和步骤,由省、自治区、直辖市人民政府规定。

第十四条 土地使用者应当在签订土地使用权出让合同后六十日内，支付全部土地使用权出让金。逾期未全部支付的，出让方有权解除合同，并可请求违约赔偿。

第十五条 出让方应当按照合同规定，提供出让的土地使用权。未按合同规定提供土地使用权的，土地使用者有权解除合同，并可请求违约赔偿。

第十六条 土地使用者在支付全部土地使用权出让金后，应当依照规定办理登记，领取土地使用证，取得土地使用权。

第十七条 土地使用者应当按照土地使用权出让合同的规定和城市规划的要求，开发、利用、经营土地。

未按合同规定的期限和条件开发、利用土地的，市、县人民政府土地管理部门应当予以纠正，并根据情节可以给予警告、罚款直至无偿收回土地使用权的处罚。

第十八条 土地使用者需要改变土地使用权出让合同规定的土地用途的，应当征得出让方同意并经土地管理部门和城市规划部门批准，依照本章的有关规定重新签订土地使用权出让合同，调整土地使用权出让金，并办理登记。

第三章 土地使用权转让

第十九条 土地使用权转让是指土地使用者将土地使用权再转移的行为，包括出售、交换和赠与。

未按土地使用权出让合同规定的期限和条件投资开发、利用土地的，土地使用权不得转让。

第二十条 土地使用权转让应当签订转让合同。

第二十一条 土地使用权转让时，土地使用权出让合同和登记文件中所载明的权利、义务随之转移。

第二十二条 土地使用者通过转让方式取得的土地使用权，其使用年限为土地使用权出让合同规定的使用年限减去原土地使用者已使用年限后的剩余年限。

第二十三条 土地使用权转让时，其地上建筑物、其他附着物所有权随之转让。

第二十四条 地上建筑物、其他附着物的所有人或者共有人，享有该建筑物、附着物使用范围内的土地使用权。

土地使用者转让地上建筑物、其他附着物所有权时，其使用范围内的土地使用权随之转让，但地上建筑物、其他附着物作为动产转让的除外。

第二十五条 土地使用权和地上建筑物、其他附着物所有权转让，应当依照规定办理过户登记。

土地使用权和地上建筑物、其他附着物所有权分割转让的，应当经市、县人民政府土地管理部门和房产管理部门批准，并依照规定办理过户登记。

第二十六条 土地使用权转让价格明显低于市场价格的，市、县人民政府有优先购买权。

土地使用权转让的市场价格不合理上涨时，市、县人民政府可以采取必要的措施。

第二十七条 土地使用权转让后，需要改变土地使用权出让合同规定的土地用途的，依照本条例第十八条的规定办理。

第四章　土地使用权出租

第二十八条 土地使用权出租是指土地使用者作为出租人将土地使用权随同地上建筑物、其他附着物租赁给承租人使用，由承租人向出租人支付租金的行为。

未按土地使用权出让合同规定的期限和条件投资开发、利用土地的，土地使用权不得出租。

第二十九条 土地使用权出租，出租人与承租人应当签订租赁合同。

租赁合同不得违背国家法律、法规和土地使用权出让合同的规定。

第三十条 土地使用权出租后，出租人必须继续履行土地使用权出让合同。

第三十一条 土地使用权和地上建筑物、其他附着物出租，出租人应当依照规定办理登记。

第五章 土地使用权抵押

第三十二条 土地使用权可以抵押。

第三十三条 土地使用权抵押时，其地上建筑物、其他附着物随之抵押。

地上建筑物、其他附着物抵押时，其使用范围内的土地使用权随之抵押。

第三十四条 土地使用权抵押，抵押人与抵押权人应当签订抵押合同。

抵押合同不得违背国家法律、法规和土地使用权出让合同的规定。

第三十五条 土地使用权和地上建筑物、其他附着物抵押，应当依照规定办理抵押登记。

第三十六条 抵押人到期未能履行债务或者在抵押合同期间宣告解散、破产的，抵押权人有权依照国家法律、法规和抵押合同的规定处分抵押财产。

因处分抵押财产而取得土地使用权和地上建筑物、其他附着物所有权的，应当依照规定办理过户登记。

第三十七条 处分抵押财产所得，抵押权人有优先受偿权。

第三十八条 抵押权因债务清偿或者其他原因而消灭的，应当依照规定办理注销抵押登记。

第六章 土地使用权终止

第三十九条 土地使用权因土地使用权出让合同规定的使用年

限届满、提前收回及土地灭失等原因而终止。

第四十条　土地使用权期满，土地使用权及其地上建筑物、其他附着物所有权由国家无偿取得。土地使用者应当交还土地使用证，并依照规定办理注销登记。

第四十一条　土地使用权期满，土地使用者可以申请续期。需要续期的，应当依照本条例第二章的规定重新签订合同，支付土地使用权出让金，并办理登记。

第四十二条　国家对土地使用者依法取得的土地使用权不提前收回。在特殊情况下，根据社会公共利益的需要，国家可以依照法律程序提前收回，并根据土地使用者已使用的年限和开发、利用土地的实际情况给予相应的补偿。

第七章　划拨土地使用权

第四十三条　划拨土地使用权是指土地使用者通过各种方式依法无偿取得的土地使用权。

前款土地使用者应当依照《中华人民共和国城镇土地使用税暂行条例》的规定缴纳土地使用税。

第四十四条　划拨土地使用权，除本条例第四十五条规定的情况外，不得转让、出租、抵押。

第四十五条　符合下列条件的，经市、县人民政府土地管理部门和房产管理部门批准，其划拨土地使用权和地上建筑物、其他附着物所有权可以转让、出租、抵押：

（一）土地使用者为公司、企业、其他经济组织和个人；

（二）领有国有土地使用证；

（三）具有地上建筑物、其他附着物合法的产权证明；

（四）依照本条例第二章的规定签订土地使用权出让合同，向当地市、县人民政府补交土地使用权出让金或者以转让、出租、抵押所获收益抵交土地使用权出让金。

转让、出租、抵押前款划拨土地使用权的，分别依照本条例第三章、第四章和第五章的规定办理。

第四十六条 对未经批准擅自转让、出租、抵押划拨土地使用权的单位和个人，市、县人民政府土地管理部门应当没收其非法收入，并根据情节处以罚款。

第四十七条 无偿取得划拨土地使用权的土地使用者，因迁移、解散、撤销、破产或者其他原因而停止使用土地的，市、县人民政府应当无偿收回其划拨土地使用权，并可依照本条例的规定予以出让。

对划拨土地使用权，市、县人民政府根据城市建设发展需要和城市规划的要求，可以无偿收回，并可依照本条例的规定予以出让。

无偿收回划拨土地使用权时，对其地上建筑物、其他附着物，市、县人民政府应当根据实际情况给予适当补偿。

第八章 附 则

第四十八条 依照本条例的规定取得土地使用权的个人，其土地使用权可以继承。

第四十九条 土地使用者应当依照国家税收法规的规定纳税。

第五十条 依照本条例收取的土地使用权出让金列入财政预算，作为专项基金管理，主要用于城市建设和土地开发。具体使用管理办法，由财政部另行制定。

第五十一条 各省、自治区、直辖市人民政府应当根据本条例的规定和当地的实际情况选择部分条件比较成熟的城镇先行试点。

第五十二条 本条例由国家土地管理局负责解释；实施办法由省、自治区、直辖市人民政府制定。

第五十三条 本条例自发布之日起施行。

住房和城乡建设部、国土资源部、国家电力监管委员会关于批准发布《电力工程项目建设用地指标(风电场)》的通知

(2011 年 12 月 14 日公布　建标〔2011〕209 号
自 2012 年 3 月 1 日起实施)

国务院各有关部门,各省、自治区、直辖市、计划单列市住房和城乡建设厅(委、局)、国土资源厅(局),新疆生产建设兵团建设局、国土资源局,电监会各派出机构:

根据建设部、国土资源部《关于印发〈2006 年工程项目建设用地指标制修订项目计划〉的通知》(建标函〔2006〕207 号)的要求,由国家电力监管委员会负责编制的《电力工程项目建设用地指标(风电场)》,业经有关部门会审,现批准为全国统一的建设用地指标,自 2012 年 3 月 1 日起施行。

本建设用地指标实施的监督管理,由国土资源部负责;具体解释工作,由国家电力监管委员会负责。

《电力工程项目建设用地指标(风电场)》(略)

风电场工程建设用地和环境保护管理暂行办法

(2005年8月9日公布　发改能源〔2005〕1511号
自2005年8月9日起实施)

第一章　总　　则

第一条　为贯彻实施《中华人民共和国可再生能源法》,支持风电发展,规范和加快风电场开发建设,促进经济社会可持续发展,依据国家有关法律法规,结合风电场建设的特点,制定本办法。

第二条　本办法适用于规划建设的风电场工程项目。

第二章　建设用地

第三条　风电场工程建设用地应本着节约和集约利用土地的原则,尽量使用未利用土地,少占或不占耕地,并尽量避开省级以上政府部门依法批准的需要特殊保护的区域。

第四条　风电场工程建设用地按实际占用土地面积计算和征地。其中,非封闭管理的风电场中的风电机组用地,按照基础实际占用面积征地;风电场其它永久设施用地按照实际占地面积征地;建设施工期临时用地依法按规定办理。

第五条　风电场工程建设用地预审工作由省级国土资源管理部门负责。

第六条　建设用地单位在申请核准前要取得用地预审批准文件。用地预审申请需提交下列材料:

1. 建设用地预审申请表;

2. 预审申请报告内容包括:拟建设项目基本情况、拟选址情况、拟用地总规模和拟用地类型等，对占用耕地的建设项目，需提出补充耕地初步方案；

3. 项目预可行性研究报告。

第七条　项目建设单位申报核准项目时，必须附省级国土资源管理部门预审意见；没有预审意见或预审未通过的，不得核准建设项目。

第八条　风电场项目经核准后，项目建设单位应依法申请使用土地，涉及农用地和集体土地的，应依法办理农用地转用和土地征收手续。

第三章　环境保护

第九条　风电场工程建设项目实行环境影响评价制度。风电场建设的环境影响评价由所在地省级环境保护行政主管部门负责审批。凡涉及国家级自然保护区的风电场工程建设项目，省级环境保护行政主管部门在审批前，应征求国家环境保护行政主管部门的意见。

第十条　加强环境影响评价工作，认真编制环境影响报告表。风电规划、预可行性研究报告和可行性研究报告都要编制环境影响评价篇章，对风电建设的环境问题、拟采取措施和效果进行分析和评价。

第十一条　建设单位在项目申请核准前要取得项目环境影响评价批准文件。项目环境影响评价报告应委托有相应资质的单位编制，并提交“风电场工程建设项目环境影响报告表”。

第十二条　项目建设单位申报核准项目时，必须附省级环境保护行政主管部门审批意见；没有审批意见或审批未通过的，不得核准建设项目。

第十三条　风电场工程经核准后，项目建设单位要按照环境影响报告表及其审批意见的要求，加强环境保护设计，落实环境保护措施。按规定程序申请环境保护设施竣工验收，验收合格后，该项目方可正式投入运营。

第四章 其　　它

第十四条 各省(区、市)风电场工程规划报告由各省(区、市)发展改革委负责组织有关单位编制,应当在规划编制过程中组织进行环境影响评价,编写该规划有关环境影响的篇章或者说明。省级国土资源管理部门负责对风电场规划用地的合理性进行审核,并做好与本地区土地利用总体规划的衔接工作;省级环境保护行政主管部门负责对规划的环境问题进行审核。

第五章 附　　则

第十五条 建设用地预审按照《建设项目用地预审管理办法》(国土资源部令第27号)执行。建设用地预审申请表、建设用地预审申请报告和风电场工程建设项目环境影响报告表格式见附件一~附件三。

第十六条 本办法由国家发展改革委、国土资源部和国家环保总局负责解释。自发布之日起执行。

附件一:风电场工程建设用地预审申请表(略)

附件二:风电场工程建设用地预审申请报告(主要内容)(略)

附件三:风电场工程建设项目环境影响报告表(略)

土地卫片执法图斑合法性判定规则

(2021年11月26日公布　自然资办发〔2021〕65号
自2022年1月1日起实施)

为加强自然资源执法和督察工作,促进土地卫片执法工作常态化、规范化和制度化,充分发挥土地卫片执法在保护耕地、保护资源、维护自然资源开发利用秩序中的重要作用,制定本规则。

一、合法新增建设用地

(一)具体情形

1. 卫片图斑下发时已依法供地的图斑或地块。

卫片图斑下发时已依法办理农用地转用、土地征收审批手续,并在动工建设以前办理了供地手续,且在批准范围内建设的图斑或地块。

政府为供地而进行土地平整的图斑或地块可以不提供供地手续。对于各类基础设施用地,提供划拨决定书等供地文件。

2. 卫片图斑下发时已依法取得先行用地手续的图斑或地块。在动工建设以前,经有权机关批准,办理了先行用地审批手续,在批准范围内建设的图斑或地块。

3. 卫片图斑下发时已办理其他合法用地手续的图斑或地块。已依法取得不动产权证书(含土地使用权证等)的图斑或地块;符合增减挂钩、工矿废弃地复垦利用等政策并办理了相应手续的图斑或地块;依据有审批权限的省级以上人民政府相关特殊政策,已取得相关用地文件的图斑或地块。

(二)补充规定

1. 发展改革、自然资源、水利、交通运输、农业农村、林草等部门对建设项目下发的用地预审、临时用地、设施农业用地、项目用海批复等文件,以及采矿许可证、施工许可证、取水许可证等证件,不得作为合法新增建设用地的判定依据(法律法规另有规定的除外)。

2. 地方审批的农用地转用、土地征收审批等文件涉及占用永久基本农田,批文在前划定在后的,应如实上报,部将核实是否属于永久基本农田划定不实等情况;划定在前批文在后的,应予以核实,属于违法审批的,按新增非农建设违法用地上报。

(三)举证要求

上传相关证明文件必须填写批文或证书文号、出让合同或划拨决定书电子监管号,包括农用地转用、土地征收审批、供地、先行用地、不动产权证书、增减挂钩、工矿废弃地复垦利用以及经有审批权限的省级以上国家机关同意的相关特殊政策批准文件的扫描件和能够证明用地位置范围的相关证明材料(如,界址点坐标文本或者图件扫描件)。

二、违法用地

(一)非农化违法用地

1. 新增非农建设违法用地

(1)具体情形

①违法批准占用。无权批准征收、使用土地的单位或者个人非法批准占用土地的;超越批准权限非法批准占用土地的;违反法律规定程序批准占用、征收土地的;不按照国土空间规划确定的用途批准用地的;不符合临时用地使用范围和使用条件,违法违规进行审批的。

②违法供地。依法办理农转征或建新方案审批手续后,违反法律法规规定的方式或程序供地。

③违法占地。卫片图斑下发时占用的土地,用地者未申报用地报批手续的;虽已批准但因新增建设用地有偿使用费缴纳等各种原因未能取得批准文件的;采取欺骗手段骗取批准的;虽经批准但属于超过批准数量多占的部分;占用耕地建窑、建坟或者擅自在耕地上建房、挖砂、采石、采矿、取土等,破坏种植条件的;先行用地批准文件有效期满后续建的;已经取得临时用地批准文件,但未按照批准内容进行临时建设的;临时用地超出复垦期限未完成土地复垦的;假借农业设施项目名义,实施非农建设的。

适用边建设边报批特殊支持政策的项目用地除外。

④未供即用。卫片图斑下发时,已依法办理农转用手续,但未办理供地手续,即开始占用土地。

(2)补充规定

①高架路桥非法占用坑塘水面、河道管理范围以外的土地,应当判定为新增非农建设违法用地。

②除为实施土地整治、土地复垦或农业结构调整等农业建设而进行推填土、平整土地外,未依法取得建设用地批复的,应当判定为新增

非农建设违法用地。

(3)举证要求

①省级以上能源、交通运输、水利等重大基础设施项目违法用地，需上传国家部委或省级发展改革等部门文件、重大项目清单等文件的扫描件。

②符合临时用地条件的，应当及时在临时用地信息系统备案，提供临时用地批准文件、临时用地申请书、临时使用土地合同、项目建设依据文件、土地复垦方案报告表、土地权属材料、勘测定界材料、土地利用现场状况照片及其他必要的材料。

2. 存量非农建设违法用地

(1)具体情形

卫片图斑所涉及的国土调查数据库中的现状地类全部为建设用地的，属于存量建设用地。在存量建设用地上存在的违反国土空间规划的翻新、翻建、新建行为，应当判定为存量非农建设违法用地。但是，《土地管理法》颁布实施后，在未经审批或无合法权源的建设用地上进行翻新、翻建、新建行为，应判定为新增非农建设违法用地。

(二)非粮化违法违规用地

1. 农业设施建设违法违规用地

(1)具体情形

①占用永久基本农田建设畜禽养殖设施、水产养殖设施的。

②占用永久基本农田建设破坏耕作层的种植业设施的。

③占用永久基本农田建设农村道路的。

④未经批准或不符合相关标准占用一般耕地建设畜禽养殖、水产养殖设施的。

⑤未经批准或不符合相关标准占用一般耕地建设破坏耕作层的种植业设施的。

⑥符合相关标准但未经批准占用一般耕地建设农村道路的。

(2)补充规定

对设施农业用地的认定应依据上图入库信息，设施农业用地未按要求上图入库的，管理中不予认可。

(3)举证要求

①必须上传能证明其符合设施农业用地条件的照片。

②对现场核查时处于建设阶段，无法直接通过现场举证反映其农业用途的，由乡镇人民政府出具属于设施农业用地用途的证明材料。

2. 涉及发展林果业和挖塘养鱼等违法用地

(1)具体情形

非法占用永久基本农田发展林果业或挖塘养鱼的。

三、其他用地

(一)具体情形

1. 设施农业用地。是指实际用途符合国家和省有关政策文件确定的设施农业用地认定标准的图斑或地块，包括农业生产中直接用于作物种植和畜禽水产养殖的设施用地。其中，作物种植设施用地包括作物生产和为生产服务的看护房、农资农机具存放场所等，以及与生产直接关联的烘干晾晒、分拣包装、保鲜存储等设施用地；畜禽水产养殖设施用地包括养殖生产及直接关联的粪污处置、检验检疫等设施用地，不包括屠宰和肉类加工场所用地等。

2. 临时用地。是指符合国家有关临时用地的规定，且已经办理审批手续、签订临时使用土地合同、编制土地复垦方案报告表的临时性用地图斑或地块。其中包括部批准的采矿用地方式改革试点矿区范围内的临时用地和因国家能源保供需要经部同意审批的临时用地。

3. 农村道路。是指在农村范围内，路基宽度在 8 米以内，用于村间、田间道路交通运输，并在国家公路网络体系之外，以服务于农村农业生产为主要用途的道路(含机耕道)图斑或地块。

4. 不改变原用地性质的光伏用地。不改变原用地性质的光伏、风电用地。是指使用戈壁、荒漠、荒草地等未利用地建设光伏、风力发电项目，其中不占压土地、不改变地表形态的用地图斑或地块；深度贫困地区脱贫攻坚中建设的光伏发电项目，国家能源局、国务院扶贫办确定下达的全国村级光伏扶贫电站建设规模范围内的光伏发电项目，以及符合当地建设要求和认定标准的光伏复合项目，其光伏方阵使用永久基本农田以外的农用地图斑或地块。

5.实地未变化。是指因各种原因导致卫片图斑反映地形地貌发生变化，但监测时段内土地的实际用途未发生改变或者改变符合相关政策规定的图斑或地块。具体类型如下：

（1）属于国务院其他有关部门管理范围的图斑或地块，包括林草部门管理范围内，经审批的临时占用林地、草原以及林业、草原生产工程设施用地图斑或地块；水利部门河道管理范围内的图斑或地块（河道管理范围内地类涉及耕地的，一般以国土三调结果认定为准；确属与三调数据有冲突的，应由县级以上自然资源主管部门提供相关处置证明材料）。

（2）涉及海域使用的图斑或地块。

（3）旅游项目用地图斑或地块。符合旅游业发展用地政策的旅游项目用地中，属于自然景观用地及农牧渔业种植、养殖用地的图斑或地块。

（4）建设农田水利设施与农业简易棚（房）形成的图斑或地块。即田间用于引、排、灌的渠道（含渠槽、渠堤、护堤林、小型泵站、涵闸和蓄水池）；用于农业生产的简易棚（房）。

（5）土地整理形成的图斑或地块。含高标准农田建设、耕地开垦、旱地改水田或土地综合整治项目。

（6）地上种植物调整图斑或地块。即因轮作、休耕、地膜覆盖（大棚）、改种灌木（乔木）等原因产生的图斑。

（7）因农业结构调整产生的农用地内部用途调整的图斑或地块。

（8）建设用地和未利用地转变为农用地的图斑或地块。

（9）边坡治理形成的图斑或地块。即线性工程、隧道及其他项目为保证边坡及其环境的安全，对线性工程路面向上空延伸采用的支挡加固与防护措施，以及地质灾害隐患点治理工程等图斑或地块。不得将属于违法用地的线性工程、隧道及其他项目主体工程部分纳入边坡治理范围。

(10)房屋拆迁(征收)形成的图斑或地块。仅因房屋拆迁等造成的非建设变化用地。

(11)地下管网(廊)建设形成的图斑或地块。即铺设于地下的油气、燃气、电线、光缆、排水等各类地下管网管廊,建成后可恢复原地类的用地。

(12)边角地堆弃土形成的图斑或地块。已取得合法用地手续的建设项目在施工过程中,在项目用地范围外边角地上产生的零星堆弃土,可以在卫片图斑分割后,判定为实地未变化。

(13)紧急用地图斑或地块。即抢险救灾、疫情防控等急需先行使用土地或通过工程措施正在恢复灾毁土地原貌的图斑或地块。

(14)灾毁地图斑或地块。即灾害造成变化,暂时无法恢复原状的图斑或地块。

(15)合法矿区范围内,开采区已经按照矿山生态修复方案治理恢复的部分、地表剥离物等非实质性建设形成的图斑或地块。

(16)因卫片监测技术问题错误提取的图斑或地块。

(17)其他经省级自然资源主管部门认定,依法依规无需办理新增建设用地审批手续的图斑或地块。

(二)补充规定

1. 设施农业用地

(1)看护房标准按“大棚房”问题专项清理整治标准执行。

(2)将原设施农业用地用于非农业建设的,应判定为新增非农建设违法用地。

(3)各类设施农业用地规模应符合各省(区、市)自然资源主管部门会同农业农村主管部门制定的相关规范和标准。

2. 旅游项目用地

(1)属于永久性设施建设用地的,依法按建设用地管理,需要办理用地审批手续,不得作为实地未变化填报。

(2)属于非永久性人工简易设施建设用地的,如果未破坏耕作层的,可以作为实地未变化填报。

3. 紧急用地

(1)属于临时使用的,使用结束后应当恢复原状并交还原土地使用者,可以不再办理用地审批手续。

(2)属于永久性建设占用的,建设单位应当在应急处置工作结束六个月内申请补办建设用地审批手续。

(三)举证要求

其他用地应提供能够全面反映图斑或地块范围内变化原因、用地、建设情况的照片以及相关证明材料:

1. 设施农业用地

已备案,且已提供有关备案数据、材料的,应填报备案文件文号、备案时间及有关说明。

2. 临时用地

应与部临时用地信息系统中的数据相衔接,并完成系统配号。

(1)须上传临时用地批准文件;

(2)须上传临时使用土地合同及四至范围;

(3)须上传土地利用现场状况照片等影像资料。

3. 农村道路

(1)须上传照片可以证明道路路基宽度在 8 米以内;

(2)涉及占用一般耕地的,须上传能证明县级人民政府已将该农村道路纳入年度耕地"进出平衡"总体方案的材料。

4. 实地未变化

属于国务院其他有关部门管理范围的,须上传相关证明以及审批文件的扫描件。

四、附则

(一)卫片执法图斑拆分要求。有条件的地方可提供拆分后各分图斑的位置和范围,对拆分图斑与下发图斑影像不一致的,应进行举证。

(二)举证照片有关要求。本规则中涉及照片应使用具有卫星定位和方向传感器的设备拍摄,且包含拍摄坐标、拍摄方位角、拍摄时间等信息。

划拨用地目录

（2001年10月22日公布 国土资源部令第9号
自2001年10月22日起实施）

一、根据《中华人民共和国土地管理法》和《中华人民共和国城市房地产管理法》的制定，制定本目录。

二、符合本目录的建设用地项目，由建设单位提出申请，经有批准权的人民政府批准，方可以划拨方式提供土地使用权。

三、对国家重点扶持的能源、交通、水利等基础设施用地项目，可以以划拨方式提供土地使用权。对以营利为目的，非国家重点扶持的能源、交通、水利等基础设施用地项目，应当以有偿方式提供土地使用权。

四、以划拨方式取得的土地使用权，因企业改制、土地使用权转让或者改变土地用途等不再符合本目录的，应当实行有偿使用。

五、本目录施行后，法律、行政法规和国务院的有关政策另有规定的，按有关规定执行。

六、本目录自发布之日起施行。原国家土地管理局颁布的《划拨用地项目目录》同时废止。

国家机关用地和军事用地

（一）党政机关和人民团体用地

1. 办公用地。

2. 安全、保密、通讯等特殊专用设施。

（二）军事用地

1. 指挥机关、地面和地下的指挥工程、作战工程。

2. 营区、训练场、试验场。

3. 军用公路、铁路专用线、机场、港口、码头。

4. 军用洞库、仓库、输电、输油、输气管线。

5. 军用通信、通讯线路、侦察、观测台站和测量、导航标志。

6. 国防军品科研、试验设施。

7. 其他军事设施。

城市基础设施用地和公益事业用地

（三）城市基础设施用地

1. 供水设施：包括水源地、取水工程、净水厂、输配水工程、水质检测中心、调度中心、控制中心。

2. 燃气供应设施：包括人工煤气生产设施、液化石油气气化站、液化石油气储配站、天然气输配气设施。

3. 供热设施：包括热电厂、热力网设施。

4. 公共交通设施：包括城市轻轨、地下铁路线路、公共交通车辆停车场、首末站（总站）、调度中心、整流站、车辆保养场。

5. 环境卫生设施：包括雨水处理设施、污水处理厂、垃圾（粪便）处理设施、其它环卫设施。

6. 道路广场：包括市政道路、市政广场。

7. 绿地：包括公共绿地（住宅小区、工程建设项目的配套绿地除外）、防护绿地。

（四）非营利性邮政设施用地

1. 邮件处理中心、邮政支局（所）。

2. 邮政运输、物流配送中心。

3. 邮件转运站。

4. 国际邮件互换局、交换站。

5. 集装容器（邮袋、报皮）维护调配处理场。

（五）非营利性教育设施用地

1. 学校教学、办公、实验、科研及校内文化体育设施。

2. 高等、中等、职业学校的学生宿舍、食堂、教学实习及训练基地。

3. 托儿所、幼儿园的教学、办公、园内活动场地。

4. 特殊教育学校(盲校、聋哑学校、弱智学校)康复、技能训练设施。

(六)公益性科研机构用地

1. 科学研究、调查、观测、实验、试验(站、场、基地)设施。

2. 科研机构办公设施。

(七)非营利性体育设施用地

1. 各类体育运动项目专业比赛和专业训练场(馆)、配套设施(高尔夫球场除外)。

2. 体育信息、科研、兴奋剂检测设施。

3. 全民健身运动设施(住宅小区、企业单位内配套的除外)。

(八)非营利性公共文化设施用地

1. 图书馆。

2. 博物馆。

3. 文化馆。

4. 青少年宫、青少年科技馆、青少年(儿童)活动中心。

(九)非营利性医疗卫生设施用地

1. 医院、门诊部(所)、急救中心(站)、城乡卫生院。

2. 各级政府所属的卫生防疫站(疾病控制中心)、健康教育所、专科疾病防治所(站)。

3. 各级政府所属的妇幼保健所(院、站)、母婴保健机构、儿童保健机构、血站(血液中心、中心血站)。

(十)非营利性社会福利设施用地

1. 福利性住宅。

2. 综合性社会福利设施。

3. 老年人社会福利设施。

4. 儿童社会福利设施。

5. 残疾人社会福利设施。

6. 收容遣送设施。

7. 殡葬设施。

国家重点扶持的能源、交通、水利等基础设施用地

(十一)石油天然气设施用地

1. 油(气、水)井场及作业配套设施。

2. 油(气、汽、水)计量站、转接站、增压站、热采站、处理厂(站)、联合站、注水(气、汽、化学助剂)站、配气(水)站、原油(气)库、海上油气陆上终端。

3. 防腐、防砂、钻井泥浆、三次采油制剂厂(站)、材料配制站(厂、车间)、预制厂(车间)。

4. 油(气)田机械、设备、仪器、管材加工和维修设施。

5. 油、气(汽)、水集输和长输管道、专用交通运输设施。

6. 油(气)田物资仓库(站)、露天货场、废旧料场、成品油(气)库(站)、液化气站。

7. 供排水设施、供配电设施、通讯设施。

8. 环境保护检测、污染治理、废旧料(物)综合处理设施。

9. 消防、安全、保卫设施。

(十二)煤炭设施用地

1. 矿井、露天矿、煤炭加工设施,共伴生矿物开采与加工场地。

2. 矿井通风、抽放瓦斯、煤层气开采、防火灌浆、井下热害防治设施。

3. 采掘场与疏干设施(含控制站)。

4. 自备发电厂、热电站、输变电设施。

5. 矿区内煤炭机电设备、仪器仪表、配件、器材供应与维修设施。

6. 矿区生产供水、供电、燃气、供气、通讯设施。

7. 矿山救护、消防防护设施。

8. 中心试验站。

9. 专用交通、运输设施。

（十三）电力设施用地

1. 发（变）电主厂房设施及配套库房设施。

2. 发（变）电厂（站）的专用交通设施。

3. 配套环保、安全防护设施。

4. 火力发电工程配电装置、网控楼、通信楼、微波塔。

5. 火力发电工程循环水管（沟）、冷却塔（池）、阀门井水工设施。

6. 火力发电工程燃料供应、供热设施，化学楼、输煤综合楼，启动锅炉房、空压机房。

7. 火力发电工程乙炔站、制氢（氧）站，化学水处理设施。

8. 核能发电工程应急给水储存室、循环水泵房、安全用水泵房、循环水进排水口及管沟、加氯间、配电装置。

9. 核能发电工程燃油储运及油处理设施。

10. 核能发电工程制氢站及相应设施。

11. 核能发电工程淡水水源设施，净水设施，污水、废水处理装置。

12. 新能源发电工程电机，厢变、输电（含专用送出工程）、变电站设施，资源观测设施。

13. 输配电线路塔（杆），巡线站、线路工区，线路维护、检修道路。

14. 变（配）电装置，直流输电换流站及接地极。

15. 输变电、配电工程给排水、水处理等水工设施。

16. 输变电工区、高压工区。

（十四）水利设施用地

1. 水利工程用地：包括挡水、泄水建筑物、引水系统、尾水系统、分洪道及其附属建筑物，附属道路、交通设施，供电、供水、供风、供热及制冷设施。

2. 水库淹没区。

3. 堤防工程。

4. 河道治理工程。

5. 水闸、泵站、涵洞、桥梁、道路工程及其管护设施。

6. 蓄滞洪区、防护林带、滩区安全建设工程。

7. 取水系统:包括水闸、堰、进水口、泵站、机电井及其管护设施。

8. 输(排)水设施(含明渠、暗渠、隧道、管道、桥、渡槽、倒虹、调蓄水库、水池渠系建筑物)、加压(抽、排)泵站、水厂。

9. 防汛抗旱通信设施,水文、气象测报设施。

10. 水土保持管理站、科研技术推广所(站)、试验地设施。

(十五)铁路交通设施用地

1. 铁路线路、车站及站场设施。

2. 铁路运输生产及维修、养护设施。

3. 铁路防洪、防冻、防雪、防风沙设施(含苗圃及植被保护带)、生产防疫、环保、水保设施。

4. 铁路给排水、供电、供暖、制冷、节能、专用通信、信号、信息系统设施。

5. 铁路轮渡、码头及相应的防风、防浪堤、护岸、栈桥、渡船整备设施。

6. 铁路专用物资仓储库(场)。

7. 铁路安全守备、消防、战备设施。

(十六)公路交通设施用地

1. 公路线路、桥梁、交叉工程、隧道和渡口。

2. 公路通信、监控、安全设施。

3. 高速公路服务区(区内经营性用地除外)。

4. 公路养护道班(工区)。

5. 公路线路用地界外设置的公路防护、排水、防洪、防雪、防波、防风沙设施及公路环境保护、监测设施。

(十七)水路交通设施用地

1. 码头、栈桥、防波堤、防沙导流堤、引堤、护岸、围堰水工工程。

2. 人工开挖的航道、港池、锚地及停泊区工程。

3. 港口生产作业区。

4. 港口机械设备停放场地及维修设施。

5. 港口专用铁路、公路、管道设施。

6. 港口给排水、供电、供暖、节能、防洪设施。

7. 水上安全监督(包括沿海和内河)、救助打捞、港航消防设施。

8. 通讯导航设施、环境保护设施。

9. 内河航运管理设施、内河航运枢纽工程、通航建筑物及管理维修区。

(十八)民用机场设施用地

1. 机场飞行区。

2. 公共航空运输客、货业务设施:包括航站楼、机场场区内的货运库(站)、特殊货物(危险品)业务仓库。

3. 空中交通管理系统。

4. 航材供应、航空器维修、适航检查及校验设施。

5. 机场地面专用设备、特种车辆保障设施。

6. 油料运输、中转、储油及加油设施。

7. 消防、应急救援、安全检查、机场公用设施。

8. 环境保护设施:包括污水处理、航空垃圾处理、环保监测、防噪声设施。

9. 训练机场、通用航空机场、公共航运机场中的通用航空业务配套设施。

法律、行政法规规定的其他用地

(十九)特殊用地

1. 监狱。

2. 劳教所。

3. 戒毒所、看守所、治安拘留所、收容教育所。

中华人民共和国农村土地承包法

(2002年8月29日第九届全国人民代表大会常务委员会第二十九次会议通过　2002年8月29日中华人民共和国主席令第73号公布　根据2009年8月27日第十一届全国人民代表大会常务委员会第十次会议《关于修改部分法律的决定》第一次修正　根据2018年12月29日第十三届全国人民代表大会常务委员会第七次会议《关于修改〈中华人民共和国农村土地承包法〉的决定》第二次修正　2018年12月29日公布　中华人民共和国主席令第17号　自2019年1月1日起实施)

第一章　总　　则

第一条　为了巩固和完善以家庭承包经营为基础、统分结合的双层经营体制,保持农村土地承包关系稳定并长久不变,维护农村土地承包经营当事人的合法权益,促进农业、农村经济发展和农村社会和谐稳定,根据宪法,制定本法。

第二条　本法所称农村土地,是指农民集体所有和国家所有依法由农民集体使用的耕地、林地、草地,以及其他依法用于农业的土地。

第三条　国家实行农村土地承包经营制度。

农村土地承包采取农村集体经济组织内部的家庭承包方式,不宜采取家庭承包方式的荒山、荒沟、荒丘、荒滩等农村土地,可以采取招标、拍卖、公开协商等方式承包。

第四条　农村土地承包后,土地的所有权性质不变。承包地不得买卖。

第五条　农村集体经济组织成员有权依法承包由本集体经济组

织发包的农村土地。

任何组织和个人不得剥夺和非法限制农村集体经济组织成员承包土地的权利。

第六条 农村土地承包，妇女与男子享有平等的权利。承包中应当保护妇女的合法权益，任何组织和个人不得剥夺、侵害妇女应当享有的土地承包经营权。

第七条 农村土地承包应当坚持公开、公平、公正的原则，正确处理国家、集体、个人三者的利益关系。

第八条 国家保护集体土地所有者的合法权益，保护承包方的土地承包经营权，任何组织和个人不得侵犯。

第九条 承包方承包土地后，享有土地承包经营权，可以自己经营，也可以保留土地承包权，流转其承包地的土地经营权，由他人经营。

第十条 国家保护承包方依法、自愿、有偿流转土地经营权，保护土地经营权人的合法权益，任何组织和个人不得侵犯。

第十一条 农村土地承包经营应当遵守法律、法规，保护土地资源的合理开发和可持续利用。未经依法批准不得将承包地用于非农建设。

国家鼓励增加对土地的投入，培肥地力，提高农业生产能力。

第十二条 国务院农业农村、林业和草原主管部门分别依照国务院规定的职责负责全国农村土地承包经营及承包经营合同管理的指导。

县级以上地方人民政府农业农村、林业和草原等主管部门分别依照各自职责，负责本行政区域内农村土地承包经营及承包经营合同管理。

乡（镇）人民政府负责本行政区域内农村土地承包经营及承包经营合同管理。

第二章 家庭承包

第一节 发包方和承包方的权利和义务

第十三条 农民集体所有的土地依法属于村农民集体所有的，由村集体经济组织或者村民委员会发包；已经分别属于村内两个以上农村集体经济组织的农民集体所有的，由村内各该农村集体经济组织或者村民小组发包。村集体经济组织或者村民委员会发包的，不得改变村内各集体经济组织农民集体所有的土地的所有权。

国家所有依法由农民集体使用的农村土地，由使用该土地的农村集体经济组织、村民委员会或者村民小组发包。

第十四条 发包方享有下列权利：

（一）发包本集体所有的或者国家所有依法由本集体使用的农村土地；

（二）监督承包方依照承包合同约定的用途合理利用和保护土地；

（三）制止承包方损害承包地和农业资源的行为；

（四）法律、行政法规规定的其他权利。

第十五条 发包方承担下列义务：

（一）维护承包方的土地承包经营权，不得非法变更、解除承包合同；

（二）尊重承包方的生产经营自主权，不得干涉承包方依法进行正常的生产经营活动；

（三）依照承包合同约定为承包方提供生产、技术、信息等服务；

（四）执行县、乡（镇）土地利用总体规划，组织本集体经济组织内的农业基础设施建设；

（五）法律、行政法规规定的其他义务。

第十六条 家庭承包的承包方是本集体经济组织的农户。

农户内家庭成员依法平等享有承包土地的各项权益。

第十七条 承包方享有下列权利：

（一）依法享有承包地使用、收益的权利，有权自主组织生产经营和处置产品；

（二）依法互换、转让土地承包经营权；

（三）依法流转土地经营权；

（四）承包地被依法征收、征用、占用的，有权依法获得相应的补偿；

（五）法律、行政法规规定的其他权利。

第十八条 承包方承担下列义务：

（一）维持土地的农业用途，未经依法批准不得用于非农建设；

（二）依法保护和合理利用土地，不得给土地造成永久性损害；

（三）法律、行政法规规定的其他义务。

第二节 承包的原则和程序

第十九条 土地承包应当遵循以下原则：

（一）按照规定统一组织承包时，本集体经济组织成员依法平等地行使承包土地的权利，也可以自愿放弃承包土地的权利；

（二）民主协商，公平合理；

（三）承包方案应当按照本法第十三条的规定，依法经本集体经济组织成员的村民会议三分之二以上成员或者三分之二以上村民代表的同意；

（四）承包程序合法。

第二十条 土地承包应当按照以下程序进行：

（一）本集体经济组织成员的村民会议选举产生承包工作小组；

（二）承包工作小组依照法律、法规的规定拟订并公布承包方案；

（三）依法召开本集体经济组织成员的村民会议，讨论通过承包方案；

（四）公开组织实施承包方案；

（五）签订承包合同。

第三节 承包期限和承包合同

第二十一条 耕地的承包期为三十年。草地的承包期为三十年至五十年。林地的承包期为三十年至七十年。

前款规定的耕地承包期届满后再延长三十年,草地、林地承包期届满后依照前款规定相应延长。

第二十二条 发包方应当与承包方签订书面承包合同。

承包合同一般包括以下条款:

(一)发包方、承包方的名称,发包方负责人和承包方代表的姓名、住所;

(二)承包土地的名称、坐落、面积、质量等级;

(三)承包期限和起止日期;

(四)承包土地的用途;

(五)发包方和承包方的权利和义务;

(六)违约责任。

第二十三条 承包合同自成立之日起生效。承包方自承包合同生效时取得土地承包经营权。

第二十四条 国家对耕地、林地和草地等实行统一登记,登记机构应当向承包方颁发土地承包经营权证或者林权证等证书,并登记造册,确认土地承包经营权。

土地承包经营权证或者林权证等证书应当将具有土地承包经营权的全部家庭成员列入。

登记机构除按规定收取证书工本费外,不得收取其他费用。

第二十五条 承包合同生效后,发包方不得因承办人或者负责人的变动而变更或者解除,也不得因集体经济组织的分立或者合并而变更或者解除。

第二十六条 国家机关及其工作人员不得利用职权干涉农村土地承包或者变更、解除承包合同。

第四节 土地承包经营权的保护和互换、转让

第二十七条 承包期内,发包方不得收回承包地。

国家保护进城农户的土地承包经营权。不得以退出土地承包经

营权作为农户进城落户的条件。

承包期内，承包农户进城落户的，引导支持其按照自愿有偿原则依法在本集体经济组织内转让土地承包经营权或者将承包地交回发包方，也可以鼓励其流转土地经营权。

承包期内，承包方交回承包地或者发包方依法收回承包地时，承包方对其在承包地上投入而提高土地生产能力的，有权获得相应的补偿。

第二十八条 承包期内，发包方不得调整承包地。

承包期内，因自然灾害严重毁损承包地等特殊情形对个别农户之间承包的耕地和草地需要适当调整的，必须经本集体经济组织成员的村民会议三分之二以上成员或者三分之二以上村民代表的同意，并报乡（镇）人民政府和县级人民政府农业农村、林业和草原等主管部门批准。承包合同中约定不得调整的，按照其约定。

第二十九条 下列土地应当用于调整承包土地或者承包给新增人口：

（一）集体经济组织依法预留的机动地；

（二）通过依法开垦等方式增加的；

（三）发包方依法收回和承包方依法、自愿交回的。

第三十条 承包期内，承包方可以自愿将承包地交回发包方。承包方自愿交回承包地的，可以获得合理补偿，但是应当提前半年以书面形式通知发包方。承包方在承包期内交回承包地的，在承包期内不得再要求承包土地。

第三十一条 承包期内，妇女结婚，在新居住地未取得承包地的，发包方不得收回其原承包地；妇女离婚或者丧偶，仍在原居住地生活或者不在原居住地生活但在新居住地未取得承包地的，发包方不得收回其原承包地。

第三十二条 承包人应得的承包收益，依照继承法的规定继承。

林地承包的承包人死亡，其继承人可以在承包期内继续承包。

第三十三条 承包方之间为方便耕种或者各自需要，可以对属于同一集体经济组织的土地的土地承包经营权进行互换，并向发包方备案。

第三十四条 经发包方同意，承包方可以将全部或者部分的土地承包经营权转让给本集体经济组织的其他农户，由该农户同发包方确立新的承包关系，原承包方与发包方在该土地上的承包关系即行终止。

第三十五条 土地承包经营权互换、转让的，当事人可以向登记机构申请登记。未经登记，不得对抗善意第三人。

第五节 土地经营权

第三十六条 承包方可以自主决定依法采取出租（转包）、入股或者其他方式向他人流转土地经营权，并向发包方备案。

第三十七条 土地经营权人有权在合同约定的期限内占有农村土地，自主开展农业生产经营并取得收益。

第三十八条 土地经营权流转应当遵循以下原则：

（一）依法、自愿、有偿，任何组织和个人不得强迫或者阻碍土地经营权流转；

（二）不得改变土地所有权的性质和土地的农业用途，不得破坏农业综合生产能力和农业生态环境；

（三）流转期限不得超过承包期的剩余期限；

（四）受让方须有农业经营能力或者资质；

（五）在同等条件下，本集体经济组织成员享有优先权。

第三十九条 土地经营权流转的价款，应当由当事人双方协商确定。流转的收益归承包方所有，任何组织和个人不得擅自截留、扣缴。

第四十条 土地经营权流转，当事人双方应当签订书面流转合同。

土地经营权流转合同一般包括以下条款：

（一）双方当事人的姓名、住所；

（二）流转土地的名称、坐落、面积、质量等级；

（三）流转期限和起止日期；

（四）流转土地的用途；

（五）双方当事人的权利和义务；

（六）流转价款及支付方式；

（七）土地被依法征收、征用、占用时有关补偿费的归属；

（八）违约责任。

承包方将土地交由他人代耕不超过一年的，可以不签订书面合同。

第四十一条 土地经营权流转期限为五年以上的，当事人可以向登记机构申请土地经营权登记。未经登记，不得对抗善意第三人。

第四十二条 承包方不得单方解除土地经营权流转合同，但受让方有下列情形之一的除外：

（一）擅自改变土地的农业用途；

（二）弃耕抛荒连续两年以上；

（三）给土地造成严重损害或者严重破坏土地生态环境；

（四）其他严重违约行为。

第四十三条 经承包方同意，受让方可以依法投资改良土壤，建设农业生产附属、配套设施，并按照合同约定对其投资部分获得合理补偿。

第四十四条 承包方流转土地经营权的，其与发包方的承包关系不变。

第四十五条 县级以上地方人民政府应当建立工商企业等社会资本通过流转取得土地经营权的资格审查、项目审核和风险防范制度。

工商企业等社会资本通过流转取得土地经营权的，本集体经济组织可以收取适量管理费用。

具体办法由国务院农业农村、林业和草原主管部门规定。

第四十六条 经承包方书面同意，并向本集体经济组织备案，受让方可以再流转土地经营权。

第四十七条 承包方可以用承包地的土地经营权向金融机构融资担保,并向发包方备案。受让方通过流转取得的土地经营权,经承包方书面同意并向发包方备案,可以向金融机构融资担保。

担保物权自融资担保合同生效时设立。当事人可以向登记机构申请登记;未经登记,不得对抗善意第三人。

实现担保物权时,担保物权人有权就土地经营权优先受偿。

土地经营权融资担保办法由国务院有关部门规定。

第三章 其他方式的承包

第四十八条 不宜采取家庭承包方式的荒山、荒沟、荒丘、荒滩等农村土地,通过招标、拍卖、公开协商等方式承包的,适用本章规定。

第四十九条 以其他方式承包农村土地的,应当签订承包合同,承包方取得土地经营权。当事人的权利和义务、承包期限等,由双方协商确定。以招标、拍卖方式承包的,承包费通过公开竞标、竞价确定;以公开协商等方式承包的,承包费由双方议定。

第五十条 荒山、荒沟、荒丘、荒滩等可以直接通过招标、拍卖、公开协商等方式实行承包经营,也可以将土地经营权折股分给本集体经济组织成员后,再实行承包经营或者股份合作经营。

承包荒山、荒沟、荒丘、荒滩的,应当遵守有关法律、行政法规的规定,防止水土流失,保护生态环境。

第五十一条 以其他方式承包农村土地,在同等条件下,本集体经济组织成员有权优先承包。

第五十二条 发包方将农村土地发包给本集体经济组织以外的单位或者个人承包,应当事先经本集体经济组织成员的村民会议三分之二以上成员或者三分之二以上村民代表的同意,并报乡(镇)人民政府批准。

由本集体经济组织以外的单位或者个人承包的,应当对承包方的资信情况和经营能力进行审查后,再签订承包合同。

第五十三条 通过招标、拍卖、公开协商等方式承包农村土地,经依法登记取得权属证书的,可以依法采取出租、入股、抵押或者其他方式流转土地经营权。

第五十四条 依照本章规定通过招标、拍卖、公开协商等方式取得土地经营权的,该承包人死亡,其应得的承包收益,依照继承法的规定继承;在承包期内,其继承人可以继续承包。

第四章 争议的解决和法律责任

第五十五条 因土地承包经营发生纠纷的,双方当事人可以通过协商解决,也可以请求村民委员会、乡(镇)人民政府等调解解决。

当事人不愿协商、调解或者协商、调解不成的,可以向农村土地承包仲裁机构申请仲裁,也可以直接向人民法院起诉。

第五十六条 任何组织和个人侵害土地承包经营权、土地经营权的,应当承担民事责任。

第五十七条 发包方有下列行为之一的,应当承担停止侵害、排除妨碍、消除危险、返还财产、恢复原状、赔偿损失等民事责任:

(一)干涉承包方依法享有的生产经营自主权;

(二)违反本法规定收回、调整承包地;

(三)强迫或者阻碍承包方进行土地承包经营权的互换、转让或者土地经营权流转;

(四)假借少数服从多数强迫承包方放弃或者变更土地承包经营权;

(五)以划分"口粮田"和"责任田"等为由收回承包地搞招标承包;

(六)将承包地收回抵顶欠款;

(七)剥夺、侵害妇女依法享有的土地承包经营权;

(八)其他侵害土地承包经营权的行为。

第五十八条 承包合同中违背承包方意愿或者违反法律、行政法规有关不得收回、调整承包地等强制性规定的约定无效。

第五十九条 当事人一方不履行合同义务或者履行义务不符合

约定的,应当依法承担违约责任。

第六十条　任何组织和个人强迫进行土地承包经营权互换、转让或者土地经营权流转的,该互换、转让或者流转无效。

第六十一条　任何组织和个人擅自截留、扣缴土地承包经营权互换、转让或者土地经营权流转收益的,应当退还。

第六十二条　违反土地管理法规,非法征收、征用、占用土地或者贪污、挪用土地征收、征用补偿费用,构成犯罪的,依法追究刑事责任;造成他人损害的,应当承担损害赔偿等责任。

第六十三条　承包方、土地经营权人违法将承包地用于非农建设的,由县级以上地方人民政府有关主管部门依法予以处罚。

承包方给承包地造成永久性损害的,发包方有权制止,并有权要求赔偿由此造成的损失。

第六十四条　土地经营权人擅自改变土地的农业用途、弃耕抛荒连续两年以上、给土地造成严重损害或者严重破坏土地生态环境,承包方在合理期限内不解除土地经营权流转合同的,发包方有权要求终止土地经营权流转合同。土地经营权人对土地和土地生态环境造成的损害应当予以赔偿。

第六十五条　国家机关及其工作人员有利用职权干涉农村土地承包经营,变更、解除承包经营合同,干涉承包经营当事人依法享有的生产经营自主权,强迫、阻碍承包经营当事人进行土地承包经营权互换、转让或者土地经营权流转等侵害土地承包经营权、土地经营权的行为,给承包经营当事人造成损失的,应当承担损害赔偿等责任;情节严重的,由上级机关或者所在单位给予直接责任人员处分;构成犯罪的,依法追究刑事责任。

第五章　附　　则

第六十六条　本法实施前已经按照国家有关农村土地承包的规定承包,包括承包期限长于本法规定的,本法实施后继续有效,不得重新承包土地。未向承包方颁发土地承包经营权证或者林权证等证书的，应当补发证书。

第六十七条 本法实施前已经预留机动地的，机动地面积不得超过本集体经济组织耕地总面积的百分之五。不足百分之五的，不得再增加机动地。

本法实施前未留机动地的，本法实施后不得再留机动地。

第六十八条 各省、自治区、直辖市人民代表大会常务委员会可以根据本法，结合本行政区域的实际情况，制定实施办法。

第六十九条 确认农村集体经济组织成员身份的原则、程序等，由法律、法规规定。

第七十条 本法自2003年3月1日起施行。

农村土地经营权流转管理办法

（2021年1月26日公布　农业农村部令2021年第1号
自2021年3月1日起实施）

第一章　总　　则

第一条 为了规范农村土地经营权（以下简称土地经营权）流转行为，保障流转当事人合法权益，加快农业农村现代化，维护农村社会和谐稳定，根据《中华人民共和国农村土地承包法》等法律及有关规定，制定本办法。

第二条 土地经营权流转应当坚持农村土地农民集体所有、农户家庭承包经营的基本制度，保持农村土地承包关系稳定并长久不变，遵循依法、自愿、有偿原则，任何组织和个人不得强迫或者阻碍承包方流转土地经营权。

第三条 土地经营权流转不得损害农村集体经济组织和利害关系人的合法权益，不得破坏农业综合生产能力和农业生态环境，不得改变承包土地的所有权性质及其农业用途,确保农地农用,优先用于粮食生产,制止耕地"非农化"、防止耕地"非粮化"。

第四条 土地经营权流转应当因地制宜、循序渐进,把握好流转、集中、规模经营的度,流转规模应当与城镇化进程和农村劳动力转移规模相适应,与农业科技进步和生产手段改进程度相适应,与农业社会化服务水平提高相适应,鼓励各地建立多种形式的土地经营权流转风险防范和保障机制。

第五条 农业农村部负责全国土地经营权流转及流转合同管理的指导。

县级以上地方人民政府农业农村主管(农村经营管理)部门依照职责,负责本行政区域内土地经营权流转及流转合同管理。

乡(镇)人民政府负责本行政区域内土地经营权流转及流转合同管理。

第二章 流转当事人

第六条 承包方在承包期限内有权依法自主决定土地经营权是否流转,以及流转对象、方式、期限等。

第七条 土地经营权流转收益归承包方所有,任何组织和个人不得擅自截留、扣缴。

第八条 承包方自愿委托发包方、中介组织或者他人流转其土地经营权的,应当由承包方出具流转委托书。委托书应当载明委托的事项、权限和期限等,并由委托人和受托人签字或者盖章。

没有承包方的书面委托,任何组织和个人无权以任何方式决定流转承包方的土地经营权。

第九条 土地经营权流转的受让方应当为具有农业经营能力或者资质的组织和个人。在同等条件下,本集体经济组织成员享有优先权。

第十条 土地经营权流转的方式、期限、价款和具体条件,由流转双方平等协商确定。流转期限届满后,受让方享有以同等条件优先续约的权利。

第十一条 受让方应当依照有关法律法规保护土地,禁止改变土地的农业用途。禁止闲置、荒芜耕地,禁止占用耕地建窑、建坟或者擅自在耕地上建房、挖砂、采石、采矿、取土等。禁止占用永久基本农田发展林果业和挖塘养鱼。

第十二条 受让方将流转取得的土地经营权再流转以及向金融机构融资担保的,应当事先取得承包方书面同意,并向发包方备案。

第十三条 经承包方同意,受让方依法投资改良土壤,建设农业生产附属、配套设施,及农业生产中直接用于作物种植和畜禽水产养殖设施的,土地经营权流转合同到期或者未到期由承包方依法提前收回承包土地时,受让方有权获得合理补偿。具体补偿办法可在土地经营权流转合同中约定或者由双方协商确定。

第三章 流转方式

第十四条 承包方可以采取出租(转包)、入股或者其他符合有关法律和国家政策规定的方式流转土地经营权。

出租(转包),是指承包方将部分或者全部土地经营权,租赁给他人从事农业生产经营。

入股,是指承包方将部分或者全部土地经营权作价出资,成为公司、合作经济组织等股东或者成员,并用于农业生产经营。

第十五条 承包方依法采取出租(转包)、入股或者其他方式将土地经营权部分或者全部流转的,承包方与发包方的承包关系不变,双方享有的权利和承担的义务不变。

第十六条 承包方自愿将土地经营权入股公司发展农业产业化经营的,可以采取优先股等方式降低承包方风险。公司解散时入股土地应当退回原承包方。

第四章 流转合同

第十七条 承包方流转土地经营权,应当与受让方在协商一致的基础上签订书面流转合同，并向发包方备案。

承包方将土地交由他人代耕不超过一年的，可以不签订书面合同。

第十八条 承包方委托发包方、中介组织或者他人流转土地经营权的，流转合同应当由承包方或者其书面委托的受托人签订。

第十九条 土地经营权流转合同一般包括以下内容：

（一）双方当事人的姓名或者名称、住所、联系方式等；

（二）流转土地的名称、四至、面积、质量等级、土地类型、地块代码等；

（三）流转的期限和起止日期；

（四）流转方式；

（五）流转土地的用途；

（六）双方当事人的权利和义务；

（七）流转价款或者股份分红，以及支付方式和支付时间；

（八）合同到期后地上附着物及相关设施的处理；

（九）土地被依法征收、征用、占用时有关补偿费的归属；

（十）违约责任。

土地经营权流转合同示范文本由农业农村部制定。

第二十条 承包方不得单方解除土地经营权流转合同，但受让方有下列情形之一的除外：

（一）擅自改变土地的农业用途；

（二）弃耕抛荒连续两年以上；

（三）给土地造成严重损害或者严重破坏土地生态环境；

（四）其他严重违约行为。

有以上情形，承包方在合理期限内不解除土地经营权流转合同的，发包方有权要求终止土地经营权流转合同。

受让方对土地和土地生态环境造成的损害应当依法予以赔偿。

第五章 流转管理

第二十一条 发包方对承包方流转土地经营权、受让方再流转土地经营权以及承包方、受让方利用土地经营权融资担保的,应当办理备案,并报告乡(镇)人民政府农村土地承包管理部门。

第二十二条 乡(镇)人民政府农村土地承包管理部门应当向达成流转意向的双方提供统一文本格式的流转合同,并指导签订。流转合同中有违反法律法规的,应当及时予以纠正。

第二十三条 乡(镇)人民政府农村土地承包管理部门应当建立土地经营权流转台账,及时准确记载流转情况。

第二十四条 乡(镇)人民政府农村土地承包管理部门应当对土地经营权流转有关文件、资料及流转合同等进行归档并妥善保管。

第二十五条 鼓励各地建立土地经营权流转市场或者农村产权交易市场。县级以上地方人民政府农业农村主管(农村经营管理)部门应当加强业务指导,督促其建立健全运行规则,规范开展土地经营权流转政策咨询、信息发布、合同签订、交易鉴证、权益评估、融资担保、档案管理等服务。

第二十六条 县级以上地方人民政府农业农村主管(农村经营管理)部门应当按照统一标准和技术规范建立国家、省、市、县等互联互通的农村土地承包信息应用平台,健全土地经营权流转合同网签制度,提升土地经营权流转规范化、信息化管理水平。

第二十七条 县级以上地方人民政府农业农村主管(农村经营管理)部门应当加强对乡(镇)人民政府农村土地承包管理部门工作的指导。乡(镇)人民政府农村土地承包管理部门应当依法开展土地经营权流转的指导和管理工作。

第二十八条 县级以上地方人民政府农业农村主管(农村经营管理)部门应当加强服务,鼓励受让方发展粮食生产;鼓励和引导工商企业等社会资本(包括法人、非法人组织或者自然人等)发展适合企业化经营的现代种养业。

县级以上地方人民政府农业农村主管（农村经营管理）部门应当根据自然经济条件、农村劳动力转移情况、农业机械化水平等因素，引导受让方发展适度规模经营，防止垒大户。

第二十九条 县级以上地方人民政府对工商企业等社会资本流转土地经营权，依法建立分级资格审查和项目审核制度。审查审核的一般程序如下：

（一）受让主体与承包方就流转面积、期限、价款等进行协商并签订流转意向协议书。涉及未承包到户集体土地等集体资源的，应当按照法定程序经本集体经济组织成员的村民会议三分之二以上成员或者三分之二以上村民代表的同意，并与集体经济组织签订流转意向协议书。

（二）受让主体按照分级审查审核规定，分别向乡（镇）人民政府农村土地承包管理部门或者县级以上地方人民政府农业农村主管（农村经营管理）部门提出申请，并提交流转意向协议书、农业经营能力或者资质证明、流转项目规划等相关材料。

（三）县级以上地方人民政府或者乡（镇）人民政府应当依法组织相关职能部门、农村集体经济组织代表、农民代表、专家等就土地用途、受让主体农业经营能力，以及经营项目是否符合粮食生产等产业规划等进行审查审核，并于受理之日起20个工作日内作出审查审核意见。

（四）审查审核通过的，受让主体与承包方签订土地经营权流转合同。未按规定提交审查审核申请或者审查审核未通过的，不得开展土地经营权流转活动。

第三十条 县级以上地方人民政府依法建立工商企业等社会资本通过流转取得土地经营权的风险防范制度，加强事中事后监管，及时查处纠正违法违规行为。

鼓励承包方和受让方在土地经营权流转市场或者农村产权交易市场公开交易。

对整村（组）土地经营权流转面积较大、涉及农户较多、经营风险较高的项目,流转双方可以协商设立风险保障金。

鼓励保险机构为土地经营权流转提供流转履约保证保险等多种形式保险服务。

第三十一条 农村集体经济组织为工商企业等社会资本流转土地经营权提供服务的,可以收取适量管理费用。收取管理费用的金额和方式应当由农村集体经济组织、承包方和工商企业等社会资本三方协商确定。管理费用应当纳入农村集体经济组织会计核算和财务管理,主要用于农田基本建设或者其他公益性支出。

第三十二条 县级以上地方人民政府可以根据本办法,结合本行政区域实际,制定工商企业等社会资本通过流转取得土地经营权的资格审查、项目审核和风险防范实施细则。

第三十三条 土地经营权流转发生争议或者纠纷的,当事人可以协商解决,也可以请求村民委员会、乡(镇)人民政府等进行调解。

当事人不愿意协商、调解或者协商、调解不成的,可以向农村土地承包仲裁机构申请仲裁,也可以直接向人民法院提起诉讼。

第六章 附 则

第三十四条 本办法所称农村土地,是指除林地、草地以外的,农民集体所有和国家所有依法由农民集体使用的耕地和其他用于农业的土地。

本办法所称农村土地经营权流转,是指在承包方与发包方承包关系保持不变的前提下,承包方依法在一定期限内将土地经营权部分或者全部交由他人自主开展农业生产经营的行为。

第三十五条 通过招标、拍卖和公开协商等方式承包荒山、荒沟、荒丘、荒滩等农村土地,经依法登记取得权属证书的,可以流转土地经营权,其流转管理参照本办法执行。

第三十六条 本办法自2021年3月1日起施行。农业部2005年1月19日发布的《农村土地承包经营权流转管理办法》(农业部令第47号)同时废止。

最高人民法院关于审理涉及农村土地承包纠纷案件适用法律问题的解释

（2005年3月29日最高人民法院审判委员会第1346次会议通过　根据2020年12月23日最高人民法院审判委员会第1823次会议通过的《最高人民法院关于修改〈最高人民法院关于在民事审判工作中适用《中华人民共和国工会法》若干问题的解释〉等二十七件民事类司法解释的决定》修正　2020年12月29日公布　法释〔2020〕17号　自2021年1月1日起实施）

一、受理与诉讼主体

第一条　下列涉及农村土地承包民事纠纷，人民法院应当依法受理：

（一）承包合同纠纷；

（二）承包经营权侵权纠纷；

（三）土地经营权侵权纠纷；

（四）承包经营权互换、转让纠纷；

（五）土地经营权流转纠纷；

（六）承包地征收补偿费用分配纠纷；

（七）承包经营权继承纠纷；

（八）土地经营权继承纠纷。

农村集体经济组织成员因未实际取得土地承包经营权提起民事诉讼的，人民法院应当告知其向有关行政主管部门申请解决。

农村集体经济组织成员就用于分配的土地补偿费数额提起民事诉讼的，人民法院不予受理。

第二条 当事人自愿达成书面仲裁协议的，受诉人民法院应当参照《最高人民法院关于适用〈中华人民共和国民事诉讼法〉的解释》第二百一十五条、第二百一十六条的规定处理。

当事人未达成书面仲裁协议，一方当事人向农村土地承包仲裁机构申请仲裁，另一方当事人提起诉讼的，人民法院应予受理，并书面通知仲裁机构。但另一方当事人接受仲裁管辖后又起诉的，人民法院不予受理。

当事人对仲裁裁决不服并在收到裁决书之日起三十日内提起诉讼的，人民法院应予受理。

第三条 承包合同纠纷，以发包方和承包方为当事人。

前款所称承包方是指以家庭承包方式承包本集体经济组织农村土地的农户，以及以其他方式承包农村土地的组织或者个人。

第四条 农户成员为多人的，由其代表人进行诉讼。

农户代表人按照下列情形确定：

（一）土地承包经营权证等证书上记载的人；

（二）未依法登记取得土地承包经营权证等证书的，为在承包合同上签名的人；

（三）前两项规定的人死亡、丧失民事行为能力或者因其他原因无法进行诉讼的，为农户成员推选的人。

二、家庭承包纠纷案件的处理

第五条 承包合同中有关收回、调整承包地的约定违反农村土地承包法第二十七条、第二十八条、第三十一条规定的，应当认定该约定无效。

第六条 因发包方违法收回、调整承包地，或者因发包方收回承包方弃耕、撂荒的承包地产生的纠纷，按照下列情形，分别处理：

（一）发包方未将承包地另行发包，承包方请求返还承包地的，应予支持；

（二）发包方已将承包地另行发包给第三人，承包方以发包方和第三人为共同被告,请求确认其所签订的承包合同无效、返还承包地并赔偿损失的,应予支持。但属于承包方弃耕、撂荒情形的,对其赔偿损失的诉讼请求,不予支持。

前款第(二)项所称的第三人,请求受益方补偿其在承包地上的合理投入的,应予支持。

第七条 承包合同约定或者土地承包经营权证等证书记载的承包期限短于农村土地承包法规定的期限,承包方请求延长的,应予支持。

第八条 承包方违反农村土地承包法第十八条规定,未经依法批准将承包地用于非农建设或者对承包地造成永久性损害,发包方请求承包方停止侵害、恢复原状或者赔偿损失的,应予支持。

第九条 发包方根据农村土地承包法第二十七条规定收回承包地前,承包方已经以出租、入股或者其他形式将其土地经营权流转给第三人,且流转期限尚未届满,因流转价款收取产生的纠纷,按照下列情形,分别处理:

(一)承包方已经一次性收取了流转价款,发包方请求承包方返还剩余流转期限的流转价款的,应予支持;

(二)流转价款为分期支付,发包方请求第三人按照流转合同的约定支付流转价款的,应予支持。

第十条 承包方交回承包地不符合农村土地承包法第三十条规定程序的,不得认定其为自愿交回。

第十一条 土地经营权流转中,本集体经济组织成员在流转价款、流转期限等主要内容相同的条件下主张优先权的,应予支持。但下列情形除外:

(一)在书面公示的合理期限内未提出优先权主张的;

(二)未经书面公示,在本集体经济组织以外的人开始使用承包地两个月内未提出优先权主张的。

第十二条 发包方胁迫承包方将土地经营权流转给第三人,承包方请求撤销其与第三人签订的流转合同的,应予支持。

发包方阻碍承包方依法流转土地经营权，承包方请求排除妨碍、赔偿损失的，应予支持。

第十三条 承包方未经发包方同意，转让其土地承包经营权的，转让合同无效。但发包方无法定理由不同意或者拖延表态的除外。

第十四条 承包方依法采取出租、入股或者其他方式流转土地经营权，发包方仅以该土地经营权流转合同未报其备案为由，请求确认合同无效的，不予支持。

第十五条 因承包方不收取流转价款或者向对方支付费用的约定产生纠纷，当事人协商变更无法达成一致，且继续履行又显失公平的，人民法院可以根据发生变更的客观情况，按照公平原则处理。

第十六条 当事人对出租地流转期限没有约定或者约定不明的，参照民法典第七百三十条规定处理。除当事人另有约定或者属于林地承包经营外，承包地交回的时间应当在农作物收获期结束后或者下一耕种期开始前。

对提高土地生产能力的投入，对方当事人请求承包方给予相应补偿的，应予支持。

第十七条 发包方或者其他组织、个人擅自截留、扣缴承包收益或者土地经营权流转收益，承包方请求返还的，应予支持。

发包方或者其他组织、个人主张抵销的，不予支持。

三、其他方式承包纠纷的处理

第十八条 本集体经济组织成员在承包费、承包期限等主要内容相同的条件下主张优先承包的，应予支持。但在发包方将农村土地发包给本集体经济组织以外的组织或者个人，已经法律规定的民主议定程序通过，并由乡(镇)人民政府批准后主张优先承包的，不予支持。

第十九条 发包方就同一土地签订两个以上承包合同，承包方均主张取得土地经营权的，按照下列情形，分别处理：

(一)已经依法登记的承包方，取得土地经营权；

(二)均未依法登记的，生效在先合同的承包方取得土地经营权；

（三）依前两项规定无法确定的，已经根据承包合同合法占有使用承包地的人取得土地经营权，但争议发生后一方强行先占承包地的行为和事实，不得作为确定土地经营权的依据。

四、土地征收补偿费用分配及土地承包经营权继承纠纷的处理

第二十条 承包地被依法征收，承包方请求发包方给付已经收到的地上附着物和青苗的补偿费的，应予支持。

承包方已将土地经营权以出租、入股或者其他方式流转给第三人的，除当事人另有约定外，青苗补偿费归实际投入人所有，地上附着物补偿费归附着物所有人所有。

第二十一条 承包地被依法征收，放弃统一安置的家庭承包方，请求发包方给付已经收到的安置补助费的，应予支持。

第二十二条 农村集体经济组织或者村民委员会、村民小组，可以依照法律规定的民主议定程序，决定在本集体经济组织内部分配已经收到的土地补偿费。征地补偿安置方案确定时已经具有本集体经济组织成员资格的人，请求支付相应份额的，应予支持。但已报全国人大常委会、国务院备案的地方性法规、自治条例和单行条例、地方政府规章对土地补偿费在农村集体经济组织内部的分配办法另有规定的除外。

第二十三条 林地家庭承包中，承包方的继承人请求在承包期内继续承包的，应予支持。

其他方式承包中，承包方的继承人或者权利义务承受者请求在承包期内继续承包的，应予支持。

五、其他规定

第二十四条 人民法院在审理涉及本解释第五条、第六条第一款第（二）项及第二款、第十五条的纠纷案件时，应当着重进行调解。必要时可以委托人民调解组织进行调解。

第二十五条 本解释自2005年9月1日起施行。施行后受理的第一审案件,适用本解释的规定。

施行前已经生效的司法解释与本解释不一致的,以本解释为准。

关于加强资源环境生态红线管控的指导意见

(2016年5月30日公布 发改环资〔2016〕1162号
自2016年5月30日起实施)

为贯彻落实《中共中央、国务院关于加快推进生态文明建设的意见》中严守资源环境生态红线的有关要求,指导红线划定工作,推动建立红线管控制度,加快建设生态文明,提出本意见。

一、总体要求和基本原则

(一)总体要求

统筹考虑资源禀赋、环境容量、生态状况等基本国情,根据我国发展的阶段性特征及全面建成小康社会目标的需要,合理设置红线管控指标,构建红线管控体系,健全红线管控制度,保障国家能源资源和生态环境安全,倒逼发展质量和效益提升,构建人与自然和谐发展的现代化建设新格局。

(二)基本原则

——严格管控、保障发展。树立底线思维和红线意识,设定并严守资源环境生态红线,并与空间开发保护管理相衔接,实行最严格的管控和保护措施。推动资源环境生态红线管控与经济社会发展相适应,预留必要的发展空间。

——分类管理、因地制宜。根据红线管控不同类型和要素特征,制定科学合理的红线管控政策措施。结合不同地区经济社会发展情况、资源环境现状和主体功能定位等因素,提出差别化、针对性强的管控要求。

——部门协调、上下联动。有关主管部门在红线管控目标设置、政策制定、制度建设等方面，要加强与相关部门的沟通协调，做好与有关法规标准、战略规划、政策措施的衔接。明确部门和地方责任，上下联动、形成合力。

——立足当前、着眼长远。把对当前经济社会发展制约性强的要素优先纳入红线管控，尽快遏制资源无节制消耗、生态环境退化的趋势。根据经济社会发展长远目标，超前研究其他相关红线管控要素，适时纳入管控范围。

二、管控内涵及指标设置

资源环境生态红线管控是指划定并严守资源消耗上限、环境质量底线、生态保护红线，强化资源环境生态红线指标约束，将各类经济社会活动限定在红线管控范围以内。

（一）设定资源消耗上限。合理设定全国及各地区资源消耗“天花板”，对能源、水、土地等战略性资源消耗总量实施管控，强化资源消耗总量管控与消耗强度管理的协同。

1. 能源消耗。依据经济社会发展水平、产业结构和布局、资源禀赋、环境容量、总量减排和环境质量改善要求等因素，确定能源消费总量控制目标。京津冀、长三角、珠三角和山东省等大气污染治理重点地区及城市，要明确煤炭占能源消费比重、煤炭消费减量控制等指标要求。

2. 水资源消耗。依据水资源禀赋、生态用水需求、经济社会发展合理需要等因素，确定用水总量控制目标。严重缺水以及地下水超采地区，要严格设定地下水开采总量指标。

3. 土地资源消耗。依据粮食和生态安全、主体功能定位、开发强度、城乡人口规模、人均建设用地标准等因素，划定永久基本农田，严格实施永久保护，对新增建设用地占用耕地规模实行总量控制，落实耕地占补平衡，确保耕地数量不下降、质量不降低。用地供需矛盾特别突出地区，要严格设定城乡建设用地总量控制目标。

（二）严守环境质量底线。以改善环境质量为核心，以保障人民群众身体健康为根本，综合考虑环境质量现状、经济社会发展需要、污染预防和治理技术等因素，与地方限期达标规划充分衔接，分阶段、分区域设置大气、水和土壤环境质量目标，强化区域、行业污染物排放总量控制，严防突发环境事件。环境质量达标地区要努力实现环境质量向更高水平迈进，不达标地区要尽快制定达标规划，实现环境质量达标。

1. 大气环境质量。以达到《环境空气质量标准》（GB 3095－2012）为主要目标，与《大气污染防治行动计划》相衔接，地区和区域大气环境质量不低于现状，向更好转变。

2. 水环境质量。以水环境质量持续改善为目标，与《水污染防治行动计划》、《国务院关于实行最严格水资源管理制度的意见》相衔接，各地区、各流域水质优良比例不低于现状，向更好转变。

3. 土壤环境质量。以农用地土壤镉（Cd）、汞（Hg）、砷（As）、铅（Pb）、铬（Cr）等重金属和多环芳烃、石油烃等有机污染物含量为主要指标，设置农用地土壤环境质量底线指标，与国家有关土壤污染防治计划规划相衔接，各地区农用地土壤环境质量达标率不低于现状，向更好转变。条件成熟地区，应将城市、工矿等污染地块环境质量纳入底线管理。

（三）划定生态保护红线。根据涵养水源、保持水土、防风固沙、调蓄洪水、保护生物多样性，以及保持自然本底、保障生态系统完整和稳定性等要求，兼顾经济社会发展需要，划定并严守生态保护红线。

依法在重点生态功能区、生态环境敏感区和脆弱区等区域划定生态保护红线，实行严格保护，确保生态功能不降低、面积不减少、性质不改变；科学划定森林、草原、湿地、海洋等领域生态红线，严格自然生态空间征（占）用管理，有效遏制生态系统退化的趋势。

三、管控制度

加快建立体现资源环境生态红线管控要求的政策机制，形成源头严防、过程严管、责任追究的红线管控制度体系。

（一）建立红线管控目标确定及分解落实机制。根据部门职责和地方实际，国务院主管部门要会同相关部门和地方，在摸清全国资源环境生态现状的基础上，分别确定资源环境生态红线管控目标、分解方案，报经国务院批准后实施。资源环境生态红线确定后原则上不得调整，根据实际情况确需进行调整的，要按程序报批。

（二）完善与红线管控相适应的准入制度。有关部门和各地区要把资源环境生态红线管控要求纳入经济社会发展规划及相关专项规划，鼓励地方出台严于国家要求的红线管控办法。在环境影响评价、排污许可、节能评估审查、用地预审、水土保持方案、入河（湖、海）排污口设置、水资源论证和取水许可等制度完善和实施过程中，强化细化红线管控要求。

（三）加强资源环境生态红线实施监管。加强环评、排污许可、能评、用地许可、水土保持方案审批、入河（湖、海）排污口设置、水资源论证和取水许可等后评估和监督检查，加大违法违规行为的查处力度。强化规划实施期中、期末评估和环境影响跟踪评价，严格落实红线管控要求和规划环境影响评价结论及审查意见。建立资源环境生态红线管控落实情况日常巡查、现场核查等制度，强化红线管控落实情况的执法监督。在节能减排目标责任考核、土地和环保督察、最严格水资源管理制度考核、水资源督察等考核监督中，强化红线管控要求。

（四）加强统计监测能力建设。加快推进资源消耗、环境质量、生态保护红线管控的统计监测核算制度建设，确保国家与地方核算方法、标准、点位等衔接统一，提高数据的准确性、科学性、一致性，加强部门间数据共享。利用信息化、大数据、卫星遥感与无人机等技术手段，建立红线监测网络体系，覆盖管控重点领域。研究建立红线管控第三方评估机制。

（五）建立资源环境承载能力监测预警机制。在资源环境承载能力监测预警机制中充分考虑资源环境生态红线因素，对水土资源、环境容量和海洋资源超载区域，研究提出具有针对性的限制性措施。完善能源消耗晴雨表发布等制度。红线管控事项涉及多个地区的，相关地区要建立区域、流域红线管控预警和联动机制。

（六）建立红线管控责任制。将资源环境生态红线管控纳入地方政府和领导干部政绩考核体系，并作为党政领导干部生态环境损害责任追究的重要内容，对任期内突破红线管控要求并造成资源浪费和生态环境破坏的，按照情节轻重，从决策、实施、监管等环节追究有关人员的责任。

四、组织实施

（一）加强组织领导。国务院有关主管部门要根据工作职责，会同相关部门研究制定具体要素的红线管控实施方案，明确红线管控的主要目标、重点任务、制度机制等，加强对各地区的工作指导和监督，重大问题及时向国务院报告。地方有关部门要严格目标管理，明确任务分工，建立协调机制，切实将红线管控要求落到实处。

（二）明确部门工作重点。发展改革部门牵头负责管控能源消耗上限，划定森林、草原、湿地、海洋等领域生态红线；国土资源部门牵头负责管控土地资源消耗上限、划定永久基本农田、自然生态空间征（占）用管理工作；环境保护部门牵头负责管控环境质量底线，依法在重点生态功能区、生态环境敏感区和脆弱区等区域划定生态保护红线；水利部门牵头负责管控水资源消耗上限；海洋部门负责划定海洋生态红线。其他相关部门根据工作职责，参与资源环境生态红线管控方面的政策制定、制度设计、监督管理、考核问责、信息公开等工作。

（三）鼓励公众参与。各部门、各地区要及时准确发布资源环境生态红线有关信息，有效保障公众知情权和参与权。健全公众举报、听证和监督等制度，发挥好民间组织和志愿者的积极作用，形成政府、企业、社会齐抓共管的良好工作局面。

关于划定并严守生态保护红线的若干意见

（2017年2月发布并实施）

生态空间是指具有自然属性、以提供生态服务或生态产品为主体功能的国土空间，包括森林、草原、湿地、河流、湖泊、滩涂、岸线、海洋、荒地、荒漠、戈壁、冰川、高山冻原、无居民海岛等。生态保护红线是指在生态空间范围内具有特殊重要生态功能、必须强制性严格保护的区域，是保障和维护国家生态安全的底线和生命线，通常包括具有重要水源涵养、生物多样性维护、水土保持、防风固沙、海岸生态稳定等功能的生态功能重要区域，以及水土流失、土地沙化、石漠化、盐渍化等生态环境敏感脆弱区域。党中央、国务院高度重视生态环境保护，作出一系列重大决策部署，推动生态环境保护工作取得明显进展。但是，我国生态环境总体仍比较脆弱，生态安全形势十分严峻。划定并严守生态保护红线，是贯彻落实主体功能区制度、实施生态空间用途管制的重要举措，是提高生态产品供给能力和生态系统服务功能、构建国家生态安全格局的有效手段，是健全生态文明制度体系、推动绿色发展的有力保障。现就划定并严守生态保护红线提出以下意见。

一、总体要求

（一）指导思想。全面贯彻党的十八大和十八届三中、四中、五中、六中全会精神，深入贯彻习近平总书记系列重要讲话精神和治国理政新理念新思想新战略，紧紧围绕统筹推进“五位一体”总体布局和协调推进“四个全面”战略布局，牢固树立新发展理念，认真落实党中央、国务院决策部署，以改善生态环境质量为核心，以保障和维护生态功能为主线，按照山水林田湖系统保护的要求，划定并严守生态保护红线，实现一条红线管控重要生态空间，确保生态功能不降低、面积不减少、性质不改变，维护国家生态安全，促进经济社会可持续发展。

（二）基本原则

——科学划定，切实落地。落实环境保护法等相关法律法规，统筹考虑自然生态整体性和系统性，开展科学评估，按生态功能重要性、生态环境敏感性与脆弱性划定生态保护红线，并落实到国土空间，系统构建国家生态安全格局。

——坚守底线，严格保护。牢固树立底线意识，将生态保护红线作为编制空间规划的基础。强化用途管制，严禁任意改变用途，杜绝不合理开发建设活动对生态保护红线的破坏。

——部门协调，上下联动。加强部门间沟通协调，国家层面做好顶层设计，出台技术规范和政策措施，地方党委和政府落实划定并严守生态保护红线的主体责任，上下联动、形成合力，确保划得实、守得住。

（三）总体目标。2017 年年底前，京津冀区域、长江经济带沿线各省（直辖市）划定生态保护红线；2018 年年底前，其他省（自治区、直辖市）划定生态保护红线；2020 年年底前，全面完成全国生态保护红线划定，勘界定标，基本建立生态保护红线制度，国土生态空间得到优化和有效保护，生态功能保持稳定，国家生态安全格局更加完善。到 2030 年，生态保护红线布局进一步优化，生态保护红线制度有效实施，生态功能显著提升，国家生态安全得到全面保障。

二、划定生态保护红线

依托“两屏三带”为主体的陆地生态安全格局和“一带一链多点”的海洋生态安全格局，采取国家指导、地方组织，自上而下和自下而上相结合，科学划定生态保护红线。

（四）明确划定范围。环境保护部、国家发展改革委会同有关部门，于 2017 年 6 月底前制定并发布生态保护红线划定技术规范，明确水源涵养、生物多样性维护、水土保持、防风固沙等生态功能重要区域，以及水土流失、土地沙化、石漠化、盐渍化等生态环境敏感脆弱区域的评价方法，识别生态功能重要区域和生态环境敏感脆弱区域的空间分布。将上述两类区域进行空间叠加，划入生态保护红线，涵盖所有国家级、省级禁止开发区域，以及有必要严格保护的其他各类保护地等。

（五）落实生态保护红线边界。按照保护需要和开发利用现状，主要结合以下几类界线将生态保护红线边界落地：自然边界，主要是依据地形地貌或生态系统完整性确定的边界，如林线、雪线、流域分界线，以及生态系统分布界线等；自然保护区、风景名胜区等各类保护地边界；江河、湖库，以及海岸等向陆域（或向海）延伸一定距离的边界；全国土地调查、地理国情普查等明确的地块边界。将生态保护红线落实到地块，明确生态系统类型、主要生态功能，通过自然资源统一确权登记明确用地性质与土地权属，形成生态保护红线全国“一张图”。在勘界基础上设立统一规范的标识标牌，确保生态保护红线落地准确、边界清晰。

（六）有序推进划定工作。环境保护部、国家发展改革委会同有关部门提出各省（自治区、直辖市）生态保护红线空间格局和分布意见，做好跨省域的衔接与协调，指导各地划定生态保护红线；明确生态保护红线可保护的湿地、草原、森林等生态系统数量，并与生态安全预警监测体系做好衔接。各省（自治区、直辖市）要按照相关要求，建立划定生态保护红线责任制和协调机制，明确责任部门，组织专门力量，制定工作方案，全面论证、广泛征求意见，有序推进划定工作，形成生态保护红线。环境保护部、国家发展改革委会同有关部门组织对各省（自治区、直辖市）生态保护红线进行技术审核并提出意见，报国务院批准后由各省（自治区、直辖市）政府发布实施。在各省（自治区、直辖市）生态保护红线基础上，环境保护部、国家发展改革委会同有关部门进行衔接、汇总，形成全国生态保护红线，并向社会发布。鉴于海洋国土空间的特殊性，国家海洋局根据本意见制定相关技术规范，组织划定并审核海洋国土空间的生态保护红线，纳入全国生态保护红线。

三、严守生态保护红线

落实地方各级党委和政府主体责任，强化生态保护红线刚性约束,形成一整套生态保护红线管控和激励措施。

(七)明确属地管理责任。地方各级党委和政府是严守生态保护红线的责任主体,要将生态保护红线作为相关综合决策的重要依据和前提条件,履行好保护责任。各有关部门要按照职责分工,加强监督管理,做好指导协调、日常巡护和执法监督,共守生态保护红线。建立目标责任制,把保护目标、任务和要求层层分解,落到实处。创新激励约束机制,对生态保护红线保护成效突出的单位和个人予以奖励;对造成破坏的,依法依规予以严肃处理。根据需要设置生态保护红线管护岗位,提高居民参与生态保护积极性。

(八)确立生态保护红线优先地位。生态保护红线划定后,相关规划要符合生态保护红线空间管控要求,不符合的要及时进行调整。空间规划编制要将生态保护红线作为重要基础,发挥生态保护红线对于国土空间开发的底线作用。

(九)实行严格管控。生态保护红线原则上按禁止开发区域的要求进行管理。严禁不符合主体功能定位的各类开发活动,严禁任意改变用途。生态保护红线划定后,只能增加、不能减少,因国家重大基础设施、重大民生保障项目建设等需要调整的,由省级政府组织论证,提出调整方案,经环境保护部、国家发展改革委会同有关部门提出审核意见后,报国务院批准。因国家重大战略资源勘查需要,在不影响主体功能定位的前提下,经依法批准后予以安排勘查项目。

(十)加大生态保护补偿力度。财政部会同有关部门加大对生态保护红线的支持力度,加快健全生态保护补偿制度,完善国家重点生态功能区转移支付政策。推动生态保护红线所在地区和受益地区探索建立横向生态保护补偿机制,共同分担生态保护任务。

(十一)加强生态保护与修复。实施生态保护红线保护与修复,作为山水林田湖生态保护和修复工程的重要内容。以县级行政区为基本单元建立生态保护红线台账系统,制定实施生态系统保护与修复方案。优先保护良好生态系统和重要物种栖息地,建立和完善生态廊道,提高生态系统完整性和连通性。分区分类开展受损生态系统修复,采取以封禁为主的自然恢复措施,辅以人工修复,改善和提升生态功能。选择水源涵养和生物多样性维护为主导生态功能的生态保护红线,开展保护与修复示范。有条件的地区,可逐步推进生态移民,有序推动人口适度集中安置,降低人类活动强度,减小生态压力。按照陆海统筹、综合治理的原则,开展海洋国土空间生态保护红线的生态整治修复,切实强化生态保护红线及周边区域污染联防联治,重点加强生态保护红线内入海河流综合整治。

(十二)建立监测网络和监管平台。环境保护部、国家发展改革委、国土资源部会同有关部门建设和完善生态保护红线综合监测网络体系,充分发挥地面生态系统、环境、气象、水文水资源、水土保持、海洋等监测站点和卫星的生态监测能力,布设相对固定的生态保护红线监控点位,及时获取生态保护红线监测数据。建立国家生态保护红线监管平台。依托国务院有关部门生态环境监管平台和大数据,运用云计算、物联网等信息化手段,加强监测数据集成分析和综合应用,强化生态气象灾害监测预警能力建设,全面掌握生态系统构成、分布与动态变化,及时评估和预警生态风险,提高生态保护红线管理决策科学化水平。实时监控人类干扰活动,及时发现破坏生态保护红线的行为,对监控发现的问题,通报当地政府,由有关部门依据各自职能组织开展现场核查,依法依规进行处理。2017 年年底前完成国家生态保护红线监管平台试运行。各省(自治区、直辖市)应依托国家生态保护红线监管平台,加强能力建设,建立本行政区监管体系,实施分层级监管,及时接收和反馈信息,核查和处理违法行为。

(十三)开展定期评价。环境保护部、国家发展改革委会同有关部门建立生态保护红线评价机制。从生态系统格局、质量和功能等方面,建立生态保护红线生态功能评价指标体系和方法。定期组织开展评价,及时掌握全国、重点区域、县域生态保护红线生态功能状况及动态变化,评价结果作为优化生态保护红线布局、安排县域生态保护补偿资金和实行领导干部生态环境损害责任追究的依据,并向社会公布。

（十四）强化执法监督。各级环境保护部门和有关部门要按照职责分工加强生态保护红线执法监督。建立生态保护红线常态化执法机制，定期开展执法督查，不断提高执法规范化水平。及时发现和依法处罚破坏生态保护红线的违法行为，切实做到有案必查、违法必究。有关部门要加强与司法机关的沟通协调，健全行政执法与刑事司法联动机制。

（十五）建立考核机制。环境保护部、国家发展改革委会同有关部门，根据评价结果和目标任务完成情况，对各省（自治区、直辖市）党委和政府开展生态保护红线保护成效考核，并将考核结果纳入生态文明建设目标评价考核体系，作为党政领导班子和领导干部综合评价及责任追究、离任审计的重要参考。

（十六）严格责任追究。对违反生态保护红线管控要求、造成生态破坏的部门、地方、单位和有关责任人员，按照有关法律法规和《党政领导干部生态环境损害责任追究办法（试行）》等规定实行责任追究。对推动生态保护红线工作不力的，区分情节轻重，予以诫勉、责令公开道歉、组织处理或党纪政纪处分，构成犯罪的依法追究刑事责任。对造成生态环境和资源严重破坏的，要实行终身追责，责任人不论是否已调离、提拔或者退休，都必须严格追责。

四、强化组织保障

（十七）加强组织协调。建立由环境保护部、国家发展改革委牵头的生态保护红线管理协调机制，明确地方和部门责任。各地要加强组织协调，强化监督执行，形成加快划定并严守生态保护红线的工作格局。

（十八）完善政策机制。加快制定有利于提升和保障生态功能的土地、产业、投资等配套政策。推动生态保护红线有关立法，各地要因地制宜，出台相应的生态保护红线管理地方性法规。研究市场化、社会化投融资机制，多渠道筹集保护资金，发挥资金合力。

（十九）促进共同保护。环境保护部、国家发展改革委会同有关部门定期发布生态保护红线监控、评价、处罚和考核信息，各地及时准确发布生态保护红线分布、调整、保护状况等信息,保障公众知情权、参与权和监督权。加大政策宣传力度,发挥媒体、公益组织和志愿者作用,畅通监督举报渠道。

本意见实施后,其他有关生态保护红线的政策规定要按照本意见要求进行调整或废止。各地要抓紧制定实施方案,明确目标任务、责任分工和时间要求,确保各项要求落到实处。

关于在国土空间规划中统筹划定落实三条控制线的指导意见

(2019年11月1日发布并实施)

为统筹划定落实生态保护红线、永久基本农田、城镇开发边界三条控制线(以下简称三条控制线),现提出如下意见。

一、总体要求

(一)指导思想。以习近平新时代中国特色社会主义思想为指导,全面贯彻党的十九大精神,深入贯彻习近平生态文明思想,按照党中央、国务院决策部署,落实最严格的生态环境保护制度、耕地保护制度和节约用地制度,将三条控制线作为调整经济结构、规划产业发展、推进城镇化不可逾越的红线,夯实中华民族永续发展基础。

(二)基本原则

——底线思维,保护优先。以资源环境承载能力和国土空间开发适宜性评价为基础,科学有序统筹布局生态、农业、城镇等功能空间,强化底线约束,优先保障生态安全、粮食安全、国土安全。

——多规合一,协调落实。按照统一底图、统一标准、统一规划、统一平台要求,科学划定落实三条控制线,做到不交叉不重叠不冲突。

——统筹推进，分类管控。坚持陆海统筹、上下联动、区域协调，根据各地不同的自然资源禀赋和经济社会发展实际，针对三条控制线不同功能，建立健全分类管控机制。

（三）工作目标。到2020年年底，结合国土空间规划编制，完成三条控制线划定和落地，协调解决矛盾冲突，纳入全国统一、多规合一的国土空间基础信息平台，形成一张底图，实现部门信息共享，实行严格管控。到2035年，通过加强国土空间规划实施管理，严守三条控制线，引导形成科学适度有序的国土空间布局体系。

二、科学有序划定

（四）按照生态功能划定生态保护红线。生态保护红线是指在生态空间范围内具有特殊重要生态功能、必须强制性严格保护的区域。优先将具有重要水源涵养、生物多样性维护、水土保持、防风固沙、海岸防护等功能的生态功能极重要区域，以及生态极敏感脆弱的水土流失、沙漠化、石漠化、海岸侵蚀等区域划入生态保护红线。其他经评估目前虽然不能确定但具有潜在重要生态价值的区域也划入生态保护红线。对自然保护地进行调整优化，评估调整后的自然保护地应划入生态保护红线；自然保护地发生调整的，生态保护红线相应调整。生态保护红线内，自然保护地核心保护区原则上禁止人为活动，其他区域严格禁止开发性、生产性建设活动，在符合现行法律法规前提下，除国家重大战略项目外，仅允许对生态功能不造成破坏的有限人为活动，主要包括：零星的原住民在不扩大现有建设用地和耕地规模前提下，修缮生产生活设施，保留生活必需的少量种植、放牧、捕捞、养殖；因国家重大能源资源安全需要开展的战略性能源资源勘查，公益性自然资源调查和地质勘查；自然资源、生态环境监测和执法包括水文水资源监测及涉水违法事件的查处等，灾害防治和应急抢险活动；经依法批准进行的非破坏性科学研究观测、标本采集；经依法批准的考古调查发掘和文物保护活动；不破坏生态功能的适度参观旅游和相关的必要公共设施建设；必须且无法避让、符合县级以上国土空间规划的线性基础设施建设、防洪和供水设施建设与运行维护；重要生态修复工程。

（五）按照保质保量要求划定永久基本农田。永久基本农田是为保障国家粮食安全和重要农产品供给，实施永久特殊保护的耕地。依据耕地现状分布，根据耕地质量、粮食作物种植情况、土壤污染状况，在严守耕地红线基础上，按照一定比例，将达到质量要求的耕地依法划入。已经划定的永久基本农田中存在划定不实、违法占用、严重污染等问题的要全面梳理整改，确保永久基本农田面积不减、质量提升、布局稳定。

（六）按照集约适度、绿色发展要求划定城镇开发边界。城镇开发边界是在一定时期内因城镇发展需要，可以集中进行城镇开发建设、以城镇功能为主的区域边界，涉及城市、建制镇以及各类开发区等。城镇开发边界划定以城镇开发建设现状为基础，综合考虑资源承载能力、人口分布、经济布局、城乡统筹、城镇发展阶段和发展潜力，框定总量，限定容量，防止城镇无序蔓延。科学预留一定比例的留白区，为未来发展留有开发空间。城镇建设和发展不得违法违规侵占河道、湖面、滩地。

三、协调解决冲突

（七）统一数据基础。以目前客观的土地、海域及海岛调查数据为基础，形成统一的工作底数底图。已形成第三次国土调查成果并经认定的，可直接作为工作底数底图。相关调查数据存在冲突的，以过去5年真实情况为基础，根据功能合理性进行统一核定。

（八）自上而下、上下结合实现三条控制线落地。国家明确三条控制线划定和管控原则及相关技术方法；省（自治区、直辖市）确定本行政区域内三条控制线总体格局和重点区域，提出下一级划定任务；市、县组织统一划定三条控制线和乡村建设等各类空间实体边界。跨区域划定冲突由上一级政府有关部门协调解决。

（九）协调边界矛盾。三条控制线出现矛盾时，生态保护红线要保证生态功能的系统性和完整性，确保生态功能不降低、面积不减少、性质不改变；永久基本农田要保证适度合理的规模和稳定性，确保数量不减少、质量不降低；城镇开发边界要避让重要生态功能，不占或少占永久基本农田。目前已划入自然保护地核心保护区的永久基本农田、镇村、矿业权逐步有序退出；已划入自然保护地一般控制区的，根据对生态功能造成的影响确定是否退出，其中，造成明显影响的逐步有序退出，不造成明显影响的可采取依法依规相应调整一般控制区范围等措施妥善处理。协调过程中退出的永久基本农田在县级行政区域内同步补划，确实无法补划的在市级行政区域内补划。

四、强化保障措施

（十）加强组织保障。自然资源部会同生态环境部、国家发展改革委、住房城乡建设部、交通运输部、水利部、农业农村部等有关部门建立协调机制，加强对地方督促指导。地方各级党委和政府对本行政区域内三条控制线划定和管理工作负总责，结合国土空间规划编制工作有序推进落地。

（十一）严格实施管理。建立健全统一的国土空间基础信息平台，实现部门信息共享，严格三条控制线监测监管。三条控制线是国土空间用途管制的基本依据，涉及生态保护红线、永久基本农田占用的，报国务院审批；对于生态保护红线内允许的对生态功能不造成破坏的有限人为活动，由省级政府制定具体监管办法；城镇开发边界调整报国土空间规划原审批机关审批。

（十二）严格监督考核。将三条控制线划定和管控情况作为地方党政领导班子和领导干部政绩考核内容。国家自然资源督察机构、生态环境部要按照职责，会同有关部门开展督察和监管，并将结果移交相关部门，作为领导干部自然资源资产离任审计、绩效考核、奖惩任免、责任追究的重要依据。

基本农田保护条例

（1998 年 12 月 27 日国务院令第 257 号公布　根据 2011 年 1 月 8 日国务院令第 588 号《关于废止和修改部分行政法规的决定》修订　2011 年 1 月 8 日公布　国务院令第 588 号自 2011 年 1 月 8 日起实施）

第一章　总　　则

第一条　为了对基本农田实行特殊保护，促进农业生产和社会经济的可持续发展，根据《中华人民共和国农业法》和《中华人民共和国土地管理法》，制定本条例。

第二条　国家实行基本农田保护制度。

本条例所称基本农田，是指按照一定时期人口和社会经济发展对农产品的需求，依据土地利用总体规划确定的不得占用的耕地。

本条例所称基本农田保护区，是指为对基本农田实行特殊保护而依据土地利用总体规划和依照法定程序确定的特定保护区域。

第三条　基本农田保护实行全面规划、合理利用、用养结合、严格保护的方针。

第四条　县级以上地方各级人民政府应当将基本农田保护工作纳入国民经济和社会发展计划，作为政府领导任期目标责任制的一项内容，并由上一级人民政府监督实施。

第五条　任何单位和个人都有保护基本农田的义务，并有权检举、控告侵占、破坏基本农田和其他违反本条例的行为。

第六条　国务院土地行政主管部门和农业行政主管部门按照国务院规定的职责分工，依照本条例负责全国的基本农田保护管理工作。

县级以上地方各级人民政府土地行政主管部门和农业行政主管部门按照本级人民政府规定的职责分工，依照本条例负责本行政区域内的基本农田保护管理工作。

乡（镇）人民政府负责本行政区域内的基本农田保护管理工作。

第七条 国家对在基本农田保护工作中取得显著成绩的单位和个人，给予奖励。

第二章 划 定

第八条 各级人民政府在编制土地利用总体规划时，应当将基本农田保护作为规划的一项内容，明确基本农田保护的布局安排、数量指标和质量要求。

县级和乡（镇）土地利用总体规划应当确定基本农田保护区。

第九条 省、自治区、直辖市划定的基本农田应当占本行政区域内耕地总面积的80%以上，具体数量指标根据全国土地利用总体规划逐级分解下达。

第十条 下列耕地应当划入基本农田保护区，严格管理：

（一）经国务院有关主管部门或者县级以上地方人民政府批准确定的粮、棉、油生产基地内的耕地；

（二）有良好的水利与水土保持设施的耕地，正在实施改造计划以及可以改造的中、低产田；

（三）蔬菜生产基地；

（四）农业科研、教学试验田。

根据土地利用总体规划，铁路、公路等交通沿线，城市和村庄、集镇建设用地区周边的耕地，应当优先划入基本农田保护区；需要退耕还林、还牧、还湖的耕地，不应当划入基本农田保护区。

第十一条 基本农田保护区以乡（镇）为单位划区定界，由县级人民政府土地行政主管部门会同同级农业行政主管部门组织实施。

划定的基本农田保护区，由县级人民政府设立保护标志，予以公告，由县级人民政府土地行政主管部门建立档案，并抄送同级农业行政主管部门。任何单位和个人不得破坏或者擅自改变基本农田保护区的保护标志。

基本农田划区定界后，由省、自治区、直辖市人民政府组织土地行政主管部门和农业行政主管部门验收确认，或者由省、自治区人民政府授权设区的市、自治州人民政府组织土地行政主管部门和农业行政主管部门验收确认。

第十二条 划定基本农田保护区时，不得改变土地承包者的承包经营权。

第十三条 划定基本农田保护区的技术规程，由国务院土地行政主管部门会同国务院农业行政主管部门制定。

第三章 保 护

第十四条 地方各级人民政府应当采取措施，确保土地利用总体规划确定的本行政区域内基本农田的数量不减少。

第十五条 基本农田保护区经依法划定后，任何单位和个人不得改变或者占用。国家能源、交通、水利、军事设施等重点建设项目选址确实无法避开基本农田保护区，需要占用基本农田，涉及农用地转用或者征收土地的，必须经国务院批准。

第十六条 经国务院批准占用基本农田的，当地人民政府应当按照国务院的批准文件修改土地利用总体规划，并补充划入数量和质量相当的基本农田。占用单位应当按照占多少、垦多少的原则，负责开垦与所占基本农田的数量与质量相当的耕地；没有条件开垦或者开垦的耕地不符合要求的，应当按照省、自治区、直辖市的规定缴纳耕地开垦费，专款用于开垦新的耕地。

占用基本农田的单位应当按照县级以上地方人民政府的要求，将所占用基本农田耕作层的土壤用于新开垦耕地、劣质地或者其他耕地的土壤改良。

第十七条 禁止任何单位和个人在基本农田保护区内建窑、建房、建坟、挖砂、采石、采矿、取土、堆放固体废弃物或者进行其他破坏基本农田的活动。

禁止任何单位和个人占用基本农田发展林果业和挖塘养鱼。

第十八条　禁止任何单位和个人闲置、荒芜基本农田。经国务院批准的重点建设项目占用基本农田的，满1年不使用而又可以耕种并收获的，应当由原耕种该幅基本农田的集体或者个人恢复耕种，也可以由用地单位组织耕种；1年以上未动工建设的，应当按照省、自治区、直辖市的规定缴纳闲置费；连续2年未使用的，经国务院批准，由县级以上人民政府无偿收回用地单位的土地使用权；该幅土地原为农民集体所有的，应当交由原农村集体经济组织恢复耕种，重新划入基本农田保护区。

承包经营基本农田的单位或者个人连续2年弃耕抛荒的，原发包单位应当终止承包合同，收回发包的基本农田。

第十九条　国家提倡和鼓励农业生产者对其经营的基本农田施用有机肥料，合理施用化肥和农药。利用基本农田从事农业生产的单位和个人应当保持和培肥地力。

第二十条　县级人民政府应当根据当地实际情况制定基本农田地力分等定级办法，由农业行政主管部门会同土地行政主管部门组织实施，对基本农田地力分等定级，并建立档案。

第二十一条　农村集体经济组织或者村民委员会应当定期评定基本农田地力等级。

第二十二条　县级以上地方各级人民政府农业行政主管部门应当逐步建立基本农田地力与施肥效益长期定位监测网点，定期向本级人民政府提出基本农田地力变化状况报告以及相应的地力保护措施，并为农业生产者提供施肥指导服务。

第二十三条　县级以上人民政府农业行政主管部门应当会同同级环境保护行政主管部门对基本农田环境污染进行监测和评价，并定期向本级人民政府提出环境质量与发展趋势的报告。

第二十四条　经国务院批准占用基本农田兴建国家重点建设项目的，必须遵守国家有关建设项目环境保护管理的规定。在建设项目环境影响报告书中，应当有基本农田环境保护方案。

第二十五条　向基本农田保护区提供肥料和作为肥料的城市垃圾、污泥的，应当符合国家有关标准。

第二十六条　因发生事故或者其他突然性事件，造成或者可能造成基本农田环境污染事故的，当事人必须立即采取措施处理，并向当地环境保护行政主管部门和农业行政主管部门报告，接受调查处理。

第四章　监督管理

第二十七条　在建立基本农田保护区的地方，县级以上地方人民政府应当与下一级人民政府签订基本农田保护责任书；乡（镇）人民政府应当根据与县级人民政府签订的基本农田保护责任书的要求，与农村集体经济组织或者村民委员会签订基本农田保护责任书。

基本农田保护责任书应当包括下列内容：

（一）基本农田的范围、面积、地块；

（二）基本农田的地力等级；

（三）保护措施；

（四）当事人的权利与义务；

（五）奖励与处罚。

第二十八条　县级以上地方人民政府应当建立基本农田保护监督检查制度，定期组织土地行政主管部门、农业行政主管部门以及其他有关部门对基本农田保护情况进行检查，将检查情况书面报告上一级人民政府。被检查的单位和个人应当如实提供有关情况和资料，不得拒绝。

第二十九条　县级以上地方人民政府土地行政主管部门、农业行政主管部门对本行政区域内发生的破坏基本农田的行为，有权责令纠正。

第五章　法律责任

第三十条　违反本条例规定，有下列行为之一的，依照《中华人民共和国土地管理法》和《中华人民共和国土地管理法实施条例》的有关

规定,从重给予处罚:

(一)未经批准或者采取欺骗手段骗取批准,非法占用基本农田的;

(二)超过批准数量,非法占用基本农田的;

(三)非法批准占用基本农田的;

(四)买卖或者以其他形式非法转让基本农田的。

第三十一条 违反本条例规定,应当将耕地划入基本农田保护区而不划入的,由上一级人民政府责令限期改正;拒不改正的,对直接负责的主管人员和其他直接责任人员依法给予行政处分或者纪律处分。

第三十二条 违反本条例规定,破坏或者擅自改变基本农田保护区标志的,由县级以上地方人民政府土地行政主管部门或者农业行政主管部门责令恢复原状,可以处1000元以下罚款。

第三十三条 违反本条例规定,占用基本农田建窑、建房、建坟、挖砂、采石、采矿、取土、堆放固体废弃物或者从事其他活动破坏基本农田,毁坏种植条件的,由县级以上人民政府土地行政主管部门责令改正或者治理,恢复原种植条件,处占用基本农田的耕地开垦费1倍以上2倍以下的罚款;构成犯罪的,依法追究刑事责任。

第三十四条 侵占、挪用基本农田的耕地开垦费,构成犯罪的,依法追究刑事责任;尚不构成犯罪的,依法给予行政处分或者纪律处分。

第六章 附 则

第三十五条 省、自治区、直辖市人民政府可以根据当地实际情况,将其他农业生产用地划为保护区。保护区内的其他农业生产用地的保护和管理,可以参照本条例执行。

第三十六条 本条例自1999年1月1日起施行。1994年8月18日国务院发布的《基本农田保护条例》同时废止。

土地复垦条例

（2011年3月5日公布　国务院令第592号
自2011年3月5日起实施）

第一章　总　　则

第一条　为了落实十分珍惜、合理利用土地和切实保护耕地的基本国策，规范土地复垦活动，加强土地复垦管理，提高土地利用的社会效益、经济效益和生态效益，根据《中华人民共和国土地管理法》，制定本条例。

第二条　本条例所称土地复垦，是指对生产建设活动和自然灾害损毁的土地，采取整治措施，使其达到可供利用状态的活动。

第三条　生产建设活动损毁的土地，按照"谁损毁，谁复垦"的原则，由生产建设单位或者个人（以下称土地复垦义务人）负责复垦。但是，由于历史原因无法确定土地复垦义务人的生产建设活动损毁的土地（以下称历史遗留损毁土地），由县级以上人民政府负责组织复垦。

自然灾害损毁的土地，由县级以上人民政府负责组织复垦。

第四条　生产建设活动应当节约集约利用土地，不占或者少占耕地；对依法占用的土地应当采取有效措施，减少土地损毁面积，降低土地损毁程度。

土地复垦应当坚持科学规划、因地制宜、综合治理、经济可行、合理利用的原则。复垦的土地应当优先用于农业。

第五条　国务院国土资源主管部门负责全国土地复垦的监督管理工作。县级以上地方人民政府国土资源主管部门负责本行政区域土地复垦的监督管理工作。

县级以上人民政府其他有关部门依照本条例的规定和各自的职

责做好土地复垦有关工作。

第六条 编制土地复垦方案、实施土地复垦工程、进行土地复垦验收等活动，应当遵守土地复垦国家标准；没有国家标准的，应当遵守土地复垦行业标准。

制定土地复垦国家标准和行业标准，应当根据土地损毁的类型、程度、自然地理条件和复垦的可行性等因素，分类确定不同类型损毁土地的复垦方式、目标和要求等。

第七条 县级以上地方人民政府国土资源主管部门应当建立土地复垦监测制度，及时掌握本行政区域土地资源损毁和土地复垦效果等情况。

国务院国土资源主管部门和省、自治区、直辖市人民政府国土资源主管部门应当建立健全土地复垦信息管理系统，收集、汇总和发布土地复垦数据信息。

第八条 县级以上人民政府国土资源主管部门应当依据职责加强对土地复垦情况的监督检查。被检查的单位或者个人应当如实反映情况，提供必要的资料。

任何单位和个人不得扰乱、阻挠土地复垦工作，破坏土地复垦工程、设施和设备。

第九条 国家鼓励和支持土地复垦科学研究和技术创新，推广先进的土地复垦技术。

对在土地复垦工作中作出突出贡献的单位和个人，由县级以上人民政府给予表彰。

第二章 生产建设活动损毁土地的复垦

第十条 下列损毁土地由土地复垦义务人负责复垦：

（一）露天采矿、烧制砖瓦、挖沙取土等地表挖掘所损毁的土地；

（二）地下采矿等造成地表塌陷的土地；

（三）堆放采矿剥离物、废石、矿渣、粉煤灰等固体废弃物压占的土地；

(四)能源、交通、水利等基础设施建设和其他生产建设活动临时占用所损毁的土地。

第十一条　土地复垦义务人应当按照土地复垦标准和国务院国土资源主管部门的规定编制土地复垦方案。

第十二条　土地复垦方案应当包括下列内容:

(一)项目概况和项目区土地利用状况;

(二)损毁土地的分析预测和土地复垦的可行性评价;

(三)土地复垦的目标任务;

(四)土地复垦应当达到的质量要求和采取的措施;

(五)土地复垦工程和投资估(概)算;

(六)土地复垦费用的安排;

(七)土地复垦工作计划与进度安排;

(八)国务院国土资源主管部门规定的其他内容。

第十三条　土地复垦义务人应当在办理建设用地申请或者采矿权申请手续时,随有关报批材料报送土地复垦方案。

土地复垦义务人未编制土地复垦方案或者土地复垦方案不符合要求的,有批准权的人民政府不得批准建设用地,有批准权的国土资源主管部门不得颁发采矿许可证。

本条例施行前已经办理建设用地手续或者领取采矿许可证,本条例施行后继续从事生产建设活动造成土地损毁的,土地复垦义务人应当按照国务院国土资源主管部门的规定补充编制土地复垦方案。

第十四条　土地复垦义务人应当按照土地复垦方案开展土地复垦工作。矿山企业还应当对土地损毁情况进行动态监测和评价。

生产建设周期长、需要分阶段实施复垦的,土地复垦义务人应当对土地复垦工作与生产建设活动统一规划、统筹实施,根据生产建设进度确定各阶段土地复垦的目标任务、工程规划设计、费用安排、工程实施进度和完成期限等。

第十五条　土地复垦义务人应当将土地复垦费用列入生产成本或者建设项目总投资。

第十六条 土地复垦义务人应当建立土地复垦质量控制制度，遵守土地复垦标准和环境保护标准，保护土壤质量与生态环境，避免污染土壤和地下水。

土地复垦义务人应当首先对拟损毁的耕地、林地、牧草地进行表土剥离，剥离的表土用于被损毁土地的复垦。

禁止将重金属污染物或者其他有毒有害物质用作回填或者充填材料。受重金属污染物或者其他有毒有害物质污染的土地复垦后，达不到国家有关标准的，不得用于种植食用农作物。

第十七条 土地复垦义务人应当于每年12月31日前向县级以上地方人民政府国土资源主管部门报告当年的土地损毁情况、土地复垦费用使用情况以及土地复垦工程实施情况。

县级以上地方人民政府国土资源主管部门应当加强对土地复垦义务人使用土地复垦费用和实施土地复垦工程的监督。

第十八条 土地复垦义务人不复垦，或者复垦验收中经整改仍不合格的，应当缴纳土地复垦费，由有关国土资源主管部门代为组织复垦。

确定土地复垦费的数额，应当综合考虑损毁前的土地类型、实际损毁面积、损毁程度、复垦标准、复垦用途和完成复垦任务所需的工程量等因素。土地复垦费的具体征收使用管理办法，由国务院财政、价格主管部门商国务院有关部门制定。

土地复垦义务人缴纳的土地复垦费专项用于土地复垦。任何单位和个人不得截留、挤占、挪用。

第十九条 土地复垦义务人对在生产建设活动中损毁的由其他单位或者个人使用的国有土地或者农民集体所有的土地，除负责复垦外，还应当向遭受损失的单位或者个人支付损失补偿费。

损失补偿费由土地复垦义务人与遭受损失的单位或者个人按照造成的实际损失协商确定；协商不成的，可以向土地所在地人民政府国土资源主管部门申请调解或者依法向人民法院提起民事诉讼。

第二十条 土地复垦义务人不依法履行土地复垦义务的，在申请新的建设用地时，有批准权的人民政府不得批准；在申请新的采矿许可证或者申请采矿许可证延续、变更、注销时，有批准权的国土资源主管部门不得批准。

第三章 历史遗留损毁土地和自然灾害损毁土地的复垦

第二十一条 县级以上人民政府国土资源主管部门应当对历史遗留损毁土地和自然灾害损毁土地进行调查评价。

第二十二条 县级以上人民政府国土资源主管部门应当在调查评价的基础上，根据土地利用总体规划编制土地复垦专项规划，确定复垦的重点区域以及复垦的目标任务和要求，报本级人民政府批准后组织实施。

第二十三条 对历史遗留损毁土地和自然灾害损毁土地，县级以上人民政府应当投入资金进行复垦，或者按照“谁投资，谁受益”的原则，吸引社会投资进行复垦。土地权利人明确的，可以采取扶持、优惠措施，鼓励土地权利人自行复垦。

第二十四条 国家对历史遗留损毁土地和自然灾害损毁土地的复垦按项目实施管理。

县级以上人民政府国土资源主管部门应当根据土地复垦专项规划和年度土地复垦资金安排情况确定年度复垦项目。

第二十五条 政府投资进行复垦的，负责组织实施土地复垦项目的国土资源主管部门应当组织编制土地复垦项目设计书，明确复垦项目的位置、面积、目标任务、工程规划设计、实施进度及完成期限等。

土地权利人自行复垦或者社会投资进行复垦的，土地权利人或者投资单位、个人应当组织编制土地复垦项目设计书，并报负责组织实施土地复垦项目的国土资源主管部门审查同意后实施。

第二十六条 政府投资进行复垦的，有关国土资源主管部门应当依照招标投标法律法规的规定，通过公开招标的方式确定土地复垦项目的施工单位。

土地权利人自行复垦或者社会投资进行复垦的，土地复垦项目的施工单位由土地权利人或者投资单位、个人依法自行确定。

第二十七条 土地复垦项目的施工单位应当按照土地复垦项目设计书进行复垦。

负责组织实施土地复垦项目的国土资源主管部门应当健全项目管理制度，加强项目实施中的指导、管理和监督。

第四章 土地复垦验收

第二十八条 土地复垦义务人按照土地复垦方案的要求完成土地复垦任务后，应当按照国务院国土资源主管部门的规定向所在地县级以上地方人民政府国土资源主管部门申请验收，接到申请的国土资源主管部门应当会同同级农业、林业、环境保护等有关部门进行验收。

进行土地复垦验收，应当邀请有关专家进行现场踏勘，查验复垦后的土地是否符合土地复垦标准以及土地复垦方案的要求，核实复垦后的土地类型、面积和质量等情况，并将初步验收结果公告，听取相关权利人的意见。相关权利人对土地复垦完成情况提出异议的，国土资源主管部门应当会同有关部门进一步核查，并将核查情况向相关权利人反馈；情况属实的，应当向土地复垦义务人提出整改意见。

第二十九条 负责组织验收的国土资源主管部门应当会同有关部门在接到土地复垦验收申请之日起60个工作日内完成验收，经验收合格的，向土地复垦义务人出具验收合格确认书；经验收不合格的，向土地复垦义务人出具书面整改意见，列明需要整改的事项，由土地复垦义务人整改完成后重新申请验收。

第三十条 政府投资的土地复垦项目竣工后，负责组织实施土地复垦项目的国土资源主管部门应当依照本条例第二十八条第二款的规定进行初步验收。初步验收完成后，负责组织实施土地复垦项目的国土资源主管部门应当按照国务院国土资源主管部门的规定向上级人民政府国土资源主管部门申请最终验收。上级人民政府国土资源主管部门应当会同有关部门及时组织验收。

土地权利人自行复垦或者社会投资进行复垦的土地复垦项目竣工后，由负责组织实施土地复垦项目的国土资源主管部门会同有关部门进行验收。

第三十一条 复垦为农用地的，负责组织验收的国土资源主管部门应当会同有关部门在验收合格后的5年内对土地复垦效果进行跟踪评价，并提出改善土地质量的建议和措施。

第五章 土地复垦激励措施

第三十二条 土地复垦义务人在规定的期限内将生产建设活动损毁的耕地、林地、牧草地等农用地复垦恢复原状的，依照国家有关税收法律法规的规定退还已经缴纳的耕地占用税。

第三十三条 社会投资复垦的历史遗留损毁土地或者自然灾害损毁土地，属于无使用权人的国有土地的，经县级以上人民政府依法批准，可以确定给投资单位或者个人长期从事种植业、林业、畜牧业或者渔业生产。

社会投资复垦的历史遗留损毁土地或者自然灾害损毁土地，属于农民集体所有土地或者有使用权人的国有土地的，有关国土资源主管部门应当组织投资单位或者个人与土地权利人签订土地复垦协议，明确复垦的目标任务以及复垦后的土地使用和收益分配。

第三十四条 历史遗留损毁和自然灾害损毁的国有土地的使用权人，以及历史遗留损毁和自然灾害损毁的农民集体所有土地的所有权人、使用权人，自行将损毁土地复垦为耕地的，由县级以上地方人民政府给予补贴。

第三十五条 县级以上地方人民政府将历史遗留损毁和自然灾害损毁的建设用地复垦为耕地的，按照国家有关规定可以作为本省、自治区、直辖市内进行非农建设占用耕地时的补充耕地指标。

第六章 法律责任

第三十六条 负有土地复垦监督管理职责的部门及其工作人员

有下列行为之一的,对直接负责的主管人员和其他直接责任人员,依法给予处分;直接负责的主管人员和其他直接责任人员构成犯罪的,依法追究刑事责任:

(一)违反本条例规定批准建设用地或者批准采矿许可证及采矿许可证的延续、变更、注销的;

(二)截留、挤占、挪用土地复垦费的;

(三)在土地复垦验收中弄虚作假的;

(四)不依法履行监督管理职责或者对发现的违反本条例的行为不依法查处的;

(五)在审查土地复垦方案、实施土地复垦项目、组织土地复垦验收以及实施监督检查过程中,索取、收受他人财物或者谋取其他利益的;

(六)其他徇私舞弊、滥用职权、玩忽职守行为。

第三十七条 本条例施行前已经办理建设用地手续或者领取采矿许可证,本条例施行后继续从事生产建设活动造成土地损毁的土地复垦义务人未按照规定补充编制土地复垦方案的,由县级以上地方人民政府国土资源主管部门责令限期改正;逾期不改正的,处 10 万元以上 20 万元以下的罚款。

第三十八条 土地复垦义务人未按照规定将土地复垦费用列入生产成本或者建设项目总投资的,由县级以上地方人民政府国土资源主管部门责令限期改正;逾期不改正的,处 10 万元以上 50 万元以下的罚款。

第三十九条 土地复垦义务人未按照规定对拟损毁的耕地、林地、牧草地进行表土剥离,由县级以上地方人民政府国土资源主管部门责令限期改正;逾期不改正的,按照应当进行表土剥离的土地面积处每公顷 1 万元的罚款。

第四十条 土地复垦义务人将重金属污染物或者其他有毒有害物质用作回填或者充填材料的,由县级以上地方人民政府环境保护主管部门责令停止违法行为,限期采取治理措施,消除污染,处 10 万元以上50万元以下的罚款；逾期不采取治理措施的，环境保护主管部门可以指定有治理能力的单位代为治理，所需费用由违法者承担。

第四十一条　土地复垦义务人未按照规定报告土地损毁情况、土地复垦费用使用情况或者土地复垦工程实施情况的，由县级以上地方人民政府国土资源主管部门责令限期改正；逾期不改正的，处2万元以上5万元以下的罚款。

第四十二条　土地复垦义务人依照本条例规定应当缴纳土地复垦费而不缴纳的，由县级以上地方人民政府国土资源主管部门责令限期缴纳；逾期不缴纳的，处应缴纳土地复垦费1倍以上2倍以下的罚款，土地复垦义务人为矿山企业的，由颁发采矿许可证的机关吊销采矿许可证。

第四十三条　土地复垦义务人拒绝、阻碍国土资源主管部门监督检查，或者在接受监督检查时弄虚作假的，由国土资源主管部门责令改正，处2万元以上5万元以下的罚款；有关责任人员构成违反治安管理行为的，由公安机关依法予以治安管理处罚；有关责任人员构成犯罪的，依法追究刑事责任。

破坏土地复垦工程、设施和设备，构成违反治安管理行为的，由公安机关依法予以治安管理处罚；构成犯罪的，依法追究刑事责任。

第七章　附　　则

第四十四条　本条例自公布之日起施行。1988年11月8日国务院发布的《土地复垦规定》同时废止。

土地复垦条例实施办法

(2012 年 12 月 27 日国土资源部令第 56 号公布　根据 2019 年 7 月 16 日自然资源部第 2 次部务会议《自然资源部关于第一批废止和修改的部门规章的决定》修正　2019 年 7 月 24 日公布　自然资源部令第 5 号　自 2019 年 7 月 24 日实施)

第一章　总　　则

第一条　为保证土地复垦的有效实施,根据《土地复垦条例》(以下简称条例),制定本办法。

第二条　土地复垦应当综合考虑复垦后土地利用的社会效益、经济效益和生态效益。

生产建设活动造成耕地损毁的,能够复垦为耕地的,应当优先复垦为耕地。

第三条　县级以上自然资源主管部门应当明确专门机构并配备专职人员负责土地复垦监督管理工作。

县级以上自然资源主管部门应当加强与发展改革、财政、铁路、交通、水利、环保、农业、林业等部门的协同配合和行业指导监督。

上级自然资源主管部门应当加强对下级自然资源主管部门土地复垦工作的监督和指导。

第四条　除条例第六条规定外,开展土地复垦调查评价、编制土地复垦规划设计、确定土地复垦工程建设和造价、实施土地复垦工程质量控制、进行土地复垦评价等活动,也应当遵守有关国家标准和土地管理行业标准。

省级自然资源主管部门可以结合本地实际情况,补充制定本行政区域内土地复垦工程建设和造价等标准。

第五条 县级以上自然资源主管部门应当建立土地复垦信息管理系统,利用国土资源综合监管平台,对土地复垦情况进行动态监测,及时收集、汇总、分析和发布本行政区域内土地损毁、土地复垦等数据信息。

第二章 生产建设活动损毁土地的复垦

第六条 属于条例第十条规定的生产建设项目,土地复垦义务人应当在办理建设用地申请或者采矿权申请手续时,依据自然资源部《土地复垦方案编制规程》的要求,组织编制土地复垦方案,随有关报批材料报送有关自然资源主管部门审查。

具体承担相应建设用地审查和采矿权审批的自然资源主管部门负责对土地复垦义务人报送的土地复垦方案进行审查。

第七条 条例施行前已经办理建设用地手续或者领取采矿许可证,条例施行后继续从事生产建设活动造成土地损毁的,土地复垦义务人应当在本办法实施之日起一年内完成土地复垦方案的补充编制工作,报有关自然资源主管部门审查。

第八条 土地复垦方案分为土地复垦方案报告书和土地复垦方案报告表。

依法由省级以上人民政府审批建设用地的建设项目,以及由省级以上自然资源主管部门审批登记的采矿项目,应当编制土地复垦方案报告书。其他项目可以编制土地复垦方案报告表。

第九条 生产建设周期长、需要分阶段实施土地复垦的生产建设项目,土地复垦方案应当包含阶段土地复垦计划和年度实施计划。

跨县(市、区)域的生产建设项目,应当在土地复垦方案中附具以县(市、区)为单位的土地复垦实施方案。

阶段土地复垦计划和以县(市、区)为单位的土地复垦实施方案应当明确土地复垦的目标、任务、位置、主要措施、投资概算、工程规划设计等。

第十条 有关自然资源主管部门受理土地复垦方案审查申请后,应当组织专家进行论证。

根据论证所需专业知识结构,从土地复垦专家库中选取专家。专家与土地复垦方案申请人或者申请项目有利害关系的,应当主动要求回避。土地复垦方案申请人也可以向有关自然资源主管部门申请专家回避。

土地复垦方案申请人或者相关利害关系人可以按照《政府信息公开条例》的规定,向有关自然资源主管部门申请查询专家意见。有关自然资源主管部门应当依法提供查询结果。

第十一条 土地复垦方案经专家论证通过后,由有关自然资源主管部门进行最终审查。符合下列条件的,方可通过审查:

(一)土地利用现状明确;

(二)损毁土地的分析预测科学;

(三)土地复垦目标、任务和利用方向合理,措施可行;

(四)土地复垦费用测算合理,预存与使用计划清晰并符合本办法规定要求;

(五)土地复垦计划安排科学、保障措施可行;

(六)土地复垦方案已经征求意见并采纳合理建议。

第十二条 土地复垦方案通过审查的,有关自然资源主管部门应当向土地复垦义务人出具土地复垦方案审查意见书。土地复垦方案审查意见书应当包含本办法第十一条规定的有关内容。

土地复垦方案未通过审查的,有关自然资源主管部门应当书面告知土地复垦义务人补正。逾期不补正的,不予办理建设用地或者采矿审批相关手续。

第十三条 土地复垦义务人因生产建设项目的用地位置、规模等发生变化,或者采矿项目发生扩大变更矿区范围等重大内容变化的,应当在三个月内对原土地复垦方案进行修改,报原审查的自然资源主管部门审查。

第十四条 土地复垦义务人不按照本办法第七条、第十三条规定补充编制或者修改土地复垦方案的,依照条例第二十条规定处理。

第十五条 土地复垦义务人在实施土地复垦工程前,应当依据审查通过的土地复垦方案进行土地复垦规划设计,将土地复垦方案和土地复垦规划设计一并报所在地县级自然资源主管部门备案。

第十六条 土地复垦义务人应当按照条例第十五条规定的要求,与损毁土地所在地县级自然资源主管部门在双方约定的银行建立土地复垦费用专门账户,按照土地复垦方案确定的资金数额,在土地复垦费用专门账户中足额预存土地复垦费用。

预存的土地复垦费用遵循"土地复垦义务人所有,自然资源主管部门监管,专户储存专款使用"的原则。

第十七条 土地复垦义务人应当与损毁土地所在地县级自然资源主管部门、银行共同签订土地复垦费用使用监管协议,按照本办法规定的原则明确土地复垦费用预存和使用的时间、数额、程序、条件和违约责任等。

土地复垦费用使用监管协议对当事人具有法律效力。

第十八条 土地复垦义务人应当在项目动工前一个月内预存土地复垦费用。

土地复垦义务人按照本办法第七条规定补充编制土地复垦方案的,应当在土地复垦方案通过审查后一个月内预存土地复垦费用。

土地复垦义务人按照本办法第十三条规定修改土地复垦方案后,已经预存的土地复垦费用不足的,应当在土地复垦方案通过审查后一个月内补齐差额费用。

第十九条 土地复垦费用预存实行一次性预存和分期预存两种方式。

生产建设周期在三年以下的项目,应当一次性全额预存土地复垦费用。

生产建设周期在三年以上的项目,可以分期预存土地复垦费用,但第一次预存的数额不得少于土地复垦费用总金额的百分之二十。余额按照土地复垦方案确定的土地复垦费用预存计划预存,在生产建设活动结束前一年预存完毕。

第二十条 采矿生产项目的土地复垦费用预存,统一纳入矿山地质环境治理恢复基金进行管理。

条例实施前,采矿生产项目按照有关规定向自然资源主管部门缴存的矿山地质环境治理恢复保证金中已经包含了土地复垦费用的,土地复垦义务人可以向所在地自然资源主管部门提出申请,经审核属实的,可以不再预存相应数额的土地复垦费用。

第二十一条 土地复垦义务人应当按照土地复垦方案确定的工作计划和土地复垦费用使用计划,向损毁土地所在地县级自然资源主管部门申请出具土地复垦费用支取通知书。县级自然资源主管部门应当在七日内出具土地复垦费用支取通知书。

土地复垦义务人凭土地复垦费用支取通知书,从土地复垦费用专门账户中支取土地复垦费用,专项用于土地复垦。

第二十二条 土地复垦义务人应当按照条例第十七条规定于每年12月31日前向所在地县级自然资源主管部门报告当年土地复垦义务履行情况,包括下列内容:

(一)年度土地损毁情况,包括土地损毁方式、地类、位置、权属、面积、程度等;

(二)年度土地复垦费用预存、使用和管理等情况;

(三)年度土地复垦实施情况,包括复垦地类、位置、面积、权属、主要复垦措施、工程量等;

(四)自然资源主管部门规定的其他年度报告内容。

县级自然资源主管部门应当加强对土地复垦义务人报告事项履行情况的监督核实,并可以根据情况将土地复垦义务履行情况年度报告在门户网站上公开。

第二十三条 县级自然资源主管部门应当加强对土地复垦义务人使用土地复垦费用的监督管理,发现有不按照规定使用土地复垦费用的,可以按照土地复垦费用使用监管协议的约定依法追究土地复垦义务人的违约责任。

第二十四条　土地复垦义务人在生产建设活动中应当遵循“保护、预防和控制为主,生产建设与复垦相结合”的原则,采取下列预防控制措施:

(一)对可能被损毁的耕地、林地、草地等,应当进行表土剥离,分层存放,分层回填,优先用于复垦土地的土壤改良。表土剥离厚度应当依据相关技术标准,根据实际情况确定。表土剥离应当在生产工艺和施工建设前进行或者同步进行;

(二)露天采矿、烧制砖瓦、挖沙取土、采石,修建铁路、公路、水利工程等,应当合理确定取土的位置、范围、深度和堆放的位置、高度等;

(三)地下采矿或者疏干抽排地下水等施工,对易造成地面塌陷或者地面沉降等特殊地段应当采取充填、设置保护支柱等工程技术方法以及限制、禁止开采地下水等措施;

(四)禁止不按照规定排放废气、废水、废渣、粉灰、废油等。

第二十五条　土地复垦义务人应当对生产建设活动损毁土地的规模、程度和复垦过程中土地复垦工程质量、土地复垦效果等实施全程控制,并对验收合格后的复垦土地采取管护措施,保证土地复垦效果。

第二十六条　土地复垦义务人依法转让采矿权或者土地使用权的,土地复垦义务同时转移。但原土地复垦义务人应当完成的土地复垦义务未履行完成的除外。

原土地复垦义务人已经预存的土地复垦费用以及未履行完成的土地复垦义务,由原土地复垦义务人与新的土地复垦义务人在转让合同中约定。

新的土地复垦义务人应当重新与损毁土地所在地自然资源主管部门、银行签订土地复垦费用使用监管协议。

第三章　历史遗留损毁土地和自然灾害损毁土地的复垦

第二十七条　历史遗留损毁土地和自然灾害损毁土地调查评价,

应当包括下列内容：

（一）损毁土地现状调查，包括地类、位置、面积、权属、损毁类型、损毁特征、损毁原因、损毁时间、污染情况、自然条件、社会经济条件等；

（二）损毁土地复垦适宜性评价，包括损毁程度、复垦潜力、利用方向及生态环境影响等；

（三）土地复垦效益分析，包括社会、经济、生态等效益。

第二十八条 符合下列条件的土地，所在地的县级自然资源主管部门应当认定为历史遗留损毁土地：

（一）土地复垦义务人灭失的生产建设活动损毁的土地；

（二）《土地复垦规定》实施以前生产建设活动损毁的土地。

第二十九条 县级自然资源主管部门应当将历史遗留损毁土地认定结果予以公告，公告期间不少于三十日。土地复垦义务人对认定结果有异议的，可以向县级自然资源主管部门申请复核。

县级自然资源主管部门应当自收到复核申请之日起三十日内做出答复。土地复垦义务人不服的，可以向上一级自然资源主管部门申请裁定。

上一级自然资源主管部门发现县级自然资源主管部门做出的认定结果不符合规定的，可以责令县级自然资源主管部门重新认定。

第三十条 土地复垦专项规划应当包括下列内容：

（一）土地复垦潜力分析；

（二）土地复垦的原则、目标、任务和计划安排；

（三）土地复垦重点区域和复垦土地利用方向；

（四）土地复垦项目的划定，复垦土地的利用布局和工程布局；

（五）土地复垦资金的测算，资金筹措方式和资金安排；

（六）预期经济、社会和生态等效益；

（七）土地复垦的实施保障措施。

土地复垦专项规划可以根据实际情况纳入土地整治规划。

土地复垦专项规划的修改应当按照条例第二十二条的规定报本

级人民政府批准。

第三十一条 县级以上地方自然资源主管部门应当依据土地复垦专项规划制定土地复垦年度计划,分年度、有步骤地组织开展土地复垦工作。

第三十二条 条例第二十三条规定的历史遗留损毁土地和自然灾害损毁土地的复垦资金来源包括下列资金:

(一)土地复垦费;

(二)耕地开垦费;

(三)新增建设用地土地有偿使用费;

(四)用于农业开发的土地出让收入;

(五)可以用于土地复垦的耕地占用税地方留成部分;

(六)其他可以用于土地复垦的资金。

第四章 土地复垦验收

第三十三条 土地复垦义务人完成土地复垦任务后,应当组织自查,向项目所在地县级自然资源主管部门提出验收书面申请,并提供下列材料:

(一)验收调查报告及相关图件;

(二)规划设计执行报告;

(三)质量评估报告;

(四)检测等其他报告。

第三十四条 生产建设周期五年以上的项目,土地复垦义务人可以分阶段提出验收申请,负责组织验收的自然资源主管部门实行分级验收。

阶段验收由项目所在地县级自然资源主管部门负责组织,总体验收由审查通过土地复垦方案的自然资源主管部门负责组织或者委托有关自然资源主管部门组织。

第三十五条 负责组织验收的自然资源主管部门应当会同同级农业、林业、环境保护等有关部门,组织邀请有关专家和农村集体经济

组织代表,依据土地复垦方案、阶段土地复垦计划,对下列内容进行验收:

(一)土地复垦计划目标与任务完成情况;

(二)规划设计执行情况;

(三)复垦工程质量和耕地质量等级;

(四)土地权属管理、档案资料管理情况;

(五)工程管护措施。

第三十六条 土地复垦阶段验收和总体验收形成初步验收结果后,负责组织验收的自然资源主管部门应当在项目所在地公告,听取相关权利人的意见。公告时间不少于三十日。

相关土地权利人对验收结果有异议的,可以在公告期内向负责组织验收的自然资源主管部门书面提出。

自然资源主管部门应当在接到书面异议之日起十五日内,会同同级农业、林业、环境保护等有关部门核查,形成核查结论反馈相关土地权利人。异议情况属实的,还应当向土地复垦义务人提出整改意见,限期整改。

第三十七条 土地复垦工程经阶段验收或者总体验收合格的,负责验收的自然资源主管部门应当依照条例第二十九条规定出具阶段或者总体验收合格确认书。验收合格确认书应当载明下列事项:

(一)土地复垦工程概况;

(二)损毁土地情况;

(三)土地复垦完成情况;

(四)土地复垦中存在的问题和整改建议、处理意见;

(五)验收结论。

第三十八条 土地复垦义务人在申请新的建设用地、申请新的采矿许可证或者申请采矿许可证延续、变更、注销时,应当一并提供按照本办法规定到期完工土地复垦项目的验收合格确认书或者土地复垦费缴费凭据。未提供相关材料的,按照条例第二十条规定,有关自然资源主管部门不得通过审查和办理相关手续。

第三十九条　政府投资的土地复垦项目竣工后,由负责组织实施土地复垦项目的自然资源主管部门进行初步验收,验收程序和要求除依照本办法规定外,按照资金来源渠道及相应的项目管理办法执行。

初步验收完成后,依照条例第三十条规定进行最终验收,并依照本办法第三十七条规定出具验收合格确认书。

自然资源主管部门代复垦的项目竣工后,依照本条规定进行验收。

第四十条　土地权利人自行复垦或者社会投资进行复垦的土地复垦项目竣工后,由项目所在地县级自然资源主管部门进行验收,验收程序和要求依照本办法规定执行。

第五章　土地复垦激励措施

第四十一条　土地复垦义务人将生产建设活动损毁的耕地、林地、牧草地等农用地复垦恢复为原用途的,可以依照条例第三十二条规定,凭验收合格确认书向所在地县级自然资源主管部门提出出具退还耕地占用税意见的申请。

经审核属实的,县级自然资源主管部门应当在十五日内向土地复垦义务人出具意见。土地复垦义务人凭自然资源主管部门出具的意见向有关部门申请办理退还耕地占用税手续。

第四十二条　由社会投资将历史遗留损毁和自然灾害损毁土地复垦为耕地的,除依照条例第三十三条规定办理外,对属于将非耕地复垦为耕地的,经验收合格并报省级自然资源主管部门复核同意后,可以作为本省、自治区、直辖市的补充耕地指标,市、县政府可以出资购买指标。

第四十三条　由县级以上地方人民政府投资将历史遗留损毁和自然灾害损毁的建设用地复垦为耕地的,经验收合格并报省级自然资源主管部门复核同意后,依照条例第三十五条规定可以作为本省、自治区、直辖市的补充耕地指标。但使用新增建设用地有偿使用费复垦的耕地除外。

属于农民集体所有的土地,复垦后应当交给农民集体使用。

第六章　土地复垦监督管理

第四十四条　县级以上自然资源主管部门应当采取年度检查、专项核查、例行稽查、在线监管等形式,对本行政区域内的土地复垦活动进行监督检查,并可以采取下列措施:

(一)要求被检查当事人如实反映情况和提供相关的文件、资料和电子数据;

(二)要求被检查当事人就土地复垦有关问题做出说明;

(三)进入土地复垦现场进行勘查;

(四)责令被检查当事人停止违反条例的行为。

第四十五条　县级以上自然资源主管部门应当在门户网站上及时向社会公开本行政区域内的土地复垦管理规定、技术标准、土地复垦规划、土地复垦项目安排计划以及土地复垦方案审查结果、土地复垦工程验收结果等重大事项。

第四十六条　县级以上地方自然资源主管部门应当通过国土资源主干网等按年度将本行政区域内的土地损毁情况、土地复垦工作开展情况等逐级上报。

上级自然资源主管部门对下级自然资源主管部门落实土地复垦法律法规情况、土地复垦义务履行情况、土地复垦效果等进行绩效评价。

第四十七条　县级以上自然资源主管部门应当对土地复垦档案实行专门管理,将土地复垦方案、土地复垦资金使用监管协议、土地复垦验收有关材料和土地复垦项目计划书、土地复垦实施情况报告等资料和电子数据进行档案存储与管理。

第四十八条　复垦后的土地权属和用途发生变更的,应当依法办理土地登记相关手续。

第七章 法律责任

第四十九条 条例第三十六条第六项规定的其他徇私舞弊、滥用职权、玩忽职守行为，包括下列行为：

（一）违反本办法第二十一条规定，对不符合规定条件的土地复垦义务人出具土地复垦费用支取通知书，或者对符合规定条件的土地复垦义务人无正当理由未在规定期限内出具土地复垦费用支取通知书的；

（二）违反本办法第四十一条规定，对不符合规定条件的申请人出具退还耕地占用税的意见，或者对符合规定条件的申请人无正当理由未在规定期限内出具退还耕地占用税的意见的；

（三）其他违反条例和本办法规定的行为。

第五十条 土地复垦义务人未按照本办法第十五条规定将土地复垦方案、土地复垦规划设计报所在地县级自然资源主管部门备案的，由县级以上地方自然资源主管部门责令限期改正；逾期不改正的，依照条例第四十一条规定处罚。

第五十一条 土地复垦义务人未按照本办法第十六条、第十七条、第十八条、第十九条规定预存土地复垦费用的，由县级以上自然资源主管部门责令限期改正；逾期不改正的，依照条例第三十八条规定处罚。

第五十二条 土地复垦义务人未按照本办法第二十五条规定开展土地复垦质量控制和采取管护措施的，由县级以上地方自然资源主管部门责令限期改正；逾期不改正的，依照条例第四十一条规定处罚。

第五十三条 铀矿等放射性采矿项目的土地复垦具体办法，由自然资源部另行制定。

第五十四条 本办法自2013年3月1日起施行。

国土资源部、发展改革委、科技部、工业和信息化部、住房城乡建设部、商务部关于支持新产业新业态发展促进大众创业万众创新用地的意见

（2015 年 9 月 10 日公布　国土资规〔2015〕5 号
自 2015 年 9 月 10 日起实施）

各省、自治区、直辖市和新疆生产建设兵团国土资源、发展改革、科技、工业和信息化（通信管理）、住房和城乡建设、商务主管部门：

为贯彻落实党中央、国务院关于加快实施创新驱动发展战略、大力推进大众创业万众创新重大决策部署，增强战略性新兴产业支撑作用，推进“互联网＋”行动，发展电子商务，构建众创空间等创业服务平台，支持培育发展新产业、新业态，依据国家相关法律法规政策，提出以下用地意见：

一、加大新供用地保障力度

（一）优先安排新产业发展用地。依据国家《战略性新兴产业重点产品和相关服务指导目录》、《中国制造 2025》、“互联网＋”等国家鼓励发展的新产业、新业态政策要求，各地可结合地方实际，确定当地重点发展的新产业，以“先存量、后增量”的原则，优先安排用地供应。对新产业发展快、用地集约且需求大的地区，可适度增加年度新增建设用地指标。

（二）明确新产业、新业态用地类型。国家支持发展的新产业、新业态建设项目，属于产品加工制造、高端装备修理的项目，可按工业用途落实用地；属于研发设计、勘察、检验检测、技术推广、环境评估与监测的项目，可按科教用途落实用地；属于水资源循环利用与节水、新能

源发电运营维护、环境保护及污染治理中的排水、供电及污水、废物收集、贮存、利用、处理以及通信设施的项目,可按公用设施用途落实用地;属于下一代信息网络产业(通信设施除外)、新型信息技术服务、电子商务服务等经营服务项目,可按商服用途落实用地。新业态项目土地用途不明确的,可经县级以上城乡规划部门会同国土资源等相关部门论证,在现有国家城市用地分类的基础上制定地方标准予以明确,向社会公开后实施。

(三)运用多种方式供应新产业用地。新产业项目用地符合《划拨用地目录》的,可以划拨供应。鼓励以租赁等多种方式向中小企业供应土地。积极推行先租后让、租让结合供应方式。出让土地依法需以招标拍卖挂牌方式供应的,在公平、公正、不排除多个市场主体竞争的前提下,可将投资和产业主管部门提出的产业类型、生产技术、产业标准、产品品质要求作为土地供应前置条件;以先租后让等方式供应土地涉及招标拍卖挂牌的,招标拍卖挂牌程序也可在租赁供应时实施,租赁期满符合条件的可转为出让土地。

(四)采取差别化用地政策支持新业态发展。光伏、风力发电等项目使用戈壁、荒漠、荒草地等未利用土地的,对不占压土地、不改变地表形态的用地部分,可按原地类认定,不改变土地用途,在年度土地变更调查时作出标注,用地允许以租赁等方式取得,双方签订好补偿协议,用地报当地县级国土资源部门备案;对项目永久性建筑用地部分,应依法按建设用地办理手续。对建设占用农用地的,所有用地部分均应按建设用地管理。新能源汽车充电设施、移动通信基站等用地面积小、需多点分布的新产业配套基础设施,可采取配建方式供地。在供应其他相关建设项目用地时,将配建要求纳入土地使用条件,土地供应后,由相关权利人依法明确配套设施用地产权关系;鼓励新产业小型配套设施依法取得地役权进行建设。

二、鼓励盘活利用现有用地

(五)促进制造业迈向中高端。传统工业企业转为先进制造业企业,以及利用存量房产进行制造业与文化创意、科技服务业融合发展的,可实行继续按原用途和土地权利类型使用土地的过渡期政策。在符合控制性详细规划的前提下,现有制造业企业通过提高工业用地容积率、调整用地结构增加服务型制造业务设施和经营场所,其建筑面积比例不超过原总建筑面积15%的,可继续按原用途使用土地,但不得分割转让。

(六)支持生产性、科技及高技术服务业发展。原制造业企业和科研机构整体或部分转型、转制成立独立法人实体,从事研发设计、勘察、科技成果转化转移、信息技术服务和软件研发及知识产权、综合科技、节能环保等经营服务的,可实行继续按原用途和土地权利类型使用土地的过渡期政策。

(七)鼓励建设创业创新平台。依托国家实验室、重点实验室、工程实验室、工程(技术)研究中心构建的开放共享互动创新网络平台,利用现有建设用地建设的产学研结合中试基地、共性技术研发平台、产业创新中心,可继续保持土地原用途和权利类型不变。按照国家加快构建众创空间的要求,对国家自主创新示范区、开发区、新型工业化产业示范基地、科技企业孵化器、国家大学科技园、小企业创业基地、高校、科技院所等机构,利用存量房产兴办创客空间、创业咖啡、创新工场等众创空间的,可实行继续按原用途和土地权利类型使用土地的过渡期政策。

(八)支持"互联网+"行动计划实施。在不改变用地主体、规划条件的前提下,开发互联网信息资源,利用存量房产、土地资源发展新业态、创新商业模式、开展线上线下融合业务的,可实行继续按原用途和土地权利类型使用土地的过渡期政策。过渡期满,可根据企业发展业态和控制性详细规划,确定是否另行办理用地手续事宜。

(九)促进科研院所企业化转制改革。科研机构转制为产业技术研发企业,其使用的原划拨科研用地、生产性建设用地,可按国有企业改制政策进行土地资产处置,对省级以上人民政府批准改制为国有独资公司、国有资本控股公司的,可采取作价出资(入股)、授权经营方式配置土地。

三、引导新产业集聚发展

（十）促进产业集聚集群发展。着力推进战略性新兴产业等新产业在现有开发区、产业集聚区集中布局，高新区、经开区、新型工业化产业示范基地要发挥新产业集聚集群发展的引领作用。支持以产业链为纽带，集中布局相关产业生产、研发、供应、上下游产品服务项目及公共服务项目。引导生产性服务业在中心城市、制造业集中区域集聚发展。国家在重大产业关键共性技术、装备和标准研发攻关及技术改造基建专项、工业转型升级等资金安排上，对各类开发区、产业集聚区中的重点企业予以支持。

（十一）有效保障中小企业发展空间。鼓励开发区、产业集聚区规划建设多层工业厂房、国家大学科技园、科技企业孵化器，供中小企业进行生产、研发、设计、经营多功能复合利用。标准厂房用地按工业用途管理，国家大学科技园、科技企业孵化器实行只租不售、租金管制、租户审核、转让限制的，其用地可按科教用途管理。创办三年内租用经营场所的小型微型企业，投资项目属于新产业、新业态的，可给予一定比例的租金补贴。鼓励地方出台支持政策，在规划许可的前提下，积极盘活商业用房、工业厂房、企业库房、物流设施和家庭住所、租赁房等资源，为创业者提供低成本办公场所和居住条件。

（十二）引导土地用途兼容复合利用。城乡规划主管部门在符合控制性详细规划的前提下，按照用途相近、功能兼容、互无干扰、基础设施共享的原则，会同发展改革、国土资源主管部门，根据当地实际，研究制定有助于新产业、新业态发展的兼容性地类和相关控制指标。经市、县国土资源会同城乡规划等部门充分论证，新产业工业项目用地，生产服务、行政办公、生活服务设施建筑面积占项目总建筑面积比例不超过15%的，可仍按工业用途管理。科教用地可兼容研发与中试、科技服务设施与项目及生活性服务设施，兼容设施建筑面积比例不得超过项目总建筑面积的15%，兼容用途的土地、房产不得分割转让。出让兼容用途的土地，按主用途确定供应方式，在现有建设用地上增加兼容的，可以协议方式办理用地手续。

（十三）推动功能混合和产城融合。单一生产功能的开发区、产业集聚区，可按照统一配套、依法供应、统筹管理的原则，在符合城乡规划的前提下，适当安排建设用地用于商品零售、住宿餐饮、商务金融、城镇住宅等建设，推动相关区域从单一生产功能向城市综合功能转型。

四、完善新产业用地监管制度

（十四）建立政策实施部门联动机制。市、县国土资源主管部门编制国有建设用地供应计划前，应征询相关部门意见。发展改革应会同工业和信息化、科技、商务等部门及开发区管理机构，研究提出新产业和新业态项目的用地需求；城乡规划主管部门会同国土部门提出用地布局、协调土地供应和建设时序意见。国有建设用地供应计划报市、县人民政府批准后组织实施。现有建设用地过渡期支持政策以5年为限，5年期满及涉及转让需办理相关用地手续的，可按新用途、新权利类型、市场价，以协议方式办理。对需享受政策的市场主体，投资或相关行业主管部门应向国土资源主管部门提供项目符合条件证明文件，国土资源主管部门登记备案后执行。加强过渡期满政策执行监管，防止以任何名目改变政策适用期。

（十五）建立共同监管机制。对于投资和产业主管等部门提出产业类型、生产技术、产业标准、产品品质要求作为土地供应条件的，在土地供应成交后，提出关联条件部门应当要求土地使用权取得人提交项目用地产业发展承诺书，作为国土资源主管部门签订土地供应合同的前提条件。提出关联条件部门应对承诺书的履行进行监督，并适时通报国土资源主管部门。项目竣工投产达不到约定要求的，各相关部门应按职能分工依法依约进行处置。对利用现有建设用地兴办的新产业、新业态项目提出证明文件部门，应对项目经营方向进行监管。在工业、科教用地上建设或兼容的研发场所，允许转让、出租的，受让方、承租方投资项目所属产业应符合研发场所允许布局产业要求，不符合的，应按商服用途办理补缴土地出让价款手续及相关变更手续。

（十六）建立定期核验评估制度。签订、接收项目用地产业发展承诺书、土地供应合同、划拨决定书及提供项目符合用地支持政策要求证明文件的政府相关责任部门,应按法律文书约定、规定的事项,定期进行核验评估。对不符合用地支持扶持政策的,应及时终止政策执行;对需承担违约责任的,应依法依约追究责任。对符合相关规定、约定且需办理后续用地手续的,应及时办理。

本文件自下发之日起执行,有效期八年。

产业用地政策实施工作指引(2019 年版)

(2019 年 4 月 24 日发布并实施)

第一章 总 则

第一条 (产业用地政策含义)产业用地政策是指国务院、国务院办公厅及自然资源部等部门的规范性文件中规定的适用于特定行业的用地政策。上述特定行业不包括房地产业。

本指引引用的相关文件清单见附录,并可在中国政府网(www.gov.cn)或自然资源部门户网站(www.mnr.gov.cn)查询。

第二条 (产业用地涉及的内容)本指引重点对上述特定行业涉及的国土空间规划、土地用途管制、土地利用计划安排、土地供应、土地利用、不动产登记等涉及的政策要点予以归纳说明。

第三条 (产业用地基本原则)地方各级自然资源主管部门应当遵守国家有关法律法规规章和产业用地政策规定,落实国土空间规划的管控要求,在保障产业发展用地中坚持规划确定用途、用途确定供应方式、市场确定供应价格的原则。

第四条 (平等对待各类用地主体)地方各级自然资源主管部门执行产业用地政策时,应当坚持公平、开放、透明的市场规则,对产业用地中各种所有制经济一视同仁、平等对待,防止排除、限制市场竞争等不规范行为。

第二章　土地供应基本规定

第五条　(划拨方式取得国有建设用地使用权)符合《划拨用地目录》(国土资源部令第9号)规定的建设用地项目,方可以划拨方式提供国有建设用地使用权。划拨国有建设用地使用权人应当按照划拨决定书规定的用途和使用条件开发建设和使用土地。未经有批准权的市、县人民政府自然资源主管部门批准,划拨国有建设用地使用权不得擅自转让、出租。

除划拨决定书、法律、法规、行政规定等明确应当收回土地使用权重新出让的外,划拨国有建设用地使用权人申请办理有偿使用手续的,自然资源主管部门应当依法依规予以办理。

第六条　(出让方式取得国有建设用地使用权)工业、商业、旅游、娱乐和商品住宅等经营性用地以及同一宗地有两个以上意向用地者的,应当以招标、拍卖或者挂牌方式出让。

符合《协议出让国有土地使用权规定》(国土资源部令第21号)的相关条件和要求的国有建设用地使用权,可以协议方式出让,按照《协议出让国有土地使用权规范(试行)》(国土资发〔2006〕114号)办理出让手续。以协议方式出让国有建设用地使用权的出让金不得低于按国家规定所确定的最低价。

依法以出让方式取得的国有建设用地使用权,在使用年限内可以转让、出租、抵押等。

第七条　(改变土地用途)依据《土地管理法》《城市房地产管理法》的规定,建设单位应当按照国有建设用地使用权出让等有偿使用合同的约定或者国有建设用地划拨批准文件的规定使用土地。确需改变土地用途的,经有关人民政府自然资源主管部门同意,报原批准用地的人民政府批准。经批准改变土地用途的,签订国有建设用地使用权出让合同变更协议或者重新签订国有建设用地使用权出让合同,相应补缴国有建设用地使用权价款,按规定办理不动产登记。

第三章 产业用地政策实施

第八条 （可按原地类管理的情形）各地要依据国土空间规划积极引导产业项目合理选址，尽量利用未利用地及存量建设用地等，不占或少占耕地，严格保护永久基本农田。依据下列规定使用的农用地或未利用地，可按原地类认定和管理，并严格按照规定条件使用土地。

（一）依据《关于支持新产业新业态发展促进大众创业万众创新用地的意见》（国土资规〔2015〕5 号）的规定，光伏、风力发电项目使用戈壁、荒漠、荒草地等未利用土地的，对不占压土地、不改变地表形态的用地部分，可按原地类认定。依据《关于支持光伏扶贫和规范光伏发电产业用地的意见》（国土资规〔2017〕8 号）的规定，对深度贫困地区脱贫攻坚中建设的光伏发电项目，国家能源局、国务院扶贫办确定下达的全国村级光伏扶贫电站建设规模范围内的光伏发电项目，以及符合当地建设要求和认定标准的光伏复合项目，其光伏方阵使用永久基本农田以外的农用地的，在不破坏农业生产条件的前提下，可不改变原用地性质。其中，农用地、未利用地按照土地调查成果认定，光伏方阵用地面积按照《光伏发电站工程项目用地控制指标》（国土资规〔2015〕11 号）核定。

（二）依据《关于支持旅游业发展用地政策的意见》（国土资规〔2015〕10 号）的规定，旅游项目中属于自然景观用地及农牧渔业种植、养殖用地的，不征收（收回）、不转用，按现用途管理。

（三）依据《促进乡村旅游发展提质升级行动方案（2018 - 2020 年）》（发改综合〔2018〕1465 号）的规定，经市县发展改革、住房城乡建设、农业农村、文化和旅游等主管部门认定为仅在年度内特定旅游季节使用土地的乡村旅游停车设施，自然资源主管部门在相关设施不使用永久基本农田、不破坏生态与景观环境、不影响地质安全、不影响农业种植、不硬化地面、不建设永久设施的前提下，可不征收（收回）、不转用，按现用途管理。超出特定旅游季节未恢复原状的，由市县发展改革、住房城乡建设、农业农村、文化和旅游等主管部门责令恢复原状。

（四）依据《关于促进自驾车旅居车旅游发展的若干意见》（旅发〔2016〕148号）的规定，对自驾车旅居车营地的特定功能区，使用未利用地的，在不改变土地用途、不固化地面的前提下，可按原地类管理。

（五）依据《全国冰雪场地设施建设规划（2016－2022年）》（体经字〔2016〕646号）的规定，对利用现有山川水面建设冰雪场地设施，对不占压土地、不改变地表形态的，可按原地类管理。

第九条　（土地利用计划安排）各地要根据国家产业政策、国土空间规划和当地产业发展情况，统筹使用新增和存量建设用地，合理安排用地计划指标，优先支持符合产业政策的项目用地，服务民生设施建设，促进产业创新发展。

（一）依据《国务院关于促进外资增长若干措施的通知》（国发〔2017〕39号）的规定，允许各地在符合经济社会发展规划、土地利用总体规划、城市总体规划的前提下，对国家级开发区利用外资项目所需建设用地指标予以优先保障，做到应保尽保。

（二）依据《国务院办公厅关于进一步激发社会领域投资活力的意见》（国办发〔2017〕21号）的规定，各地要将医疗、养老、教育、文化、体育等领域用地纳入国土空间规划和年度用地计划，农用地转用指标、新增用地指标分配要适当向上述领域倾斜，有序适度扩大用地供给。

（三）依据《国务院办公厅关于完善国家级经济技术开发区考核制度促进创新驱动发展的指导意见》（国办发〔2016〕14号）的规定，省级人民政府在用地指标中可对国家级经济技术开发区予以单列，优先安排创新创业企业用地。

（四）依据《国务院关于进一步支持小型微型企业健康发展的意见》（国发〔2012〕14号）的规定，对规划建设的小企业创业基地、科技孵化器、商贸企业集聚区等，要优先安排用地计划指标。

（五）结合本地区实际，优先安排产业发展较快的地区、集聚区及使用未利用地发展产业的用地计划。

第十条　（国有建设用地供应计划安排）市、县自然资源主管部门应结合产业用地政策要求和国土空间规划，依据《国有建设用地供应计划编制规范（试行）》（国土资发〔2010〕117号）的规定编制年度国有建设用地供应计划，科学安排国有建设用地供应的总量、结构、布局、时序和方式。符合下列规定的，可优先纳入供应计划：

（一）国务院及其职能部门发布的产业发展规划中明确的重点产业。

（二）国务院及其职能部门发布的产业促进政策中明确的重点产业。

（三）县级以上地方人民政府依据前述规划、政策明确的本地区重点产业。

各地制定国有建设用地供应计划，要根据国家对养老、教育、医疗、体育等公共服务设施建设的政策要求，合理确定并保障土地供应规模。依据《国务院关于促进外贸回稳向好的若干意见》（国发〔2016〕27号）的规定，中西部地区要加大加工贸易产业用地保障力度，优先纳入供地计划并优先供应。

第十一条　（土地用途的确定）市、县自然资源主管部门在组织产业用地供应时，在城市、镇规划区内以出让方式供地的，应按照《城乡规划法》的规定，依据控制性详细规划，提出出让地块的位置、使用性质、开发强度等规划条件，作为出让合同的组成部分。

国家支持发展的新产业、新业态项目用地，符合国土资规〔2015〕5号文件规定的，可以按照相关规定确定土地用途。对现行国家标准分类中没有明确定义的新产业、新业态类型，市、县自然资源主管部门可按照国土资规〔2015〕5号文件规定，结合土地供应政策要求和当地产业发展实际需要，商同级产业主管部门提出规划用途的建议意见。

市、县自然资源主管部门在签订国有建设用地使用权出让合同时，合同中的宗地用途按国家标准《土地利用现状分类》（GB/T 21010－2017）规定的土地二级类填写，规划条件与《土地利用现状分类》无直接对应类型的，应研究确定对应的土地二级类的类型，必要时可征求产业、投资部门意见。鼓励地方自然资源主管部门研究制定城乡规划用地分类与土地利用现状分类对照表,经批准后统一执行。

依据国土资规〔2015〕5号文件的规定,新产业新业态发展中工业用地、科教用地兼容该文件规定的用途设施(不包括商品住宅)建筑面积不超过15%的,仍按工业、科教用途管理。其他情形下,同一宗土地上兼容两种以上用途的,应确定主用途并依据主用途确定供应方式;主用途可以依据建筑面积占比确定,也可以依据功能的重要性确定,确定主用途的结论和理由应当写入供地方案,经批准后实施。

第十二条 (配套设施建设纳入土地供应条件的情形)依据《国务院办公厅关于推进养老服务发展的意见》(国办发〔2019〕5号)、《国务院办公厅转发卫生计生委等部门关于推进医疗卫生与养老服务相结合指导意见的通知》(国办发〔2015〕84号)、《国务院办公厅关于加快新能源汽车推广应用的指导意见》(国办发〔2014〕35号)、国土资规〔2015〕5号、国土资规〔2015〕10号、《关于支持电影发展若干经济政策的通知》(财教〔2014〕56号)等的规定,对新能源汽车充电设施、无线通讯基站、分布式光伏发电设施、社区居家养老(医疗、体育、文化)服务设施、电影院(影厅)、旅游厕所等布点分散、单体规模小、对其他建筑物构筑物有密切依附关系的产业配套设施,允许在新供其他建设项目用地时,将其建设要求纳入供地条件。

市、县自然资源主管部门应主动告知相关部门上述配建政策,对相关部门提出的配建和建成后资产移交及运营管理要求,市、县自然资源主管部门经研究认定符合控制性详细规划和用地标准,且不影响供应环节的公平、公正竞争的,可依法先将配建要求纳入规划条件后,再行纳入供地条件。

第十三条 (支持土地复合利用的情形)依据国土资规〔2015〕5号文件的规定,鼓励开发区、产业集聚区规划建设多层工业厂房、国家大学科技园、科技企业孵化器,供中小企业进行生产、研发、设计、经营多功能复合利用。标准厂房用地按工业用途管理,国家大学科技园、科技企业孵化器实行只租不售、租金管制、租户审核、转让限制的,其用地可按科教用途管理。

第十四条 （办理划拨国有建设用地使用权）地方各级自然资源主管部门在执行《划拨用地目录》和有关产业用地政策时，应当保持本地区划拨国有建设用地使用权供应要求、程序、划拨价款标准和权能的一致性，不得对民间投资、外商投资项目区别对待。

市、县自然资源主管部门划拨国有建设用地使用权时，在符合国土空间规划的前提下，可以建设项目审批、核准、备案文件记载的项目建设内容为依据判断是否符合《划拨用地目录》，不得以建设单位投资来源为民间投资、外商投资或政府和社会资本合作等为由限制申请划拨用地。

对于《划拨用地目录》明确要求“非营利性”或“公益性”的建设用地项目，自然资源主管部门方可要求建设单位提供拟使用土地者的非营利性质证明文件，包括但不限于民办非企业单位登记证书、社会服务机构登记证书和国务院文件、行业主管部门文件等规定的审查意见、初审意见等，但不得对《划拨用地目录》未明确要求“非营利性”或“公益性”的建设用地项目提出同等要求。

依据《关于优化社会办医疗机构跨部门审批工作的通知》（发改社会〔2018〕1147 号）的规定，社会力量申请划拨国有建设用地用于建设非营利性医疗机构的，因尚不能完成医疗机构执业登记、社会服务机构登记，自然资源、卫生健康、民政、中医药主管部门要协调落实划拨用地相关政策。民政部门对除经营场所外的相关资质作初步审查后，可向自然资源主管部门提供有条件的初审意见。自然资源主管部门可将民政部门的意见作为参考依据，按法定程序受理划拨用地申请。

依据《国土资源部关于贯彻落实〈国务院关于促进节约集约用地的通知〉的通知》（国土资发〔2008〕16 号）的规定，市、县自然资源主管部门在受理划拨用地申请、发放划拨用地决定书后要及时向社会公示建设项目划拨用地相关信息。

第十五条 （办理协议出让国有建设用地使用权）原划拨、承租国有建设用地使用权人申请办理协议出让，以及划拨国有建设用地使用权转让申请办理协议出让的，除划拨决定书、租赁合同、法律、法规、行政规定等明确应当收回国有建设用地使用权重新公开出让的外，经依法批准，可采取协议方式出让。

以长期租赁方式提供各种用途的国有建设用地，符合《协议出让国有土地使用权规定》的可采取协议方式，参照以协议方式出让国有建设用地使用权的规定办理。

依据体经字〔2016〕646 号文件的规定，对非营利性的冰雪运动项目专业比赛和专业训练场(馆)及配套设施，不符合划拨用地目录的，可以协议方式供地。

第十六条 (以长期租赁、先租后让、租让结合、弹性年期方式供应国有建设用地使用权)产业用地可以采取长期租赁、先租后让、租让结合、弹性年期方式供应。长期租赁，是指整宗土地在整个合同期内均以租赁方式使用。先租后让，是指供地方先行以租赁方式提供用地，承租方投资产业用地项目达到约定条件后再转为出让的供应方式。租让结合，是指供地方先行以租赁方式提供用地，承租方投资产业用地项目达到约定条件后再将部分用地保持租赁、部分用地转为出让的供应方式。弹性年期，是指整宗土地以低于对应用途国有建设用地使用权出让法定最高年限的使用年期出让的供应方式。

以长期租赁方式使用土地的，应按照《规范国有土地租赁若干意见》(国土资发〔1999〕222 号)的规定执行，租赁期限不得超过 20 年。以租让结合方式使用土地的，租赁部分单次签约时限不得超过 20 年，可以续签租赁合同。

依法必须以招标拍卖挂牌方式出让国有建设用地使用权的土地实行先租后让、租让结合的，招标拍卖挂牌程序可在租赁供应时实施，在承租方使用租赁土地达到合同约定条件后需办理出让手续时，可采取协议方式出让。

地方自然资源主管部门可以根据需要商相关产业主管部门，制定本地区具体适用长期租赁、先租后让、租让结合、弹性年期供应方式的指导目录和管理规定。

第十七条　（以作价出资（入股）方式供应国有建设用地使用权）国有建设用地使用权作价出资（入股）是指国家以一定年期的国有土地使用权作价，作为出资投入改组后的新设企业，该土地使用权由新设企业持有，可以依照土地管理法律、法规关于出让土地使用权的规定转让、出租、抵押。

符合下列规定的，国有建设用地使用权可采取作价出资（入股）方式供应：

（一）依据《国务院办公厅关于加强鲜活农产品流通体系建设的意见》（国办发〔2011〕59号）的规定，政府投资建设不以盈利为目的、具有公益性质的农产品批发市场，可按作价出资（入股）方式办理用地手续，但禁止改变用途和性质。

（二）依据《关于扩大国有土地有偿使用范围的意见》（国土资规〔2016〕20号）的规定，对可以使用划拨土地的能源、环境保护、保障性安居工程、养老、教育、文化、体育及供水、燃气供应、供热设施等项目，除可按划拨方式供应土地外，鼓励以出让、租赁方式供应土地，支持市、县政府以国有建设用地使用权作价出资或者入股的方式提供土地，与社会资本共同投资建设。支持各地以土地使用权作价出资或者入股方式供应标准厂房、科技孵化器用地。

（三）国有企业原使用的生产经营性划拨土地使用权，符合国家有关行业、企业类型和改革需要的，可采用作价出资（入股）方式进行有偿使用。

各地以作价出资（入股）方式供应土地使用权时，可参照出让程序，由省（市、县）人民政府自然资源主管部门会同城市建设、房产管理部门共同拟定方案，报经同级人民政府批准后，由省（市、县）人民政府自然资源主管部门实施。

自然资源主管部门在办理以作价出资（入股）方式供应国有建设用地使用权时，应当依据《企业国有资产法》提请本级人民政府授权特定机构履行出资人职责。

第十八条　（企业转型涉及的用地）依据《国务院关于深化流通体

制改革加快流通产业发展的意见》(国发〔2012〕39 号)、《国务院办公厅关于促进内贸流通健康发展的若干意见》(国办发〔2014〕51 号)、《国务院办公厅关于推进城区老工业区搬迁改造的指导意见》(国办发〔2014〕9 号)、《关于支持钢铁煤炭行业化解过剩产能实现脱困发展的意见》(国土资规〔2016〕3 号)等的规定,对旧城区改建需异地搬迁改造的城区商品批发市场等流通业用地、工业用地,在收回原国有建设用地使用权后,经批准可以协议出让方式为原土地使用权人安排用地,有土地使用标准要求的,应按标准安排同类用途用地。

依据《国务院办公厅关于印发文化体制改革中经营性文化事业单位转制为企业和进一步支持文化企业发展两个规定的通知》(国办发〔2018〕124 号)的规定,经营性文化事业单位转制涉及的原划拨土地,转制后符合《划拨用地目录》的,可继续以划拨方式使用;不符合《划拨用地目录》的,应当依法实行有偿使用。

第十九条 (鼓励地下空间开发)依据《关于进一步完善城市停车场规划建设及用地政策的通知》(建城〔2016〕193 号)的规定,通过分层规划,利用地下空间建设公共停车场的,地块用地规划性质为相应地块性质兼容社会停车场用地。对新建建筑充分利用地下空间,超过停车配建标准建设地下停车场,并作为公共停车场向社会开放的超配部分,符合规划的,可不计收土地价款。

第二十条 (过渡期政策)对于产业用地政策中明确,利用存量房产、土地资源发展国家支持产业、行业的,可享受在一定年期内不改变用地主体和规划条件的过渡期支持政策的情形,现有建设用地过渡期支持政策以 5 年为限,过渡期满及涉及转让需办理改变用地主体和规划条件的手续时,除符合《划拨用地目录》的可保留划拨外,其余可以协议方式办理,但法律、法规、行政规定等明确规定及国有建设用地划拨决定书、租赁合同等规定或约定应当收回土地使用权重新出让的除外。

产业用地政策对"暂不变更"的时限没有明确规定的,时限及后续管理可参照国土资规〔2015〕5 号文件执行,或由地方自然资源主管部门会同相关部门制定实施细则,但时限起算时点应在设定过渡期政策相关文件有效期内。

自然资源主管部门应当做好相关起算时点和过渡期时间跨度的备案管理，过渡期临近结束时，应当提前通知存量房产、土地资源的使用方，掌握其继续使用房产、土地资源的意愿，做好政策服务。期满及涉及转让需以协议方式办理相关用地手续的，按《协议出让国有土地使用权规定》和《协议出让国有土地使用权规范（试行）》办理。

第二十一条　（土地价格评估）依据《国有建设用地使用权出让地价评估技术规范》（国土资厅发〔2018〕4号）的规定，政府在供应产业用地前应依据土地估价结果和产业政策综合确定底价。产业用地价格评估应遵循出让地价评估技术规范，至少选择两种方法，且须包括收益还原法、市场比较法、剩余法中的一种方法，以及成本逼近法、公示地价系数修正法中的一种方法。

对于存在可比交易实例的，宜首选市场比较法评估。对于缺乏市场交易的，可从同类产业的客观运营收益中剥离出土地收益，通过收益还原法评估地价。对于尚无明确收益资料的新兴产业用地，可通过相同或类似产业的投资分析资料等分析预测其正常收益，合理分配评估方法权重确定评估结果。对于国家予以政策扶持的产业类型，应遵循区分市场定价与政策优惠的原则，评估该类用地的正常市场价格后，综合考虑产业政策予以修正，确定基于相关政策约束下的参考价格。

第二十二条　（土地供应价格的确定）各省（区、市）确定的优先发展产业且用地集约的工业项目，以农、林、牧、渔业产品初加工为主的工业项目，在确定土地出让底价时可按不低于所在地土地等别相对应《全国工业用地出让最低价标准》的70%执行。按比例计算后低于该项目实际土地取得成本、土地前期开发成本和按规定应收取的相关费用之和的，应按不低于实际各项成本费用之和的原则确定出让底价。旅游相关建设项目中的人造景观用地应根据具体行业市场经营情况，客观评估确定供应底价。

依据《国务院办公厅关于促进物流业健康发展政策措施的意见》（国办发〔2011〕38号）的规定，农产品批发市场用地作为经营性商业用地,应严格按照规划合理布局,土地招拍挂出让前,所在区域有工业用地交易地价的,可以参照市场地价水平、所在区域基准地价和工业用地最低价标准等确定出让底价。

依据体经字〔2016〕646 号文件的规定,在符合生态环境保护要求和相关规划的前提下,对使用荒山、荒地、荒滩及石漠化土地建设的冰雪项目,出让底价可按不低于土地取得成本、土地前期开发成本和按规定应收取的相关费用之和的原则确定。

依据发改综合〔2018〕1465 号文件的规定,对使用“四荒地”及石漠化、边远海岛建设的乡村旅游项目,出让底价可按不低于土地取得成本、土地前期开发成本和按规定应收取相关费用之和的原则确定。

第二十三条 (使用集体建设用地的情形)产业发展允许依法依规使用集体建设用地,农村土地制度改革试点地区的集体经营性建设用地用于相关产业发展的按照试点政策规定执行。根据国务院及相关部门政策规定,符合下列情形的产业用地,可以使用集体建设用地:

(一)依据国办发〔2019〕5 号文件、《国务院办公厅关于全面放开养老服务市场提升养老服务质量的若干意见》(国办发〔2016〕91 号)等的规定,养老机构可依法依规使用农村集体建设用地发展养老服务设施。

(二)依据《国务院办公厅关于支持返乡下乡人员创业创新促进农村一二三产业融合发展的意见》(国办发〔2016〕84 号)的规定,各省(区、市)可以根据本地实际,制定管理办法,支持返乡下乡人员依托自有和闲置农房院落发展农家乐。在符合农村宅基地管理规定和相关规划的前提下,允许返乡下乡人员和当地农民合作改建自住房。

(三)依据《关于深入推进农业供给侧结构性改革做好农村产业融合发展用地保障的通知》(国土资规〔2017〕12 号)的规定,在充分保障农民宅基地用益物权、防止外部资本侵占控制的前提下,探索农村集体经济组织以出租、合作等方式盘活利用空闲农房及宅基地,按照规划要求和用地标准,改造建设民宿民俗、创意办公、休闲农业、乡村旅游等农业农村体验活动场所。

(四)依据发改综合〔2018〕1465 号的规定,农村集体经济组织可以依法使用自有建设用地自办或以土地使用权入股、联营等方式与其他单位和个人共同参与乡村旅游基础设施建设。

(五)依据《关于促进乡村旅游可持续发展的指导意见》(文旅资源发〔2018〕98 号)的规定,鼓励通过流转等方式取得属于文物建筑的农民房屋及宅基地使用权,统一保护开发利用。在充分保障农民宅基地用益物权的前提下,探索农村集体经济组织以出租、入股、合作等方式盘活利用闲置宅基地和农房,按照规划要求和用地标准,改造建设乡村旅游接待和活动场所。

(六)依据旅发〔2016〕148 号文件的规定,选址在土地利用总体规划确定的城镇规划区外的自驾车旅居车营地,其公共停车场、各功能区之间的连接道路、商业服务区、车辆设备维修及医疗服务保障区、废弃物收纳与处理区等功能区可与农村公益事业合并实施,依法使用集体建设用地。

第四章　产业用地管理要求

第二十四条　(国家支持发展产业项目的认定)落实产业用地政策时,对相关项目是否属于国家支持发展产业难以确认的,市、县自然资源主管部门应会商产业主管部门,对项目性质予以认定。

产业主管部门能够就上述事项提供文件依据的,市、县自然资源主管部门应依据文件、按相关产业用地政策执行。产业主管部门不能就上述事项提供相应文件的,市、县自然资源主管部门可在与产业主管部门商议达成共识的基础上,共同提出对项目用地适用政策的建议,报请有批准权的人民政府批准后实施。

第二十五条　(土地供应前置条件)依据国土资规〔2015〕5 号文件的规定,对政策允许将产业类型、生产技术、产业标准、产品品质要求作为土地供应前置条件的,设置供应前置条件时,市、县自然资源主管部门应当商请提出供应前置条件的部门,书面明确设置土地供应前置条件的理由或必要性、适用要求、具体内容表述及条件履约监管主体、监管措施、违约处理方式等。市、县自然资源主管部门认为相关前置条件不影响公平、公正竞争的,可以予以设置。在制定供地方案和签署供地文件时,除将相关内容写入外,还应当将提出前置条件部门出具的上述书面文件作为附件一并收入,并在向土地供应集体决策机构汇报时专门作出说明。

市、县自然资源主管部门应会同相关部门落实国土资规〔2015〕5号文件将项目用地产业发展承诺书作为签订土地供应合同前提条件的规定,提醒提出关联条件部门监督承诺书履行情况。

第二十六条 (限制改变用途与分割转让及探索抵押融资)对于落实产业用地政策供应的宗地,相关规范性文件有限制改变用途、限制转让或分割转让等规定的,原则上应当将限制要求写入划拨决定书或有偿使用合同,在分割转让审批中予以落实。其中,对经批准的用地,相关规范性文件规定该类用地禁止改变用途、容积率等土地使用条件用于其它建设的,自然资源主管部门要予以严格监管。

依据国办发〔2019〕5号文件的规定,探索允许营利性养老机构以有偿取得的土地、设施等资产进行抵押融资。

依据国办发〔2017〕21号文件的规定,探索允许营利性的养老、教育等社会领域机构以有偿取得的土地、设施等财产进行抵押融资。

第二十七条 (卷宗与台账管理)市、县自然资源主管部门要加强产业用地政策实施的服务和监管,适用的产业用地政策文件应当纳入土地使用权供应档案卷宗长期妥善保存。根据需要建立产业用地政策适用项目台账,记录项目基本情况、适用产业用地政策、供后投资建设情况、过渡期起始时间及期满处理情况等。

第二十八条 (落实批后监管责任)市、县自然资源主管部门要加强与产业主管部门的协调配合,依据土地供应合同、划拨决定书、产业主管部门出具的相关文件、前置条件文件、项目用地产业发展承诺书等约定的用地条件、用地责任、监管责任,强化用地供后联合监管,重大事项要及时向本级人民政府或相关机构报告。

附录:产业用地政策实施工作指引(2019年版)引用的相关文件清单(略)

中华人民共和国森林法

（1984年9月20日第六届全国人民代表大会常务委员会第七次会议通过　根据1998年4月29日第九届全国人民代表大会常务委员会第二次会议《关于修改〈中华人民共和国森林法〉的决定》第一次修正　根据2009年8月27日第十一届全国人民代表大会常务委员会第十次会议《关于修改部分法律的决定》第二次修正　2019年12月28日第十三届全国人民代表大会常务委员会第十五次会议修订　2019年12月28日公布　中华人民共和国主席令第39号　自2020年7月1日起实施）

第一章　总　　则

第一条　为了践行绿水青山就是金山银山理念，保护、培育和合理利用森林资源，加快国土绿化，保障森林生态安全，建设生态文明，实现人与自然和谐共生，制定本法。

第二条　在中华人民共和国领域内从事森林、林木的保护、培育、利用和森林、林木、林地的经营管理活动，适用本法。

第三条　保护、培育、利用森林资源应当尊重自然、顺应自然，坚持生态优先、保护优先、保育结合、可持续发展的原则。

第四条　国家实行森林资源保护发展目标责任制和考核评价制度。上级人民政府对下级人民政府完成森林资源保护发展目标和森林防火、重大林业有害生物防治工作的情况进行考核，并公开考核结果。

地方人民政府可以根据本行政区域森林资源保护发展的需要，建立林长制。

第五条 国家采取财政、税收、金融等方面的措施，支持森林资源保护发展。各级人民政府应当保障森林生态保护修复的投入，促进林业发展。

第六条 国家以培育稳定、健康、优质、高效的森林生态系统为目标，对公益林和商品林实行分类经营管理，突出主导功能，发挥多种功能，实现森林资源永续利用。

第七条 国家建立森林生态效益补偿制度，加大公益林保护支持力度，完善重点生态功能区转移支付政策，指导受益地区和森林生态保护地区人民政府通过协商等方式进行生态效益补偿。

第八条 国务院和省、自治区、直辖市人民政府可以依照国家对民族自治地方自治权的规定，对民族自治地方的森林保护和林业发展实行更加优惠的政策。

第九条 国务院林业主管部门主管全国林业工作。县级以上地方人民政府林业主管部门，主管本行政区域的林业工作。

乡镇人民政府可以确定相关机构或者设置专职、兼职人员承担林业相关工作。

第十条 植树造林、保护森林，是公民应尽的义务。各级人民政府应当组织开展全民义务植树活动。

每年三月十二日为植树节。

第十一条 国家采取措施，鼓励和支持林业科学研究，推广先进适用的林业技术，提高林业科学技术水平。

第十二条 各级人民政府应当加强森林资源保护的宣传教育和知识普及工作，鼓励和支持基层群众性自治组织、新闻媒体、林业企业事业单位、志愿者等开展森林资源保护宣传活动。

教育行政部门、学校应当对学生进行森林资源保护教育。

第十三条 对在造林绿化、森林保护、森林经营管理以及林业科学研究等方面成绩显著的组织或者个人，按照国家有关规定给予表彰、奖励。

第二章 森林权属

第十四条 森林资源属于国家所有，由法律规定属于集体所有的除外。

国家所有的森林资源的所有权由国务院代表国家行使。国务院可以授权国务院自然资源主管部门统一履行国有森林资源所有者职责。

第十五条 林地和林地上的森林、林木的所有权、使用权，由不动产登记机构统一登记造册，核发证书。国务院确定的国家重点林区（以下简称重点林区）的森林、林木和林地，由国务院自然资源主管部门负责登记。

森林、林木、林地的所有者和使用者的合法权益受法律保护，任何组织和个人不得侵犯。

森林、林木、林地的所有者和使用者应当依法保护和合理利用森林、林木、林地，不得非法改变林地用途和毁坏森林、林木、林地。

第十六条 国家所有的林地和林地上的森林、林木可以依法确定给林业经营者使用。林业经营者依法取得的国有林地和林地上的森林、林木的使用权，经批准可以转让、出租、作价出资等。具体办法由国务院制定。

林业经营者应当履行保护、培育森林资源的义务，保证国有森林资源稳定增长，提高森林生态功能。

第十七条 集体所有和国家所有依法由农民集体使用的林地（以下简称集体林地）实行承包经营的，承包方享有林地承包经营权和承包林地上的林木所有权，合同另有约定的从其约定。承包方可以依法采取出租（转包）、入股、转让等方式流转林地经营权、林木所有权和使用权。

第十八条 未实行承包经营的集体林地以及林地上的林木，由农村集体经济组织统一经营。经本集体经济组织成员的村民会议三分之二以上成员或者三分之二以上村民代表同意并公示，可以通过招标、拍卖、公开协商等方式依法流转林地经营权、林木所有权和使用权。

第十九条 集体林地经营权流转应当签订书面合同。林地经营权流转合同一般包括流转双方的权利义务、流转期限、流转价款及支付方式、流转期限届满林地上的林木和固定生产设施的处置、违约责任等内容。

受让方违反法律规定或者合同约定造成森林、林木、林地严重毁坏的，发包方或者承包方有权收回林地经营权。

第二十条 国有企业事业单位、机关、团体、部队营造的林木，由营造单位管护并按照国家规定支配林木收益。

农村居民在房前屋后、自留地、自留山种植的林木，归个人所有。城镇居民在自有房屋的庭院内种植的林木，归个人所有。

集体或者个人承包国家所有和集体所有的宜林荒山荒地荒滩营造的林木，归承包的集体或者个人所有；合同另有约定的从其约定。

其他组织或者个人营造的林木，依法由营造者所有并享有林木收益；合同另有约定的从其约定。

第二十一条 为了生态保护、基础设施建设等公共利益的需要，确需征收、征用林地、林木的，应当依照《中华人民共和国土地管理法》等法律、行政法规的规定办理审批手续，并给予公平、合理的补偿。

第二十二条 单位之间发生的林木、林地所有权和使用权争议，由县级以上人民政府依法处理。

个人之间、个人与单位之间发生的林木所有权和林地使用权争议，由乡镇人民政府或者县级以上人民政府依法处理。

当事人对有关人民政府的处理决定不服的，可以自接到处理决定通知之日起三十日内，向人民法院起诉。

在林木、林地权属争议解决前，除因森林防火、林业有害生物防治、国家重大基础设施建设等需要外，当事人任何一方不得砍伐有争议的林木或者改变林地现状。

第三章　发 展 规 划

第二十三条　县级以上人民政府应当将森林资源保护和林业发展纳入国民经济和社会发展规划。

第二十四条　县级以上人民政府应当落实国土空间开发保护要求,合理规划森林资源保护利用结构和布局,制定森林资源保护发展目标,提高森林覆盖率、森林蓄积量,提升森林生态系统质量和稳定性。

第二十五条　县级以上人民政府林业主管部门应当根据森林资源保护发展目标,编制林业发展规划。下级林业发展规划依据上级林业发展规划编制。

第二十六条　县级以上人民政府林业主管部门可以结合本地实际,编制林地保护利用、造林绿化、森林经营、天然林保护等相关专项规划。

第二十七条　国家建立森林资源调查监测制度,对全国森林资源现状及变化情况进行调查、监测和评价,并定期公布。

第四章　森 林 保 护

第二十八条　国家加强森林资源保护,发挥森林蓄水保土、调节气候、改善环境、维护生物多样性和提供林产品等多种功能。

第二十九条　中央和地方财政分别安排资金,用于公益林的营造、抚育、保护、管理和非国有公益林权利人的经济补偿等,实行专款专用。具体办法由国务院财政部门会同林业主管部门制定。

第三十条　国家支持重点林区的转型发展和森林资源保护修复,改善生产生活条件,促进所在地区经济社会发展。重点林区按照规定享受国家重点生态功能区转移支付等政策。

第三十一条　国家在不同自然地带的典型森林生态地区、珍贵动物和植物生长繁殖的林区、天然热带雨林区和具有特殊保护价值的其他天然林区,建立以国家公园为主体的自然保护地体系,加强保护管理。

国家支持生态脆弱地区森林资源的保护修复。

县级以上人民政府应当采取措施对具有特殊价值的野生植物资源予以保护。

第三十二条　国家实行天然林全面保护制度,严格限制天然林采伐,加强天然林管护能力建设,保护和修复天然林资源,逐步提高天然林生态功能。具体办法由国务院规定。

第三十三条　地方各级人民政府应当组织有关部门建立护林组织,负责护林工作;根据实际需要建设护林设施,加强森林资源保护;督促相关组织订立护林公约、组织群众护林、划定护林责任区、配备专职或者兼职护林员。

县级或者乡镇人民政府可以聘用护林员,其主要职责是巡护森林,发现火情、林业有害生物以及破坏森林资源的行为,应当及时处理并向当地林业等有关部门报告。

第三十四条　地方各级人民政府负责本行政区域的森林防火工作,发挥群防作用;县级以上人民政府组织领导应急管理、林业、公安等部门按照职责分工密切配合做好森林火灾的科学预防、扑救和处置工作:

(一)组织开展森林防火宣传活动,普及森林防火知识;

(二)划定森林防火区,规定森林防火期;

(三)设置防火设施,配备防灭火装备和物资;

(四)建立森林火灾监测预警体系,及时消除隐患;

(五)制定森林火灾应急预案,发生森林火灾,立即组织扑救;

(六)保障预防和扑救森林火灾所需费用。

国家综合性消防救援队伍承担国家规定的森林火灾扑救任务和预防相关工作。

第三十五条　县级以上人民政府林业主管部门负责本行政区域的林业有害生物的监测、检疫和防治。

省级以上人民政府林业主管部门负责确定林业植物及其产品的

检疫性有害生物，划定疫区和保护区。

重大林业有害生物灾害防治实行地方人民政府负责制。发生暴发性、危险性等重大林业有害生物灾害时，当地人民政府应当及时组织除治。

林业经营者在政府支持引导下，对其经营管理范围内的林业有害生物进行防治。

第三十六条 国家保护林地，严格控制林地转为非林地，实行占用林地总量控制，确保林地保有量不减少。各类建设项目占用林地不得超过本行政区域的占用林地总量控制指标。

第三十七条 矿藏勘查、开采以及其他各类工程建设，应当不占或者少占林地；确需占用林地的，应当经县级以上人民政府林业主管部门审核同意，依法办理建设用地审批手续。

占用林地的单位应当缴纳森林植被恢复费。森林植被恢复费征收使用管理办法由国务院财政部门会同林业主管部门制定。

县级以上人民政府林业主管部门应当按照规定安排植树造林，恢复森林植被，植树造林面积不得少于因占用林地而减少的森林植被面积。上级林业主管部门应当定期督促下级林业主管部门组织植树造林、恢复森林植被，并进行检查。

第三十八条 需要临时使用林地的，应当经县级以上人民政府林业主管部门批准；临时使用林地的期限一般不超过二年，并不得在临时使用的林地上修建永久性建筑物。

临时使用林地期满后一年内，用地单位或者个人应当恢复植被和林业生产条件。

第三十九条 禁止毁林开垦、采石、采砂、采土以及其他毁坏林木和林地的行为。

禁止向林地排放重金属或者其他有毒有害物质含量超标的污水、污泥，以及可能造成林地污染的清淤底泥、尾矿、矿渣等。

禁止在幼林地砍柴、毁苗、放牧。

禁止擅自移动或者损坏森林保护标志。

第四十条 国家保护古树名木和珍贵树木。禁止破坏古树名木和珍贵树木及其生存的自然环境。

第四十一条 各级人民政府应当加强林业基础设施建设,应用先进适用的科技手段,提高森林防火、林业有害生物防治等森林管护能力。

各有关单位应当加强森林管护。国有林业企业事业单位应当加大投入,加强森林防火、林业有害生物防治,预防和制止破坏森林资源的行为。

第五章 造林绿化

第四十二条 国家统筹城乡造林绿化,开展大规模国土绿化行动,绿化美化城乡,推动森林城市建设,促进乡村振兴,建设美丽家园。

第四十三条 各级人民政府应当组织各行各业和城乡居民造林绿化。

宜林荒山荒地荒滩,属于国家所有的,由县级以上人民政府林业主管部门和其他有关主管部门组织开展造林绿化;属于集体所有的,由集体经济组织组织开展造林绿化。

城市规划区内、铁路公路两侧、江河两侧、湖泊水库周围,由各有关主管部门按照有关规定因地制宜组织开展造林绿化;工矿区、工业园区、机关、学校用地,部队营区以及农场、牧场、渔场经营地区,由各该单位负责造林绿化。组织开展城市造林绿化的具体办法由国务院制定。

国家所有和集体所有的宜林荒山荒地荒滩可以由单位或者个人承包造林绿化。

第四十四条 国家鼓励公民通过植树造林、抚育管护、认建认养等方式参与造林绿化。

第四十五条 各级人民政府组织造林绿化,应当科学规划、因地制宜,优化林种、树种结构,鼓励使用乡土树种和林木良种、营造混交林,提高造林绿化质量。

国家投资或者以国家投资为主的造林绿化项目，应当按照国家规定使用林木良种。

第四十六条 各级人民政府应当采取以自然恢复为主、自然恢复和人工修复相结合的措施，科学保护修复森林生态系统。新造幼林地和其他应当封山育林的地方，由当地人民政府组织封山育林。

各级人民政府应当对国务院确定的坡耕地、严重沙化耕地、严重石漠化耕地、严重污染耕地等需要生态修复的耕地，有计划地组织实施退耕还林还草。

各级人民政府应当对自然因素等导致的荒废和受损山体、退化林地以及宜林荒山荒地荒滩，因地制宜实施森林生态修复工程，恢复植被。

第六章 经营管理

第四十七条 国家根据生态保护的需要，将森林生态区位重要或者生态状况脆弱，以发挥生态效益为主要目的的林地和林地上的森林划定为公益林。未划定为公益林的林地和林地上的森林属于商品林。

第四十八条 公益林由国务院和省、自治区、直辖市人民政府划定并公布。

下列区域的林地和林地上的森林，应当划定为公益林：

（一）重要江河源头汇水区域；

（二）重要江河干流及支流两岸、饮用水水源地保护区；

（三）重要湿地和重要水库周围；

（四）森林和陆生野生动物类型的自然保护区；

（五）荒漠化和水土流失严重地区的防风固沙林基干林带；

（六）沿海防护林基干林带；

（七）未开发利用的原始林地区；

（八）需要划定的其他区域。

公益林划定涉及非国有林地的，应当与权利人签订书面协议，并给予合理补偿。

公益林进行调整的，应当经原划定机关同意，并予以公布。

国家级公益林划定和管理的办法由国务院制定；地方级公益林划定和管理的办法由省、自治区、直辖市人民政府制定。

第四十九条 国家对公益林实施严格保护。

县级以上人民政府林业主管部门应当有计划地组织公益林经营者对公益林中生态功能低下的疏林、残次林等低质低效林，采取林分改造、森林抚育等措施，提高公益林的质量和生态保护功能。

在符合公益林生态区位保护要求和不影响公益林生态功能的前提下，经科学论证，可以合理利用公益林林地资源和森林景观资源，适度开展林下经济、森林旅游等。利用公益林开展上述活动应当严格遵守国家有关规定。

第五十条 国家鼓励发展下列商品林：

（一）以生产木材为主要目的的森林；

（二）以生产果品、油料、饮料、调料、工业原料和药材等林产品为主要目的的森林；

（三）以生产燃料和其他生物质能源为主要目的的森林；

（四）其他以发挥经济效益为主要目的的森林。

在保障生态安全的前提下，国家鼓励建设速生丰产、珍贵树种和大径级用材林，增加林木储备，保障木材供给安全。

第五十一条 商品林由林业经营者依法自主经营。在不破坏生态的前提下，可以采取集约化经营措施，合理利用森林、林木、林地，提高商品林经济效益。

第五十二条 在林地上修筑下列直接为林业生产经营服务的工程设施，符合国家有关部门规定的标准的，由县级以上人民政府林业主管部门批准，不需要办理建设用地审批手续；超出标准需要占用林地的，应当依法办理建设用地审批手续：

（一）培育、生产种子、苗木的设施；

（二）贮存种子、苗木、木材的设施；

（三）集材道、运材道、防火巡护道、森林步道；

（四）林业科研、科普教育设施；

（五）野生动植物保护、护林、林业有害生物防治、森林防火、木材检疫的设施；

（六）供水、供电、供热、供气、通讯基础设施；

（七）其他直接为林业生产服务的工程设施。

第五十三条 国有林业企业事业单位应当编制森林经营方案，明确森林培育和管护的经营措施，报县级以上人民政府林业主管部门批准后实施。重点林区的森林经营方案由国务院林业主管部门批准后实施。

国家支持、引导其他林业经营者编制森林经营方案。

编制森林经营方案的具体办法由国务院林业主管部门制定。

第五十四条 国家严格控制森林年采伐量。省、自治区、直辖市人民政府林业主管部门根据消耗量低于生长量和森林分类经营管理的原则，编制本行政区域的年采伐限额，经征求国务院林业主管部门意见，报本级人民政府批准后公布实施，并报国务院备案。重点林区的年采伐限额，由国务院林业主管部门编制，报国务院批准后公布实施。

第五十五条 采伐森林、林木应当遵守下列规定：

（一）公益林只能进行抚育、更新和低质低效林改造性质的采伐。但是，因科研或者实验、防治林业有害生物、建设护林防火设施、营造生物防火隔离带、遭受自然灾害等需要采伐的除外。

（二）商品林应当根据不同情况，采取不同采伐方式，严格控制皆伐面积，伐育同步规划实施。

（三）自然保护区的林木，禁止采伐。但是，因防治林业有害生物、森林防火、维护主要保护对象生存环境、遭受自然灾害等特殊情况必须采伐的和实验区的竹林除外。

省级以上人民政府林业主管部门应当根据前款规定，按照森林分类经营管理、保护优先、注重效率和效益等原则，制定相应的林木采伐技术规程。

第五十六条 采伐林地上的林木应当申请采伐许可证，并按照采伐许可证的规定进行采伐；采伐自然保护区以外的竹林，不需要申请采伐许可证，但应当符合林木采伐技术规程。

农村居民采伐自留地和房前屋后个人所有的零星林木，不需要申请采伐许可证。

非林地上的农田防护林、防风固沙林、护路林、护岸护堤林和城镇林木等的更新采伐，由有关主管部门按照有关规定管理。

采挖移植林木按照采伐林木管理。具体办法由国务院林业主管部门制定。

禁止伪造、变造、买卖、租借采伐许可证。

第五十七条 采伐许可证由县级以上人民政府林业主管部门核发。

县级以上人民政府林业主管部门应当采取措施，方便申请人办理采伐许可证。

农村居民采伐自留山和个人承包集体林地上的林木，由县级人民政府林业主管部门或者其委托的乡镇人民政府核发采伐许可证。

第五十八条 申请采伐许可证，应当提交有关采伐的地点、林种、树种、面积、蓄积、方式、更新措施和林木权属等内容的材料。超过省级以上人民政府林业主管部门规定面积或者蓄积量的，还应当提交伐区调查设计材料。

第五十九条 符合林木采伐技术规程的，审核发放采伐许可证的部门应当及时核发采伐许可证。但是，审核发放采伐许可证的部门不得超过年采伐限额发放采伐许可证。

第六十条 有下列情形之一的，不得核发采伐许可证：

（一）采伐封山育林期、封山育林区内的林木；

（二）上年度采伐后未按照规定完成更新造林任务；

（三）上年度发生重大滥伐案件、森林火灾或者林业有害生物灾害，未采取预防和改进措施；

（四）法律法规和国务院林业主管部门规定的禁止采伐的其他情

形。

第六十一条 采伐林木的组织和个人应当按照有关规定完成更新造林。更新造林的面积不得少于采伐的面积，更新造林应当达到相关技术规程规定的标准。

第六十二条 国家通过贴息、林权收储担保补助等措施，鼓励和引导金融机构开展涉林抵押贷款、林农信用贷款等符合林业特点的信贷业务，扶持林权收储机构进行市场化收储担保。

第六十三条 国家支持发展森林保险。县级以上人民政府依法对森林保险提供保险费补贴。

第六十四条 林业经营者可以自愿申请森林认证，促进森林经营水平提高和可持续经营。

第六十五条 木材经营加工企业应当建立原料和产品出入库台账。任何单位和个人不得收购、加工、运输明知是盗伐、滥伐等非法来源的林木。

第七章 监督检查

第六十六条 县级以上人民政府林业主管部门依照本法规定，对森林资源的保护、修复、利用、更新等进行监督检查，依法查处破坏森林资源等违法行为。

第六十七条 县级以上人民政府林业主管部门履行森林资源保护监督检查职责，有权采取下列措施：

（一）进入生产经营场所进行现场检查；

（二）查阅、复制有关文件、资料，对可能被转移、销毁、隐匿或者篡改的文件、资料予以封存；

（三）查封、扣押有证据证明来源非法的林木以及从事破坏森林资源活动的工具、设备或者财物；

（四）查封与破坏森林资源活动有关的场所。

省级以上人民政府林业主管部门对森林资源保护发展工作不力、问题突出、群众反映强烈的地区，可以约谈所在地区县级以上地方人民政府及其有关部门主要负责人,要求其采取措施及时整改。约谈整改情况应当向社会公开。

第六十八条 破坏森林资源造成生态环境损害的,县级以上人民政府自然资源主管部门、林业主管部门可以依法向人民法院提起诉讼,对侵权人提出损害赔偿要求。

第六十九条 审计机关按照国家有关规定对国有森林资源资产进行审计监督。

第八章 法律责任

第七十条 县级以上人民政府林业主管部门或者其他有关国家机关未依照本法规定履行职责的,对直接负责的主管人员和其他直接责任人员依法给予处分。

依照本法规定应当作出行政处罚决定而未作出的,上级主管部门有权责令下级主管部门作出行政处罚决定或者直接给予行政处罚。

第七十一条 违反本法规定,侵害森林、林木、林地的所有者或者使用者的合法权益的,依法承担侵权责任。

第七十二条 违反本法规定,国有林业企业事业单位未履行保护培育森林资源义务、未编制森林经营方案或者未按照批准的森林经营方案开展森林经营活动的,由县级以上人民政府林业主管部门责令限期改正,对直接负责的主管人员和其他直接责任人员依法给予处分。

第七十三条 违反本法规定,未经县级以上人民政府林业主管部门审核同意,擅自改变林地用途的,由县级以上人民政府林业主管部门责令限期恢复植被和林业生产条件,可以处恢复植被和林业生产条件所需费用三倍以下的罚款。

虽经县级以上人民政府林业主管部门审核同意,但未办理建设用地审批手续擅自占用林地的,依照《中华人民共和国土地管理法》的有关规定处罚。

在临时使用的林地上修建永久性建筑物,或者临时使用林地期满后一年内未恢复植被或者林业生产条件的,依照本条第一款规定处罚。

第七十四条 违反本法规定，进行开垦、采石、采砂、采土或者其他活动，造成林木毁坏的，由县级以上人民政府林业主管部门责令停止违法行为，限期在原地或者异地补种毁坏株数一倍以上三倍以下的树木，可以处毁坏林木价值五倍以下的罚款；造成林地毁坏的，由县级以上人民政府林业主管部门责令停止违法行为，限期恢复植被和林业生产条件，可以处恢复植被和林业生产条件所需费用三倍以下的罚款。

违反本法规定，在幼林地砍柴、毁苗、放牧造成林木毁坏的，由县级以上人民政府林业主管部门责令停止违法行为，限期在原地或者异地补种毁坏株数一倍以上三倍以下的树木。

向林地排放重金属或者其他有毒有害物质含量超标的污水、污泥，以及可能造成林地污染的清淤底泥、尾矿、矿渣等的，依照《中华人民共和国土壤污染防治法》的有关规定处罚。

第七十五条 违反本法规定，擅自移动或者毁坏森林保护标志的，由县级以上人民政府林业主管部门恢复森林保护标志，所需费用由违法者承担。

第七十六条 盗伐林木的，由县级以上人民政府林业主管部门责令限期在原地或者异地补种盗伐株数一倍以上五倍以下的树木，并处盗伐林木价值五倍以上十倍以下的罚款。

滥伐林木的，由县级以上人民政府林业主管部门责令限期在原地或者异地补种滥伐株数一倍以上三倍以下的树木，可以处滥伐林木价值三倍以上五倍以下的罚款。

第七十七条 违反本法规定，伪造、变造、买卖、租借采伐许可证的，由县级以上人民政府林业主管部门没收证件和违法所得，并处违法所得一倍以上三倍以下的罚款；没有违法所得的，可以处二万元以下的罚款。

第七十八条 违反本法规定，收购、加工、运输明知是盗伐、滥伐等非法来源的林木的，由县级以上人民政府林业主管部门责令停止违法行为，没收违法收购、加工、运输的林木或者变卖所得，可以处违法收购、加工、运输林木价款三倍以下的罚款。

第七十九条　违反本法规定，未完成更新造林任务的，由县级以上人民政府林业主管部门责令限期完成；逾期未完成的，可以处未完成造林任务所需费用二倍以下的罚款；对直接负责的主管人员和其他直接责任人员，依法给予处分。

第八十条　违反本法规定，拒绝、阻碍县级以上人民政府林业主管部门依法实施监督检查的，可以处五万元以下的罚款，情节严重的，可以责令停产停业整顿。

第八十一条　违反本法规定，有下列情形之一的，由县级以上人民政府林业主管部门依法组织代为履行，代为履行所需费用由违法者承担：

（一）拒不恢复植被和林业生产条件，或者恢复植被和林业生产条件不符合国家有关规定；

（二）拒不补种树木，或者补种不符合国家有关规定。

恢复植被和林业生产条件、树木补种的标准，由省级以上人民政府林业主管部门制定。

第八十二条　公安机关按照国家有关规定，可以依法行使本法第七十四条第一款、第七十六条、第七十七条、第七十八条规定的行政处罚权。

违反本法规定，构成违反治安管理行为的，依法给予治安管理处罚；构成犯罪的，依法追究刑事责任。

第九章　附　　则

第八十三条　本法下列用语的含义是：

（一）森林，包括乔木林、竹林和国家特别规定的灌木林。按照用途可以分为防护林、特种用途林、用材林、经济林和能源林。

（二）林木，包括树木和竹子。

（三）林地，是指县级以上人民政府规划确定的用于发展林业的土地。包括郁闭度0.2以上的乔木林地以及竹林地、灌木林地、疏林地、采伐迹地、火烧迹地、未成林造林地、苗圃地等。

第八十四条 本法自2020年7月1日起施行。

中华人民共和国森林法实施条例

（2000年1月29日国务院令第278号公布 根据2011年1月8日《国务院关于废止和修改部分行政法规的决定》第一次修订 根据2016年2月6日《国务院关于修改部分行政法规的决定》第二次修订 根据2018年3月19日《国务院关于修改和废止部分行政法规的决定》第三次修订 2018年3月19日公布 国务院令第698号 自2018年3月19日起实施）

第一章 总 则

第一条 根据《中华人民共和国森林法》（以下简称森林法），制定本条例。

第二条 森林资源，包括森林、林木、林地以及依托森林、林木、林地生存的野生动物、植物和微生物。

森林，包括乔木林和竹林。

林木，包括树木和竹子。

林地，包括郁闭度0.2以上的乔木林地以及竹林地、灌木林地、疏林地、采伐迹地、火烧迹地、未成林造林地、苗圃地和县级以上人民政府规划的宜林地。

第三条 国家依法实行森林、林木和林地登记发证制度。依法登记的森林、林木和林地的所有权、使用权受法律保护，任何单位和个人不得侵犯。

森林、林木和林地的权属证书式样由国务院林业主管部门规定。

第四条 依法使用的国家所有的森林、林木和林地，按照下列规定登记：

（一）使用国务院确定的国家所有的重点林区（以下简称重点林区）的森林、林木和林地的单位，应当向国务院林业主管部门提出登记申请，由国务院林业主管部门登记造册，核发证书，确认森林、林木和林地使用权以及由使用者所有的林木所有权；

（二）使用国家所有的跨行政区域的森林、林木和林地的单位和个人，应当向共同的上一级人民政府林业主管部门提出登记申请，由该人民政府登记造册，核发证书，确认森林、林木和林地使用权以及由使用者所有的林木所有权；

（三）使用国家所有的其他森林、林木和林地的单位和个人，应当向县级以上地方人民政府林业主管部门提出登记申请，由县级以上地方人民政府登记造册，核发证书，确认森林、林木和林地使用权以及由使用者所有的林木所有权。

未确定使用权的国家所有的森林、林木和林地，由县级以上人民政府登记造册，负责保护管理。

第五条 集体所有的森林、林木和林地，由所有者向所在地的县级人民政府林业主管部门提出登记申请，由该县级人民政府登记造册，核发证书，确认所有权。

单位和个人所有的林木，由所有者向所在地的县级人民政府林业主管部门提出登记申请，由该县级人民政府登记造册，核发证书，确认林木所有权。

使用集体所有的森林、林木和林地的单位和个人，应当向所在地的县级人民政府林业主管部门提出登记申请，由该县级人民政府登记造册，核发证书，确认森林、林木和林地使用权。

第六条 改变森林、林木和林地所有权、使用权的，应当依法办理变更登记手续。

第七条 县级以上人民政府林业主管部门应当建立森林、林木和林地权属管理档案。

第八条 国家重点防护林和特种用途林，由国务院林业主管部门提出意见，报国务院批准公布；地方重点防护林和特种用途林，由省、自治区、直辖市人民政府林业主管部门提出意见，报本级人民政府批准公布；其他防护林、用材林、特种用途林以及经济林、薪炭林，由县级人民政府林业主管部门根据国家关于林种划分的规定和本级人民政府的部署组织划定，报本级人民政府批准公布。

省、自治区、直辖市行政区域内的重点防护林和特种用途林的面积，不得少于本行政区域森林总面积的30%。

经批准公布的林种改变为其他林种的，应当报原批准公布机关批准。

第九条 依照森林法第八条第一款第（五）项规定提取的资金，必须专门用于营造坑木、造纸等用材林，不得挪作他用。审计机关和林业主管部门应当加强监督。

第十条 国务院林业主管部门向重点林区派驻的森林资源监督机构，应当加强对重点林区内森林资源保护管理的监督检查。

第二章 森林经营管理

第十一条 国务院林业主管部门应当定期监测全国森林资源消长和森林生态环境变化的情况。

重点林区森林资源调查、建立档案和编制森林经营方案等项工作，由国务院林业主管部门组织实施；其他森林资源调查、建立档案和编制森林经营方案等项工作，由县级以上地方人民政府林业主管部门组织实施。

第十二条 制定林业长远规划，应当遵循下列原则：

（一）保护生态环境和促进经济的可持续发展；

（二）以现有的森林资源为基础；

（三）与土地利用总体规划、水土保持规划、城市规划、村庄和集镇规划相协调。

第十三条 林业长远规划应当包括下列内容：

（一）林业发展目标；

（二）林种比例；

（三）林地保护利用规划；

（四）植树造林规划。

第十四条 全国林业长远规划由国务院林业主管部门会同其他有关部门编制，报国务院批准后施行。

地方各级林业长远规划由县级以上地方人民政府林业主管部门会同其他有关部门编制，报本级人民政府批准后施行。

下级林业长远规划应当根据上一级林业长远规划编制。

林业长远规划的调整、修改，应当报经原批准机关批准。

第十五条 国家依法保护森林、林木和林地经营者的合法权益。任何单位和个人不得侵占经营者依法所有的林木和使用的林地。

用材林、经济林和薪炭林的经营者，依法享有经营权、收益权和其他合法权益。

防护林和特种用途林的经营者，有获得森林生态效益补偿的权利。

第十六条 勘查、开采矿藏和修建道路、水利、电力、通讯等工程，需要占用或者征收、征用林地的，必须遵守下列规定：

（一）用地单位应当向县级以上人民政府林业主管部门提出用地申请，经审核同意后，按照国家规定的标准预交森林植被恢复费，领取使用林地审核同意书。用地单位凭使用林地审核同意书依法办理建设用地审批手续。占用或者征收、征用林地未经林业主管部门审核同意的，土地行政主管部门不得受理建设用地申请。

（二）占用或者征收、征用防护林林地或者特种用途林林地面积10公顷以上的，用材林、经济林、薪炭林林地及其采伐迹地面积35公顷以上的，其他林地面积70公顷以上的，由国务院林业主管部门审核；占用或者征收、征用林地面积低于上述规定数量的，由省、自治区、直辖市人民政府林业主管部门审核。占用或者征收、征用重点林区的林地的，由国务院林业主管部门审核。

（三）用地单位需要采伐已经批准占用或者征收、征用的林地上的林木时，应当向林地所在地的县级以上地方人民政府林业主管部门或者国务院林业主管部门申请林木采伐许可证。

（四）占用或者征收、征用林地未被批准的，有关林业主管部门应当自接到不予批准通知之日起7日内将收取的森林植被恢复费如数退还。

第十七条　需要临时占用林地的，应当经县级以上人民政府林业主管部门批准。

临时占用林地的期限不得超过两年，并不得在临时占用的林地上修筑永久性建筑物；占用期满后，用地单位必须恢复林业生产条件。

第十八条　森林经营单位在所经营的林地范围内修筑直接为林业生产服务的工程设施，需要占用林地的，由县级以上人民政府林业主管部门批准；修筑其他工程设施，需要将林地转为非林业建设用地的，必须依法办理建设用地审批手续。

前款所称直接为林业生产服务的工程设施是指：

（一）培育、生产种子、苗木的设施；

（二）贮存种子、苗木、木材的设施；

（三）集材道、运材道；

（四）林业科研、试验、示范基地；

（五）野生动植物保护、护林、森林病虫害防治、森林防火、木材检疫的设施；

（六）供水、供电、供热、供气、通讯基础设施。

第三章　森林保护

第十九条　县级以上人民政府林业主管部门应当根据森林病虫害测报中心和测报点对测报对象的调查和监测情况，定期发布长期、中期、短期森林病虫害预报，并及时提出防治方案。

森林经营者应当选用良种，营造混交林，实行科学育林，提高防御森林病虫害的能力。

发生森林病虫害时,有关部门、森林经营者应当采取综合防治措施,及时进行除治。

发生严重森林病虫害时,当地人民政府应当采取紧急除治措施,防止蔓延,消除隐患。

第二十条 国务院林业主管部门负责确定全国林木种苗检疫对象。省、自治区、直辖市人民政府林业主管部门根据本地区的需要,可以确定本省、自治区、直辖市的林木种苗补充检疫对象,报国务院林业主管部门备案。

第二十一条 禁止毁林开垦、毁林采种和违反操作技术规程采脂、挖笋、掘根、剥树皮及过度修枝的毁林行为。

第二十二条 25度以上的坡地应当用于植树、种草。25度以上的坡耕地应当按照当地人民政府制定的规划,逐步退耕,植树和种草。

第二十三条 发生森林火灾时,当地人民政府必须立即组织军民扑救;有关部门应当积极做好扑救火灾物资的供应、运输和通讯、医疗等工作。

第四章 植树造林

第二十四条 森林法所称森林覆盖率,是指以行政区域为单位森林面积与土地面积的百分比。森林面积,包括郁闭度0.2以上的乔木林地面积和竹林地面积、国家特别规定的灌木林地面积、农田林网以及村旁、路旁、水旁、宅旁林木的覆盖面积。

县级以上地方人民政府应当按照国务院确定的森林覆盖率奋斗目标,确定本行政区域森林覆盖率的奋斗目标,并组织实施。

第二十五条 植树造林应当遵守造林技术规程,实行科学造林,提高林木的成活率。

县级人民政府对本行政区域内当年造林的情况应当组织检查验收,除国家特别规定的干旱、半干旱地区外,成活率不足85%的,不得计入年度造林完成面积。

第二十六条 国家对造林绿化实行部门和单位负责制。

铁路公路两旁、江河两岸、湖泊水库周围,各有关主管单位是造林绿化的责任单位。工矿区,机关、学校用地,部队营区以及农场、牧场、渔场经营地区,各该单位是造林绿化的责任单位。

责任单位的造林绿化任务,由所在地的县级人民政府下达责任通知书,予以确认。

第二十七条 国家保护承包造林者依法享有的林木所有权和其他合法权益。未经发包方和承包方协商一致,不得随意变更或者解除承包造林合同。

第五章 森林采伐

第二十八条 国家所有的森林和林木以国有林业企业事业单位、农场、厂矿为单位,集体所有的森林和林木、个人所有的林木以县为单位,制定年森林采伐限额,由省、自治区、直辖市人民政府林业主管部门汇总、平衡,经本级人民政府审核后,报国务院批准;其中,重点林区的年森林采伐限额,由国务院林业主管部门报国务院批准。

国务院批准的年森林采伐限额,每5年核定一次。

第二十九条 采伐森林、林木作为商品销售的,必须纳入国家年度木材生产计划;但是,农村居民采伐自留山上个人所有的薪炭林和自留地、房前屋后个人所有的零星林木除外。

第三十条 申请林木采伐许可证,除应当提交申请采伐林木的所有权证书或者使用权证书外,还应当按照下列规定提交其他有关证明文件:

(一)国有林业企业事业单位还应当提交采伐区调查设计文件和上年度采伐更新验收证明;

(二)其他单位还应当提交包括采伐林木的目的、地点、林种、林况、面积、蓄积量、方式和更新措施等内容的文件;

(三)个人还应当提交包括采伐林木的地点、面积、树种、株数、蓄积量、更新时间等内容的文件。

因扑救森林火灾、防洪抢险等紧急情况需要采伐林木的，组织抢险的单位或者部门应当自紧急情况结束之日起30日内，将采伐林木的情况报告当地县级以上人民政府林业主管部门。

第三十一条 有下列情形之一的，不得核发林木采伐许可证：

（一）防护林和特种用途林进行非抚育或者非更新性质的采伐的，或者采伐封山育林期、封山育林区内的林木的；

（二）上年度采伐后未完成更新造林任务的；

（三）上年度发生重大滥伐案件、森林火灾或者大面积严重森林病虫害，未采取预防和改进措施的。

林木采伐许可证的式样由国务院林业主管部门规定，由省、自治区、直辖市人民政府林业主管部门印制。

第三十二条 除森林法已有明确规定的外，林木采伐许可证按照下列规定权限核发：

（一）县属国有林场，由所在地的县级人民政府林业主管部门核发；

（二）省、自治区、直辖市和设区的市、自治州所属的国有林业企业事业单位、其他国有企业事业单位，由所在地的省、自治区、直辖市人民政府林业主管部门核发；

（三）重点林区的国有林业企业事业单位，由国务院林业主管部门核发。

第三十三条 利用外资营造的用材林达到一定规模需要采伐的，应当在国务院批准的年森林采伐限额内，由省、自治区、直辖市人民政府林业主管部门批准，实行采伐限额单列。

第三十四条 木材收购单位和个人不得收购没有林木采伐许可证或者其他合法来源证明的木材。

前款所称木材，是指原木、锯材、竹材、木片和省、自治区、直辖市规定的其他木材。

第三十五条 从林区运出非国家统一调拨的木材，必须持有县级以上人民政府林业主管部门核发的木材运输证。

重点林区的木材运输证，由省、自治区、直辖市人民政府林业主管部门核发；其他木材运输证，由县级以上地方人民政府林业主管部门核发。

木材运输证自木材起运点到终点全程有效，必须随货同行。没有木材运输证的，承运单位和个人不得承运。

木材运输证的式样由国务院林业主管部门规定。

第三十六条 申请木材运输证，应当提交下列证明文件：

（一）林木采伐许可证或者其他合法来源证明；

（二）检疫证明；

（三）省、自治区、直辖市人民政府林业主管部门规定的其他文件。

符合前款条件的，受理木材运输证申请的县级以上人民政府林业主管部门应当自接到申请之日起 3 日内发给木材运输证。

依法发放的木材运输证所准运的木材运输总量，不得超过当地年度木材生产计划规定可以运出销售的木材总量。

第三十七条 经省、自治区、直辖市人民政府批准在林区设立的木材检查站，负责检查木材运输；无证运输木材的，木材检查站应当予以制止，可以暂扣无证运输的木材，并立即报请县级以上人民政府林业主管部门依法处理。

第六章 法律责任

第三十八条 盗伐森林或者其他林木，以立木材积计算不足 0.5 立方米或者幼树不足 20 株的，由县级以上人民政府林业主管部门责令补种盗伐株数 10 倍的树木，没收盗伐的林木或者变卖所得，并处盗伐林木价值 3 倍至 5 倍的罚款。

盗伐森林或者其他林木，以立木材积计算 0.5 立方米以上或者幼树 20 株以上的，由县级以上人民政府林业主管部门责令补种盗伐株数 10 倍的树木，没收盗伐的林木或者变卖所得，并处盗伐林木价值 5 倍至 10 倍的罚款。

第三十九条 滥伐森林或者其他林木，以立木材积计算不足 2 立方米或者幼树不足50株的,由县级以上人民政府林业主管部门责令补种滥伐株数5倍的树木,并处滥伐林木价值2倍至3倍的罚款。

滥伐森林或者其他林木,以立木材积计算2立方米以上或者幼树50株以上的,由县级以上人民政府林业主管部门责令补种滥伐株数5倍的树木,并处滥伐林木价值3倍至5倍的罚款。

超过木材生产计划采伐森林或者其他林木的,依照前两款规定处罚。

第四十条 违反本条例规定,收购没有林木采伐许可证或者其他合法来源证明的木材的,由县级以上人民政府林业主管部门没收非法经营的木材和违法所得,并处违法所得2倍以下的罚款。

第四十一条 违反本条例规定,毁林采种或者违反操作技术规程采脂、挖笋、掘根、剥树皮及过度修枝,致使森林、林木受到毁坏的,依法赔偿损失,由县级以上人民政府林业主管部门责令停止违法行为,补种毁坏株数1倍至3倍的树木,可以处毁坏林木价值1倍至5倍的罚款;拒不补种树木或者补种不符合国家有关规定的,由县级以上人民政府林业主管部门组织代为补种,所需费用由违法者支付。

违反森林法和本条例规定,擅自开垦林地,致使森林、林木受到毁坏的,依照森林法第四十四条的规定予以处罚;对森林、林木未造成毁坏或者被开垦的林地上没有森林、林木的,由县级以上人民政府林业主管部门责令停止违法行为,限期恢复原状,可以处非法开垦林地每平方米10元以下的罚款。

第四十二条 有下列情形之一的,由县级以上人民政府林业主管部门责令限期完成造林任务;逾期未完成的,可以处应完成而未完成造林任务所需费用2倍以下的罚款;对直接负责的主管人员和其他直接责任人员,依法给予行政处分:

(一)连续两年未完成更新造林任务的;

(二)当年更新造林面积未达到应更新造林面积50%的;

(三)除国家特别规定的干旱、半干旱地区外,更新造林当年成活率未达到85%的;

（四）植树造林责任单位未按照所在地县级人民政府的要求按时完成造林任务的。

第四十三条 未经县级以上人民政府林业主管部门审核同意，擅自改变林地用途的，由县级以上人民政府林业主管部门责令限期恢复原状，并处非法改变用途林地每平方米10元至30元的罚款。

临时占用林地，逾期不归还的，依照前款规定处罚。

第四十四条 无木材运输证运输木材的，由县级以上人民政府林业主管部门没收非法运输的木材，对货主可以并处非法运输木材价款30%以下的罚款。

运输的木材数量超出木材运输证所准运的运输数量的，由县级以上人民政府林业主管部门没收超出部分的木材；运输的木材树种、材种、规格与木材运输证规定不符又无正当理由的，没收其不相符部分的木材。

使用伪造、涂改的木材运输证运输木材的，由县级以上人民政府林业主管部门没收非法运输的木材，并处没收木材价款10%至50%的罚款。

承运无木材运输证的木材的，由县级以上人民政府林业主管部门没收运费，并处运费1倍至3倍的罚款。

第四十五条 擅自移动或者毁坏林业服务标志的，由县级以上人民政府林业主管部门责令限期恢复原状；逾期不恢复原状的，由县级以上人民政府林业主管部门代为恢复，所需费用由违法者支付。

第四十六条 违反本条例规定，未经批准，擅自将防护林和特种用途林改变为其他林种的，由县级以上人民政府林业主管部门收回经营者所获取的森林生态效益补偿，并处所获取森林生态效益补偿3倍以下的罚款。

第七章 附 则

第四十七条 本条例中县级以上地方人民政府林业主管部门职责权限的划分，由国务院林业主管部门具体规定。

第四十八条 本条例自发布之日起施行。1986年4月28日国务院批准、1986年5月10日林业部发布的《中华人民共和国森林法实施细则》同时废止。

最高人民法院关于审理破坏森林资源刑事案件具体应用法律若干问题的解释

(2000年11月17日最高人民法院审判委员会第1141次会议通过 2000年11月12日公布 法释〔2000〕36号 自2000年12月11日起实施)

为依法惩处破坏森林资源的犯罪活动,根据刑法的有关规定,现就审理这类案件具体应用法律的若干问题解释如下:

第一条 刑法第三百四十四条规定的“珍贵树木”,包括由省级以上林业主管部门或者其他部门确定的具有重大历史纪念意义、科学研究价值或者年代久远的古树名木,国家禁止、限制出口的珍贵树木以及列入国家重点保护野生植物名录的树木。

第二条 具有下列情形之一的,属于非法采伐、毁坏珍贵树木行为“情节严重”:

(一)非法采伐珍贵树木二株以上或者毁坏珍贵树木致使珍贵树木死亡三株以上的;

(二)非法采伐珍贵树木二立方米以上的;

(三)为首组织、策划、指挥非法采伐或者毁坏珍贵树木的;

(四)其他情节严重的情形。

第三条 以非法占有为目的,具有下列情形之一,数量较大的,依照刑法第三百四十五条第一款的规定,以盗伐林木罪定罪处罚:

(一)擅自砍伐国家、集体、他人所有或者他人承包经营管理的森林或者其他林木的；

（二）擅自砍伐本单位或者本人承包经营管理的森林或者其他林木的；

（三）在林木采伐许可证规定的地点以外采伐国家、集体、他人所有或者他人承包经营管理的森林或者其他林木的。

第四条　盗伐林木“数量较大”，以二至五立方米或者幼树一百至二百株为起点；盗伐林木“数量巨大”，以二十至五十立方米或者幼树一千至二千株为起点；盗伐林木“数量特别巨大”，以一百至二百立方米或者幼树五千至一万株为起点。

第五条　违反森林法的规定，具有下列情形之一，数量较大的，依照刑法第三百四十五条第二款的规定，以滥伐林木罪定罪处罚：

（一）未经林业行政主管部门及法律规定的其他主管部门批准并核发林木采伐许可证，或者虽持有林木采伐许可证，但违反林木采伐许可证规定的时间、数量、树种或者方式，任意采伐本单位所有或者本人所有的森林或者其他林木的；

（二）超过林木采伐许可证规定的数量采伐他人所有的森林或者其他林木的。

林木权属争议一方在林木权属确权之前，擅自砍伐森林或者其他林木，数量较大的，以滥伐林木罪论处。

第六条　滥伐林木“数量较大”，以十至二十立方米或者幼树五百至一千株为起点；滥伐林木“数量巨大”，以五十至一百立方米或者幼树二千五百至五千株为起点。

第七条　对于一年内多次盗伐、滥伐少量林木未经处罚的，累计其盗伐、滥伐林木的数量，构成犯罪的，依法追究刑事责任。

第八条　盗伐、滥伐珍贵树木，同时触犯刑法第三百四十四条、第三百四十五条规定的，依照处罚较重的规定定罪处罚。

第九条　将国家、集体、他人所有并已经伐倒的树木窃为己有，以及偷砍他人房前屋后、自留地种植的零星树木，数额较大的，依照刑法第二百六十四条的规定，以盗窃罪定罪处罚。

第十条 刑法第三百四十五条规定的“非法收购明知是盗伐、滥伐的林木”中的“明知”,是指知道或者应当知道。具有下列情形之一的,可以视为应当知道,但是有证据证明确属被蒙骗的除外:

(一)在非法的木材交易场所或者销售单位收购木材的;

(二)收购以明显低于市场价格出售的木材的;

(三)收购违反规定出售的木材的。

第十一条 具有下列情形之一的,属于在林区非法收购盗伐、滥伐的林木“情节严重”:

(一)非法收购盗伐、滥伐的林木二十立方米以上或者幼树一千株以上的;

(二)非法收购盗伐、滥伐的珍贵树木二立方米以上或者五株以上的;

(三)其他情节严重的情形。

具有下列情形之一的,属于在林区非法收购盗伐、滥伐的林木“情节特别严重”:

(一)非法收购盗伐、滥伐的林木一百立方米以上或者幼树五千株以上的;

(二)非法收购盗伐、滥伐的珍贵树木五立方米以上或者十株以上的;

(三)其他情节特别严重的情形。

第十二条 林业主管部门的工作人员违反森林法的规定,超过批准的年采伐限额发放林木采伐许可证或者违反规定滥发林木采伐许可证,具有下列情形之一的,属于刑法第四百零七条规定的“情节严重,致使森林遭受严重破坏”,以违法发放林木采伐许可证罪定罪处罚:

(一)发放林木采伐许可证允许采伐数量累计超过批准的年采伐限额,导致林木被采伐数量在十立方米以上的;

(二)滥发林木采伐许可证,导致林木被滥伐二十立方米以上的;

(三)滥发林木采伐许可证,导致珍贵树木被滥伐的;

（四）批准采伐国家禁止采伐的林木，情节恶劣的；

（五）其他情节严重的情形。

第十三条　对于伪造、变造、买卖林木采伐许可证、木材运输证件，森林、林木、林地权属证书，占用或者征用林地审核同意书、育林基金等缴费收据以及其他国家机关批准的林业证件构成犯罪的，依照刑法第二百八十条第一款的规定，以伪造、变造、买卖国家机关公文、证件罪定罪处罚。

对于买卖允许进出口证明书等经营许可证明，同时触犯刑法第二百二十五条、第二百八十条规定之罪的，依照处罚较重的规定定罪处罚。

第十四条　聚众哄抢林木五立方米以上的，属于聚众哄抢"数额较大"；聚众哄抢林木二十立方米以上的，属于聚众哄抢"数额巨大"，对首要分子和积极参加的，依照刑法第二百六十八条的规定，以聚众哄抢罪定罪处罚。

第十五条　非法实施采种、采脂、挖笋、掘根、剥树皮等行为，牟取经济利益数额较大的，依照刑法第二百六十四条的规定，以盗窃罪定罪处罚。同时构成其他犯罪的，依照处罚较重的规定定罪处罚。

第十六条　单位犯刑法第三百四十四条、第三百四十五条规定之罪，定罪量刑标准按照本解释的规定执行。

第十七条　本解释规定的林木数量以立木蓄积计算，计算方法为：原木材积除以该树种的出材率。

本解释所称"幼树"，是指胸径五厘米以下的树木。

滥伐林木的数量，应在伐区调查设计允许的误差额以上计算。

第十八条　盗伐、滥伐以生产竹材为主要目的的竹林的定罪量刑问题，有关省、自治区、直辖市高级人民法院可以参照上述规定的精神，规定本地区的具体标准，并报最高人民法院备案。

第十九条　各省、自治区、直辖市高级人民法院可以根据本地区的实际情况，在本解释第四条、第六条规定的数量幅度内，确定本地区执行的具体数量标准，并报最高人民法院备案。

财政部、国家林业局关于调整森林植被恢复费征收标准引导节约集约利用林地的通知

（2015 年 11 月 18 日公布　财税〔2015〕122 号
自 2015 年 11 月 18 日起实施）

各省、自治区、直辖市财政厅（局）、林业厅（局），新疆生产建设兵团财务局、林业局，内蒙古、吉林、黑龙江、大兴安岭森工（林业）集团公司：

由占用征收林地的建设单位依法缴纳森林植被恢复费，是促进节约集约利用林地、培育和恢复森林植被、实现森林植被占补平衡的一项重要制度保障。2002 年财政部、国家林业局印发《森林植被恢复费征收使用管理暂行办法》（财综〔2002〕73 号）以来，各地不断加强和规范森林植被恢复费征收使用管理，对推动植树造林、增加森林植被面积发挥了重要作用。随着我国经济社会快速发展，各项建设工程对占用征收林地需求不断增加，但其支付的补偿标准明显偏低，无序占用、粗放利用林地问题突出，减少的森林植被无法得到有效恢复。根据中共中央、国务院印发的《生态文明体制改革总体方案》的要求，为加快健全资源有偿使用和生态补偿制度，建立引导节约集约利用林地的约束机制，确保森林植被面积不减少、质量不降低，保障国家生态安全，现就调整森林植被恢复费征收标准等有关问题通知如下：

一、制定森林植被恢复费征收标准应当遵循以下原则：

（一）合理引导节约集约利用林地，限制无序占用、粗放使用林地。

（二）反映不同类型林地生态和经济价值，合理补偿森林植被恢复成本。

（三）充分体现公益林、城市规划区林地的重要性和特殊性，突出加强公益林和城市规划区林地的保护。

（四）保障公共基础设施、公共事业和民生工程等建设项目使用林地，控制经营性建设项目使用林地。

（五）考虑不同地区经济社会发展水平、森林资源禀赋和恢复成本差异，适应各地植树造林、恢复森林植被工作需要。

（六）与经济社会发展相适应，考虑企业承受能力，并建立定期评估和调整机制。

（七）体现公平公正原则，对中央和地方企业不得实行歧视性征收标准。

二、森林植被恢复费征收标准应当按照恢复不少于被占用征收林地面积的森林植被所需要的调查规划设计、造林培育、保护管理等费用进行核定。具体征收标准如下：

（一）郁闭度0.2以上的乔木林地（含采伐迹地、火烧迹地）、竹林地、苗圃地，每平方米不低于10元；灌木林地、疏林地、未成林造林地，每平方米不低于6元；宜林地，每平方米不低于3元。

各省、自治区、直辖市财政、林业主管部门在上述下限标准基础上，结合本地实际情况，制定本省、自治区、直辖市具体征收标准。

（二）国家和省级公益林林地，按照第（一）款规定征收标准2倍征收。

（三）城市规划区的林地，按照第（一）、（二）款规定征收标准2倍征收。

（四）城市规划区外的林地，按占用征收林地建设项目性质实行不同征收标准。属于公共基础设施、公共事业和国防建设项目的，按照第（一）、（二）款规定征收标准征收；属于经营性建设项目的，按照第（一）、（二）款规定征收标准2倍征收。

公共基础设施建设项目包括：公路、铁路、机场、港口码头、水利、电力、通讯、能源基地、电网、油气管网等建设项目。公共事业建设项目包括：教育、科技、文化、卫生、体育、环境和资源保护、防灾减灾、文物保护、社会福利、市政公用等建设项目。经营性建设项目包括:商业、服务业、工矿业、仓储、城镇住宅、旅游开发、养殖、经营性墓地等建设项目。

三、对农村居民按规定标准建设住宅,农村集体经济组织修建乡村道路、学校、幼儿园、敬老院、福利院、卫生院等社会公益项目以及保障性安居工程,免征森林植被恢复费。法律、法规规定减免森林植被恢复费的,从其规定。

四、加强森林植被恢复费征收管理。各级林业主管部门要严格按规定的范围、标准和时限要求征收森林植被恢复费,确保及时、足额征缴到位。任何单位和个人均不得违反规定,擅自减免或缓征森林植被恢复费,不得自行改变森林植被恢复费的征收对象、范围和标准。要向社会公开各类建设项目占用征收林地及森林植被恢复费征收使用情况,提高透明度,接受社会监督。上级财政、林业主管部门要加强监督检查,坚决查处不按规定征收森林植被恢复费的行为。

五、做好组织实施和宣传工作。各地要高度重视调整森林植被恢复费征收标准工作,加强组织领导,周密部署,协调配合,抓好落实。要通过政府网站和公共媒体等渠道,加强森林植被恢复费政策宣传解读,及时发布信息,做好舆论引导工作,统一思想、凝聚共识,营造良好的舆论氛围。

各省、自治区、直辖市财政、林业主管部门要在 2016 年 3 月底前,将调整森林植被恢复费征收标准等政策落实到位,并及时报财政部、国家林业局备案。

国家林业局森林资源管理司关于对输电线路执行《森林植被恢复费征收使用管理暂行办法》有关问题的函

（2003年6月4日公布　资权字〔2003〕27号
自2003年6月4日起实施）

国务院三峡工程建设委员会办公室移民安置规划司：

你司《关于征求对电力输电线路执行〈森林植被恢复费征收使用管理暂行办法〉有关问题意见的函》收悉，经研究，答复如下：

一、《森林法》第十八条规定，“进行勘查、开采矿藏和各项建设工程，应当不占或者少占林地；必须占用或者征用林地的，经县级以上人民政府林业主管部门审核同意后，依照有关土地管理的法律、行政法规办理建设用地审批手续，并由用地单位依照国务院有关规定缴纳森林植被恢复费”。电力输电线路建设工程确需占用征用林地的，应当依法办理手续。

二、为了保证架空电力线路安全运行而设置并划定的保护区，通过林地并限制森林、林木、林地所有者和使用者在林地上种植、经营林木的权利，应当依照《森林法》和《土地管理法》的有关规定，办理占用征用林地手续和缴纳有关费用；不限制在林地上种植、经营林木的，不应设置并划定为保护区，不得改变林地用途和办理占用征用林地手续。

三、根据《森林法实施条例》第二条规定，林地包括县级以上人民政府规划的宜林地。宜林地是国家改善生态环境、发展林业的主要后备资源，占用县级以上人民政府规划的宜林地并限制种植、经营林木的，用地单位应当按照《财政部、国家林业局关于印发〈森林植被恢复费征收使用管理暂行办法〉的通知》（财综〔2002〕73号）中规定的宜林地征收标准缴纳森林植被恢复费。

特此函告并请转告国家电网公司。

森林植被恢复费征收使用管理暂行办法

（2002 年 10 月 25 日公布　财综〔2002〕73 号
自 2003 年 1 月 1 日起实施）

第一章　总　　则

第一条　为保护森林资源，促进我国林业可持续发展，根据《中华人民共和国森林法》和《中华人民共和国森林法实施条例》（国务院令第 278 号）的有关规定，制定本办法。

第二条　森林植被恢复费属于政府性基金，纳入财政预算管理，实行专款专用，年终结余结转下年安排使用。

第三条　森林植被恢复费的征收、使用和管理应当接受财政、审计部门和上级林业主管部门的监督检查。

第二章　征　　收

第四条　凡勘查、开采矿藏和修建道路、水利、电力、通讯等各项建设工程需要占用、征用或者临时占用林地，经县级以上林业主管部门审核同意或批准的，用地单位应当按照本办法规定向县级以上林业主管部门预缴森林植被恢复费。

第五条　县级以上林业主管部门按照下列规定预收森林植被恢复费：

（一）占用或者临时占用国务院确定的国家所有的重点林区（以下简称“重点林区”）林地的，由国务院林业主管部门或其委托的单位负责预收。

（二）占用或者征用除重点林区以外林地的，由省、自治区、直辖市林业主管部门负责预收。

（三）临时占用重点林区以外林地的，由县、地（州、市）、省（自治区、直辖市）林业主管部门按照国家林业局《占用征用林地审核审批管理办法》（国家林业局令第2号）规定的审批权限负责预收。其中，属于国家林业局审批的，由省、自治区、直辖市林业主管部门负责预收。

第六条 森林植被恢复费征收标准按照恢复不少于被占用或征用林地面积的森林植被所需要的调查规划设计、造林培育等费用核定。具体征收标准如下：

（一）用材林林地、经济林林地、薪炭林林地、苗圃地，每平方米收取6元。

（二）未成林造林地，每平方米收取4元。

（三）防护林和特种用途林林地，每平方米收取8元；国家重点防护林和特种用途林地，每平方米收取10元。

（四）疏林地、灌木林地，每平方米收取3元。

（五）宜林地、采伐迹地、火烧迹地，每平方米收取2元。

城市及城市规划区的林地，可按照上述规定标准2倍收取。对农民按规定标准建设住宅占用林地，在"十五"期间暂不收取森林植被恢复费。

第七条 县级以上林业主管部门收取森林植被恢复费，按照财务隶属关系使用财政部和省、自治区、直辖市财政部门统一印制的政府性基金票据。

第三章 缴 库

第八条 县级以上林业主管部门收取的森林植被恢复费，按照预算收入级次上缴国库。

（一）国务院林业主管部门及其委托单位收取的森林植被恢复费，全额缴入中央国库。

（二）省、自治区、直辖市以下各级林业主管部门收取的森林植被恢复费,全额缴入同级地方国库。

第九条 森林植被恢复费实行就地缴库办法。县级以上林业主管部门收取森林植被恢复费后,自取得收入之日起3日内就地缴入同级国库。

第十条 县级以上林业主管部门在办理缴库手续时,应填制一般缴款书,并填列“基金预算收入”科目中第84类“农业部门基金收入”第8409款“森林植被恢复费收入”。国务院林业主管部门及其委托单位在缴款书的“收款单位”栏填写“财政部”,“预算级次”栏填写“中央级”;省、自治区、直辖市以下林业主管部门按同级财政部门的有关规定填写。

第十一条 占用、征用或者临时占用林地未被批准,有关林业主管部门需要将预收的森林植被恢复费退还用地单位时,应当由有关林业主管部门汇总实际发生的退还金额,并附有关证明材料,按照财政部规定的退库项目,向同级财政部门申请办理森林植被恢复费退库手续。

第四章 使用管理

第十二条 森林植被恢复费实行专款专用,专项用于林业主管部门组织的植树造林、恢复森林植被,包括调查规划设计、整地、造林、抚育、护林防火、病虫害防治、资源管护等开支,不得平调、截留或挪作他用。

第十三条 国务院林业主管部门及其委托单位收取的森林植被恢复费,纳入中央财政预算管理。其中:占用或者临时占用大兴安岭林业集团管理的林地收取的森林植被恢复费,列入中央本级支出预算,用于大兴安岭林区植树造林、恢复森林植被;占用或者临时占用内蒙古、吉林、黑龙江森工集团管理的林地收取的森林植被恢复费,列入中央补助地方专款预算,用于有关森工集团管理林区范围内的植树造林、恢复森林植被。

省、自治区、直辖市林业主管部门收取的森林植被恢复费,纳入省级财政预算管理。其中:省、自治区集中用于全省(自治区)范围内异地植树造林、恢复森林植被的比例不得高于20%;通过省、自治区财政专项转移支付返还被占用或征用林地所在地县、地(州、市)级财政,用于植树造林、恢复森林植被的比例不得低于80%。直辖市集中用于全市范围内异地植树造林、恢复森林植被的比例可高于20%。具体比例由各省、自治区、直辖市财政部门商林业主管部门制定。

县、地(州、市)级林业主管部门收取的森林植被恢复费,纳入同级财政预算管理,全部用于本区域范围内的植树造林、恢复森林植被。

第十四条 县级以上林业主管部门应当按照规定编制森林植被恢复费收支预决算报同级财政部门审核,并按照批准的预算以及财政部门核拨的资金安排使用。

第十五条 森林植被恢复费支出时,填列“基金预算支出”科目中的第84类“农业部门基金支出”第8409款“森林植被恢复费支出”。

第五章 违规处理

第十六条 占用或者临时占用林地的单位和个人不按照本办法规定缴纳森林植被恢复费;县级以上林业主管部门违反本办法规定,多收、减收、免收、缓收,或者隐瞒、截留、挪用、坐收坐支森林植被恢复费,由上级或同级财政部门会同有关部门责令改正,并按照《国务院关于违反财政法规处罚的暂行规定》(国发〔1987〕58号)等有关法律、行政法规的规定进行处罚。

第十七条 对违反第十六条规定行为中涉及有关部门或单位直接负责的主管人员和其他直接责任人员,按照《违反行政事业性收费和罚没收入收支两条线管理规定行政处分暂行规定》(国务院令第281号),给予行政处分;构成犯罪的,移交司法机关依法追究其刑事责任。

第六章 附则

第十八条 本办法自2003年1月1日起执行。各省、自治区、直辖市有关规定与本办法不一致的,一律以本办法为准。

第十九条 本办法由财政部、国家林业局负责解释。

第二十条 各省、自治区、直辖市财政部门、林业主管部门可以根据本办法规定制定具体实施办法,并报财政部、国家林业局备案。

国家林业局关于光伏电站建设使用林地有关问题的通知

（2015年11月27日公布 林资发〔2015〕153号
自2015年11月27日起实施）

各省、自治区、直辖市林业厅(局)，内蒙古、吉林、龙江、大兴安岭森工(林业)集团公司，新疆生产建设兵团林业局：

为支持光伏产业健康发展，规范光伏电站建设使用林地，现就有关问题通知如下：

一、各类自然保护区、森林公园(含同类型国家公园)、濒危物种栖息地、天然林保护工程区以及东北内蒙古重点国有林区，为禁止建设区域。其他生态区位重要、生态脆弱、地形破碎区域，为限制建设区域。

二、光伏电站的电池组件阵列禁止使用有林地、疏林地、未成林造林地、采伐迹地、火烧迹地，以及年降雨量400毫米以下区域覆盖度高于30%的灌木林地和年降雨量400毫米以上区域覆盖度高于50%的灌木林地。

三、对于森林资源调查确定为宜林地而第二次全国土地调查确定为未利用地的土地，应采用“林光互补”用地模式，“林光互补”模式光伏电站要确保使用的宜林地不改变林地性质。

四、光伏电站建设必须依法办理使用林地审核审批手续。采用“林光互补”用地模式的，电池组件阵列在施工期按临时占用林地办理使用林地手续，运营期双方可以签订补偿协议，通过租赁等方式使用林地。

各地林业主管部门要加强监管，定期检查，确保光伏电站建设依法依规使用林地。积极探索支持光伏电站建设与防沙治沙、宜林地造林等相结合。

国家林业局关于光伏电站建设使用林地有关问题的复函

（2016 年 5 月 9 日公布　林资发〔2016〕62 号
自 2016 年 5 月 9 日起实施）

河南、四川省林业厅：

你们关于光伏电站建设使用林地有关问题的请示（豫林资〔2016〕47 号、川林〔2016〕9 号）收悉。经研究，现函复如下：

《国家林业局关于光伏电站建设使用林地有关问题的通知》（林资发〔2015〕153 号）中的天然林资源保护工程区，是指在天然林资源保护工程二期实施范围内，已享受天然林资源保护工程相关资金补助的林地。对于天然林资源保护工程区的宜林地，可根据本地光伏产业发展规划用于建设光伏电站。

特此复函。

国家林业和草原局关于规范风电场项目建设使用林地的通知

（2019 年 2 月 26 日公布　林资发〔2019〕17 号
自 2019 年 2 月 26 日起实施）

各省、自治区、直辖市林业和草原主管部门，内蒙古、大兴安岭森工（林业）集团公司，新疆生产建设兵团林业和草原局，国家林业和草原局各派出机构：

近些年来，各地大规模发展风电，风电场项目占用森林和林地面积大幅上升，违法违规使用林地、野蛮施工、植被恢复不到位等问题时有发生，对森林生态功能、森林景观等造成较大损害，引起社会广泛关注。为规范风电场项目建设使用林地，减少对森林植被和生态环境的损害与影响，现将有关事项通知如下：

一、充分认识规范风电场建设使用林地的重要性

陆上风电场项目建设过程中，多沿地势较高的山脊、山岗布设风机，并配套建设道路和集电线路，点多线长，这些地方既是山地生态系统重要的分水岭，也是生态最脆弱的地带，风机基础挖掘、场地平整、道路和集电线路施工等使用林地，大范围扰动地表，破坏地表植被，极易造成大面积水土流失，加剧区域生态退化，对森林资源安全和森林生态整体功能发挥影响较大。发展风电产业是我国推进能源转型、应对气候变化的重要途径之一，但是，我国是一个缺林少绿、生态脆弱的国家，风电开发必须正确处理好与森林资源保护的关系。各地要深入贯彻落实党的十九大精神，以习近平生态文明思想为指导，牢固树立社会主义生态文明观，坚持节约资源和保护环境的基本国策，实行最严格的生态保护制度，依法规范风电场建设使用林地，促进风电产业健康发展，推动人与自然和谐共生。

二、风电场建设使用林地禁建区域

严格保护生态功能重要、生态脆弱敏感区域的林地。自然遗产地、国家公园、自然保护区、森林公园、湿地公园、地质公园、风景名胜区、鸟类主要迁徙通道和迁徙地等区域以及沿海基干林带和消浪林带，为风电场项目禁止建设区域。

三、风电场建设使用林地限制范围

风电场建设应当节约集约使用林地。风机基础、施工和检修道路、升压站、集电线路等，禁止占用天然乔木林（竹林）地、年降雨量400毫米以下区域的有林地、一级国家级公益林地和二级国家级公益林中的有林地。本通知下发之前已经核准但未取得使用林地手续的风电场项目，要重新合理优化选址和建设方案，加强生态影响分析和评估，不得占用年降雨量400毫米以下区域的有林地和一级国家级公益林地，避让二级国家级公益林中有林地集中区域。

四、强化风电场道路建设和临时用地管理

风电场施工和检修道路，应尽可能利用现有森林防火道路、林区道路、乡村道路等道路，在其基础上扩建的风电场道路原则上不得改变现有道路性质。风电场新建配套道路应与风电场一同办理使用林地手续，风电场配套道路要严格控制道路宽度，提高标准，合理建设排水沟、过水涵洞、挡土墙等设施；严格按照设计规范施工，禁止强推强挖式放坡施工，防止废弃砂石任意放置和随意滚落，同步实施水土保持和恢复林业生产条件的措施。吊装平台、施工道路、弃渣场、集电线路等临时占用林地的，应在临时占用林地期满后一年内恢复林业生产条件，并及时恢复植被。

五、加强风电场建设使用林地的指导和监管

各级林业和草原主管部门要与本地区能源主管部门做好风电开发建设规划和核准工作的衔接，提前介入测风选址工作，指导建设单位避让生态脆弱区和生态敏感区；定期检查，依法严厉打击风电场项目未批先占、少批多占、拆分报批、以其他名义骗取使用林地行政许可等违法违规行为；对野蛮施工破坏林地、林木，未及时恢复林业生产条件及弄虚作假骗取使用林地行政许可的风电场项目，要依法追责。

国家林业和草原局各派驻森林资源监督机构要加强对风电场项目建设的监督检查。

本通知自发布之日起施行，有效期至2024年2月28日。

特此通知。

中华人民共和国草原法

（1985 年 6 月 18 日第六届全国人民代表大会常务委员会第十一次会议通过 2002 年 12 月 28 日第九届全国人民代表大会常务委员会第三十一次会议修订 根据 2009 年 8 月 27 日第十一届全国人民代表大会常务委员会第十次会议《关于修改部分法律的决定》第一次修正 根据 2013 年 6 月 29 日第十二届全国人民代表大会常务委员会第三次会议《关于修改〈中华人民共和国文物保护法〉等十二部法律的决定》第二次修正 根据 2021 年 4 月 29 日第十三届全国人民代表大会常务委员会第二十八次会议《关于修改〈中华人民共和国道路交通安全法〉等八部法律的决定》第三次修正 2021 年 4 月 29 日公布 中华人民共和国主席令第 81 号 自 2021 年 4 月 29 日起实施）

第一章 总 则

第一条 为了保护、建设和合理利用草原，改善生态环境，维护生物多样性，发展现代畜牧业，促进经济和社会的可持续发展，制定本法。

第二条 在中华人民共和国领域内从事草原规划、保护、建设、利用和管理活动，适用本法。

本法所称草原，是指天然草原和人工草地。

第三条 国家对草原实行科学规划、全面保护、重点建设、合理利用的方针，促进草原的可持续利用和生态、经济、社会的协调发展。

第四条 各级人民政府应当加强对草原保护、建设和利用的管理，将草原的保护、建设和利用纳入国民经济和社会发展计划。

各级人民政府应当加强保护、建设和合理利用草原的宣传教育。

第五条 任何单位和个人都有遵守草原法律法规、保护草原的义务，同时享有对违反草原法律法规、破坏草原的行为进行监督、检举和控告的权利。

第六条 国家鼓励与支持开展草原保护、建设、利用和监测方面的科学研究，推广先进技术和先进成果，培养科学技术人才。

第七条 国家对在草原管理、保护、建设、合理利用和科学研究等工作中做出显著成绩的单位和个人，给予奖励。

第八条 国务院草原行政主管部门主管全国草原监督管理工作。

县级以上地方人民政府草原行政主管部门主管本行政区域内草原监督管理工作。

乡（镇）人民政府应当加强对本行政区域内草原保护、建设和利用情况的监督检查，根据需要可以设专职或者兼职人员负责具体监督检查工作。

第二章 草原权属

第九条 草原属于国家所有，由法律规定属于集体所有的除外。国家所有的草原，由国务院代表国家行使所有权。

任何单位或者个人不得侵占、买卖或者以其他形式非法转让草原。

第十条 国家所有的草原，可以依法确定给全民所有制单位、集体经济组织等使用。

使用草原的单位，应当履行保护、建设和合理利用草原的义务。

第十一条 依法确定给全民所有制单位、集体经济组织等使用的国家所有的草原，由县级以上人民政府登记，核发使用权证，确认草原使用权。

未确定使用权的国家所有的草原，由县级以上人民政府登记造册，并负责保护管理。

集体所有的草原，由县级人民政府登记，核发所有权证，确认草原所有权。

依法改变草原权属的，应当办理草原权属变更登记手续。

第十二条 依法登记的草原所有权和使用权受法律保护，任何单位或者个人不得侵犯。

第十三条 集体所有的草原或者依法确定给集体经济组织使用的国家所有的草原，可以由本集体经济组织内的家庭或者联户承包经营。

在草原承包经营期内，不得对承包经营者使用的草原进行调整；个别确需适当调整的，必须经本集体经济组织成员的村（牧）民会议三分之二以上成员或者三分之二以上村（牧）民代表的同意，并报乡（镇）人民政府和县级人民政府草原行政主管部门批准。

集体所有的草原或者依法确定给集体经济组织使用的国家所有的草原由本集体经济组织以外的单位或者个人承包经营的，必须经本集体经济组织成员的村（牧）民会议三分之二以上成员或者三分之二以上村（牧）民代表的同意，并报乡（镇）人民政府批准。

第十四条 承包经营草原，发包方和承包方应当签订书面合同。草原承包合同的内容应当包括双方的权利和义务、承包草原四至界限、面积和等级、承包期和起止日期、承包草原用途和违约责任等。承包期届满，原承包经营者在同等条件下享有优先承包权。

承包经营草原的单位和个人，应当履行保护、建设和按照承包合同约定的用途合理利用草原的义务。

第十五条 草原承包经营权受法律保护，可以按照自愿、有偿的原则依法转让。

草原承包经营权转让的受让方必须具有从事畜牧业生产的能力，并应当履行保护、建设和按照承包合同约定的用途合理利用草原的义务。

草原承包经营权转让应当经发包方同意。承包方与受让方在转让合同中约定的转让期限，不得超过原承包合同剩余的期限。

第十六条 草原所有权、使用权的争议，由当事人协商解决；协商不成的，由有关人民政府处理。

单位之间的争议，由县级以上人民政府处理；个人之间、个人与单位之间的争议，由乡（镇）人民政府或者县级以上人民政府处理。

当事人对有关人民政府的处理决定不服的，可以依法向人民法院起诉。

在草原权属争议解决前，任何一方不得改变草原利用现状，不得破坏草原和草原上的设施。

第三章　规　　划

第十七条　国家对草原保护、建设、利用实行统一规划制度。国务院草原行政主管部门会同国务院有关部门编制全国草原保护、建设、利用规划，报国务院批准后实施。

县级以上地方人民政府草原行政主管部门会同同级有关部门依据上一级草原保护、建设、利用规划编制本行政区域的草原保护、建设、利用规划，报本级人民政府批准后实施。

经批准的草原保护、建设、利用规划确需调整或者修改时，须经原批准机关批准。

第十八条　编制草原保护、建设、利用规划，应当依据国民经济和社会发展规划并遵循下列原则：

（一）改善生态环境，维护生物多样性，促进草原的可持续利用；

（二）以现有草原为基础，因地制宜，统筹规划，分类指导；

（三）保护为主、加强建设、分批改良、合理利用；

（四）生态效益、经济效益、社会效益相结合。

第十九条　草原保护、建设、利用规划应当包括：草原保护、建设、利用的目标和措施，草原功能分区和各项建设的总体部署，各项专业规划等。

第二十条　草原保护、建设、利用规划应当与土地利用总体规划相衔接，与环境保护规划、水土保持规划、防沙治沙规划、水资源规划、林业长远规划、城市总体规划、村庄和集镇规划以及其他有关规划相协调。

第二十一条 草原保护、建设、利用规划一经批准,必须严格执行。

第二十二条 国家建立草原调查制度。

县级以上人民政府草原行政主管部门会同同级有关部门定期进行草原调查;草原所有者或者使用者应当支持、配合调查,并提供有关资料。

第二十三条 国务院草原行政主管部门会同国务院有关部门制定全国草原等级评定标准。

县级以上人民政府草原行政主管部门根据草原调查结果、草原的质量,依据草原等级评定标准,对草原进行评等定级。

第二十四条 国家建立草原统计制度。

县级以上人民政府草原行政主管部门和同级统计部门共同制定草原统计调查办法,依法对草原的面积、等级、产草量、载畜量等进行统计,定期发布草原统计资料。

草原统计资料是各级人民政府编制草原保护、建设、利用规划的依据。

第二十五条 国家建立草原生产、生态监测预警系统。

县级以上人民政府草原行政主管部门对草原的面积、等级、植被构成、生产能力、自然灾害、生物灾害等草原基本状况实行动态监测,及时为本级政府和有关部门提供动态监测和预警信息服务。

第四章 建 设

第二十六条 县级以上人民政府应当增加草原建设的投入,支持草原建设。

国家鼓励单位和个人投资建设草原,按照谁投资、谁受益的原则保护草原投资建设者的合法权益。

第二十七条 国家鼓励与支持人工草地建设、天然草原改良和饲草饲料基地建设,稳定和提高草原生产能力。

第二十八条 县级以上人民政府应当支持、鼓励和引导农牧民开展草原围栏、饲草饲料储备、牲畜圈舍、牧民定居点等生产生活设施的建设。

县级以上地方人民政府应当支持草原水利设施建设,发展草原节水灌溉,改善人畜饮水条件。

第二十九条 县级以上人民政府应当按照草原保护、建设、利用规划加强草种基地建设,鼓励选育、引进、推广优良草品种。

新草品种必须经全国草品种审定委员会审定,由国务院草原行政主管部门公告后方可推广。从境外引进草种必须依法进行审批。

县级以上人民政府草原行政主管部门应当依法加强对草种生产、加工、检疫、检验的监督管理,保证草种质量。

第三十条 县级以上人民政府应当有计划地进行火情监测、防火物资储备、防火隔离带等草原防火设施的建设,确保防火需要。

第三十一条 对退化、沙化、盐碱化、石漠化和水土流失的草原,地方各级人民政府应当按照草原保护、建设、利用规划,划定治理区,组织专项治理。

大规模的草原综合治理,列入国家国土整治计划。

第三十二条 县级以上人民政府应当根据草原保护、建设、利用规划,在本级国民经济和社会发展计划中安排资金用于草原改良、人工种草和草种生产,任何单位或者个人不得截留、挪用;县级以上人民政府财政部门和审计部门应当加强监督管理。

第五章 利 用

第三十三条 草原承包经营者应当合理利用草原,不得超过草原行政主管部门核定的载畜量;草原承包经营者应当采取种植和储备饲草饲料、增加饲草饲料供应量、调剂处理牲畜、优化畜群结构、提高出栏率等措施,保持草畜平衡。

草原载畜量标准和草畜平衡管理办法由国务院草原行政主管部门规定。

第三十四条 牧区的草原承包经营者应当实行划区轮牧,合理配置畜群，均衡利用草原。

第三十五条 国家提倡在农区、半农半牧区和有条件的牧区实行牲畜圈养。草原承包经营者应当按照饲养牲畜的种类和数量，调剂、储备饲草饲料，采用青贮和饲草饲料加工等新技术，逐步改变依赖天然草地放牧的生产方式。

在草原禁牧、休牧、轮牧区，国家对实行舍饲圈养的给予粮食和资金补助，具体办法由国务院或者国务院授权的有关部门规定。

第三十六条 县级以上地方人民政府草原行政主管部门对割草场和野生草种基地应当规定合理的割草期、采种期以及留茬高度和采割强度，实行轮割轮采。

第三十七条 遇到自然灾害等特殊情况，需要临时调剂使用草原的，按照自愿互利的原则，由双方协商解决；需要跨县临时调剂使用草原的，由有关县级人民政府或者共同的上级人民政府组织协商解决。

第三十八条 进行矿藏开采和工程建设，应当不占或者少占草原；确需征收、征用或者使用草原的，必须经省级以上人民政府草原行政主管部门审核同意后，依照有关土地管理的法律、行政法规办理建设用地审批手续。

第三十九条 因建设征收、征用集体所有的草原的，应当依照《中华人民共和国土地管理法》的规定给予补偿；因建设使用国家所有的草原的，应当依照国务院有关规定对草原承包经营者给予补偿。

因建设征收、征用或者使用草原的，应当交纳草原植被恢复费。草原植被恢复费专款专用，由草原行政主管部门按照规定用于恢复草原植被，任何单位和个人不得截留、挪用。草原植被恢复费的征收、使用和管理办法，由国务院价格主管部门和国务院财政部门会同国务院草原行政主管部门制定。

第四十条 需要临时占用草原的，应当经县级以上地方人民政府草原行政主管部门审核同意。

临时占用草原的期限不得超过二年，并不得在临时占用的草原上修建永久性建筑物、构筑物；占用期满，用地单位必须恢复草原植被并及时退还。

第四十一条 在草原上修建直接为草原保护和畜牧业生产服务的工程设施，需要使用草原的，由县级以上人民政府草原行政主管部门批准；修筑其他工程，需要将草原转为非畜牧业生产用地的，必须依法办理建设用地审批手续。

前款所称直接为草原保护和畜牧业生产服务的工程设施，是指：

（一）生产、贮存草种和饲草饲料的设施；

（二）牲畜圈舍、配种点、剪毛点、药浴池、人畜饮水设施；

（三）科研、试验、示范基地；

（四）草原防火和灌溉设施。

第六章 保 护

第四十二条 国家实行基本草原保护制度。下列草原应当划为基本草原，实施严格管理：

（一）重要放牧场；

（二）割草地；

（三）用于畜牧业生产的人工草地、退耕还草地以及改良草地、草种基地；

（四）对调节气候、涵养水源、保持水土、防风固沙具有特殊作用的草原；

（五）作为国家重点保护野生动植物生存环境的草原；

（六）草原科研、教学试验基地；

（七）国务院规定应当划为基本草原的其他草原。

基本草原的保护管理办法，由国务院制定。

第四十三条 国务院草原行政主管部门或者省、自治区、直辖市人民政府可以按照自然保护区管理的有关规定在下列地区建立草原自然保护区：

（一）具有代表性的草原类型；

（二）珍稀濒危野生动植物分布区；

(三)具有重要生态功能和经济科研价值的草原。

第四十四条 县级以上人民政府应当依法加强对草原珍稀濒危野生植物和种质资源的保护、管理。

第四十五条 国家对草原实行以草定畜、草畜平衡制度。县级以上地方人民政府草原行政主管部门应当按照国务院草原行政主管部门制定的草原载畜量标准,结合当地实际情况,定期核定草原载畜量。各级人民政府应当采取有效措施,防止超载过牧。

第四十六条 禁止开垦草原。对水土流失严重、有沙化趋势、需要改善生态环境的已垦草原,应当有计划、有步骤地退耕还草;已造成沙化、盐碱化、石漠化的,应当限期治理。

第四十七条 对严重退化、沙化、盐碱化、石漠化的草原和生态脆弱区的草原,实行禁牧、休牧制度。

第四十八条 国家支持依法实行退耕还草和禁牧、休牧。具体办法由国务院或者省、自治区、直辖市人民政府制定。

对在国务院批准规划范围内实施退耕还草的农牧民,按照国家规定给予粮食、现金、草种费补助。退耕还草完成后,由县级以上人民政府草原行政主管部门核实登记,依法履行土地用途变更手续,发放草原权属证书。

第四十九条 禁止在荒漠、半荒漠和严重退化、沙化、盐碱化、石漠化、水土流失的草原以及生态脆弱区的草原上采挖植物和从事破坏草原植被的其他活动。

第五十条 在草原上从事采土、采砂、采石等作业活动,应当报县级人民政府草原行政主管部门批准;开采矿产资源的,并应当依法办理有关手续。

经批准在草原上从事本条第一款所列活动的,应当在规定的时间、区域内,按照准许的采挖方式作业,并采取保护草原植被的措施。

在他人使用的草原上从事本条第一款所列活动的,还应当事先征得草原使用者的同意。

第五十一条 在草原上种植牧草或者饲料作物,应当符合草原保护、建设、利用规划;县级以上地方人民政府草原行政主管部门应当加强监督管理,防止草原沙化和水土流失。

第五十二条　在草原上开展经营性旅游活动,应当符合有关草原保护、建设、利用规划,并不得侵犯草原所有者、使用者和承包经营者的合法权益,不得破坏草原植被。

第五十三条　草原防火工作贯彻预防为主、防消结合的方针。

各级人民政府应当建立草原防火责任制,规定草原防火期,制定草原防火扑火预案,切实做好草原火灾的预防和扑救工作。

第五十四条　县级以上地方人民政府应当做好草原鼠害、病虫害和毒害草防治的组织管理工作。县级以上地方人民政府草原行政主管部门应当采取措施,加强草原鼠害、病虫害和毒害草监测预警、调查以及防治工作,组织研究和推广综合防治的办法。

禁止在草原上使用剧毒、高残留以及可能导致二次中毒的农药。

第五十五条　除抢险救灾和牧民搬迁的机动车辆外,禁止机动车辆离开道路在草原上行驶,破坏草原植被;因从事地质勘探、科学考察等活动确需离开道路在草原上行驶的,应当事先向所在地县级人民政府草原行政主管部门报告行驶区域和行驶路线,并按照报告的行驶区域和行驶路线在草原上行驶。

第七章　监督检查

第五十六条　国务院草原行政主管部门和草原面积较大的省、自治区的县级以上地方人民政府草原行政主管部门设立草原监督管理机构,负责草原法律、法规执行情况的监督检查,对违反草原法律、法规的行为进行查处。

草原行政主管部门和草原监督管理机构应当加强执法队伍建设,提高草原监督检查人员的政治、业务素质。草原监督检查人员应当忠于职守,秉公执法。

第五十七条　草原监督检查人员履行监督检查职责时,有权采取下列措施:

（一）要求被检查单位或者个人提供有关草原权属的文件和资料，进行查阅或者复制；

（二）要求被检查单位或者个人对草原权属等问题作出说明；

（三）进入违法现场进行拍照、摄像和勘测；

（四）责令被检查单位或者个人停止违反草原法律、法规的行为，履行法定义务。

第五十八条 国务院草原行政主管部门和省、自治区、直辖市人民政府草原行政主管部门，应当加强对草原监督检查人员的培训和考核。

第五十九条 有关单位和个人对草原监督检查人员的监督检查工作应当给予支持、配合，不得拒绝或者阻碍草原监督检查人员依法执行职务。

草原监督检查人员在履行监督检查职责时，应当向被检查单位和个人出示执法证件。

第六十条 对违反草原法律、法规的行为，应当依法作出行政处理，有关草原行政主管部门不作出行政处理决定的，上级草原行政主管部门有权责令有关草原行政主管部门作出行政处理决定或者直接作出行政处理决定。

第八章 法律责任

第六十一条 草原行政主管部门工作人员及其他国家机关有关工作人员玩忽职守、滥用职权，不依法履行监督管理职责，或者发现违法行为不予查处，造成严重后果，构成犯罪的，依法追究刑事责任；尚不够刑事处罚的，依法给予行政处分。

第六十二条 截留、挪用草原改良、人工种草和草种生产资金或者草原植被恢复费，构成犯罪的，依法追究刑事责任；尚不够刑事处罚的，依法给予行政处分。

第六十三条 无权批准征收、征用、使用草原的单位或者个人非法批准征收、征用、使用草原的，超越批准权限非法批准征收、征用、使用草原的，或者违反法律规定的程序批准征收、征用、使用草原，构成犯罪的,依法追究刑事责任;尚不够刑事处罚的,依法给予行政处分。非法批准征收、征用、使用草原的文件无效。非法批准征收、征用、使用的草原应当收回,当事人拒不归还的,以非法使用草原论处。

非法批准征收、征用、使用草原,给当事人造成损失的,依法承担赔偿责任。

第六十四条 买卖或者以其他形式非法转让草原,构成犯罪的,依法追究刑事责任;尚不够刑事处罚的,由县级以上人民政府草原行政主管部门依据职权责令限期改正,没收违法所得,并处违法所得一倍以上五倍以下的罚款。

第六十五条 未经批准或者采取欺骗手段骗取批准,非法使用草原,构成犯罪的,依法追究刑事责任;尚不够刑事处罚的,由县级以上人民政府草原行政主管部门依据职权责令退还非法使用的草原,对违反草原保护、建设、利用规划擅自将草原改为建设用地的,限期拆除在非法使用的草原上新建的建筑物和其他设施,恢复草原植被,并处草原被非法使用前三年平均产值六倍以上十二倍以下的罚款。

第六十六条 非法开垦草原,构成犯罪的,依法追究刑事责任;尚不够刑事处罚的,由县级以上人民政府草原行政主管部门依据职权责令停止违法行为,限期恢复植被,没收非法财物和违法所得,并处违法所得一倍以上五倍以下的罚款;没有违法所得的,并处五万元以下的罚款;给草原所有者或者使用者造成损失的,依法承担赔偿责任。

第六十七条 在荒漠、半荒漠和严重退化、沙化、盐碱化、石漠化、水土流失的草原,以及生态脆弱区的草原上采挖植物或者从事破坏草原植被的其他活动的,由县级以上地方人民政府草原行政主管部门依据职权责令停止违法行为,没收非法财物和违法所得,可以并处违法所得一倍以上五倍以下的罚款;没有违法所得的,可以并处五万元以下的罚款;给草原所有者或者使用者造成损失的,依法承担赔偿责任。

第六十八条 未经批准或者未按照规定的时间、区域和采挖方式在草原上进行采土、采砂、采石等活动的,由县级人民政府草原行政主管部门责令停止违法行为,限期恢复植被,没收非法财物和违法所得,可以并处违法所得一倍以上二倍以下的罚款;没有违法所得的,可以并处二万元以下的罚款;给草原所有者或者使用者造成损失的,依法承担赔偿责任。

第六十九条 违反本法第五十二条规定,在草原上开展经营性旅游活动,破坏草原植被的,由县级以上地方人民政府草原行政主管部门依据职权责令停止违法行为,限期恢复植被,没收违法所得,可以并处违法所得一倍以上二倍以下的罚款;没有违法所得的,可以并处草原被破坏前三年平均产值六倍以上十二倍以下的罚款;给草原所有者或者使用者造成损失的,依法承担赔偿责任。

第七十条 非抢险救灾和牧民搬迁的机动车辆离开道路在草原上行驶,或者从事地质勘探、科学考察等活动,未事先向所在地县级人民政府草原行政主管部门报告或者未按照报告的行驶区域和行驶路线在草原上行驶,破坏草原植被的,由县级人民政府草原行政主管部门责令停止违法行为,限期恢复植被,可以并处草原被破坏前三年平均产值三倍以上九倍以下的罚款;给草原所有者或者使用者造成损失的,依法承担赔偿责任。

第七十一条 在临时占用的草原上修建永久性建筑物、构筑物的,由县级以上地方人民政府草原行政主管部门依据职权责令限期拆除;逾期不拆除的,依法强制拆除,所需费用由违法者承担。

临时占用草原,占用期届满,用地单位不予恢复草原植被的,由县级以上地方人民政府草原行政主管部门依据职权责令限期恢复;逾期不恢复的,由县级以上地方人民政府草原行政主管部门代为恢复,所需费用由违法者承担。

第七十二条 未经批准,擅自改变草原保护、建设、利用规划的,由县级以上人民政府责令限期改正;对直接负责的主管人员和其他直接责任人员,依法给予行政处分。

第七十三条 对违反本法有关草畜平衡制度的规定,牲畜饲养量超过县级以上地方人民政府草原行政主管部门核定的草原载畜量标准的纠正或者处罚措施,由省、自治区、直辖市人民代表大会或者其常务委员会规定。

第九章 附 则

第七十四条 本法第二条第二款中所称的天然草原包括草地、草山和草坡,人工草地包括改良草地和退耕还草地,不包括城镇草地。

第七十五条 本法自2003年3月1日起施行。

财政部、国家发展改革委关于同意收取草原植被恢复费有关问题的通知

(2010年4月27日公布 财综〔2010〕29号
自2010年4月27日起实施)

农业部,各省、自治区、直辖市财政厅(局)、发展改革委、物价局:

为保护和恢复草原植被,改善生态环境,根据《中华人民共和国草原法》的规定,现将草原植被恢复费有关问题通知如下:

一、进行矿藏勘查开采和工程建设征用或使用草原的单位和个人,应向相关省、自治区、直辖市(以下简称省级)草原行政主管部门或其委托的草原监理站(所)缴纳草原植被恢复费。

因工程建设、勘查、旅游等活动需要临时占用草原且未履行恢复义务的单位和个人,应向县级以上地方草原行政主管部门或其委托的草原监理站(所)缴纳草原植被恢复费。

在草原上修建直接为草原保护和畜牧业生产服务的工程设施,以及农牧民按规定标准建设住宅使用草原的,不缴纳草原植被恢复费。

二、草原植被恢复费收费标准由国家发展改革委、财政部另行制定。

三、勘查、开采矿藏和工程建设需征用或使用草原的,用地单位和

个人应按规定权限向省级以上草原行政主管部门提出申请,经审核同意的,向省级草原行政主管部门或其委托的草原监理站(所)缴纳草原植被恢复费。用地单位和个人在办理建设用地审批手续时未获批准的,省级草原行政主管部门或其委托的草原监理站(所)应当将收取的草原植被恢复费全部退还用地单位和个人。

四、县级以上地方草原行政主管部门或其委托的草原监理站(所)收取草原植被恢复费,使用省级财政部门统一印制的财政票据。

五、县级以上地方草原行政主管部门或其委托的草原监理站(所)收取的草原植被恢复费,全额缴入地方国库,具体缴库办法按照省级财政部门的规定执行。草原植被恢复费收入列"政府收支分类科目"第103类"非税收入"02款"专项收入"13项"草原植被恢复费收入"。

六、征用或使用草原未获得建设用地批准,省级草原行政主管部门或其委托的草原监理站(所)需将收取的草原植被恢复费退还用地单位和个人时,应由省级草原行政主管部门或其委托的草原监理站(所)按实际发生的退还金额,附有关证明材料,向省级财政部门申请办理草原植被恢复费退库手续。

七、草原植被恢复费纳入财政预算管理,专项用于草原行政主管部门组织的草原植被恢复、保护和管理。使用范围包括:草原调查规划、人工草原建设、草原植被恢复、退化沙化草原改良和治理、草原生态监测、草原病虫害防治、草原防火和管护等开支。任何单位和个人不得截留或挪作他用。

八、省级财政部门商同级草原行政主管部门根据省以下各级草原行政主管部门承担的恢复草原植被职责,确定草原植被恢复费在省以下各级之间的资金使用比例,并报财政部备案。

九、县级以上地方草原行政主管部门应按规定编制草原植被恢复费收支预算,报同级财政部门审核。财政部门根据县级以上地方草原行政主管部门开展草原植被恢复、保护和管理工作需要,核定草原植被恢复费支出预算。草原植被恢复费支出列"政府收支分类科目"第213类"农林水事务"01款"农业"53项"草原植被恢复费支出"。草原植被恢复费的支付按照财政国库管理制度有关规定执行。

十、县级以上地方草原行政主管部门及其委托的草原监理站(所)应严格按照本规定执行,不得多收、减收、缓收、停收或者侵占、截留、挪用草原植被恢复费,并自觉接受财政、价格、审计部门和上级草原行政主管部门的监督检查。

中华人民共和国文物保护法

(1982年11月19日第五届全国人民代表大会常务委员会第二十五次会议通过　根据1991年6月29日第七届全国人民代表大会常务委员会第二十次会议《关于修改〈中华人民共和国文物保护法〉第三十条、第三十一条的决定》第一次修正　2002年10月28日第九届全国人民代表大会常务委员会第三十次会议修订　根据2007年12月29日第十届全国人民代表大会常务委员会第三十一次会议《关于修改〈中华人民共和国文物保护法〉的决定》第二次修正　根据2013年6月29日第十二届全国人民代表大会常务委员会第三次会议《关于修改〈中华人民共和国文物保护法〉等十二部法律的决定》第三次修正　根据2015年4月24日第十二届全国人民代表大会常务委员会第十四次会议《关于修改〈中华人民共和国文物保护法〉的决定》第四次修正　根据2017年11月4日第十二届全国人民代表大会常务委员会第三十次会议《关于修改〈中华人民共和国会计法〉等十一部法律的决定》第五次修正　2017年11月4日公布　中华人民共和国主席令第81号　自2017年11月5日起实施)

第一章　总　　则

第一条　为了加强对文物的保护,继承中华民族优秀的历史文化遗产,促进科学研究工作,进行爱国主义和革命传统教育,建设社会主义精神文明和物质文明,根据宪法,制定本法。

第二条 在中华人民共和国境内,下列文物受国家保护:

(一)具有历史、艺术、科学价值的古文化遗址、古墓葬、古建筑、石窟寺和石刻、壁画;

(二)与重大历史事件、革命运动或者著名人物有关的以及具有重要纪念意义、教育意义或者史料价值的近代现代重要史迹、实物、代表性建筑;

(三)历史上各时代珍贵的艺术品、工艺美术品;

(四)历史上各时代重要的文献资料以及具有历史、艺术、科学价值的手稿和图书资料等;

(五)反映历史上各时代、各民族社会制度、社会生产、社会生活的代表性实物。

文物认定的标准和办法由国务院文物行政部门制定,并报国务院批准。

具有科学价值的古脊椎动物化石和古人类化石同文物一样受国家保护。

第三条 古文化遗址、古墓葬、古建筑、石窟寺、石刻、壁画、近代现代重要史迹和代表性建筑等不可移动文物,根据它们的历史、艺术、科学价值,可以分别确定为全国重点文物保护单位,省级文物保护单位,市、县级文物保护单位。

历史上各时代重要实物、艺术品、文献、手稿、图书资料、代表性实物等可移动文物,分为珍贵文物和一般文物;珍贵文物分为一级文物、二级文物、三级文物。

第四条 文物工作贯彻保护为主、抢救第一、合理利用、加强管理的方针。

第五条 中华人民共和国境内地下、内水和领海中遗存的一切文物,属于国家所有。

古文化遗址、古墓葬、石窟寺属于国家所有。国家指定保护的纪念建筑物、古建筑、石刻、壁画、近代现代代表性建筑等不可移动文物，除国家另有规定的以外，属于国家所有。

国有不可移动文物的所有权不因其所依附的土地所有权或者使用权的改变而改变。

下列可移动文物，属于国家所有：

（一）中国境内出土的文物，国家另有规定的除外；

（二）国有文物收藏单位以及其他国家机关、部队和国有企业、事业组织等收藏、保管的文物；

（三）国家征集、购买的文物；

（四）公民、法人和其他组织捐赠给国家的文物；

（五）法律规定属于国家所有的其他文物。

属于国家所有的可移动文物的所有权不因其保管、收藏单位的终止或者变更而改变。

国有文物所有权受法律保护，不容侵犯。

第六条　属于集体所有和私人所有的纪念建筑物、古建筑和祖传文物以及依法取得的其他文物，其所有权受法律保护。文物的所有者必须遵守国家有关文物保护的法律、法规的规定。

第七条　一切机关、组织和个人都有依法保护文物的义务。

第八条　国务院文物行政部门主管全国文物保护工作。

地方各级人民政府负责本行政区域内的文物保护工作。县级以上地方人民政府承担文物保护工作的部门对本行政区域内的文物保护实施监督管理。

县级以上人民政府有关行政部门在各自的职责范围内，负责有关的文物保护工作。

第九条　各级人民政府应当重视文物保护，正确处理经济建设、社会发展与文物保护的关系，确保文物安全。

基本建设、旅游发展必须遵守文物保护工作的方针，其活动不得对文物造成损害。

公安机关、工商行政管理部门、海关、城乡建设规划部门和其他有关国家机关,应当依法认真履行所承担的保护文物的职责,维护文物管理秩序。

第十条 国家发展文物保护事业。县级以上人民政府应当将文物保护事业纳入本级国民经济和社会发展规划,所需经费列入本级财政预算。

国家用于文物保护的财政拨款随着财政收入增长而增加。

国有博物馆、纪念馆、文物保护单位等的事业性收入,专门用于文物保护,任何单位或者个人不得侵占、挪用。

国家鼓励通过捐赠等方式设立文物保护社会基金,专门用于文物保护,任何单位或者个人不得侵占、挪用。

第十一条 文物是不可再生的文化资源。国家加强文物保护的宣传教育,增强全民文物保护的意识,鼓励文物保护的科学研究,提高文物保护的科学技术水平。

第十二条 有下列事迹的单位或者个人,由国家给予精神鼓励或者物质奖励:

(一)认真执行文物保护法律、法规,保护文物成绩显著的;

(二)为保护文物与违法犯罪行为作坚决斗争的;

(三)将个人收藏的重要文物捐献给国家或者为文物保护事业作出捐赠的;

(四)发现文物及时上报或者上交,使文物得到保护的;

(五)在考古发掘工作中作出重大贡献的;

(六)在文物保护科学技术方面有重要发明创造或者其他重要贡献的;

(七)在文物面临破坏危险时,抢救文物有功的;

(八)长期从事文物工作,作出显著成绩的。

第二章 不可移动文物

第十三条 国务院文物行政部门在省级、市、县级文物保护单位中,选择具有重大历史、艺术、科学价值的确定为全国重点文物保护单位,或者直接确定为全国重点文物保护单位,报国务院核定公布。

省级文物保护单位,由省、自治区、直辖市人民政府核定公布,并报国务院备案。

市级和县级文物保护单位,分别由设区的市、自治州和县级人民政府核定公布,并报省、自治区、直辖市人民政府备案。

尚未核定公布为文物保护单位的不可移动文物,由县级人民政府文物行政部门予以登记并公布。

第十四条 保存文物特别丰富并且具有重大历史价值或者革命纪念意义的城市,由国务院核定公布为历史文化名城。

保存文物特别丰富并且具有重大历史价值或者革命纪念意义的城镇、街道、村庄,由省、自治区、直辖市人民政府核定公布为历史文化街区、村镇,并报国务院备案。

历史文化名城和历史文化街区、村镇所在地的县级以上地方人民政府应当组织编制专门的历史文化名城和历史文化街区、村镇保护规划,并纳入城市总体规划。

历史文化名城和历史文化街区、村镇的保护办法,由国务院制定。

第十五条 各级文物保护单位,分别由省、自治区、直辖市人民政府和市、县级人民政府划定必要的保护范围,作出标志说明,建立记录档案,并区别情况分别设置专门机构或者专人负责管理。全国重点文物保护单位的保护范围和记录档案,由省、自治区、直辖市人民政府文物行政部门报国务院文物行政部门备案。

县级以上地方人民政府文物行政部门应当根据不同文物的保护需要,制定文物保护单位和未核定为文物保护单位的不可移动文物的具体保护措施,并公告施行。

第十六条 各级人民政府制定城乡建设规划,应当根据文物保护的需要,事先由城乡建设规划部门会同文物行政部门商定对本行政区域内各级文物保护单位的保护措施,并纳入规划。

第十七条 文物保护单位的保护范围内不得进行其他建设工程或者爆破、钻探、挖掘等作业。但是,因特殊情况需要在文物保护单位的保护范围内进行其他建设工程或者爆破、钻探、挖掘等作业的，必须保证文物保护单位的安全，并经核定公布该文物保护单位的人民政府批准，在批准前应当征得上一级人民政府文物行政部门同意；在全国重点文物保护单位的保护范围内进行其他建设工程或者爆破、钻探、挖掘等作业的，必须经省、自治区、直辖市人民政府批准，在批准前应当征得国务院文物行政部门同意。

第十八条 根据保护文物的实际需要，经省、自治区、直辖市人民政府批准，可以在文物保护单位的周围划出一定的建设控制地带，并予以公布。

在文物保护单位的建设控制地带内进行建设工程，不得破坏文物保护单位的历史风貌；工程设计方案应当根据文物保护单位的级别，经相应的文物行政部门同意后，报城乡建设规划部门批准。

第十九条 在文物保护单位的保护范围和建设控制地带内，不得建设污染文物保护单位及其环境的设施，不得进行可能影响文物保护单位安全及其环境的活动。对已有的污染文物保护单位及其环境的设施，应当限期治理。

第二十条 建设工程选址，应当尽可能避开不可移动文物；因特殊情况不能避开的，对文物保护单位应当尽可能实施原址保护。

实施原址保护的，建设单位应当事先确定保护措施，根据文物保护单位的级别报相应的文物行政部门批准；未经批准的，不得开工建设。

无法实施原址保护，必须迁移异地保护或者拆除的，应当报省、自治区、直辖市人民政府批准；迁移或者拆除省级文物保护单位的，批准前须征得国务院文物行政部门同意。全国重点文物保护单位不得拆除；需要迁移的，须由省、自治区、直辖市人民政府报国务院批准。

依照前款规定拆除的国有不可移动文物中具有收藏价值的壁画、雕塑、建筑构件等，由文物行政部门指定的文物收藏单位收藏。

本条规定的原址保护、迁移、拆除所需费用，由建设单位列入建设工程预算。

第二十一条 国有不可移动文物由使用人负责修缮、保养;非国有不可移动文物由所有人负责修缮、保养。非国有不可移动文物有损毁危险,所有人不具备修缮能力的,当地人民政府应当给予帮助;所有人具备修缮能力而拒不依法履行修缮义务的,县级以上人民政府可以给予抢救修缮,所需费用由所有人负担。

对文物保护单位进行修缮,应当根据文物保护单位的级别报相应的文物行政部门批准;对未核定为文物保护单位的不可移动文物进行修缮,应当报登记的县级人民政府文物行政部门批准。

文物保护单位的修缮、迁移、重建,由取得文物保护工程资质证书的单位承担。

对不可移动文物进行修缮、保养、迁移,必须遵守不改变文物原状的原则。

第二十二条 不可移动文物已经全部毁坏的,应当实施遗址保护,不得在原址重建。但是,因特殊情况需要在原址重建的,由省、自治区、直辖市人民政府文物行政部门报省、自治区、直辖市人民政府批准;全国重点文物保护单位需要在原址重建的,由省、自治区、直辖市人民政府报国务院批准。

第二十三条 核定为文物保护单位的属于国家所有的纪念建筑物或者古建筑,除可以建立博物馆、保管所或者辟为参观游览场所外,作其他用途的,市、县级文物保护单位应当经核定公布该文物保护单位的人民政府文物行政部门征得上一级文物行政部门同意后,报核定公布该文物保护单位的人民政府批准;省级文物保护单位应当经核定公布该文物保护单位的省级人民政府的文物行政部门审核同意后,报该省级人民政府批准;全国重点文物保护单位作其他用途的,应当由省、自治区、直辖市人民政府报国务院批准。国有未核定为文物保护单位的不可移动文物作其他用途的,应当报告县级人民政府文物行政部门。

第二十四条 国有不可移动文物不得转让、抵押。建立博物馆、保管所或者辟为参观游览场所的国有文物保护单位,不得作为企业资产经营。

第二十五条 非国有不可移动文物不得转让、抵押给外国人。

非国有不可移动文物转让、抵押或者改变用途的,应当根据其级别报相应的文物行政部门备案。

第二十六条 使用不可移动文物,必须遵守不改变文物原状的原则,负责保护建筑物及其附属文物的安全,不得损毁、改建、添建或者拆除不可移动文物。

对危害文物保护单位安全、破坏文物保护单位历史风貌的建筑物、构筑物,当地人民政府应当及时调查处理,必要时,对该建筑物、构筑物予以拆迁。

第三章 考古发掘

第二十七条 一切考古发掘工作,必须履行报批手续;从事考古发掘的单位,应当经国务院文物行政部门批准。

地下埋藏的文物,任何单位或者个人都不得私自发掘。

第二十八条 从事考古发掘的单位,为了科学研究进行考古发掘,应当提出发掘计划,报国务院文物行政部门批准;对全国重点文物保护单位的考古发掘计划,应当经国务院文物行政部门审核后报国务院批准。国务院文物行政部门在批准或者审核前,应当征求社会科学研究机构及其他科研机构和有关专家的意见。

第二十九条 进行大型基本建设工程,建设单位应当事先报请省、自治区、直辖市人民政府文物行政部门组织从事考古发掘的单位在工程范围内有可能埋藏文物的地方进行考古调查、勘探。

考古调查、勘探中发现文物的,由省、自治区、直辖市人民政府文物行政部门根据文物保护的要求会同建设单位共同商定保护措施;遇有重要发现的,由省、自治区、直辖市人民政府文物行政部门及时报国务院文物行政部门处理。

第三十条 需要配合建设工程进行的考古发掘工作,应当由省、自治区、直辖市文物行政部门在勘探工作的基础上提出发掘计划,报国务院文物行政部门批准。国务院文物行政部门在批准前,应当征求社会科学研究机构及其他科研机构和有关专家的意见。

确因建设工期紧迫或者有自然破坏危险,对古文化遗址、古墓葬急需进行抢救发掘的,由省、自治区、直辖市人民政府文物行政部门组织发掘,并同时补办审批手续。

第三十一条 凡因进行基本建设和生产建设需要的考古调查、勘探、发掘,所需费用由建设单位列入建设工程预算。

第三十二条 在进行建设工程或者在农业生产中,任何单位或者个人发现文物,应当保护现场,立即报告当地文物行政部门,文物行政部门接到报告后,如无特殊情况,应当在二十四小时内赶赴现场,并在七日内提出处理意见。文物行政部门可以报请当地人民政府通知公安机关协助保护现场;发现重要文物的,应当立即上报国务院文物行政部门,国务院文物行政部门应当在接到报告后十五日内提出处理意见。

依照前款规定发现的文物属于国家所有,任何单位或者个人不得哄抢、私分、藏匿。

第三十三条 非经国务院文物行政部门报国务院特别许可,任何外国人或者外国团体不得在中华人民共和国境内进行考古调查、勘探、发掘。

第三十四条 考古调查、勘探、发掘的结果,应当报告国务院文物行政部门和省、自治区、直辖市人民政府文物行政部门。

考古发掘的文物,应当登记造册,妥善保管,按照国家有关规定移交给由省、自治区、直辖市人民政府文物行政部门或者国务院文物行政部门指定的国有博物馆、图书馆或者其他国有收藏文物的单位收藏。经省、自治区、直辖市人民政府文物行政部门批准,从事考古发掘的单位可以保留少量出土文物作为科研标本。

考古发掘的文物,任何单位或者个人不得侵占。

第三十五条 根据保证文物安全、进行科学研究和充分发挥文物作用的需要,省、自治区、直辖市人民政府文物行政部门经本级人民政府批准,可以调用本行政区域内的出土文物;国务院文物行政部门经国务院批准,可以调用全国的重要出土文物。

第四章 馆藏文物

第三十六条 博物馆、图书馆和其他文物收藏单位对收藏的文物,必须区分文物等级,设置藏品档案,建立严格的管理制度,并报主管的文物行政部门备案。

县级以上地方人民政府文物行政部门应当分别建立本行政区域内的馆藏文物档案;国务院文物行政部门应当建立国家一级文物藏品档案和其主管的国有文物收藏单位馆藏文物档案。

第三十七条 文物收藏单位可以通过下列方式取得文物:

(一)购买;

(二)接受捐赠;

(三)依法交换;

(四)法律、行政法规规定的其他方式。

国有文物收藏单位还可以通过文物行政部门指定保管或者调拨方式取得文物。

第三十八条 文物收藏单位应当根据馆藏文物的保护需要,按照国家有关规定建立、健全管理制度,并报主管的文物行政部门备案。未经批准,任何单位或者个人不得调取馆藏文物。

文物收藏单位的法定代表人对馆藏文物的安全负责。国有文物收藏单位的法定代表人离任时,应当按照馆藏文物档案办理馆藏文物移交手续。

第三十九条 国务院文物行政部门可以调拨全国的国有馆藏文物。省、自治区、直辖市人民政府文物行政部门可以调拨本行政区域内其主管的国有文物收藏单位馆藏文物;调拨国有馆藏一级文物,应当报国务院文物行政部门备案。

国有文物收藏单位可以申请调拨国有馆藏文物。

第四十条 文物收藏单位应当充分发挥馆藏文物的作用,通过举办展览、科学研究等活动,加强对中华民族优秀的历史文化和革命传统的宣传教育。

国有文物收藏单位之间因举办展览、科学研究等需借用馆藏文物的，应当报主管的文物行政部门备案；借用馆藏一级文物的，应当同时报国务院文物行政部门备案。

非国有文物收藏单位和其他单位举办展览需借用国有馆藏文物的，应当报主管的文物行政部门批准；借用国有馆藏一级文物，应当经国务院文物行政部门批准。

文物收藏单位之间借用文物的最长期限不得超过三年。

第四十一条 已经建立馆藏文物档案的国有文物收藏单位，经省、自治区、直辖市人民政府文物行政部门批准，并报国务院文物行政部门备案，其馆藏文物可以在国有文物收藏单位之间交换。

第四十二条 未建立馆藏文物档案的国有文物收藏单位，不得依照本法第四十条、第四十一条的规定处置其馆藏文物。

第四十三条 依法调拨、交换、借用国有馆藏文物，取得文物的文物收藏单位可以对提供文物的文物收藏单位给予合理补偿，具体管理办法由国务院文物行政部门制定。

国有文物收藏单位调拨、交换、出借文物所得的补偿费用，必须用于改善文物的收藏条件和收集新的文物，不得挪作他用；任何单位或者个人不得侵占。

调拨、交换、借用的文物必须严格保管，不得丢失、损毁。

第四十四条 禁止国有文物收藏单位将馆藏文物赠与、出租或者出售给其他单位、个人。

第四十五条 国有文物收藏单位不再收藏的文物的处置办法，由国务院另行制定。

第四十六条 修复馆藏文物，不得改变馆藏文物的原状；复制、拍摄、拓印馆藏文物，不得对馆藏文物造成损害。具体管理办法由国务院制定。

不可移动文物的单体文物的修复、复制、拍摄、拓印，适用前款规定。

第四十七条 博物馆、图书馆和其他收藏文物的单位应当按照国家有关规定配备防火、防盗、防自然损坏的设施,确保馆藏文物的安全。

第四十八条 馆藏一级文物损毁的,应当报国务院文物行政部门核查处理。其他馆藏文物损毁的,应当报省、自治区、直辖市人民政府文物行政部门核查处理;省、自治区、直辖市人民政府文物行政部门应当将核查处理结果报国务院文物行政部门备案。

馆藏文物被盗、被抢或者丢失的,文物收藏单位应当立即向公安机关报案,并同时向主管的文物行政部门报告。

第四十九条 文物行政部门和国有文物收藏单位的工作人员不得借用国有文物,不得非法侵占国有文物。

第五章 民间收藏文物

第五十条 文物收藏单位以外的公民、法人和其他组织可以收藏通过下列方式取得的文物:

(一)依法继承或者接受赠与;

(二)从文物商店购买;

(三)从经营文物拍卖的拍卖企业购买;

(四)公民个人合法所有的文物相互交换或者依法转让;

(五)国家规定的其他合法方式。

文物收藏单位以外的公民、法人和其他组织收藏的前款文物可以依法流通。

第五十一条 公民、法人和其他组织不得买卖下列文物:

(一)国有文物,但是国家允许的除外;

(二)非国有馆藏珍贵文物;

(三)国有不可移动文物中的壁画、雕塑、建筑构件等,但是依法拆除的国有不可移动文物中的壁画、雕塑、建筑构件等不属于本法第二十条第四款规定的应由文物收藏单位收藏的除外;

(四)来源不符合本法第五十条规定的文物。

第五十二条 国家鼓励文物收藏单位以外的公民、法人和其他组织将其收藏的文物捐赠给国有文物收藏单位或者出借给文物收藏单位展览和研究。

国有文物收藏单位应当尊重并按照捐赠人的意愿,对捐赠的文物妥善收藏、保管和展示。

国家禁止出境的文物,不得转让、出租、质押给外国人。

第五十三条 文物商店应当由省、自治区、直辖市人民政府文物行政部门批准设立,依法进行管理。

文物商店不得从事文物拍卖经营活动,不得设立经营文物拍卖的拍卖企业。

第五十四条 依法设立的拍卖企业经营文物拍卖的,应当取得省、自治区、直辖市人民政府文物行政部门颁发的文物拍卖许可证。

经营文物拍卖的拍卖企业不得从事文物购销经营活动,不得设立文物商店。

第五十五条 文物行政部门的工作人员不得举办或者参与举办文物商店或者经营文物拍卖的拍卖企业。

文物收藏单位不得举办或者参与举办文物商店或者经营文物拍卖的拍卖企业。

禁止设立中外合资、中外合作和外商独资的文物商店或者经营文物拍卖的拍卖企业。

除经批准的文物商店、经营文物拍卖的拍卖企业外,其他单位或者个人不得从事文物的商业经营活动。

第五十六条 文物商店不得销售、拍卖企业不得拍卖本法第五十一条规定的文物。

拍卖企业拍卖的文物,在拍卖前应当经省、自治区、直辖市人民政府文物行政部门审核,并报国务院文物行政部门备案。

第五十七条 省、自治区、直辖市人民政府文物行政部门应当建立文物购销、拍卖信息与信用管理系统。文物商店购买、销售文物,拍卖企业拍卖文物,应当按照国家有关规定作出记录,并于销售、拍卖文物后三十日内报省、自治区、直辖市人民政府文物行政部门备案。

拍卖文物时,委托人、买受人要求对其身份保密的,文物行政部门应当为其保密;但是,法律、行政法规另有规定的除外。

第五十八条 文物行政部门在审核拟拍卖的文物时,可以指定国有文物收藏单位优先购买其中的珍贵文物。购买价格由文物收藏单位的代表与文物的委托人协商确定。

第五十九条 银行、冶炼厂、造纸厂以及废旧物资回收单位,应当与当地文物行政部门共同负责拣选掺杂在金银器和废旧物资中的文物。拣选文物除供银行研究所必需的历史货币可以由人民银行留用外,应当移交当地文物行政部门。移交拣选文物,应当给予合理补偿。

第六章 文物出境进境

第六十条 国有文物、非国有文物中的珍贵文物和国家规定禁止出境的其他文物,不得出境;但是依照本法规定出境展览或者因特殊需要经国务院批准出境的除外。

第六十一条 文物出境,应当经国务院文物行政部门指定的文物进出境审核机构审核。经审核允许出境的文物,由国务院文物行政部门发给文物出境许可证,从国务院文物行政部门指定的口岸出境。

任何单位或者个人运送、邮寄、携带文物出境,应当向海关申报;海关凭文物出境许可证放行。

第六十二条 文物出境展览,应当报国务院文物行政部门批准;一级文物超过国务院规定数量的,应当报国务院批准。

一级文物中的孤品和易损品,禁止出境展览。

出境展览的文物出境,由文物进出境审核机构审核、登记。海关凭国务院文物行政部门或者国务院的批准文件放行。出境展览的文物复进境,由原文物进出境审核机构审核查验。

第六十三条 文物临时进境,应当向海关申报,并报文物进出境审核机构审核、登记。

临时进境的文物复出境，必须经原审核、登记的文物进出境审核机构审核查验；经审核查验无误的，由国务院文物行政部门发给文物出境许可证，海关凭文物出境许可证放行。

第七章 法律责任

第六十四条 违反本法规定，有下列行为之一，构成犯罪的，依法追究刑事责任：

（一）盗掘古文化遗址、古墓葬的；

（二）故意或者过失损毁国家保护的珍贵文物的；

（三）擅自将国有馆藏文物出售或者私自送给非国有单位或者个人的；

（四）将国家禁止出境的珍贵文物私自出售或者送给外国人的；

（五）以牟利为目的倒卖国家禁止经营的文物的；

（六）走私文物的；

（七）盗窃、哄抢、私分或者非法侵占国有文物的；

（八）应当追究刑事责任的其他妨害文物管理行为。

第六十五条 违反本法规定，造成文物灭失、损毁的，依法承担民事责任。

违反本法规定，构成违反治安管理行为的，由公安机关依法给予治安管理处罚。

违反本法规定，构成走私行为，尚不构成犯罪的，由海关依照有关法律、行政法规的规定给予处罚。

第六十六条 有下列行为之一，尚不构成犯罪的，由县级以上人民政府文物主管部门责令改正，造成严重后果的，处五万元以上五十万元以下的罚款；情节严重的，由原发证机关吊销资质证书：

（一）擅自在文物保护单位的保护范围内进行建设工程或者爆破、钻探、挖掘等作业的；

（二）在文物保护单位的建设控制地带内进行建设工程，其工程设

计方案未经文物行政部门同意、报城乡建设规划部门批准,对文物保护单位的历史风貌造成破坏的;

(三)擅自迁移、拆除不可移动文物的;

(四)擅自修缮不可移动文物,明显改变文物原状的;

(五)擅自在原址重建已全部毁坏的不可移动文物,造成文物破坏的;

(六)施工单位未取得文物保护工程资质证书,擅自从事文物修缮、迁移、重建的。

刻划、涂污或者损坏文物尚不严重的,或者损毁依照本法第十五条第一款规定设立的文物保护单位标志的,由公安机关或者文物所在单位给予警告,可以并处罚款。

第六十七条 在文物保护单位的保护范围内或者建设控制地带内建设污染文物保护单位及其环境的设施的,或者对已有的污染文物保护单位及其环境的设施未在规定的期限内完成治理的,由环境保护行政部门依照有关法律、法规的规定给予处罚。

第六十八条 有下列行为之一的,由县级以上人民政府文物主管部门责令改正,没收违法所得,违法所得一万元以上的,并处违法所得二倍以上五倍以下的罚款;违法所得不足一万元的,并处五千元以上二万元以下的罚款:

(一)转让或者抵押国有不可移动文物,或者将国有不可移动文物作为企业资产经营的;

(二)将非国有不可移动文物转让或者抵押给外国人的;

(三)擅自改变国有文物保护单位的用途的。

第六十九条 历史文化名城的布局、环境、历史风貌等遭到严重破坏的,由国务院撤销其历史文化名城称号;历史文化城镇、街道、村庄的布局、环境、历史风貌等遭到严重破坏的,由省、自治区、直辖市人民政府撤销其历史文化街区、村镇称号;对负有责任的主管人员和其他直接责任人员依法给予行政处分。

第七十条 有下列行为之一,尚不构成犯罪的,由县级以上人民政府文物主管部门责令改正，可以并处二万元以下的罚款，有违法所得的，没收违法所得：

（一）文物收藏单位未按照国家有关规定配备防火、防盗、防自然损坏的设施的；

（二）国有文物收藏单位法定代表人离任时未按照馆藏文物档案移交馆藏文物，或者所移交的馆藏文物与馆藏文物档案不符的；

（三）将国有馆藏文物赠与、出租或者出售给其他单位、个人的；

（四）违反本法第四十条、第四十一条、第四十五条规定处置国有馆藏文物的；

（五）违反本法第四十三条规定挪用或者侵占依法调拨、交换、出借文物所得补偿费用的。

第七十一条　买卖国家禁止买卖的文物或者将禁止出境的文物转让、出租、质押给外国人，尚不构成犯罪的，由县级以上人民政府文物主管部门责令改正，没收违法所得，违法经营额一万元以上的，并处违法经营额二倍以上五倍以下的罚款；违法经营额不足一万元的，并处五千元以上二万元以下的罚款。

文物商店、拍卖企业有前款规定的违法行为的，由县级以上人民政府文物主管部门没收违法所得、非法经营的文物，违法经营额五万元以上的，并处违法经营额一倍以上三倍以下的罚款；违法经营额不足五万元的，并处五千元以上五万元以下的罚款；情节严重的，由原发证机关吊销许可证书。

第七十二条　未经许可，擅自设立文物商店、经营文物拍卖的拍卖企业，或者擅自从事文物的商业经营活动，尚不构成犯罪的，由工商行政管理部门依法予以制止，没收违法所得、非法经营的文物，违法经营额五万元以上的，并处违法经营额二倍以上五倍以下的罚款；违法经营额不足五万元的，并处二万元以上十万元以下的罚款。

第七十三条　有下列情形之一的，由工商行政管理部门没收违法所得、非法经营的文物，违法经营额五万元以上的，并处违法经营额一倍以上三倍以下的罚款；违法经营额不足五万元的，并处五千

元以上五万元以下的罚款;情节严重的,由原发证机关吊销许可证书:

(一)文物商店从事文物拍卖经营活动的;

(二)经营文物拍卖的拍卖企业从事文物购销经营活动的;

(三)拍卖企业拍卖的文物,未经审核的;

(四)文物收藏单位从事文物的商业经营活动的。

第七十四条 有下列行为之一,尚不构成犯罪的,由县级以上人民政府文物主管部门会同公安机关追缴文物;情节严重的,处五千元以上五万元以下的罚款:

(一)发现文物隐匿不报或者拒不上交的;

(二)未按照规定移交拣选文物的。

第七十五条 有下列行为之一的,由县级以上人民政府文物主管部门责令改正:

(一)改变国有未核定为文物保护单位的不可移动文物的用途,未依照本法规定报告的;

(二)转让、抵押非国有不可移动文物或者改变其用途,未依照本法规定备案的;

(三)国有不可移动文物的使用人拒不依法履行修缮义务的;

(四)考古发掘单位未经批准擅自进行考古发掘,或者不如实报告考古发掘结果的;

(五)文物收藏单位未按照国家有关规定建立馆藏文物档案、管理制度,或者未将馆藏文物档案、管理制度备案的;

(六)违反本法第三十八条规定,未经批准擅自调取馆藏文物的;

(七)馆藏文物损毁未报文物行政部门核查处理,或者馆藏文物被盗、被抢或者丢失,文物收藏单位未及时向公安机关或者文物行政部门报告的;

(八)文物商店销售文物或者拍卖企业拍卖文物,未按照国家有关规定作出记录或者未将所作记录报文物行政部门备案的。

第七十六条 文物行政部门、文物收藏单位、文物商店、经营文物拍卖的拍卖企业的工作人员，有下列行为之一的，依法给予行政处分，情节严重的，依法开除公职或者吊销其从业资格；构成犯罪的，依法追究刑事责任：

（一）文物行政部门的工作人员违反本法规定，滥用审批权限、不履行职责或者发现违法行为不予查处，造成严重后果的；

（二）文物行政部门和国有文物收藏单位的工作人员借用或者非法侵占国有文物的；

（三）文物行政部门的工作人员举办或者参与举办文物商店或者经营文物拍卖的拍卖企业的；

（四）因不负责任造成文物保护单位、珍贵文物损毁或者流失的；

（五）贪污、挪用文物保护经费的。

前款被开除公职或者被吊销从业资格的人员，自被开除公职或者被吊销从业资格之日起十年内不得担任文物管理人员或者从事文物经营活动。

第七十七条 有本法第六十六条、第六十八条、第七十条、第七十一条、第七十四条、第七十五条规定所列行为之一的，负有责任的主管人员和其他直接责任人员是国家工作人员的，依法给予行政处分。

第七十八条 公安机关、工商行政管理部门、海关、城乡建设规划部门和其他国家机关，违反本法规定滥用职权、玩忽职守、徇私舞弊，造成国家保护的珍贵文物损毁或者流失的，对负有责任的主管人员和其他直接责任人员依法给予行政处分；构成犯罪的，依法追究刑事责任。

第七十九条 人民法院、人民检察院、公安机关、海关和工商行政管理部门依法没收的文物应当登记造册，妥善保管，结案后无偿移交文物行政部门，由文物行政部门指定的国有文物收藏单位收藏。

第八章 附 则

第八十条 本法自公布之日起施行。

中华人民共和国文物保护法实施条例

(2003 年 5 月 18 日国务院令第 377 号公布　根据 2013 年 12 月 7 日《国务院关于修改部分行政法规的决定》第一次修订　根据 2016 年 2 月 6 日《国务院关于修改部分行政法规的决定》第二次修订　根据 2017 年 3 月 1 日《国务院关于修改和废止部分行政法规的决定》第三次修订　根据 2017 年 10 月 7 日《国务院关于修改部分行政法规的决定》第四次修订　2017 年 10 月 7 日公布　国务院令第 687 号　自 2017 年 10 月 7 日起实施)

第一章　总　　则

第一条　根据《中华人民共和国文物保护法》(以下简称文物保护法),制定本实施条例。

第二条　国家重点文物保护专项补助经费和地方文物保护专项经费,由县级以上人民政府文物行政主管部门、投资主管部门、财政部门按照国家有关规定共同实施管理。任何单位或者个人不得侵占、挪用。

第三条　国有的博物馆、纪念馆、文物保护单位等的事业性收入,应当用于下列用途:

(一)文物的保管、陈列、修复、征集;

(二)国有的博物馆、纪念馆、文物保护单位的修缮和建设;

(三)文物的安全防范;

(四)考古调查、勘探、发掘;

(五)文物保护的科学研究、宣传教育。

第四条　文物行政主管部门和教育、科技、新闻出版、广播电视行政主管部门,应当做好文物保护的宣传教育工作。

第五条 国务院文物行政主管部门和省、自治区、直辖市人民政府文物行政主管部门,应当制定文物保护的科学技术研究规划,采取有效措施,促进文物保护科技成果的推广和应用,提高文物保护的科学技术水平。

第六条 有文物保护法第十二条所列事迹之一的单位或者个人,由人民政府及其文物行政主管部门、有关部门给予精神鼓励或者物质奖励。

第二章 不可移动文物

第七条 历史文化名城,由国务院建设行政主管部门会同国务院文物行政主管部门报国务院核定公布。

历史文化街区、村镇,由省、自治区、直辖市人民政府城乡规划行政主管部门会同文物行政主管部门报本级人民政府核定公布。

县级以上地方人民政府组织编制的历史文化名城和历史文化街区、村镇的保护规划,应当符合文物保护的要求。

第八条 全国重点文物保护单位和省级文物保护单位自核定公布之日起1年内,由省、自治区、直辖市人民政府划定必要的保护范围,作出标志说明,建立记录档案,设置专门机构或者指定专人负责管理。

设区的市、自治州级和县级文物保护单位自核定公布之日起1年内,由核定公布该文物保护单位的人民政府划定保护范围,作出标志说明,建立记录档案,设置专门机构或者指定专人负责管理。

第九条 文物保护单位的保护范围,是指对文物保护单位本体及周围一定范围实施重点保护的区域。

文物保护单位的保护范围,应当根据文物保护单位的类别、规模、内容以及周围环境的历史和现实情况合理划定,并在文物保护单位本体之外保持一定的安全距离,确保文物保护单位的真实性和完整性。

第十条 文物保护单位的标志说明,应当包括文物保护单位的级别、名称、公布机关、公布日期、立标机关、立标日期等内容。民族自治地区的文物保护单位的标志说明，应当同时用规范汉字和当地通用的少数民族文字书写。

第十一条 文物保护单位的记录档案，应当包括文物保护单位本体记录等科学技术资料和有关文献记载、行政管理等内容。

文物保护单位的记录档案，应当充分利用文字、音像制品、图画、拓片、摹本、电子文本等形式，有效表现其所载内容。

第十二条 古文化遗址、古墓葬、石窟寺和属于国家所有的纪念建筑物、古建筑，被核定公布为文物保护单位的，由县级以上地方人民政府设置专门机构或者指定机构负责管理。其他文物保护单位，由县级以上地方人民政府设置专门机构或者指定机构、专人负责管理；指定专人负责管理的，可以采取聘请文物保护员的形式。

文物保护单位有使用单位的，使用单位应当设立群众性文物保护组织；没有使用单位的，文物保护单位所在地的村民委员会或者居民委员会可以设立群众性文物保护组织。文物行政主管部门应当对群众性文物保护组织的活动给予指导和支持。

负责管理文物保护单位的机构，应当建立健全规章制度，采取安全防范措施；其安全保卫人员，可以依法配备防卫器械。

第十三条 文物保护单位的建设控制地带，是指在文物保护单位的保护范围外，为保护文物保护单位的安全、环境、历史风貌对建设项目加以限制的区域。

文物保护单位的建设控制地带，应当根据文物保护单位的类别、规模、内容以及周围环境的历史和现实情况合理划定。

第十四条 全国重点文物保护单位的建设控制地带，经省、自治区、直辖市人民政府批准，由省、自治区、直辖市人民政府的文物行政主管部门会同城乡规划行政主管部门划定并公布。

省级、设区的市、自治州级和县级文物保护单位的建设控制地带，经省、自治区、直辖市人民政府批准，由核定公布该文物保护单位的人民政府的文物行政主管部门会同城乡规划行政主管部门划定并公布。

第十五条 承担文物保护单位的修缮、迁移、重建工程的单位,应当同时取得文物行政主管部门发给的相应等级的文物保护工程资质证书和建设行政主管部门发给的相应等级的资质证书。其中,不涉及建筑活动的文物保护单位的修缮、迁移、重建,应当由取得文物行政主管部门发给的相应等级的文物保护工程资质证书的单位承担。

第十六条 申领文物保护工程资质证书,应当具备下列条件:

(一)有取得文物博物专业技术职务的人员;

(二)有从事文物保护工程所需的技术设备;

(三)法律、行政法规规定的其他条件。

第十七条 申领文物保护工程资质证书,应当向省、自治区、直辖市人民政府文物行政主管部门或者国务院文物行政主管部门提出申请。省、自治区、直辖市人民政府文物行政主管部门或者国务院文物行政主管部门应当自收到申请之日起30个工作日内作出批准或者不批准的决定。决定批准的,发给相应等级的文物保护工程资质证书;决定不批准的,应当书面通知当事人并说明理由。文物保护工程资质等级的分级标准和审批办法,由国务院文物行政主管部门制定。

第十八条 文物行政主管部门在审批文物保护单位的修缮计划和工程设计方案前,应当征求上一级人民政府文物行政主管部门的意见。

第十九条 危害全国重点文物保护单位安全或者破坏其历史风貌的建筑物、构筑物,由省、自治区、直辖市人民政府负责调查处理。

危害省级、设区的市、自治州级、县级文物保护单位安全或者破坏其历史风貌的建筑物、构筑物,由核定公布该文物保护单位的人民政府负责调查处理。

危害尚未核定公布为文物保护单位的不可移动文物安全的建筑物、构筑物,由县级人民政府负责调查处理。

第三章 考古发掘

第二十条 申请从事考古发掘的单位,取得考古发掘资质证书,应当具备下列条件：

（一）有4名以上接受过考古专业训练且主持过考古发掘项目的人员；

（二）有取得文物博物专业技术职务的人员；

（三）有从事文物安全保卫的专业人员；

（四）有从事考古发掘所需的技术设备；

（五）有保障文物安全的设施和场所；

（六）法律、行政法规规定的其他条件。

第二十一条 申领考古发掘资质证书，应当向国务院文物行政主管部门提出申请。国务院文物行政主管部门应当自收到申请之日起30个工作日内作出批准或者不批准的决定。决定批准的，发给考古发掘资质证书；决定不批准的，应当书面通知当事人并说明理由。

第二十二条 考古发掘项目实行项目负责人负责制度。

第二十三条 配合建设工程进行的考古调查、勘探、发掘，由省、自治区、直辖市人民政府文物行政主管部门组织实施。跨省、自治区、直辖市的建设工程范围内的考古调查、勘探、发掘，由建设工程所在地的有关省、自治区、直辖市人民政府文物行政主管部门联合组织实施；其中，特别重要的建设工程范围内的考古调查、勘探、发掘，由国务院文物行政主管部门组织实施。

建设单位对配合建设工程进行的考古调查、勘探、发掘，应当予以协助，不得妨碍考古调查、勘探、发掘。

第二十四条 国务院文物行政主管部门应当自收到文物保护法第三十条第一款规定的发掘计划之日起30个工作日内作出批准或者不批准决定。决定批准的，发给批准文件；决定不批准的，应当书面通知当事人并说明理由。

文物保护法第三十条第二款规定的抢救性发掘，省、自治区、直辖市人民政府文物行政主管部门应当自开工之日起10个工作日内向国务院文物行政主管部门补办审批手续。

第二十五条 考古调查、勘探、发掘所需经费的范围和标准，按照国家有关规定执行。

第二十六条 从事考古发掘的单位应当在考古发掘完成之日起30个工作日内向省、自治区、直辖市人民政府文物行政主管部门和国务院文物行政主管部门提交结项报告,并于提交结项报告之日起3年内向省、自治区、直辖市人民政府文物行政主管部门和国务院文物行政主管部门提交考古发掘报告。

第二十七条 从事考古发掘的单位提交考古发掘报告后,经省、自治区、直辖市人民政府文物行政主管部门批准,可以保留少量出土文物作为科研标本,并应当于提交发掘报告之日起6个月内将其他出土文物移交给由省、自治区、直辖市人民政府文物行政主管部门指定的国有的博物馆、图书馆或者其他国有文物收藏单位收藏。

第四章 馆藏文物

第二十八条 文物收藏单位应当建立馆藏文物的接收、鉴定、登记、编目和档案制度,库房管理制度,出入库、注销和统计制度,保养、修复和复制制度。

第二十九条 县级人民政府文物行政主管部门应当将本行政区域内的馆藏文物档案,按照行政隶属关系报设区的市、自治州级人民政府文物行政主管部门或者省、自治区、直辖市人民政府文物行政主管部门备案;设区的市、自治州级人民政府文物行政主管部门应当将本行政区域内的馆藏文物档案,报省、自治区、直辖市人民政府文物行政主管部门备案;省、自治区、直辖市人民政府文物行政主管部门应当将本行政区域内的一级文物藏品档案,报国务院文物行政主管部门备案。

第三十条 文物收藏单位之间借用馆藏文物,借用人应当对借用的馆藏文物采取必要的保护措施,确保文物的安全。

借用的馆藏文物的灭失、损坏风险,除当事人另有约定外,由借用该馆藏文物的文物收藏单位承担。

第三十一条 国有文物收藏单位未依照文物保护法第三十六条

的规定建立馆藏文物档案并将馆藏文物档案报主管的文物行政主管部门备案的,不得交换、借用馆藏文物。

第三十二条 修复、复制、拓印馆藏二级文物和馆藏三级文物的,应当报省、自治区、直辖市人民政府文物行政主管部门批准;修复、复制、拓印馆藏一级文物的,应当报国务院文物行政主管部门批准。

第三十三条 从事馆藏文物修复、复制、拓印的单位,应当具备下列条件:

(一)有取得中级以上文物博物专业技术职务的人员;

(二)有从事馆藏文物修复、复制、拓印所需的场所和技术设备;

(三)法律、行政法规规定的其他条件。

第三十四条 从事馆藏文物修复、复制、拓印,应当向省、自治区、直辖市人民政府文物行政主管部门提出申请。省、自治区、直辖市人民政府文物行政主管部门应当自收到申请之日起30个工作日内作出批准或者不批准的决定。决定批准的,发给相应等级的资质证书;决定不批准的,应当书面通知当事人并说明理由。

第三十五条 为制作出版物、音像制品等拍摄馆藏文物的,应当征得文物收藏单位同意,并签署拍摄协议,明确文物保护措施和责任。文物收藏单位应当自拍摄工作完成后10个工作日内,将拍摄情况向文物行政主管部门报告。

第三十六条 馆藏文物被盗、被抢或者丢失的,文物收藏单位应当立即向公安机关报案,并同时向主管的文物行政主管部门报告;主管的文物行政主管部门应当在接到文物收藏单位的报告后24小时内,将有关情况报告国务院文物行政主管部门。

第三十七条 国家机关和国有的企业、事业组织等收藏、保管国有文物的,应当履行下列义务:

(一)建立文物藏品档案制度,并将文物藏品档案报所在地省、自治区、直辖市人民政府文物行政主管部门备案;

(二)建立、健全文物藏品的保养、修复等管理制度,确保文物安全;

（三）文物藏品被盗、被抢或者丢失的，应当立即向公安机关报案，并同时向所在地省、自治区、直辖市人民政府文物行政主管部门报告。

第五章　民间收藏文物

第三十八条　文物收藏单位以外的公民、法人和其他组织，可以依法收藏文物，其依法收藏的文物的所有权受法律保护。

公民、法人和其他组织依法收藏文物的，可以要求文物行政主管部门对其收藏的文物提供鉴定、修复、保管等方面的咨询。

第三十九条　设立文物商店，应当具备下列条件：

（一）有200万元人民币以上的注册资本；

（二）有5名以上取得中级以上文物博物专业技术职务的人员；

（三）有保管文物的场所、设施和技术条件；

（四）法律、行政法规规定的其他条件。

第四十条　设立文物商店，应当向省、自治区、直辖市人民政府文物行政主管部门提出申请。省、自治区、直辖市人民政府文物行政主管部门应当自收到申请之日起30个工作日内作出批准或者不批准的决定。决定批准的，发给批准文件；决定不批准的，应当书面通知当事人并说明理由。

第四十一条　依法设立的拍卖企业，从事文物拍卖经营活动的，应当有5名以上取得高级文物博物专业技术职务的文物拍卖专业人员，并取得省、自治区、直辖市人民政府文物行政主管部门发给的文物拍卖许可证。

第四十二条　依法设立的拍卖企业申领文物拍卖许可证，应当向省、自治区、直辖市人民政府文物行政主管部门提出申请。省、自治区、直辖市人民政府文物行政主管部门应当自收到申请之日起30个工作日内作出批准或者不批准的决定。决定批准的，发给文物拍卖许可证；决定不批准的，应当书面通知当事人并说明理由。

第四十三条　文物商店购买、销售文物，经营文物拍卖的拍卖企业拍卖文物，应当记录文物的名称、图录、来源、文物的出卖人、委托人和买受人的姓名或者名称、住所、有效身份证件号码或者有效证照号码以及成交价格,并报省、自治区、直辖市人民政府文物行政主管部门备案。接受备案的文物行政主管部门应当依法为其保密,并将该记录保存75年。

文物行政主管部门应当加强对文物商店和经营文物拍卖的拍卖企业的监督检查。

第六章 文物出境进境

第四十四条 国务院文物行政主管部门指定的文物进出境审核机构,应当有5名以上取得中级以上文物博物专业技术职务的文物进出境责任鉴定人员。

第四十五条 运送、邮寄、携带文物出境,应当在文物出境前依法报文物进出境审核机构审核。文物进出境审核机构应当自收到申请之日起15个工作日内作出是否允许出境的决定。

文物进出境审核机构审核文物,应当有3名以上文物博物专业技术人员参加;其中,应当有2名以上文物进出境责任鉴定人员。

文物出境审核意见,由文物进出境责任鉴定员共同签署;对经审核,文物进出境责任鉴定员一致同意允许出境的文物,文物进出境审核机构方可作出允许出境的决定。

文物出境审核标准,由国务院文物行政主管部门制定。

第四十六条 文物进出境审核机构应当对所审核进出境文物的名称、质地、尺寸、级别,当事人的姓名或者名称、住所、有效身份证件号码或者有效证照号码,以及进出境口岸、文物去向和审核日期等内容进行登记。

第四十七条 经审核允许出境的文物,由国务院文物行政主管部门发给文物出境许可证,并由文物进出境审核机构标明文物出境标识。经审核允许出境的文物,应当从国务院文物行政主管部门指定的口岸出境。海关查验文物出境标识后,凭文物出境许可证放行。

经审核不允许出境的文物,由文物进出境审核机构发还当事人。

第四十八条　文物出境展览的承办单位，应当在举办展览前6个月向国务院文物行政主管部门提出申请。国务院文物行政主管部门应当自收到申请之日起30个工作日内作出批准或者不批准的决定。决定批准的，发给批准文件；决定不批准的，应当书面通知当事人并说明理由。

一级文物展品超过120件（套）的，或者一级文物展品超过展品总数的20%的，应当报国务院批准。

第四十九条　一级文物中的孤品和易损品，禁止出境展览。禁止出境展览文物的目录，由国务院文物行政主管部门定期公布。

未曾在国内正式展出的文物，不得出境展览。

第五十条　文物出境展览的期限不得超过1年。因特殊需要，经原审批机关批准可以延期；但是，延期最长不得超过1年。

第五十一条　文物出境展览期间，出现可能危及展览文物安全情形的，原审批机关可以决定中止或者撤销展览。

第五十二条　临时进境的文物，经海关将文物加封后，交由当事人报文物进出境审核机构审核、登记。文物进出境审核机构查验海关封志完好无损后，对每件临时进境文物标明文物临时进境标识，并登记拍照。

临时进境文物复出境时，应当由原审核、登记的文物进出境审核机构核对入境登记拍照记录，查验文物临时进境标识无误后标明文物出境标识，并由国务院文物行政主管部门发给文物出境许可证。

未履行本条第一款规定的手续临时进境的文物复出境的，依照本章关于文物出境的规定办理。

第五十三条　任何单位或者个人不得擅自剥除、更换、挪用或者损毁文物出境标识、文物临时进境标识。

第七章　法律责任

第五十四条　公安机关、工商行政管理、文物、海关、城乡规划、建设等有关部门及其工作人员，违反本条例规定，滥用审批权限、不履行职责或者发现违法行为不予查处的，对负有责任的主管人员和其他直接责任人员依法给予行政处分；构成犯罪的，依法追究刑事责任。

第五十五条 违反本条例规定，未取得相应等级的文物保护工程资质证书，擅自承担文物保护单位的修缮、迁移、重建工程的，由文物行政主管部门责令限期改正；逾期不改正，或者造成严重后果的，处5万元以上50万元以下的罚款；构成犯罪的，依法追究刑事责任。

违反本条例规定，未取得建设行政主管部门发给的相应等级的资质证书，擅自承担含有建筑活动的文物保护单位的修缮、迁移、重建工程的，由建设行政主管部门依照有关法律、行政法规的规定予以处罚。

第五十六条 违反本条例规定，未取得资质证书，擅自从事馆藏文物的修复、复制、拓印活动的，由文物行政主管部门责令停止违法活动；没收违法所得和从事违法活动的专用工具、设备；造成严重后果的，并处1万元以上10万元以下的罚款；构成犯罪的，依法追究刑事责任。

第五十七条 文物保护法第六十六条第二款规定的罚款，数额为200元以下。

第五十八条 违反本条例规定，未经批准擅自修复、复制、拓印馆藏珍贵文物的，由文物行政主管部门给予警告；造成严重后果的，处2000元以上2万元以下的罚款；对负有责任的主管人员和其他直接责任人员依法给予行政处分。

文物收藏单位违反本条例规定，未在规定期限内将文物拍摄情况向文物行政主管部门报告的，由文物行政主管部门责令限期改正；逾期不改正的，对负有责任的主管人员和其他直接责任人员依法给予行政处分。

第五十九条 考古发掘单位违反本条例规定，未在规定期限内提交结项报告或者考古发掘报告的，由省、自治区、直辖市人民政府文物行政主管部门或者国务院文物行政主管部门责令限期改正；逾期不改正的，对负有责任的主管人员和其他直接责任人员依法给予行政处分。

第六十条 考古发掘单位违反本条例规定，未在规定期限内移交文物的，由省、自治区、直辖市人民政府文物行政主管部门或者国务院文物行政主管部门责令限期改正；逾期不改正，或者造成严重后果的，对负有责任的主管人员和其他直接责任人员依法给予行政处分。

第六十一条　违反本条例规定，文物出境展览超过展览期限的，由国务院文物行政主管部门责令限期改正；对负有责任的主管人员和其他直接责任人员依法给予行政处分。

第六十二条　依照文物保护法第六十六条、第七十三条的规定，单位被处以吊销许可证行政处罚的，应当依法到工商行政管理部门办理变更登记或者注销登记；逾期未办理的，由工商行政管理部门吊销营业执照。

第六十三条　违反本条例规定，改变国有的博物馆、纪念馆、文物保护单位等的事业性收入的用途的，对负有责任的主管人员和其他直接责任人员依法给予行政处分；构成犯罪的，依法追究刑事责任。

第八章　附　　则

第六十四条　本条例自2003年7月1日起施行。

中华人民共和国水下文物保护管理条例

（1989年10月20日国务院令第42号公布　根据2011年1月8日《国务院关于废止和修改部分行政法规的决定》第一次修订　2022年1月23日国务院令第751号第二次修订　2022年1月23日公布　国务院令第751号　自2022年4月1日起实施）

第一条　为了加强水下文物保护工作的管理，根据《中华人民共和国文物保护法》的有关规定，制定本条例。

第二条　本条例所称水下文物，是指遗存于下列水域的具有历史、艺术和科学价值的人类文化遗产：

（一）遗存于中国内水、领海内的一切起源于中国的、起源国不明的和起源于外国的文物；

（二）遗存于中国领海以外依照中国法律由中国管辖的其他海域内的起源于中国的和起源国不明的文物；

（三）遗存于外国领海以外的其他管辖海域以及公海区域内的起源于中国的文物。

前款规定内容不包括1911年以后的与重大历史事件、革命运动以及著名人物无关的水下遗存。

第三条　本条例第二条第一款第一项、第二项所规定的水下文物属于国家所有，国家对其行使管辖权；本条例第二条第一款第三项所规定的水下文物，遗存于外国领海以外的其他管辖海域以及公海区域内的起源国不明的文物，国家享有辨认器物物主的权利。

第四条　国务院文物主管部门负责全国水下文物保护工作。县级以上地方人民政府文物主管部门负责本行政区域内的水下文物保护工作。

县级以上人民政府其他有关部门在各自职责范围内，负责有关水下文物保护工作。

中国领海以外依照中国法律由中国管辖的其他海域内的水下文物，由国务院文物主管部门负责保护工作。

第五条　任何单位和个人都有依法保护水下文物的义务。

各级人民政府应当重视水下文物保护，正确处理经济社会发展与水下文物保护的关系，确保水下文物安全。

第六条　根据水下文物的价值，县级以上人民政府依照《中华人民共和国文物保护法》有关规定，核定公布文物保护单位，对未核定为文物保护单位的不可移动文物予以登记公布。

县级以上地方人民政府文物主管部门应当根据不同文物的保护需要，制定文物保护单位和未核定为文物保护单位的不可移动文物的具体保护措施,并公告施行。

第七条 省、自治区、直辖市人民政府可以将水下文物分布较为集中、需要整体保护的水域划定公布为水下文物保护区,并根据实际情况进行调整。水下文物保护区涉及两个以上省、自治区、直辖市或者涉及中国领海以外依照中国法律由中国管辖的其他海域的,由国务院文物主管部门划定和调整,报国务院核定公布。

划定和调整水下文物保护区,应当征求有关部门和水域使用权人的意见,听取专家和公众的意见,涉及军事管理区和军事用海的还应当征求有关军事机关的意见。

划定和调整水下文物保护区的单位应当制定保护规划。国务院文物主管部门或者省、自治区、直辖市人民政府文物主管部门应当根据保护规划明确标示水下文物保护区的范围和界线,制定具体保护措施并公告施行。

在水下文物保护区内,禁止进行危及水下文物安全的捕捞、爆破等活动。

第八条 严禁破坏、盗捞、哄抢、私分、藏匿、倒卖、走私水下文物等行为。

在中国管辖水域内开展科学考察、资源勘探开发、旅游、潜水、捕捞、养殖、采砂、排污、倾废等活动的,应当遵守有关法律、法规的规定,并不得危及水下文物的安全。

第九条 任何单位或者个人以任何方式发现疑似本条例第二条第一款第一项、第二项所规定的水下文物的,应当及时报告所在地或者就近的地方人民政府文物主管部门,并上交已经打捞出水的文物。

文物主管部门接到报告后,如无特殊情况,应当在24小时内赶赴现场,立即采取措施予以保护,并在7日内提出处理意见;发现水下文物已经移动位置或者遭受实际破坏的,应当进行抢救性保护,并作详细记录;对已经打捞出水的文物,应当及时登记造册、妥善保管。

文物主管部门应当保护水下文物发现现场,必要时可以会同公安机关或者海上执法机关开展保护工作,并将保护工作情况报本级人民政府和上一级人民政府文物主管部门;发现重要文物的,应当逐级报至国务院文物主管部门,国务院文物主管部门应当在接到报告后15日内提出处理意见。

第十条 任何单位或者个人以任何方式发现疑似本条例第二条第一款第三项所规定的水下文物的,应当及时报告就近的地方人民政府文物主管部门或者直接报告国务院文物主管部门。接到报告的地方人民政府文物主管部门应当逐级报至国务院文物主管部门。国务院文物主管部门应当及时提出处理意见并报国务院。

第十一条 在中国管辖水域内进行水下文物的考古调查、勘探、发掘活动,应当由具有考古发掘资质的单位向国务院文物主管部门提出申请。申请材料包括工作计划书和考古发掘资质证书。拟开展的考古调查、勘探、发掘活动在中国内水、领海内的,还应当提供活动所在地省、自治区、直辖市人民政府文物主管部门出具的意见。

国务院文物主管部门应当自收到申请材料之日起30日内,作出准予许可或者不予许可的决定。准予许可的,发给批准文件;不予许可的,应当书面告知申请人并说明理由。

国务院文物主管部门在作出决定前,应当征求有关科研机构和专家的意见,涉及军事管理区和军事用海的还应当征求有关军事机关的意见;涉及在中国领海以外依照中国法律由中国管辖的其他海域内进行水下文物的考古调查、勘探、发掘活动的,还应当报国务院同意。

第十二条 任何外国组织、国际组织在中国管辖水域内进行水下文物考古调查、勘探、发掘活动,都应当采取与中方单位合作的方式进行,并取得许可。中方单位应当具有考古发掘资质;外方单位应当是专业考古研究机构,有从事该课题方向或者相近方向研究的专家和一定的实际考古工作经历。

中外合作进行水下文物考古调查、勘探、发掘活动的,由中方单位向国务院文物主管部门提出申请。申请材料应当包括中外合作单位合作意向书、工作计划书,以及合作双方符合前款要求的有关材料。拟开展的考古调查、勘探、发掘活动在中国内水、领海内的,还应当提供活动所在地省、自治区、直辖市人民政府文物主管部门出具的意见。

国务院文物主管部门收到申请材料后，应当征求有关科研机构和专家的意见，涉及军事管理区和军事用海的还应当征求有关军事机关的意见，并按照国家有关规定送请有关部门审查。审查合格的，报请国务院特别许可；审查不合格的，应当书面告知申请人并说明理由。

中外合作考古调查、勘探、发掘活动所取得的水下文物、自然标本以及考古记录的原始资料，均归中国所有。

第十三条　在中国管辖水域内进行大型基本建设工程，建设单位应当事先报请国务院文物主管部门或者省、自治区、直辖市人民政府文物主管部门组织在工程范围内有可能埋藏文物的地方进行考古调查、勘探；需要进行考古发掘的，应当依照《中华人民共和国文物保护法》有关规定履行报批程序。

第十四条　在中国管辖水域内进行水下文物的考古调查、勘探、发掘活动，应当以文物保护和科学研究为目的，并遵守相关法律、法规，接受有关主管部门的管理。

考古调查、勘探、发掘活动结束后，从事考古调查、勘探、发掘活动的单位应当向国务院文物主管部门和省、自治区、直辖市人民政府文物主管部门提交结项报告、考古发掘报告和取得的实物图片、有关资料复制件等。

考古调查、勘探、发掘活动中取得的全部出水文物应当及时登记造册、妥善保管，按照国家有关规定移交给由国务院文物主管部门或者省、自治区、直辖市人民政府文物主管部门指定的国有博物馆、图书馆或者其他国有收藏文物的单位收藏。

中外合作进行考古调查、勘探、发掘活动的，由中方单位提交前两款规定的实物和资料。

第十五条　严禁未经批准进行水下文物考古调查、勘探、发掘等活动。

严禁任何个人以任何形式进行水下文物考古调查、勘探、发掘等活动。

第十六条 文物主管部门、文物收藏单位等应当通过举办展览、开放参观、科学研究等方式，充分发挥水下文物的作用，加强中华优秀传统文化、水下文物保护法律制度等的宣传教育，提高全社会水下文物保护意识和参与水下文物保护的积极性。

第十七条 文物主管部门、公安机关、海上执法机关按照职责分工开展水下文物保护执法工作，加强执法协作。

县级以上人民政府文物主管部门应当在水下文物保护工作中加强与有关部门的沟通协调，共享水下文物执法信息。

第十八条 任何单位和个人有权向文物主管部门举报违反本条例规定、危及水下文物安全的行为。文物主管部门应当建立举报渠道并向社会公开，依法及时处理有关举报。

第十九条 保护水下文物有突出贡献的，按照国家有关规定给予精神鼓励或者物质奖励。

第二十条 文物主管部门和其他有关部门的工作人员，在水下文物保护工作中滥用职权、玩忽职守、徇私舞弊的，对直接负责的主管人员和其他直接责任人员依法给予处分；构成犯罪的，依法追究刑事责任。

第二十一条 擅自在文物保护单位的保护范围内进行建设工程或者爆破、钻探、挖掘等作业的，依照《中华人民共和国文物保护法》追究法律责任。

第二十二条 违反本条例规定，有下列行为之一的，由县级以上人民政府文物主管部门或者海上执法机关按照职责分工责令改正，追缴有关文物，并给予警告；有违法所得的，没收违法所得，违法经营额10万元以上的，并处违法经营额5倍以上15倍以下的罚款，违法经营额不足10万元的，并处10万元以上100万元以下的罚款；情节严重的，由原发证机关吊销资质证书，10年内不受理其相应申请：

（一）未经批准进行水下文物的考古调查、勘探、发掘活动；

（二）考古调查、勘探、发掘活动结束后，不按照规定移交有关实物或者提交有关资料；

（三）未事先报请有关主管部门组织进行考古调查、勘探，在中国管辖水域内进行大型基本建设工程；

（四）发现水下文物后未及时报告。

第二十三条　本条例自2022年4月1日起施行。

风景名胜区条例

（2006年9月19日国务院令第474号公布　根据2016年2月6日《国务院关于修改部分行政法规的决定》修订　2016年2月6日公布　国务院令第666号　自2016年2月6日起实施）

第一章　总　　则

第一条　为了加强对风景名胜区的管理，有效保护和合理利用风景名胜资源，制定本条例。

第二条　风景名胜区的设立、规划、保护、利用和管理，适用本条例。

本条例所称风景名胜区，是指具有观赏、文化或者科学价值，自然景观、人文景观比较集中，环境优美，可供人们游览或者进行科学、文化活动的区域。

第三条　国家对风景名胜区实行科学规划、统一管理、严格保护、永续利用的原则。

第四条　风景名胜区所在地县级以上地方人民政府设置的风景名胜区管理机构，负责风景名胜区的保护、利用和统一管理工作。

第五条　国务院建设主管部门负责全国风景名胜区的监督管理工作。国务院其他有关部门按照国务院规定的职责分工，负责风景名胜区的有关监督管理工作。

省、自治区人民政府建设主管部门和直辖市人民政府风景名胜区主管部门，负责本行政区域内风景名胜区的监督管理工作。省、自治区、直辖市人民政府其他有关部门按照规定的职责分工，负责风景名胜区的有关监督管理工作。

第六条　任何单位和个人都有保护风景名胜资源的义务，并有权制止、检举破坏风景名胜资源的行为。

第二章　设　　立

第七条　设立风景名胜区，应当有利于保护和合理利用风景名胜资源。

新设立的风景名胜区与自然保护区不得重合或者交叉；已设立的风景名胜区与自然保护区重合或者交叉的，风景名胜区规划与自然保护区规划应当相协调。

第八条　风景名胜区划分为国家级风景名胜区和省级风景名胜区。

自然景观和人文景观能够反映重要自然变化过程和重大历史文化发展过程，基本处于自然状态或者保持历史原貌，具有国家代表性的，可以申请设立国家级风景名胜区；具有区域代表性的，可以申请设立省级风景名胜区。

第九条　申请设立风景名胜区应当提交包含下列内容的有关材料：

（一）风景名胜资源的基本状况；

（二）拟设立风景名胜区的范围以及核心景区的范围；

（三）拟设立风景名胜区的性质和保护目标；

（四）拟设立风景名胜区的游览条件；

（五）与拟设立风景名胜区内的土地、森林等自然资源和房屋等财产的所有权人、使用权人协商的内容和结果。

第十条　设立国家级风景名胜区，由省、自治区、直辖市人民政府提出申请，国务院建设主管部门会同国务院环境保护主管部门、林业主管部门、文物主管部门等有关部门组织论证,提出审查意见,报国务院批准公布。

设立省级风景名胜区,由县级人民政府提出申请,省、自治区人民政府建设主管部门或者直辖市人民政府风景名胜区主管部门,会同其他有关部门组织论证,提出审查意见,报省、自治区、直辖市人民政府批准公布。

第十一条 风景名胜区内的土地、森林等自然资源和房屋等财产的所有权人、使用权人的合法权益受法律保护。

申请设立风景名胜区的人民政府应当在报请审批前,与风景名胜区内的土地、森林等自然资源和房屋等财产的所有权人、使用权人充分协商。

因设立风景名胜区对风景名胜区内的土地、森林等自然资源和房屋等财产的所有权人、使用权人造成损失的,应当依法给予补偿。

第三章 规　　划

第十二条 风景名胜区规划分为总体规划和详细规划。

第十三条 风景名胜区总体规划的编制,应当体现人与自然和谐相处、区域协调发展和经济社会全面进步的要求,坚持保护优先、开发服从保护的原则,突出风景名胜资源的自然特性、文化内涵和地方特色。

风景名胜区总体规划应当包括下列内容:

(一)风景资源评价;

(二)生态资源保护措施、重大建设项目布局、开发利用强度;

(三)风景名胜区的功能结构和空间布局;

(四)禁止开发和限制开发的范围;

(五)风景名胜区的游客容量;

(六)有关专项规划。

第十四条 风景名胜区应当自设立之日起2年内编制完成总体规划。总体规划的规划期一般为20年。

第十五条 风景名胜区详细规划应当根据核心景区和其他景区

的不同要求编制，确定基础设施、旅游设施、文化设施等建设项目的选址、布局与规模，并明确建设用地范围和规划设计条件。

风景名胜区详细规划，应当符合风景名胜区总体规划。

第十六条 国家级风景名胜区规划由省、自治区人民政府建设主管部门或者直辖市人民政府风景名胜区主管部门组织编制。

省级风景名胜区规划由县级人民政府组织编制。

第十七条 编制风景名胜区规划，应当采用招标等公平竞争的方式选择具有相应资质等级的单位承担。

风景名胜区规划应当按照经审定的风景名胜区范围、性质和保护目标，依照国家有关法律、法规和技术规范编制。

第十八条 编制风景名胜区规划，应当广泛征求有关部门、公众和专家的意见；必要时，应当进行听证。

风景名胜区规划报送审批的材料应当包括社会各界的意见以及意见采纳的情况和未予采纳的理由。

第十九条 国家级风景名胜区的总体规划，由省、自治区、直辖市人民政府审查后，报国务院审批。

国家级风景名胜区的详细规划，由省、自治区人民政府建设主管部门或者直辖市人民政府风景名胜区主管部门报国务院建设主管部门审批。

第二十条 省级风景名胜区的总体规划，由省、自治区、直辖市人民政府审批，报国务院建设主管部门备案。

省级风景名胜区的详细规划，由省、自治区人民政府建设主管部门或者直辖市人民政府风景名胜区主管部门审批。

第二十一条 风景名胜区规划经批准后，应当向社会公布，任何组织和个人有权查阅。

风景名胜区内的单位和个人应当遵守经批准的风景名胜区规划，服从规划管理。

风景名胜区规划未经批准的，不得在风景名胜区内进行各类建设活动。

第二十二条　经批准的风景名胜区规划不得擅自修改。确需对风景名胜区总体规划中的风景名胜区范围、性质、保护目标、生态资源保护措施、重大建设项目布局、开发利用强度以及风景名胜区的功能结构、空间布局、游客容量进行修改的，应当报原审批机关批准；对其他内容进行修改的，应当报原审批机关备案。

风景名胜区详细规划确需修改的，应当报原审批机关批准。

政府或者政府部门修改风景名胜区规划对公民、法人或者其他组织造成财产损失的，应当依法给予补偿。

第二十三条　风景名胜区总体规划的规划期届满前2年，规划的组织编制机关应当组织专家对规划进行评估，作出是否重新编制规划的决定。在新规划批准前，原规划继续有效。

第四章　保　　护

第二十四条　风景名胜区内的景观和自然环境，应当根据可持续发展的原则，严格保护，不得破坏或者随意改变。

风景名胜区管理机构应当建立健全风景名胜资源保护的各项管理制度。

风景名胜区内的居民和游览者应当保护风景名胜区的景物、水体、林草植被、野生动物和各项设施。

第二十五条　风景名胜区管理机构应当对风景名胜区内的重要景观进行调查、鉴定，并制定相应的保护措施。

第二十六条　在风景名胜区内禁止进行下列活动：

（一）开山、采石、开矿、开荒、修坟立碑等破坏景观、植被和地形地貌的活动；

（二）修建储存爆炸性、易燃性、放射性、毒害性、腐蚀性物品的设施；

（三）在景物或者设施上刻划、涂污；

（四）乱扔垃圾。

第二十七条　禁止违反风景名胜区规划，在风景名胜区内设立各类开发区和在核心景区内建设宾馆、招待所、培训中心、疗养院以及与风景名胜资源保护无关的其他建筑物；已经建设的，应当按照风景名胜区规划，逐步迁出。

第二十八条 在风景名胜区内从事本条例第二十六条、第二十七条禁止范围以外的建设活动，应当经风景名胜区管理机构审核后，依照有关法律、法规的规定办理审批手续。

在国家级风景名胜区内修建缆车、索道等重大建设工程，项目的选址方案应当报省、自治区人民政府建设主管部门和直辖市人民政府风景名胜区主管部门核准。

第二十九条 在风景名胜区内进行下列活动，应当经风景名胜区管理机构审核后，依照有关法律、法规的规定报有关主管部门批准：

（一）设置、张贴商业广告；

（二）举办大型游乐等活动；

（三）改变水资源、水环境自然状态的活动；

（四）其他影响生态和景观的活动。

第三十条 风景名胜区内的建设项目应当符合风景名胜区规划，并与景观相协调，不得破坏景观、污染环境、妨碍游览。

在风景名胜区内进行建设活动的，建设单位、施工单位应当制定污染防治和水土保持方案，并采取有效措施，保护好周围景物、水体、林草植被、野生动物资源和地形地貌。

第三十一条 国家建立风景名胜区管理信息系统，对风景名胜区规划实施和资源保护情况进行动态监测。

国家级风景名胜区所在地的风景名胜区管理机构应当每年向国务院建设主管部门报送风景名胜区规划实施和土地、森林等自然资源保护的情况；国务院建设主管部门应当将土地、森林等自然资源保护的情况，及时抄送国务院有关部门。

第五章　利用和管理

第三十二条 风景名胜区管理机构应当根据风景名胜区的特点，

保护民族民间传统文化，开展健康有益的游览观光和文化娱乐活动，普及历史文化和科学知识。

第三十三条 风景名胜区管理机构应当根据风景名胜区规划，合理利用风景名胜资源，改善交通、服务设施和游览条件。

风景名胜区管理机构应当在风景名胜区内设置风景名胜区标志和路标、安全警示等标牌。

第三十四条 风景名胜区内宗教活动场所的管理，依照国家有关宗教活动场所管理的规定执行。

风景名胜区内涉及自然资源保护、利用、管理和文物保护以及自然保护区管理的，还应当执行国家有关法律、法规的规定。

第三十五条 国务院建设主管部门应当对国家级风景名胜区的规划实施情况、资源保护状况进行监督检查和评估。对发现的问题，应当及时纠正、处理。

第三十六条 风景名胜区管理机构应当建立健全安全保障制度，加强安全管理，保障游览安全，并督促风景名胜区内的经营单位接受有关部门依据法律、法规进行的监督检查。

禁止超过允许容量接纳游客和在没有安全保障的区域开展游览活动。

第三十七条 进入风景名胜区的门票，由风景名胜区管理机构负责出售。门票价格依照有关价格的法律、法规的规定执行。

风景名胜区内的交通、服务等项目，应当由风景名胜区管理机构依照有关法律、法规和风景名胜区规划，采用招标等公平竞争的方式确定经营者。

风景名胜区管理机构应当与经营者签订合同，依法确定各自的权利义务。经营者应当缴纳风景名胜资源有偿使用费。

第三十八条 风景名胜区的门票收入和风景名胜资源有偿使用费，实行收支两条线管理。

风景名胜区的门票收入和风景名胜资源有偿使用费应当专门用于风景名胜资源的保护和管理以及风景名胜区内财产的所有权人、使用权人损失的补偿。具体管理办法,由国务院财政部门、价格主管部门会同国务院建设主管部门等有关部门制定。

第三十九条 风景名胜区管理机构不得从事以营利为目的的经营活动,不得将规划、管理和监督等行政管理职能委托给企业或者个人行使。

风景名胜区管理机构的工作人员,不得在风景名胜区内的企业兼职。

第六章 法律责任

第四十条 违反本条例的规定,有下列行为之一的,由风景名胜区管理机构责令停止违法行为、恢复原状或者限期拆除,没收违法所得,并处50万元以上100万元以下的罚款:

(一)在风景名胜区内进行开山、采石、开矿等破坏景观、植被、地形地貌的活动的;

(二)在风景名胜区内修建储存爆炸性、易燃性、放射性、毒害性、腐蚀性物品的设施的;

(三)在核心景区内建设宾馆、招待所、培训中心、疗养院以及与风景名胜资源保护无关的其他建筑物的。

县级以上地方人民政府及其有关主管部门批准实施本条第一款规定的行为的,对直接负责的主管人员和其他直接责任人员依法给予降级或者撤职的处分;构成犯罪的,依法追究刑事责任。

第四十一条 违反本条例的规定,在风景名胜区内从事禁止范围以外的建设活动,未经风景名胜区管理机构审核的,由风景名胜区管理机构责令停止建设、限期拆除,对个人处2万元以上5万元以下的罚款,对单位处20万元以上50万元以下的罚款。

第四十二条 违反本条例的规定,在国家级风景名胜区内修建缆车、索道等重大建设工程,项目的选址方案未经省、自治区人民政府建设主管部门和直辖市人民政府风景名胜区主管部门核准,县级以上地方人民政府有关部门核发选址意见书的,对直接负责的主管人员和其他直接责任人员依法给予处分;构成犯罪的,依法追究刑事责任。

第四十三条　违反本条例的规定，个人在风景名胜区内进行开荒、修坟立碑等破坏景观、植被、地形地貌的活动的，由风景名胜区管理机构责令停止违法行为、限期恢复原状或者采取其他补救措施，没收违法所得，并处1000元以上1万元以下的罚款。

第四十四条　违反本条例的规定，在景物、设施上刻划、涂污或者在风景名胜区内乱扔垃圾的，由风景名胜区管理机构责令恢复原状或者采取其他补救措施，处50元的罚款；刻划、涂污或者以其他方式故意损坏国家保护的文物、名胜古迹的，按照治安管理处罚法的有关规定予以处罚；构成犯罪的，依法追究刑事责任。

第四十五条　违反本条例的规定，未经风景名胜区管理机构审核，在风景名胜区内进行下列活动的，由风景名胜区管理机构责令停止违法行为、限期恢复原状或者采取其他补救措施，没收违法所得，并处5万元以上10万元以下的罚款；情节严重的，并处10万元以上20万元以下的罚款：

（一）设置、张贴商业广告的；

（二）举办大型游乐等活动的；

（三）改变水资源、水环境自然状态的活动的；

（四）其他影响生态和景观的活动。

第四十六条　违反本条例的规定，施工单位在施工过程中，对周围景物、水体、林草植被、野生动物资源和地形地貌造成破坏的，由风景名胜区管理机构责令停止违法行为、限期恢复原状或者采取其他补救措施，并处2万元以上10万元以下的罚款；逾期未恢复原状或者采取有效措施的，由风景名胜区管理机构责令停止施工。

第四十七条　违反本条例的规定，国务院建设主管部门、县级以上地方人民政府及其有关主管部门有下列行为之一的，对直接负责的主管人员和其他直接责任人员依法给予处分；构成犯罪的，依法追究刑事责任：

（一）违反风景名胜区规划在风景名胜区内设立各类开发区的；

（二）风景名胜区自设立之日起未在2年内编制完成风景名胜区

总体规划的；

（三）选择不具有相应资质等级的单位编制风景名胜区规划的；

（四）风景名胜区规划批准前批准在风景名胜区内进行建设活动的；

（五）擅自修改风景名胜区规划的；

（六）不依法履行监督管理职责的其他行为。

第四十八条 违反本条例的规定，风景名胜区管理机构有下列行为之一的，由设立该风景名胜区管理机构的县级以上地方人民政府责令改正；情节严重的，对直接负责的主管人员和其他直接责任人员给予降级或者撤职的处分；构成犯罪的，依法追究刑事责任：

（一）超过允许容量接纳游客或者在没有安全保障的区域开展游览活动的；

（二）未设置风景名胜区标志和路标、安全警示等标牌的；

（三）从事以营利为目的的经营活动的；

（四）将规划、管理和监督等行政管理职能委托给企业或者个人行使的；

（五）允许风景名胜区管理机构的工作人员在风景名胜区内的企业兼职的；

（六）审核同意在风景名胜区内进行不符合风景名胜区规划的建设活动的；

（七）发现违法行为不予查处的。

第四十九条 本条例第四十条第一款、第四十一条、第四十三条、第四十四条、第四十五条、第四十六条规定的违法行为，依照有关法律、行政法规的规定，有关部门已经予以处罚的，风景名胜区管理机构不再处罚。

第五十条 本条例第四十条第一款、第四十一条、第四十三条、第四十四条、第四十五条、第四十六条规定的违法行为，侵害国家、集体或者个人的财产的，有关单位或者个人应当依法承担民事责任。

第五十一条 依照本条例的规定，责令限期拆除在风景名胜区内违法建设的建筑物、构筑物或者其他设施的，有关单位或者个人必须立即停止建设活动，自行拆除；对继续进行建设的，作出责令限期拆除决定的机关有权制止。有关单位或者个人对责令限期拆除决定不服的，可以在接到责令限期拆除决定之日起15日内，向人民法院起诉；期满不起诉又不自行拆除的，由作出责令限期拆除决定的机关依法申请人民法院强制执行，费用由违法者承担。

第七章　附　　则

第五十二条　本条例自2006年12月1日起施行。1985年6月7日国务院发布的《风景名胜区管理暂行条例》同时废止。

中华人民共和国军事设施保护法

（1990年2月23日第七届全国人民代表大会常务委员会第十二次会议通过　根据2009年8月27日第十一届全国人民代表大会常务委员会第十次会议《关于修改部分法律的决定》第一次修正　根据2014年6月27日第十二届全国人民代表大会常务委员会第九次会议《关于修改〈中华人民共和国军事设施保护法〉的决定》第二次修正　2021年6月10日第十三届全国人民代表大会常务委员会第二十九次会议修订　2021年6月10日公布　中华人民共和国主席令第87号　自2021年8月1日起实施）

第一章　总　　则

第一条　为了保护军事设施的安全，保障军事设施的使用效能和军事活动的正常进行，加强国防现代化建设，巩固国防，抵御侵略，根据宪法，制定本法。

第二条　本法所称军事设施，是指国家直接用于军事目的的下列建筑、场地和设备：

（一）指挥机关，地上和地下的指挥工程、作战工程；

（二）军用机场、港口、码头；

（三）营区、训练场、试验场；

（四）军用洞库、仓库；

（五）军用信息基础设施，军用侦察、导航、观测台站，军用测量、导航、助航标志；

（六）军用公路、铁路专用线，军用输电线路，军用输油、输水、输气管道；

（七）边防、海防管控设施；

（八）国务院和中央军事委员会规定的其他军事设施。

前款规定的军事设施，包括军队为执行任务必需设置的临时设施。

第三条 军事设施保护工作坚持中国共产党的领导。各级人民政府和军事机关应当共同保护军事设施，维护国防利益。

国务院、中央军事委员会按照职责分工，管理全国的军事设施保护工作。地方各级人民政府会同有关军事机关，管理本行政区域内的军事设施保护工作。

有关军事机关应当按照规定的权限和程序，提出需要地方人民政府落实的军事设施保护需求，地方人民政府应当会同有关军事机关制定具体保护措施并予以落实。

设有军事设施的地方，有关军事机关和县级以上地方人民政府应当建立军地军事设施保护协调机制，相互配合，监督、检查军事设施的保护工作，协调解决军事设施保护工作中的问题。

第四条 中华人民共和国的组织和公民都有保护军事设施的义务。

禁止任何组织或者个人破坏、危害军事设施。

任何组织或者个人对破坏、危害军事设施的行为，都有权检举、控告。

第五条 国家统筹兼顾经济建设、社会发展和军事设施保护，促进经济社会发展和军事设施保护相协调。

第六条 国家对军事设施实行分类保护、确保重点的方针。军事设施的分类和保护标准，由国务院和中央军事委员会规定。

第七条 国家对因设有军事设施、经济建设受到较大影响的地方，采取相应扶持政策和措施。具体办法由国务院和中央军事委员会规定。

第八条 对在军事设施保护工作中做出突出贡献的组织和个人，依照有关法律、法规的规定给予表彰和奖励。

第二章 军事禁区、军事管理区的划定

第九条 军事禁区、军事管理区根据军事设施的性质、作用、安全保密的需要和使用效能的要求划定，具体划定标准和确定程序，由国务院和中央军事委员会规定。

本法所称军事禁区，是指设有重要军事设施或者军事设施安全保密要求高、具有重大危险因素，需要国家采取特殊措施加以重点保护，依照法定程序和标准划定的军事区域。

本法所称军事管理区，是指设有较重要军事设施或者军事设施安全保密要求较高、具有较大危险因素，需要国家采取特殊措施加以保护，依照法定程序和标准划定的军事区域。

第十条 军事禁区、军事管理区由国务院和中央军事委员会确定，或者由有关军事机关根据国务院和中央军事委员会的规定确定。

军事禁区、军事管理区的撤销或者变更，依照前款规定办理。

第十一条 陆地和水域的军事禁区、军事管理区的范围，由省、自治区、直辖市人民政府和有关军级以上军事机关共同划定，或者由省、自治区、直辖市人民政府、国务院有关部门和有关军级以上军事机关共同划定。空中军事禁区和特别重要的陆地、水域军事禁区的范围，由国务院和中央军事委员会划定。

军事禁区、军事管理区的范围调整，依照前款规定办理。

第十二条 军事禁区、军事管理区应当由县级以上地方人民政府按照国家统一规定的样式设置标志牌。

第十三条 军事禁区、军事管理区范围的划定或者调整,应当在确保军事设施安全保密和使用效能的前提下,兼顾经济建设、生态环境保护和当地居民的生产生活。

因军事设施建设需要划定或者调整军事禁区、军事管理区范围的,应当在军事设施建设项目开工建设前完成。但是,经战区级以上军事机关批准的除外。

第十四条 军事禁区、军事管理区范围的划定或者调整,需要征收、征用土地、房屋等不动产,压覆矿产资源,或者使用海域、空域等的,依照有关法律、法规的规定办理。

第十五条 军队为执行任务设置的临时军事设施需要划定陆地、水域临时军事禁区、临时军事管理区范围的,由县级以上地方人民政府和有关团级以上军事机关共同划定,并各自向上一级机关备案。其中,涉及有关海事管理机构职权的,应当在划定前征求其意见。划定之后,由县级以上地方人民政府或者有关海事管理机构予以公告。

军队执行任务结束后,应当依照前款规定的程序及时撤销划定的陆地、水域临时军事禁区、临时军事管理区。

第三章 军事禁区的保护

第十六条 军事禁区管理单位应当根据具体条件,按照划定的范围,为陆地军事禁区修筑围墙、设置铁丝网等障碍物,为水域军事禁区设置障碍物或者界线标志。

水域军事禁区的范围难以在实际水域设置障碍物或者界线标志的,有关海事管理机构应当向社会公告水域军事禁区的位置和边界。海域的军事禁区应当在海图上标明。

第十七条 禁止陆地、水域军事禁区管理单位以外的人员、车辆、船舶等进入军事禁区,禁止航空器在陆地、水域军事禁区上空进行低空飞行,禁止对军事禁区进行摄影、摄像、录音、勘察、测量、定位、描绘和记述。但是,经有关军事机关批准的除外。

禁止航空器进入空中军事禁区,但依照国家有关规定获得批准的除外。

使用军事禁区的摄影、摄像、录音、勘察、测量、定位、描绘和记述资料,应当经有关军事机关批准。

第十八条 在陆地军事禁区内,禁止建造、设置非军事设施,禁止开发利用地下空间。但是,经战区级以上军事机关批准的除外。

在水域军事禁区内,禁止建造、设置非军事设施,禁止从事水产养殖、捕捞以及其他妨碍军用舰船行动、危害军事设施安全和使用效能的活动。

第十九条 在陆地、水域军事禁区内采取的防护措施不足以保证军事设施安全保密和使用效能,或者陆地、水域军事禁区内的军事设施具有重大危险因素的,省、自治区、直辖市人民政府和有关军事机关,或者省、自治区、直辖市人民政府、国务院有关部门和有关军事机关根据军事设施性质、地形和当地经济建设、社会发展情况,可以在共同划定陆地、水域军事禁区范围的同时,在禁区外围共同划定安全控制范围,并在其外沿设置安全警戒标志。

安全警戒标志由县级以上地方人民政府按照国家统一规定的样式设置,地点由军事禁区管理单位和当地县级以上地方人民政府共同确定。

水域军事禁区外围安全控制范围难以在实际水域设置安全警戒标志的,依照本法第十六条第二款的规定执行。

第二十条 划定陆地、水域军事禁区外围安全控制范围,不改变原土地及土地附着物、水域的所有权。在陆地、水域军事禁区外围安全控制范围内,当地居民可以照常生产生活,但是不得进行爆破、射击以及其他危害军事设施安全和使用效能的活动。

因划定军事禁区外围安全控制范围影响不动产所有权人或者用益物权人行使权利的,依照有关法律、法规的规定予以补偿。

第四章 军事管理区的保护

第二十一条 军事管理区管理单位应当根据具体条件，按照划定的范围，为军事管理区修筑围墙、设置铁丝网或者界线标志。

第二十二条 军事管理区管理单位以外的人员、车辆、船舶等进入军事管理区，或者对军事管理区进行摄影、摄像、录音、勘察、测量、定位、描绘和记述，必须经军事管理区管理单位批准。

第二十三条 在陆地军事管理区内，禁止建造、设置非军事设施，禁止开发利用地下空间。但是，经军级以上军事机关批准的除外。

在水域军事管理区内，禁止从事水产养殖；未经军级以上军事机关批准，不得建造、设置非军事设施；从事捕捞或者其他活动，不得影响军用舰船的战备、训练、执勤等行动。

第二十四条 划为军事管理区的军民合用港口的水域，实行军地分区管理；在地方管理的水域内需要新建非军事设施的，必须事先征得军事设施管理单位的同意。

划为军事管理区的军民合用机场、港口、码头的管理办法，由国务院和中央军事委员会规定。

第五章 没有划入军事禁区、军事管理区的军事设施的保护

第二十五条 没有划入军事禁区、军事管理区的军事设施，军事设施管理单位应当采取措施予以保护；军队团级以上管理单位也可以委托当地人民政府予以保护。

第二十六条 在没有划入军事禁区、军事管理区的军事设施一定距离内进行采石、取土、爆破等活动，不得危害军事设施的安全和使用效能。

第二十七条 没有划入军事禁区、军事管理区的作战工程外围应当划定安全保护范围。作战工程的安全保护范围，应当根据作战工程性质、地形和当地经济建设、社会发展情况，由省、自治区、直辖市人民

政府和有关军事机关共同划定，或者由省、自治区、直辖市人民政府、国务院有关部门和有关军事机关共同划定。在作战工程布局相对集中的地区，作战工程安全保护范围可以连片划定。县级以上地方人民政府应当按照有关规定为作战工程安全保护范围设置界线标志。

作战工程安全保护范围的撤销或者调整，依照前款规定办理。

第二十八条　划定作战工程安全保护范围，不改变原土地及土地附着物的所有权。在作战工程安全保护范围内，当地居民可以照常生产生活，但是不得进行开山采石、采矿、爆破；从事修筑建筑物、构筑物、道路和进行农田水利基本建设、采伐林木等活动，不得危害作战工程安全和使用效能。

因划定作战工程安全保护范围影响不动产所有权人或者用益物权人行使权利的，依照有关法律、法规的规定予以补偿。

禁止私自开启封闭的作战工程，禁止破坏作战工程的伪装，禁止阻断进出作战工程的通道。未经作战工程管理单位师级以上的上级主管军事机关批准，不得对作战工程进行摄影、摄像、录音、勘察、测量、定位、描绘和记述，不得在作战工程内存放非军用物资器材或者从事种植、养殖等生产活动。

新建工程和建设项目，确实难以避开作战工程的，应当按照国家有关规定提出拆除或者迁建、改建作战工程的申请；申请未获批准的，不得拆除或者迁建、改建作战工程。

第二十九条　在军用机场净空保护区域内，禁止修建超出机场净空标准的建筑物、构筑物或者其他设施，不得从事影响飞行安全和机场助航设施使用效能的活动。

军用机场管理单位应当定期检查机场净空保护情况，发现修建的建筑物、构筑物或者其他设施超过军用机场净空保护标准的，应当及时向有关军事机关和当地人民政府主管部门报告。有关军事机关和当地人民政府主管部门应当依照本法规定及时处理。

第三十条　有关军事机关应当向地方人民政府通报当地军用机场净空保护有关情况和需求。

地方人民政府应当向有关军事机关通报可能影响军用机场净空保护的当地有关国土空间规划和高大建筑项目建设计划。

地方人民政府应当制定保护措施，督促有关单位对军用机场净空保护区域内的高大建筑物、构筑物或者其他设施设置飞行障碍标志。

第三十一条 军民合用机场以及由军队管理的保留旧机场、直升机起落坪的净空保护工作，适用军用机场净空保护的有关规定。

公路飞机跑道的净空保护工作，参照军用机场净空保护的有关规定执行。

第三十二条 地方各级人民政府和有关军事机关采取委托看管、分段负责等方式，实行军民联防，保护军用管线安全。

地下军用管线应当设立路由标石或者永久性标志，易遭损坏的路段、部位应当设置标志牌。已经公布具体位置、边界和路由的海域水下军用管线应当在海图上标明。

第三十三条 在军用无线电固定设施电磁环境保护范围内，禁止建造、设置影响军用无线电固定设施使用效能的设备和电磁障碍物体，不得从事影响军用无线电固定设施电磁环境的活动。

军用无线电固定设施电磁环境的保护措施，由军地无线电管理机构按照国家无线电管理相关规定和标准共同确定。

军事禁区、军事管理区内无线电固定设施电磁环境的保护，适用前两款规定。

军用无线电固定设施电磁环境保护涉及军事系统与非军事系统间的无线电管理事宜的，按照国家无线电管理的有关规定执行。

第三十四条 未经国务院和中央军事委员会批准或者国务院和中央军事委员会授权的机关批准，不得拆除、移动边防、海防管控设施，不得在边防、海防管控设施上搭建、设置民用设施。在边防、海防管控设施周边安排建设项目，不得危害边防、海防管控设施安全和使用效能。

第三十五条 任何组织和个人不得损毁或者擅自移动军用测量标志。在军用测量标志周边安排建设项目，不得危害军用测量标志安全和使用效能。

军用测量标志的保护，依照有关法律、法规的规定执行。

第六章 管理职责

第三十六条 县级以上地方人民政府编制国民经济和社会发展规划、安排可能影响军事设施保护的建设项目，国务院有关部门、地方人民政府编制国土空间规划等规划，应当兼顾军事设施保护的需要，并按照规定书面征求有关军事机关的意见。必要时，可以由地方人民政府会同有关部门、有关军事机关对建设项目进行评估。

国务院有关部门或者县级以上地方人民政府有关部门审批前款规定的建设项目，应当审查征求军事机关意见的情况；对未按规定征求军事机关意见的，应当要求补充征求意见；建设项目内容在审批过程中发生的改变可能影响军事设施保护的，应当再次征求有关军事机关的意见。

有关军事机关应当自收到征求意见函之日起三十日内提出书面答复意见；需要请示上级军事机关或者需要勘察、测量、测试的，答复时间可以适当延长，但通常不得超过九十日。

第三十七条 军队编制军事设施建设规划、组织军事设施项目建设，应当考虑地方经济建设、生态环境保护和社会发展的需要，符合国土空间规划等规划的总体要求，并进行安全保密环境评估和环境影响评价。涉及国土空间规划等规划的，应当征求国务院有关部门、地方人民政府的意见，尽量避开生态保护红线、自然保护地、地方经济建设热点区域和民用设施密集区域。确实不能避开，需要将生产生活设施拆除或者迁建的，应当依法进行。

第三十八条 县级以上地方人民政府安排建设项目或者开辟旅游景点，应当避开军事设施。确实不能避开，需要将军事设施拆除、迁建或者改作民用的，由省、自治区、直辖市人民政府或者国务院有关部门和战区级军事机关商定，并报国务院和中央军事委员会批准或者国务院和中央军事委员会授权的机关批准；需要将军事设施改建的，由有关军事机关批准。

因前款原因将军事设施拆除、迁建、改建或者改作民用的，由提出需求的地方人民政府依照有关规定给予有关军事机关政策支持或者经费补助。将军事设施迁建、改建涉及用地用海用岛的，地方人民政府应当依法及时办理相关手续。

第三十九条 军事设施因军事任务调整、周边环境变化和自然损毁等原因，失去使用效能并无需恢复重建的，军事设施管理单位应当按照规定程序及时报国务院和中央军事委员会批准或者国务院和中央军事委员会授权的机关批准，予以拆除或者改作民用。

军队执行任务结束后，应当及时将设置的临时军事设施拆除。

第四十条 军用机场、港口实行军民合用的，需经国务院和中央军事委员会批准。军用码头实行军民合用的，需经省、自治区、直辖市人民政府或者国务院有关部门会同战区级军事机关批准。

第四十一条 军事禁区、军事管理区和没有划入军事禁区、军事管理区的军事设施，县级以上地方人民政府应当会同军事设施管理单位制定具体保护措施，可以公告施行。

划入军事禁区、军事管理区的军事设施的具体保护措施，应当随军事禁区、军事管理区范围划定方案一并报批。

第四十二条 各级军事机关应当严格履行保护军事设施的职责，教育军队人员爱护军事设施，保守军事设施秘密，建立健全保护军事设施的规章制度，监督、检查、解决军事设施保护工作中的问题。

有关军事机关应当支持配合军事设施保护执法、司法活动。

第四十三条 军事设施管理单位应当认真执行有关保护军事设施的规章制度，建立军事设施档案，对军事设施进行检查、维护。

军事设施管理单位对军事设施的重要部位应当采取安全监控和技术防范措施，并及时根据军事设施保护需要和科技进步升级完善。

军事设施管理单位不得将军事设施用于非军事目的，但因执行应急救援等紧急任务的除外。

第四十四条 军事设施管理单位应当了解掌握军事设施周边建

设项目等情况，发现可能危害军事设施安全和使用效能的，应当及时向有关军事机关和当地人民政府主管部门报告，并配合有关部门依法处理。

第四十五条　军事禁区、军事管理区的管理单位应当依照有关法律、法规的规定，保护军事禁区、军事管理区内的生态环境、自然资源和文物。

第四十六条　军事设施管理单位必要时应当向县级以上地方人民政府提供地下、水下军用管线的位置资料。地方进行建设时，当地人民政府应当对地下、水下军用管线予以保护。

第四十七条　各级人民政府应当加强国防和军事设施保护教育，使全体公民增强国防观念，保护军事设施，保守军事设施秘密，制止破坏、危害军事设施的行为。

第四十八条　县级以上地方人民政府应当会同有关军事机关，定期组织检查和评估本行政区域内军事设施保护情况，督促限期整改影响军事设施保护的隐患和问题，完善军事设施保护措施。

第四十九条　国家实行军事设施保护目标责任制和考核评价制度，将军事设施保护目标完成情况作为对地方人民政府、有关军事机关和军事设施管理单位及其负责人考核评价的内容。

第五十条　军事禁区、军事管理区需要公安机关协助维护治安管理秩序的，经国务院和中央军事委员会决定或者由有关军事机关提请省、自治区、直辖市公安机关批准，可以设立公安机构。

第五十一条　违反本法规定，有下列情形之一的，军事设施管理单位的执勤人员应当予以制止：

（一）非法进入军事禁区、军事管理区或者在陆地、水域军事禁区上空低空飞行的；

（二）对军事禁区、军事管理区非法进行摄影、摄像、录音、勘察、测量、定位、描绘和记述的；

（三）进行破坏、危害军事设施的活动的。

第五十二条　有本法第五十一条所列情形之一，不听制止的，军

事设施管理单位依照国家有关规定,可以采取下列措施:

(一)强制带离、控制非法进入军事禁区、军事管理区或者驾驶、操控航空器在陆地、水域军事禁区上空低空飞行的人员,对违法情节严重的人员予以扣留并立即移送公安、国家安全等有管辖权的机关;

(二)立即制止信息传输等行为,扣押用于实施违法行为的器材、工具或者其他物品,并移送公安、国家安全等有管辖权的机关;

(三)在紧急情况下,清除严重危害军事设施安全和使用效能的障碍物;

(四)在危及军事设施安全或者执勤人员生命安全等紧急情况下依法使用武器。

军人、军队文职人员和军队其他人员有本法第五十一条所列情形之一的,依照军队有关规定处理。

第七章 法律责任

第五十三条 违反本法第十七条、第十八条、第二十三条规定,擅自进入水域军事禁区,在水域军事禁区内从事水产养殖、捕捞,在水域军事管理区内从事水产养殖,或者在水域军事管理区内从事捕捞等活动影响军用舰船行动的,由交通运输、渔业等主管部门给予警告,责令离开,没收渔具、渔获物。

第五十四条 违反本法第十八条、第二十三条、第二十四条规定,在陆地、水域军事禁区、军事管理区内建造、设置非军事设施,擅自开发利用陆地军事禁区、军事管理区地下空间,或者在划为军事管理区的军民合用港口地方管理的水域未征得军事设施管理单位同意建造、设置非军事设施的,由住房和城乡建设、自然资源、交通运输、渔业等主管部门责令停止兴建活动,对已建成的责令限期拆除。

第五十五条 违反本法第二十八条第一款规定,在作战工程安全保护范围内开山采石、采矿、爆破的,由自然资源、生态环境等主管部门以及公安机关责令停止违法行为,没收采出的产品和违法所得;修筑建筑物、构筑物、道路或者进行农田水利基本建设影响作战工程安全和使用效能的，由自然资源、生态环境、交通运输、农业农村、住房和城乡建设等主管部门给予警告，责令限期改正。

第五十六条 违反本法第二十八条第三款规定，私自开启封闭的作战工程，破坏作战工程伪装，阻断作战工程通道，将作战工程用于存放非军用物资器材或者种植、养殖等生产活动的，由公安机关以及自然资源等主管部门责令停止违法行为，限期恢复原状。

第五十七条 违反本法第二十八条第四款、第三十四条规定，擅自拆除、迁建、改建作战工程，或者擅自拆除、移动边防、海防管控设施的，由住房和城乡建设主管部门、公安机关等责令停止违法行为，限期恢复原状。

第五十八条 违反本法第二十九条第一款规定，在军用机场净空保护区域内修建超出军用机场净空保护标准的建筑物、构筑物或者其他设施的，由住房和城乡建设、自然资源主管部门责令限期拆除超高部分。

第五十九条 违反本法第三十三条规定，在军用无线电固定设施电磁环境保护范围内建造、设置影响军用无线电固定设施使用效能的设备和电磁障碍物体，或者从事影响军用无线电固定设施电磁环境的活动的，由自然资源、生态环境等主管部门以及无线电管理机构给予警告，责令限期改正；逾期不改正的，查封干扰设备或者强制拆除障碍物。

第六十条 有下列行为之一的，适用《中华人民共和国治安管理处罚法》第二十三条的处罚规定：

（一）非法进入军事禁区、军事管理区或者驾驶、操控航空器在陆地、水域军事禁区上空低空飞行，不听制止的；

（二）在军事禁区外围安全控制范围内，或者在没有划入军事禁区、军事管理区的军事设施一定距离内，进行危害军事设施安全和使用效能的活动，不听制止的；

（三）在军用机场净空保护区域内，进行影响飞行安全和机场助航设施使用效能的活动，不听制止的；

（四）对军事禁区、军事管理区非法进行摄影、摄像、录音、勘察、测量、定位、描绘和记述，不听制止的；

（五）其他扰乱军事禁区、军事管理区管理秩序和危害军事设施安全的行为，情节轻微，尚不够刑事处罚的。

第六十一条 违反国家规定，故意干扰军用无线电设施正常工作的，或者对军用无线电设施产生有害干扰，拒不按照有关主管部门的要求改正的，依照《中华人民共和国治安管理处罚法》第二十八条的规定处罚。

第六十二条 毁坏边防、海防管控设施以及军事禁区、军事管理区的围墙、铁丝网、界线标志或者其他军事设施的，依照《中华人民共和国治安管理处罚法》第三十三条的规定处罚。

第六十三条 有下列行为之一，构成犯罪的，依法追究刑事责任：

（一）破坏军事设施的；

（二）过失损坏军事设施，造成严重后果的；

（三）盗窃、抢夺、抢劫军事设施的装备、物资、器材的；

（四）泄露军事设施秘密，或者为境外的机构、组织、人员窃取、刺探、收买、非法提供军事设施秘密的；

（五）破坏军用无线电固定设施电磁环境，干扰军用无线电通讯，情节严重的；

（六）其他扰乱军事禁区、军事管理区管理秩序和危害军事设施安全的行为，情节严重的。

第六十四条 军人、军队文职人员和军队其他人员有下列行为之一，按照军队有关规定给予处分；构成犯罪的，依法追究刑事责任：

（一）有本法第五十三条至第六十三条规定行为的；

（二）擅自将军事设施用于非军事目的，或者有其他滥用职权行为的；

（三）擅离职守或者玩忽职守的。

第六十五条 公职人员在军事设施保护工作中有玩忽职守、滥用职权、徇私舞弊等行为的，依法给予处分；构成犯罪的，依法追究刑事责任。

第六十六条 违反本法规定,破坏、危害军事设施的,属海警机构职权范围的,由海警机构依法处理。

违反本法规定,有其他破坏、危害军事设施行为的,由有关主管部门依法处理。

第六十七条 违反本法规定,造成军事设施损失的,依法承担赔偿责任。

第六十八条 战时违反本法的,依法从重追究法律责任。

第八章 附 则

第六十九条 中国人民武装警察部队所属军事设施的保护,适用本法。

第七十条 国防科技工业重要武器装备的科研、生产、试验、存储等设施的保护,参照本法有关规定执行。具体办法和设施目录由国务院和中央军事委员会规定。

第七十一条 国务院和中央军事委员会根据本法制定实施办法。

第七十二条 本法自2021年8月1日起施行。

中华人民共和国军事设施保护法实施办法

(2001年1月12日公布 国务院、中央军事委员会令第298号
自2001年1月12日起实施)

第一章 总 则

第一条 根据《中华人民共和国军事设施保护法》(以下简称军事设施保护法)的规定,制定本办法。

第二条 设有军事设施的地方,县级以上地方人民政府和驻地有关军事机关共同成立军事设施保护委员会,负责协调、指导本行政区

域内的军事设施保护工作。

军事设施保护委员会的办事机构设在省军区(卫戍区、警备区)、军分区(警备区)、县(自治县、市、市辖区)人民武装部,具体办理军事设施保护委员会的日常工作。

第三条 军事设施保护委员会履行下列职责:

(一)依照军事设施保护法律、法规和国家的方针、政策,制定军事设施保护措施;

(二)组织指导本行政区域内的军事设施保护工作,协调解决军事设施保护工作的有关事宜;

(三)组织开展军事设施保护的宣传教育工作;

(四)组织开展军事设施保护法律、法规执行情况的监督检查。

第四条 中国人民解放军总参谋部在国务院和中央军事委员会的领导下,主管全国的军事设施保护工作,指导各级军事设施保护委员会的工作。

军区司令机关主管辖区内的军事设施保护工作,指导辖区内各级军事设施保护委员会的工作。

上级军事设施保护委员会指导下级军事设施保护委员会的工作。

第五条 国务院有关部门在各自的职责范围内,负责军事设施保护的有关工作,并协助军事机关落实军事设施保护措施。

县级以上地方人民政府负责本行政区域内军事设施保护的有关工作,并协助驻地军事机关落实军事设施保护措施。

第六条 军事机关应当向驻地人民政府介绍军事设施的有关情况,听取驻地人民政府的意见;地方人民政府应当向驻地军事机关介绍经济建设的有关情况,听取驻地军事机关的意见。

第七条 各级人民政府和军事机关对在军事设施保护工作中做出显著成绩的组织和个人,给予表彰、奖励。

第二章 军事禁区、军事管理区的保护

第八条 军事禁区、军事管理区的确定及其范围的划定,以及军

事禁区外围安全控制范围的划定,依照军事设施保护法和国务院、中央军事委员会的有关规定办理。

第九条 在水域军事禁区内,禁止非军用船只进入,禁止建筑、设置非军事设施,禁止从事水产养殖、捕捞以及其他有碍军用舰船行动和安全保密的活动。

第十条 在水域军事管理区内,禁止建筑、设置非军事设施,禁止从事水产养殖;从事捕捞或者其他活动,不得影响军用舰船的行动。

第十一条 划为军事管理区的军民合用港口的水域,实行军地分区管理;在地方管理的水域内需要新建非军事设施的,必须事先征得有关军事设施管理单位的同意。

第十二条 军事禁区、军事管理区应当设立标志牌。标志牌的样式、质地和规格由省、自治区、直辖市军事设施保护委员会规定,标志牌由县级以上地方人民政府负责设立。

水域军事禁区、军事管理区的范围难以在实际水域设置界线标志或者障碍物表示的,由当地交通、渔业行政主管部门共同向社会公告,并由测绘主管部门在海图上标明。

第三章 作战工程的保护

第十三条 军事设施保护法所称作战工程,包括坑道、永备工事以及配套的专用道路、桥涵以及水源、供电、战备用房等附属设施。

第十四条 未划入军事禁区、军事管理区的作战工程应当在作战工程外围划定安全保护范围。作战工程的安全保护范围,根据工程部署、地形和当地经济建设情况,由省军区或者作战工程管理单位的上级军级以上主管军事机关提出方案,报军区和省、自治区、直辖市人民政府批准。

在作战工程布局相对集中的地区,作战工程安全保护范围可以连片划定。

第十五条 作战工程安全保护范围的划定,不影响安全保护范围内的土地及其附着物的所有权、使用权,安全保护范围内的单位、居民可以照常生产、生活，但不得危害军事设施的安全保密和使用效能。

第十六条 在作战工程安全保护范围内，禁止开山采石、采矿、爆破，禁止采伐林木；修筑建筑物、构筑物、道路和进行农田水利基本建设，应当征得作战工程管理单位的上级主管军事机关和当地军事设施保护委员会同意，并不得影响作战工程的安全保密和使用效能。

第十七条 禁止私自开启封闭的作战工程，禁止破坏作战工程的伪装，禁止阻断入出作战工程的通道。

未经作战工程管理单位的上级师级以上主管军事机关批准，不得对作战工程进行摄影、摄像、勘察、测量、描绘和记述，不得在作战工程内存放非军用物资器材或者从事种植、养殖等生产活动。

第十八条 新建工程和建设项目，确实难以避开作战工程的，应当按照国家有关规定提出拆除或者迁建、改建作战工程的申请；申请未获批准，不得拆除或者迁建、改建作战工程。

第四章 军用机场净空的保护

第十九条 本办法所称军用机场净空，是指为保证军用飞机（含直升机）起飞、着陆和复飞的安全，在飞行场地周围划定的限制物体高度的空间区域。

军用机场净空保护标准按照国家有关规定执行。

第二十条 在军用机场净空保护区域内，禁止修建超出机场净空标准的建筑物、构筑物或者其他设施。

第二十一条 在军用机场净空保护区域内种植植物，设置灯光或者物体，排放烟尘、粉尘、火焰、废气或者从事其他类似活动，不得影响飞行安全和机场助航设施的使用效能。

第二十二条 军用机场管理单位应当了解当地城市规划和村庄、集镇规划和高大建筑项目建设计划，提供军用机场净空保护技术咨询。

第二十三条 在军用机场净空保护区域内建设高大建筑物、构筑物或者其他设施的，建设单位必须在申请立项前书面征求军用机场管理单位的军级以上主管军事机关的意见;未征求军事机关意见或者建设项目设计高度超过军用机场净空保护标准的,国务院有关部门、地方人民政府有关部门不予办理建设许可手续。

第二十四条 军用机场管理单位应当定期检查机场净空保护情况,发现擅自修建超过军用机场净空保护标准的建筑物、构筑物或者其他设施的,应当及时向上级和当地军事设施保护委员会报告。

地方人民政府应当掌握当地军用机场净空保护有关情况,制定保护措施,督促有关单位对军用机场净空保护区域内的高大建筑物、构筑物或者其他设施设置飞行障碍标志。

第二十五条 在军用机场侧净空保护区域内原有自然障碍物附近新建高大建筑物、构筑物或者其他设施,必须符合国家有关机场净空的规定。

第二十六条 军民合用机场以及由军队管理的保留旧机场、公路飞行跑道的净空保护工作,适用军用机场净空保护的有关规定。

第五章 军用通信、输电线路和军用输油、输水管道的保护

第二十七条 军事设施保护法所称军用通信、输电线路包括:

(一)架空线路:电杆(杆塔)、电线(缆),变压器、配电室以及其他附属设施;

(二)埋设线路:地下、水底电(光)缆,管道、检查井、标石、水线标志牌,无人值守载波增音站,电缆充气站以及其他附属设施;

(三)无线线路:无人值守微波站、微波无源反射板、各类无线电固定台(站)天线以及其他附属设施。

第二十八条 军事设施保护法所称军用输油、输水管道,是指专供军队使用的地面或者地下、水下输油、输水管道和管道沿线的加压站、计量站、处理场、油库、阀室、标志物以及其他附属设施。

第二十九条 军用通信、输电线路和军用输油、输水管道(以下简称军用管线)管理单位,应当加强维护管理工作,坚持巡查和测试检查

制度;必要时,可以组织武装巡查,发现问题,及时处理。

第三十条 地方各级人民政府和驻地军事机关,应当根据实际情况组织军用管线沿线群众实行军民联防护线,采取委托看管、分段负责等形式,保护军用管线的安全。

第三十一条 地下军用管线应当设立路由标石或者永久性标志,易遭损坏的路段(部位)应当设置标志牌。水下军用管线应当在海图上标明。

第三十二条 军用管线的具体保护要求以及军用管线与其他设施相互妨碍的处理,按照国务院、中央军事委员会的有关规定执行。

第六章 军用无线电固定设施电磁环境的保护

第三十三条 本办法所称军用无线电固定设施电磁环境(以下简称军用电磁环境),是指为保证军用无线电收(发)信、侦察、测向、雷达、导航定位等固定设施正常工作,在其周围划定的限制电磁干扰信号和电磁障碍物体的区域。

军用电磁环境的具体保护要求,按照国家规定的有关标准执行。

第三十四条 在军用电磁环境保护范围内,禁止建设、设置或者使用发射、辐射电磁信号的设备和电磁障碍物体。

第三十五条 地方在军用电磁环境保护范围内安排建设项目,对军用电磁环境可能产生影响的,应当按照规定征求有关军事机关的意见;必要时,可以由军事设施管理单位和地方有关部门共同对其干扰程度和电磁障碍物的影响情况进行测试和论证。

第三十六条 各级人民政府有关部门审批和验收军用电磁环境保护范围内的建设项目,应当审查发射、辐射电磁信号设备和电磁障碍物的状况,以及征求军事机关意见的情况;未征求军事机关意见或者不符合国家电磁环境保护标准的,不予办理建设或者使用许可手续。

第三十七条 军用无线电固定设施管理单位,应当掌握军用电磁环境保护情况,发现问题及时向上级军事机关和当地军事设施保护委员会报告。

第七章　边防设施和军用测量标志的保护

第三十八条　本办法所称边防设施,是指边防巡逻路、边境铁丝网(铁栅栏)、边境监控设备、边境管理辅助标志以及边防直升机起降场、边防船艇停泊点等由边防部队使用、管理的军事设施。

第三十九条　任何组织或者个人未经边防设施管理单位同意,不得擅自拆除或者移动边防设施。

第四十条　边境地区开辟口岸、互市贸易区、旅游景点或者修建道路、管线、桥梁等项目涉及边防设施的,应当按照有关规定征求军事机关的意见;需要迁建、改建边防设施的,应当报有关省、自治区、直辖市军事设施保护委员会批准;迁建、改建的边防设施的位置、质量、标准必须符合国家有关规定。

第四十一条　军用测量标志的保护,依照国家有关法律、法规的规定办理。

第八章　强制措施和法律责任

第四十二条　军事设施管理单位执勤人员遇有军事设施保护法第三十条所列违法行为,可以采取下列强制措施,予以制止:

(一)驱逐非法进入军事禁区的人员离开军事禁区;

(二)对用于实施违法行为的器材、工具或者其他物品予以扣押,对违法情节严重的人员予以扣留,立即移送公安机关或者国家安全机关;

(三)在紧急情况下,清除严重危害军事设施安全和使用效能的障碍物。

第四十三条　违反本办法第九条、第十条、第十一条的规定,在水域军事禁区、军事管理区内或者军民合用港口的水域建筑、设置非军事设施的,由城市规划、交通、渔业行政主管部门依据各自的职权责令停止兴建活动;已建成的,责令限期拆除。

第四十四条　违反本办法第九条、第十条的规定，擅自进入水域军事禁区，在水域军事禁区内从事水产养殖、捕捞，或者在水域军事管理区内从事水产养殖的，由交通、渔业行政主管部门依据各自的职权给予警告，责令离开，可以没收渔具、渔获物。

第四十五条　违反本办法第十六条的规定，在作战工程安全保护范围内开山采石、采矿、爆破、采伐林木的，由公安机关以及国土资源、林业行政主管部门依据各自的职权责令停止违法行为，没收采出的产品和违法所得；造成损失的，依法赔偿损失。

第四十六条　违反本办法第十六条的规定，擅自在作战工程安全保护范围内修筑建筑物、构筑物、道路或者进行农田水利基本建设的，由城市规划、交通、农业行政主管部门依据各自的职权给予警告，责令限期改正；造成损失的，依法赔偿损失。

第四十七条　违反本办法第十七条的规定，破坏作战工程封闭伪装，阻断作战工程通道，或者将作战工程用于堆物、种植、养殖的，由公安机关责令停止违法行为，限期恢复原状；造成损失的，依法赔偿损失。

第四十八条　违反本办法第二十条、第二十五条的规定，在军用机场净空保护区域内修建超出军用机场净空保护标准的建筑物、构筑物或者其他设施的，由城市规划行政主管部门责令限期拆除超高部分。

第四十九条　违反本办法第三十四条的规定，在军用电磁环境保护范围内建设、设置或者使用发射、辐射电磁信号的设备和电磁障碍物体的，由城市规划、信息产业行政主管部门依据各自的职权给予警告，责令限期改正；拒不改正的，查封干扰设备或者强制拆除障碍物。

第五十条　违反本办法第十八条、第三十九条、第四十条的规定，擅自拆除、迁建、改建作战工程、边防设施或者擅自移动边防设施的，由城市规划行政主管部门责令停止违法行为，限期恢复原状；造成损失的，依法赔偿损失。

第五十一条　违反本办法，构成违反治安管理行为的，由公安机关依法处罚；构成犯罪的，依法追究刑事责任。

第九章　附　　则

第五十二条　中国人民武装警察部队所属军事设施的保护，适用军事设施保护法和本办法。

第五十三条　本办法自公布之日起施行。

中华人民共和国矿产资源法

（1986年3月19日第六届全国人民代表大会常务委员会第十五次会议通过　根据1996年8月29日第八届全国人民代表大会常务委员会第二十一次会议《关于修改〈中华人民共和国矿产资源法〉的决定》第一次修正　根据2009年8月27日第十一届全国人民代表大会常务委员会第十次会议《关于修改部分法律的决定》第二次修正　2009年8月27日公布　中华人民共和国主席令第18号　自2009年8月27日起实施）

第一章　总　　则

第一条　为了发展矿业，加强矿产资源的勘查、开发利用和保护工作，保障社会主义现代化建设的当前和长远的需要，根据中华人民共和国宪法，特制定本法。

第二条　在中华人民共和国领域及管辖海域勘查、开采矿产资源，必须遵守本法。

第三条　矿产资源属于国家所有，由国务院行使国家对矿产资源的所有权。地表或者地下的矿产资源的国家所有权，不因其所依附的土地的所有权或者使用权的不同而改变。

国家保障矿产资源的合理开发利用。禁止任何组织或者个人用任何手段侵占或者破坏矿产资源。各级人民政府必须加强矿产资源的保护工作。

勘查、开采矿产资源,必须依法分别申请、经批准取得探矿权、采矿权,并办理登记;但是,已经依法申请取得采矿权的矿山企业在划定的矿区范围内为本企业的生产而进行的勘查除外。国家保护探矿权和采矿权不受侵犯,保障矿区和勘查作业区的生产秩序、工作秩序不受影响和破坏。

从事矿产资源勘查和开采的,必须符合规定的资质条件。

第四条 国家保障依法设立的矿山企业开采矿产资源的合法权益。

国有矿山企业是开采矿产资源的主体。国家保障国有矿业经济的巩固和发展。

第五条 国家实行探矿权、采矿权有偿取得的制度;但是,国家对探矿权、采矿权有偿取得的费用,可以根据不同情况规定予以减缴、免缴。具体办法和实施步骤由国务院规定。

开采矿产资源,必须按照国家有关规定缴纳资源税和资源补偿费。

第六条 除按下列规定可以转让外,探矿权、采矿权不得转让:

(一)探矿权人有权在划定的勘查作业区内进行规定的勘查作业,有权优先取得勘查作业区内矿产资源的采矿权。探矿权人在完成规定的最低勘查投入后,经依法批准,可以将探矿权转让他人。

(二)已取得采矿权的矿山企业,因企业合并、分立,与他人合资、合作经营,或者因企业资产出售以及有其他变更企业资产产权的情形而需要变更采矿权主体的,经依法批准可以将采矿权转让他人采矿。

前款规定的具体办法和实施步骤由国务院规定。

禁止将探矿权、采矿权倒卖牟利。

第七条 国家对矿产资源的勘查、开发实行统一规划、合理布局、综合勘查、合理开采和综合利用的方针。

第八条 国家鼓励矿产资源勘查、开发的科学技术研究,推广先进技术,提高矿产资源勘查、开发的科学技术水平。

第九条 在勘查、开发、保护矿产资源和进行科学技术研究等方面成绩显著的单位和个人,由各级人民政府给予奖励。

第十条 国家在民族自治地方开采矿产资源,应当照顾民族自治地方的利益,作出有利于民族自治地方经济建设的安排,照顾当地少数民族群众的生产和生活。

民族自治地方的自治机关根据法律规定和国家的统一规划,对可以由本地方开发的矿产资源,优先合理开发利用。

第十一条 国务院地质矿产主管部门主管全国矿产资源勘查、开采的监督管理工作。国务院有关主管部门协助国务院地质矿产主管部门进行矿产资源勘查、开采的监督管理工作。

省、自治区、直辖市人民政府地质矿产主管部门主管本行政区域内矿产资源勘查、开采的监督管理工作。省、自治区、直辖市人民政府有关主管部门协助同级地质矿产主管部门进行矿产资源勘查、开采的监督管理工作。

第二章 矿产资源勘查的登记和开采的审批

第十二条 国家对矿产资源勘查实行统一的区块登记管理制度。矿产资源勘查登记工作,由国务院地质矿产主管部门负责;特定矿种的矿产资源勘查登记工作,可以由国务院授权有关主管部门负责。矿产资源勘查区块登记管理办法由国务院制定。

第十三条 国务院矿产储量审批机构或者省、自治区、直辖市矿产储量审批机构负责审查批准供矿山建设设计使用的勘探报告,并在规定的期限内批复报送单位。勘探报告未经批准,不得作为矿山建设设计的依据。

第十四条 矿产资源勘查成果档案资料和各类矿产储量的统计资料,实行统一的管理制度,按照国务院规定汇交或者填报。

第十五条 设立矿山企业,必须符合国家规定的资质条件,并依照法律和国家有关规定，由审批机关对其矿区范围、矿山设计或者开采方案、生产技术条件、安全措施和环境保护措施等进行审查；审查合格的，方予批准。

第十六条 开采下列矿产资源的，由国务院地质矿产主管部门审批，并颁发采矿许可证：

（一）国家规划矿区和对国民经济具有重要价值的矿区内的矿产资源；

（二）前项规定区域以外可供开采的矿产储量规模在大型以上的矿产资源；

（三）国家规定实行保护性开采的特定矿种；

（四）领海及中国管辖的其他海域的矿产资源；

（五）国务院规定的其他矿产资源。

开采石油、天然气、放射性矿产等特定矿种的，可以由国务院授权的有关主管部门审批，并颁发采矿许可证。

开采第一款、第二款规定以外的矿产资源，其可供开采的矿产的储量规模为中型的，由省、自治区、直辖市人民政府地质矿产主管部门审批和颁发采矿许可证。

开采第一款、第二款和第三款规定以外的矿产资源的管理办法，由省、自治区、直辖市人民代表大会常务委员会依法制定。

依照第三款、第四款的规定审批和颁发采矿许可证的，由省、自治区、直辖市人民政府地质矿产主管部门汇总向国务院地质矿产主管部门备案。

矿产储量规模的大型、中型的划分标准，由国务院矿产储量审批机构规定。

第十七条 国家对国家规划矿区、对国民经济具有重要价值的矿区和国家规定实行保护性开采的特定矿种，实行有计划的开采；未经国务院有关主管部门批准，任何单位和个人不得开采。

第十八条 国家规划矿区的范围、对国民经济具有重要价值的矿区的范围、矿山企业矿区的范围依法划定后，由划定矿区范围的主管机关通知有关县级人民政府予以公告。

矿山企业变更矿区范围，必须报请原审批机关批准，并报请原颁发采矿许可证的机关重新核发采矿许可证。

第十九条 地方各级人民政府应当采取措施，维护本行政区域内的国有矿山企业和其他矿山企业矿区范围内的正常秩序。

禁止任何单位和个人进入他人依法设立的国有矿山企业和其他矿山企业矿区范围内采矿。

第二十条 非经国务院授权的有关主管部门同意，不得在下列地区开采矿产资源：

（一）港口、机场、国防工程设施圈定地区以内；

（二）重要工业区、大型水利工程设施、城镇市政工程设施附近一定距离以内；

（三）铁路、重要公路两侧一定距离以内；

（四）重要河流、堤坝两侧一定距离以内；

（五）国家划定的自然保护区、重要风景区，国家重点保护的不能移动的历史文物和名胜古迹所在地；

（六）国家规定不得开采矿产资源的其他地区。

第二十一条 关闭矿山，必须提出矿山闭坑报告及有关采掘工程、不安全隐患、土地复垦利用、环境保护的资料，并按照国家规定报请审查批准。

第二十二条 勘查、开采矿产资源时，发现具有重大科学文化价值的罕见地质现象以及文化古迹，应当加以保护并及时报告有关部门。

第三章 矿产资源的勘查

第二十三条 区域地质调查按照国家统一规划进行。区域地质调查的报告和图件按照国家规定验收，提供有关部门使用。

第二十四条 矿产资源普查在完成主要矿种普查任务的同时，应当对工作区内包括共生或者伴生矿产的成矿地质条件和矿床工业远景作出初步综合评价。

第二十五条 矿床勘探必须对矿区内具有工业价值的共生和伴生矿产进行综合评价,并计算其储量。未作综合评价的勘探报告不予批准。但是,国务院计划部门另有规定的矿床勘探项目除外。

第二十六条 普查、勘探易损坏的特种非金属矿产、流体矿产、易燃易爆易溶矿产和含有放射性元素的矿产,必须采用省级以上人民政府有关主管部门规定的普查、勘探方法,并有必要的技术装备和安全措施。

第二十七条 矿产资源勘查的原始地质编录和图件,岩矿心、测试样品和其他实物标本资料,各种勘查标志,应当按照有关规定保护和保存。

第二十八条 矿床勘探报告及其他有价值的勘查资料,按照国务院规定实行有偿使用。

第四章 矿产资源的开采

第二十九条 开采矿产资源,必须采取合理的开采顺序、开采方法和选矿工艺。矿山企业的开采回采率、采矿贫化率和选矿回收率应当达到设计要求。

第三十条 在开采主要矿产的同时,对具有工业价值的共生和伴生矿产应当统一规划,综合开采,综合利用,防止浪费;对暂时不能综合开采或者必须同时采出而暂时还不能综合利用的矿产以及含有有用组分的尾矿,应当采取有效的保护措施,防止损失破坏。

第三十一条 开采矿产资源,必须遵守国家劳动安全卫生规定,具备保障安全生产的必要条件。

第三十二条 开采矿产资源,必须遵守有关环境保护的法律规定,防止污染环境。

开采矿产资源,应当节约用地。耕地、草原、林地因采矿受到破坏的,矿山企业应当因地制宜地采取复垦利用、植树种草或者其他利用措施。

开采矿产资源给他人生产、生活造成损失的,应当负责赔偿,并采取必要的补救措施。

第三十三条 在建设铁路、工厂、水库、输油管道、输电线路和各种大型建筑物或者建筑群之前,建设单位必须向所在省、自治区、直辖市地质矿产主管部门了解拟建工程所在地区的矿产资源分布和开采情况。非经国务院授权的部门批准,不得压覆重要矿床。

第三十四条 国务院规定由指定的单位统一收购的矿产品,任何其他单位或者个人不得收购;开采者不得向非指定单位销售。

第五章 集体矿山企业和个体采矿

第三十五条 国家对集体矿山企业和个体采矿实行积极扶持、合理规划、正确引导、加强管理的方针,鼓励集体矿山企业开采国家指定范围内的矿产资源,允许个人采挖零星分散资源和只能用作普通建筑材料的砂、石、粘土以及为生活自用采挖少量矿产。

矿产储量规模适宜由矿山企业开采的矿产资源、国家规定实行保护性开采的特定矿种和国家规定禁止个人开采的其他矿产资源,个人不得开采。

国家指导、帮助集体矿山企业和个体采矿不断提高技术水平、资源利用率和经济效益。

地质矿产主管部门、地质工作单位和国有矿山企业应当按照积极支持、有偿互惠的原则向集体矿山企业和个体采矿提供地质资料和技术服务。

第三十六条 国务院和国务院有关主管部门批准开办的矿山企业矿区范围内已有的集体矿山企业,应当关闭或者到指定的其他地点开采,由矿山建设单位给予合理的补偿,并妥善安置群众生活;也可以按照该矿山企业的统筹安排,实行联合经营。

第三十七条 集体矿山企业和个体采矿应当提高技术水平,提高矿产资源回收率。禁止乱挖滥采,破坏矿产资源。

集体矿山企业必须测绘井上、井下工程对照图。

第三十八条 县级以上人民政府应当指导、帮助集体矿山企业和个体采矿进行技术改造，改善经营管理，加强安全生产。

第六章 法律责任

第三十九条 违反本法规定，未取得采矿许可证擅自采矿的，擅自进入国家规划矿区、对国民经济具有重要价值的矿区范围采矿的，擅自开采国家规定实行保护性开采的特定矿种的，责令停止开采、赔偿损失，没收采出的矿产品和违法所得，可以并处罚款；拒不停止开采，造成矿产资源破坏的，依照刑法有关规定对直接责任人员追究刑事责任。

单位和个人进入他人依法设立的国有矿山企业和其他矿山企业矿区范围内采矿的，依照前款规定处罚。

第四十条 超越批准的矿区范围采矿的，责令退回本矿区范围内开采、赔偿损失，没收越界开采的矿产品和违法所得，可以并处罚款；拒不退回本矿区范围内开采，造成矿产资源破坏的，吊销采矿许可证，依照刑法有关规定对直接责任人员追究刑事责任。

第四十一条 盗窃、抢夺矿山企业和勘查单位的矿产品和其他财物的，破坏采矿、勘查设施的，扰乱矿区和勘查作业区的生产秩序、工作秩序的，分别依照刑法有关规定追究刑事责任；情节显著轻微的，依照治安管理处罚法有关规定予以处罚。

第四十二条 买卖、出租或者以其他形式转让矿产资源的，没收违法所得，处以罚款。

违反本法第六条的规定将探矿权、采矿权倒卖牟利的，吊销勘查许可证、采矿许可证，没收违法所得，处以罚款。

第四十三条 违反本法规定收购和销售国家统一收购的矿产品的，没收矿产品和违法所得，可以并处罚款；情节严重的，依照刑法有关规定，追究刑事责任。

第四十四条 违反本法规定，采取破坏性的开采方法开采矿产资源的，处以罚款，可以吊销采矿许可证；造成矿产资源严重破坏的，依照刑法有关规定对直接责任人员追究刑事责任。

第四十五条　本法第三十九条、第四十条、第四十二条规定的行政处罚，由县级以上人民政府负责地质矿产管理工作的部门按照国务院地质矿产主管部门规定的权限决定。第四十三条规定的行政处罚，由县级以上人民政府工商行政管理部门决定。第四十四条规定的行政处罚，由省、自治区、直辖市人民政府地质矿产主管部门决定。给予吊销勘查许可证或者采矿许可证处罚的，须由原发证机关决定。

依照第三十九条、第四十条、第四十二条、第四十四条规定应当给予行政处罚而不给予行政处罚的，上级人民政府地质矿产主管部门有权责令改正或者直接给予行政处罚。

第四十六条　当事人对行政处罚决定不服地，可以依法申请复议，也可以依法直接向人民法院起诉。

当事人逾期不申请复议也不向人民法院起诉，又不履行处罚决定的，由作出处罚决定的机关申请人民法院强制执行。

第四十七条　负责矿产资源勘查、开采监督管理工作的国家工作人员和其他有关国家工作人员徇私舞弊、滥用职权或者玩忽职守，违反本法规定批准勘查、开采矿产资源和颁发勘查许可证、采矿许可证，或者对违法采矿行为不依法予以制止、处罚，构成犯罪的，依法追究刑事责任；不构成犯罪的，给予行政处分。违法颁发的勘查许可证、采矿许可证，上级人民政府地质矿产主管部门有权予以撤销。

第四十八条　以暴力、威胁方法阻碍从事矿产资源勘查、开采监督管理工作的国家工作人员依法执行职务的，依照刑法有关规定追究刑事责任；拒绝、阻碍从事矿产资源勘查、开采监督管理工作的国家工作人员依法执行职务未使用暴力、威胁方法的，由公安机关依照治安管理处罚法的规定处罚。

第四十九条　矿山企业之间的矿区范围的争议，由当事人协商解决，协商不成的，由有关县级以上地方人民政府根据依法核定的矿区范围处理；跨省、自治区、直辖市的矿区范围的争议，由有关省、自治区、直辖市人民政府协商解决，协商不成的，由国务院处理。

第七章 附 则

第五十条 外商投资勘查、开采矿产资源,法律、行政法规另有规定的,从其规定。

第五十一条 本法施行以前,未办理批准手续、未划定矿区范围、未取得采矿许可证开采矿产资源的,应当依照本法有关规定申请补办手续。

第五十二条 本法实施细则由国务院制定。

第五十三条 本法自1986年10月1日施行。

中华人民共和国矿产资源法实施细则

(1994年3月26日公布 国务院令第152号
自1994年3月26日起实施)

第一章 总 则

第一条 根据《中华人民共和国矿产资源法》,制定本细则。

第二条 矿产资源是指由地质作用形成的,具有利用价值的,呈固态、液态、气态的自然资源。

矿产资源的矿种和分类见本细则所附《矿产资源分类细目》。新发现的矿种由国务院地质矿产主管部门报国务院批准后公布。

第三条 矿产资源属于国家所有,地表或者地下的矿产资源的国家所有权,不因其所依附的土地的所有权或者使用权的不同而改变。

国务院代表国家行使矿产资源的所有权。国务院授权国务院地质矿产主管部门对全国矿产资源分配实施统一管理。

第四条 在中华人民共和国领域及管辖的其他海域勘查、开采矿产资源,必须遵守《中华人民共和国矿产资源法》(以下简称《矿产资源法》)和本细则。

第五条 国家对矿产资源的勘查、开采实行许可证制度。勘查矿产资源,必须依法申请登记,领取勘查许可证,取得探矿权;开采矿产资源,必须依法申请登记,领取采矿许可证,取得采矿权。

矿产资源勘查工作区范围和开采矿区范围,以经纬度划分的区块为基本单位。具体办法由国务院地质矿产主管部门制定。

第六条 《矿产资源法》及本细则中下列用语的含义:

探矿权,是指在依法取得的勘查许可证规定的范围内,勘查矿产资源的权利。取得勘查许可证的单位或者个人称为探矿权人。

采矿权,是指在依法取得的采矿许可证规定的范围内,开采矿产资源和获得所开采的矿产品的权利。取得采矿许可证的单位或者个人称为采矿权人。

国家规定实行保护性开采的特定矿种,是指国务院根据国民经济建设和高科技发展的需要,以及资源稀缺、贵重程度确定的,由国务院有关主管部门按照国家计划批准开采的矿种。

国家规划矿区,是指国家根据建设规划和矿产资源规划,为建设大、中型矿山划定的矿产资源分布区域。

对国民经济具有重要价值的矿区,是指国家根据国民经济发展需要划定的,尚未列入国家建设规划的,储量大、质量好、具有开发前景的矿产资源保护区域。

第七条 国家允许外国的公司、企业和其他经济组织以及个人依照中华人民共和国有关法律、行政法规的规定,在中华人民共和国领域及管辖的其他海域投资勘查、开采矿产资源。

第八条 国务院地质矿产主管部门主管全国矿产资源勘查、开采的监督管理工作。国务院有关主管部门按照国务院规定的职责分工,协助国务院地质矿产主管部门进行矿产资源勘查、开采的监督管理工作。

省、自治区、直辖市人民政府地质矿产主管部门主管本行政区域内矿产资源勘查、开采的监督管理工作。省、自治区、直辖市人民政府有关主管部门,协助同级地质矿产主管部门进行矿产资源勘查、开采的监督管理工作。

设区的市人民政府、自治州人民政府和县级人民政府及其负责管理矿产资源的部门,依法对本级人民政府批准开办的国有矿山企业和本行政区域内的集体所有制矿山企业、私营矿山企业、个体采矿者以及在本行政区域内从事勘查施工的单位和个人进行监督管理,依法保护探矿权人、采矿权人的合法权益。

上级地质矿产主管部门有权对下级地质矿产主管部门违法的或者不适当的矿产资源勘查、开采管理行政行为予以改变或者撤销。

第二章　矿产资源勘查登记和开采审批

第九条　勘查矿产资源,应当按照国务院关于矿产资源勘查登记管理的规定,办理申请、审批和勘查登记。

勘查特定矿种,应当按照国务院有关规定办理申请、审批和勘查登记。

第十条　国有矿山企业开采矿产资源,应当按照国务院关于采矿登记管理的规定,办理申请、审批和采矿登记。开采国家规划矿区、对国民经济具有重要价值矿区的矿产和国家规定实行保护性开采的特定矿种,办理申请、审批和采矿登记时,应当持有国务院有关主管部门批准的文件。

开采特定矿种,应当按照国务院有关规定办理申请、审批和采矿登记。

第十一条　开办国有矿山企业,除应当具备有关法律、法规规定的条件外,并应当具备下列条件:

(一)有供矿山建设使用的矿产勘查报告;

(二)有矿山建设项目的可行性研究报告(含资源利用方案和矿山环境影响报告);

(三)有确定的矿区范围和开采范围;

(四)有矿山设计;

（五）有相应的生产技术条件。

国务院、国务院有关主管部门和省、自治区、直辖市人民政府，按照国家有关固定资产投资管理的规定，对申请开办的国有矿山企业根据前款所列条件审查合格后，方予批准。

第十二条 申请开办集体所有制矿山企业、私营矿山企业及个体采矿的审查批准、采矿登记，按照省、自治区、直辖市的有关规定办理。

第十三条 申请开办集体所有制矿山企业或者私营矿山企业，除应当具备有关法律、法规规定的条件外，并应当具备下列条件：

（一）有供矿山建设使用的与开采规模相适应的矿产勘查资料；

（二）有经过批准的无争议的开采范围；

（三）有与所建矿山规模相适应的资金、设备和技术人员；

（四）有与所建矿山规模相适应的，符合国家产业政策和技术规范的可行性研究报告、矿山设计或者开采方案；

（五）矿长具有矿山生产、安全管理和环境保护的基本知识。

第十四条 申请个体采矿应当具备下列条件：

（一）有经过批准的、无争议的开采范围；

（二）有与采矿规模相适应的资金、设备和技术人员；

（三）有相应的矿产勘查资料和经批准的开采方案；

（四）有必要的安全生产条件和环境保护措施。

第三章 矿产资源的勘查

第十五条 国家对矿产资源勘查实行统一规划。全国矿产资源中、长期勘查规划，在国务院计划行政主管部门指导下，由国务院地质矿产主管部门根据国民经济和社会发展中、长期规划，在国务院有关主管部门勘查规划的基础上组织编制。

全国矿产资源年度勘查计划和省、自治区、直辖市矿产资源年度勘查计划，分别由国务院地质矿产主管部门和省、自治区、直辖市人民政府地质矿产主管部门组织有关主管部门，根据全国矿产资源中、长期勘查规划编制，经同级人民政府计划行政主管部门批准后施行。

法律对勘查规划的审批权另有规定的，依照有关法律的规定执行。

第十六条 探矿权人享有下列权利：

（一）按照勘查许可证规定的区域、期限、工作对象进行勘查；

（二）在勘查作业区及相邻区域架设供电、供水、通讯管线，但是不得影响或者损害原有的供电、供水设施和通讯管线；

（三）在勘查作业区及相邻区域通行；

（四）根据工程需要临时使用土地；

（五）优先取得勘查作业区内新发现矿种的探矿权；

（六）优先取得勘查作业区内矿产资源的采矿权；

（七）自行销售勘查中按照批准的工程设计施工回收的矿产品，但是国务院规定由指定单位统一收购的矿产品除外。

探矿权人行使前款所列权利时，有关法律、法规规定应当经过批准或者履行其他手续的，应当遵守有关法律、法规的规定。

第十七条 探矿权人应当履行下列义务：

（一）在规定的期限内开始施工，并在勘查许可证规定的期限内完成勘查工作；

（二）向勘查登记管理机关报告开工等情况；

（三）按照探矿工程设计施工，不得擅自进行采矿活动；

（四）在查明主要矿种的同时，对共生、伴生矿产资源进行综合勘查、综合评价；

（五）编写矿产资源勘查报告，提交有关部门审批；

（六）按照国务院有关规定汇交矿产资源勘查成果档案资料；

（七）遵守有关法律、法规关于劳动安全、土地复垦和环境保护的规定；

（八）勘查作业完毕，及时封、填探矿作业遗留的井、硐或者采取其他措施，消除安全隐患。

第十八条 探矿权人可以对符合国家边探边采规定要求的复杂类型矿床进行开采；但是，应当向原颁发勘查许可证的机关、矿产储量审批机构和勘查项目主管部门提交论证材料，经审核同意后，按照国务院关于采矿登记管理法规的规定，办理采矿登记。

第十九条　矿产资源勘查报告按照下列规定审批：

（一）供矿山建设使用的重要大型矿床勘查报告和供大型水源地建设使用的地下水勘查报告，由国务院矿产储量审批机构审批；

（二）供矿山建设使用的一般大型、中型、小型矿床勘查报告和供中型、小型水源地建设使用的地下水勘查报告，由省、自治区、直辖市矿产储量审批机构审批；

矿产储量审批机构和勘查单位的主管部门应当自收到矿产资源勘查报告之日起六个月内作出批复。

第二十条　矿产资源勘查报告及其他有价值的勘查资料，按照国务院有关规定实行有偿使用。

第二十一条　探矿权人取得临时使用土地权后，在勘查过程中给他人造成财产损害的，按照下列规定给以补偿：

（一）对耕地造成损害的，根据受损害的耕地面积前三年平均年产量，以补偿时当地市场平均价格计算，逐年给以补偿，并负责恢复耕地的生产条件，及时归还；

（二）对牧区草场造成损害的，按照前项规定逐年给以补偿，并负责恢复草场植被，及时归还；

（三）对耕地上的农作物、经济作物造成损害的，根据受损害的耕地面积前三年平均年产量，以补偿时当地市场平均价格计算，给以补偿；

（四）对竹木造成损害的，根据实际损害株数，以补偿时当地市场平均价格逐株计算，给以补偿；

（五）对土地上的附着物造成损害的，根据实际损害的程度，以补偿时当地市场价格，给以适当补偿。

第二十二条　探矿权人在没有农作物和其他附着物的荒岭、荒坡、荒地、荒漠、沙滩、河滩、湖滩、海滩上进行勘查的，不予补偿；但是，勘查作业不得阻碍或者损害航运、灌溉、防洪等活动或者设施，勘查作业结束后应当采取措施,防止水土流失,保护生态环境。

第二十三条 探矿权人之间对勘查范围发生争议时,由当事人协商解决;协商不成的,由勘查作业区所在地的省、自治区、直辖市人民政府地质矿产主管部门裁决;跨省、自治区、直辖市的勘查范围争议,当事人协商不成的,由有关省、自治区、直辖市人民政府协商解决;协商不成的,由国务院地质矿产主管部门裁决。特定矿种的勘查范围争议,当事人协商不成的,由国务院授权的有关主管部门裁决。

第四章 矿产资源的开采

第二十四条 全国矿产资源的分配和开发利用,应当兼顾当前和长远、中央和地方的利益,实行统一规划、有效保护、合理开采、综合利用。

第二十五条 全国矿产资源规划,在国务院计划行政主管部门指导下,由国务院地质矿产主管部门根据国民经济和社会发展中、长期规划,组织国务院有关主管部门和省、自治区、直辖市人民政府编制,报国务院批准后施行。

全国矿产资源规划应当对全国矿产资源的分配作出统筹安排,合理划定中央与省、自治区、直辖市人民政府审批、开发矿产资源的范围。

第二十六条 矿产资源开发规划是对矿区的开发建设布局进行统筹安排的规划。

矿产资源开发规划分为行业开发规划和地区开发规划。

矿产资源行业开发规划由国务院有关主管部门根据全国矿产资源规划中分配给本部门的矿产资源编制实施。

矿产资源地区开发规划由省、自治区、直辖市人民政府根据全国矿产资源规划中分配给本省、自治区、直辖市的矿产资源编制实施;并作出统筹安排,合理划定省、市、县级人民政府审批、开发矿产资源的范围。

矿产资源行业开发规划和地区开发规划应当报送国务院计划行

政主管部门、地质矿产主管部门备案。

国务院计划行政主管部门、地质矿产主管部门，对不符合全国矿产资源规划的行业开发规划和地区开发规划，应当予以纠正。

第二十七条　设立、变更或者撤销国家规划矿区、对国民经济具有重要价值的矿区，由国务院有关主管部门提出，并附具矿产资源详查报告及论证材料，经国务院计划行政主管部门和地质矿产主管部门审定，并联合书面通知有关县级人民政府。县级人民政府应当自收到通知之日起一个月内予以公告，并报国务院计划行政主管部门、地质矿产主管部门备案。

第二十八条　确定或者撤销国家规定实行保护性开采的特定矿种，由国务院有关主管部门提出，并附具论证材料，经国务院计划行政主管部门和地质矿产主管部门审核同意后，报国务院批准。

第二十九条　单位或者个人开采矿产资源前，应当委托持有相应矿山设计证书的单位进行可行性研究和设计。开采零星分散矿产资源和用作建筑材料的砂、石、粘土的，可以不进行可行性研究和设计，但是应当有开采方案和环境保护措施。

矿山设计必须依据设计任务书，采用合理的开采顺序、开采方法和选矿工艺。

矿山设计必须按照国家有关规定审批；未经批准，不得施工。

第三十条　采矿权人享有下列权利：

（一）按照采矿许可证规定的开采范围和期限从事开采活动；

（二）自行销售矿产品，但是国务院规定由指定的单位统一收购的矿产品除外；

（三）在矿区范围内建设采矿所需的生产和生活设施；

（四）根据生产建设的需要依法取得土地使用权；

（五）法律、法规规定的其他权利。

采矿权人行使前款所列权利时，法律、法规规定应当经过批准或者履行其他手续的，依照有关法律、法规的规定办理。

第三十一条　采矿权人应当履行下列义务：

（一）在批准的期限内进行矿山建设或者开采；

（二）有效保护、合理开采、综合利用矿产资源；

（三）依法缴纳资源税和矿产资源补偿费；

（四）遵守国家有关劳动安全、水土保持、土地复垦和环境保护的法律、法规；

（五）接受地质矿产主管部门和有关主管部门的监督管理，按照规定填报矿产储量表和矿产资源开发利用情况统计报告。

第三十二条 采矿权人在采矿许可证有效期满或者在有效期内，停办矿山而矿产资源尚未采完的，必须采取措施将资源保持在能够继续开采的状态，并事先完成下列工作：

（一）编制矿山开采现状报告及实测图件；

（二）按照有关规定报销所消耗的储量；

（三）按照原设计实际完成相应的有关劳动安全、水土保持、土地复垦和环境保护工作，或者缴清土地复垦和环境保护的有关费用。

采矿权人停办矿山的申请，须经原批准开办矿山的主管部门批准、原颁发采矿许可证的机关验收合格后，方可办理有关证、照注销手续。

第三十三条 矿山企业关闭矿山，应当按照下列程序办理审批手续：

（一）开采活动结束的前一年，向原批准开办矿山的主管部门提出关闭矿山申请，并提交闭坑地质报告；

（二）闭坑地质报告经原批准开办矿山的主管部门审核同意后，报地质矿产主管部门会同矿产储量审批机构批准；

（三）闭坑地质报告批准后，采矿权人应当编写关闭矿山报告，报请原批准开办矿山的主管部门会同同级地质矿产主管部门和有关主管部门按照有关行业规定批准。

第三十四条 关闭矿山报告批准后，矿山企业应当完成下列工作：

（一）按照国家有关规定将地质、测量、采矿资料整理归档，并汇交闭坑地质报告、关闭矿山报告及其他有关资料；

（二）按照批准的关闭矿山报告，完成有关劳动安全、水土保持、土地复垦和环境保护工作，或者缴清土地复垦和环境保护的有关费用。

矿山企业凭关闭矿山报告批准文件和有关部门对完成上述工作提供的证明，报请原颁发采矿许可证的机关办理采矿许可证注销手续。

第三十五条　建设单位在建设铁路、公路、工厂、水库、输油管道、输电线路和各种大型建筑物前，必须向所在地的省、自治区、直辖市人民政府地质矿产主管部门了解拟建工程所在地区的矿产资源分布情况，并在建设项目设计任务书报请审批时附具地质矿产主管部门的证明。在上述建设项目与重要矿床的开采发生矛盾时，由国务院有关主管部门或者省、自治区、直辖市人民政府提出方案，经国务院地质矿产主管部门提出意见后，报国务院计划行政主管部门决定。

第三十六条　采矿权人之间对矿区范围发生争议时，由当事人协商解决；协商不成的，由矿产资源所在地的县级以上地方人民政府根据依法核定的矿区范围处理；跨省、自治区、直辖市的矿区范围争议，当事人协商不成的，由有关省、自治区、直辖市人民政府协商解决；协商不成的，由国务院地质矿产主管部门提出处理意见，报国务院决定。

第五章　集体所有制矿山企业、私营矿山企业和个体采矿者

第三十七条　国家依法保护集体所有制矿山企业、私营矿山企业和个体采矿者的合法权益，依法对集体所有制矿山企业、私营矿山企业和个体采矿者进行监督管理。

第三十八条　集体所有制矿山企业可以开采下列矿产资源：

（一）不适于国家建设大、中型矿山的矿床及矿点；

（二）经国有矿山企业同意，并经其上级主管部门批准，在其矿区范围内划出的边缘零星矿产；

（三）矿山闭坑后，经原矿山企业主管部门确认可以安全开采并不

会引起严重环境后果的残留矿体；

（四）国家规划可以由集体所有制矿山企业开采的其他矿产资源。

集体所有制矿山企业开采前款第（二）项所列矿产资源时，必须与国有矿山企业签定合理开发利用矿产资源和矿山安全协议，不得浪费和破坏矿产资源，并不得影响国有矿山企业的生产安全。

第三十九条 私营矿山企业开采矿产资源的范围参照本细则第三十八条的规定执行。

第四十条 个体采矿者可以采挖下列矿产资源：

（一）零星分散的小矿体或者矿点；

（二）只能用作普通建筑材料的砂、石、粘土。

第四十一条 国家设立国家规划矿区、对国民经济具有重要价值的矿区时，对应当撤出的原采矿权人，国家按照有关规定给予合理补偿。

第六章 法律责任

第四十二条 依照《矿产资源法》第三十九条、第四十条、第四十二条、第四十三条、第四十四条规定处以罚款的，分别按照下列规定执行：

（一）未取得采矿许可证擅自采矿的，擅自进入国家规划矿区、对国民经济具有重要价值的矿区和他人矿区范围采矿的，擅自开采国家规定实行保护性开采的特定矿种的，处以违法所得百分之五十以下的罚款；

（二）超越批准的矿区范围采矿的，处以违法所得百分之三十以下的罚款；

（三）买卖、出租或者以其他形式转让矿产资源的，买卖、出租采矿权的，对卖方、出租方、出让方处以违法所得一倍以下的罚款；

（四）非法用采矿权作抵押的，处以5000元以下的罚款；

（五）违反规定收购和销售国家规定统一收购的矿产品的，处以违法所得一倍以下的罚款；

（六）采取破坏性的开采方法开采矿产资源，造成矿产资源严重破坏的，处以相当于矿产资源损失价值百分之五十以下的罚款。

第四十三条 违反本细则规定，有下列行为之一的，对主管人员和直接责任人员给予行政处分；构成犯罪的，依法追究刑事责任：

（一）批准不符合办矿条件的单位或者个人开办矿山的；

（二）对未经依法批准的矿山企业或者个人颁发采矿许可证的。

第七章 附 则

第四十四条 地下水资源具有水资源和矿产资源的双重属性。地下水资源的勘查，适用《矿产资源法》和本细则；地下水资源的开发、利用、保护和管理，适用《水法》和有关的行政法规。

第四十五条 本细则由地质矿产部负责解释。

第四十六条 本细则自发布之日起施行。

国土资源部关于进一步做好建设项目压覆重要矿产资源审批管理工作的通知

（2010年9月8日公布 国土资发〔2010〕137号
自2010年9月8日起实施）

各省、自治区、直辖市国土资源厅（国土环境资源厅、国土资源局、国土资源和房屋管理局、规划和国土资源管理局）：

自2000年我部印发《关于规范建设项目压覆矿产资源审批工作的通知》（国土资发〔2000〕386号）以来，各省（区、市）国土资源行政主管部门高度重视，积极探索，并结合本地实际制定管理办法，保证建设项目压覆矿产资源审批管理工作顺利进行。为总结经验，进一步规范压覆重要矿产资源审批管理工作，现将有关事项通知如下：

一、提高认识,加强领导

建设项目压覆矿产资源审批是《矿产资源法》确定的一项重要管理工作,对避免或减少压覆重要矿产资源、提高矿产资源保障能力,保障建设项目正常进行具有重要作用。各省级国土资源行政主管部门要充分认识压覆重要矿产资源审批管理工作的目的和意义,加强领导,进一步转变管理理念和管理方式,既要加强审批管理,又要做好服务;做到既保护矿产资源,又有利于建设项目顺利进行,维护矿业权人合法权益。

二、严格管理范围

凡建设项目实施后,导致其压覆区内已查明的重要矿产资源不能开发利用的,都应按本通知规定报批。未经批准,不得压覆重要矿产资源。

建设项目压覆区与勘查区块范围或矿区范围重叠但不影响矿产资源正常勘查开采的,不作压覆处理。矿山企业在本矿区范围内的建设项目压覆矿产资源不需审批。

重要矿产资源是指《矿产资源开采登记管理办法》附录所列34个矿种和省级国土资源行政主管部门确定的本行政区优势矿产、紧缺矿产。

炼焦用煤、富铁矿、铬铁矿、富铜矿、钨、锡、锑、稀土、钼、铌钽、钾盐、金刚石矿产资源储量规模在中型以上的矿区原则上不得压覆,但国务院批准的或国务院组成部门按照国家产业政策批准的国家重大建设项目除外。

三、明确管理分工

建设项目压覆重要矿产资源由省级以上国土资源行政主管部门审批。压覆石油、天然气、放射性矿产,或压覆《矿产资源开采登记管理办法》附录所列矿种(石油、天然气、放射性矿产除外)累计查明资源储量数量达大型矿区规模以上的,或矿区查明资源储量规模达到大型并且压覆占三分之一以上的,由国土资源部负责审批。

四、规范报批要求

按本通知规定由国土资源部负责审批的,建设单位应履行以下手续：

（一）建设项目选址前，建设单位应向省级国土资源行政主管部门查询拟建项目所在地区的矿产资源规划、矿产资源分布和矿业权设置情况，各级国土资源行政主管部门应为建设单位查询提供便利条件。不压覆重要矿产资源的，由省级国土资源行政主管部门出具未压覆重要矿产资源的证明；确需压覆重要矿产资源的，建设单位应根据有关工程建设规范确定建设项目压覆重要矿产资源的范围，委托具有相应地质勘查资质的单位编制建设项目压覆重要矿产资源评估报告。

（二）有关材料经建设项目所在省（区、市）国土资源行政主管部门初审同意后，将以下材料（纸质和电子版各1套）报国土资源部：

1. 关于××××压覆重要矿产资源的申请函（编写提纲见附件1）；

2. 关于××××压覆重要矿产资源的评估报告（编写提纲见附件2）及评审意见书；

3. 省级国土资源行政主管部门出具的《关于对××××压覆重要矿产资源初审意见》（编写提纲见附件3）；

4. 国土资源行政主管部门要求提交的其他有关资料。

（三）建设项目压覆已设置矿业权矿产资源的，新的土地使用权人还应同时与矿业权人签订协议，协议应包括矿业权人同意放弃被压覆矿区范围及相关补偿内容。补偿的范围原则上应包括：

1. 矿业权人被压覆资源储量在当前市场条件下所应缴的价款（无偿取得的除外）；

2. 所压覆的矿产资源分担的勘查投资、已建的开采设施投入和搬迁相应设施等直接损失。

（四）建设单位应在收到同意压覆重要矿产资源的批复文件后45个工作日内，到项目所在地省级国土资源行政主管部门办理压覆重要矿产资源储量登记手续。45个工作日内不申请办理压覆重要矿产资源储量登记手续的，审批文件自动失效。

五、加强审批管理

各级国土资源行政主管部门要提高工作效率，规范管理，做好服务。

（一）凡符合审批要求的压覆重要矿产资源申请，国土资源部自受理之日起20个工作日内，做出准予压覆或者不准压覆的决定，并通知申请人和省（区、市）国土资源厅（局），由省（区、市）国土资源厅（局）通知相关矿业权人。

（二）省（区、市）国土资源厅（局）办理压覆重要矿产资源储量登记时应通知相应矿业权人在45个工作日内到原发证机关办理相应的勘查区块或矿区范围变更手续。逾期不办理的，由原发证机关直接进行勘查区块或矿区范围调整，并告知矿业权人。

（三）已批准建设项目压覆的矿产资源，各级国土资源行政主管部门不得设立矿业权。

六、做好与土地管理衔接

国土资源行政主管部门应加强协调，做好建设项目压覆重要矿产资源审批管理与土地管理的衔接。凡申请办理土地预审或用地审批的，要按照有关规定，提交省级国土资源行政主管部门出具的未压覆重要矿产资源证明或压覆重要矿产资源储量登记有关材料。否则，不予受理其用地申请。

在市级土地利用总体规划编制阶段，本级国土资源行政主管部门应根据当地已探明重要矿产资源储量分布状况，以及矿产资源规划安排的矿产资源勘查、开发利用和保护情况，充分考虑城市建设发展涉及压覆重要矿产资源问题，合理确定城市发展方向和新增城市建设用地布局。有条件的地方，可以统一开展调查，编制压覆重要矿产资源调查报告，经省级国土资源行政主管部门组织专家审查后，办理压覆重要矿产资源储量预登记。

在土地利用总体规划确定的城市建设用地范围内，已办理压覆重要矿产资源储量预登记的，不再办理项目压覆重要矿产资源审批手续，但市县国土资源行政主管部门应在出让或划拨用地前，到省级国土资源行政主管部门办理压覆重要矿产资源登记手续。

未统一开展建设压覆重要矿产资源的调查和预登记工作的城市，

在办理建设项目用地预审和审批时，建设单位应严格按照本通知要求履行压覆重要矿产资源审批手续。

各省级国土资源行政主管部门要认真贯彻本通知精神，落实审批管理职责，做好宣传培训工作。结合矿产资源特点，提出本行政区优势矿产、紧缺矿产名录，制定具体的实施意见报部。要及时总结实施过程中发现的问题，并向国土资源部报告。

附件：1. 关于××××压覆重要矿产资源的申请函（编写提纲）（略）

2. 关于××××压覆重要矿产资源的评估报告（编写提纲）（略）

3. 关于对××××压覆重要矿产资源的初审意见（编写提纲）（略）

自然资源部办公厅关于做好建设项目压覆重要矿产资源审批服务的通知

（2020年4月28日公布　自然资办函〔2020〕710号
自2020年5月1日起实施）

各省、自治区、直辖市自然资源主管部门，新疆生产建设兵团自然资源主管部门，部机关相关司局：

为深入推进“放管服”改革，进一步提升政务服务效率，根据《优化营商环境条例》和《自然资源部关于推进矿产资源管理改革若干事项的意见（试行）》（自然资规〔2019〕7号）有关规定，现就做好建设项目压覆重要矿产资源管理服务有关事项通知如下：

一、全面开展特定区域调查评估

经国务院或省级人民政府已批准设立的各类开发区、国务院已批准的自由贸易试验区等特定区域内的建设项目,不再对区域内的市场主体单独提出评估要求。省级自然资源主管部门负责组织特定区域内查明的重要矿产资源情况的统一调查评估和录入矿产资源储量数据库工作。新设立的及范围调整的特定区域,应在批准前完成调查评估。

二、做好取消压覆矿产资源储量登记后的工作衔接

建设项目压覆重要矿产资源审批通过后,自然资源主管部门应将相关信息录入矿产资源储量数据库,并同时发送建设单位和相关矿业权人。取消压覆矿产资源储量登记后,以压覆重要矿产资源批复文件作为转发用地批复及供地的条件。

三、建立建设项目压覆重要矿产资源查询服务系统

各省(区、市)自然资源主管部门应收集整理辖区范围内查明矿产资源、矿业权设置及区划、压覆重要矿产资源审批等基本情况数据,做好数据库建设,实时更新数据,及时在门户网站或相关政务网站上线运行,方便建设单位通过互联网预查询。

四、开通互联网远程申报渠道

自然资源主管部门应在门户网站或相关政务网站上线开通远程申报系统,建设单位可通过远程申报系统提交建设项目压覆重要矿产资源审批申请及相关申请资料(含补正资料),涉及国家秘密的除外。

本通知自2020年5月1日起施行。各省级自然资源主管部门要认真贯彻本通知精神,落实管理职责,增强服务意识,提高审批效率。本通知有关事项落实情况,请于2021年1月15日前报部矿产资源保护监督司。

中华人民共和国水法

（1988年1月21日第六届全国人民代表大会常务委员会第二十四次会议通过　2002年8月29日第九届全国人民代表大会常务委员会第二十九次会议修订　根据2009年8月27日第十一届全国人民代表大会常务委员会第十次会议《关于修改部分法律的决定》第一次修正　根据2016年7月2日第十二届全国人民代表大会常务委员会第二十一次会议《关于修改〈中华人民共和国节约能源法〉等六部法律的决定》第二次修正　2016年7月2日公布　中华人民共和国主席令第48号　自2016年7月2日起实施）

第一章　总　　则

第一条　为了合理开发、利用、节约和保护水资源，防治水害，实现水资源的可持续利用，适应国民经济和社会发展的需要，制定本法。

第二条　在中华人民共和国领域内开发、利用、节约、保护、管理水资源，防治水害，适用本法。

本法所称水资源，包括地表水和地下水。

第三条　水资源属于国家所有。水资源的所有权由国务院代表国家行使。农村集体经济组织的水塘和由农村集体经济组织修建管理的水库中的水，归各该农村集体经济组织使用。

第四条　开发、利用、节约、保护水资源和防治水害，应当全面规划、统筹兼顾、标本兼治、综合利用、讲求效益，发挥水资源的多种功能，协调好生活、生产经营和生态环境用水。

第五条　县级以上人民政府应当加强水利基础设施建设，并将其纳入本级国民经济和社会发展计划。

第六条　国家鼓励单位和个人依法开发、利用水资源,并保护其合法权益。开发、利用水资源的单位和个人有依法保护水资源的义务。

第七条　国家对水资源依法实行取水许可制度和有偿使用制度。但是,农村集体经济组织及其成员使用本集体经济组织的水塘、水库中的水的除外。国务院水行政主管部门负责全国取水许可制度和水资源有偿使用制度的组织实施。

第八条　国家厉行节约用水,大力推行节约用水措施,推广节约用水新技术、新工艺,发展节水型工业、农业和服务业,建立节水型社会。

各级人民政府应当采取措施,加强对节约用水的管理,建立节约用水技术开发推广体系,培育和发展节约用水产业。

单位和个人有节约用水的义务。

第九条　国家保护水资源,采取有效措施,保护植被,植树种草,涵养水源,防治水土流失和水体污染,改善生态环境。

第十条　国家鼓励和支持开发、利用、节约、保护、管理水资源和防治水害的先进科学技术的研究、推广和应用。

第十一条　在开发、利用、节约、保护、管理水资源和防治水害等方面成绩显著的单位和个人,由人民政府给予奖励。

第十二条　国家对水资源实行流域管理与行政区域管理相结合的管理体制。

国务院水行政主管部门负责全国水资源的统一管理和监督工作。

国务院水行政主管部门在国家确定的重要江河、湖泊设立的流域管理机构(以下简称流域管理机构),在所管辖的范围内行使法律、行政法规规定的和国务院水行政主管部门授予的水资源管理和监督职责。

县级以上地方人民政府水行政主管部门按照规定的权限,负责本行政区域内水资源的统一管理和监督工作。

第十三条　国务院有关部门按照职责分工,负责水资源开发、利用、节约和保护的有关工作。

县级以上地方人民政府有关部门按照职责分工，负责本行政区域内水资源开发、利用、节约和保护的有关工作。

第二章 水资源规划

第十四条 国家制定全国水资源战略规划。

开发、利用、节约、保护水资源和防治水害，应当按照流域、区域统一制定规划。规划分为流域规划和区域规划。流域规划包括流域综合规划和流域专业规划；区域规划包括区域综合规划和区域专业规划。

前款所称综合规划，是指根据经济社会发展需要和水资源开发利用现状编制的开发、利用、节约、保护水资源和防治水害的总体部署。前款所称专业规划，是指防洪、治涝、灌溉、航运、供水、水力发电、竹木流放、渔业、水资源保护、水土保持、防沙治沙、节约用水等规划。

第十五条 流域范围内的区域规划应当服从流域规划，专业规划应当服从综合规划。

流域综合规划和区域综合规划以及与土地利用关系密切的专业规划，应当与国民经济和社会发展规划以及土地利用总体规划、城市总体规划和环境保护规划相协调，兼顾各地区、各行业的需要。

第十六条 制定规划，必须进行水资源综合科学考察和调查评价。水资源综合科学考察和调查评价，由县级以上人民政府水行政主管部门会同同级有关部门组织进行。

县级以上人民政府应当加强水文、水资源信息系统建设。县级以上人民政府水行政主管部门和流域管理机构应当加强对水资源的动态监测。

基本水文资料应当按照国家有关规定予以公开。

第十七条 国家确定的重要江河、湖泊的流域综合规划，由国务院水行政主管部门会同国务院有关部门和有关省、自治区、直辖市人民政府编制，报国务院批准。跨省、自治区、直辖市的其他江河、湖泊的流域综合规划和区域综合规划，由有关流域管理机构会同江河、湖泊所在地的省、自治区、直辖市人民政府水行政主管部门和有关部门编制，分别经有关省、自治区、直辖市人民政府审查提出意见后，报国务院水行政主管部门审核；国务院水行政主管部门征求国务院有关部门意见后，报国务院或者其授权的部门批准。

前款规定以外的其他江河、湖泊的流域综合规划和区域综合规划，由县级以上地方人民政府水行政主管部门会同同级有关部门和有关地方人民政府编制，报本级人民政府或者其授权的部门批准，并报上一级水行政主管部门备案。

专业规划由县级以上人民政府有关部门编制，征求同级其他有关部门意见后，报本级人民政府批准。其中，防洪规划、水土保持规划的编制、批准，依照防洪法、水土保持法的有关规定执行。

第十八条 规划一经批准，必须严格执行。

经批准的规划需要修改时，必须按照规划编制程序经原批准机关批准。

第十九条 建设水工程，必须符合流域综合规划。在国家确定的重要江河、湖泊和跨省、自治区、直辖市的江河、湖泊上建设水工程，未取得有关流域管理机构签署的符合流域综合规划要求的规划同意书的，建设单位不得开工建设；在其他江河、湖泊上建设水工程，未取得县级以上地方人民政府水行政主管部门按照管理权限签署的符合流域综合规划要求的规划同意书的，建设单位不得开工建设。水工程建设涉及防洪的，依照防洪法的有关规定执行；涉及其他地区和行业的，建设单位应当事先征求有关地区和部门的意见。

第三章 水资源开发利用

第二十条 开发、利用水资源，应当坚持兴利与除害相结合，兼顾上下游、左右岸和有关地区之间的利益，充分发挥水资源的综合效益，并服从防洪的总体安排。

第二十一条 开发、利用水资源，应当首先满足城乡居民生活用水，并兼顾农业、工业、生态环境用水以及航运等需要。

在干旱和半干旱地区开发、利用水资源，应当充分考虑生态环境用水需要。

第二十二条 跨流域调水，应当进行全面规划和科学论证，统筹兼顾调出和调入流域的用水需要，防止对生态环境造成破坏。

第二十三条 地方各级人民政府应当结合本地区水资源的实际情况，按照地表水与地下水统一调度开发、开源与节流相结合、节流优先和污水处理再利用的原则，合理组织开发、综合利用水资源。

国民经济和社会发展规划以及城市总体规划的编制、重大建设项目的布局，应当与当地水资源条件和防洪要求相适应，并进行科学论证；在水资源不足的地区，应当对城市规模和建设耗水量大的工业、农业和服务业项目加以限制。

第二十四条 在水资源短缺的地区，国家鼓励对雨水和微咸水的收集、开发、利用和对海水的利用、淡化。

第二十五条 地方各级人民政府应当加强对灌溉、排涝、水土保持工作的领导，促进农业生产发展；在容易发生盐碱化和渍害的地区，应当采取措施，控制和降低地下水的水位。

农村集体经济组织或者其成员依法在本集体经济组织所有的集体土地或者承包土地上投资兴建水工程设施的，按照谁投资建设谁管理和谁受益的原则，对水工程设施及其蓄水进行管理和合理使用。

农村集体经济组织修建水库应当经县级以上地方人民政府水行政主管部门批准。

第二十六条 国家鼓励开发、利用水能资源。在水能丰富的河流，应当有计划地进行多目标梯级开发。

建设水力发电站，应当保护生态环境，兼顾防洪、供水、灌溉、航运、竹木流放和渔业等方面的需要。

第二十七条 国家鼓励开发、利用水运资源。在水生生物洄游通道、通航或者竹木流放的河流上修建永久性拦河闸坝，建设单位应当同时修建过鱼、过船、过木设施，或者经国务院授权的部门批准采取其他补救措施,并妥善安排施工和蓄水期间的水生生物保护、航运和竹木流放,所需费用由建设单位承担。

在不通航的河流或者人工水道上修建闸坝后可以通航的,闸坝建设单位应当同时修建过船设施或者预留过船设施位置。

第二十八条 任何单位和个人引水、截(蓄)水、排水,不得损害公共利益和他人的合法权益。

第二十九条 国家对水工程建设移民实行开发性移民的方针,按照前期补偿、补助与后期扶持相结合的原则,妥善安排移民的生产和生活,保护移民的合法权益。

移民安置应当与工程建设同步进行。建设单位应当根据安置地区的环境容量和可持续发展的原则,因地制宜,编制移民安置规划,经依法批准后,由有关地方人民政府组织实施。所需移民经费列入工程建设投资计划。

第四章 水资源、水域和水工程的保护

第三十条 县级以上人民政府水行政主管部门、流域管理机构以及其他有关部门在制定水资源开发、利用规划和调度水资源时,应当注意维持江河的合理流量和湖泊、水库以及地下水的合理水位,维护水体的自然净化能力。

第三十一条 从事水资源开发、利用、节约、保护和防治水害等水事活动,应当遵守经批准的规划;因违反规划造成江河和湖泊水域使用功能降低、地下水超采、地面沉降、水体污染的,应当承担治理责任。

开采矿藏或者建设地下工程,因疏干排水导致地下水水位下降、水源枯竭或者地面塌陷,采矿单位或者建设单位应当采取补救措施;对他人生活和生产造成损失的,依法给予补偿。

第三十二条 国务院水行政主管部门会同国务院环境保护行政主管部门、有关部门和有关省、自治区、直辖市人民政府,按照流域综合规划、水资源保护规划和经济社会发展要求,拟定国家确定的重要江河、湖泊的水功能区划,报国务院批准。跨省、自治区、直辖市的其

他江河、湖泊的水功能区划,由有关流域管理机构会同江河、湖泊所在地的省、自治区、直辖市人民政府水行政主管部门、环境保护行政主管部门和其他有关部门拟定,分别经有关省、自治区、直辖市人民政府审查提出意见后,由国务院水行政主管部门会同国务院环境保护行政主管部门审核,报国务院或者其授权的部门批准。

前款规定以外的其他江河、湖泊的水功能区划,由县级以上地方人民政府水行政主管部门会同同级人民政府环境保护行政主管部门和有关部门拟定,报同级人民政府或者其授权的部门批准,并报上一级水行政主管部门和环境保护行政主管部门备案。

县级以上人民政府水行政主管部门或者流域管理机构应当按照水功能区对水质的要求和水体的自然净化能力,核定该水域的纳污能力,向环境保护行政主管部门提出该水域的限制排污总量意见。

县级以上地方人民政府水行政主管部门和流域管理机构应当对水功能区的水质状况进行监测,发现重点污染物排放总量超过控制指标的,或者水功能区的水质未达到水域使用功能对水质的要求的,应当及时报告有关人民政府采取治理措施,并向环境保护行政主管部门通报。

第三十三条　国家建立饮用水水源保护区制度。省、自治区、直辖市人民政府应当划定饮用水水源保护区,并采取措施,防止水源枯竭和水体污染,保证城乡居民饮用水安全。

第三十四条　禁止在饮用水水源保护区内设置排污口。

在江河、湖泊新建、改建或者扩大排污口,应当经过有管辖权的水行政主管部门或者流域管理机构同意,由环境保护行政主管部门负责对该建设项目的环境影响报告书进行审批。

第三十五条　从事工程建设,占用农业灌溉水源、灌排工程设施,或者对原有灌溉用水、供水水源有不利影响的,建设单位应当采取相应的补救措施;造成损失的,依法给予补偿。

第三十六条　在地下水超采地区,县级以上地方人民政府应当采取措施,严格控制开采地下水。在地下水严重超采地区,经省、自治治区、直辖市人民政府批准，可以划定地下水禁止开采或者限制开采区。在沿海地区开采地下水，应当经过科学论证，并采取措施，防止地面沉降和海水入侵。

第三十七条 禁止在江河、湖泊、水库、运河、渠道内弃置、堆放阻碍行洪的物体和种植阻碍行洪的林木及高秆作物。

禁止在河道管理范围内建设妨碍行洪的建筑物、构筑物以及从事影响河势稳定、危害河岸堤防安全和其他妨碍河道行洪的活动。

第三十八条 在河道管理范围内建设桥梁、码头和其他拦河、跨河、临河建筑物、构筑物，铺设跨河管道、电缆，应当符合国家规定的防洪标准和其他有关的技术要求，工程建设方案应当依照防洪法的有关规定报经有关水行政主管部门审查同意。

因建设前款工程设施，需要扩建、改建、拆除或者损坏原有水工程设施的，建设单位应当负担扩建、改建的费用和损失补偿。但是，原有工程设施属于违法工程的除外。

第三十九条 国家实行河道采砂许可制度。河道采砂许可制度实施办法，由国务院规定。

在河道管理范围内采砂，影响河势稳定或者危及堤防安全的，有关县级以上人民政府水行政主管部门应当划定禁采区和规定禁采期，并予以公告。

第四十条 禁止围湖造地。已经围垦的，应当按照国家规定的防洪标准有计划地退地还湖。

禁止围垦河道。确需围垦的，应当经过科学论证，经省、自治区、直辖市人民政府水行政主管部门或者国务院水行政主管部门同意后，报本级人民政府批准。

第四十一条 单位和个人有保护水工程的义务，不得侵占、毁坏堤防、护岸、防汛、水文监测、水文地质监测等工程设施。

第四十二条 县级以上地方人民政府应当采取措施，保障本行政区域内水工程，特别是水坝和堤防的安全，限期消除险情。水行政主管部门应当加强对水工程安全的监督管理。

第四十三条 国家对水工程实施保护。国家所有的水工程应当按照国务院的规定划定工程管理和保护范围。

国务院水行政主管部门或者流域管理机构管理的水工程,由主管部门或者流域管理机构商有关省、自治区、直辖市人民政府划定工程管理和保护范围。

前款规定以外的其他水工程,应当按照省、自治区、直辖市人民政府的规定,划定工程保护范围和保护职责。

在水工程保护范围内,禁止从事影响水工程运行和危害水工程安全的爆破、打井、采石、取土等活动。

第五章 水资源配置和节约使用

第四十四条 国务院发展计划主管部门和国务院水行政主管部门负责全国水资源的宏观调配。全国的和跨省、自治区、直辖市的水中长期供求规划,由国务院水行政主管部门会同有关部门制订,经国务院发展计划主管部门审查批准后执行。地方的水中长期供求规划,由县级以上地方人民政府水行政主管部门会同同级有关部门依据上一级水中长期供求规划和本地区的实际情况制订,经本级人民政府发展计划主管部门审查批准后执行。

水中长期供求规划应当依据水的供求现状、国民经济和社会发展规划、流域规划、区域规划,按照水资源供需协调、综合平衡、保护生态、厉行节约、合理开源的原则制定。

第四十五条 调蓄径流和分配水量,应当依据流域规划和水中长期供求规划,以流域为单元制定水量分配方案。

跨省、自治区、直辖市的水量分配方案和旱情紧急情况下的水量调度预案,由流域管理机构商有关省、自治区、直辖市人民政府制订,报国务院或者其授权的部门批准后执行。其他跨行政区域的水量分配方案和旱情紧急情况下的水量调度预案,由共同的上一级人民政府水行政主管部门商有关地方人民政府制订,报本级人民政府批准后执行。

水量分配方案和旱情紧急情况下的水量调度预案经批准后，有关地方人民政府必须执行。

在不同行政区域之间的边界河流上建设水资源开发、利用项目，应当符合该流域经批准的水量分配方案，由有关县级以上地方人民政府报共同的上一级人民政府水行政主管部门或者有关流域管理机构批准。

第四十六条 县级以上地方人民政府水行政主管部门或者流域管理机构应当根据批准的水量分配方案和年度预测来水量，制定年度水量分配方案和调度计划，实施水量统一调度；有关地方人民政府必须服从。

国家确定的重要江河、湖泊的年度水量分配方案，应当纳入国家的国民经济和社会发展年度计划。

第四十七条 国家对用水实行总量控制和定额管理相结合的制度。

省、自治区、直辖市人民政府有关行业主管部门应当制订本行政区域内行业用水定额，报同级水行政主管部门和质量监督检验行政主管部门审核同意后，由省、自治区、直辖市人民政府公布，并报国务院水行政主管部门和国务院质量监督检验行政主管部门备案。

县级以上地方人民政府发展计划主管部门会同同级水行政主管部门，根据用水定额、经济技术条件以及水量分配方案确定的可供本行政区域使用的水量，制定年度用水计划，对本行政区域内的年度用水实行总量控制。

第四十八条 直接从江河、湖泊或者地下取用水资源的单位和个人，应当按照国家取水许可制度和水资源有偿使用制度的规定，向水行政主管部门或者流域管理机构申请领取取水许可证，并缴纳水资源费，取得取水权。但是，家庭生活和零星散养、圈养畜禽饮用等少量取水的除外。

实施取水许可制度和征收管理水资源费的具体办法，由国务院规定。

第四十九条 用水应当计量，并按照批准的用水计划用水。

用水实行计量收费和超定额累进加价制度。

第五十条 各级人民政府应当推行节水灌溉方式和节水技术，对农业蓄水、输水工程采取必要的防渗漏措施，提高农业用水效率。

第五十一条 工业用水应当采用先进技术、工艺和设备，增加循环用水次数，提高水的重复利用率。

国家逐步淘汰落后的、耗水量高的工艺、设备和产品，具体名录由国务院经济综合主管部门会同国务院水行政主管部门和有关部门制定并公布。生产者、销售者或者生产经营中的使用者应当在规定的时间内停止生产、销售或者使用列入名录的工艺、设备和产品。

第五十二条 城市人民政府应当因地制宜采取有效措施，推广节水型生活用水器具，降低城市供水管网漏失率，提高生活用水效率；加强城市污水集中处理，鼓励使用再生水，提高污水再生利用率。

第五十三条 新建、扩建、改建建设项目，应当制订节水措施方案，配套建设节水设施。节水设施应当与主体工程同时设计、同时施工、同时投产。

供水企业和自建供水设施的单位应当加强供水设施的维护管理，减少水的漏失。

第五十四条 各级人民政府应当积极采取措施，改善城乡居民的饮用水条件。

第五十五条 使用水工程供应的水，应当按照国家规定向供水单位缴纳水费。供水价格应当按照补偿成本、合理收益、优质优价、公平负担的原则确定。具体办法由省级以上人民政府价格主管部门会同同级水行政主管部门或者其他供水行政主管部门依据职权制定。

第六章 水事纠纷处理与执法监督检查

第五十六条 不同行政区域之间发生水事纠纷的，应当协商处理；协商不成的，由上一级人民政府裁决，有关各方必须遵照执行。在水事纠纷解决前，未经各方达成协议或者共同的上一级人民政府批准，在行政区域交界线两侧一定范围内，任何一方不得修建排水、阻水、取水和截(蓄)水工程，不得单方面改变水的现状。

第五十七条 单位之间、个人之间、单位与个人之间发生的水事纠纷，应当协商解决；当事人不愿协商或者协商不成的，可以申请县级以上地方人民政府或者其授权的部门调解，也可以直接向人民法院提起民事诉讼。县级以上地方人民政府或者其授权的部门调解不成的，当事人可以向人民法院提起民事诉讼。

在水事纠纷解决前，当事人不得单方面改变现状。

第五十八条 县级以上人民政府或者其授权的部门在处理水事纠纷时，有权采取临时处置措施，有关各方或者当事人必须服从。

第五十九条 县级以上人民政府水行政主管部门和流域管理机构应当对违反本法的行为加强监督检查并依法进行查处。

水政监督检查人员应当忠于职守，秉公执法。

第六十条 县级以上人民政府水行政主管部门、流域管理机构及其水政监督检查人员履行本法规定的监督检查职责时，有权采取下列措施：

(一)要求被检查单位提供有关文件、证照、资料；

(二)要求被检查单位就执行本法的有关问题作出说明；

(三)进入被检查单位的生产场所进行调查；

(四)责令被检查单位停止违反本法的行为，履行法定义务。

第六十一条 有关单位或者个人对水政监督检查人员的监督检查工作应当给予配合，不得拒绝或者阻碍水政监督检查人员依法执行职务。

第六十二条 水政监督检查人员在履行监督检查职责时，应当向被检查单位或者个人出示执法证件。

第六十三条 县级以上人民政府或者上级水行政主管部门发现本级或者下级水行政主管部门在监督检查工作中有违法或者失职行为的，应当责令其限期改正。

第七章 法律责任

第六十四条 水行政主管部门或者其他有关部门以及水工程管理单位及其工作人员,利用职务上的便利收取他人财物、其他好处或者玩忽职守,对不符合法定条 件的单位或者个人核发许可证、签署审查同意意见,不按照水量分配方案分配水量,不按照国家有关规定收取水资源费,不履行监督职责,或者发现违法行为不予查处,造成严重后果,构成犯罪的,对负有责任的主管人员和其他直接责任人员依照刑法的有关规定追究刑事责任;尚不够刑事处罚的,依法给予行政处分。

第六十五条 在河道管理范围内建设妨碍行洪的建筑物、构筑物,或者从事影响河势稳定、危害河岸堤防安全和其他妨碍河道行洪的活动的,由县级以上人民政府水行政主管部门或者流域管理机构依据职权,责令停止违法行为,限期拆除违法建筑物、构筑物,恢复原状;逾期不拆除、不恢复原状的,强行拆除,所需费用由违法单位或者个人负担,并处一万元以上十万元以下的罚款。

未经水行政主管部门或者流域管理机构同意,擅自修建水工程,或者建设桥梁、码头和其他拦河、跨河、临河建筑物、构筑物,铺设跨河管道、电缆,且防洪法未作规定的,由县级以上人民政府水行政主管部门或者流域管理机构依据职权,责令停止违法行为,限期补办有关手续;逾期不补办或者补办未被批准的,责令限期拆除违法建筑物、构筑物;逾期不拆除的,强行拆除,所需费用由违法单位或者个人负担,并处一万元以上十万元以下的罚款。

虽经水行政主管部门或者流域管理机构同意,但未按照要求修建前款所列工程设施的,由县级以上人民政府水行政主管部门或者流域管理机构依据职权,责令限期改正,按照情节轻重,处一万元以上十万元以下的罚款。

第六十六条 有下列行为之一,且防洪法未作规定的,由县级以上人民政府水行政主管部门或者流域管理机构依据职权,责令停止违法行为，限期清除障碍或者采取其他补救措施，处一万元以上五万元以下的罚款：

（一）在江河、湖泊、水库、运河、渠道内弃置、堆放阻碍行洪的物体和种植阻碍行洪的林木及高秆作物的；

（二）围湖造地或者未经批准围垦河道的。

第六十七条 在饮用水水源保护区内设置排污口的，由县级以上地方人民政府责令限期拆除、恢复原状；逾期不拆除、不恢复原状的，强行拆除、恢复原状，并处五万元以上十万元以下的罚款。

未经水行政主管部门或者流域管理机构审查同意，擅自在江河、湖泊新建、改建或者扩大排污口的，由县级以上人民政府水行政主管部门或者流域管理机构依据职权，责令停止违法行为，限期恢复原状，处五万元以上十万元以下的罚款。

第六十八条 生产、销售或者在生产经营中使用国家明令淘汰的落后的、耗水量高的工艺、设备和产品的，由县级以上地方人民政府经济综合主管部门责令停止生产、销售或者使用，处二万元以上十万元以下的罚款。

第六十九条 有下列行为之一的，由县级以上人民政府水行政主管部门或者流域管理机构依据职权，责令停止违法行为，限期采取补救措施，处二万元以上十万元以下的罚款；情节严重的，吊销其取水许可证：

（一）未经批准擅自取水的；

（二）未依照批准的取水许可规定条件取水的。

第七十条 拒不缴纳、拖延缴纳或者拖欠水资源费的，由县级以上人民政府水行政主管部门或者流域管理机构依据职权，责令限期缴纳；逾期不缴纳的，从滞纳之日起按日加收滞纳部分千分之二的滞纳金，并处应缴或者补缴水资源费一倍以上五倍以下的罚款。

第七十一条 建设项目的节水设施没有建成或者没有达到国家规定的要求，擅自投入使用的，由县级以上人民政府有关部门或者流域管理机构依据职权，责令停止使用，限期改正，处五万元以上十万元以下的罚款。

第七十二条 有下列行为之一，构成犯罪的，依照刑法的有关规定追究刑事责任；尚不够刑事处罚，且防洪法未作规定的，由县级以上地方人民政府水行政主管部门或者流域管理机构依据职权，责令停止违法行为，采取补救措施，处一万元以上五万元以下的罚款；违反治安管理处罚法的，由公安机关依法给予治安管理处罚；给他人造成损失的，依法承担赔偿责任：

（一）侵占、毁坏水工程及堤防、护岸等有关设施，毁坏防汛、水文监测、水文地质监测设施的；

（二）在水工程保护范围内，从事影响水工程运行和危害水工程安全的爆破、打井、采石、取土等活动的。

第七十三条 侵占、盗窃或者抢夺防汛物资，防洪排涝、农田水利、水文监测和测量以及其他水工程设备和器材，贪污或者挪用国家救灾、抢险、防汛、移民安置和补偿及其他水利建设款物，构成犯罪的，依照刑法的有关规定追究刑事责任。

第七十四条 在水事纠纷发生及其处理过程中煽动闹事、结伙斗殴、抢夺或者损坏公私财物、非法限制他人人身自由，构成犯罪的，依照刑法的有关规定追究刑事责任；尚不够刑事处罚的，由公安机关依法给予治安管理处罚。

第七十五条 不同行政区域之间发生水事纠纷，有下列行为之一的，对负有责任的主管人员和其他直接责任人员依法给予行政处分：

（一）拒不执行水量分配方案和水量调度预案的；

（二）拒不服从水量统一调度的；

（三）拒不执行上一级人民政府的裁决的；

（四）在水事纠纷解决前，未经各方达成协议或者上一级人民政府批准，单方面违反本法规定改变水的现状的。

第七十六条 引水、截（蓄）水、排水，损害公共利益或者他人合法权益的，依法承担民事责任。

第七十七条 对违反本法第三十九条有关河道采砂许可制度规

定的行政处罚，由国务院规定。

第八章 附 则

第七十八条 中华人民共和国缔结或者参加的与国际或者国境边界河流、湖泊有关的国际条约、协定与中华人民共和国法律有不同规定的，适用国际条约、协定的规定。但是，中华人民共和国声明保留的条款除外。

第七十九条 本法所称水工程，是指在江河、湖泊和地下水源上开发、利用、控制、调配和保护水资源的各类工程。

第八十条 海水的开发、利用、保护和管理，依照有关法律的规定执行。

第八十一条 从事防洪活动，依照防洪法的规定执行。

水污染防治，依照水污染防治法的规定执行。

第八十二条 本法自2002年10月1日起施行。

中华人民共和国湿地保护法

（2021年12月24日公布 中华人民共和国主席令第102号
自2022年6月1日起实施）

第一章 总 则

第一条 为了加强湿地保护，维护湿地生态功能及生物多样性，保障生态安全，促进生态文明建设，实现人与自然和谐共生，制定本法。

第二条 在中华人民共和国领域及管辖的其他海域内从事湿地保护、利用、修复及相关管理活动，适用本法。

本法所称湿地，是指具有显著生态功能的自然或者人工的、常年或者季节性积水地带、水域,包括低潮时水深不超过六米的海域,但是水田以及用于养殖的人工的水域和滩涂除外。国家对湿地实行分级管理及名录制度。

江河、湖泊、海域等的湿地保护、利用及相关管理活动还应当适用《中华人民共和国水法》、《中华人民共和国防洪法》、《中华人民共和国水污染防治法》、《中华人民共和国海洋环境保护法》、《中华人民共和国长江保护法》、《中华人民共和国渔业法》、《中华人民共和国海域使用管理法》等有关法律的规定。

第三条 湿地保护应当坚持保护优先、严格管理、系统治理、科学修复、合理利用的原则,发挥湿地涵养水源、调节气候、改善环境、维护生物多样性等多种生态功能。

第四条 县级以上人民政府应当将湿地保护纳入国民经济和社会发展规划,并将开展湿地保护工作所需经费按照事权划分原则列入预算。

县级以上地方人民政府对本行政区域内的湿地保护负责,采取措施保持湿地面积稳定,提升湿地生态功能。

乡镇人民政府组织群众做好湿地保护相关工作,村民委员会予以协助。

第五条 国务院林业草原主管部门负责湿地资源的监督管理,负责湿地保护规划和相关国家标准拟定、湿地开发利用的监督管理、湿地生态保护修复工作。国务院自然资源、水行政、住房城乡建设、生态环境、农业农村等其他有关部门,按照职责分工承担湿地保护、修复、管理有关工作。

国务院林业草原主管部门会同国务院自然资源、水行政、住房城乡建设、生态环境、农业农村等主管部门建立湿地保护协作和信息通报机制。

第六条 县级以上地方人民政府应当加强湿地保护协调工作。县级以上地方人民政府有关部门按照职责分工负责湿地保护、修复、管理有关工作。

第七条 各级人民政府应当加强湿地保护宣传教育和科学知识普及工作,通过湿地保护日、湿地保护宣传周等开展宣传教育活动,增强全社会湿地保护意识;鼓励基层群众性自治组织、社会组织、志愿者开展湿地保护法律法规和湿地保护知识宣传活动,营造保护湿地的良好氛围。

教育主管部门、学校应当在教育教学活动中注重培养学生的湿地保护意识。

新闻媒体应当开展湿地保护法律法规和湿地保护知识的公益宣传,对破坏湿地的行为进行舆论监督。

第八条 国家鼓励单位和个人依法通过捐赠、资助、志愿服务等方式参与湿地保护活动。

对在湿地保护方面成绩显著的单位和个人,按照国家有关规定给予表彰、奖励。

第九条 国家支持开展湿地保护科学技术研究开发和应用推广,加强湿地保护专业技术人才培养,提高湿地保护科学技术水平。

第十条 国家支持开展湿地保护科学技术、生物多样性、候鸟迁徙等方面的国际合作与交流。

第十一条 任何单位和个人都有保护湿地的义务,对破坏湿地的行为有权举报或者控告,接到举报或者控告的机关应当及时处理,并依法保护举报人、控告人的合法权益。

第二章　湿地资源管理

第十二条 国家建立湿地资源调查评价制度。

国务院自然资源主管部门应当会同国务院林业草原等有关部门定期开展全国湿地资源调查评价工作,对湿地类型、分布、面积、生物多样性、保护与利用情况等进行调查,建立统一的信息发布和共享机制。

第十三条 国家实行湿地面积总量管控制度,将湿地面积总量管控目标纳入湿地保护目标责任制。

国务院林业草原、自然资源主管部门会同国务院有关部门根据全国湿地资源状况、自然变化情况和湿地面积总量管控要求，确定全国和各省、自治区、直辖市湿地面积总量管控目标，报国务院批准。地方各级人民政府应当采取有效措施，落实湿地面积总量管控目标的要求。

第十四条　国家对湿地实行分级管理，按照生态区位、面积以及维护生态功能、生物多样性的重要程度，将湿地分为重要湿地和一般湿地。重要湿地包括国家重要湿地和省级重要湿地，重要湿地以外的湿地为一般湿地。重要湿地依法划入生态保护红线。

国务院林业草原主管部门会同国务院自然资源、水行政、住房城乡建设、生态环境、农业农村等有关部门发布国家重要湿地名录及范围，并设立保护标志。国际重要湿地应当列入国家重要湿地名录。

省、自治区、直辖市人民政府或者其授权的部门负责发布省级重要湿地名录及范围，并向国务院林业草原主管部门备案。

一般湿地的名录及范围由县级以上地方人民政府或者其授权的部门发布。

第十五条　国务院林业草原主管部门应当会同国务院有关部门，依据国民经济和社会发展规划、国土空间规划和生态环境保护规划编制全国湿地保护规划，报国务院或者其授权的部门批准后组织实施。

县级以上地方人民政府林业草原主管部门应当会同有关部门，依据本级国土空间规划和上一级湿地保护规划编制本行政区域内的湿地保护规划，报同级人民政府批准后组织实施。

湿地保护规划应当明确湿地保护的目标任务、总体布局、保护修复重点和保障措施等内容。经批准的湿地保护规划需要调整的，按照原批准程序办理。

编制湿地保护规划应当与流域综合规划、防洪规划等规划相衔接。

第十六条　国务院林业草原、标准化主管部门会同国务院自然资源、水行政、住房城乡建设、生态环境、农业农村主管部门组织制定湿地分级分类、监测预警、生态修复等国家标准;国家标准未作规定的,可以依法制定地方标准并备案。

第十七条 县级以上人民政府林业草原主管部门建立湿地保护专家咨询机制,为编制湿地保护规划、制定湿地名录、制定相关标准等提供评估论证等服务。

第十八条 办理自然资源权属登记涉及湿地的,应当按照规定记载湿地的地理坐标、空间范围、类型、面积等信息。

第十九条 国家严格控制占用湿地。

禁止占用国家重要湿地,国家重大项目、防灾减灾项目、重要水利及保护设施项目、湿地保护项目等除外。

建设项目选址、选线应当避让湿地,无法避让的应当尽量减少占用,并采取必要措施减轻对湿地生态功能的不利影响。

建设项目规划选址、选线审批或者核准时,涉及国家重要湿地的,应当征求国务院林业草原主管部门的意见;涉及省级重要湿地或者一般湿地的,应当按照管理权限,征求县级以上地方人民政府授权的部门的意见。

第二十条 建设项目确需临时占用湿地的,应当依照《中华人民共和国土地管理法》、《中华人民共和国水法》、《中华人民共和国森林法》、《中华人民共和国草原法》、《中华人民共和国海域使用管理法》等有关法律法规的规定办理。临时占用湿地的期限一般不得超过二年,并不得在临时占用的湿地上修建永久性建筑物。

临时占用湿地期满后一年内,用地单位或者个人应当恢复湿地面积和生态条件。

第二十一条 除因防洪、航道、港口或者其他水工程占用河道管理范围及蓄滞洪区内的湿地外,经依法批准占用重要湿地的单位应当根据当地自然条件恢复或者重建与所占用湿地面积和质量相当的湿地;没有条件恢复、重建的,应当缴纳湿地恢复费。缴纳湿地恢复费的,不再缴纳其他相同性质的恢复费用。

湿地恢复费缴纳和使用管理办法由国务院财政部门会同国务院

林业草原等有关部门制定。

第二十二条 国务院林业草原主管部门应当按照监测技术规范开展国家重要湿地动态监测，及时掌握湿地分布、面积、水量、生物多样性、受威胁状况等变化信息。

国务院林业草原主管部门应当依据监测数据，对国家重要湿地生态状况进行评估，并按照规定发布预警信息。

省、自治区、直辖市人民政府林业草原主管部门应当按照监测技术规范开展省级重要湿地动态监测、评估和预警工作。

县级以上地方人民政府林业草原主管部门应当加强对一般湿地的动态监测。

第三章 湿地保护与利用

第二十三条 国家坚持生态优先、绿色发展，完善湿地保护制度，健全湿地保护政策支持和科技支撑机制，保障湿地生态功能和永续利用，实现生态效益、社会效益、经济效益相统一。

第二十四条 省级以上人民政府及其有关部门根据湿地保护规划和湿地保护需要，依法将湿地纳入国家公园、自然保护区或者自然公园。

第二十五条 地方各级人民政府及其有关部门应当采取措施，预防和控制人为活动对湿地及其生物多样性的不利影响，加强湿地污染防治，减缓人为因素和自然因素导致的湿地退化，维护湿地生态功能稳定。

在湿地范围内从事旅游、种植、畜牧、水产养殖、航运等利用活动，应当避免改变湿地的自然状况，并采取措施减轻对湿地生态功能的不利影响。

县级以上人民政府有关部门在办理环境影响评价、国土空间规划、海域使用、养殖、防洪等相关行政许可时，应当加强对有关湿地利用活动的必要性、合理性以及湿地保护措施等内容的审查。

第二十六条 地方各级人民政府对省级重要湿地和一般湿地利

用活动进行分类指导,鼓励单位和个人开展符合湿地保护要求的生态旅游、生态农业、生态教育、自然体验等活动,适度控制种植养殖等湿地利用规模。

地方各级人民政府应当鼓励有关单位优先安排当地居民参与湿地管护。

第二十七条 县级以上地方人民政府应当充分考虑保障重要湿地生态功能的需要,优化重要湿地周边产业布局。

县级以上地方人民政府可以采取定向扶持、产业转移、吸引社会资金、社区共建等方式,推动湿地周边地区绿色发展,促进经济发展与湿地保护相协调。

第二十八条 禁止下列破坏湿地及其生态功能的行为:

(一)开(围)垦、排干自然湿地,永久性截断自然湿地水源;

(二)擅自填埋自然湿地,擅自采砂、采矿、取土;

(三)排放不符合水污染物排放标准的工业废水、生活污水及其他污染湿地的废水、污水,倾倒、堆放、丢弃、遗撒固体废物;

(四)过度放牧或者滥采野生植物,过度捕捞或者灭绝式捕捞,过度施肥、投药、投放饵料等污染湿地的种植养殖行为;

(五)其他破坏湿地及其生态功能的行为。

第二十九条 县级以上人民政府有关部门应当按照职责分工,开展湿地有害生物监测工作,及时采取有效措施预防、控制、消除有害生物对湿地生态系统的危害。

第三十条 县级以上人民政府应当加强对国家重点保护野生动植物集中分布湿地的保护。任何单位和个人不得破坏鸟类和水生生物的生存环境。

禁止在以水鸟为保护对象的自然保护地及其他重要栖息地从事捕鱼、挖捕底栖生物、捡拾鸟蛋、破坏鸟巢等危及水鸟生存、繁衍的活动。开展观鸟、科学研究以及科普活动等应当保持安全距离,避免影响鸟类正常觅食和繁殖。

在重要水生生物产卵场、索饵场、越冬场和洄游通道等重要栖息地应当实施保护措施。经依法批准在洄游通道建闸、筑坝,可能对水生生物洄游产生影响的,建设单位应当建造过鱼设施或者采取其他补救措施。

禁止向湿地引进和放生外来物种,确需引进的应当进行科学评估,并依法取得批准。

第三十一条 国务院水行政主管部门和地方各级人民政府应当加强对河流、湖泊范围内湿地的管理和保护,因地制宜采取水系连通、清淤疏浚、水源涵养与水土保持等治理修复措施,严格控制河流源头和蓄滞洪区、水土流失严重区等区域的湿地开发利用活动,减轻对湿地及其生物多样性的不利影响。

第三十二条 国务院自然资源主管部门和沿海地方各级人民政府应当加强对滨海湿地的管理和保护,严格管控围填滨海湿地。经依法批准的项目,应当同步实施生态保护修复,减轻对滨海湿地生态功能的不利影响。

第三十三条 国务院住房城乡建设主管部门和地方各级人民政府应当加强对城市湿地的管理和保护,采取城市水系治理和生态修复等措施,提升城市湿地生态质量,发挥城市湿地雨洪调蓄、净化水质、休闲游憩、科普教育等功能。

第三十四条 红树林湿地所在地县级以上地方人民政府应当组织编制红树林湿地保护专项规划,采取有效措施保护红树林湿地。

红树林湿地应当列入重要湿地名录;符合国家重要湿地标准的,应当优先列入国家重要湿地名录。

禁止占用红树林湿地。经省级以上人民政府有关部门评估,确因国家重大项目、防灾减灾等需要占用的,应当依照有关法律规定办理,并做好保护和修复工作。相关建设项目改变红树林所在河口水文情势、对红树林生长产生较大影响的,应当采取有效措施减轻不利影响。

禁止在红树林湿地挖塘,禁止采伐、采挖、移植红树林或者过度采摘红树林种子,禁止投放、种植危害红树林生长的物种。因科研、医药或者红树林湿地保护等需要采伐、采挖、移植、采摘的,应当依照有关法律法规办理。

第三十五条 泥炭沼泽湿地所在地县级以上地方人民政府应当制定泥炭沼泽湿地保护专项规划,采取有效措施保护泥炭沼泽湿地。

符合重要湿地标准的泥炭沼泽湿地,应当列入重要湿地名录。

禁止在泥炭沼泽湿地开采泥炭或者擅自开采地下水;禁止将泥炭沼泽湿地蓄水向外排放,因防灾减灾需要的除外。

第三十六条 国家建立湿地生态保护补偿制度。

国务院和省级人民政府应当按照事权划分原则加大对重要湿地保护的财政投入,加大对重要湿地所在地区的财政转移支付力度。

国家鼓励湿地生态保护地区与湿地生态受益地区人民政府通过协商或者市场机制进行地区间生态保护补偿。

因生态保护等公共利益需要,造成湿地所有者或者使用者合法权益受到损害的,县级以上人民政府应当给予补偿。

第四章 湿地修复

第三十七条 县级以上人民政府应当坚持自然恢复为主、自然恢复和人工修复相结合的原则,加强湿地修复工作,恢复湿地面积,提高湿地生态系统质量。

县级以上人民政府对破碎化严重或者功能退化的自然湿地进行综合整治和修复,优先修复生态功能严重退化的重要湿地。

第三十八条 县级以上人民政府组织开展湿地保护与修复,应当充分考虑水资源禀赋条件和承载能力,合理配置水资源,保障湿地基本生态用水需求,维护湿地生态功能。

第三十九条 县级以上地方人民政府应当科学论证,对具备恢复条件的原有湿地、退化湿地、盐碱化湿地等,因地制宜采取措施,恢复湿地生态功能。

县级以上地方人民政府应当按照湿地保护规划,因地制宜采取水体治理、土地整治、植被恢复、动物保护等措施,增强湿地生态功能和碳汇功能。

禁止违法占用耕地等建设人工湿地。

第四十条　红树林湿地所在地县级以上地方人民政府应当对生态功能重要区域、海洋灾害风险等级较高地区、濒危物种保护区域或者造林条件较好地区的红树林湿地优先实施修复,对严重退化的红树林湿地进行抢救性修复,修复应当尽量采用本地树种。

第四十一条　泥炭沼泽湿地所在地县级以上地方人民政府应当因地制宜,组织对退化泥炭沼泽湿地进行修复,并根据泥炭沼泽湿地的类型、发育状况和退化程度等,采取相应的修复措施。

第四十二条　修复重要湿地应当编制湿地修复方案。

重要湿地的修复方案应当报省级以上人民政府林业草原主管部门批准。林业草原主管部门在批准修复方案前,应当征求同级人民政府自然资源、水行政、住房城乡建设、生态环境、农业农村等有关部门的意见。

第四十三条　修复重要湿地应当按照经批准的湿地修复方案进行修复。

重要湿地修复完成后,应当经省级以上人民政府林业草原主管部门验收合格,依法公开修复情况。省级以上人民政府林业草原主管部门应当加强修复湿地后期管理和动态监测,并根据需要开展修复效果后期评估。

第四十四条　因违法占用、开采、开垦、填埋、排污等活动,导致湿地破坏的,违法行为人应当负责修复。违法行为人变更的,由承继其债权、债务的主体负责修复。

因重大自然灾害造成湿地破坏,以及湿地修复责任主体灭失或者无法确定的,由县级以上人民政府组织实施修复。

第五章　监督检查

第四十五条　县级以上人民政府林业草原、自然资源、水行政、住房城乡建设、生态环境、农业农村主管部门应当依照本法规定,按照职责分工对湿地的保护、修复、利用等活动进行监督检查，依法查处破坏湿地的违法行为。

第四十六条 县级以上人民政府林业草原、自然资源、水行政、住房城乡建设、生态环境、农业农村主管部门进行监督检查，有权采取下列措施：

（一）询问被检查单位或者个人，要求其对与监督检查事项有关的情况作出说明；

（二）进行现场检查；

（三）查阅、复制有关文件、资料，对可能被转移、销毁、隐匿或者篡改的文件、资料予以封存；

（四）查封、扣押涉嫌违法活动的场所、设施或者财物。

第四十七条 县级以上人民政府林业草原、自然资源、水行政、住房城乡建设、生态环境、农业农村主管部门依法履行监督检查职责，有关单位和个人应当予以配合，不得拒绝、阻碍。

第四十八条 国务院林业草原主管部门应当加强对国家重要湿地保护情况的监督检查。省、自治区、直辖市人民政府林业草原主管部门应当加强对省级重要湿地保护情况的监督检查。

县级人民政府林业草原主管部门和有关部门应当充分利用信息化手段，对湿地保护情况进行监督检查。

各级人民政府及其有关部门应当依法公开湿地保护相关信息，接受社会监督。

第四十九条 国家实行湿地保护目标责任制，将湿地保护纳入地方人民政府综合绩效评价内容。

对破坏湿地问题突出、保护工作不力、群众反映强烈的地区，省级以上人民政府林业草原主管部门应当会同有关部门约谈该地区人民政府的主要负责人。

第五十条 湿地的保护、修复和管理情况，应当纳入领导干部自然资源资产离任审计。

第六章 法律责任

第五十一条 县级以上人民政府有关部门发现破坏湿地的违法行为或者接到对违法行为的举报，不予查处或者不依法查处，或者有其他玩忽职守、滥用职权、徇私舞弊行为的，对直接负责的主管人员和其他直接责任人员依法给予处分。

第五十二条 违反本法规定，建设项目擅自占用国家重要湿地的，由县级以上人民政府林业草原等有关主管部门按照职责分工责令停止违法行为，限期拆除在非法占用的湿地上新建的建筑物、构筑物和其他设施，修复湿地或者采取其他补救措施，按照违法占用湿地的面积，处每平方米一千元以上一万元以下罚款；违法行为人不停止建设或者逾期不拆除的，由作出行政处罚决定的部门依法申请人民法院强制执行。

第五十三条 建设项目占用重要湿地，未依照本法规定恢复、重建湿地的，由县级以上人民政府林业草原主管部门责令限期恢复、重建湿地；逾期未改正的，由县级以上人民政府林业草原主管部门委托他人代为履行，所需费用由违法行为人承担，按照占用湿地的面积，处每平方米五百元以上二千元以下罚款。

第五十四条 违反本法规定，开（围）垦、填埋自然湿地的，由县级以上人民政府林业草原等有关主管部门按照职责分工责令停止违法行为，限期修复湿地或者采取其他补救措施，没收违法所得，并按照破坏湿地面积，处每平方米五百元以上五千元以下罚款；破坏国家重要湿地的，并按照破坏湿地面积，处每平方米一千元以上一万元以下罚款。

违反本法规定，排干自然湿地或者永久性截断自然湿地水源的，由县级以上人民政府林业草原主管部门责令停止违法行为，限期修复湿地或者采取其他补救措施，没收违法所得，并处五万元以上五十万元以下罚款；造成严重后果的，并处五十万元以上一百万元以下罚款。

第五十五条 违反本法规定，向湿地引进或者放生外来物种的，依照《中华人民共和国生物安全法》等有关法律法规的规定处理、处罚。

第五十六条 违反本法规定，在红树林湿地内挖塘的，由县级以上人民政府林业草原等有关主管部门按照职责分工责令停止违法行为，限期修复湿地或者采取其他补救措施，按照破坏湿地面积，处每平方米一千元以上一万元以下罚款；对树木造成毁坏的，责令限期补种成活毁坏株数一倍以上三倍以下的树木，无法确定毁坏株数的，按照相同区域同类树种生长密度计算株数。

违反本法规定，在红树林湿地内投放、种植妨碍红树林生长物种的，由县级以上人民政府林业草原主管部门责令停止违法行为，限期清理，处二万元以上十万元以下罚款；造成严重后果的，处十万元以上一百万元以下罚款。

第五十七条 违反本法规定开采泥炭的，由县级以上人民政府林业草原等有关主管部门按照职责分工责令停止违法行为，限期修复湿地或者采取其他补救措施，没收违法所得，并按照采挖泥炭体积，处每立方米二千元以上一万元以下罚款。

违反本法规定，从泥炭沼泽湿地向外排水的，由县级以上人民政府林业草原主管部门责令停止违法行为，限期修复湿地或者采取其他补救措施，没收违法所得，并处一万元以上十万元以下罚款；情节严重的，并处十万元以上一百万元以下罚款。

第五十八条 违反本法规定，未编制修复方案修复湿地或者未按照修复方案修复湿地，造成湿地破坏的，由省级以上人民政府林业草原主管部门责令改正，处十万元以上一百万元以下罚款。

第五十九条 破坏湿地的违法行为人未按照规定期限或者未按照修复方案修复湿地的，由县级以上人民政府林业草原主管部门委托他人代为履行，所需费用由违法行为人承担；违法行为人因被宣告破产等原因丧失修复能力的，由县级以上人民政府组织实施修复。

第六十条 违反本法规定，拒绝、阻碍县级以上人民政府有关部门依法进行的监督检查的，处二万元以上二十万元以下罚款；情节严重的,可以责令停产停业整顿。

第六十一条 违反本法规定,造成生态环境损害的,国家规定的机关或者法律规定的组织有权依法请求违法行为人承担修复责任、赔偿损失和有关费用。

第六十二条 违反本法规定,构成违反治安管理行为的,由公安机关依法给予治安管理处罚;构成犯罪的,依法追究刑事责任。

第七章 附 则

第六十三条 本法下列用语的含义:

(一)红树林湿地,是指由红树植物为主组成的近海和海岸潮间湿地;

(二)泥炭沼泽湿地,是指有泥炭发育的沼泽湿地。

第六十四条 省、自治区、直辖市和设区的市、自治州可以根据本地实际,制定湿地保护具体办法。

第六十五条 本法自2022年6月1日起施行。

环境保护部办公厅关于进一步加强分散式饮用水水源地环境保护工作的通知

(2010年9月26日公布 环办〔2010〕132号
自2010年9月26日起实施)

各省、自治区、直辖市环境保护厅(局),新疆生产建设兵团环境保护局:

为落实国务院办公厅《关于加强农村环境保护工作意见的通知》(国办发〔2007〕63号)的要求和贯彻国务院关于强化饮用水安全的会议精神,加强分散式饮用水水源周边环境保护和监测管理工作,特别是及时掌握农村饮用水水源环境状况，防止水源污染事故发生，现就加强分散式饮用水水源管理的有关事项通知如下：

一、加强调查评估，摸清分散式饮用水水源基础环境状况。在2008－2010年度全国饮用水水源地基础环境状况调查及评估工作基础上，进一步拓展分散式饮用水水源地调查、监测与评估范围，及时掌握其水质及环境管理状况和变化趋势，为科学有序开展分散式饮用水水源环境保护工作奠定基础。

二、加强污染防治，稳步改善分散式饮用水水源水质状况。结合分散式饮用水水源地基础环境状况，科学确定水源保护范围。针对调查评估工作中发现的问题，制定相应的污染防治对策，重点做好饮用水水源保护范围及其周边的工业及生活污染治理、农业源污染防治和水生态修复等工作，切实削减污染物产生总量，禁止有毒有害物质进入水源水体。严厉打击威胁水源水质安全的违法行为，发现一起查处一起，公开曝光查处结果。

三、加强应急预警，及时消除分散式饮用水水源环境安全威胁。编制分散式饮用水源污染事故应急预案，为处理突发污染事件提供管理及技术储备，有效防范风险。加强对可能影响水源安全的制药、化工、造纸、冶炼等重点行业、重点污染源的监督管理，建立风险源名录，从源头控制隐患。一旦发生饮用水水源污染事故，要迅速查清并切断污染来源，在当地政府统一领导下，开展污染防控工作，确保群众饮水安全。

四、加强部门协调，提升分散式饮用水水源安全保障水平。饮水安全保障是一个系统工程，各有关部门、各级政府的共同参与，是饮用水源安全保障的基本条件。要建立协同监管机制，明确相关部门职责及管理权限，齐心协力做好分散式饮用水水源环境管理及安全保障工作。在条件允许的地区，推广城乡统一供水工作。充分利用“以奖促治”、“以奖代补”中央农村环保专项资金等资金渠道，进一步加强分散式饮用水水源地环境保护工作。

五、加强宣传教育，鼓励公众参与分散式饮用水水源环境保护工作。逐步公开分散式饮用水水源达标状况，进一步完善公众参与及监督机制，充分利用广播电视、报刊杂志及网络等媒体普及有关知识，提高公众饮水安全风险防范意识，共同参与水源地保护相关工作。

为加强对分散式饮用水水源地环境保护工作的指导，在认真总结近年来工作实践经验的基础上，我部组织编制了《分散式饮用水水源地环境保护指南（试行）》。现印发给你们，请在分散式饮用水水源地环境保护及管理工作中参考。

附件：

分散式饮用水水源地环境保护指南（试行）

1 总 则

1.1 适用范围

本指南规定了分散式饮用水水源地选址、建设、污染防治和环境管理等要求。

本指南适用于分散式饮用水水源地（包括现用、备用和规划水源地）的环境保护工作。

1.2 规范性引用文件

本指南内容引用了下列文件中的条款。凡是不注明日期的引用文件，其有效版本适用于本指南。

GB 3838 地表水环境质量标准

GB/T 14848 地下水质量标准

GB 5749 生活饮用水卫生标准

GB 15618 土壤环境质量标准

HJ/T 81 畜禽养殖业污染防治技术规范

GB 18596 畜禽养殖业污染物排放标准

HJ/T 433 饮用水水源保护区标志技术要求

HJ/T 91　地表水和污水监测技术规范

HJ/T 164　地下水环境监测技术规范

GB 50445　村庄整治技术规范

GB 7959　粪便无害化卫生标准

1.3　术语和定义

下列术语和定义适用于本指南。

1.3.1　分散式饮用水水源地

指供水小于一定规模(供水人口一般在1000人以下)的现用、备用和规划饮用水水源地。根据供水方式可分为联村、联片、单村、联户或单户等形式(以下简称为“饮用水水源地”或“水源地”)。

1.3.2　水源保护范围

为了防治饮用水水源地污染,保障分散式饮用水水源地环境质量,在以下区域内采取必要的污染防治措施。

地表水水源保护范围:河流型水源地取水口上游不小于1000米,下游不小于100米,两岸纵深不小于50米,但不超过集雨范围;

湖库型水源地取水口半径200米范围的区域,但不超过集雨范围;

水窖水源保护范围:集水场地区域。

地下水水源保护范围:取水口周边30米-50米范围。

1.3.3　粪便无害化处理

对人畜粪便采取一定处理措施,使其达到国家和地方粪便无害化相关标准的过程。

1.3.4　卫生厕所

有墙、有顶,厕坑及贮粪池不渗漏,厕内清洁,无蝇蛆,基本无臭,贮粪池密闭有盖,粪便及时清除并进行无害化处理的厕所。

1.3.5　人工湿地

人工筑成的水池或沟槽,底面铺设防渗漏隔水层,填充一定深度的土壤或料层,种植芦苇类维管束植物或根系发达的水生植物,污水由湿地一端通过布水管渠进入,与生长在填料表面的微生物和水中溶解氧进行充分接触而获得净化。

1.3.6　稳定塘

污水停留时间长的天然或人工塘。主要依靠微生物好氧和（或）厌氧作用，以多级串联运行，稳定污水中的有机污染物。

2　水源地选址和建设

2.1　水源地的基本类型和特点

饮用水水源地可以分为地表水源、地下水源和其他等类型，地表水源主要包括河流、湖库（坑、塘）、山涧水、集水池等类型，地下水源主要包括井水、泉水等类型。在地表水与地下水都极度匮乏的特殊情况下，可考虑收集降水作为水源。

2.1.1　地表水

（1）河流

河流型水源优点是取水简易且水量大；缺点是易受污染。

（2）湖库

湖库型水源优点是水量充足、供水稳定且取水便利；缺点是易发生水体富营养化。

（3）水窖

水窖型水源优点是水源获得较为直接容易，缺点是供水量不稳定，水质水量均难以保证及控制。

2.1.2　地下水

（1）井水

井水型水源的优点是靠近用水区，取水简易，水质稳定且不易被污染；缺点是易受地下水位影响，干旱地区取水深度较深，一般家庭自备井难以获得较优质的水源。

（2）泉水

泉水型水源的优点是水质好且不易受到污染；缺点是供水量不稳定，有潜在污染的可能。

2.2　水源地选址

在现有水源水质、污染源等环境状况调查的基础上，按照是否水量充足、水质良好、取水便捷、潜在风险低等条件，判断现有水源是否可以继续使用。在现有水源供水量或供水水质不满足需求的情况下，可选择新的饮用水水源地。新水源地的选择需对现场进行环境状况调查，同时进行水源水质检测。

按照饮用水质的安全性，一般的顺序是：井水、泉水、河流、水库、湖泊。按照饮用水量的充足性，一般的顺序是水库、湖泊、河流、井水、泉水。按照输送水的便捷性，一般的顺序是井水、河流、泉水、水库、湖泊。

水源地不应位于洪水淹没区、浸泡区、坍塌及其他形变区。河流型饮用水水源一般应选择在居住区上游河段，水流顺畅、采用河岸渗透取水傍河取水方式；应尽量避开回流区、死水区和航运河道；在有潮汐影响的河流取水时，应避免成潮对取水水质的影响。湖库型饮用水水源，要考虑湖库泥沙淤积或水生生物生长对取水口周围的影响，应采用中层水；应避开支流入口、大坝等区域。地下水型水源应尽量设在地下水污染源的上游，选择包气带防污性好的地带；地下水型水源应避开排水沟、工业企业和农业生产设施等人为活动影响，周围 20 ~ 30 米内无厕所、粪坑、垃圾堆、畜圈、渗水坑、有毒有害物质和化学物质堆积等。

同时，有条件的地区可参考上述要求选择备用水源地，选择与现有水源地相对独立控制取水的水源地作为备用水源地。

2.3 水源地的建设

2.3.1 地表水水源地建设

河流、湖库型水源，取水点应尽量靠近河流中泓线、湖库中心或距离河岸、湖边较远的地方。宜修建取水码头或跳板以便直接从河流、湖库中心取水。若采用导流渠、蓄水池或潜水泵从水体中心引水，宜修建砂滤井或用砂滤缸进行混凝沉淀和消毒。在池塘多的地区应采用分塘取水。河流取水口周围 100 米及上游 500 米处，湖库周围 500 米处应设立隔离防护设施或标志。

水窖应修建专门的雨水收集池，并在收集池附近修建简单的沉淀、净化处理设施。收集池周围修置排水沟,防止地面径流污染水源。严重缺水地区水窖集水场应尽可能选择开阔地带,土壤有害因子背景值较高的地区应采用场地硬化的方式。

2.3.2　地下水水源地建设

地下水井应有井台、井栏和井盖,宜采用相对封闭的水井;井底与井壁要确保水井的卫生防护;大口井井口应高出地面50厘米,并保证地面排水畅通。室外管井井口应高出地面20厘米,周围应设半径不小于1.5米的不透水散水坡。联村、联片或单村取水井水周围100米处应设立隔离防护设施或标志。

在泉水水源附近建设引泉池,泉水周围100米及上游500米处应修建栅栏等隔离防护设施,在泉水旁设简易导流沟,避免雨水或污水携带大量污染物直接进入泉水。引泉池应设顶盖封闭,并设通风管。引泉池进口、检修孔孔盖应高出周边地面一定距离。池壁应密封不透水,壁外用粘土夯实封固。引泉池周围应作不透水层,地面应建设一定坡度坡向的排水沟;引泉池池壁上部应设置溢流管,池底应设置排空管。

2.4　水源地的环境要求

水源水质应符合国家有关生活饮用水水源水质的规定。采用地表水为生活饮用水水源时,水质应参照执行《地表水环境质量标准》(GB 3838)的规定;采用地下水为生活饮用水水源时,水质应参照执行《地下水质量标准》(GB/T 14848)规定。在没有水质净化处理的情况下,水源应参照执行《生活饮用水卫生标准》(GB 5749)规定。当水质不符合国家生活饮用水水源水质规定时,不应作为饮用水水源。若限于条件需加以利用时,应采用相应的净化工艺进行处理,处理后的水质应参照执行《生活饮用水卫生标准》(GB 5749)规定。

3　水源地污染防治

3.1　生活污水防治

水源保护范围内不得修建渗水的厕所、化粪池和渗水坑,现有公共设施应进行污水防渗处理,取水口应尽量远离这些设施。

水源保护范围内生活污水应避免污染水源,根据生活污水排放现状与特点、农村区域经济与社会条件,按照《农村生活污染技术政策》(环发〔2010〕20号)及有关要求,尽可能选取依托当地资源优势和已建环境基础设施、操作简便、运行维护费用低、辐射带动范围广的污水处理模式。

3.1.1 分散处理

将农村污水按照分区进行污水管网建设并收集,以稍大的村庄或邻近村庄的联合为宜,每个区域污水单独处理。污水分片收集后,采用适宜的中小型污水处理设备、人工湿地或稳定塘等形式处理村庄污水。

分散处理模式具有布局灵活、施工简单、建设成本低、运行成本低、管理方便、出水水质有保障等特点。适用于村庄布局分散、规模较小、地形条件复杂、污水不易集中收集的村庄污水处理。在中西部村庄布局较为分散的地区,宜采用分散处理模式。

3.1.2 集中处理

集中处理模式对村庄产生的污水进行集中收集,统一建设处理设施处理村庄全部污水。污水处理采用自然处理、常规生物处理等工艺形式。

集中处理模式具有占地面积小、抗冲击能力强、运行安全可靠、出水水质好等特点。适用于村庄布局相对密集、规模较大、经济条件好、企业或旅游业发达地区污水处理。在东部村庄密集、经济基础较好的地区,宜采用集中处理模式。

3.1.3 纳入市政管网统一处理

纳入市政管网统一处理模式指村庄内所有生活污水经污水管道集中收集后,统一接入邻近市政污水管网,利用城镇污水处理厂统一处理村庄污水。

该处理模式具有投资少、施工周期短、见效快、统一管理方便等特点。适用于距离市政污水管网较近,符合高程接入要求的村庄污水处理。靠近城市或城镇、经济基础较好,具备实现农村污水处理由“分散治污”向“集中治污、集中控制”转变条件的农村地区可以采用。

3.2 固体废物防治

水源保护范围内禁止设立粪便、生活垃圾的收集、转运站;禁止堆放医疗垃圾;禁止设立有毒、有害化学物品仓库、堆栈。

水源保护范围内厕所达到国家卫生厕所标准,与饮用水源保持必要的安全卫生距离。水源保护范围内粪便应实现无害化处理,防止污染水源地。对新厕所的粪便无害化处理效果进行抽样检测,粪大肠菌、蛔虫卵应符合现行国家标准《粪便无害化卫生标准》(GB 7959)的规定。

遵循“减量化、资源化、无害化”的原则,鼓励农村生产生活垃圾分类收集,对不同类型的垃圾选择合适的处理处置方式。厨余、瓜果皮、植物农作物残体等可降解有机类垃圾,可用作牲畜饲料,或进行堆肥处理。煤渣、泥土、建筑垃圾等惰性无机类垃圾,可用于修路、筑堤或就地进行填埋处理。废纸、玻璃、塑料、泡沫、农用地膜、废橡胶等可回收类垃圾可进行回收再利用。医疗废弃物、农药瓶、电池、电瓶等有毒有害或具有腐蚀性物品等有毒有害类垃圾,要严格按照国家的有关规定进行妥善处理处置。

倡导水源保护范围内农村垃圾就地分类,综合利用,应按照“组保洁、村收集、镇转运、县处置”的模式进行收集,将可回收类垃圾回收再利用,对有毒有害类垃圾进行无害化处理,避免就地堆放造成水源污染。开展农村医疗废物、废弃农药瓶、电池、电瓶等有毒有害固体废物回收工作,实行县政府出资回收、环保局集中处置、乡镇政府分片转运、村级环保协管员代收暂管的处理模式。

3.3 农药污染防治

水源保护范围内宜发展有机农业,采取适当农艺技术并辅以生物及物理措施,防治病虫害的发生。水源保护范围内严禁施用高残留、高毒农药(如克百威、涕灭威、甲磷胺等),农药包装物及清洗器械的污水按照国家和地方有关标准妥善处置,不应随意丢弃和处置。应选用低毒低残留农药或生物、物理防治方法。

3.3.1 选用低毒农药

选用低毒农药是通过改良农药的毒性,选用毒性小、环境适应性强的农药,来降低其对水源的污染。农药的化学特性是影响农药渗漏的最重要因子,在生产中应尽量选用被土壤吸附力强、降解快、半衰期短的低毒农药。

3.3.2 应用生物农药

生物农药具有无污染、无残留、高效、低成本的特点,应大力推广应用。与传统的化学农药相比,生物农药具有对人畜安全、环境兼容性好、不易产生抗性、易于保护生物多样性和来源广泛等优点;但多数生物农药作用速度缓慢、受环境因素影响较大,田间使用技术也不够成熟。

3.3.3 生物降解

生物降解是通过生物的作用将大分子有机物分解成小分子化合物的过程,包括动物降解、植物降解、微生物降解等,具有低耗、高效、环境安全等优点,成为防治农药污染最有优势的技术。可针对农药品种、环境条件在受农药污染的水源保护范围内培养专性微生物、种植特定植物、投放特定土壤动物等来降解农药。

3.4 化肥污染防治

水源保护范围内应采用测土配方施肥、优化施肥方案等方式确定化肥合理用量。鼓励施用有机肥,发展有机农业。在农田和水源之间建立生态缓冲带或保护带拦截农田流出的养分,防止养分直接流入水源。

化肥污染防治方法主要有测土配方施肥、施用缓释肥、发展有机农业等方法。

3.4.1 测土配方施肥

测土配方施肥是以土壤测试和肥料田间试验为基础,根据作物需肥规律、土壤供肥性能和肥料效应,在满足植物生长和农业生产需要的基础上,提出氮、磷、钾及中、微量元素等肥料的施用数量、施肥时期和施用方法。通过测土配方施肥,可以有效减少化肥施用量、提高化肥利用率,减少化肥流失对饮用水源的污染。

3.4.2 施用缓释肥

缓释肥是在化肥颗粒表面包上一层很薄的疏水物质制成包膜化肥,对肥料养分释放速度进行调整,根据作物需求释放养分,达到元素供肥强度与作物生理需求的动态平衡。目前,缓释肥主要有涂层尿素、覆膜尿素、长效碳铵等类型。缓释肥可以控制养分释放速度,提高肥效,减少肥料施用量和损失量,降低对水源的污染。

3.4.3 发展有机农业

有机农业是遵照一定的有机农业生产标准,在生产中不采用基因工程获得的生物及其产物,不使用化学合成的农药、化肥、生长调节剂、饲料添加剂等物质,遵循自然规律和生态学原理,协调种植业和养殖业的平衡,采用一系列可持续发展的农业技术以维持持续稳定的农业生产体系的一种农业生产方式。在水源保护范围内宜发展有机农业,有效减少农用化学物质对水源的污染风险;建立作物轮作体系,利用秸秆还田、绿肥施用等措施保持土壤养分循环。

3.4.4 建设生态缓冲带

在农田和饮用水源间建设生态缓冲带,利用缓冲带植物的吸附和分解作用,拦截农田氮磷等营养物质进入水源。

3.5 畜禽养殖污染防治

分散式饮用水水源保护范围内禁止建设畜禽养殖设施。对于分散式饮用水源保护范围外可能对水源产生影响的畜禽养殖场和养殖小区,鼓励种养结合和生态养殖,推动畜禽养殖业污染物的减量化、无害化和资源化处置。水源保护范围之外可能对水源产生影响的畜禽养殖场(小区),应按照《畜禽养殖污染防治管理办法》的要求,其清粪工艺、粪便贮存及处理利用、污水处理、畜禽尸体处置、污染物监测等应符合《畜禽养殖业污染防治技术规范》(HJ/T 81)的相关规定;污染物的排放应按《畜禽养殖业污染物排放标准》(GB 18596)执行。

分散式饮用水水源保护范围周边的分散式畜禽养殖圈舍应尽量

远离取水口，应配备粪便、污水污染防治设施，禁止向水体直接倾倒畜禽粪便和污水。采取有效措施防止畜禽粪便在堆放过程中随水流失，鼓励建设沼气池，配套改厨、改厕、改圈，并保障运行良好，无害化处理后的沼液和沼渣可还田利用。

3.6 工业污染防治

禁止在水源保护范围内新建、改建、扩建排放污染物的建设项目，已建成排放污染物的建设项目，应依法予以拆除或关闭。饮用水水源受到污染可能威胁供水安全的，应当责令有关企业事业单位采取停止或者减少排放水污染物等措施。

在水源保护范围周边的工业企业进行统等安排，工业企业发展要与新农村建设相结合，合理布局，应限制发展高污染工业企业。

3.7 其他污染防治

水源保护范围内禁止从事洗涤、旅游、水产养殖或者其他可能污染饮用水水体的活动。

危险化学品的生产装置和储存数量构成重大危险源的储存设施，与水源的距离应符合环境影响评价要求或国家有关规定。运输有毒有害物质的车辆，应按规定办理有关手续，并配备防渗、防溢、防漏的安全保护装置，方可通行。

4 藻类水华控制和地下水污染修复

4.1 藻类水华控制

当分散式饮用水水源发生藻类水华时，优先考虑更换水源，无可替换水源时再启动藻类水华控制工作。针对湖库型饮用水水源地的水华主要发生区域，分析其水文、水化学特征、营养负荷特征，以不同水华发生特征为基础，研究制定水华控制方案。适合分散式饮用水水源地的除藻技术有机械打捞、工程物理、生物控藻三类。

4.1.1 机械打捞

高效机械打捞和水藻高效分离技术：通过合适的过滤或者絮凝等技术与装置，高效打捞并实现藻水分离。

藻类打捞时间和地点确定技术:根据短期的气象与水文预测信息,确定在未来时间内藻类水华易聚集的时间和地点,组织人员和机械,在藻类高度聚集的水域打捞藻类,提高打捞效率。

藻类与畜禽粪便混合发酵生产沼气技术:根据藻类难以发酵的特点,将其与畜禽粪便混合,提高发酵生产沼气的效率。

4.1.2 工程物理

利用过滤、紫外线、电磁电场等物理学方法,对藻类进行杀灭或抑制的技术。

物理方法除藻效果普遍较好,可持久使用,但一次性投入成本很高且处理能力有限,大都局限于水处理工程中的应用。

4.1.3 生物控藻

生物控藻技术即利用藻类的天敌及其产生的生长抑制物质来控制或杀灭藻类的技术,主要包括:①利用藻类病原菌(细菌、真菌)抑制藻类生长;②利用藻类病毒(噬藻体)控制藻类的生长;③利用植物的抑制物质、植物间的相互抑制以及富集和争夺营养源的抑藻作用;④利用食藻鱼类控制藻类生长;⑤酶处理技术。

生物防治是最为科学的方法,藻类不易采用化学药剂来彻底杀灭,一是难以做到,二是代价太大,三是造成环境污染或破坏生态平衡;改用生物学方法并不是彻底杀灭或消除藻类,而是利用生态平衡原理将藻类的生长和繁殖控制在非危害水平之下,从而控制藻体数量、防治富营养化带来的各种危害。

4.2 地下水污染修复

当地下水型分散式饮用水水源发生污染时,优先考虑更换水源,无可替换水源时再启动地下水污染修复工作。地下水污染防治技术主要有物理法修复技术、化学法修复技术、生物法修复技术和复合修复技术等。

4.2.1 物理法修复

物理法修复指技术的核心原理或关键部分是以物理规律起主导作用的技术,主要包括水动力控制法、流线控制法、屏蔽法、被动收集法等。

(1)水动力控制法

水动力控制修复技术是建立井群控制系统,通过人工抽取地下水或向含水层内注水的方式,改变地下水原来的水力梯度,进而将受污染的地下水体与未受污染的清洁水体隔开。井群的布置可以根据当地的具体水文地质条件确定。

(2)流线控制法

流线控制法设有一个抽水廊道、一个抽油廊道(设在污染范围的中心位置)、两个注水廊道(分布在抽油廊道两侧)。首先从上面的抽水廊道中抽取地下水,然后把抽出的地下水注入相邻的注水廊道内,以确保最大限度地保持水力梯度。同时在抽油廊道中抽取污染物质,但要注意抽油速度不能高,但要略大于抽水速度。

(3)屏蔽法

屏蔽法是在地下建立各种物理屏障,将受污染水体圈闭起来,以防止污染物进一步扩散蔓延。常用的灰浆帷幕法是用压力向地下灌注灰浆,在受污染水体周围形成一道帷幕,从而将受污染水体圈闭起来。

(4)被动收集法

被动收集法是在地下水流的下游挖一条足够深的沟道,在沟内布置收集系统,将水面漂浮的污染物质如油类污染物等收集起来,或将所有受污染的地下水收集起来以便处理的一种方法。

4.2.2 化学法修复

地下水污染的化学修复技术指技术的核心流程使用化学原理的技术,归纳起来主要有两种方式,即有机粘土法和电化学动力修复技术。

(1)有机粘土法

有机粘土法是利用人工合成的有机粘土有效去除有毒化合物。利用土壤和蓄水层物质中含有的粘土,在现场注入季铵盐阳离子表面活性剂,使其形成有机粘土矿物,用来截住和固定有机污染物,防止地下水进一步污染。

(2)电化学动力法

电化学动力修复技术是利用土壤、地下水和污染电动力学性质对环境进行修复的新技术。电化学动力修复技术将电极插入受污染的地下水及土壤区域,通直流电后,在此区域形成电场。在电场的作用下水中的离子和颗粒物质沿电力场方向定向移动,迁移至设定的处理区进行集中处理;同时在电极表面发生电解反应,阳极电解产生氢气和氢氧根离子,阴极电解产生氢离子和氧气。

4.2.3 生物法修复

生物修复是指利用天然存在的或特别培养的生物(植物、微生物和原生动物)在可调控环境条件下将污染物降解、吸收或富集的生物工程技术。

生物修复技术适用于烃类及衍生物,如汽油、燃油、乙醇、酮、乙醚等,不适合处理持久性有机污染物。

4.2.4 复合法修复

复合法修复技术是兼有以上两种或多种技术属性的污染处理技术,其关键技术同时使用了物理法、化学法和生物法中的两种或全部。如渗透性反应屏修复技术同时涉及物理吸附、氧化—还原反应、生物降解等几种技术;抽出处理修复技术在处理抽出水时同时使用了物理法、化学法和生物法;注气—土壤气相抽提技术则同时使用了气体分压和微生物降解两种技术。

5 水源地环境管理

5.1 完善环境管理机制

应结合当地实际情况,因地制宜地建立健全分散式饮用水水源地环境管理机制。联村供水的经营单位要设立专人负责水源地环境管理;单村、联户、单户取水的村应安排专人负责水源地环境管理。

农村饮用水水源地保护是"以奖促治"政策重点支持之一,要认真贯彻落实《关于实行"以奖促治"加快解决突出的农村环境问题的实施方案》,环境问题突出的分散式饮用水水源地应积极申请“以奖促治”资金,有针对性地实施农村分散式饮用水水源地污染防治,切实保障分散式饮用水水源地环境安全。

5.2 开展环境信息调查和风险源排查

应至少每五年组织开展一次分散式饮用水水源地基础环境调查。了解分散式饮用水水源地分布、服务人口等情况,综合考虑区域经济社会发展水平、水资源、水文地质等因素,筛选一定比例代表性强的分散式饮用水水源地开展水质监测,排查影响分散式饮用水水源地环境风险源,并对水源保护范围内污染状况进行综合评估,建立分散式饮用水水源地动态数据库。对于因受污染已达不到饮用水水源水质要求,经论证难以恢复饮用水功能的水源地,地方政府应有计划的进行撤销和调整。

5.3 加强环境应急管理

建立污染防治联动体系,相邻地区或上下游地区应建立监测预警、信息沟通及联席会议机制,一旦发生突发水环境污染事件或存在重大水环境隐患,应立即通知相邻区域或上下游政府及环保部门,及时对水源地污染采取措施,启动应急预案,保障环境安全。

当地政府、周边企业和供水单位应分别编制分散式饮用水水源防范突发环境事件的应急预案,并开展应急演练。加强分散式饮用水水源地突发环境事件的预防、报告与处置,加强水源安全的预防,发现饮用水水源水质污染情况应立即向环保部门举报,当地环保部门在接报后应立即向当地人民政府报告,并派人赶赴现场对水质进行检查监测,如发现水质异常应立即通报,禁止取水。分类给出分散式饮用水水源地突发环境事件的原因及处置方法。

在灾害等特殊条件下,水源地可能会遭受污染,应及时启动水源地突发环境事件应急预案,并密切监测水质。分析水质恶化原因,并采取相应措施。如水质恶化是由于水源地本身的原因或者不可抗拒外力引起,应考虑更换水源地;如水质发生重大变化的原因是外部环境变化所致,应上报上级主管部门后采取相关措施减少或消除环境变化对水质的影响。

在条件具备的情况下，尽量请专业人员采用专业的仪器、设备对当地水源进行水质全面检测。在应急情况下，可配备便携水质检测仪器（如目测比色计、便携式水质细菌检验箱、便携式水质理化检验箱等），对细菌总数、大肠菌群和部分肠道致病菌及水质理化等重要指标进行快速检测（通常便携式水质检测仪器可以在1小时内获得检测结果）。在缺少必要的仪器设备和技术条件的应急情况下，可以用一些简易可行的经验判断方法来判断水质。

（1）眼看

清洁的饮水应是无色透明的，如水体颜色异常，则表明水质变坏。水体受到腐殖质污染，可出现黄棕或黄褐色；受到锰盐、铁盐污染，则出现黄褐或铁锈色；水体混有藻类，呈黄绿色；混有泥沙、粘土，则呈混浊而有异常颜色。

（2）鼻闻

清洁的水是没有异常气味的，受到污染后，往往有异味。饮水被粪便污染可有粪臭味；受苯、甲苯等污染，会有芳香味；水中有含硫有机物，会有臭蛋味。根据水的气味特点，可初步判断污染源，为保护和处理水质提供条件。

（3）查水温

地面水的温度常随外界气候变化，而地下水的温度较为恒定。如果水温突然增高，则不论地面水或地下水，往往是受到污染的表现。当水质受到粪便、污物、动植物残体污染，这些有机物分解时，会放出大量热，使水温升高。从卫生角度讲，水温越低，水质越好。

（4）查沉淀物

被污染的饮水，通常含有较多的固体悬浮物和溶解性物质。因此，水中悬浮物和溶解物的含量，可作为衡量水质的重要指标。检查时，可将饮水装入透明玻璃瓶中，经过24小时沉淀，再观察瓶底的沉淀物；沉淀物多，则水质不清洁。

(5)舌尝

清洁的饮用水应是无异常味道的。水的异味,大致可分苦、咸、酸、甜、涩5种。异味的存在说明水质变坏。水中含有氯化钠、氯化钾时,水变咸、变苦;含有硫酸钠、硫酸镁时,水味变苦;含有铁盐、锌盐时,水味变涩;含有某些金属氧化物、金属盐或有机物时,水味变甜;含有腐殖质、藻类、异味物质,则有鱼腥味、霉味等味道。

5.4　保障水质安全

现有水源地使用要加强卫生防护,做好卫生清理与消毒工作,注意看管维护。定期整治水源地附近环境,避免病毒、细菌污染水源。水源周边的厕所、禽畜圈棚、禽畜尸体应定期清理干净,清理时不得采用就地焚烧方式。

5.5　加强公众参与

加强水源环境防护方面知识宣传和技术指导,大力推广科学种田、合理施用农药和化肥,增强农民的饮用水水源环境保护意识,建立公众参与的水源地环境保护机制。

保护水源人人有责,禁止人为污染水源。当发现饮用水水源的水质发生变化时要及时向有关部门反映;当发现有违法行为时要及时制止;当发现污染饮用水源的行为时,要及时向有关部门举报。

保护、宣传两手抓,水源保护靠大家。提高农民自发保护饮用水源地的认识,在积极了解饮用水保护的重要性以及保护知识的同时,向家人、朋友、邻居宣传饮用水源保护,加强权利和责任意识。

附录A:分散式饮用水水源地主要污染防治技术表(略)

附录B:本指南用词说明(略)

河道管理范围内建设项目管理的有关规定

（1992年4月3日水利部、国家计委水政〔1992〕7号公布　根据2017年12月22日《水利部关于废止和修改部分规章的决定》修正　2017年12月22日公布　水利部令第49号　自2017年12月22日起实施）

第一条　为加强在河道管理范围内进行建设的管理，确保江河防洪安全，保障人民生命财产安全和经济建设的顺利进行，根据《中华人民共和国水法》和《中华人民共和国河道管理条例》，制定本规定。

第二条　本规定适用于在河道（包括河滩地、湖泊、水库、人工水道、行洪区、蓄洪区、滞洪区）管理范围内新建、扩建、改建的建设项目，包括开发水利（水电）、防治水害、整治河道的各类工程，跨河、穿河、穿堤、临河的桥梁、码头、道路、渡口、管道、缆线、取水口、排污口等建筑物，厂房、仓库、工业和民用建筑以及其它公共设施（以下简称建设项目）。

第三条　河道管理范围内的建设项目，必须按照河道管理权限，经河道主管机关审查同意后，方可开工建设。

以下河道管理范围内的建设项目由水利部所属的流域机构（以下简称流域机构）实施管理，或者由所在的省、自治区、直辖市的河道主管机关根据流域统一规划实施管理：

（一）在长江、黄河、松花江、辽河、海河、淮河、珠江主要河段的河道管理范围内兴建的大中型建设项目，主要河段的具体范围由水利部划定；

（二）在省际边界河道和国境边界的河道管理范围内兴建的建设项目；

（三）在流域机构直接管理的河道、水库、水域管理范围内兴建的建设项目；

（四）在太湖、洞庭湖、鄱阳湖、洪泽湖等大湖、湖滩地兴建的建设项目。

其它河道范围内兴建的建设项目由地方各级河道主管机关实施分级管理。分级管理的权限由省、自治区、直辖市水行政主管部门会同计划主管部门规定。

第四条 河道管理范围内建设项目必须符合国家规定的防洪标准和其它技术要求，维护堤防安全，保持河势稳定和行洪、航运通畅。

蓄滞洪区、行洪区内建设项目还应符合《蓄滞洪区安全与建设指导纲要》的有关规定。

第五条 建设单位编制立项文件时必须按照河道管理权限，向河道主管机关提出申请，申请时应提供以下文件：

（1）申请书；

（2）建设项目所依据的文件；

（3）建设项目涉及河道与防洪部分的初步方案；

（4）占用河道管理范围内土地情况及该建设项目防御洪涝的设防标准与措施；

（5）说明建设项目对河势变化、堤防安全，河道行洪、河水水质的影响以及拟采取的补救措施。

对于重要的建设项目，建设单位还应编制更详尽的防洪评价报告。

第六条 河道主管机关接到申请后，应及时进行审查，审查主要内容为：

（1）是否符合江河流域综合规划和有关的国土及区域发展规划，对规划实施有何影响；

（2）是否符合防洪标准和有关技术要求；

（3）对河势稳定、水流形态、水质、冲淤变化有无不利影响；

（4）是否妨碍行洪、降低河道泄洪能力；

(5)对堤防、护岸和其它水工程安全的影响;

(6)是否妨碍防汛抢险;

(7)建设项目防御洪涝的设防标准与措施是否适当;

(8)是否影响第三人合法的水事权益;

(9)是否符合其它有关规定和协议。

流域机构在对重大建设项目进行审查时,还应征求有关省、自治区、直辖市的意见。

第七条 河道主管机关应在法定期限内将审查意见书面通知申请单位,同意兴建的,应发给审查同意书,并抄知上级水行政主管部门和建设单位的上级主管部门。建设单位在取得河道主管机关的审查同意书后,方可开工建设。

审查同意书可以对建设项目设计、施工和管理提出有关要求。

第八条 河道主管机关对建设单位的申请进行审查后,作出不同意建设的决定,或者要求就有关问题进一步修改补充后再行审查的,应当在批复中说明理由和依据。建设单位对批复持有异议的,可依法提出行政复议申请。

第九条 计划主管部门在审批项目时,如对建设项目的性质、规模、地点作较大变动时,应事先征得河道主管机关的同意。建设单位应重新办理审查同意书。

第十条 建设项目开工前,建设单位应当将施工安排送河道主管机关备案。施工安排应包括施工占用河道管理范围内土地的情况和施工期防汛措施。

第十一条 建设项目施工期间,河道主管机关应对其是否符合同意书要求进行检查,被检查单位应如实提供情况。如发现未按审查同意书或经审核的施工安排的要求进行施工的,或者出现涉及江河防洪与建设项目防汛安全方面的问题,应及时提出意见,建设单位必须执行;遇重大问题,应同时抄报上级水行政主管部门。

第十二条 河道管理范围内的建筑物和设施竣工后,应经河道主管机关检验合格后方可启用。建设单位应在竣工验收6个月内向河道主管机关报送有关竣工资料。

第十三条　河道主管机关应定期对河道管理范围内的建筑物和设施进行检查,凡不符合工程安全要求的,应提出限期改建的要求,有关单位和个人应当服从河道主管机关的安全管理。

第十四条　未按本规定的规定在河道管理范围内修建建设项目的,县级以上地方人民政府河道主管机关可根据《河道管理条例》责令其停止建设、限期拆除或采取其它补救措施,可并处1万元以下罚款。

第十五条　本规定由水利部负责解释。

水利部关于加强河湖水域岸线空间管控的指导意见

(2022年5月20日公布　水河湖〔2022〕216号
自2022年5月20日起实施)

部机关各司局,部直属各单位,各省、自治区、直辖市河长办、水利(水务)厅(局),各计划单列市河长办、水利(水务)局,新疆生产建设兵团水利局:

河湖是水资源的重要载体,是生态系统的重要组成部分,事关防洪、供水、生态安全。空间完整、功能完好、生态环境优美的河湖水域岸线,是最普惠的民生福祉和公共资源。全面推行河湖长制以来,各地落实责任,强化管理,河湖面貌明显改善。同时,一些地区人为束窄、侵占河湖空间,过度开发河湖资源、与水争地等问题仍然存在。为进一步加强河湖水域岸线空间管控,复苏河湖生态环境,实现人水和谐共生,依据《中华人民共和国水法》《中华人民共和国防洪法》《中华人民共和国河道管理条例》《水库大坝安全管理条例》等法律法规,提出如下意见。

一、总体要求

以习近平新时代中国特色社会主义思想为指导，全面贯彻党的十九大和十九届历次全会精神，完整、准确、全面贯彻新发展理念，认真践行“节水优先、空间均衡、系统治理、两手发力”的治水思路，坚持以人民为中心，把保护人民生命财产安全和满足人民日益增长的美好生活需要摆在首位，统筹发展和安全，确保防洪、供水、生态安全，兼顾航运、发电、减淤、文化、公共休闲等需求，强化河湖长制，严格管控河湖水域岸线，强化涉河建设项目和活动管理，全面清理整治破坏水域岸线的违法违规问题，构建人水和谐的河湖水域岸线空间管理保护格局，不断提升人民群众的获得感、幸福感、安全感。

二、明确河湖水域岸线空间管控边界

（一）完善河湖管理范围划定成果。河湖管理范围划定是河湖管理保护的重要基础性工作，要抓紧完善第一次全国水利普查名录内河湖划界成果，在“全国水利一张图”上图，同步推进水利普查以外其他河湖管理范围划定工作。对于不依法依规，降低划定标准人为缩窄河道管理范围，故意避让村镇、农田、基础设施以及建筑物、构筑物等问题，各流域管理机构、各省级水行政主管部门要督促有关地方及时整改，并依法公告。做好河湖划界与“三区三线”划定等工作的对接，积极推进与相关部门实现成果共享。

（二）因地制宜安排河湖管理保护控制带。依法依规划定的河湖管理范围，是守住河湖水域岸线空间的底线，严禁以任何名义非法占用和束窄。各地可结合水安全、水资源、水生态、水环境及河湖自然风貌保护等需求，针对城市、农村、郊野等不同区域特点，根据相关规划，在已划定的河湖管理范围边界的基础上，探索向陆域延伸适当宽度，合理安排河湖管理保护控制地带，加强对河湖周边房地产、工矿企业、化工园区等“贴线”开发管控，让广大人民群众见山见水，共享河湖公共空间。法律法规另有规定的，从其规定。

三、严格河湖水域岸线用途管制

（三）严格岸线分区分类管控。加快河湖岸线保护与利用规划编制审批工作,省级水行政主管部门组织提出需编制岸线规划的河湖名录,明确编制主体,并征求有关流域管理机构意见。按照保护优先的原则,合理划分岸线保护区、保留区、控制利用区和开发利用区,严格管控开发利用强度和方式。要将岸线保护与利用规划融入“多规合一”国土空间规划体系。

(四)严格依法依规审批涉河建设项目。严格按照法律法规以及岸线功能分区管控要求等,对跨河、穿河、穿堤、临河的桥梁、码头、道路、渡口、管道、缆线、取水、排水等涉河建设项目,遵循确有必要、无法避让、确保安全的原则,严把受理、审查、许可关,不得超审查权限,不得随意扩大项目类别,严禁未批先建、越权审批、批建不符。

(五)严格管控各类水域岸线利用行为。河湖管理范围内的岸线整治修复、生态廊道建设、滩地生态治理、公共体育设施、渔业养殖设施、航运设施、航道整治工程、造(修、拆)船项目、文体活动等,依法按照洪水影响评价类审批或河道管理范围内特定活动审批事项办理许可手续。严禁以风雨廊桥等名义在河湖管理范围内开发建设房屋。城市建设和发展不得占用河道滩地。光伏电站、风力发电等项目不得在河道、湖泊、水库内建设。在湖泊周边、水库库汊建设光伏、风电项目的,要科学论证,严格管控,不得布设在具有防洪、供水功能和水生态、水环境保护需求的区域,不得妨碍行洪通畅,不得危害水库大坝和堤防等水利工程设施安全,不得影响河势稳定和航运安全。各省(自治区、直辖市)可结合实际依法依规对各类水域岸线利用行为作出具体规定。

(六)依法规范河湖管理范围内耕地利用。对河湖管理范围内的耕地,结合“三区三线”划定工作,在不妨碍行洪、蓄洪和输水等功能的前提下,商自然资源部门依法依规分类处理。原则上,对位于主河槽内、洪水上滩频繁(南方地区可按5年一遇洪水位以下,北方地区可按3年一遇洪水位以下)、水库征地线以下、长江平垸行洪“双退”圩垸内的不稳定耕地,应有序退出。对于确有必要保留下来的耕地及园地,不得新建、改建、扩建生产围堤,不得种植妨碍行洪的高秆作物,禁止建设妨碍行洪的建筑物、构筑物。严禁以各种名义围湖造地、非法围垦河道。

四、规范处置涉水违建问题

（七）依法依规处置。统筹发展和安全，严守安全底线，聚焦河湖水域岸线空间范围内违法违规建筑物、构筑物，依法依规、实事求是、分类处置，不搞“一刀切”。

（八）对增量问题“零容忍”。2018年底河湖长制全面建立，将2019年1月1日以后出现的涉水违建问题作为增量问题，坚决依法依规清理整治。

（九）对存量问题依法处置。将1988年6月《中华人民共和国河道管理条例》出台后至2018年底的涉水违建问题作为存量问题，依法依规分类处理。对妨碍行洪、影响河势稳定、危害水工程安全的建筑物、构筑物，依法限期拆除并恢复原状；对桥梁、码头等审批类项目进行防洪影响评价，区分不同情况，予以规范整改，消除不利影响。

（十）对历史遗留问题科学评估。将1988年6月《中华人民共和国河道管理条例》出台前的涉水违建问题作为历史遗留问题，逐项科学评估，影响防洪安全的限期拆除，不影响防洪安全或通过其他措施可以消除影响的可在确保安全的前提下稳妥处置。

五、推进河湖水域岸线生态修复

（十一）推进河湖水域岸线整治修复。组织开展岸线利用项目清理整治，对违法违规占用岸线，妨碍行洪、供水、生态安全的项目要依法依规予以退出，对多占少用、占而不用等岸线利用项目进行优化调整。积极推进退圩还湖，逐步恢复湖泊水域面积，提升调蓄能力。按照谁破坏、谁修复的原则，对受损岸线进行复绿和生态修复，可结合河湖治理等工作统筹开展。岸线整治修复应顺应原有地形地貌，不改变河道走向，不大挖大填，不束窄或减少行洪、纳潮断面，不进行大面积硬化，尽量保持岸线自然风貌。

（十二）规范沿河沿湖绿色生态廊道建设。依托河湖自然形态，充分利用河湖周边地带，因地制宜建设亲水生态岸线，推进沿河沿湖绿色生态廊道建设，打造滨水生态空间、绿色游憩走廊。生态廊道建设涉及绿化或种植的，不得影响河势稳定、防洪安全，植物品种、布局、高度、密度等不得影响行洪通畅，除防浪林、护堤林外不得种植影响行洪的林木。具备条件的河段，滩地绿化可与防浪林、护堤林建设统筹实施。

六、提升河湖水域岸线监管能力

（十三）加强组织领导。地方各级河长办要切实履行组织、协调、分办、督办职责，及时向本级河湖长报告责任河湖水域岸线空间管控情况，提请河湖长研究解决重大问题，部署安排重点任务，协调有关责任部门共同推动河湖水域岸线空间管控工作。各级水行政主管部门要切实加强本地区河湖水域岸线管控工作，强化规划约束，严格审批监管，加强日常管理，确保水域岸线空间管控取得实效。流域管理机构要发挥统一规划、统一治理、统一调度、统一管理作用，切实履行流域省级河湖长联席会议办公室职责，建立健全与省级河长制办公室协作机制，全面加强对流域内河湖水域岸线空间管控工作的协调、指导、监督、监测。

（十四）加强日常监管执法。加大日常巡查监管和水行政执法力度，强化舆论宣传引导，畅通公众举报渠道，探索建立有奖举报制度，及时发现、依法严肃查处侵占河湖水域岸线、影响河势稳定、危害河岸堤防安全和其他妨碍河道行洪的违法违规问题，严肃查处未批先建、越权审批、批建不符的涉河建设项目。坚持日常监管与集中整治相结合，充分发挥河湖长制平台作用，纵深推进河湖“清四乱”常态化规范化，坚决遏增量、清存量，继续以长江、黄河、淮河、海河、珠江、松花江、辽河、太湖和大运河、南水北调工程沿线等为重点，开展大江大河大湖清理整治，并向中小河流、农村河湖延伸。加强行政与公安检察机关互动，完善跨区域行政执法联动机制，完善行政执法与刑事司法衔接、与检察公益诉讼协作机制，提升水行政执法质量和效能。

（十五）加强河湖智慧化监管。实现部省河湖管理信息系统互联互通。加快数字孪生流域（河流）建设，充分利用大数据、卫星遥感、航空遥感、视频监控等技术手段，推进疑似问题智能识别、预警预判，对侵占河湖问题早发现、早制止、早处置，提高河湖监管的信息化、智能化水平。利用“全国水利一张图”及河湖遥感本底数据库，及时将河湖管理范围划定成果、岸线规划分区成果、涉河建设项目审批信息上图入库，实现动态监管。

（十六）强化责任落实。地方各级河长办、水行政主管部门要加强河湖水域岸线空间管控的监督检查，建立定期通报和约谈制度，对重大水事违法案件实行挂牌督办，按河湖长制有关规定，将河湖水域岸线空间管控工作作为河湖长制考核评价的重要内容，考核结果作为各级河湖长和相关部门领导干部考核评价的重要依据，加强激励问责，对造成重大损害的，依法依规予以追责问责。

中华人民共和国海洋环境保护法

（1982 年 8 月 23 日第五届全国人民代表大会常务委员会第二十四次会议通过　1999 年 12 月 25 日第九届全国人民代表大会常务委员会第十三次会议修订　根据 2013 年 12 月 28 日第十二届全国人民代表大会常务委员会第六次会议《关于修改〈中华人民共和国海洋环境保护法〉等七部法律的决定》第一次修正　根据 2016 年 11 月 7 日第十二届全国人民代表大会常务委员会第二十四次会议《关于修改〈中华人民共和国海洋环境保护法〉的决定》第二次修正　根据 2017 年 11 月 4 日第十二届全国人民代表大会常务委员会第三十次会议《关于修改〈中华人民共和国会计法〉等十一部法律的决定》第三次修正　2017 年 11 月 4 日公布　中华人民共和国主席令第 81 号　自 2017 年 11 月 5 日起实施）

第一章　总　　则

第一条　为了保护和改善海洋环境，保护海洋资源，防治污染损害,维护生态平衡,保障人体健康,促进经济和社会的可持续发展,制定本法。

第二条 本法适用于中华人民共和国内水、领海、毗连区、专属经济区、大陆架以及中华人民共和国管辖的其他海域。

在中华人民共和国管辖海域内从事航行、勘探、开发、生产、旅游、科学研究及其他活动,或者在沿海陆域内从事影响海洋环境活动的任何单位和个人,都必须遵守本法。

在中华人民共和国管辖海域以外,造成中华人民共和国管辖海域污染的,也适用本法。

第三条 国家在重点海洋生态功能区、生态环境敏感区和脆弱区等海域划定生态保护红线,实行严格保护。

国家建立并实施重点海域排污总量控制制度,确定主要污染物排海总量控制指标,并对主要污染源分配排放控制数量。具体办法由国务院制定。

第四条 一切单位和个人都有保护海洋环境的义务,并有权对污染损害海洋环境的单位和个人,以及海洋环境监督管理人员的违法失职行为进行监督和检举。

第五条 国务院环境保护行政主管部门作为对全国环境保护工作统一监督管理的部门,对全国海洋环境保护工作实施指导、协调和监督,并负责全国防治陆源污染物和海岸工程建设项目对海洋污染损害的环境保护工作。

国家海洋行政主管部门负责海洋环境的监督管理,组织海洋环境的调查、监测、监视、评价和科学研究,负责全国防治海洋工程建设项目和海洋倾倒废弃物对海洋污染损害的环境保护工作。

国家海事行政主管部门负责所辖港区水域内非军事船舶和港区水域外非渔业、非军事船舶污染海洋环境的监督管理,并负责污染事故的调查处理;对在中华人民共和国管辖海域航行、停泊和作业的外国籍船舶造成的污染事故登轮检查处理。船舶污染事故给渔业造成损害的,应当吸收渔业行政主管部门参与调查处理。

国家渔业行政主管部门负责渔港水域内非军事船舶和渔港水域外渔业船舶污染海洋环境的监督管理，负责保护渔业水域生态环境工作，并调查处理前款规定的污染事故以外的渔业污染事故。

军队环境保护部门负责军事船舶污染海洋环境的监督管理及污染事故的调查处理。

沿海县级以上地方人民政府行使海洋环境监督管理权的部门的职责，由省、自治区、直辖市人民政府根据本法及国务院有关规定确定。

第六条 环境保护行政主管部门、海洋行政主管部门和其他行使海洋环境监督管理权的部门，根据职责分工依法公开海洋环境相关信息；相关排污单位应当依法公开排污信息。

第二章 海洋环境监督管理

第七条 国家海洋行政主管部门会同国务院有关部门和沿海省、自治区、直辖市人民政府根据全国海洋主体功能区规划，拟定全国海洋功能区划，报国务院批准。

沿海地方各级人民政府应当根据全国和地方海洋功能区划，保护和科学合理地使用海域。

第八条 国家根据海洋功能区划制定全国海洋环境保护规划和重点海域区域性海洋环境保护规划。

毗邻重点海域的有关沿海省、自治区、直辖市人民政府及行使海洋环境监督管理权的部门，可以建立海洋环境保护区域合作组织，负责实施重点海域区域性海洋环境保护规划、海洋环境污染的防治和海洋生态保护工作。

第九条 跨区域的海洋环境保护工作，由有关沿海地方人民政府协商解决，或者由上级人民政府协调解决。

跨部门的重大海洋环境保护工作，由国务院环境保护行政主管部门协调；协调未能解决的，由国务院作出决定。

第十条 国家根据海洋环境质量状况和国家经济、技术条件，制定国家海洋环境质量标准。

沿海省、自治区、直辖市人民政府对国家海洋环境质量标准中未作规定的项目，可以制定地方海洋环境质量标准。

沿海地方各级人民政府根据国家和地方海洋环境质量标准的规定和本行政区近岸海域环境质量状况，确定海洋环境保护的目标和任务，并纳入人民政府工作计划，按相应的海洋环境质量标准实施管理。

第十一条 国家和地方水污染物排放标准的制定，应当将国家和地方海洋环境质量标准作为重要依据之一。在国家建立并实施排污总量控制制度的重点海域，水污染物排放标准的制定，还应当将主要污染物排海总量控制指标作为重要依据。

排污单位在执行国家和地方水污染物排放标准的同时，应当遵守分解落实到本单位的主要污染物排海总量控制指标。

对超过主要污染物排海总量控制指标的重点海域和未完成海洋环境保护目标、任务的海域，省级以上人民政府环境保护行政主管部门、海洋行政主管部门，根据职责分工暂停审批新增相应种类污染物排放总量的建设项目环境影响报告书（表）。

第十二条 直接向海洋排放污染物的单位和个人，必须按照国家规定缴纳排污费。依照法律规定缴纳环境保护税的，不再缴纳排污费。

向海洋倾倒废弃物，必须按照国家规定缴纳倾倒费。

根据本法规定征收的排污费、倾倒费，必须用于海洋环境污染的整治，不得挪作他用。具体办法由国务院规定。

第十三条 国家加强防治海洋环境污染损害的科学技术的研究和开发，对严重污染海洋环境的落后生产工艺和落后设备，实行淘汰制度。

企业应当优先使用清洁能源，采用资源利用率高、污染物排放量少的清洁生产工艺，防止对海洋环境的污染。

第十四条 国家海洋行政主管部门按照国家环境监测、监视规范和标准，管理全国海洋环境的调查、监测、监视，制定具体的实施办法，会同有关部门组织全国海洋环境监测、监视网络,定期评价海洋环境质量,发布海洋巡航监视通报。

依照本法规定行使海洋环境监督管理权的部门分别负责各自所辖水域的监测、监视。

其他有关部门根据全国海洋环境监测网的分工,分别负责对入海河口、主要排污口的监测。

第十五条 国务院有关部门应当向国务院环境保护行政主管部门提供编制全国环境质量公报所必需的海洋环境监测资料。

环境保护行政主管部门应当向有关部门提供与海洋环境监督管理有关的资料。

第十六条 国家海洋行政主管部门按照国家制定的环境监测、监视信息管理制度,负责管理海洋综合信息系统,为海洋环境保护监督管理提供服务。

第十七条 因发生事故或者其他突发性事件,造成或者可能造成海洋环境污染事故的单位和个人,必须立即采取有效措施,及时向可能受到危害者通报,并向依照本法规定行使海洋环境监督管理权的部门报告,接受调查处理。

沿海县级以上地方人民政府在本行政区域近岸海域的环境受到严重污染时,必须采取有效措施,解除或者减轻危害。

第十八条 国家根据防止海洋环境污染的需要,制定国家重大海上污染事故应急计划。

国家海洋行政主管部门负责制定全国海洋石油勘探开发重大海上溢油应急计划,报国务院环境保护行政主管部门备案。

国家海事行政主管部门负责制定全国船舶重大海上溢油污染事故应急计划,报国务院环境保护行政主管部门备案。

沿海可能发生重大海洋环境污染事故的单位,应当依照国家的规定,制定污染事故应急计划,并向当地环境保护行政主管部门、海洋行政主管部门备案。

沿海县级以上地方人民政府及其有关部门在发生重大海上污染

事故时,必须按照应急计划解除或者减轻危害。

第十九条 依照本法规定行使海洋环境监督管理权的部门可以在海上实行联合执法,在巡航监视中发现海上污染事故或者违反本法规定的行为时,应当予以制止并调查取证,必要时有权采取有效措施,防止污染事态的扩大,并报告有关主管部门处理。

依照本法规定行使海洋环境监督管理权的部门,有权对管辖范围内排放污染物的单位和个人进行现场检查。被检查者应当如实反映情况,提供必要的资料。

检查机关应当为被检查者保守技术秘密和业务秘密。

第三章 海洋生态保护

第二十条 国务院和沿海地方各级人民政府应当采取有效措施,保护红树林、珊瑚礁、滨海湿地、海岛、海湾、入海河口、重要渔业水域等具有典型性、代表性的海洋生态系统,珍稀、濒危海洋生物的天然集中分布区,具有重要经济价值的海洋生物生存区域及有重大科学文化价值的海洋自然历史遗迹和自然景观。

对具有重要经济、社会价值的已遭到破坏的海洋生态,应当进行整治和恢复。

第二十一条 国务院有关部门和沿海省级人民政府应当根据保护海洋生态的需要,选划、建立海洋自然保护区。

国家级海洋自然保护区的建立,须经国务院批准。

第二十二条 凡具有下列条件之一的,应当建立海洋自然保护区:

(一)典型的海洋自然地理区域、有代表性的自然生态区域,以及遭受破坏但经保护能恢复的海洋自然生态区域;

(二)海洋生物物种高度丰富的区域,或者珍稀、濒危海洋生物物种的天然集中分布区域;

(三)具有特殊保护价值的海域、海岸、岛屿、滨海湿地、入海河口和海湾等;

（四）具有重大科学文化价值的海洋自然遗迹所在区域；

（五）其他需要予以特殊保护的区域。

第二十三条 凡具有特殊地理条件、生态系统、生物与非生物资源及海洋开发利用特殊需要的区域，可以建立海洋特别保护区，采取有效的保护措施和科学的开发方式进行特殊管理。

第二十四条 国家建立健全海洋生态保护补偿制度。

开发利用海洋资源，应当根据海洋功能区划合理布局，严格遵守生态保护红线，不得造成海洋生态环境破坏。

第二十五条 引进海洋动植物物种，应当进行科学论证，避免对海洋生态系统造成危害。

第二十六条 开发海岛及周围海域的资源，应当采取严格的生态保护措施，不得造成海岛地形、岸滩、植被以及海岛周围海域生态环境的破坏。

第二十七条 沿海地方各级人民政府应当结合当地自然环境的特点，建设海岸防护设施、沿海防护林、沿海城镇园林和绿地，对海岸侵蚀和海水入侵地区进行综合治理。

禁止毁坏海岸防护设施、沿海防护林、沿海城镇园林和绿地。

第二十八条 国家鼓励发展生态渔业建设，推广多种生态渔业生产方式，改善海洋生态状况。

新建、改建、扩建海水养殖场，应当进行环境影响评价。

海水养殖应当科学确定养殖密度，并应当合理投饵、施肥，正确使用药物，防止造成海洋环境的污染。

第四章 防治陆源污染物对海洋环境的污染损害

第二十九条 向海域排放陆源污染物，必须严格执行国家或者地方规定的标准和有关规定。

第三十条 入海排污口位置的选择，应当根据海洋功能区划、海水动力条件和有关规定，经科学论证后，报设区的市级以上人民政府环境保护行政主管部门备案。

环境保护行政主管部门应当在完成备案后十五个工作日内将入海排污口设置情况通报海洋、海事、渔业行政主管部门和军队环境保护部门。

在海洋自然保护区、重要渔业水域、海滨风景名胜区和其他需要特别保护的区域,不得新建排污口。

在有条件的地区,应当将排污口深海设置,实行离岸排放。设置陆源污染物深海离岸排放排污口,应当根据海洋功能区划、海水动力条件和海底工程设施的有关情况确定,具体办法由国务院规定。

第三十一条 省、自治区、直辖市人民政府环境保护行政主管部门和水行政主管部门应当按照水污染防治有关法律的规定,加强入海河流管理,防治污染,使入海河口的水质处于良好状态。

第三十二条 排放陆源污染物的单位,必须向环境保护行政主管部门申报拥有的陆源污染物排放设施、处理设施和在正常作业条件下排放陆源污染物的种类、数量和浓度,并提供防治海洋环境污染方面的有关技术和资料。

排放陆源污染物的种类、数量和浓度有重大改变的,必须及时申报。

第三十三条 禁止向海域排放油类、酸液、碱液、剧毒废液和高、中水平放射性废水。

严格限制向海域排放低水平放射性废水;确需排放的,必须严格执行国家辐射防护规定。

严格控制向海域排放含有不易降解的有机物和重金属的废水。

第三十四条 含病原体的医疗污水、生活污水和工业废水必须经过处理,符合国家有关排放标准后,方能排入海域。

第三十五条 含有机物和营养物质的工业废水、生活污水,应当严格控制向海湾、半封闭海及其他自净能力较差的海域排放。

第三十六条 向海域排放含热废水,必须采取有效措施,保证邻近渔业水域的水温符合国家海洋环境质量标准,避免热污染对水产资源的危害。

第三十七条 沿海农田、林场施用化学农药,必须执行国家农药安全使用的规定和标准。

沿海农田、林场应当合理使用化肥和植物生长调节剂。

第三十八条 在岸滩弃置、堆放和处理尾矿、矿渣、煤灰渣、垃圾和其他固体废物的,依照《中华人民共和国固体废物污染环境防治法》的有关规定执行。

第三十九条 禁止经中华人民共和国内水、领海转移危险废物。

经中华人民共和国管辖的其他海域转移危险废物的,必须事先取得国务院环境保护行政主管部门的书面同意。

第四十条 沿海城市人民政府应当建设和完善城市排水管网,有计划地建设城市污水处理厂或者其他污水集中处理设施,加强城市污水的综合整治。

建设污水海洋处置工程,必须符合国家有关规定。

第四十一条 国家采取必要措施,防止、减少和控制来自大气层或者通过大气层造成的海洋环境污染损害。

第五章 防治海岸工程建设项目对海洋环境的污染损害

第四十二条 新建、改建、扩建海岸工程建设项目,必须遵守国家有关建设项目环境保护管理的规定,并把防治污染所需资金纳入建设项目投资计划。

在依法划定的海洋自然保护区、海滨风景名胜区、重要渔业水域及其他需要特别保护的区域,不得从事污染环境、破坏景观的海岸工程项目建设或者其他活动。

第四十三条 海岸工程建设项目单位,必须对海洋环境进行科学调查,根据自然条件和社会条件,合理选址,编制环境影响报告书(表)。在建设项目开工前,将环境影响报告书(表)报环境保护行政主管部门审查批准。

环境保护行政主管部门在批准环境影响报告书(表)之前,必须征求海洋、海事、渔业行政主管部门和军队环境保护部门的意见。

第四十四条 海岸工程建设项目的环境保护设施，必须与主体工程同时设计、同时施工、同时投产使用。环境保护设施应当符合经批准的环境影响评价报告书（表）的要求。

第四十五条 禁止在沿海陆域内新建不具备有效治理措施的化学制浆造纸、化工、印染、制革、电镀、酿造、炼油、岸边冲滩拆船以及其他严重污染海洋环境的工业生产项目。

第四十六条 兴建海岸工程建设项目，必须采取有效措施，保护国家和地方重点保护的野生动植物及其生存环境和海洋水产资源。

严格限制在海岸采挖砂石。露天开采海滨砂矿和从岸上打井开采海底矿产资源，必须采取有效措施，防止污染海洋环境。

第六章 防治海洋工程建设项目对海洋环境的污染损害

第四十七条 海洋工程建设项目必须符合全国海洋主体功能区规划、海洋功能区划、海洋环境保护规划和国家有关环境保护标准。海洋工程建设项目单位应当对海洋环境进行科学调查，编制海洋环境影响报告书（表），并在建设项目开工前，报海洋行政主管部门审查批准。

海洋行政主管部门在批准海洋环境影响报告书（表）之前，必须征求海事、渔业行政主管部门和军队环境保护部门的意见。

第四十八条 海洋工程建设项目的环境保护设施，必须与主体工程同时设计、同时施工、同时投产使用。环境保护设施未经海洋行政主管部门验收，或者经验收不合格的，建设项目不得投入生产或者使用。

拆除或者闲置环境保护设施，必须事先征得海洋行政主管部门的同意。

第四十九条 海洋工程建设项目，不得使用含超标准放射性物质或者易溶出有毒有害物质的材料。

第五十条 海洋工程建设项目需要爆破作业时,必须采取有效措施,保护海洋资源。

海洋石油勘探开发及输油过程中,必须采取有效措施,避免溢油事故的发生。

第五十一条 海洋石油钻井船、钻井平台和采油平台的含油污水和油性混合物,必须经过处理达标后排放;残油、废油必须予以回收,不得排放入海。经回收处理后排放的,其含油量不得超过国家规定的标准。

钻井所使用的油基泥浆和其他有毒复合泥浆不得排放入海。水基泥浆和无毒复合泥浆及钻屑的排放,必须符合国家有关规定。

第五十二条 海洋石油钻井船、钻井平台和采油平台及其有关海上设施,不得向海域处置含油的工业垃圾。处置其他工业垃圾,不得造成海洋环境污染。

第五十三条 海上试油时,应当确保油气充分燃烧,油和油性混合物不得排放入海。

第五十四条 勘探开发海洋石油,必须按有关规定编制溢油应急计划,报国家海洋行政主管部门的海区派出机构备案。

第七章 防治倾倒废弃物对海洋环境的污染损害

第五十五条 任何单位未经国家海洋行政主管部门批准,不得向中华人民共和国管辖海域倾倒任何废弃物。

需要倾倒废弃物的单位,必须向国家海洋行政主管部门提出书面申请,经国家海洋行政主管部门审查批准,发给许可证后,方可倾倒。

禁止中华人民共和国境外的废弃物在中华人民共和国管辖海域倾倒。

第五十六条 国家海洋行政主管部门根据废弃物的毒性、有毒物质含量和对海洋环境影响程度,制定海洋倾倒废弃物评价程序和标准。

向海洋倾倒废弃物,应当按照废弃物的类别和数量实行分级管理。

可以向海洋倾倒的废弃物名录，由国家海洋行政主管部门拟定，经国务院环境保护行政主管部门提出审核意见后，报国务院批准。

第五十七条 国家海洋行政主管部门按照科学、合理、经济、安全的原则选划海洋倾倒区，经国务院环境保护行政主管部门提出审核意见后，报国务院批准。

临时性海洋倾倒区由国家海洋行政主管部门批准，并报国务院环境保护行政主管部门备案。

国家海洋行政主管部门在选划海洋倾倒区和批准临时性海洋倾倒区之前，必须征求国家海事、渔业行政主管部门的意见。

第五十八条 国家海洋行政主管部门监督管理倾倒区的使用，组织倾倒区的环境监测。对经确认不宜继续使用的倾倒区，国家海洋行政主管部门应当予以封闭，终止在该倾倒区的一切倾倒活动，并报国务院备案。

第五十九条 获准倾倒废弃物的单位，必须按照许可证注明的期限及条件，到指定的区域进行倾倒。废弃物装载之后，批准部门应当予以核实。

第六十条 获准倾倒废弃物的单位，应当详细记录倾倒的情况，并在倾倒后向批准部门作出书面报告。倾倒废弃物的船舶必须向驶出港的海事行政主管部门作出书面报告。

第六十一条 禁止在海上焚烧废弃物。

禁止在海上处置放射性废弃物或者其他放射性物质。废弃物中的放射性物质的豁免浓度由国务院制定。

第八章 防治船舶及有关作业活动对海洋环境的污染损害

第六十二条 在中华人民共和国管辖海域，任何船舶及相关作业不得违反本法规定向海洋排放污染物、废弃物和压载水、船舶垃圾及其他有害物质。

从事船舶污染物、废弃物、船舶垃圾接收、船舶清舱、洗舱作业活动的，必须具备相应的接收处理能力。

第六十三条　船舶必须按照有关规定持有防止海洋环境污染的证书与文书，在进行涉及污染物排放及操作时，应当如实记录。

第六十四条　船舶必须配置相应的防污设备和器材。

载运具有污染危害性货物的船舶，其结构与设备应当能够防止或者减轻所载货物对海洋环境的污染。

第六十五条　船舶应当遵守海上交通安全法律、法规的规定，防止因碰撞、触礁、搁浅、火灾或者爆炸等引起的海难事故，造成海洋环境的污染。

第六十六条　国家完善并实施船舶油污损害民事赔偿责任制度；按照船舶油污损害赔偿责任由船东和货主共同承担风险的原则，建立船舶油污保险、油污损害赔偿基金制度。

实施船舶油污保险、油污损害赔偿基金制度的具体办法由国务院规定。

第六十七条　载运具有污染危害性货物进出港口的船舶，其承运人、货物所有人或者代理人，必须事先向海事行政主管部门申报。经批准后，方可进出港口、过境停留或者装卸作业。

第六十八条　交付船舶装运污染危害性货物的单证、包装、标志、数量限制等，必须符合对所装货物的有关规定。

需要船舶装运污染危害性不明的货物，应当按照有关规定事先进行评估。

装卸油类及有毒有害货物的作业，船岸双方必须遵守安全防污操作规程。

第六十九条　港口、码头、装卸站和船舶修造厂必须按照有关规定备有足够的用于处理船舶污染物、废弃物的接收设施，并使该设施处于良好状态。

装卸油类的港口、码头、装卸站和船舶必须编制溢油污染应急计划，并配备相应的溢油污染应急设备和器材。

第七十条 船舶及有关作业活动应当遵守有关法律法规和标准，采取有效措施，防止造成海洋环境污染。海事行政主管部门等有关部门应当加强对船舶及有关作业活动的监督管理。

船舶进行散装液体污染危害性货物的过驳作业，应当事先按照有关规定报经海事行政主管部门批准。

第七十一条 船舶发生海难事故，造成或者可能造成海洋环境重大污染损害的，国家海事行政主管部门有权强制采取避免或者减少污染损害的措施。

对在公海上因发生海难事故，造成中华人民共和国管辖海域重大污染损害后果或者具有污染威胁的船舶、海上设施，国家海事行政主管部门有权采取与实际的或者可能发生的损害相称的必要措施。

第七十二条 所有船舶均有监视海上污染的义务，在发现海上污染事故或者违反本法规定的行为时，必须立即向就近的依照本法规定行使海洋环境监督管理权的部门报告。

民用航空器发现海上排污或者污染事件，必须及时向就近的民用航空空中交通管制单位报告。接到报告的单位，应当立即向依照本法规定行使海洋环境监督管理权的部门通报。

第九章 法律责任

第七十三条 违反本法有关规定，有下列行为之一的，由依照本法规定行使海洋环境监督管理权的部门责令停止违法行为、限期改正或者责令采取限制生产、停产整治等措施，并处以罚款；拒不改正的，依法作出处罚决定的部门可以自责令改正之日的次日起，按照原罚款数额按日连续处罚；情节严重的，报经有批准权的人民政府批准，责令停业、关闭：

（一）向海域排放本法禁止排放的污染物或者其他物质的；

（二）不按照本法规定向海洋排放污染物，或者超过标准、总量控制指标排放污染物的；

（三）未取得海洋倾倒许可证，向海洋倾倒废弃物的；

（四）因发生事故或者其他突发性事件，造成海洋环境污染事故，不立即采取处理措施的。

有前款第（一）、（三）项行为之一的，处三万元以上二十万元以下的罚款；有前款第（二）、（四）项行为之一的，处二万元以上十万元以下的罚款。

第七十四条 违反本法有关规定，有下列行为之一的，由依照本法规定行使海洋环境监督管理权的部门予以警告，或者处以罚款：

（一）不按照规定申报，甚至拒报污染物排放有关事项，或者在申报时弄虚作假的；

（二）发生事故或者其他突发性事件不按照规定报告的；

（三）不按照规定记录倾倒情况，或者不按照规定提交倾倒报告的；

（四）拒报或者谎报船舶载运污染危害性货物申报事项的。

有前款第（一）、（三）项行为之一的，处二万元以下的罚款；有前款第（二）、（四）项行为之一的，处五万元以下的罚款。

第七十五条 违反本法第十九条第二款的规定，拒绝现场检查，或者在被检查时弄虚作假的，由依照本法规定行使海洋环境监督管理权的部门予以警告，并处二万元以下的罚款。

第七十六条 违反本法规定，造成珊瑚礁、红树林等海洋生态系统及海洋水产资源、海洋保护区破坏的，由依照本法规定行使海洋环境监督管理权的部门责令限期改正和采取补救措施，并处一万元以上十万元以下的罚款；有违法所得的，没收其违法所得。

第七十七条 违反本法第三十条第一款、第三款规定设置入海排污口的，由县级以上地方人民政府环境保护行政主管部门责令其关闭，并处二万元以上十万元以下的罚款。

海洋、海事、渔业行政主管部门和军队环境保护部门发现入海排污口设置违反本法第三十条第一款、第三款规定的，应当通报环境保护行政主管部门依照前款规定予以处罚。

第七十八条 违反本法第三十九条第二款的规定，经中华人民共和国管辖海域,转移危险废物的,由国家海事行政主管部门责令非法运输该危险废物的船舶退出中华人民共和国管辖海域,并处五万元以上五十万元以下的罚款。

第七十九条 海岸工程建设项目未依法进行环境影响评价的,依照《中华人民共和国环境影响评价法》的规定处理。

第八十条 违反本法第四十四条的规定,海岸工程建设项目未建成环境保护设施,或者环境保护设施未达到规定要求即投入生产、使用的,由环境保护行政主管部门责令其停止生产或者使用,并处二万元以上十万元以下的罚款。

第八十一条 违反本法第四十五条的规定,新建严重污染海洋环境的工业生产建设项目的,按照管理权限,由县级以上人民政府责令关闭。

第八十二条 违反本法第四十七条第一款的规定,进行海洋工程建设项目的,由海洋行政主管部门责令其停止施工,根据违法情节和危害后果,处建设项目总投资额百分之一以上百分之五以下的罚款,并可以责令恢复原状。

违反本法第四十八条的规定,海洋工程建设项目未建成环境保护设施、环境保护设施未达到规定要求即投入生产、使用的,由海洋行政主管部门责令其停止生产、使用,并处五万元以上二十万元以下的罚款。

第八十三条 违反本法第四十九条的规定,使用含超标准放射性物质或者易溶出有毒有害物质材料的,由海洋行政主管部门处五万元以下的罚款,并责令其停止该建设项目的运行,直到消除污染危害。

第八十四条 违反本法规定进行海洋石油勘探开发活动,造成海洋环境污染的,由国家海洋行政主管部门予以警告,并处二万元以上二十万元以下的罚款。

第八十五条 违反本法规定,不按照许可证的规定倾倒,或者向已经封闭的倾倒区倾倒废弃物的,由海洋行政主管部门予以警告,并处三万元以上二十万元以下的罚款;对情节严重的,可以暂扣或者吊销许可证。

第八十六条　违反本法第五十五条第三款的规定，将中华人民共和国境外废弃物运进中华人民共和国管辖海域倾倒的，由国家海洋行政主管部门予以警告，并根据造成或者可能造成的危害后果，处十万元以上一百万元以下的罚款。

第八十七条　违反本法规定，有下列行为之一的，由依照本法规定行使海洋环境监督管理权的部门予以警告，或者处以罚款：

（一）港口、码头、装卸站及船舶未配备防污设施、器材的；

（二）船舶未持有防污证书、防污文书，或者不按照规定记载排污记录的；

（三）从事水上和港区水域拆船、旧船改装、打捞和其他水上、水下施工作业，造成海洋环境污染损害的；

（四）船舶载运的货物不具备防污适运条件的。

有前款第（一）、（四）项行为之一的，处二万元以上十万元以下的罚款；有前款第（二）项行为的，处二万元以下的罚款；有前款第（三）项行为的，处五万元以上二十万元以下的罚款。

第八十八条　违反本法规定，船舶、石油平台和装卸油类的港口、码头、装卸站不编制溢油应急计划的，由依照本法规定行使海洋环境监督管理权的部门予以警告，或者责令限期改正。

第八十九条　造成海洋环境污染损害的责任者，应当排除危害，并赔偿损失；完全由于第三者的故意或者过失，造成海洋环境污染损害的，由第三者排除危害，并承担赔偿责任。

对破坏海洋生态、海洋水产资源、海洋保护区，给国家造成重大损失的，由依照本法规定行使海洋环境监督管理权的部门代表国家对责任者提出损害赔偿要求。

第九十条　对违反本法规定，造成海洋环境污染事故的单位，除依法承担赔偿责任外，由依照本法规定行使海洋环境监督管理权的部门依照本条第二款的规定处以罚款；对直接负责的主管人员和其他直接责任人员可以处上一年度从本单位取得收入百分之五十以下的罚款;直接负责的主管人员和其他直接责任人员属于国家工作人员的,依法给予处分。

对造成一般或者较大海洋环境污染事故的,按照直接损失的百分之二十计算罚款;对造成重大或者特大海洋环境污染事故的,按照直接损失的百分之三十计算罚款。

对严重污染海洋环境、破坏海洋生态,构成犯罪的,依法追究刑事责任。

第九十一条　完全属于下列情形之一,经过及时采取合理措施,仍然不能避免对海洋环境造成污染损害的,造成污染损害的有关责任者免予承担责任:

(一)战争;

(二)不可抗拒的自然灾害;

(三)负责灯塔或者其他助航设备的主管部门,在执行职责时的疏忽,或者其他过失行为。

第九十二条　对违反本法第十二条有关缴纳排污费、倾倒费规定的行政处罚,由国务院规定。

第九十三条　海洋环境监督管理人员滥用职权、玩忽职守、徇私舞弊,造成海洋环境污染损害的,依法给予行政处分;构成犯罪的,依法追究刑事责任。

第十章　附　　则

第九十四条　本法中下列用语的含义是:

(一)海洋环境污染损害,是指直接或者间接地把物质或者能量引入海洋环境,产生损害海洋生物资源、危害人体健康、妨害渔业和海上其他合法活动、损害海水使用素质和减损环境质量等有害影响。

(二)内水,是指我国领海基线向内陆一侧的所有海域。

(三)滨海湿地,是指低潮时水深浅于六米的水域及其沿岸浸湿地带,包括水深不超过六米的永久性水域、潮间带(或洪泛地带)和沿海低地等。

（四）海洋功能区划，是指依据海洋自然属性和社会属性，以及自然资源和环境特定条件，界定海洋利用的主导功能和使用范畴。

（五）渔业水域，是指鱼虾类的产卵场、索饵场、越冬场、洄游通道和鱼虾贝藻类的养殖场。

（六）油类，是指任何类型的油及其炼制品。

（七）油性混合物，是指任何含有油份的混合物。

（八）排放，是指把污染物排入海洋的行为，包括泵出、溢出、泄出、喷出和倒出。

（九）陆地污染源（简称陆源），是指从陆地向海域排放污染物，造成或者可能造成海洋环境污染的场所、设施等。

（十）陆源污染物，是指由陆地污染源排放的污染物。

（十一）倾倒，是指通过船舶、航空器、平台或者其他载运工具，向海洋处置废弃物和其他有害物质的行为，包括弃置船舶、航空器、平台及其辅助设施和其他浮动工具的行为。

（十二）沿海陆域，是指与海岸相连，或者通过管道、沟渠、设施，直接或者间接向海洋排放污染物及其相关活动的一带区域。

（十三）海上焚烧，是指以热摧毁为目的，在海上焚烧设施上，故意焚烧废弃物或者其他物质的行为，但船舶、平台或者其他人工构造物正常操作中，所附带发生的行为除外。

第九十五条 涉及海洋环境监督管理的有关部门的具体职权划分，本法未作规定的，由国务院规定。

第九十六条 中华人民共和国缔结或者参加的与海洋环境保护有关的国际条约与本法有不同规定的，适用国际条约的规定；但是，中华人民共和国声明保留的条款除外。

第九十七条 本法自2000年4月1日起施行。

中华人民共和国海域使用管理法

（2001年10月27日第九届全国人民代表大会常务委员会第二十四次会议通过 2001年10月27日公布 中华人民共和国主席令第61号 自2002年1月1日起实施）

第一章 总 则

第一条 为了加强海域使用管理，维护国家海域所有权和海域使用权人的合法权益，促进海域的合理开发和可持续利用，制定本法。

第二条 本法所称海域，是指中华人民共和国内水、领海的水面、水体、海床和底土。

本法所称内水，是指中华人民共和国领海基线向陆地一侧至海岸线的海域。

在中华人民共和国内水、领海持续使用特定海域三个月以上的排他性用海活动，适用本法。

第三条 海域属于国家所有，国务院代表国家行使海域所有权。任何单位或者个人不得侵占、买卖或者以其他形式非法转让海域。

单位和个人使用海域，必须依法取得海域使用权。

第四条 国家实行海洋功能区划制度。海域使用必须符合海洋功能区划。

国家严格管理填海、围海等改变海域自然属性的用海活动。

第五条 国家建立海域使用管理信息系统，对海域使用状况实施监视、监测。

第六条 国家建立海域使用权登记制度，依法登记的海域使用权受法律保护。

国家建立海域使用统计制度，定期发布海域使用统计资料。

第七条 国务院海洋行政主管部门负责全国海域使用的监督管理。沿海县级以上地方人民政府海洋行政主管部门根据授权,负责本行政区毗邻海域使用的监督管理。

渔业行政主管部门依照《中华人民共和国渔业法》,对海洋渔业实施监督管理。

海事管理机构依照《中华人民共和国海上交通安全法》,对海上交通安全实施监督管理。

第八条 任何单位和个人都有遵守海域使用管理法律、法规的义务,并有权对违反海域使用管理法律、法规的行为提出检举和控告。

第九条 在保护和合理利用海域以及进行有关的科学研究等方面成绩显著的单位和个人,由人民政府给予奖励。

第二章 海洋功能区划

第十条 国务院海洋行政主管部门会同国务院有关部门和沿海省、自治区、直辖市人民政府,编制全国海洋功能区划。

沿海县级以上地方人民政府海洋行政主管部门会同本级人民政府有关部门,依据上一级海洋功能区划,编制地方海洋功能区划。

第十一条 海洋功能区划按照下列原则编制:

(一)按照海域的区位、自然资源和自然环境等自然属性,科学确定海域功能;

(二)根据经济和社会发展的需要,统筹安排各有关行业用海;

(三)保护和改善生态环境,保障海域可持续利用,促进海洋经济的发展;

(四)保障海上交通安全;

(五)保障国防安全,保证军事用海需要。

第十二条 海洋功能区划实行分级审批。

全国海洋功能区划,报国务院批准。

沿海省、自治区、直辖市海洋功能区划,经该省、自治区、直辖市人民政府审核同意后,报国务院批准。

沿海市、县海洋功能区划,经该市、县人民政府审核同意后,报所在的省、自治区、直辖市人民政府批准,报国务院海洋行政主管部门备案。

第十三条 海洋功能区划的修改,由原编制机关会同同级有关部门提出修改方案,报原批准机关批准;未经批准,不得改变海洋功能区划确定的海域功能。

经国务院批准,因公共利益、国防安全或者进行大型能源、交通等基础设施建设,需要改变海洋功能区划的,根据国务院的批准文件修改海洋功能区划。

第十四条 海洋功能区划经批准后,应当向社会公布;但是,涉及国家秘密的部分除外。

第十五条 养殖、盐业、交通、旅游等行业规划涉及海域使用的,应当符合海洋功能区划。

沿海土地利用总体规划、城市规划、港口规划涉及海域使用的,应当与海洋功能区划相衔接。

第三章 海域使用的申请与审批

第十六条 单位和个人可以向县级以上人民政府海洋行政主管部门申请使用海域。

申请使用海域的,申请人应当提交下列书面材料:

(一)海域使用申请书;

(二)海域使用论证材料;

(三)相关的资信证明材料;

(四)法律、法规规定的其他书面材料。

第十七条 县级以上人民政府海洋行政主管部门依据海洋功能区划,对海域使用申请进行审核,并依照本法和省、自治区、直辖市人民政府的规定,报有批准权的人民政府批准。

海洋行政主管部门审核海域使用申请,应当征求同级有关部门的意见。

第十八条 下列项目用海,应当报国务院审批:

（一）填海五十公顷以上的项目用海；

（二）围海一百公顷以上的项目用海；

（三）不改变海域自然属性的用海七百公顷以上的项目用海；

（四）国家重大建设项目用海；

（五）国务院规定的其他项目用海。

前款规定以外的项目用海的审批权限，由国务院授权省、自治区、直辖市人民政府规定。

第四章　海域使用权

第十九条　海域使用申请经依法批准后，国务院批准用海的，由国务院海洋行政主管部门登记造册，向海域使用申请人颁发海域使用权证书；地方人民政府批准用海的，由地方人民政府登记造册，向海域使用申请人颁发海域使用权证书。海域使用申请人自领取海域使用权证书之日起，取得海域使用权。

第二十条　海域使用权除依照本法第十九条规定的方式取得外，也可以通过招标或者拍卖的方式取得。招标或者拍卖方案由海洋行政主管部门制订，报有审批权的人民政府批准后组织实施。海洋行政主管部门制订招标或者拍卖方案，应当征求同级有关部门的意见。

招标或者拍卖工作完成后，依法向中标人或者买受人颁发海域使用权证书。中标人或者买受人自领取海域使用权证书之日起，取得海域使用权。

第二十一条　颁发海域使用权证书，应当向社会公告。

颁发海域使用权证书，除依法收取海域使用金外，不得收取其他费用。

海域使用权证书的发放和管理办法，由国务院规定。

第二十二条　本法施行前，已经由农村集体经济组织或者村民委员会经营、管理的养殖用海，符合海洋功能区划的，经当地县级人民政府核准，可以将海域使用权确定给该农村集体经济组织或者村民委员会，由本集体经济组织的成员承包，用于养殖生产。

第二十三条 海域使用权人依法使用海域并获得收益的权利受法律保护,任何单位和个人不得侵犯。

海域使用权人有依法保护和合理使用海域的义务;海域使用权人对不妨害其依法使用海域的非排他性用海活动,不得阻挠。

第二十四条 海域使用权人在使用海域期间,未经依法批准,不得从事海洋基础测绘。

海域使用权人发现所使用海域的自然资源和自然条件发生重大变化时,应当及时报告海洋行政主管部门。

第二十五条 海域使用权最高期限,按照下列用途确定:

(一)养殖用海十五年;

(二)拆船用海二十年;

(三)旅游、娱乐用海二十五年;

(四)盐业、矿业用海三十年;

(五)公益事业用海四十年;

(六)港口、修造船厂等建设工程用海五十年。

第二十六条 海域使用权期限届满,海域使用权人需要继续使用海域的,应当至迟于期限届满前二个月向原批准用海的人民政府申请续期。除根据公共利益或者国家安全需要收回海域使用权的外,原批准用海的人民政府应当批准续期。准予续期的,海域使用权人应当依法缴纳续期的海域使用金。

第二十七条 因企业合并、分立或者与他人合资、合作经营,变更海域使用权人的,需经原批准用海的人民政府批准。

海域使用权可以依法转让。海域使用权转让的具体办法,由国务院规定。

海域使用权可以依法继承。

第二十八条 海域使用权人不得擅自改变经批准的海域用途;确需改变的,应当在符合海洋功能区划的前提下,报原批准用海的人民政府批准。

第二十九条 海域使用权期满,未申请续期或者申请续期未获批准的,海域使用权终止。

海域使用权终止后,原海域使用权人应当拆除可能造成海洋环境污染或者影响其他用海项目的用海设施和构筑物。

第三十条 因公共利益或者国家安全的需要,原批准用海的人民政府可以依法收回海域使用权。

依照前款规定在海域使用权期满前提前收回海域使用权的,对海域使用权人应当给予相应的补偿。

第三十一条 因海域使用权发生争议,当事人协商解决不成的,由县级以上人民政府海洋行政主管部门调解;当事人也可以直接向人民法院提起诉讼。

在海域使用权争议解决前,任何一方不得改变海域使用现状。

第三十二条 填海项目竣工后形成的土地,属于国家所有。

海域使用权人应当自填海项目竣工之日起三个月内,凭海域使用权证书,向县级以上人民政府土地行政主管部门提出土地登记申请,由县级以上人民政府登记造册,换发国有土地使用权证书,确认土地使用权。

第五章 海域使用金

第三十三条 国家实行海域有偿使用制度。

单位和个人使用海域,应当按照国务院的规定缴纳海域使用金。海域使用金应当按照国务院的规定上缴财政。

对渔民使用海域从事养殖活动收取海域使用金的具体实施步骤和办法,由国务院另行规定。

第三十四条 根据不同的用海性质或者情形,海域使用金可以按照规定一次缴纳或者按年度逐年缴纳。

第三十五条 下列用海,免缴海域使用金:

(一)军事用海;

(二)公务船舶专用码头用海;

(三)非经营性的航道、锚地等交通基础设施用海;

（四）教学、科研、防灾减灾、海难搜救打捞等非经营性公益事业用海。

第三十六条 下列用海，按照国务院财政部门和国务院海洋行政主管部门的规定，经有批准权的人民政府财政部门和海洋行政主管部门审查批准，可以减缴或者免缴海域使用金：

（一）公用设施用海；

（二）国家重大建设项目用海；

（三）养殖用海。

第六章 监督检查

第三十七条 县级以上人民政府海洋行政主管部门应当加强对海域使用的监督检查。

县级以上人民政府财政部门应当加强对海域使用金缴纳情况的监督检查。

第三十八条 海洋行政主管部门应当加强队伍建设，提高海域使用管理监督检查人员的政治、业务素质。海域使用管理监督检查人员必须秉公执法，忠于职守，清正廉洁，文明服务，并依法接受监督。

海洋行政主管部门及其工作人员不得参与和从事与海域使用有关的生产经营活动。

第三十九条 县级以上人民政府海洋行政主管部门履行监督检查职责时，有权采取下列措施：

（一）要求被检查单位或者个人提供海域使用的有关文件和资料；

（二）要求被检查单位或者个人就海域使用的有关问题作出说明；

（三）进入被检查单位或者个人占用的海域现场进行勘查；

（四）责令当事人停止正在进行的违法行为。

第四十条 海域使用管理监督检查人员履行监督检查职责时，应当出示有效执法证件。

有关单位和个人对海洋行政主管部门的监督检查应当予以配合，不得拒绝、妨碍监督检查人员依法执行公务。

第四十一条　依照法律规定行使海洋监督管理权的有关部门在海上执法时应当密切配合，互相支持，共同维护国家海域所有权和海域使用权人的合法权益。

第七章　法律责任

第四十二条　未经批准或者骗取批准，非法占用海域的，责令退还非法占用的海域，恢复海域原状，没收违法所得，并处非法占用海域期间内该海域面积应缴纳的海域使用金五倍以上十五倍以下的罚款；对未经批准或者骗取批准，进行围海、填海活动的，并处非法占用海域期间内该海域面积应缴纳的海域使用金十倍以上二十倍以下的罚款。

第四十三条　无权批准使用海域的单位非法批准使用海域的，超越批准权限非法批准使用海域的，或者不按海洋功能区划批准使用海域的，批准文件无效，收回非法使用的海域；对非法批准使用海域的直接负责的主管人员和其他直接责任人员，依法给予行政处分。

第四十四条　违反本法第二十三条规定，阻挠、妨害海域使用权人依法使用海域的，海域使用权人可以请求海洋行政主管部门排除妨害，也可以依法向人民法院提起诉讼；造成损失的，可以依法请求损害赔偿。

第四十五条　违反本法第二十六条规定，海域使用权期满，未办理有关手续仍继续使用海域的，责令限期办理，可以并处一万元以下的罚款；拒不办理的，以非法占用海域论处。

第四十六条　违反本法第二十八条规定，擅自改变海域用途的，责令限期改正，没收违法所得，并处非法改变海域用途的期间内该海域面积应缴纳的海域使用金五倍以上十五倍以下的罚款；对拒不改正的，由颁发海域使用权证书的人民政府注销海域使用权证书，收回海域使用权。

第四十七条　违反本法第二十九条第二款规定，海域使用权终止，原海域使用权人不按规定拆除用海设施和构筑物的，责令限期拆除;逾期拒不拆除的,处五万元以下的罚款,并由县级以上人民政府海洋行政主管部门委托有关单位代为拆除,所需费用由原海域使用权人承担。

第四十八条 违反本法规定,按年度逐年缴纳海域使用金的海域使用权人不按期缴纳海域使用金的,限期缴纳;在限期内仍拒不缴纳的,由颁发海域使用权证书的人民政府注销海域使用权证书,收回海域使用权。

第四十九条 违反本法规定,拒不接受海洋行政主管部门监督检查、不如实反映情况或者不提供有关资料的,责令限期改正,给予警告,可以并处二万元以下的罚款。

第五十条 本法规定的行政处罚,由县级以上人民政府海洋行政主管部门依据职权决定。但是,本法已对处罚机关作出规定的除外。

第五十一条 国务院海洋行政主管部门和县级以上地方人民政府违反本法规定颁发海域使用权证书,或者颁发海域使用权证书后不进行监督管理,或者发现违法行为不予查处的,对直接负责的主管人员和其他直接责任人员,依法给予行政处分;徇私舞弊、滥用职权或者玩忽职守构成犯罪的,依法追究刑事责任。

第八章 附 则

第五十二条 在中华人民共和国内水、领海使用特定海域不足三个月,可能对国防安全、海上交通安全和其他用海活动造成重大影响的排他性用海活动,参照本法有关规定办理临时海域使用证。

第五十三条 军事用海的管理办法,由国务院、中央军事委员会依据本法制定。

第五十四条 本法自 2002 年 1 月 1 日起施行。

海域使用权管理规定

(2006 年 10 月 13 日公布　国海发〔2006〕27 号
自 2007 年 1 月 1 日起实施)

第一章　总　　则

第一条　为了规范海域使用权管理,维护海域使用秩序,保障海域使用权人的合法权益,根据《中华人民共和国海域使用管理法》(以下简称《海域法》)等有关法律法规,制定本规定。

第二条　海域使用权的申请审批、招标、拍卖、转让、出租和抵押,适用本规定。

第三条　使用海域应当依法进行海域使用论证。

第四条　国务院或国务院投资主管部门审批、核准的建设项目涉及海域使用的,应当由国家海洋行政主管部门就其使用海域的事项在项目审批、核准前预先进行审核(以下简称用海预审)。

地方人民政府或其投资主管部门审批、核准的建设项目涉及海域使用的,应当由地方海洋行政主管部门就其使用海域的事项在项目审批、核准前预先进行审核。

第五条　县级以上人民政府海洋行政主管部门负责海域使用申请的受理、审查、审核和报批。

有审批权人民政府的海洋行政主管部门组织实施海域使用权的招标拍卖。

批准用海人民政府的海洋行政主管部门负责海域使用权转让、出租和抵押的监督管理。

第二章 海域使用论证

第六条 使用海域应当依法进行海域使用论证。

市、县两级人民政府海洋行政主管部门应当对选划的养殖区进行整体海域使用论证。单位和个人申请养殖用海时不再进行海域使用论证。但围海养殖、建设人工渔礁或者省、自治区、直辖市以上人民政府审批的养殖用海项目等除外。

第七条 通过申请审批方式取得海域使用权的,申请人委托有资质的单位开展海域使用论证。

通过招标、拍卖方式取得海域使用权的,组织招标、拍卖的单位委托有资质的单位开展海域使用论证。

第八条 海域使用论证资质单位应当在资质等级许可范围内承担论证项目,并对论证结果负责。海域使用论证资质单位的技术负责人和技术人员须持证上岗。

海域使用论证资质管理规定和资质分级标准由国家海洋行政主管部门制定。

第九条 海域使用论证应当客观、科学、公正,并符合国家有关规范和标准。

海域使用论证报告应当符合海域使用论证报告编写大纲要求。

第十条 有审批权人民政府的海洋行政主管部门或者其委托的单位组织专家对海域使用论证报告书进行评审。评审通过的海域使用论证报告有效期三年。

海域使用论证评审专家库管理办法由国家海洋行政主管部门制定。

第三章 用 海 预 审

第十一条 国务院或国务院投资主管部门审批、核准的建设项目需要使用海域的,申请人应当在项目审批、核准前向国家海洋行政主管部门提出海域使用申请,取得用海预审意见。

地方人民政府或其投资主管部门审批、核准的建设项目需要使用海域的,用海预审程序由地方人民政府海洋行政主管部门自行制定。

第十二条 国家海洋行政主管部门应当按照本规定的用海项目审理程序,进行受理、审查、审核,出具用海预审意见。

第十三条 建设项目经批准后,申请人应当及时将项目批准文件提交海洋行政主管部门。

海洋行政主管部门收到项目批准文件后,依法办理海域使用权报批手续。

第十四条 用海预审意见有效期二年。有效期内,项目拟用海面积、位置和用途等发生改变的,应当重新提出海域使用申请。

第四章 海域使用申请审批

第十五条 受理海域使用申请的海洋行政主管部门为受理机关;有审批权人民政府的海洋行政主管部门为审核机关;受理机关和审核机关之间的各级海洋行政主管部门为审查机关。

第十六条 下列项目的海域使用申请,由国家海洋行政主管部门受理:

(一)国务院或国务院投资主管部门审批、核准的建设项目;

(二)省、自治区、直辖市管理海域以外或跨省、自治区、直辖市管理海域的项目;

(三)国防建设项目;

(四)油气及其他海洋矿产资源勘查开采项目;

(五)国家直接管理的海底电缆管道项目;

(六)国家级保护区内的开发项目及核心区用海。

上述规定以外的,由县级海洋行政主管部门受理。跨管理海域的,由共同的上一级海洋行政主管部门受理。

同一项目用海含不同用海类型的,应当按项目整体受理、审查、审核和报批。

第十七条 申请使用海域的,提交下列材料:

(一)海域使用申请书;

(二)申请海域的坐标图;

(三)资信等相关证明材料;

(四)油气开采项目提交油田开发总体方案;

(五)国家级保护区内开发项目提交保护区管理部门的许可文件;

(六)存在利益相关者的,应当提交解决方案或协议。

第十八条 受理机关收到申请材料后,应当组织现场调查和权属核查,并对下列事项进行审查:

(一)项目用海是否符合海洋功能区划;

(二)申请海域是否设置海域使用权;

(三)申请海域的界址、面积是否清楚。

必要时受理机关应当对项目用海内容进行公示。

符合条件需要报送的,应当在收到申请材料之日起十日内提出初审意见,并将初审意见和申请材料报送审查机关;符合条件不需要报送的,受理机关依法进行审核。

不符合条件的,依法告知申请人。

第十九条 审查机关在收到受理机关报送的申请材料后十日内,对下列事项进行审查后,提出审查意见报送上级审查机关或审核机关:

(一)项目用海是否符合海洋功能区划;

(二)申请海域是否计划设置其他海域使用权;

(三)申请海域是否存在管辖异议。

第二十条 审核机关对报送材料初步审查后,通知申请人开展海域使用论证、提交相关材料;收到论证报告后,组织专家评审;必要时征求同级有关部门的意见。

第二十一条 国家海洋行政主管部门受理的项目用海,由其征求项目所在地省级人民政府的意见;县级以上海洋行政主管部门受理并报国务院审批的项目用海,经审核报省级人民政府同意后,报至国家海洋行政主管部门。

第二十二条 审核机关对下列事项进行审查：

（一）申请、受理和审查是否符合规定程序和要求；

（二）是否符合海洋功能区划和相关规划；

（三）是否符合国家有关产业政策；

（四）是否影响国防安全和海上交通安全；

（五）申请海域是否计划设置其他海域使用权；

（六）申请海域是否存在管辖异议；

（七）海域使用论证结论是否切实可行；

（八）申请海域界址、面积是否清楚，有无权属争议；

对符合条件的，提请同级人民政府批准；不符合条件的，依法告知申请人。

第二十三条 海域使用申请经批准后，由审核机关作出项目用海批复，内容包括：

（一）批准使用海域的面积、位置、用途和期限；

（二）海域使用金征收金额、缴纳方式、地点和期限；

（三）办理海域使用权登记和领取海域使用权证书的地点和期限；

（四）逾期的法律后果；

（五）海域使用要求；

（六）其他有关的内容。

审核机关应当将项目用海批复及时送达海域使用申请人，并抄送有关人民政府及海洋行政主管部门。

第二十四条 海域使用申请人应当按项目用海批复要求办理海域使用权登记，领取海域使用权证书。

海域使用权证书是海域使用权的法律凭证。

第二十五条 海域使用权期限届满需要续期的，海域使用权人应当至迟于期限届满前两个月向审核机关提交下列材料：

（一）海域使用权续期申请；

（二）海域使用权证书；

（三）资信等相关证明材料。

第二十六条 因企业合并、分立或者与他人合资、合作经营，变更海域使用权人的，应当向审核机关提交下列材料：

（一）海域使用权变更申请；

（二）海域使用权证书；

（三）海域使用金缴纳凭证；

（四）企业合并、分立或者与他人合资、合作经营的有关证明文件；

（五）存在出租、抵押情况的，应当提交租赁、抵押协议；

（六）相关资信证明材料。

第二十七条 海域使用权人不得擅自改变经批准的海域用途；确需改变的，应当以拟改变的海域用途按审批权限重新申请报批。

第二十八条 审核机关收到海域使用权续期、变更申请后，应当在二十日内提出审核意见，报原批准用海的人民政府审批。

续期、变更申请批准后的，由审核机关办理海域使用权登记、发证；不予批准的，审核机关依法告知申请人。

第五章 海域使用权招标、拍卖

第二十九条 海域使用权招标、拍卖应当遵循公开、公平、公正和诚实信用的原则，有计划地进行。

第三十条 同一海域有两个或者两个以上用海意向人的，应当采用招标、拍卖方式出让海域使用权。

除下列情形外，海洋行政主管部门可以采取招标、拍卖方式出让海域使用权：

（一）国务院或国务院投资主管部门审批、核准的建设项目；

（二）国防建设项目；

（三）传统赶海区、海洋保护区、有争议的海域或涉及公共利益的海域；

（四）法律法规规定的其他情形。

第三十一条 海洋行政主管部门根据海洋功能区划、海域使用论证结论、海域评估结果等,制定海域使用权招标、拍卖方案,报有审批权的人民政府批准。涉及有关部门和单位的,应当征求意见。

第三十二条 有审批权的人民政府海洋行政主管部门或者其委托的单位,应当根据批准的招标、拍卖方案编制招标、拍卖文件,发布招标拍卖公告。

第三十三条 标底、底价应当根据海域评估结果等确定,不得低于按海域使用金征收标准确定的海域使用金、海域使用论证费、海域测量费和海域评估费等费用总和。

标底、底价在招标、拍卖活动过程中应当保密,且不能变更。

第三十四条 以招标、拍卖方式确定中标人、买受人后,海洋行政主管部门和中标人、买受人签署成交确认书,并按规定签订海域使用权出让合同。

中标人、买受人应当持价款缴纳凭证和海域使用权出让合同,办理海域使用权登记,领取海域使用权证书。

第三十五条 中标人、买受人支付的履约保证金,抵作成交价款;未按成交确认书的要求缴纳成交价款的,履约保证金不予退还,成交确认书无效。

其他投标人、竞买人支付的履约保证金,海洋行政主管部门应当在招标、拍卖活动结束后五日内退还。

第三十六条 海洋行政主管部门应当在海域使用权招标、拍卖活动结束后十日内公布招标、拍卖结果。

第六章 海域使用权转让、出租和抵押

第三十七条 海域使用权有出售、赠与、作价入股、交换等情形的,可以依法转让。

第三十八条 转让海域使用权应当具备下列条件:

(一)开发利用海域满一年;

(二)不改变海域用途;

(三)已缴清海域使用金;

（四）除海域使用金以外，实际投资已达计划投资总额百分之二十以上；

（五）原海域使用权人无违法用海行为，或违法用海行为已依法处理。

第三十九条 转让海域使用权的，转让双方应当向原批准用海的人民政府海洋行政主管部门提交以下材料：

（一）海域使用权转让申请；

（二）转让协议；

（三）海域使用权证书；

（四）用海设施所有权的合法证明材料；

（五）受让方资信证明材料；

（六）海洋行政主管部门要求的其他书面材料。

第四十条 海洋行政主管部门收到转让申请材料后，十五日内予以批复。

批准的，转让双方应当在十五日内办理海域使用权变更登记，领取海域使用权证书。不予批准的，海洋行政主管部门依法告知转让双方。

海域使用权转让时，其固定附属用海设施随之转让。固定附属用海设施转让时，其使用范围内的海域使用权随之转让。法律法规另有规定的，从其规定。

第四十一条 海域使用权出租的，承租人应当按照海域使用权证书确定的面积、年限和用途使用海域。

海域使用权出租、抵押时，其固定附属用海设施随之出租、抵押，固定附属用海设施出租、抵押时，其使用范围内的海域使用权随之出租、抵押。法律法规另有规定的，从其规定。

海域使用权取得时免缴或者减缴海域使用金的，补缴海域使用金后方可出租、抵押。

第四十二条 有下列情形之一的，海域使用权不得出租、抵押：

（一）权属不清或者权属有争议的；

（二）未按规定缴纳海域使用金、改变海域用途等违法用海的；

（三）油气及其他海洋矿产资源勘查开采；

（四）海洋行政主管部门认为不能出租、抵押的。

第四十三条 海域使用权出租、抵押的，双方当事人应当到原登记机关办理登记手续。

第七章 罚 则

第四十四条 海域使用论证资质单位有下列情形之一的，由国家海洋行政主管部门给予警告、暂停执业、降低资质等级或者吊销资质证书的处理，给国家或者委托人造成损失的，海域使用论证单位应当依照有关法律法规给予赔偿：

（一）越级或超越证书规定范围承担论证项目；

（二）在海域使用论证报告中使用虚构或者明显失实的数据资料；

（三）海域使用论证报告严重失实；

（四）其他虚构事实、隐瞒真相的行为。

第四十五条 未经批准改变海域使用用途的，依照《海域法》第四十六条的规定处理。

第四十六条 未经批准擅自转让海域使用权的，没收非法所得；有非法新建用海设施的，限期拆除，逾期拒不拆除的，依照《海域法》第四十二条、第四十七条的规定处理。

第四十七条 超面积填海的，收回非法所填海域，并处非法占用海域应缴纳海域使用金十倍以上二十倍以下的罚款。

第四十八条 未经登记擅自出租、抵押海域使用权，出租、抵押无效。

第四十九条 投标人、竞买人有下列行为之一的，中标、买受结果无效；造成损失的，依法承担赔偿责任：

（一）提供虚假文件隐瞒事实的；

（二）采取行贿、恶意串通等非法手段中标或者买受的。

第五十条 有下列情形之一的，对直接负责的主管人员和其他直接责任人员追究相应责任：

（一）超越批准权限非法批准使用海域的；

（二）不按海洋功能区划批准使用海域的；

（三）违反本规定颁发海域使用权证书的；

（四）颁发海域使用权证书后不进行监督管理的；

（五）发现违法行为不予查处的；

（六）对含不同用海类型的同一项目用海，分解受理、审查、审核和报批的；

（七）泄露、变更标底、底价的；

（八）未按规定时间退还履约保证金的。

第五十一条 海洋行政主管部门的工作人员徇私舞弊、滥用职权或玩忽职守构成犯罪的，依法追究刑事责任。

第八章 附 则

第五十二条 填海造地项目在施工过程中应当进行海域使用动态监测。

审核机关应当对填海造地项目组织竣工验收；竣工验收合格后，办理相关登记手续。

填海造地项目的竣工验收程序另行规定。

第五十三条 县级以上人民政府海洋行政主管部门应当对所辖海域内的海域使用情况进行统计，并建立公开查询机制。

国家海洋行政主管部门负责全国海域使用统计工作，并定期发布海域使用统计信息。

第五十四条 海域使用论证报告编写大纲的内容、海域使用权证书以及本规定需要的文书格式由国家海洋行政主管部门统一制定。

本规定要求提交的海域使用申请书、海域使用权续期申请或者变更申请一式五份。

第五十五条 本规定自2007年1月1日起施行。2002年国家海洋局发布的《海域使用申请审批暂行办法》（国海发〔2002〕5号），自本规定实施之日起废止。

铺设海底电缆管道管理规定实施办法

（1997 年 9 月 23 日公布 国家科学发政字〔1997〕454 号
自 1997 年 9 月 23 日起实施）

第一条 为实施《铺设海底电缆管道管理规定》（以下简称《规定》），加强对海底电缆、管道的管理和保护，制定本实施办法。

第二条 本办法适用于在中华人民共和国的内海、领海及大陆架上进行海底电缆、管道铺设以及为铺设所进行的路由调查、勘测及其他有关活动的任何法人、自然人和其他经济实体。

第三条 中华人民共和国国家海洋局是实施本办法的主管机关。

沿海省、自治区、直辖市人民政府海洋管理机构（以下简称地方海洋管理机构）依据国家海洋局的委托对海底电缆管道的铺设以及为铺设所进行的路由调查、勘测及其他活动实施审批与监督管理。

第四条 地方海洋管理机构对起点和终点均位于其行政管理辖范围内的海底电缆、管道以及位于其行政管辖范围内排放量小于二十万吨/日的排污管道的铺设以及为铺设所进行的路由调查、勘测及其他活动实施审批与监督管理。

国家海洋局负责审批路经中国管辖海域和大陆架的外国海底电缆、管道，由中国铺向其他国家和地区的国际海底电缆、管道以及污水排放量为二十万吨/日以上的海底排污管道。

管辖权不明确的由国家海洋局负责审批。

第五条 海底电缆、管道的路由调查、勘测，所有者应依照《规定》第五条，将《路由调查、勘测申请书》一式五份按本办法第四条报相应的审批机关审批。

外国的公司、企业和其他经济组织或个人在中国大陆架上进行上述活动的,所有者应在实施作业六十天前,将《规定》第五条要求提供的资料一式五份按本办法第四条报相应的审批机关,其确定的调查、勘测路由需经主管机关同意。

《路由调查、勘测申请书》应附具以下资料:

一、调查、勘测路由选择依据的详细说明;

二、调查、勘测单位的基本情况;

三、《铺设海底管道工程对海洋资源和环境影响报告书》的编写大纲和评价单位的基本情况;

四、《污水排海工程可行性研究报告》;

五、其他有关说明资料。

第六条 海底电缆、管道的铺设施工,所有者应依照《规定》第六条,将所确定的路由及《路由调查、勘测报告》等有关资料一式五份,按本办法第四条报相应的审批机关审批。审批机关审批后发给铺设施工许可证。

外国的公司、企业和其他经济组织或个人在中国大陆架上进行上述活动的,所有者应在实施作业六十天前,将《规定》第六条要求提供的资料一式五份按本办法第四条报相应的审批机关,其确定的路由需经主管机关同意。

第七条 所有者在选择海底电缆、管道路由时,应顾及其他海洋开发利用,当路由需穿越重要渔捞作业区、海洋油气开采区、军事区、锚地和海底电缆、管道等并发生矛盾时,所有者应与有关当事方协商或报请主管机关协调解决。

设置海底排污管道应充分考虑排放海域的使用功能,排污口的位置应选择在远离海洋自然保护区、重要渔业水域、海水浴场、海滨风景游览区等区域的具有足够水深、海面宽阔、水体交换能力强等条件适当的场点,并符合国家的有关规定和标准。

第八条 《路由调查、勘测报告》应包括以下内容:

一、调查概况;

二、路由海区的气象与水文动力状况;

三、路由海区的工程地质条件；

四、与该海底电缆、管道工程建设和维护有关的其他海洋开发活动和海底设施；

五、有关政府机构在路由海区的开发利用规划；

六、路由条件的综合评价及其结论；

七、有关图件及其他调查资料。

第九条 《铺设海底管道工程对海洋资源和环境影响报告书》的内容应包括：

一、海底管道途径海域海洋资源和环境的状况；

二、海底管道海上铺设施工作业阶段及其正常使用阶段对周围海域海洋资源和生态环境及其他海洋开发利用活动影响的综合评价及对上述影响的解决办法；

三、海底管道事故状态对海洋资源和环境产生影响的评价及其应急措施。

第十条 获准的海底电缆、管道路由调查、勘测和铺设施工，在实施作业前或实施作业中如需变动（包括：路由、作业时间、作业计划、作业方式等变动），所有者应及时报告主管机关，如路由等变动较大，应报经主管机关批准。

海上作业者应持有主管机关签发的铺设施工许可证。

第十一条 铺设海底电缆、管道及其他海上作业，需要移动、切断已铺设的海底电缆、管道时，应当先与所有者协商，就交越施工的技术处理及损失赔偿等问题达成协议，并报经主管机关批准后方可施工。在协商和执行过程中，双方如有纠纷，可由主管机关协调解决。

第十二条 海底电缆、管道铺设施工完毕后九十天内，所有者应将海底电缆、管道准确路线图、位置表等说明资料一式五份报送主管机关备案，并抄送有关港务监督机关。

第十三条 海底电缆、管道的维修、改造、拆除，所有者应在实施作业三十天前，将作业内容、原因、时间、海区及作业船只等情况书面报告主管机关。海底电缆、管道的紧急修理，所有者可在维修船进入现场作业的同时,按上述内容向主管机关报告并说明紧急修理的理由。

外国船舶需要在中国内海、领海进行前款所述作业的,应经主管机关批准。

海底电缆、管道路由变动较大的改造,所有者事先应报经主管机关批准。

上述作业完毕后三十天内,所有者应将作业结果报告主管机关。

第十四条 海底电缆、管道的废弃,所有者应当在六十天前向主管机关书面报告,内容应包括:废弃的原因、废弃的准确时间、废弃部分的准确位置及处置办法,废弃部分对其他海洋开发利用可能产生的影响及采取的防治措施。

废弃的海底电缆、管道应当妥善处理,不得对正常海洋开发利用活动构成威胁或妨碍。

第十五条 海底电缆、管道的铺设、维修、拆除等海上施工作业,应兼顾其他海上正常开发利用活动,当两者在作业时间和作业海区等方面发生矛盾时,所有者应当与有关当事方协商解决或报主管机关协调解决。

第十六条 主管机关应将所辖海区已铺设或废弃的海底电缆、管道的路由情况定期予以公告。

第十七条 从事海上各种活动的作业者,应了解作业海区海底电缆、管道的布设情况。凡需在海底电缆、管道路由两侧各两海里(港内为两侧一百米)范围内从事可能危及海底电缆、管道安全和使用效能的作业的,应事先与所有者协商并报经主管机关批准。

第十八条 主管机关可对进行海底电缆、管道路由调查、勘测和铺设、维修、改造、拆除等活动的船舶进行监视或检查,进行上述活动的船舶应为主管机关海洋监察人员执行公务提供方便。

外国籍船舶在中国大陆架上进行前款所述的活动期间(包括作业、锚泊、检修、漂泊等),应于每天02时(格林威治时间)向主管机关报告船位:在中国的内海、领海进行前款所述的活动期间(包括作业、锚泊、检修、漂泊等),应于每天00、08时(格林威治时间)向主管机关报告船位。

第十九条 为海洋石油开发所铺设的海底电缆、管道,按下列要求报主管机关审批或备案:

一、对包含在油(气)田总体开发方案中的路由超出石油开发区的海底电缆、管道,所有者应在该方案审批前,将初选路由等资料一式五份按本办法第四条报相应的审批机关,由审批机关商国家能源部门审定。在实施上述路由调查、勘测六十天前,所有者应将《规定》第五条要求提供的资料报主管机关备案。在实施铺设施工六十天前,所有者应将最后确定的路由等资料一式五份,依照《规定》第六条的有关要求报主管机关批准,由主管机关发给铺设施工许可证;

二、对在石油开发区内铺设平台间或者平台与单点系泊间的海底电缆、管道,在实施路由调查、勘测和铺设施工六十天前,所有者应分别将《规定》第五条、第六条要求提供的资料报主管机关备案。

《规定》第十五条未作规定的情况,所有者应按《规定》和本办法的其他有关条款执行。

第二十条 对违反《规定》及本办法的,主管机关有权依其情节轻重,给予下列一种或几种处罚:警告、罚款和责令停止海上作业。

罚款分为以下几种:

一、凡有下列行为之一者,罚款最高额为人民币五千元:

(一)海上作业者未携带主管机关签发的铺设施工许可证的;

(二)未按本办法第十二条、第十九条的规定备案的;

(三)阻挠或妨碍主管机关海洋监察人员执行公务的。

二、凡有下列行为之一者,罚款最高额为人民币三万元:

(一)获准的路由调查、勘测或铺设施工发生变动,未按本办法第十条执行的;

(二)海底电缆、管道的铺设、维修、改造、拆除和废弃,未按本办法第十三条、第十四条、第十五条执行的;

(三)海底电缆、管道的铺设或者拆除等工程的遗留物未妥善处理，对正常的海洋开发利用活动构成威胁或妨碍的；

（四）违反本办法第十一条，移动已铺设的海底电缆、管道的；

（五）违反本办法第十七条，从事可能危及海底电缆、管道的安全和使用效能的作业的；

（六）外国籍船舶未按本办法的要求报告船位的。

三、凡有下列行为之一者，罚款最高额为人民币五万元：

（一）外国籍船舶在未经批准的海域作业或在获准的海域进行未经批准的作业的；

（二）未按《规定》和本办法报经主管机关批准，擅自进行海底电缆、管道路由调查、勘测的。

四、未按《规定》和本办法报经主管机关批准，擅自进行海底电缆、管道铺设施工的，罚款最高额为人民币十万元。

第二十一条 当事人对处罚决定不服的，可以在接到处罚通知之日起15日内，向作出处罚决定的机关的上一级机关申请复议；对复议决定不服的，可以在接到复议决定书之日起15日内，向人民法院起诉。当事人也可以在接到处罚通知之日起15日内直接向人民法院起诉。当事人逾期不申请复议，也不向人民法院起诉，又不履行处罚决定的，由作出处罚决定的机关申请人民法院强制执行。

第二十二条 违反《规定》和本办法，造成海洋资源、环境或海底电缆、管道等公私财产损害和海上正常秩序危害的，肇事者应承担赔偿责任。赔偿责任包括：

一、受害方经济收入的损失金额及被破坏海底电缆、管道的修复、更新费用；

二、清除、治理由于海底管道遭受损害而引起的污染所支付的费用和由于污染而引起的海洋资源的损失金额及为防止损害所采取的应急措施所支付的费用；

三、调查、处理损害事件的费用。

第二十三条 赔偿责任和赔偿金额的纠纷，当事人可请求主管机关进行调解处理。当事人也可依照民事诉讼程序向人民法院提起诉讼。涉外案件可以按仲裁程序解决。

第二十四条 请求赔偿的诉讼时效期间为二年，从受害方知道或应当知道受损害之日开始计算。

赔偿纠纷处理结束后，受害方不得就同一损害事件再次提出索赔要求。

第二十五条 由于不可抗拒的自然灾害或仅为了保全人命或船舶的正当目的，在采取避免破坏或损害的一切必要预防措施后，仍然发生了任何海底电缆、管道损坏的，可减轻或免除赔偿责任。

请求免予承担或减轻赔偿责任的作业者，可向主管机关提交报告。主管机关对免除或减轻责任的条件调查属实后，可作出免除或减轻赔偿责任的决定。

完全是由于第三者的故意或过失造成海底电缆、管道破坏或损害的，由第三者承担责任。

第二十六条 中国军用海底电缆、管道的铺设依照《规定》执行，具体实施办法由中国人民解放军根据《规定》和本办法制定。

第二十七条 《规定》及本办法下列用语的含义是：

一、"海底电缆、管道"系指位于大潮高潮线以下的军用和民用的海底通信电缆（含光缆）和电力电缆及输水（含工业废水、城市污水等）、输气、输油和输送其他物质的管状设施。

二、"内海"系指领海基线内侧的全部海域（包括海湾、海峡、海港、河口湾）。

三、"所有者"系指对海底电缆、管道拥有产权和所有权的法人和其他经济实体。

四、"路由变动较大"系指出于主观要求而非定位误差和施工技术手段的原因，而改变批准的或原有的路由，暂定为：在潮间带五百米以上、领海线以内一公里以上、领海线以外五公里以上。

五、"移动"系指海底电缆、管道的水平移位或垂直移位。

第二十八条 本办法由国家海洋局负责解释。

第二十九条 本办法自颁布之日起施行。

（三）项目招采

中华人民共和国招标投标法

（1999年8月30日第九届全国人民代表大会常务委员会第十一次会议通过 根据2017年12月27日第十二届全国人民代表大会常务委员会第三十一次会议《关于修改〈中华人民共和国招标投标法〉、〈中华人民共和国计量法〉的决定》修正 2017年12月27日公布 中华人民共和国主席令第86号 自2017年12月28日起实施）

第一章 总 则

第一条 为了规范招标投标活动，保护国家利益、社会公共利益和招标投标活动当事人的合法权益，提高经济效益，保证项目质量，制定本法。

第二条 在中华人民共和国境内进行招标投标活动，适用本法。

第三条 在中华人民共和国境内进行下列工程建设项目包括项目的勘察、设计、施工、监理以及与工程建设有关的重要设备、材料等的采购，必须进行招标：

（一）大型基础设施、公用事业等关系社会公共利益、公众安全的项目；

（二）全部或者部分使用国有资金投资或者国家融资的项目；

（三）使用国际组织或者外国政府贷款、援助资金的项目。

前款所列项目的具体范围和规模标准，由国务院发展计划部门会同国务院有关部门制订，报国务院批准。

法律或者国务院对必须进行招标的其他项目的范围有规定的，依照其规定。

第四条 任何单位和个人不得将依法必须进行招标的项目化整为零或者以其他任何方式规避招标。

第五条 招标投标活动应当遵循公开、公平、公正和诚实信用的原则。

第六条 依法必须进行招标的项目，其招标投标活动不受地区或者部门的限制。任何单位和个人不得违法限制或者排斥本地区、本系统以外的法人或者其他组织参加投标，不得以任何方式非法干涉招标投标活动。

第七条 招标投标活动及其当事人应当接受依法实施的监督。

有关行政监督部门依法对招标投标活动实施监督，依法查处招标投标活动中的违法行为。

对招标投标活动的行政监督及有关部门的具体职权划分，由国务院规定。

第二章　招　　标

第八条 招标人是依照本法规定提出招标项目、进行招标的法人或者其他组织。

第九条 招标项目按照国家有关规定需要履行项目审批手续的，应当先履行审批手续，取得批准。

招标人应当有进行招标项目的相应资金或者资金来源已经落实，并应当在招标文件中如实载明。

第十条 招标分为公开招标和邀请招标。

公开招标，是指招标人以招标公告的方式邀请不特定的法人或者其他组织投标。

邀请招标，是指招标人以投标邀请书的方式邀请特定的法人或者其他组织投标。

第十一条 国务院发展计划部门确定的国家重点项目和省、自治区、直辖市人民政府确定的地方重点项目不适宜公开招标的，经国务院发展计划部门或者省、自治区、直辖市人民政府批准，可以进行邀请招标。

第十二条 招标人有权自行选择招标代理机构，委托其办理招标事宜。任何单位和个人不得以任何方式为招标人指定招标代理机构。

招标人具有编制招标文件和组织评标能力的，可以自行办理招标事宜。任何单位和个人不得强制其委托招标代理机构办理招标事宜。

依法必须进行招标的项目，招标人自行办理招标事宜的，应当向有关行政监督部门备案。

第十三条 招标代理机构是依法设立、从事招标代理业务并提供相关服务的社会中介组织。

招标代理机构应当具备下列条件：

(一)有从事招标代理业务的营业场所和相应资金；

(二)有能够编制招标文件和组织评标的相应专业力量。

第十四条 招标代理机构与行政机关和其他国家机关不得存在隶属关系或者其他利益关系。

第十五条 招标代理机构应当在招标人委托的范围内办理招标事宜，并遵守本法关于招标人的规定。

第十六条 招标人采用公开招标方式的，应当发布招标公告。依法必须进行招标的项目的招标公告，应当通过国家指定的报刊、信息网络或者其他媒介发布。

招标公告应当载明招标人的名称和地址、招标项目的性质、数量、实施地点和时间以及获取招标文件的办法等事项。

第十七条 招标人采用邀请招标方式的，应当向三个以上具备承担招标项目的能力、资信良好的特定的法人或者其他组织发出投标邀请书。

投标邀请书应当载明本法第十六条第二款规定的事项。

第十八条 招标人可以根据招标项目本身的要求，在招标公告或者投标邀请书中，要求潜在投标人提供有关资质证明文件和业绩情况,并对潜在投标人进行资格审查;国家对投标人的资格条件有规定的,依照其规定。

招标人不得以不合理的条件限制或者排斥潜在投标人,不得对潜在投标人实行歧视待遇。

第十九条　招标人应当根据招标项目的特点和需要编制招标文件。招标文件应当包括招标项目的技术要求、对投标人资格审查的标准、投标报价要求和评标标准等所有实质性要求和条件以及拟签订合同的主要条款。

国家对招标项目的技术、标准有规定的,招标人应当按照其规定在招标文件中提出相应要求。

招标项目需要划分标段、确定工期的,招标人应当合理划分标段、确定工期,并在招标文件中载明。

第二十条　招标文件不得要求或者标明特定的生产供应者以及含有倾向或者排斥潜在投标人的其他内容。

第二十一条　招标人根据招标项目的具体情况,可以组织潜在投标人踏勘项目现场。

第二十二条　招标人不得向他人透露已获取招标文件的潜在投标人的名称、数量以及可能影响公平竞争的有关招标投标的其他情况。

招标人设有标底的,标底必须保密。

第二十三条　招标人对已发出的招标文件进行必要的澄清或者修改的,应当在招标文件要求提交投标文件截止时间至少十五日前,以书面形式通知所有招标文件收受人。该澄清或者修改的内容为招标文件的组成部分。

第二十四条　招标人应当确定投标人编制投标文件所需要的合理时间;但是,依法必须进行招标的项目,自招标文件开始发出之日起至投标人提交投标文件截止之日止,最短不得少于二十日。

第三章　投　　标

第二十五条　投标人是响应招标、参加投标竞争的法人或者其他组织。

依法招标的科研项目允许个人参加投标的，投标的个人适用本法有关投标人的规定。

第二十六条 投标人应当具备承担招标项目的能力；国家有关规定对投标人资格条件或者招标文件对投标人资格条件有规定的，投标人应当具备规定的资格条件。

第二十七条 投标人应当按照招标文件的要求编制投标文件。投标文件应当对招标文件提出的实质性要求和条件作出响应。

招标项目属于建设施工的，投标文件的内容应当包括拟派出的项目负责人与主要技术人员的简历、业绩和拟用于完成招标项目的机械设备等。

第二十八条 投标人应当在招标文件要求提交投标文件的截止时间前，将投标文件送达投标地点。招标人收到投标文件后，应当签收保存，不得开启。投标人少于三个的，招标人应当依照本法重新招标。

在招标文件要求提交投标文件的截止时间后送达的投标文件，招标人应当拒收。

第二十九条 投标人在招标文件要求提交投标文件的截止时间前，可以补充、修改或者撤回已提交的投标文件，并书面通知招标人。补充、修改的内容为投标文件的组成部分。

第三十条 投标人根据招标文件载明的项目实际情况，拟在中标后将中标项目的部分非主体、非关键性工作进行分包的，应当在投标文件中载明。

第三十一条 两个以上法人或者其他组织可以组成一个联合体，以一个投标人的身份共同投标。

联合体各方均应当具备承担招标项目的相应能力；国家有关规定或者招标文件对投标人资格条件有规定的，联合体各方均应当具备规定的相应资格条件。由同一专业的单位组成的联合体，按照资质等级较低的单位确定资质等级。

联合体各方应当签订共同投标协议,明确约定各方拟承担的工作和责任,并将共同投标协议连同投标文件一并提交招标人。联合体中标的,联合体各方应当共同与招标人签订合同,就中标项目向招标人承担连带责任。

招标人不得强制投标人组成联合体共同投标,不得限制投标人之间的竞争。

第三十二条 投标人不得相互串通投标报价,不得排挤其他投标人的公平竞争,损害招标人或者其他投标人的合法权益。

投标人不得与招标人串通投标,损害国家利益、社会公共利益或者他人的合法权益。

禁止投标人以向招标人或者评标委员会成员行贿的手段谋取中标。

第三十三条 投标人不得以低于成本的报价竞标,也不得以他人名义投标或者以其他方式弄虚作假,骗取中标。

第四章 开标、评标和中标

第三十四条 开标应当在招标文件确定的提交投标文件截止时间的同一时间公开进行;开标地点应当为招标文件中预先确定的地点。

第三十五条 开标由招标人主持,邀请所有投标人参加。

第三十六条 开标时,由投标人或者其推选的代表检查投标文件的密封情况,也可以由招标人委托的公证机构检查并公证;经确认无误后,由工作人员当众拆封,宣读投标人名称、投标价格和投标文件的其他主要内容。

招标人在招标文件要求提交投标文件的截止时间前收到的所有投标文件,开标时都应当当众予以拆封、宣读。

开标过程应当记录,并存档备查。

第三十七条 评标由招标人依法组建的评标委员会负责。

依法必须进行招标的项目,其评标委员会由招标人的代表和有关技术、经济等方面的专家组成,成员人数为五人以上单数,其中技术、经济等方面的专家不得少于成员总数的三分之二。

前款专家应当从事相关领域工作满八年并具有高级职称或者具有同等专业水平,由招标人从国务院有关部门或者省、自治区、直辖市人民政府有关部门提供的专家名册或者招标代理机构的专家库内的相关专业的专家名单中确定;一般招标项目可以采取随机抽取方式,特殊招标项目可以由招标人直接确定。

与投标人有利害关系的人不得进入相关项目的评标委员会;已经进入的应当更换。

评标委员会成员的名单在中标结果确定前应当保密。

第三十八条 招标人应当采取必要的措施,保证评标在严格保密的情况下进行。

任何单位和个人不得非法干预、影响评标的过程和结果。

第三十九条 评标委员会可以要求投标人对投标文件中含义不明确的内容作必要的澄清或者说明,但是澄清或者说明不得超出投标文件的范围或者改变投标文件的实质性内容。

第四十条 评标委员会应当按照招标文件确定的评标标准和方法,对投标文件进行评审和比较;设有标底的,应当参考标底。评标委员会完成评标后,应当向招标人提出书面评标报告,并推荐合格的中标候选人。

招标人根据评标委员会提出的书面评标报告和推荐的中标候选人确定中标人。招标人也可以授权评标委员会直接确定中标人。

国务院对特定招标项目的评标有特别规定的,从其规定。

第四十一条 中标人的投标应当符合下列条件之一:

(一)能够最大限度地满足招标文件中规定的各项综合评价标准;

(二)能够满足招标文件的实质性要求,并且经评审的投标价格最低;但是投标价格低于成本的除外。

第四十二条 评标委员会经评审,认为所有投标都不符合招标文件要求的,可以否决所有投标。

依法必须进行招标的项目的所有投标被否决的，招标人应当依照本法重新招标。

第四十三条 在确定中标人前，招标人不得与投标人就投标价格、投标方案等实质性内容进行谈判。

第四十四条 评标委员会成员应当客观、公正地履行职务，遵守职业道德，对所提出的评审意见承担个人责任。

评标委员会成员不得私下接触投标人，不得收受投标人的财物或者其他好处。

评标委员会成员和参与评标的有关工作人员不得透露对投标文件的评审和比较、中标候选人的推荐情况以及与评标有关的其他情况。

第四十五条 中标人确定后，招标人应当向中标人发出中标通知书，并同时将中标结果通知所有未中标的投标人。

中标通知书对招标人和中标人具有法律效力。中标通知书发出后，招标人改变中标结果的，或者中标人放弃中标项目的，应当依法承担法律责任。

第四十六条 招标人和中标人应当自中标通知书发出之日起三十日内，按照招标文件和中标人的投标文件订立书面合同。招标人和中标人不得再行订立背离合同实质性内容的其他协议。

招标文件要求中标人提交履约保证金的，中标人应当提交。

第四十七条 依法必须进行招标的项目，招标人应当自确定中标人之日起十五日内，向有关行政监督部门提交招标投标情况的书面报告。

第四十八条 中标人应当按照合同约定履行义务，完成中标项目。中标人不得向他人转让中标项目，也不得将中标项目肢解后分别向他人转让。

中标人按照合同约定或者经招标人同意，可以将中标项目的部分非主体、非关键性工作分包给他人完成。接受分包的人应当具备相应的资格条件，并不得再次分包。

中标人应当就分包项目向招标人负责，接受分包的人就分包项目承担连带责任。

第五章 法律责任

第四十九条 违反本法规定，必须进行招标的项目而不招标的，将必须进行招标的项目化整为零或者以其他任何方式规避招标的，责令限期改正，可以处项目合同金额千分之五以上千分之十以下的罚款；对全部或者部分使用国有资金的项目，可以暂停项目执行或者暂停资金拨付；对单位直接负责的主管人员和其他直接责任人员依法给予处分。

第五十条 招标代理机构违反本法规定，泄露应当保密的与招标投标活动有关的情况和资料的，或者与招标人、投标人串通损害国家利益、社会公共利益或者他人合法权益的，处五万元以上二十五万元以下的罚款；对单位直接负责的主管人员和其他直接责任人员处单位罚款数额百分之五以上百分之十以下的罚款；有违法所得的，并处没收违法所得；情节严重的，禁止其一年至二年内代理依法必须进行招标的项目并予以公告，直至由工商行政管理机关吊销营业执照；构成犯罪的，依法追究刑事责任。给他人造成损失的，依法承担赔偿责任。

前款所列行为影响中标结果的，中标无效。

第五十一条 招标人以不合理的条件限制或者排斥潜在投标人的，对潜在投标人实行歧视待遇的，强制要求投标人组成联合体共同投标的，或者限制投标人之间竞争的，责令改正，可以处一万元以上五万元以下的罚款。

第五十二条 依法必须进行招标的项目的招标人向他人透露已获取招标文件的潜在投标人的名称、数量或者可能影响公平竞争的有关招标投标的其他情况的，或者泄露标底的，给予警告，可以并处一万元以上十万元以下的罚款；对单位直接负责的主管人员和其他直接责任人员依法给予处分；构成犯罪的，依法追究刑事责任。

前款所列行为影响中标结果的，中标无效。

第五十三条　投标人相互串通投标或者与招标人串通投标的，投标人以向招标人或者评标委员会成员行贿的手段谋取中标的，中标无效，处中标项目金额千分之五以上千分之十以下的罚款，对单位直接负责的主管人员和其他直接责任人员处单位罚款数额百分之五以上百分之十以下的罚款；有违法所得的，并处没收违法所得；情节严重的，取消其一年至二年内参加依法必须进行招标的项目的投标资格并予以公告，直至由工商行政管理机关吊销营业执照；构成犯罪的，依法追究刑事责任。给他人造成损失的，依法承担赔偿责任。

第五十四条　投标人以他人名义投标或者以其他方式弄虚作假，骗取中标的，中标无效，给招标人造成损失的，依法承担赔偿责任；构成犯罪的，依法追究刑事责任。

依法必须进行招标的项目的投标人有前款所列行为尚未构成犯罪的，处中标项目金额千分之五以上千分之十以下的罚款，对单位直接负责的主管人员和其他直接责任人员处单位罚款数额百分之五以上百分之十以下的罚款；有违法所得的，并处没收违法所得；情节严重的，取消其一年至三年内参加依法必须进行招标的项目的投标资格并予以公告，直至由工商行政管理机关吊销营业执照。

第五十五条　依法必须进行招标的项目，招标人违反本法规定，与投标人就投标价格、投标方案等实质性内容进行谈判的，给予警告，对单位直接负责的主管人员和其他直接责任人员依法给予处分。

前款所列行为影响中标结果的，中标无效。

第五十六条　评标委员会成员收受投标人的财物或者其他好处的，评标委员会成员或者参加评标的有关工作人员向他人透露对投标文件的评审和比较、中标候选人的推荐以及与评标有关的其他情况的，给予警告，没收收受的财物，可以并处三千元以上五万元以下的罚款，对有所列违法行为的评标委员会成员取消担任评标委员会成员的资格，不得再参加任何依法必须进行招标的项目的评标；构成犯罪的，依法追究刑事责任。

第五十七条 招标人在评标委员会依法推荐的中标候选人以外确定中标人的，依法必须进行招标的项目在所有投标被评标委员会否决后自行确定中标人的，中标无效，责令改正，可以处中标项目金额千分之五以上千分之十以下的罚款；对单位直接负责的主管人员和其他直接责任人员依法给予处分。

第五十八条 中标人将中标项目转让给他人的，将中标项目肢解后分别转让给他人的，违反本法规定将中标项目的部分主体、关键性工作分包给他人的，或者分包人再次分包的，转让、分包无效，处转让、分包项目金额千分之五以上千分之十以下的罚款；有违法所得的，并处没收违法所得；可以责令停业整顿；情节严重的，由工商行政管理机关吊销营业执照。

第五十九条 招标人与中标人不按照招标文件和中标人的投标文件订立合同的，或者招标人、中标人订立背离合同实质性内容的协议的，责令改正；可以处中标项目金额千分之五以上千分之十以下的罚款。

第六十条 中标人不履行与招标人订立的合同的，履约保证金不予退还，给招标人造成的损失超过履约保证金数额的，还应当对超过部分予以赔偿；没有提交履约保证金的，应当对招标人的损失承担赔偿责任。

中标人不按照与招标人订立的合同履行义务，情节严重的，取消其二年至五年内参加依法必须进行招标的项目的投标资格并予以公告，直至由工商行政管理机关吊销营业执照。

因不可抗力不能履行合同的，不适用前两款规定。

第六十一条 本章规定的行政处罚，由国务院规定的有关行政监督部门决定。本法已对实施行政处罚的机关作出规定的除外。

第六十二条 任何单位违反本法规定，限制或者排斥本地区、本系统以外的法人或者其他组织参加投标的，为招标人指定招标代理机构的，强制招标人委托招标代理机构办理招标事宜的，或者以其他方式干涉招标投标活动的，责令改正；对单位直接负责的主管人员和其他直接责任人员依法给予警告、记过、记大过的处分，情节较重的，依法给予降级、撤职、开除的处分。

个人利用职权进行前款违法行为的，依照前款规定追究责任。

第六十三条　对招标投标活动依法负有行政监督职责的国家机关工作人员徇私舞弊、滥用职权或者玩忽职守，构成犯罪的，依法追究刑事责任；不构成犯罪的，依法给予行政处分。

第六十四条　依法必须进行招标的项目违反本法规定，中标无效的，应当依照本法规定的中标条件从其余投标人中重新确定中标人或者依照本法重新进行招标。

第六章　附　　则

第六十五条　投标人和其他利害关系人认为招标投标活动不符合本法有关规定的，有权向招标人提出异议或者依法向有关行政监督部门投诉。

第六十六条　涉及国家安全、国家秘密、抢险救灾或者属于利用扶贫资金实行以工代赈、需要使用农民工等特殊情况，不适宜进行招标的项目，按照国家有关规定可以不进行招标。

第六十七条　使用国际组织或者外国政府贷款、援助资金的项目进行招标，贷款方、资金提供方对招标投标的具体条件和程序有不同规定的，可以适用其规定，但违背中华人民共和国的社会公共利益的除外。

第六十八条　本法自2000年1月1日起施行。

中华人民共和国招标投标法实施条例

（2011年12月20日国务院令第613号公布　根据2017年3月1日《国务院关于修改和废止部分行政法规的决定》第一次修订　根据2018年3月19日《国务院关于修改和废止部分行政法规的决定》第二次修订　根据2019年3月2日《国务院关于修改部分行政法规的决定》第三次修订　2019年3月2日公布　国务院令第709号　自2019年3月2日起实施）

第一章　总　　则

第一条　为了规范招标投标活动，根据《中华人民共和国招标投标法》（以下简称招标投标法），制定本条例。

第二条　招标投标法第三条所称工程建设项目，是指工程以及与工程建设有关的货物、服务。

前款所称工程，是指建设工程，包括建筑物和构筑物的新建、改建、扩建及其相关的装修、拆除、修缮等；所称与工程建设有关的货物，是指构成工程不可分割的组成部分，且为实现工程基本功能所必需的设备、材料等；所称与工程建设有关的服务，是指为完成工程所需的勘察、设计、监理等服务。

第三条　依法必须进行招标的工程建设项目的具体范围和规模标准，由国务院发展改革部门会同国务院有关部门制订，报国务院批准后公布施行。

第四条　国务院发展改革部门指导和协调全国招标投标工作，对国家重大建设项目的工程招标投标活动实施监督检查。国务院工业和信息化、住房城乡建设、交通运输、铁道、水利、商务等部门，按照规定的职责分工对有关招标投标活动实施监督。

县级以上地方人民政府发展改革部门指导和协调本行政区域的招标投标工作。县级以上地方人民政府有关部门按照规定的职责分工,对招标投标活动实施监督,依法查处招标投标活动中的违法行为。县级以上地方人民政府对其所属部门有关招标投标活动的监督职责分工另有规定的,从其规定。

财政部门依法对实行招标投标的政府采购工程建设项目的政府采购政策执行情况实施监督。

监察机关依法对与招标投标活动有关的监察对象实施监察。

第五条 设区的市级以上地方人民政府可以根据实际需要,建立统一规范的招标投标交易场所,为招标投标活动提供服务。招标投标交易场所不得与行政监督部门存在隶属关系,不得以营利为目的。

国家鼓励利用信息网络进行电子招标投标。

第六条 禁止国家工作人员以任何方式非法干涉招标投标活动。

第二章 招 标

第七条 按照国家有关规定需要履行项目审批、核准手续的依法必须进行招标的项目,其招标范围、招标方式、招标组织形式应当报项目审批、核准部门审批、核准。项目审批、核准部门应当及时将审批、核准确定的招标范围、招标方式、招标组织形式通报有关行政监督部门。

第八条 国有资金占控股或者主导地位的依法必须进行招标的项目,应当公开招标;但有下列情形之一的,可以邀请招标:

(一)技术复杂、有特殊要求或者受自然环境限制,只有少量潜在投标人可供选择;

(二)采用公开招标方式的费用占项目合同金额的比例过大。

有前款第二项所列情形,属于本条例第七条规定的项目,由项目审批、核准部门在审批、核准项目时作出认定;其他项目由招标人申请有关行政监督部门作出认定。

第九条 除招标投标法第六十六条规定的可以不进行招标的特殊情况外，有下列情形之一的，可以不进行招标：

（一）需要采用不可替代的专利或者专有技术；

（二）采购人依法能够自行建设、生产或者提供；

（三）已通过招标方式选定的特许经营项目投资人依法能够自行建设、生产或者提供；

（四）需要向原中标人采购工程、货物或者服务，否则将影响施工或者功能配套要求；

（五）国家规定的其他特殊情形。

招标人为适用前款规定弄虚作假的，属于招标投标法第四条规定的规避招标。

第十条 招标投标法第十二条第二款规定的招标人具有编制招标文件和组织评标能力，是指招标人具有与招标项目规模和复杂程度相适应的技术、经济等方面的专业人员。

第十一条 国务院住房城乡建设、商务、发展改革、工业和信息化等部门，按照规定的职责分工对招标代理机构依法实施监督管理。

第十二条 招标代理机构应当拥有一定数量的具备编制招标文件、组织评标等相应能力的专业人员。

第十三条 招标代理机构在招标人委托的范围内开展招标代理业务，任何单位和个人不得非法干涉。

招标代理机构代理招标业务，应当遵守招标投标法和本条例关于招标人的规定。招标代理机构不得在所代理的招标项目中投标或者代理投标，也不得为所代理的招标项目的投标人提供咨询。

第十四条 招标人应当与被委托的招标代理机构签订书面委托合同，合同约定的收费标准应当符合国家有关规定。

第十五条 公开招标的项目，应当依照招标投标法和本条例的规定发布招标公告、编制招标文件。

招标人采用资格预审办法对潜在投标人进行资格审查的，应当发布资格预审公告、编制资格预审文件。

依法必须进行招标的项目的资格预审公告和招标公告，应当在国务院发展改革部门依法指定的媒介发布。在不同媒介发布的同一招标项目的资格预审公告或者招标公告的内容应当一致。指定媒介发布依法必须进行招标的项目的境内资格预审公告、招标公告，不得收取费用。

编制依法必须进行招标的项目的资格预审文件和招标文件，应当使用国务院发展改革部门会同有关行政监督部门制定的标准文本。

第十六条 招标人应当按照资格预审公告、招标公告或者投标邀请书规定的时间、地点发售资格预审文件或者招标文件。资格预审文件或者招标文件的发售期不得少于5日。

招标人发售资格预审文件、招标文件收取的费用应当限于补偿印刷、邮寄的成本支出，不得以营利为目的。

第十七条 招标人应当合理确定提交资格预审申请文件的时间。依法必须进行招标的项目提交资格预审申请文件的时间，自资格预审文件停止发售之日起不得少于5日。

第十八条 资格预审应当按照资格预审文件载明的标准和方法进行。

国有资金占控股或者主导地位的依法必须进行招标的项目，招标人应当组建资格审查委员会审查资格预审申请文件。资格审查委员会及其成员应当遵守招标投标法和本条例有关评标委员会及其成员的规定。

第十九条 资格预审结束后，招标人应当及时向资格预审申请人发出资格预审结果通知书。未通过资格预审的申请人不具有投标资格。

通过资格预审的申请人少于3个的，应当重新招标。

第二十条 招标人采用资格后审办法对投标人进行资格审查的，应当在开标后由评标委员会按照招标文件规定的标准和方法对投标人的资格进行审查。

第二十一条 招标人可以对已发出的资格预审文件或者招标文

件进行必要的澄清或者修改。澄清或者修改的内容可能影响资格预审申请文件或者投标文件编制的,招标人应当在提交资格预审申请文件截止时间至少3日前,或者投标截止时间至少15日前,以书面形式通知所有获取资格预审文件或者招标文件的潜在投标人;不足3日或者15日的,招标人应当顺延提交资格预审申请文件或者投标文件的截止时间。

第二十二条 潜在投标人或者其他利害关系人对资格预审文件有异议的,应当在提交资格预审申请文件截止时间2日前提出;对招标文件有异议的,应当在投标截止时间10日前提出。招标人应当自收到异议之日起3日内作出答复;作出答复前,应当暂停招标投标活动。

第二十三条 招标人编制的资格预审文件、招标文件的内容违反法律、行政法规的强制性规定,违反公开、公平、公正和诚实信用原则,影响资格预审结果或者潜在投标人投标的,依法必须进行招标的项目的招标人应当在修改资格预审文件或者招标文件后重新招标。

第二十四条 招标人对招标项目划分标段的,应当遵守招标投标法的有关规定,不得利用划分标段限制或者排斥潜在投标人。依法必须进行招标的项目的招标人不得利用划分标段规避招标。

第二十五条 招标人应当在招标文件中载明投标有效期。投标有效期从提交投标文件的截止之日起算。

第二十六条 招标人在招标文件中要求投标人提交投标保证金的,投标保证金不得超过招标项目估算价的2%。投标保证金有效期应当与投标有效期一致。

依法必须进行招标的项目的境内投标单位,以现金或者支票形式提交的投标保证金应当从其基本账户转出。

招标人不得挪用投标保证金。

第二十七条 招标人可以自行决定是否编制标底。一个招标项目只能有一个标底。标底必须保密。

接受委托编制标底的中介机构不得参加受托编制标底项目的投

标，也不得为该项目的投标人编制投标文件或者提供咨询。

招标人设有最高投标限价的，应当在招标文件中明确最高投标限价或者最高投标限价的计算方法。招标人不得规定最低投标限价。

第二十八条 招标人不得组织单个或者部分潜在投标人踏勘项目现场。

第二十九条 招标人可以依法对工程以及与工程建设有关的货物、服务全部或者部分实行总承包招标。以暂估价形式包括在总承包范围内的工程、货物、服务属于依法必须进行招标的项目范围且达到国家规定规模标准的，应当依法进行招标。

前款所称暂估价，是指总承包招标时不能确定价格而由招标人在招标文件中暂时估定的工程、货物、服务的金额。

第三十条 对技术复杂或者无法精确拟定技术规格的项目，招标人可以分两阶段进行招标。

第一阶段，投标人按照招标公告或者投标邀请书的要求提交不带报价的技术建议，招标人根据投标人提交的技术建议确定技术标准和要求，编制招标文件。

第二阶段，招标人向在第一阶段提交技术建议的投标人提供招标文件，投标人按照招标文件的要求提交包括最终技术方案和投标报价的投标文件。

招标人要求投标人提交投标保证金的，应当在第二阶段提出。

第三十一条 招标人终止招标的，应当及时发布公告，或者以书面形式通知被邀请的或者已经获取资格预审文件、招标文件的潜在投标人。已经发售资格预审文件、招标文件或者已经收取投标保证金的，招标人应当及时退还所收取的资格预审文件、招标文件的费用，以及所收取的投标保证金及银行同期存款利息。

第三十二条 招标人不得以不合理的条件限制、排斥潜在投标人或者投标人。

招标人有下列行为之一的，属于以不合理条件限制、排斥潜在投标人或者投标人：

（一）就同一招标项目向潜在投标人或者投标人提供有差别的项目信息；

（二）设定的资格、技术、商务条件与招标项目的具体特点和实际需要不相适应或者与合同履行无关；

（三）依法必须进行招标的项目以特定行政区域或者特定行业的业绩、奖项作为加分条件或者中标条件；

（四）对潜在投标人或者投标人采取不同的资格审查或者评标标准；

（五）限定或者指定特定的专利、商标、品牌、原产地或者供应商；

（六）依法必须进行招标的项目非法限定潜在投标人或者投标人的所有制形式或者组织形式；

（七）以其他不合理条件限制、排斥潜在投标人或者投标人。

第三章　投　　标

第三十三条　投标人参加依法必须进行招标的项目的投标，不受地区或者部门的限制，任何单位和个人不得非法干涉。

第三十四条　与招标人存在利害关系可能影响招标公正性的法人、其他组织或者个人，不得参加投标。

单位负责人为同一人或者存在控股、管理关系的不同单位，不得参加同一标段投标或者未划分标段的同一招标项目投标。

违反前两款规定的，相关投标均无效。

第三十五条　投标人撤回已提交的投标文件，应当在投标截止时间前书面通知招标人。招标人已收取投标保证金的，应当自收到投标人书面撤回通知之日起5日内退还。

投标截止后投标人撤销投标文件的，招标人可以不退还投标保证金。

第三十六条　未通过资格预审的申请人提交的投标文件，以及逾期送达或者不按照招标文件要求密封的投标文件，招标人应当拒收。

招标人应当如实记载投标文件的送达时间和密封情况，并存档备查。

第三十七条　招标人应当在资格预审公告、招标公告或者投标邀请书中载明是否接受联合体投标。

招标人接受联合体投标并进行资格预审的，联合体应当在提交资格预审申请文件前组成。资格预审后联合体增减、更换成员的，其投标无效。

联合体各方在同一招标项目中以自己名义单独投标或者参加其他联合体投标的，相关投标均无效。

第三十八条　投标人发生合并、分立、破产等重大变化的，应当及时书面告知招标人。投标人不再具备资格预审文件、招标文件规定的资格条件或者其投标影响招标公正性的，其投标无效。

第三十九条　禁止投标人相互串通投标。

有下列情形之一的，属于投标人相互串通投标：

（一）投标人之间协商投标报价等投标文件的实质性内容；

（二）投标人之间约定中标人；

（三）投标人之间约定部分投标人放弃投标或者中标；

（四）属于同一集团、协会、商会等组织成员的投标人按照该组织要求协同投标；

（五）投标人之间为谋取中标或者排斥特定投标人而采取的其他联合行动。

第四十条　有下列情形之一的，视为投标人相互串通投标：

（一）不同投标人的投标文件由同一单位或者个人编制；

（二）不同投标人委托同一单位或者个人办理投标事宜；

（三）不同投标人的投标文件载明的项目管理成员为同一人；

（四）不同投标人的投标文件异常一致或者投标报价呈规律性差异；

（五）不同投标人的投标文件相互混装；

（六）不同投标人的投标保证金从同一单位或者个人的账户转出。

第四十一条　禁止招标人与投标人串通投标。

有下列情形之一的,属于招标人与投标人串通投标:

(一)招标人在开标前开启投标文件并将有关信息泄露给其他投标人;

(二)招标人直接或者间接向投标人泄露标底、评标委员会成员等信息;

(三)招标人明示或者暗示投标人压低或者抬高投标报价;

(四)招标人授意投标人撤换、修改投标文件;

(五)招标人明示或者暗示投标人为特定投标人中标提供方便;

(六)招标人与投标人为谋求特定投标人中标而采取的其他串通行为。

第四十二条 使用通过受让或者租借等方式获取的资格、资质证书投标的,属于招标投标法第三十三条规定的以他人名义投标。

投标人有下列情形之一的,属于招标投标法第三十三条规定的以其他方式弄虚作假的行为:

(一)使用伪造、变造的许可证件;

(二)提供虚假的财务状况或者业绩;

(三)提供虚假的项目负责人或者主要技术人员简历、劳动关系证明;

(四)提供虚假的信用状况;

(五)其他弄虚作假的行为。

第四十三条 提交资格预审申请文件的申请人应当遵守招标投标法和本条例有关投标人的规定。

第四章 开标、评标和中标

第四十四条 招标人应当按照招标文件规定的时间、地点开标。

投标人少于3个的,不得开标;招标人应当重新招标。

投标人对开标有异议的,应当在开标现场提出,招标人应当当场作出答复,并制作记录。

第四十五条 国家实行统一的评标专家专业分类标准和管理办

法。具体标准和办法由国务院发展改革部门会同国务院有关部门制定。

省级人民政府和国务院有关部门应当组建综合评标专家库。

第四十六条 除招标投标法第三十七条第三款规定的特殊招标项目外,依法必须进行招标的项目,其评标委员会的专家成员应当从评标专家库内相关专业的专家名单中以随机抽取方式确定。任何单位和个人不得以明示、暗示等任何方式指定或者变相指定参加评标委员会的专家成员。

依法必须进行招标的项目的招标人非因招标投标法和本条例规定的事由,不得更换依法确定的评标委员会成员。更换评标委员会的专家成员应当依照前款规定进行。

评标委员会成员与投标人有利害关系的,应当主动回避。

有关行政监督部门应当按照规定的职责分工,对评标委员会成员的确定方式、评标专家的抽取和评标活动进行监督。行政监督部门的工作人员不得担任本部门负责监督项目的评标委员会成员。

第四十七条 招标投标法第三十七条第三款所称特殊招标项目,是指技术复杂、专业性强或者国家有特殊要求,采取随机抽取方式确定的专家难以保证胜任评标工作的项目。

第四十八条 招标人应当向评标委员会提供评标所必需的信息,但不得明示或者暗示其倾向或者排斥特定投标人。

招标人应当根据项目规模和技术复杂程度等因素合理确定评标时间。超过三分之一的评标委员会成员认为评标时间不够的,招标人应当适当延长。

评标过程中,评标委员会成员有回避事由、擅离职守或者因健康等原因不能继续评标的,应当及时更换。被更换的评标委员会成员作出的评审结论无效,由更换后的评标委员会成员重新进行评审。

第四十九条 评标委员会成员应当依照招标投标法和本条例的规定,按照招标文件规定的评标标准和方法,客观、公正地对投标文件提出评审意见。招标文件没有规定的评标标准和方法不得作为评标的依据。

评标委员会成员不得私下接触投标人,不得收受投标人给予的财物或者其他好处,不得向招标人征询确定中标人的意向,不得接受任何单位或者个人明示或者暗示提出的倾向或者排斥特定投标人的要求,不得有其他不客观、不公正履行职务的行为。

第五十条 招标项目设有标底的,招标人应当在开标时公布。标底只能作为评标的参考,不得以投标报价是否接近标底作为中标条件,也不得以投标报价超过标底上下浮动范围作为否决投标的条件。

第五十一条 有下列情形之一的,评标委员会应当否决其投标:

(一)投标文件未经投标单位盖章和单位负责人签字;

(二)投标联合体没有提交共同投标协议;

(三)投标人不符合国家或者招标文件规定的资格条件;

(四)同一投标人提交两个以上不同的投标文件或者投标报价,但招标文件要求提交备选投标的除外;

(五)投标报价低于成本或者高于招标文件设定的最高投标限价;

(六)投标文件没有对招标文件的实质性要求和条件作出响应;

(七)投标人有串通投标、弄虚作假、行贿等违法行为。

第五十二条 投标文件中有含义不明确的内容、明显文字或者计算错误,评标委员会认为需要投标人作出必要澄清、说明的,应当书面通知该投标人。投标人的澄清、说明应当采用书面形式,并不得超出投标文件的范围或者改变投标文件的实质性内容。

评标委员会不得暗示或者诱导投标人作出澄清、说明,不得接受投标人主动提出的澄清、说明。

第五十三条 评标完成后,评标委员会应当向招标人提交书面评标报告和中标候选人名单。中标候选人应当不超过 3 个,并标明排序。

评标报告应当由评标委员会全体成员签字。对评标结果有不同意见的评标委员会成员应当以书面形式说明其不同意见和理由,评标报告应当注明该不同意见。评标委员会成员拒绝在评标报告上签字又不书面说明其不同意见和理由的，视为同意评标结果。

第五十四条 依法必须进行招标的项目，招标人应当自收到评标报告之日起3日内公示中标候选人，公示期不得少于3日。

投标人或者其他利害关系人对依法必须进行招标的项目的评标结果有异议的，应当在中标候选人公示期间提出。招标人应当自收到异议之日起3日内作出答复；作出答复前，应当暂停招标投标活动。

第五十五条 国有资金占控股或者主导地位的依法必须进行招标的项目，招标人应当确定排名第一的中标候选人为中标人。排名第一的中标候选人放弃中标、因不可抗力不能履行合同、不按照招标文件要求提交履约保证金，或者被查实存在影响中标结果的违法行为等情形，不符合中标条件的，招标人可以按照评标委员会提出的中标候选人名单排序依次确定其他中标候选人为中标人，也可以重新招标。

第五十六条 中标候选人的经营、财务状况发生较大变化或者存在违法行为，招标人认为可能影响其履约能力的，应当在发出中标通知书前由原评标委员会按照招标文件规定的标准和方法审查确认。

第五十七条 招标人和中标人应当依照招标投标法和本条例的规定签订书面合同，合同的标的、价款、质量、履行期限等主要条款应当与招标文件和中标人的投标文件的内容一致。招标人和中标人不得再行订立背离合同实质性内容的其他协议。

招标人最迟应当在书面合同签订后5日内向中标人和未中标的投标人退还投标保证金及银行同期存款利息。

第五十八条 招标文件要求中标人提交履约保证金的，中标人应当按照招标文件的要求提交。履约保证金不得超过中标合同金额的10%。

第五十九条 中标人应当按照合同约定履行义务，完成中标项目。中标人不得向他人转让中标项目，也不得将中标项目肢解后分别向他人转让。

中标人按照合同约定或者经招标人同意，可以将中标项目的部分非主体、非关键性工作分包给他人完成。接受分包的人应当具备相应的资格条件,并不得再次分包。

中标人应当就分包项目向招标人负责,接受分包的人就分包项目承担连带责任。

第五章 投诉与处理

第六十条 投标人或者其他利害关系人认为招标投标活动不符合法律、行政法规规定的,可以自知道或者应当知道之日起10日内向有关行政监督部门投诉。投诉应当有明确的请求和必要的证明材料。

就本条例第二十二条、第四十四条、第五十四条规定事项投诉的,应当先向招标人提出异议,异议答复期间不计算在前款规定的期限内。

第六十一条 投诉人就同一事项向两个以上有权受理的行政监督部门投诉的,由最先收到投诉的行政监督部门负责处理。

行政监督部门应当自收到投诉之日起3个工作日内决定是否受理投诉,并自受理投诉之日起30个工作日内作出书面处理决定;需要检验、检测、鉴定、专家评审的,所需时间不计算在内。

投诉人捏造事实、伪造材料或者以非法手段取得证明材料进行投诉的,行政监督部门应当予以驳回。

第六十二条 行政监督部门处理投诉,有权查阅、复制有关文件、资料,调查有关情况,相关单位和人员应当予以配合。必要时,行政监督部门可以责令暂停招标投标活动。

行政监督部门的工作人员对监督检查过程中知悉的国家秘密、商业秘密,应当依法予以保密。

第六章 法 律 责 任

第六十三条 招标人有下列限制或者排斥潜在投标人行为之一的,由有关行政监督部门依照招标投标法第五十一条的规定处罚:

(一)依法应当公开招标的项目不按照规定在指定媒介发布资格预审公告或者招标公告;

（二）在不同媒介发布的同一招标项目的资格预审公告或者招标公告的内容不一致，影响潜在投标人申请资格预审或者投标。

依法必须进行招标的项目的招标人不按照规定发布资格预审公告或者招标公告，构成规避招标的，依照招标投标法第四十九条的规定处罚。

第六十四条 招标人有下列情形之一的，由有关行政监督部门责令改正，可以处10万元以下的罚款：

（一）依法应当公开招标而采用邀请招标；

（二）招标文件、资格预审文件的发售、澄清、修改的时限，或者确定的提交资格预审申请文件、投标文件的时限不符合招标投标法和本条例规定；

（三）接受未通过资格预审的单位或者个人参加投标；

（四）接受应当拒收的投标文件。

招标人有前款第一项、第三项、第四项所列行为之一的，对单位直接负责的主管人员和其他直接责任人员依法给予处分。

第六十五条 招标代理机构在所代理的招标项目中投标、代理投标或者向该项目投标人提供咨询的，接受委托编制标底的中介机构参加受托编制标底项目的投标或者为该项目的投标人编制投标文件、提供咨询的，依照招标投标法第五十条的规定追究法律责任。

第六十六条 招标人超过本条例规定的比例收取投标保证金、履约保证金或者不按照规定退还投标保证金及银行同期存款利息的，由有关行政监督部门责令改正，可以处5万元以下的罚款；给他人造成损失的，依法承担赔偿责任。

第六十七条 投标人相互串通投标或者与招标人串通投标的，投标人向招标人或者评标委员会成员行贿谋取中标的，中标无效；构成犯罪的，依法追究刑事责任；尚不构成犯罪的，依照招标投标法第五十三条的规定处罚。投标人未中标的，对单位的罚款金额按照招标项目合同金额依照招标投标法规定的比例计算。

投标人有下列行为之一的，属于招标投标法第五十三条规定的情

节严重行为,由有关行政监督部门取消其1年至2年内参加依法必须进行招标的项目的投标资格:

(一)以行贿谋取中标;

(二)3年内2次以上串通投标;

(三)串通投标行为损害招标人、其他投标人或者国家、集体、公民的合法利益,造成直接经济损失30万元以上;

(四)其他串通投标情节严重的行为。

投标人自本条第二款规定的处罚执行期限届满之日起3年内又有该款所列违法行为之一的,或者串通投标、以行贿谋取中标情节特别严重的,由工商行政管理机关吊销营业执照。

法律、行政法规对串通投标报价行为的处罚另有规定的,从其规定。

第六十八条 投标人以他人名义投标或者以其他方式弄虚作假骗取中标的,中标无效;构成犯罪的,依法追究刑事责任;尚不构成犯罪的,依照招标投标法第五十四条的规定处罚。依法必须进行招标的项目的投标人未中标的,对单位的罚款金额按照招标项目合同金额依照招标投标法规定的比例计算。

投标人有下列行为之一的,属于招标投标法第五十四条规定的情节严重行为,由有关行政监督部门取消其1年至3年内参加依法必须进行招标的项目的投标资格:

(一)伪造、变造资格、资质证书或者其他许可证件骗取中标;

(二)3年内2次以上使用他人名义投标;

(三)弄虚作假骗取中标给招标人造成直接经济损失30万元以上;

(四)其他弄虚作假骗取中标情节严重的行为。

投标人自本条第二款规定的处罚执行期限届满之日起3年内又有该款所列违法行为之一的,或者弄虚作假骗取中标情节特别严重的,由工商行政管理机关吊销营业执照。

第六十九条 出让或者出租资格、资质证书供他人投标的,依照法律、行政法规的规定给予行政处罚;构成犯罪的,依法追究刑事责任。

第七十条　依法必须进行招标的项目的招标人不按照规定组建评标委员会,或者确定、更换评标委员会成员违反招标投标法和本条例规定的,由有关行政监督部门责令改正,可以处10万元以下的罚款,对单位直接负责的主管人员和其他直接责任人员依法给予处分;违法确定或者更换的评标委员会成员作出的评审结论无效,依法重新进行评审。

国家工作人员以任何方式非法干涉选取评标委员会成员的,依照本条例第八十条的规定追究法律责任。

第七十一条　评标委员会成员有下列行为之一的,由有关行政监督部门责令改正;情节严重的,禁止其在一定期限内参加依法必须进行招标的项目的评标;情节特别严重的,取消其担任评标委员会成员的资格:

(一)应当回避而不回避;

(二)擅离职守;

(三)不按照招标文件规定的评标标准和方法评标;

(四)私下接触投标人;

(五)向招标人征询确定中标人的意向或者接受任何单位或者个人明示或者暗示提出的倾向或者排斥特定投标人的要求;

(六)对依法应当否决的投标不提出否决意见;

(七)暗示或者诱导投标人作出澄清、说明或者接受投标人主动提出的澄清、说明;

(八)其他不客观、不公正履行职务的行为。

第七十二条　评标委员会成员收受投标人的财物或者其他好处的,没收收受的财物,处3000元以上5万元以下的罚款,取消担任评标委员会成员的资格,不得再参加依法必须进行招标的项目的评标;构成犯罪的,依法追究刑事责任。

第七十三条　依法必须进行招标的项目的招标人有下列情形之一的,由有关行政监督部门责令改正,可以处中标项目金额10‰以下的罚款;给他人造成损失的,依法承担赔偿责任;对单位直接负责的主管人员和其他直接责任人员依法给予处分：

（一）无正当理由不发出中标通知书；

（二）不按照规定确定中标人；

（三）中标通知书发出后无正当理由改变中标结果；

（四）无正当理由不与中标人订立合同；

（五）在订立合同时向中标人提出附加条件。

第七十四条 中标人无正当理由不与招标人订立合同，在签订合同时向招标人提出附加条件，或者不按照招标文件要求提交履约保证金的，取消其中标资格，投标保证金不予退还。对依法必须进行招标的项目的中标人，由有关行政监督部门责令改正，可以处中标项目金额10‰以下的罚款。

第七十五条 招标人和中标人不按照招标文件和中标人的投标文件订立合同，合同的主要条款与招标文件、中标人的投标文件的内容不一致，或者招标人、中标人订立背离合同实质性内容的协议的，由有关行政监督部门责令改正，可以处中标项目金额5‰以上10‰以下的罚款。

第七十六条 中标人将中标项目转让给他人的，将中标项目肢解后分别转让给他人的，违反招标投标法和本条例规定将中标项目的部分主体、关键性工作分包给他人的，或者分包人再次分包的，转让、分包无效，处转让、分包项目金额5‰以上10‰以下的罚款；有违法所得的，并处没收违法所得；可以责令停业整顿；情节严重的，由工商行政管理机关吊销营业执照。

第七十七条 投标人或者其他利害关系人捏造事实、伪造材料或者以非法手段取得证明材料进行投诉，给他人造成损失的，依法承担赔偿责任。

招标人不按照规定对异议作出答复，继续进行招标投标活动的，由有关行政监督部门责令改正，拒不改正或者不能改正并影响中标结果的，依照本条例第八十一条的规定处理。

第七十八条 国家建立招标投标信用制度。有关行政监督部门应当依法公告对招标人、招标代理机构、投标人、评标委员会成员等当事人违法行为的行政处理决定。

第七十九条 项目审批、核准部门不依法审批、核准项目招标范围、招标方式、招标组织形式的,对单位直接负责的主管人员和其他直接责任人员依法给予处分。

有关行政监督部门不依法履行职责,对违反招标投标法和本条例规定的行为不依法查处,或者不按照规定处理投诉、不依法公告对招标投标当事人违法行为的行政处理决定的,对直接负责的主管人员和其他直接责任人员依法给予处分。

项目审批、核准部门和有关行政监督部门的工作人员徇私舞弊、滥用职权、玩忽职守,构成犯罪的,依法追究刑事责任。

第八十条 国家工作人员利用职务便利,以直接或者间接、明示或者暗示等任何方式非法干涉招标投标活动,有下列情形之一的,依法给予记过或者记大过处分;情节严重的,依法给予降级或者撤职处分;情节特别严重的,依法给予开除处分;构成犯罪的,依法追究刑事责任:

(一)要求对依法必须进行招标的项目不招标,或者要求对依法应当公开招标的项目不公开招标;

(二)要求评标委员会成员或者招标人以其指定的投标人作为中标候选人或者中标人,或者以其他方式非法干涉评标活动,影响中标结果;

(三)以其他方式非法干涉招标投标活动。

第八十一条 依法必须进行招标的项目的招标投标活动违反招标投标法和本条例的规定,对中标结果造成实质性影响,且不能采取补救措施予以纠正的,招标、投标、中标无效,应当依法重新招标或者评标。

第七章　附　　则

第八十二条 招标投标协会按照依法制定的章程开展活动,加强行业自律和服务。

第八十三条 政府采购的法律、行政法规对政府采购货物、服务的招标投标另有规定的,从其规定。

第八十四条 本条例自2012年2月1日起施行。

必须招标的工程项目规定

(2018年3月27日公布 国家发展和改革委员会令第16号
自2018年6月1日起实施)

第一条 为了确定必须招标的工程项目,规范招标投标活动,提高工作效率、降低企业成本、预防腐败,根据《中华人民共和国招标投标法》第三条的规定,制定本规定。

第二条 全部或者部分使用国有资金投资或者国家融资的项目包括:

(一)使用预算资金200万元人民币以上,并且该资金占投资额10%以上的项目;

(二)使用国有企业事业单位资金,并且该资金占控股或者主导地位的项目。

第三条 使用国际组织或者外国政府贷款、援助资金的项目包括:

(一)使用世界银行、亚洲开发银行等国际组织贷款、援助资金的项目;

(二)使用外国政府及其机构贷款、援助资金的项目。

第四条 不属于本规定第二条、第三条规定情形的大型基础设施、公用事业等关系社会公共利益、公众安全的项目,必须招标的具体范围由国务院发展改革部门会同国务院有关部门按照确有必要、严格限定的原则制订，报国务院批准。

第五条　本规定第二条至第四条规定范围内的项目，其勘察、设计、施工、监理以及与工程建设有关的重要设备、材料等的采购达到下列标准之一的，必须招标：

（一）施工单项合同估算价在400万元人民币以上；

（二）重要设备、材料等货物的采购，单项合同估算价在200万元人民币以上；

（三）勘察、设计、监理等服务的采购，单项合同估算价在100万元人民币以上。

同一项目中可以合并进行的勘察、设计、施工、监理以及与工程建设有关的重要设备、材料等的采购，合同估算价合计达到前款规定标准的，必须招标。

第六条　本规定自2018年6月1日起施行。

必须招标的基础设施和公用事业项目范围规定

（2018年6月6日公布　发改法规规〔2018〕843号
自2018年6月6日起实施）

第一条　为明确必须招标的大型基础设施和公用事业项目范围，根据《中华人民共和国招标投标法》和《必须招标的工程项目规定》，制定本规定。

第二条　不属于《必须招标的工程项目规定》第二条、第三条规定情形的大型基础设施、公用事业等关系社会公共利益、公众安全的项目，必须招标的具体范围包括：

（一）煤炭、石油、天然气、电力、新能源等能源基础设施项目；

（二）铁路、公路、管道、水运，以及公共航空和A1级通用机场等交通运输基础设施项目；

（三）电信枢纽、通信信息网络等通信基础设施项目；

（四）防洪、灌溉、排涝、引（供）水等水利基础设施项目；

（五）城市轨道交通等城建项目。

第三条 本规定自2018年6月6日起施行。

国家发展改革委办公厅关于进一步做好《必须招标的工程项目规定》和《必须招标的基础设施和公用事业项目范围规定》实施工作的通知

（2020年10月19日公布 发改办法规〔2020〕770号 自2020年10月19日起实施）

各省、自治区、直辖市、新疆生产建设兵团发展改革委、公共资源交易平台整合牵头部门：

为加强政策指导，进一步做好《必须招标的工程项目规定》（国家发展改革委2018年第16号令，以下简称“16号令”）和《必须招标的基础设施和公用事业项目范围规定》（发改法规规〔2018〕843号，以下简称“843号文”）实施工作，现就有关事项通知如下：

一、准确理解依法必须招标的工程建设项目范围

（一）关于使用国有资金的项目。16号令第二条第（一）项中“预算资金”，是指《预算法》规定的预算资金，包括一般公共预算资金、政府性基金预算资金、国有资本经营预算资金、社会保险基金预算资金。第（二）项中“占控股或者主导地位”，参照《公司法》第二百一十六条关于控股股东和实际控制人的理解执行，即“其出资额占有限责任公司资本总额百分之五十以上或者其持有的股份占股份有限公司股本总额百分之五十以上的股东;出资额或者持有股份的比例虽然不足百分之五十,但依其出资额或者持有的股份所享有的表决权已足以对股东会、股东大会的决议产生重大影响的股东";国有企业事业单位通过投资关系、协议或者其他安排,能够实际支配项目建设的,也属于占控股或者主导地位。项目中国有资金的比例,应当按照项目资金来源中所有国有资金之和计算。

(二)关于项目与单项采购的关系。16 号令第二条至第四条及 843 号文第二条规定范围的项目,其勘察、设计、施工、监理以及与工程建设有关的重要设备、材料等的单项采购分别达到 16 号令第五条规定的相应单项合同价估算标准的,该单项采购必须招标;该项目中未达到前述相应标准的单项采购,不属于 16 号令规定的必须招标范畴。

(三)关于招标范围列举事项。依法必须招标的工程建设项目范围和规模标准,应当严格执行《招标投标法》第三条和 16 号令、843 号文规定;法律、行政法规或者国务院对必须进行招标的其他项目范围有规定的,依照其规定。没有法律、行政法规或者国务院规定依据的,对 16 号令第五条第一款第(三)项中没有明确列举规定的服务事项、843 号文第二条中没有明确列举规定的项目,不得强制要求招标。

(四)关于同一项目中的合并采购。16 号令第五条规定的"同一项目中可以合并进行的勘察、设计、施工、监理以及与工程建设有关的重要设备、材料等的采购,合同估算价合计达到前款规定标准的,必须招标",目的是防止发包方通过化整为零方式规避招标。其中"同一项目中可以合并进行",是指根据项目实际,以及行业标准或行业惯例,符合科学性、经济性、可操作性要求,同一项目中适宜放在一起进行采购的同类采购项目。

(五)关于总承包招标的规模标准。对于 16 号令第二条至第四条规定范围内的项目,发包人依法对工程以及与工程建设有关的货物、服务全部或者部分实行总承包发包的,总承包中施工、货物、服务等各部分的估算价中,只要有一项达到 16 号令第五条规定相应标准,即施工部分估算价达到400万元以上，或者货物部分达到200万元以上，或者服务部分达到100万元以上，则整个总承包发包应当招标。

二、规范规模标准以下工程建设项目的采购

16号令第二条至第四条及843号文第二条规定范围的项目，其施工、货物、服务采购的单项合同估算价未达到16号令第五条规定规模标准的，该单项采购由采购人依法自主选择采购方式，任何单位和个人不得违法干涉；其中，涉及政府采购的，按照政府采购法律法规规定执行。国有企业可以结合实际，建立健全规模标准以下工程建设项目采购制度，推进采购活动公开透明。

三、严格执行依法必须招标制度

各地方应当严格执行16号令和843号文规定的范围和规模标准，不得另行制定必须进行招标的范围和规模标准，也不得作出与16号令、843号文和本通知相抵触的规定，持续深化招标投标领域"放管服"改革，努力营造良好市场环境。

（四）合规手续

中华人民共和国环境保护法

（1989年12月26日第七届全国人民代表大会常务委员会第十一次会议通过　2014年4月24日第十二届全国人民代表大会常务委员会第八次会议修订　2014年4月24日公布　中华人民共和国主席令第9号　自2015年1月1日起实施）

第一章　总　　则

第一条　为保护和改善环境，防治污染和其他公害，保障公众健康，推进生态文明建设，促进经济社会可持续发展，制定本法。

第二条　本法所称环境，是指影响人类生存和发展的各种天然的和经过人工改造的自然因素的总体，包括大气、水、海洋、土地、矿藏、森林、草原、湿地、野生生物、自然遗迹、人文遗迹、自然保护区、风景名胜区、城市和乡村等。

第三条　本法适用于中华人民共和国领域和中华人民共和国管辖的其他海域。

第四条　保护环境是国家的基本国策。

国家采取有利于节约和循环利用资源、保护和改善环境、促进人与自然和谐的经济、技术政策和措施，使经济社会发展与环境保护相协调。

第五条　环境保护坚持保护优先、预防为主、综合治理、公众参与、损害担责的原则。

第六条　一切单位和个人都有保护环境的义务。

地方各级人民政府应当对本行政区域的环境质量负责。

企业事业单位和其他生产经营者应当防止、减少环境污染和生态破坏，对所造成的损害依法承担责任。

公民应当增强环境保护意识，采取低碳、节俭的生活方式，自觉履行环境保护义务。

第七条　国家支持环境保护科学技术研究、开发和应用，鼓励环境保护产业发展，促进环境保护信息化建设，提高环境保护科学技术水平。

第八条　各级人民政府应当加大保护和改善环境、防治污染和其他公害的财政投入，提高财政资金的使用效益。

第九条　各级人民政府应当加强环境保护宣传和普及工作，鼓励基层群众性自治组织、社会组织、环境保护志愿者开展环境保护法律法规和环境保护知识的宣传，营造保护环境的良好风气。

教育行政部门、学校应当将环境保护知识纳入学校教育内容，培养学生的环境保护意识。

新闻媒体应当开展环境保护法律法规和环境保护知识的宣传，对环境违法行为进行舆论监督。

第十条 国务院环境保护主管部门，对全国环境保护工作实施统一监督管理；县级以上地方人民政府环境保护主管部门，对本行政区域环境保护工作实施统一监督管理。

县级以上人民政府有关部门和军队环境保护部门，依照有关法律的规定对资源保护和污染防治等环境保护工作实施监督管理。

第十一条 对保护和改善环境有显著成绩的单位和个人，由人民政府给予奖励。

第十二条 每年6月5日为环境日。

第二章 监督管理

第十三条 县级以上人民政府应当将环境保护工作纳入国民经济和社会发展规划。

国务院环境保护主管部门会同有关部门，根据国民经济和社会发展规划编制国家环境保护规划，报国务院批准并公布实施。

县级以上地方人民政府环境保护主管部门会同有关部门，根据国家环境保护规划的要求，编制本行政区域的环境保护规划，报同级人民政府批准并公布实施。

环境保护规划的内容应当包括生态保护和污染防治的目标、任务、保障措施等，并与主体功能区规划、土地利用总体规划和城乡规划等相衔接。

第十四条 国务院有关部门和省、自治区、直辖市人民政府组织制定经济、技术政策，应当充分考虑对环境的影响，听取有关方面和专家的意见。

第十五条 国务院环境保护主管部门制定国家环境质量标准。

省、自治区、直辖市人民政府对国家环境质量标准中未作规定的项目，可以制定地方环境质量标准；对国家环境质量标准中已作规定的项目，可以制定严于国家环境质量标准的地方环境质量标准。地方环境质量标准应当报国务院环境保护主管部门备案。

国家鼓励开展环境基准研究。

第十六条　国务院环境保护主管部门根据国家环境质量标准和国家经济、技术条件,制定国家污染物排放标准。

省、自治区、直辖市人民政府对国家污染物排放标准中未作规定的项目,可以制定地方污染物排放标准;对国家污染物排放标准中已作规定的项目,可以制定严于国家污染物排放标准的地方污染物排放标准。地方污染物排放标准应当报国务院环境保护主管部门备案。

第十七条　国家建立、健全环境监测制度。国务院环境保护主管部门制定监测规范,会同有关部门组织监测网络,统一规划国家环境质量监测站(点)的设置,建立监测数据共享机制,加强对环境监测的管理。

有关行业、专业等各类环境质量监测站(点)的设置应当符合法律法规规定和监测规范的要求。

监测机构应当使用符合国家标准的监测设备,遵守监测规范。监测机构及其负责人对监测数据的真实性和准确性负责。

第十八条　省级以上人民政府应当组织有关部门或者委托专业机构,对环境状况进行调查、评价,建立环境资源承载能力监测预警机制。

第十九条　编制有关开发利用规划,建设对环境有影响的项目,应当依法进行环境影响评价。

未依法进行环境影响评价的开发利用规划,不得组织实施;未依法进行环境影响评价的建设项目,不得开工建设。

第二十条　国家建立跨行政区域的重点区域、流域环境污染和生态破坏联合防治协调机制,实行统一规划、统一标准、统一监测、统一的防治措施。

前款规定以外的跨行政区域的环境污染和生态破坏的防治,由上级人民政府协调解决,或者由有关地方人民政府协商解决。

第二十一条　国家采取财政、税收、价格、政府采购等方面的政策和措施,鼓励和支持环境保护技术装备、资源综合利用和环境服务等环境保护产业的发展。

第二十二条　企业事业单位和其他生产经营者,在污染物排放符合法定要求的基础上,进一步减少污染物排放的,人民政府应当依法采取财政、税收、价格、政府采购等方面的政策和措施予以鼓励和支持。

第二十三条　企业事业单位和其他生产经营者,为改善环境,依照有关规定转产、搬迁、关闭的,人民政府应当予以支持。

第二十四条　县级以上人民政府环境保护主管部门及其委托的环境监察机构和其他负有环境保护监督管理职责的部门,有权对排放污染物的企业事业单位和其他生产经营者进行现场检查。被检查者应当如实反映情况,提供必要的资料。实施现场检查的部门、机构及其工作人员应当为被检查者保守商业秘密。

第二十五条　企业事业单位和其他生产经营者违反法律法规规定排放污染物,造成或者可能造成严重污染的,县级以上人民政府环境保护主管部门和其他负有环境保护监督管理职责的部门,可以查封、扣押造成污染物排放的设施、设备。

第二十六条　国家实行环境保护目标责任制和考核评价制度。县级以上人民政府应当将环境保护目标完成情况纳入对本级人民政府负有环境保护监督管理职责的部门及其负责人和下级人民政府及其负责人的考核内容,作为对其考核评价的重要依据。考核结果应当向社会公开。

第二十七条　县级以上人民政府应当每年向本级人民代表大会或者人民代表大会常务委员会报告环境状况和环境保护目标完成情况,对发生的重大环境事件应当及时向本级人民代表大会常务委员会报告,依法接受监督。

第三章　保护和改善环境

第二十八条　地方各级人民政府应当根据环境保护目标和治理

任务，采取有效措施，改善环境质量。

未达到国家环境质量标准的重点区域、流域的有关地方人民政府，应当制定限期达标规划，并采取措施按期达标。

第二十九条 国家在重点生态功能区、生态环境敏感区和脆弱区等区域划定生态保护红线，实行严格保护。

各级人民政府对具有代表性的各种类型的自然生态系统区域，珍稀、濒危的野生动植物自然分布区域，重要的水源涵养区域，具有重大科学文化价值的地质构造、著名溶洞和化石分布区、冰川、火山、温泉等自然遗迹，以及人文遗迹、古树名木，应当采取措施予以保护，严禁破坏。

第三十条 开发利用自然资源，应当合理开发，保护生物多样性，保障生态安全，依法制定有关生态保护和恢复治理方案并予以实施。

引进外来物种以及研究、开发和利用生物技术，应当采取措施，防止对生物多样性的破坏。

第三十一条 国家建立、健全生态保护补偿制度。

国家加大对生态保护地区的财政转移支付力度。有关地方人民政府应当落实生态保护补偿资金，确保其用于生态保护补偿。

国家指导受益地区和生态保护地区人民政府通过协商或者按照市场规则进行生态保护补偿。

第三十二条 国家加强对大气、水、土壤等的保护，建立和完善相应的调查、监测、评估和修复制度。

第三十三条 各级人民政府应当加强对农业环境的保护，促进农业环境保护新技术的使用，加强对农业污染源的监测预警，统筹有关部门采取措施，防治土壤污染和土地沙化、盐渍化、贫瘠化、石漠化、地面沉降以及防治植被破坏、水土流失、水体富营养化、水源枯竭、种源灭绝等生态失调现象，推广植物病虫害的综合防治。

县级、乡级人民政府应当提高农村环境保护公共服务水平，推动农村环境综合整治。

第三十四条 国务院和沿海地方各级人民政府应当加强对海洋

环境的保护。向海洋排放污染物、倾倒废弃物,进行海岸工程和海洋工程建设,应当符合法律法规规定和有关标准,防止和减少对海洋环境的污染损害。

第三十五条 城乡建设应当结合当地自然环境的特点,保护植被、水域和自然景观,加强城市园林、绿地和风景名胜区的建设与管理。

第三十六条 国家鼓励和引导公民、法人和其他组织使用有利于保护环境的产品和再生产品,减少废弃物的产生。

国家机关和使用财政资金的其他组织应当优先采购和使用节能、节水、节材等有利于保护环境的产品、设备和设施。

第三十七条 地方各级人民政府应当采取措施,组织对生活废弃物的分类处置、回收利用。

第三十八条 公民应当遵守环境保护法律法规,配合实施环境保护措施,按照规定对生活废弃物进行分类放置,减少日常生活对环境造成的损害。

第三十九条 国家建立、健全环境与健康监测、调查和风险评估制度;鼓励和组织开展环境质量对公众健康影响的研究,采取措施预防和控制与环境污染有关的疾病。

第四章 防治污染和其他公害

第四十条 国家促进清洁生产和资源循环利用。

国务院有关部门和地方各级人民政府应当采取措施,推广清洁能源的生产和使用。

企业应当优先使用清洁能源,采用资源利用率高、污染物排放量少的工艺、设备以及废弃物综合利用技术和污染物无害化处理技术,减少污染物的产生。

第四十一条 建设项目中防治污染的设施,应当与主体工程同时设计、同时施工、同时投产使用。防治污染的设施应当符合经批准的环境影响评价文件的要求,不得擅自拆除或者闲置。

第四十二条 排放污染物的企业事业单位和其他生产经营者，应当采取措施，防治在生产建设或者其他活动中产生的废气、废水、废渣、医疗废物、粉尘、恶臭气体、放射性物质以及噪声、振动、光辐射、电磁辐射等对环境的污染和危害。

排放污染物的企业事业单位，应当建立环境保护责任制度，明确单位负责人和相关人员的责任。

重点排污单位应当按照国家有关规定和监测规范安装使用监测设备，保证监测设备正常运行，保存原始监测记录。

严禁通过暗管、渗井、渗坑、灌注或者篡改、伪造监测数据，或者不正常运行防治污染设施等逃避监管的方式违法排放污染物。

第四十三条 排放污染物的企业事业单位和其他生产经营者，应当按照国家有关规定缴纳排污费。排污费应当全部专项用于环境污染防治，任何单位和个人不得截留、挤占或者挪作他用。

依照法律规定征收环境保护税的，不再征收排污费。

第四十四条 国家实行重点污染物排放总量控制制度。重点污染物排放总量控制指标由国务院下达，省、自治区、直辖市人民政府分解落实。企业事业单位在执行国家和地方污染物排放标准的同时，应当遵守分解落实到本单位的重点污染物排放总量控制指标。

对超过国家重点污染物排放总量控制指标或者未完成国家确定的环境质量目标的地区，省级以上人民政府环境保护主管部门应当暂停审批其新增重点污染物排放总量的建设项目环境影响评价文件。

第四十五条 国家依照法律规定实行排污许可管理制度。

实行排污许可管理的企业事业单位和其他生产经营者应当按照排污许可证的要求排放污染物；未取得排污许可证的，不得排放污染物。

第四十六条 国家对严重污染环境的工艺、设备和产品实行淘汰制度。任何单位和个人不得生产、销售或者转移、使用严重污染环境的工艺、设备和产品。

禁止引进不符合我国环境保护规定的技术、设备、材料和产品。

第四十七条　各级人民政府及其有关部门和企业事业单位，应当依照《中华人民共和国突发事件应对法》的规定，做好突发环境事件的风险控制、应急准备、应急处置和事后恢复等工作。

县级以上人民政府应当建立环境污染公共监测预警机制，组织制定预警方案；环境受到污染，可能影响公众健康和环境安全时，依法及时公布预警信息，启动应急措施。

企业事业单位应当按照国家有关规定制定突发环境事件应急预案，报环境保护主管部门和有关部门备案。在发生或者可能发生突发环境事件时，企业事业单位应当立即采取措施处理，及时通报可能受到危害的单位和居民，并向环境保护主管部门和有关部门报告。

突发环境事件应急处置工作结束后，有关人民政府应当立即组织评估事件造成的环境影响和损失，并及时将评估结果向社会公布。

第四十八条　生产、储存、运输、销售、使用、处置化学物品和含有放射性物质的物品，应当遵守国家有关规定，防止污染环境。

第四十九条　各级人民政府及其农业等有关部门和机构应当指导农业生产经营者科学种植和养殖，科学合理施用农药、化肥等农业投入品，科学处置农用薄膜、农作物秸秆等农业废弃物，防止农业面源污染。

禁止将不符合农用标准和环境保护标准的固体废物、废水施入农田。施用农药、化肥等农业投入品及进行灌溉，应当采取措施，防止重金属和其他有毒有害物质污染环境。

畜禽养殖场、养殖小区、定点屠宰企业等的选址、建设和管理应当符合有关法律法规规定。从事畜禽养殖和屠宰的单位和个人应当采取措施，对畜禽粪便、尸体和污水等废弃物进行科学处置，防止污染环境。

县级人民政府负责组织农村生活废弃物的处置工作。

第五十条　各级人民政府应当在财政预算中安排资金，支持农村饮用水水源地保护、生活污水和其他废弃物处理、畜禽养殖和屠宰污染防治、土壤污染防治和农村工矿污染治理等环境保护工作。

第五十一条　各级人民政府应当统筹城乡建设污水处理设施及配套管网，固体废物的收集、运输和处置等环境卫生设施，危险废物集中处置设施、场所以及其他环境保护公共设施，并保障其正常运行。

第五十二条　国家鼓励投保环境污染责任保险。

第五章　信息公开和公众参与

第五十三条　公民、法人和其他组织依法享有获取环境信息、参与和监督环境保护的权利。

各级人民政府环境保护主管部门和其他负有环境保护监督管理职责的部门，应当依法公开环境信息、完善公众参与程序，为公民、法人和其他组织参与和监督环境保护提供便利。

第五十四条　国务院环境保护主管部门统一发布国家环境质量、重点污染源监测信息及其他重大环境信息。省级以上人民政府环境保护主管部门定期发布环境状况公报。

县级以上人民政府环境保护主管部门和其他负有环境保护监督管理职责的部门，应当依法公开环境质量、环境监测、突发环境事件以及环境行政许可、行政处罚、排污费的征收和使用情况等信息。

县级以上地方人民政府环境保护主管部门和其他负有环境保护监督管理职责的部门，应当将企业事业单位和其他生产经营者的环境违法信息记入社会诚信档案，及时向社会公布违法者名单。

第五十五条　重点排污单位应当如实向社会公开其主要污染物的名称、排放方式、排放浓度和总量、超标排放情况，以及防治污染设施的建设和运行情况，接受社会监督。

第五十六条　对依法应当编制环境影响报告书的建设项目，建设单位应当在编制时向可能受影响的公众说明情况，充分征求意见。

负责审批建设项目环境影响评价文件的部门在收到建设项目环境影响报告书后，除涉及国家秘密和商业秘密的事项外，应当全文公开；发现建设项目未充分征求公众意见的，应当责成建设单位征求公众意见。

第五十七条 公民、法人和其他组织发现任何单位和个人有污染环境和破坏生态行为的，有权向环境保护主管部门或者其他负有环境保护监督管理职责的部门举报。

公民、法人和其他组织发现地方各级人民政府、县级以上人民政府环境保护主管部门和其他负有环境保护监督管理职责的部门不依法履行职责的，有权向其上级机关或者监察机关举报。

接受举报的机关应当对举报人的相关信息予以保密，保护举报人的合法权益。

第五十八条 对污染环境、破坏生态，损害社会公共利益的行为，符合下列条件的社会组织可以向人民法院提起诉讼：

（一）依法在设区的市级以上人民政府民政部门登记；

（二）专门从事环境保护公益活动连续五年以上且无违法记录。

符合前款规定的社会组织向人民法院提起诉讼，人民法院应当依法受理。

提起诉讼的社会组织不得通过诉讼牟取经济利益。

第六章 法律责任

第五十九条 企业事业单位和其他生产经营者违法排放污染物，受到罚款处罚，被责令改正，拒不改正的，依法作出处罚决定的行政机关可以自责令改正之日的次日起，按照原处罚数额按日连续处罚。

前款规定的罚款处罚，依照有关法律法规按照防治污染设施的运行成本、违法行为造成的直接损失或者违法所得等因素确定的规定执行。

地方性法规可以根据环境保护的实际需要，增加第一款规定的按日连续处罚的违法行为的种类。

第六十条 企业事业单位和其他生产经营者超过污染物排放标准或者超过重点污染物排放总量控制指标排放污染物的，县级以上人民政府环境保护主管部门可以责令其采取限制生产、停产整治等措施；情节严重的，报经有批准权的人民政府批准，责令停业、关闭。

第六十一条 建设单位未依法提交建设项目环境影响评价文件或者环境影响评价文件未经批准，擅自开工建设的，由负有环境保护监督管理职责的部门责令停止建设，处以罚款，并可以责令恢复原状。

第六十二条 违反本法规定，重点排污单位不公开或者不如实公开环境信息的，由县级以上地方人民政府环境保护主管部门责令公开，处以罚款，并予以公告。

第六十三条 企业事业单位和其他生产经营者有下列行为之一，尚不构成犯罪的，除依照有关法律法规规定予以处罚外，由县级以上人民政府环境保护主管部门或者其他有关部门将案件移送公安机关，对其直接负责的主管人员和其他直接责任人员，处十日以上十五日以下拘留；情节较轻的，处五日以上十日以下拘留：

（一）建设项目未依法进行环境影响评价，被责令停止建设，拒不执行的；

（二）违反法律规定，未取得排污许可证排放污染物，被责令停止排污，拒不执行的；

（三）通过暗管、渗井、渗坑、灌注或者篡改、伪造监测数据，或者不正常运行防治污染设施等逃避监管的方式违法排放污染物的；

（四）生产、使用国家明令禁止生产、使用的农药，被责令改正，拒不改正的。

第六十四条 因污染环境和破坏生态造成损害的，应当依照《中华人民共和国侵权责任法》的有关规定承担侵权责任。

第六十五条 环境影响评价机构、环境监测机构以及从事环境监测设备和防治污染设施维护、运营的机构，在有关环境服务活动中弄虚作假，对造成的环境污染和生态破坏负有责任的，除依照有关法律法规规定予以处罚外，还应当与造成环境污染和生态破坏的其他责任者承担连带责任。

第六十六条 提起环境损害赔偿诉讼的时效期间为三年，从当事人知道或者应当知道其受到损害时起计算。

第六十七条 上级人民政府及其环境保护主管部门应当加强对

下级人民政府及其有关部门环境保护工作的监督。发现有关工作人员有违法行为,依法应当给予处分的,应当向其任免机关或者监察机关提出处分建议。

依法应当给予行政处罚,而有关环境保护主管部门不给予行政处罚的,上级人民政府环境保护主管部门可以直接作出行政处罚的决定。

第六十八条　地方各级人民政府、县级以上人民政府环境保护主管部门和其他负有环境保护监督管理职责的部门有下列行为之一的,对直接负责的主管人员和其他直接责任人员给予记过、记大过或者降级处分;造成严重后果的,给予撤职或者开除处分,其主要负责人应当引咎辞职:

(一)不符合行政许可条件准予行政许可的;

(二)对环境违法行为进行包庇的;

(三)依法应当作出责令停业、关闭的决定而未作出的;

(四)对超标排放污染物、采用逃避监管的方式排放污染物、造成环境事故以及不落实生态保护措施造成生态破坏等行为,发现或者接到举报未及时查处的;

(五)违反本法规定,查封、扣押企业事业单位和其他生产经营者的设施、设备的;

(六)篡改、伪造或者指使篡改、伪造监测数据的;

(七)应当依法公开环境信息而未公开的;

(八)将征收的排污费截留、挤占或者挪作他用的;

(九)法律法规规定的其他违法行为。

第六十九条　违反本法规定,构成犯罪的,依法追究刑事责任。

第七章　附　　则

第七十条　本法自 2015 年 1 月 1 日起施行。

建设项目环境保护管理条例

（1998年11月29日国务院令第253号公布　根据2017年7月16日《国务院关于修改〈建设项目环境保护管理条例〉的决定》修订　2017年7月16日公布　国务院令第682号　自2017年10月1日起实施）

第一章　总　　则

第一条　为了防止建设项目产生新的污染、破坏生态环境，制定本条例。

第二条　在中华人民共和国领域和中华人民共和国管辖的其他海域内建设对环境有影响的建设项目，适用本条例。

第三条　建设产生污染的建设项目，必须遵守污染物排放的国家标准和地方标准；在实施重点污染物排放总量控制的区域内，还必须符合重点污染物排放总量控制的要求。

第四条　工业建设项目应当采用能耗物耗小、污染物产生量少的清洁生产工艺，合理利用自然资源，防止环境污染和生态破坏。

第五条　改建、扩建项目和技术改造项目必须采取措施，治理与该项目有关的原有环境污染和生态破坏。

第二章　环境影响评价

第六条　国家实行建设项目环境影响评价制度。

第七条　国家根据建设项目对环境的影响程度，按照下列规定对建设项目的环境保护实行分类管理：

（一）建设项目对环境可能造成重大影响的，应当编制环境影响报告书，对建设项目产生的污染和对环境的影响进行全面、详细的评价；

（二）建设项目对环境可能造成轻度影响的，应当编制环境影响报告表，对建设项目产生的污染和对环境的影响进行分析或者专项评价；

（三）建设项目对环境影响很小，不需要进行环境影响评价的，应当填报环境影响登记表。

建设项目环境影响评价分类管理名录，由国务院环境保护行政主管部门在组织专家进行论证和征求有关部门、行业协会、企事业单位、公众等意见的基础上制定并公布。

第八条 建设项目环境影响报告书，应当包括下列内容：

（一）建设项目概况；

（二）建设项目周围环境现状；

（三）建设项目对环境可能造成影响的分析和预测；

（四）环境保护措施及其经济、技术论证；

（五）环境影响经济损益分析；

（六）对建设项目实施环境监测的建议；

（七）环境影响评价结论。

建设项目环境影响报告表、环境影响登记表的内容和格式，由国务院环境保护行政主管部门规定。

第九条 依法应当编制环境影响报告书、环境影响报告表的建设项目，建设单位应当在开工建设前将环境影响报告书、环境影响报告表报有审批权的环境保护行政主管部门审批；建设项目的环境影响评价文件未依法经审批部门审查或者审查后未予批准的，建设单位不得开工建设。

环境保护行政主管部门审批环境影响报告书、环境影响报告表，应当重点审查建设项目的环境可行性、环境影响分析预测评估的可靠性、环境保护措施的有效性、环境影响评价结论的科学性等，并分别自收到环境影响报告书之日起60日内、收到环境影响报告表之日起30日内，作出审批决定并书面通知建设单位。

环境保护行政主管部门可以组织技术机构对建设项目环境影响

报告书、环境影响报告表进行技术评估，并承担相应费用；技术机构应当对其提出的技术评估意见负责，不得向建设单位、从事环境影响评价工作的单位收取任何费用。

依法应当填报环境影响登记表的建设项目，建设单位应当按照国务院环境保护行政主管部门的规定将环境影响登记表报建设项目所在地县级环境保护行政主管部门备案。

环境保护行政主管部门应当开展环境影响评价文件网上审批、备案和信息公开。

第十条 国务院环境保护行政主管部门负责审批下列建设项目环境影响报告书、环境影响报告表：

（一）核设施、绝密工程等特殊性质的建设项目；

（二）跨省、自治区、直辖市行政区域的建设项目；

（三）国务院审批的或者国务院授权有关部门审批的建设项目。

前款规定以外的建设项目环境影响报告书、环境影响报告表的审批权限，由省、自治区、直辖市人民政府规定。

建设项目造成跨行政区域环境影响，有关环境保护行政主管部门对环境影响评价结论有争议的，其环境影响报告书或者环境影响报告表由共同上一级环境保护行政主管部门审批。

第十一条 建设项目有下列情形之一的，环境保护行政主管部门应当对环境影响报告书、环境影响报告表作出不予批准的决定：

（一）建设项目类型及其选址、布局、规模等不符合环境保护法律法规和相关法定规划；

（二）所在区域环境质量未达到国家或者地方环境质量标准，且建设项目拟采取的措施不能满足区域环境质量改善目标管理要求；

（三）建设项目采取的污染防治措施无法确保污染物排放达到国家和地方排放标准，或者未采取必要措施预防和控制生态破坏；

（四）改建、扩建和技术改造项目，未针对项目原有环境污染和生态破坏提出有效防治措施；

（五）建设项目的环境影响报告书、环境影响报告表的基础资料数据明显不实,内容存在重大缺陷、遗漏,或者环境影响评价结论不明确、不合理。

第十二条 建设项目环境影响报告书、环境影响报告表经批准后,建设项目的性质、规模、地点、采用的生产工艺或者防治污染、防止生态破坏的措施发生重大变动的,建设单位应当重新报批建设项目环境影响报告书、环境影响报告表。

建设项目环境影响报告书、环境影响报告表自批准之日起满5年,建设项目方开工建设的,其环境影响报告书、环境影响报告表应当报原审批部门重新审核。原审批部门应当自收到建设项目环境影响报告书、环境影响报告表之日起10日内,将审核意见书面通知建设单位;逾期未通知的,视为审核同意。

审核、审批建设项目环境影响报告书、环境影响报告表及备案环境影响登记表,不得收取任何费用。

第十三条 建设单位可以采取公开招标的方式,选择从事环境影响评价工作的单位,对建设项目进行环境影响评价。

任何行政机关不得为建设单位指定从事环境影响评价工作的单位,进行环境影响评价。

第十四条 建设单位编制环境影响报告书,应当依照有关法律规定,征求建设项目所在地有关单位和居民的意见。

第三章 环境保护设施建设

第十五条 建设项目需要配套建设的环境保护设施,必须与主体工程同时设计、同时施工、同时投产使用。

第十六条 建设项目的初步设计,应当按照环境保护设计规范的要求,编制环境保护篇章,落实防治环境污染和生态破坏的措施以及环境保护设施投资概算。

建设单位应当将环境保护设施建设纳入施工合同,保证环境保护设施建设进度和资金,并在项目建设过程中同时组织实施环境影响报告书、环境影响报告表及其审批部门审批决定中提出的环境保护对策措施。

第十七条 编制环境影响报告书、环境影响报告表的建设项目竣工后,建设单位应当按照国务院环境保护行政主管部门规定的标准和程序,对配套建设的环境保护设施进行验收,编制验收报告。

建设单位在环境保护设施验收过程中,应当如实查验、监测、记载建设项目环境保护设施的建设和调试情况,不得弄虚作假。

除按照国家规定需要保密的情形外,建设单位应当依法向社会公开验收报告。

第十八条 分期建设、分期投入生产或者使用的建设项目,其相应的环境保护设施应当分期验收。

第十九条 编制环境影响报告书、环境影响报告表的建设项目,其配套建设的环境保护设施经验收合格,方可投入生产或者使用;未经验收或者验收不合格的,不得投入生产或者使用。

前款规定的建设项目投入生产或者使用后,应当按照国务院环境保护行政主管部门的规定开展环境影响后评价。

第二十条 环境保护行政主管部门应当对建设项目环境保护设施设计、施工、验收、投入生产或者使用情况,以及有关环境影响评价文件确定的其他环境保护措施的落实情况,进行监督检查。

环境保护行政主管部门应当将建设项目有关环境违法信息记入社会诚信档案,及时向社会公开违法者名单。

第四章 法律责任

第二十一条 建设单位有下列行为之一的,依照《中华人民共和国环境影响评价法》的规定处罚:

(一)建设项目环境影响报告书、环境影响报告表未依法报批或者报请重新审核,擅自开工建设;

(二)建设项目环境影响报告书、环境影响报告表未经批准或者重新审核同意,擅自开工建设;

(三)建设项目环境影响登记表未依法备案。

第二十二条 违反本条例规定，建设单位编制建设项目初步设计未落实防治环境污染和生态破坏的措施以及环境保护设施投资概算，未将环境保护设施建设纳入施工合同，或者未依法开展环境影响后评价的，由建设项目所在地县级以上环境保护行政主管部门责令限期改正，处5万元以上20万元以下的罚款；逾期不改正的，处20万元以上100万元以下的罚款。

违反本条例规定，建设单位在项目建设过程中未同时组织实施环境影响报告书、环境影响报告表及其审批部门审批决定中提出的环境保护对策措施的，由建设项目所在地县级以上环境保护行政主管部门责令限期改正，处20万元以上100万元以下的罚款；逾期不改正的，责令停止建设。

第二十三条 违反本条例规定，需要配套建设的环境保护设施未建成、未经验收或者验收不合格，建设项目即投入生产或者使用，或者在环境保护设施验收中弄虚作假的，由县级以上环境保护行政主管部门责令限期改正，处20万元以上100万元以下的罚款；逾期不改正的，处100万元以上200万元以下的罚款；对直接负责的主管人员和其他责任人员，处5万元以上20万元以下的罚款；造成重大环境污染或者生态破坏的，责令停止生产或者使用，或者报经有批准权的人民政府批准，责令关闭。

违反本条例规定，建设单位未依法向社会公开环境保护设施验收报告的，由县级以上环境保护行政主管部门责令公开，处5万元以上20万元以下的罚款，并予以公告。

第二十四条 违反本条例规定，技术机构向建设单位、从事环境影响评价工作的单位收取费用的，由县级以上环境保护行政主管部门责令退还所收费用，处所收费用1倍以上3倍以下的罚款。

第二十五条 从事建设项目环境影响评价工作的单位，在环境影响评价工作中弄虚作假的，由县级以上环境保护行政主管部门处所收费用1倍以上3倍以下的罚款。

第二十六条 环境保护行政主管部门的工作人员徇私舞弊、滥用职权、玩忽职守，构成犯罪的，依法追究刑事责任；尚不构成犯罪的，依法给予行政处分。

第五章　附　　则

第二十七条　流域开发、开发区建设、城市新区建设和旧区改建等区域性开发，编制建设规划时，应当进行环境影响评价。具体办法由国务院环境保护行政主管部门会同国务院有关部门另行规定。

第二十八条　海洋工程建设项目的环境保护管理，按照国务院关于海洋工程环境保护管理的规定执行。

第二十九条　军事设施建设项目的环境保护管理，按照中央军事委员会的有关规定执行。

第三十条　本条例自发布之日起施行。

中华人民共和国环境影响评价法

（2002年10月28日第九届全国人民代表大会常务委员会第三十次会议通过　根据2016年7月2日第十二届全国人民代表大会常务委员会第二十一次会议《关于修改〈中华人民共和国节约能源法〉等六部法律的决定》第一次修正　根据2018年12月29日第十三届全国人民代表大会常务委员会第七次会议《关于修改〈中华人民共和国劳动法〉等七部法律的决定》第二次修正　2018年12月29日公布　中华人民共和国主席令第24号　自2018年12月29日起实施）

第一章　总　　则

第一条　为了实施可持续发展战略，预防因规划和建设项目实施后对环境造成不良影响，促进经济、社会和环境的协调发展，制定本法。

第二条 本法所称环境影响评价，是指对规划和建设项目实施后可能造成的环境影响进行分析、预测和评估，提出预防或者减轻不良环境影响的对策和措施，进行跟踪监测的方法与制度。

第三条 编制本法第九条所规定的范围内的规划，在中华人民共和国领域和中华人民共和国管辖的其他海域内建设对环境有影响的项目，应当依照本法进行环境影响评价。

第四条 环境影响评价必须客观、公开、公正，综合考虑规划或者建设项目实施后对各种环境因素及其所构成的生态系统可能造成的影响，为决策提供科学依据。

第五条 国家鼓励有关单位、专家和公众以适当方式参与环境影响评价。

第六条 国家加强环境影响评价的基础数据库和评价指标体系建设，鼓励和支持对环境影响评价的方法、技术规范进行科学研究，建立必要的环境影响评价信息共享制度，提高环境影响评价的科学性。

国务院生态环境主管部门应当会同国务院有关部门，组织建立和完善环境影响评价的基础数据库和评价指标体系。

第二章　规划的环境影响评价

第七条 国务院有关部门、设区的市级以上地方人民政府及其有关部门，对其组织编制的土地利用的有关规划，区域、流域、海域的建设、开发利用规划，应当在规划编制过程中组织进行环境影响评价，编写该规划有关环境影响的篇章或者说明。

规划有关环境影响的篇章或者说明，应当对规划实施后可能造成的环境影响作出分析、预测和评估，提出预防或者减轻不良环境影响的对策和措施，作为规划草案的组成部分一并报送规划审批机关。

未编写有关环境影响的篇章或者说明的规划草案，审批机关不予审批。

第八条 国务院有关部门、设区的市级以上地方人民政府及其有关部门，对其组织编制的工业、农业、畜牧业、林业、能源、水利、交通、城市建设、旅游、自然资源开发的有关专项规划（以下简称专项规划），应当在该专项规划草案上报审批前，组织进行环境影响评价，并向审批该专项规划的机关提出环境影响报告书。

前款所列专项规划中的指导性规划，按照本法第七条的规定进行环境影响评价。

第九条　依照本法第七条、第八条的规定进行环境影响评价的规划的具体范围，由国务院生态环境主管部门会同国务院有关部门规定，报国务院批准。

第十条　专项规划的环境影响报告书应当包括下列内容：

（一）实施该规划对环境可能造成影响的分析、预测和评估；

（二）预防或者减轻不良环境影响的对策和措施；

（三）环境影响评价的结论。

第十一条　专项规划的编制机关对可能造成不良环境影响并直接涉及公众环境权益的规划，应当在该规划草案报送审批前，举行论证会、听证会，或者采取其他形式，征求有关单位、专家和公众对环境影响报告书草案的意见。但是，国家规定需要保密的情形除外。

编制机关应当认真考虑有关单位、专家和公众对环境影响报告书草案的意见，并应当在报送审查的环境影响报告书中附具对意见采纳或者不采纳的说明。

第十二条　专项规划的编制机关在报批规划草案时，应当将环境影响报告书一并附送审批机关审查；未附送环境影响报告书的，审批机关不予审批。

第十三条　设区的市级以上人民政府在审批专项规划草案，作出决策前，应当先由人民政府指定的生态环境主管部门或者其他部门召集有关部门代表和专家组成审查小组，对环境影响报告书进行审查。审查小组应当提出书面审查意见。

参加前款规定的审查小组的专家，应当从按照国务院生态环境主管部门的规定设立的专家库内的相关专业的专家名单中，以随机抽取的方式确定。

由省级以上人民政府有关部门负责审批的专项规划,其环境影响报告书的审查办法,由国务院生态环境主管部门会同国务院有关部门制定。

第十四条 审查小组提出修改意见的,专项规划的编制机关应当根据环境影响报告书结论和审查意见对规划草案进行修改完善,并对环境影响报告书结论和审查意见的采纳情况作出说明;不采纳的,应当说明理由。

设区的市级以上人民政府或者省级以上人民政府有关部门在审批专项规划草案时,应当将环境影响报告书结论以及审查意见作为决策的重要依据。

在审批中未采纳环境影响报告书结论以及审查意见的,应当作出说明,并存档备查。

第十五条 对环境有重大影响的规划实施后,编制机关应当及时组织环境影响的跟踪评价,并将评价结果报告审批机关;发现有明显不良环境影响的,应当及时提出改进措施。

第三章 建设项目的环境影响评价

第十六条 国家根据建设项目对环境的影响程度,对建设项目的环境影响评价实行分类管理。

建设单位应当按照下列规定组织编制环境影响报告书、环境影响报告表或者填报环境影响登记表(以下统称环境影响评价文件):

(一)可能造成重大环境影响的,应当编制环境影响报告书,对产生的环境影响进行全面评价;

(二)可能造成轻度环境影响的,应当编制环境影响报告表,对产生的环境影响进行分析或者专项评价;

(三)对环境影响很小、不需要进行环境影响评价的,应当填报环境影响登记表。

建设项目的环境影响评价分类管理名录,由国务院生态环境主管部门制定并公布。

第十七条 建设项目的环境影响报告书应当包括下列内容:

(一)建设项目概况;

(二)建设项目周围环境现状;

(三)建设项目对环境可能造成影响的分析、预测和评估;

(四)建设项目环境保护措施及其技术、经济论证;

(五)建设项目对环境影响的经济损益分析;

(六)对建设项目实施环境监测的建议;

(七)环境影响评价的结论。

环境影响报告表和环境影响登记表的内容和格式,由国务院生态环境主管部门制定。

第十八条 建设项目的环境影响评价,应当避免与规划的环境影响评价相重复。

作为一项整体建设项目的规划,按照建设项目进行环境影响评价,不进行规划的环境影响评价。

已经进行了环境影响评价的规划包含具体建设项目的,规划的环境影响评价结论应当作为建设项目环境影响评价的重要依据,建设项目环境影响评价的内容应当根据规划的环境影响评价审查意见予以简化。

第十九条 建设单位可以委托技术单位对其建设项目开展环境影响评价,编制建设项目环境影响报告书、环境影响报告表;建设单位具备环境影响评价技术能力的,可以自行对其建设项目开展环境影响评价,编制建设项目环境影响报告书、环境影响报告表。

编制建设项目环境影响报告书、环境影响报告表应当遵守国家有关环境影响评价标准、技术规范等规定。

国务院生态环境主管部门应当制定建设项目环境影响报告书、环境影响报告表编制的能力建设指南和监管办法。

接受委托为建设单位编制建设项目环境影响报告书、环境影响报告表的技术单位,不得与负责审批建设项目环境影响报告书、环境影响响报告表的生态环境主管部门或者其他有关审批部门存在任何利益关系。

第二十条　建设单位应当对建设项目环境影响报告书、环境影响报告表的内容和结论负责，接受委托编制建设项目环境影响报告书、环境影响报告表的技术单位对其编制的建设项目环境影响报告书、环境影响报告表承担相应责任。

设区的市级以上人民政府生态环境主管部门应当加强对建设项目环境影响报告书、环境影响报告表编制单位的监督管理和质量考核。

负责审批建设项目环境影响报告书、环境影响报告表的生态环境主管部门应当将编制单位、编制主持人和主要编制人员的相关违法信息记入社会诚信档案，并纳入全国信用信息共享平台和国家企业信用信息公示系统向社会公布。

任何单位和个人不得为建设单位指定编制建设项目环境影响报告书、环境影响报告表的技术单位。

第二十一条　除国家规定需要保密的情形外，对环境可能造成重大影响、应当编制环境影响报告书的建设项目，建设单位应当在报批建设项目环境影响报告书前，举行论证会、听证会，或者采取其他形式，征求有关单位、专家和公众的意见。

建设单位报批的环境影响报告书应当附具对有关单位、专家和公众的意见采纳或者不采纳的说明。

第二十二条　建设项目的环境影响报告书、报告表，由建设单位按照国务院的规定报有审批权的生态环境主管部门审批。

海洋工程建设项目的海洋环境影响报告书的审批，依照《中华人民共和国海洋环境保护法》的规定办理。

审批部门应当自收到环境影响报告书之日起六十日内，收到环境影响报告表之日起三十日内，分别作出审批决定并书面通知建设单位。

国家对环境影响登记表实行备案管理。

审核、审批建设项目环境影响报告书、报告表以及备案环境影响登记表,不得收取任何费用。

第二十三条　国务院生态环境主管部门负责审批下列建设项目的环境影响评价文件:

(一)核设施、绝密工程等特殊性质的建设项目;

(二)跨省、自治区、直辖市行政区域的建设项目;

(三)由国务院审批的或者由国务院授权有关部门审批的建设项目。

前款规定以外的建设项目的环境影响评价文件的审批权限,由省、自治区、直辖市人民政府规定。

建设项目可能造成跨行政区域的不良环境影响,有关生态环境主管部门对该项目的环境影响评价结论有争议的,其环境影响评价文件由共同的上一级生态环境主管部门审批。

第二十四条　建设项目的环境影响评价文件经批准后,建设项目的性质、规模、地点、采用的生产工艺或者防治污染、防止生态破坏的措施发生重大变动的,建设单位应当重新报批建设项目的环境影响评价文件。

建设项目的环境影响评价文件自批准之日起超过五年,方决定该项目开工建设的,其环境影响评价文件应当报原审批部门重新审核;原审批部门应当自收到建设项目环境影响评价文件之日起十日内,将审核意见书面通知建设单位。

第二十五条　建设项目的环境影响评价文件未依法经审批部门审查或者审查后未予批准的,建设单位不得开工建设。

第二十六条　建设项目建设过程中,建设单位应当同时实施环境影响报告书、环境影响报告表以及环境影响评价文件审批部门审批意见中提出的环境保护对策措施。

第二十七条　在项目建设、运行过程中产生不符合经审批的环境影响评价文件的情形的,建设单位应当组织环境影响的后评价,采取改进措施,并报原环境影响评价文件审批部门和建设项目审批部门备案;原环境影响评价文件审批部门也可以责成建设单位进行环境影响的后评价,采取改进措施。

第二十八条 生态环境主管部门应当对建设项目投入生产或者使用后所产生的环境影响进行跟踪检查,对造成严重环境污染或者生态破坏的,应当查清原因、查明责任。对属于建设项目环境影响报告书、环境影响报告表存在基础资料明显不实,内容存在重大缺陷、遗漏或者虚假,环境影响评价结论不正确或者不合理等严重质量问题的,依照本法第三十二条的规定追究建设单位及其相关责任人员和接受委托编制建设项目环境影响报告书、环境影响报告表的技术单位及其相关人员的法律责任;属于审批部门工作人员失职、渎职,对依法不应批准的建设项目环境影响报告书、环境影响报告表予以批准的,依照本法第三十四条的规定追究其法律责任。

第四章 法律责任

第二十九条 规划编制机关违反本法规定,未组织环境影响评价,或者组织环境影响评价时弄虚作假或者有失职行为,造成环境影响评价严重失实的,对直接负责的主管人员和其他直接责任人员,由上级机关或者监察机关依法给予行政处分。

第三十条 规划审批机关对依法应当编写有关环境影响的篇章或者说明而未编写的规划草案,依法应当附送环境影响报告书而未附送的专项规划草案,违法予以批准的,对直接负责的主管人员和其他直接责任人员,由上级机关或者监察机关依法给予行政处分。

第三十一条 建设单位未依法报批建设项目环境影响报告书、报告表,或者未依照本法第二十四条的规定重新报批或者报请重新审核环境影响报告书、报告表,擅自开工建设的,由县级以上生态环境主管部门责令停止建设,根据违法情节和危害后果,处建设项目总投资额百分之一以上百分之五以下的罚款,并可以责令恢复原状;对建设单位直接负责的主管人员和其他直接责任人员,依法给予行政处分。

建设项目环境影响报告书、报告表未经批准或者未经原审批部门重新审核同意，建设单位擅自开工建设的，依照前款的规定处罚、处分。

建设单位未依法备案建设项目环境影响登记表的，由县级以上生态环境主管部门责令备案，处五万元以下的罚款。

海洋工程建设项目的建设单位有本条所列违法行为的，依照《中华人民共和国海洋环境保护法》的规定处罚。

第三十二条　建设项目环境影响报告书、环境影响报告表存在基础资料明显不实，内容存在重大缺陷、遗漏或者虚假，环境影响评价结论不正确或者不合理等严重质量问题的，由设区的市级以上人民政府生态环境主管部门对建设单位处五十万元以上二百万元以下的罚款，并对建设单位的法定代表人、主要负责人、直接负责的主管人员和其他直接责任人员，处五万元以上二十万元以下的罚款。

接受委托编制建设项目环境影响报告书、环境影响报告表的技术单位违反国家有关环境影响评价标准和技术规范等规定，致使其编制的建设项目环境影响报告书、环境影响报告表存在基础资料明显不实，内容存在重大缺陷、遗漏或者虚假，环境影响评价结论不正确或者不合理等严重质量问题的，由设区的市级以上人民政府生态环境主管部门对技术单位处所收费用三倍以上五倍以下的罚款；情节严重的，禁止从事环境影响报告书、环境影响报告表编制工作；有违法所得的，没收违法所得。

编制单位有本条第一款、第二款规定的违法行为的，编制主持人和主要编制人员五年内禁止从事环境影响报告书、环境影响报告表编制工作；构成犯罪的，依法追究刑事责任，并终身禁止从事环境影响报告书、环境影响报告表编制工作。

第三十三条　负责审核、审批、备案建设项目环境影响评价文件的部门在审批、备案中收取费用的，由其上级机关或者监察机关责令退还；情节严重的，对直接负责的主管人员和其他直接责任人员依法给予行政处分。

第三十四条　生态环境主管部门或者其他部门的工作人员徇私

舞弊,滥用职权,玩忽职守,违法批准建设项目环境影响评价文件的,依法给予行政处分;构成犯罪的,依法追究刑事责任。

第五章 附 则

第三十五条 省、自治区、直辖市人民政府可以根据本地的实际情况,要求对本辖区的县级人民政府编制的规划进行环境影响评价。具体办法由省、自治区、直辖市参照本法第二章的规定制定。

第三十六条 军事设施建设项目的环境影响评价办法,由中央军事委员会依照本法的原则制定。

第三十七条 本法自 2003 年 9 月 1 日起施行。

建设项目环境影响评价分类管理名录

(2020 年 11 月 30 日公布 生态环境部令第 16 号
自 2021 年 1 月 1 日起实施)

第一条 为了实施建设项目环境影响评价分类管理,根据《中华人民共和国环境影响评价法》的有关规定,制定本名录。

第二条 根据建设项目特征和所在区域的环境敏感程度,综合考虑建设项目可能对环境产生的影响,对建设项目的环境影响评价实行分类管理。

建设单位应当按照本名录的规定,分别组织编制建设项目环境影响报告书、环境影响报告表或者填报环境影响登记表。

第三条 本名录所称环境敏感区是指依法设立的各级各类保护区域和对建设项目产生的环境影响特别敏感的区域,主要包括下列区域:

(一)国家公园、自然保护区、风景名胜区、世界文化和自然遗产地、海洋特别保护区、饮用水水源保护区；

（二）除（一）外的生态保护红线管控范围，永久基本农田、基本草原、自然公园（森林公园、地质公园、海洋公园等）、重要湿地、天然林，重点保护野生动物栖息地，重点保护野生植物生长繁殖地，重要水生生物的自然产卵场、索饵场、越冬场和洄游通道，天然渔场，水土流失重点预防区和重点治理区、沙化土地封禁保护区、封闭及半封闭海域；

（三）以居住、医疗卫生、文化教育、科研、行政办公为主要功能的区域，以及文物保护单位。

环境影响报告书、环境影响报告表应当就建设项目对环境敏感区的影响做重点分析。

第四条 建设单位应当严格按照本名录确定建设项目环境影响评价类别，不得擅自改变环境影响评价类别。

建设内容涉及本名录中两个及以上项目类别的建设项目，其环境影响评价类别按照其中单项等级最高的确定。

建设内容不涉及主体工程的改建、扩建项目，其环境影响评价类别按照改建、扩建的工程内容确定。

第五条 本名录未作规定的建设项目，不纳入建设项目环境影响评价管理；省级生态环境主管部门对本名录未作规定的建设项目，认为确有必要纳入建设项目环境影响评价管理的，可以根据建设项目的污染因子、生态影响因子特征及其所处环境的敏感性质和敏感程度等，提出环境影响评价分类管理的建议，报生态环境部认定后实施。

第六条 本名录由生态环境部负责解释，并适时修订公布。

第七条 本名录自2021年1月1日起施行。《建设项目环境影响评价分类管理名录》（环境保护部令第44号）及《关于修改〈建设项目环境影响评价分类管理名录〉部分内容的决定》（生态环境部令第1号）同时废止。

附件：

建设项目环境影响评价分类管理名录（2021 年版）——节选

项目类别 \ 环评类别		报告书	报告表	登记表	本栏目环境敏感区含义
四十一、电力、热力生产和供应业					
87	火力发电 4411；热电联产 4412（4411 和 4412 均含掺烧生活垃圾发电、掺烧污泥发电）	火力发电和热电联产（发电机组节能改造的除外；燃气发电除外；单纯利用余热、余压、余气（含煤矿瓦斯）发电的除外）	燃气发电；单纯利用余气（含煤矿瓦斯）发电	/	
88	水力发电 4413	总装机 1000 千瓦及以上的常规水电（仅更换发电设备的增效扩容项目除外）；抽水蓄能电站；涉及环境敏感区的	其他	/	第三条（一）中的全部区域；第三条（二）中的除（一）外的生态保护红线管控范围，重要水生生物的自然产卵场、索饵场、越冬场和洄游通道
89	生物质能发电 4417	生活垃圾发电（掺烧生活垃圾发电的除外）；污泥发电（掺烧污泥发电的除外）	利用农林生物质、沼气、垃圾填埋气发电的	/	

续表

项目类别 \ 环评类别		报告书	报告表	登记表	本栏目环境敏感区含义
90	陆上风力发电4415；太阳能发电4416（不含居民家用光伏发电）；其他电力生产4419（不含海上的潮汐能、波浪能、温差能等发电）	涉及环境敏感区的总装机容量5万千瓦及以上的陆上风力发电	陆地利用地热、太阳能热等发电；地面集中光伏电站（总容量大于6000千瓦，且接入电压等级不小于10千伏）；其他风力发电	其他光伏发电	第三条（一）中的全部区域；第三条（三）中的全部区域
91	热力生产和供应工程（包括建设单位自建自用的供热工程）	燃煤、燃油锅炉总容量65吨/小时（45.5兆瓦）以上的	燃煤、燃油锅炉总容量65吨/小时（45.5兆瓦）及以下的；天然气锅炉总容量1吨/小时（0.7兆瓦）以上的；使用其他高污染燃料的（高污染燃料指国环规大气〔2017〕2号《高污染燃料目录》中规定的燃料）	/	

生态环境部关于进一步完善建设项目环境保护“三同时”及竣工环境保护自主验收监管工作机制的意见

（2021年8月20日公布 环执法〔2021〕70号
自2021年8月20日起实施）

各省、自治区、直辖市生态环境厅（局），新疆生产建设兵团生态环境局：

为贯彻落实《中华人民共和国环境影响评价法》《建设项目环境保护管理条例》，深化生态环境领域“放管服”改革，加强建设项目全过程监管，理顺各级生态环境部门监管职责，落实建设单位生态环境保护主体责任，现就完善建设项目（不含海洋工程、核动力厂和研究堆项目）环境保护“三同时”及竣工环境保护自主验收（以下简称“三同时”及自主验收）监管机制，切实优化监管方式提高监管效能提出意见如下。

一、严格落实属地监管责任

（一）建立事前属地参与机制。生态环境部将进一步完善环评审批程序，在建设项目环评文件技术评估和审查过程中，根据环境影响和环境风险大小，邀请项目所在地省级或设区的市级人民政府及相关部门参加现场踏勘、技术评估会和部内审查会，共同研究提出防治环境污染和生态破坏的措施，明确后续属地监管内容和各方责任。

请各省（区、市）生态环境部门参照我部环评审批程序，在建设项目环评文件技术评估和审查过程中，建立所在地人民政府及相关部门事前参与机制，合理确定参会范围，也可以采取书面征求意见的方式，避免增加行政成本。在环评批复文件中，按照属地负责的原则，将设区的市级生态环境部门作为建设项目事中事后监管的主要责任部门，在审批完成后及时将环评文件及批复文件转送设区的市级生态环境部门，涉及污染物区域削减、煤炭替代、产能置换、居民搬迁、栖息地保护等要求的应同时转送所在地人民政府及相关部门，并明确有关责任和完成时限。

（二）夯实事中事后属地监管责任。请各省（区、市）生态环境部门切实加强对行政区域内生态环境部门"三同时"及自主验收监管工作的监督指导，督促建设项目所在地设区的市级生态环境部门严格落实属地监管责任。按照生态环境保护综合行政执法事项指导目录要求，督促设区的市级生态环境部门切实履行主要责任部门职责，采取"双随机、一公开"方式，全面加强对市域内所有列入环境影响评价分类管理名录建设项目"三同时"及自主验收监管，加大监督检查和处理处罚力度，确保生态环境保护设施与主体工程同时设计、同时施工、同时投产使用，生态环境保护各项措施严格落实，建设单位自主验收工作合法合规。加强对跨市域建设项目"三同时"及自主验收的抽查，协调建设项目所跨区域市级生态环境部门建立协作会商机制。加强对生态环境部审批（以下简称部批）和省级审批重点建设项目的抽查，对于部批项目，在项目开工建设后至投入生产或使用1年内，抽查工作至少应实现一次全覆盖。

二、切实规范现场监督检查内容

（一）聚焦"三同时"监管重点。地方各级生态环境部门开展"三同时"监督检查时应进一步聚焦主责主业，重点对现有法律法规中有明确法律责任的具体行为进行检查。重点关注设计文件中编制环境保护篇章、落实防治环境污染和生态破坏的措施以及环境保护设施投资概算情况；建设单位施工合同涵盖环境保护设施建设内容并配置相应资金情况；建设项目实际开工时间超出环评文件批准之日五年的报原审批部门重新审核情况；建设性质、规模、地点、采用的生产工艺或者防治污染、防止生态破坏的措施与环评文件、批复文件或环境保护设施设计要求的一致性，发生变动的，建设单位在变动前开展环境影响分析情况，重大变动重新报批环评文件情况；环境保护设施和措施与主体工程施工同步实施情况；建设过程中对生态环境的破坏或污染情况；有关国际条约履约要求和国家产业政策遵守情况；环评批复文件中环境监理要求的落实情况等。

（二）统一自主验收监管内容。地方各级生态环境部门应按照合法性检查为主的原则开展自主验收监督检查。重点关注是否存在不应通过验收的八种情形，即环评要求的环境保护设施未建成、未与主体工程同时投入生产或使用，超标超总量排污，发生重大变动未重新报批环评文件，建设过程中造成的重大环境污染或生态破坏未完成整改，纳入排污许可管理的项目无证或不按许可证排污，治污能力不能满足主体工程需要，被处罚的违法行为未改正完成，验收报告存在严重质量问题或验收中弄虚作假等。同时，还应对验收程序的规范性、内容的完整性、信息公开的合规性，以及政府和有关部门承诺措施的落实情况等事项进行监督检查。

三、不断优化监管方式

（一）优化信息共享机制。地方各级生态环境部门应进一步优化环评与执法信息共享机制。环评审批机构在建设项目环评文件批复后或接到上级转送环评文件及批复文件后，及时将相关文件转送环境执法机构，环境执法机构在日常监督检查中发现涉及环评管理问题的，及时反馈环评审批机构，切实形成监管合力，提高管理效能。

（二）完善公众参与机制。地方各级生态环境部门要充分发挥公众监督作用，及时对建设项目环境影响报告书编制过程中的公众参与信息、环评文件受理和审批过程中收集的公众意见、项目建设及调试阶段受理的群众举报和投诉意见进行梳理，系统总结项目建设及运行过程中潜在的环境风险点，并作为重要线索，纳入“三同时”及自主验收监督检查重点关注范围。

（三）探索第三方辅助执法机制。请各省（区、市）生态环境部门进一步加强生态环境执法专家库建设，鼓励各级生态环境部门在本级预算中合理安排经费，邀请行业专家、技术专家或第三方咨询机构辅助开展“三同时”及自主验收监督检查。借助第三方力量,从专业角度对建设项目工程内容以及生态环保措施的批建一致性、达标排放的技术可达性、生态环境影响的可控性进行评判,为精准发现环境违法问题提供技术支持。

(四)依托信息化平台。地方各级生态环境部门应充分运用全国建设项目环评统一申报和审批系统、全国排污许可证管理信息平台、全国建设项目竣工验收信息系统等相关数据平台,系统梳理建设单位填报信息和属地生态环境部门监管信息,跟踪掌握建设项目建设、投产、验收进度。不断强化数据分析,探索建立源头异常发现、问题初步识别、检查需求推送的智能模型,精准、高效地开展“三同时”及自主验收监督检查。

四、持续加大惩戒和督促力度

(一)依法处理处罚。地方各级生态环境部门检查中发现“三同时”制度不落实或落实不到位、未经验收擅自投产、自主验收过程中弄虚作假、未按要求向社会公开验收报告等行为,除依照《建设项目环境保护管理条例》等法律法规进行处理处罚外,还应将建设项目有关环境违法信息及时记入环保信用信息平台,并及时向社会公开。

(二)加大督政力度。对建设项目环评批复中载明的由人民政府和有关部门承诺实施的区域削减、煤炭替代、产能置换、居民搬迁、栖息地保护等与建设项目配套的环境保护对策措施落实进度缓慢或不落实的,建设项目所在地生态环境部门应及时向上级生态环境部门报告。上级生态环境部门充分利用约谈、限批、通报等手段,督促属地人民政府切实按其承诺内容落实相关主体责任。

(三)加强重点项目抽查。请各省(区、市)生态环境部门每年12月底前将行政区域内各级生态环境部门对部批项目“三同时”及自主验收监督检查情况、发现问题及处理处罚情况报送生态环境部。生态环境部每年将适时组织相关省(区、市)生态环境部门对上一年度已开工和当年已完成自主验收(已颁发排污许可证)的部批项目,尤其是环境风险大、生态敏感度高、社会关注度高、信访投诉量大或违法问题线索明确的建设项目,“三同时”、自主验收情况以及属地监管责任落实情况进行抽查。

中华人民共和国水土保持法

(1991年6月29日第七届全国人民代表大会常务委员会第二十次会议通过 2010年12月25日第十一届全国人民代表大会常务委员会第十八次会议修订 2010年12月25日公布 中华人民共和国主席令第39号 自2011年3月1日起实施)

第一章 总 则

第一条 为了预防和治理水土流失,保护和合理利用水土资源,减轻水、旱、风沙灾害,改善生态环境,保障经济社会可持续发展,制定本法。

第二条 在中华人民共和国境内从事水土保持活动,应当遵守本法。

本法所称水土保持,是指对自然因素和人为活动造成水土流失所采取的预防和治理措施。

第三条 水土保持工作实行预防为主、保护优先、全面规划、综合治理、因地制宜、突出重点、科学管理、注重效益的方针。

第四条 县级以上人民政府应当加强对水土保持工作的统一领导,将水土保持工作纳入本级国民经济和社会发展规划,对水土保持规划确定的任务,安排专项资金,并组织实施。

国家在水土流失重点预防区和重点治理区,实行地方各级人民政府水土保持目标责任制和考核奖惩制度。

第五条 国务院水行政主管部门主管全国的水土保持工作。

国务院水行政主管部门在国家确定的重要江河、湖泊设立的流域管理机构(以下简称流域管理机构),在所管辖范围内依法承担水土保持监督管理职责。

县级以上地方人民政府水行政主管部门主管本行政区域的水土保持工作。

县级以上人民政府林业、农业、国土资源等有关部门按照各自职责,做好有关的水土流失预防和治理工作。

第六条 各级人民政府及其有关部门应当加强水土保持宣传和教育工作,普及水土保持科学知识,增强公众的水土保持意识。

第七条 国家鼓励和支持水土保持科学技术研究,提高水土保持科学技术水平,推广先进的水土保持技术,培养水土保持科学技术人才。

第八条 任何单位和个人都有保护水土资源、预防和治理水土流失的义务,并有权对破坏水土资源、造成水土流失的行为进行举报。

第九条 国家鼓励和支持社会力量参与水土保持工作。

对水土保持工作中成绩显著的单位和个人,由县级以上人民政府给予表彰和奖励。

第二章 规　　划

第十条 水土保持规划应当在水土流失调查结果及水土流失重点预防区和重点治理区划定的基础上,遵循统筹协调、分类指导的原则编制。

第十一条 国务院水行政主管部门应当定期组织全国水土流失调查并公告调查结果。

省、自治区、直辖市人民政府水行政主管部门负责本行政区域的水土流失调查并公告调查结果,公告前应当将调查结果报国务院水行政主管部门备案。

第十二条 县级以上人民政府应当依据水土流失调查结果划定并公告水土流失重点预防区和重点治理区。

对水土流失潜在危险较大的区域，应当划定为水土流失重点预防区；对水土流失严重的区域，应当划定为水土流失重点治理区。

第十三条 水土保持规划的内容应当包括水土流失状况、水土流失类型区划分、水土流失防治目标、任务和措施等。

水土保持规划包括对流域或者区域预防和治理水土流失、保护和合理利用水土资源作出的整体部署，以及根据整体部署对水土保持专项工作或者特定区域预防和治理水土流失作出的专项部署。

水土保持规划应当与土地利用总体规划、水资源规划、城乡规划和环境保护规划等相协调。

编制水土保持规划，应当征求专家和公众的意见。

第十四条 县级以上人民政府水行政主管部门会同同级人民政府有关部门编制水土保持规划，报本级人民政府或者其授权的部门批准后，由水行政主管部门组织实施。

水土保持规划一经批准，应当严格执行；经批准的规划根据实际情况需要修改的，应当按照规划编制程序报原批准机关批准。

第十五条 有关基础设施建设、矿产资源开发、城镇建设、公共服务设施建设等方面的规划，在实施过程中可能造成水土流失的，规划的组织编制机关应当在规划中提出水土流失预防和治理的对策和措施，并在规划报请审批前征求本级人民政府水行政主管部门的意见。

第三章 预 防

第十六条 地方各级人民政府应当按照水土保持规划，采取封育保护、自然修复等措施，组织单位和个人植树种草，扩大林草覆盖面积，涵养水源，预防和减轻水土流失。

第十七条 地方各级人民政府应当加强对取土、挖砂、采石等活动的管理，预防和减轻水土流失。

禁止在崩塌、滑坡危险区和泥石流易发区从事取土、挖砂、采石等可能造成水土流失的活动。崩塌、滑坡危险区和泥石流易发区的范围，由县级以上地方人民政府划定并公告。崩塌、滑坡危险区和泥石流易发区的划定,应当与地质灾害防治规划确定的地质灾害易发区、重点防治区相衔接。

第十八条　水土流失严重、生态脆弱的地区,应当限制或者禁止可能造成水土流失的生产建设活动,严格保护植物、沙壳、结皮、地衣等。

在侵蚀沟的沟坡和沟岸、河流的两岸以及湖泊和水库的周边,土地所有权人、使用权人或者有关管理单位应当营造植物保护带。禁止开垦、开发植物保护带。

第十九条　水土保持设施的所有权人或者使用权人应当加强对水土保持设施的管理与维护,落实管护责任,保障其功能正常发挥。

第二十条　禁止在二十五度以上陡坡地开垦种植农作物。在二十五度以上陡坡地种植经济林的,应当科学选择树种,合理确定规模,采取水土保持措施,防止造成水土流失。

省、自治区、直辖市根据本行政区域的实际情况,可以规定小于二十五度的禁止开垦坡度。禁止开垦的陡坡地的范围由当地县级人民政府划定并公告。

第二十一条　禁止毁林、毁草开垦和采集发菜。禁止在水土流失重点预防区和重点治理区铲草皮、挖树兜或者滥挖虫草、甘草、麻黄等。

第二十二条　林木采伐应当采用合理方式,严格控制皆伐;对水源涵养林、水土保持林、防风固沙林等防护林只能进行抚育和更新性质的采伐;对采伐区和集材道应当采取防止水土流失的措施,并在采伐后及时更新造林。

在林区采伐林木的,采伐方案中应当有水土保持措施。采伐方案经林业主管部门批准后,由林业主管部门和水行政主管部门监督实施。

第二十三条　在五度以上坡地植树造林、抚育幼林、种植中药材等,应当采取水土保持措施。

在禁止开垦坡度以下、五度以上的荒坡地开垦种植农作物,应当采取水土保持措施。具体办法由省、自治区、直辖市根据本行政区域的实际情况规定。

第二十四条 生产建设项目选址、选线应当避让水土流失重点预防区和重点治理区；无法避让的，应当提高防治标准，优化施工工艺，减少地表扰动和植被损坏范围，有效控制可能造成的水土流失。

第二十五条 在山区、丘陵区、风沙区以及水土保持规划确定的容易发生水土流失的其他区域开办可能造成水土流失的生产建设项目，生产建设单位应当编制水土保持方案，报县级以上人民政府水行政主管部门审批，并按照经批准的水土保持方案，采取水土流失预防和治理措施。没有能力编制水土保持方案的，应当委托具备相应技术条件的机构编制。

水土保持方案应当包括水土流失预防和治理的范围、目标、措施和投资等内容。

水土保持方案经批准后，生产建设项目的地点、规模发生重大变化的，应当补充或者修改水土保持方案并报原审批机关批准。水土保持方案实施过程中，水土保持措施需要作出重大变更的，应当经原审批机关批准。

生产建设项目水土保持方案的编制和审批办法，由国务院水行政主管部门制定。

第二十六条 依法应当编制水土保持方案的生产建设项目，生产建设单位未编制水土保持方案或者水土保持方案未经水行政主管部门批准的，生产建设项目不得开工建设。

第二十七条 依法应当编制水土保持方案的生产建设项目中的水土保持设施，应当与主体工程同时设计、同时施工、同时投产使用；生产建设项目竣工验收，应当验收水土保持设施；水土保持设施未经验收或者验收不合格的，生产建设项目不得投产使用。

第二十八条 依法应当编制水土保持方案的生产建设项目，其生产建设活动中排弃的砂、石、土、矸石、尾矿、废渣等应当综合利用；不能综合利用，确需废弃的，应当堆放在水土保持方案确定的专门存放地,并采取措施保证不产生新的危害。

第二十九条　县级以上人民政府水行政主管部门、流域管理机构,应当对生产建设项目水土保持方案的实施情况进行跟踪检查,发现问题及时处理。

第四章　治　　理

第三十条　国家加强水土流失重点预防区和重点治理区的坡耕地改梯田、淤地坝等水土保持重点工程建设,加大生态修复力度。

县级以上人民政府水行政主管部门应当加强对水土保持重点工程的建设管理,建立和完善运行管护制度。

第三十一条　国家加强江河源头区、饮用水水源保护区和水源涵养区水土流失的预防和治理工作,多渠道筹集资金,将水土保持生态效益补偿纳入国家建立的生态效益补偿制度。

第三十二条　开办生产建设项目或者从事其他生产建设活动造成水土流失的,应当进行治理。

在山区、丘陵区、风沙区以及水土保持规划确定的容易发生水土流失的其他区域开办生产建设项目或者从事其他生产建设活动,损坏水土保持设施、地貌植被,不能恢复原有水土保持功能的,应当缴纳水土保持补偿费,专项用于水土流失预防和治理。专项水土流失预防和治理由水行政主管部门负责组织实施。水土保持补偿费的收取使用管理办法由国务院财政部门、国务院价格主管部门会同国务院水行政主管部门制定。

生产建设项目在建设过程中和生产过程中发生的水土保持费用,按照国家统一的财务会计制度处理。

第三十三条　国家鼓励单位和个人按照水土保持规划参与水土流失治理,并在资金、技术、税收等方面予以扶持。

第三十四条　国家鼓励和支持承包治理荒山、荒沟、荒丘、荒滩,防治水土流失,保护和改善生态环境,促进土地资源的合理开发和可持续利用,并依法保护土地承包合同当事人的合法权益。

承包治理荒山、荒沟、荒丘、荒滩和承包水土流失严重地区农村土地的,在依法签订的土地承包合同中应当包括预防和治理水土流失责任的内容。

第三十五条 在水力侵蚀地区,地方各级人民政府及其有关部门应当组织单位和个人,以天然沟壑及其两侧山坡地形成的小流域为单元,因地制宜地采取工程措施、植物措施和保护性耕作等措施,进行坡耕地和沟道水土流失综合治理。

在风力侵蚀地区,地方各级人民政府及其有关部门应当组织单位和个人,因地制宜地采取轮封轮牧、植树种草、设置人工沙障和网格林带等措施,建立防风固沙防护体系。

在重力侵蚀地区,地方各级人民政府及其有关部门应当组织单位和个人,采取监测、径流排导、削坡减载、支挡固坡、修建拦挡工程等措施,建立监测、预报、预警体系。

第三十六条 在饮用水水源保护区,地方各级人民政府及其有关部门应当组织单位和个人,采取预防保护、自然修复和综合治理措施,配套建设植物过滤带,积极推广沼气,开展清洁小流域建设,严格控制化肥和农药的使用,减少水土流失引起的面源污染,保护饮用水水源。

第三十七条 已在禁止开垦的陡坡地上开垦种植农作物的,应当按照国家有关规定退耕,植树种草;耕地短缺、退耕确有困难的,应当修建梯田或者采取其他水土保持措施。

在禁止开垦坡度以下的坡耕地上开垦种植农作物的,应当根据不同情况,采取修建梯田、坡面水系整治、蓄水保土耕作或者退耕等措施。

第三十八条 对生产建设活动所占用土地的地表土应当进行分层剥离、保存和利用,做到土石方挖填平衡,减少地表扰动范围;对废弃的砂、石、土、矸石、尾矿、废渣等存放地,应当采取拦挡、坡面防护、防洪排导等措施。生产建设活动结束后,应当及时在取土场、开挖面和存放地的裸露土地上植树种草、恢复植被,对闭库的尾矿库进行复垦。

在干旱缺水地区从事生产建设活动,应当采取防止风力侵蚀措施,设置降水蓄渗设施,充分利用降水资源。

第三十九条 国家鼓励和支持在山区、丘陵区、风沙区以及容易发生水土流失的其他区域,采取下列有利于水土保持的措施:

(一)免耕、等高耕作、轮耕轮作、草田轮作、间作套种等;

(二)封禁抚育、轮封轮牧、舍饲圈养;

(三)发展沼气、节柴灶,利用太阳能、风能和水能,以煤、电、气代替薪柴等;

(四)从生态脆弱地区向外移民;

(五)其他有利于水土保持的措施。

第五章 监测和监督

第四十条 县级以上人民政府水行政主管部门应当加强水土保持监测工作,发挥水土保持监测工作在政府决策、经济社会发展和社会公众服务中的作用。县级以上人民政府应当保障水土保持监测工作经费。

国务院水行政主管部门应当完善全国水土保持监测网络,对全国水土流失进行动态监测。

第四十一条 对可能造成严重水土流失的大中型生产建设项目,生产建设单位应当自行或者委托具备水土保持监测资质的机构,对生产建设活动造成的水土流失进行监测,并将监测情况定期上报当地水行政主管部门。

从事水土保持监测活动应当遵守国家有关技术标准、规范和规程,保证监测质量。

第四十二条 国务院水行政主管部门和省、自治区、直辖市人民政府水行政主管部门应当根据水土保持监测情况,定期对下列事项进行公告:

(一)水土流失类型、面积、强度、分布状况和变化趋势;

(二)水土流失造成的危害;

（三）水土流失预防和治理情况。

第四十三条 县级以上人民政府水行政主管部门负责对水土保持情况进行监督检查。流域管理机构在其管辖范围内可以行使国务院水行政主管部门的监督检查职权。

第四十四条 水政监督检查人员依法履行监督检查职责时，有权采取下列措施：

（一）要求被检查单位或者个人提供有关文件、证照、资料；

（二）要求被检查单位或者个人就预防和治理水土流失的有关情况作出说明；

（三）进入现场进行调查、取证。

被检查单位或者个人拒不停止违法行为，造成严重水土流失的，报经水行政主管部门批准，可以查封、扣押实施违法行为的工具及施工机械、设备等。

第四十五条 水政监督检查人员依法履行监督检查职责时，应当出示执法证件。被检查单位或者个人对水土保持监督检查工作应当给予配合，如实报告情况，提供有关文件、证照、资料；不得拒绝或者阻碍水政监督检查人员依法执行公务。

第四十六条 不同行政区域之间发生水土流失纠纷应当协商解决；协商不成的，由共同的上一级人民政府裁决。

第六章 法律责任

第四十七条 水行政主管部门或者其他依照本法规定行使监督管理权的部门，不依法作出行政许可决定或者办理批准文件的，发现违法行为或者接到对违法行为的举报不予查处的，或者有其他未依照本法规定履行职责的行为的，对直接负责的主管人员和其他直接责任人员依法给予处分。

第四十八条 违反本法规定，在崩塌、滑坡危险区或者泥石流易发区从事取土、挖砂、采石等可能造成水土流失的活动的，由县级以上地方人民政府水行政主管部门责令停止违法行为，没收违法所得，对个人处一千元以上一万元以下的罚款，对单位处二万元以上二十万元以下的罚款。

第四十九条 违反本法规定，在禁止开垦坡度以上陡坡地开垦种植农作物，或者在禁止开垦、开发的植物保护带内开垦、开发的，由县级以上地方人民政府水行政主管部门责令停止违法行为，采取退耕、恢复植被等补救措施；按照开垦或者开发面积，可以对个人处每平方米二元以下的罚款、对单位处每平方米十元以下的罚款。

第五十条 违反本法规定，毁林、毁草开垦的，依照《中华人民共和国森林法》、《中华人民共和国草原法》的有关规定处罚。

第五十一条 违反本法规定，采集发菜，或者在水土流失重点预防区和重点治理区铲草皮、挖树兜、滥挖虫草、甘草、麻黄等的，由县级以上地方人民政府水行政主管部门责令停止违法行为，采取补救措施，没收违法所得，并处违法所得一倍以上五倍以下的罚款；没有违法所得的，可以处五万元以下的罚款。

在草原地区有前款规定违法行为的，依照《中华人民共和国草原法》的有关规定处罚。

第五十二条 在林区采伐林木不依法采取防止水土流失措施的，由县级以上地方人民政府林业主管部门、水行政主管部门责令限期改正，采取补救措施；造成水土流失的，由水行政主管部门按照造成水土流失的面积处每平方米二元以上十元以下的罚款。

第五十三条 违反本法规定，有下列行为之一的，由县级以上人民政府水行政主管部门责令停止违法行为，限期补办手续；逾期不补办手续的，处五万元以上五十万元以下的罚款；对生产建设单位直接负责的主管人员和其他直接责任人员依法给予处分：

（一）依法应当编制水土保持方案的生产建设项目，未编制水土保持方案或者编制的水土保持方案未经批准而开工建设的；

（二）生产建设项目的地点、规模发生重大变化，未补充、修改水土保持方案或者补充、修改的水土保持方案未经原审批机关批准的；

（三）水土保持方案实施过程中，未经原审批机关批准，对水土保持措施作出重大变更的。

第五十四条 违反本法规定,水土保持设施未经验收或者验收不合格将生产建设项目投产使用的,由县级以上人民政府水行政主管部门责令停止生产或者使用,直至验收合格,并处五万元以上五十万元以下的罚款。

第五十五条 违反本法规定,在水土保持方案确定的专门存放地以外的区域倾倒砂、石、土、矸石、尾矿、废渣等的,由县级以上地方人民政府水行政主管部门责令停止违法行为,限期清理,按照倾倒数量处每立方米十元以上二十元以下的罚款;逾期仍不清理的,县级以上地方人民政府水行政主管部门可以指定有清理能力的单位代为清理,所需费用由违法行为人承担。

第五十六条 违反本法规定,开办生产建设项目或者从事其他生产建设活动造成水土流失,不进行治理的,由县级以上人民政府水行政主管部门责令限期治理;逾期仍不治理的,县级以上人民政府水行政主管部门可以指定有治理能力的单位代为治理,所需费用由违法行为人承担。

第五十七条 违反本法规定,拒不缴纳水土保持补偿费的,由县级以上人民政府水行政主管部门责令限期缴纳;逾期不缴纳的,自滞纳之日起按日加收滞纳部分万分之五的滞纳金,可以处应缴水土保持补偿费三倍以下的罚款。

第五十八条 违反本法规定,造成水土流失危害的,依法承担民事责任;构成违反治安管理行为的,由公安机关依法给予治安管理处罚;构成犯罪的,依法追究刑事责任。

第七章 附 则

第五十九条 县级以上地方人民政府根据当地实际情况确定的负责水土保持工作的机构,行使本法规定的水行政主管部门水土保持工作的职责。

第六十条 本法自 2011 年 3 月 1 日起施行。

中华人民共和国水土保持法实施条例

（1993 年 8 月 1 日国务院令第 120 号公布　根据 2011 年 1 月 8 日国务院令第 588 号《关于废止和修改部分行政法规的决定》修订　2011 年 1 月 8 日公布　国务院令第 588 号自 2011 年 1 月 8 日起实施）

第一章　总　　则

第一条　根据《中华人民共和国水土保持法》(以下简称《水土保持法》)的规定，制定本条例。

第二条　一切单位和个人都有权对有下列破坏水土资源、造成水土流失的行为之一的单位和个人，向县级以上人民政府水行政主管部门或者其他有关部门进行检举：

(一)违法毁林或者毁草场开荒，破坏植被的；

(二)违法开垦荒坡地的；

(三)向江河、湖泊、水库和专门存放地以外的沟渠倾倒废弃砂、石、土或者尾矿废渣的；

(四)破坏水土保持设施的；

(五)有破坏水土资源、造成水土流失的其他行为的。

第三条　水土流失防治区的地方人民政府应当实行水土流失防治目标责任制。

第四条　地方人民政府根据当地实际情况设立的水土保持机构，可以行使《水土保持法》和本条例规定的水行政主管部门对水土保持工作的职权。

第五条　县级以上人民政府应当将批准的水土保持规划确定的任务，纳入国民经济和社会发展计划，安排专项资金，组织实施，并可以按照有关规定，安排水土流失地区的部分扶贫资金、以工代赈资金和农业发展基金等资金，用于水土保持。

第六条　水土流失重点防治区按国家、省、县三级划分，具体范围由县级以上人民政府水行政主管部门提出，报同级人民政府批准并公告。

水土流失重点防治区可以分为重点预防保护区、重点监督区和重点治理区。

第七条　水土流失严重的省、自治区、直辖市，可以根据需要，设置水土保持中等专业学校或者在有关院校开设水土保持专业。中小学的有关课程，应当包含水土保持方面的内容。

第二章　预　　防

第八条　山区、丘陵区、风沙区的地方人民政府，对从事挖药材、养柞蚕、烧木炭、烧砖瓦等副业生产的单位和个人，必须根据水土保持的要求，加强管理，采取水土保持措施，防止水土流失和生态环境恶化。

第九条　在水土流失严重、草场少的地区，地方人民政府及其有关主管部门应当采取措施，推行舍饲，改变野外放牧习惯。

第十条　地方人民政府及其有关主管部门应当因地制宜，组织营造薪炭林，发展小水电、风力发电，发展沼气，利用太阳能，推广节能灶。

第十一条　《水土保持法》施行前已在禁止开垦的陡坡地上开垦种植农作物的，应当在平地或者缓坡地建设基本农田，提高单位面积产量，将已开垦的陡坡耕地逐步退耕，植树种草；退耕确有困难的，由县级人民政府限期修成梯田，或者采取其他水土保持措施。

第十二条　依法申请开垦荒坡地的，必须同时提出防止水土流失的措施，报县级人民政府水行政主管部门或者其所属的水土保持监督管理机构批准。

第十三条　在林区采伐林木的，采伐方案中必须有采伐区水土保持措施。林业行政主管部门批准采伐方案后，应当将采伐方案抄送水行政主管部门，共同监督实施采伐区水土保持措施。

第十四条 在山区、丘陵区、风沙区修建铁路、公路、水工程，开办矿山企业、电力企业和其他大中型工业企业，其环境影响报告书中的水土保持方案，必须先经水行政主管部门审查同意。

在山区、丘陵区、风沙区依法开办乡镇集体矿山企业和个体申请采矿，必须填写“水土保持方案报告表”，经县级以上地方人民政府水行政主管部门批准后，方可申请办理采矿批准手续。

建设工程中的水土保持设施竣工验收，应当有水行政主管部门参加并签署意见。水土保持设施经验收不合格的，建设工程不得投产使用。

水土保持方案的具体报批办法，由国务院水行政主管部门会同国务院有关主管部门制定。

第十五条 《水土保持法》施行前已建或者在建并造成水土流失的生产建设项目，生产建设单位必须向县级以上地方人民政府水行政主管部门提出水土流失防治措施。

第三章 治　　理

第十六条 县级以上地方人民政府应当组织国有农场、林场、牧场和农业集体经济组织及农民，在禁止开垦坡度以下的坡耕地，按照水土保持规划，修筑水平梯田和蓄水保土工程，整治排水系统，治理水土流失。

第十七条 水土流失地区的集体所有的土地承包给个人使用的，应当将治理水土流失的责任列入承包合同。当地乡、民族乡、镇的人民政府和农业集体经济组织应当监督承包合同的履行。

第十八条 荒山、荒沟、荒丘、荒滩的水土流失，可以由农民个人、联户或者专业队承包治理，也可以由企业事业单位或者个人投资投劳入股治理。

实行承包治理的，发包方和承包方应当签订承包治理合同。在承包期内,承包方经发包方同意,可以将承包治理合同转让给第三者。

第十九条 企业事业单位在建设和生产过程中造成水土流失的,应当负责治理。因技术等原因无力自行治理的,可以交纳防治费,由水行政主管部门组织治理。防治费的收取标准和使用管理办法由省级以上人民政府财政部门、主管物价的部门会同水行政主管部门制定。

第二十条 对水行政主管部门投资营造的水土保持林、水源涵养林和防风固沙林进行抚育和更新性质的采伐时,所提取的育林基金应当用于营造水土保持林、水源涵养林和防风固沙林。

第二十一条 建成的水土保持设施和种植的林草,应当按照国家技术标准进行检查验收;验收合格的,应当建立档案,设立标志,落实管护责任制。

任何单位和个人不得破坏或者侵占水土保持设施。企业事业单位在建设和生产过程中损坏水土保持设施的,应当给予补偿。

第四章 监　　督

第二十二条 《水土保持法》第二十九条所称水土保持监测网络,是指全国水土保持监测中心,大江大河流域水土保持中心站,省、自治区、直辖市水土保持监测站以及省、自治区、直辖市重点防治区水土保持监测分站。

水土保持监测网络的具体管理办法,由国务院水行政主管部门制定。

第二十三条 国务院水行政主管部门和省、自治区、直辖市人民政府水行政主管部门应当定期分别公告水土保持监测情况。公告应当包括下列事项:

(一)水土流失的面积、分布状况和流失程度;

(二)水土流失造成的危害及其发展趋势;

(三)水土流失防治情况及其效益。

第二十四条 有水土流失防治任务的企业事业单位,应当定期向县级以上地方人民政府水行政主管部门通报本单位水土流失防治工作的情况。

第二十五条　县级以上地方人民政府水行政主管部门及其所属的水土保持监督管理机构，应当对《水土保持法》和本条例的执行情况实施监督检查。水土保持监督人员依法执行公务时，应当持有县级以上人民政府颁发的水土保持监督检查证件。

第五章　法律责任

第二十六条　依照《水土保持法》第三十二条的规定处以罚款的，罚款幅度为非法开垦的陡坡地每平方米1元至2元。

第二十七条　依照《水土保持法》第三十三条的规定处以罚款的，罚款幅度为擅自开垦的荒坡地每平方米0.5元至1元。

第二十八条　依照《水土保持法》第三十四条的规定处以罚款的，罚款幅度为500元以上、5000元以下。

第二十九条　依照《水土保持法》第三十五条的规定处以罚款的，罚款幅度为造成的水土流失面积每平方米2元至5元。

第三十条　依照《水土保持法》第三十六条的规定处以罚款的，罚款幅度为1000元以上、1万元以下。

第三十一条　破坏水土保持设施，尚不够刑事处罚的，由公安机关依照《中华人民共和国治安管理处罚法》的有关规定予以处罚。

第三十二条　依照《水土保持法》第三十九条第二款的规定，请求水行政主管部门处理赔偿责任和赔偿金额纠纷的，应当提出申请报告。申请报告应当包括下列事项：

（一）当事人的基本情况；

（二）受到水土流失危害的时间、地点、范围；

（三）损失清单；

（四）证据。

第三十三条　由于发生不可抗拒的自然灾害而造成水土流失时，有关单位和个人应当向水行政主管部门报告不可抗拒的自然灾害的种类、程度、时间和已采取的措施等情况,经水行政主管部门查实并作出“不能避免造成水土流失危害”认定的,免予承担责任。

第六章　附　　则

第三十四条　本条例由国务院水行政主管部门负责解释。

第三十五条　本条例自发布之日起施行。

开发建设项目水土保持方案编报审批管理规定

(1995年5月30日水利部令第5号公布　根据2005年7月8日《水利部关于修改部分水利行政许可规章的决定》第一次修正　根据2017年12月22日《水利部关于废止和修改部分规章的决定》第二次修正　2017年12月22日公布水利部令第49号　自2017年12月22日起实施)

第一条　为了加强水土保持方案编制、申报、审批的管理,根据《中华人民共和国水土保持法》、《中华人民共和国水土保持法实施条例》和国家计委、水利部、国家环保局发布的《开发建设项目水土保持方案管理办法》,制定本规定。

第二条　凡从事有可能造成水土流失的开发建设单位和个人,必须编报水土保持方案。其中,审批制项目,在报送可行性研究报告前完成水土保持方案报批手续;核准制项目,在提交项目申请报告前完成水土保持方案报批手续;备案制项目,在办理备案手续后、项目开工前完成水土保持方案报批手续。经批准的水土保持方案应当纳入下阶段设计文件中。

第三条　开发建设项目的初步设计,应当依据水土保持技术标准和经批准的水土保持方案,编制水土保持篇章,落实水土流失防治措施和投资概算。初步设计审查时应当有水土保持方案审批机关参加。

第四条 水土保持方案分为“水土保持方案报告书”和“水土保持方案报告表”。

凡征占地面积在一公顷以上或者挖填土石方总量在一万立方米以上的开发建设项目,应当编报水土保持方案报告书;其他开发建设项目应当编报水土保持方案报告表。

水土保持方案报告书、水土保持方案报告表的内容和格式应当符合《开发建设项目水土保持方案技术规范》和有关规定。

第五条 水土保持方案的编报工作由开发建设单位或者个人负责。具体编制水土保持方案的单位和人员,应当具有相应的技术能力和业务水平,并由有关行业组织实施管理,具体管理办法由该行业组织制定。

第六条 编制水土保持方案所需费用应当根据编制工作量确定,并纳入项目前期费用。

第七条 水土保持方案经过水行政主管部门审查批准,开发建设项目方可开工建设。

第八条 水行政主管部门审批水土保持方案实行分级审批制度,县级以上地方人民政府水行政主管部门审批的水土保持方案,应报上一级人民政府水行政主管部门备案。

中央立项,且征占地面积在50公顷以上或者挖填土石方总量在50万立方米以上的开发建设项目或者限额以上技术改造项目,水土保持方案报告书由国务院水行政主管部门审批。中央立项,征占地面积不足50公顷且挖填土石方总量不足50万立方米的开发建设项目,水土保持方案报告书由省级水行政主管部门审批。

地方立项的开发建设项目和限额以下技术改造项目,水土保持方案报告书由相应级别的水行政主管部门审批。

水土保持方案报告表由开发建设项目所在地县级水行政主管部门审批。

跨地区的项目水土保持方案，报上一级水行政主管部门审批。

第九条 开发建设单位或者个人要求审批水土保持方案的，应当向有审批权的水行政主管部门提交书面申请和水土保持方案报告书或者水土保持方案报告表各一式三份。

有审批权的水行政主管部门受理申请后，应当依据有关法律、法规和技术规范组织审查，或者委托有关机构进行技术评审。水行政主管部门应当自受理水土保持方案报告书审批申请之日起二十日内，或者应当自受理水土保持方案报告表审批申请之日起十日内，作出审查决定。但是，技术评审时间除外。对于特殊性质或者特大型开发建设项目的水土保持方案报告书，二十日内不能作出审查决定的，经本行政机关负责人批准，可以延长十日，并应当将延长期限的理由告知申请单位或者个人。

第十条 水土保持方案报告的审批条件如下：

（一）符合有关法律、法规、规章和规范性文件规定；

（二）符合《开发建设项目水土保持方案技术规范》等国家、行业的水土保持技术规范、标准；

（三）水土流失防治责任范围明确；

（四）水土流失防治措施合理、有效，与周边环境相协调，并达到主体工程设计深度；

（五）水土保持投资估算编制依据可靠、方法合理、结果正确；

（六）水土保持监测的内容和方法得当。

第十一条 经审批的项目，如性质、规模、建设地点等发生变化时，项目单位或个人应及时修改水土保持方案，并按照本规定的程序报原批准单位审批。

第十二条 项目单位必须严格按照水行政主管部门批准的水土保持方案进行设计、施工。项目工程竣工验收时，必须由水行政主管部门同时验收水土保持设施。水土保持设施验收不合格的，项目工程不得投产使用。

第十三条 水土保持方案未经审批擅自开工建设或者进行施工

准备的，由县级以上人民政府水行政主管部门责令停止违法行为，采取补救措施。当事人从事非经营活动的，可以处一千元以下罚款；当事人从事经营活动，有违法所得的，可以处违法所得三倍以下罚款，但是最高不得超过三万元，没有违法所得的，可以处一万元以下罚款，法律、法规另有规定的除外。

第十四条　地方人民政府根据当地实际情况设立的水土保持机构，可行使本规定中水行政主管部门的职权。

第十五条　本规定由水利部负责解释。

第十六条　本规定自发布之日起施行。

中华人民共和国防洪法

（1997年8月29日第八届全国人民代表大会常务委员会第二十七次会议通过　根据2009年8月27日第十一届全国人民代表大会常务委员会第十次会议《关于修改部分法律的决定》第一次修正　根据2015年4月24日第十二届全国人民代表大会常务委员会第十四次会议《关于修改〈中华人民共和国港口法〉等七部法律的决定》第二次修正　根据2016年7月2日第十二届全国人民代表大会常务委员会第二十一次会议《关于修改〈中华人民共和国节约能源法〉等六部法律的决定》第三次修正　2016年7月2日公布　中华人民共和国主席令第48号　自2016年7月2日起实施）

第一章　总　　则

第一条　为了防治洪水，防御、减轻洪涝灾害，维护人民的生命和财产安全，保障社会主义现代化建设顺利进行，制定本法。

第二条　防洪工作实行全面规划、统筹兼顾、预防为主、综合治理、局部利益服从全局利益的原则。

第三条 防洪工程设施建设,应当纳入国民经济和社会发展计划。

防洪费用按照政府投入同受益者合理承担相结合的原则筹集。

第四条 开发利用和保护水资源,应当服从防洪总体安排,实行兴利与除害相结合的原则。

江河、湖泊治理以及防洪工程设施建设,应当符合流域综合规划,与流域水资源的综合开发相结合。

本法所称综合规划是指开发利用水资源和防治水害的综合规划。

第五条 防洪工作按照流域或者区域实行统一规划、分级实施和流域管理与行政区域管理相结合的制度。

第六条 任何单位和个人都有保护防洪工程设施和依法参加防汛抗洪的义务。

第七条 各级人民政府应当加强对防洪工作的统一领导,组织有关部门、单位,动员社会力量,依靠科技进步,有计划地进行江河、湖泊治理,采取措施加强防洪工程设施建设,巩固、提高防洪能力。

各级人民政府应当组织有关部门、单位,动员社会力量,做好防汛抗洪和洪涝灾害后的恢复与救济工作。

各级人民政府应当对蓄滞洪区予以扶持;蓄滞洪后,应当依照国家规定予以补偿或者救助。

第八条 国务院水行政主管部门在国务院的领导下,负责全国防洪的组织、协调、监督、指导等日常工作。国务院水行政主管部门在国家确定的重要江河、湖泊设立的流域管理机构,在所管辖的范围内行使法律、行政法规规定和国务院水行政主管部门授权的防洪协调和监督管理职责。

国务院建设行政主管部门和其他有关部门在国务院的领导下,按照各自的职责,负责有关的防洪工作。

县级以上地方人民政府水行政主管部门在本级人民政府的领导下,负责本行政区域内防洪的组织、协调、监督、指导等日常工作。县级以上地方人民政府建设行政主管部门和其他有关部门在本级人民政府的领导下,按照各自的职责,负责有关的防洪工作。

第二章 防洪规划

第九条 防洪规划是指为防治某一流域、河段或者区域的洪涝灾害而制定的总体部署,包括国家确定的重要江河、湖泊的流域防洪规划,其他江河、河段、湖泊的防洪规划以及区域防洪规划。

防洪规划应当服从所在流域、区域的综合规划;区域防洪规划应当服从所在流域的流域防洪规划。

防洪规划是江河、湖泊治理和防洪工程设施建设的基本依据。

第十条 国家确定的重要江河、湖泊的防洪规划,由国务院水行政主管部门依据该江河、湖泊的流域综合规划,会同有关部门和有关省、自治区、直辖市人民政府编制,报国务院批准。

其他江河、河段、湖泊的防洪规划或者区域防洪规划,由县级以上地方人民政府水行政主管部门分别依据流域综合规划、区域综合规划,会同有关部门和有关地区编制,报本级人民政府批准,并报上一级人民政府水行政主管部门备案;跨省、自治区、直辖市的江河、河段、湖泊的防洪规划由有关流域管理机构会同江河、河段、湖泊所在地的省、自治区、直辖市人民政府水行政主管部门、有关主管部门拟定,分别经有关省、自治区、直辖市人民政府审查提出意见后,报国务院水行政主管部门批准。

城市防洪规划,由城市人民政府组织水行政主管部门、建设行政主管部门和其他有关部门依据流域防洪规划、上一级人民政府区域防洪规划编制,按照国务院规定的审批程序批准后纳入城市总体规划。

修改防洪规划,应当报经原批准机关批准。

第十一条 编制防洪规划,应当遵循确保重点、兼顾一般,以及防汛和抗旱相结合、工程措施和非工程措施相结合的原则,充分考虑洪涝规律和上下游、左右岸的关系以及国民经济对防洪的要求,并与国土规划和土地利用总体规划相协调。

防洪规划应当确定防护对象、治理目标和任务、防洪措施和实施方案，划定洪泛区、蓄滞洪区和防洪保护区的范围，规定蓄滞洪区的使用原则。

第十二条 受风暴潮威胁的沿海地区的县级以上地方人民政府，应当把防御风暴潮纳入本地区的防洪规划，加强海堤（海塘）、挡潮闸和沿海防护林等防御风暴潮工程体系建设，监督建筑物、构筑物的设计和施工符合防御风暴潮的需要。

第十三条 山洪可能诱发山体滑坡、崩塌和泥石流的地区以及其他山洪多发地区的县级以上地方人民政府，应当组织负责地质矿产管理工作的部门、水行政主管部门和其他有关部门对山体滑坡、崩塌和泥石流隐患进行全面调查，划定重点防治区，采取防治措施。

城市、村镇和其他居民点以及工厂、矿山、铁路和公路干线的布局，应当避开山洪威胁；已经建在受山洪威胁的地方的，应当采取防御措施。

第十四条 平原、洼地、水网圩区、山谷、盆地等易涝地区的有关地方人民政府，应当制定除涝治涝规划，组织有关部门、单位采取相应的治理措施，完善排水系统，发展耐涝农作物种类和品种，开展洪涝、干旱、盐碱综合治理。

城市人民政府应当加强对城区排涝管网、泵站的建设和管理。

第十五条 国务院水行政主管部门应当会同有关部门和省、自治区、直辖市人民政府制定长江、黄河、珠江、辽河、淮河、海河入海河口的整治规划。

在前款入海河口围海造地，应当符合河口整治规划。

第十六条 防洪规划确定的河道整治计划用地和规划建设的堤防用地范围内的土地，经土地管理部门和水行政主管部门会同有关地区核定，报经县级以上人民政府按照国务院规定的权限批准后，可以划定为规划保留区；该规划保留区范围内的土地涉及其他项目用地的，有关土地管理部门和水行政主管部门核定时，应当征求有关部门的意见。

规划保留区依照前款规定划定后,应当公告。

前款规划保留区内不得建设与防洪无关的工矿工程设施;在特殊情况下,国家工矿建设项目确需占用前款规划保留区内的土地的,应当按照国家规定的基本建设程序报请批准,并征求有关水行政主管部门的意见。

防洪规划确定的扩大或者开辟的人工排洪道用地范围内的土地,经省级以上人民政府土地管理部门和水行政主管部门会同有关部门、有关地区核定,报省级以上人民政府按照国务院规定的权限批准后,可以划定为规划保留区,适用前款规定。

第十七条 在江河、湖泊上建设防洪工程和其他水工程、水电站等,应当符合防洪规划的要求;水库应当按照防洪规划的要求留足防洪库容。

前款规定的防洪工程和其他水工程、水电站未取得有关水行政主管部门签署的符合防洪规划要求的规划同意书的,建设单位不得开工建设。

第三章 治理与防护

第十八条 防治江河洪水,应当蓄泄兼施,充分发挥河道行洪能力和水库、洼淀、湖泊调蓄洪水的功能,加强河道防护,因地制宜地采取定期清淤疏浚等措施,保持行洪畅通。

防治江河洪水,应当保护、扩大流域林草植被,涵养水源,加强流域水土保持综合治理。

第十九条 整治河道和修建控制引导河水流向、保护堤岸等工程,应当兼顾上下游、左右岸的关系,按照规划治导线实施,不得任意改变河水流向。

国家确定的重要江河的规划治导线由流域管理机构拟定,报国务院水行政主管部门批准。

其他江河、河段的规划治导线由县级以上地方人民政府水行政主管部门拟定,报本级人民政府批准;跨省、自治区、直辖市的江河、河段和省、自治区、直辖市之间的省界河道的规划治导线由有关流域管理机构组织江河、河段所在地的省、自治区、直辖市人民政府水行政主管部门拟定,经有关省、自治区、直辖市人民政府审查提出意见后,报国务院水行政主管部门批准。

第二十条 整治河道、湖泊,涉及航道的,应当兼顾航运需要,并事先征求交通主管部门的意见。整治航道,应当符合江河、湖泊防洪安全要求,并事先征求水行政主管部门的意见。

在竹木流放的河流和渔业水域整治河道的,应当兼顾竹木水运和渔业发展的需要,并事先征求林业、渔业行政主管部门的意见。在河道中流放竹木,不得影响行洪和防洪工程设施的安全。

第二十一条 河道、湖泊管理实行按水系统一管理和分级管理相结合的原则,加强防护,确保畅通。

国家确定的重要江河、湖泊的主要河段,跨省、自治区、直辖市的重要河段、湖泊,省、自治区、直辖市之间的省界河道、湖泊以及国(边)界河道、湖泊,由流域管理机构和江河、湖泊所在地的省、自治区、直辖市人民政府水行政主管部门按照国务院水行政主管部门的划定依法实施管理。其他河道、湖泊,由县级以上地方人民政府水行政主管部门按照国务院水行政主管部门或者国务院水行政主管部门授权的机构的划定依法实施管理。

有堤防的河道、湖泊,其管理范围为两岸堤防之间的水域、沙洲、滩地、行洪区和堤防及护堤地;无堤防的河道、湖泊,其管理范围为历史最高洪水位或者设计洪水位之间的水域、沙洲、滩地和行洪区。

流域管理机构直接管理的河道、湖泊管理范围,由流域管理机构会同有关县级以上地方人民政府依照前款规定界定;其他河道、湖泊管理范围,由有关县级以上地方人民政府依照前款规定界定。

第二十二条 河道、湖泊管理范围内的土地和岸线的利用,应当符合行洪、输水的要求。

禁止在河道、湖泊管理范围内建设妨碍行洪的建筑物、构筑物,倾倒垃圾、渣土,从事影响河势稳定、危害河岸堤防安全和其他妨碍河道行洪的活动。

禁止在行洪河道内种植阻碍行洪的林木和高秆作物。

在船舶航行可能危及堤岸安全的河段，应当限定航速。限定航速的标志，由交通主管部门与水行政主管部门商定后设置。

第二十三条 禁止围湖造地。已经围垦的，应当按照国家规定的防洪标准进行治理，有计划地退地还湖。

禁止围垦河道。确需围垦的，应当进行科学论证，经水行政主管部门确认不妨碍行洪、输水后，报省级以上人民政府批准。

第二十四条 对居住在行洪河道内的居民，当地人民政府应当有计划地组织外迁。

第二十五条 护堤护岸的林木，由河道、湖泊管理机构组织营造和管理。护堤护岸林木，不得任意砍伐。采伐护堤护岸林木的，应当依法办理采伐许可手续，并完成规定的更新补种任务。

第二十六条 对壅水、阻水严重的桥梁、引道、码头和其他跨河工程设施，根据防洪标准，有关水行政主管部门可以报请县级以上人民政府按照国务院规定的权限责令建设单位限期改建或者拆除。

第二十七条 建设跨河、穿河、穿堤、临河的桥梁、码头、道路、渡口、管道、缆线、取水、排水等工程设施，应当符合防洪标准、岸线规划、航运要求和其他技术要求，不得危害堤防安全、影响河势稳定、妨碍行洪畅通；其工程建设方案未经有关水行政主管部门根据前述防洪要求审查同意的，建设单位不得开工建设。

前款工程设施需要占用河道、湖泊管理范围内土地，跨越河道、湖泊空间或者穿越河床的，建设单位应当经有关水行政主管部门对该工程设施建设的位置和界限审查批准后，方可依法办理开工手续；安排施工时，应当按照水行政主管部门审查批准的位置和界限进行。

第二十八条 对于河道、湖泊管理范围内依照本法规定建设的工程设施，水行政主管部门有权依法检查；水行政主管部门检查时，被检查者应当如实提供有关的情况和资料。

前款规定的工程设施竣工验收时，应当有水行政主管部门参加。

第四章 防洪区和防洪工程设施的管理

第二十九条 防洪区是指洪水泛滥可能淹及的地区,分为洪泛区、蓄滞洪区和防洪保护区。

洪泛区是指尚无工程设施保护的洪水泛滥所及的地区。

蓄滞洪区是指包括分洪口在内的河堤背水面以外临时贮存洪水的低洼地区及湖泊等。

防洪保护区是指在防洪标准内受防洪工程设施保护的地区。

洪泛区、蓄滞洪区和防洪保护区的范围,在防洪规划或者防御洪水方案中划定,并报请省级以上人民政府按照国务院规定的权限批准后予以公告。

第三十条 各级人民政府应当按照防洪规划对防洪区内的土地利用实行分区管理。

第三十一条 地方各级人民政府应当加强对防洪区安全建设工作的领导,组织有关部门、单位对防洪区内的单位和居民进行防洪教育,普及防洪知识,提高水患意识;按照防洪规划和防御洪水方案建立并完善防洪体系和水文、气象、通信、预警以及洪涝灾害监测系统,提高防御洪水能力;组织防洪区内的单位和居民积极参加防洪工作,因地制宜地采取防洪避洪措施。

第三十二条 洪泛区、蓄滞洪区所在地的省、自治区、直辖市人民政府应当组织有关地区和部门,按照防洪规划的要求,制定洪泛区、蓄滞洪区安全建设计划,控制蓄滞洪区人口增长,对居住在经常使用的蓄滞洪区的居民,有计划地组织外迁,并采取其他必要的安全保护措施。

因蓄滞洪区而直接受益的地区和单位,应当对蓄滞洪区承担国家规定的补偿、救助义务。国务院和有关的省、自治区、直辖市人民政府应当建立对蓄滞洪区的扶持和补偿、救助制度。

国务院和有关的省、自治区、直辖市人民政府可以制定洪泛区、蓄滞洪区安全建设管理办法以及对蓄滞洪区的扶持和补偿、救助办法。

第三十三条　在洪泛区、蓄滞洪区内建设非防洪建设项目，应当就洪水对建设项目可能产生的影响和建设项目对防洪可能产生的影响作出评价，编制洪水影响评价报告，提出防御措施。洪水影响评价报告未经有关水行政主管部门审查批准的，建设单位不得开工建设。

在蓄滞洪区内建设的油田、铁路、公路、矿山、电厂、电信设施和管道，其洪水影响评价报告应当包括建设单位自行安排的防洪避洪方案。建设项目投入生产或者使用时，其防洪工程设施应当经水行政主管部门验收。

在蓄滞洪区内建造房屋应当采用平顶式结构。

第三十四条　大中城市，重要的铁路、公路干线，大型骨干企业，应当列为防洪重点，确保安全。

受洪水威胁的城市、经济开发区、工矿区和国家重要的农业生产基地等，应当重点保护，建设必要的防洪工程设施。

城市建设不得擅自填堵原有河道沟叉、贮水湖塘洼淀和废除原有防洪围堤。确需填堵或者废除的，应当经城市人民政府批准。

第三十五条　属于国家所有的防洪工程设施，应当按照经批准的设计，在竣工验收前由县级以上人民政府按照国家规定，划定管理和保护范围。

属于集体所有的防洪工程设施，应当按照省、自治区、直辖市人民政府的规定，划定保护范围。

在防洪工程设施保护范围内，禁止进行爆破、打井、采石、取土等危害防洪工程设施安全的活动。

第三十六条　各级人民政府应当组织有关部门加强对水库大坝的定期检查和监督管理。对未达到设计洪水标准、抗震设防要求或者有严重质量缺陷的险坝，大坝主管部门应当组织有关单位采取除险加固措施，限期消除危险或者重建，有关人民政府应当优先安排所需资金。对可能出现垮坝的水库，应当事先制定应急抢险和居民临时撤离方案。

各级人民政府和有关主管部门应当加强对尾矿坝的监督管理，采取措施，避免因洪水导致垮坝。

第三十七条 任何单位和个人不得破坏、侵占、毁损水库大坝、堤防、水闸、护岸、抽水站、排水渠系等防洪工程和水文、通信设施以及防汛备用的器材、物料等。

第五章 防汛抗洪

第三十八条 防汛抗洪工作实行各级人民政府行政首长负责制，统一指挥、分级分部门负责。

第三十九条 国务院设立国家防汛指挥机构，负责领导、组织全国的防汛抗洪工作，其办事机构设在国务院水行政主管部门。

在国家确定的重要江河、湖泊可以设立由有关省、自治区、直辖市人民政府和该江河、湖泊的流域管理机构负责人等组成的防汛指挥机构，指挥所管辖范围内的防汛抗洪工作，其办事机构设在流域管理机构。

有防汛抗洪任务的县级以上地方人民政府设立由有关部门、当地驻军、人民武装部负责人等组成的防汛指挥机构，在上级防汛指挥机构和本级人民政府的领导下，指挥本地区的防汛抗洪工作，其办事机构设在同级水行政主管部门；必要时，经城市人民政府决定，防汛指挥机构也可以在建设行政主管部门设城市市区办事机构，在防汛指挥机构的统一领导下，负责城市市区的防汛抗洪日常工作。

第四十条 有防汛抗洪任务的县级以上地方人民政府根据流域综合规划、防洪工程实际状况和国家规定的防洪标准，制定防御洪水方案（包括对特大洪水的处置措施）。

长江、黄河、淮河、海河的防御洪水方案，由国家防汛指挥机构制定，报国务院批准；跨省、自治区、直辖市的其他江河的防御洪水方案，由有关流域管理机构会同有关省、自治区、直辖市人民政府制定，报国务院或者国务院授权的有关部门批准。防御洪水方案经批准后，有关地方人民政府必须执行。

各级防汛指挥机构和承担防汛抗洪任务的部门和单位，必须根据防御洪水方案做好防汛抗洪准备工作。

第四十一条 省、自治区、直辖市人民政府防汛指挥机构根据当地的洪水规律，规定汛期起止日期。

当江河、湖泊的水情接近保证水位或者安全流量，水库水位接近设计洪水位，或者防洪工程设施发生重大险情时，有关县级以上人民政府防汛指挥机构可以宣布进入紧急防汛期。

第四十二条 对河道、湖泊范围内阻碍行洪的障碍物，按照谁设障、谁清除的原则，由防汛指挥机构责令限期清除；逾期不清除的，由防汛指挥机构组织强行清除，所需费用由设障者承担。

在紧急防汛期，国家防汛指挥机构或者其授权的流域、省、自治区、直辖市防汛指挥机构有权对壅水、阻水严重的桥梁、引道、码头和其他跨河工程设施作出紧急处置。

第四十三条 在汛期，气象、水文、海洋等有关部门应当按照各自的职责，及时向有关防汛指挥机构提供天气、水文等实时信息和风暴潮预报；电信部门应当优先提供防汛抗洪通信的服务；运输、电力、物资材料供应等有关部门应当优先为防汛抗洪服务。

中国人民解放军、中国人民武装警察部队和民兵应当执行国家赋予的抗洪抢险任务。

第四十四条 在汛期，水库、闸坝和其他水工程设施的运用，必须服从有关的防汛指挥机构的调度指挥和监督。

在汛期，水库不得擅自在汛期限制水位以上蓄水，其汛期限制水位以上的防洪库容的运用，必须服从防汛指挥机构的调度指挥和监督。

在凌汛期，有防凌汛任务的江河的上游水库的下泄水量必须征得有关的防汛指挥机构的同意，并接受其监督。

第四十五条 在紧急防汛期，防汛指挥机构根据防汛抗洪的需要，有权在其管辖范围内调用物资、设备、交通运输工具和人力，决定采取取土占地、砍伐林木、清除阻水障碍物和其他必要的紧急措施；必要时,公安、交通等有关部门按照防汛指挥机构的决定,依法实施陆地和水面交通管制。

依照前款规定调用的物资、设备、交通运输工具等,在汛期结束后应当及时归还;造成损坏或者无法归还的,按照国务院有关规定给予适当补偿或者作其他处理。取土占地、砍伐林木的,在汛期结束后依法向有关部门补办手续;有关地方人民政府对取土后的土地组织复垦,对砍伐的林木组织补种。

第四十六条 江河、湖泊水位或者流量达到国家规定的分洪标准,需要启用蓄滞洪区时,国务院,国家防汛指挥机构,流域防汛指挥机构,省、自治区、直辖市人民政府,省、自治区、直辖市防汛指挥机构,按照依法经批准的防御洪水方案中规定的启用条件和批准程序,决定启用蓄滞洪区。依法启用蓄滞洪区,任何单位和个人不得阻拦、拖延;遇到阻拦、拖延时,由有关县级以上地方人民政府强制实施。

第四十七条 发生洪涝灾害后,有关人民政府应当组织有关部门、单位做好灾区的生活供给、卫生防疫、救灾物资供应、治安管理、学校复课、恢复生产和重建家园等救灾工作以及所管辖地区的各项水毁工程设施修复工作。水毁防洪工程设施的修复,应当优先列入有关部门的年度建设计划。

国家鼓励、扶持开展洪水保险。

第六章 保障措施

第四十八条 各级人民政府应当采取措施,提高防洪投入的总体水平。

第四十九条 江河、湖泊的治理和防洪工程设施的建设和维护所需投资,按照事权和财权相统一的原则,分级负责,由中央和地方财政承担。城市防洪工程设施的建设和维护所需投资,由城市人民政府承担。

受洪水威胁地区的油田、管道、铁路、公路、矿山、电力、电信等企业、事业单位应当自筹资金,兴建必要的防洪自保工程。

第五十条 中央财政应当安排资金，用于国家确定的重要江河、湖泊的堤坝遭受特大洪涝灾害时的抗洪抢险和水毁防洪工程修复。省、自治区、直辖市人民政府应当在本级财政预算中安排资金，用于本行政区域内遭受特大洪涝灾害地区的抗洪抢险和水毁防洪工程修复。

第五十一条 国家设立水利建设基金，用于防洪工程和水利工程的维护和建设。具体办法由国务院规定。

受洪水威胁的省、自治区、直辖市为加强本行政区域内防洪工程设施建设，提高防御洪水能力，按照国务院的有关规定，可以规定在防洪保护区范围内征收河道工程修建维护管理费。

第五十二条 任何单位和个人不得截留、挪用防洪、救灾资金和物资。

各级人民政府审计机关应当加强对防洪、救灾资金使用情况的审计监督。

第七章 法律责任

第五十三条 违反本法第十七条规定，未经水行政主管部门签署规划同意书，擅自在江河、湖泊上建设防洪工程和其他水工程、水电站的，责令停止违法行为，补办规划同意书手续；违反规划同意书的要求，严重影响防洪的，责令限期拆除；违反规划同意书的要求，影响防洪但尚可采取补救措施的，责令限期采取补救措施，可以处一万元以上十万元以下的罚款。

第五十四条 违反本法第十九条规定，未按照规划治导线整治河道和修建控制引导河水流向、保护堤岸等工程，影响防洪的，责令停止违法行为，恢复原状或者采取其他补救措施，可以处一万元以上十万元以下的罚款。

第五十五条 违反本法第二十二条第二款、第三款规定，有下列行为之一的，责令停止违法行为，排除阻碍或者采取其他补救措施，可以处五万元以下的罚款：

（一）在河道、湖泊管理范围内建设妨碍行洪的建筑物、构筑物的；

（二）在河道、湖泊管理范围内倾倒垃圾、渣土，从事影响河势稳定、危害河岸堤防安全和其他妨碍河道行洪的活动的；

（三）在行洪河道内种植阻碍行洪的林木和高秆作物的。

第五十六条 违反本法第十五条第二款、第二十三条规定，围海造地、围湖造地、围垦河道的，责令停止违法行为，恢复原状或者采取其他补救措施，可以处五万元以下的罚款；既不恢复原状也不采取其他补救措施的，代为恢复原状或者采取其他补救措施，所需费用由违法者承担。

第五十七条 违反本法第二十七条规定，未经水行政主管部门对其工程建设方案审查同意或者未按照有关水行政主管部门审查批准的位置、界限，在河道、湖泊管理范围内从事工程设施建设活动的，责令停止违法行为，补办审查同意或者审查批准手续；工程设施建设严重影响防洪的，责令限期拆除，逾期不拆除的，强行拆除，所需费用由建设单位承担；影响行洪但尚可采取补救措施的，责令限期采取补救措施，可以处一万元以上十万元以下的罚款。

第五十八条 违反本法第三十三条第一款规定，在洪泛区、蓄滞洪区内建设非防洪建设项目，未编制洪水影响评价报告或者洪水影响评价报告未经审查批准开工建设的，责令限期改正；逾期不改正的，处五万元以下的罚款。

违反本法第三十三条第二款规定，防洪工程设施未经验收，即将建设项目投入生产或者使用的，责令停止生产或者使用，限期验收防洪工程设施，可以处五万元以下的罚款。

第五十九条 违反本法第三十四条规定，因城市建设擅自填堵原有河道沟叉、贮水湖塘洼淀和废除原有防洪围堤的，城市人民政府应当责令停止违法行为，限期恢复原状或者采取其他补救措施。

第六十条 违反本法规定，破坏、侵占、毁损堤防、水闸、护岸、抽水站、排水渠系等防洪工程和水文、通信设施以及防汛备用的器材、物料的,责令停止违法行为,采取补救措施,可以处五万元以下的罚款;造成损坏的,依法承担民事责任;应当给予治安管理处罚的,依照治安管理处罚法的规定处罚;构成犯罪的,依法追究刑事责任。

第六十一条 阻碍、威胁防汛指挥机构、水行政主管部门或者流域管理机构的工作人员依法执行职务,构成犯罪的,依法追究刑事责任;尚不构成犯罪,应当给予治安管理处罚的,依照治安管理处罚法的规定处罚。

第六十二条 截留、挪用防洪、救灾资金和物资,构成犯罪的,依法追究刑事责任;尚不构成犯罪的,给予行政处分。

第六十三条 除本法第五十九条的规定外,本章规定的行政处罚和行政措施,由县级以上人民政府水行政主管部门决定,或者由流域管理机构按照国务院水行政主管部门规定的权限决定。但是,本法第六十条、第六十一条规定的治安管理处罚的决定机关,按照治安管理处罚法的规定执行。

第六十四条 国家工作人员,有下列行为之一,构成犯罪的,依法追究刑事责任;尚不构成犯罪的,给予行政处分:

(一)违反本法第十七条、第十九条、第二十二条第二款、第二十二条第三款、第二十七条或者第三十四条规定,严重影响防洪的;

(二)滥用职权,玩忽职守,徇私舞弊,致使防汛抗洪工作遭受重大损失的;

(三)拒不执行防御洪水方案、防汛抢险指令或者蓄滞洪方案、措施、汛期调度运用计划等防汛调度方案的;

(四)违反本法规定,导致或者加重毗邻地区或者其他单位洪灾损失的。

第八章 附 则

第六十五条 本法自1998年1月1日起施行。

中华人民共和国防震减灾法

（1997年12月29日第八届全国人民代表大会常务委员会第二十九次会议通过　2008年12月27日第十一届全国人民代表大会常务委员会第六次会议修订　2008年12月27日公布　中华人民共和国主席令第7号　自2009年5月1日起实施）

第一章　总　　则

第一条　为了防御和减轻地震灾害，保护人民生命和财产安全，促进经济社会的可持续发展，制定本法。

第二条　在中华人民共和国领域和中华人民共和国管辖的其他海域从事地震监测预报、地震灾害预防、地震应急救援、地震灾后过渡性安置和恢复重建等防震减灾活动，适用本法。

第三条　防震减灾工作，实行预防为主、防御与救助相结合的方针。

第四条　县级以上人民政府应当加强对防震减灾工作的领导，将防震减灾工作纳入本级国民经济和社会发展规划，所需经费列入财政预算。

第五条　在国务院的领导下，国务院地震工作主管部门和国务院经济综合宏观调控、建设、民政、卫生、公安以及其他有关部门，按照职责分工，各负其责，密切配合，共同做好防震减灾工作。

县级以上地方人民政府负责管理地震工作的部门或者机构和其他有关部门在本级人民政府领导下，按照职责分工，各负其责，密切配合，共同做好本行政区域的防震减灾工作。

第六条　国务院抗震救灾指挥机构负责统一领导、指挥和协调全国抗震救灾工作。县级以上地方人民政府抗震救灾指挥机构负责统一领导、指挥和协调本行政区域的抗震救灾工作。

国务院地震工作主管部门和县级以上地方人民政府负责管理地震工作的部门或者机构，承担本级人民政府抗震救灾指挥机构的日常工作。

第七条　各级人民政府应当组织开展防震减灾知识的宣传教育，增强公民的防震减灾意识，提高全社会的防震减灾能力。

第八条　任何单位和个人都有依法参加防震减灾活动的义务。

国家鼓励、引导社会组织和个人开展地震群测群防活动，对地震进行监测和预防。

国家鼓励、引导志愿者参加防震减灾活动。

第九条　中国人民解放军、中国人民武装警察部队和民兵组织，依照本法以及其他有关法律、行政法规、军事法规的规定和国务院、中央军事委员会的命令，执行抗震救灾任务，保护人民生命和财产安全。

第十条　从事防震减灾活动，应当遵守国家有关防震减灾标准。

第十一条　国家鼓励、支持防震减灾的科学技术研究，逐步提高防震减灾科学技术研究经费投入，推广先进的科学研究成果，加强国际合作与交流，提高防震减灾工作水平。

对在防震减灾工作中做出突出贡献的单位和个人，按照国家有关规定给予表彰和奖励。

第二章　防震减灾规划

第十二条　国务院地震工作主管部门会同国务院有关部门组织编制国家防震减灾规划，报国务院批准后组织实施。

县级以上地方人民政府负责管理地震工作的部门或者机构会同同级有关部门，根据上一级防震减灾规划和本行政区域的实际情况，组织编制本行政区域的防震减灾规划，报本级人民政府批准后组织实施，并报上一级人民政府负责管理地震工作的部门或者机构备案。

第十三条　编制防震减灾规划，应当遵循统筹安排、突出重点、合理布局、全面预防的原则,以震情和震害预测结果为依据,并充分考虑人民生命和财产安全及经济社会发展、资源环境保护等需要。

县级以上地方人民政府有关部门应当根据编制防震减灾规划的需要,及时提供有关资料。

第十四条　防震减灾规划的内容应当包括:震情形势和防震减灾总体目标,地震监测台网建设布局,地震灾害预防措施,地震应急救援措施,以及防震减灾技术、信息、资金、物资等保障措施。

编制防震减灾规划,应当对地震重点监视防御区的地震监测台网建设、震情跟踪、地震灾害预防措施、地震应急准备、防震减灾知识宣传教育等作出具体安排。

第十五条　防震减灾规划报送审批前,组织编制机关应当征求有关部门、单位、专家和公众的意见。

防震减灾规划报送审批文件中应当附具意见采纳情况及理由。

第十六条　防震减灾规划一经批准公布,应当严格执行;因震情形势变化和经济社会发展的需要确需修改的,应当按照原审批程序报送审批。

第三章　地震监测预报

第十七条　国家加强地震监测预报工作,建立多学科地震监测系统,逐步提高地震监测预报水平。

第十八条　国家对地震监测台网实行统一规划,分级、分类管理。

国务院地震工作主管部门和县级以上地方人民政府负责管理地震工作的部门或者机构,按照国务院有关规定,制定地震监测台网规划。

全国地震监测台网由国家级地震监测台网、省级地震监测台网和市、县级地震监测台网组成,其建设资金和运行经费列入财政预算。

第十九条　水库、油田、核电站等重大建设工程的建设单位,应当按照国务院有关规定,建设专用地震监测台网或者强震动监测设施,其建设资金和运行经费由建设单位承担。

第二十条 地震监测台网的建设，应当遵守法律、法规和国家有关标准，保证建设质量。

第二十一条 地震监测台网不得擅自中止或者终止运行。

检测、传递、分析、处理、存贮、报送地震监测信息的单位，应当保证地震监测信息的质量和安全。

县级以上地方人民政府应当组织相关单位为地震监测台网的运行提供通信、交通、电力等保障条件。

第二十二条 沿海县级以上地方人民政府负责管理地震工作的部门或者机构，应当加强海域地震活动监测预测工作。海域地震发生后，县级以上地方人民政府负责管理地震工作的部门或者机构，应当及时向海洋主管部门和当地海事管理机构等通报情况。

火山所在地的县级以上地方人民政府负责管理地震工作的部门或者机构，应当利用地震监测设施和技术手段，加强火山活动监测预测工作。

第二十三条 国家依法保护地震监测设施和地震观测环境。

任何单位和个人不得侵占、毁损、拆除或者擅自移动地震监测设施。地震监测设施遭到破坏的，县级以上地方人民政府负责管理地震工作的部门或者机构应当采取紧急措施组织修复，确保地震监测设施正常运行。

任何单位和个人不得危害地震观测环境。国务院地震工作主管部门和县级以上地方人民政府负责管理地震工作的部门或者机构会同同级有关部门，按照国务院有关规定划定地震观测环境保护范围，并纳入土地利用总体规划和城乡规划。

第二十四条 新建、扩建、改建建设工程，应当避免对地震监测设施和地震观测环境造成危害。建设国家重点工程，确实无法避免对地震监测设施和地震观测环境造成危害的，建设单位应当按照县级以上地方人民政府负责管理地震工作的部门或者机构的要求，增建抗干扰设施；不能增建抗干扰设施的，应当新建地震监测设施。

对地震观测环境保护范围内的建设工程项目，城乡规划主管部门在依法核发选址意见书时,应当征求负责管理地震工作的部门或者机构的意见;不需要核发选址意见书的,城乡规划主管部门在依法核发建设用地规划许可证或者乡村建设规划许可证时,应当征求负责管理地震工作的部门或者机构的意见。

第二十五条　国务院地震工作主管部门建立健全地震监测信息共享平台,为社会提供服务。

县级以上地方人民政府负责管理地震工作的部门或者机构,应当将地震监测信息及时报送上一级人民政府负责管理地震工作的部门或者机构。

专用地震监测台网和强震动监测设施的管理单位,应当将地震监测信息及时报送所在地省、自治区、直辖市人民政府负责管理地震工作的部门或者机构。

第二十六条　国务院地震工作主管部门和县级以上地方人民政府负责管理地震工作的部门或者机构,根据地震监测信息研究结果,对可能发生地震的地点、时间和震级作出预测。

其他单位和个人通过研究提出的地震预测意见,应当向所在地或者所预测地的县级以上地方人民政府负责管理地震工作的部门或者机构书面报告,或者直接向国务院地震工作主管部门书面报告。收到书面报告的部门或者机构应当进行登记并出具接收凭证。

第二十七条　观测到可能与地震有关的异常现象的单位和个人,可以向所在地县级以上地方人民政府负责管理地震工作的部门或者机构报告,也可以直接向国务院地震工作主管部门报告。

国务院地震工作主管部门和县级以上地方人民政府负责管理地震工作的部门或者机构接到报告后,应当进行登记并及时组织调查核实。

第二十八条　国务院地震工作主管部门和省、自治区、直辖市人民政府负责管理地震工作的部门或者机构,应当组织召开震情会商会,必要时邀请有关部门、专家和其他有关人员参加,对地震预测意见和可能与地震有关的异常现象进行综合分析研究,形成震情会商意见,报本级人民政府;经震情会商形成地震预报意见的,在报本级人民政府前,应当进行评审,作出评审结果,并提出对策建议。

第二十九条 国家对地震预报意见实行统一发布制度。

全国范围内的地震长期和中期预报意见,由国务院发布。省、自治区、直辖市行政区域内的地震预报意见,由省、自治区、直辖市人民政府按照国务院规定的程序发布。

除发表本人或者本单位对长期、中期地震活动趋势的研究成果及进行相关学术交流外,任何单位和个人不得向社会散布地震预测意见。任何单位和个人不得向社会散布地震预报意见及其评审结果。

第三十条 国务院地震工作主管部门根据地震活动趋势和震害预测结果,提出确定地震重点监视防御区的意见,报国务院批准。

国务院地震工作主管部门应当加强地震重点监视防御区的震情跟踪,对地震活动趋势进行分析评估,提出年度防震减灾工作意见,报国务院批准后实施。

地震重点监视防御区的县级以上地方人民政府应当根据年度防震减灾工作意见和当地的地震活动趋势,组织有关部门加强防震减灾工作。

地震重点监视防御区的县级以上地方人民政府负责管理地震工作的部门或者机构,应当增加地震监测台网密度,组织做好震情跟踪、流动观测和可能与地震有关的异常现象观测以及群测群防工作,并及时将有关情况报上一级人民政府负责管理地震工作的部门或者机构。

第三十一条 国家支持全国地震烈度速报系统的建设。

地震灾害发生后,国务院地震工作主管部门应当通过全国地震烈度速报系统快速判断致灾程度,为指挥抗震救灾工作提供依据。

第三十二条 国务院地震工作主管部门和县级以上地方人民政府负责管理地震工作的部门或者机构,应当对发生地震灾害的区域加强地震监测,在地震现场设立流动观测点,根据震情的发展变化,及时对地震活动趋势作出分析、判定,为余震防范工作提供依据。

国务院地震工作主管部门和县级以上地方人民政府负责管理地

震工作的部门或者机构、地震监测台网的管理单位，应当及时收集、保存有关地震的资料和信息，并建立完整的档案。

第三十三条 外国的组织或者个人在中华人民共和国领域和中华人民共和国管辖的其他海域从事地震监测活动，必须经国务院地震工作主管部门会同有关部门批准，并采取与中华人民共和国有关部门或者单位合作的形式进行。

第四章 地震灾害预防

第三十四条 国务院地震工作主管部门负责制定全国地震烈度区划图或者地震动参数区划图。

国务院地震工作主管部门和省、自治区、直辖市人民政府负责管理地震工作的部门或者机构，负责审定建设工程的地震安全性评价报告，确定抗震设防要求。

第三十五条 新建、扩建、改建建设工程，应当达到抗震设防要求。

重大建设工程和可能发生严重次生灾害的建设工程，应当按照国务院有关规定进行地震安全性评价，并按照经审定的地震安全性评价报告所确定的抗震设防要求进行抗震设防。建设工程的地震安全性评价单位应当按照国家有关标准进行地震安全性评价，并对地震安全性评价报告的质量负责。

前款规定以外的建设工程，应当按照地震烈度区划图或者地震动参数区划图所确定的抗震设防要求进行抗震设防；对学校、医院等人员密集场所的建设工程，应当按照高于当地房屋建筑的抗震设防要求进行设计和施工，采取有效措施，增强抗震设防能力。

第三十六条 有关建设工程的强制性标准，应当与抗震设防要求相衔接。

第三十七条 国家鼓励城市人民政府组织制定地震小区划图。地震小区划图由国务院地震工作主管部门负责审定。

第三十八条 建设单位对建设工程的抗震设计、施工的全过程负责。

设计单位应当按照抗震设防要求和工程建设强制性标准进行抗震设计，并对抗震设计的质量以及出具的施工图设计文件的准确性负责。

施工单位应当按照施工图设计文件和工程建设强制性标准进行施工，并对施工质量负责。

建设单位、施工单位应当选用符合施工图设计文件和国家有关标准规定的材料、构配件和设备。

工程监理单位应当按照施工图设计文件和工程建设强制性标准实施监理，并对施工质量承担监理责任。

第三十九条 已经建成的下列建设工程，未采取抗震设防措施或者抗震设防措施未达到抗震设防要求的，应当按照国家有关规定进行抗震性能鉴定，并采取必要的抗震加固措施：

（一）重大建设工程；

（二）可能发生严重次生灾害的建设工程；

（三）具有重大历史、科学、艺术价值或者重要纪念意义的建设工程；

（四）学校、医院等人员密集场所的建设工程；

（五）地震重点监视防御区内的建设工程。

第四十条 县级以上地方人民政府应当加强对农村村民住宅和乡村公共设施抗震设防的管理，组织开展农村实用抗震技术的研究和开发，推广达到抗震设防要求、经济适用、具有当地特色的建筑设计和施工技术，培训相关技术人员，建设示范工程，逐步提高农村村民住宅和乡村公共设施的抗震设防水平。

国家对需要抗震设防的农村村民住宅和乡村公共设施给予必要支持。

第四十一条 城乡规划应当根据地震应急避难的需要，合理确定应急疏散通道和应急避难场所，统筹安排地震应急避难所必需的交通、供水、供电、排污等基础设施建设。

第四十二条 地震重点监视防御区的县级以上地方人民政府应当根据实际需要,在本级财政预算和物资储备中安排抗震救灾资金、物资。

第四十三条 国家鼓励、支持研究开发和推广使用符合抗震设防要求、经济实用的新技术、新工艺、新材料。

第四十四条 县级人民政府及其有关部门和乡、镇人民政府、城市街道办事处等基层组织,应当组织开展地震应急知识的宣传普及活动和必要的地震应急救援演练,提高公民在地震灾害中自救互救的能力。

机关、团体、企业、事业等单位,应当按照所在地人民政府的要求,结合各自实际情况,加强对本单位人员的地震应急知识宣传教育,开展地震应急救援演练。

学校应当进行地震应急知识教育,组织开展必要的地震应急救援演练,培养学生的安全意识和自救互救能力。

新闻媒体应当开展地震灾害预防和应急、自救互救知识的公益宣传。

国务院地震工作主管部门和县级以上地方人民政府负责管理地震工作的部门或者机构,应当指导、协助、督促有关单位做好防震减灾知识的宣传教育和地震应急救援演练等工作。

第四十五条 国家发展有财政支持的地震灾害保险事业,鼓励单位和个人参加地震灾害保险。

第五章 地震应急救援

第四十六条 国务院地震工作主管部门会同国务院有关部门制定国家地震应急预案,报国务院批准。国务院有关部门根据国家地震应急预案,制定本部门的地震应急预案,报国务院地震工作主管部门备案。

县级以上地方人民政府及其有关部门和乡、镇人民政府,应当根据有关法律、法规、规章、上级人民政府及其有关部门的地震应急预案和本行政区域的实际情况,制定本行政区域的地震应急预案和本部门的地震应急预案。省、自治区、直辖市和较大的市的地震应急预案,应当报国务院地震工作主管部门备案。

交通、铁路、水利、电力、通信等基础设施和学校、医院等人员密集场所的经营管理单位,以及可能发生次生灾害的核电、矿山、危险物品等生产经营单位,应当制定地震应急预案,并报所在地的县级人民政府负责管理地震工作的部门或者机构备案。

第四十七条 地震应急预案的内容应当包括:组织指挥体系及其职责,预防和预警机制,处置程序,应急响应和应急保障措施等。

地震应急预案应当根据实际情况适时修订。

第四十八条 地震预报意见发布后,有关省、自治区、直辖市人民政府根据预报的震情可以宣布有关区域进入临震应急期;有关地方人民政府应当按照地震应急预案,组织有关部门做好应急防范和抗震救灾准备工作。

第四十九条 按照社会危害程度、影响范围等因素,地震灾害分为一般、较大、重大和特别重大四级。具体分级标准按照国务院规定执行。

一般或者较大地震灾害发生后,地震发生地的市、县人民政府负责组织有关部门启动地震应急预案;重大地震灾害发生后,地震发生地的省、自治区、直辖市人民政府负责组织有关部门启动地震应急预案;特别重大地震灾害发生后,国务院负责组织有关部门启动地震应急预案。

第五十条 地震灾害发生后,抗震救灾指挥机构应当立即组织有关部门和单位迅速查清受灾情况,提出地震应急救援力量的配置方案,并采取以下紧急措施:

(一)迅速组织抢救被压埋人员,并组织有关单位和人员开展自救互救;

(二)迅速组织实施紧急医疗救护,协调伤员转移和接收与救治;

(三)迅速组织抢修毁损的交通、铁路、水利、电力、通信等基础设施；

（四）启用应急避难场所或者设置临时避难场所，设置救济物资供应点，提供救济物品、简易住所和临时住所，及时转移和安置受灾群众，确保饮用水消毒和水质安全，积极开展卫生防疫，妥善安排受灾群众生活；

（五）迅速控制危险源，封锁危险场所，做好次生灾害的排查与监测预警工作，防范地震可能引发的火灾、水灾、爆炸、山体滑坡和崩塌、泥石流、地面塌陷，或者剧毒、强腐蚀性、放射性物质大量泄漏等次生灾害以及传染病疫情的发生；

（六）依法采取维持社会秩序、维护社会治安的必要措施。

第五十一条　特别重大地震灾害发生后，国务院抗震救灾指挥机构在地震灾区成立现场指挥机构，并根据需要设立相应的工作组，统一组织领导、指挥和协调抗震救灾工作。

各级人民政府及有关部门和单位、中国人民解放军、中国人民武装警察部队和民兵组织，应当按照统一部署，分工负责，密切配合，共同做好地震应急救援工作。

第五十二条　地震灾区的县级以上地方人民政府应当及时将地震震情和灾情等信息向上一级人民政府报告，必要时可以越级上报，不得迟报、谎报、瞒报。

地震震情、灾情和抗震救灾等信息按照国务院有关规定实行归口管理，统一、准确、及时发布。

第五十三条　国家鼓励、扶持地震应急救援新技术和装备的研究开发，调运和储备必要的应急救援设施、装备，提高应急救援水平。

第五十四条　国务院建立国家地震灾害紧急救援队伍。

省、自治区、直辖市人民政府和地震重点监视防御区的市、县人民政府可以根据实际需要，充分利用消防等现有队伍，按照一队多用、专职与兼职相结合的原则，建立地震灾害紧急救援队伍。

地震灾害紧急救援队伍应当配备相应的装备、器材，开展培训和演练，提高地震灾害紧急救援能力。

地震灾害紧急救援队伍在实施救援时，应当首先对倒塌建筑物、构筑物压埋人员进行紧急救援。

第五十五条 县级以上人民政府有关部门应当按照职责分工，协调配合，采取有效措施，保障地震灾害紧急救援队伍和医疗救治队伍快速、高效地开展地震灾害紧急救援活动。

第五十六条 县级以上地方人民政府及其有关部门可以建立地震灾害救援志愿者队伍，并组织开展地震应急救援知识培训和演练，使志愿者掌握必要的地震应急救援技能，增强地震灾害应急救援能力。

第五十七条 国务院地震工作主管部门会同有关部门和单位，组织协调外国救援队和医疗队在中华人民共和国开展地震灾害紧急救援活动。

国务院抗震救灾指挥机构负责外国救援队和医疗队的统筹调度，并根据其专业特长，科学、合理地安排紧急救援任务。

地震灾区的地方各级人民政府，应当对外国救援队和医疗队开展紧急救援活动予以支持和配合。

第六章 地震灾后过渡性安置和恢复重建

第五十八条 国务院或者地震灾区的省、自治区、直辖市人民政府应当及时组织对地震灾害损失进行调查评估，为地震应急救援、灾后过渡性安置和恢复重建提供依据。

地震灾害损失调查评估的具体工作，由国务院地震工作主管部门或者地震灾区的省、自治区、直辖市人民政府负责管理地震工作的部门或者机构和财政、建设、民政等有关部门按照国务院的规定承担。

第五十九条 地震灾区受灾群众需要过渡性安置的，应当根据地震灾区的实际情况，在确保安全的前提下，采取灵活多样的方式进行安置。

第六十条 过渡性安置点应当设置在交通条件便利、方便受灾群众恢复生产和生活的区域，并避开地震活动断层和可能发生严重次生灾害的区域。

过渡性安置点的规模应当适度，并采取相应的防灾、防疫措施，配套建设必要的基础设施和公共服务设施，确保受灾群众的安全和基本生活需要。

第六十一条 实施过渡性安置应当尽量保护农用地，并避免对自然保护区、饮用水水源保护区以及生态脆弱区域造成破坏。

过渡性安置用地按照临时用地安排，可以先行使用，事后依法办理有关用地手续；到期未转为永久性用地的，应当复垦后交还原土地使用者。

第六十二条 过渡性安置点所在地的县级人民政府，应当组织有关部门加强对次生灾害、饮用水水质、食品卫生、疫情等的监测，开展流行病学调查，整治环境卫生，避免对土壤、水环境等造成污染。

过渡性安置点所在地的公安机关，应当加强治安管理，依法打击各种违法犯罪行为，维护正常的社会秩序。

第六十三条 地震灾区的县级以上地方人民政府及其有关部门和乡、镇人民政府，应当及时组织修复毁损的农业生产设施，提供农业生产技术指导，尽快恢复农业生产；优先恢复供电、供水、供气等企业的生产，并对大型骨干企业恢复生产提供支持，为全面恢复农业、工业、服务业生产经营提供条件。

第六十四条 各级人民政府应当加强对地震灾后恢复重建工作的领导、组织和协调。

县级以上人民政府有关部门应当在本级人民政府领导下，按照职责分工，密切配合，采取有效措施，共同做好地震灾后恢复重建工作。

第六十五条 国务院有关部门应当组织有关专家开展地震活动对相关建设工程破坏机理的调查评估，为修订完善有关建设工程的强制性标准、采取抗震设防措施提供科学依据。

第六十六条 特别重大地震灾害发生后，国务院经济综合宏观调控部门会同国务院有关部门与地震灾区的省、自治区、直辖市人民政府共同组织编制地震灾后恢复重建规划，报国务院批准后组织实施；

重大、较大、一般地震灾害发生后，由地震灾区的省、自治区、直辖市人民政府根据实际需要组织编制地震灾后恢复重建规划。

地震灾害损失调查评估获得的地质、勘察、测绘、土地、气象、水文、环境等基础资料和经国务院地震工作主管部门复核的地震动参数区划图，应当作为编制地震灾后恢复重建规划的依据。

编制地震灾后恢复重建规划，应当征求有关部门、单位、专家和公众特别是地震灾区受灾群众的意见；重大事项应当组织有关专家进行专题论证。

第六十七条 地震灾后恢复重建规划应当根据地质条件和地震活动断层分布以及资源环境承载能力，重点对城镇和乡村的布局、基础设施和公共服务设施的建设、防灾减灾和生态环境以及自然资源和历史文化遗产保护等作出安排。

地震灾区内需要异地新建的城镇和乡村的选址以及地震灾后重建工程的选址，应当符合地震灾后恢复重建规划和抗震设防、防灾减灾要求，避开地震活动断层或者生态脆弱和可能发生洪水、山体滑坡和崩塌、泥石流、地面塌陷等灾害的区域以及传染病自然疫源地。

第六十八条 地震灾区的地方各级人民政府应当根据地震灾后恢复重建规划和当地经济社会发展水平，有计划、分步骤地组织实施地震灾后恢复重建。

第六十九条 地震灾区的县级以上地方人民政府应当组织有关部门和专家，根据地震灾害损失调查评估结果，制定清理保护方案，明确典型地震遗址、遗迹和文物保护单位以及具有历史价值与民族特色的建筑物、构筑物的保护范围和措施。

对地震灾害现场的清理，按照清理保护方案分区、分类进行，并依照法律、行政法规和国家有关规定，妥善清理、转运和处置有关放射性物质、危险废物和有毒化学品，开展防疫工作，防止传染病和重大动物疫情的发生。

第七十条 地震灾后恢复重建，应当统筹安排交通、铁路、水利、电力、通信、供水、供电等基础设施和市政公用设施，学校、医院、文化、商贸服务、防灾减灾、环境保护等公共服务设施,以及住房和无障碍设施的建设,合理确定建设规模和时序。

乡村的地震灾后恢复重建,应当尊重村民意愿,发挥村民自治组织的作用,以群众自建为主,政府补助、社会帮扶、对口支援,因地制宜,节约和集约利用土地,保护耕地。

少数民族聚居的地方的地震灾后恢复重建,应当尊重当地群众的意愿。

第七十一条 地震灾区的县级以上地方人民政府应当组织有关部门和单位,抢救、保护与收集整理有关档案、资料,对因地震灾害遗失、毁损的档案、资料,及时补充和恢复。

第七十二条 地震灾后恢复重建应当坚持政府主导、社会参与和市场运作相结合的原则。

地震灾区的地方各级人民政府应当组织受灾群众和企业开展生产自救,自力更生、艰苦奋斗、勤俭节约,尽快恢复生产。

国家对地震灾后恢复重建给予财政支持、税收优惠和金融扶持,并提供物资、技术和人力等支持。

第七十三条 地震灾区的地方各级人民政府应当组织做好救助、救治、康复、补偿、抚慰、抚恤、安置、心理援助、法律服务、公共文化服务等工作。

各级人民政府及有关部门应当做好受灾群众的就业工作,鼓励企业、事业单位优先吸纳符合条件的受灾群众就业。

第七十四条 对地震灾后恢复重建中需要办理行政审批手续的事项,有审批权的人民政府及有关部门应当按照方便群众、简化手续、提高效率的原则,依法及时予以办理。

第七章 监督管理

第七十五条 县级以上人民政府依法加强对防震减灾规划和地震应急预案的编制与实施、地震应急避难场所的设置与管理、地震灾害紧急救援队伍的培训、防震减灾知识宣传教育和地震应急救援演练等工作的监督检查。

县级以上人民政府有关部门应当加强对地震应急救援、地震灾后过渡性安置和恢复重建的物资的质量安全的监督检查。

第七十六条　县级以上人民政府建设、交通、铁路、水利、电力、地震等有关部门应当按照职责分工，加强对工程建设强制性标准、抗震设防要求执行情况和地震安全性评价工作的监督检查。

第七十七条　禁止侵占、截留、挪用地震应急救援、地震灾后过渡性安置和恢复重建的资金、物资。

县级以上人民政府有关部门对地震应急救援、地震灾后过渡性安置和恢复重建的资金、物资以及社会捐赠款物的使用情况，依法加强管理和监督，予以公布，并对资金、物资的筹集、分配、拨付、使用情况登记造册，建立健全档案。

第七十八条　地震灾区的地方人民政府应当定期公布地震应急救援、地震灾后过渡性安置和恢复重建的资金、物资以及社会捐赠款物的来源、数量、发放和使用情况，接受社会监督。

第七十九条　审计机关应当加强对地震应急救援、地震灾后过渡性安置和恢复重建的资金、物资的筹集、分配、拨付、使用的审计，并及时公布审计结果。

第八十条　监察机关应当加强对参与防震减灾工作的国家行政机关和法律、法规授权的具有管理公共事务职能的组织及其工作人员的监察。

第八十一条　任何单位和个人对防震减灾活动中的违法行为，有权进行举报。

接到举报的人民政府或者有关部门应当进行调查，依法处理，并为举报人保密。

第八章　法律责任

第八十二条　国务院地震工作主管部门、县级以上地方人民政府负责管理地震工作的部门或者机构，以及其他依照本法规定行使监督管理权的部门,不依法作出行政许可或者办理批准文件的,发现违法行为或者接到对违法行为的举报后不予查处的,或者有其他未依照本法规定履行职责的行为的,对直接负责的主管人员和其他直接责任人员,依法给予处分。

第八十三条 未按照法律、法规和国家有关标准进行地震监测台网建设的,由国务院地震工作主管部门或者县级以上地方人民政府负责管理地震工作的部门或者机构责令改正,采取相应的补救措施;对直接负责的主管人员和其他直接责任人员,依法给予处分。

第八十四条 违反本法规定,有下列行为之一的,由国务院地震工作主管部门或者县级以上地方人民政府负责管理地震工作的部门或者机构责令停止违法行为,恢复原状或者采取其他补救措施;造成损失的,依法承担赔偿责任:

(一)侵占、毁损、拆除或者擅自移动地震监测设施的;

(二)危害地震观测环境的;

(三)破坏典型地震遗址、遗迹的。

单位有前款所列违法行为,情节严重的,处二万元以上二十万元以下的罚款;个人有前款所列违法行为,情节严重的,处二千元以下的罚款。构成违反治安管理行为的,由公安机关依法给予处罚。

第八十五条 违反本法规定,未按照要求增建抗干扰设施或者新建地震监测设施的,由国务院地震工作主管部门或者县级以上地方人民政府负责管理地震工作的部门或者机构责令限期改正;逾期不改正的,处二万元以上二十万元以下的罚款;造成损失的,依法承担赔偿责任。

第八十六条 违反本法规定,外国的组织或者个人未经批准,在中华人民共和国领域和中华人民共和国管辖的其他海域从事地震监测活动的,由国务院地震工作主管部门责令停止违法行为,没收监测成果和监测设施,并处一万元以上十万元以下的罚款;情节严重的,并处十万元以上五十万元以下的罚款。

外国人有前款规定行为的,除依照前款规定处罚外,还应当依照外国人入境出境管理法律的规定缩短其在中华人民共和国停留的期限或者取消其在中华人民共和国居留的资格；情节严重的，限期出境或者驱逐出境。

第八十七条　未依法进行地震安全性评价，或者未按照地震安全性评价报告所确定的抗震设防要求进行抗震设防的，由国务院地震工作主管部门或者县级以上地方人民政府负责管理地震工作的部门或者机构责令限期改正；逾期不改正的，处三万元以上三十万元以下的罚款。

第八十八条　违反本法规定，向社会散布地震预测意见、地震预报意见及其评审结果，或者在地震灾后过渡性安置、地震灾后恢复重建中扰乱社会秩序，构成违反治安管理行为的，由公安机关依法给予处罚。

第八十九条　地震灾区的县级以上地方人民政府迟报、谎报、瞒报地震震情、灾情等信息的，由上级人民政府责令改正；对直接负责的主管人员和其他直接责任人员，依法给予处分。

第九十条　侵占、截留、挪用地震应急救援、地震灾后过渡性安置或者地震灾后恢复重建的资金、物资的，由财政部门、审计机关在各自职责范围内，责令改正，追回被侵占、截留、挪用的资金、物资；有违法所得的，没收违法所得；对单位给予警告或者通报批评；对直接负责的主管人员和其他直接责任人员，依法给予处分。

第九十一条　违反本法规定，构成犯罪的，依法追究刑事责任。

第九章　附　　则

第九十二条　本法下列用语的含义：

（一）地震监测设施，是指用于地震信息检测、传输和处理的设备、仪器和装置以及配套的监测场地。

（二）地震观测环境，是指按照国家有关标准划定的保障地震监测设施不受干扰、能够正常发挥工作效能的空间范围。

（三）重大建设工程，是指对社会有重大价值或者有重大影响的工程。

（四）可能发生严重次生灾害的建设工程，是指受地震破坏后可能引发水灾、火灾、爆炸，或者剧毒、强腐蚀性、放射性物质大量泄漏，以及其他严重次生灾害的建设工程，包括水库大坝和贮油、贮气设施，贮存易燃易爆或者剧毒、强腐蚀性、放射性物质的设施，以及其他可能发生严重次生灾害的建设工程。

（五）地震烈度区划图，是指以地震烈度（以等级表示的地震影响强弱程度）为指标，将全国划分为不同抗震设防要求区域的图件。

（六）地震动参数区划图，是指以地震动参数（以加速度表示地震作用强弱程度）为指标，将全国划分为不同抗震设防要求区域的图件。

（七）地震小区划图，是指根据某一区域的具体场地条件，对该区域的抗震设防要求进行详细划分的图件。

第九十三条 本法自2009年5月1日起施行。

地质灾害防治条例

（2003年11月24日公布 国务院令第394号
自2004年3月1日起实施）

第一章 总 则

第一条 为了防治地质灾害，避免和减轻地质灾害造成的损失，维护人民生命和财产安全，促进经济和社会的可持续发展，制定本条例。

第二条 本条例所称地质灾害，包括自然因素或者人为活动引发的危害人民生命和财产安全的山体崩塌、滑坡、泥石流、地面塌陷、地裂缝、地面沉降等与地质作用有关的灾害。

第三条 地质灾害防治工作，应当坚持预防为主、避让与治理相结合和全面规划、突出重点的原则。

第四条 地质灾害按照人员伤亡、经济损失的大小，分为四个等级：

（一）特大型：因灾死亡30人以上或者直接经济损失1000万元以上的；

（二）大型：因灾死亡10人以上30人以下或者直接经济损失500万元以上1000万元以下的；

（三）中型：因灾死亡3人以上10人以下或者直接经济损失100万元以上500万元以下的；

（四）小型：因灾死亡3人以下或者直接经济损失100万元以下的。

第五条 地质灾害防治工作，应当纳入国民经济和社会发展计划。

因自然因素造成的地质灾害的防治经费，在划分中央和地方事权和财权的基础上，分别列入中央和地方有关人民政府的财政预算。具体办法由国务院财政部门会同国务院国土资源主管部门制定。

因工程建设等人为活动引发的地质灾害的治理费用，按照谁引发、谁治理的原则由责任单位承担。

第六条 县级以上人民政府应当加强对地质灾害防治工作的领导，组织有关部门采取措施，做好地质灾害防治工作。

县级以上人民政府应当组织有关部门开展地质灾害防治知识的宣传教育，增强公众的地质灾害防治意识和自救、互救能力。

第七条 国务院国土资源主管部门负责全国地质灾害防治的组织、协调、指导和监督工作。国务院其他有关部门按照各自的职责负责有关的地质灾害防治工作。

县级以上地方人民政府国土资源主管部门负责本行政区域内地质灾害防治的组织、协调、指导和监督工作。县级以上地方人民政府其他有关部门按照各自的职责负责有关的地质灾害防治工作。

第八条 国家鼓励和支持地质灾害防治科学技术研究，推广先进的地质灾害防治技术，普及地质灾害防治的科学知识。

第九条 任何单位和个人对地质灾害防治工作中的违法行为都有权检举和控告。

在地质灾害防治工作中做出突出贡献的单位和个人,由人民政府给予奖励。

第二章 地质灾害防治规划

第十条 国家实行地质灾害调查制度。

国务院国土资源主管部门会同国务院建设、水利、铁路、交通等部门结合地质环境状况组织开展全国的地质灾害调查。

县级以上地方人民政府国土资源主管部门会同同级建设、水利、交通等部门结合地质环境状况组织开展本行政区域的地质灾害调查。

第十一条 国务院国土资源主管部门会同国务院建设、水利、铁路、交通等部门,依据全国地质灾害调查结果,编制全国地质灾害防治规划,经专家论证后报国务院批准公布。

县级以上地方人民政府国土资源主管部门会同同级建设、水利、交通等部门,依据本行政区域的地质灾害调查结果和上一级地质灾害防治规划,编制本行政区域的地质灾害防治规划,经专家论证后报本级人民政府批准公布,并报上一级人民政府国土资源主管部门备案。

修改地质灾害防治规划,应当报经原批准机关批准。

第十二条 地质灾害防治规划包括以下内容:

(一)地质灾害现状和发展趋势预测;

(二)地质灾害的防治原则和目标;

(三)地质灾害易发区、重点防治区;

(四)地质灾害防治项目;

(五)地质灾害防治措施等。

县级以上人民政府应当将城镇、人口集中居住区、风景名胜区、大中型工矿企业所在地和交通干线、重点水利电力工程等基础设施作为地质灾害重点防治区中的防护重点。

第十三条 编制和实施土地利用总体规划、矿产资源规划以及水利、铁路、交通、能源等重大建设工程项目规划,应当充分考虑地质灾害防治要求,避免和减轻地质灾害造成的损失。

编制城市总体规划、村庄和集镇规划，应当将地质灾害防治规划作为其组成部分。

第三章 地质灾害预防

第十四条 国家建立地质灾害监测网络和预警信息系统。

县级以上人民政府国土资源主管部门应当会同建设、水利、交通等部门加强对地质灾害险情的动态监测。

因工程建设可能引发地质灾害的，建设单位应当加强地质灾害监测。

第十五条 地质灾害易发区的县、乡、村应当加强地质灾害的群测群防工作。在地质灾害重点防范期内，乡镇人民政府、基层群众自治组织应当加强地质灾害险情的巡回检查，发现险情及时处理和报告。

国家鼓励单位和个人提供地质灾害前兆信息。

第十六条 国家保护地质灾害监测设施。任何单位和个人不得侵占、损毁、损坏地质灾害监测设施。

第十七条 国家实行地质灾害预报制度。预报内容主要包括地质灾害可能发生的时间、地点、成灾范围和影响程度等。

地质灾害预报由县级以上人民政府国土资源主管部门会同气象主管机构发布。

任何单位和个人不得擅自向社会发布地质灾害预报。

第十八条 县级以上地方人民政府国土资源主管部门会同同级建设、水利、交通等部门依据地质灾害防治规划，拟订年度地质灾害防治方案，报本级人民政府批准后公布。

年度地质灾害防治方案包括下列内容：

（一）主要灾害点的分布；

（二）地质灾害的威胁对象、范围；

（三）重点防范期；

（四）地质灾害防治措施；

（五）地质灾害的监测、预防责任人。

第十九条 对出现地质灾害前兆、可能造成人员伤亡或者重大财产损失的区域和地段,县级人民政府应当及时划定为地质灾害危险区,予以公告,并在地质灾害危险区的边界设置明显警示标志。

在地质灾害危险区内,禁止爆破、削坡、进行工程建设以及从事其他可能引发地质灾害的活动。

县级以上人民政府应当组织有关部门及时采取工程治理或者搬迁避让措施,保证地质灾害危险区内居民的生命和财产安全。

第二十条 地质灾害险情已经消除或者得到有效控制的,县级人民政府应当及时撤销原划定的地质灾害危险区,并予以公告。

第二十一条 在地质灾害易发区内进行工程建设应当在可行性研究阶段进行地质灾害危险性评估,并将评估结果作为可行性研究报告的组成部分;可行性研究报告未包含地质灾害危险性评估结果的,不得批准其可行性研究报告。

编制地质灾害易发区内的城市总体规划、村庄和集镇规划时,应当对规划区进行地质灾害危险性评估。

第二十二条 国家对从事地质灾害危险性评估的单位实行资质管理制度。地质灾害危险性评估单位应当具备下列条件,经省级以上人民政府国土资源主管部门资质审查合格,取得国土资源主管部门颁发的相应等级的资质证书后,方可在资质等级许可的范围内从事地质灾害危险性评估业务:

(一)有独立的法人资格;

(二)有一定数量的工程地质、环境地质和岩土工程等相应专业的技术人员;

(三)有相应的技术装备。

地质灾害危险性评估单位进行评估时,应当对建设工程遭受地质灾害危害的可能性和该工程建设中、建成后引发地质灾害的可能性做出评价,提出具体的预防治理措施,并对评估结果负责。

第二十三条 禁止地质灾害危险性评估单位超越其资质等级许可的范围或者以其他地质灾害危险性评估单位的名义承揽地质灾害危险性评估业务。

禁止地质灾害危险性评估单位允许其他单位以本单位的名义承揽地质灾害危险性评估业务。

禁止任何单位和个人伪造、变造、买卖地质灾害危险性评估资质证书。

第二十四条　对经评估认为可能引发地质灾害或者可能遭受地质灾害危害的建设工程，应当配套建设地质灾害治理工程。地质灾害治理工程的设计、施工和验收应当与主体工程的设计、施工、验收同时进行。

配套的地质灾害治理工程未经验收或者经验收不合格的，主体工程不得投入生产或者使用。

第四章　地质灾害应急

第二十五条　国务院国土资源主管部门会同国务院建设、水利、铁路、交通等部门拟订全国突发性地质灾害应急预案，报国务院批准后公布。

县级以上地方人民政府国土资源主管部门会同同级建设、水利、交通等部门拟订本行政区域的突发性地质灾害应急预案，报本级人民政府批准后公布。

第二十六条　突发性地质灾害应急预案包括下列内容：

（一）应急机构和有关部门的职责分工；

（二）抢险救援人员的组织和应急、救助装备、资金、物资的准备；

（三）地质灾害的等级与影响分析准备；

（四）地质灾害调查、报告和处理程序；

（五）发生地质灾害时的预警信号、应急通信保障；

（六）人员财产撤离、转移路线、医疗救治、疾病控制等应急行动方案。

第二十七条　发生特大型或者大型地质灾害时，有关省、自治区、直辖市人民政府应当成立地质灾害抢险救灾指挥机构。必要时，国务院可以成立地质灾害抢险救灾指挥机构。

发生其他地质灾害或者出现地质灾害险情时，有关市、县人民政府可以根据地质灾害抢险救灾工作的需要，成立地质灾害抢险救灾指挥机构。

地质灾害抢险救灾指挥机构由政府领导负责、有关部门组成，在本级人民政府的领导下，统一指挥和组织地质灾害的抢险救灾工作。

第二十八条 发现地质灾害险情或者灾情的单位和个人，应当立即向当地人民政府或者国土资源主管部门报告。其他部门或者基层群众自治组织接到报告的，应当立即转报当地人民政府。

当地人民政府或者县级人民政府国土资源主管部门接到报告后，应当立即派人赶赴现场，进行现场调查，采取有效措施，防止灾害发生或者灾情扩大，并按照国务院国土资源主管部门关于地质灾害灾情分级报告的规定，向上级人民政府和国土资源主管部门报告。

第二十九条 接到地质灾害险情报告的当地人民政府、基层群众自治组织应当根据实际情况，及时动员受到地质灾害威胁的居民以及其他人员转移到安全地带；情况紧急时，可以强行组织避灾疏散。

第三十条 地质灾害发生后，县级以上人民政府应当启动并组织实施相应的突发性地质灾害应急预案。有关地方人民政府应当及时将灾情及其发展趋势等信息报告上级人民政府。

禁止隐瞒、谎报或者授意他人隐瞒、谎报地质灾害灾情。

第三十一条 县级以上人民政府有关部门应当按照突发性地质灾害应急预案的分工，做好相应的应急工作。

国土资源主管部门应当会同同级建设、水利、交通等部门尽快查明地质灾害发生原因、影响范围等情况，提出应急治理措施，减轻和控制地质灾害灾情。

民政、卫生、食品药品监督管理、商务、公安部门，应当及时设置避难场所和救济物资供应点，妥善安排灾民生活，做好医疗救护、卫生防疫、药品供应、社会治安工作；气象主管机构应当做好气象服务保障工作；通信、航空、铁路、交通部门应当保证地质灾害应急的通信畅通和救灾物资、设备、药物、食品的运送。

第三十二条 根据地质灾害应急处理的需要，县级以上人民政府应当紧急调集人员，调用物资、交通工具和相关的设施、设备；必要时，可以根据需要在抢险救灾区域范围内采取交通管制等措施。

因救灾需要，临时调用单位和个人的物资、设施、设备或者占用其房屋、土地的，事后应当及时归还；无法归还或者造成损失的，应当给予相应的补偿。

第三十三条 县级以上地方人民政府应当根据地质灾害灾情和地质灾害防治需要，统筹规划、安排受灾地区的重建工作。

第五章 地质灾害治理

第三十四条 因自然因素造成的特大型地质灾害，确需治理的，由国务院国土资源主管部门会同灾害发生地的省、自治区、直辖市人民政府组织治理。

因自然因素造成的其他地质灾害，确需治理的，在县级以上地方人民政府的领导下，由本级人民政府国土资源主管部门组织治理。

因自然因素造成的跨行政区域的地质灾害，确需治理的，由所跨行政区域的地方人民政府国土资源主管部门共同组织治理。

第三十五条 因工程建设等人为活动引发的地质灾害，由责任单位承担治理责任。

责任单位由地质灾害发生地的县级以上人民政府国土资源主管部门负责组织专家对地质灾害的成因进行分析论证后认定。

对地质灾害的治理责任认定结果有异议的，可以依法申请行政复议或者提起行政诉讼。

第三十六条 地质灾害治理工程的确定，应当与地质灾害形成的原因、规模以及对人民生命和财产安全的危害程度相适应。

承担专项地质灾害治理工程勘查、设计、施工和监理的单位，应当具备下列条件，经省级以上人民政府国土资源主管部门资质审查合格，取得国土资源主管部门颁发的相应等级的资质证书后，方可在资质等级许可的范围内从事地质灾害治理工程的勘查、设计、施工和监理活动，并承担相应的责任：

(一)有独立的法人资格;

(二)有一定数量的水文地质、环境地质、工程地质等相应专业的技术人员;

(三)有相应的技术装备;

(四)有完善的工程质量管理制度。

地质灾害治理工程的勘查、设计、施工和监理应当符合国家有关标准和技术规范。

第三十七条 禁止地质灾害治理工程勘查、设计、施工和监理单位超越其资质等级许可的范围或者以其他地质灾害治理工程勘查、设计、施工和监理单位的名义承揽地质灾害治理工程勘查、设计、施工和监理业务。

禁止地质灾害治理工程勘查、设计、施工和监理单位允许其他单位以本单位的名义承揽地质灾害治理工程勘查、设计、施工和监理业务。

禁止任何单位和个人伪造、变造、买卖地质灾害治理工程勘查、设计、施工和监理资质证书。

第三十八条 政府投资的地质灾害治理工程竣工后,由县级以上人民政府国土资源主管部门组织竣工验收。其他地质灾害治理工程竣工后,由责任单位组织竣工验收;竣工验收时,应当有国土资源主管部门参加。

第三十九条 政府投资的地质灾害治理工程经竣工验收合格后,由县级以上人民政府国土资源主管部门指定的单位负责管理和维护;其他地质灾害治理工程经竣工验收合格后,由负责治理的责任单位负责管理和维护。

任何单位和个人不得侵占、损毁、损坏地质灾害治理工程设施。

第六章 法律责任

第四十条 违反本条例规定,有关县级以上地方人民政府、国土资源主管部门和其他有关部门有下列行为之一的,对直接负责的主管人员和其他直接责任人员,依法给予降级或者撤职的行政处分;造成地质灾害导致人员伤亡和重大财产损失的，依法给予开除的行政处分；构成犯罪的，依法追究刑事责任：

（一）未按照规定编制突发性地质灾害应急预案，或者未按照突发性地质灾害应急预案的要求采取有关措施、履行有关义务的；

（二）在编制地质灾害易发区内的城市总体规划、村庄和集镇规划时，未按照规定对规划区进行地质灾害危险性评估的；

（三）批准未包含地质灾害危险性评估结果的可行性研究报告的；

（四）隐瞒、谎报或者授意他人隐瞒、谎报地质灾害灾情，或者擅自发布地质灾害预报的；

（五）给不符合条件的单位颁发地质灾害危险性评估资质证书或者地质灾害治理工程勘查、设计、施工、监理资质证书的；

（六）在地质灾害防治工作中有其他渎职行为的。

第四十一条 违反本条例规定，建设单位有下列行为之一的，由县级以上地方人民政府国土资源主管部门责令限期改正；逾期不改正的，责令停止生产、施工或者使用，处10万元以上50万元以下的罚款；构成犯罪的，依法追究刑事责任：

（一）未按照规定对地质灾害易发区内的建设工程进行地质灾害危险性评估的；

（二）配套的地质灾害治理工程未经验收或者经验收不合格，主体工程即投入生产或者使用的。

第四十二条 违反本条例规定，对工程建设等人为活动引发的地质灾害不予治理的，由县级以上人民政府国土资源主管部门责令限期治理；逾期不治理或者治理不符合要求的，由责令限期治理的国土资源主管部门组织治理，所需费用由责任单位承担，处10万元以上50万元以下的罚款；给他人造成损失的，依法承担赔偿责任。

第四十三条 违反本条例规定，在地质灾害危险区内爆破、削坡、进行工程建设以及从事其他可能引发地质灾害活动的，由县级以上地方人民政府国土资源主管部门责令停止违法行为，对单位处5万元以上20万元以下的罚款，对个人处1万元以上5万元以下的罚款；构成犯罪的，依法追究刑事责任；给他人造成损失的，依法承担赔偿责任。

第四十四条 违反本条例规定，有下列行为之一的，由县级以上人民政府国土资源主管部门或者其他部门依据职责责令停止违法行为，对地质灾害危险性评估单位、地质灾害治理工程勘查、设计或者监理单位处合同约定的评估费、勘查费、设计费或者监理酬金1倍以上2倍以下的罚款，对地质灾害治理工程施工单位处工程价款2%以上4%以下的罚款，并可以责令停业整顿，降低资质等级；有违法所得的，没收违法所得；情节严重的，吊销其资质证书；构成犯罪的，依法追究刑事责任；给他人造成损失的，依法承担赔偿责任：

（一）在地质灾害危险性评估中弄虚作假或者故意隐瞒地质灾害真实情况的；

（二）在地质灾害治理工程勘查、设计、施工以及监理活动中弄虚作假、降低工程质量的；

（三）无资质证书或者超越其资质等级许可的范围承揽地质灾害危险性评估、地质灾害治理工程勘查、设计、施工及监理业务的；

（四）以其他单位的名义或者允许其他单位以本单位的名义承揽地质灾害危险性评估、地质灾害治理工程勘查、设计、施工和监理业务的。

第四十五条 违反本条例规定，伪造、变造、买卖地质灾害危险性评估资质证书、地质灾害治理工程勘查、设计、施工和监理资质证书的，由省级以上人民政府国土资源主管部门收缴或者吊销其资质证书，没收违法所得，并处5万元以上10万元以下的罚款；构成犯罪的，依法追究刑事责任。

第四十六条 违反本条例规定，侵占、损毁、损坏地质灾害监测设施或者地质灾害治理工程设施的，由县级以上地方人民政府国土资源主管部门责令停止违法行为，限期恢复原状或者采取补救措施，可以处5万元以下的罚款；构成犯罪的，依法追究刑事责任。

第七章 附 则

第四十七条 在地质灾害防治工作中形成的地质资料，应当按照

《地质资料管理条例》的规定汇交。

第四十八条 地震灾害的防御和减轻依照防震减灾的法律、行政法规的规定执行。

防洪法律、行政法规对洪水引发的崩塌、滑坡、泥石流的防治有规定的，从其规定。

第四十九条 本条例自2004年3月1日起施行。

中华人民共和国职业病防治法

（2001年10月27日第九届全国人民代表大会常务委员会第二十四次会议通过 根据2011年12月31日第十一届全国人民代表大会常务委员会第二十四次会议《关于修改〈中华人民共和国职业病防治法〉的决定》第一次修正 根据2016年7月2日第十二届全国人民代表大会常务委员会第二十一次会议《关于修改〈中华人民共和国节约能源法〉等六部法律的决定》第二次修正 根据2017年11月4日第十二届全国人民代表大会常务委员会第三十次会议《关于修改〈中华人民共和国会计法〉等十一部法律的决定》第三次修正 根据2018年12月29日第十三届全国人民代表大会常务委员会第七次会议《关于修改〈中华人民共和国劳动法〉等七部法律的决定》第四次修正 2018年12月29日公布 中华人民共和国主席令第24号 自2018年12月29日起实施）

第一章 总 则

第一条 为了预防、控制和消除职业病危害，防治职业病，保护劳动者健康及其相关权益，促进经济社会发展，根据宪法，制定本法。

第二条 本法适用于中华人民共和国领域内的职业病防治活动。

本法所称职业病，是指企业、事业单位和个体经济组织等用人单位的劳动者在职业活动中，因接触粉尘、放射性物质和其他有毒、有害因素而引起的疾病。

职业病的分类和目录由国务院卫生行政部门会同国务院劳动保障行政部门制定、调整并公布。

第三条 职业病防治工作坚持预防为主、防治结合的方针，建立用人单位负责、行政机关监管、行业自律、职工参与和社会监督的机制，实行分类管理、综合治理。

第四条 劳动者依法享有职业卫生保护的权利。

用人单位应当为劳动者创造符合国家职业卫生标准和卫生要求的工作环境和条件，并采取措施保障劳动者获得职业卫生保护。

工会组织依法对职业病防治工作进行监督，维护劳动者的合法权益。用人单位制定或者修改有关职业病防治的规章制度，应当听取工会组织的意见。

第五条 用人单位应当建立、健全职业病防治责任制，加强对职业病防治的管理，提高职业病防治水平，对本单位产生的职业病危害承担责任。

第六条 用人单位的主要负责人对本单位的职业病防治工作全面负责。

第七条 用人单位必须依法参加工伤保险。

国务院和县级以上地方人民政府劳动保障行政部门应当加强对工伤保险的监督管理，确保劳动者依法享受工伤保险待遇。

第八条 国家鼓励和支持研制、开发、推广、应用有利于职业病防治和保护劳动者健康的新技术、新工艺、新设备、新材料，加强对职业病的机理和发生规律的基础研究，提高职业病防治科学技术水平；积极采用有效的职业病防治技术、工艺、设备、材料；限制使用或者淘汰职业病危害严重的技术、工艺、设备、材料。

国家鼓励和支持职业病医疗康复机构的建设。

第九条 国家实行职业卫生监督制度。

国务院卫生行政部门、劳动保障行政部门依照本法和国务院确定的职责，负责全国职业病防治的监督管理工作。国务院有关部门在各自的职责范围内负责职业病防治的有关监督管理工作。

县级以上地方人民政府卫生行政部门、劳动保障行政部门依据各自职责，负责本行政区域内职业病防治的监督管理工作。县级以上地方人民政府有关部门在各自的职责范围内负责职业病防治的有关监督管理工作。

县级以上人民政府卫生行政部门、劳动保障行政部门（以下统称职业卫生监督管理部门）应当加强沟通，密切配合，按照各自职责分工，依法行使职权，承担责任。

第十条 国务院和县级以上地方人民政府应当制定职业病防治规划，将其纳入国民经济和社会发展计划，并组织实施。

县级以上地方人民政府统一负责、领导、组织、协调本行政区域的职业病防治工作，建立健全职业病防治工作体制、机制，统一领导、指挥职业卫生突发事件应对工作；加强职业病防治能力建设和服务体系建设，完善、落实职业病防治工作责任制。

乡、民族乡、镇的人民政府应当认真执行本法，支持职业卫生监督管理部门依法履行职责。

第十一条 县级以上人民政府职业卫生监督管理部门应当加强对职业病防治的宣传教育，普及职业病防治的知识，增强用人单位的职业病防治观念，提高劳动者的职业健康意识、自我保护意识和行使职业卫生保护权利的能力。

第十二条 有关防治职业病的国家职业卫生标准，由国务院卫生行政部门组织制定并公布。

国务院卫生行政部门应当组织开展重点职业病监测和专项调查，对职业健康风险进行评估，为制定职业卫生标准和职业病防治政策提供科学依据。

县级以上地方人民政府卫生行政部门应当定期对本行政区域的职业病防治情况进行统计和调查分析。

第十三条 任何单位和个人有权对违反本法的行为进行检举和控告。有关部门收到相关的检举和控告后，应当及时处理。

对防治职业病成绩显著的单位和个人，给予奖励。

第二章 前期预防

第十四条 用人单位应当依照法律、法规要求，严格遵守国家职业卫生标准，落实职业病预防措施，从源头上控制和消除职业病危害。

第十五条 产生职业病危害的用人单位的设立除应当符合法律、行政法规规定的设立条件外，其工作场所还应当符合下列职业卫生要求：

（一）职业病危害因素的强度或者浓度符合国家职业卫生标准；

（二）有与职业病危害防护相适应的设施；

（三）生产布局合理，符合有害与无害作业分开的原则；

（四）有配套的更衣间、洗浴间、孕妇休息间等卫生设施；

（五）设备、工具、用具等设施符合保护劳动者生理、心理健康的要求；

（六）法律、行政法规和国务院卫生行政部门关于保护劳动者健康的其他要求。

第十六条 国家建立职业病危害项目申报制度。

用人单位工作场所存在职业病目录所列职业病的危害因素的，应当及时、如实向所在地卫生行政部门申报危害项目，接受监督。

职业病危害因素分类目录由国务院卫生行政部门制定、调整并公布。职业病危害项目申报的具体办法由国务院卫生行政部门制定。

第十七条 新建、扩建、改建建设项目和技术改造、技术引进项目（以下统称建设项目）可能产生职业病危害的，建设单位在可行性论证阶段应当进行职业病危害预评价。

医疗机构建设项目可能产生放射性职业病危害的，建设单位应当向卫生行政部门提交放射性职业病危害预评价报告。卫生行政部门应当自收到预评价报告之日起三十日内，作出审核决定并书面通知建设单位。未提交预评价报告或者预评价报告未经卫生行政部门审核同意的,不得开工建设。

职业病危害预评价报告应当对建设项目可能产生的职业病危害因素及其对工作场所和劳动者健康的影响作出评价,确定危害类别和职业病防护措施。

建设项目职业病危害分类管理办法由国务院卫生行政部门制定。

第十八条 建设项目的职业病防护设施所需费用应当纳入建设项目工程预算,并与主体工程同时设计,同时施工,同时投入生产和使用。

建设项目的职业病防护设施设计应当符合国家职业卫生标准和卫生要求;其中,医疗机构放射性职业病危害严重的建设项目的防护设施设计,应当经卫生行政部门审查同意后,方可施工。

建设项目在竣工验收前,建设单位应当进行职业病危害控制效果评价。

医疗机构可能产生放射性职业病危害的建设项目竣工验收时,其放射性职业病防护设施经卫生行政部门验收合格后,方可投入使用;其他建设项目的职业病防护设施应当由建设单位负责依法组织验收,验收合格后,方可投入生产和使用。卫生行政部门应当加强对建设单位组织的验收活动和验收结果的监督核查。

第十九条 国家对从事放射性、高毒、高危粉尘等作业实行特殊管理。具体管理办法由国务院制定。

第三章 劳动过程中的防护与管理

第二十条 用人单位应当采取下列职业病防治管理措施:

(一)设置或者指定职业卫生管理机构或者组织,配备专职或者兼职的职业卫生管理人员,负责本单位的职业病防治工作;

(二)制定职业病防治计划和实施方案;

(三)建立、健全职业卫生管理制度和操作规程;

(四)建立、健全职业卫生档案和劳动者健康监护档案;

（五）建立、健全工作场所职业病危害因素监测及评价制度；

（六）建立、健全职业病危害事故应急救援预案。

第二十一条 用人单位应当保障职业病防治所需的资金投入，不得挤占、挪用，并对因资金投入不足导致的后果承担责任。

第二十二条 用人单位必须采用有效的职业病防护设施，并为劳动者提供个人使用的职业病防护用品。

用人单位为劳动者个人提供的职业病防护用品必须符合防治职业病的要求；不符合要求的，不得使用。

第二十三条 用人单位应当优先采用有利于防治职业病和保护劳动者健康的新技术、新工艺、新设备、新材料，逐步替代职业病危害严重的技术、工艺、设备、材料。

第二十四条 产生职业病危害的用人单位，应当在醒目位置设置公告栏，公布有关职业病防治的规章制度、操作规程、职业病危害事故应急救援措施和工作场所职业病危害因素检测结果。

对产生严重职业病危害的作业岗位，应当在其醒目位置，设置警示标识和中文警示说明。警示说明应当载明产生职业病危害的种类、后果、预防以及应急救治措施等内容。

第二十五条 对可能发生急性职业损伤的有毒、有害工作场所，用人单位应当设置报警装置，配置现场急救用品、冲洗设备、应急撤离通道和必要的泄险区。

对放射工作场所和放射性同位素的运输、贮存，用人单位必须配置防护设备和报警装置，保证接触放射线的工作人员佩戴个人剂量计。

对职业病防护设备、应急救援设施和个人使用的职业病防护用品，用人单位应当进行经常性的维护、检修，定期检测其性能和效果，确保其处于正常状态，不得擅自拆除或者停止使用。

第二十六条 用人单位应当实施由专人负责的职业病危害因素日常监测，并确保监测系统处于正常运行状态。

用人单位应当按照国务院卫生行政部门的规定，定期对工作场所进行职业病危害因素检测、评价。检测、评价结果存入用人单位职业卫生档案，定期向所在地卫生行政部门报告并向劳动者公布。

职业病危害因素检测、评价由依法设立的取得国务院卫生行政部门或者设区的市级以上地方人民政府卫生行政部门按照职责分工给予资质认可的职业卫生技术服务机构进行。职业卫生技术服务机构所作检测、评价应当客观、真实。

发现工作场所职业病危害因素不符合国家职业卫生标准和卫生要求时，用人单位应当立即采取相应治理措施，仍然达不到国家职业卫生标准和卫生要求的，必须停止存在职业病危害因素的作业；职业病危害因素经治理后，符合国家职业卫生标准和卫生要求的，方可重新作业。

第二十七条 职业卫生技术服务机构依法从事职业病危害因素检测、评价工作，接受卫生行政部门的监督检查。卫生行政部门应当依法履行监督职责。

第二十八条 向用人单位提供可能产生职业病危害的设备的，应当提供中文说明书，并在设备的醒目位置设置警示标识和中文警示说明。警示说明应当载明设备性能、可能产生的职业病危害、安全操作和维护注意事项、职业病防护以及应急救治措施等内容。

第二十九条 向用人单位提供可能产生职业病危害的化学品、放射性同位素和含有放射性物质的材料的，应当提供中文说明书。说明书应当载明产品特性、主要成份、存在的有害因素、可能产生的危害后果、安全使用注意事项、职业病防护以及应急救治措施等内容。产品包装应当有醒目的警示标识和中文警示说明。贮存上述材料的场所应当在规定的部位设置危险物品标识或者放射性警示标识。

国内首次使用或者首次进口与职业病危害有关的化学材料，使用单位或者进口单位按照国家规定经国务院有关部门批准后，应当向国务院卫生行政部门报送该化学材料的毒性鉴定以及经有关部门登记注册或者批准进口的文件等资料。

进口放射性同位素、射线装置和含有放射性物质的物品的，按照国家有关规定办理。

第三十条　任何单位和个人不得生产、经营、进口和使用国家明令禁止使用的可能产生职业病危害的设备或者材料。

第三十一条　任何单位和个人不得将产生职业病危害的作业转移给不具备职业病防护条件的单位和个人。不具备职业病防护条件的单位和个人不得接受产生职业病危害的作业。

第三十二条　用人单位对采用的技术、工艺、设备、材料，应当知悉其产生的职业病危害，对有职业病危害的技术、工艺、设备、材料隐瞒其危害而采用的，对所造成的职业病危害后果承担责任。

第三十三条　用人单位与劳动者订立劳动合同（含聘用合同，下同）时，应当将工作过程中可能产生的职业病危害及其后果、职业病防护措施和待遇等如实告知劳动者，并在劳动合同中写明，不得隐瞒或者欺骗。

劳动者在已订立劳动合同期间因工作岗位或者工作内容变更，从事与所订立劳动合同中未告知的存在职业病危害的作业时，用人单位应当依照前款规定，向劳动者履行如实告知的义务，并协商变更原劳动合同相关条款。

用人单位违反前两款规定的，劳动者有权拒绝从事存在职业病危害的作业，用人单位不得因此解除与劳动者所订立的劳动合同。

第三十四条　用人单位的主要负责人和职业卫生管理人员应当接受职业卫生培训，遵守职业病防治法律、法规，依法组织本单位的职业病防治工作。

用人单位应当对劳动者进行上岗前的职业卫生培训和在岗期间的定期职业卫生培训，普及职业卫生知识，督促劳动者遵守职业病防治法律、法规、规章和操作规程，指导劳动者正确使用职业病防护设备和个人使用的职业病防护用品。

劳动者应当学习和掌握相关的职业卫生知识，增强职业病防范意识，遵守职业病防治法律、法规、规章和操作规程，正确使用、维护职业病防护设备和个人使用的职业病防护用品，发现职业病危害事故隐患应当及时报告。

劳动者不履行前款规定义务的，用人单位应当对其进行教育。

第三十五条　对从事接触职业病危害的作业的劳动者，用人单位应当按照国务院卫生行政部门的规定组织上岗前、在岗期间和离岗时的职业健康检查，并将检查结果书面告知劳动者。职业健康检查费用由用人单位承担。

用人单位不得安排未经上岗前职业健康检查的劳动者从事接触职业病危害的作业；不得安排有职业禁忌的劳动者从事其所禁忌的作业；对在职业健康检查中发现有与所从事的职业相关的健康损害的劳动者，应当调离原工作岗位，并妥善安置；对未进行离岗前职业健康检查的劳动者不得解除或者终止与其订立的劳动合同。

职业健康检查应当由取得《医疗机构执业许可证》的医疗卫生机构承担。卫生行政部门应当加强对职业健康检查工作的规范管理，具体管理办法由国务院卫生行政部门制定。

第三十六条　用人单位应当为劳动者建立职业健康监护档案，并按照规定的期限妥善保存。

职业健康监护档案应当包括劳动者的职业史、职业病危害接触史、职业健康检查结果和职业病诊疗等有关个人健康资料。

劳动者离开用人单位时，有权索取本人职业健康监护档案复印件，用人单位应当如实、无偿提供，并在所提供的复印件上签章。

第三十七条　发生或者可能发生急性职业病危害事故时，用人单位应当立即采取应急救援和控制措施，并及时报告所在地卫生行政部门和有关部门。卫生行政部门接到报告后，应当及时会同有关部门组织调查处理；必要时，可以采取临时控制措施。卫生行政部门应当组织做好医疗救治工作。

对遭受或者可能遭受急性职业病危害的劳动者，用人单位应当及时组织救治、进行健康检查和医学观察，所需费用由用人单位承担。

第三十八条　用人单位不得安排未成年工从事接触职业病危害的作业；不得安排孕期、哺乳期的女职工从事对本人和胎儿、婴儿有危害的作业。

第三十九条 劳动者享有下列职业卫生保护权利:

(一)获得职业卫生教育、培训;

(二)获得职业健康检查、职业病诊疗、康复等职业病防治服务;

(三)了解工作场所产生或者可能产生的职业病危害因素、危害后果和应当采取的职业病防护措施;

(四)要求用人单位提供符合防治职业病要求的职业病防护设施和个人使用的职业病防护用品,改善工作条件;

(五)对违反职业病防治法律、法规以及危及生命健康的行为提出批评、检举和控告;

(六)拒绝违章指挥和强令进行没有职业病防护措施的作业;

(七)参与用人单位职业卫生工作的民主管理,对职业病防治工作提出意见和建议。

用人单位应当保障劳动者行使前款所列权利。因劳动者依法行使正当权利而降低其工资、福利等待遇或者解除、终止与其订立的劳动合同的,其行为无效。

第四十条 工会组织应当督促并协助用人单位开展职业卫生宣传教育和培训,有权对用人单位的职业病防治工作提出意见和建议,依法代表劳动者与用人单位签订劳动安全卫生专项集体合同,与用人单位就劳动者反映的有关职业病防治的问题进行协调并督促解决。

工会组织对用人单位违反职业病防治法律、法规,侵犯劳动者合法权益的行为,有权要求纠正;产生严重职业病危害时,有权要求采取防护措施,或者向政府有关部门建议采取强制性措施;发生职业病危害事故时,有权参与事故调查处理;发现危及劳动者生命健康的情形时,有权向用人单位建议组织劳动者撤离危险现场,用人单位应当立即作出处理。

第四十一条 用人单位按照职业病防治要求,用于预防和治理职业病危害、工作场所卫生检测、健康监护和职业卫生培训等费用,按照国家有关规定,在生产成本中据实列支。

第四十二条 职业卫生监督管理部门应当按照职责分工，加强对用人单位落实职业病防护管理措施情况的监督检查，依法行使职权，承担责任。

第四章 职业病诊断与职业病病人保障

第四十三条 职业病诊断应当由取得《医疗机构执业许可证》的医疗卫生机构承担。卫生行政部门应当加强对职业病诊断工作的规范管理，具体管理办法由国务院卫生行政部门制定。

承担职业病诊断的医疗卫生机构还应当具备下列条件：

（一）具有与开展职业病诊断相适应的医疗卫生技术人员；

（二）具有与开展职业病诊断相适应的仪器、设备；

（三）具有健全的职业病诊断质量管理制度。

承担职业病诊断的医疗卫生机构不得拒绝劳动者进行职业病诊断的要求。

第四十四条 劳动者可以在用人单位所在地、本人户籍所在地或者经常居住地依法承担职业病诊断的医疗卫生机构进行职业病诊断。

第四十五条 职业病诊断标准和职业病诊断、鉴定办法由国务院卫生行政部门制定。职业病伤残等级的鉴定办法由国务院劳动保障行政部门会同国务院卫生行政部门制定。

第四十六条 职业病诊断，应当综合分析下列因素：

（一）病人的职业史；

（二）职业病危害接触史和工作场所职业病危害因素情况；

（三）临床表现以及辅助检查结果等。

没有证据否定职业病危害因素与病人临床表现之间的必然联系的，应当诊断为职业病。

职业病诊断证明书应当由参与诊断的取得职业病诊断资格的执业医师签署，并经承担职业病诊断的医疗卫生机构审核盖章。

第四十七条 用人单位应当如实提供职业病诊断、鉴定所需的劳动者职业史和职业病危害接触史、工作场所职业病危害因素检测结果等资料;卫生行政部门应当监督检查和督促用人单位提供上述资料;劳动者和有关机构也应当提供与职业病诊断、鉴定有关的资料。

职业病诊断、鉴定机构需要了解工作场所职业病危害因素情况时,可以对工作场所进行现场调查,也可以向卫生行政部门提出,卫生行政部门应当在十日内组织现场调查。用人单位不得拒绝、阻挠。

第四十八条 职业病诊断、鉴定过程中,用人单位不提供工作场所职业病危害因素检测结果等资料的,诊断、鉴定机构应当结合劳动者的临床表现、辅助检查结果和劳动者的职业史、职业病危害接触史,并参考劳动者的自述、卫生行政部门提供的日常监督检查信息等,作出职业病诊断、鉴定结论。

劳动者对用人单位提供的工作场所职业病危害因素检测结果等资料有异议,或者因劳动者的用人单位解散、破产,无用人单位提供上述资料的,诊断、鉴定机构应当提请卫生行政部门进行调查,卫生行政部门应当自接到申请之日起三十日内对存在异议的资料或者工作场所职业病危害因素情况作出判定;有关部门应当配合。

第四十九条 职业病诊断、鉴定过程中,在确认劳动者职业史、职业病危害接触史时,当事人对劳动关系、工种、工作岗位或者在岗时间有争议的,可以向当地的劳动人事争议仲裁委员会申请仲裁;接到申请的劳动人事争议仲裁委员会应当受理,并在三十日内作出裁决。

当事人在仲裁过程中对自己提出的主张,有责任提供证据。劳动者无法提供由用人单位掌握管理的与仲裁主张有关的证据的,仲裁庭应当要求用人单位在指定期限内提供;用人单位在指定期限内不提供的,应当承担不利后果。

劳动者对仲裁裁决不服的,可以依法向人民法院提起诉讼。

用人单位对仲裁裁决不服的,可以在职业病诊断、鉴定程序结束之日起十五日内依法向人民法院提起诉讼;诉讼期间,劳动者的治疗费用按照职业病待遇规定的途径支付。

第五十条 用人单位和医疗卫生机构发现职业病病人或者疑似职业病病人时,应当及时向所在地卫生行政部门报告。确诊为职业病的,用人单位还应当向所在地劳动保障行政部门报告。接到报告的部门应当依法作出处理。

第五十一条 县级以上地方人民政府卫生行政部门负责本行政区域内的职业病统计报告的管理工作,并按照规定上报。

第五十二条 当事人对职业病诊断有异议的,可以向作出诊断的医疗卫生机构所在地地方人民政府卫生行政部门申请鉴定。

职业病诊断争议由设区的市级以上地方人民政府卫生行政部门根据当事人的申请,组织职业病诊断鉴定委员会进行鉴定。

当事人对设区的市级职业病诊断鉴定委员会的鉴定结论不服的,可以向省、自治区、直辖市人民政府卫生行政部门申请再鉴定。

第五十三条 职业病诊断鉴定委员会由相关专业的专家组成。

省、自治区、直辖市人民政府卫生行政部门应当设立相关的专家库,需要对职业病争议作出诊断鉴定时,由当事人或者当事人委托有关卫生行政部门从专家库中以随机抽取的方式确定参加诊断鉴定委员会的专家。

职业病诊断鉴定委员会应当按照国务院卫生行政部门颁布的职业病诊断标准和职业病诊断、鉴定办法进行职业病诊断鉴定,向当事人出具职业病诊断鉴定书。职业病诊断、鉴定费用由用人单位承担。

第五十四条 职业病诊断鉴定委员会组成人员应当遵守职业道德,客观、公正地进行诊断鉴定,并承担相应的责任。职业病诊断鉴定委员会组成人员不得私下接触当事人,不得收受当事人的财物或者其他好处,与当事人有利害关系的,应当回避。

人民法院受理有关案件需要进行职业病鉴定时,应当从省、自治区、直辖市人民政府卫生行政部门依法设立的相关的专家库中选取参加鉴定的专家。

第五十五条 医疗卫生机构发现疑似职业病病人时,应当告知劳动者本人并及时通知用人单位。

用人单位应当及时安排对疑似职业病病人进行诊断;在疑似职业病病人诊断或者医学观察期间,不得解除或者终止与其订立的劳动合同。

疑似职业病病人在诊断、医学观察期间的费用，由用人单位承担。

第五十六条 用人单位应当保障职业病病人依法享受国家规定的职业病待遇。

用人单位应当按照国家有关规定，安排职业病病人进行治疗、康复和定期检查。

用人单位对不适宜继续从事原工作的职业病病人，应当调离原岗位，并妥善安置。

用人单位对从事接触职业病危害的作业的劳动者，应当给予适当岗位津贴。

第五十七条 职业病病人的诊疗、康复费用，伤残以及丧失劳动能力的职业病病人的社会保障，按照国家有关工伤保险的规定执行。

第五十八条 职业病病人除依法享有工伤保险外，依照有关民事法律，尚有获得赔偿的权利的，有权向用人单位提出赔偿要求。

第五十九条 劳动者被诊断患有职业病，但用人单位没有依法参加工伤保险的，其医疗和生活保障由该用人单位承担。

第六十条 职业病病人变动工作单位，其依法享有的待遇不变。

用人单位在发生分立、合并、解散、破产等情形时，应当对从事接触职业病危害的作业的劳动者进行健康检查，并按照国家有关规定妥善安置职业病病人。

第六十一条 用人单位已经不存在或者无法确认劳动关系的职业病病人，可以向地方人民政府医疗保障、民政部门申请医疗救助和生活等方面的救助。

地方各级人民政府应当根据本地区的实际情况，采取其他措施，使前款规定的职业病病人获得医疗救治。

第五章 监督检查

第六十二条 县级以上人民政府职业卫生监督管理部门依照职业病防治法律、法规、国家职业卫生标准和卫生要求，依据职责划分，对职业病防治工作进行监督检查。

第六十三条 卫生行政部门履行监督检查职责时，有权采取下列措施：

（一）进入被检查单位和职业病危害现场，了解情况，调查取证；

（二）查阅或者复制与违反职业病防治法律、法规的行为有关的资料和采集样品；

（三）责令违反职业病防治法律、法规的单位和个人停止违法行为。

第六十四条 发生职业病危害事故或者有证据证明危害状态可能导致职业病危害事故发生时，卫生行政部门可以采取下列临时控制措施：

（一）责令暂停导致职业病危害事故的作业；

（二）封存造成职业病危害事故或者可能导致职业病危害事故发生的材料和设备；

（三）组织控制职业病危害事故现场。

在职业病危害事故或者危害状态得到有效控制后，卫生行政部门应当及时解除控制措施。

第六十五条 职业卫生监督执法人员依法执行职务时，应当出示监督执法证件。

职业卫生监督执法人员应当忠于职守，秉公执法，严格遵守执法规范；涉及用人单位的秘密的，应当为其保密。

第六十六条 职业卫生监督执法人员依法执行职务时，被检查单位应当接受检查并予以支持配合，不得拒绝和阻碍。

第六十七条 卫生行政部门及其职业卫生监督执法人员履行职责时，不得有下列行为：

（一）对不符合法定条件的，发给建设项目有关证明文件、资质证明文件或者予以批准；

（二）对已经取得有关证明文件的，不履行监督检查职责；

（三）发现用人单位存在职业病危害的，可能造成职业病危害事

故,不及时依法采取控制措施;

(四)其他违反本法的行为。

第六十八条 职业卫生监督执法人员应当依法经过资格认定。

职业卫生监督管理部门应当加强队伍建设,提高职业卫生监督执法人员的政治、业务素质,依照本法和其他有关法律、法规的规定,建立、健全内部监督制度,对其工作人员执行法律、法规和遵守纪律的情况,进行监督检查。

第六章 法律责任

第六十九条 建设单位违反本法规定,有下列行为之一的,由卫生行政部门给予警告,责令限期改正;逾期不改正的,处十万元以上五十万元以下的罚款;情节严重的,责令停止产生职业病危害的作业,或者提请有关人民政府按照国务院规定的权限责令停建、关闭:

(一)未按照规定进行职业病危害预评价的;

(二)医疗机构可能产生放射性职业病危害的建设项目未按照规定提交放射性职业病危害预评价报告,或者放射性职业病危害预评价报告未经卫生行政部门审核同意,开工建设的;

(三)建设项目的职业病防护设施未按照规定与主体工程同时设计、同时施工、同时投入生产和使用的;

(四)建设项目的职业病防护设施设计不符合国家职业卫生标准和卫生要求,或者医疗机构放射性职业病危害严重的建设项目的防护设施设计未经卫生行政部门审查同意擅自施工的;

(五)未按照规定对职业病防护设施进行职业病危害控制效果评价的;

(六)建设项目竣工投入生产和使用前,职业病防护设施未按照规定验收合格的。

第七十条 违反本法规定,有下列行为之一的,由卫生行政部门给予警告,责令限期改正;逾期不改正的,处十万元以下的罚款:

(一)工作场所职业病危害因素检测、评价结果没有存档、上报、公布的；

（二）未采取本法第二十条规定的职业病防治管理措施的；

（三）未按照规定公布有关职业病防治的规章制度、操作规程、职业病危害事故应急救援措施的；

（四）未按照规定组织劳动者进行职业卫生培训，或者未对劳动者个人职业病防护采取指导、督促措施的；

（五）国内首次使用或者首次进口与职业病危害有关的化学材料，未按照规定报送毒性鉴定资料以及经有关部门登记注册或者批准进口的文件的。

第七十一条　用人单位违反本法规定，有下列行为之一的，由卫生行政部门责令限期改正，给予警告，可以并处五万元以上十万元以下的罚款：

（一）未按照规定及时、如实向卫生行政部门申报产生职业病危害的项目的；

（二）未实施由专人负责的职业病危害因素日常监测，或者监测系统不能正常监测的；

（三）订立或者变更劳动合同时，未告知劳动者职业病危害真实情况的；

（四）未按照规定组织职业健康检查、建立职业健康监护档案或者未将检查结果书面告知劳动者的；

（五）未依照本法规定在劳动者离开用人单位时提供职业健康监护档案复印件的。

第七十二条　用人单位违反本法规定，有下列行为之一的，由卫生行政部门给予警告，责令限期改正，逾期不改正的，处五万元以上二十万元以下的罚款；情节严重的，责令停止产生职业病危害的作业，或者提请有关人民政府按照国务院规定的权限责令关闭：

（一）工作场所职业病危害因素的强度或者浓度超过国家职业卫生标准的；

（二）未提供职业病防护设施和个人使用的职业病防护用品，或者提供的职业病防护设施和个人使用的职业病防护用品不符合国家职业卫生标准和卫生要求的；

（三）对职业病防护设备、应急救援设施和个人使用的职业病防护用品未按照规定进行维护、检修、检测，或者不能保持正常运行、使用状态的；

（四）未按照规定对工作场所职业病危害因素进行检测、评价的；

（五）工作场所职业病危害因素经治理仍然达不到国家职业卫生标准和卫生要求时，未停止存在职业病危害因素的作业的；

（六）未按照规定安排职业病病人、疑似职业病病人进行诊治的；

（七）发生或者可能发生急性职业病危害事故时，未立即采取应急救援和控制措施或者未按照规定及时报告的；

（八）未按照规定在产生严重职业病危害的作业岗位醒目位置设置警示标识和中文警示说明的；

（九）拒绝职业卫生监督管理部门监督检查的；

（十）隐瞒、伪造、篡改、毁损职业健康监护档案、工作场所职业病危害因素检测评价结果等相关资料，或者拒不提供职业病诊断、鉴定所需资料的；

（十一）未按照规定承担职业病诊断、鉴定费用和职业病病人的医疗、生活保障费用的。

第七十三条 向用人单位提供可能产生职业病危害的设备、材料，未按照规定提供中文说明书或者设置警示标识和中文警示说明的，由卫生行政部门责令限期改正，给予警告，并处五万元以上二十万元以下的罚款。

第七十四条 用人单位和医疗卫生机构未按照规定报告职业病、疑似职业病的，由有关主管部门依据职责分工责令限期改正，给予警告，可以并处一万元以下的罚款；弄虚作假的，并处二万元以上五万元以下的罚款；对直接负责的主管人员和其他直接责任人员，可以依法给予降级或者撤职的处分。

第七十五条 违反本法规定，有下列情形之一的，由卫生行政部门门责令限期治理,并处五万元以上三十万元以下的罚款;情节严重的,责令停止产生职业病危害的作业,或者提请有关人民政府按照国务院规定的权限责令关闭:

(一)隐瞒技术、工艺、设备、材料所产生的职业病危害而采用的;

(二)隐瞒本单位职业卫生真实情况的;

(三)可能发生急性职业损伤的有毒、有害工作场所、放射工作场所或者放射性同位素的运输、贮存不符合本法第二十五条规定的;

(四)使用国家明令禁止使用的可能产生职业病危害的设备或者材料的;

(五)将产生职业病危害的作业转移给没有职业病防护条件的单位和个人,或者没有职业病防护条件的单位和个人接受产生职业病危害的作业的;

(六)擅自拆除、停止使用职业病防护设备或者应急救援设施的;

(七)安排未经职业健康检查的劳动者、有职业禁忌的劳动者、未成年工或者孕期、哺乳期女职工从事接触职业病危害的作业或者禁忌作业的;

(八)违章指挥和强令劳动者进行没有职业病防护措施的作业的。

第七十六条 生产、经营或者进口国家明令禁止使用的可能产生职业病危害的设备或者材料的,依照有关法律、行政法规的规定给予处罚。

第七十七条 用人单位违反本法规定,已经对劳动者生命健康造成严重损害的,由卫生行政部门责令停止产生职业病危害的作业,或者提请有关人民政府按照国务院规定的权限责令关闭,并处十万元以上五十万元以下的罚款。

第七十八条 用人单位违反本法规定,造成重大职业病危害事故或者其他严重后果,构成犯罪的,对直接负责的主管人员和其他直接责任人员,依法追究刑事责任。

第七十九条 未取得职业卫生技术服务资质认可擅自从事职业

卫生技术服务的，由卫生行政部门责令立即停止违法行为，没收违法所得；违法所得五千元以上的，并处违法所得二倍以上十倍以下的罚款；没有违法所得或者违法所得不足五千元的，并处五千元以上五万元以下的罚款；情节严重的，对直接负责的主管人员和其他直接责任人员，依法给予降级、撤职或者开除的处分。

第八十条 从事职业卫生技术服务的机构和承担职业病诊断的医疗卫生机构违反本法规定，有下列行为之一的，由卫生行政部门责令立即停止违法行为，给予警告，没收违法所得；违法所得五千元以上的，并处违法所得二倍以上五倍以下的罚款；没有违法所得或者违法所得不足五千元的，并处五千元以上二万元以下的罚款；情节严重的，由原认可或者登记机关取消其相应的资格；对直接负责的主管人员和其他直接责任人员，依法给予降级、撤职或者开除的处分；构成犯罪的，依法追究刑事责任：

（一）超出资质认可或者诊疗项目登记范围从事职业卫生技术服务或者职业病诊断的；

（二）不按照本法规定履行法定职责的；

（三）出具虚假证明文件的。

第八十一条 职业病诊断鉴定委员会组成人员收受职业病诊断争议当事人的财物或者其他好处的，给予警告，没收收受的财物，可以并处三千元以上五万元以下的罚款，取消其担任职业病诊断鉴定委员会组成人员的资格，并从省、自治区、直辖市人民政府卫生行政部门设立的专家库中予以除名。

第八十二条 卫生行政部门不按照规定报告职业病和职业病危害事故的，由上一级行政部门责令改正，通报批评，给予警告；虚报、瞒报的，对单位负责人、直接负责的主管人员和其他直接责任人员依法给予降级、撤职或者开除的处分。

第八十三条 县级以上地方人民政府在职业病防治工作中未依照本法履行职责，本行政区域出现重大职业病危害事故、造成严重社会影响的，依法对直接负责的主管人员和其他直接责任人员给予记大过直至开除的处分。

县级以上人民政府职业卫生监督管理部门不履行本法规定的职责，滥用职权、玩忽职守、徇私舞弊，依法对直接负责的主管人员和其他直接责任人员给予记大过或者降级的处分；造成职业病危害事故或者其他严重后果的，依法给予撤职或者开除的处分。

第八十四条 违反本法规定，构成犯罪的，依法追究刑事责任。

第七章 附 则

第八十五条 本法下列用语的含义：

职业病危害，是指对从事职业活动的劳动者可能导致职业病的各种危害。职业病危害因素包括：职业活动中存在的各种有害的化学、物理、生物因素以及在作业过程中产生的其他职业有害因素。

职业禁忌，是指劳动者从事特定职业或者接触特定职业病危害因素时，比一般职业人群更易于遭受职业病危害和罹患职业病或者可能导致原有自身疾病病情加重，或者在从事作业过程中诱发可能导致对他人生命健康构成危险的疾病的个人特殊生理或者病理状态。

第八十六条 本法第二条规定的用人单位以外的单位，产生职业病危害的，其职业病防治活动可以参照本法执行。

劳务派遣用工单位应当履行本法规定的用人单位的义务。

中国人民解放军参照执行本法的办法，由国务院、中央军事委员会制定。

第八十七条 对医疗机构放射性职业病危害控制的监督管理，由卫生行政部门依照本法的规定实施。

第八十八条 本法自2002年5月1日起施行。

建设项目职业病防护设施“三同时”监督管理办法

(2017年3月9日公布　国家安全生产监督管理总局令第90号
自2017年5月1日起实施)

第一章　总　　则

第一条　为了预防、控制和消除建设项目可能产生的职业病危害,加强和规范建设项目职业病防护设施建设的监督管理,根据《中华人民共和国职业病防治法》,制定本办法。

第二条　安全生产监督管理部门职责范围内、可能产生职业病危害的新建、改建、扩建和技术改造、技术引进建设项目(以下统称建设项目)职业病防护设施建设及其监督管理,适用本办法。

本办法所称的可能产生职业病危害的建设项目,是指存在或者产生职业病危害因素分类目录所列职业病危害因素的建设项目。

本办法所称的职业病防护设施,是指消除或者降低工作场所的职业病危害因素的浓度或者强度,预防和减少职业病危害因素对劳动者健康的损害或者影响,保护劳动者健康的设备、设施、装置、构(建)筑物等的总称。

第三条　负责本办法第二条规定建设项目投资、管理的单位(以下简称建设单位)是建设项目职业病防护设施建设的责任主体。

建设项目职业病防护设施必须与主体工程同时设计、同时施工、同时投入生产和使用(以下统称建设项目职业病防护设施“三同时”)。建设单位应当优先采用有利于保护劳动者健康的新技术、新工艺、新设备和新材料,职业病防护设施所需费用应当纳入建设项目工程预算。

第四条 建设单位对可能产生职业病危害的建设项目，应当依照本办法进行职业病危害预评价、职业病防护设施设计、职业病危害控制效果评价及相应的评审，组织职业病防护设施验收，建立健全建设项目职业卫生管理制度与档案。

建设项目职业病防护设施“三同时”工作可以与安全设施“三同时”工作一并进行。建设单位可以将建设项目职业病危害预评价和安全预评价、职业病防护设施设计和安全设施设计、职业病危害控制效果评价和安全验收评价合并出具报告或者设计，并对职业病防护设施与安全设施一并组织验收。

第五条 国家安全生产监督管理总局在国务院规定的职责范围内对全国建设项目职业病防护设施“三同时”实施监督管理。

县级以上地方各级人民政府安全生产监督管理部门依法在本级人民政府规定的职责范围内对本行政区域内的建设项目职业病防护设施“三同时”实施分类分级监督管理，具体办法由省级安全生产监督管理部门制定，并报国家安全生产监督管理总局备案。

跨两个及两个以上行政区域的建设项目职业病防护设施“三同时”由其共同的上一级人民政府安全生产监督管理部门实施监督管理。

上一级人民政府安全生产监督管理部门根据工作需要，可以将其负责的建设项目职业病防护设施“三同时”监督管理工作委托下一级人民政府安全生产监督管理部门实施；接受委托的安全生产监督管理部门不得再委托。

第六条 国家根据建设项目可能产生职业病危害的风险程度，将建设项目分为职业病危害一般、较重和严重 3 个类别，并对职业病危害严重建设项目实施重点监督检查。

建设项目职业病危害分类管理目录由国家安全生产监督管理总局制定并公布。省级安全生产监督管理部门可以根据本地区实际情况，对建设项目职业病危害分类管理目录作出补充规定，但不得低于国家安全生产监督管理总局规定的管理层级。

第七条 安全生产监督管理部门应当建立职业卫生专家库(以下简称专家库),并根据需要聘请专家库专家参与建设项目职业病防护设施“三同时”的监督检查工作。

专家库专家应当熟悉职业病危害防治有关法律、法规、规章、标准,具有较高的专业技术水平、实践经验和有关业务背景及良好的职业道德,按照客观、公正的原则,对所参与的工作提出技术意见,并对该意见负责。

专家库专家实行回避制度,参加监督检查的专家库专家不得参与该建设项目职业病防护设施“三同时”的评审及验收等相应工作,不得与该建设项目建设单位、评价单位、设计单位、施工单位或者监理单位等相关单位存在直接利害关系。

第八条 除国家保密的建设项目外,产生职业病危害的建设单位应当通过公告栏、网站等方式及时公布建设项目职业病危害预评价、职业病防护设施设计、职业病危害控制效果评价的承担单位、评价结论、评审时间及评审意见,以及职业病防护设施验收时间、验收方案和验收意见等信息,供本单位劳动者和安全生产监督管理部门查询。

第二章 职业病危害预评价

第九条 对可能产生职业病危害的建设项目,建设单位应当在建设项目可行性论证阶段进行职业病危害预评价,编制预评价报告。

第十条 建设项目职业病危害预评价报告应当符合职业病防治有关法律、法规、规章和标准的要求,并包括下列主要内容:

(一)建设项目概况,主要包括项目名称、建设地点、建设内容、工作制度、岗位设置及人员数量等;

(二)建设项目可能产生的职业病危害因素及其对工作场所、劳动者健康影响与危害程度的分析与评价;

(三)对建设项目拟采取的职业病防护设施和防护措施进行分析、评价,并提出对策与建议;

(四)评价结论,明确建设项目的职业病危害风险类别及拟采取的职业病防护设施和防护措施是否符合职业病防治有关法律、法规、规章和标准的要求。

第十一条 建设单位进行职业病危害预评价时,对建设项目可能产生的职业病危害因素及其对工作场所、劳动者健康影响与危害程度的分析与评价,可以运用工程分析、类比调查等方法。其中,类比调查数据应当采用获得资质认可的职业卫生技术服务机构出具的、与建设项目规模和工艺类似的用人单位职业病危害因素检测结果。

第十二条 职业病危害预评价报告编制完成后,属于职业病危害一般或者较重的建设项目,其建设单位主要负责人或其指定的负责人应当组织具有职业卫生相关专业背景的中级及中级以上专业技术职称人员或者具有职业卫生相关专业背景的注册安全工程师(以下统称职业卫生专业技术人员)对职业病危害预评价报告进行评审,并形成是否符合职业病防治有关法律、法规、规章和标准要求的评审意见;属于职业病危害严重的建设项目,其建设单位主要负责人或其指定的负责人应当组织外单位职业卫生专业技术人员参加评审工作,并形成评审意见。

建设单位应当按照评审意见对职业病危害预评价报告进行修改完善,并对最终的职业病危害预评价报告的真实性、客观性和合规性负责。职业病危害预评价工作过程应当形成书面报告备查。书面报告的具体格式由国家安全生产监督管理总局另行制定。

第十三条 建设项目职业病危害预评价报告有下列情形之一的,建设单位不得通过评审:

(一)对建设项目可能产生的职业病危害因素识别不全,未对工作场所职业病危害对劳动者健康影响与危害程度进行分析与评价的,或者评价不符合要求的;

(二)未对建设项目拟采取的职业病防护设施和防护措施进行分析、评价,对存在的问题未提出对策措施的;

(三)建设项目职业病危害风险分析与评价不正确的;

(四)评价结论和对策措施不正确的;

（五）不符合职业病防治有关法律、法规、规章和标准规定的其他情形的。

第十四条 建设项目职业病危害预评价报告通过评审后，建设项目的生产规模、工艺等发生变更导致职业病危害风险发生重大变化的，建设单位应当对变更内容重新进行职业病危害预评价和评审。

第三章 职业病防护设施设计

第十五条 存在职业病危害的建设项目，建设单位应当在施工前按照职业病防治有关法律、法规、规章和标准的要求，进行职业病防护设施设计。

第十六条 建设项目职业病防护设施设计应当包括下列内容：

（一）设计依据；

（二）建设项目概况及工程分析；

（三）职业病危害因素分析及危害程度预测；

（四）拟采取的职业病防护设施和应急救援设施的名称、规格、型号、数量、分布，并对防控性能进行分析；

（五）辅助用室及卫生设施的设置情况；

（六）对预评价报告中拟采取的职业病防护设施、防护措施及对策措施采纳情况的说明；

（七）职业病防护设施和应急救援设施投资预算明细表；

（八）职业病防护设施和应急救援设施可以达到的预期效果及评价。

第十七条 职业病防护设施设计完成后，属于职业病危害一般或者较重的建设项目，其建设单位主要负责人或其指定的负责人应当组织职业卫生专业技术人员对职业病防护设施设计进行评审，并形成是否符合职业病防治有关法律、法规、规章和标准要求的评审意见；属于职业病危害严重的建设项目，其建设单位主要负责人或其指定的负责人应当组织外单位职业卫生专业技术人员参加评审工作，并形成评审意见。

建设单位应当按照评审意见对职业病防护设施设计进行修改完善,并对最终的职业病防护设施设计的真实性、客观性和合规性负责。职业病防护设施设计工作过程应当形成书面报告备查。书面报告的具体格式由国家安全生产监督管理总局另行制定。

第十八条　建设项目职业病防护设施设计有下列情形之一的,建设单位不得通过评审和开工建设:

(一)未对建设项目主要职业病危害进行防护设施设计或者设计内容不全的;

(二)职业病防护设施设计未按照评审意见进行修改完善的;

(三)未采纳职业病危害预评价报告中的对策措施,且未作充分论证说明的;

(四)未对职业病防护设施和应急救援设施的预期效果进行评价的;

(五)不符合职业病防治有关法律、法规、规章和标准规定的其他情形的。

第十九条　建设单位应当按照评审通过的设计和有关规定组织职业病防护设施的采购和施工。

第二十条　建设项目职业病防护设施设计在完成评审后,建设项目的生产规模、工艺等发生变更导致职业病危害风险发生重大变化的,建设单位应当对变更的内容重新进行职业病防护设施设计和评审。

第四章　职业病危害控制效果评价与防护设施验收

第二十一条　建设项目职业病防护设施建设期间,建设单位应当对其进行经常性的检查,对发现的问题及时进行整改。

第二十二条　建设项目投入生产或者使用前,建设单位应当依照职业病防治有关法律、法规、规章和标准要求,采取下列职业病危害防治管理措施:

(一)设置或者指定职业卫生管理机构,配备专职或者兼职的职业卫生管理人员；

（二）制定职业病防治计划和实施方案；

（三）建立、健全职业卫生管理制度和操作规程；

（四）建立、健全职业卫生档案和劳动者健康监护档案；

（五）实施由专人负责的职业病危害因素日常监测，并确保监测系统处于正常运行状态；

（六）对工作场所进行职业病危害因素检测、评价；

（七）建设单位的主要负责人和职业卫生管理人员应当接受职业卫生培训，并组织劳动者进行上岗前的职业卫生培训；

（八）按照规定组织从事接触职业病危害作业的劳动者进行上岗前职业健康检查，并将检查结果书面告知劳动者；

（九）在醒目位置设置公告栏，公布有关职业病危害防治的规章制度、操作规程、职业病危害事故应急救援措施和工作场所职业病危害因素检测结果。对产生严重职业病危害的作业岗位，应当在其醒目位置，设置警示标识和中文警示说明；

（十）为劳动者个人提供符合要求的职业病防护用品；

（十一）建立、健全职业病危害事故应急救援预案；

（十二）职业病防治有关法律、法规、规章和标准要求的其他管理措施。

第二十三条　建设项目完工后，需要进行试运行的，其配套建设的职业病防护设施必须与主体工程同时投入试运行。

试运行时间应当不少于30日，最长不得超过180日，国家有关部门另有规定或者特殊要求的行业除外。

第二十四条　建设项目在竣工验收前或者试运行期间，建设单位应当进行职业病危害控制效果评价，编制评价报告。建设项目职业病危害控制效果评价报告应当符合职业病防治有关法律、法规、规章和标准的要求，包括下列主要内容：

（一）建设项目概况；

（二）职业病防护设施设计执行情况分析、评价；

（三）职业病防护设施检测和运行情况分析、评价；

（四）工作场所职业病危害因素检测分析、评价；

（五）工作场所职业病危害因素日常监测情况分析、评价；

（六）职业病危害因素对劳动者健康危害程度分析、评价；

（七）职业病危害防治管理措施分析、评价；

（八）职业健康监护状况分析、评价；

（九）职业病危害事故应急救援和控制措施分析、评价；

（十）正常生产后建设项目职业病防治效果预期分析、评价；

（十一）职业病危害防护补充措施及建议；

（十二）评价结论，明确建设项目的职业病危害风险类别，以及采取控制效果评价报告所提对策建议后，职业病防护设施和防护措施是否符合职业病防治有关法律、法规、规章和标准的要求。

第二十五条 建设单位在职业病防护设施验收前，应当编制验收方案。验收方案应当包括下列内容：

（一）建设项目概况和风险类别，以及职业病危害预评价、职业病防护设施设计执行情况；

（二）参与验收的人员及其工作内容、责任；

（三）验收工作时间安排、程序等。

建设单位应当在职业病防护设施验收前20日将验收方案向管辖该建设项目的安全生产监督管理部门进行书面报告。

第二十六条 属于职业病危害一般或者较重的建设项目，其建设单位主要负责人或其指定的负责人应当组织职业卫生专业技术人员对职业病危害控制效果评价报告进行评审以及对职业病防护设施进行验收，并形成是否符合职业病防治有关法律、法规、规章和标准要求的评审意见和验收意见。属于职业病危害严重的建设项目，其建设单位主要负责人或其指定的负责人应当组织外单位职业卫生专业技术人员参加评审和验收工作，并形成评审和验收意见。

建设单位应当按照评审与验收意见对职业病危害控制效果评价报告和职业病防护设施进行整改完善，并对最终的职业病危害控制效果评价报告和职业病防护设施验收结果的真实性、合规性和有效性负责。

建设单位应当将职业病危害控制效果评价和职业病防护设施验收工作过程形成书面报告备查,其中职业病危害严重的建设项目应当在验收完成之日起20日内向管辖该建设项目的安全生产监督管理部门提交书面报告。书面报告的具体格式由国家安全生产监督管理总局另行制定。

第二十七条 有下列情形之一的,建设项目职业病危害控制效果评价报告不得通过评审、职业病防护设施不得通过验收:

(一)评价报告内容不符合本办法第二十四条要求的;

(二)评价报告未按照评审意见整改的;

(三)未按照建设项目职业病防护设施设计组织施工,且未充分论证说明的;

(四)职业病危害防治管理措施不符合本办法第二十二条要求的;

(五)职业病防护设施未按照验收意见整改的;

(六)不符合职业病防治有关法律、法规、规章和标准规定的其他情形的。

第二十八条 分期建设、分期投入生产或者使用的建设项目,其配套的职业病防护设施应当分期与建设项目同步进行验收。

第二十九条 建设项目职业病防护设施未按照规定验收合格的,不得投入生产或者使用。

第五章 监督检查

第三十条 安全生产监督管理部门应当在职责范围内按照分类分级监管的原则,将建设单位开展建设项目职业病防护设施“三同时”情况的监督检查纳入安全生产年度监督检查计划,并按照监督检查计划与安全设施“三同时”实施一体化监督检查,对发现的违法行为应当依法予以处理;对违法行为情节严重的,应当按照规定纳入安全生产不良记录“黑名单”管理。

第三十一条 安全生产监督管理部门应当依法对建设单位开展建设项目职业病危害预评价情况进行监督检查,重点监督检查下列事项:

(一)是否进行建设项目职业病危害预评价;

(二)是否对建设项目可能产生的职业病危害因素及其对工作场所、劳动者健康影响与危害程度进行分析、评价;

(三)是否对建设项目拟采取的职业病防护设施和防护措施进行评价,是否提出对策与建议;

(四)是否明确建设项目职业病危害风险类别;

(五)主要负责人或其指定的负责人是否组织职业卫生专业技术人员对职业病危害预评价报告进行评审,职业病危害预评价报告是否按照评审意见进行修改完善;

(六)职业病危害预评价工作过程是否形成书面报告备查;

(七)是否按照本办法规定公布建设项目职业病危害预评价情况;

(八)依法应当监督检查的其他事项。

第三十二条 安全生产监督管理部门应当依法对建设单位开展建设项目职业病防护设施设计情况进行监督检查,重点监督检查下列事项:

(一)是否进行职业病防护设施设计;

(二)是否采纳职业病危害预评价报告中的对策与建议,如未采纳是否进行充分论证说明;

(三)是否明确职业病防护设施和应急救援设施的名称、规格、型号、数量、分布,并对防控性能进行分析;

(四)是否明确辅助用室及卫生设施的设置情况;

(五)是否明确职业病防护设施和应急救援设施投资预算;

(六)主要负责人或其指定的负责人是否组织职业卫生专业技术人员对职业病防护设施设计进行评审,职业病防护设施设计是否按照评审意见进行修改完善;

(七)职业病防护设施设计工作过程是否形成书面报告备查;

（八）是否按照本办法规定公布建设项目职业病防护设施设计情况；

（九）依法应当监督检查的其他事项。

第三十三条 安全生产监督管理部门应当依法对建设单位开展建设项目职业病危害控制效果评价及职业病防护设施验收情况进行监督检查，重点监督检查下列事项：

（一）是否进行职业病危害控制效果评价及职业病防护设施验收；

（二）职业病危害防治管理措施是否齐全；

（三）主要负责人或其指定的负责人是否组织职业卫生专业技术人员对建设项目职业病危害控制效果评价报告进行评审和对职业病防护设施进行验收，是否按照评审意见和验收意见对职业病危害控制效果评价报告和职业病防护设施进行整改完善；

（四）建设项目职业病危害控制效果评价及职业病防护设施验收工作过程是否形成书面报告备查；

（五）建设项目职业病防护设施验收方案、职业病危害严重建设项目职业病危害控制效果评价与职业病防护设施验收工作报告是否按照规定向安全生产监督管理部门进行报告；

（六）是否按照本办法规定公布建设项目职业病危害控制效果评价和职业病防护设施验收情况；

（七）依法应当监督检查的其他事项。

第三十四条 安全生产监督管理部门应当按照下列规定对建设单位组织的验收活动和验收结果进行监督核查，并纳入安全生产年度监督检查计划：

（一）对职业病危害严重建设项目的职业病防护设施的验收方案和验收工作报告，全部进行监督核查；

（二）对职业病危害较重和一般的建设项目职业病防护设施的验收方案和验收工作报告，按照国家安全生产监督管理总局规定的“双随机”方式实施抽查。

第三十五条 安全生产监督管理部门应当加强监督检查人员建

设项目职业病防护设施“三同时”知识的培训,提高业务素质。

第三十六条 安全生产监督管理部门及其工作人员不得有下列行为:

(一)强制要求建设单位接受指定的机构、职业卫生专业技术人员开展建设项目职业病防护设施“三同时”有关工作;

(二)以任何理由或者方式向建设单位和有关机构收取或者变相收取费用;

(三)向建设单位摊派财物、推销产品;

(四)在建设单位和有关机构报销任何费用。

第三十七条 任何单位或者个人发现建设单位、安全生产监督管理部门及其工作人员、有关机构和人员违反职业病防治有关法律、法规、标准和本办法规定的行为,均有权向安全生产监督管理部门或者有关部门举报。

受理举报的安全生产监督管理部门应当为举报人保密,并依法对举报内容进行核查和处理。

第三十八条 上级安全生产监督管理部门应当加强对下级安全生产监督管理部门建设项目职业病防护设施“三同时”监督执法工作的检查、指导。

地方各级安全生产监督管理部门应当定期汇总分析有关监督执法情况,并按照要求逐级上报。

第六章 法律责任

第三十九条 建设单位有下列行为之一的,由安全生产监督管理部门给予警告,责令限期改正;逾期不改正的,处10万元以上50万元以下的罚款;情节严重的,责令停止产生职业病危害的作业,或者提请有关人民政府按照国务院规定的权限责令停建、关闭:

(一)未按照本办法规定进行职业病危害预评价的;

(二)建设项目的职业病防护设施未按照规定与主体工程同时设计、同时施工、同时投入生产和使用的;

（三）建设项目的职业病防护设施设计不符合国家职业卫生标准和卫生要求的；

（四）未按照本办法规定对职业病防护设施进行职业病危害控制效果评价的；

（五）建设项目竣工投入生产和使用前，职业病防护设施未按照本办法规定验收合格的。

第四十条 建设单位有下列行为之一的，由安全生产监督管理部门给予警告，责令限期改正；逾期不改正的，处5000元以上3万元以下的罚款：

（一）未按照本办法规定，对职业病危害预评价报告、职业病防护设施设计、职业病危害控制效果评价报告进行评审或者组织职业病防护设施验收的；

（二）职业病危害预评价、职业病防护设施设计、职业病危害控制效果评价或者职业病防护设施验收工作过程未形成书面报告备查的；

（三）建设项目的生产规模、工艺等发生变更导致职业病危害风险发生重大变化的，建设单位对变更内容未重新进行职业病危害预评价和评审，或者未重新进行职业病防护设施设计和评审的；

（四）需要试运行的职业病防护设施未与主体工程同时试运行的；

（五）建设单位未按照本办法第八条规定公布有关信息的。

第四十一条 建设单位在职业病危害预评价报告、职业病防护设施设计、职业病危害控制效果评价报告编制、评审以及职业病防护设施验收等过程中弄虚作假的，由安全生产监督管理部门责令限期改正，给予警告，可以并处5000元以上3万元以下的罚款。

第四十二条 建设单位未按照规定及时、如实报告建设项目职业病防护设施验收方案，或者职业病危害严重建设项目未提交职业病危害控制效果评价与职业病防护设施验收的书面报告的，由安全生产监督管理部门责令限期改正，给予警告，可以并处5000元以上3万元以下的罚款。

第四十三条 参与建设项目职业病防护设施“三同时”监督检查

工作的专家库专家违反职业道德或者行为规范，降低标准、弄虚作假、牟取私利，作出显失公正或者虚假意见的，由安全生产监督管理部门将其从专家库除名，终身不得再担任专家库专家。职业卫生专业技术人员在建设项目职业病防护设施“三同时”评审、验收等活动中涉嫌犯罪的，移送司法机关依法追究刑事责任。

第四十四条　违反本办法规定的其他行为，依照《中华人民共和国职业病防治法》有关规定给予处理。

第七章　附　　则

第四十五条　煤矿建设项目职业病防护设施“三同时”的监督检查工作按照新修订发布的《煤矿和煤层气地面开采建设项目安全设施监察规定》执行，煤矿安全监察机构按照规定履行国家监察职责。

第四十六条　本办法自2017年5月1日起施行。国家安全生产监督管理总局2012年4月27日公布的《建设项目职业卫生“三同时”监督管理暂行办法》同时废止。

国家卫生健康委办公厅关于公布建设项目职业病危害风险分类管理目录的通知

（2021年3月12日公布　国卫办职健发〔2021〕5号
自2021年3月12日起实施）

各省、自治区、直辖市及新疆生产建设兵团卫生健康委，中国国家铁路集团有限公司，各中央企业：

根据《职业病防治法》及《工作场所职业卫生管理规定》（国家卫生健康委员会令第5号）有关规定，国家卫生健康委组织修订了《建设项目职业病危害风险分类管理目录》（以下简称《目录》），现予公布，并就有关事项通知如下：

一、《目录》适用于建设项目职业病防护设施“三同时”分类监督管理和用人单位工作场所职业病危害因素定期检测频次确定。

二、各级卫生健康行政部门应当按照建设项目职业病防护设施“三同时”、工作场所职业卫生管理相关规定和本《目录》，对建设项目职业病防护设施“三同时”、用人单位工作场所职业病危害因素定期检测实施监督管理。

三、建设单位和用人单位应当按照建设项目职业病防护设施“三同时”、工作场所职业卫生管理相关规定和本《目录》，开展建设项目职业病防护设施管理和工作场所职业病危害因素定期检测工作。

四、《目录》是在《职业病危害因素分类目录》（国卫疾控发〔2015〕92 号）基础上，按照《国民经济行业分类》（GB/T 4754 – 2017）对建设项目和用人单位可能存在职业病危害的风险程度进行的行业分类。

在实际运用中，如果一般风险行业的建设项目（或用人单位工作场所）采用的原材料、生产工艺和产品等可能产生的职业病危害的风险程度，与其在本《目录》中所列行业职业病危害的风险程度有明显区别的，建设单位（或用人单位）可以根据职业病危害评价结果，确定该建设项目（或工作场所）职业病危害的风险类别。如果同一个项目（或用人单位）不同子项目内容（或工作场所）分别属于不同行业的，应当根据风险级别高者确定风险类别。

五、建设单位（或用人单位）所属行业存在职业病危害但未纳入本《目录》风险分类的，可根据职业病危害评价结果确定风险类别。

六、各省级卫生健康行政部门可根据本地区实际情况对《目录》进行补充。

七、《目录》实施过程中发现的问题，请各省级卫生健康行政部门、中央企业及时报告国家卫生健康委。

八、《目录》自公布之日起施行，原国家安全生产监督管理总局 2012 年 5 月 31 日公布的《建设项目职业病危害风险分类管理目录（2012 年版）》（安监总安健〔2012〕73 号）同时废止。

附件：

建设项目职业病危害风险分类管理目录

序号	行业编码	类别名称	严重	一般
一	A	农、林、牧、渔业		
（一）	A01	农业		
1	A011	谷物种植		√
2	A012	豆类、油料和薯类种植		√
3	A013	棉、麻、糖、烟草种植		√
4	A014	蔬菜、食用菌及园艺作物种植		√
5	A015	水果种植		√
6	A016	坚果、含油果、香料和饮料作物种植		√
7	A017	中药材种植		√
8	A018	草种植及割草		√
9	A019	其他农业		√
（二）	A02	林业		
1	A021	林木育种和育苗		√
2	A022	造林和更新		√
3	A023	森林经营、管护和改培		√
4	A024	木材和竹材采运		√
5	A025	林产品采集		√
（三）	A03	畜牧业		
1	A031	牲畜饲养		
1.1	—	牲畜饲养（牛、羊）	√	
1.2	—	牲畜饲养（其他）		√

续表

序号	行业编码	类别名称	严重	一般
2	A032	家禽饲养		√
3	A033	狩猎和捕捉动物		√
4	A039	其他畜牧业		√
(四)	A04	渔业		
1	A041	水产养殖		√
2	A042	水产捕捞		√
(五)	A05	农、林、牧、渔专业及辅助性活动		
1	A051	农业专业及辅助性活动		√
2	A052	林业专业及辅助性活动		√
3	A053	畜牧专业及辅助性活动		
3.1	—	畜牧专业及辅助性活动(牛、羊)	√	
3.2	—	畜牧专业及辅助性活动(其他)		√
4	A054	渔业专业及辅助性活动		√
二	B	采矿业		
(一)	B06	煤炭开采和洗选业		
1	B061	烟煤和无烟煤开采洗选	√	
2	B062	褐煤开采洗选	√	
3	B069	其他煤炭采选	√	
(二)	B07	石油和天然气开采业		
1	B071	石油开采	√	
2	B072	天然气开采		
2.1	—	含硫天然气开采	√	
2.2	—	其他天然气开采		√
(三)	B08	黑色金属矿采选业		

续表

序号	行业编码	类别名称	严重	一般
1	B081	铁矿采选	√	
2	B082	锰矿、铬矿采选	√	
3	B089	其他黑色金属矿采选	√	
（四）	B09	有色金属矿采选业		
1	B091	常用有色金属矿采选	√	
2	B092	贵金属矿采选	√	
3	B093	稀有稀土金属矿采选	√	
（五）	B10	非金属矿采选业		
1	B101	土砂石开采	√	
2	B102	化学矿开采	√	
3	B103	采盐		√
4	B109	石棉、石英砂及其他非金属矿采选	√	
（六）	B11	开采专业及辅助性活动		
1	B111	煤炭开采和洗选专业及辅助性活动	√	
2	B112	石油和天然气开采专业及辅助性活动	√	
3	B119	其他开采专业及辅助性活动	√	
（七）	B12	其他采矿业		
1	B120	其他采矿业	√	
三	C	制造业		
（一）	C13	农副食品加工业		
1	C131	谷物磨制		√
2	C132	饲料加工		√
3	C133	植物油加工		√
4	C134	制糖业		√

续表

序号	行业编码	类别名称	严重	一般
5	C135	屠宰及肉类加工		√
6	C136	水产品加工		√
7	C137	蔬菜、菌类、水果和坚果加工		√
8	C139	其他农副食品加工		√
（二）	C14	食品制造业		
1	C141	焙烤食品制造		√
2	C142	糖果、巧克力及蜜饯制造		√
3	C143	方便食品制造		√
4	C144	乳制品制造		√
5	C145	罐头食品制造		√
6	C146	调味品、发酵制品制造		√
7	C149	其他食品制造		√
（三）	C15	酒、饮料和精制茶制造业		
1	C151	酒的制造		√
2	C152	饮料制造		√
3	C153	精制茶加工		√
（四）	C16	烟草制品业		
1	C161	烟叶复烤		√
2	C162	卷烟制造		√
3	C169	其他烟草制品制造		√
（五）	C17	纺织业		
1	C171	棉纺织及印染精加工	√	
2	C172	毛纺织及染整精加工	√	
3	C173	麻纺织及染整精加工	√	

续表

序号	行业编码	类别名称	严重	一般
4	C174	丝绢纺织及印染精加工	√	
5	C175	化纤织造及印染精加工	√	
6	C176	针织或钩针编织物及其制品制造		√
7	C177	家用纺织制成品制造		√
8	C178	产业用纺织制成品制造		√
(六)	C18	纺织服装、服饰业		
1	C181	机织服装制造		√
2	C182	针织或钩针编织服装制造		√
3	C183	服饰制造		√
(七)	C19	皮革、毛皮、羽毛及其制品和制鞋业		
1	C191	皮革鞣制加工	√	
2	C192	皮革制品制造	√	
3	C193	毛皮鞣制及制品加工	√	
4	C194	羽毛(绒)加工及制品制造		√
5	C195	制鞋业 *	√	
(八)	C20	木材加工和木、竹、藤、棕、草制品业		
1	C201	木材加工		√
2	C202	人造板制造	√	
3	C203	木质制品制造 *	√	
4	C204	竹、藤、棕、草等制品制造		√
(九)	C21	家具制造业		
1	C211	木质家具制造 *	√	
2	C212	竹、藤家具制造		√
3	C213	金属家具制造 *	√	

续表

序号	行业编码	类别名称	严重	一般
4	C214	塑料家具制造		√
5	C219	其他家具制造		√
(十)	C22	造纸和纸制品业		
1	C221	纸浆制造	√	
2	C222	造纸	√	
3	C223	纸制品制造		√
(十一)	C23	印刷和记录媒介复制业		
1	C231	印刷 *	√	
2	C232	装订及印刷相关服务		√
(十二)	C24	文教、工美、体育和娱乐用品制造业		
1	C241	文教办公用品制造		√
2	C242	乐器制造		√
3	C243	工艺美术及礼仪用品制造		
3.1	—	工艺美术及礼仪用品制造(雕塑、金属、漆器、珠宝)	√	
3.2	—	工艺美术及礼仪用品制造(其他)		√
4	C244	体育用品制造		
4.1	—	体育用品制造(高尔夫球制品)	√	
4.2	—	体育用品制造(其他)		√
5	C245	玩具制造		√
6	C246	游艺器材及娱乐用品制造		√
(十三)	C25	石油、煤炭及其他燃料加工业		
1	C251	精炼石油产品制造	√	
2	C252	煤炭加工	√	

续表

序号	行业编码	类别名称	严重	一般
3	C253	核燃料加工	√	
4	C254	生物质燃料加工	√	
（十四）	C26	化学原料和化学制品制造业		
1	C261	基础化学原料制造	√	
2	C262	肥料制造	√	
3	C263	农药制造	√	
4	C264	涂料、油墨、颜料及类似产品制造	√	
5	C265	合成材料制造	√	
6	C266	专用化学产品制造	√	
7	C267	炸药、火工及焰火产品制造	√	
8	C268	日用化学产品制造		√
（十五）	C27	医药制造业		
1	C271	化学药品原料药制造	√	
2	C272	化学药品制剂制造		√
3	C273	中药饮片加工		√
4	C274	中成药生产		√
5	C275	兽用药品制造		√
6	C276	生物药品制品制造		√
7	C277	卫生材料及医药用品制造		√
8	C278	药用辅料及包装材料制造		√
（十六）	C28	化学纤维制造业		
1	C281	纤维素纤维原料及纤维制造	√	
2	C282	合成纤维制造	√	
3	C283	生物基材料制造		√

续表

序号	行业编码	类别名称	严重	一般
（十七）	C29	橡胶和塑料制品业		
1	C291	橡胶制品业	√	
2	C292	塑料制品业	√	
（十八）	C30	非金属矿物制品业		
1	C301	水泥、石灰和石膏制造	√	
2	C302	石膏、水泥制品及类似制品制造	√	
3	C303	砖瓦、石材等建筑材料制造	√	
4	C304	玻璃制造	√	
5	C305	玻璃制品制造	√	
6	C306	玻璃纤维和玻璃纤维增强塑料制品制造	√	
7	C307	陶瓷制品制造	√	
8	C308	耐火材料制品制造	√	
9	C309	石墨及其他非金属矿物制品制造	√	
（十九）	C31	黑色金属冶炼和压延加工业		
1	C311	炼铁	√	
2	C312	炼钢	√	
3	C313	钢压延加工	√	
4	C314	铁合金冶炼	√	
（二十）	C32	有色金属冶炼和压延加工业		
1	C321	常用有色金属冶炼	√	
2	C322	贵金属冶炼	√	
3	C323	稀有稀土金属冶炼	√	
4	C324	有色金属合金制造	√	
5	C325	有色金属压延加工	√	

续表

序号	行业编码	类别名称	严重	一般
（二十一）	C33	金属制品业		
1	C331	结构性金属制品制造	√	
2	C332	金属工具制造	√	
3	C333	集装箱及金属包装容器制造	√	
4	C334	金属丝绳及其制品制造	√	
5	C335	建筑、安全用金属制品制造	√	
6	C336	金属表面处理及热处理加工	√	
7	C337	搪瓷制品制造	√	
8	C338	金属制日用品制造	√	
9	C339	铸造及其他金属制品制造	√	
（二十二）	C34	通用设备制造业		
1	C341	锅炉及原动设备制造	√	
2	C342	金属加工机械制造	√	
3	C343	物料搬运设备制造	√	
4	C344	泵、阀门、压缩机及类似机械制造	√	
5	C345	轴承、齿轮和传动部件制造	√	
6	C346	烘炉、风机、包装等设备制造	√	
7	C347	文化、办公用机械制造	√	
8	C348	通用零部件制造	√	
9	C349	其他通用设备制造业	√	
（二十三）	C35	专用设备制造业		
1	C351	采矿、冶金、建筑专用设备制造	√	
2	C352	化工、木材、非金属加工专用设备制造	√	

续表

序号	行业编码	类别名称	严重	一般
3	C353	食品、饮料、烟草及饲料生产专用设备制造	√	
4	C354	印刷、制药、日化及日用品生产专用设备制造	√	
5	C355	纺织、服装和皮革加工专用设备制造	√	
6	C356	电子和电工机械专用设备制造	√	
7	C357	农、林、牧、渔专用机械制造	√	
8	C358	医疗仪器设备及器械制造	√	
9	C359	环保、邮政、社会公共服务及其他专用设备制造	√	
（二十四）	C36	汽车制造业		
1	C361	汽车整车制造	√	
2	C362	汽车用发动机制造	√	
3	C363	改装汽车制造	√	
4	C364	低速汽车制造	√	
5	C365	电车制造	√	
6	C366	汽车车身、挂车制造	√	
7	C367	汽车零部件及配件制造	√	
（二十五）	C37	铁路、船舶、航空航天和其他运输设备制造业		
1	C371	铁路运输设备制造	√	
2	C372	城市轨道交通设备制造	√	
3	C373	船舶及相关装置制造	√	
4	C374	航空、航天器及设备制造	√	
5	C375	摩托车制造	√	

续表

序号	行业编码	类别名称	严重	一般
6	C376	自行车和残疾人座车制造	√	
7	C377	助动车制造	√	
8	C378	非公路休闲车及零配件制造	√	
9	C379	潜水救捞及其他未列明运输设备制造	√	
（二十六）	C38	电气机械和器材制造业		
1	C381	电机制造	√	
2	C382	输配电及控制设备制造	√	
3	C383	电线、电缆、光缆及电工器材制造	√	
4	C384	电池制造	√	
5	C385	家用电力器具制造	√	
6	C386	非电力家用器具制造		√
7	C387	照明器具制造		√
8	C389	其他电气机械及器材制造		√
（二十七）	C39	计算机、通信和其他电子设备制造业		
1	C391	计算机制造		√
2	C392	通信设备制造		√
3	C393	广播电视设备制造		√
4	C394	雷达及配套设备制造		√
5	C395	非专业视听设备制造		√
6	C396	智能消费设备制造		√
7	C397	电子器件制造	√	
8	C398	电子元件及电子专用材料制造	√	
9	C399	其他电子设备制造		√
（二十八）	C40	仪器仪表制造业		

续表

序号	行业编码	类别名称	严重	一般
1	C401	通用仪器仪表制造		√
2	C402	专用仪器仪表制造		√
3	C403	钟表与计时仪器制造		√
4	C404	光学仪器制造		√
5	C405	衡器制造		√
6	C409	其他仪器仪表制造业		√
（二十九）	C41	其他制造业		
1	C411	日用杂品制造		√
2	C412	核辐射加工	√	
3	C419	其他未列明制造业		√
（三十）	C42	废弃资源综合利用业		
1	C421	金属废料和碎屑加工处理	√	
2	C422	非金属废料和碎屑加工处理	√	
（三十一）	C43	金属制品、机械和设备修理业		
1	C431	金属制品修理		√
2	C432	通用设备修理		√
3	C433	专用设备修理		√
4	C434	铁路、船舶、航空航天等运输设备修理	√	
5	C435	电气设备修理		√
6	C436	仪器仪表修理		√
7	C439	其他机械和设备修理业		√
四	D	电力、热力、燃气及水生产和供应业		
（一）	D44	电力、热力生产和供应业		
1	D441	电力生产		

续表

序号	行业编码	类别名称	严重	一般
1.1	—	电力生产(火力发电、热电联产、核力发电、生物质能发电)	√	
1.2	—	电力生产(其他)		√
2	D442	电力供应		√
3	D443	热力生产和供应		
3.1	—	热力生产和供应(燃煤、核能)	√	
3.2	—	热力生产和供应(其他)		√
(二)	D45	燃气生产和供应业		
1	D451	燃气生产和供应业		
1.1	—	燃气生产	√	
1.2	—	燃气供应		√
2	D452	生物质燃气生产和供应业		√
(三)	D46	水的生产和供应业		
1	D461	自来水生产和供应		√
2	D462	污水处理及其再生利用		√
3	D463	海水淡化处理		√
4	D469	其他水的处理、利用和分配		√
五	E	建筑业		
(一)	E47	房屋建筑业		
1	E471	住宅房屋建筑	√	
2	E472	体育场馆建筑	√	
3	E479	其他房屋建筑业	√	
(二)	E48	土木工程建筑业		
1	E481	铁路、道路、隧道和桥梁工程建筑	√	

续表

序号	行业编码	类别名称	严重	一般
2	E482	水利和水运工程建筑	√	
3	E483	海洋工程建筑	√	
4	E484	工矿工程建筑	√	
5	E485	架线和管道工程建筑	√	
6	E486	节能环附件:建设项目职业病危害风险分类管理目录 国家卫生健康委办公厅 2021年3月12日 (信息公开形式:主动公开) 保工程施工	√	
7	E487	电力工程施工	√	
8	E489	其他土木工程建筑	√	
(三)	E49	建筑安装业		
1	E491	电气安装		√
2	E492	管道和设备安装		√
3	E499	其他建筑安装业		√
(四)	E50	建筑装饰、装修和其他建筑业		
1	E501	建筑装饰和装修业	√	
2	E502	建筑物拆除和场地准备	√	
3	E503	提供施工设备服务	√	
4	E509	其他未列明建筑业	√	
六	F	批发和零售业		
(一)	F51	批发业		
1	F516	矿产品、建材及化工产品批发		√
(二)	F52	零售业		

续表

序号	行业编码	类别名称	严重	一般
1	F526	汽车、摩托车、零配件和燃料及其他动力销售		
1.1	F5265	机动车燃油零售		√
1.2	F5266	机动车燃气零售		√
七	G	交通运输、仓储和邮政业		
(一)	G53	铁路运输业		
1	G533	铁路运输辅助活动		√
(二)	G54	道路运输业		
1	G541	城市公共交通运输(城市轨道交通)		√
2	G544	道路运输辅助活动		√
(三)	G55	水上运输业		
1	G551	水上旅客运输		√
2	G552	水上货物运输		√
3	G553	水上运输辅助活动		√
(四)	G56	航空运输业		
1	G561	航空客货运输		√
2	G562	通用航空服务		√
3	G563	航空运输辅助活动		√
(五)	G57	管道运输业		
1	G571	海底管道运输		√
2	G572	陆地管道运输		√
(六)	G59	装卸搬运和仓储业		
1	G591	装卸搬运		√
2	G593	低温仓储		√

续表

序号	行业编码	类别名称	严重	一般
3	G594	危险品仓储		√
4	G595	谷物、棉花等农产品仓储		√
5	G596	中药材仓储		√
6	G599	其他仓储业		√
八	H	住宿和餐饮业		
(一)	H62	餐饮业		
1	H621	正餐服务		√
2	H622	快餐服务		√
九	M	科学研究和技术服务业		
(一)	M73	研究和试验发展		
1	M731	自然科学研究和试验发展		√
2	M732	工程和技术研究和试验发展		√
3	M733	农业科学和试验发展		√
4	M734	医学研究和试验发展		√
(二)	M74	专业技术服务业		
1	M746	环境与生态监测检测服务		√
十	N	水利、环境和公共设施管理业		
(一)	N77	生态保护和环境治理业		
1	N772	环境治理业		
1.1	—	环境治理业(危险废物治理、放射性废物治理)	√	
1.2	—	环境治理业(其他)		√
(二)	N78	公共设施管理业		
1	N782	环境卫生管理		√

续表

序号	行业编码	类别名称	严重	一般
十一	O	居民服务、修理和其他服务业		
(一)	O80	居民服务业		
1	O803	洗染服务		√
2	O808	殡葬服务		√
(二)	O81	机动车、电子产品和日用产品修理业		
1	O811	汽车、摩托车修理与维护 *	√	
(三)	O82	其他服务业		
1	O822	宠物服务		√
十二	Q	卫生和社会工作		
(一)	Q84	卫生		
1	Q841	医院		√

注:* 不使用含苯、正己烷、1,2 二氯乙烷、三氯甲烷等物质的胶黏剂、清洗剂、油墨、油漆时,按职业病危害一般进行管理。

中华人民共和国安全生产法

（2002 年 6 月 29 日第九届全国人民代表大会常务委员会第二十八次会议通过　根据 2009 年 8 月 27 日第十一届全国人民代表大会常务委员会第十次会议《关于修改部分法律的决定》第一次修正　根据 2014 年 8 月 31 日第十二届全国人民代表大会常务委员会第十次会议《关于修改〈中华人民共和国安全生产法〉的决定》第二次修正　根据 2021 年 6 月 10 日第十三届全国人民代表大会常务委员会第二十九次会议《关于修改〈中华人民共和国安全生产法〉的决定》第三次修正　2021 年 6 月 10 日公布　中华人民共和国主席令第 88 号　自 2021 年 9 月 1 日起实施）

第一章　总　　则

第一条　为了加强安全生产工作，防止和减少生产安全事故，保障人民群众生命和财产安全，促进经济社会持续健康发展，制定本法。

第二条　在中华人民共和国领域内从事生产经营活动的单位（以下统称生产经营单位）的安全生产，适用本法；有关法律、行政法规对消防安全和道路交通安全、铁路交通安全、水上交通安全、民用航空安全以及核与辐射安全、特种设备安全另有规定的，适用其规定。

第三条　安全生产工作坚持中国共产党的领导。

安全生产工作应当以人为本，坚持人民至上、生命至上，把保护人民生命安全摆在首位，树牢安全发展理念，坚持安全第一、预防为主、综合治理的方针，从源头上防范化解重大安全风险。

安全生产工作实行管行业必须管安全、管业务必须管安全、管生产经营必须管安全，强化和落实生产经营单位主体责任与政府监管责任，建立生产经营单位负责、职工参与、政府监管、行业自律和社会监督的机制。

第四条 生产经营单位必须遵守本法和其他有关安全生产的法律、法规，加强安全生产管理，建立健全全员安全生产责任制和安全生产规章制度，加大对安全生产资金、物资、技术、人员的投入保障力度，改善安全生产条件，加强安全生产标准化、信息化建设，构建安全风险分级管控和隐患排查治理双重预防机制，健全风险防范化解机制，提高安全生产水平，确保安全生产。

平台经济等新兴行业、领域的生产经营单位应当根据本行业、领域的特点，建立健全并落实全员安全生产责任制，加强从业人员安全生产教育和培训，履行本法和其他法律、法规规定的有关安全生产义务。

第五条 生产经营单位的主要负责人是本单位安全生产第一责任人，对本单位的安全生产工作全面负责。其他负责人对职责范围内的安全生产工作负责。

第六条 生产经营单位的从业人员有依法获得安全生产保障的权利，并应当依法履行安全生产方面的义务。

第七条 工会依法对安全生产工作进行监督。

生产经营单位的工会依法组织职工参加本单位安全生产工作的民主管理和民主监督，维护职工在安全生产方面的合法权益。生产经营单位制定或者修改有关安全生产的规章制度，应当听取工会的意见。

第八条 国务院和县级以上地方各级人民政府应当根据国民经济和社会发展规划制定安全生产规划，并组织实施。安全生产规划应当与国土空间规划等相关规划相衔接。

各级人民政府应当加强安全生产基础设施建设和安全生产监管能力建设，所需经费列入本级预算。

县级以上地方各级人民政府应当组织有关部门建立完善安全风险评估与论证机制，按照安全风险管控要求，进行产业规划和空间布局,并对位置相邻、行业相近、业态相似的生产经营单位实施重大安全风险联防联控。

第九条　国务院和县级以上地方各级人民政府应当加强对安全生产工作的领导,建立健全安全生产工作协调机制,支持、督促各有关部门依法履行安全生产监督管理职责,及时协调、解决安全生产监督管理中存在的重大问题。

乡镇人民政府和街道办事处,以及开发区、工业园区、港区、风景区等应当明确负责安全生产监督管理的有关工作机构及其职责,加强安全生产监管力量建设,按照职责对本行政区域或者管理区域内生产经营单位安全生产状况进行监督检查,协助人民政府有关部门或者按照授权依法履行安全生产监督管理职责。

第十条　国务院应急管理部门依照本法,对全国安全生产工作实施综合监督管理;县级以上地方各级人民政府应急管理部门依照本法,对本行政区域内安全生产工作实施综合监督管理。

国务院交通运输、住房和城乡建设、水利、民航等有关部门依照本法和其他有关法律、行政法规的规定,在各自的职责范围内对有关行业、领域的安全生产工作实施监督管理;县级以上地方各级人民政府有关部门依照本法和其他有关法律、法规的规定,在各自的职责范围内对有关行业、领域的安全生产工作实施监督管理。对新兴行业、领域的安全生产监督管理职责不明确的,由县级以上地方各级人民政府按照业务相近的原则确定监督管理部门。

应急管理部门和对有关行业、领域的安全生产工作实施监督管理的部门,统称负有安全生产监督管理职责的部门。负有安全生产监督管理职责的部门应当相互配合、齐抓共管、信息共享、资源共用,依法加强安全生产监督管理工作。

第十一条　国务院有关部门应当按照保障安全生产的要求,依法及时制定有关的国家标准或者行业标准,并根据科技进步和经济发展适时修订。

生产经营单位必须执行依法制定的保障安全生产的国家标准或

者行业标准。

第十二条 国务院有关部门按照职责分工负责安全生产强制性国家标准的项目提出、组织起草、征求意见、技术审查。国务院应急管理部门统筹提出安全生产强制性国家标准的立项计划。国务院标准化行政主管部门负责安全生产强制性国家标准的立项、编号、对外通报和授权批准发布工作。国务院标准化行政主管部门、有关部门依据法定职责对安全生产强制性国家标准的实施进行监督检查。

第十三条 各级人民政府及其有关部门应当采取多种形式,加强对有关安全生产的法律、法规和安全生产知识的宣传,增强全社会的安全生产意识。

第十四条 有关协会组织依照法律、行政法规和章程,为生产经营单位提供安全生产方面的信息、培训等服务,发挥自律作用,促进生产经营单位加强安全生产管理。

第十五条 依法设立的为安全生产提供技术、管理服务的机构,依照法律、行政法规和执业准则,接受生产经营单位的委托为其安全生产工作提供技术、管理服务。

生产经营单位委托前款规定的机构提供安全生产技术、管理服务的,保证安全生产的责任仍由本单位负责。

第十六条 国家实行生产安全事故责任追究制度,依照本法和有关法律、法规的规定,追究生产安全事故责任单位和责任人员的法律责任。

第十七条 县级以上各级人民政府应当组织负有安全生产监督管理职责的部门依法编制安全生产权力和责任清单,公开并接受社会监督。

第十八条 国家鼓励和支持安全生产科学技术研究和安全生产先进技术的推广应用,提高安全生产水平。

第十九条 国家对在改善安全生产条件、防止生产安全事故、参加抢险救护等方面取得显著成绩的单位和个人,给予奖励。

第二章　生产经营单位的安全生产保障

第二十条　生产经营单位应当具备本法和有关法律、行政法规和国家标准或者行业标准规定的安全生产条件；不具备安全生产条件的，不得从事生产经营活动。

第二十一条　生产经营单位的主要负责人对本单位安全生产工作负有下列职责：

（一）建立健全并落实本单位全员安全生产责任制，加强安全生产标准化建设；

（二）组织制定并实施本单位安全生产规章制度和操作规程；

（三）组织制定并实施本单位安全生产教育和培训计划；

（四）保证本单位安全生产投入的有效实施；

（五）组织建立并落实安全风险分级管控和隐患排查治理双重预防工作机制，督促、检查本单位的安全生产工作，及时消除生产安全事故隐患；

（六）组织制定并实施本单位的生产安全事故应急救援预案；

（七）及时、如实报告生产安全事故。

第二十二条　生产经营单位的全员安全生产责任制应当明确各岗位的责任人员、责任范围和考核标准等内容。

生产经营单位应当建立相应的机制，加强对全员安全生产责任制落实情况的监督考核，保证全员安全生产责任制的落实。

第二十三条　生产经营单位应当具备的安全生产条件所必需的资金投入，由生产经营单位的决策机构、主要负责人或者个人经营的投资人予以保证，并对由于安全生产所必需的资金投入不足导致的后果承担责任。

有关生产经营单位应当按照规定提取和使用安全生产费用，专门用于改善安全生产条件。安全生产费用在成本中据实列支。安全生产费用提取、使用和监督管理的具体办法由国务院财政部门会同国务院应急管理部门征求国务院有关部门意见后制定。

第二十四条　矿山、金属冶炼、建筑施工、运输单位和危险物品的生产、经营、储存、装卸单位，应当设置安全生产管理机构或者配备专职安全生产管理人员。

前款规定以外的其他生产经营单位，从业人员超过一百人的，应当设置安全生产管理机构或者配备专职安全生产管理人员；从业人员在一百人以下的，应当配备专职或者兼职的安全生产管理人员。

第二十五条　生产经营单位的安全生产管理机构以及安全生产管理人员履行下列职责：

（一）组织或者参与拟订本单位安全生产规章制度、操作规程和生产安全事故应急救援预案；

（二）组织或者参与本单位安全生产教育和培训，如实记录安全生产教育和培训情况；

（三）组织开展危险源辨识和评估，督促落实本单位重大危险源的安全管理措施；

（四）组织或者参与本单位应急救援演练；

（五）检查本单位的安全生产状况，及时排查生产安全事故隐患，提出改进安全生产管理的建议；

（六）制止和纠正违章指挥、强令冒险作业、违反操作规程的行为；

（七）督促落实本单位安全生产整改措施。

生产经营单位可以设置专职安全生产分管负责人，协助本单位主要负责人履行安全生产管理职责。

第二十六条　生产经营单位的安全生产管理机构以及安全生产管理人员应当恪尽职守，依法履行职责。

生产经营单位作出涉及安全生产的经营决策，应当听取安全生产管理机构以及安全生产管理人员的意见。

生产经营单位不得因安全生产管理人员依法履行职责而降低其工资、福利等待遇或者解除与其订立的劳动合同。

危险物品的生产、储存单位以及矿山、金属冶炼单位的安全生产管理人员的任免，应当告知主管的负有安全生产监督管理职责的部门。

第二十七条 生产经营单位的主要负责人和安全生产管理人员必须具备与本单位所从事的生产经营活动相应的安全生产知识和管理能力。

危险物品的生产、经营、储存、装卸单位以及矿山、金属冶炼、建筑施工、运输单位的主要负责人和安全生产管理人员,应当由主管的负有安全生产监督管理职责的部门对其安全生产知识和管理能力考核合格。考核不得收费。

危险物品的生产、储存、装卸单位以及矿山、金属冶炼单位应当有注册安全工程师从事安全生产管理工作。鼓励其他生产经营单位聘用注册安全工程师从事安全生产管理工作。注册安全工程师按专业分类管理,具体办法由国务院人力资源和社会保障部门、国务院应急管理部门会同国务院有关部门制定。

第二十八条 生产经营单位应当对从业人员进行安全生产教育和培训,保证从业人员具备必要的安全生产知识,熟悉有关的安全生产规章制度和安全操作规程,掌握本岗位的安全操作技能,了解事故应急处理措施,知悉自身在安全生产方面的权利和义务。未经安全生产教育和培训合格的从业人员,不得上岗作业。

生产经营单位使用被派遣劳动者的,应当将被派遣劳动者纳入本单位从业人员统一管理,对被派遣劳动者进行岗位安全操作规程和安全操作技能的教育和培训。劳务派遣单位应当对被派遣劳动者进行必要的安全生产教育和培训。

生产经营单位接收中等职业学校、高等学校学生实习的,应当对实习学生进行相应的安全生产教育和培训,提供必要的劳动防护用品。学校应当协助生产经营单位对实习学生进行安全生产教育和培训。

生产经营单位应当建立安全生产教育和培训档案,如实记录安全生产教育和培训的时间、内容、参加人员以及考核结果等情况。

第二十九条 生产经营单位采用新工艺、新技术、新材料或者使用新设备，必须了解、掌握其安全技术特性，采取有效的安全防护措施，并对从业人员进行专门的安全生产教育和培训。

第三十条　生产经营单位的特种作业人员必须按照国家有关规定经专门的安全作业培训，取得相应资格，方可上岗作业。

特种作业人员的范围由国务院应急管理部门会同国务院有关部门确定。

第三十一条　生产经营单位新建、改建、扩建工程项目（以下统称建设项目）的安全设施，必须与主体工程同时设计、同时施工、同时投入生产和使用。安全设施投资应当纳入建设项目概算。

第三十二条　矿山、金属冶炼建设项目和用于生产、储存、装卸危险物品的建设项目，应当按照国家有关规定进行安全评价。

第三十三条　建设项目安全设施的设计人、设计单位应当对安全设施设计负责。

矿山、金属冶炼建设项目和用于生产、储存、装卸危险物品的建设项目的安全设施设计应当按照国家有关规定报经有关部门审查，审查部门及其负责审查的人员对审查结果负责。

第三十四条　矿山、金属冶炼建设项目和用于生产、储存、装卸危险物品的建设项目的施工单位必须按照批准的安全设施设计施工，并对安全设施的工程质量负责。

矿山、金属冶炼建设项目和用于生产、储存、装卸危险物品的建设项目竣工投入生产或者使用前，应当由建设单位负责组织对安全设施进行验收；验收合格后，方可投入生产和使用。负有安全生产监督管理职责的部门应当加强对建设单位验收活动和验收结果的监督核查。

第三十五条　生产经营单位应当在有较大危险因素的生产经营场所和有关设施、设备上，设置明显的安全警示标志。

第三十六条　安全设备的设计、制造、安装、使用、检测、维修、改造和报废，应当符合国家标准或者行业标准。

生产经营单位必须对安全设备进行经常性维护、保养，并定期检测，保证正常运转。维护、保养、检测应当作好记录，并由有关人员签字。

生产经营单位不得关闭、破坏直接关系生产安全的监控、报警、防护、救生设备、设施,或者篡改、隐瞒、销毁其相关数据、信息。

餐饮等行业的生产经营单位使用燃气的,应当安装可燃气体报警装置,并保障其正常使用。

第三十七条 生产经营单位使用的危险物品的容器、运输工具,以及涉及人身安全、危险性较大的海洋石油开采特种设备和矿山井下特种设备,必须按照国家有关规定,由专业生产单位生产,并经具有专业资质的检测、检验机构检测、检验合格,取得安全使用证或者安全标志,方可投入使用。检测、检验机构对检测、检验结果负责。

第三十八条 国家对严重危及生产安全的工艺、设备实行淘汰制度,具体目录由国务院应急管理部门会同国务院有关部门制定并公布。法律、行政法规对目录的制定另有规定的,适用其规定。

省、自治区、直辖市人民政府可以根据本地区实际情况制定并公布具体目录,对前款规定以外的危及生产安全的工艺、设备予以淘汰。

生产经营单位不得使用应当淘汰的危及生产安全的工艺、设备。

第三十九条 生产、经营、运输、储存、使用危险物品或者处置废弃危险物品的,由有关主管部门依照有关法律、法规的规定和国家标准或者行业标准审批并实施监督管理。

生产经营单位生产、经营、运输、储存、使用危险物品或者处置废弃危险物品,必须执行有关法律、法规和国家标准或者行业标准,建立专门的安全管理制度,采取可靠的安全措施,接受有关主管部门依法实施的监督管理。

第四十条 生产经营单位对重大危险源应当登记建档,进行定期检测、评估、监控,并制定应急预案,告知从业人员和相关人员在紧急情况下应当采取的应急措施。

生产经营单位应当按照国家有关规定将本单位重大危险源及有关安全措施、应急措施报有关地方人民政府应急管理部门和有关部门备案。有关地方人民政府应急管理部门和有关部门应当通过相关信息系统实现信息共享。

第四十一条 生产经营单位应当建立安全风险分级管控制度,按照安全风险分级采取相应的管控措施。

生产经营单位应当建立健全并落实生产安全事故隐患排查治理制度,采取技术、管理措施,及时发现并消除事故隐患。事故隐患排查治理情况应当如实记录,并通过职工大会或者职工代表大会、信息公示栏等方式向从业人员通报。其中,重大事故隐患排查治理情况应当及时向负有安全生产监督管理职责的部门和职工大会或者职工代表大会报告。

县级以上地方各级人民政府负有安全生产监督管理职责的部门应当将重大事故隐患纳入相关信息系统,建立健全重大事故隐患治理督办制度,督促生产经营单位消除重大事故隐患。

第四十二条 生产、经营、储存、使用危险物品的车间、商店、仓库不得与员工宿舍在同一座建筑物内,并应当与员工宿舍保持安全距离。

生产经营场所和员工宿舍应当设有符合紧急疏散要求、标志明显、保持畅通的出口、疏散通道。禁止占用、锁闭、封堵生产经营场所或者员工宿舍的出口、疏散通道。

第四十三条 生产经营单位进行爆破、吊装、动火、临时用电以及国务院应急管理部门会同国务院有关部门规定的其他危险作业,应当安排专门人员进行现场安全管理,确保操作规程的遵守和安全措施的落实。

第四十四条 生产经营单位应当教育和督促从业人员严格执行本单位的安全生产规章制度和安全操作规程;并向从业人员如实告知作业场所和工作岗位存在的危险因素、防范措施以及事故应急措施。

生产经营单位应当关注从业人员的身体、心理状况和行为习惯,加强对从业人员的心理疏导、精神慰藉,严格落实岗位安全生产责任,防范从业人员行为异常导致事故发生。

第四十五条 生产经营单位必须为从业人员提供符合国家标准

或者行业标准的劳动防护用品，并监督、教育从业人员按照使用规则佩戴、使用。

第四十六条 生产经营单位的安全生产管理人员应当根据本单位的生产经营特点，对安全生产状况进行经常性检查；对检查中发现的安全问题，应当立即处理；不能处理的，应当及时报告本单位有关负责人，有关负责人应当及时处理。检查及处理情况应当如实记录在案。

生产经营单位的安全生产管理人员在检查中发现重大事故隐患，依照前款规定向本单位有关负责人报告，有关负责人不及时处理的，安全生产管理人员可以向主管的负有安全生产监督管理职责的部门报告，接到报告的部门应当依法及时处理。

第四十七条 生产经营单位应当安排用于配备劳动防护用品、进行安全生产培训的经费。

第四十八条 两个以上生产经营单位在同一作业区域内进行生产经营活动，可能危及对方生产安全的，应当签订安全生产管理协议，明确各自的安全生产管理职责和应当采取的安全措施，并指定专职安全生产管理人员进行安全检查与协调。

第四十九条 生产经营单位不得将生产经营项目、场所、设备发包或者出租给不具备安全生产条件或者相应资质的单位或者个人。

生产经营项目、场所发包或者出租给其他单位的，生产经营单位应当与承包单位、承租单位签订专门的安全生产管理协议，或者在承包合同、租赁合同中约定各自的安全生产管理职责；生产经营单位对承包单位、承租单位的安全生产工作统一协调、管理，定期进行安全检查，发现安全问题的，应当及时督促整改。

矿山、金属冶炼建设项目和用于生产、储存、装卸危险物品的建设项目的施工单位应当加强对施工项目的安全管理，不得倒卖、出租、出借、挂靠或者以其他形式非法转让施工资质，不得将其承包的全部建设工程转包给第三人或者将其承包的全部建设工程支解以后以分包的名义分别转包给第三人，不得将工程分包给不具备相应资质条件的单位。

第五十条　生产经营单位发生生产安全事故时，单位的主要负责人应当立即组织抢救，并不得在事故调查处理期间擅离职守。

第五十一条　生产经营单位必须依法参加工伤保险，为从业人员缴纳保险费。

国家鼓励生产经营单位投保安全生产责任保险；属于国家规定的高危行业、领域的生产经营单位，应当投保安全生产责任保险。具体范围和实施办法由国务院应急管理部门会同国务院财政部门、国务院保险监督管理机构和相关行业主管部门制定。

第三章　从业人员的安全生产权利义务

第五十二条　生产经营单位与从业人员订立的劳动合同，应当载明有关保障从业人员劳动安全、防止职业危害的事项，以及依法为从业人员办理工伤保险的事项。

生产经营单位不得以任何形式与从业人员订立协议，免除或者减轻其对从业人员因生产安全事故伤亡依法应承担的责任。

第五十三条　生产经营单位的从业人员有权了解其作业场所和工作岗位存在的危险因素、防范措施及事故应急措施，有权对本单位的安全生产工作提出建议。

第五十四条　从业人员有权对本单位安全生产工作中存在的问题提出批评、检举、控告；有权拒绝违章指挥和强令冒险作业。

生产经营单位不得因从业人员对本单位安全生产工作提出批评、检举、控告或者拒绝违章指挥、强令冒险作业而降低其工资、福利等待遇或者解除与其订立的劳动合同。

第五十五条　从业人员发现直接危及人身安全的紧急情况时，有权停止作业或者在采取可能的应急措施后撤离作业场所。

生产经营单位不得因从业人员在前款紧急情况下停止作业或者采取紧急撤离措施而降低其工资、福利等待遇或者解除与其订立的劳动合同。

第五十六条 生产经营单位发生生产安全事故后，应当及时采取措施救治有关人员。

因生产安全事故受到损害的从业人员，除依法享有工伤保险外，依照有关民事法律尚有获得赔偿的权利的，有权提出赔偿要求。

第五十七条 从业人员在作业过程中，应当严格落实岗位安全责任，遵守本单位的安全生产规章制度和操作规程，服从管理，正确佩戴和使用劳动防护用品。

第五十八条 从业人员应当接受安全生产教育和培训，掌握本职工作所需的安全生产知识，提高安全生产技能，增强事故预防和应急处理能力。

第五十九条 从业人员发现事故隐患或者其他不安全因素，应当立即向现场安全生产管理人员或者本单位负责人报告；接到报告的人员应当及时予以处理。

第六十条 工会有权对建设项目的安全设施与主体工程同时设计、同时施工、同时投入生产和使用进行监督，提出意见。

工会对生产经营单位违反安全生产法律、法规，侵犯从业人员合法权益的行为，有权要求纠正；发现生产经营单位违章指挥、强令冒险作业或者发现事故隐患时，有权提出解决的建议，生产经营单位应当及时研究答复；发现危及从业人员生命安全的情况时，有权向生产经营单位建议组织从业人员撤离危险场所，生产经营单位必须立即作出处理。

工会有权依法参加事故调查，向有关部门提出处理意见，并要求追究有关人员的责任。

第六十一条 生产经营单位使用被派遣劳动者的，被派遣劳动者享有本法规定的从业人员的权利，并应当履行本法规定的从业人员的义务。

第四章 安全生产的监督管理

第六十二条 县级以上地方各级人民政府应当根据本行政区域

内的安全生产状况,组织有关部门按照职责分工,对本行政区域内容易发生重大生产安全事故的生产经营单位进行严格检查。

应急管理部门应当按照分类分级监督管理的要求,制定安全生产年度监督检查计划,并按照年度监督检查计划进行监督检查,发现事故隐患,应当及时处理。

第六十三条 负有安全生产监督管理职责的部门依照有关法律、法规的规定,对涉及安全生产的事项需要审查批准(包括批准、核准、许可、注册、认证、颁发证照等,下同)或者验收的,必须严格依照有关法律、法规和国家标准或者行业标准规定的安全生产条件和程序进行审查;不符合有关法律、法规和国家标准或者行业标准规定的安全生产条件的,不得批准或者验收通过。对未依法取得批准或者验收合格的单位擅自从事有关活动的,负责行政审批的部门发现或者接到举报后应当立即予以取缔,并依法予以处理。对已经依法取得批准的单位,负责行政审批的部门发现其不再具备安全生产条件的,应当撤销原批准。

第六十四条 负有安全生产监督管理职责的部门对涉及安全生产的事项进行审查、验收,不得收取费用;不得要求接受审查、验收的单位购买其指定品牌或者指定生产、销售单位的安全设备、器材或者其他产品。

第六十五条 应急管理部门和其他负有安全生产监督管理职责的部门依法开展安全生产行政执法工作,对生产经营单位执行有关安全生产的法律、法规和国家标准或者行业标准的情况进行监督检查,行使以下职权:

(一)进入生产经营单位进行检查,调阅有关资料,向有关单位和人员了解情况;

(二)对检查中发现的安全生产违法行为,当场予以纠正或者要求限期改正;对依法应当给予行政处罚的行为,依照本法和其他有关法律、行政法规的规定作出行政处罚决定;

(三)对检查中发现的事故隐患,应当责令立即排除;重大事故隐患排除前或者排除过程中无法保证安全的,应当责令从危险区域内撤出作业人员,责令暂时停产停业或者停止使用相关设施、设备;重大事故隐患排除后,经审查同意,方可恢复生产经营和使用;

(四)对有根据认为不符合保障安全生产的国家标准或者行业标准的设施、设备、器材以及违法生产、储存、使用、经营、运输的危险物品予以查封或者扣押,对违法生产、储存、使用、经营危险物品的作业场所予以查封,并依法作出处理决定。

监督检查不得影响被检查单位的正常生产经营活动。

第六十六条 生产经营单位对负有安全生产监督管理职责的部门的监督检查人员(以下统称安全生产监督检查人员)依法履行监督检查职责,应当予以配合,不得拒绝、阻挠。

第六十七条 安全生产监督检查人员应当忠于职守,坚持原则,秉公执法。

安全生产监督检查人员执行监督检查任务时,必须出示有效的行政执法证件;对涉及被检查单位的技术秘密和业务秘密,应当为其保密。

第六十八条 安全生产监督检查人员应当将检查的时间、地点、内容、发现的问题及其处理情况,作出书面记录,并由检查人员和被检查单位的负责人签字;被检查单位的负责人拒绝签字的,检查人员应当将情况记录在案,并向负有安全生产监督管理职责的部门报告。

第六十九条 负有安全生产监督管理职责的部门在监督检查中,应当互相配合,实行联合检查;确需分别进行检查的,应当互通情况,发现存在的安全问题应当由其他有关部门进行处理的,应当及时移送其他有关部门并形成记录备查,接受移送的部门应当及时进行处理。

第七十条 负有安全生产监督管理职责的部门依法对存在重大事故隐患的生产经营单位作出停产停业、停止施工、停止使用相关设施或者设备的决定,生产经营单位应当依法执行,及时消除事故隐患。生产经营单位拒不执行,有发生生产安全事故的现实危险的,在保证安全的前提下,经本部门主要负责人批准,负有安全生产监督管理职责的部门可以采取通知有关单位停止供电、停止供应民用爆炸物品等措施,强制生产经营单位履行决定。通知应当采用书面形式,有关单位应当予以配合。

负有安全生产监督管理职责的部门依照前款规定采取停止供电措施,除有危及生产安全的紧急情形外,应当提前二十四小时通知生产经营单位。生产经营单位依法履行行政决定、采取相应措施消除事故隐患的,负有安全生产监督管理职责的部门应当及时解除前款规定的措施。

第七十一条　监察机关依照监察法的规定,对负有安全生产监督管理职责的部门及其工作人员履行安全生产监督管理职责实施监察。

第七十二条　承担安全评价、认证、检测、检验职责的机构应当具备国家规定的资质条件,并对其作出的安全评价、认证、检测、检验结果的合法性、真实性负责。资质条件由国务院应急管理部门会同国务院有关部门制定。

承担安全评价、认证、检测、检验职责的机构应当建立并实施服务公开和报告公开制度,不得租借资质、挂靠、出具虚假报告。

第七十三条　负有安全生产监督管理职责的部门应当建立举报制度,公开举报电话、信箱或者电子邮件地址等网络举报平台,受理有关安全生产的举报;受理的举报事项经调查核实后,应当形成书面材料;需要落实整改措施的,报经有关负责人签字并督促落实。对不属于本部门职责,需要由其他有关部门进行调查处理的,转交其他有关部门处理。

涉及人员死亡的举报事项,应当由县级以上人民政府组织核查处理。

第七十四条　任何单位或者个人对事故隐患或者安全生产违法行为,均有权向负有安全生产监督管理职责的部门报告或者举报。

因安全生产违法行为造成重大事故隐患或者导致重大事故,致使国家利益或者社会公共利益受到侵害的,人民检察院可以根据民事诉讼法、行政诉讼法的相关规定提起公益诉讼。

第七十五条 居民委员会、村民委员会发现其所在区域内的生产经营单位存在事故隐患或者安全生产违法行为时，应当向当地人民政府或者有关部门报告。

第七十六条 县级以上各级人民政府及其有关部门对报告重大事故隐患或者举报安全生产违法行为的有功人员，给予奖励。具体奖励办法由国务院应急管理部门会同国务院财政部门制定。

第七十七条 新闻、出版、广播、电影、电视等单位有进行安全生产公益宣传教育的义务，有对违反安全生产法律、法规的行为进行舆论监督的权利。

第七十八条 负有安全生产监督管理职责的部门应当建立安全生产违法行为信息库，如实记录生产经营单位及其有关从业人员的安全生产违法行为信息；对违法行为情节严重的生产经营单位及其有关从业人员，应当及时向社会公告，并通报行业主管部门、投资主管部门、自然资源主管部门、生态环境主管部门、证券监督管理机构以及有关金融机构。有关部门和机构应当对存在失信行为的生产经营单位及其有关从业人员采取加大执法检查频次、暂停项目审批、上调有关保险费率、行业或者职业禁入等联合惩戒措施，并向社会公示。

负有安全生产监督管理职责的部门应当加强对生产经营单位行政处罚信息的及时归集、共享、应用和公开，对生产经营单位作出处罚决定后七个工作日内在监督管理部门公示系统予以公开曝光，强化对违法失信生产经营单位及其有关从业人员的社会监督，提高全社会安全生产诚信水平。

第五章 生产安全事故的应急救援与调查处理

第七十九条 国家加强生产安全事故应急能力建设，在重点行业、领域建立应急救援基地和应急救援队伍，并由国家安全生产应急救援机构统一协调指挥；鼓励生产经营单位和其他社会力量建立应急救援队伍，配备相应的应急救援装备和物资，提高应急救援的专业化水平。

国务院应急管理部门牵头建立全国统一的生产安全事故应急救援信息系统，国务院交通运输、住房和城乡建设、水利、民航等有关部门和县级以上地方人民政府建立健全相关行业、领域、地区的生产安全事故应急救援信息系统，实现互联互通、信息共享，通过推行网上安全信息采集、安全监管和监测预警，提升监管的精准化、智能化水平。

第八十条 县级以上地方各级人民政府应当组织有关部门制定本行政区域内生产安全事故应急救援预案，建立应急救援体系。

乡镇人民政府和街道办事处，以及开发区、工业园区、港区、风景区等应当制定相应的生产安全事故应急救援预案，协助人民政府有关部门或者按照授权依法履行生产安全事故应急救援工作职责。

第八十一条 生产经营单位应当制定本单位生产安全事故应急救援预案，与所在地县级以上地方人民政府组织制定的生产安全事故应急救援预案相衔接，并定期组织演练。

第八十二条 危险物品的生产、经营、储存单位以及矿山、金属冶炼、城市轨道交通运营、建筑施工单位应当建立应急救援组织；生产经营规模较小的，可以不建立应急救援组织，但应当指定兼职的应急救援人员。

危险物品的生产、经营、储存、运输单位以及矿山、金属冶炼、城市轨道交通运营、建筑施工单位应当配备必要的应急救援器材、设备和物资，并进行经常性维护、保养，保证正常运转。

第八十三条 生产经营单位发生生产安全事故后，事故现场有关人员应当立即报告本单位负责人。

单位负责人接到事故报告后，应当迅速采取有效措施，组织抢救，防止事故扩大，减少人员伤亡和财产损失，并按照国家有关规定立即如实报告当地负有安全生产监督管理职责的部门，不得隐瞒不报、谎报或者迟报，不得故意破坏事故现场、毁灭有关证据。

第八十四条 负有安全生产监督管理职责的部门接到事故报告后，应当立即按照国家有关规定上报事故情况。负有安全生产监督管理职责的部门和有关地方人民政府对事故情况不得隐瞒不报、谎报或者迟报。

第八十五条 有关地方人民政府和负有安全生产监督管理职责的部门的负责人接到生产安全事故报告后，应当按照生产安全事故应急救援预案的要求立即赶到事故现场，组织事故抢救。

参与事故抢救的部门和单位应当服从统一指挥，加强协同联动，采取有效的应急救援措施，并根据事故救援的需要采取警戒、疏散等措施，防止事故扩大和次生灾害的发生，减少人员伤亡和财产损失。

事故抢救过程中应当采取必要措施，避免或者减少对环境造成的危害。

任何单位和个人都应当支持、配合事故抢救，并提供一切便利条件。

第八十六条 事故调查处理应当按照科学严谨、依法依规、实事求是、注重实效的原则，及时、准确地查清事故原因，查明事故性质和责任，评估应急处置工作，总结事故教训，提出整改措施，并对事故责任单位和人员提出处理建议。事故调查报告应当依法及时向社会公布。事故调查和处理的具体办法由国务院制定。

事故发生单位应当及时全面落实整改措施，负有安全生产监督管理职责的部门应当加强监督检查。

负责事故调查处理的国务院有关部门和地方人民政府应当在批复事故调查报告后一年内，组织有关部门对事故整改和防范措施落实情况进行评估，并及时向社会公开评估结果；对不履行职责导致事故整改和防范措施没有落实的有关单位和人员，应当按照有关规定追究责任。

第八十七条 生产经营单位发生生产安全事故，经调查确定为责任事故的，除了应当查明事故单位的责任并依法予以追究外，还应当查明对安全生产的有关事项负有审查批准和监督职责的行政部门的责任，对有失职、渎职行为的，依照本法第九十条的规定追究法律责任。

第八十八条 任何单位和个人不得阻挠和干涉对事故的依法调

查处理。

第八十九条　县级以上地方各级人民政府应急管理部门应当定期统计分析本行政区域内发生生产安全事故的情况，并定期向社会公布。

第六章　法律责任

第九十条　负有安全生产监督管理职责的部门的工作人员，有下列行为之一的，给予降级或者撤职的处分；构成犯罪的，依照刑法有关规定追究刑事责任：

（一）对不符合法定安全生产条件的涉及安全生产的事项予以批准或者验收通过的；

（二）发现未依法取得批准、验收的单位擅自从事有关活动或者接到举报后不予取缔或者不依法予以处理的；

（三）对已经依法取得批准的单位不履行监督管理职责，发现其不再具备安全生产条件而不撤销原批准或者发现安全生产违法行为不予查处的；

（四）在监督检查中发现重大事故隐患，不依法及时处理的。

负有安全生产监督管理职责的部门的工作人员有前款规定以外的滥用职权、玩忽职守、徇私舞弊行为的，依法给予处分；构成犯罪的，依照刑法有关规定追究刑事责任。

第九十一条　负有安全生产监督管理职责的部门，要求被审查、验收的单位购买其指定的安全设备、器材或者其他产品的，在对安全生产事项的审查、验收中收取费用的，由其上级机关或者监察机关责令改正，责令退还收取的费用；情节严重的，对直接负责的主管人员和其他直接责任人员依法给予处分。

第九十二条　承担安全评价、认证、检测、检验职责的机构出具失实报告的，责令停业整顿，并处三万元以上十万元以下的罚款；给他人造成损害的，依法承担赔偿责任。

承担安全评价、认证、检测、检验职责的机构租借资质、挂靠、出具虚假报告的,没收违法所得;违法所得在十万元以上的,并处违法所得二倍以上五倍以下的罚款,没有违法所得或者违法所得不足十万元的,单处或者并处十万元以上二十万元以下的罚款;对其直接负责的主管人员和其他直接责任人员处五万元以上十万元以下的罚款;给他人造成损害的,与生产经营单位承担连带赔偿责任;构成犯罪的,依照刑法有关规定追究刑事责任。

对有前款违法行为的机构及其直接责任人员,吊销其相应资质和资格,五年内不得从事安全评价、认证、检测、检验等工作;情节严重的,实行终身行业和职业禁入。

第九十三条 生产经营单位的决策机构、主要负责人或者个人经营的投资人不依照本法规定保证安全生产所必需的资金投入,致使生产经营单位不具备安全生产条件的,责令限期改正,提供必需的资金;逾期未改正的,责令生产经营单位停产停业整顿。

有前款违法行为,导致发生生产安全事故的,对生产经营单位的主要负责人给予撤职处分,对个人经营的投资人处二万元以上二十万元以下的罚款;构成犯罪的,依照刑法有关规定追究刑事责任。

第九十四条 生产经营单位的主要负责人未履行本法规定的安全生产管理职责的,责令限期改正,处二万元以上五万元以下的罚款;逾期未改正的,处五万元以上十万元以下的罚款,责令生产经营单位停产停业整顿。

生产经营单位的主要负责人有前款违法行为,导致发生生产安全事故的,给予撤职处分;构成犯罪的,依照刑法有关规定追究刑事责任。

生产经营单位的主要负责人依照前款规定受刑事处罚或者撤职处分的,自刑罚执行完毕或者受处分之日起,五年内不得担任任何生产经营单位的主要负责人;对重大、特别重大生产安全事故负有责任的,终身不得担任本行业生产经营单位的主要负责人。

第九十五条 生产经营单位的主要负责人未履行本法规定的安全生产管理职责,导致发生生产安全事故的,由应急管理部门依照下列规定处以罚款：

（一）发生一般事故的，处上一年年收入百分之四十的罚款；

（二）发生较大事故的，处上一年年收入百分之六十的罚款；

（三）发生重大事故的，处上一年年收入百分之八十的罚款；

（四）发生特别重大事故的，处上一年年收入百分之一百的罚款。

第九十六条 生产经营单位的其他负责人和安全生产管理人员未履行本法规定的安全生产管理职责的，责令限期改正，处一万元以上三万元以下的罚款；导致发生生产安全事故的，暂停或者吊销其与安全生产有关的资格，并处上一年年收入百分之二十以上百分之五十以下的罚款；构成犯罪的，依照刑法有关规定追究刑事责任。

第九十七条 生产经营单位有下列行为之一的，责令限期改正，处十万元以下的罚款；逾期未改正的，责令停产停业整顿，并处十万元以上二十万元以下的罚款，对其直接负责的主管人员和其他直接责任人员处二万元以上五万元以下的罚款：

（一）未按照规定设置安全生产管理机构或者配备安全生产管理人员、注册安全工程师的；

（二）危险物品的生产、经营、储存、装卸单位以及矿山、金属冶炼、建筑施工、运输单位的主要负责人和安全生产管理人员未按照规定经考核合格的；

（三）未按照规定对从业人员、被派遣劳动者、实习学生进行安全生产教育和培训，或者未按照规定如实告知有关的安全生产事项的；

（四）未如实记录安全生产教育和培训情况的；

（五）未将事故隐患排查治理情况如实记录或者未向从业人员通报的；

（六）未按照规定制定生产安全事故应急救援预案或者未定期组织演练的；

（七）特种作业人员未按照规定经专门的安全作业培训并取得相应资格，上岗作业的。

第九十八条 生产经营单位有下列行为之一的，责令停止建设或者停产停业整顿，限期改正，并处十万元以上五十万元以下的罚款，对其直接负责的主管人员和其他直接责任人员处二万元以上五万元以下的罚款；逾期未改正的，处五十万元以上一百万元以下的罚款，对其直接负责的主管人员和其他直接责任人员处五万元以上十万元以下的罚款；构成犯罪的，依照刑法有关规定追究刑事责任：

（一）未按照规定对矿山、金属冶炼建设项目或者用于生产、储存、装卸危险物品的建设项目进行安全评价的；

（二）矿山、金属冶炼建设项目或者用于生产、储存、装卸危险物品的建设项目没有安全设施设计或者安全设施设计未按照规定报经有关部门审查同意的；

（三）矿山、金属冶炼建设项目或者用于生产、储存、装卸危险物品的建设项目的施工单位未按照批准的安全设施设计施工的；

（四）矿山、金属冶炼建设项目或者用于生产、储存、装卸危险物品的建设项目竣工投入生产或者使用前，安全设施未经验收合格的。

第九十九条　生产经营单位有下列行为之一的，责令限期改正，处五万元以下的罚款；逾期未改正的，处五万元以上二十万元以下的罚款，对其直接负责的主管人员和其他直接责任人员处一万元以上二万元以下的罚款；情节严重的，责令停产停业整顿；构成犯罪的，依照刑法有关规定追究刑事责任：

（一）未在有较大危险因素的生产经营场所和有关设施、设备上设置明显的安全警示标志的；

（二）安全设备的安装、使用、检测、改造和报废不符合国家标准或者行业标准的；

（三）未对安全设备进行经常性维护、保养和定期检测的；

（四）关闭、破坏直接关系生产安全的监控、报警、防护、救生设备、设施，或者篡改、隐瞒、销毁其相关数据、信息的；

（五）未为从业人员提供符合国家标准或者行业标准的劳动防护用品的；

（六）危险物品的容器、运输工具，以及涉及人身安全、危险性较大的海洋石油开采特种设备和矿山井下特种设备未经具有专业资质的机构检测、检验合格，取得安全使用证或者安全标志，投入使用的；

（七）使用应当淘汰的危及生产安全的工艺、设备的；

（八）餐饮等行业的生产经营单位使用燃气未安装可燃气体报警装置的。

第一百条　未经依法批准，擅自生产、经营、运输、储存、使用危险物品或者处置废弃危险物品的，依照有关危险物品安全管理的法律、行政法规的规定予以处罚；构成犯罪的，依照刑法有关规定追究刑事责任。

第一百零一条　生产经营单位有下列行为之一的，责令限期改正，处十万元以下的罚款；逾期未改正的，责令停产停业整顿，并处十万元以上二十万元以下的罚款，对其直接负责的主管人员和其他直接责任人员处二万元以上五万元以下的罚款；构成犯罪的，依照刑法有关规定追究刑事责任：

（一）生产、经营、运输、储存、使用危险物品或者处置废弃危险物品，未建立专门安全管理制度、未采取可靠的安全措施的；

（二）对重大危险源未登记建档，未进行定期检测、评估、监控，未制定应急预案，或者未告知应急措施的；

（三）进行爆破、吊装、动火、临时用电以及国务院应急管理部门会同国务院有关部门规定的其他危险作业，未安排专门人员进行现场安全管理的；

（四）未建立安全风险分级管控制度或者未按照安全风险分级采取相应管控措施的；

（五）未建立事故隐患排查治理制度，或者重大事故隐患排查治理情况未按照规定报告的。

第一百零二条　生产经营单位未采取措施消除事故隐患的，责令立即消除或者限期消除，处五万元以下的罚款；生产经营单位拒不执行的，责令停产停业整顿，对其直接负责的主管人员和其他直接责任人员处五万元以上十万元以下的罚款；构成犯罪的，依照刑法有关规定追究刑事责任。

第一百零三条 生产经营单位将生产经营项目、场所、设备发包或者出租给不具备安全生产条件或者相应资质的单位或者个人的，责令限期改正，没收违法所得；违法所得十万元以上的，并处违法所得二倍以上五倍以下的罚款；没有违法所得或者违法所得不足十万元的，单处或者并处十万元以上二十万元以下的罚款；对其直接负责的主管人员和其他直接责任人员处一万元以上二万元以下的罚款；导致发生生产安全事故给他人造成损害的，与承包方、承租方承担连带赔偿责任。

生产经营单位未与承包单位、承租单位签订专门的安全生产管理协议或者未在承包合同、租赁合同中明确各自的安全生产管理职责，或者未对承包单位、承租单位的安全生产统一协调、管理的，责令限期改正，处五万元以下的罚款，对其直接负责的主管人员和其他直接责任人员处一万元以下的罚款；逾期未改正的，责令停产停业整顿。

矿山、金属冶炼建设项目和用于生产、储存、装卸危险物品的建设项目的施工单位未按照规定对施工项目进行安全管理的，责令限期改正，处十万元以下的罚款，对其直接负责的主管人员和其他直接责任人员处二万元以下的罚款；逾期未改正的，责令停产停业整顿。以上施工单位倒卖、出租、出借、挂靠或者以其他形式非法转让施工资质的，责令停产停业整顿，吊销资质证书，没收违法所得；违法所得十万元以上的，并处违法所得二倍以上五倍以下的罚款，没有违法所得或者违法所得不足十万元的，单处或者并处十万元以上二十万元以下的罚款；对其直接负责的主管人员和其他直接责任人员处五万元以上十万元以下的罚款；构成犯罪的，依照刑法有关规定追究刑事责任。

第一百零四条 两个以上生产经营单位在同一作业区域内进行可能危及对方安全生产的生产经营活动，未签订安全生产管理协议或者未指定专职安全生产管理人员进行安全检查与协调的，责令限期改正，处五万元以下的罚款，对其直接负责的主管人员和其他直接责任人员处一万元以下的罚款；逾期未改正的，责令停产停业。

第一百零五条 生产经营单位有下列行为之一的，责令限期改正，处五万元以下的罚款，对其直接负责的主管人员和其他直接责任人员处一万元以下的罚款；逾期未改正的，责令停产停业整顿；构成犯罪的，依照刑法有关规定追究刑事责任：

（一）生产、经营、储存、使用危险物品的车间、商店、仓库与员工宿舍在同一座建筑内，或者与员工宿舍的距离不符合安全要求的；

（二）生产经营场所和员工宿舍未设有符合紧急疏散需要、标志明显、保持畅通的出口、疏散通道，或者占用、锁闭、封堵生产经营场所或者员工宿舍出口、疏散通道的。

第一百零六条 生产经营单位与从业人员订立协议，免除或者减轻其对从业人员因生产安全事故伤亡依法应承担的责任的，该协议无效；对生产经营单位的主要负责人、个人经营的投资人处二万元以上十万元以下的罚款。

第一百零七条 生产经营单位的从业人员不落实岗位安全责任，不服从管理，违反安全生产规章制度或者操作规程的，由生产经营单位给予批评教育，依照有关规章制度给予处分；构成犯罪的，依照刑法有关规定追究刑事责任。

第一百零八条 违反本法规定，生产经营单位拒绝、阻碍负有安全生产监督管理职责的部门依法实施监督检查的，责令改正；拒不改正的，处二万元以上二十万元以下的罚款；对其直接负责的主管人员和其他直接责任人员处一万元以上二万元以下的罚款；构成犯罪的，依照刑法有关规定追究刑事责任。

第一百零九条 高危行业、领域的生产经营单位未按照国家规定投保安全生产责任保险的，责令限期改正，处五万元以上十万元以下的罚款；逾期未改正的，处十万元以上二十万元以下的罚款。

第一百一十条 生产经营单位的主要负责人在本单位发生生产安全事故时，不立即组织抢救或者在事故调查处理期间擅离职守或者逃匿的，给予降级、撤职的处分，并由应急管理部门处上一年年收入百分之六十至百分之一百的罚款；对逃匿的处十五日以下拘留；构成犯罪的，依照刑法有关规定追究刑事责任。

生产经营单位的主要负责人对生产安全事故隐瞒不报、谎报或者迟报的，依照前款规定处罚。

第一百一十一条 有关地方人民政府、负有安全生产监督管理职责的部门，对生产安全事故隐瞒不报、谎报或者迟报的，对直接负责的主管人员和其他直接责任人员依法给予处分；构成犯罪的，依照刑法有关规定追究刑事责任。

第一百一十二条 生产经营单位违反本法规定，被责令改正且受到罚款处罚，拒不改正的，负有安全生产监督管理职责的部门可以自作出责令改正之日的次日起，按照原处罚数额按日连续处罚。

第一百一十三条 生产经营单位存在下列情形之一的，负有安全生产监督管理职责的部门应当提请地方人民政府予以关闭，有关部门应当依法吊销其有关证照。生产经营单位主要负责人五年内不得担任任何生产经营单位的主要负责人；情节严重的，终身不得担任本行业生产经营单位的主要负责人：

（一）存在重大事故隐患，一百八十日内三次或者一年内四次受到本法规定的行政处罚的；

（二）经停产停业整顿，仍不具备法律、行政法规和国家标准或者行业标准规定的安全生产条件的；

（三）不具备法律、行政法规和国家标准或者行业标准规定的安全生产条件，导致发生重大、特别重大生产安全事故的；

（四）拒不执行负有安全生产监督管理职责的部门作出的停产停业整顿决定的。

第一百一十四条 发生生产安全事故，对负有责任的生产经营单位除要求其依法承担相应的赔偿等责任外，由应急管理部门依照下列规定处以罚款：

（一）发生一般事故的，处三十万元以上一百万元以下的罚款；

（二）发生较大事故的，处一百万元以上二百万元以下的罚款；

（三）发生重大事故的，处二百万元以上一千万元以下的罚款；

（四）发生特别重大事故的，处一千万元以上二千万元以下的罚款。

发生生产安全事故，情节特别严重、影响特别恶劣的，应急管理部门可以按照前款罚款数额的二倍以上五倍以下对负有责任的生产经营单位处以罚款。

第一百一十五条 本法规定的行政处罚，由应急管理部门和其他负有安全生产监督管理职责的部门按照职责分工决定；其中，根据本法第九十五条、第一百一十条、第一百一十四条的规定应当给予民航、铁路、电力行业的生产经营单位及其主要负责人行政处罚的，也可以由主管的负有安全生产监督管理职责的部门进行处罚。予以关闭的行政处罚，由负有安全生产监督管理职责的部门报请县级以上人民政府按照国务院规定的权限决定；给予拘留的行政处罚，由公安机关依照治安管理处罚的规定决定。

第一百一十六条 生产经营单位发生生产安全事故造成人员伤亡、他人财产损失的，应当依法承担赔偿责任；拒不承担或者其负责人逃匿的，由人民法院依法强制执行。

生产安全事故的责任人未依法承担赔偿责任，经人民法院依法采取执行措施后，仍不能对受害人给予足额赔偿的，应当继续履行赔偿义务；受害人发现责任人有其他财产的，可以随时请求人民法院执行。

第七章 附 则

第一百一十七条 本法下列用语的含义：

危险物品，是指易燃易爆物品、危险化学品、放射性物品等能够危及人身安全和财产安全的物品。

重大危险源，是指长期地或者临时地生产、搬运、使用或者储存危险物品，且危险物品的数量等于或者超过临界量的单元（包括场所和设施）。

第一百一十八条 本法规定的生产安全一般事故、较大事故、重大事故、特别重大事故的划分标准由国务院规定。

国务院应急管理部门和其他负有安全生产监督管理职责的部门应当根据各自的职责分工，制定相关行业、领域重大危险源的辨识标准和重大事故隐患的判定标准。

第一百一十九条 本法自2002年11月1日起施行。

建设项目安全设施"三同时"监督管理办法

（2010年12月14日国家安全监管总局令第36号公布 根据2015年4月2日国家安全监管总局令第77号修正 2015年4月2日公布 国家安全监管总局令第77号 自2015年5月1日起实施）

第一章 总 则

第一条 为加强建设项目安全管理，预防和减少生产安全事故，保障从业人员生命和财产安全，根据《中华人民共和国安全生产法》和《国务院关于进一步加强企业安全生产工作的通知》等法律、行政法规和规定，制定本办法。

第二条 经县级以上人民政府及其有关主管部门依法审批、核准或者备案的生产经营单位新建、改建、扩建工程项目（以下统称建设项目）安全设施的建设及其监督管理，适用本办法。

法律、行政法规及国务院对建设项目安全设施建设及其监督管理另有规定的，依照其规定。

第三条 本办法所称的建设项目安全设施，是指生产经营单位在生产经营活动中用于预防生产安全事故的设备、设施、装置、构（建）筑物和其他技术措施的总称。

第四条 生产经营单位是建设项目安全设施建设的责任主体。建设项目安全设施必须与主体工程同时设计、同时施工、同时投入生产和使用(以下简称“三同时”)。安全设施投资应当纳入建设项目概算。

第五条 国家安全生产监督管理总局对全国建设项目安全设施“三同时”实施综合监督管理,并在国务院规定的职责范围内承担有关建设项目安全设施“三同时”的监督管理。

县级以上地方各级安全生产监督管理部门对本行政区域内的建设项目安全设施“三同时”实施综合监督管理,并在本级人民政府规定的职责范围内承担本级人民政府及其有关主管部门审批、核准或者备案的建设项目安全设施“三同时”的监督管理。

跨两个及两个以上行政区域的建设项目安全设施“三同时”由其共同的上一级人民政府安全生产监督管理部门实施监督管理。

上一级人民政府安全生产监督管理部门根据工作需要,可以将其负责监督管理的建设项目安全设施“三同时”工作委托下一级人民政府安全生产监督管理部门实施监督管理。

第六条 安全生产监督管理部门应当加强建设项目安全设施建设的日常安全监管,落实有关行政许可及其监管责任,督促生产经营单位落实安全设施建设责任。

第二章 建设项目安全预评价

第七条 下列建设项目在进行可行性研究时,生产经营单位应当按照国家规定,进行安全预评价:

(一)非煤矿矿山建设项目;

(二)生产、储存危险化学品(包括使用长输管道输送危险化学品,下同)的建设项目;

(三)生产、储存烟花爆竹的建设项目;

(四)金属冶炼建设项目;

(五)使用危险化学品从事生产并且使用量达到规定数量的化工建设项目(属于危险化学品生产的除外,下同);

(六)法律、行政法规和国务院规定的其他建设项目。

第八条 生产经营单位应当委托具有相应资质的安全评价机构，对其建设项目进行安全预评价，并编制安全预评价报告。

建设项目安全预评价报告应当符合国家标准或者行业标准的规定。

生产、储存危险化学品的建设项目和化工建设项目安全预评价报告除符合本条第二款的规定外，还应当符合有关危险化学品建设项目的规定。

第九条 本办法第七条规定以外的其他建设项目，生产经营单位应当对其安全生产条件和设施进行综合分析，形成书面报告备查。

第三章 建设项目安全设施设计审查

第十条 生产经营单位在建设项目初步设计时，应当委托有相应资质的设计单位对建设项目安全设施同时进行设计，编制安全设施设计。

安全设施设计必须符合有关法律、法规、规章和国家标准或者行业标准、技术规范的规定，并尽可能采用先进适用的工艺、技术和可靠的设备、设施。本办法第七条规定的建设项目安全设施设计还应当充分考虑建设项目安全预评价报告提出的安全对策措施。

安全设施设计单位、设计人应当对其编制的设计文件负责。

第十一条 建设项目安全设施设计应当包括下列内容：

（一）设计依据；

（二）建设项目概述；

（三）建设项目潜在的危险、有害因素和危险、有害程度及周边环境安全分析；

（四）建筑及场地布置；

（五）重大危险源分析及检测监控；

（六）安全设施设计采取的防范措施；

（七）安全生产管理机构设置或者安全生产管理人员配备要求；

（八）从业人员安全生产教育和培训要求；

(九)工艺、技术和设备、设施的先进性和可靠性分析；

(十)安全设施专项投资概算；

(十一)安全预评价报告中的安全对策及建议采纳情况；

(十二)预期效果以及存在的问题与建议；

(十三)可能出现的事故预防及应急救援措施；

(十四)法律、法规、规章、标准规定需要说明的其他事项。

第十二条 本办法第七条第(一)项、第(二)项、第(三)项、第(四)项规定的建设项目安全设施设计完成后，生产经营单位应当按照本办法第五条的规定向安全生产监督管理部门提出审查申请，并提交下列文件资料：

(一)建设项目审批、核准或者备案的文件；

(二)建设项目安全设施设计审查申请；

(三)设计单位的设计资质证明文件；

(四)建设项目安全设施设计；

(五)建设项目安全预评价报告及相关文件资料；

(六)法律、行政法规、规章规定的其他文件资料。

安全生产监督管理部门收到申请后，对属于本部门职责范围内的，应当及时进行审查，并在收到申请后5个工作日内作出受理或者不予受理的决定，书面告知申请人；对不属于本部门职责范围内的，应当将有关文件资料转送有审查权的安全生产监督管理部门，并书面告知申请人。

第十三条 对已经受理的建设项目安全设施设计审查申请，安全生产监督管理部门应当自受理之日起20个工作日内作出是否批准的决定，并书面告知申请人。20个工作日内不能作出决定的，经本部门负责人批准，可以延长10个工作日，并应当将延长期限的理由书面告知申请人。

第十四条 建设项目安全设施设计有下列情形之一的，不予批准，并不得开工建设：

(一)无建设项目审批、核准或者备案文件的；

（二）未委托具有相应资质的设计单位进行设计的；

（三）安全预评价报告由未取得相应资质的安全评价机构编制的；

（四）设计内容不符合有关安全生产的法律、法规、规章和国家标准或者行业标准、技术规范的规定的；

（五）未采纳安全预评价报告中的安全对策和建议，且未作充分论证说明的；

（六）不符合法律、行政法规规定的其他条件的。

建设项目安全设施设计审查未予批准的，生产经营单位经过整改后可以向原审查部门申请再审。

第十五条 已经批准的建设项目及其安全设施设计有下列情形之一的，生产经营单位应当报原批准部门审查同意；未经审查同意的，不得开工建设：

（一）建设项目的规模、生产工艺、原料、设备发生重大变更的；

（二）改变安全设施设计且可能降低安全性能的；

（三）在施工期间重新设计的。

第十六条 本办法第七条第（一）项、第（二）项、第（三）项和第（四）项规定以外的建设项目安全设施设计，由生产经营单位组织审查，形成书面报告备查。

第四章 建设项目安全设施施工和竣工验收

第十七条 建设项目安全设施的施工应当由取得相应资质的施工单位进行，并与建设项目主体工程同时施工。

施工单位应当在施工组织设计中编制安全技术措施和施工现场临时用电方案，同时对危险性较大的分部分项工程依法编制专项施工方案，并附具安全验算结果，经施工单位技术负责人、总监理工程师签字后实施。

施工单位应当严格按照安全设施设计和相关施工技术标准、规范施工，并对安全设施的工程质量负责。

第十八条 施工单位发现安全设施设计文件有错漏的，应当及时向生产经营单位、设计单位提出。生产经营单位、设计单位应当及时处理。

施工单位发现安全设施存在重大事故隐患时,应当立即停止施工并报告生产经营单位进行整改。整改合格后,方可恢复施工。

第十九条　工程监理单位应当审查施工组织设计中的安全技术措施或者专项施工方案是否符合工程建设强制性标准。

工程监理单位在实施监理过程中,发现存在事故隐患的,应当要求施工单位整改;情况严重的,应当要求施工单位暂时停止施工,并及时报告生产经营单位。施工单位拒不整改或者不停止施工的,工程监理单位应当及时向有关主管部门报告。

工程监理单位、监理人员应当按照法律、法规和工程建设强制性标准实施监理,并对安全设施工程的工程质量承担监理责任。

第二十条　建设项目安全设施建成后,生产经营单位应当对安全设施进行检查,对发现的问题及时整改。

第二十一条　本办法第七条规定的建设项目竣工后,根据规定建设项目需要试运行(包括生产、使用,下同)的,应当在正式投入生产或者使用前进行试运行。

试运行时间应当不少于30日,最长不得超过180日,国家有关部门有规定或者特殊要求的行业除外。

生产、储存危险化学品的建设项目和化工建设项目,应当在建设项目试运行前将试运行方案报负责建设项目安全许可的安全生产监督管理部门备案。

第二十二条　本办法第七条规定的建设项目安全设施竣工或者试运行完成后,生产经营单位应当委托具有相应资质的安全评价机构对安全设施进行验收评价,并编制建设项目安全验收评价报告。

建设项目安全验收评价报告应当符合国家标准或者行业标准的规定。

生产、储存危险化学品的建设项目和化工建设项目安全验收评价报告除符合本条第二款的规定外,还应当符合有关危险化学品建设项目的规定。

第二十三条 建设项目竣工投入生产或者使用前,生产经营单位应当组织对安全设施进行竣工验收,并形成书面报告备查。安全设施竣工验收合格后,方可投入生产和使用。

安全监管部门应当按照下列方式之一对本办法第七条第(一)项、第(二)项、第(三)项和第(四)项规定建设项目的竣工验收活动和验收结果的监督核查:

(一)对安全设施竣工验收报告按照不少于总数10%的比例进行随机抽查;

(二)在实施有关安全许可时,对建设项目安全设施竣工验收报告进行审查。

抽查和审查以书面方式为主。对竣工验收报告的实质内容存在疑问,需要到现场核查的,安全监管部门应当指派两名以上工作人员对有关内容进行现场核查。工作人员应当提出现场核查意见,并如实记录在案。

第二十四条 建设项目的安全设施有下列情形之一的,建设单位不得通过竣工验收,并不得投入生产或者使用:

(一)未选择具有相应资质的施工单位施工的;

(二)未按照建设项目安全设施设计文件施工或者施工质量未达到建设项目安全设施设计文件要求的;

(三)建设项目安全设施的施工不符合国家有关施工技术标准的;

(四)未选择具有相应资质的安全评价机构进行安全验收评价或者安全验收评价不合格的;

(五)安全设施和安全生产条件不符合有关安全生产法律、法规、规章和国家标准或者行业标准、技术规范规定的;

(六)发现建设项目试运行期间存在事故隐患未整改的;

(七)未依法设置安全生产管理机构或者配备安全生产管理人员的;

(八)从业人员未经过安全生产教育和培训或者不具备相应资

格的;

(九)不符合法律、行政法规规定的其他条件的。

第二十五条 生产经营单位应当按照档案管理的规定,建立建设项目安全设施“三同时”文件资料档案,并妥善保存。

第二十六条 建设项目安全设施未与主体工程同时设计、同时施工或者同时投入使用的,安全生产监督管理部门对与此有关的行政许可一律不予审批,同时责令生产经营单位立即停止施工、限期改正违法行为,对有关生产经营单位和人员依法给予行政处罚。

第五章 法律责任

第二十七条 建设项目安全设施“三同时”违反本办法的规定,安全生产监督管理部门及其工作人员给予审批通过或者颁发有关许可证的,依法给予行政处分。

第二十八条 生产经营单位对本办法第七条第(一)项、第(二)项、第(三)项和第(四)项规定的建设项目有下列情形之一的,责令停止建设或者停产停业整顿,限期改正;逾期未改正的,处50万元以上100万元以下的罚款,对其直接负责的主管人员和其他直接责任人员处2万元以上5万元以下的罚款;构成犯罪的,依照刑法有关规定追究刑事责任:

(一)未按照本办法规定对建设项目进行安全评价的;

(二)没有安全设施设计或者安全设施设计未按照规定报经安全生产监督管理部门审查同意,擅自开工的;

(三)施工单位未按照批准的安全设施设计施工的;

(四)投入生产或者使用前,安全设施未经验收合格的。

第二十九条 已经批准的建设项目安全设施设计发生重大变更,生产经营单位未报原批准部门审查同意擅自开工建设的,责令限期改正,可以并处1万元以上3万元以下的罚款。

第三十条 本办法第七条第(一)项、第(二)项、第(三)项和第(四)项规定以外的建设项目有下列情形之一的,对有关生产经营单位责令限期改正，可以并处5000元以上3万元以下的罚款：

（一）没有安全设施设计的；

（二）安全设施设计未组织审查，并形成书面审查报告的；

（三）施工单位未按照安全设施设计施工的；

（四）投入生产或者使用前，安全设施未经竣工验收合格，并形成书面报告的。

第三十一条　承担建设项目安全评价的机构弄虚作假、出具虚假报告，尚未构成犯罪的，没收违法所得，违法所得在10万元以上的，并处违法所得二倍以上五倍以下的罚款；没有违法所得或者违法所得不足10万元的，单处或者并处10万元以上20万元以下的罚款，对其直接负责的主管人员和其他直接责任人员处2万元以上5万元以下的罚款；给他人造成损害的，与生产经营单位承担连带赔偿责任。

对有前款违法行为的机构，吊销其相应资质。

第三十二条　本办法规定的行政处罚由安全生产监督管理部门决定。法律、行政法规对行政处罚的种类、幅度和决定机关另有规定的，依照其规定。

安全生产监督管理部门对应当由其他有关部门进行处理的“三同时”问题，应当及时移送有关部门并形成记录备查。

第六章　附　　则

第三十三条　本办法自2011年2月1日起施行。

国家发展改革委重大固定资产投资项目社会稳定风险评估暂行办法

（2012年8月16日公布 发改投资〔2012〕2492号
自2012年8月16日起实施）

第一条 为促进科学决策、民主决策、依法决策，预防和化解社会矛盾，建立和规范重大固定资产投资项目社会稳定风险评估机制，制定本办法。

第二条 国家发展改革委审批、核准或者核报国务院审批、核准的在中华人民共和国境内建设实施的固定资产投资项目（简称“项目”，下同），适用本办法。

第三条 项目单位在组织开展重大项目前期工作时，应当对社会稳定风险进行调查分析，征询相关群众意见，查找并列出风险点、风险发生的可能性及影响程度，提出防范和化解风险的方案措施，提出采取相关措施后的社会稳定风险等级建议。

社会稳定风险分析应当作为项目可行性研究报告、项目申请报告的重要内容并设独立篇章。

第四条 重大项目社会稳定风险等级分为三级：

高风险：大部分群众对项目有意见、反应特别强烈，可能引发大规模群体性事件。

中风险：部分群众对项目有意见、反应强烈，可能引发矛盾冲突。

低风险：多数群众理解支持但少部分人对项目有意见，通过有效工作可防范和化解矛盾。

第五条 由项目所在地人民政府或其有关部门指定的评估主体组织对项目单位做出的社会稳定风险分析开展评估论证，根据实际情况可以采取公示、问卷调查、实地走访和召开座谈会、听证会等多种方式听取各方面意见，分析判断并确定风险等级，提出社会稳定风险评估报告。评估报告的主要内容为项目建设实施的合法性、合理性、可行性、可控性，可能引发的社会稳定风险，各方面意见及其采纳情况，风险评估结论和对策建议，风险防范和化解措施以及应急处置预案等内容。

第六条　国务院有关部门、省级发展改革部门、中央管理企业在向国家发展改革委报送项目可行性研究报告、项目申请报告的申报文件中，应当包含对该项目社会稳定风险评估报告的意见，并附社会稳定风险评估报告。

第七条　国家发展改革委在委托工程咨询机构评估项目可行性研究报告、项目申请报告时，可以根据情况在咨询评估委托书中要求对社会稳定风险分析和评估报告提出咨询意见。

第八条　评估主体作出的社会稳定风险评估报告是国家发展改革委审批、核准或者核报国务院审批、核准项目的重要依据。评估报告认为项目存在高风险或者中风险的，国家发展改革委不予审批、核准和核报；存在低风险但有可靠防控措施的，国家发展改革委可以审批、核准或者核报国务院审批、核准，并应在批复文件中对有关方面提出切实落实防范、化解风险措施的要求。

第九条　国家发展改革委未按照本办法规定，对项目可行性研究报告、项目申请报告作出批复，给党、国家和人民利益以及公共财产造成较大或者重大损失等后果的，应当依法依纪追究国家发展改革委有关单位和责任人的责任。

评估主体不按规定的程序和要求进行评估导致决策失误，或者隐瞒真实情况、弄虚作假，给党、国家和人民利益以及公共财产造成较大或者重大损失等后果的，应当依法依纪追究有关责任人的责任。

第十条　国家发展改革委、有关部门和机构及其工作人员应当遵守工作纪律和保密规定。

第十一条　各级地方发展改革部门可参照本办法，建立健全本地区重大项目社会稳定风险评估机制。

第十二条　本办法由国家发展改革委负责解释。

第十三条　自本办法印发之日起,国家发展改革委受理的申报项目执行本办法。

(五)其他

国家能源局关于下达2015年光伏发电建设实施方案的通知

(2015年3月16日公布　国能新能〔2015〕73号
自2015年3月16日起实施)

各省(自治区、直辖市)发展改革委(能源局)、新疆生产建设兵团发改委,各派出机构,国家电网公司,南方电网公司,内蒙古电力公司,陕西地方电力公司,水电规划总院、电力规划总院:

根据光伏发电项目建设管理有关规定,综合考虑全国光伏发电发展规划、各地区2014年度建设情况、电力市场条件以及各方面意见,我局组织编制了2015年光伏发电建设实施方案。现将有关内容及要求通知如下:

一、为稳定扩大光伏发电应用市场,2015年下达全国新增光伏电站规模为1780万千瓦。各地区2015年计划新开工的集中式光伏电站和分布式光伏电站的总规模不得超过下达的新增光伏电站建设规模,规模内的项目具备享受国家可再生能源基金补贴资格。对屋顶分布式光伏发电项目及全部自发自用的地面分布式光伏发电项目不限制建设规模,各地区能源主管部门随时受理项目备案,电网企业及时办理并网手续，项目建成后即纳入补贴范围。光伏扶贫试点省区（河北、山西、安徽、宁夏、青海和甘肃）安排专门规模用于光伏发电试点县的配套光伏电站建设。

二、各地区应完善光伏发电项目的规模工作，合理确定建设布局。鼓励结合生态治理、设施农业、渔业养殖、扶贫开发等合理配置项目。优先安排电网接入和市场消纳条件好、近期具备开工条件的项目。鼓励通过竞争性方式配置项目资源，选择技术和经济实力强的企业参与项目建设，促进光伏发电上网电价下降，对降低电价的地区和项目适度增加建设规模指标。优先满足新能源示范城市、绿色能源示范县和分布式光伏发电示范区等示范区域的建设规模指标需求，示范区域在已下达规模内的光伏发电项目建成后，可向国家能源局申请追加建设规模指标。按照有关文件要求规范市场开发秩序，对明显缺乏相应的资金、技术和管理能力的企业，不应配置与其能力不相适宜的光伏电站项目。弃光限电严重地区，在项目布局方面应避免加剧弃光限电现象。

三、鼓励各地区优先建设 35 千伏及以下电压等级（东北地区 66 千伏及以下）接入电网、单个项目容量不超过 2 万千瓦且所发电量主要在并网点变电台区消纳的分布式光伏发电项目，电网企业对分布式光伏发电项目按简化程序办理电网接入手续。集中式光伏电站项目的建设规模应与配套电力送出工程相匹配，原则上单个集中式光伏电站的建设规模不小于 3 万千瓦，可以一次规划、分期建设。

四、各省级能源主管部门按下达的新增建设规模抓紧确定项目清单，连同往年结转在建的光伏电站项目，一并形成本地区 2015 年光伏发电建设实施方案，并于 2015 年 4 月底前报送我局，同时抄送国家能源局派出机构、相关省级电网企业和国家可再生能源管理中心，报送内容包括项目名称、项目业主、建设规模和预计并网时间等，具体报送格式见附件 2。未经备案机构同意，实施方案中的项目在投产之前，不得擅自变更投资主体和建设内容。2014 年底前未安排的年度规模指标作废，各地区对符合规模管理的已备案项目要督促开工建设，对不具备建设条件的项目要及时清理。

五、各地电网企业应配合地区能源主管部门确定年度建设实施方案。对列入实施方案中的光伏发电项目,应本着简化流程和提高效率原则,按照有关规定和时限要求,及时出具项目接网意见和开展配套送出工程建设,按月衔接光伏电站和配套电网建设进度,并报送相关情况,确保项目建成后及时并网运行。

六、建设按月监测、按季调整,年度考核的动态管理机制。各级项目备案机关和电网企业应按照《国家能源局综合司关于加强光伏发电项目信息统计及报送工作的通知》(国能综新能〔2014〕389 号)要求,通过国家可再生能源信息管理系统填报信息,有关信息将作为调整和确定建设规模及形成补贴目录的基本依据。在 4 月底前,对未将新增建设规模落实到具体项目的地区,其规模指标将视情况调剂到落实好的地区。7 月底前,经综合平衡后,对建设进度快的地区适度追加规模指标。10 月底前,对年度计划完成情况进行考核,并网规模未达新增建设规模 50% 的,调减下一年规模指标。第四季度,编制下一年度光伏发电建设实施方案。

七、各省级能源主管部门按季公开发布本省光伏发电项目建设信息,包括在建、并网及运行等情况,以引导各地区光伏发电建设。能源局各派出机构要通过信息管理平台,及时跟踪了解各地年度计划执行情况,对光伏发电项目建设运行求你公开以及电网企业办理电网接入各环节的服务、全额保障性收购、电费结算和可再生能源补贴发放等情况进行监督。国家太阳能发电技术归口管理单位负责管理平台的运行维护,充分利用信息管理平台等信息化手段,加强光伏发电项目建设、运行情况的监测和信息统计。

附件 1:2015 年光伏发电建设实施方案(略)

附件 2:________省(区、市)2015 年光伏发电建设实施方案报送表(略)

国家能源局关于下达2016年光伏发电建设实施方案的通知

（2016年6月3日公布　国能新能〔2016〕166号
自2016年6月3日起实施）

各省(区、市)、新疆兵团发展改革委(能源局),各派出机构,国家电网公司、南方电网公司,内蒙古电力公司、陕西地方电力公司,水电规划总院、电力规划总院:

根据光伏发电项目建设管理有关规定,综合考虑全国光伏发电发展规划、各地区2015年度光伏发电建设运行情况、电力市场条件以及补贴资金使用情况,我局组织编制了2016年光伏发电建设实施方案。现将有关内容及要求通知如下:

一、2016年下达全国新增光伏电站建设规模1810万千瓦,其中,普通光伏电站项目1260万千瓦,光伏领跑技术基地规模550万千瓦。各省(区、市)2016年普通光伏电站新增建设规模和光伏领跑技术基地规模见附件。

二、利用固定建筑物屋顶、墙面及附属场所建设的光伏发电项目以及全部自发自用的地面光伏电站项目不限制建设规模,各地区能源主管部门随时受理项目备案,电网企业及时办理并网手续,项目建成后即纳入补贴范围。

三、对不具备新建光伏电站市场条件的甘肃、新疆、云南停止或暂缓下达2016年新增光伏电站建设规模(光伏扶贫除外)。山东普通光伏电站新增建设规模全部用于光伏扶贫。全国光伏扶贫建设规模另行下达。

四、鼓励各省(区、市)发展改革委(能源局)建立招标、优选等竞争性方式配置光伏电站项目的机制，促进光伏发电技术进步和上网电价下降。对于采取竞争方式配置项目且显著推动上网电价下降的地区，其当年建设规模可直接按本省（区、市）上网电价平均降幅（比例）的2倍予以调增，调增的规模仍按竞争方式分配给具体项目。

五、各省（区、市）发展改革委（能源局）按此规模配置普通光伏电站项目清单，于2016年7月底前报送我局，抄送本地区国家能源局派出机构和省级电网公司，并按照《国家能源局关于实行可再生能源发电项目信息化管理的通知》（国能新能〔2015〕358号）有关要求，及时组织相关项目单位通过国家可再生能源发电项目信息管理平台（以下简称信息平台）填报信息。2016年12月31日以后，各地区纳入2016年新增建设规模的项目清单不可变更。

六、光伏领跑技术基地应采取招标、优选等竞争性比选方式配置项目，而且应将电价作为主要竞争条件。基地内单个光伏电站项目的建设规模原则上应在10万千瓦以上，项目采用的光伏组件等主要光伏产品须符合光伏“领跑者”先进技术产品指标。基地优选项目投资主体和建设等工作由省（区、市）发展改革委（能源局）统一组织实施，或者由其委托基地所在市（县）政府组织实施。国家能源局对基地项目建设给予指导和监督。

七、各级电网企业应配合地方能源主管部门落实年度建设实施方案。对列入实施方案中的光伏发电项目，应本着简化流程和提高效率原则，按照有关规定和时限要求，及时出具项目接网意见和开展配套送出工程建设，确保项目建成后及时并网运行。

八、各省（区、市）发展改革委（能源局）应按季公开发布本省光伏发电项目建设信息，包括在建、并网及运行等情况，以引导各地区光伏发电建设。国家能源局各派出机构应通过信息平台，及时跟踪了解各地年度计划执行情况，对光伏发电项目建设运行情况以及电网企业办理电网接入各环节的服务、全额保障性收购、电费结算和可再生能源补贴发放等情况进行监管。国家太阳能发电技术归口管理单位负责信息平台的运行维护，充分利用信息管理平台等信息化手段，加强光伏发电项目建设、运行情况的监测和信息统计。

附件1:2016年各省(区、市)普通光伏电站新增建设规模(略)

附件2:2016年光伏领跑技术基地建设规模(略)

国家能源局关于公布2017年光伏发电领跑基地名单及落实有关要求的通知

(2017年11月30日公布　国能发新能〔2017〕76号
自2017年11月30日起实施)

山西、陕西、河北、吉林、江苏、青海、内蒙古和江西省、自治区发展改革委(能源局),各派出能源监管机构,国家电网公司、内蒙古电力集团公司,水电水利规划设计总院:

根据《国家能源局关于推进光伏发电"领跑者"计划实施和2017年领跑基地建设有关要求的通知》(国能发新能〔2017〕54号,以下简称《通知》)规定及有关要求,在地方政府自愿申报、省级能源主管部门初审上报的基础上,我局组织开展了2017年光伏发电领跑基地优选工作,现将优选确定的领跑基地名单及基地建设的有关要求通知如下:

一、遵循公平、公正、公开原则,经委托技术管理机构组织专家评审择优、我局公示审核,确定2017年光伏发电领跑基地名单为:山西大同二期、山西寿阳、陕西渭南、河北海兴、吉林白城、江苏泗洪、青海格尔木、内蒙古达拉特、青海德令哈和江苏宝应共10个应用领跑基地和江西上饶、山西长治和陕西铜川共3个技术领跑基地。基地相关信息见附件。

二、为确保领跑基地顺利建设并取得预期效果,相关省能源主管部门、基地申报地方政府和有关各方要严格落实《通知》要求,履行申报承诺，有关要求如下：

（一）各基地要根据党的十九大精神和新时代发展的新要求，进一步复核落实规划、环保、安全、土地等建设条件，严守生态红线、安全底线，符合规划要求和国土政策。

（二）各相关电网企业要按照承诺做好基地配套送出工程的建设工作，确保配套电网送出工程与基地项目同步投运。基地项目建成后，做好基地电力的消纳保障，确保基地建设效益发挥。

（三）各基地要落实好申报承诺的各项政策措施和服务保障，不得提出额外要求和增加企业负担；在项目投运后，不得以任何理由、任何方式要求企业竞争降低基地项目收益。鼓励各地根据实际提供更好优惠政策和更加便利服务。

（四）发挥市场在资源配置中的决定性作用。坚持竞争性配置资源，不搞地方保护，不搞行政干预，不搞区别对待，竞争要一视同仁、公平开放，在《通知》确定的企业优选标准指南框架内操作。各基地要严格按照《通知》要求和申报承诺对基地的每个项目各自竞争优选企业，不得对申报企业设置《通知》要求之外的诸如在当地投资、设厂等前提条件和当地企业加分、优待等不公平竞争条款。企业优选要坚持公平、公正、公开，按《通知》要求的企业优选标准竞争择优，并做好公示公开工作，主动接受监督。对于应用领跑基地，不得限制各企业竞争优选项目数量；对于技术领跑基地，鼓励光伏技术百花齐放、百家争鸣，为支持前沿技术多样化、发挥各类市场主体技术优势和积极性、保障产业持久竞争力，同一光伏制造企业集团不得同时申报竞争同一基地的两个项目，且同一光伏制造企业集团的同一技术路线最多只能申报竞争不同基地的两个项目。

（五）各技术领跑基地要认真做好光伏制造企业和前沿技术的审核把关，严格相关技术的先进性并确认相关产品尚未建成生产线、形成批量制造产能；要认真审核产业化发展计划与落实程度，定期检查考核技术实现的软硬件建设进度和质量，重点协调监督自主研发技术配套产线建设进度，确保可追溯、可验证。

(六)各基地要科学选择和事先确定综合条件相对较好的项目承担基地综合技术监测平台建设,明确工作职责和建设任务,配合做好基地平台建设相关工作,确保基地监测平台与建设项目同步投运、同步验收;并配合国家可再生能源信息管理中心做好运行监测,及时报送数据。

(七)各基地要合理制定工作计划和进度安排,积极有序推进基地建设各项工作。应用领跑基地应于 2018 年 3 月 31 日前完成竞争优选,6 月 30 日前全部开工建设,12 月 31 日前全部容量建成并网;技术领跑基地应于 2018 年 4 月 30 日前完成竞争优选,2019 年 3 月 31 日前全部开工建设,6 月 30 日前全部容量建成并网。

(八)各省能源主管部门和监管机构要积极协调督促地方政府严格按照《通知》要求和申报承诺,落实基地建设条件,审核监督基地优选工作,做好基地各项建设服务保障,加强组织协调,确保基地项目的建设进度与质量效益。

三、国家能源局将会同有关方面,严格按《通知》规定及有关要求对基地优选、建设和运行进行监测监督,建立健全和强化落实工作激励和失信惩戒等制度,保证项目示范引领作用的充分发挥。附件所列基地相关信息是今后监测监督的重要内容。对于不按要求建设和失信的基地及相关方,依有关规定办理;对于不能按期完成竞争优选或开工建设且无正当理由的,视为自动放弃基地建设。各省(区)基地建设进展及效果将作为后续基地建设的重要参考因素。技术管理机构应做好上述工作的技术支持服务,确保基地技术先进性和建设质量,为促进行业技术进步和成本下降提供技术支撑。各省(区)发展改革委(能源局)和各基地要建立基地建设进度报告、公告制度,并及时将基地优选、公示、建设等关键环节、重要进展情况报送我局(新能源和可再生能源司)。

附件:2017 年光伏发电领跑基地信息表(略)

国家能源局关于推进光伏发电“领跑者”计划实施和2017年领跑基地建设有关要求的通知

（2017年9月22日公布　国能发新能〔2017〕54号
自2017年9月22日起实施）

各省（自治区、直辖市）、新疆生产建设兵团发展改革委（能源局），各派出能源监管机构，国家电网公司、南方电网公司，水电水利规划设计总院、电力规划设计总院：

为贯彻落实国家创新驱动发展战略，有序推进光伏发电“领跑者”计划实施和基地建设，促进光伏发电技术进步、产业升级和成本下降，实现2020年用电侧平价上网目标，现通知如下：

一、总体安排

光伏发电“领跑者”计划和基地建设以促进光伏发电技术进步、产业升级、市场应用和成本下降为目的，通过市场支持和试验示范，以点带面，加速技术成果向市场应用转化，以及落后技术、产能淘汰，实现2020年光伏发电用电侧平价上网目标。

光伏发电领跑基地包括应用领跑基地和技术领跑基地，其中应用领跑基地通过为已实现批量制造且在市场上处于技术领先水平的光伏产品提供市场支持，以加速市场应用推广、整体产业水平提升和发电成本下降，提高光伏发电市场竞争力；技术领跑基地通过给光伏制造企业自主创新研发、可推广应用但尚未批量制造的前沿技术和突破性技术产品提供试验示范和依托工程，以加速科技研发成果应用转化，带动和引领光伏发电技术进步和市场应用。

领跑基地光伏产品技术指标根据光伏行业技术进步和产业发展情况循环递进，由国家能源局商有关方面研究确定。为充分发挥“领跑者”计划的行业引领作用,根据领跑基地建设和技术进步、产业升级情况,经研究评估后不定期实施;每期应用领跑基地竞争优选发现的技术指标,作为间隔一期时光伏行业技术平均先进水平预期指标,并作为市场准入标准递进调整的参照;每期技术领跑基地技术指标原则上作为下期应用领跑基地的技术指标的重要参考。

为使领跑基地成为光伏发电行业真正“领跑者”,领跑基地建设实行规模总量控制,同时发挥规模效应、强化监测监管。根据《国家能源局关于可再生能源发展“十三五”规划实施的指导意见》(国能发新能〔2017〕31 号),每期领跑基地控制规模为 800 万千瓦,其中应用领跑基地和技术领跑基地规模分别不超过650 万千瓦和150 万千瓦。每个基地每期建设规模 50 万千瓦,应用领跑基地每个项目规模不小于 10 万千瓦,技术领跑基地每个项目规模为 25 万千瓦,每个基地均明确其中一个项目承担所在基地综合技术监测平台建设;为保持各地区光伏发电平稳有序发展,每个省每期最多可申报 2 个应用领跑基地和 1 个技术领跑基地。加强基地建设和运行监测监管,长期监测评价基地情况,实时发布相关数据和报告,建立激励惩戒机制,对实施效果好的基地所在地政府进行鼓励奖励,对建设运行中的失信企业和地方政府依法依规予以惩戒。

本期拟建设不超过 10 个应用领跑基地和 3 个技术领跑基地,应分别于 2018 年底和 2019 年上半年之前全部建成并网发电。2017 年剩余规模作为激励机制预留规模,根据评估情况对按要求按期并网发电、验收合格且优选确定的电价较光伏发电标杆电价降幅最大的 3 个基地增加等量规模接续用于应用领跑基地建设。2017 年 6 月 30 日前已建成未验收以及在建的基地所在市级行政区域不参加 2017 年新建基地申报。2016 年光伏发电运行小时数达到保障小时数 95% 及以上或弃光率不超过 5% 的省份方可申报。

二、应用领跑基地建设模式及技术指标

应用领跑基地的建设模式为:进入国家能源局优选范围的基地所在地政府采取竞争性优选方式选择基地项目投资者,要求投资者选用达到领跑技术指标的光伏产品，并将比当地光伏发电标杆上网电价低10%的电价作为企业竞价的入门门槛。本期应用领跑基地采用的多晶硅电池组件和单晶硅电池组件的光电转换效率应分别达到17%和17.8%以上，硅基、铜铟镓硒、碲化镉及其他薄膜电池组件的光电转换效率原则上参照晶硅电池组件效率提高幅度相应提高，各类光伏电池组件的衰减率指标要求保持不变。

三、技术领跑基地建设模式及技术指标

技术领跑基地的建设模式为：进入国家能源局优选范围的基地所在地政府采取竞争性优选方式选择技术最前沿的光伏制造企业，由其单独或联合一家光伏发电投资企业共同（光伏制造企业须控股）作为该基地项目投资企业，基地项目执行光伏发电标杆上网电价。本期技术领跑基地采用的多晶硅电池组件和单晶硅电池组件的光电转换效率应分别达到18%和18.9%以上，硅基、铜铟镓硒、碲化镉及其他薄膜电池组件的光电转换效率原则上参照晶硅电池组件效率提高幅度相应提高，各类光伏电池组件的衰减率指标要求保持不变。被选中的光伏制造企业应具有原创核心技术知识产权，已制定该前沿技术的产业化发展计划。

四、领跑基地优选方式

领跑基地由地方自愿申报，通过竞争方式优选产生。各省发展改革委（能源局）统一组织区域内的基地申报工作，对各基地进行初选后向国家能源局提交申报材料，申报材料应包括基地规划报告、必要的支撑性专题报告以及包含土地成本及税费、电力送出工程及消纳保障、政府服务保障机制的市（县）级及以上政府或有相应管理权限的政府部门的说明或支撑性（承诺）文件等。国家能源局委托技术管理机构组织专家按照以下条件，对申报的基地分别进行评价，按本期拟建设规模，依据评分排名分别确定应用领跑基地和技术领跑基地名单。基地优选过程中可邀请地方政府进行陈述答辩。优选标准详见附件1。

（一）太阳能可利用条件。优先选择具备较好太阳能资源条件的地区。以现有正常运行光伏电站实际年利用小时数并结合省级以上气象局观测及评价判断该基地太阳能可利用条件。

（二）土地类型及成本。基地场址必须属于国家允许建设光伏电站的土地，产权清晰，土地流转价格较低（或不收取土地租金的国有未利用土地）。基地所在市（县）政府应确认基地光伏阵列所占用土地属于不征收城镇土地使用税和耕地占用税范围，并明确按用地面积计列的所有费用以及土地足额交付使用的期限。在同等条件下，优先选择基地规划总规模较大、集中连片的基地。

（三）接入系统建设。基地所在地省级电网企业应负责投资建设基地的电力送出工程，至少应承诺投资建设基地配套的汇集站及以上输电线路，承诺投资建设基地各项目升压站之外全部电力送出工程的优先。在基地所在地政府与电网企业约定在一定期限内由电网企业回购电力送出工程资产的前提下，地方政府可采取其他方式统一建设接网及汇集站等电力送出工程，但不得由基地内项目投资企业分摊工程费用。

（四）电力市场消纳保障。基地所在地省级发展改革委（能源局）会同有关部门提出基地项目电力消纳范围、明确保障基地项目电力优先消纳的措施。基地所在省级电网企业应提供基地项目发电全额消纳或达到国家规定的最低保障小时数（或限电比例不超过5%）的论证意见及承诺；基地所在地市（县）政府应采取有效措施保障基地电力全额消纳，承担基地项目因限电达不到国家最低保障小时数相应欠发电量的经济补偿责任。

（五）地方政府推进工作机制和服务保障。建立健全基地项目地方政府管理“一站式”服务体系，简化项目建设审批手续，降低企业开发光伏电站的非技术成本，确保公开公平公正进行基地项目竞争性配置并对基地进行严格监督管理。基地所在地政府应公平对待符合条件的所有参与竞争的企业，不得对企业提出申报基地时已明确的建设任务之外的增加企业负担的其他要求。

为支持贫困地区发展，对位于国家认定的深度贫困县的基地，在基地场址不收取土地税费、土地租金较低以及电网企业投资建设全部电力送出工程和确保电力全额消纳的前提下，优先入选领跑基地。

五、投资企业优选方式

应用领跑基地和技术领跑基地的投资企业均通过竞争方式优选确定。竞争条件包括企业投资能力、业绩水平、技术先进性、申请的上网电价（应用领跑基地）等。各入选基地所在地能源主管部门应将竞争优选工作方案报送所在地省级能源主管部门，由其在国家能源局指导下组织审核或论证后批复，基地所在地政府按批复的优选工作方案组织优选。应用领跑基地主要竞争应用领域领先技术的市场竞争力（上网电价），兼顾技术先进性和其他因素；技术领跑基地主要竞争最新研发前沿技术先进性，兼顾预期市场竞争力（未来成本下降）和其他因素。基地的每个项目各自竞争优选且每个企业集团只能有一个企业参与竞选。应用领跑基地和技术领跑基地投资企业优选标准详见附件2和附件3。

六、监测评价和监管

建立国家能源局指导、省级发展改革委（能源局）协调、基地所在地市（县）政府落实、技术管理机构技术支撑下的监测评价和监督管理工作机制。各基地所在地省级发展改革委（能源局）会同国家能源局派出能源监管机构组织技术管理支撑机构认真做好基地项目技术方案论证、主设备采购、施工安装、调试运行、验收及后评估全过程的监督，确保各项目主要光伏产品达到相应先进技术产品指标要求。各基地所在地市（县）能源主管部门负责选择具备能力的机构（或企业）建立基地项目集中监测评价技术系统，相关监测信息报送国家可再生能源信息管理中心。国家可再生能源信息管理中心负责定期发布各基地的监测评价报告。

国家能源局指导有关省级发展改革委（能源局）组织各基地所在地能源主管部门依托技术管理支撑机构对基地进行验收，基地验收内容除常规的工程验收外，应重点验收基地项目采用先进产品、电力送出工程建设、生态保护及土地综合利用、地方政府服务和收费等，其中对基地项目采用先进产品的核实，由国家认可的认证机构按“交叉检查”方式进行。

国家能源局会同有关方面加大对领跑基地建设运行的全过程监督，建立健全基地建设运行状况定期发布、工作激励和黑名单、失信惩戒等制度。对达不到竞争承诺光伏产品技术指标（包括组件转换效率、衰减率、系统效率等）的基地、企业、设备制造商，以及未兑现政策和服务承诺的地方政府予以通报。领跑基地项目整个建设经营期不得转让，对擅自转让基地项目、因自身原因未按期建设和验收不合格的基地企业（含技术领跑基地的光伏制造企业），禁止其及所属企业集团系统所有企业参加后续领跑基地投资建设。对于以上情形中失信情节严重的，根据行业黑名单或国家信用体系失信名单的有关规定办理。同时，建立奖励激励机制，对建设速度快、并网消纳落实、实施效果好的基地所在地通过给予增加基地建设规模等方式予以鼓励。

有关省（自治区、直辖市）及新疆生产建设兵团发展改革委（能源局）对拟申报的应用领跑基地或技术领跑基地，根据申报基地类别进行初审，并于2017年10月31日前向国家能源局提交基地申报材料。

附件：（略）

国家发展改革委、财政部、国家能源局关于2018年光伏发电有关事项的通知

（2018年5月31日公布　发改能源〔2018〕823号
自2018年5月31日起实施）

各省、自治区、直辖市及新疆生产建设兵团发展改革委、财政厅、能源局、物价局：

近年来，随着我国光伏发电建设规模不断扩大，技术进步和成本

下降速度明显加快。为促进光伏行业健康可持续发展，提高发展质量，加快补贴退坡，现将2018年光伏发电有关事项通知如下。

一、合理把握发展节奏，优化光伏发电新增建设规模

（一）根据行业发展实际，暂不安排2018年普通光伏电站建设规模。在国家未下发文件启动普通电站建设工作前，各地不得以任何形式安排需国家补贴的普通电站建设。

（二）规范分布式光伏发展。今年安排1000万千瓦左右规模用于支持分布式光伏项目建设。考虑今年分布式光伏已建情况，明确各地5月31日（含）前并网的分布式光伏发电项目纳入国家认可的规模管理范围，未纳入国家认可规模管理范围的项目，由地方依法予以支持。

（三）支持光伏扶贫。落实精准扶贫、精准脱贫要求，扎实推进光伏扶贫工作，在各地落实实施条件、严格审核的前提下，及时下达"十三五"第二批光伏扶贫项目计划。

（四）有序推进光伏发电领跑基地建设。今年视光伏发电规模控制情况再行研究。

（五）鼓励各地根据各自实际出台政策支持光伏产业发展，根据接网消纳条件和相关要求自行安排各类不需要国家补贴的光伏发电项目。

二、加快光伏发电补贴退坡，降低补贴强度完善光伏发电电价机制，加快光伏发电电价退坡。

（一）自发文之日起，新投运的光伏电站标杆上网电价每千瓦时统一降低0.05元，Ⅰ类、Ⅱ类、Ⅲ类资源区标杆上网电价分别调整为每千瓦时0.5元、0.6元、0.7元（含税）。

（二）自发文之日起，新投运的、采用"自发自用、余电上网"模式的分布式光伏发电项目，全电量度电补贴标准降低0.05元，即补贴标准调整为每千瓦时0.32元（含税）。采用"全额上网"模式的分布式光伏发电项目按所在资源区光伏电站价格执行。分布式光伏发电项目自用电量免收随电价征收的各类政府性基金及附加、系统备用容量费和其他相关并网服务费。

（三）符合国家政策的村级光伏扶贫电站（0.5 兆瓦及以下）标杆电价保持不变。

三、发挥市场配置资源决定性作用，进一步加大市场化配置项目力度

（一）所有普通光伏电站均须通过竞争性招标方式确定项目业主。招标确定的价格不得高于降价后的标杆上网电价。

（二）积极推进分布式光伏资源配置市场化，鼓励地方出台竞争性招标办法配置除户用光伏以外的分布式光伏发电项目，鼓励地方加大分布式发电市场化交易力度。

（三）各地、各项目开展竞争性配置时，要将上网电价作为重要竞争优选条件，严禁不公平竞争和限价竞争，确保充分竞争和建设质量。省级能源主管部门应及时将采取竞争方式确定的项目及上网电价或度电补贴额度抄送省级价格、财政主管部门和国家能源局派出监管机构。

国家能源局关于2019年风电、光伏发电项目建设有关事项的通知

（2019年5月28日公布　国能发新能〔2019〕49号
自2019年5月28日起实施）

各省、自治区、直辖市及新疆生产建设兵团发展改革委（能源局）、经信委（工信委、工信厅），国家能源局各派出监管机构，国家电网有限公司、南方电网公司、内蒙古电力公司，电规总院、水电总院，有关行业协会（学会、商会），各有关企业：

近年来，我国风电、光伏发电持续快速发展，技术水平不断提升，成本显著降低，开发建设质量和消纳利用明显改善，为建设清洁低碳、

安全高效能源体系发挥了重要作用。为全面贯彻党的十九大和十九届二中、三中全会精神,以习近平新时代中国特色社会主义思想为指导,坚持创新、协调、绿色、开放、共享的新发展理念,促进风电、光伏发电技术进步和成本降低,实现高质量发展,现就做好2019年风电、光伏发电项目建设有关要求通知如下。

一、积极推进平价上网项目建设

各省级能源主管部门会同各派出能源监管机构按照《国家发展改革委 国家能源局关于积极推进风电、光伏发电无补贴平价上网有关工作的通知》(发改能源〔2019〕19号)要求,研究论证本地区建设风电、光伏发电平价上网项目的条件,在组织电网企业论证并落实平价上网项目的电力送出和消纳条件基础上,优先推进平价上网项目建设。

二、严格规范补贴项目竞争配置

各省级能源主管部门应按照国家可再生能源"十三五"相关规划和本区域电力消纳能力,分别按风电和光伏发电项目竞争配置工作方案确定需纳入国家补贴范围的项目。竞争配置工作方案应严格落实公开公平公正的原则,将上网电价作为重要竞争条件,优先建设补贴强度低、退坡力度大的项目。各派出能源监管机构加强对各省(区、市)风电、光伏发电项目竞争配置的监督。

三、全面落实电力送出消纳条件

各省级能源主管部门会同各派出能源监管机构指导省级电网企业(包括省级政府管理的地方电网企业,以下同),在充分考虑已并网项目和已核准(备案)项目的消纳需求基础上,对所在省级区域风电、光伏发电新增建设规模的消纳条件进行测算论证,做好新建风电、光伏发电项目与电力送出工程建设的衔接并落实消纳方案,优先保障平价上网项目的电力送出和消纳。

四、优化建设投资营商环境

各省级能源主管部门应核实拟建风电、光伏发电项目土地使用条件及相关税费政策,确认项目不在征收城镇土地使用税的土地范围;确认有关地方政府部门在项目开发过程中没有以资源出让、企业援建和捐赠等名义变相向项目单位收费,没有强制要求项目单位直接出让股份或收益用于应由政府承担的各项事务,没有强制要求将采购本地设备作为捆绑条件。各派出能源监管机构要加强对上述有关事项的监督。

请各有关单位按照上述要求,完善有关管理工作机制,做好风电、光伏发电建设管理工作。请各省级能源主管部门认真做好政策的宣贯和解读工作,按通知要求规范项目程序,保障相关政策平稳实施。具体要求详见附件。

附件:1. 2019 年风电项目建设工作方案(略)

2. 2019 年光伏发电项目建设工作方案(略)

国家能源局关于 2020 年风电、光伏发电项目建设有关事项的通知

(2020 年 3 月 5 日公布　国能发新能〔2020〕17 号
自 2020 年 3 月 5 日起实施)

各省(自治区、直辖市)和新疆生产建设兵团能源局,有关省(直辖市)发展改革委、经信委(工信委、工信厅),各派出机构,国家电网有限公司、南方电网公司、内蒙古电力公司,电规总院、水电总院,各有关企业,各有关行业协会(学会、商会):

为全面贯彻习近平总书记“四个革命、一个合作”能源安全新战略,建设清洁低碳、安全高效的能源体系,实现风电、光伏发电高质量发展,现就做好 2020 年度风电、光伏发电项目建设工作有关要求通知如下:

一、省级能源主管部门要根据国家可再生能源发展“十三五”相关规划和本地区电网消纳能力,按照 2020 年风电和光伏发电项目建设

工作方案要求，规范有序组织项目建设；严格落实监测预警要求，以电网消纳能力为依据合理安排新增核准（备案）项目规模；按月组织风电、光伏发电企业在国家可再生能源发电项目信息管理平台填报、更新核准（备案）、开工、在建、并网等项目信息；加大与国土、环保等部门的协调，推动降低非技术成本，为风电、光伏发电建设投资营造良好环境。

二、国家电网有限公司、南方电网公司、内蒙古电力公司要会同新能源消纳监测预警中心及时测算论证经营区域内各省级区域2020年风电、光伏发电新增消纳能力，报国家能源局复核后于3月底前对社会发布；做好新建风电、光伏发电项目与电力送出工程建设的衔接并落实消纳方案；发挥电网并网关口作用，严格按照规划和消纳能力合理安排项目并网时序。

三、风电、光伏发电投资企业要综合考虑项目所在地区可再生能源"十三五"相关规划执行情况、电网消纳能力等，理性投资，防范投资风险；按照核准（备案）文件要求，落实各项建设条件，有序组织项目开工建设；加强工程质量管控，确保建设安全和生产安全。

四、各派出机构要加强对辖区内风电、光伏发电规划落实、消纳能力论证、项目竞争配置、电网送出工程建设、项目并网消纳等事项的监管，及时向国家能源局报送有关情况。

请各有关单位按照上述要求，完善有关工作机制，切实做好风电、光伏发电项目建设有关工作，推动风电、光伏发电产业持续健康发展。具体要求详见附件。

附件：1. 2020年风电项目建设方案（略）

2. 2020年光伏发电项目建设方案（略）

国家能源局关于2021年风电、光伏发电开发建设有关事项的通知

（2021年5月11日公布　国能发新能〔2021〕25号
自2021年5月11日起实施）

各省（自治区、直辖市）能源局，有关省（自治区、直辖市）及新疆生产建设兵团发展改革委，各派出机构，国家电网、南方电网、内蒙古电力公司、电规总院、水电总院，各有关企业，各有关行业协会（学会、商会）：

2021年是“十四五”开局之年，风电、光伏发电进入新发展阶段。为持续推动风电、光伏发电高质量发展，现就2021年风电、光伏发电开发建设有关事项通知如下：

一、总体要求

深入学习贯彻习近平生态文明思想和习近平总书记关于能源安全新战略的重要论述，落实碳达峰、碳中和目标，以及2030年非化石能源占一次能源消费比重达到25%左右、风电太阳能发电总装机容量达到12亿千瓦以上等任务，坚持目标导向，完善发展机制，释放消纳空间，优化发展环境，发挥地方主导作用，调动投资主体积极性，推动风电、光伏发电高质量跃升发展。2021年，全国风电、光伏发电发电量占全社会用电量的比重达到11%左右，后续逐年提高，确保2025年非化石能源消费占一次能源消费的比重达到20%左右。

二、强化可再生能源电力消纳责任权重引导机制

按照目标导向和责任共担原则，根据“十四五”规划目标，制定发布各省级行政区域可再生能源电力消纳责任权重和新能源合理利用率目标，引导各省级能源主管部门依据本区域非水电可再生能源电力

消纳责任权重和新能源合理利用率目标，积极推动本省（区、市）风电、光伏发电项目建设和跨省区电力交易，确定本省（区、市）完成非水电可再生能源电力最低消纳责任权重所必需的年度新增风电、光伏发电项目并网规模和新增核准（备案）规模，认真组织并统筹衔接做好项目开发建设和储备工作。

三、建立并网多元保障机制

建立保障性并网、市场化并网等并网多元保障机制。

各省（区、市）完成年度非水电最低消纳责任权重所必需的新增并网项目，由电网企业实行保障性并网，2021年保障性并网规模不低于9000万千瓦。保障性并网规模可省际置换，通过跨省区电力交易落实非水电消纳责任权重的，经送、受省份协商并会同电网企业签订长期协议后，根据输送（交易）新能源电量相应调减受端省保障性并网规模并调增至送端省。保障性并网项目由各省级能源主管部门通过竞争性配置统一组织。

对于保障性并网范围以外仍有意愿并网的项目，可通过自建、合建共享或购买服务等市场化方式落实并网条件后，由电网企业予以并网。并网条件主要包括配套新增的抽水蓄能、储热型光热发电、火电调峰、新型储能、可调节负荷等灵活调节能力。

四、加快推进存量项目建设

2020年底前已核准且在核准有效期内的风电项目、2019年和2020年平价风电光伏项目、以及竞价光伏项目直接纳入各省（区、市）保障性并网项目范围。各类存量项目应在规定时限内建成投产，对于超出核准（备案）有效期而长期不建的项目，各省级能源主管部门应及时组织清理，对确实不具备建设条件的，应及时予以废止。

各省2021年保障性并网规模主要用于安排存量项目。存量项目不能满足今年非水电最低消纳责任权重要求、保障性并网仍有空间的省（区、市），省级能源主管部门应按剩余保障性并网规模抓紧组织开展竞争性配置，确定2021年并网的新增项目，加快核准（备案），积极推进建设，确保尽早建成投产。

五、稳步推进户用光伏发电建设

2021 年户用光伏发电项目国家财政补贴预算额度为 5 亿元，度电补贴额度按照国务院价格主管部门发布的 2021 年相关政策执行，项目管理和申报程序按照《国家能源局关于 2019 年风电、光伏发电项目建设有关事项的通知》（国能发新能〔2019〕49 号）有关要求执行。在确保安全前提下，鼓励有条件的户用光伏项目配备储能。户用光伏发电项目由电网企业保障并网消纳。

六、抓紧推进项目储备和建设

各省级能源主管部门应根据《可再生能源发展"十四五"规划》明确的方向和任务，依据本省（区、市）2022 年非水电最低消纳责任权重，确定 2022 年度保障性并网规模，抓紧组织开展保障性并网项目竞争性配置，组织核准（备案）一批新增风电、光伏发电项目，做好项目储备，推动项目及时开工建设，实现接续发展。

七、保障措施

各省级能源主管部门要及时公布保障性并网规模，落实保障性并网和市场化并网项目，及时编制年度开发建设方案并抓紧组织实施。要优化营商环境，规范开发建设秩序，不得将配套产业作为项目开发建设的门槛。要督促地方落实项目建设条件，推动出台土地、财税和金融等支持政策，减轻新能源开发建设不合理负担，调动各类市场主体投资积极性。要加大与自然资源、林业草原、生态环境、住房建设等部门的协调，为风电、光伏发电项目开发建设创造有利条件。

电网企业要简化接网流程、方便接网手续办理，推广新能源云平台，实现全国全覆盖，服务新能源为主体的新型电力系统。要加强接网工程建设，确保纳入年度开发建设方案的保障性并网和市场化并网项目"能并尽并"，不得附加额外条件。要会同全国新能源消纳监测预警中心及时公布各省级区域并网消纳情况及预测分析，引导理性投资、有序建设。

发电企业对纳入年度开发建设方案的项目，要按照核准（备案）文件要求，及时组织开展项目建设。要加强工程质量管控，确保建设安全和生产安全。要及时在国家可再生能源发电项目信息管理平台填报并按月更新项目信息。

国家可再生能源信息管理中心要按月统计项目信息并报国家能源局，抄送各省级能源主管部门和相关派出机构。

国家能源局将加强可再生能源电力消纳责任权重落实情况监测评估，引导和促进风电、光伏发电开发建设。各派出机构要加强对辖区内风电、光伏发电规划落实、项目竞争性配置、电网送出工程建设、项目并网消纳等事项的监管，按要求组织开展清洁能源消纳情况综合监管，保障风电、光伏发电开发建设运行规范有序。

国家发展改革委、国务院扶贫办、国家能源局、国家开发银行、中国农业发展银行关于实施光伏发电扶贫工作的意见

（2016 年 3 月 23 日公布　发改能源〔2016〕621 号
自 2016 年 3 月 23 日起实施）

各省（区、市）、新疆生产建设兵团发展改革委（能源局）、扶贫办，国家开发银行各分行、中国农业发展银行各分行，国家电网公司、南方电网公司，水电水利规划设计总院：

为切实贯彻中央扶贫开发工作会议精神，扎实落实《中共中央 国务院关于打赢脱贫攻坚战的决定》的要求，决定在全国具备光伏建设条件的贫困地区实施光伏扶贫工程。

一、充分认识实施光伏扶贫的重要意义

光伏发电清洁环保，技术可靠，收益稳定，既适合建设户用和村级小电站，也适合建设较大规模的集中式电站，还可以结合农业、林业开展多种“光伏 +”应用。在光照资源条件较好的地区因地制宜开展光伏扶贫，既符合精准扶贫、精准脱贫战略，又符合国家清洁低碳能源发

展战略;既有利于扩大光伏发电市场,又有利于促进贫困人口稳收增收。各地区应将光伏扶贫作为资产收益扶贫的重要方式,进一步加大工作力度,为打赢脱贫攻坚战增添新的力量。

二、工作目标和原则

(一)工作目标

在2020年之前,重点在前期开展试点的、光照条件较好的16个省的471个县的约3.5万个建档立卡贫困村,以整村推进的方式,保障200万建档立卡无劳动能力贫困户(包括残疾人)每年每户增加收入3000元以上。其他光照条件好的贫困地区可按照精准扶贫的要求,因地制宜推进实施。

(二)基本原则

精准扶贫、有效脱贫。光伏扶贫项目要与贫困人口精准对应,根据贫困人口数量和布局确定项目建设规模和布局,保障贫困户获得长期稳定收益。

因地制宜、整体推进。光伏扶贫作为脱贫攻坚手段之一,各地根据贫困人口分布及光伏建设条件,选择适宜的光伏扶贫模式,以县为单元统筹规划,分阶段以整村推进方式实施。

政府主导、社会支持。国家和地方通过整合扶贫资金、预算内投资、政府贴息等政策性资金给予支持。鼓励有社会责任的企业通过捐赠或投资投劳等方式支持光伏扶贫工程建设。

公平公正、群众参与。以县为单元确定统一规范的纳入光伏扶贫范围的资格条件和遴选程序,建立光伏扶贫收益分配和监督管理机制,确保收益分配公开透明和公平公正。

技术可靠、长期有效。光伏扶贫工程关键设备应达到先进技术指标且质量可靠,建设和运行维护单位应具备规定的资质条件和丰富的工程实践经验,应确保长期可靠稳定运行。

三、重点任务

(一)准确识别确定扶贫对象

各级地方扶贫管理部门根据国务院扶贫办确定的光伏扶贫范围,

以县为单元调查摸清扶贫对象及贫困人口具体情况,包括贫困人口数量、分布、贫困程度等,确定纳入光伏扶贫范围的贫困村、贫困户的数量并建立名册。省级扶贫管理部门以县为单元建立光伏扶贫人口信息管理系统,以此作为实施光伏扶贫工程、明确光伏扶贫对象、分配扶贫收益的重要依据。

(二)因地制宜确定光伏扶贫模式

根据扶贫对象数量、分布及光伏发电建设条件,在保障扶贫对象每年获得稳定收益的前提下,因地制宜选择光伏扶贫建设模式和建设场址,采用资产收益扶贫的制度安排,保障贫困户获得稳定收益。中东部土地资源缺乏地区,可以村级光伏电站为主(含户用);西部和中部土地资源丰富的地区,可建设适度规模集中式光伏电站。采取村级光伏电站(含户用)方式,每位扶贫对象的对应项目规模标准为 5 千瓦左右;采取集中式光伏电站方式,每位扶贫对象的对应项目规模标准为 25 千瓦左右。

(三)统筹落实项目建设资金

地方政府可整合产业扶贫和其他相关涉农资金,统筹解决光伏扶贫工程建设资金问题,政府筹措资金可折股量化给贫困村和贫困户。对村级光伏电站,贷款部分可由到省扶贫资金给予贴息,贴息年限和额度按扶贫贷款有关规定由各地统筹安排。集中式电站由地方政府指定的投融资主体与商业化投资企业共同筹措资本金,其余资金由国家开发银行、中国农业发展银行为主提供优惠贷款。鼓励国有企业、民营企业积极参与光伏扶贫工程投资、建设和管理。

(四)建立长期可靠的项目运营管理体系

地方政府应依法确定光伏扶贫电站的运维及技术服务企业(简称“运维企业”)。鼓励通过特许经营等政府和社会资本合作方式,依法依规、竞争择优选择具有较强资金实力以及技术和管理能力的企业,承担光伏电站的运营管理或技术服务。对村级光伏电站(含户用),可由县级政府统一选择承担运营管理或技术服务的企业,鼓励通过招标或其他竞争性比选方式公开选择。县级政府可委托运维企业对全县范围内村级光伏电站(含户用)的工程设计、施工进行统一管理。运维企业对村级光伏电站(含户用)的管理和技术服务费用,应依据法律、行政法规规定和特许经营协议约定,从所管理或提供技术服务的村级光伏电站项目收益中提取。集中式光伏扶贫电站的运行管理由与地方政府指定的投融资主体合作的商业化投资企业承担,鼓励商业化投资企业承担所在县级区域内村级光伏电站(含户用)的技术服务工作。

(五)加强配套电网建设和运行服务

电网企业要加大贫困地区农村电网改造工作力度,为光伏扶贫项目接网和并网运行提供技术保障,将村级光伏扶贫项目的接网工程优先纳入农村电网改造升级计划。对集中式光伏电站扶贫项目,电网企业应将其接网工程纳入绿色通道办理,确保配套电网工程与项目同时投入运行。电网企业要积极配合光伏扶贫工程的规划和设计工作,按照工程需要提供基础资料,负责设计光伏扶贫的接网方案。不论是村级光伏电站(含户用),还是集中式光伏扶贫电站,均由电网企业承担接网及配套电网的投资和建设工作。电网企业要制定合理的光伏扶贫项目并网运行和电量消纳方案,确保项目优先上网和全额收购。

(六)建立扶贫收益分配管理制度

各贫困县所在的市(县)政府应建立光伏扶贫收入分配管理办法,对扶贫对象精准识别,并进行动态管理,原则上应保障每位扶贫对象获得年收入3000元以上。各级政府资金支持建设的村级光伏电站的资产归村集体所有,由村集体确定项目收益分配方式,大部分收益应直接分配给符合条件的扶贫对象,少部分可作为村集体公益性扶贫资金使用;在贫困户屋顶及院落安装的户用光伏系统的产权归贫困户所有,收益全部归贫困户。地方政府指定的投融资主体与商业化投资企业合资建设的光伏扶贫电站,项目资产归投融资主体和投资企业共有,收益按股比分成,投融资主体要将所占股份折股量化给扶贫对象,代表扶贫对象参与项目投资经营,按月(或季度)向扶贫对象分配资产收益。参与扶贫的商业化投资企业应积极配合,为扶贫对象能获得稳定收益创造条件。

（七）加强技术和质量监督管理

建立光伏扶贫工程技术规范和关键设备技术规范。光伏扶贫项目应采购技术先进、经过国家检测认证机构认证的产品，鼓励采购达到领跑者技术指标的产品。系统集成商应具有足够的技术能力和工程经验，设计和施工单位及人员应具备相应资质和经验。光伏扶贫工程发电技术指标及安全防护措施应满足接入电网有关技术要求，并接受电网运行远程监测和调度。县级政府负责建立包括资质管理、质量监督、竣工验收、运行维护、信息管理等内容的投资管理体系，建立光伏扶贫工程建设和运行信息管理。国家可再生能源信息管理中心建立全国光伏扶贫信息管理平台，对全部光伏扶贫项目的建设和运行进行监测管理。

（八）编制光伏扶贫实施方案

省级及以下地方能源主管部门会同扶贫部门，以县为单元编制光伏扶贫实施方案。实施方案应包括光伏扶贫项目的目标任务、扶持的贫困人口数、项目类型、建设规模、建设条件、接网方案、资金筹措方案、运营管理主体、投资效益分析、管理体制、收益分配办法、地方配套政策、组织保障措施。实施方案要做到项目与扶贫对象精准对接，运营管理主体明确，土地等项目建设条件落实，接网和并网运行条件经当地电网公司认可。各有关省（区、市）能源主管部门汇总有关地区的光伏扶贫实施方案，初审后报送国家能源局。国家能源局会同国务院扶贫办对各省（区）上报的光伏扶贫实施方案进行审核并予以批复。各地区按批复的实施方案组织项目建设，国家能源局会同国务院扶贫办按批复的方案进行监督检查。

四、配套政策措施

（一）优先安排光伏扶贫电站建设规模

国家能源局会同国务院扶贫办对各地区上报的以县为单元的光伏扶贫实施方案进行审核。对以扶贫为目的的村级光伏电站和集中式光伏电站，以及地方政府统筹其他建设资金建设的光伏扶贫项目，以县为单元分年度专项下达光伏发电建设规模。

（二）加强金融政策支持力度

国家开发银行、中国农业发展银行为光伏扶贫工程提供优惠贷款，根据资金来源成本情况在央行同期贷款基准利率基础上适度下浮。鼓励其他银行以及社保、保险、基金等资金在获得合理回报的前提下为光伏扶贫项目提供低成本融资。鼓励众筹等创新金融融资方式支持光伏扶贫项目建设，鼓励企业提供包括直接投资和技术服务在内的多种支持。

（三）切实保障光伏扶贫项目的补贴资金发放

电网企业应按国家有关部门关于可再生能源发电补贴资金发放管理制度，优先将光伏扶贫项目的补贴需求列入年度计划，电网企业优先确保光伏扶贫项目按月足额结算电费和领取国家补贴资金。

（四）鼓励企业履行社会责任

鼓励电力能源央企和有实力的民企参与光伏扶贫工程投资和建设。鼓励各类所有制企业履行社会责任，通过各种方式支持光伏扶贫工程实施，鼓励企业组建光伏扶贫联盟。通过表彰积极参与企业，树立企业社会形象，出台适当优惠政策，优先支持参与光伏扶贫的企业开展规模化光伏电站建设，保障参与企业的经济利益。

五、加强组织协调

（一）建立光伏扶贫协调工作机制

建立省（区、市）负总责，市（地）县抓落实的工作机制，做到分工明确、责任清晰、任务到人、责任到位，合力推动光伏扶贫工作。各级政府要成立光伏扶贫协调领导小组，地方政府主要领导任组长，成员包括发改、能源、扶贫、国土、林业等部门，以及电网企业和金融机构等，主要职责是协调光伏扶贫工程实施过程中的重大政策和问题。

（二）明确各部门职责分工

国家能源局负责组织协调光伏扶贫工程实施中重大问题，负责组织编制光伏扶贫规划和年度实施计划，完善光伏扶贫工程技术标准规范，建立光伏扶贫工程信息系统，加强光伏扶贫工程质量监督及并网运行监督等。国务院扶贫办牵头负责确定光伏扶贫对象范围，建立光伏扶贫人口信息管理系统,建立光伏扶贫工程收入分配管理制度。请地方国土部门和林业部门负责光伏扶贫工程土地使用的政策协调和土地补偿收费方面的优惠政策落实。

请各有关部门和地方政府高度重视光伏扶贫工作,加强光伏扶贫工程组织协调力度,为实施光伏扶贫试点工程提供组织保障。加大光伏扶贫宣传和培训力度,提高全社会支持参与光伏扶贫程度。加强对光伏扶贫工程的管理和监督,确实把这件惠民生、办实事的阳光工程抓紧抓实抓好。请省级能源主管部门认真做好光伏扶贫工程项目储备,及时按要求上报光伏扶贫工程项目清单。

附件:

光伏扶贫工程重点实施范围

省(区)	个数	县
甘肃省	41	榆中县、会宁县、武山县、古浪县、静宁县、环县、华池县、合水县、宁县、镇原县、安定区、通渭县、陇西县、渭源县、临洮县、漳县、岷县、临夏县、康乐县、永靖县、广河县、和政县、东乡族自治县、合作市、临潭县、卓尼县、夏河县、迭部县、皋兰县、景泰县、靖远县、临夏市、灵台县、碌曲县、玛曲县、庆城县、永登县、正宁县、天祝藏族自治县、积石山保安族东乡族撒拉族自治县、崆峒区
海南省	2	五指山市、白沙黎族自治县
河北省	45	行唐县、灵寿县、赞皇县、平山县、大名县、魏县、临城县、巨鹿县、新河县、广宗县、平乡县、威县、阜平县、唐县、涞源县、顺平县、张北县、康保县、沽源县、尚义县、蔚县、阳原县、怀安县、万全县、赤城县、崇礼县、平泉县、滦平县、隆化县、海兴县、盐山县、南皮县、武邑县、武强县、饶阳县、阜城县、承德县、涞水县、曲阳县、望都县、宣化县、易县、围场满族蒙古族自治县、丰宁满族自治县、青龙满族自治县

续表

省(区)	个数	县
河南省	1	台前县
黑龙江省	20	延寿县、泰来县、甘南县、拜泉县、绥滨县、饶河县、林甸县、桦南县、桦川县、汤原县、抚远县、同江市、兰西县、海伦市、富裕县、克东县、龙江县、明水县、青冈县、望奎县
吉林省	8	靖宇县、镇赉县、通榆县、大安市、龙井市、和龙市、汪清县、安图县
内蒙古自治区	31	武川县、阿鲁科尔沁旗、巴林左旗、巴林右旗、林西县、翁牛特旗、喀喇沁旗、宁城县、敖汉旗、科尔沁左翼中旗、科尔沁左翼后旗、库伦旗、奈曼旗、莫力达瓦达斡尔族自治旗、鄂伦春自治旗、卓资县、化德县、商都县、兴和县、察哈尔右翼前旗、察哈尔右翼中旗、察哈尔右翼后旗、四子王旗、阿尔山市、科尔沁右翼前旗、科尔沁右翼中旗、扎赉特旗、突泉县、苏尼特右旗、太仆寺旗、正镶白旗
宁夏回族自治区	8	盐池县、同心县、原州区、西吉县、隆德县、泾源县、彭阳县、海原县
青海省	42	大柴旦行委、冷湖行委、茫崖行委、湟中县、平安县、乐都县、泽库县、甘德县、达日县、玛多县、杂多县、治多县、囊谦县、曲麻莱县、班玛县、称多县、德令哈市、都兰县、刚察县、格尔木市、共和县、贵德县、贵南县、海晏县、河南蒙古族自治县、互助土族自治县、湟源县、尖扎县、久治县、玛沁县、祁连县、天峻县、同德县、同仁县、乌兰县、兴海县、玉树县、化隆回族自治县、门源县、民和回族土族自治县、循化撒拉族自治县、大通回族土族自治县
山西省	35	娄烦县、阳高县、天镇县、广灵县、灵丘县、浑源县、平顺县、壶关县、武乡县、右玉县、左权县、和顺县、五台县、代县、繁峙县、宁武县、静乐县、神池县、五寨县、岢岚县、河曲县、保德县、偏关县、吉县、大宁县、隰县、永和县、汾西县、兴县、临县、石楼县、岚县、方山县、中阳县、大同县

续表

省(区)	个数	县
陕西省	18	印台区、宜君县、永寿县、旬邑县、合阳县、澄城县、白水县、延长县、延川县、宜川县、横山县、定边县、绥德县、米脂县、佳县、吴堡县、清涧县、子洲县
四川省	31	乡城县、木里藏族自治县、小金县、黑水县、壤塘县、甘孜县、德格县、石渠县、色达县、理塘县、盐源县、普格县、布拖县、昭觉县、喜德县、阿坝县、巴塘县、白玉县、丹巴县、道孚县、稻城县、得荣县、红原县、金川县、九龙县、康定县、炉霍县、马尔康县、若尔盖县、新龙县、雅江县
西藏自治区	74	曲松县、仁布县、日喀则市、日土县、萨嘎县、萨迦县、桑日县、申扎县、索县、谢通门县、亚东县、扎囊县、札达县、仲巴县、左贡县、双湖县、安多县、昂仁县、八宿县、巴青县、白朗县、班戈县、比如县、边坝县、波密县、察雅县、察隅县、昌都县、城关区、措美县、措勤县、错那县、达孜县、当雄县、丁青县、定结县、定日县、堆龙德庆县、噶尔县、改则县、岗巴县、革吉县、工布江达县、贡嘎县、贡觉县、吉隆县、加查县、嘉黎县、江达县、江孜县、康马县、拉孜县、朗县、浪卡子县、类乌齐县、林芝县、林周县、隆子县、洛隆县、洛扎县、芒康县、米林县、墨脱县、墨竹工卡县、那曲县、乃东县、南木林县、尼玛县、尼木县、聂拉木县、聂荣县、普兰县、琼结县、曲水县
新疆维吾尔自治区	32	巴里坤哈萨克自治县、乌什县、柯坪县、阿图什市、阿克陶县、阿合奇县、乌恰县、疏附县、疏勒县、英吉沙县、莎车县、叶城县、岳普湖县、伽师县、塔什库尔干塔吉克自治县、和田县、墨玉县、皮山县、洛浦县、策勒县、于田县、民丰县、察布查尔锡伯自治县、尼勒克县、托里县、青河县、吉木乃县、巴楚县、和田市、麦盖提县、泽普县、喀什市
云南省	63	潞西市(芒市)、祥云县、东川区、会泽县、施甸县、龙陵县、昌宁县、巧家县、永胜县、临翔区、凤庆县、云县、永德县、镇康县、双柏县、南华县、姚安县、大姚县、永仁县、武定县、泸西县、红河县、绿春县、文山市、丘北县、勐腊县、弥渡县、永平县、云龙县、洱源县、剑川县、鹤庆县、梁河县、香格里拉县、德钦县、陇川县、景谷傣族彝族自治县、隆阳

续表

省(区)	个数	县
		区、勐海县、牟定县、石屏县、盈江县、玉龙纳西族自治县、宾川县、耿马傣族佤族自治县、墨江哈尼族自治县、寻甸回族彝族自治县、南涧彝族自治县、孟连傣族拉祜族佤族自治县、澜沧拉祜族自治县、沧源佤族自治县、宁蒗彝族自治县、兰坪白族普米族自治县、巍山彝族回族自治县、西盟佤族自治县、景东彝族自治县、江城哈尼族彝族自治县、维西傈僳族自治县、宁洱哈尼族彝族自治县、双江拉祜族佤族布朗族傣族自治县、禄劝彝族苗族自治县、镇沅彝族哈尼族拉祜族自治县、漾濞彝族自治县
安徽省	20	阜南县、利辛县、霍邱县、寿县、临泉县、颍上县、岳西县、金寨县、潜山县、太湖县、望江县、宿松县、萧县、泗县、灵璧县、砀山县、裕安区、颍东区、舒城县、石台县

三、项目建设

中华人民共和国建筑法

（1997年11月1日第八届全国人民代表大会常务委员会第二十八次会议通过　根据2011年4月22日第十一届全国人民代表大会常务委员会第二十次会议《关于修改〈中华人民共和国建筑法〉的决定》第一次修正　根据2019年4月23日第十三届全国人民代表大会常务委员会第十次会议《关于修改〈中华人民共和国建筑法〉等八部法律的决定》第二次修正　2019年4月23日公布　中华人民共和国主席令第29号　自2019年4月23日起实施）

第一章　总　　则

第一条　为了加强对建筑活动的监督管理，维护建筑市场秩序，保证建筑工程的质量和安全，促进建筑业健康发展，制定本法。

第二条　在中华人民共和国境内从事建筑活动，实施对建筑活动的监督管理，应当遵守本法。

本法所称建筑活动，是指各类房屋建筑及其附属设施的建造和与其配套的线路、管道、设备的安装活动。

第三条　建筑活动应当确保建筑工程质量和安全，符合国家的建筑工程安全标准。

第四条　国家扶持建筑业的发展，支持建筑科学技术研究，提高房屋建筑设计水平，鼓励节约能源和保护环境，提倡采用先进技术、先进设备、先进工艺、新型建筑材料和现代管理方式。

第五条　从事建筑活动应当遵守法律、法规，不得损害社会公共利益和他人的合法权益。

任何单位和个人都不得妨碍和阻挠依法进行的建筑活动。

第六条　国务院建设行政主管部门对全国的建筑活动实施统一监督管理。

第二章　建筑许可

第一节　建筑工程施工许可

第七条　建筑工程开工前,建设单位应当按照国家有关规定向工程所在地县级以上人民政府建设行政主管部门申请领取施工许可证;但是,国务院建设行政主管部门确定的限额以下的小型工程除外。

按照国务院规定的权限和程序批准开工报告的建筑工程,不再领取施工许可证。

第八条　申请领取施工许可证,应当具备下列条件:

(一)已经办理该建筑工程用地批准手续;

(二)依法应当办理建设工程规划许可证的,已经取得建设工程规划许可证;

(三)需要拆迁的,其拆迁进度符合施工要求;

(四)已经确定建筑施工企业;

(五)有满足施工需要的资金安排、施工图纸及技术资料;

(六)有保证工程质量和安全的具体措施。

建设行政主管部门应当自收到申请之日起七日内,对符合条件的申请颁发施工许可证。

第九条　建设单位应当自领取施工许可证之日起三个月内开工。因故不能按期开工的,应当向发证机关申请延期;延期以两次为限,每次不超过三个月。既不开工又不申请延期或者超过延期时限的,施工许可证自行废止。

第十条　在建的建筑工程因故中止施工的,建设单位应当自中止施工之日起一个月内,向发证机关报告,并按照规定做好建筑工程的维护管理工作。

建筑工程恢复施工时，应当向发证机关报告；中止施工满一年的工程恢复施工前，建设单位应当报发证机关核验施工许可证。

第十一条　按照国务院有关规定批准开工报告的建筑工程，因故不能按期开工或者中止施工的，应当及时向批准机关报告情况。因故不能按期开工超过六个月的，应当重新办理开工报告的批准手续。

第二节　从业资格

第十二条　从事建筑活动的建筑施工企业、勘察单位、设计单位和工程监理单位，应当具备下列条件：

（一）有符合国家规定的注册资本；

（二）有与其从事的建筑活动相适应的具有法定执业资格的专业技术人员；

（三）有从事相关建筑活动所应有的技术装备；

（四）法律、行政法规规定的其他条件。

第十三条　从事建筑活动的建筑施工企业、勘察单位、设计单位和工程监理单位，按照其拥有的注册资本、专业技术人员、技术装备和已完成的建筑工程业绩等资质条件，划分为不同的资质等级，经资质审查合格，取得相应等级的资质证书后，方可在其资质等级许可的范围内从事建筑活动。

第十四条　从事建筑活动的专业技术人员，应当依法取得相应的执业资格证书，并在执业资格证书许可的范围内从事建筑活动。

第三章　建筑工程发包与承包

第一节　一般规定

第十五条　建筑工程的发包单位与承包单位应当依法订立书面合同，明确双方的权利和义务。

发包单位和承包单位应当全面履行合同约定的义务。不按照合同约定履行义务的，依法承担违约责任。

第十六条　建筑工程发包与承包的招标投标活动，应当遵循公开、公正、平等竞争的原则,择优选择承包单位。

建筑工程的招标投标,本法没有规定的,适用有关招标投标法律的规定。

第十七条 发包单位及其工作人员在建筑工程发包中不得收受贿赂、回扣或者索取其他好处。

承包单位及其工作人员不得利用向发包单位及其工作人员行贿、提供回扣或者给予其他好处等不正当手段承揽工程。

第十八条 建筑工程造价应当按照国家有关规定,由发包单位与承包单位在合同中约定。公开招标发包的,其造价的约定,须遵守招标投标法律的规定。

发包单位应当按照合同的约定,及时拨付工程款项。

第二节 发 包

第十九条 建筑工程依法实行招标发包,对不适于招标发包的可以直接发包。

第二十条 建筑工程实行公开招标的,发包单位应当依照法定程序和方式,发布招标公告,提供载有招标工程的主要技术要求、主要的合同条款、评标的标准和方法以及开标、评标、定标的程序等内容的招标文件。

开标应当在招标文件规定的时间、地点公开进行。开标后应当按照招标文件规定的评标标准和程序对标书进行评价、比较,在具备相应资质条件的投标者中,择优选定中标者。

第二十一条 建筑工程招标的开标、评标、定标由建设单位依法组织实施,并接受有关行政主管部门的监督。

第二十二条 建筑工程实行招标发包的,发包单位应当将建筑工程发包给依法中标的承包单位。建筑工程实行直接发包的,发包单位应当将建筑工程发包给具有相应资质条件的承包单位。

第二十三条 政府及其所属部门不得滥用行政权力,限定发包单位将招标发包的建筑工程发包给指定的承包单位。

第二十四条　提倡对建筑工程实行总承包，禁止将建筑工程肢解发包。

建筑工程的发包单位可以将建筑工程的勘察、设计、施工、设备采购一并发包给一个工程总承包单位，也可以将建筑工程勘察、设计、施工、设备采购的一项或者多项发包给一个工程总承包单位；但是，不得将应当由一个承包单位完成的建筑工程肢解成若干部分发包给几个承包单位。

第二十五条　按照合同约定，建筑材料、建筑构配件和设备由工程承包单位采购的，发包单位不得指定承包单位购入用于工程的建筑材料、建筑构配件和设备或者指定生产厂、供应商。

第三节　承　　包

第二十六条　承包建筑工程的单位应当持有依法取得的资质证书，并在其资质等级许可的业务范围内承揽工程。

禁止建筑施工企业超越本企业资质等级许可的业务范围或者以任何形式用其他建筑施工企业的名义承揽工程。禁止建筑施工企业以任何形式允许其他单位或者个人使用本企业的资质证书、营业执照，以本企业的名义承揽工程。

第二十七条　大型建筑工程或者结构复杂的建筑工程，可以由两个以上的承包单位联合共同承包。共同承包的各方对承包合同的履行承担连带责任。

两个以上不同资质等级的单位实行联合共同承包的，应当按照资质等级低的单位的业务许可范围承揽工程。

第二十八条　禁止承包单位将其承包的全部建筑工程转包给他人，禁止承包单位将其承包的全部建筑工程肢解以后以分包的名义分别转包给他人。

第二十九条　建筑工程总承包单位可以将承包工程中的部分工程发包给具有相应资质条件的分包单位；但是，除总承包合同中约定的分包外，必须经建设单位认可。施工总承包的，建筑工程主体结构的施工必须由总承包单位自行完成。

建筑工程总承包单位按照总承包合同的约定对建设单位负责;分包单位按照分包合同的约定对总承包单位负责。总承包单位和分包单位就分包工程对建设单位承担连带责任。

禁止总承包单位将工程分包给不具备相应资质条件的单位。禁止分包单位将其承包的工程再分包。

第四章 建筑工程监理

第三十条 国家推行建筑工程监理制度。

国务院可以规定实行强制监理的建筑工程的范围。

第三十一条 实行监理的建筑工程,由建设单位委托具有相应资质条件的工程监理单位监理。建设单位与其委托的工程监理单位应当订立书面委托监理合同。

第三十二条 建筑工程监理应当依照法律、行政法规及有关的技术标准、设计文件和建筑工程承包合同,对承包单位在施工质量、建设工期和建设资金使用等方面,代表建设单位实施监督。

工程监理人员认为工程施工不符合工程设计要求、施工技术标准和合同约定的,有权要求建筑施工企业改正。

工程监理人员发现工程设计不符合建筑工程质量标准或者合同约定的质量要求的,应当报告建设单位要求设计单位改正。

第三十三条 实施建筑工程监理前,建设单位应当将委托的工程监理单位、监理的内容及监理权限,书面通知被监理的建筑施工企业。

第三十四条 工程监理单位应当在其资质等级许可的监理范围内,承担工程监理业务。

工程监理单位应当根据建设单位的委托,客观、公正地执行监理任务。

工程监理单位与被监理工程的承包单位以及建筑材料、建筑构配件和设备供应单位不得有隶属关系或者其他利害关系。

工程监理单位不得转让工程监理业务。

第三十五条 工程监理单位不按照委托监理合同的约定履行监理义务,对应当监督检查的项目不检查或者不按照规定检查,给建设单位造成损失的,应当承担相应的赔偿责任。

工程监理单位与承包单位串通,为承包单位谋取非法利益,给建设单位造成损失的,应当与承包单位承担连带赔偿责任。

第五章 建筑安全生产管理

第三十六条 建筑工程安全生产管理必须坚持安全第一、预防为主的方针,建立健全安全生产的责任制度和群防群治制度。

第三十七条 建筑工程设计应当符合按照国家规定制定的建筑安全规程和技术规范,保证工程的安全性能。

第三十八条 建筑施工企业在编制施工组织设计时,应当根据建筑工程的特点制定相应的安全技术措施;对专业性较强的工程项目,应当编制专项安全施工组织设计,并采取安全技术措施。

第三十九条 建筑施工企业应当在施工现场采取维护安全、防范危险、预防火灾等措施;有条件的,应当对施工现场实行封闭管理。

施工现场对毗邻的建筑物、构筑物和特殊作业环境可能造成损害的,建筑施工企业应当采取安全防护措施。

第四十条 建设单位应当向建筑施工企业提供与施工现场相关的地下管线资料,建筑施工企业应当采取措施加以保护。

第四十一条 建筑施工企业应当遵守有关环境保护和安全生产的法律、法规的规定,采取控制和处理施工现场的各种粉尘、废气、废水、固体废物以及噪声、振动对环境的污染和危害的措施。

第四十二条 有下列情形之一的,建设单位应当按照国家有关规定办理申请批准手续:

(一)需要临时占用规划批准范围以外场地的;

(二)可能损坏道路、管线、电力、邮电通讯等公共设施的;

(三)需要临时停水、停电、中断道路交通的;

(四)需要进行爆破作业的;

（五）法律、法规规定需要办理报批手续的其他情形。

第四十三条　建设行政主管部门负责建筑安全生产的管理，并依法接受劳动行政主管部门对建筑安全生产的指导和监督。

第四十四条　建筑施工企业必须依法加强对建筑安全生产的管理，执行安全生产责任制度，采取有效措施，防止伤亡和其他安全生产事故的发生。

建筑施工企业的法定代表人对本企业的安全生产负责。

第四十五条　施工现场安全由建筑施工企业负责。实行施工总承包的，由总承包单位负责。分包单位向总承包单位负责，服从总承包单位对施工现场的安全生产管理。

第四十六条　建筑施工企业应当建立健全劳动安全生产教育培训制度，加强对职工安全生产的教育培训；未经安全生产教育培训的人员，不得上岗作业。

第四十七条　建筑施工企业和作业人员在施工过程中，应当遵守有关安全生产的法律、法规和建筑行业安全规章、规程，不得违章指挥或者违章作业。作业人员有权对影响人身健康的作业程序和作业条件提出改进意见，有权获得安全生产所需的防护用品。作业人员对危及生命安全和人身健康的行为有权提出批评、检举和控告。

第四十八条　建筑施工企业应当依法为职工参加工伤保险缴纳工伤保险费。鼓励企业为从事危险作业的职工办理意外伤害保险，支付保险费。

第四十九条　涉及建筑主体和承重结构变动的装修工程，建设单位应当在施工前委托原设计单位或者具有相应资质条件的设计单位提出设计方案；没有设计方案的，不得施工。

第五十条　房屋拆除应当由具备保证安全条件的建筑施工单位承担，由建筑施工单位负责人对安全负责。

第五十一条　施工中发生事故时，建筑施工企业应当采取紧急措施减少人员伤亡和事故损失，并按照国家有关规定及时向有关部门报告。

第六章 建筑工程质量管理

第五十二条 建筑工程勘察、设计、施工的质量必须符合国家有关建筑工程安全标准的要求,具体管理办法由国务院规定。

有关建筑工程安全的国家标准不能适应确保建筑安全的要求时,应当及时修订。

第五十三条 国家对从事建筑活动的单位推行质量体系认证制度。从事建筑活动的单位根据自愿原则可以向国务院产品质量监督管理部门或者国务院产品质量监督管理部门授权的部门认可的认证机构申请质量体系认证。经认证合格的,由认证机构颁发质量体系认证证书。

第五十四条 建设单位不得以任何理由,要求建筑设计单位或者建筑施工企业在工程设计或者施工作业中,违反法律、行政法规和建筑工程质量、安全标准,降低工程质量。

建筑设计单位和建筑施工企业对建设单位违反前款规定提出的降低工程质量的要求,应当予以拒绝。

第五十五条 建筑工程实行总承包的,工程质量由工程总承包单位负责,总承包单位将建筑工程分包给其他单位的,应当对分包工程的质量与分包单位承担连带责任。分包单位应当接受总承包单位的质量管理。

第五十六条 建筑工程的勘察、设计单位必须对其勘察、设计的质量负责。勘察、设计文件应当符合有关法律、行政法规的规定和建筑工程质量、安全标准、建筑工程勘察、设计技术规范以及合同的约定。设计文件选用的建筑材料、建筑构配件和设备,应当注明其规格、型号、性能等技术指标,其质量要求必须符合国家规定的标准。

第五十七条 建筑设计单位对设计文件选用的建筑材料、建筑构配件和设备,不得指定生产厂、供应商。

第五十八条 建筑施工企业对工程的施工质量负责。

建筑施工企业必须按照工程设计图纸和施工技术标准施工,不得偷工减料。工程设计的修改由原设计单位负责,建筑施工企业不得擅自修改工程设计。

第五十九条 建筑施工企业必须按照工程设计要求、施工技术标准和合同的约定,对建筑材料、建筑构配件和设备进行检验,不合格的不得使用。

第六十条 建筑物在合理使用寿命内,必须确保地基基础工程和主体结构的质量。

建筑工程竣工时,屋顶、墙面不得留有渗漏、开裂等质量缺陷;对已发现的质量缺陷,建筑施工企业应当修复。

第六十一条 交付竣工验收的建筑工程,必须符合规定的建筑工程质量标准,有完整的工程技术经济资料和经签署的工程保修书,并具备国家规定的其他竣工条件。

建筑工程竣工经验收合格后,方可交付使用;未经验收或者验收不合格的,不得交付使用。

第六十二条 建筑工程实行质量保修制度。

建筑工程的保修范围应当包括地基基础工程、主体结构工程、屋面防水工程和其他土建工程,以及电气管线、上下水管线的安装工程,供热、供冷系统工程等项目;保修的期限应当按照保证建筑物合理寿命年限内正常使用,维护使用者合法权益的原则确定。具体的保修范围和最低保修期限由国务院规定。

第六十三条 任何单位和个人对建筑工程的质量事故、质量缺陷都有权向建设行政主管部门或者其他有关部门进行检举、控告、投诉。

第七章 法律责任

第六十四条 违反本法规定,未取得施工许可证或者开工报告未经批准擅自施工的,责令改正,对不符合开工条件的责令停止施工,可以处以罚款。

第六十五条 发包单位将工程发包给不具有相应资质条件的承包单位的,或者违反本法规定将建筑工程肢解发包的,责令改正,处以罚款。

超越本单位资质等级承揽工程的，责令停止违法行为，处以罚款，可以责令停业整顿，降低资质等级；情节严重的，吊销资质证书；有违法所得的，予以没收。

未取得资质证书承揽工程的，予以取缔，并处罚款；有违法所得的，予以没收。

以欺骗手段取得资质证书的，吊销资质证书，处以罚款；构成犯罪的，依法追究刑事责任。

第六十六条 建筑施工企业转让、出借资质证书或者以其他方式允许他人以本企业的名义承揽工程的，责令改正，没收违法所得，并处罚款，可以责令停业整顿，降低资质等级；情节严重的，吊销资质证书。对因该项承揽工程不符合规定的质量标准造成的损失，建筑施工企业与使用本企业名义的单位或者个人承担连带赔偿责任。

第六十七条 承包单位将承包的工程转包的，或者违反本法规定进行分包的，责令改正，没收违法所得，并处罚款，可以责令停业整顿，降低资质等级；情节严重的，吊销资质证书。

承包单位有前款规定的违法行为的，对因转包工程或者违法分包的工程不符合规定的质量标准造成的损失，与接受转包或者分包的单位承担连带赔偿责任。

第六十八条 在工程发包与承包中索贿、受贿、行贿，构成犯罪的，依法追究刑事责任；不构成犯罪的，分别处以罚款，没收贿赂的财物，对直接负责的主管人员和其他直接责任人员给予处分。

对在工程承包中行贿的承包单位，除依照前款规定处罚外，可以责令停业整顿，降低资质等级或者吊销资质证书。

第六十九条 工程监理单位与建设单位或者建筑施工企业串通，弄虚作假、降低工程质量的，责令改正，处以罚款，降低资质等级或者吊销资质证书；有违法所得的，予以没收；造成损失的，承担连带赔偿责任；构成犯罪的，依法追究刑事责任。

工程监理单位转让监理业务的，责令改正，没收违法所得，可以责令停业整顿,降低资质等级;情节严重的,吊销资质证书。

第七十条 违反本法规定,涉及建筑主体或者承重结构变动的装修工程擅自施工的,责令改正,处以罚款;造成损失的,承担赔偿责任;构成犯罪的,依法追究刑事责任。

第七十一条 建筑施工企业违反本法规定,对建筑安全事故隐患不采取措施予以消除的,责令改正,可以处以罚款;情节严重的,责令停业整顿,降低资质等级或者吊销资质证书;构成犯罪的,依法追究刑事责任。

建筑施工企业的管理人员违章指挥、强令职工冒险作业,因而发生重大伤亡事故或者造成其他严重后果的,依法追究刑事责任。

第七十二条 建设单位违反本法规定,要求建筑设计单位或者建筑施工企业违反建筑工程质量、安全标准,降低工程质量的,责令改正,可以处以罚款;构成犯罪的,依法追究刑事责任。

第七十三条 建筑设计单位不按照建筑工程质量、安全标准进行设计的,责令改正,处以罚款;造成工程质量事故的,责令停业整顿,降低资质等级或者吊销资质证书,没收违法所得,并处罚款;造成损失的,承担赔偿责任;构成犯罪的,依法追究刑事责任。

第七十四条 建筑施工企业在施工中偷工减料的,使用不合格的建筑材料、建筑构配件和设备的,或者有其他不按照工程设计图纸或者施工技术标准施工的行为的,责令改正,处以罚款;情节严重的,责令停业整顿,降低资质等级或者吊销资质证书;造成建筑工程质量不符合规定的质量标准的,负责返工、修理,并赔偿因此造成的损失;构成犯罪的,依法追究刑事责任。

第七十五条 建筑施工企业违反本法规定,不履行保修义务或者拖延履行保修义务的,责令改正,可以处以罚款,并对在保修期内因屋顶、墙面渗漏、开裂等质量缺陷造成的损失,承担赔偿责任。

第七十六条 本法规定的责令停业整顿、降低资质等级和吊销资质证书的行政处罚,由颁发资质证书的机关决定;其他行政处罚,由建设行政主管部门或者有关部门依照法律和国务院规定的职权范围决定。

依照本法规定被吊销资质证书的，由工商行政管理部门吊销其营业执照。

第七十七条 违反本法规定，对不具备相应资质等级条件的单位颁发该等级资质证书的，由其上级机关责令收回所发的资质证书，对直接负责的主管人员和其他直接责任人员给予行政处分；构成犯罪的，依法追究刑事责任。

第七十八条 政府及其所属部门的工作人员违反本法规定，限定发包单位将招标发包的工程发包给指定的承包单位的，由上级机关责令改正；构成犯罪的，依法追究刑事责任。

第七十九条 负责颁发建筑工程施工许可证的部门及其工作人员对不符合施工条件的建筑工程颁发施工许可证的，负责工程质量监督检查或者竣工验收的部门及其工作人员对不合格的建筑工程出具质量合格文件或者按合格工程验收的，由上级机关责令改正，对责任人员给予行政处分；构成犯罪的，依法追究刑事责任；造成损失的，由该部门承担相应的赔偿责任。

第八十条 在建筑物的合理使用寿命内，因建筑工程质量不合格受到损害的，有权向责任者要求赔偿。

第八章 附 则

第八十一条 本法关于施工许可、建筑施工企业资质审查和建筑工程发包、承包、禁止转包，以及建筑工程监理、建筑工程安全和质量管理的规定，适用于其他专业建筑工程的建筑活动，具体办法由国务院规定。

第八十二条 建设行政主管部门和其他有关部门在对建筑活动实施监督管理中，除按照国务院有关规定收取费用外，不得收取其他费用。

第八十三条 省、自治区、直辖市人民政府确定的小型房屋建筑工程的建筑活动，参照本法执行。

依法核定作为文物保护的纪念建筑物和古建筑等的修缮,依照文物保护的有关法律规定执行。

抢险救灾及其他临时性房屋建筑和农民自建低层住宅的建筑活动,不适用本法。

第八十四条 军用房屋建筑工程建筑活动的具体管理办法,由国务院、中央军事委员会依据本法制定。

第八十五条 本法自1998年3月1日起施行。

中华人民共和国消防法

(1998年4月29日第九届全国人民代表大会常务委员会第二次会议通过 2008年10月28日第十一届全国人民代表大会常务委员会第五次会议修订 根据2019年4月23日第十三届全国人民代表大会常务委员会第十次会议《关于修改〈中华人民共和国建筑法〉等八部法律的决定》第一次修正 根据2021年4月29日第十三届全国人民代表大会常务委员会第二十八次会议《关于修改〈中华人民共和国道路交通安全法〉等八部法律的决定》第二次修正 2021年4月29日公布 中华人民共和国主席令第81号 自2021年4月29日起实施)

第一章 总 则

第一条 为了预防火灾和减少火灾危害,加强应急救援工作,保护人身、财产安全,维护公共安全,制定本法。

第二条 消防工作贯彻预防为主、防消结合的方针,按照政府统一领导、部门依法监管、单位全面负责、公民积极参与的原则,实行消防安全责任制,建立健全社会化的消防工作网络。

第三条 国务院领导全国的消防工作。地方各级人民政府负责本行政区域内的消防工作。

各级人民政府应当将消防工作纳入国民经济和社会发展计划，保障消防工作与经济社会发展相适应。

第四条 国务院应急管理部门对全国的消防工作实施监督管理。县级以上地方人民政府应急管理部门对本行政区域内的消防工作实施监督管理，并由本级人民政府消防救援机构负责实施。军事设施的消防工作，由其主管单位监督管理，消防救援机构协助；矿井地下部分、核电厂、海上石油天然气设施的消防工作，由其主管单位监督管理。

县级以上人民政府其他有关部门在各自的职责范围内，依照本法和其他相关法律、法规的规定做好消防工作。

法律、行政法规对森林、草原的消防工作另有规定的，从其规定。

第五条 任何单位和个人都有维护消防安全、保护消防设施、预防火灾、报告火警的义务。任何单位和成年人都有参加有组织的灭火工作的义务。

第六条 各级人民政府应当组织开展经常性的消防宣传教育，提高公民的消防安全意识。

机关、团体、企业、事业等单位，应当加强对本单位人员的消防宣传教育。

应急管理部门及消防救援机构应当加强消防法律、法规的宣传，并督促、指导、协助有关单位做好消防宣传教育工作。

教育、人力资源行政主管部门和学校、有关职业培训机构应当将消防知识纳入教育、教学、培训的内容。

新闻、广播、电视等有关单位，应当有针对性地面向社会进行消防宣传教育。

工会、共产主义青年团、妇女联合会等团体应当结合各自工作对象的特点，组织开展消防宣传教育。

村民委员会、居民委员会应当协助人民政府以及公安机关、应急管理等部门,加强消防宣传教育。

第七条 国家鼓励、支持消防科学研究和技术创新,推广使用先进的消防和应急救援技术、设备;鼓励、支持社会力量开展消防公益活动。

对在消防工作中有突出贡献的单位和个人,应当按照国家有关规定给予表彰和奖励。

第二章 火灾预防

第八条 地方各级人民政府应当将包括消防安全布局、消防站、消防供水、消防通信、消防车通道、消防装备等内容的消防规划纳入城乡规划,并负责组织实施。

城乡消防安全布局不符合消防安全要求的,应当调整、完善;公共消防设施、消防装备不足或者不适应实际需要的,应当增建、改建、配置或者进行技术改造。

第九条 建设工程的消防设计、施工必须符合国家工程建设消防技术标准。建设、设计、施工、工程监理等单位依法对建设工程的消防设计、施工质量负责。

第十条 对按照国家工程建设消防技术标准需要进行消防设计的建设工程,实行建设工程消防设计审查验收制度。

第十一条 国务院住房和城乡建设主管部门规定的特殊建设工程,建设单位应当将消防设计文件报送住房和城乡建设主管部门审查,住房和城乡建设主管部门依法对审查的结果负责。

前款规定以外的其他建设工程,建设单位申请领取施工许可证或者申请批准开工报告时应当提供满足施工需要的消防设计图纸及技术资料。

第十二条 特殊建设工程未经消防设计审查或者审查不合格的,建设单位、施工单位不得施工;其他建设工程,建设单位未提供满足施工需要的消防设计图纸及技术资料的,有关部门不得发放施工许可证或者批准开工报告。

第十三条　国务院住房和城乡建设主管部门规定应当申请消防验收的建设工程竣工，建设单位应当向住房和城乡建设主管部门申请消防验收。

前款规定以外的其他建设工程，建设单位在验收后应当报住房和城乡建设主管部门备案，住房和城乡建设主管部门应当进行抽查。

依法应当进行消防验收的建设工程，未经消防验收或者消防验收不合格的，禁止投入使用；其他建设工程经依法抽查不合格的，应当停止使用。

第十四条　建设工程消防设计审查、消防验收、备案和抽查的具体办法，由国务院住房和城乡建设主管部门规定。

第十五条　公众聚集场所投入使用、营业前消防安全检查实行告知承诺管理。公众聚集场所在投入使用、营业前，建设单位或者使用单位应当向场所所在地的县级以上地方人民政府消防救援机构申请消防安全检查，作出场所符合消防技术标准和管理规定的承诺，提交规定的材料，并对其承诺和材料的真实性负责。

消防救援机构对申请人提交的材料进行审查；申请材料齐全、符合法定形式的，应当予以许可。消防救援机构应当根据消防技术标准和管理规定，及时对作出承诺的公众聚集场所进行核查。

申请人选择不采用告知承诺方式办理的，消防救援机构应当自受理申请之日起十个工作日内，根据消防技术标准和管理规定，对该场所进行检查。经检查符合消防安全要求的，应当予以许可。

公众聚集场所未经消防救援机构许可的，不得投入使用、营业。消防安全检查的具体办法，由国务院应急管理部门制定。

第十六条　机关、团体、企业、事业等单位应当履行下列消防安全职责：

（一）落实消防安全责任制，制定本单位的消防安全制度、消防安全操作规程，制定灭火和应急疏散预案；

（二）按照国家标准、行业标准配置消防设施、器材，设置消防安全标志，并定期组织检验、维修，确保完好有效；

（三）对建筑消防设施每年至少进行一次全面检测，确保完好有效，检测记录应当完整准确，存档备查；

（四）保障疏散通道、安全出口、消防车通道畅通，保证防火防烟分区、防火间距符合消防技术标准；

（五）组织防火检查，及时消除火灾隐患；

（六）组织进行有针对性的消防演练；

（七）法律、法规规定的其他消防安全职责。

单位的主要负责人是本单位的消防安全责任人。

第十七条 县级以上地方人民政府消防救援机构应当将发生火灾可能性较大以及发生火灾可能造成重大的人身伤亡或者财产损失的单位，确定为本行政区域内的消防安全重点单位，并由应急管理部门报本级人民政府备案。

消防安全重点单位除应当履行本法第十六条规定的职责外，还应当履行下列消防安全职责：

（一）确定消防安全管理人，组织实施本单位的消防安全管理工作；

（二）建立消防档案，确定消防安全重点部位，设置防火标志，实行严格管理；

（三）实行每日防火巡查，并建立巡查记录；

（四）对职工进行岗前消防安全培训，定期组织消防安全培训和消防演练。

第十八条 同一建筑物由两个以上单位管理或者使用的，应当明确各方的消防安全责任，并确定责任人对共用的疏散通道、安全出口、建筑消防设施和消防车通道进行统一管理。

住宅区的物业服务企业应当对管理区域内的共用消防设施进行维护管理，提供消防安全防范服务。

第十九条 生产、储存、经营易燃易爆危险品的场所不得与居住场所设置在同一建筑物内，并应当与居住场所保持安全距离。

生产、储存、经营其他物品的场所与居住场所设置在同一建筑物内的,应当符合国家工程建设消防技术标准。

第二十条 举办大型群众性活动,承办人应当依法向公安机关申请安全许可,制定灭火和应急疏散预案并组织演练,明确消防安全责任分工,确定消防安全管理人员,保持消防设施和消防器材配置齐全、完好有效,保证疏散通道、安全出口、疏散指示标志、应急照明和消防车通道符合消防技术标准和管理规定。

第二十一条 禁止在具有火灾、爆炸危险的场所吸烟、使用明火。因施工等特殊情况需要使用明火作业的,应当按照规定事先办理审批手续,采取相应的消防安全措施;作业人员应当遵守消防安全规定。

进行电焊、气焊等具有火灾危险作业的人员和自动消防系统的操作人员,必须持证上岗,并遵守消防安全操作规程。

第二十二条 生产、储存、装卸易燃易爆危险品的工厂、仓库和专用车站、码头的设置,应当符合消防技术标准。易燃易爆气体和液体的充装站、供应站、调压站,应当设置在符合消防安全要求的位置,并符合防火防爆要求。

已经设置的生产、储存、装卸易燃易爆危险品的工厂、仓库和专用车站、码头,易燃易爆气体和液体的充装站、供应站、调压站,不再符合前款规定的,地方人民政府应当组织、协调有关部门、单位限期解决,消除安全隐患。

第二十三条 生产、储存、运输、销售、使用、销毁易燃易爆危险品,必须执行消防技术标准和管理规定。

进入生产、储存易燃易爆危险品的场所,必须执行消防安全规定。禁止非法携带易燃易爆危险品进入公共场所或者乘坐公共交通工具。

储存可燃物资仓库的管理,必须执行消防技术标准和管理规定。

第二十四条 消防产品必须符合国家标准;没有国家标准的,必须符合行业标准。禁止生产、销售或者使用不合格的消防产品以及国家明令淘汰的消防产品。

依法实行强制性产品认证的消防产品,由具有法定资质的认证机构按照国家标准、行业标准的强制性要求认证合格后,方可生产、销售、使用。实行强制性产品认证的消防产品目录,由国务院产品质量监督部门会同国务院应急管理部门制定并公布。

新研制的尚未制定国家标准、行业标准的消防产品,应当按照国务院产品质量监督部门会同国务院应急管理部门规定的办法,经技术鉴定符合消防安全要求的,方可生产、销售、使用。

依照本条规定经强制性产品认证合格或者技术鉴定合格的消防产品,国务院应急管理部门应当予以公布。

第二十五条 产品质量监督部门、工商行政管理部门、消防救援机构应当按照各自职责加强对消防产品质量的监督检查。

第二十六条 建筑构件、建筑材料和室内装修、装饰材料的防火性能必须符合国家标准;没有国家标准的,必须符合行业标准。

人员密集场所室内装修、装饰,应当按照消防技术标准的要求,使用不燃、难燃材料。

第二十七条 电器产品、燃气用具的产品标准,应当符合消防安全的要求。

电器产品、燃气用具的安装、使用及其线路、管路的设计、敷设、维护保养、检测,必须符合消防技术标准和管理规定。

第二十八条 任何单位、个人不得损坏、挪用或者擅自拆除、停用消防设施、器材,不得埋压、圈占、遮挡消火栓或者占用防火间距,不得占用、堵塞、封闭疏散通道、安全出口、消防车通道。人员密集场所的门窗不得设置影响逃生和灭火救援的障碍物。

第二十九条 负责公共消防设施维护管理的单位,应当保持消防供水、消防通信、消防车通道等公共消防设施的完好有效。在修建道路以及停电、停水、截断通信线路时有可能影响消防队灭火救援的,有关单位必须事先通知当地消防救援机构。

第三十条 地方各级人民政府应当加强对农村消防工作的领导,采取措施加强公共消防设施建设,组织建立和督促落实消防安全责任制。

第三十一条 在农业收获季节、森林和草原防火期间、重大节假日期间以及火灾多发季节，地方各级人民政府应当组织开展有针对性的消防宣传教育，采取防火措施，进行消防安全检查。

第三十二条 乡镇人民政府、城市街道办事处应当指导、支持和帮助村民委员会、居民委员会开展群众性的消防工作。村民委员会、居民委员会应当确定消防安全管理人，组织制定防火安全公约，进行防火安全检查。

第三十三条 国家鼓励、引导公众聚集场所和生产、储存、运输、销售易燃易爆危险品的企业投保火灾公众责任保险；鼓励保险公司承保火灾公众责任保险。

第三十四条 消防设施维护保养检测、消防安全评估等消防技术服务机构应当符合从业条件，执业人员应当依法获得相应的资格；依照法律、行政法规、国家标准、行业标准和执业准则，接受委托提供消防技术服务，并对服务质量负责。

第三章 消防组织

第三十五条 各级人民政府应当加强消防组织建设，根据经济社会发展的需要，建立多种形式的消防组织，加强消防技术人才培养，增强火灾预防、扑救和应急救援的能力。

第三十六条 县级以上地方人民政府应当按照国家规定建立国家综合性消防救援队、专职消防队，并按照国家标准配备消防装备，承担火灾扑救工作。

乡镇人民政府应当根据当地经济发展和消防工作的需要，建立专职消防队、志愿消防队，承担火灾扑救工作。

第三十七条 国家综合性消防救援队、专职消防队按照国家规定承担重大灾害事故和其他以抢救人员生命为主的应急救援工作。

第三十八条 国家综合性消防救援队、专职消防队应当充分发挥火灾扑救和应急救援专业力量的骨干作用；按照国家规定，组织实施专业技能训练，配备并维护保养装备器材，提高火灾扑救和应急救援的能力。

第三十九条 下列单位应当建立单位专职消防队，承担本单位的火灾扑救工作：

（一）大型核设施单位、大型发电厂、民用机场、主要港口；

（二）生产、储存易燃易爆危险品的大型企业；

（三）储备可燃的重要物资的大型仓库、基地；

（四）第一项、第二项、第三项规定以外的火灾危险性较大、距离国家综合性消防救援队较远的其他大型企业；

（五）距离国家综合性消防救援队较远、被列为全国重点文物保护单位的古建筑群的管理单位。

第四十条 专职消防队的建立，应当符合国家有关规定，并报当地消防救援机构验收。

专职消防队的队员依法享受社会保险和福利待遇。

第四十一条 机关、团体、企业、事业等单位以及村民委员会、居民委员会根据需要，建立志愿消防队等多种形式的消防组织，开展群众性自防自救工作。

第四十二条 消防救援机构应当对专职消防队、志愿消防队等消防组织进行业务指导；根据扑救火灾的需要，可以调动指挥专职消防队参加火灾扑救工作。

第四章 灭火救援

第四十三条 县级以上地方人民政府应当组织有关部门针对本行政区域内的火灾特点制定应急预案，建立应急反应和处置机制，为火灾扑救和应急救援工作提供人员、装备等保障。

第四十四条 任何人发现火灾都应当立即报警。任何单位、个人都应当无偿为报警提供便利，不得阻拦报警。严禁谎报火警。

人员密集场所发生火灾，该场所的现场工作人员应当立即组织、引导在场人员疏散。

任何单位发生火灾，必须立即组织力量扑救。邻近单位应当给予支援。

消防队接到火警,必须立即赶赴火灾现场,救助遇险人员,排除险情,扑灭火灾。

第四十五条　消防救援机构统一组织和指挥火灾现场扑救,应当优先保障遇险人员的生命安全。

火灾现场总指挥根据扑救火灾的需要,有权决定下列事项:

(一)使用各种水源;

(二)截断电力、可燃气体和可燃液体的输送,限制用火用电;

(三)划定警戒区,实行局部交通管制;

(四)利用临近建筑物和有关设施;

(五)为了抢救人员和重要物资,防止火势蔓延,拆除或者破损毗邻火灾现场的建筑物、构筑物或者设施等;

(六)调动供水、供电、供气、通信、医疗救护、交通运输、环境保护等有关单位协助灭火救援。

根据扑救火灾的紧急需要,有关地方人民政府应当组织人员、调集所需物资支援灭火。

第四十六条　国家综合性消防救援队、专职消防队参加火灾以外的其他重大灾害事故的应急救援工作,由县级以上人民政府统一领导。

第四十七条　消防车、消防艇前往执行火灾扑救或者应急救援任务,在确保安全的前提下,不受行驶速度、行驶路线、行驶方向和指挥信号的限制,其他车辆、船舶以及行人应当让行,不得穿插超越;收费公路、桥梁免收车辆通行费。交通管理指挥人员应当保证消防车、消防艇迅速通行。

赶赴火灾现场或者应急救援现场的消防人员和调集的消防装备、物资,需要铁路、水路或者航空运输的,有关单位应当优先运输。

第四十八条　消防车、消防艇以及消防器材、装备和设施,不得用于与消防和应急救援工作无关的事项。

第四十九条　国家综合性消防救援队、专职消防队扑救火灾、应急救援,不得收取任何费用。

单位专职消防队、志愿消防队参加扑救外单位火灾所损耗的燃料、灭火剂和器材、装备等，由火灾发生地的人民政府给予补偿。

第五十条 对因参加扑救火灾或者应急救援受伤、致残或者死亡的人员，按照国家有关规定给予医疗、抚恤。

第五十一条 消防救援机构有权根据需要封闭火灾现场，负责调查火灾原因，统计火灾损失。

火灾扑灭后，发生火灾的单位和相关人员应当按照消防救援机构的要求保护现场，接受事故调查，如实提供与火灾有关的情况。

消防救援机构根据火灾现场勘验、调查情况和有关的检验、鉴定意见，及时制作火灾事故认定书，作为处理火灾事故的证据。

第五章 监督检查

第五十二条 地方各级人民政府应当落实消防工作责任制，对本级人民政府有关部门履行消防安全职责的情况进行监督检查。

县级以上地方人民政府有关部门应当根据本系统的特点，有针对性地开展消防安全检查，及时督促整改火灾隐患。

第五十三条 消防救援机构应当对机关、团体、企业、事业等单位遵守消防法律、法规的情况依法进行监督检查。公安派出所可以负责日常消防监督检查、开展消防宣传教育，具体办法由国务院公安部门规定。

消防救援机构、公安派出所的工作人员进行消防监督检查，应当出示证件。

第五十四条 消防救援机构在消防监督检查中发现火灾隐患的，应当通知有关单位或者个人立即采取措施消除隐患；不及时消除隐患可能严重威胁公共安全的，消防救援机构应当依照规定对危险部位或者场所采取临时查封措施。

第五十五条 消防救援机构在消防监督检查中发现城乡消防安全布局、公共消防设施不符合消防安全要求，或者发现本地区存在影响公共安全的重大火灾隐患的，应当由应急管理部门书面报告本级人民政府。

接到报告的人民政府应当及时核实情况,组织或者责成有关部门、单位采取措施,予以整改。

第五十六条 住房和城乡建设主管部门、消防救援机构及其工作人员应当按照法定的职权和程序进行消防设计审查、消防验收、备案抽查和消防安全检查,做到公正、严格、文明、高效。

住房和城乡建设主管部门、消防救援机构及其工作人员进行消防设计审查、消防验收、备案抽查和消防安全检查等,不得收取费用,不得利用职务谋取利益;不得利用职务为用户、建设单位指定或者变相指定消防产品的品牌、销售单位或者消防技术服务机构、消防设施施工单位。

第五十七条 住房和城乡建设主管部门、消防救援机构及其工作人员执行职务,应当自觉接受社会和公民的监督。

任何单位和个人都有权对住房和城乡建设主管部门、消防救援机构及其工作人员在执法中的违法行为进行检举、控告。收到检举、控告的机关,应当按照职责及时查处。

第六章 法律责任

第五十八条 违反本法规定,有下列行为之一的,由住房和城乡建设主管部门、消防救援机构按照各自职权责令停止施工、停止使用或者停产停业,并处三万元以上三十万元以下罚款:

(一)依法应当进行消防设计审查的建设工程,未经依法审查或者审查不合格,擅自施工的;

(二)依法应当进行消防验收的建设工程,未经消防验收或者消防验收不合格,擅自投入使用的;

(三)本法第十三条规定的其他建设工程验收后经依法抽查不合格,不停止使用的;

(四)公众聚集场所未经消防救援机构许可,擅自投入使用、营业的,或者经核查发现场所使用、营业情况与承诺内容不符的。

核查发现公众聚集场所使用、营业情况与承诺内容不符，经责令限期改正，逾期不整改或者整改后仍达不到要求的，依法撤销相应许可。

建设单位未依照本法规定在验收后报住房和城乡建设主管部门备案的，由住房和城乡建设主管部门责令改正，处五千元以下罚款。

第五十九条 违反本法规定，有下列行为之一的，由住房和城乡建设主管部门责令改正或者停止施工，并处一万元以上十万元以下罚款：

（一）建设单位要求建筑设计单位或者建筑施工企业降低消防技术标准设计、施工的；

（二）建筑设计单位不按照消防技术标准强制性要求进行消防设计的；

（三）建筑施工企业不按照消防设计文件和消防技术标准施工，降低消防施工质量的；

（四）工程监理单位与建设单位或者建筑施工企业串通，弄虚作假，降低消防施工质量的。

第六十条 单位违反本法规定，有下列行为之一的，责令改正，处五千元以上五万元以下罚款：

（一）消防设施、器材或者消防安全标志的配置、设置不符合国家标准、行业标准，或者未保持完好有效的；

（二）损坏、挪用或者擅自拆除、停用消防设施、器材的；

（三）占用、堵塞、封闭疏散通道、安全出口或者有其他妨碍安全疏散行为的；

（四）埋压、圈占、遮挡消火栓或者占用防火间距的；

（五）占用、堵塞、封闭消防车通道，妨碍消防车通行的；

（六）人员密集场所在门窗上设置影响逃生和灭火救援的障碍物的；

（七）对火灾隐患经消防救援机构通知后不及时采取措施消除的。

个人有前款第二项、第三项、第四项、第五项行为之一的，处警告或者五百元以下罚款。

有本条第一款第三项、第四项、第五项、第六项行为，经责令改正拒不改正的，强制执行，所需费用由违法行为人承担。

第六十一条　生产、储存、经营易燃易爆危险品的场所与居住场所设置在同一建筑物内，或者未与居住场所保持安全距离的，责令停产停业，并处五千元以上五万元以下罚款。

生产、储存、经营其他物品的场所与居住场所设置在同一建筑物内，不符合消防技术标准的，依照前款规定处罚。

第六十二条　有下列行为之一的，依照《中华人民共和国治安管理处罚法》的规定处罚：

（一）违反有关消防技术标准和管理规定生产、储存、运输、销售、使用、销毁易燃易爆危险品的；

（二）非法携带易燃易爆危险品进入公共场所或者乘坐公共交通工具的；

（三）谎报火警的；

（四）阻碍消防车、消防艇执行任务的；

（五）阻碍消防救援机构的工作人员依法执行职务的。

第六十三条　违反本法规定，有下列行为之一的，处警告或者五百元以下罚款；情节严重的，处五日以下拘留：

（一）违反消防安全规定进入生产、储存易燃易爆危险品场所的；

（二）违反规定使用明火作业或者在具有火灾、爆炸危险的场所吸烟、使用明火的。

第六十四条　违反本法规定，有下列行为之一，尚不构成犯罪的，处十日以上十五日以下拘留，可以并处五百元以下罚款；情节较轻的，处警告或者五百元以下罚款：

（一）指使或者强令他人违反消防安全规定，冒险作业的；

（二）过失引起火灾的；

（三）在火灾发生后阻拦报警，或者负有报告职责的人员不及时报警的；

（四）扰乱火灾现场秩序，或者拒不执行火灾现场指挥员指挥，影响灭火救援的；

（五）故意破坏或者伪造火灾现场的；

（六）擅自拆封或者使用被消防救援机构查封的场所、部位的。

第六十五条 违反本法规定，生产、销售不合格的消防产品或者国家明令淘汰的消防产品的，由产品质量监督部门或者工商行政管理部门依照《中华人民共和国产品质量法》的规定从重处罚。

人员密集场所使用不合格的消防产品或者国家明令淘汰的消防产品的，责令限期改正；逾期不改正的，处五千元以上五万元以下罚款，并对其直接负责的主管人员和其他直接责任人员处五百元以上二千元以下罚款；情节严重的，责令停产停业。

消防救援机构对于本条第二款规定的情形，除依法对使用者予以处罚外，应当将发现不合格的消防产品和国家明令淘汰的消防产品的情况通报产品质量监督部门、工商行政管理部门。产品质量监督部门、工商行政管理部门应当对生产者、销售者依法及时查处。

第六十六条 电器产品、燃气用具的安装、使用及其线路、管路的设计、敷设、维护保养、检测不符合消防技术标准和管理规定的，责令限期改正；逾期不改正的，责令停止使用，可以并处一千元以上五千元以下罚款。

第六十七条 机关、团体、企业、事业等单位违反本法第十六条、第十七条、第十八条、第二十一条第二款规定的，责令限期改正；逾期不改正的，对其直接负责的主管人员和其他直接责任人员依法给予处分或者给予警告处罚。

第六十八条 人员密集场所发生火灾，该场所的现场工作人员不履行组织、引导在场人员疏散的义务，情节严重，尚不构成犯罪的，处五日以上十日以下拘留。

第六十九条 消防设施维护保养检测、消防安全评估等消防技术服务机构，不具备从业条件从事消防技术服务活动或者出具虚假文件的，由消防救援机构责令改正，处五万元以上十万元以下罚款，并对直接负责的主管人员和其他直接责任人员处一万元以上五万元以下罚款；不按照国家标准、行业标准开展消防技术服务活动的，责令改正，处五万元以下罚款，并对直接负责的主管人员和其它直接责任人员处一万元以下罚款；有违法所得的，并处没收违法所得；给他人造成损失的，依法承担赔偿责任；情节严重的，依法责令停止执业或者吊销相应资格；造成重大损失的，由相关部门吊销营业执照，并对有关责任人员采取终身市场禁入措施。

前款规定的机构出具失实文件，给他人造成损失的，依法承担赔偿责任；造成重大损失的，由消防救援机构依法责令停止执业或者吊销相应资格，由相关部门吊销营业执照，并对有关责任人员采取终身市场禁入措施。

第七十条　本法规定的行政处罚，除应当由公安机关依照《中华人民共和国治安管理处罚法》的有关规定决定的外，由住房和城乡建设主管部门、消防救援机构按照各自职权决定。

被责令停止施工、停止使用、停产停业的，应当在整改后向作出决定的部门或者机构报告，经检查合格，方可恢复施工、使用、生产、经营。

当事人逾期不执行停产停业、停止使用、停止施工决定的，由作出决定的部门或者机构强制执行。

责令停产停业，对经济和社会生活影响较大的，由住房和城乡建设主管部门或者应急管理部门报请本级人民政府依法决定。

第七十一条　住房和城乡建设主管部门、消防救援机构的工作人员滥用职权、玩忽职守、徇私舞弊，有下列行为之一，尚不构成犯罪的，依法给予处分：

（一）对不符合消防安全要求的消防设计文件、建设工程、场所准予审查合格、消防验收合格、消防安全检查合格的；

（二）无故拖延消防设计审查、消防验收、消防安全检查，不在法定期限内履行职责的；

（三）发现火灾隐患不及时通知有关单位或者个人整改的；

（四）利用职务为用户、建设单位指定或者变相指定消防产品的品牌、销售单位或者消防技术服务机构、消防设施施工单位的；

（五）将消防车、消防艇以及消防器材、装备和设施用于与消防和应急救援无关的事项的；

（六）其他滥用职权、玩忽职守、徇私舞弊的行为。

产品质量监督、工商行政管理等其他有关行政主管部门的工作人员在消防工作中滥用职权、玩忽职守、徇私舞弊，尚不构成犯罪的，依法给予处分。

第七十二条　违反本法规定，构成犯罪的，依法追究刑事责任。

第七章　附　　则

第七十三条　本法下列用语的含义：

（一）消防设施，是指火灾自动报警系统、自动灭火系统、消火栓系统、防烟排烟系统以及应急广播和应急照明、安全疏散设施等。

（二）消防产品，是指专门用于火灾预防、灭火救援和火灾防护、避难、逃生的产品。

（三）公众聚集场所，是指宾馆、饭店、商场、集贸市场、客运车站候车室、客运码头候船厅、民用机场航站楼、体育场馆、会堂以及公共娱乐场所等。

（四）人员密集场所，是指公众聚集场所，医院的门诊楼、病房楼，学校的教学楼、图书馆、食堂和集体宿舍，养老院，福利院，托儿所，幼儿园，公共图书馆的阅览室，公共展览馆、博物馆的展示厅，劳动密集型企业的生产加工车间和员工集体宿舍，旅游、宗教活动场所等。

第七十四条　本法自 2009 年 5 月 1 日起施行。

建设工程质量管理条例

（2000年1月30日国务院令第279号公布　根据2017年10月7日《国务院关于修改部分行政法规的决定》第一次修订　根据2019年4月23日《国务院关于修改部分行政法规的决定》第二次修订　2019年4月23日公布　国务院令第714号　自2019年4月23日起实施）

第一章　总　　则

第一条　为了加强对建设工程质量的管理，保证建设工程质量，保护人民生命和财产安全，根据《中华人民共和国建筑法》，制定本条例。

第二条　凡在中华人民共和国境内从事建设工程的新建、扩建、改建等有关活动及实施对建设工程质量监督管理的，必须遵守本条例。

本条例所称建设工程，是指土木工程、建筑工程、线路管道和设备安装工程及装修工程。

第三条　建设单位、勘察单位、设计单位、施工单位、工程监理单位依法对建设工程质量负责。

第四条　县级以上人民政府建设行政主管部门和其他有关部门应当加强对建设工程质量的监督管理。

第五条　从事建设工程活动，必须严格执行基本建设程序，坚持先勘察、后设计、再施工的原则。

县级以上人民政府及其有关部门不得超越权限审批建设项目或者擅自简化基本建设程序。

第六条　国家鼓励采用先进的科学技术和管理方法，提高建设工程质量。

第二章 建设单位的质量责任和义务

第七条 建设单位应当将工程发包给具有相应资质等级的单位。

建设单位不得将建设工程肢解发包。

第八条 建设单位应当依法对工程建设项目的勘察、设计、施工、监理以及与工程建设有关的重要设备、材料等的采购进行招标。

第九条 建设单位必须向有关的勘察、设计、施工、工程监理等单位提供与建设工程有关的原始资料。

原始资料必须真实、准确、齐全。

第十条 建设工程发包单位不得迫使承包方以低于成本的价格竞标,不得任意压缩合理工期。

建设单位不得明示或者暗示设计单位或者施工单位违反工程建设强制性标准,降低建设工程质量。

第十一条 施工图设计文件审查的具体办法,由国务院建设行政主管部门、国务院其他有关部门制定。

施工图设计文件未经审查批准的,不得使用。

第十二条 实行监理的建设工程,建设单位应当委托具有相应资质等级的工程监理单位进行监理,也可以委托具有工程监理相应资质等级并与被监理工程的施工承包单位没有隶属关系或者其他利害关系的该工程的设计单位进行监理。

下列建设工程必须实行监理:

(一)国家重点建设工程;

(二)大中型公用事业工程;

(三)成片开发建设的住宅小区工程;

(四)利用外国政府或者国际组织贷款、援助资金的工程;

(五)国家规定必须实行监理的其他工程。

第十三条 建设单位在开工前,应当按照国家有关规定办理工程质量监督手续,工程质量监督手续可以与施工许可证或者开工报告合并办理。

第十四条　按照合同约定，由建设单位采购建筑材料、建筑构配件和设备的，建设单位应当保证建筑材料、建筑构配件和设备符合设计文件和合同要求。

建设单位不得明示或者暗示施工单位使用不合格的建筑材料、建筑构配件和设备。

第十五条　涉及建筑主体和承重结构变动的装修工程，建设单位应当在施工前委托原设计单位或者具有相应资质等级的设计单位提出设计方案；没有设计方案的，不得施工。

房屋建筑使用者在装修过程中，不得擅自变动房屋建筑主体和承重结构。

第十六条　建设单位收到建设工程竣工报告后，应当组织设计、施工、工程监理等有关单位进行竣工验收。

建设工程竣工验收应当具备下列条件：

（一）完成建设工程设计和合同约定的各项内容；

（二）有完整的技术档案和施工管理资料；

（三）有工程使用的主要建筑材料、建筑构配件和设备的进场试验报告；

（四）有勘察、设计、施工、工程监理等单位分别签署的质量合格文件；

（五）有施工单位签署的工程保修书。

建设工程经验收合格的，方可交付使用。

第十七条　建设单位应当严格按照国家有关档案管理的规定，及时收集、整理建设项目各环节的文件资料，建立、健全建设项目档案，并在建设工程竣工验收后，及时向建设行政主管部门或者其他有关部门移交建设项目档案。

第三章　勘察、设计单位的质量责任和义务

第十八条　从事建设工程勘察、设计的单位应当依法取得相应等级的资质证书，并在其资质等级许可的范围内承揽工程。

禁止勘察、设计单位超越其资质等级许可的范围或者以其他勘察、设计单位的名义承揽工程。禁止勘察、设计单位允许其他单位或者个人以本单位的名义承揽工程。

勘察、设计单位不得转包或者违法分包所承揽的工程。

第十九条 勘察、设计单位必须按照工程建设强制性标准进行勘察、设计,并对其勘察、设计的质量负责。

注册建筑师、注册结构工程师等注册执业人员应当在设计文件上签字,对设计文件负责。

第二十条 勘察单位提供的地质、测量、水文等勘察成果必须真实、准确。

第二十一条 设计单位应当根据勘察成果文件进行建设工程设计。

设计文件应当符合国家规定的设计深度要求,注明工程合理使用年限。

第二十二条 设计单位在设计文件中选用的建筑材料、建筑构配件和设备,应当注明规格、型号、性能等技术指标,其质量要求必须符合国家规定的标准。

除有特殊要求的建筑材料、专用设备、工艺生产线等外,设计单位不得指定生产厂、供应商。

第二十三条 设计单位应当就审查合格的施工图设计文件向施工单位作出详细说明。

第二十四条 设计单位应当参与建设工程质量事故分析,并对因设计造成的质量事故,提出相应的技术处理方案。

第四章 施工单位的质量责任和义务

第二十五条 施工单位应当依法取得相应等级的资质证书,并在其资质等级许可的范围内承揽工程。

禁止施工单位超越本单位资质等级许可的业务范围或者以其他施工单位的名义承揽工程。禁止施工单位允许其他单位或者个人以本单位的名义承揽工程。

施工单位不得转包或者违法分包工程。

第二十六条 施工单位对建设工程的施工质量负责。

施工单位应当建立质量责任制，确定工程项目的项目经理、技术负责人和施工管理负责人。

建设工程实行总承包的，总承包单位应当对全部建设工程质量负责；建设工程勘察、设计、施工、设备采购的一项或者多项实行总承包的，总承包单位应当对其承包的建设工程或者采购的设备的质量负责。

第二十七条 总承包单位依法将建设工程分包给其他单位的，分包单位应当按照分包合同的约定对其分包工程的质量向总承包单位负责，总承包单位与分包单位对分包工程的质量承担连带责任。

第二十八条 施工单位必须按照工程设计图纸和施工技术标准施工，不得擅自修改工程设计，不得偷工减料。

施工单位在施工过程中发现设计文件和图纸有差错的，应当及时提出意见和建议。

第二十九条 施工单位必须按照工程设计要求、施工技术标准和合同约定，对建筑材料、建筑构配件、设备和商品混凝土进行检验，检验应当有书面记录和专人签字；未经检验或者检验不合格的，不得使用。

第三十条 施工单位必须建立、健全施工质量的检验制度，严格工序管理，作好隐蔽工程的质量检查和记录。隐蔽工程在隐蔽前，施工单位应当通知建设单位和建设工程质量监督机构。

第三十一条 施工人员对涉及结构安全的试块、试件以及有关材料，应当在建设单位或者工程监理单位监督下现场取样，并送具有相应资质等级的质量检测单位进行检测。

第三十二条 施工单位对施工中出现质量问题的建设工程或者竣工验收不合格的建设工程，应当负责返修。

第三十三条 施工单位应当建立、健全教育培训制度，加强对职工的教育培训;未经教育培训或者考核不合格的人员,不得上岗作业。

第五章 工程监理单位的质量责任和义务

第三十四条 工程监理单位应当依法取得相应等级的资质证书,并在其资质等级许可的范围内承担工程监理业务。

禁止工程监理单位超越本单位资质等级许可的范围或者以其他工程监理单位的名义承担工程监理业务。禁止工程监理单位允许其他单位或者个人以本单位的名义承担工程监理业务。

工程监理单位不得转让工程监理业务。

第三十五条 工程监理单位与被监理工程的施工承包单位以及建筑材料、建筑构配件和设备供应单位有隶属关系或者其他利害关系的,不得承担该项建设工程的监理业务。

第三十六条 工程监理单位应当依照法律、法规以及有关技术标准、设计文件和建设工程承包合同,代表建设单位对施工质量实施监理,并对施工质量承担监理责任。

第三十七条 工程监理单位应当选派具备相应资格的总监理工程师和监理工程师进驻施工现场。

未经监理工程师签字,建筑材料、建筑构配件和设备不得在工程上使用或者安装,施工单位不得进行下一道工序的施工。未经总监理工程师签字,建设单位不拨付工程款,不进行竣工验收。

第三十八条 监理工程师应当按照工程监理规范的要求,采取旁站、巡视和平行检验等形式,对建设工程实施监理。

第六章 建设工程质量保修

第三十九条 建设工程实行质量保修制度。

建设工程承包单位在向建设单位提交工程竣工验收报告时,应当向建设单位出具质量保修书。质量保修书中应当明确建设工程的保修范围、保修期限和保修责任等。

第四十条 在正常使用条件下,建设工程的最低保修期限为:

（一）基础设施工程、房屋建筑的地基基础工程和主体结构工程，为设计文件规定的该工程的合理使用年限；

（二）屋面防水工程、有防水要求的卫生间、房间和外墙面的防渗漏，为5年；

（三）供热与供冷系统，为2个采暖期、供冷期；

（四）电气管线、给排水管道、设备安装和装修工程，为2年。

其他项目的保修期限由发包方与承包方约定。

建设工程的保修期，自竣工验收合格之日起计算。

第四十一条 建设工程在保修范围和保修期限内发生质量问题的，施工单位应当履行保修义务，并对造成的损失承担赔偿责任。

第四十二条 建设工程在超过合理使用年限后需要继续使用的，产权所有人应当委托具有相应资质等级的勘察、设计单位鉴定，并根据鉴定结果采取加固、维修等措施，重新界定使用期。

第七章 监督管理

第四十三条 国家实行建设工程质量监督管理制度。

国务院建设行政主管部门对全国的建设工程质量实施统一监督管理。国务院铁路、交通、水利等有关部门按照国务院规定的职责分工，负责对全国的有关专业建设工程质量的监督管理。

县级以上地方人民政府建设行政主管部门对本行政区域内的建设工程质量实施监督管理。县级以上地方人民政府交通、水利等有关部门在各自的职责范围内，负责对本行政区域内的专业建设工程质量的监督管理。

第四十四条 国务院建设行政主管部门和国务院铁路、交通、水利等有关部门应当加强对有关建设工程质量的法律、法规和强制性标准执行情况的监督检查。

第四十五条 国务院发展计划部门按照国务院规定的职责，组织稽察特派员，对国家出资的重大建设项目实施监督检查。

国务院经济贸易主管部门按照国务院规定的职责，对国家重大技术改造项目实施监督检查。

第四十六条 建设工程质量监督管理,可以由建设行政主管部门或者其他有关部门委托的建设工程质量监督机构具体实施。

从事房屋建筑工程和市政基础设施工程质量监督的机构,必须按照国家有关规定经国务院建设行政主管部门或者省、自治区、直辖市人民政府建设行政主管部门考核;从事专业建设工程质量监督的机构,必须按照国家有关规定经国务院有关部门或者省、自治区、直辖市人民政府有关部门考核。经考核合格后,方可实施质量监督。

第四十七条 县级以上地方人民政府建设行政主管部门和其他有关部门应当加强对有关建设工程质量的法律、法规和强制性标准执行情况的监督检查。

第四十八条 县级以上人民政府建设行政主管部门和其他有关部门履行监督检查职责时,有权采取下列措施:

(一)要求被检查的单位提供有关工程质量的文件和资料;

(二)进入被检查单位的施工现场进行检查;

(三)发现有影响工程质量的问题时,责令改正。

第四十九条 建设单位应当自建设工程竣工验收合格之日起15日内,将建设工程竣工验收报告和规划、公安消防、环保等部门出具的认可文件或者准许使用文件报建设行政主管部门或者其他有关部门备案。

建设行政主管部门或者其他有关部门发现建设单位在竣工验收过程中有违反国家有关建设工程质量管理规定行为的,责令停止使用,重新组织竣工验收。

第五十条 有关单位和个人对县级以上人民政府建设行政主管部门和其他有关部门进行的监督检查应当支持与配合,不得拒绝或者阻碍建设工程质量监督检查人员依法执行职务。

第五十一条 供水、供电、供气、公安消防等部门或者单位不得明示或者暗示建设单位、施工单位购买其指定的生产供应单位的建筑材料、建筑构配件和设备。

第五十二条 建设工程发生质量事故，有关单位应当在24小时内向当地建设行政主管部门和其他有关部门报告。对重大质量事故，事故发生地的建设行政主管部门和其他有关部门应当按照事故类别和等级向当地人民政府和上级建设行政主管部门和其他有关部门报告。

特别重大质量事故的调查程序按照国务院有关规定办理。

第五十三条 任何单位和个人对建设工程的质量事故、质量缺陷都有权检举、控告、投诉。

第八章 罚 则

第五十四条 违反本条例规定，建设单位将建设工程发包给不具有相应资质等级的勘察、设计、施工单位或者委托给不具有相应资质等级的工程监理单位的，责令改正，处50万元以上100万元以下的罚款。

第五十五条 违反本条例规定，建设单位将建设工程肢解发包的，责令改正，处工程合同价款0.5%以上1%以下的罚款；对全部或者部分使用国有资金的项目，并可以暂停项目执行或者暂停资金拨付。

第五十六条 违反本条例规定，建设单位有下列行为之一的，责令改正，处20万元以上50万元以下的罚款：

（一）迫使承包方以低于成本的价格竞标的；

（二）任意压缩合理工期的；

（三）明示或者暗示设计单位或者施工单位违反工程建设强制性标准，降低工程质量的；

（四）施工图设计文件未经审查或者审查不合格，擅自施工的；

（五）建设项目必须实行工程监理而未实行工程监理的；

（六）未按照国家规定办理工程质量监督手续的；

（七）明示或者暗示施工单位使用不合格的建筑材料、建筑构配件和设备的；

（八）未按照国家规定将竣工验收报告、有关认可文件或者准许使用文件报送备案的。

第五十七条 违反本条例规定，建设单位未取得施工许可证或者开工报告未经批准，擅自施工的，责令停止施工，限期改正，处工程合同价款1%以上2%以下的罚款。

第五十八条 违反本条例规定，建设单位有下列行为之一的，责令改正，处工程合同价款2%以上4%以下的罚款；造成损失的，依法承担赔偿责任：

（一）未组织竣工验收，擅自交付使用的；

（二）验收不合格，擅自交付使用的；

（三）对不合格的建设工程按照合格工程验收的。

第五十九条 违反本条例规定，建设工程竣工验收后，建设单位未向建设行政主管部门或者其他有关部门移交建设项目档案的，责令改正，处1万元以上10万元以下的罚款。

第六十条 违反本条例规定，勘察、设计、施工、工程监理单位超越本单位资质等级承揽工程的，责令停止违法行为，对勘察、设计单位或者工程监理单位处合同约定的勘察费、设计费或者监理酬金1倍以上2倍以下的罚款；对施工单位处工程合同价款2%以上4%以下的罚款，可以责令停业整顿，降低资质等级；情节严重的，吊销资质证书；有违法所得的，予以没收。

未取得资质证书承揽工程的，予以取缔，依照前款规定处以罚款；有违法所得的，予以没收。

以欺骗手段取得资质证书承揽工程的，吊销资质证书，依照本条第一款规定处以罚款；有违法所得的，予以没收。

第六十一条 违反本条例规定，勘察、设计、施工、工程监理单位允许其他单位或者个人以本单位名义承揽工程的，责令改正，没收违法所得，对勘察、设计单位和工程监理单位处合同约定的勘察费、设计费和监理酬金1倍以上2倍以下的罚款；对施工单位处工程合同价款2%以上4%以下的罚款；可以责令停业整顿，降低资质等级；情节严重的,吊销资质证书。

第六十二条 违反本条例规定,承包单位将承包的工程转包或者违法分包的,责令改正,没收违法所得,对勘察、设计单位处合同约定的勘察费、设计费25%以上50%以下的罚款;对施工单位处工程合同价款0.5%以上1%以下的罚款;可以责令停业整顿,降低资质等级;情节严重的,吊销资质证书。

工程监理单位转让工程监理业务的,责令改正,没收违法所得,处合同约定的监理酬金25%以上50%以下的罚款;可以责令停业整顿,降低资质等级;情节严重的,吊销资质证书。

第六十三条 违反本条例规定,有下列行为之一的,责令改正,处10万元以上30万元以下的罚款:

(一)勘察单位未按照工程建设强制性标准进行勘察的;

(二)设计单位未根据勘察成果文件进行工程设计的;

(三)设计单位指定建筑材料、建筑构配件的生产厂、供应商的;

(四)设计单位未按照工程建设强制性标准进行设计的。

有前款所列行为,造成工程质量事故的,责令停业整顿,降低资质等级;情节严重的,吊销资质证书;造成损失的,依法承担赔偿责任。

第六十四条 违反本条例规定,施工单位在施工中偷工减料的,使用不合格的建筑材料、建筑构配件和设备的,或者有不按照工程设计图纸或者施工技术标准施工的其他行为的,责令改正,处工程合同价款2%以上4%以下的罚款;造成建设工程质量不符合规定的质量标准的,负责返工、修理,并赔偿因此造成的损失;情节严重的,责令停业整顿,降低资质等级或者吊销资质证书。

第六十五条 违反本条例规定,施工单位未对建筑材料、建筑构配件、设备和商品混凝土进行检验,或者未对涉及结构安全的试块、试件以及有关材料取样检测的,责令改正,处10万元以上20万元以下的罚款;情节严重的,责令停业整顿,降低资质等级或者吊销资质证书;造成损失的,依法承担赔偿责任。

第六十六条 违反本条例规定,施工单位不履行保修义务或者拖延履行保修义务的，责令改正，处10万元以上20万元以下的罚款，并对在保修期内因质量缺陷造成的损失承担赔偿责任。

第六十七条 工程监理单位有下列行为之一的，责令改正，处50万元以上100万元以下的罚款，降低资质等级或者吊销资质证书；有违法所得的，予以没收；造成损失的，承担连带赔偿责任：

（一）与建设单位或者施工单位串通，弄虚作假、降低工程质量的；

（二）将不合格的建设工程、建筑材料、建筑构配件和设备按照合格签字的。

第六十八条 违反本条例规定，工程监理单位与被监理工程的施工承包单位以及建筑材料、建筑构配件和设备供应单位有隶属关系或者其他利害关系承担该项建设工程的监理业务的，责令改正，处5万元以上10万元以下的罚款，降低资质等级或者吊销资质证书；有违法所得的，予以没收。

第六十九条 违反本条例规定，涉及建筑主体或者承重结构变动的装修工程，没有设计方案擅自施工的，责令改正，处50万元以上100万元以下的罚款；房屋建筑使用者在装修过程中擅自变动房屋建筑主体和承重结构的，责令改正，处5万元以上10万元以下的罚款。

有前款所列行为，造成损失的，依法承担赔偿责任。

第七十条 发生重大工程质量事故隐瞒不报、谎报或者拖延报告期限的，对直接负责的主管人员和其他责任人员依法给予行政处分。

第七十一条 违反本条例规定，供水、供电、供气、公安消防等部门或者单位明示或者暗示建设单位或者施工单位购买其指定的生产供应单位的建筑材料、建筑构配件和设备的，责令改正。

第七十二条 违反本条例规定，注册建筑师、注册结构工程师、监理工程师等注册执业人员因过错造成质量事故的，责令停止执业1年；造成重大质量事故的，吊销执业资格证书，5年以内不予注册；情节特别恶劣的，终身不予注册。

第七十三条 依照本条例规定，给予单位罚款处罚的，对单位直接负责的主管人员和其他直接责任人员处单位罚款数额5%以上

10%以下的罚款。

第七十四条　建设单位、设计单位、施工单位、工程监理单位违反国家规定,降低工程质量标准,造成重大安全事故,构成犯罪的,对直接责任人员依法追究刑事责任。

第七十五条　本条例规定的责令停业整顿,降低资质等级和吊销资质证书的行政处罚,由颁发资质证书的机关决定;其他行政处罚,由建设行政主管部门或者其他有关部门依照法定职权决定。

依照本条例规定被吊销资质证书的,由工商行政管理部门吊销其营业执照。

第七十六条　国家机关工作人员在建设工程质量监督管理工作中玩忽职守、滥用职权、徇私舞弊,构成犯罪的,依法追究刑事责任;尚不构成犯罪的,依法给予行政处分。

第七十七条　建设、勘察、设计、施工、工程监理单位的工作人员因调动工作、退休等原因离开该单位后,被发现在该单位工作期间违反国家有关建设工程质量管理规定,造成重大工程质量事故的,仍应当依法追究法律责任。

第九章　附　　则

第七十八条　本条例所称肢解发包,是指建设单位将应当由一个承包单位完成的建设工程分解成若干部分发包给不同的承包单位的行为。

本条例所称违法分包,是指下列行为:

(一)总承包单位将建设工程分包给不具备相应资质条件的单位的;

(二)建设工程总承包合同中未有约定,又未经建设单位认可,承包单位将其承包的部分建设工程交由其他单位完成的;

(三)施工总承包单位将建设工程主体结构的施工分包给其他单位的;

(四)分包单位将其承包的建设工程再分包的。

本条例所称转包,是指承包单位承包建设工程后,不履行合同约定的责任和义务,将其承包的全部建设工程转给他人或者将其承包的全部建设工程肢解以后以分包的名义分别转给其他单位承包的行为。

第七十九条 本条例规定的罚款和没收的违法所得,必须全部上缴国库。

第八十条 抢险救灾及其他临时性房屋建筑和农民自建低层住宅的建设活动,不适用本条例。

第八十一条 军事建设工程的管理,按照中央军事委员会的有关规定执行。

第八十二条 本条例自发布之日起施行。

国家能源局关于加强电力工程质量监督工作的通知

(2014 年 5 月 10 日公布 国能安全〔2014〕206 号
自 2014 年 5 月 10 日起实施)

各派出机构,中电联,国家电网公司,南方电网公司,华能、大唐、华电、国电、中电投集团公司,中国核工业集团公司,中国电建、中国能建集团公司,各有关单位:

工程质量监督是工程建设质量管理的基本制度,也是政府部门实施行业管理的重要手段。多年来,依照《建设工程质量管理条例》等法律法规,在各级政府主管部门、质监机构和电力企业共同努力下,电力工程质量监督工作成效显著,保障了电力工程建设质量和电力系统安全稳定运行。

随着政府机构改革的深化与推进,为了更好地履行监管职责,国家能源局决定进一步完善电力工程质量监督管理体系,规范监督行为,形成"国家能源局归口管理、派出机构属地监管、质监机构独立监督、电力企业积极支持"的工作机制。为做好工作衔接,现就近期有关工作要求通知如下:

一、明确电力工程质量监督机构职责

电力工程质量监督机构要严格执行国家有关法律法规和规章制度,认真履行职责,依法开展质监工作。当前,原有电力工程质量监督管理体系保持不变,中国电力企业联合会和各省(直辖市、自治区)中心站、华能中心站、核电中心站要继续履行电力工程质量监督总站、中心站职责。各单位要创造条件,保证质监工作正常开展。凡因机构弱化或工作不到位造成质量安全事故的,要依法依规追究相关单位责任。

二、加强电力工程质量监督管理

国家能源局负责全国电力工程质量监督的归口管理,指导质监总站工作。总站受国家能源局委托承担电力工程质量监督技术性、服务性工作,拟定相关规章制度并督促落实,指导各中心站业务工作,负责国家试验示范工程和跨区重大电力工程项目的质量监督,参与电力工程竣工验收和重大质量事故的调查处理,完成国家能源局交办的其它任务。

国家能源局派出机构负责所辖区域内的电力工程质量监督管理,指导中心站工作。能源监管机构要加强质监计划管理,确保质监工作不缺项、不漏项;要结合实情,适时开展监督检查,协调解决工作中存在的突出问题。质监机构年度与阶段性工作计划、受理的质监工程项目情况以及拟出具的电力工程质监报告均应及时报备能源监管机构。

三、确保电力工程质量监督工作全面覆盖

各单位要严格执行电力工程质量监督管理的规范要求,按照"独立、规范、公正、公开"的原则,依法依规监督电力工程质量。质监机构要强化监督执法,提高服务意识,确保监督范围内申请的电力工程项目质量监督百分之百全覆盖;各电力企业要进一步提高工作自觉性,国家核准的电力工程项目,要同步申请质量监督并主动做好相关配合工作,确保质量监督百分之百全覆盖。质监工作结束后,质监机构要按规定出具质监报告并加盖质监机构印章;未按规定核准的电力工程项目,质监机构不得接受其质监申请。

四、加强电力工程质量监督信息管理

电力工程质量监督实施月报告制度,质监机构要定期向能源监管机构报告当月工程申请受理、工程进度、监督检查、整改落实等情况。总站要加强信息系统建设,尽快实现电力工程质量监督信息管理自动化。自发文之日起,凡国家能源主管部门核准(审批)的电力工程项目,由工程建设单位向总站提出质量监督注册申请;各省(自治区、直辖市)能源主管部门核准(审批)的电力工程项目,由工程建设单位向当地中心站提出质量监督注册申请,并由中心站定期报备总站。

各派出机构要按照本通知精神,结合实际,制定具体方案和措施,指导本地区电力工程质量监督工作顺利开展。各单位对相关工作的意见和建议,请告我局电力安全监管司。

关于进一步加强电力建设工程质量监督管理工作意见

(2018年2月14日公布 国能发安全〔2018〕21号
自2018年2月14日起实施)

为深入学习贯彻党的十九大精神,严格落实《建设工程质量管理条例》、《中共中央国务院关于开展质量提升行动的指导意见》(中发〔2017〕24号)、《国家发展改革委 国家能源局关于推进电力安全生产领域改革发展的实施意见》(发改能源规〔2017〕1986号)等规定,现就进一步加强电力建设工程质量监督管理工作提出如下意见。

一、国家能源局依法依规对全国电力建设工程质量实施统一监督管理。贯彻执行国家关于电力建设工程质量监督管理的法律法规和方针政策，不断完善电力建设工程质量监督管理规章制度和标准规范体系，组织、指导和协调全国电力建设工程质量监督管理工作，组织开展全国电力建设工程质量监督管理巡查督查和专项检查，监督指导地方政府电力管理等有关部门和各派出能源监管机构的电力建设工程质量监督管理工作。

国家能源局电力安全监管司归口全国电力建设工程质量监督管理工作，其他有关司和单位依其职责做好相关工作。国家能源局各派出能源监管机构按照国家能源局授权承担所辖区域内除核安全外的电力建设工程质量安全的监督管理，对电力建设工程质量监督机构（以下简称质监机构）进行业务监督指导，依法组织或参与电力事故调查处理。

二、地方各级政府电力管理等有关部门依法依规履行地方电力建设工程质量监督管理责任，按照国家能源局有关规定，继续做好可再生能源发电工程的质量监督管理，并积极配合派出能源监管机构，做好其他电力建设工程质量监督管理相关工作；对质监机构进行业务监督指导。

三、国家能源局电力可靠性管理和工程质量监督中心（以下简称可靠性和质监中心）受国家能源局委托，研究拟定电力建设工程质量监督政策措施、规章制度及监督检查大纲并组织实施相关工作，协调解决质量监督工作存在的突出问题；对质监机构进行业务监督指导；参与涉及电力建设工程质量重大争议处理、重大事故调查及相关专项检查；负责全国电力建设工程质量监督信息管理等工作。

四、电力工程质量监督总站更名为电力工程质量监督站；水电工程质量监督总站和国家可再生能源发电工程质量监督总站合并，更名为可再生能源发电工程质量监督站。

质监机构要继续按照国家能源局现行文件规定的业务范围开展工程质量监督，其中各电力建设工程质量监督中心站（以下简称中心站)可开展可再生能源发电工程质量监督。根据工作需要,各监督站、中心站可设立项目站。

质监机构要规范设置,持续加强机构建设和队伍建设,制定本机构各项工作管理制度,配备专职工作人员,配置必要的检测仪器和设备,建立与质量监督任务相适应的组织体系和保障体系;要充分发挥专家和第三方检测机构作用,严禁工程建设项目参建单位人员作为质监机构专家或工作人员参加本项目的质量监督。

质监机构对各级政府部门审批、核准、备案的电力建设工程按照职责分工同步开展质量监督,要加强对有关电力建设工程质量的法律、法规和强制性标准执行情况的监督检查;要按照依法依规、严谨务实、清正廉洁、优质高效的原则,独立、规范、公正、公开开展工作。

质监机构要认真履职,采取措施确保工作不断、秩序不乱、队伍不散、质量不降。凡因机构职能弱化、履职不力等造成工程质量事故或重大质量隐患的,将依法依规严肃追究责任。

五、质量监督不代替建设、监理、设计、施工等单位的质量管理工作。未经审批、核准、备案的电力建设工程,质监机构不得受理其质量监督注册申请。未通过质监机构监督检查的电力工程,不得投入运行。

六、质监机构要按规定将年度和阶段性质监工作计划等信息,及时向地方政府电力管理等有关部门、国家能源局电力安全监管司、各派出能源监管机构、可靠性和质监中心报送。报送信息的内容、程序及时限等要求另行发文规定。

各监督站、中心站要及时将主要负责人名单、项目站设置情况及工作联系方式报告所在地省级政府电力管理等有关部门、派出能源监管机构、可靠性和质监中心。

七、各企业要进一步健全电力建设工程质量管控体系,明确具体部门负责工程质量监督对口联系;要全面落实各参建单位的工程质量责任,特别要强化建设单位的首要责任和勘察、设计、施工单位的主体责任,并充分发挥监理单位作用;要按照国家法律法规和标准规范要求,加强施工现场管理,落实工程质量管控措施,坚决遏制重特大质量事故发生。

各企业要主动接受各级政府电力管理等有关部门、派出能源监管机构、质监机构开展的质量监督管理和专项检查等活动。

八、地方政府电力管理等有关部门和派出能源监管机构要按照国家有关规定,统筹项目核准备案、市场准入、行政执法等环节力量,进一步强化电力建设工程质量监督管理,加强对质监机构的监督指导。对发现的问题责令限期整改,对整改不到位或存在重大质量隐患的电力建设工程,依法采取停止施工、停止供电等强制措施,并给予上限经济处罚。

九、各有关单位要认真落实本意见要求,确保各项工作落实到位。国家能源局将适时对执行情况开展督查。

国家能源局关于进一步明确电力建设工程质量监督机构业务工作的通知

(2020年6月15日公布　自2020年7月1日起实施)

各派出机构,全国电力安委会各企业成员单位,水电水利规划设计总院,中国电力企业联合会,各电力建设工程质量监督机构,各有关单位:

为进一步完善电力建设工程质量监督体系,保证电力工程质量,我局对各电力建设工程质量监督机构(以下简称电力质监机构)业务范围进行了优化调整,有关事项通知如下。

一、电力质监机构业务范围

建立“专业质监站+质监中心站”的电力质监机构体系。国家能源局电力可靠性管理和工程质量监督中心(以下简称可靠性和质监中心)受国家能源局委托,负责全国电力质监机构业务指导和监督工作。

（一）专业质监站

1. 电力工程质量监督站。设在中国电力企业联合会，负责国家电力试验示范工程、跨区域电网工程质监工作，兜底负责全国火电工程、农林生物质发电工程、太阳能热发电工程质监工作（内蒙古区域和中国华能投资的工程除外）。

2. 可再生能源发电工程质量监督站。设在水电水利规划设计总院，负责国务院或国务院投资主管部门审批、核准的水电工程质监工作，兜底负责全国水电工程质监工作，兜底负责风力、光伏发电工程和电源、电网侧储能电站质监工作（内蒙古区域和中国华能投资的工程除外），可承担农林生物质、太阳能热发电工程质监工作。

3. 核电中心站更名为核电常规岛工程质量监督站。设在中国核工业集团有限公司，负责全国核电（核岛除外）工程质监工作。

（二）质监中心站

1. 南方电力建设工程质量监督中心站。设在中国南方电网有限责任公司，负责南方电网区域内跨省电网工程质监工作。

2. 省电力建设工程质量监督中心站。设在国家电网有限公司各省级电力公司和中国南方电网有限责任公司各省级电力公司，负责辖区内电网工程质监工作，可承担火力发电工程和风力、光伏、农林生物质、太阳能热发电等可再生能源工程质监工作。

3. 内蒙古电力建设工程质量监督中心站。设在内蒙古电力（集团）有限责任公司，负责蒙西区域内电网工程和内蒙古区域内电源工程质监工作（水电、核电工程和中国华能投资的工程除外）。

4. 华能电力建设工程质量监督中心站。设在中国华能集团有限公司，负责中国华能投资的电源工程质监工作（水电、核电工程除外）。

5. 贵州水电工程质量监督站。设在中国电建集团贵阳勘测设计研究院有限公司，受贵州省能源局委托，负责贵州省能源局审批、核准或备案的水电等工程质监工作。

二、有关要求

（一）各电力质监机构应加强能力建设，保证质监工作的正常开展,不得拒绝本机构业务范围内符合质监条件的电力建设工程质监申请,不得将质监工作委托给其他质监机构实施,开展质监工作不得收取质监费用。未经核准(审批、备案)的电力建设工程,电力质监机构不得受理其质监申请。未通过电力质监机构监督检查的电力建设工程,不得投入运行。

(二)2020 年 7 月 1 日至 2020 年 12 月 31 日为过渡期。过渡期内,对于实施质监工作确有困难的电力建设工程,专业质监站可申请并经可靠性和质监中心审核同意后,由原业务范围确定的质监中心站实施质监工作。过渡期后,各电力质监机构严格按本通知明确的业务范围实施质监工作。

(三)本通知自 2020 年 7 月 1 日起执行,已完成质监注册的电力建设工程仍由受理质监注册的原电力质监机构负责质监工作。

(四)2020 年 7 月 1 日前,各电力质监机构将举办单位名称和本单位名称、主要负责人、法定代表人、当前业务范围、专职质监管理人员数量等信息书面报送国家能源局电力安全监管司。

建设工程质量保证金管理办法

(2017 年 6 月 20 日公布　建质〔2017〕138 号
自 2017 年 7 月 1 日起实施)

第一条　为规范建设工程质量保证金管理,落实工程在缺陷责任期内的维修责任,根据《中华人民共和国建筑法》《建设工程质量管理条例》《国务院办公厅关于清理规范工程建设领域保证金的通知》和《基本建设财务管理规则》等相关规定,制定本办法。

第二条　本办法所称建设工程质量保证金(以下简称保证金)是指发包人与承包人在建设工程承包合同中约定,从应付的工程款中预留,用以保证承包人在缺陷责任期内对建设工程出现的缺陷进行维修的资金。

缺陷是指建设工程质量不符合工程建设强制性标准、设计文件,以及承包合同的约定。

缺陷责任期一般为1年,最长不超过2年,由发、承包双方在合同中约定。

第三条 发包人应当在招标文件中明确保证金预留、返还等内容,并与承包人在合同条款中对涉及保证金的下列事项进行约定:

(一)保证金预留、返还方式;

(二)保证金预留比例、期限;

(三)保证金是否计付利息,如计付利息,利息的计算方式;

(四)缺陷责任期的期限及计算方式;

(五)保证金预留、返还及工程维修质量、费用等争议的处理程序;

(六)缺陷责任期内出现缺陷的索赔方式;

(七)逾期返还保证金的违约金支付办法及违约责任。

第四条 缺陷责任期内,实行国库集中支付的政府投资项目,保证金的管理应按国库集中支付的有关规定执行。其他政府投资项目,保证金可以预留在财政部门或发包方。缺陷责任期内,如发包方被撤销,保证金随交付使用资产一并移交使用单位管理,由使用单位代行发包人职责。

社会投资项目采用预留保证金方式的,发、承包双方可以约定将保证金交由第三方金融机构托管。

第五条 推行银行保函制度,承包人可以银行保函替代预留保证金。

第六条 在工程项目竣工前,已经缴纳履约保证金的,发包人不得同时预留工程质量保证金。

采用工程质量保证担保、工程质量保险等其他保证方式的,发包人不得再预留保证金。

第七条 发包人应按照合同约定方式预留保证金,保证金总预留比例不得高于工程价款结算总额的3%。合同约定由承包人以银行保函替代预留保证金的,保函金额不得高于工程价款结算总额的3%。

第八条 缺陷责任期从工程通过竣工验收之日起计。由于承包人原因导致工程无法按规定期限进行竣工验收的,缺陷责任期从实际通过竣工验收之日起计。由于发包人原因导致工程无法按规定期限进行竣工验收的,在承包人提交竣工验收报告90天后,工程自动进入缺陷责任期。

第九条 缺陷责任期内,由承包人原因造成的缺陷,承包人应负责维修,并承担鉴定及维修费用。如承包人不维修也不承担费用,发包人可按合同约定从保证金或银行保函中扣除,费用超出保证金额的,发包人可按合同约定向承包人进行索赔。承包人维修并承担相应费用后,不免除对工程的损失赔偿责任。

由他人原因造成的缺陷,发包人负责组织维修,承包人不承担费用,且发包人不得从保证金中扣除费用。

第十条 缺陷责任期内,承包人认真履行合同约定的责任,到期后,承包人向发包人申请返还保证金。

第十一条 发包人在接到承包人返还保证金申请后,应于14天内会同承包人按照合同约定的内容进行核实。如无异议,发包人应当按照约定将保证金返还给承包人。对返还期限没有约定或者约定不明确的,发包人应当在核实后14天内将保证金返还承包人,逾期未返还的,依法承担违约责任。发包人在接到承包人返还保证金申请后14天内不予答复,经催告后14天内仍不予答复,视同认可承包人的返还保证金申请。

第十二条 发包人和承包人对保证金预留、返还以及工程维修质量、费用有争议的,按承包合同约定的争议和纠纷解决程序处理。

第十三条 建设工程实行工程总承包的,总承包单位与分包单位有关保证金的权利与义务的约定,参照本办法关于发包人与承包人相应权利与义务的约定执行。

第十四条 本办法由住房城乡建设部、财政部负责解释。

第十五条 本办法自2017年7月1日起施行,原《建设工程质量保证金管理办法》(建质〔2016〕295号)同时废止。

建设工程安全生产管理条例

(2003年11月12日国务院第28次常务会议通过 2003年11月24日公布 国务院令第393号 自2004年2月1日起实施)

第一章 总 则

第一条 为了加强建设工程安全生产监督管理,保障人民群众生命和财产安全,根据《中华人民共和国建筑法》、《中华人民共和国安全生产法》,制定本条例。

第二条 在中华人民共和国境内从事建设工程的新建、扩建、改建和拆除等有关活动及实施对建设工程安全生产的监督管理,必须遵守本条例。

本条例所称建设工程,是指土木工程、建筑工程、线路管道和设备安装工程及装修工程。

第三条 建设工程安全生产管理,坚持安全第一、预防为主的方针。

第四条 建设单位、勘察单位、设计单位、施工单位、工程监理单位及其他与建设工程安全生产有关的单位,必须遵守安全生产法律、法规的规定,保证建设工程安全生产,依法承担建设工程安全生产责任。

第五条 国家鼓励建设工程安全生产的科学技术研究和先进技术的推广应用,推进建设工程安全生产的科学管理。

第二章　建设单位的安全责任

第六条　建设单位应当向施工单位提供施工现场及毗邻区域内供水、排水、供电、供气、供热、通信、广播电视等地下管线资料，气象和水文观测资料，相邻建筑物和构筑物、地下工程的有关资料，并保证资料的真实、准确、完整。

建设单位因建设工程需要，向有关部门或者单位查询前款规定的资料时，有关部门或者单位应当及时提供。

第七条　建设单位不得对勘察、设计、施工、工程监理等单位提出不符合建设工程安全生产法律、法规和强制性标准规定的要求，不得压缩合同约定的工期。

第八条　建设单位在编制工程概算时，应当确定建设工程安全作业环境及安全施工措施所需费用。

第九条　建设单位不得明示或者暗示施工单位购买、租赁、使用不符合安全施工要求的安全防护用具、机械设备、施工机具及配件、消防设施和器材。

第十条　建设单位在申请领取施工许可证时，应当提供建设工程有关安全施工措施的资料。

依法批准开工报告的建设工程，建设单位应当自开工报告批准之日起15日内，将保证安全施工的措施报送建设工程所在地的县级以上地方人民政府建设行政主管部门或者其他有关部门备案。

第十一条　建设单位应当将拆除工程发包给具有相应资质等级的施工单位。

建设单位应当在拆除工程施工15日前，将下列资料报送建设工程所在地的县级以上地方人民政府建设行政主管部门或者其他有关部门备案：

（一）施工单位资质等级证明；

（二）拟拆除建筑物、构筑物及可能危及毗邻建筑的说明；

（三）拆除施工组织方案；

(四)堆放、清除废弃物的措施。

实施爆破作业的,应当遵守国家有关民用爆炸物品管理的规定。

第三章 勘察、设计、工程监理及其他有关单位的安全责任

第十二条 勘察单位应当按照法律、法规和工程建设强制性标准进行勘察,提供的勘察文件应当真实、准确,满足建设工程安全生产的需要。

勘察单位在勘察作业时,应当严格执行操作规程,采取措施保证各类管线、设施和周边建筑物、构筑物的安全。

第十三条 设计单位应当按照法律、法规和工程建设强制性标准进行设计,防止因设计不合理导致生产安全事故的发生。

设计单位应当考虑施工安全操作和防护的需要,对涉及施工安全的重点部位和环节在设计文件中注明,并对防范生产安全事故提出指导意见。

采用新结构、新材料、新工艺的建设工程和特殊结构的建设工程,设计单位应当在设计中提出保障施工作业人员安全和预防生产安全事故的措施建议。

设计单位和注册建筑师等注册执业人员应当对其设计负责。

第十四条 工程监理单位应当审查施工组织设计中的安全技术措施或者专项施工方案是否符合工程建设强制性标准。

工程监理单位在实施监理过程中,发现存在安全事故隐患的,应当要求施工单位整改;情况严重的,应当要求施工单位暂时停止施工,并及时报告建设单位。施工单位拒不整改或者不停止施工的,工程监理单位应当及时向有关主管部门报告。

工程监理单位和监理工程师应当按照法律、法规和工程建设强制性标准实施监理,并对建设工程安全生产承担监理责任。

第十五条 为建设工程提供机械设备和配件的单位,应当按照安全施工的要求配备齐全有效的保险、限位等安全设施和装置。

第十六条 出租的机械设备和施工机具及配件，应当具有生产(制造)许可证、产品合格证。

出租单位应当对出租的机械设备和施工机具及配件的安全性能进行检测，在签订租赁协议时，应当出具检测合格证明。

禁止出租检测不合格的机械设备和施工机具及配件。

第十七条 在施工现场安装、拆卸施工起重机械和整体提升脚手架、模板等自升式架设设施，必须由具有相应资质的单位承担。

安装、拆卸施工起重机械和整体提升脚手架、模板等自升式架设设施，应当编制拆装方案、制定安全施工措施，并由专业技术人员现场监督。

施工起重机械和整体提升脚手架、模板等自升式架设设施安装完毕后，安装单位应当自检，出具自检合格证明，并向施工单位进行安全使用说明，办理验收手续并签字。

第十八条 施工起重机械和整体提升脚手架、模板等自升式架设设施的使用达到国家规定的检验检测期限的，必须经具有专业资质的检验检测机构检测。经检测不合格的，不得继续使用。

第十九条 检验检测机构对检测合格的施工起重机械和整体提升脚手架、模板等自升式架设设施，应当出具安全合格证明文件，并对检测结果负责。

第四章 施工单位的安全责任

第二十条 施工单位从事建设工程的新建、扩建、改建和拆除等活动，应当具备国家规定的注册资本、专业技术人员、技术装备和安全生产等条件，依法取得相应等级的资质证书，并在其资质等级许可的范围内承揽工程。

第二十一条 施工单位主要负责人依法对本单位的安全生产工作全面负责。施工单位应当建立健全安全生产责任制度和安全生产教育培训制度，制定安全生产规章制度和操作规程，保证本单位安全生产条件所需资金的投入，对所承担的建设工程进行定期和专项安全检查,并做好安全检查记录。

施工单位的项目负责人应当由取得相应执业资格的人员担任,对建设工程项目的安全施工负责,落实安全生产责任制度、安全生产规章制度和操作规程,确保安全生产费用的有效使用,并根据工程的特点组织制定安全施工措施,消除安全事故隐患,及时、如实报告生产安全事故。

第二十二条 施工单位对列入建设工程概算的安全作业环境及安全施工措施所需费用,应当用于施工安全防护用具及设施的采购和更新、安全施工措施的落实、安全生产条件的改善,不得挪作他用。

第二十三条 施工单位应当设立安全生产管理机构,配备专职安全生产管理人员。

专职安全生产管理人员负责对安全生产进行现场监督检查。发现安全事故隐患,应当及时向项目负责人和安全生产管理机构报告;对违章指挥、违章操作的,应当立即制止。

专职安全生产管理人员的配备办法由国务院建设行政主管部门会同国务院其他有关部门制定。

第二十四条 建设工程实行施工总承包的,由总承包单位对施工现场的安全生产负总责。

总承包单位应当自行完成建设工程主体结构的施工。

总承包单位依法将建设工程分包给其他单位的,分包合同中应当明确各自的安全生产方面的权利、义务。总承包单位和分包单位对分包工程的安全生产承担连带责任。

分包单位应当服从总承包单位的安全生产管理,分包单位不服从管理导致生产安全事故的,由分包单位承担主要责任。

第二十五条 垂直运输机械作业人员、安装拆卸工、爆破作业人员、起重信号工、登高架设作业人员等特种作业人员,必须按照国家有关规定经过专门的安全作业培训,并取得特种作业操作资格证书后,方可上岗作业。

第二十六条 施工单位应当在施工组织设计中编制安全技术措

施和施工现场临时用电方案，对下列达到一定规模的危险性较大的分部分项工程编制专项施工方案，并附具安全验算结果，经施工单位技术负责人、总监理工程师签字后实施，由专职安全生产管理人员进行现场监督：

（一）基坑支护与降水工程；

（二）土方开挖工程；

（三）模板工程；

（四）起重吊装工程；

（五）脚手架工程；

（六）拆除、爆破工程；

（七）国务院建设行政主管部门或者其他有关部门规定的其他危险性较大的工程。

对前款所列工程中涉及深基坑、地下暗挖工程、高大模板工程的专项施工方案，施工单位还应当组织专家进行论证、审查。

本条第一款规定的达到一定规模的危险性较大工程的标准，由国务院建设行政主管部门会同国务院其他有关部门制定。

第二十七条　建设工程施工前，施工单位负责项目管理的技术人员应当对有关安全施工的技术要求向施工作业班组、作业人员作出详细说明，并由双方签字确认。

第二十八条　施工单位应当在施工现场入口处、施工起重机械、临时用电设施、脚手架、出入通道口、楼梯口、电梯井口、孔洞口、桥梁口、隧道口、基坑边沿、爆破物及有害危险气体和液体存放处等危险部位，设置明显的安全警示标志。安全警示标志必须符合国家标准。

施工单位应当根据不同施工阶段和周围环境及季节、气候的变化，在施工现场采取相应的安全施工措施。施工现场暂时停止施工的，施工单位应当做好现场防护，所需费用由责任方承担，或者按照合同约定执行。

第二十九条　施工单位应当将施工现场的办公、生活区与作业区分开设置，并保持安全距离；办公、生活区的选址应当符合安全性要求。职工的膳食、饮水、休息场所等应当符合卫生标准。施工单位不得在尚未竣工的建筑物内设置员工集体宿舍。

施工现场临时搭建的建筑物应当符合安全使用要求。施工现场使用的装配式活动房屋应当具有产品合格证。

第三十条 施工单位对因建设工程施工可能造成损害的毗邻建筑物、构筑物和地下管线等，应当采取专项防护措施。

施工单位应当遵守有关环境保护法律、法规的规定，在施工现场采取措施，防止或者减少粉尘、废气、废水、固体废物、噪声、振动和施工照明对人和环境的危害和污染。

在城市市区内的建设工程，施工单位应当对施工现场实行封闭围挡。

第三十一条 施工单位应当在施工现场建立消防安全责任制度，确定消防安全责任人，制定用火、用电、使用易燃易爆材料等各项消防安全管理制度和操作规程，设置消防通道、消防水源，配备消防设施和灭火器材，并在施工现场入口处设置明显标志。

第三十二条 施工单位应当向作业人员提供安全防护用具和安全防护服装，并书面告知危险岗位的操作规程和违章操作的危害。

作业人员有权对施工现场的作业条件、作业程序和作业方式中存在的安全问题提出批评、检举和控告，有权拒绝违章指挥和强令冒险作业。

在施工中发生危及人身安全的紧急情况时，作业人员有权立即停止作业或者在采取必要的应急措施后撤离危险区域。

第三十三条 作业人员应当遵守安全施工的强制性标准、规章制度和操作规程，正确使用安全防护用具、机械设备等。

第三十四条 施工单位采购、租赁的安全防护用具、机械设备、施工机具及配件，应当具有生产（制造）许可证、产品合格证，并在进入施工现场前进行查验。

施工现场的安全防护用具、机械设备、施工机具及配件必须由专人管理，定期进行检查、维修和保养，建立相应的资料档案，并按照国家有关规定及时报废。

第三十五条 施工单位在使用施工起重机械和整体提升脚手架、模板等自升式架设设施前，应当组织有关单位进行验收，也可以委托具有相应资质的检验检测机构进行验收；使用承租的机械设备和施工机具及配件的，由施工总承包单位、分包单位、出租单位和安装单位共同进行验收。验收合格的方可使用。

《特种设备安全监察条例》规定的施工起重机械，在验收前应当经有相应资质的检验检测机构监督检验合格。

施工单位应当自施工起重机械和整体提升脚手架、模板等自升式架设设施验收合格之日起30日内，向建设行政主管部门或者其他有关部门登记。登记标志应当置于或者附着于该设备的显著位置。

第三十六条 施工单位的主要负责人、项目负责人、专职安全生产管理人员应当经建设行政主管部门或者其他有关部门考核合格后方可任职。

施工单位应当对管理人员和作业人员每年至少进行一次安全生产教育培训，其教育培训情况记入个人工作档案。安全生产教育培训考核不合格的人员，不得上岗。

第三十七条 作业人员进入新的岗位或者新的施工现场前，应当接受安全生产教育培训。未经教育培训或者教育培训考核不合格的人员，不得上岗作业。

施工单位在采用新技术、新工艺、新设备、新材料时，应当对作业人员进行相应的安全生产教育培训。

第三十八条 施工单位应当为施工现场从事危险作业的人员办理意外伤害保险。

意外伤害保险费由施工单位支付。实行施工总承包的，由总承包单位支付意外伤害保险费。意外伤害保险期限自建设工程开工之日起至竣工验收合格止。

第五章 监督管理

第三十九条 国务院负责安全生产监督管理的部门依照《中华人民共和国安全生产法》的规定，对全国建设工程安全生产工作实施综合监督管理。

县级以上地方人民政府负责安全生产监督管理的部门依照《中华人民共和国安全生产法》的规定，对本行政区域内建设工程安全生产工作实施综合监督管理。

第四十条 国务院建设行政主管部门对全国的建设工程安全生产实施监督管理。国务院铁路、交通、水利等有关部门按照国务院规定的职责分工，负责有关专业建设工程安全生产的监督管理。

县级以上地方人民政府建设行政主管部门对本行政区域内的建设工程安全生产实施监督管理。县级以上地方人民政府交通、水利等有关部门在各自的职责范围内，负责本行政区域内的专业建设工程安全生产的监督管理。

第四十一条 建设行政主管部门和其他有关部门应当将本条例第十条、第十一条规定的有关资料的主要内容抄送同级负责安全生产监督管理的部门。

第四十二条 建设行政主管部门在审核发放施工许可证时，应当对建设工程是否有安全施工措施进行审查，对没有安全施工措施的，不得颁发施工许可证。

建设行政主管部门或者其他有关部门对建设工程是否有安全施工措施进行审查时，不得收取费用。

第四十三条 县级以上人民政府负有建设工程安全生产监督管理职责的部门在各自的职责范围内履行安全监督检查职责时，有权采取下列措施：

（一）要求被检查单位提供有关建设工程安全生产的文件和资料；

（二）进入被检查单位施工现场进行检查；

（三）纠正施工中违反安全生产要求的行为；

（四）对检查中发现的安全事故隐患，责令立即排除；重大安全事故隐患排除前或者排除过程中无法保证安全的，责令从危险区域内撤出作业人员或者暂时停止施工。

第四十四条 建设行政主管部门或者其他有关部门可以将施工现场的监督检查委托给建设工程安全监督机构具体实施。

第四十五条 国家对严重危及施工安全的工艺、设备、材料实行淘汰制度。具体目录由国务院建设行政主管部门会同国务院其他有关部门制定并公布。

第四十六条 县级以上人民政府建设行政主管部门和其他有关部门应当及时受理对建设工程生产安全事故及安全事故隐患的检举、控告和投诉。

第六章 生产安全事故的应急救援和调查处理

第四十七条 县级以上地方人民政府建设行政主管部门应当根据本级人民政府的要求，制定本行政区域内建设工程特大生产安全事故应急救援预案。

第四十八条 施工单位应当制定本单位生产安全事故应急救援预案，建立应急救援组织或者配备应急救援人员，配备必要的应急救援器材、设备，并定期组织演练。

第四十九条 施工单位应当根据建设工程施工的特点、范围，对施工现场易发生重大事故的部位、环节进行监控，制定施工现场生产安全事故应急救援预案。实行施工总承包的，由总承包单位统一组织编制建设工程生产安全事故应急救援预案，工程总承包单位和分包单位按照应急救援预案，各自建立应急救援组织或者配备应急救援人员，配备救援器材、设备，并定期组织演练。

第五十条 施工单位发生生产安全事故，应当按照国家有关伤亡事故报告和调查处理的规定，及时、如实地向负责安全生产监督管理的部门、建设行政主管部门或者其他有关部门报告；特种设备发生事故的，还应当同时向特种设备安全监督管理部门报告。接到报告的部门应当按照国家有关规定,如实上报。

实行施工总承包的建设工程,由总承包单位负责上报事故。

第五十一条 发生生产安全事故后,施工单位应当采取措施防止事故扩大,保护事故现场。需要移动现场物品时,应当做出标记和书面记录,妥善保管有关证物。

第五十二条 建设工程生产安全事故的调查、对事故责任单位和责任人的处罚与处理,按照有关法律、法规的规定执行。

第七章 法律责任

第五十三条 违反本条例的规定,县级以上人民政府建设行政主管部门或者其他有关行政管理部门的工作人员,有下列行为之一的,给予降级或者撤职的行政处分;构成犯罪的,依照刑法有关规定追究刑事责任:

(一)对不具备安全生产条件的施工单位颁发资质证书的;

(二)对没有安全施工措施的建设工程颁发施工许可证的;

(三)发现违法行为不予查处的;

(四)不依法履行监督管理职责的其他行为。

第五十四条 违反本条例的规定,建设单位未提供建设工程安全生产作业环境及安全施工措施所需费用的,责令限期改正;逾期未改正的,责令该建设工程停止施工。

建设单位未将保证安全施工的措施或者拆除工程的有关资料报送有关部门备案的,责令限期改正,给予警告。

第五十五条 违反本条例的规定,建设单位有下列行为之一的,责令限期改正,处20万元以上50万元以下的罚款;造成重大安全事故,构成犯罪的,对直接责任人员,依照刑法有关规定追究刑事责任;造成损失的,依法承担赔偿责任:

(一)对勘察、设计、施工、工程监理等单位提出不符合安全生产法律、法规和强制性标准规定的要求的;

(二)要求施工单位压缩合同约定的工期的;

（三）将拆除工程发包给不具有相应资质等级的施工单位的。

第五十六条　违反本条例的规定，勘察单位、设计单位有下列行为之一的，责令限期改正，处10万元以上30万元以下的罚款；情节严重的，责令停业整顿，降低资质等级，直至吊销资质证书；造成重大安全事故，构成犯罪的，对直接责任人员，依照刑法有关规定追究刑事责任；造成损失的，依法承担赔偿责任：

（一）未按照法律、法规和工程建设强制性标准进行勘察、设计的；

（二）采用新结构、新材料、新工艺的建设工程和特殊结构的建设工程，设计单位未在设计中提出保障施工作业人员安全和预防生产安全事故的措施建议的。

第五十七条　违反本条例的规定，工程监理单位有下列行为之一的，责令限期改正；逾期未改正的，责令停业整顿，并处10万元以上30万元以下的罚款；情节严重的，降低资质等级，直至吊销资质证书；造成重大安全事故，构成犯罪的，对直接责任人员，依照刑法有关规定追究刑事责任；造成损失的，依法承担赔偿责任：

（一）未对施工组织设计中的安全技术措施或者专项施工方案进行审查的；

（二）发现安全事故隐患未及时要求施工单位整改或者暂时停止施工的；

（三）施工单位拒不整改或者不停止施工，未及时向有关主管部门报告的；

（四）未依照法律、法规和工程建设强制性标准实施监理的。

第五十八条　注册执业人员未执行法律、法规和工程建设强制性标准的，责令停止执业3个月以上1年以下；情节严重的，吊销执业资格证书，5年内不予注册；造成重大安全事故的，终身不予注册；构成犯罪的，依照刑法有关规定追究刑事责任。

第五十九条　违反本条例的规定，为建设工程提供机械设备和配件的单位，未按照安全施工的要求配备齐全有效的保险、限位等安全设施和装置的，责令限期改正，处合同价款1倍以上3倍以下的罚款；

造成损失的，依法承担赔偿责任。

第六十条 违反本条例的规定，出租单位出租未经安全性能检测或者经检测不合格的机械设备和施工机具及配件的，责令停业整顿，并处5万元以上10万元以下的罚款；造成损失的，依法承担赔偿责任。

第六十一条 违反本条例的规定，施工起重机械和整体提升脚手架、模板等自升式架设设施安装、拆卸单位有下列行为之一的，责令限期改正，处5万元以上10万元以下的罚款；情节严重的，责令停业整顿，降低资质等级，直至吊销资质证书；造成损失的，依法承担赔偿责任：

（一）未编制拆装方案、制定安全施工措施的；

（二）未由专业技术人员现场监督的；

（三）未出具自检合格证明或者出具虚假证明的；

（四）未向施工单位进行安全使用说明，办理移交手续的。

施工起重机械和整体提升脚手架、模板等自升式架设设施安装、拆卸单位有前款规定的第（一）项、第（三）项行为，经有关部门或者单位职工提出后，对事故隐患仍不采取措施，因而发生重大伤亡事故或者造成其他严重后果，构成犯罪的，对直接责任人员，依照刑法有关规定追究刑事责任。

第六十二条 违反本条例的规定，施工单位有下列行为之一的，责令限期改正；逾期未改正的，责令停业整顿，依照《中华人民共和国安全生产法》的有关规定处以罚款；造成重大安全事故，构成犯罪的，对直接责任人员，依照刑法有关规定追究刑事责任：

（一）未设立安全生产管理机构、配备专职安全生产管理人员或者分部分项工程施工时无专职安全生产管理人员现场监督的；

（二）施工单位的主要负责人、项目负责人、专职安全生产管理人员、作业人员或者特种作业人员，未经安全教育培训或者经考核不合格即从事相关工作的；

（三）未在施工现场的危险部位设置明显的安全警示标志，或者未按照国家有关规定在施工现场设置消防通道、消防水源、配备消防设施和灭火器材的；

（四）未向作业人员提供安全防护用具和安全防护服装的；

（五）未按照规定在施工起重机械和整体提升脚手架、模板等自升式架设设施验收合格后登记的；

（六）使用国家明令淘汰、禁止使用的危及施工安全的工艺、设备、材料的。

第六十三条　违反本条例的规定，施工单位挪用列入建设工程概算的安全生产作业环境及安全施工措施所需费用的，责令限期改正，处挪用费用20%以上50%以下的罚款；造成损失的，依法承担赔偿责任。

第六十四条　违反本条例的规定，施工单位有下列行为之一的，责令限期改正；逾期未改正的，责令停业整顿，并处5万元以上10万元以下的罚款；造成重大安全事故，构成犯罪的，对直接责任人员，依照刑法有关规定追究刑事责任：

（一）施工前未对有关安全施工的技术要求作出详细说明的；

（二）未根据不同施工阶段和周围环境及季节、气候的变化，在施工现场采取相应的安全施工措施，或者在城市市区内的建设工程的施工现场未实行封闭围挡的；

（三）在尚未竣工的建筑物内设置员工集体宿舍的；

（四）施工现场临时搭建的建筑物不符合安全使用要求的；

（五）未对因建设工程施工可能造成损害的毗邻建筑物、构筑物和地下管线等采取专项防护措施的。

施工单位有前款规定第（四）项、第（五）项行为，造成损失的，依法承担赔偿责任。

第六十五条　违反本条例的规定，施工单位有下列行为之一的，责令限期改正；逾期未改正的，责令停业整顿，并处10万元以上30万元以下的罚款；情节严重的，降低资质等级，直至吊销资质证书；造成重大安全事故，构成犯罪的，对直接责任人员，依照刑法有关规定追究

刑事责任;造成损失的,依法承担赔偿责任:

(一)安全防护用具、机械设备、施工机具及配件在进入施工现场前未经查验或者查验不合格即投入使用的;

(二)使用未经验收或者验收不合格的施工起重机械和整体提升脚手架、模板等自升式架设设施的;

(三)委托不具有相应资质的单位承担施工现场安装、拆卸施工起重机械和整体提升脚手架、模板等自升式架设设施的;

(四)在施工组织设计中未编制安全技术措施、施工现场临时用电方案或者专项施工方案的。

第六十六条 违反本条例的规定,施工单位的主要负责人、项目负责人未履行安全生产管理职责的,责令限期改正;逾期未改正的,责令施工单位停业整顿;造成重大安全事故、重大伤亡事故或者其他严重后果,构成犯罪的,依照刑法有关规定追究刑事责任。

作业人员不服管理、违反规章制度和操作规程冒险作业造成重大伤亡事故或者其他严重后果,构成犯罪的,依照刑法有关规定追究刑事责任。

施工单位的主要负责人、项目负责人有前款违法行为,尚不够刑事处罚的,处 2 万元以上 20 万元以下的罚款或者按照管理权限给予撤职处分;自刑罚执行完毕或者受处分之日起,5 年内不得担任任何施工单位的主要负责人、项目负责人。

第六十七条 施工单位取得资质证书后,降低安全生产条件的,责令限期改正;经整改仍未达到与其资质等级相适应的安全生产条件的,责令停业整顿,降低其资质等级直至吊销资质证书。

第六十八条 本条例规定的行政处罚,由建设行政主管部门或者其他有关部门依照法定职权决定。

违反消防安全管理规定的行为,由公安消防机构依法处罚。

有关法律、行政法规对建设工程安全生产违法行为的行政处罚决定机关另有规定的,从其规定。

第八章 附 则

第六十九条 抢险救灾和农民自建低层住宅的安全生产管理，不适用本条例。

第七十条 军事建设工程的安全生产管理，按照中央军事委员会的有关规定执行。

第七十一条 本条例自2004年2月1日起施行。

电力安全生产监督管理办法

（2015年2月17日公布 国家发展和改革委员会令第21号
自2015年3月1日起实施）

第一章 总 则

第一条 为了有效实施电力安全生产监督管理，预防和减少电力事故，保障电力系统安全稳定运行和电力可靠供应，依据《中华人民共和国安全生产法》、《中华人民共和国突发事件应对法》、《电力监管条例》、《生产安全事故报告和调查处理条例》、《电力安全事故应急处置和调查处理条例》等法律法规，制定本办法。

第二条 本办法适用于中华人民共和国境内以发电、输电、供电、电力建设为主营业务并取得相关业务许可或按规定豁免电力业务许可的电力企业。

第三条 国家能源局及其派出机构依照本办法，对电力企业的电力运行安全（不包括核安全）、电力建设施工安全、电力工程质量安全、电力应急、水电站大坝运行安全和电力可靠性工作等方面实施监督管理。

第四条 电力安全生产工作应当坚持“安全第一、预防为主、综合治理”的方针,建立电力企业具体负责、政府监管、行业自律和社会监督的工作机制。

第五条 电力企业是电力安全生产的责任主体,应当遵照国家有关安全生产的法律法规、制度和标准,建立健全电力安全生产责任制,加强电力安全生产管理,完善电力安全生产条件,确保电力安全生产。

第六条 任何单位和个人对违反本办法和国家有关电力安全生产监督管理规定的行为,有权向国家能源局及其派出机构投诉和举报,国家能源局及其派出机构应当依法处理。

第二章 电力企业的安全生产责任

第七条 电力企业的主要负责人对本单位的安全生产工作全面负责。电力企业从业人员应当依法履行安全生产方面的义务。

第八条 电力企业应当履行下列电力安全生产管理基本职责:

(一)依照国家安全生产法律法规、制度和标准,制定并落实本单位电力安全生产管理制度和规程;

(二)建立健全电力安全生产保证体系和监督体系,落实安全生产责任;

(三)按照国家有关法律法规设置安全生产管理机构、配备专职安全管理人员;

(四)按照规定提取和使用电力安全生产费用,专门用于改善安全生产条件;

(五)按照有关规定建立健全电力安全生产隐患排查治理制度和风险预控体系,开展隐患排查及风险辨识、评估和监控工作,并对安全隐患和风险进行治理、管控;

(六)开展电力安全生产标准化建设;

(七)开展电力安全生产培训宣传教育工作,负责以班组长、新工人、农民工为重点的从业人员安全培训;

(八)开展电力可靠性管理工作,建立健全电力可靠性管理工作体系,准确、及时、完整报送电力可靠性信息;

（九）建立电力应急管理体系，健全协调联动机制，制定各级各类应急预案并开展应急演练，建设应急救援队伍，完善应急物资储备制度；

（十）按照规定报告电力事故和电力安全事件信息并及时开展应急处置，对电力安全事件进行调查处理。

第九条 发电企业应当按照规定对水电站大坝进行安全注册，开展大坝安全定期检查和信息化建设工作；对燃煤发电厂贮灰场进行安全备案，开展安全巡查和定期安全评估工作。

第十条 电力建设单位应当对电力建设工程施工安全和工程质量安全负全面管理责任，履行工程组织、协调和监督职责，并按照规定将电力工程项目的安全生产管理情况向当地派出机构备案，向相关电力工程质监机构进行工程项目质量监督注册申请。

第十一条 供电企业应当配合地方政府对电力用户安全用电提供技术指导。

第三章 电力系统安全

第十二条 电力企业应当共同维护电力系统安全稳定运行。在电网互联、发电机组并网过程中应严格履行安全责任，并在双方的联（并）网调度协议中具体明确，不得擅自联（并）网和解网。

第十三条 各级电力调度机构是涉及电力系统安全的电力安全事故（事件）处置的指挥机构，发生电力安全事故（事件）或遇有危及电力系统安全的情况时，电力调度机构有权采取必要的应急处置措施，相关电力企业应当严格执行调度指令。

第十四条 电力调度机构应当加强电力系统安全稳定运行管理，科学合理安排系统运行方式，开展电力系统安全分析评估，统筹协调电网安全和并网运行机组安全。

第十五条 电力企业应当加强发电设备设施和输变配电设备设施安全管理和技术管理，强化电力监控系统（或设备）专业管理，完善电力系统调频、调峰、调压、调相、事故备用等性能，满足电力系统安全稳定运行的需要。

第十六条 发电机组、风电场以及光伏电站等并入电网运行，应当满足相关技术标准，符合电网运行的有关安全要求。

第十七条 电力企业应当根据国家有关规定和标准，制订、完善和落实预防电网大面积停电的安全技术措施、反事故措施和应急预案，建立完善与国家能源局及其派出机构、地方人民政府及电力用户等的应急协调联动机制。

第四章 电力安全生产的监督管理

第十八条 国家能源局依法负责全国电力安全生产监督管理工作。国家能源局派出机构（以下简称“派出机构”）按照属地化管理的原则，负责辖区内电力安全生产监督管理工作。

涉及跨区域的电力安全生产监督管理工作，由国家能源局负责或者协调确定具体负责的区域派出机构；同一区域内涉及跨省的电力安全生产监督管理工作，由当地区域派出机构负责或者协调确定具体负责的省级派出机构。

50 兆瓦以下小水电站的安全生产监督管理工作，按照相关规定执行。50 兆瓦以下小水电站的涉网安全由派出机构负责监督管理。

第十九条 国家能源局及其派出机构应当采取多种形式，加强有关安全生产的法律法规、制度和标准的宣传，向电力企业传达国家有关安全生产工作各项要求，提高从业人员的安全生产意识。

第二十条 国家能源局及其派出机构应当建立健全电力行业安全生产工作协调机制，及时协调、解决安全生产监督管理中存在的重大问题。

第二十一条 国家能源局及其派出机构应当依法对电力企业执行有关安全生产法规、标准和规范情况进行监督检查。

国家能源局组织开展全国范围的电力安全生产大检查，制定检查工作方案，并对重点地区、重要电力企业、关键环节开展重点督查。派出机构组织开展辖区内的电力安全生产大检查，对部分电力企业进行抽查。

第二十二条 国家能源局及其派出机构对现场检查中发现的安全生产违法、违规行为,应当责令电力企业当场予以纠正或者限期整改。对现场检查中发现的重大安全隐患,应当责令其立即整改;安全隐患危及人身安全时,应当责令其立即从危险区域内撤离人员。

第二十三条 国家能源局及其派出机构应当监督指导电力企业隐患排查治理工作,按照有关规定对重大安全隐患挂牌督办。

第二十四条 国家能源局及其派出机构应当统计分析电力安全生产信息,并定期向社会公布。根据工作需要,可以要求电力企业报送与电力安全生产相关的文件、资料、图纸、音频或视频记录和有关数据。

国家能源局及其派出机构发现电力企业在报送资料中存在弄虚作假及其他违规行为的,应当及时纠正和处理。

第二十五条 国家能源局及其派出机构应当依法组织或参与电力事故调查处理。

国家能源局组织或参与重大和特别重大电力事故调查处理;督办有重大社会影响的电力安全事件。派出机构组织或参与较大和一般电力事故调查处理,对电力系统安全稳定运行或对社会造成较大影响的电力安全事件组织专项督查。

第二十六条 国家能源局及其派出机构应当依法组织开展电力应急管理工作。

国家能源局负责制定电力应急体系发展规划和国家大面积停电事件专项应急预案,开展重大电力突发安全事件应急处置和分析评估工作。派出机构应当按照规定权限和程序,组织、协调、指导电力突发安全事件应急处置工作。

第二十七条 国家能源局及其派出机构应当组织开展电力安全培训和宣传教育工作。

第二十八条 国家能源局及其派出机构配合地方政府有关部门、相关行业管理部门,对重要电力用户安全用电、供电电源配置、自备应急电源配置和使用实施监督管理。

第二十九条 国家能源局及其派出机构应当建立安全生产举报制度,公开举报电话、信箱和电子邮件地址,受理有关电力安全生产的举报;受理的举报事项经核实后,对违法行为严重的电力企业,应当向社会公告。

第五章 罚 则

第三十条 电力企业造成电力事故的,依照《生产安全事故报告和调查处理条例》和《电力安全事故应急处置和调查处理条例》,承担相应的法律责任。

第三十一条 国家能源局及其派出机构从事电力安全生产监督管理工作的人员滥用职权、玩忽职守或者徇私舞弊的,依法给予行政处分;构成犯罪的,由司法机关依法追究刑事责任。

第三十二条 国家能源局及其派出机构通过现场检查发现电力企业有违反本办法规定的行为时,可以对电力企业主要负责人或安全生产分管负责人进行约谈,情节严重的,依据《安全生产法》第九十条,可以要求其停工整顿,对发电企业要求其暂停并网运行。

第三十三条 电力企业有违反本办法规定的行为时,国家能源局及其派出机构可以对其违规情况向行业进行通报,对影响电力用户安全可靠供电行为的处理情况,向社会公布。

第三十四条 电力企业发生电力安全事件后,存在下列情况之一的,国家能源局及其派出机构可以责令限期改正,逾期不改正的应当将其列入安全生产不良信用记录和安全生产诚信“黑名单”,并处以1万元以下的罚款:

(一)迟报、漏报、谎报、瞒报电力安全事件信息的;

(二)不及时组织应急处置的;

(三)未按规定对电力安全事件进行调查处理的。

第三十五条 电力企业未履行本办法第八条规定的,由国家能源局及其派出机构责令限期整改,逾期不整改的,对电力企业主要负责人予以警告;情节严重的,由国家能源局及其派出机构对电力企业主要负责人处以1万元以下的罚款。

第三十六条 电力企业有下列情形之一的,由国家能源局及其派出机构责令限期改正;逾期不改正的,由国家能源局及其派出机构依据《电力监管条例》第三十四条,对其处以5万元以上、50万元以下的罚款,并将其列入安全生产不良信用记录和安全生产诚信"黑名单":

(一)拒绝或阻挠国家能源局及其派出机构从事监督管理工作的人员依法履行电力安全生产监督管理职责的;

(二)向国家能源局及其派出机构提供虚假或隐瞒重要事实的文件、资料的。

第六章 附 则

第三十七条 本办法下列用语的含义:

(一)电力系统,是指由发电、输电、变电、配电以及电力调度等环节组成的电能生产、传输和分配的系统。

(二)电力事故,是指电力生产、建设过程中发生的电力安全事故、电力人身伤亡事故、发电设备或输变电设备设施损坏造成直接经济损失的事故。

(三)电力安全事件,是指未构成电力安全事故,但影响电力(热力)正常供应,或对电力系统安全稳定运行构成威胁,可能引发电力安全事故或造成较大社会影响的事件。

(四)重大安全隐患,是指可能造成一般以上人身伤亡事故、电力安全事故、直接经济损失100万元以上的电力设备事故和其他对社会造成较大影响的隐患。

第三十八条 本办法自二〇一五年三月一日起施行。原国家电力监管委员会《电力安全生产监管办法》同时废止。

国务院办公厅关于加强电力安全工作的通知

（2003年12月5日公布　国办发〔2003〕98号
自2003年12月5日起实施）

各省、自治区、直辖市人民政府，国务院各部委、各直属机构：

电力工业是关系国计民生的重要基础产业和公用事业，电力安全事关经济发展和社会稳定，与人民群众的生产生活密切相关。长期以来，我国电力建设和运行坚持"统一规划、统一调度"的原则，电源电网布局基本合理，电网结构清晰，电压等级简明，二次系统同步，基本建立了保障电力安全的法律法规、技术标准和管理体系，保证了电力系统安全，对保障我国国民经济持续快速健康发展发挥了重要作用。但是，我国电力工业正处在发展阶段，电力需求增长很快，电力供需矛盾突出，部分地区发电和输变电备用容量不足，电网网架结构薄弱，安全运行存在隐患；电力生产运行中违反调度规则和指令的情况时有发生，各地违章施工、偷盗电力设施等严重危害电力安全的情况屡禁不止；现行电力安全法律法规有的不适应当前形势或新的体制，需要进一步修改和完善。为加强电力安全工作，经国务院同意，现将有关事项通知如下：

一、加强法规建设，切实落实电力安全生产责任制

电力系统安全和应急处置事关国家安全和社会稳定大局，各地区、各部门要高度重视电力安全工作，强化电力安全生产责任，严格安全生产监督检查。为了加强电力安全监管工作，国务院授权电监会具体负责电力安全监督管理，安全监管局负责综合管理。有关部门要根据电力体制改革的新形势和电力安全工作的新要求，抓紧研究提出修订电力安全生产方面行政法规的意见，完善电力安全法律保障体系。

地方各级人民政府要加强电力设施保护方面法律法规的宣传教

育工作,增强全社会维护电力设施安全的守法意识。同时,各地公安等有关部门要加大执法力度,严厉打击各类破坏电力设施的违法犯罪行为,为电力系统的安全稳定运行创造良好的社会环境。

电力企业要始终坚持“安全第一、预防为主”的方针,切实落实企业内部安全生产责任制,严明组织纪律,加强安全技术培训,提高电力系统运行可靠性和电力企业安全管理水平,确保电力安全生产和供应。国家电网公司和中国南方电网有限责任公司分别负责所辖范围内的电网安全,南方电网与其他区域电网联网线路的安全责任由国家电网公司承担。

二、完善调度协调体系,建立有效的电力安全应急机制

电力系统运行要坚持统一调度、分级管理、分区分层运行的原则,进一步完善统一的调度协调体系。在电网运行方式、备用容量安排、设备检修计划、紧急事故处理以及事故发生后恢复等方面做到统筹安排。电力企业要顾全大局,服从统一调度,严格按照调度指令安排运行方式,做到令行禁止。

地方各级人民政府要借鉴国内外处理公共突发事件的经验,抓紧建立适合本地区实际情况的电力安全应急处理机制,制订周密、完备的应急预案,并向社会广泛宣传和定期组织演习。党政机关、金融机构、通信企业、广播电台、电视台、医院和机场等重要单位要安装备用电源。对建设备用电源确有困难的单位,要给予必要的支持。

电力企业要建立有效的电力系统突发事件应急机制,针对电力生产运行中的薄弱环节,定期进行反事故演习,提高处理事故的能力。特别是电网企业要制订完备的“黑启动”预案,并定期组织演练。

三、抓紧制订电力发展规划,统筹安排电源和电网建设

电力发展要坚持统一规划的原则,抓紧制订电力发展中长期规划,以科学的规划指导电力建设,保证供需平衡,满足国民经济发展和人民生活的需要。电力发展规划要充分论证,统筹兼顾,适当超前,使电力工业稳步有序发展,避免大起大落。要统筹安排电源和电网建设,优化电源布局和电网结构,保持电源与电网稳步协调发展,促进水电、煤电、核电和蓄能电站等电源合理互补。加快“西电东送”项目建设,实现更大范围内的电力资源优化配置。有关部门要抓紧协调落实资金渠道,加快电网建设。

要依靠科学技术,坚持全国统一的电力技术标准、技术规范和电网安全技术手段,加强电力系统安全运行的基础,提高电力系统抗风险能力。区域电网要因地因网制宜,重视网架结构和布局的科学合理性,建设坚强、清晰、合理、可靠的骨干网架。重视电网二次系统的同步配套建设,加强电网安全的监控和保护。继续改造城市电网,解决城市电网薄弱、配电容量不足问题,提高城市电力供应的可靠性,减少安全隐患。电网公司可拥有必要的调峰调频及事故备用发电容量,提高系统安全性。

新建电力项目必须服从国家的统一规划,严格执行国家规定的审批程序。对违规建设的电力项目要依法处理。要适当简化规划内电力建设项目审批程序,加快建设步伐,增加电力供应。

四、加强用电侧管理,科学引导电力消费

加强用电侧管理既是当前做好电力供应工作的一个重要内容,又是电力工业节约能源,实现可持续发展的有效途径。在缺电时错峰用电,在紧急情况下按预案有序切断负荷,是保证电网安全的必要手段。要充分运用价格杠杆等经济手段,加快实行发电和用电的峰谷电价,科学引导电力消费,缓解电网峰谷差矛盾,提高电网运行的可靠性。

五、积极稳妥地推进电力体制改革

电力体制改革是适应社会主义市场经济需要、优化电力资源配置、促进电力工业发展的重要举措。各有关部门和地区要继续按照电力体制改革方案,积极、稳妥、分步推进各项改革措施。要正确处理改革和电力安全生产的关系,在保证电力安全生产和电力系统稳定运行的前提下不断把改革推向深入。

电力体制改革工作小组要加强对电力体制改革工作的领导,各成员单位要按照统一部署和工作分工,密切配合,各司其职,认真完成改革方案确定的各项任务。

国家电力监管委员会关于加强风电安全工作的意见

（2012年3月1日公布　电监安全〔2012〕16号
自2012年3月1日起实施）

为进一步规范风电安全工作，强化风电设计、建设、并网、运行和调度等全过程安全管理，保证电力系统安全稳定运行和电力的可靠供应，促进风电安全健康发展，提出以下意见：

一、风电场设计与设备选型管理

（一）设计（咨询）单位要严格设计流程、加强设计管理。对于符合国家规划的新建风电场，要加强对风资源、建场条件的论证，预可研、可研、施工设计等各阶段的设计方案要满足相关设计深度要求并通过设计审查。项目设计方案如有重大变更，应组织开展论证，必要时要重新开展该阶段勘察设计与审查工作。

（二）风电场接入系统设计要对可能引起的系统电压稳定问题进行研究，优先考虑风电机组无功调节能力，合理确定风电场升压站动态无功补偿方案。电力调度机构应参与接入系统的设计审查，根据电网运行情况，提出具体审查意见。

（三）分散式风电设计要充分考虑当地电网一次和二次设备状况，对风电机组选型和电网改造提出明确要求，满足电网的调压需要。

（四）风电场二次系统设计要满足国家和行业相关技术标准以及电力系统安全稳定运行要求，并应征求电力调度机构意见。风电场监控系统设计要满足电力二次系统安全防护的相关规定，实现风电场运行信息和测风信息上传电力调度机构，满足风电场有功功率、无功电压自动调节远方控制的要求，并设置统一的时钟系统。禁止通过公共互联网络直接对风电机组进行远程监测、控制和维护。

（五）设计单位要优化风电场集电系统设计，应优先选用上出线机端升压变压器，以减少电缆终端使用数量；集电系统电缆终端应选用冷缩型或预制型，适当提高电缆终端交流耐压和雷电冲击耐压水平。集电系统应综合考虑系统可靠性、保护灵敏度及短路电流状况选择合理的中性点接地方式，实现集电系统永久接地故障的可靠快速切除。

（六）设计单位应根据风电场所在地区合理确定雷电过电压保护设计等级及保护接线，多雷区风电场应适当提高设备防雷设计等级，防雷引线选型和风电场接地电阻应满足相关防雷标准要求，机组叶片引雷线及防雷引下线应优先采用铜质导线。海上、海岛、沿海地区风电场应注重差异化设计，提高风电机组的防台风、防腐蚀能力。风电机组机舱内设备及动力电缆应采用防火设计，采用阻燃材料，提高风电机组的防火能力。

（七）风电企业要加强设计（咨询）单位和风电设备的招标管理，严格设计审查，防止因低价中标导致设备质量下降。风电企业与风电设备制造企业签订的设备采购合同应明确要求风电设备制造企业对制造原因引起的设备安全隐患，及时进行整治；提供风电机组保护设置参数和电气仿真模型等资料；开放涉网保护参数的设置权限。

（八）风电企业应选择经挂网试运行且检测合格的风电机型。并网风电机组应具备低电压穿越能力，并具备一定的过电压能力。规划总装机容量百万千瓦以上的风电基地，各风电场应具备一定的动态无功支撑能力。

二、风电场建设安全管理

（九）风电建设项目单位要对风电建设项目安全生产负全面管理责任，履行电力建设安全生产组织、协调、监督职责，建立健全组织机构和工作机制，落实参建各方职责，完善各项安全管理制度。项目开工 15 个工作日内，将风电建设项目的安全生产管理情况向所在地电力监管机构备案。

（十）风电建设项目单位要加强设计（咨询）、施工、监理单位的资质管理，建立和完善设计、监理、施工、调试、设备制造企业等单位的安全资质审查制度。参建单位应取得相应的资质，不得超越资质承揽工程，严禁工程非法转包和违法分包。特种作业人员应持证上岗。

（十一）风电建设项目单位和施工单位要加强对风电机组吊装、工程爆破施工等重大特殊施工作业方案的审查工作。工程使用的特种设备、燃爆器材、危险化学品等应按国家有关规定要求，加强运输、储存、使用等各环节安全管理工作。监理单位要审查施工各项准备措施和方案，对吊装作业、工程爆破、隐蔽工程等重要施工作业实行旁站监理。

（十二）风电建设项目单位要建立项目质量管理目标和组织机构，明确参建各方职责，完善质量管理制度和考核标准，加强风电机组吊装、电缆终端、电力二次接线、接地网等各环节施工质量控制与管理，防止由于质量控制不到位造成安全隐患。参建各方要重视质量缺陷管理，强化防治措施，提高工程建设质量管理水平。

（十三）风电建设项目单位要建立主要设备监造管理机制，对于主要原材料、零部件的选择要进行鉴证。必要时，对于关键质量环节应旁站监督，保证风电设备制造质量符合技术要求。

（十四）风电企业要加强工程质量验收管理，建立和完善验收管理制度。强化资料验收移交工作，风电工程各阶段验收及各项试验资料应数据齐全，结论明确，手续完备。工程档案应与工程建设同步，强化对图纸、照片、电子文档载体及技术档案等资料管理。

（十五）电网企业要加强风能资源丰富地区电网的规划和建设，做好风电场接入系统和送出工程的建设管理工作，对于已审查通过的接入系统审查意见，不得擅自变更，努力实现接入工程的同步建设和同步投产，不得以技术和其他理由拖延风电项目接入。

三、风电并网安全管理

（十六）风电企业要加强风电场并网管理，组织开展新建风电场机组并网检测工作；按照《发电机组并网安全性评价管理办法》要求，开展并网安全性评价。

（十七）风电并网检测应由具备相应资质的检测机构进行。检测机构应规范检测程序，加强检测能力建设。对于风电场内抽检测试未通过的机型和抽检合格批次产品中因更换主要部件导致风电机组性能不满足并网技术要求的机型，检测机构应及时报告电力监管机构和电力调度机构，并于每月底前将通过检测的风电机组型号及检测汇总报告报送电力监管机构备案，并同时抄送当地电力调度机构和风电企业。

（十八）电力调度机构要加强风电场并网运行管理，配合开展风电场并网检测工作，参与风电场并网安全性评价工作，对风电场涉网资料、技术条件、并网测试等方面内容进行严格核查。

四、风电场运行管理

（十九）风电企业要建立健全安全生产规章制度，落实企业安全生产主体责任，加强安全生产管理，保证必要的安全投入。配置专（兼）职安全员和技术人员，履行安全职责，强化现场安全生产管理，开展电力安全生产标准化工作。

（二十）风电企业要加强安全、运行、检修等规程的编制和修订工作，按有关规程要求对输变电设备开展预防性试验和运行维护工作。电场运行规程应报当地电力调度机构备案。

（二十一）风电企业运行人员应熟悉电力系统调度管理规程和相关规定，严格遵守调度纪律，及时准确向电力调度机构汇报事故和故障情况。记录保存故障期间的有关运行信息，配合开展调查分析。风电场因继电保护或安全自动装置动作导致风电机组脱网时，应及时报告电力调度机构，未经电力调度机构同意，禁止自行并网。

（二十二）风电企业要加强电力二次系统管理，开展二次系统隐患排查治理工作。规范继电保护定值计算、审核、批准制度，建立和完善继电保护运行管理规程；相关涉网二次系统及设备定值应报电力调度机构审核和备案；每年应根据系统参数变化等情况进行继电保护定值复核，保证电力二次设备安全运行。

（二十三）风电企业要建立隐患排查治理工作常态机制，定期开展风电机组、集电系统、变电设备和无功补偿装置等电气设备的隐患排查治理工作。对于低电压穿越能力、继电保护及安全自动装置、无功配置和调节性能不满足电网安全稳定运行要求的风电场，应制定专项整改计划，及时落实整改。已投运风电场应采取措施，实现集电系统永久接地故障的可靠快速切除。

（二十四）风电企业要加强应急管理，完善应急预案体系，重点编制自然灾害、火灾、人身伤亡、风机大规模脱网等专项应急预案和现场处置方案，并按照相关规定强化应急预案管理，开展应急演练。风电企业要强化应急队伍建设，做好应急物资储备工作，提高风电场应急处置能力。

（二十五）风电企业要组织开展风电场技术监督工作。加强风电场绝缘、金属、继电保护、调度自动化、电能质量等方面技术监督工作，及时掌握设备健康状态。

（二十六）风电企业要加强人员培训工作，制定培训计划，定期开展业务培训。风电企业有调度受令业务的运行值班人员应经过电力调度机构的培训，并取得相应的合格证书持证上岗。

（二十七）风电企业要加强风电可靠性管理，建立可靠性管理工作机制，落实可靠性管理岗位责任，准确、及时、完整报送信息。

（二十八）电网企业要加强对大规模风电并网产生的电力系统安全风险的研究分析，有针对性地制定系统反事故措施和专项应急预案，及时制定并落实保证电力系统安全稳定运行的措施。要加强电网薄弱环节的建设改造，为风电接入创造条件；要加强输变电设备的运行维护，保证风电并网运行安全。

五、风电调度管理

（二十九）电力调度机构要按照有关法律法规和技术标准的要求，加强风电调度管理，在保证电力系统安全稳定运行的前提下，实行风电等可再生能源的优先调度和全额收购。风电企业要严格遵守调度纪律，加强与电力调度机构的协作配合。

（三十）电力调度机构要加强对系统风电接纳能力的评估，将风电纳入月度电力电量平衡和日前调度计划管理,统筹安排运行方式。逐步开展风电场综合性能排序调度工作。直调风电装机容量达到100万千瓦的省级及以上电力调度机构原则上应设立风电(可再生能源)调度管理专职人员。

(三十一)电力调度机构要督促风电企业对已投运风电场按照有关规定要求,开展并网安全性评价工作,不具备低电压穿越能力的,要按照电监会《关于风电场并网安全性评价中有关风电机组低电压穿越能力处理意见的通知》要求,进行整改。

(三十二)电力调度机构要加强调管范围内二次专业管理,督促风电场开展二次系统安全隐患排查治理工作。指导风电场进行涉网保护整定,做好涉网保护定值审核和备案。组织风电场开展二次系统安全防护工作。

(三十三)电力调度机构要逐步建立以省级和区域电力调度机构为平台的风电功率预测预报体系,开展覆盖调管范围的中长期、短期、超短期风电发电预报工作。风电场要按照有关规定要求,建立风电功率预测预报系统,集中接入的风电场要按风电发电计划申报要求向电力调度机构上报发电计划。

(三十四)电力调度机构和风电企业要充分利用厂网联席会议等信息交流平台,按照有关规定披露风电运行信息,协商解决电力系统安全运行重大事项,促进风电与电网协调发展。

(三十五)风电企业要向电力调度机构提供风电设备的电气仿真模型和相关参数,配合电力调度机构开展对大型风电场接入系统影响电网安全稳定运行情况的研究工作,落实相关安全措施。

六、风电安全监管

(三十六)电力监管机构要加强风电安全监督管理,强化风电建设、并网、运行和调度等重点环节的安全监管。要组织开展风电场并网安全性评价工作,严格执行电力业务许可制度,定期进行电力企业安全生产情况监督检查,督促企业开展隐患排查治理工作,推进教育培训和技术交流,促进风电安全健康发展。

（三十七）电力监管机构要按照“四不放过”原则和“依法依规、实事求是、注重实效”要求，开展风电安全事故调查处理工作，严肃责任追究。对发生风电安全事故以及存在重大安全隐患整改不力的企业，要及时进行通报，并督促企业及时落实整改工作。

（三十八）电力监管机构要发挥监督、指导和协调作用，督促风电企业健全安全生产管理体系，加强安全风险管控，加强隐患排查治理、教育培训、应急救援和事故处置等方面工作，强化安全生产基层基础建设，推进电力安全生产标准化工作，促进风电安全健康发展。

（三十九）电力监管机构要加强对风电调度工作和风电并网检测工作的监管，督促电力调度机构强化风电并网运行管理和电力二次专业管理，在保证电网安全稳定运行的前提下，优先调度和全额收购可再生发电资源。

（四十）电力可靠性管理中心要加强可靠性管理，强化可靠性数据的统计分析和应用，及时发布可靠性指标，为风电设备选型、风电场生产运行和检修维护提供参考。

（四十一）电力监管机构要督促各电力企业按照有关规定要求，及时、准确、完整报送风电安全生产信息，按时进行信息统计和汇总，及时进行安全信息通报和披露。

建设工程抗震管理条例

（2021年5月12日国务院第135次常务会议通过　2021年7月19日公布　国务院令第744号　自2021年9月1日起实施）

第一章　总　　则

第一条　为了提高建设工程抗震防灾能力，降低地震灾害风险，保障人民生命财产安全,根据《中华人民共和国建筑法》、《中华人民共和国防震减灾法》等法律,制定本条例。

第二条 在中华人民共和国境内从事建设工程抗震的勘察、设计、施工、鉴定、加固、维护等活动及其监督管理,适用本条例。

第三条 建设工程抗震应当坚持以人为本、全面设防、突出重点的原则。

第四条 国务院住房和城乡建设主管部门对全国的建设工程抗震实施统一监督管理。国务院交通运输、水利、工业和信息化、能源等有关部门按照职责分工,负责对全国有关专业建设工程抗震的监督管理。

县级以上地方人民政府住房和城乡建设主管部门对本行政区域内的建设工程抗震实施监督管理。县级以上地方人民政府交通运输、水利、工业和信息化、能源等有关部门在各自职责范围内,负责对本行政区域内有关专业建设工程抗震的监督管理。

县级以上人民政府其他有关部门应当依照本条例和其他有关法律、法规的规定,在各自职责范围内负责建设工程抗震相关工作。

第五条 从事建设工程抗震相关活动的单位和人员,应当依法对建设工程抗震负责。

第六条 国家鼓励和支持建设工程抗震技术的研究、开发和应用。

各级人民政府应当组织开展建设工程抗震知识宣传普及,提高社会公众抗震防灾意识。

第七条 国家建立建设工程抗震调查制度。

县级以上人民政府应当组织有关部门对建设工程抗震性能、抗震技术应用、产业发展等进行调查,全面掌握建设工程抗震基本情况,促进建设工程抗震管理水平提高和科学决策。

第八条 建设工程应当避开抗震防灾专项规划确定的危险地段。确实无法避开的,应当采取符合建设工程使用功能要求和适应地震效应的抗震设防措施。

第二章 勘察、设计和施工

第九条 新建、扩建、改建建设工程，应当符合抗震设防强制性标准。

国务院有关部门和国务院标准化行政主管部门依据职责依法制定和发布抗震设防强制性标准。

第十条 建设单位应当对建设工程勘察、设计和施工全过程负责，在勘察、设计和施工合同中明确拟采用的抗震设防强制性标准，按照合同要求对勘察设计成果文件进行核验，组织工程验收，确保建设工程符合抗震设防强制性标准。

建设单位不得明示或者暗示勘察、设计、施工等单位和从业人员违反抗震设防强制性标准，降低工程抗震性能。

第十一条 建设工程勘察文件中应当说明抗震场地类别，对场地地震效应进行分析，并提出工程选址、不良地质处置等建议。

建设工程设计文件中应当说明抗震设防烈度、抗震设防类别以及拟采用的抗震设防措施。采用隔震减震技术的建设工程，设计文件中应当对隔震减震装置技术性能、检验检测、施工安装和使用维护等提出明确要求。

第十二条 对位于高烈度设防地区、地震重点监视防御区的下列建设工程，设计单位应当在初步设计阶段按照国家有关规定编制建设工程抗震设防专篇，并作为设计文件组成部分：

（一）重大建设工程；

（二）地震时可能发生严重次生灾害的建设工程；

（三）地震时使用功能不能中断或者需要尽快恢复的建设工程。

第十三条 对超限高层建筑工程，设计单位应当在设计文件中予以说明，建设单位应当在初步设计阶段将设计文件等材料报送省、自治区、直辖市人民政府住房和城乡建设主管部门进行抗震设防审批。住房和城乡建设主管部门应当组织专家审查，对采取的抗震设防措施合理可行的，予以批准。超限高层建筑工程抗震设防审批意见应当作为施工图设计和审查的依据。

前款所称超限高层建筑工程,是指超出国家现行标准所规定的适用高度和适用结构类型的高层建筑工程以及体型特别不规则的高层建筑工程。

第十四条 工程总承包单位、施工单位及工程监理单位应当建立建设工程质量责任制度,加强对建设工程抗震设防措施施工质量的管理。

国家鼓励工程总承包单位、施工单位采用信息化手段采集、留存隐蔽工程施工质量信息。

施工单位应当按照抗震设防强制性标准进行施工。

第十五条 建设单位应当将建筑的设计使用年限、结构体系、抗震设防烈度、抗震设防类别等具体情况和使用维护要求记入使用说明书,并将使用说明书交付使用人或者买受人。

第十六条 建筑工程根据使用功能以及在抗震救灾中的作用等因素,分为特殊设防类、重点设防类、标准设防类和适度设防类。学校、幼儿园、医院、养老机构、儿童福利机构、应急指挥中心、应急避难场所、广播电视等建筑,应当按照不低于重点设防类的要求采取抗震设防措施。

位于高烈度设防地区、地震重点监视防御区的新建学校、幼儿园、医院、养老机构、儿童福利机构、应急指挥中心、应急避难场所、广播电视等建筑应当按照国家有关规定采用隔震减震等技术,保证发生本区域设防地震时能够满足正常使用要求。

国家鼓励在除前款规定以外的建设工程中采用隔震减震等技术,提高抗震性能。

第十七条 国务院有关部门和国务院标准化行政主管部门应当依据各自职责推动隔震减震装置相关技术标准的制定,明确通用技术要求。鼓励隔震减震装置生产企业制定严于国家标准、行业标准的企业标准。

隔震减震装置生产经营企业应当建立唯一编码制度和产品检验

合格印鉴制度，采集、存储隔震减震装置生产、经营、检测等信息，确保隔震减震装置质量信息可追溯。隔震减震装置质量应当符合有关产品质量法律、法规和国家相关技术标准的规定。

建设单位应当组织勘察、设计、施工、工程监理单位建立隔震减震工程质量可追溯制度，利用信息化手段对隔震减震装置采购、勘察、设计、进场检测、安装施工、竣工验收等全过程的信息资料进行采集和存储，并纳入建设项目档案。

第十八条 隔震减震装置用于建设工程前，施工单位应当在建设单位或者工程监理单位监督下进行取样，送建设单位委托的具有相应建设工程质量检测资质的机构进行检测。禁止使用不合格的隔震减震装置。

实行施工总承包的，隔震减震装置属于建设工程主体结构的施工，应当由总承包单位自行完成。

工程质量检测机构应当建立建设工程过程数据和结果数据、检测影像资料及检测报告记录与留存制度，对检测数据和检测报告的真实性、准确性负责，不得出具虚假的检测数据和检测报告。

第三章 鉴定、加固和维护

第十九条 国家实行建设工程抗震性能鉴定制度。

按照《中华人民共和国防震减灾法》第三十九条规定应当进行抗震性能鉴定的建设工程，由所有权人委托具有相应技术条件和技术能力的机构进行鉴定。

国家鼓励对除前款规定以外的未采取抗震设防措施或者未达到抗震设防强制性标准的已经建成的建设工程进行抗震性能鉴定。

第二十条 抗震性能鉴定结果应当对建设工程是否存在严重抗震安全隐患以及是否需要进行抗震加固作出判定。

抗震性能鉴定结果应当真实、客观、准确。

第二十一条 建设工程所有权人应当对存在严重抗震安全隐患的建设工程进行安全监测，并在加固前采取停止或者限制使用等措施。

对抗震性能鉴定结果判定需要进行抗震加固且具备加固价值的已经建成的建设工程，所有权人应当进行抗震加固。

位于高烈度设防地区、地震重点监视防御区的学校、幼儿园、医院、养老机构、儿童福利机构、应急指挥中心、应急避难场所、广播电视等已经建成的建筑进行抗震加固时，应当经充分论证后采用隔震减震等技术，保证其抗震性能符合抗震设防强制性标准。

第二十二条 抗震加固应当依照《建设工程质量管理条例》等规定执行，并符合抗震设防强制性标准。

竣工验收合格后，应当通过信息化手段或者在建设工程显著部位设置永久性标牌等方式，公示抗震加固时间、后续使用年限等信息。

第二十三条 建设工程所有权人应当按照规定对建设工程抗震构件、隔震沟、隔震缝、隔震减震装置及隔震标识进行检查、修缮和维护，及时排除安全隐患。

任何单位和个人不得擅自变动、损坏或者拆除建设工程抗震构件、隔震沟、隔震缝、隔震减震装置及隔震标识。

任何单位和个人发现擅自变动、损坏或者拆除建设工程抗震构件、隔震沟、隔震缝、隔震减震装置及隔震标识的行为，有权予以制止，并向住房和城乡建设主管部门或者其他有关监督管理部门报告。

第四章 农村建设工程抗震设防

第二十四条 各级人民政府和有关部门应当加强对农村建设工程抗震设防的管理，提高农村建设工程抗震性能。

第二十五条 县级以上人民政府对经抗震性能鉴定未达到抗震设防强制性标准的农村村民住宅和乡村公共设施建设工程抗震加固给予必要的政策支持。

实施农村危房改造、移民搬迁、灾后恢复重建等，应当保证建设工程达到抗震设防强制性标准。

第二十六条 县级以上地方人民政府应当编制、发放适合农村的实用抗震技术图集。

农村村民住宅建设可以选用抗震技术图集，也可以委托设计单位进行设计，并根据图集或者设计的要求进行施工。

第二十七条 县级以上地方人民政府应当加强对农村村民住宅和乡村公共设施建设工程抗震的指导和服务，加强技术培训，组织建设抗震示范住房，推广应用抗震性能好的结构形式及建造方法。

第五章 保障措施

第二十八条 县级以上人民政府应当加强对建设工程抗震管理工作的组织领导，建立建设工程抗震管理工作机制，将相关工作纳入本级国民经济和社会发展规划。

县级以上人民政府应当将建设工程抗震工作所需经费列入本级预算。

县级以上地方人民政府应当组织有关部门，结合本地区实际开展地震风险分析，并按照风险程度实行分类管理。

第二十九条 县级以上地方人民政府对未采取抗震设防措施或者未达到抗震设防强制性标准的老旧房屋抗震加固给予必要的政策支持。

国家鼓励建设工程所有权人结合电梯加装、节能改造等开展抗震加固，提升老旧房屋抗震性能。

第三十条 国家鼓励金融机构开发、提供金融产品和服务，促进建设工程抗震防灾能力提高，支持建设工程抗震相关产业发展和新技术应用。

县级以上地方人民政府鼓励和引导社会力量参与抗震性能鉴定、抗震加固。

第三十一条 国家鼓励科研教育机构设立建设工程抗震技术实验室和人才实训基地。

县级以上人民政府应当依法对建设工程抗震新技术产业化项目用地、融资等给予政策支持。

第三十二条 县级以上人民政府住房和城乡建设主管部门或者其他有关监督管理部门应当制定建设工程抗震新技术推广目录,加强对建设工程抗震管理和技术人员的培训。

第三十三条 地震灾害发生后,县级以上人民政府住房和城乡建设主管部门或者其他有关监督管理部门应当开展建设工程安全应急评估和建设工程震害调查,收集、保存相关资料。

第六章 监督管理

第三十四条 县级以上人民政府住房和城乡建设主管部门和其他有关监督管理部门应当按照职责分工,加强对建设工程抗震设防强制性标准执行情况的监督检查。

县级以上人民政府住房和城乡建设主管部门应当会同有关部门建立完善建设工程抗震设防数据信息库,并与应急管理、地震等部门实时共享数据。

第三十五条 县级以上人民政府住房和城乡建设主管部门或者其他有关监督管理部门履行建设工程抗震监督管理职责时,有权采取以下措施:

(一)对建设工程或者施工现场进行监督检查;

(二)向有关单位和人员调查了解相关情况;

(三)查阅、复制被检查单位有关建设工程抗震的文件和资料;

(四)对抗震结构材料、构件和隔震减震装置实施抽样检测;

(五)查封涉嫌违反抗震设防强制性标准的施工现场;

(六)发现可能影响抗震质量的问题时,责令相关单位进行必要的检测、鉴定。

第三十六条 县级以上人民政府住房和城乡建设主管部门或者其他有关监督管理部门开展监督检查时,可以委托专业机构进行抽样检测、抗震性能鉴定等技术支持工作。

第三十七条 县级以上人民政府住房和城乡建设主管部门或者其他有关监督管理部门应当建立建设工程抗震责任企业及从业人员

信用记录制度，将相关信用记录纳入全国信用信息共享平台。

第三十八条 任何单位和个人对违反本条例规定的违法行为，有权进行举报。

接到举报的住房和城乡建设主管部门或者其他有关监督管理部门应当进行调查，依法处理，并为举报人保密。

第七章 法律责任

第三十九条 违反本条例规定，住房和城乡建设主管部门或者其他有关监督管理部门工作人员在监督管理工作中玩忽职守、滥用职权、徇私舞弊的，依法给予处分。

第四十条 违反本条例规定，建设单位明示或者暗示勘察、设计、施工等单位和从业人员违反抗震设防强制性标准，降低工程抗震性能的，责令改正，处20万元以上50万元以下的罚款；情节严重的，处50万元以上500万元以下的罚款；造成损失的，依法承担赔偿责任。

违反本条例规定，建设单位未经超限高层建筑工程抗震设防审批进行施工的，责令停止施工，限期改正，处20万元以上100万元以下的罚款；造成损失的，依法承担赔偿责任。

违反本条例规定，建设单位未组织勘察、设计、施工、工程监理单位建立隔震减震工程质量可追溯制度的，或者未对隔震减震装置采购、勘察、设计、进场检测、安装施工、竣工验收等全过程的信息资料进行采集和存储，并纳入建设项目档案的，责令改正，处10万元以上30万元以下的罚款；造成损失的，依法承担赔偿责任。

第四十一条 违反本条例规定，设计单位有下列行为之一的，责令改正，处10万元以上30万元以下的罚款；情节严重的，责令停业整顿，降低资质等级或者吊销资质证书；造成损失的，依法承担赔偿责任：

（一）未按照超限高层建筑工程抗震设防审批意见进行施工图设计；

（二）未在初步设计阶段将建设工程抗震设防专篇作为设计文件组成部分；

（三）未按照抗震设防强制性标准进行设计。

第四十二条 违反本条例规定，施工单位在施工中未按照抗震设防强制性标准进行施工的，责令改正，处工程合同价款2%以上4%以下的罚款；造成建设工程不符合抗震设防强制性标准的，负责返工、加固，并赔偿因此造成的损失；情节严重的，责令停业整顿，降低资质等级或者吊销资质证书。

第四十三条 违反本条例规定，施工单位未对隔震减震装置取样送检或者使用不合格隔震减震装置的，责令改正，处10万元以上20万元以下的罚款；情节严重的，责令停业整顿，并处20万元以上50万元以下的罚款，降低资质等级或者吊销资质证书；造成损失的，依法承担赔偿责任。

第四十四条 违反本条例规定，工程质量检测机构未建立建设工程过程数据和结果数据、检测影像资料及检测报告记录与留存制度的，责令改正，处10万元以上30万元以下的罚款；情节严重的，吊销资质证书；造成损失的，依法承担赔偿责任。

违反本条例规定，工程质量检测机构出具虚假的检测数据或者检测报告的，责令改正，处10万元以上30万元以下的罚款；情节严重的，吊销资质证书和负有直接责任的注册执业人员的执业资格证书，其直接负责的主管人员和其他直接责任人员终身禁止从事工程质量检测业务；造成损失的，依法承担赔偿责任。

第四十五条 违反本条例规定，抗震性能鉴定机构未按照抗震设防强制性标准进行抗震性能鉴定的，责令改正，处10万元以上30万元以下的罚款；情节严重的，责令停业整顿，并处30万元以上50万元以下的罚款；造成损失的，依法承担赔偿责任。

违反本条例规定，抗震性能鉴定机构出具虚假鉴定结果的，责令改正，处10万元以上30万元以下的罚款；情节严重的，责令停业整顿，并处30万元以上50万元以下的罚款，吊销负有直接责任的注册执业人员的执业资格证书，其直接负责的主管人员和其他直接责任人员终身禁止从事抗震性能鉴定业务；造成损失的，依法承担赔偿责任。

第四十六条 违反本条例规定，擅自变动、损坏或者拆除建设工程抗震构件、隔震沟、隔震缝、隔震减震装置及隔震标识的，责令停止违法行为，恢复原状或者采取其他补救措施，对个人处5万元以上10万元以下的罚款，对单位处10万元以上30万元以下的罚款；造成损失的，依法承担赔偿责任。

第四十七条 依照本条例规定，给予单位罚款处罚的，对其直接负责的主管人员和其他直接责任人员处单位罚款数额5%以上10%以下的罚款。

本条例规定的降低资质等级或者吊销资质证书的行政处罚，由颁发资质证书的机关决定；其他行政处罚，由住房和城乡建设主管部门或者其他有关监督管理部门依照法定职权决定。

第四十八条 违反本条例规定，构成犯罪的，依法追究刑事责任。

第八章 附 则

第四十九条 本条例下列用语的含义：

（一）建设工程：主要包括土木工程、建筑工程、线路管道和设备安装工程等。

（二）抗震设防强制性标准：是指包括抗震设防类别、抗震性能要求和抗震设防措施等内容的工程建设强制性标准。

（三）地震时使用功能不能中断或者需要尽快恢复的建设工程：是指发生地震后提供应急医疗、供水、供电、交通、通信等保障或者应急指挥、避难疏散功能的建设工程。

（四）高烈度设防地区：是指抗震设防烈度为8度及以上的地区。

（五）地震重点监视防御区：是指未来5至10年内存在发生破坏性地震危险或者受破坏性地震影响，可能造成严重的地震灾害损失的地区和城市。

第五十条 抢险救灾及其他临时性建设工程不适用本条例。

军事建设工程的抗震管理，中央军事委员会另有规定的，适用有关规定。

第五十一条 本条例自2021年9月1日起施行。

建设工程勘察设计管理条例

（2000年9月25日国务院令第293号公布　根据2015年6月12日《国务院关于修改〈建设工程勘察设计管理条例〉的决定》第一次修订　根据2017年10月7日《国务院关于修改部分行政法规的决定》第二次修订　2017年10月7日公布　国务院令第687号　自2017年10月7日起实施）

第一章　总　　则

第一条　为了加强对建设工程勘察、设计活动的管理，保证建设工程勘察、设计质量，保护人民生命和财产安全，制定本条例。

第二条　从事建设工程勘察、设计活动，必须遵守本条例。

本条例所称建设工程勘察，是指根据建设工程的要求，查明、分析、评价建设场地的地质地理环境特征和岩土工程条件，编制建设工程勘察文件的活动。

本条例所称建设工程设计，是指根据建设工程的要求，对建设工程所需的技术、经济、资源、环境等条件进行综合分析、论证，编制建设工程设计文件的活动。

第三条　建设工程勘察、设计应当与社会、经济发展水平相适应，做到经济效益、社会效益和环境效益相统一。

第四条　从事建设工程勘察、设计活动，应当坚持先勘察、后设计、再施工的原则。

第五条　县级以上人民政府建设行政主管部门和交通、水利等有关部门应当依照本条例的规定，加强对建设工程勘察、设计活动的监督管理。

建设工程勘察、设计单位必须依法进行建设工程勘察、设计，严格执行工程建设强制性标准,并对建设工程勘察、设计的质量负责。

第六条 国家鼓励在建设工程勘察、设计活动中采用先进技术、先进工艺、先进设备、新型材料和现代管理方法。

第二章 资质资格管理

第七条 国家对从事建设工程勘察、设计活动的单位,实行资质管理制度。具体办法由国务院建设行政主管部门商国务院有关部门制定。

第八条 建设工程勘察、设计单位应当在其资质等级许可的范围内承揽建设工程勘察、设计业务。

禁止建设工程勘察、设计单位超越其资质等级许可的范围或者以其他建设工程勘察、设计单位的名义承揽建设工程勘察、设计业务。禁止建设工程勘察、设计单位允许其他单位或者个人以本单位的名义承揽建设工程勘察、设计业务。

第九条 国家对从事建设工程勘察、设计活动的专业技术人员,实行执业资格注册管理制度。

未经注册的建设工程勘察、设计人员,不得以注册执业人员的名义从事建设工程勘察、设计活动。

第十条 建设工程勘察、设计注册执业人员和其他专业技术人员只能受聘于一个建设工程勘察、设计单位;未受聘于建设工程勘察、设计单位的,不得从事建设工程的勘察、设计活动。

第十一条 建设工程勘察、设计单位资质证书和执业人员注册证书,由国务院建设行政主管部门统一制作。

第三章 建设工程勘察设计发包与承包

第十二条 建设工程勘察、设计发包依法实行招标发包或者直接发包。

第十三条 建设工程勘察、设计应当依照《中华人民共和国招标投标法》的规定,实行招标发包。

第十四条　建设工程勘察、设计方案评标，应当以投标人的业绩、信誉和勘察、设计人员的能力以及勘察、设计方案的优劣为依据，进行综合评定。

第十五条　建设工程勘察、设计的招标人应当在评标委员会推荐的候选方案中确定中标方案。但是，建设工程勘察、设计的招标人认为评标委员会推荐的候选方案不能最大限度满足招标文件规定的要求的，应当依法重新招标。

第十六条　下列建设工程的勘察、设计，经有关主管部门批准，可以直接发包：

（一）采用特定的专利或者专有技术的；

（二）建筑艺术造型有特殊要求的；

（三）国务院规定的其他建设工程的勘察、设计。

第十七条　发包方不得将建设工程勘察、设计业务发包给不具有相应勘察、设计资质等级的建设工程勘察、设计单位。

第十八条　发包方可以将整个建设工程的勘察、设计发包给一个勘察、设计单位；也可以将建设工程的勘察、设计分别发包给几个勘察、设计单位。

第十九条　除建设工程主体部分的勘察、设计外，经发包方书面同意，承包方可以将建设工程其他部分的勘察、设计再分包给其他具有相应资质等级的建设工程勘察、设计单位。

第二十条　建设工程勘察、设计单位不得将所承揽的建设工程勘察、设计转包。

第二十一条　承包方必须在建设工程勘察、设计资质证书规定的资质等级和业务范围内承揽建设工程的勘察、设计业务。

第二十二条　建设工程勘察、设计的发包方与承包方，应当执行国家规定的建设工程勘察、设计程序。

第二十三条　建设工程勘察、设计的发包方与承包方应当签订建设工程勘察、设计合同。

第二十四条　建设工程勘察、设计发包方与承包方应当执行国家有关建设工程勘察费、设计费的管理规定。

第四章　建设工程勘察设计文件的编制与实施

第二十五条　编制建设工程勘察、设计文件，应当以下列规定为依据：

（一）项目批准文件；

（二）城乡规划；

（三）工程建设强制性标准；

（四）国家规定的建设工程勘察、设计深度要求。

铁路、交通、水利等专业建设工程，还应当以专业规划的要求为依据。

第二十六条　编制建设工程勘察文件，应当真实、准确，满足建设工程规划、选址、设计、岩土治理和施工的需要。

编制方案设计文件，应当满足编制初步设计文件和控制概算的需要。

编制初步设计文件，应当满足编制施工招标文件、主要设备材料订货和编制施工图设计文件的需要。

编制施工图设计文件，应当满足设备材料采购、非标准设备制作和施工的需要，并注明建设工程合理使用年限。

第二十七条　设计文件中选用的材料、构配件、设备，应当注明其规格、型号、性能等技术指标，其质量要求必须符合国家规定的标准。

除有特殊要求的建筑材料、专用设备和工艺生产线等外，设计单位不得指定生产厂、供应商。

第二十八条　建设单位、施工单位、监理单位不得修改建设工程勘察、设计文件；确需修改建设工程勘察、设计文件的，应当由原建设工程勘察、设计单位修改。经原建设工程勘察、设计单位书面同意，建设单位也可以委托其他具有相应资质的建设工程勘察、设计单位修改。修改单位对修改的勘察、设计文件承担相应责任。

施工单位、监理单位发现建设工程勘察、设计文件不符合工程建设强制性标准、合同约定的质量要求的，应当报告建设单位，建设单位有权要求建设工程勘察、设计单位对建设工程勘察、设计文件进行补充、修改。

建设工程勘察、设计文件内容需要作重大修改的,建设单位应当报经原审批机关批准后,方可修改。

第二十九条　建设工程勘察、设计文件中规定采用的新技术、新材料,可能影响建设工程质量和安全,又没有国家技术标准的,应当由国家认可的检测机构进行试验、论证,出具检测报告,并经国务院有关部门或者省、自治区、直辖市人民政府有关部门组织的建设工程技术专家委员会审定后,方可使用。

第三十条　建设工程勘察、设计单位应当在建设工程施工前,向施工单位和监理单位说明建设工程勘察、设计意图,解释建设工程勘察、设计文件。

建设工程勘察、设计单位应当及时解决施工中出现的勘察、设计问题。

第五章　监督管理

第三十一条　国务院建设行政主管部门对全国的建设工程勘察、设计活动实施统一监督管理。国务院铁路、交通、水利等有关部门按照国务院规定的职责分工,负责对全国的有关专业建设工程勘察、设计活动的监督管理。

县级以上地方人民政府建设行政主管部门对本行政区域内的建设工程勘察、设计活动实施监督管理。县级以上地方人民政府交通、水利等有关部门在各自的职责范围内,负责对本行政区域内的有关专业建设工程勘察、设计活动的监督管理。

第三十二条　建设工程勘察、设计单位在建设工程勘察、设计资质证书规定的业务范围内跨部门、跨地区承揽勘察、设计业务的,有关地方人民政府及其所属部门不得设置障碍,不得违反国家规定收取任何费用。

第三十三条　施工图设计文件审查机构应当对房屋建筑工程、市政基础设施工程施工图设计文件中涉及公共利益、公众安全、工程建设强制性标准的内容进行审查。县级以上人民政府交通运输等有关部门应当按照职责对施工图设计文件中涉及公共利益、公众安全、工程建设强制性标准的内容进行审查。

施工图设计文件未经审查批准的,不得使用。

第三十四条 任何单位和个人对建设工程勘察、设计活动中的违法行为都有权检举、控告、投诉。

第六章 罚 则

第三十五条 违反本条例第八条规定的,责令停止违法行为,处合同约定的勘察费、设计费 1 倍以上 2 倍以下的罚款,有违法所得的,予以没收;可以责令停业整顿,降低资质等级;情节严重的,吊销资质证书。

未取得资质证书承揽工程的,予以取缔,依照前款规定处以罚款;有违法所得的,予以没收。

以欺骗手段取得资质证书承揽工程的,吊销资质证书,依照本条第一款规定处以罚款;有违法所得的,予以没收。

第三十六条 违反本条例规定,未经注册,擅自以注册建设工程勘察、设计人员的名义从事建设工程勘察、设计活动的,责令停止违法行为,没收违法所得,处违法所得 2 倍以上 5 倍以下罚款;给他人造成损失的,依法承担赔偿责任。

第三十七条 违反本条例规定,建设工程勘察、设计注册执业人员和其他专业技术人员未受聘于一个建设工程勘察、设计单位或者同时受聘于两个以上建设工程勘察、设计单位,从事建设工程勘察、设计活动的,责令停止违法行为,没收违法所得,处违法所得 2 倍以上 5 倍以下的罚款;情节严重的,可以责令停止执行业务或者吊销资格证书;给他人造成损失的,依法承担赔偿责任。

第三十八条 违反本条例规定,发包方将建设工程勘察、设计业务发包给不具有相应资质等级的建设工程勘察、设计单位的,责令改正,处 50 万元以上 100 万元以下的罚款。

第三十九条 违反本条例规定,建设工程勘察、设计单位将所承揽的建设工程勘察、设计转包的,责令改正,没收违法所得,处合同约定的勘察费、设计费25%以上50%以下的罚款,可以责令停业整顿,降低资质等级;情节严重的,吊销资质证书。

第四十条 违反本条例规定,勘察、设计单位未依据项目批准文件,城乡规划及专业规划,国家规定的建设工程勘察、设计深度要求编制建设工程勘察、设计文件的,责令限期改正;逾期不改正的,处10万元以上30万元以下的罚款;造成工程质量事故或者环境污染和生态破坏的,责令停业整顿,降低资质等级;情节严重的,吊销资质证书;造成损失的,依法承担赔偿责任。

第四十一条 违反本条例规定,有下列行为之一的,依照《建设工程质量管理条例》第六十三条的规定给予处罚:

(一)勘察单位未按照工程建设强制性标准进行勘察的;

(二)设计单位未根据勘察成果文件进行工程设计的;

(三)设计单位指定建筑材料、建筑构配件的生产厂、供应商的;

(四)设计单位未按照工程建设强制性标准进行设计的。

第四十二条 本条例规定的责令停业整顿、降低资质等级和吊销资质证书、资格证书的行政处罚,由颁发资质证书、资格证书的机关决定;其他行政处罚,由建设行政主管部门或者其他有关部门依据法定职权范围决定。

依照本条例规定被吊销资质证书的,由工商行政管理部门吊销其营业执照。

第四十三条 国家机关工作人员在建设工程勘察、设计活动的监督管理工作中玩忽职守、滥用职权、徇私舞弊,构成犯罪的,依法追究刑事责任;尚不构成犯罪的,依法给予行政处分。

第七章 附 则

第四十四条 抢险救灾及其他临时性建筑和农民自建两层以下住宅的勘察、设计活动,不适用本条例。

第四十五条 军事建设工程勘察、设计的管理,按照中央军事委员会的有关规定执行。

第四十六条 本条例自公布之日起施行。

建筑工程施工许可管理办法

（2014年6月25日住房和城乡建设部令第18号公布 根据2018年9月28日住房和城乡建设部令第42号、2021年3月30日住房和城乡建设部令第52号修正 自2021年3月30日起实施）

第一条 为了加强对建筑活动的监督管理，维护建筑市场秩序，保证建筑工程的质量和安全，根据《中华人民共和国建筑法》，制定本办法。

第二条 在中华人民共和国境内从事各类房屋建筑及其附属设施的建造、装修装饰和与其配套的线路、管道、设备的安装，以及城镇市政基础设施工程的施工，建设单位在开工前应当依照本办法的规定，向工程所在地的县级以上地方人民政府住房城乡建设主管部门（以下简称发证机关）申请领取施工许可证。

工程投资额在30万元以下或者建筑面积在300平方米以下的建筑工程，可以不申请办理施工许可证。省、自治区、直辖市人民政府住房城乡建设主管部门可以根据当地的实际情况，对限额进行调整，并报国务院住房城乡建设主管部门备案。

按照国务院规定的权限和程序批准开工报告的建筑工程，不再领取施工许可证。

第三条 本办法规定应当申请领取施工许可证的建筑工程未取得施工许可证的，一律不得开工。

任何单位和个人不得将应当申请领取施工许可证的工程项目分

解为若干限额以下的工程项目,规避申请领取施工许可证。

第四条 建设单位申请领取施工许可证,应当具备下列条件,并提交相应的证明文件:

(一)依法应当办理用地批准手续的,已经办理该建筑工程用地批准手续。

(二)依法应当办理建设工程规划许可证的,已经取得建设工程规划许可证。

(三)施工场地已经基本具备施工条件,需要征收房屋的,其进度符合施工要求。

(四)已经确定施工企业。按照规定应当招标的工程没有招标,应当公开招标的工程没有公开招标,或者肢解发包工程,以及将工程发包给不具备相应资质条件的企业的,所确定的施工企业无效。

(五)有满足施工需要的资金安排、施工图纸及技术资料,建设单位应当提供建设资金已经落实承诺书,施工图设计文件已按规定审查合格。

(六)有保证工程质量和安全的具体措施。施工企业编制的施工组织设计中有根据建筑工程特点制定的相应质量、安全技术措施。建立工程质量安全责任制并落实到人。专业性较强的工程项目编制了专项质量、安全施工组织设计,并按照规定办理了工程质量、安全监督手续。

县级以上地方人民政府住房城乡建设主管部门不得违反法律法规规定,增设办理施工许可证的其他条件。

第五条 申请办理施工许可证,应当按照下列程序进行:

(一)建设单位向发证机关领取《建筑工程施工许可证申请表》。

(二)建设单位持加盖单位及法定代表人印鉴的《建筑工程施工许可证申请表》,并附本办法第四条规定的证明文件,向发证机关提出申请。

(三)发证机关在收到建设单位报送的《建筑工程施工许可证申请表》和所附证明文件后,对于符合条件的,应当自收到申请之日起七日内颁发施工许可证;对于证明文件不齐全或者失效的,应当当场或者五日内一次告知建设单位需要补正的全部内容,审批时间可以自证明文件补正齐全后作相应顺延;对于不符合条件的,应当自收到申请之日起七日内书面通知建设单位,并说明理由。

建筑工程在施工过程中,建设单位或者施工单位发生变更的,应当重新申请领取施工许可证。

第六条 建设单位申请领取施工许可证的工程名称、地点、规模,应当符合依法签订的施工承包合同。

施工许可证应当放置在施工现场备查,并按规定在施工现场公开。

第七条 施工许可证不得伪造和涂改。

第八条 建设单位应当自领取施工许可证之日起三个月内开工。因故不能按期开工的,应当在期满前向发证机关申请延期,并说明理由;延期以两次为限,每次不超过三个月。既不开工又不申请延期或者超过延期次数、时限的,施工许可证自行废止。

第九条 在建的建筑工程因故中止施工的,建设单位应当自中止施工之日起一个月内向发证机关报告,报告内容包括中止施工的时间、原因、在施部位、维修管理措施等,并按照规定做好建筑工程的维护管理工作。

建筑工程恢复施工时,应当向发证机关报告;中止施工满一年的工程恢复施工前,建设单位应当报发证机关核验施工许可证。

第十条 发证机关应当将办理施工许可证的依据、条件、程序、期限以及需要提交的全部材料和申请表示范文本等,在办公场所和有关网站予以公示。

发证机关作出的施工许可决定,应当予以公开,公众有权查阅。

第十一条 发证机关应当建立颁发施工许可证后的监督检查制度,对取得施工许可证后条件发生变化、延期开工、中止施工等行为进行监督检查,发现违法违规行为及时处理。

第十二条 对于未取得施工许可证或者为规避办理施工许可证

将工程项目分解后擅自施工的，由有管辖权的发证机关责令停止施工，限期改正，对建设单位处工程合同价款1%以上2%以下罚款；对施工单位处3万元以下罚款。

第十三条 建设单位采用欺骗、贿赂等不正当手段取得施工许可证的，由原发证机关撤销施工许可证，责令停止施工，并处1万元以上3万元以下罚款；构成犯罪的，依法追究刑事责任。

第十四条 建设单位隐瞒有关情况或者提供虚假材料申请施工许可证的，发证机关不予受理或者不予许可，并处1万元以上3万元以下罚款；构成犯罪的，依法追究刑事责任。

建设单位伪造或者涂改施工许可证的，由发证机关责令停止施工，并处1万元以上3万元以下罚款；构成犯罪的，依法追究刑事责任。

第十五条 依照本办法规定，给予单位罚款处罚的，对单位直接负责的主管人员和其他直接责任人员处单位罚款数额5%以上10%以下罚款。

单位及相关责任人受到处罚的，作为不良行为记录予以通报。

第十六条 发证机关及其工作人员，违反本办法，有下列情形之一的，由其上级行政机关或者监察机关责令改正；情节严重的，对直接负责的主管人员和其他直接责任人员，依法给予行政处分：

（一）对不符合条件的申请人准予施工许可的；

（二）对符合条件的申请人不予施工许可或者未在法定期限内作出准予许可决定的；

（三）对符合条件的申请不予受理的；

（四）利用职务上的便利，收受他人财物或者谋取其他利益的；

（五）不依法履行监督职责或者监督不力，造成严重后果的。

第十七条 建筑工程施工许可证由国务院住房城乡建设主管部门制定格式，由各省、自治区、直辖市人民政府住房城乡建设主管部门统一印制。

施工许可证分为正本和副本，正本和副本具有同等法律效力。复印的施工许可证无效。

第十八条 本办法关于施工许可管理的规定适用于其他专业建筑工程。有关法律、行政法规有明确规定的,从其规定。

《建筑法》第八十三条第三款规定的建筑活动,不适用本办法。

军事房屋建筑工程施工许可的管理,按国务院、中央军事委员会制定的办法执行。

第十九条 省、自治区、直辖市人民政府住房城乡建设主管部门可以根据本办法制定实施细则。

第二十条 本办法自2014年10月25日起施行。1999年10月15日建设部令第71号发布、2001年7月4日建设部令第91号修正的《建筑工程施工许可管理办法》同时废止。

最高人民法院关于审理建设工程施工合同纠纷案件适用法律问题的解释(一)

(2020年12月25日最高人民法院审判委员会第1825次会议通过 2020年12月29日公布 法释〔2020〕25号 自2021年1月1日起实施)

为正确审理建设工程施工合同纠纷案件,依法保护当事人合法权益,维护建筑市场秩序,促进建筑市场健康发展,根据《中华人民共和国民法典》《中华人民共和国建筑法》《中华人民共和国招标投标法》《中华人民共和国民事诉讼法》等相关法律规定,结合审判实践,制定本解释。

第一条 建设工程施工合同具有下列情形之一的,应当依据民法典第一百五十三条第一款的规定,认定无效:

(一)承包人未取得建筑业企业资质或者超越资质等级的;

（二）没有资质的实际施工人借用有资质的建筑施工企业名义的；

（三）建设工程必须进行招标而未招标或者中标无效的。

承包人因转包、违法分包建设工程与他人签订的建设工程施工合同，应当依据民法典第一百五十三条第一款及第七百九十一条第二款、第三款的规定，认定无效。

第二条 招标人和中标人另行签订的建设工程施工合同约定的工程范围、建设工期、工程质量、工程价款等实质性内容，与中标合同不一致，一方当事人请求按照中标合同确定权利义务的，人民法院应予支持。

招标人和中标人在中标合同之外就明显高于市场价格购买承建房产、无偿建设住房配套设施、让利、向建设单位捐赠财物等另行签订合同，变相降低工程价款，一方当事人以该合同背离中标合同实质性内容为由请求确认无效的，人民法院应予支持。

第三条 当事人以发包人未取得建设工程规划许可证等规划审批手续为由，请求确认建设工程施工合同无效的，人民法院应予支持，但发包人在起诉前取得建设工程规划许可证等规划审批手续的除外。

发包人能够办理审批手续而未办理，并以未办理审批手续为由请求确认建设工程施工合同无效的，人民法院不予支持。

第四条 承包人超越资质等级许可的业务范围签订建设工程施工合同，在建设工程竣工前取得相应资质等级，当事人请求按照无效合同处理的，人民法院不予支持。

第五条 具有劳务作业法定资质的承包人与总承包人、分包人签订的劳务分包合同，当事人请求确认无效的，人民法院依法不予支持。

第六条 建设工程施工合同无效，一方当事人请求对方赔偿损失的，应当就对方过错、损失大小、过错与损失之间的因果关系承担举证责任。

损失大小无法确定，一方当事人请求参照合同约定的质量标准、建设工期、工程价款支付时间等内容确定损失大小的，人民法院可以结合双方过错程度、过错与损失之间的因果关系等因素作出裁判。

第七条　缺乏资质的单位或者个人借用有资质的建筑施工企业名义签订建设工程施工合同,发包人请求出借方与借用方对建设工程质量不合格等因出借资质造成的损失承担连带赔偿责任的,人民法院应予支持。

第八条　当事人对建设工程开工日期有争议的,人民法院应当分别按照以下情形予以认定:

(一)开工日期为发包人或者监理人发出的开工通知载明的开工日期;开工通知发出后,尚不具备开工条件的,以开工条件具备的时间为开工日期;因承包人原因导致开工时间推迟的,以开工通知载明的时间为开工日期。

(二)承包人经发包人同意已经实际进场施工的,以实际进场施工时间为开工日期。

(三)发包人或者监理人未发出开工通知,亦无相关证据证明实际开工日期的,应当综合考虑开工报告、合同、施工许可证、竣工验收报告或者竣工验收备案表等载明的时间,并结合是否具备开工条件的事实,认定开工日期。

第九条　当事人对建设工程实际竣工日期有争议的,人民法院应当分别按照以下情形予以认定:

(一)建设工程经竣工验收合格的,以竣工验收合格之日为竣工日期;

(二)承包人已经提交竣工验收报告,发包人拖延验收的,以承包人提交验收报告之日为竣工日期;

(三)建设工程未经竣工验收,发包人擅自使用的,以转移占有建设工程之日为竣工日期。

第十条　当事人约定顺延工期应当经发包人或者监理人签证等方式确认,承包人虽未取得工期顺延的确认,但能够证明在合同约定的期限内向发包人或者监理人申请过工期顺延且顺延事由符合合同约定,承包人以此为由主张工期顺延的,人民法院应予支持。

当事人约定承包人未在约定期限内提出工期顺延申请视为工期

不顺延的，按照约定处理，但发包人在约定期限后同意工期顺延或者承包人提出合理抗辩的除外。

第十一条 建设工程竣工前，当事人对工程质量发生争议，工程质量经鉴定合格的，鉴定期间为顺延工期期间。

第十二条 因承包人的原因造成建设工程质量不符合约定，承包人拒绝修理、返工或者改建，发包人请求减少支付工程价款的，人民法院应予支持。

第十三条 发包人具有下列情形之一，造成建设工程质量缺陷，应当承担过错责任：

（一）提供的设计有缺陷；

（二）提供或者指定购买的建筑材料、建筑构配件、设备不符合强制性标准；

（三）直接指定分包人分包专业工程。

承包人有过错的，也应当承担相应的过错责任。

第十四条 建设工程未经竣工验收，发包人擅自使用后，又以使用部分质量不符合约定为由主张权利的，人民法院不予支持；但是承包人应当在建设工程的合理使用寿命内对地基基础工程和主体结构质量承担民事责任。

第十五条 因建设工程质量发生争议的，发包人可以以总承包人、分包人和实际施工人为共同被告提起诉讼。

第十六条 发包人在承包人提起的建设工程施工合同纠纷案件中，以建设工程质量不符合合同约定或者法律规定为由，就承包人支付违约金或者赔偿修理、返工、改建的合理费用等损失提出反诉的，人民法院可以合并审理。

第十七条 有下列情形之一，承包人请求发包人返还工程质量保证金的，人民法院应予支持：

（一）当事人约定的工程质量保证金返还期限届满；

（二）当事人未约定工程质量保证金返还期限的，自建设工程通过竣工验收之日起满二年；

（三）因发包人原因建设工程未按约定期限进行竣工验收的，自承包人提交工程竣工验收报告九十日后当事人约定的工程质量保证金返还期限届满；当事人未约定工程质量保证金返还期限的，自承包人提交工程竣工验收报告九十日后起满二年。

发包人返还工程质量保证金后，不影响承包人根据合同约定或者法律规定履行工程保修义务。

第十八条 因保修人未及时履行保修义务，导致建筑物毁损或者造成人身损害、财产损失的，保修人应当承担赔偿责任。

保修人与建筑物所有人或者发包人对建筑物毁损均有过错的，各自承担相应的责任。

第十九条 当事人对建设工程的计价标准或者计价方法有约定的，按照约定结算工程价款。

因设计变更导致建设工程的工程量或者质量标准发生变化，当事人对该部分工程价款不能协商一致的，可以参照签订建设工程施工合同时当地建设行政主管部门发布的计价方法或者计价标准结算工程价款。

建设工程施工合同有效，但建设工程经竣工验收不合格的，依照民法典第五百七十七条规定处理。

第二十条 当事人对工程量有争议的，按照施工过程中形成的签证等书面文件确认。承包人能够证明发包人同意其施工，但未能提供签证文件证明工程量发生的，可以按照当事人提供的其他证据确认实际发生的工程量。

第二十一条 当事人约定，发包人收到竣工结算文件后，在约定期限内不予答复，视为认可竣工结算文件的，按照约定处理。承包人请求按照竣工结算文件结算工程价款的，人民法院应予支持。

第二十二条 当事人签订的建设工程施工合同与招标文件、投标文件、中标通知书载明的工程范围、建设工期、工程质量、工程价款不一致，一方当事人请求将招标文件、投标文件、中标通知书作为结算工程价款的依据的，人民法院应予支持。

第二十三条　发包人将依法不属于必须招标的建设工程进行招标后，与承包人另行订立的建设工程施工合同背离中标合同的实质性内容，当事人请求以中标合同作为结算建设工程价款依据的，人民法院应予支持，但发包人与承包人因客观情况发生了在招标投标时难以预见的变化而另行订立建设工程施工合同的除外。

第二十四条　当事人就同一建设工程订立的数份建设工程施工合同均无效，但建设工程质量合格，一方当事人请求参照实际履行的合同关于工程价款的约定折价补偿承包人的，人民法院应予支持。

实际履行的合同难以确定，当事人请求参照最后签订的合同关于工程价款的约定折价补偿承包人的，人民法院应予支持。

第二十五条　当事人对垫资和垫资利息有约定，承包人请求按照约定返还垫资及其利息的，人民法院应予支持，但是约定的利息计算标准高于垫资时的同类贷款利率或者同期贷款市场报价利率的部分除外。

当事人对垫资没有约定的，按照工程欠款处理。

当事人对垫资利息没有约定，承包人请求支付利息的，人民法院不予支持。

第二十六条　当事人对欠付工程价款利息计付标准有约定的，按照约定处理。没有约定的，按照同期同类贷款利率或者同期贷款市场报价利率计息。

第二十七条　利息从应付工程价款之日开始计付。当事人对付款时间没有约定或者约定不明的，下列时间视为应付款时间：

（一）建设工程已实际交付的，为交付之日；

（二）建设工程没有交付的，为提交竣工结算文件之日；

（三）建设工程未交付，工程价款也未结算的，为当事人起诉之日。

第二十八条　当事人约定按照固定价结算工程价款，一方当事人请求对建设工程造价进行鉴定的，人民法院不予支持。

第二十九条　当事人在诉讼前已经对建设工程价款结算达成协议，诉讼中一方当事人申请对工程造价进行鉴定的，人民法院不予准许。

第三十条 当事人在诉讼前共同委托有关机构、人员对建设工程造价出具咨询意见,诉讼中一方当事人不认可该咨询意见申请鉴定的,人民法院应予准许,但双方当事人明确表示受该咨询意见约束的除外。

第三十一条 当事人对部分案件事实有争议的,仅对有争议的事实进行鉴定,但争议事实范围不能确定,或者双方当事人请求对全部事实鉴定的除外。

第三十二条 当事人对工程造价、质量、修复费用等专门性问题有争议,人民法院认为需要鉴定的,应当向负有举证责任的当事人释明。当事人经释明未申请鉴定,虽申请鉴定但未支付鉴定费用或者拒不提供相关材料的,应当承担举证不能的法律后果。

一审诉讼中负有举证责任的当事人未申请鉴定,虽申请鉴定但未支付鉴定费用或者拒不提供相关材料,二审诉讼中申请鉴定,人民法院认为确有必要的,应当依照民事诉讼法第一百七十条第一款第三项的规定处理。

第三十三条 人民法院准许当事人的鉴定申请后,应当根据当事人申请及查明案件事实的需要,确定委托鉴定的事项、范围、鉴定期限等,并组织当事人对争议的鉴定材料进行质证。

第三十四条 人民法院应当组织当事人对鉴定意见进行质证。鉴定人将当事人有争议且未经质证的材料作为鉴定依据的,人民法院应当组织当事人就该部分材料进行质证。经质证认为不能作为鉴定依据的,根据该材料作出的鉴定意见不得作为认定案件事实的依据。

第三十五条 与发包人订立建设工程施工合同的承包人,依据民法典第八百零七条的规定请求其承建工程的价款就工程折价或者拍卖的价款优先受偿的,人民法院应予支持。

第三十六条 承包人根据民法典第八百零七条规定享有的建设工程价款优先受偿权优于抵押权和其他债权。

第三十七条 装饰装修工程具备折价或者拍卖条件,装饰装修工程的承包人请求工程价款就该装饰装修工程折价或者拍卖的价款优先受偿的，人民法院应予支持。

第三十八条　建设工程质量合格，承包人请求其承建工程的价款就工程折价或者拍卖的价款优先受偿的，人民法院应予支持。

第三十九条　未竣工的建设工程质量合格，承包人请求其承建工程的价款就其承建工程部分折价或者拍卖的价款优先受偿的，人民法院应予支持。

第四十条　承包人建设工程价款优先受偿的范围依照国务院有关行政主管部门关于建设工程价款范围的规定确定。

承包人就逾期支付建设工程价款的利息、违约金、损害赔偿金等主张优先受偿的，人民法院不予支持。

第四十一条　承包人应当在合理期限内行使建设工程价款优先受偿权，但最长不得超过十八个月，自发包人应当给付建设工程价款之日起算。

第四十二条　发包人与承包人约定放弃或者限制建设工程价款优先受偿权，损害建筑工人利益，发包人根据该约定主张承包人不享有建设工程价款优先受偿权的，人民法院不予支持。

第四十三条　实际施工人以转包人、违法分包人为被告起诉的，人民法院应当依法受理。

实际施工人以发包人为被告主张权利的，人民法院应当追加转包人或者违法分包人为本案第三人，在查明发包人欠付转包人或者违法分包人建设工程价款的数额后，判决发包人在欠付建设工程价款范围内对实际施工人承担责任。

第四十四条　实际施工人依据民法典第五百三十五条规定，以转包人或者违法分包人怠于向发包人行使到期债权或者与该债权有关的从权利，影响其到期债权实现，提起代位权诉讼的，人民法院应予支持。

第四十五条　本解释自2021年1月1日起施行。

承装(修、试)电力设施许可证管理办法

(2020年9月11日公布 国家发展和改革委员会令第36号
自2020年10月11日起实施)

第一章 总 则

第一条 为了加强承装(修、试)电力设施许可管理,规范承装(修、试)电力设施许可行为,维护承装、承修、承试电力设施市场秩序,促进电力安全,根据《中华人民共和国行政许可法》、《电力供应与使用条例》、《电力监管条例》和国家有关规定,制定本办法。

第二条 承装(修、试)电力设施许可证(以下简称许可证)的申请、受理、审查、颁发、管理和监督,适用本办法。

第三条 国家能源局负责指导、监督全国许可证的颁发和管理。

国家能源局派出机构(以下简称派出机构)负责辖区内许可证的受理、审查、颁发和日常监督管理。

第四条 在中华人民共和国境内从事承装、承修、承试电力设施活动的,应当按照本办法的规定取得许可证。除国家能源局另有规定外,任何单位或者个人未取得许可证,不得从事承装、承修、承试电力设施活动。

本办法所称承装、承修、承试电力设施,是指对输电、供电、受电电力设施的安装、维修和试验。

第五条 取得许可证的单位依法开展活动,受法律保护。

第二章 分类分级与申请条件

第六条 许可证分为承装、承修、承试三个类别。

取得承装类许可证的,可以从事电力设施的安装活动。

取得承修类许可证的，可以从事电力设施的维修活动。

取得承试类许可证的，可以从事电力设施的试验活动。

第七条 许可证分为一级、二级、三级、四级和五级。

取得一级许可证的，可以从事所有电压等级电力设施的安装、维修或者试验活动。

取得二级许可证的，可以从事330千伏以下电压等级电力设施的安装、维修或者试验活动。

取得三级许可证的，可以从事110千伏以下电压等级电力设施的安装、维修或者试验活动。

取得四级许可证的，可以从事35千伏以下电压等级电力设施的安装、维修或者试验活动。

取得五级许可证的，可以从事10千伏以下电压等级电力设施的安装、维修或者试验活动。

第八条 申请许可证应当具备法人资格及健全有效的安全生产组织和制度，并符合下列条件：

（一）净资产

具有与开展承装（修、试）电力设施活动相适应的净资产，其所占总资产比例不低于15%。

（二）技术负责人、安全负责人

1. 申请一级至三级许可证的，分别拥有5年以上与所申请许可证类别相适应的电力设施安装、维修或试验管理工作经历，具有电力相关专业中级以上职称；其中申请一级许可证的，应具有电力相关专业高级职称；

2. 申请四级至五级许可证的，分别拥有3年以上与所申请许可证类别相适应的电力设施安装、维修或试验管理工作经历，具有电力相关专业初级以上职称。

（三）专业技术及技能人员

1. 申请一级至三级许可证的，电力相关专业技术人员分别不少于50人、30人和15人，其中具有中级以上技术任职资格的分别不少于

30 人、15 人和 5 人；电力相关专业技能人员分别不少于 60 人、30 人和 20 人，其中高压电工分别不少于 30 人、15 人和 10 人；

2. 申请四级至五级许可证的，电力相关专业技术人员分别不少于 10 人和 5 人；电力相关专业技能人员分别不少于 15 人和 5 人，其中高压电工分别不少于 8 人和 3 人。

前款第（二）项、第（三）项规定的各类人员均不得同时在其他单位任职；技术负责人可由本单位专业技术人员兼任，安全负责人应专人专岗。

第九条　申请一级至三级许可证的，除具备本办法第八条规定的相应条件外，还应具有下列与申请的许可证类别和等级相适应的业绩：

（一）申请一级至三级承装类许可证的，最近 3 年内应分别具有从事 330（220）千伏、110（66）千伏、35 千伏以下 10 千伏以上电压等级变（配）电及线路设施的安装活动业绩，且质量合格；在此期间从事电力设施安装业务的最高年度工程结算收入分别不少于 2 亿元、1 亿元和 3000 万元；

（二）申请一级至三级承修类或承试类许可证的，最近 2 年均应分别具有从事 330（220）千伏、110（66）千伏、35 千伏以下 10 千伏以上电压等级变（配）电及线路设施的维修或试验活动业绩。

第三章　申请、受理、审查与决定

第十条　申请许可证，应当向申请人所在地的派出机构提出，并提交申请表；申请一级至三级许可证的，还需要提交相关业绩材料。

第十一条　取得许可证的单位合并或分立后新设单位申请许可证的，应当提交申请表以及合并或分立相关材料。

分立后至多一个单位可承继分立前单位从事同类活动的业绩；其他新设单位同时申请该类别许可证的，按首次申请办理。

第十二条　派出机构收到申请，应当对申请材料是否齐全、是否符合法定形式进行审查。派出机构有权要求申请人就申请事项作出解释或者说明。

第十三条 派出机构对申请人提出的申请,应当根据下列情况分别作出处理:

(一)申请材料存在可以当场更正的错误的,应当允许申请人当场更正;

(二)申请材料不齐全或者不符合法定形式的,应当当场或者五日内向申请人发出申请材料补正通知书,并一次告知需要补正的全部内容;

(三)申请材料齐全并符合法定形式的,或者申请人按照派出机构的要求提交全部补正申请材料的,应当向申请人发出受理通知书。

第十四条 派出机构应当自受理之日起十五日内完成申请审查,并按下列规定作出是否许可的决定:

(一)经审查,申请人的条件符合法定条件、标准的,派出机构应当依法作出准予许可的书面决定,并自作出决定之日起五日内向申请人颁发、送达许可证;

(二)经审查,申请人的条件不符合法定条件、标准的,派出机构应当依法作出不予许可的决定,以书面形式通知申请人,通知书中应当说明不予许可的理由。

第十五条 派出机构在审查过程中认为需要对申请材料的实质性内容进行核实的,应当指派两名以上的工作人员进行现场核查。

第十六条 派出机构自受理通知书发出之日起十五日内不能作出决定的,经派出机构负责人批准,可以延长十日,并将延长期限的理由告知申请人。

第十七条 派出机构应当按照国家有关规定建立信息公开工作制度,向社会公开承装(修、试)电力设施许可的依据、条件、程序、期限、办理情况以及申请材料目录、申请材料示范文本等信息。

第四章　变更与延续

第十八条 许可证的变更分为许可事项变更和登记事项变更。

许可事项变更是指许可证类别和等级的变更。

登记事项变更是指承装(修、试)电力设施单位名称、住所、法定代表人等事项的变更。

变更后的许可证,有效期限不变。

第十九条 申请许可事项变更,应当提交本办法第十条规定的相关材料;派出机构按照本办法第三章规定的程序予以办理。

申请增加许可证类别或者提高许可证等级的,在申请之日起前一年内未出现下列情形的,应予受理:

(一)发生较大以上生产安全事故或者二次以上一般生产安全事故的;

(二)发生重大质量责任事故的;

(三)超越许可范围从事承装(修、试)电力设施活动的;

(四)涂改、倒卖、出租、出借许可证,或者以其他形式非法转让许可证的;

(五)违反国家有关规定将本单位承包的承装(修、试)电力设施业务转包或者分包的。

第二十条 承装(修、试)电力设施单位名称、住所或者法定代表人发生变化的,应当自市场监督管理部门依法办理变更登记之日起三十日内,提出登记事项变更申请,并提交登记事项变更申请表。

变更后的住所与原住所属于不同派出机构管辖的,应当向变更后住所地的派出机构提出登记事项变更申请。

派出机构应当自收到登记事项变更申请之日起十日内,办理变更手续。

第二十一条 许可证有效期为六年。

有效期届满需要延续的,应当在有效期届满三十日前提出申请,并提交申请表;申请一级至三级许可证有效期延续的,还应分别提供在其许可范围内的330(220)千伏以上、110(66)千伏以上、10千伏以上电压等级相关业绩材料。

派出机构应当在许可证有效期届满前作出是否准予延续的决定。

逾期未作出决定的,视为同意延续并补办相应手续。

第二十二条 许可证损毁或遗失的,应当及时向颁发许可证的派出机构申请补办,并提交下列材料:

(一)许可证补办申请表;

(二)损毁许可证原件或者许可证遗失声明。

派出机构应当自收到许可证补办申请之日起三日内补发许可证。

第五章 监督检查

第二十三条 国家能源局对派出机构实施承装(修、试)电力设施许可工作进行监督检查,及时纠正工作中的违法行为。

第二十四条 派出机构依法对辖区内从事承装(修、试)电力设施活动的单位或者个人的下列事项实施监督检查:

(一)依法取得许可证的情况;

(二)在许可范围内从事承装(修、试)电力设施活动的情况;

(三)依法使用许可证的情况;

(四)符合许可证法定条件的情况;

(五)遵守国家有关转包或者分包承装(修、试)电力设施业务规定的情况;

(六)遵守国家其他有关规定的情况。

第二十五条 承装(修、试)电力设施单位有下列情形之一的,应当按照规定向有关派出机构报送信息:

(一)人员、资产等情况发生重大变化,已不符合许可证法定条件、标准的,应当自发生重大变化之日起三十日内向颁发许可证的派出机构报告;

(二)解散、破产、倒闭、歇业、合并或者分立的,应当自市场监督管理部门办理相关手续之日起十日内向颁发许可证的派出机构报告;

(三)发生生产安全事故的,应当按照国家有关规定向事故发生地派出机构报告;

(四)发生重大质量责任事故的,应当自有关主管机关作出事故结论之日起十日内,向事故发生地派出机构报告。

前款第(三)项、第(四)项规定事项,事故发生地不属于颁发许可证的派出机构管辖的,事故发生地派出机构应当及时将有关情况通报颁发许可证的派出机构。

第二十六条　派出机构对电力企业遵守承装(修、试)电力设施许可制度的情况实施监督检查。

电网企业对用户受电工程依法实施检查及竣工检验,应当查验施工企业是否具有许可证;对未经许可或者超越许可范围承揽用户受电工程的,应当立即向派出机构报告。

第二十七条　派出机构履行监督检查职责,可以采取下列措施:

(一)进入被检查单位的生产经营场所进行检查;

(二)询问被检查单位的工作人员,要求其对有关检查事项作出说明;

(三)查阅、复制与检查事项有关的文件、资料,对可能被转移、隐匿、损毁的文件、资料予以封存;

(四)对与检查事项有关的业务组织技术鉴定;

(五)对检查中发现的违法行为,有权当场予以纠正或者要求限期改正。

派出机构实施监督检查,被检查单位应当依法予以配合。

第二十八条　国家能源局及其派出机构应按照国家关于加快构建以信用为基础的新型监管机制的要求,依法组织实施承装(修、试)电力设施单位信用监管,并与"双随机、一公开"监管相结合,采取差异化监管措施,不断提升信用监管效能。

第二十九条　承装(修、试)电力设施单位的人员、资产等情况发生重大变化,已不符合相应许可证条件、标准的,派出机构应当责令其限期整改;逾期不改或整改后仍不符合许可证条件的,派出机构应根据其实际具有的条件,重新核定许可证的类别和等级。

第三十条　有下列情形之一的,国家能源局及其派出机构可以依法撤销承装(修、试)电力设施许可:

(一)派出机构工作人员滥用职权、玩忽职守作出准予许可决定的;

(二)超越法定职权作出准予许可决定的;

(三)违反法定程序作出准予许可决定的;

(四)对不具备申请资格或者不符合法定条件的申请人准予许可的;

(五)依法可以撤销许可的其他情形。

承装(修、试)电力设施单位以欺骗、贿赂等不正当手段取得许可的,应当予以撤销。

依照本条第一款的规定撤销许可,承装(修、试)电力设施单位的合法权益受到损害的,派出机构应当依法给予赔偿。依照本条第二款的规定撤销许可的,承装(修、试)电力设施单位基于许可取得的利益不受保护。

第三十一条 有下列情形之一的,派出机构应当依法办理承装(修、试)电力设施许可注销手续:

(一)许可有效期届满未按照本办法规定申请延续或者延续申请未批准的;

(二)承装(修、试)电力设施单位因解散、破产、倒闭、歇业、合并、分立等原因依法终止的;

(三)许可依法被撤销、撤回,或者许可证被依法吊销的;

(四)法律、法规规定的应当注销许可的其他情形。

第六章 法律责任

第三十二条 申请人隐瞒有关情况或者提供虚假申请材料申请承装(修、试)电力设施许可的,派出机构不予受理或者不予许可,并给予警告;情节严重的,一年内不再受理其许可申请。

第三十三条 承装(修、试)电力设施单位采取欺骗、贿赂等不正当手段取得许可的,由派出机构撤销许可,给予警告,处一万元以上三万元以下罚款;情节严重的,三年内不再受理其许可申请;构成犯罪的，依法追究刑事责任。

第三十四条 承装（修、试）电力设施单位转包或违法分包承装（修、试）电力设施业务，涂改、倒卖、出租、出借许可证，或者以其他形式非法转让许可证的，《建设工程质量管理条例》等法律法规对上述违法行为有相关行政处罚规定的，依照其规定执行；未作规定的，由派出机构责令其改正，给予警告，并处一万元以上三万元以下罚款。

第三十五条 违反本办法规定未取得许可证或者超越许可范围，非法从事承装、承修、承试电力设施活动的，《无证无照经营查处办法》、《建设工程质量管理条例》等法律法规对上述违法行为有相关行政处罚规定的，依照其规定执行；未作规定的，由派出机构责令其停止相关经营活动，给予警告，并处一万元以上三万元以下罚款。

第三十六条 承装（修、试）电力设施单位在从事承装、承修、承试电力设施活动中发生重大以上生产安全事故或者重大质量责任事故，由派出机构依法降低许可证等级；情节严重的，依法吊销许可证。

第三十七条 承装（修、试）电力设施单位未按照本办法规定办理许可证登记事项变更手续的，由派出机构责令其限期办理；逾期未办理的，处五千元以下罚款。

第三十八条 电力企业违反国家有关规定，将承装（修、试）电力设施业务发包给未取得许可证或者超越许可范围承揽工程的单位或者个人的，由派出机构责令其限期改正，给予警告，并处一万元以上三万元以下罚款。

电网企业发现未取得许可证或者超越许可范围承揽用户受电工程的单位或者个人，未按照本办法规定及时报告的，由派出机构给予警告，处一万元以上三万元以下罚款。

第三十九条 违反本办法第二十四条、第二十五条、第二十六条、第二十七条规定，向派出机构提供虚假或隐瞒重要事实的文件、资料，或者拒绝、阻碍派出机构及其从事监管工作的人员依法履行监管职责的，依照《电力监管条例》有关规定追究其责任。

第四十条 国家能源局及其派出机构工作人员玩忽职守、滥用职权、徇私舞弊、收受贿赂的，对直接负责的主管人员和其他直接责任人员依法给予处分；构成犯罪的，依法追究刑事责任。

第七章 附 则

第四十一条 本办法中所称“以上”、“以下”、“不低于”、“不少于”均包含本数。

第四十二条 许可证由国家能源局统一印制，分为正本和副本，具有同等法律效力。

第四十三条 本办法自2020年10月11日起施行。原国家电力监管委员会于2009年12月18日公布的《承装（修、试）电力设施许可证管理办法》（国家电力监管委员会令第28号）同时废止。

住房城乡建设部关于进一步推进工程总承包发展的若干意见

（2016年5月20日公布 建市〔2016〕93号
自2016年5月20日起实施）

各省、自治区住房城乡建设厅，直辖市建委，北京市规委，新疆生产建设兵团建设局，国务院有关部门建设司（局）：

为落实《中共中央国务院关于进一步加强城市规划建设管理工作的若干意见》，深化建设项目组织实施方式改革，推广工程总承包制，提升工程建设质量和效益，现提出以下意见。

一、大力推进工程总承包

（一）充分认识推进工程总承包的意义。工程总承包是国际通行的建设项目组织实施方式。大力推进工程总承包，有利于提升项目可行性研究和初步设计深度，实现设计、采购、施工等各阶段工作的深度融合，提高工程建设水平；有利于发挥工程总承包企业的技术和管理优势，促进企业做优做强，推动产业转型升级，服务于“一带一路”战略实施。

（二）工程总承包的主要模式。工程总承包是指从事工程总承包的企业按照与建设单位签订的合同，对工程项目的设计、采购、施工等实行全过程的承包，并对工程的质量、安全、工期和造价等全面负责的承包方式。工程总承包一般采用设计—采购—施工总承包或者设计—施工总承包模式。建设单位也可以根据项目特点和实际需要，按照风险合理分担原则和承包工作内容采用其他工程总承包模式。

（三）优先采用工程总承包模式。建设单位在选择建设项目组织实施方式时，应当本着质量可靠、效率优先的原则，优先采用工程总承包模式。政府投资项目和装配式建筑应当积极采用工程总承包模式。

二、完善工程总承包管理制度

（四）工程总承包项目的发包阶段。建设单位可以根据项目特点，在可行性研究、方案设计或者初步设计完成后，按照确定的建设规模、建设标准、投资限额、工程质量和进度要求等进行工程总承包项目发包。

（五）建设单位的项目管理。建设单位应当加强工程总承包项目全过程管理，督促工程总承包企业履行合同义务。建设单位根据自身资源和能力，可以自行对工程总承包项目进行管理，也可以委托项目管理单位，依照合同对工程总承包项目进行管理。项目管理单位可以是本项目的可行性研究、方案设计或者初步设计单位，也可以是其他工程设计、施工或者监理等单位，但项目管理单位不得与工程总承包企业具有利害关系。

（六）工程总承包企业的选择。建设单位可以依法采用招标或者直接发包的方式选择工程总承包企业。工程总承包评标可以采用综合评估法，评审的主要因素包括工程总承包报价、项目管理组织方案、设计方案、设备采购方案、施工计划、工程业绩等。工程总承包项目可以采用总价合同或者成本加酬金合同，合同价格应当在充分竞争的基础上合理确定,合同的制订可以参照住房城乡建设部、工商总局联合印发的建设项目工程总承包合同示范文本。

(七)工程总承包企业的基本条件。工程总承包企业应当具有与工程规模相适应的工程设计资质或者施工资质,相应的财务、风险承担能力,同时具有相应的组织机构、项目管理体系、项目管理专业人员和工程业绩。

(八)工程总承包项目经理的基本要求。工程总承包项目经理应当取得工程建设类注册执业资格或者高级专业技术职称,担任过工程总承包项目经理、设计项目负责人或者施工项目经理,熟悉工程建设相关法律法规和标准,同时具有相应工程业绩。

(九)工程总承包项目的分包。工程总承包企业可以在其资质证书许可的工程项目范围内自行实施设计和施工,也可以根据合同约定或者经建设单位同意,直接将工程项目的设计或者施工业务择优分包给具有相应资质的企业。仅具有设计资质的企业承接工程总承包项目时,应当将工程总承包项目中的施工业务依法分包给具有相应施工资质的企业。仅具有施工资质的企业承接工程总承包项目时,应当将工程总承包项目中的设计业务依法分包给具有相应设计资质的企业。

(十)工程总承包项目严禁转包和违法分包。工程总承包企业应当加强对分包的管理,不得将工程总承包项目转包,也不得将工程总承包项目中设计和施工业务一并或者分别分包给其他单位。工程总承包企业自行实施设计的,不得将工程总承包项目工程主体部分的设计业务分包给其他单位。工程总承包企业自行实施施工的,不得将工程总承包项目工程主体结构的施工业务分包给其他单位。

(十一)工程总承包企业的义务和责任。工程总承包企业应当加强对工程总承包项目的管理,根据合同约定和项目特点,制定项目管理计划和项目实施计划,建立工程管理与协调制度,加强设计、采购与施工的协调,完善和优化设计,改进施工方案,合理调配设计、采购和施工力量,实现对工程总承包项目的有效控制。工程总承包企业对工程总承包项目的质量和安全全面负责。工程总承包企业按照合同约定对建设单位负责，分包企业按照分包合同的约定对工程总承包企业负责。工程分包不能免除工程总承包企业的合同义务和法律责任，工程总承包企业和分包企业就分包工程对建设单位承担连带责任。

（十二）工程总承包项目的风险管理。工程总承包企业和建设单位应当加强风险管理，公平合理分担风险。工程总承包企业按照合同约定向建设单位出具履约担保，建设单位向工程总承包企业出具支付担保。

（十三）工程总承包项目的监管手续。按照法规规定进行施工图设计文件审查的工程总承包项目，可以根据实际情况按照单体工程进行施工图设计文件审查。住房城乡建设主管部门可以根据工程总承包合同及分包合同确定的设计、施工企业，依法办理建设工程质量、安全监督和施工许可等相关手续。相关许可和备案表格，以及需要工程总承包企业签署意见的相关工程管理技术文件，应当增加工程总承包企业、工程总承包项目经理等栏目。

（十四）安全生产许可证和质量保修。工程总承包企业自行实施工程总承包项目施工的，应当依法取得安全生产许可证；将工程总承包项目中的施工业务依法分包给具有相应资质的施工企业完成的，施工企业应当依法取得安全生产许可证。工程总承包企业应当组织分包企业配合建设单位完成工程竣工验收，签署工程质量保修书。

三、提升企业工程总承包能力和水平

（十五）完善工程总承包企业组织机构。工程总承包企业要根据开展工程总承包业务的实际需要，及时调整和完善企业组织机构、专业设置和人员结构，形成集设计、采购和施工各阶段项目管理于一体，技术与管理密切结合，具有工程总承包能力的组织体系。

（十六）加强工程总承包人才队伍建设。工程总承包企业要高度重视工程总承包的项目经理及从事项目控制、设计管理、采购管理、施工管理、合同管理、质量安全管理和风险管理等方面的人才培养。加强项目管理业务培训，并在工程总承包项目实践中锻炼人才、培育人才，培养一批符合工程总承包业务需求的专业人才，为开展工程总承包业务提供人才支撑。

（十七）加强工程总承包项目管理体系建设。工程总承包企业要不断建立完善包括技术标准、管理标准、质量管理体系、职业健康安全和环境管理体系在内的工程总承包项目管理标准体系。加强对分包企业的跟踪、评估和管理，充分利用市场优质资源，保证项目的有效实施。积极推广应用先进实用的项目管理软件，建立与工程总承包管理相适应的信息网络平台，完善相关数据库，提高数据统计、分析和管控水平。

四、加强推进工程总承包发展的组织和实施

（十八）加强组织领导。各级住房城乡建设主管部门要高度重视推进工程总承包发展工作，创新建设工程管理机制，完善相关配套政策；加强领导，推进各项制度措施落实，明确管理部门，依据职责加强对房屋建筑和市政工程的工程总承包活动的监督管理；加强与发展改革、财政、税务、审计等有关部门的沟通协调，积极解决制约工程总承包项目实施的有关问题。

（十九）加强示范引导。各级住房城乡建设主管部门要引导工程建设项目采用工程总承包模式进行建设，从重点企业入手，培育一批工程总承包骨干企业，发挥示范引领带动作用，提高工程总承包的供给质量和能力。加大宣传力度，加强人员培训，及时总结和推广经验，扩大工程总承包的影响力。

（二十）发挥行业组织作用。充分发挥行业组织桥梁和纽带作用，在推进工程总承包发展过程中，行业组织要积极反映企业诉求，协助政府开展相关政策研究，组织开展工程总承包项目管理人才培训，开展工程总承包企业经验交流，促进工程总承包发展。

建设部、国家发展和改革委员会、财政部、中国人民银行关于严禁政府投资项目使用带资承包方式进行建设的通知

（2006年1月4日公布　建市〔2006〕6号
自2006年1月4日起实施）

各省、自治区、直辖市人民政府：

近年来，一些地方政府和部门要求建筑业企业以带资承包的方式建设新的工程项目；同时也有一些建筑业企业以承诺带资承包作为竞争手段，承揽政府投资项目。上述行为严重干扰了国家对固定资产投资的宏观调控，扰乱了建筑市场秩序，同时由于超概算资金落实难度大，造成了拖欠工程款和农民工工资。为贯彻落实《国务院关于投资体制改革的决定》和《国务院办公厅转发建设部等部门关于进一步解决建设领域拖欠工程款问题意见的通知》精神，加强政府投资项目管理，完善宏观调控，防止政府投资项目超概算，维护建筑市场秩序，防止拖欠工程款和农民工工资，特通知如下：

一、政府投资项目一律不得以建筑业企业带资承包的方式进行建设，不得将建筑业企业带资承包作为招投标条件；严禁将此类内容写入工程承包合同及补充条款，同时要对政府投资项目实行告知性合同备案制度。

政府投资项目是指使用各类政府投资资金，包括预算内资金、各类专项建设基金、国际金融组织和外国政府贷款的国家主权外债资金建设的项目。党政机关（包括党的机关、人大机关、行政机关、政协机关、审判机关、检察机关，以及工会、共青团、妇联等人民团体）及财政拨款的事业单位自筹资金建设的项目，视同政府投资项目适用本通

知，采用 BOT、BOOT、BOO 方式建设的政府投资项目可不适用本通知。

带资承包是指建设单位未全额支付工程预付款或未按工程进度按月支付工程款（不含合同约定的质量保证金），由建筑业企业垫款施工。

二、各级发展改革、财政、建设等有关部门，要在各自职责范围内加强对政府投资项目的管理，严禁带资承包。

各级发展改革及有关审批部门要把好工程建设项目审核关，不得批准建设资金来源不落实的政府投资项目；各商业银行要据实出具项目开工前的项目资金存款证明；各级财政部门要对工程建设过程中的资金进行监管；各级建设行政主管部门在发放施工许可时要严格审验资金到位情况，对建设资金不落实的，不予发放施工许可证。

三、对于使用带资承包方式建设的政府投资项目，一经发现，有关部门要按照有关法律法规对该建设单位进行查处并依法进行行政处罚；建设等部门应停止办理其报建手续，对该项目不予竣工验收备案；发展改革等有关部门对该单位新建项目给予制约；对于在工程建设过程中抽逃资金的，财政部门要立即停止该项目的资金拨付。

有关部门要建立健全建筑业企业不良信用档案制度，对于违反规定的企业，给予相应处罚。对以带资承包方式承揽政府投资项目的施工总承包企业和以带资承包方式承揽专业分包工程、劳务工程的专业分包企业、劳务分包企业，一经发现，有关部门要按照有关法律法规对该企业依法进行查处。

银行等金融机构应加强对建设项目的授信审查和贷款管理，在借款合同中明确约定不得利用银行贷款带资承包政府投资项目。对违反约定的，应限期追回银行信贷资金，并通过人民银行信贷登记咨询系统向其他银行通报，各银行不得再对该企业提供信贷支持。对于违反本通知规定的银行，金融监管部门应予以处罚。

四、各地区、各部门及各有关单位要严格政府投资项目管理，有关部门要加强对政府投资项目的监督检查。对违反本通知有关规定，把关不严,造成工作失误的,视情节轻重追究直接责任人和主要领导的责任。

五、各有关部门要在职责范围内对政府投资项目是否使用带资承包进行建设情况进行稽察。任何单位或个人对违反本通知规定使用带资承包方式进行建设的政府投资项目,以及该项目的主管部门和承建该项目的建筑业企业,都有权向建设部门、发展改革部门和财政部门予以举报。

本通知自下发之日起实行。原建建〔1996〕347 号《关于严格禁止在工程建设中带资承包的通知》同时废止。

国家发展改革委办公厅、国家能源局综合司关于做好新能源配套送出工程投资建设有关事项的通知

(2021 年 5 月 31 日公布　发改办运行〔2021〕445 号
自 2021 年 5 月 31 日起实施)

各省、自治区、直辖市发展改革委、经信委(工信委、工信厅、经信厅、工信局)、能源局,国家电网有限公司、中国南方电网有限责任公司、中国华能集团有限公司、中国大唐集团有限公司、中国华电集团有限公司、国家电力投资集团有限公司、中国长江三峡集团有限公司、国家能源投资集团有限责任公司、国家开发投资集团有限公司:

在碳达峰、碳中和目标背景下,风电、光伏发电装机将快速增长,并网消纳成为越来越重要的条件。为更好推动我国能源转型,满足新能源快速增长需求,避免风电、光伏发电等电源送出工程成为制约新能源发展的因素,现就有关事项通知如下:

一、高度重视电源配套送出工程对新能源并网的影响。为努力实

现碳达峰、碳中和目标,需要进一步加快发展风电、光伏发电等非化石能源。新能源机组和配套送出工程建设的不同步将影响新能源并网消纳,各地和有关企业要高度重视新能源配套工程建设,采取切实行动,尽快解决并网消纳矛盾,满足快速增长的并网消纳需求。

二、加强电网和电源规划统筹协调。统筹资源开发条件和电源送出通道,科学合理选取新能源布点,做好新能源与配套送出工程的统一规划;考虑规划整体性和运行需要,优先电网企业承建新能源配套送出工程,满足新能源并网需求,确保送出工程与电源建设的进度相匹配;结合不同工程特点和建设周期,衔接好网源建设进度,保障风电、光伏发电等电源项目和配套送出工程同步规划、同步核准、同步建设、同步投运,做到电源与电网协同发展。

三、允许新能源配套送出工程由发电企业建设。对电网企业建设有困难或规划建设时序不匹配的新能源配套送出工程,允许发电企业投资建设,缓解新能源快速发展并网消纳压力。发电企业建设配套送出工程应充分进行论证,并完全自愿,可以多家企业联合建设,也可以一家企业建设,多家企业共享。

四、做好配套工程回购工作。发电企业建设的新能源配套工程,经电网企业与发电企业双方协商同意,可在适当时机由电网企业依法依规进行回购。

五、确保新能源并网消纳安全。投资建设承建主体转变仅涉及产权变化,调度运行模式保持不变。各投资主体应做好配套送出工程的运行维护工作,确保系统安全运行。

请各地高度重视新能源并网消纳工作,会同相关电网、发电企业,科学规划,加强监管,简化核准或备案手续,规范程序,合理确定承建主体,尽量缩短时间,以满足新能源高质量发展需要。

建筑工程施工发包与承包违法行为认定查处管理办法

（2019年1月3日公布　建市规〔2019〕1号
自2019年1月1日起实施）

第一条　为规范建筑工程施工发包与承包活动中违法行为的认定、查处和管理，保证工程质量和施工安全，有效遏制发包与承包活动中的违法行为，维护建筑市场秩序和建筑工程主要参与方的合法权益，根据《中华人民共和国建筑法》《中华人民共和国招标投标法》《中华人民共和国合同法》《建设工程质量管理条例》《建设工程安全生产管理条例》《中华人民共和国招标投标法实施条例》等法律法规，以及《全国人大法工委关于对建筑施工企业母公司承接工程后交由子公司实施是否属于转包以及行政处罚两年追诉期认定法律适用问题的意见》（法工办发〔2017〕223号），结合建筑活动实践，制定本办法。

第二条　本办法所称建筑工程，是指房屋建筑和市政基础设施工程及其附属设施和与其配套的线路、管道、设备安装工程。

第三条　住房和城乡建设部对全国建筑工程施工发包与承包违法行为的认定查处工作实施统一监督管理。

县级以上地方人民政府住房和城乡建设主管部门在其职责范围内具体负责本行政区域内建筑工程施工发包与承包违法行为的认定查处工作。

本办法所称的发包与承包违法行为具体是指违法发包、转包、违法分包及挂靠等违法行为。

第四条　建设单位与承包单位应严格依法签订合同，明确双方权利、义务、责任，严禁违法发包、转包、违法分包和挂靠，确保工程质量和施工安全。

第五条 本办法所称违法发包，是指建设单位将工程发包给个人或不具有相应资质的单位、肢解发包、违反法定程序发包及其他违反法律法规规定发包的行为。

第六条 存在下列情形之一的，属于违法发包：

（一）建设单位将工程发包给个人的；

（二）建设单位将工程发包给不具有相应资质的单位的；

（三）依法应当招标未招标或未按照法定招标程序发包的；

（四）建设单位设置不合理的招标投标条件，限制、排斥潜在投标人或者投标人的；

（五）建设单位将一个单位工程的施工分解成若干部分发包给不同的施工总承包或专业承包单位的。

第七条 本办法所称转包，是指承包单位承包工程后，不履行合同约定的责任和义务，将其承包的全部工程或者将其承包的全部工程肢解后以分包的名义分别转给其他单位或个人施工的行为。

第八条 存在下列情形之一的，应当认定为转包，但有证据证明属于挂靠或者其他违法行为的除外：

（一）承包单位将其承包的全部工程转给其他单位（包括母公司承接建筑工程后将所承接工程交由具有独立法人资格的子公司施工的情形）或个人施工的；

（二）承包单位将其承包的全部工程肢解以后，以分包的名义分别转给其他单位或个人施工的；

（三）施工总承包单位或专业承包单位未派驻项目负责人、技术负责人、质量管理负责人、安全管理负责人等主要管理人员，或派驻的项目负责人、技术负责人、质量管理负责人、安全管理负责人中一人及以上与施工单位没有订立劳动合同且没有建立劳动工资和社会养老保险关系，或派驻的项目负责人未对该工程的施工活动进行组织管理，又不能进行合理解释并提供相应证明的；

（四）合同约定由承包单位负责采购的主要建筑材料、构配件及工程设备或租赁的施工机械设备，由其他单位或个人采购、租赁，或施工单位不能提供有关采购、租赁合同及发票等证明，又不能进行合理解释并提供相应证明的；

（五）专业作业承包人承包的范围是承包单位承包的全部工程，专业作业承包人计取的是除上缴给承包单位“管理费”之外的全部工程价款的；

（六）承包单位通过采取合作、联营、个人承包等形式或名义，直接或变相将其承包的全部工程转给其他单位或个人施工的；

（七）专业工程的发包单位不是该工程的施工总承包或专业承包单位的，但建设单位依约作为发包单位的除外；

（八）专业作业的发包单位不是该工程承包单位的；

（九）施工合同主体之间没有工程款收付关系，或者承包单位收到款项后又将款项转拨给其他单位和个人，又不能进行合理解释并提供材料证明的。

两个以上的单位组成联合体承包工程，在联合体分工协议中约定或者在项目实际实施过程中，联合体一方不进行施工也未对施工活动进行组织管理的，并且向联合体其他方收取管理费或者其他类似费用的，视为联合体一方将承包的工程转包给联合体其他方。

第九条　本办法所称挂靠，是指单位或个人以其他有资质的施工单位的名义承揽工程的行为。

前款所称承揽工程，包括参与投标、订立合同、办理有关施工手续、从事施工等活动。

第十条　存在下列情形之一的，属于挂靠：

（一）没有资质的单位或个人借用其他施工单位的资质承揽工程的；

（二）有资质的施工单位相互借用资质承揽工程的，包括资质等级低的借用资质等级高的，资质等级高的借用资质等级低的，相同资质等级相互借用的；

（三）本办法第八条第一款第（三）至（九）项规定的情形，有证据证明属于挂靠的。

第十一条 本办法所称违法分包,是指承包单位承包工程后违反法律法规规定,把单位工程或分部分项工程分包给其他单位或个人施工的行为。

第十二条 存在下列情形之一的,属于违法分包:

(一)承包单位将其承包的工程分包给个人的;

(二)施工总承包单位或专业承包单位将工程分包给不具备相应资质单位的;

(三)施工总承包单位将施工总承包合同范围内工程主体结构的施工分包给其他单位的,钢结构工程除外;

(四)专业分包单位将其承包的专业工程中非劳务作业部分再分包的;

(五)专业作业承包人将其承包的劳务再分包的;

(六)专业作业承包人除计取劳务作业费用外,还计取主要建筑材料款和大中型施工机械设备、主要周转材料费用的。

第十三条 任何单位和个人发现违法发包、转包、违法分包及挂靠等违法行为的,均可向工程所在地县级以上人民政府住房和城乡建设主管部门进行举报。

接到举报的住房和城乡建设主管部门应当依法受理、调查、认定和处理,除无法告知举报人的情况外,应当及时将查处结果告知举报人。

第十四条 县级以上地方人民政府住房和城乡建设主管部门如接到人民法院、检察机关、仲裁机构、审计机关、纪检监察等部门转交或移送的涉及本行政区域内建筑工程发包与承包违法行为的建议或相关案件的线索或证据,应当依法受理、调查、认定和处理,并把处理结果及时反馈给转交或移送机构。

第十五条 县级以上人民政府住房和城乡建设主管部门对本行政区域内发现的违法发包、转包、违法分包及挂靠等违法行为,应当依法进行调查,按照本办法进行认定,并依法予以行政处罚。

（一）对建设单位存在本办法第五条规定的违法发包情形的处罚：

1. 依据本办法第六条第（一）、（二）项规定认定的，依据《中华人民共和国建筑法》第六十五条、《建设工程质量管理条例》第五十四条规定进行处罚；

2. 依据本办法第六条第（三）项规定认定的，依据《中华人民共和国招标投标法》第四十九条、《中华人民共和国招标投标法实施条例》第六十四条规定进行处罚；

3. 依据本办法第六条第（四）项规定认定的，依据《中华人民共和国招标投标法》第五十一条、《中华人民共和国招标投标法实施条例》第六十三条规定进行处罚。

4. 依据本办法第六条第（五）项规定认定的，依据《中华人民共和国建筑法》第六十五条、《建设工程质量管理条例》第五十五条规定进行处罚。

5. 建设单位违法发包，拒不整改或者整改后仍达不到要求的，视为没有依法确定施工企业，将其违法行为记入诚信档案，实行联合惩戒。对全部或部分使用国有资金的项目，同时将建设单位违法发包的行为告知其上级主管部门及纪检监察部门，并建议对建设单位直接负责的主管人员和其他直接责任人员给予相应的行政处分。

（二）对认定有转包、违法分包违法行为的施工单位，依据《中华人民共和国建筑法》第六十七条、《建设工程质量管理条例》第六十二条规定进行处罚。

（三）对认定有挂靠行为的施工单位或个人，依据《中华人民共和国招标投标法》第五十四条、《中华人民共和国建筑法》第六十五条和《建设工程质量管理条例》第六十条规定进行处罚。

（四）对认定有转让、出借资质证书或者以其他方式允许他人以本单位的名义承揽工程的施工单位，依据《中华人民共和国建筑法》第六十六条、《建设工程质量管理条例》第六十一条规定进行处罚。

（五）对建设单位、施工单位给予单位罚款处罚的，依据《建设工程质量管理条例》第七十三条、《中华人民共和国招标投标法》第四十九条、《中华人民共和国招标投标法实施条例》第六十四条规定，对单位直接负责的主管人员和其他直接责任人员进行处罚。

（六）对认定有转包、违法分包、挂靠、转让出借资质证书或者以其他方式允许他人以本单位的名义承揽工程等违法行为的施工单位，可依法限制其参加工程投标活动、承揽新的工程项目，并对其企业资质是否满足资质标准条件进行核查，对达不到资质标准要求的限期整改，整改后仍达不到要求的，资质审批机关撤回其资质证书。

对2年内发生2次及以上转包、违法分包、挂靠、转让出借资质证书或者以其他方式允许他人以本单位的名义承揽工程的施工单位，应当依法按照情节严重情形给予处罚。

（七）因违法发包、转包、违法分包、挂靠等违法行为导致发生质量安全事故的，应当依法按照情节严重情形给予处罚。

第十六条 对于违法发包、转包、违法分包、挂靠等违法行为的行政处罚追溯期限，应当按照法工办发〔2017〕223号文件的规定，从存在违法发包、转包、违法分包、挂靠的建筑工程竣工验收之日起计算；合同工程量未全部完成而解除或终止履行合同的，自合同解除或终止之日起计算。

第十七条 县级以上人民政府住房和城乡建设主管部门应将查处的违法发包、转包、违法分包、挂靠等违法行为和处罚结果记入相关单位或个人信用档案，同时向社会公示，并逐级上报至住房和城乡建设部，在全国建筑市场监管公共服务平台公示。

第十八条 房屋建筑和市政基础设施工程以外的专业工程可参照本办法执行。省级人民政府住房和城乡建设主管部门可结合本地实际，依据本办法制定相应实施细则。

第十九条 本办法中施工总承包单位、专业承包单位均指直接承接建设单位发包的工程的单位；专业分包单位是指承接施工总承包或专业承包企业分包专业工程的单位；承包单位包括施工总承包单位、专业承包单位和专业分包单位。

第二十条 本办法由住房和城乡建设部负责解释。

第二十一条　本办法自2019年1月1日起施行。2014年10月1日起施行的《建筑工程施工转包违法分包等违法行为认定查处管理办法(试行)》(建市〔2014〕118号)同时废止。

房屋建筑和市政基础设施工程竣工验收备案管理办法

(2000年4月4日建设部令第78号公布　根据2009年10月19日《住房和城乡建设部关于修改〈房屋建筑工程和市政基础设施工程竣工验收备案管理暂行办法〉的决定》修正　2009年10月19日公布　住房和城乡建设部令第2号自2009年10月19日起实施)

第一条　为了加强房屋建筑和市政基础设施工程质量的管理,根据《建设工程质量管理条例》,制定本办法。

第二条　在中华人民共和国境内新建、扩建、改建各类房屋建筑和市政基础设施工程的竣工验收备案,适用本办法。

第三条　国务院住房和城乡建设主管部门负责全国房屋建筑和市政基础设施工程(以下统称工程)的竣工验收备案管理工作。

县级以上地方人民政府建设主管部门负责本行政区域内工程的竣工验收备案管理工作。

第四条　建设单位应当自工程竣工验收合格之日起15日内,依照本办法规定,向工程所在地的县级以上地方人民政府建设主管部门(以下简称备案机关)备案。

第五条　建设单位办理工程竣工验收备案应当提交下列文件:

(一)工程竣工验收备案表;

(二)工程竣工验收报告。竣工验收报告应当包括工程报建日期,施工许可证号，施工图设计文件审查意见，勘察、设计、施工、工程监理等单位分别签署的质量合格文件及验收人员签署的竣工验收原始文件，市政基础设施的有关质量检测和功能性试验资料以及备案机关认为需要提供的有关资料；

（三）法律、行政法规规定应当由规划、环保等部门出具的认可文件或者准许使用文件；

（四）法律规定应当由公安消防部门出具的对大型的人员密集场所和其他特殊建设工程验收合格的证明文件；

（五）施工单位签署的工程质量保修书；

（六）法规、规章规定必须提供的其他文件。

住宅工程还应当提交《住宅质量保证书》和《住宅使用说明书》。

第六条 备案机关收到建设单位报送的竣工验收备案文件，验证文件齐全后，应当在工程竣工验收备案表上签署文件收讫。

工程竣工验收备案表一式两份，一份由建设单位保存，一份留备案机关存档。

第七条 工程质量监督机构应当在工程竣工验收之日起5日内，向备案机关提交工程质量监督报告。

第八条 备案机关发现建设单位在竣工验收过程中有违反国家有关建设工程质量管理规定行为的，应当在收讫竣工验收备案文件15日内，责令停止使用，重新组织竣工验收。

第九条 建设单位在工程竣工验收合格之日起15日内未办理工程竣工验收备案的，备案机关责令限期改正，处20万元以上50万元以下罚款。

第十条 建设单位将备案机关决定重新组织竣工验收的工程，在重新组织竣工验收前，擅自使用的，备案机关责令停止使用，处工程合同价款2%以上4%以下罚款。

第十一条 建设单位采用虚假证明文件办理工程竣工验收备案的，工程竣工验收无效，备案机关责令停止使用，重新组织竣工验收，处20万元以上50万元以下罚款；构成犯罪的，依法追究刑事责任。

第十二条 备案机关决定重新组织竣工验收并责令停止使用的工程,建设单位在备案之前已投入使用或者建设单位擅自继续使用造成使用人损失的,由建设单位依法承担赔偿责任。

第十三条 竣工验收备案文件齐全,备案机关及其工作人员不办理备案手续的,由有关机关责令改正,对直接责任人员给予行政处分。

第十四条 抢险救灾工程、临时性房屋建筑工程和农民自建低层住宅工程,不适用本办法。

第十五条 军用房屋建筑工程竣工验收备案,按照中央军事委员会的有关规定执行。

第十六条 省、自治区、直辖市人民政府住房和城乡建设主管部门可以根据本办法制定实施细则。

第十七条 本办法自发布之日起施行。

建设工程消防设计审查验收管理暂行规定

(2020 年 4 月 1 日公布　住房和城乡建设部令第 51 号
自 2020 年 6 月 1 日起实施)

第一章　总　　则

第一条 为了加强建设工程消防设计审查验收管理,保证建设工程消防设计、施工质量,根据《中华人民共和国建筑法》《中华人民共和国消防法》《建设工程质量管理条例》等法律、行政法规,制定本规定。

第二条 特殊建设工程的消防设计审查、消防验收,以及其他建设工程的消防验收备案(以下简称备案)、抽查,适用本规定。

本规定所称特殊建设工程,是指本规定第十四条所列的建设工程。

本规定所称其他建设工程,是指特殊建设工程以外的其他按照国家工程建设消防技术标准需要进行消防设计的建设工程。

第三条 国务院住房和城乡建设主管部门负责指导监督全国建设工程消防设计审查验收工作。

县级以上地方人民政府住房和城乡建设主管部门(以下简称消防设计审查验收主管部门)依职责承担本行政区域内建设工程的消防设计审查、消防验收、备案和抽查工作。

跨行政区域建设工程的消防设计审查、消防验收、备案和抽查工作,由该建设工程所在行政区域消防设计审查验收主管部门共同的上一级主管部门指定负责。

第四条 消防设计审查验收主管部门应当运用互联网技术等信息化手段开展消防设计审查、消防验收、备案和抽查工作,建立健全有关单位和从业人员的信用管理制度,不断提升政务服务水平。

第五条 消防设计审查验收主管部门实施消防设计审查、消防验收、备案和抽查工作所需经费,按照《中华人民共和国行政许可法》等有关法律法规的规定执行。

第六条 消防设计审查验收主管部门应当及时将消防验收、备案和抽查情况告知消防救援机构,并与消防救援机构共享建筑平面图、消防设施平面布置图、消防设施系统图等资料。

第七条 从事建设工程消防设计审查验收的工作人员,以及建设、设计、施工、工程监理、技术服务等单位的从业人员,应当具备相应的专业技术能力,定期参加职业培训。

第二章 有关单位的消防设计、施工质量责任与义务

第八条 建设单位依法对建设工程消防设计、施工质量负首要责任。设计、施工、工程监理、技术服务等单位依法对建设工程消防设计、施工质量负主体责任。建设、设计、施工、工程监理、技术服务等单位的从业人员依法对建设工程消防设计、施工质量承担相应的个人责任。

第九条 建设单位应当履行下列消防设计、施工质量责任和义务:

（一）不得明示或者暗示设计、施工、工程监理、技术服务等单位及其从业人员违反建设工程法律法规和国家工程建设消防技术标准，降低建设工程消防设计、施工质量；

（二）依法申请建设工程消防设计审查、消防验收，办理备案并接受抽查；

（三）实行工程监理的建设工程，依法将消防施工质量委托监理；

（四）委托具有相应资质的设计、施工、工程监理单位；

（五）按照工程消防设计要求和合同约定，选用合格的消防产品和满足防火性能要求的建筑材料、建筑构配件和设备；

（六）组织有关单位进行建设工程竣工验收时，对建设工程是否符合消防要求进行查验；

（七）依法及时向档案管理机构移交建设工程消防有关档案。

第十条 设计单位应当履行下列消防设计、施工质量责任和义务：

（一）按照建设工程法律法规和国家工程建设消防技术标准进行设计，编制符合要求的消防设计文件，不得违反国家工程建设消防技术标准强制性条文；

（二）在设计文件中选用的消防产品和具有防火性能要求的建筑材料、建筑构配件和设备，应当注明规格、性能等技术指标，符合国家规定的标准；

（三）参加建设单位组织的建设工程竣工验收，对建设工程消防设计实施情况签章确认，并对建设工程消防设计质量负责。

第十一条 施工单位应当履行下列消防设计、施工质量责任和义务：

（一）按照建设工程法律法规、国家工程建设消防技术标准，以及经消防设计审查合格或者满足工程需要的消防设计文件组织施工，不得擅自改变消防设计进行施工，降低消防施工质量；

（二）按照消防设计要求、施工技术标准和合同约定检验消防产品和具有防火性能要求的建筑材料、建筑构配件和设备的质量，使用合格产品，保证消防施工质量；

（三）参加建设单位组织的建设工程竣工验收，对建设工程消防施工质量签章确认，并对建设工程消防施工质量负责。

第十二条　工程监理单位应当履行下列消防设计、施工质量责任和义务：

（一）按照建设工程法律法规、国家工程建设消防技术标准，以及经消防设计审查合格或者满足工程需要的消防设计文件实施工程监理；

（二）在消防产品和具有防火性能要求的建筑材料、建筑构配件和设备使用、安装前，核查产品质量证明文件，不得同意使用或者安装不合格的消防产品和防火性能不符合要求的建筑材料、建筑构配件和设备；

（三）参加建设单位组织的建设工程竣工验收，对建设工程消防施工质量签章确认，并对建设工程消防施工质量承担监理责任。

第十三条　提供建设工程消防设计图纸技术审查、消防设施检测或者建设工程消防验收现场评定等服务的技术服务机构，应当按照建设工程法律法规、国家工程建设消防技术标准和国家有关规定提供服务，并对出具的意见或者报告负责。

第三章　特殊建设工程的消防设计审查

第十四条　具有下列情形之一的建设工程是特殊建设工程：

（一）总建筑面积大于二万平方米的体育场馆、会堂，公共展览馆、博物馆的展示厅；

（二）总建筑面积大于一万五千平方米的民用机场航站楼、客运车站候车室、客运码头候船厅；

（三）总建筑面积大于一万平方米的宾馆、饭店、商场、市场；

（四）总建筑面积大于二千五百平方米的影剧院，公共图书馆的阅览室，营业性室内健身、休闲场馆，医院的门诊楼，大学的教学楼、图书馆、食堂，劳动密集型企业的生产加工车间，寺庙、教堂；

（五）总建筑面积大于一千平方米的托儿所、幼儿园的儿童用房，儿童游乐厅等室内儿童活动场所，养老院、福利院，医院、疗养院的病房楼，中小学校的教学楼、图书馆、食堂，学校的集体宿舍，劳动密集型企业的员工集体宿舍；

（六）总建筑面积大于五百平方米的歌舞厅、录像厅、放映厅、卡拉OK厅、夜总会、游艺厅、桑拿浴室、网吧、酒吧，具有娱乐功能的餐馆、茶馆、咖啡厅；

（七）国家工程建设消防技术标准规定的一类高层住宅建筑；

（八）城市轨道交通、隧道工程，大型发电、变配电工程；

（九）生产、储存、装卸易燃易爆危险物品的工厂、仓库和专用车站、码头，易燃易爆气体和液体的充装站、供应站、调压站；

（十）国家机关办公楼、电力调度楼、电信楼、邮政楼、防灾指挥调度楼、广播电视楼、档案楼；

（十一）设有本条第（一）项至第（六）项所列情形的建设工程；

（十二）本条第（十）项、第（十一）项规定以外的单体建筑面积大于四万平方米或者建筑高度超过五十米的公共建筑。

第十五条　对特殊建设工程实行消防设计审查制度。

特殊建设工程的建设单位应当向消防设计审查验收主管部门申请消防设计审查，消防设计审查验收主管部门依法对审查的结果负责。

特殊建设工程未经消防设计审查或者审查不合格的，建设单位、施工单位不得施工。

第十六条　建设单位申请消防设计审查，应当提交下列材料：

（一）消防设计审查申请表；

（二）消防设计文件；

（三）依法需要办理建设工程规划许可的，应当提交建设工程规划许可文件；

（四）依法需要批准的临时性建筑，应当提交批准文件。

第十七条　特殊建设工程具有下列情形之一的，建设单位除提交

本规定第十六条所列材料外,还应当同时提交特殊消防设计技术资料:

(一)国家工程建设消防技术标准没有规定,必须采用国际标准或者境外工程建设消防技术标准的;

(二)消防设计文件拟采用的新技术、新工艺、新材料不符合国家工程建设消防技术标准规定的。

前款所称特殊消防设计技术资料,应当包括特殊消防设计文件,设计采用的国际标准、境外工程建设消防技术标准的中文文本,以及有关的应用实例、产品说明等资料。

第十八条 消防设计审查验收主管部门收到建设单位提交的消防设计审查申请后,对申请材料齐全的,应当出具受理凭证;申请材料不齐全的,应当一次性告知需要补正的全部内容。

第十九条 对具有本规定第十七条情形之一的建设工程,消防设计审查验收主管部门应当自受理消防设计审查申请之日起五个工作日内,将申请材料报送省、自治区、直辖市人民政府住房和城乡建设主管部门组织专家评审。

第二十条 省、自治区、直辖市人民政府住房和城乡建设主管部门应当建立由具有工程消防、建筑等专业高级技术职称人员组成的专家库,制定专家库管理制度。

第二十一条 省、自治区、直辖市人民政府住房和城乡建设主管部门应当在收到申请材料之日起十个工作日内组织召开专家评审会,对建设单位提交的特殊消防设计技术资料进行评审。

评审专家从专家库随机抽取,对于技术复杂、专业性强或者国家有特殊要求的项目,可以直接邀请相应专业的中国科学院院士、中国工程院院士、全国工程勘察设计大师以及境外具有相应资历的专家参加评审;与特殊建设工程设计单位有利害关系的专家不得参加评审。

评审专家应当符合相关专业要求,总数不得少于七人,且独立出具评审意见。特殊消防设计技术资料经四分之三以上评审专家同意即为评审通过,评审专家有不同意见的,应当注明。省、自治区、直辖市人民政府住房和城乡建设主管部门应当将专家评审意见，书面通知报请评审的消防设计审查验收主管部门，同时报国务院住房和城乡建设主管部门备案。

第二十二条　消防设计审查验收主管部门应当自受理消防设计审查申请之日起十五个工作日内出具书面审查意见。依照本规定需要组织专家评审的，专家评审时间不超过二十个工作日。

第二十三条　对符合下列条件的，消防设计审查验收主管部门应当出具消防设计审查合格意见：

（一）申请材料齐全、符合法定形式；

（二）设计单位具有相应资质；

（三）消防设计文件符合国家工程建设消防技术标准（具有本规定第十七条情形之一的特殊建设工程，特殊消防设计技术资料通过专家评审）。

对不符合前款规定条件的，消防设计审查验收主管部门应当出具消防设计审查不合格意见，并说明理由。

第二十四条　实行施工图设计文件联合审查的，应当将建设工程消防设计的技术审查并入联合审查。

第二十五条　建设、设计、施工单位不得擅自修改经审查合格的消防设计文件。确需修改的，建设单位应当依照本规定重新申请消防设计审查。

第四章　特殊建设工程的消防验收

第二十六条　对特殊建设工程实行消防验收制度。

特殊建设工程竣工验收后，建设单位应当向消防设计审查验收主管部门申请消防验收；未经消防验收或者消防验收不合格的，禁止投入使用。

第二十七条　建设单位组织竣工验收时，应当对建设工程是否符合下列要求进行查验：

（一）完成工程消防设计和合同约定的消防各项内容；

（二）有完整的工程消防技术档案和施工管理资料（含涉及消防的建筑材料、建筑构配件和设备的进场试验报告）；

（三）建设单位对工程涉及消防的各分部分项工程验收合格；施工、设计、工程监理、技术服务等单位确认工程消防质量符合有关标准；

（四）消防设施性能、系统功能联调联试等内容检测合格。

经查验不符合前款规定的建设工程，建设单位不得编制工程竣工验收报告。

第二十八条 建设单位申请消防验收，应当提交下列材料：

（一）消防验收申请表；

（二）工程竣工验收报告；

（三）涉及消防的建设工程竣工图纸。

消防设计审查验收主管部门收到建设单位提交的消防验收申请后，对申请材料齐全的，应当出具受理凭证；申请材料不齐全的，应当一次性告知需要补正的全部内容。

第二十九条 消防设计审查验收主管部门受理消防验收申请后，应当按照国家有关规定，对特殊建设工程进行现场评定。现场评定包括对建筑物防（灭）火设施的外观进行现场抽样查看；通过专业仪器设备对涉及距离、高度、宽度、长度、面积、厚度等可测量的指标进行现场抽样测量；对消防设施的功能进行抽样测试、联调联试消防设施的系统功能等内容。

第三十条 消防设计审查验收主管部门应当自受理消防验收申请之日起十五日内出具消防验收意见。对符合下列条件的，应当出具消防验收合格意见：

（一）申请材料齐全、符合法定形式；

（二）工程竣工验收报告内容完备；

（三）涉及消防的建设工程竣工图纸与经审查合格的消防设计文件相符；

（四）现场评定结论合格。

对不符合前款规定条件的,消防设计审查验收主管部门应当出具消防验收不合格意见,并说明理由。

第三十一条 实行规划、土地、消防、人防、档案等事项联合验收的建设工程,消防验收意见由地方人民政府指定的部门统一出具。

第五章 其他建设工程的消防设计、备案与抽查

第三十二条 其他建设工程,建设单位申请施工许可或者申请批准开工报告时,应当提供满足施工需要的消防设计图纸及技术资料。

未提供满足施工需要的消防设计图纸及技术资料的,有关部门不得发放施工许可证或者批准开工报告。

第三十三条 对其他建设工程实行备案抽查制度。

其他建设工程经依法抽查不合格的,应当停止使用。

第三十四条 其他建设工程竣工验收合格之日起五个工作日内,建设单位应当报消防设计审查验收主管部门备案。

建设单位办理备案,应当提交下列材料:

(一)消防验收备案表;

(二)工程竣工验收报告;

(三)涉及消防的建设工程竣工图纸。

本规定第二十七条有关建设单位竣工验收消防查验的规定,适用于其他建设工程。

第三十五条 消防设计审查验收主管部门收到建设单位备案材料后,对备案材料齐全的,应当出具备案凭证;备案材料不齐全的,应当一次性告知需要补正的全部内容。

第三十六条 消防设计审查验收主管部门应当对备案的其他建设工程进行抽查。抽查工作推行"双随机、一公开"制度,随机抽取检查对象,随机选派检查人员。抽取比例由省、自治区、直辖市人民政府住房和城乡建设主管部门,结合辖区内消防设计、施工质量情况确定,并向社会公示。

消防设计审查验收主管部门应当自其他建设工程被确定为检查

对象之日起十五个工作日内，按照建设工程消防验收有关规定完成检查，制作检查记录。检查结果应当通知建设单位，并向社会公示。

第三十七条 建设单位收到检查不合格整改通知后，应当停止使用建设工程，并组织整改，整改完成后，向消防设计审查验收主管部门申请复查。

消防设计审查验收主管部门应当自收到书面申请之日起七个工作日内进行复查，并出具复查意见。复查合格后方可使用建设工程。

第六章 附 则

第三十八条 违反本规定的行为，依照《中华人民共和国建筑法》《中华人民共和国消防法》《建设工程质量管理条例》等法律法规给予处罚；构成犯罪的，依法追究刑事责任。

建设、设计、施工、工程监理、技术服务等单位及其从业人员违反有关建设工程法律法规和国家工程建设消防技术标准，除依法给予处罚或者追究刑事责任外，还应当依法承担相应的民事责任。

第三十九条 建设工程消防设计审查验收规则和执行本规定所需要的文书式样，由国务院住房和城乡建设主管部门制定。

第四十条 新颁布的国家工程建设消防技术标准实施之前，建设工程的消防设计已经依法审查合格的，按原审查意见的标准执行。

第四十一条 住宅室内装饰装修、村民自建住宅、救灾和非人员密集场所的临时性建筑的建设活动，不适用本规定。

第四十二条 省、自治区、直辖市人民政府住房和城乡建设主管部门可以根据有关法律法规和本规定，结合本地实际情况，制定实施细则。

第四十三条 本规定自2020年6月1日起施行。

住房和城乡建设部公告第1431号——关于发布国家标准《光伏发电工程验收规范》的公告

（2012年6月28日公布　住房和城乡建设部公告第1431号　自2012年11月1日起实施）

现批准《光伏发电工程验收规范》为国家标准，编号为GB/T 50796-2012，自2012年11月1日起实施。

本规范由我部标准定额研究所组织中国计划出版社出版发行。

《光伏发电工程验收规范》（略）

住房和城乡建设部公告第1004号——关于发布国家标准《风力发电工程施工与验收规范》的公告

（2015年12月3日公布　住房和城乡建设部公告第1004号　自2016年8月1日起实施）

现批准《风力发电工程施工与验收规范》为国家标准，编号为GB/T 51121-2015，自2016年8月1日起实施。

本规范由我部标准定额研究所组织中国计划出版社出版发行。

《风力发电工程施工与验收规范》（略）

建设工程价款结算暂行办法

(2004年10月20日公布　财建〔2004〕369号
自2004年10月20日起实施)

第一章　总　　则

第一条　为加强和规范建设工程价款结算,维护建设市场正常秩序,根据《中华人民共和国合同法》、《中华人民共和国建筑法》、《中华人民共和国招标投标法》、《中华人民共和国预算法》、《中华人民共和国政府采购法》、《中华人民共和国预算法实施条例》等有关法律、行政法规制订本办法。

第二条　凡在中华人民共和国境内的建设工程价款结算活动,均适用本办法。国家法律法规另有规定的,从其规定。

第三条　本办法所称建设工程价款结算(以下简称"工程价款结算"),是指对建设工程的发承包合同价款进行约定和依据合同约定进行工程预付款、工程进度款、工程竣工价款结算的活动。

第四条　国务院财政部门、各级地方政府财政部门和国务院建设行政主管部门、各级地方政府建设行政主管部门在各自职责范围内负责工程价款结算的监督管理。

第五条　从事工程价款结算活动,应当遵循合法、平等、诚信的原则,并符合国家有关法律、法规和政策。

第二章　工程合同价款的约定与调整

第六条　招标工程的合同价款应当在规定时间内,依据招标文件、中标人的投标文件,由发包人与承包人(以下简称"发、承包人")订立书面合同约定。

非招标工程的合同价款依据审定的工程预(概)算书由发、承包人在合同中约定。

合同价款在合同中约定后,任何一方不得擅自改变。

第七条 发包人、承包人应当在合同条款中对涉及工程价款结算的下列事项进行约定:

(一)预付工程款的数额、支付时限及抵扣方式;

(二)工程进度款的支付方式、数额及时限;

(三)工程施工中发生变更时,工程价款的调整方法、索赔方式、时限要求及金额支付方式;

(四)发生工程价款纠纷的解决方法;

(五)约定承担风险的范围及幅度以及超出约定范围和幅度的调整办法;

(六)工程竣工价款的结算与支付方式、数额及时限;

(七)工程质量保证(保修)金的数额、预扣方式及时限;

(八)安全措施和意外伤害保险费用;

(九)工期及工期提前或延后的奖惩办法;

(十)与履行合同、支付价款相关的担保事项。

第八条 发、承包人在签订合同时对于工程价款的约定,可选用下列一种约定方式:

(一)固定总价。合同工期较短且工程合同总价较低的工程,可以采用固定总价合同方式。

(二)固定单价。双方在合同中约定综合单价包含的风险范围和风险费用的计算方法,在约定的风险范围内综合单价不再调整。风险范围以外的综合单价调整方法,应当在合同中约定。

(三)可调价格。可调价格包括可调综合单价和措施费等,双方应在合同中约定综合单价和措施费的调整方法,调整因素包括:

1. 法律、行政法规和国家有关政策变化影响合同价款;

2. 工程造价管理机构的价格调整;

3. 经批准的设计变更;

4. 发包人更改经审定批准的的施工组织设计(修正错误除外)造成费用增加;

5. 双方约定的其他因素。

第九条 承包人应当在合同规定的调整情况发生后 14 天内,将调整原因、金额以书面形式通知发包人,发包人确认调整金额后将其作为追加合同价款,与工程进度款同期支付。发包人收到承包人通知后 14 天内不予确认也不提出修改意见,视为已经同意该项调整。

当合同规定的调整合同价款的调整情况发生后,承包人未在规定时间内通知发包人,或者未在规定时间内提出调整报告,发包人可以根据有关资料,决定是否调整和调整的金额,并书面通知承包人。

第十条 工程设计变更价款调整

(一)施工中发生工程变更,承包人按照经发包人认可的变更设计文件,进行变更施工,其中,政府投资项目重大变更,需按基本建设程序报批后方可施工。

(二)在工程设计变更确定后 14 天内,设计变更涉及工程价款调整的,由承包人向发包人提出,经发包人审核同意后调整合同价款。变更合同价款按下列方法进行:

1. 合同中已有适用于变更工程的价格,按合同已有的价格变更合同价款;

2. 合同中只有类似于变更工程的价格,可以参照类似价格变更合同价款;

3. 合同中没有适用或类似于变更工程的价格,由承包人或发包人提出适当的变更价格,经对方确认后执行。如双方不能达成一致的,双方可提请工程所在地工程造价管理机构进行咨询或按合同约定的争议或纠纷解决程序办理。

(三)工程设计变更确定后 14 天内,如承包人未提出变更工程价款报告,则发包人可根据所掌握的资料决定是否调整合同价款和调整的具体金额。重大工程变更涉及工程价款变更报告和确认的时限由发承包双方协商确定。

收到变更工程价款报告一方，应在收到之日起14天内予以确认或提出协商意见，自变更工程价款报告送达之日起14天内，对方未确认也未提出协商意见时，视为变更工程价款报告已被确认。

确认增（减）的工程变更价款作为追加（减）合同价款与工程进度款同期支付。

第三章　工程价款结算

第十一条　工程价款结算应按合同约定办理，合同未作约定或约定不明的，发、承包双方应依照下列规定与文件协商处理：

（一）国家有关法律、法规和规章制度；

（二）国务院建设行政主管部门、省、自治区、直辖市或有关部门发布的工程造价计价标准、计价办法等有关规定；

（三）建设项目的合同、补充协议、变更签证和现场签证，以及经发、承包人认可的其他有效文件；

（四）其他可依据的材料。

第十二条　工程预付款结算应符合下列规定：

（一）包工包料工程的预付款按合同约定拨付，原则上预付比例不低于合同金额的10%，不高于合同金额的30%，对重大工程项目，按年度工程计划逐年预付。计价执行《建设工程工程量清单计价规范》（GB 50500—2003）的工程，实体性消耗和非实体性消耗部分应在合同中分别约定预付款比例。

（二）在具备施工条件的前提下，发包人应在双方签订合同后的一个月内或不迟于约定的开工日期前的7天内预付工程款，发包人不按约定预付，承包人应在预付时间到期后10天内向发包人发出要求预付的通知，发包人收到通知后仍不按要求预付，承包人可在发出通知14天后停止施工，发包人应从约定应付之日起向承包人支付应付款的利息（利率按同期银行贷款利率计），并承担违约责任。

（三）预付的工程款必须在合同中约定抵扣方式，并在工程进度款中进行抵扣。

（四）凡是没有签订合同或不具备施工条件的工程，发包人不得预付工程款，不得以预付款为名转移资金。

第十三条 工程进度款结算与支付应当符合下列规定：

（一）工程进度款结算方式

1. 按月结算与支付。即实行按月支付进度款，竣工后清算的办法。合同工期在两个年度以上的工程，在年终进行工程盘点，办理年度结算。

2. 分段结算与支付。即当年开工、当年不能竣工的工程按照工程形象进度，划分不同阶段支付工程进度款。具体划分在合同中明确。

（二）工程量计算

1. 承包人应当按照合同约定的方法和时间，向发包人提交已完工程量的报告。发包人接到报告后 14 天内核实已完工程量，并在核实前 1 天通知承包人，承包人应提供条件并派人参加核实，承包人收到通知后不参加核实，以发包人核实的工程量作为工程价款支付的依据。发包人不按约定时间通知承包人，致使承包人未能参加核实，核实结果无效。

2. 发包人收到承包人报告后 14 天内未核实完工程量，从第 15 天起，承包人报告的工程量即视为被确认，作为工程价款支付的依据，双方合同另有约定的，按合同执行。

3. 对承包人超出设计图纸（含设计变更）范围和因承包人原因造成返工的工程量，发包人不予计量。

（三）工程进度款支付

1. 根据确定的工程计量结果，承包人向发包人提出支付工程进度款申请，14 天内，发包人应按不低于工程价款的 60%，不高于工程价款的 90% 向承包人支付工程进度款。按约定时间发包人应扣回的预付款，与工程进度款同期结算抵扣。

2. 发包人超过约定的支付时间不支付工程进度款，承包人应及时向发包人发出要求付款的通知，发包人收到承包人通知后仍不能按要求付款，可与承包人协商签订延期付款协议，经承包人同意后可延期支付,协议应明确延期支付的时间和从工程计量结果确认后第15天起计算应付款的利息(利率按同期银行贷款利率计)。

3. 发包人不按合同约定支付工程进度款,双方又未达成延期付款协议,导致施工无法进行,承包人可停止施工,由发包人承担违约责任。

第十四条 工程完工后,双方应按照约定的合同价款及合同价款调整内容以及索赔事项,进行工程竣工结算。

(一)工程竣工结算方式

工程竣工结算分为单位工程竣工结算、单项工程竣工结算和建设项目竣工总结算。

(二)工程竣工结算编审

1. 单位工程竣工结算由承包人编制,发包人审查;实行总承包的工程,由具体承包人编制,在总包人审查的基础上,发包人审查。

2. 单项工程竣工结算或建设项目竣工总结算由总(承)包人编制,发包人可直接进行审查,也可以委托具有相应资质的工程造价咨询机构进行审查。政府投资项目,由同级财政部门审查。单项工程竣工结算或建设项目竣工总结算经发、承包人签字盖章后有效。

承包人应在合同约定期限内完成项目竣工结算编制工作,未在规定期限内完成的并且提不出正当理由延期的,责任自负。

(三)工程竣工结算审查期限

单项工程竣工后,承包人应在提交竣工验收报告的同时,向发包人递交竣工结算报告及完整的结算资料,发包人应按以下规定时限进行核对(审查)并提出审查意见。

	工程竣工结算报告金额	审查时间
1	500万元以下	从接到竣工结算报告和完整的竣工结算资料之日起20天
2	500万元~2000万元	从接到竣工结算报告和完整的竣工结算资料之日起30天

续表

	工程竣工结算报告金额	审查时间
3	2000 万元～5000 万元	从接到竣工结算报告和完整的竣工结算资料之日起 45 天
4	5000 万元以上	从接到竣工结算报告和完整的竣工结算资料之日起 60 天

建设项目竣工总结算在最后一个单项工程竣工结算审查确认后 15 天内汇总，送发包人后 30 天内审查完成。

（四）工程竣工价款结算

发包人收到承包人递交的竣工结算报告及完整的结算资料后，应按本办法规定的期限（合同约定有期限的，从其约定）进行核实，给予确认或者提出修改意见。发包人根据确认的竣工结算报告向承包人支付工程竣工结算价款，保留 5% 左右的质量保证（保修）金，待工程交付使用一年质保期到期后清算（合同另有约定的，从其约定），质保期内如有返修，发生费用应在质量保证（保修）金内扣除。

（五）索赔价款结算

发承包人未能按合同约定履行自己的各项义务或发生错误，给另一方造成经济损失的，由受损方按合同约定提出索赔，索赔金额按合同约定支付。

（六）合同以外零星项目工程价款结算

发包人要求承包人完成合同以外零星项目，承包人应在接受发包人要求的 7 天内就用工数量和单价、机械台班数量和单价、使用材料和金额等向发包人提出施工签证，发包人签证后施工，如发包人未签证，承包人施工后发生争议的，责任由承包人自负。

第十五条 发包人和承包人要加强施工现场的造价控制，及时对工程合同外的事项如实纪录并履行书面手续。凡由发、承包双方授权的现场代表签字的现场签证以及发、承包双方协商确定的索赔等费用，应在工程竣工结算中如实办理，不得因发、承包双方现场代表的中途变更改变其有效性。

第十六条　发包人收到竣工结算报告及完整的结算资料后，在本办法规定或合同约定期限内，对结算报告及资料没有提出意见，则视同认可。

承包人如未在规定时间内提供完整的工程竣工结算资料，经发包人催促后14天内仍未提供或没有明确答复，发包人有权根据已有资料进行审查，责任由承包人自负。

根据确认的竣工结算报告，承包人向发包人申请支付工程竣工结算款。发包人应在收到申请后15天内支付结算款，到期没有支付的应承担违约责任。承包人可以催告发包人支付结算价款，如达成延期支付协议，承包人应按同期银行贷款利率支付拖欠工程价款的利息。如未达成延期支付协议，承包人可以与发包人协商将该工程折价，或申请人民法院将该工程依法拍卖，承包人就该工程折价或者拍卖的价款优先受偿。

第十七条　工程竣工结算以合同工期为准，实际施工工期比合同工期提前或延后，发、承包双方应按合同约定的奖惩办法执行。

第四章　工程价款结算争议处理

第十八条　工程造价咨询机构接受发包人或承包人委托，编审工程竣工结算，应按合同约定和实际履约事项认真办理，出具的竣工结算报告经发、承包双方签字后生效。当事人一方对报告有异议的，可对工程结算中有异议部分，向有关部门申请咨询后协商处理，若不能达成一致的，双方可按合同约定的争议或纠纷解决程序办理。

第十九条　发包人对工程质量有异议，已竣工验收或已竣工未验收但实际投入使用的工程，其质量争议按该工程保修合同执行；已竣工未验收且未实际投入使用的工程以及停工、停建工程的质量争议，应当就有争议部分的竣工结算暂缓办理，双方可就有争议的工程委托有资质的的检测鉴定机构进行检测，根据检测结果确定解决方案，或按工程质量监督机构的处理决定执行，其余部分的竣工结算依照约定办理。

第二十条 当事人对工程造价发生合同纠纷时，可通过下列办法解决：

（一）双方协商确定；

（二）按合同条款约定的办法提请调解；

（三）向有关仲裁机构申请仲裁或向人民法院起诉。

第五章 工程价款结算管理

第二十一条 工程竣工后，发、承包双方应及时办清工程竣工结算，否则，工程不得交付使用，有关部门不予办理权属登记。

第二十二条 发包人与中标的承包人不按照招标文件和中标的承包人的投标文件订立合同的，或者发包人、中标的承包人背离合同实质性内容另行订立协议，造成工程价款结算纠纷的，另行订立的协议无效，由建设行政主管部门责令改正，并按《中华人民共和国招标投标法》第五十九条进行处罚。

第二十三条 接受委托承接有关工程结算咨询业务的工程造价咨询机构应具有工程造价咨询单位资质，其出具的办理拨付工程价款和工程结算的文件，应当由造价工程师签字，并应加盖执业专用章和单位公章。

第六章 附 则

第二十四条 建设工程施工专业分包或劳务分包，总（承）包人与分包人必须依法订立专业分包或劳务分包合同，按照本办法的规定在合同中约定工程价款及其结算办法。

第二十五条 政府投资项目除执行本办法有关规定外，地方政府或地方政府财政部门对政府投资项目合同价款约定与调整、工程价款结算、工程价款结算争议处理等事项，如另有特殊规定的，从其规定。

第二十六条 凡实行监理的工程项目，工程价款结算过程中涉及监理工程师签证事项，应按工程监理合同约定执行。

第二十七条 有关主管部门、地方政府财政部门和地方政府建设行政主管部门可参照本办法,结合本部门、本地区实际情况,另行制订具体办法,并报财政部、建设部备案。

第二十八条 合同示范文本内容如与本办法不一致,以本办法为准。

第二十九条 本办法自公布之日起施行。

四、项目运营与电价

（一）项目电价与补贴

可再生能源发展基金征收使用管理暂行办法

（2011年11月29日公布　财综〔2011〕115号
自2012年1月1日起实施）

第一章　总　　则

第一条　为了促进可再生能源的开发利用，根据《中华人民共和国可再生能源法》的有关规定，制定本办法。

第二条　可再生能源发展基金的资金筹集、使用管理和监督检查等适用本办法。

第二章　资金筹集

第三条　可再生能源发展基金包括国家财政公共预算安排的专项资金（以下简称可再生能源发展专项资金）和依法向电力用户征收的可再生能源电价附加收入等。

第四条　可再生能源发展专项资金由中央财政从年度公共预算中予以安排（不含国务院投资主管部门安排的中央预算内基本建设专项资金）。

第五条　可再生能源电价附加在除西藏自治区以外的全国范围内，对各省、自治区、直辖市扣除农业生产用电（含农业排灌用电）后的销售电量征收。

第六条 各省、自治区、直辖市纳入可再生能源电价附加征收范围的销售电量包括：

（一）省级电网企业（含各级子公司）销售给电力用户的电量；

（二）省级电网企业扣除合理线损后的趸售电量（即实际销售给转供单位的电量，不含趸售给各级子公司的电量）；

（三）省级电网企业对境外销售电量；

（四）企业自备电厂自发自用电量；

（五）地方独立电网（含地方供电企业，下同）销售电量（不含省级电网企业销售给地方独立电网的电量）；

（六）大用户与发电企业直接交易的电量。

省（自治区、直辖市）际间交易电量，计入受电省份的销售电量征收可再生能源电价附加。

第七条 可再生能源电价附加征收标准为 8 厘/千瓦时。根据可再生能源开发利用中长期总量目标和开发利用规划，以及可再生能源电价附加收支情况，征收标准可以适时调整。

第八条 可再生能源电价附加由财政部驻各省、自治区、直辖市财政监察专员办事处（以下简称专员办）按月向电网企业征收，实行直接缴库，收入全额上缴中央国库。

电力用户应缴纳的可再生能源电价附加，按照下列方式由电网企业代征：

（一）大用户与发电企业直接交易电量的可再生能源电价附加，由代为输送电量的电网企业代征；

（二）地方独立电网销售电量的可再生能源电价附加，由地方电网企业在向电力用户收取电费时一并代征；

（三）企业自备电厂自发自用电量应缴纳的可再生能源电价附加，由所在地电网企业代征；

（四）其他社会销售电量的可再生能源电价附加，由省级电网企业在向电力用户收取电费时一并代征。

第九条 可再生能源电价附加收入填列政府收支分类科目第 103

类01款68项“可再生能源电价附加收入”。

第十条 省级电网企业和地方独立电网企业，应于每月10日前向驻当地专员办申报上月实际销售电量（含自备电厂自发自用电量，下同）和应缴纳的可再生能源电价附加。专员办应于每月12日前完成对企业申报的审核，确定可再生能源电价附加征收额，并向申报企业开具《非税收入一般缴款书》。省级电网企业和地方独立电网企业，应于每月15日前，按照专员办开具《非税收入一般缴款书》所规定的缴款额，足额上缴可再生能源电价附加。

第十一条 专员办根据省级电网企业和地方独立电网企业全年实际销售电量，在次年3月底前完成对相关企业全年应缴可再生能源电价附加的汇算清缴工作。

专员办开展汇算清缴工作时，应对电力用户欠缴电费、电网企业核销坏账损失的电量情况进行审核，经确认后不计入相关企业全年实际销售电量。

第十二条 中央财政按照可再生能源附加实际代征额的2‰付给相关电网企业代征手续费，代征手续费从可再生能源发展基金支出预算中安排，具体支付方式按照财政部的有关规定执行。代征电网企业不得从代征收入中直接提留代征手续费。

第十三条 对可再生能源电价附加征收增值税而减少的收入，由财政预算安排相应资金予以弥补，并计入“可再生能源电价附加收入”科目核算。

第三章 资金使用

第十四条 可再生能源发展基金用于支持可再生能源发电和开发利用活动：

（一）可再生能源发展专项资金主要用于支持以下可再生能源开发利用活动：

1. 可再生能源开发利用的科学技术研究、标准制定和示范工程；

2. 农村、牧区生活用能的可再生能源利用项目；

3. 偏远地区和海岛可再生能源独立电力系统建设；

4. 可再生能源的资源勘查、评价和相关信息系统建设；

5. 促进可再生能源开发利用设备的本地化生产；

6.《中华人民共和国可再生能源法》规定的其他相关事项。

（二）可再生能源电价附加收入用于以下补助：

1. 电网企业按照国务院价格主管部门确定的上网电价，或者根据《中华人民共和国可再生能源法》有关规定通过招标等竞争性方式确定的上网电价，收购可再生能源电量所发生的费用高于按照常规能源发电平均上网电价计算所发生费用之间的差额；

2. 执行当地分类销售电价，且由国家投资或者补贴建设的公共可再生能源独立电力系统，其合理的运行和管理费用超出销售电价的部分；

3. 电网企业为收购可再生能源电量而支付的合理的接网费用以及其他合理的相关费用，不能通过销售电价回收的部分。

第十五条 相关企业申请可再生能源发展专项资金补助的具体办法，按照《财政部关于印发〈可再生能源发展专项资金管理暂行办法〉的通知》（财建〔2006〕237 号）等有关文件的规定执行。

可再生能源发展专项资金用于固定资产投资的，还应按照中央政府投资管理的有关规定执行。

第十六条 电网企业应按照《中华人民共和国可再生能源法》相关规定，全额收购其电网覆盖范围内符合并网技术标准的可再生能源并网发电项目的上网电量。

第十七条 可再生能源电价附加补助资金的申报、审核、拨付等具体办法，由财政部会同国家发展改革委、国家能源局另行制定。

第十八条 可再生能源发展专项资金支出填列政府收支分类科目中第 211 类 12 款 01 项“可再生能源”；可再生能源电价附加支出填列政府收支分类科目中第 211 类 15 款 01 项“可再生能源电价附加收入安排的支出”（新增）。

第四章　监 督 检 查

第十九条　财政、价格、能源、审计部门按照职责分工，对可再生能源电价附加的征收、拨付、使用和管理情况进行监督检查。

第二十条　省级电网企业和地方独立电网企业，应及时足额上缴可再生能源电价附加，不得拖延缴纳。

第二十一条　未经批准，多征、减征、缓征、停征或截留、挤占、挪用可再生能源电价附加收入的单位及责任人，由财政、价格、能源、审计等相关部门依照《中华人民共和国价格法》、《财政违法行为处罚处分条例》、《价格违法行为行政处罚规定》等法律法规追究法律责任。

第五章　附　　则

第二十二条　本办法由财政部会同国家发展改革委、国家能源局解释。

第二十三条　本办法自2012年1月1日起施行。

可再生能源电价附加资金管理办法

（2020年1月20日公布　财建〔2020〕5号
自2020年1月20日起实施）

第一条　为规范可再生能源电价附加补助资金管理，根据《中华人民共和国预算法》、《中华人民共和国可再生能源法》等，制定本办法。

第二条　可再生能源电价附加补助资金（以下简称补助资金）属于可再生能源发展基金，是国家为支持可再生能源发电、促进可再生能源发电行业稳定发展而设立的政府性基金。补助资金由可再生能源电价附加收入筹集。

第三条　按照中央政府性基金预算管理要求和程序，由财政部按照以收定支的原则编制补助资金年度收支预算。

第四条　享受补助资金的可再生能源发电项目按以下办法确定：

（一）本办法印发后需补贴的新增可再生能源发电项目（以下简称新增项目），由财政部根据补助资金年度增收水平、技术进步和行业发展等情况，合理确定补助资金当年支持的新增可再生能源发电项目补贴总额。国家发展改革委、国家能源局根据可再生能源发展规划、技术进步等情况，在不超过财政部确定的年度新增补贴总额内，合理确定各类需补贴的可再生能源发电项目新增装机规模。

（二）本办法印发前需补贴的存量可再生能源发电项目（以下简称存量项目），需符合国家能源主管部门要求，按照规模管理的需纳入年度建设规模管理范围，并按流程经电网企业审核后纳入补助项目清单。

第五条　国家发展改革委、国家能源局应按照以收定支原则，制定可再生能源发电项目分类型的管理办法，明确项目规模管理以及具体监管措施并及早向社会公布。有管理办法并且纳入国家可再生能源发电补贴规模管理范围的项目，相应给予补贴。

第六条　电网企业应按照本办法要求，定期公布、及时调整符合补助条件的可再生能源发电补助项目清单，并定期将公布情况报送财政部、国家发展改革委、国家能源局。纳入补助项目清单项目的具体条件包括：

（一）新增项目需纳入当年可再生能源发电补贴总额范围内；存量项目需符合国家能源主管部门要求，按照规模管理的需纳入年度建设规模管理范围内。

（二）按照国家有关规定已完成审批、核准或备案；符合国家可再生能源价格政策，上网电价已经价格主管部门审核批复。

（三）全部机组并网时间符合补助要求。

（四）相关审批、核准、备案和并网要件经国家可再生能源信息管理平台审核通过。

国家电网有限公司、南方电网有限责任公司分别负责公布各自经营范围内的补助项目清单；地方独立电网企业负责经营范围内的补助项目清单，报送所在地省级财政、价格、能源主管部门审核后公布。

第七条 享受补助资金的光伏扶贫项目和公共可再生能源独立电力系统项目按以下办法确定：

（一）纳入国家光伏规模管理且纳入国家扶贫目录的光伏扶贫项目，由所在地省级扶贫、能源主管部门提出申请，国务院扶贫办、国家能源局审核后报财政部、国家发展改革委确认，符合条件的项目列入光伏扶贫项目补助目录。

（二）国家投资建设或国家组织企业投资建设的公共可再生能源独立电力系统，由项目所在地省级财政、价格、能源主管部门提出申请，财政部、国家发展改革委、国家能源局审核后纳入公共独立系统补助目录。

第八条 电网企业和省级相关部门按以下办法测算补助资金需求：

（一）电网企业收购补助项目清单内项目的可再生能源发电量，按照上网电价（含通过招标等竞争方式确定的上网电价）给予补助的，补助标准＝（电网企业收购价格－燃煤发电上网基准价）/（1＋适用增值税率）。

（二）电网企业收购补助项目清单内项目的可再生能源发电量，按照定额补助的，补助标准＝定额补助标准/（1＋适用增值税率）。

（三）纳入补助目录的公共可再生能源独立电力系统，合理的运行和管理费用超出销售电价的部分，经省级相关部门审核后，据实测算补助资金，补助上限不超过每瓦每年2元。财政部将每两年委托第三方机构对运行和管理费用进行核实并适时调整补助上限。

（四）单个项目的补助额度按照合理利用小时数核定。

第九条 每年3月30日前，由电网企业或省级相关部门提出补助资金申请。

（一）纳入补助目录的可再生能源发电项目和光伏扶贫项目，由电网企业提出补助资金申请。其中：国家电网有限公司、南方电网有限责任公司向财政部提出申请；地方独立电网企业由所在地省级财政、价格、能源主管部门向财政部提出申请。

（二）纳入补助目录的公共可再生能源独立电力系统，由项目所在地省级财政、价格、能源主管部门向财政部提出申请。

（三）电网企业和省级相关部门提出的新增项目补助资金必须符合以收定支的原则，不得超过当年确定的新增补贴总额。

第十条　财政部根据电网企业和省级相关部门申请以及本年度可再生能源电价附加收入情况，按照以收定支的原则向电网企业和省级财政部门拨付补助资金。电网企业按以下办法兑付补助资金：

（一）当年纳入国家规模管理的新增项目足额兑付补助资金。

（二）纳入补助目录的存量项目，由电网企业依照项目类型、并网时间、技术水平和相关部门确定的原则等条件，确定目录中项目的补助资金拨付顺序并向社会公开。

光伏扶贫、自然人分布式、参与绿色电力证书交易、自愿转为平价项目等项目可优先兑付补助资金。其他存量项目由电网企业按照相同比例统一兑付。

第十一条　电网企业因收购可再生能源发电量产生的其他合理费用，以及按要求对补助资金进行核查产生的合理费用，由财政部审核后通过补助资金支持。

第十二条　各级财政部门收到补助资金后，应尽快向本级独立电网企业或公共可再生能源独立电力系统项目单位分解下达预算，并按照国库集中支付制度有关规定及时支付资金。

电网企业收到补助资金后，一般应当在10个工作日内，按照目录优先顺序及结算要求及时兑付给可再生能源发电企业。电网企业应按年对补助资金申请使用等情况进行全面核查，必要时可聘请独立第三方，核查结果及时报送财政部、国家发展改革委、国家能源局。国家发展改革委、国家能源局、财政部需适时对项目开展核查，核查结果将作为补贴发放的重要依据。核查结果不合格的项目,电网企业应暂停发放补贴。

光伏扶贫项目补助资金应及时兑付给县级扶贫结转账户。

第十三条 补助资金实施绩效管理。国家能源局会同国家发展改革委、财政部根据绩效管理要求确定年度绩效目标和评价要求。年度结束后,电网企业和省级能源主管部门应开展绩效自评,自评结果报国家能源局、国家发展改革委,国家能源局会同国家发展改革委汇总后将补助资金整体绩效评价结果报财政部。财政部将适时组织对补贴政策执行情况开展重点绩效评价,强化评价结果应用,根据绩效评价结果及时调整完善政策、优化预算安排。

第十四条 电网企业和可再生能源发电企业存在违反规定骗取、套取补助资金等违法违纪行为的,按照《中华人民共和国预算法》、《财政违法行为处罚处分条例》等有关规定进行处理。

第十五条 各级财政、发改、能源等部门及其工作人员在补助资金审核、分配工作中,存在违反规定分配资金、向不符合条件的单位(个人)分配资金、擅自超出规定的范围或者标准分配或使用补助资金等,以及其他滥用职权、玩忽职守、徇私舞弊等违法违纪行为的,按照《中华人民共和国预算法》、《中华人民共和国公务员法》、《中华人民共和国监察法》《财政违法行为处罚处分条例》等有关规定进行处理。

第十六条 本办法由财政部会同相关部门按职责分工进行解释。

第十七条 本办法自印发之日起施行。2012 年 3 月 14 日印发的《可再生能源电价附加补助资金管理暂行办法》(财建〔2012〕102 号)同时废止。

国家发展改革委关于完善风力发电上网电价政策的通知

（2009年7月20日公布　发改价格〔2009〕1906号
自2009年8月1日起实施）

各省、自治区、直辖市发展改革委、物价局：

为规范风电价格管理，促进风力发电产业健康持续发展，依据《中华人民共和国可再生能源法》，决定进一步完善我委印发的《可再生能源发电价格和费用分摊管理试行办法》（发改价格〔2006〕7号）有关规定。现就有关事项通知如下：

一、规范风电价格管理

（一）分资源区制定陆上风电标杆上网电价。按风能资源状况和工程建设条件，决定将全国分为四类风能资源区，相应制定风电标杆上网电价。具体标准见附件。

今后新建陆上风电项目，包括沿海地区多年平均大潮高潮线以上的潮上滩涂地区和有固定居民的海岛地区，统一执行所在风能资源区的风电标杆上网电价。跨省区边界的同一风电场原则上执行同一上网电价，价格标准按较高的风电标杆上网电价执行。

（二）海上风电项目上网电价，今后将根据建设进程，由国务院价格主管部门另行制定。

（三）省级投资及能源主管部门核准的风电项目，要向国家发展改革委、国家能源局备案。

二、继续实行风电价格费用分摊制度

风电上网电价在当地脱硫燃煤机组标杆上网电价以内的部分，由当地省级电网负担；高出部分，通过全国征收的可再生能源电价附加分摊解决。脱硫燃煤机组标杆上网电价调整后,风电上网电价中由当地电网负担的部分要相应调整。

三、有关要求

(一)上述规定自2009年8月1日起实行。2009年8月1日之前核准的风电项目,上网电价仍按原有规定执行。

(二)各风力发电企业和电网企业必须真实、完整地记载和保存风电项目上网交易电量、价格和补贴金额等资料,接受有关部门监督检查。各级价格主管部门要加强对风电上网电价执行和电价附加补贴结算的监管,确保风电上网电价政策执行到位。

附件:

全国风力发电标杆上网电价表

资源区	标杆上网电价(元/kWh)	各资源区所包括的地区
Ⅰ类资源区	0.51	内蒙古自治区除赤峰市、通辽市、兴安盟、呼伦贝尔市以外其他地区;新疆维吾尔自治区乌鲁木齐市、伊犁哈萨克族自治州、昌吉回族自治州、克拉玛依市、石河子市
Ⅱ类资源区	0.54	河北省张家口市、承德市;内蒙古自治区赤峰市、通辽市、兴安盟、呼伦贝尔市;甘肃省张掖市、嘉峪关市、酒泉市
Ⅲ类资源区	0.58	吉林省白城市、松原市;黑龙江省鸡西市、双鸭山市、七台河市、绥化市、伊春市,大兴安岭地区;甘肃省除张掖市、嘉峪关市、酒泉市以外其他地区;新疆维吾尔自治区除乌鲁木齐市、伊犁哈萨克族自治州、昌吉回族自治州、克拉玛依市、石河子市以外其他地区;宁夏回族自治区
Ⅳ类资源区	0.61	除Ⅰ类、Ⅱ类、Ⅲ类资源区以外的其他地区

国家发展改革委关于发挥价格杠杆作用促进光伏产业健康发展的通知

（2013年8月26日公布　发改价格〔2013〕1638号
自2013年8月26日起实施）

各省、自治区、直辖市发展改革委、物价局：

为充分发挥价格杠杆引导资源优化配置的积极作用，促进光伏发电产业健康发展，根据《国务院关于促进光伏产业健康发展的若干意见》（国发〔2013〕24号）有关要求，决定进一步完善光伏发电项目价格政策。现就有关事项通知如下：

一、光伏电站价格

（一）根据各地太阳能资源条件和建设成本，将全国分为三类太阳能资源区，相应制定光伏电站标杆上网电价。各资源区光伏电站标杆上网电价标准见附件。

（二）光伏电站标杆上网电价高出当地燃煤机组标杆上网电价（含脱硫等环保电价，下同）的部分，通过可再生能源发展基金予以补贴。

二、分布式光伏发电价格

（一）对分布式光伏发电实行按照全电量补贴的政策，电价补贴标准为每千瓦时0.42元（含税，下同），通过可再生能源发展基金予以支付，由电网企业转付；其中，分布式光伏发电系统自用有余上网的电量，由电网企业按照当地燃煤机组标杆上网电价收购。

（二）对分布式光伏发电系统自用电量免收随电价征收的各类基金和附加，以及系统备用容量费和其他相关并网服务费。

三、执行时间

分区标杆上网电价政策适用于2013年9月1日后备案（核准），

以及2013年9月1日前备案(核准)但于2014年1月1日及以后投运的光伏电站项目;电价补贴标准适用于除享受中央财政投资补贴之外的分布式光伏发电项目。

四、其他规定

(一)享受国家电价补贴的光伏发电项目,应符合可再生能源发展规划,符合固定资产投资审批程序和有关管理规定。

(二)光伏发电项目自投入运营起执行标杆上网电价或电价补贴标准,期限原则上为20年。国家根据光伏发电发展规模、发电成本变化情况等因素,逐步调减光伏电站标杆上网电价和分布式光伏发电电价补贴标准,以促进科技进步,降低成本,提高光伏发电市场竞争力。

(三)鼓励通过招标等竞争方式确定光伏电站上网电价或分布式光伏发电电价补贴标准,但通过竞争方式形成的上网电价和电价补贴标准,不得高于国家规定的标杆上网电价和电价补贴标准。

(四)电网企业要积极为光伏发电项目提供必要的并网接入、计量等电网服务,及时与光伏发电企业按规定结算电价。同时,要及时计量和审核光伏发电项目的发电量与上网电量,并据此申请电价补贴。

(五)光伏发电企业和电网企业必须真实、完整地记载和保存光伏发电项目上网电量、自发自用电量、电价结算和补助金额等资料,接受有关部门监督检查。弄虚作假的视同价格违法行为予以查处。

(六)各级价格主管部门要加强对光伏发电上网电价执行和电价附加补助结算的监管,确保光伏发电价格政策执行到位。

附件：

全国光伏电站标杆上网电价表

单位：元/千瓦时（含税）

资源区	光伏电站标杆上网电价	各资源区所包括的地区
Ⅰ类资源区	0.90	宁夏，青海海西，甘肃嘉峪关、武威、张掖、酒泉、敦煌、金昌，新疆哈密、塔城、阿勒泰、克拉玛依，内蒙古除赤峰、通辽、兴安盟、呼伦贝尔以外地区
Ⅱ类资源区	0.95	北京，天津，黑龙江，吉林，辽宁，四川，云南，内蒙古赤峰、通辽、兴安盟、呼伦贝尔，河北承德、张家口、唐山、秦皇岛，山西大同、朔州、忻州，陕西榆林、延安，青海、甘肃、新疆除Ⅰ类外其他地区
Ⅲ类资源区	1.0	除Ⅰ类、Ⅱ类资源区以外的其他地区

注：西藏自治区光伏电站标杆电价另行制定。

国家发展和改革委员会关于适当调整陆上风电标杆上网电价的通知

（2014年12月31日公布　发改价格〔2014〕3008号
自2015年1月1日起实施）

各省、自治区、直辖市发展改革委、物价局：

为合理引导风电投资，促进风电产业健康有序发展，提高国家可再生能源电价附加资金补贴效率，依据《中华人民共和国可再生能源法》，决定适当调整新投陆上风电上网标杆电价。现就有关事项通知如下：

一、对陆上风电继续实行分资源区标杆上网电价政策。将第Ⅰ类、Ⅱ类和Ⅲ类资源区风电标杆上网电价每千瓦时降低2分钱，调整后的标杆上网电价分别为每千瓦时0.49元、0.52元和0.56元；第Ⅳ类资源区风电标杆上网电价维持现行每千瓦时0.61元不变。

二、鼓励通过招标等竞争方式确定业主和上网电价，但通过竞争方式形成的上网电价不得高于国家规定的当地风电标杆上网电价水平。具体办法由国家能源主管部门会同价格主管部门另行制定。

三、继续实行风电价格费用分摊制度。风电上网电价在当地燃煤机组标杆上网电价（含脱硫、脱硝、除尘）以内的部分，由当地省级电网负担；高出部分，通过国家可再生能源发展基金分摊解决。燃煤机组标杆上网电价调整后，风电上网电价中由当地电网负担的部分相应调整。

四、各风力发电企业和电网企业必须真实、完整地记载和保存风电项目上网交易电量、价格和补贴金额等资料，接受有关部门监督检查。各级价格主管部门要加强对风电上网电价执行和电价附加补贴结算的监管，督促风电上网电价政策执行到位。

五、上述规定适用于2015年1月1日以后核准的陆上风电项目，以及2015年1月1日前核准但于2016年1月1日以后投运的陆上风电项目。

国家发展改革委关于完善陆上风电光伏发电上网标杆电价政策的通知

（2015年12月22日公布　发改价格〔2015〕3044号
自2016年1月1日起实施）

各省、自治区、直辖市发展改革委、物价局：

为落实国务院办公厅《能源发展战略行动计划（2014－2020）》目

标要求,合理引导新能源投资,促进陆上风电、光伏发电等新能源产业健康有序发展,推动各地新能源平衡发展,提高可再生能源电价附加资金补贴效率,依据《可再生能源法》,决定调整新建陆上风电和光伏发电上网标杆电价政策。经商国家能源局同意,现就有关事项通知如下:

一、实行陆上风电、光伏发电(光伏电站,下同)上网标杆电价随发展规模逐步降低的价格政策。为使投资预期明确,陆上风电一并确定2016年和2018年标杆电价;光伏发电先确定2016年标杆电价,2017年以后的价格另行制定。具体标杆电价见附件一和附件二。

二、利用建筑物屋顶及附属场所建设的分布式光伏发电项目,在项目备案时可以选择“自发自用、余电上网”或“全额上网”中的一种模式;已按“自发自用、余电上网”模式执行的项目,在用电负荷显著减少(含消失)或供用电关系无法履行的情况下,允许变更为“全额上网”模式。“全额上网”项目的发电量由电网企业按照当地光伏电站上网标杆电价收购。选择“全额上网”模式,项目单位要向当地能源主管部门申请变更备案,并不得再变更回“自发自用、余电上网”模式。

三、陆上风电、光伏发电上网电价在当地燃煤机组标杆上网电价(含脱硫、脱硝、除尘)以内的部分,由当地省级电网结算;高出部分通过国家可再生能源发展基金予以补贴。

四、鼓励各地通过招标等市场竞争方式确定陆上风电、光伏发电等新能源项目业主和上网电价,但通过市场竞争方式形成的上网电价不得高于国家规定的同类陆上风电、光伏发电项目当地上网标杆电价水平。

五、各陆上风电、光伏发电企业和电网企业必须真实、完整地记载和保存相关发电项目上网交易电量、价格和补贴金额等资料,接受有关部门监督检查。各级价格主管部门要加强对陆上风电和光伏发电上网电价执行和电价附加补贴结算的监管,督促相关上网电价政策执行到位。

六、上述规定自2016年1月1日起执行。

附件 1:

全国陆上风力发电上网标杆电价表

单位:元/千瓦时(含税)

资源区	陆上风电标杆上网电价		各资源区所包括的地区
	2016 年	2018 年	
Ⅰ类资源区	0.47	0.44	内蒙古自治区除赤峰市、通辽市、兴安盟、呼伦贝尔市以外的其他地区;新疆维吾尔自治区乌鲁木齐市、伊犁哈萨克族自治州、克拉玛依市、石河子市
Ⅱ类资源区	0.50	0.47	河北省张家口市、承德市;内蒙古自治区赤峰市、通辽市、兴安盟、呼伦贝尔市;甘肃省嘉峪关市、酒泉市
Ⅲ类资源区	0.54	0.51	吉林省白城市、松原市;黑龙江省鸡西市、双鸭山市、七台河市、绥化市、伊春市、大兴安岭地区;甘肃省除嘉峪关市、酒泉市以外的其他地区;新疆维吾尔自治区除乌鲁木齐市、伊犁哈萨克族自治州、克拉玛依市、石河子市以外其他地区;宁夏回族自治州
Ⅳ类资源区	0.60	0.58	除Ⅰ类、Ⅱ类、Ⅲ类资源区以外的其他地区

注:1. 2016 年、2018 年等年份 1 月 1 日以后核准的陆上风电项目分别执行 2016 年、2018 年的上网标杆电价。2 年核准期内未开工建设的项目不得执行该核准期对应的标杆电价。2016 年前核准的陆上风电项目但于 2017 年底前仍未开工建设的,执行 2016 年上网标杆电价。2. 2018 年前如投资运行成本发生较大变化,国家可根据实际情况调整上述标杆电价。

附件2：

全国光伏发电标杆上网电价表

单位：元/千瓦时（含税）

资源区	光伏电站标杆上网电价	各资源区所包括的地区
Ⅰ类资源区	0.80	宁夏，青海海西，甘肃嘉峪关、武威、张掖、酒泉、敦煌、金昌，新疆哈密、塔城、阿勒泰、克拉玛依，内蒙古除赤峰、通辽、兴安盟、呼伦贝尔以外地区
Ⅱ类资源区	0.88	北京，天津，黑龙江，吉林，辽宁，四川，云南，内蒙古赤峰、通辽、兴安盟、呼伦贝尔，河北承德、张家口、唐山、秦皇岛、山西大同、朔州、忻州，陕西榆林、延安，青海、甘肃、新疆除Ⅰ类外其他地区
Ⅲ类资源区	0.98	除Ⅰ类、Ⅱ类资源区以外的其他地区

注：1. 2016年1月1日以后备案并纳入年度规模管理的光伏发电项目，执行2016年光伏发电上网标杆电价。2016年以前备案并纳入年度规模管理的光伏发电项目但于2016年6月30日以前仍未全部投运的，执行2016年上网标杆电价。2. 西藏自治区光伏电站标杆电价另行制定。

国家发展改革委关于调整光伏发电陆上风电标杆上网电价的通知

（2016年12月26日公布　发改价格〔2016〕2729号
自2017年1月1日起实施）

各省、自治区、直辖市发展改革委、物价局，国家电网公司、南方电网公司、内蒙古电力公司：

为落实国务院办公厅《能源发展战略行动计划（2014－2020）》关

于风电、光伏电价2020年实现平价上网的目标要求，合理引导新能源投资，促进光伏发电和风力发电产业健康有序发展，依据《可再生能源法》，决定调整新能源标杆上网电价政策。经研究，现就有关事项通知如下：

一、降低光伏发电和陆上风电标杆上网电价

根据当前新能源产业技术进步和成本降低情况，降低2017年1月1日之后新建光伏发电和2018年1月1日之后新核准建设的陆上风电标杆上网电价，具体价格见附件1和附件2。2018年前如果新建陆上风电项目工程造价发生重大变化，国家可根据实际情况调整上述标杆电价。之前发布的上述年份新建陆上风电标杆上网电价政策不再执行。光伏发电、陆上风电上网电价在当地燃煤机组标杆上网电价（含脱硫、脱硝、除尘电价）以内的部分，由当地省级电网结算；高出部分通过国家可再生能源发展基金予以补贴。

二、明确海上风电标杆上网电价

对非招标的海上风电项目，区分近海风电和潮间带风电两种类型确定上网电价。近海风电项目标杆上网电价为每千瓦时0.85元，潮间带风电项目标杆上网电价为每千瓦时0.75元。海上风电上网电价在当地燃煤机组标杆上网电价（含脱硫、脱硝、除尘电价）以内的部分，由当地省级电网结算；高出部分通过国家可再生能源发展基金予以补贴。

三、鼓励通过招标等市场化方式确定新能源电价

国家鼓励各地通过招标等市场竞争方式确定光伏发电、陆上风电、海上风电等新能源项目业主和上网电价，但通过市场竞争方式形成的价格不得高于国家规定的同类资源区光伏发电、陆上风电、海上风电标杆上网电价。实行招标等市场竞争方式确定的价格，在当地燃煤机组标杆上网电价（含脱硫、脱硝、除尘电价）以内的部分，由当地省级电网结算；高出部分由国家可再生能源发展基金予以补贴。

四、其他有关要求

各新能源发电企业和电网企业必须真实、完整地记载和保存相关发电项目上网交易电量、价格和补贴金额等资料，接受有关部门监督检查。各级价格主管部门要加强对新能源上网电价执行和可再生能源发展基金补贴结算的监管，督促相关上网电价政策执行到位。

上述规定自2017年1月1日起执行。

附件1：

全国光伏发电标杆上网电价表

单位：元/千瓦时（含税）

资源区	2017年新建光伏电站标杆上网电价	各资源区所包括的地区
Ⅰ类资源区	0.65	宁夏，青海海西，甘肃嘉峪关、武威、张掖、酒泉、敦煌、金昌，新疆哈密、塔城、阿勒泰、克拉玛依，内蒙古除赤峰、通辽、兴安盟、呼伦贝尔以外地区
Ⅱ类资源区	0.75	北京，天津，黑龙江，吉林，辽宁，四川，云南，内蒙古赤峰、通辽、兴安盟、呼伦贝尔，河北承德、张家口、唐山、秦皇岛，山西大同、朔州、忻州，陕西榆林、延安，青海、甘肃、新疆除Ⅰ类外其他地区
Ⅲ类资源区	0.85	除Ⅰ类、Ⅱ类资源区以外的其他地区

注：1. 西藏自治区光伏电站标杆电价为1.05元/千瓦时。2. 2017年1月1日以后纳入财政补贴年度规模管理的光伏发电项目，执行2017年光伏发电标杆上网电价。3. 2017年以前备案并纳入以前年份财政补贴规模管理的光伏发电项目，但于2017年6月30日以前仍未投运的，执行2017年标杆上网电价。4. 今后，光伏发电标杆上网电价暂定每年调整一次。

附件2：

全国陆上风力发电上网标杆电价表

单位：元/千瓦时（含税）

资源区	2018年新建陆上风电标杆上网电价	各资源区所包括的地区
Ⅰ类资源区	0.40	内蒙古自治区除赤峰市、通辽市、兴安盟、呼伦贝尔市以外的其他地区，新疆维吾尔自治区乌鲁木齐市、伊犁哈萨克族自治州、克拉玛依市、石河子市
Ⅱ类资源区	0.45	河北省张家口市、承德市，内蒙古自治区赤峰市、通辽市、兴安盟、呼伦贝尔市，甘肃省嘉峪关市、酒泉市，云南省
Ⅲ类资源区	0.49	吉林省白城市、松原市，黑龙江省鸡西市、双鸭山市、七台河市、绥化市、伊春市、大兴安岭地区，甘肃省除嘉峪关市、酒泉市以外的其他地区，新疆维吾尔自治区除乌鲁木齐市、伊犁哈萨克族自治州、克拉玛依市、石河子市以外其他地区，宁夏回族自治州
Ⅳ类资源区	0.57	除Ⅰ类、Ⅱ类、Ⅲ类资源区以外的其他地区

注：2018年1月1日以后核准的陆上风电项目分别执行2018年的上网标杆电价。2年核准期内未开工建设的项目不得执行该核准期对应的标杆电价。2018年以前核准并纳入以前年份财政补贴规模管理的陆上风电项目但于2019年底前仍未开工建设的，执行2018年标杆上网电价。2018年以前核准但纳入2018年1月1日之后财政补贴年度规模管理的陆上风电项目，执行2018年标杆上网电价。

国家能源局综合司关于开展风电平价上网示范工作的通知

（2017 年 5 月 17 日公布　自 2017 年 5 月 17 日起实施）

各省（自治区、直辖市）、新疆生产建设兵团发展改革委（能源局），国家电网公司、南方电网公司、内蒙古电力公司：

为引导和促进可再生能源产业持续健康发展，提高风电的市场竞争力，推动实现风电在发电侧平价上网，拟在全国范围内开展风电平价上网示范工作，现将有关要求通知如下：

一、近年来，我国风电开发利用技术不断进步，应用规模持续扩大，经济性显著提升，部分资源条件较好的地区已具备了零补贴上网的技术条件。为落实国务院印发的《能源发展战略行动计划（2014－2020 年）》有关要求，推动风电技术进步，现组织开展风电平价上网的示范工作。

二、请各省（区、市）、新疆兵团能源主管部门认真分析总结本地区风电开发建设经验，结合本地区风能资源条件和风电产业新技术应用条件，组织各风电开发企业申报风电平价上网示范项目，遴选 1～2 个项目于 2017 年 6 月 30 日前报备我局，我局汇总后将及时对全社会公布，接受社会各方监督。

示范项目建设规模由各省（区、市）、新疆兵团能源主管部门商电网企业确定，不受年度规模指标的限制。风电红色预警地区，应严格限定示范项目的规模，风电平价上网示范的规模不超过 10 万千瓦。示范项目的上网电价按当地煤电标杆上网电价执行，相关发电量不核发绿色电力证书。

三、为确保示范效果，电网企业要做好与示范项目配套的电网建设工作,确保配套电网送出工程与风电项目同步投产。项目建成后要及时与风电开发企业签订购售电合同,同时要充分挖掘系统消纳潜力,优先满足就近消纳要求,确保风电平价上网示范项目不限电。

利用已有的跨省跨区输电通道外送的示范项目须由项目投资方落实好消纳市场,并签署购电协议后方可开工建设。

四、相关技术单位和风电设备检测认证机构要协助各省(区、市)、新疆兵团能源主管部门做好示范项目技术支持,确保风电平价上网示范的技术先进性和运行可靠性,满足风电项目平价上网的技术经济要求。必要时可以考虑将示范项目的运行情况及时向全社会公布。

请各有关单位按照上述要求,积极推进风电平价上网示范工作,及时总结示范项目建设运行经验,并及时将示范实施情况报送我局。

国家发展改革委关于 2018 年光伏发电项目价格政策的通知

(2017 年 12 月 19 日公布　发改价格规〔2017〕2196 号
自 2018 年 1 月 1 日起实施)

各省、自治区、直辖市发展改革委、物价局、能源局、扶贫办,国家电网公司、南方电网公司、内蒙古电力公司:

为落实国务院办公厅《能源发展战略行动计划(2014 - 2020)》关于新能源标杆上网电价逐步退坡的要求,合理引导新能源投资,促进光伏发电产业健康有序发展,决定调整 2018 年光伏发电标杆上网电价政策。经商国家能源局,现就有关事项通知如下:

一、根据当前光伏产业技术进步和成本降低情况，降低2018年1月1日之后投运的光伏电站标杆上网电价，Ⅰ类、Ⅱ类、Ⅲ类资源区标杆上网电价分别调整为每千瓦时0.55元、0.65元、0.75元（含税）。自2019年起，纳入财政补贴年度规模管理的光伏发电项目全部按投运时间执行对应的标杆电价。

二、2018年1月1日以后投运的、采用“自发自用、余量上网”模式的分布式光伏发电项目，全电量度电补贴标准降低0.05元，即补贴标准调整为每千瓦时0.37元（含税）。采用“全额上网”模式的分布式光伏发电项目按所在资源区光伏电站价格执行。分布式光伏发电项目自用电量免收随电价征收的各类政府性基金及附加、系统备用容量费和其他相关并网服务费。

三、村级光伏扶贫电站（0.5兆瓦及以下）标杆电价、户用分布式光伏扶贫项目度电补贴标准保持不变。

四、各新能源发电企业和电网企业必须真实、完整地记载和保存相关发电项目上网交易电量、价格和补贴金额等资料，接受有关部门监督检查，并于每月10日前将相关数据报送至国家可再生能源信息管理中心。各级价格主管部门要加强对新能源上网电价执行和电价附加补贴结算的监管，督促相关上网电价政策执行到位。

五、鼓励地方按国家有关规定开展光伏发电就近消纳配电价格改革和市场化招标定价试点，逐步完善通过市场发现价格的机制。

六、上述规定自2018年1月1日起执行。

附件：

2018 年全国光伏发电上网电价表

单位：元/千瓦时（含税）

<table>
<tr><th rowspan="2">资源区</th><th colspan="2">光伏电站标杆上网电价</th><th colspan="2">分布式发电度电补贴标准</th><th rowspan="2">各资源区所包括的地区</th></tr>
<tr><th>普通电站</th><th>村级光伏扶贫电站</th><th>普通项目</th><th>分布式光伏扶贫项目</th></tr>
<tr><td>Ⅰ类资源区</td><td>0.55</td><td>0.65</td><td rowspan="3">0.37</td><td rowspan="3">0.42</td><td>宁夏，青海海西，甘肃嘉峪关、武威、张掖、酒泉、敦煌、金昌，新疆哈密、塔城、阿勒泰、克拉玛依，内蒙古除赤峰、通辽、兴安盟、呼伦贝尔以外地区</td></tr>
<tr><td>Ⅱ类资源区</td><td>0.65</td><td>0.75</td><td>北京，天津，黑龙江，吉林，辽宁，四川，云南，内蒙古赤峰、通辽、兴安盟、呼伦贝尔，河北承德、张家口、唐山、秦皇岛，山西大同、朔州、忻州、阳泉，陕西榆林、延安，青海，甘肃，新疆除Ⅰ类外其他地区</td></tr>
<tr><td>Ⅲ类资源区</td><td>0.75</td><td>0.85</td><td>除Ⅰ类、Ⅱ类资源区以外的其他地区</td></tr>
</table>

注：1. 西藏自治区光伏电站标杆电价为 1.05 元/千瓦时。2. 2018 年 1 月 1 日以后纳入财政补贴年度规模管理的光伏电站项目，执行 2018 年光伏发电标杆上网电价。3. 2018年以前备案并纳入以前年份财政补贴规模管理的光伏电站项目，但于 2018 年 6 月 30 日以前仍未投运的，执行 2018 年标杆上网电价。4. 2018 年 1 月 1 日以后投运的分布式光伏发电项目，按上表中补贴标准执行。

国家发展改革委、财政部、国家能源局关于2018年光伏发电有关事项的通知

（2018年5月31日公布　发改能源〔2018〕823号
自2018年5月31日起实施）

各省、自治区、直辖市及新疆生产建设兵团发展改革委、财政厅、能源局、物价局：

近年来，随着我国光伏发电建设规模不断扩大，技术进步和成本下降速度明显加快。为促进光伏行业健康可持续发展，提高发展质量，加快补贴退坡，现将2018年光伏发电有关事项通知如下。

一、合理把握发展节奏，优化光伏发电新增建设规模

（一）根据行业发展实际，暂不安排2018年普通光伏电站建设规模。在国家未下发文件启动普通电站建设工作前，各地不得以任何形式安排需国家补贴的普通电站建设。

（二）规范分布式光伏发展。今年安排1000万千瓦左右规模用于支持分布式光伏项目建设。考虑今年分布式光伏已建情况，明确各地5月31日（含）前并网的分布式光伏发电项目纳入国家认可的规模管理范围，未纳入国家认可规模管理范围的项目，由地方依法予以支持。

（三）支持光伏扶贫。落实精准扶贫、精准脱贫要求，扎实推进光伏扶贫工作，在各地落实实施条件、严格审核的前提下，及时下达“十三五”第二批光伏扶贫项目计划。

（四）有序推进光伏发电领跑基地建设。今年视光伏发电规模控制情况再行研究。

（五）鼓励各地根据各自实际出台政策支持光伏产业发展，根据接

网消纳条件和相关要求自行安排各类不需要国家补贴的光伏发电项目。

二、加快光伏发电补贴退坡,降低补贴强度

完善光伏发电电价机制,加快光伏发电电价退坡。

(一)自发文之日起,新投运的光伏电站标杆上网电价每千瓦时统一降低0.05元,Ⅰ类、Ⅱ类、Ⅲ类资源区标杆上网电价分别调整为每千瓦时0.5元、0.6元、0.7元(含税)。

(二)自发文之日起,新投运的、采用"自发自用、余电上网"模式的分布式光伏发电项目,全电量度电补贴标准降低0.05元,即补贴标准调整为每千瓦时0.32元(含税)。采用"全额上网"模式的分布式光伏发电项目按所在资源区光伏电站价格执行。分布式光伏发电项目自用电量免收随电价征收的各类政府性基金及附加、系统备用容量费和其他相关并网服务费。

(三)符合国家政策的村级光伏扶贫电站(0.5兆瓦及以下)标杆电价保持不变。

三、发挥市场配置资源决定性作用,进一步加大市场化配置项目力度

(一)所有普通光伏电站均须通过竞争性招标方式确定项目业主。招标确定的价格不得高于降价后的标杆上网电价。

(二)积极推进分布式光伏资源配置市场化,鼓励地方出台竞争性招标办法配置除户用光伏以外的分布式光伏发电项目,鼓励地方加大分布式发电市场化交易力度。

(三)各地、各项目开展竞争性配置时,要将上网电价作为重要竞争优选条件,严禁不公平竞争和限价竞争,确保充分竞争和建设质量。省级能源主管部门应及时将采取竞争方式确定的项目及上网电价或度电补贴额度抄送省级价格、财政主管部门和国家能源局派出监管机构。

国家发展改革委、财政部、国家能源局关于2018年光伏发电有关事项说明的通知

（2018年10月9日公布　发改能源〔2018〕1459号
自2018年10月9日起实施）

各省、自治区、直辖市及新疆生产建设兵团发展改革委、财政厅、能源局、物价局，国家电网公司、南方电网公司、地方电力企业：

5月31日，国家发展改革委、财政部、国家能源局联合印发了《关于2018年光伏发电有关事项的通知》（发改能源〔2018〕823号）。为进一步做好文件贯彻落实工作，现就实施中的有关事项说明如下。

一、今年5月31日（含）之前已备案、开工建设，且在今年6月30日（含）之前并网投运的合法合规的户用自然人分布式光伏发电项目，纳入国家认可规模管理范围，标杆上网电价和度电补贴标准保持不变。

二、已经纳入2017年及以前建设规模范围（含不限规模的省级区域）、且在今年6月30日（含）前并网投运的普通光伏电站项目，执行2017年光伏电站标杆上网电价，属竞争配置的项目，执行竞争配置时确定的上网电价。

三、请各省级能源、价格主管部门和电网公司做好政策宣介落实工作。请各派出能源监管机构加强对并网及政策执行情况的监管。

国家发展改革委、国家能源局关于积极推进风电、光伏发电无补贴平价上网有关工作的通知

（2019年1月7日公布 发改能源〔2019〕19号
自2019年1月7日起实施）

各省、自治区、直辖市、新疆生产建设兵团发展改革委（能源局）、经信委（工信委、工信厅），各国家能源局派出机构，国家电网公司、南方电网公司、内蒙古电力公司、中国华能集团公司、中国大唐集团公司、中国华电集团公司、国家能源投资集团公司、国家电力投资集团公司、中国华润集团公司、中国长江三峡集团公司、国家开发投资公司、中国核工业集团公司、中国广核集团有限公司、电力规划设计总院、水电水利规划设计总院：

随着风电、光伏发电规模化发展和技术快速进步，在资源优良、建设成本低、投资和市场条件好的地区，已基本具备与燃煤标杆上网电价平价（不需要国家补贴）的条件。为促进可再生能源高质量发展，提高风电、光伏发电的市场竞争力，现将推进风电、光伏发电无补贴平价上网的有关要求和支持政策措施通知如下。

一、开展平价上网项目和低价上网试点项目建设。各地区要认真总结本地区风电、光伏发电开发建设经验，结合资源、消纳和新技术应用等条件，推进建设不需要国家补贴执行燃煤标杆上网电价的风电、光伏发电平价上网试点项目（以下简称平价上网项目）。在资源条件优良和市场消纳条件保障度高的地区，引导建设一批上网电价低于燃煤标杆上网电价的低价上网试点项目（以下简称低价上网项目）。在符合本省（自治区、直辖市）可再生能源建设规划、国家风电、光伏发电年度监测预警有关管理要求、电网企业落实接网和消纳条件的前提

下，由省级政府能源主管部门组织实施本地区平价上网项目和低价上网项目，有关项目不受年度建设规模限制。对于未在规定期限内开工并完成建设的风电、光伏发电项目，项目核准（备案）机关应及时予以清理和废止，为平价上网项目和低价上网项目让出市场空间。

二、优化平价上网项目和低价上网项目投资环境。有关地方政府部门对平价上网项目和低价上网项目在土地利用及土地相关收费方面予以支持，做好相关规划衔接，优先利用国有未利用土地，鼓励按复合型方式用地，降低项目场址相关成本，协调落实项目建设和电力送出消纳条件，禁止收取任何形式的资源出让费等费用，不得将在本地投资建厂、要求或变相要求采购本地设备作为项目建设的捆绑条件，切实降低项目的非技术成本。各级地方政府能源主管部门可会同其他相关部门出台一定时期内的补贴政策，仅享受地方补贴的项目仍视为平价上网项目。

三、保障优先发电和全额保障性收购。对风电、光伏发电平价上网项目和低价上网项目，电网企业应确保项目所发电量全额上网，并按照可再生能源监测评价体系要求监测项目弃风、弃光状况。如存在弃风弃光情况，将限发电量核定为可转让的优先发电计划。经核定的优先发电计划可在全国范围内参加发电权交易（转让），交易价格由市场确定。电力交易机构应完善交易平台和交易品种，组织实施相关交易。

四、鼓励平价上网项目和低价上网项目通过绿证交易获得合理收益补偿。风电、光伏发电平价上网项目和低价上网项目，可按国家可再生能源绿色电力证书管理机制和政策获得可交易的可再生能源绿色电力证书（以下简称绿证），通过出售绿证获得收益。国家通过多种措施引导绿证市场化交易。

五、认真落实电网企业接网工程建设责任。在风电、光伏发电平价上网项目和低价上网项目规划阶段，有关省级能源主管部门要督促省级电网企业做好项目接网方案和消纳条件的论证工作。有关省级电网企业负责投资项目升压站之外的接网等全部配套电网工程，做好接网等配套电网建设与项目建设进度衔接，使项目建成后能够及时并网运行。

六、促进风电、光伏发电通过电力市场化交易无补贴发展。国家发展改革委、国家能源局会同有关单位组织开展分布式发电市场化交易试点工作。鼓励在国家组织实施的社会资本投资增量配电网、清洁能源消纳产业园区、局域网、新能源微电网、能源互联网等示范项目中建设无需国家补贴的风电、光伏发电项目,并以试点方式开展就近直接交易。鼓励用电负荷较大且持续稳定的工业企业、数据中心和配电网经营企业与风电、光伏发电企业开展中长期电力交易,实现有关风电、光伏发电项目无需国家补贴的市场化发展。

七、降低就近直接交易的输配电价及收费。对纳入国家有关试点示范中的分布式市场化交易试点项目,交易电量仅执行风电、光伏发电项目接网及消纳所涉及电压等级的配电网输配电价,免交未涉及的上一电压等级的输电费。对纳入试点的就近直接交易可再生能源电量,政策性交叉补贴予以减免。

八、扎实推进本地消纳平价上网项目和低价上网项目建设。接入公共电网在本省级电网区域内消纳的无补贴风电、光伏发电平价上网项目和低价上网项目,由有关省级能源主管部门协调落实支持政策后自主组织建设。省级电网企业承担收购平价上网项目和低价上网项目的电量收购责任,按项目核准时国家规定的当地燃煤标杆上网电价与风电、光伏发电项目单位签订长期固定电价购售电合同(不少于20年),不要求此类项目参与电力市场化交易(就近直接交易试点和分布式市场交易除外)。

九、结合跨省跨区输电通道建设推进无补贴风电、光伏发电项目建设。利用跨省跨区输电通道外送消纳的无补贴风电、光伏发电项目,在送受端双方充分衔接落实消纳市场和电价并明确建设规模和时序后,由送受端省级能源主管部门具体组织实施。鼓励具备跨省跨区输电通道的送端地区优先配置无补贴风电、光伏发电项目,按受端地区燃煤标杆上网电价(或略低)扣除输电通道的输电价格确定送端的上网电价,受端地区有关政府部门和电网企业负责落实跨省跨区输送无补贴风电、光伏发电项目的电量消纳，在送受端电网企业协商一致的基础上，与风电、光伏发电企业签订长期固定电价购售电合同（不少于20年）。对无补贴风电、光伏发电项目要严格落实优先上网和全额保障性收购政策，不要求参与跨区电力市场化交易。

十、创新金融支持方式。国家开发银行、四大国有商业银行等金融机构应根据国家新能源发电发展规划和有关地区新能源发电平价上网实施方案，合理安排信贷资金规模，创新金融服务，开发适合项目特点的金融产品，积极支持新能源发电实现平价上网。同时，鼓励支持符合条件的发电项目及相关发行人通过发行企业债券进行融资，并参考专项债券品种推进审核。

十一、做好预警管理衔接。风电、光伏发电监测预警（评价）为红色的地区除已安排建设的平价上网示范项目及通过跨省跨区输电通道外送消纳的无补贴风电、光伏发电项目外，原则上不安排新的本地消纳的平价上网项目和低价上网项目；鼓励橙色地区选取资源条件较好的已核准（备案）项目开展平价上网和低价上网工作；绿色地区在落实消纳条件的基础上自行开展平价上网项目和低价上网项目建设。

十二、动态完善能源消费总量考核支持机制。开展省级人民政府能源消耗总量和强度“双控”考核时，在确保完成全国能耗“双控”目标条件下，对各地区超出规划部分可再生能源消费量不纳入其“双控”考核。

请各有关单位按照上述要求，积极推进风电、光伏发电平价上网项目和低价上网项目建设，各省（自治区、直辖市）能源主管部门应将有关项目信息报送国家能源局。国家发展改革委、国家能源局将及时公布平价上网项目和低价上网项目名单，协调和督促有关方面做好相关支持政策的落实工作。

对按照本通知要求在2020年底前核准（备案）并开工建设的风电、光伏发电平价上网项目和低价上网项目，在其项目经营期内有关支持政策保持不变。国家发展改革委、国家能源局将及时研究总结各地区的试点经验，根据风电、光伏发电的发展状况适时调整2020年后的平价上网政策。

国家发展改革委关于完善风电上网电价政策的通知

（2019 年 5 月 21 日公布　发改价格〔2019〕882 号
自 2019 年 7 月 1 日起实施）

各省、自治区、直辖市及计划单列市、新疆生产建设兵团发展改革委（物价局），国家电网有限公司、南方电网公司、内蒙古电力（集团）有限责任公司：

为落实国务院办公厅《能源发展战略行动计划（2014 ~ 2020）》关于风电 2020 年实现与煤电平价上网的目标要求，科学合理引导新能源投资，实现资源高效利用，促进公平竞争和优胜劣汰，推动风电产业健康可持续发展，现将完善风电上网电价政策有关事项通知如下。

一、关于陆上风电上网电价

（一）将陆上风电标杆上网电价改为指导价。新核准的集中式陆上风电项目上网电价全部通过竞争方式确定，不得高于项目所在资源区指导价。

（二）2019 年Ⅰ ~ Ⅳ类资源区符合规划、纳入财政补贴年度规模管理的新核准陆上风电指导价分别调整为每千瓦时 0.34 元、0.39 元、0.43元、0.52 元（含税、下同）；2020 年指导价分别调整为每千瓦时 0.29元、0.34 元、0.38 元、0.47 元。指导价低于当地燃煤机组标杆上网电价（含脱硫、脱销、除尘电价，下同）的地区，以燃煤机组标杆上网电价作为指导价。

（三）参与分布式市场化交易的分散式风电上网电价由发电企业与电力用户直接协商形成，不享受国家补贴。不参与分布式市场化交易的分散式风电项目，执行项目所在资源区指导价。

（四）2018 年底之前核准的陆上风电项目，2020 年底前仍未完成并网的，国家不再补贴；2019 年 1 月 1 日至 2020 年底前核准的陆上风电项目，2021 年底前仍未完成并网的，国家不再补贴。自 2021 年 1 月 1 日开始，新核准的陆上风电项目全面实现平价上网，国家不再补贴。

二、关于海上风电上网电价

（一）将海上风电标杆上网电价改为指导价，新核准海上风电项目全部通过竞争方式确定上网电价。

（二）2019 年符合规划、纳入财政补贴年度规模管理的新核准近海风电指导价调整为每千瓦时 0.8 元，2020 年调整为每千瓦时 0.75 元。新核准近海风电项目通过竞争方式确定的上网电价，不得高于上述指导价。

（三）新核准潮间带风电项目通过竞争方式确定的上网电价，不得高于项目所在资源区陆上风电指导价。

（四）对 2018 年底前已核准的海上风电项目，如在 2021 年底前全部机组完成并网的，执行核准时的上网电价；2022 年及以后全部机组完成并网的，执行并网年份的指导价。

三、其他事项

（一）风电上网电价在当地燃煤机组标杆上网电价（含脱硫、脱硝、除尘电价）以内的部分，由当地省级电网结算；高出部分由国家可再生能源发展基金予以补贴。

（二）风电企业和电网企业必须真实、完整地记载和保存相关发电项目上网交易电量、上网电价和补贴金额等资料，接受有关部门监督检查，并于每月 10 日前将相关数据报送至国家可再生能源信息管理中心。

上述规定自 2019 年 7 月 1 日起执行。

国家发展改革委关于完善光伏发电上网电价机制有关问题的通知

（2019 年 4 月 28 日公布　发改价格〔2019〕761 号
自 2019 年 7 月 1 日起实施）

各省、自治区、直辖市及计划单列市、新疆生产建设兵团发展改革委、物价局，国家电网有限公司、南方电网公司、内蒙古电力（集团）有限责任公司：

为科学合理引导新能源投资，实现资源高效利用，促进公平竞争和优胜劣汰，推动光伏发电产业健康可持续发展，现就完善光伏发电上网电价机制有关问题通知如下。

一、完善集中式光伏发电上网电价形成机制

（一）将集中式光伏电站标杆上网电价改为指导价。综合考虑技术进步等多方面因素，将纳入国家财政补贴范围的Ⅰ～Ⅲ类资源区新增集中式光伏电站指导价分别确定为每千瓦时 0.40 元（含税，下同）、0.45 元、0.55 元。

（二）新增集中式光伏电站上网电价原则上通过市场竞争方式确定，不得超过所在资源区指导价。市场竞争方式确定的价格在当地燃煤机组标杆上网电价（含脱硫、脱硝、除尘电价）以内的部分，由当地省级电网结算；高出部分由国家可再生能源发展基金予以补贴。

（三）国家能源主管部门已经批复的纳入财政补贴规模且已经确定项目业主，但尚未确定上网电价的集中式光伏电站（项目指标作废的除外），2019 年 6 月 30 日（含）前并网的，上网电价按照《关于 2018 年光伏发电有关事项的通知》（发改能源〔2018〕823 号）规定执行；7 月1 日（含）后并网的，上网电价按照本通知规定的指导价执行。

（四）纳入国家可再生能源电价附加资金补助目录的村级光伏扶贫电站（含联村电站），对应的Ⅰ～Ⅲ类资源区上网电价保持不变，仍分别按照每千瓦时0.65元、0.75元、0.85元执行。

二、适当降低新增分布式光伏发电补贴标准

（一）纳入2019年财政补贴规模，采用"自发自用、余量上网"模式的工商业分布式（即除户用以外的分布式）光伏发电项目，全发电量补贴标准调整为每千瓦时0.10元；采用"全额上网"模式的工商业分布式光伏发电项目，按所在资源区集中式光伏电站指导价执行。能源主管部门统一实行市场竞争方式配置的工商业分布式项目，市场竞争形成的价格不得超过所在资源区指导价，且补贴标准不得超过每千瓦时0.10元。

（二）纳入2019年财政补贴规模，采用"自发自用、余量上网"模式和"全额上网"模式的户用分布式光伏全发电量补贴标准调整为每千瓦时0.18元。

（三）鼓励各地出台针对性扶持政策，支持光伏产业发展。

本通知自2019年7月1日起执行。

财政部、国家发展改革委、国家能源局关于促进非水可再生能源发电健康发展的若干意见

（2020年1月20日公布　财建〔2020〕4号
自2020年1月20日起实施）

各省、自治区、直辖市财政厅（局）、发展改革委、物价局、能源局，新疆生产建设兵团财政局、发展改革委，国家电网有限公司、中国南方电网有限责任公司：

非水可再生能源是能源供应体系的重要组成部分，是保障能源安全的重要内容。当前，非水可再生能源发电已进入产业转型升级和技术进

步的关键期,风电、光伏等可再生能源已基本具备与煤电等传统能源平价的条件。为促进非水可再生能源发电健康稳定发展,提出以下意见。

一、完善现行补贴方式

(一)以收定支,合理确定新增补贴项目规模。根据可再生能源发展规划、补助资金年度增收水平等情况,合理确定补助资金当年支持新增项目种类和规模。财政部将商有关部门公布年度新增补贴总额。国家发展改革委、国家能源局在不超过年度补贴总额范围内,合理确定各类需补贴的可再生能源发电项目新增装机规模,并及早向社会公布,引导行业稳定发展。新增海上风电和光热项目不再纳入中央财政补贴范围,按规定完成核准(备案)并于2021年12月31日前全部机组完成并网的存量海上风力发电和太阳能光热发电项目,按相应价格政策纳入中央财政补贴范围。

(二)充分保障政策延续性和存量项目合理收益。已按规定核准(备案)、全部机组完成并网,同时经审核纳入补贴目录的可再生能源发电项目,按合理利用小时数核定中央财政补贴额度。对于自愿转为平价项目的存量项目,财政、能源主管部门将在补贴优先兑付、新增项目规模等方面给予政策支持。价格主管部门将根据行业发展需要和成本变化情况,及时完善垃圾焚烧发电价格形成机制。

(三)全面推行绿色电力证书交易。自2021年1月1日起,实行配额制下的绿色电力证书交易(以下简称绿证),同时研究将燃煤发电企业优先发电权、优先保障企业煤炭进口等与绿证挂钩,持续扩大绿证市场交易规模,并通过多种市场化方式推广绿证交易。企业通过绿证交易获得收入相应替代财政补贴。

二、完善市场配置资源和补贴退坡机制

(四)持续推动陆上风电、光伏电站、工商业分布式光伏价格退坡。继续实施陆上风电、光伏电站、工商业分布式光伏等上网指导价退坡机制,合理设置退坡幅度,引导陆上风电、光伏电站、工商业分布式光伏尽快实现平价上网。

(五)积极支持户用分布式光伏发展。通过定额补贴方式,支持自然人安装使用“自发自用、余电上网”模式的户用分布式光伏设备。同时,根据行业技术进步、成本变化以及户用光伏市场情况,及时调整自然人分布式光伏发电项目定额补贴标准。

(六)通过竞争性方式配置新增项目。在年度补贴资金总额确定的情况下,进一步完善非水可再生能源发电项目的市场化配置机制,通过市场竞争的方式优先选择补贴强度低、退坡幅度大、技术水平高的项目。

三、优化补贴兑付流程

(七)简化目录制管理。国家不再发布可再生能源电价附加目录。所有可再生能源项目通过国家可再生能源信息管理平台填报电价附加申请信息。电网企业根据财政部等部门确定的原则,依照项目类型、并网时间、技术水平等条件,确定并定期向全社会公开符合补助条件的可再生能源发电项目清单,并将清单审核情况报财政部、国家发展改革委、国家能源局。此前,三部委已发文公布的1－7批目录内项目直接列入电网企业可再生能源发电项目补贴清单。

(八)明确补贴兑付主体责任。电网企业依法依规收购可再生能源发电量,及时兑付电价,收购电价(可再生能源发电上网电价)超出常规能源发电平均上网电价的部分,中央财政按照既定的规则与电网企业进行结算。

(九)补贴资金按年度拨付。财政部根据年度可再生能源电价附加收入预算和补助资金申请情况,将补助资金拨付到国家电网有限公司、中国南方电网有限责任公司和省级财政部门,电网企业根据补助资金收支情况,按照相关部门确定的优先顺序兑付补助资金,光伏扶贫、自然人分布式、参与绿色电力证书交易、自愿转为平价项目等项目可优先拨付资金。电网企业应切实加快兑付进度,确保资金及时拨付。

(十)鼓励金融机构按照市场化原则对列入补贴发电项目清单的企业予以支持。鼓励金融机构按照市场化原则对于符合规划并纳入补贴清单的发电项目,合理安排信贷资金规模,切实解决企业合规新能源项目融资问题。同时,鼓励金融机构加强支持力度,创新融资方式,加快推动已列入补贴清单发电项目的资产证券化进程。

四、加强组织领导

促进非水可再生能源高质量发展是推动能源战略转型、加快生态文明建设的重要内容,各有关方面要采取有力措施,全面实施预算绩效管理,保障各项政策实施效果。各省级发改、财政、能源部门要加强对本地区非水可再生能源的管理,结合实际制定发展规划。各省级电网要按照《中华人民共和国可再生能源法》以及其他政策法规规定,通过挖掘燃煤发电机组调峰潜力、增加电网调峰电源、优化调度运行方式等,提高非水可再生能源电力消纳水平,确保全额保障性收购政策落实到位。

国家发展改革委关于2020年光伏发电上网电价政策有关事项的通知

(2020年3月31日公布 发改价格〔2020〕511号
自2020年6月1日起实施)

各省、自治区、直辖市及计划单列市、新疆生产建设兵团发展改革委、物价局,国家电网有限公司、南方电网有限责任公司、内蒙古电力(集团)有限责任公司:

为充分发挥市场机制作用,引导光伏发电行业合理投资,推动光伏发电产业健康有序发展,现就2020年光伏发电上网电价政策有关问题通知如下。

一、对集中式光伏发电继续制定指导价。综合考虑2019年市场化竞价情况、技术进步等多方面因素,将纳入国家财政补贴范围的Ⅰ~Ⅲ类资源区新增集中式光伏电站指导价,分别确定为每千瓦时0.35元(含税,下同)、0.4元、0.49元。若指导价低于项目所在地燃煤发电基准价(含脱硫、脱硝、除尘电价),则指导价按当地燃煤发电基准价执行。新增集中式光伏电站上网电价原则上通过市场竞争方式确定,不得超过所在资源区指导价。

二、降低工商业分布式光伏发电补贴标准。纳入2020年财政补贴规模,采用“自发自用、余量上网”模式的工商业分布式光伏发电项目,全发电量补贴标准调整为每千瓦时0.05元;采用“全额上网”模式的工商业分布式光伏发电项目,按所在资源区集中式光伏电站指导价执行。能源主管部门统一实行市场竞争方式配置的所有工商业分布式项目,市场竞争形成的价格不得超过所在资源区指导价,且补贴标准不得超过每千瓦时0.05元。

三、降低户用分布式光伏发电补贴标准。纳入2020年财政补贴规模的户用分布式光伏全发电量补贴标准调整为每千瓦时0.08元。

四、符合国家光伏扶贫项目相关管理规定的村级光伏扶贫电站(含联村电站)的上网电价保持不变。

五、鼓励各地出台针对性扶持政策,支持光伏产业发展。

本通知自2020年6月1日起执行。

财政部、发展改革委、国家能源局关于《关于促进非水可再生能源发电健康发展的若干意见》有关事项的补充通知

(2020年9月29日公布　财建〔2020〕426号
自2020年9月29日起实施)

各省、自治区、直辖市财政厅(局)、发展改革委、能源局,新疆生产建设兵团财政局、发展改革委,国家电网有限公司,中国南方电网有限责任公司:

为促进可再生能源高质量发展,2020年1月,财政部、发展改革

委、国家能源局印发了《关于促进非水可再生能源发电健康发展的若干意见》(财建〔2020〕4号,以下简称4号文),明确了可再生能源电价附加补助资金(以下简称补贴资金)结算规则。为进一步明确相关政策,稳定行业预期,现将补贴资金有关事项补充通知如下:

一、项目合理利用小时数

4号文明确,按合理利用小时数核定可再生能源发电项目中央财政补贴资金额度。为确保存量项目合理收益,基于核定电价时全生命周期发电小时数等因素,现确定各类项目全生命周期合理利用小时数如下:

(一)风电一类、二类、三类、四类资源区项目全生命周期合理利用小时数分别为48000小时、44000小时、40000小时和36000小时。海上风电全生命周期合理利用小时数为52000小时。

(二)光伏发电一类、二类、三类资源区项目全生命周期合理利用小时数为32000小时、26000小时和22000小时。国家确定的光伏领跑者基地项目和2019、2020年竞价项目全生命周期合理利用小时数在所在资源区小时数基础上增加10%。

(三)生物质发电项目,包括农林生物质发电、垃圾焚烧发电和沼气发电项目,全生命周期合理利用小时数为82500小时。

二、项目补贴电量

项目全生命周期补贴电量=项目容量×项目全生命周期合理利用小时数。其中,项目容量按核准(备案)时确定的容量为准。如项目实际容量小于核准(备案)容量的,以实际容量为准。

三、补贴标准

按照《可再生能源电价附加补助资金管理办法》(财建〔2020〕5号,以下简称5号文)规定纳入可再生能源发电补贴清单范围的项目,全生命周期补贴电量内所发电量,按照上网电价给予补贴,补贴标准=(可再生能源标杆上网电价(含通过招标等竞争方式确定的上网电价)-当地燃煤发电上网基准价)/(1+适用增值税率)。

在未超过项目全生命周期合理利用小时数时,按可再生能源发电项目当年实际发电量给予补贴。

按照5号文规定纳入可再生能源发电补贴清单范围的项目,所发电量超过全生命周期补贴电量部分,不再享受中央财政补贴资金,核发绿证准许参与绿证交易。

按照5号文规定纳入可再生能源发电补贴清单范围的项目,风电、光伏发电项目自并网之日起满20年后,生物质发电项目自并网之日起满15年后,无论项目是否达到全生命周期补贴电量,不再享受中央财政补贴资金,核发绿证准许参与绿证交易。

四、加强项目核查

发展改革委、国家能源局、财政部将组织对补贴项目有关情况进行核查。其中,价格主管部门负责核查电价确定和执行等情况;电网企业负责核查项目核准(备案)和容量等情况,能源主管部门负责制定相关核查标准;财政主管部门负责核查补贴发放等情况。

电网企业应建立信息化数据平台,对接入的可再生能源发电项目装机、发电量、利用小时数等运行情况进行连续监测,对电费和补贴结算进行追踪分析,确保项目信息真实有效,符合国家制定的价格、项目和补贴管理办法。

(一)项目纳入可再生能源发电补贴清单时,项目业主应对项目实际容量进行申报。如在核查中发现申报容量与实际容量不符的,将按不符容量的2倍核减补贴资金。

(二)电网企业应按确定的项目补贴电量和补贴标准兑付补贴资金。如在核查中发现超标准拨付的情况,由电网企业自行承担。

特此通知。

财政部办公厅关于加快推进可再生能源发电补贴项目清单审核有关工作的通知

（2020 年 11 月 18 日公布　财办建〔2020〕70 号
自 2020 年 11 月 18 日起实施）

各省、自治区、直辖市财政厅（局），国家电网公司、中国南方电网有限责任公司、国家可再生能源信息管理中心：

按照《财政部　国家发展改革委　国家能源局关于促进非水可再生能源发电健康发展的若干意见》（财建〔2020〕4 号）要求，国家不再发布可再生能源电价附加补助目录，而由电网企业确定并定期公布符合条件的可再生能源发电补贴项目清单（以下简称补贴清单）。为加快推进相关工作，现将补贴清单审核、公布等有关事项通知如下：

一、抓紧审核存量项目信息，分批纳入补贴清单。纳入补贴清单的可再生能源发电项目需满足以下条件：

（一）符合我国可再生能源发展相关规划的陆上风电、海上风电、集中式光伏电站、非自然人分布式光伏发电、光热发电、地热发电、生物质发电等项目。所有项目应于 2006 年及以后年度按规定完成核准（备案）手续，并已全部容量完成并网。

（二）符合国家能源主管部门要求，按照规模管理的需纳入年度建设规模管理范围内，生物质发电项目需纳入国家或省级规划，农林生物质发电项目应符合《农林生物质发电项目防治掺煤监督管理指导意见》（国能综新能〔2016〕623 号）要求。其中，2019 年光伏新增项目，2020 年光伏、风电和生物质发电新增项目需满足国家能源主管部门出台的新增项目管理办法。

（三）符合国家可再生能源价格政策，上网电价已获得价格主管部门批复。

二、补贴清单由电网企业公布。具体流程如下：

（一）项目初审。

国家电网、南方电网和地方独立电网企业组织经营范围内的可再生能源发电企业按要求申报补贴清单，并对申报项目材料的真实性进行初审。具体申报要求见国家可再生能源信息平台（以下简称信息平台）公告。

（二）省级主管部门确认。

电网企业将符合要求的可再生能源发电项目汇总后，向各省（区、市）能源主管部门申报审核。各省（区、市）能源主管部门对项目是否按规定完成核准（备案）、是否纳入年度建设规模管理范围等条件进行确认并将结果反馈电网企业。

（三）项目复核。

电网企业将经过确认的可再生能源发电项目相关申报材料按要求通过信息平台提交国家可再生能源信息管理中心，由国家可再生能源信息管理中心对申报项目资料的完整性、支持性文件的有效性和项目情况的真实性进行复核，包括规模管理和电价政策等方面内容，并将复核结果反馈电网企业。

（四）补贴清单公示和公布。

电网企业将复核后符合条件的项目形成补贴项目清单，并在网站上进行公示。公示期满后，国家电网、南方电网正式对外公布各自经营范围内的补贴清单，并将公布结果报送财政部、国家发展改革委和国家能源局。地方独立电网需报送所在地省级财政、价格、能源主管部门确认后，再公布经营范围内的补贴清单。

补贴清单内容需包括：项目类别、名称、场址、业主、并网容量、全容量并网时间、上网电价、列入规模管理年份等基本信息，以及其他必要信息。此前已公布的补贴清单如信息不全，应予以补充公布。

三、按照国家价格政策要求，项目执行全容量并网时间的上网电价。对于履行程序分批次并网的项目，除国家另有明确规定以外，应按每批次全容量并网的实际时间分别确定上网电价。项目全容量并网时间由地方能源监管部门或电网企业认定，如因技术原因等特殊原因确实无法认定的，为加快项目确权，暂按本文所附《可再生能源发电项目全容量并网时间认定办法》进行认定。

四、纳入补贴清单的可再生能源发电项目，如项目名称、业主信息发生变更，由可再生能源发电企业向电网企业申请更变，电网企业应在接到申请后15天内完成变更并对外公布；如并网容量、场址发生变更，需按本通知第三部分要求重新申报纳入补贴清单。

五、光伏自然人分布式仍按《财政部 国家发展改革委 国家能源局关于公布可再生能源电价附加资金补助目录（第六批）的通知》（财建〔2016〕669号）要求管理，电网企业应定期汇总项目信息并完成备案工作。

请各单位按照上述要求，按照项目全容量并网时间先后顺序，成熟一批，公布一批，尽快完成补贴清单的公布。补贴清单审核、公布中如遇新情况、新问题，请及时向财政部、发展改革委、国家能源局反映。

附件：可再生能源发电项目全容量并网时间审核办法（略）

国家发展改革委办公厅、国家能源局综合司关于公布2020年风电、光伏发电平价上网项目的通知

（2020年7月31日公布　发改办能源〔2020〕588号
自2020年7月31日起实施）

各省、自治区、直辖市及新疆生产建设兵团发展改革委、能源局，国家能源局各派出机构，国家电网有限公司、中国南方电网有限责任公司、内蒙古电力（集团）有限责任公司、电力规划设计总院、水电水利规划设计总院、各有关发电企业：

根据《国家发展改革委　国家能源局关于积极推进风电、光伏发

电无补贴平价上网有关工作的通知》（发改能源〔2019〕19号）、《关于2020年风电、光伏发电项目建设有关事项的通知》（国能发新能〔2020〕17号）要求，结合各省级能源主管部门报送信息，2020年风电平价上网项目装机规模1139.67万千瓦、光伏发电平价上网项目装机规模3305.06万千瓦，现予公布。

请有关项目单位抓紧做好风电、光伏发电平价上网项目开发建设工作，2019年第一批和2020年风电、光伏发电平价上网项目须于2020年底前核准（备案）并开工建设，除并网消纳受限原因以外，风电项目须于2022年底前并网，光伏发电项目须于2021年底前并网。国家能源局将按年度梳理并公布在规定时限内并网的风电、光伏发电平价上网项目，未在规定时限内并网的风电、光伏发电平价上网项目将从2019年第一批、2020年风电、光伏发电平价上网项目清单中移除。

请电网企业按照平价上网项目有关政策要求，认真落实接网工程建设责任，确保平价上网项目优先发电和全额保障性收购，按项目核准时国家规定的当地燃煤标杆上网电价与风电、光伏发电平价上网项目单位签订长期固定电价购售电合同（不少于20年）。

请有关省级能源主管部门和国家能源局派出机构协调推进有关项目建设，加强对有关支持政策的督促落实。

国家能源局综合司关于公布光伏竞价转平价上网项目的通知

（2020年9月30日公布　国能综通新能〔2020〕107号
自2020年9月30日起实施）

各省（自治区、直辖市）能源局、有关省（自治区、直辖市）及新疆生产建设兵团发展改革委，各派出机构，国家电网有限公司、中国南方电网

有限责任公司、内蒙古电力(集团)有限责任公司,电力规划设计总院、水电水利规划设计总院、各有关发电企业:

根据《国家能源局综合司关于报送光伏竞价转平价上网项目的通知》要求,结合各省级能源主管部门报送项目信息,光伏竞价转平价上网项目共1229个、装机规模799.89万千瓦,现予公布。

请有关项目单位抓紧做好备案、开工建设等相关工作,除并网消纳受限原因以外,项目须于2021年底前并网。其他要求按《国家发展改革委办公厅 国家能源局综合司关于公布2020年风电、光伏发电平价上网项目的通知》(发改办能源〔2020〕588号)有关规定执行。

财政部、国家发展改革委、国家能源局、国务院扶贫办关于公布可再生能源电价附加资金补助目录(光伏扶贫项目)的通知

(2018年3月7日公布　财建〔2018〕25号
自2018年3月7日起实施)

有关省、自治区、直辖市财政厅(局),新疆生产建设兵团财政局,国家电网公司,南方电网有限责任公司:

根据《财政部　国家发展改革委国家能源局关于印发〈可再生能源电价附加补助资金管理暂行办法〉的通知》(财建〔2012〕102号)和《财政部关于分布式光伏发电实行按照电量补贴政策等有关问题的通知》(财建〔2013〕390号)等文件要求,经国家能源局、国务院扶贫办审核,现将符合条件的光伏扶贫项目列入可再生能源电价附加资金补助目录,并在财政部网站上予以公布。

按照国务院要求,为确保光伏扶贫收益及时惠及广大贫困人口,对列入可再生能源电价附加资金补助目录内的光伏扶贫项目,财政部

将优先拨付用于扶贫部分的补贴资金。其中,国家电网公司、南方电网有限责任公司经营范围内的光伏扶贫项目,由国家电网公司、南方电网有限责任公司分别负责补贴资金的申请和拨付;地方独立电网企业经营范围内的光伏扶贫项目,由省级财政、价格、能源、扶贫主管部门负责补贴资金的申请和拨付。

对于村级电站和集中电站,用于扶贫部分的补贴资金由电网企业或财政部门直接拨付至当地扶贫发电收入结转机构,由扶贫主管部门监督全额拨付至光伏扶贫项目所在村集体。

财政部、国家发展改革委、国家能源局、国务院扶贫办关于公布可再生能源电价附加资金补助目录(光伏扶贫项目)的通知

(2019 年 3 月 20 日公布　财建〔2019〕48 号
自 2019 年 3 月 20 日起实施)

有关省、自治区、直辖市财政厅(局)、发展改革委、能源局、扶贫办,国家电网有限公司,中国南方电网有限责任公司:

按照《财政部　国家发展改革委　国家能源局关于印发〈可再生能源电价附加补助资金管理暂行办法〉的通知》(财建〔2012〕102 号)和《财政部关于分布式光伏发电实行按照电量补贴政策等有关问题的通知》(财建〔2013〕390 号)等文件要求,根据国家能源局、国务院扶贫办审核结果,现将第二批光伏扶贫补助目录和调整后的第一批光伏扶贫补助目录在财政部网站上予以公布。

按照国务院要求,为确保光伏扶贫收益及时惠及广大贫困人口,对列入可再生能源电价附加资金补助目录内的光伏扶贫项目,财政部将优先拨付用于扶贫部分的补贴资金。其中,国家电网公司、南方电

网公司经营范围内的光伏扶贫项目,由国家电网公司、南方电网公司分别负责补贴资金的申请和拨付;地方独立电网企业经营范围内的光伏扶贫项目,由省级财政、价格、能源、扶贫主管部门负责补贴资金的申请和拨付。

对于村级电站和集中电站,用于扶贫部分的补贴资金由电网企业或财政部门直接拨付至当地扶贫发电收入结转机构,由扶贫主管部门监督足额拨付至光伏扶贫项目所在村集体。

财政部、国家发展改革委、国家能源局、国务院扶贫办关于公布可再生能源电价附加资金补助目录(第三批光伏扶贫项目)的通知

(2020年2月10日公布 财建〔2020〕13号
自2020年2月10日起实施)

有关省、自治区、直辖市财政厅(局),新疆生产建设兵团财政局,国家电网有限公司,中国南方电网有限责任公司:

按照《财政部 国家发展改革委 国家能源局关于印发〈可再生能源电价附加补助资金管理办法〉的通知》(财建〔2020〕5号)和《财政部关于分布式光伏发电实行按照电量补贴政策等有关问题的通知》(财建〔2013〕390号)等文件要求,根据国务院扶贫办、国家能源局审核结果,现将第三批光伏扶贫补助目录在财政部网站上予以公布。

按照国务院要求,为确保光伏扶贫收益及时惠及广大贫困人口,对列入可再生能源电价附加资金补助目录内的光伏扶贫项目,财政部将优先拨付用于扶贫部分的补贴资金。其中,国家电网公司、南方电网公司经营范围内的光伏扶贫项目,由国家电网公司、南方电网公司分别负责补贴资金的申请和拨付;地方独立电网企业经营范围内的光

伏扶贫项目，由省级财政、价格、能源、扶贫主管部门负责补贴资金的申请和拨付。

对于村级电站和集中电站，用于扶贫部分的补贴资金由电网企业或财政部门直接拨付至当地扶贫发电收入结转机构，由扶贫主管部门监督全额拨付至光伏扶贫项目所在村集体。

国家发展改革委关于2021年新能源上网电价政策有关事项的通知

（2021年6月7日公布　发改价格〔2021〕833号
自2021年8月1日起实施）

各省、自治区、直辖市发展改革委，国家电网有限公司、南方电网有限责任公司、内蒙古电力（集团）有限责任公司：

为贯彻落实党中央、国务院决策部署，充分发挥电价信号作用，合理引导投资、促进资源高效利用，推动光伏发电、风电等新能源产业高质量发展，经商国家能源局，现就2021年光伏发电、风电等新能源上网电价政策有关事项通知如下：

一、2021年起，对新备案集中式光伏电站、工商业分布式光伏项目和新核准陆上风电项目（以下简称"新建项目"），中央财政不再补贴，实行平价上网。

二、2021年新建项目上网电价，按当地燃煤发电基准价执行；新建项目可自愿通过参与市场化交易形成上网电价，以更好体现光伏发电、风电的绿色电力价值。

三、2021年起，新核准（备案）海上风电项目、光热发电项目上网电价由当地省级价格主管部门制定，具备条件的可通过竞争性配置方式形成，上网电价高于当地燃煤发电基准价的，基准价以内的部分由电网企业结算。

四、鼓励各地出台针对性扶持政策,支持光伏发电、陆上风电、海上风电、光热发电等新能源产业持续健康发展。

本通知自2021年8月1日起执行。

(二)项目税费

中华人民共和国耕地占用税法

(2018年12月29日第十三届全国人民代表大会常务委员会第七次会议通过　2018年12月29日公布　中华人民共和国主席令第18号　自2019年9月1日起实施)

第一条　为了合理利用土地资源,加强土地管理,保护耕地,制定本法。

第二条　在中华人民共和国境内占用耕地建设建筑物、构筑物或者从事非农业建设的单位和个人,为耕地占用税的纳税人,应当依照本法规定缴纳耕地占用税。

占用耕地建设农田水利设施的,不缴纳耕地占用税。

本法所称耕地,是指用于种植农作物的土地。

第三条　耕地占用税以纳税人实际占用的耕地面积为计税依据,按照规定的适用税额一次性征收,应纳税额为纳税人实际占用的耕地面积(平方米)乘以适用税额。

第四条　耕地占用税的税额如下:

(一)人均耕地不超过一亩的地区(以县、自治县、不设区的市、市辖区为单位,下同),每平方米为十元至五十元;

（二）人均耕地超过一亩但不超过二亩的地区，每平方米为八元至四十元；

（三）人均耕地超过二亩但不超过三亩的地区，每平方米为六元至三十元；

（四）人均耕地超过三亩的地区，每平方米为五元至二十五元。

各地区耕地占用税的适用税额，由省、自治区、直辖市人民政府根据人均耕地面积和经济发展等情况，在前款规定的税额幅度内提出，报同级人民代表大会常务委员会决定，并报全国人民代表大会常务委员会和国务院备案。各省、自治区、直辖市耕地占用税适用税额的平均水平，不得低于本法所附《各省、自治区、直辖市耕地占用税平均税额表》规定的平均税额。

第五条 在人均耕地低于零点五亩的地区，省、自治区、直辖市可以根据当地经济发展情况，适当提高耕地占用税的适用税额，但提高的部分不得超过本法第四条第二款确定的适用税额的百分之五十。具体适用税额按照本法第四条第二款规定的程序确定。

第六条 占用基本农田的，应当按照本法第四条第二款或者第五条确定的当地适用税额，加按百分之一百五十征收。

第七条 军事设施、学校、幼儿园、社会福利机构、医疗机构占用耕地，免征耕地占用税。

铁路线路、公路线路、飞机场跑道、停机坪、港口、航道、水利工程占用耕地，减按每平方米二元的税额征收耕地占用税。

农村居民在规定用地标准以内占用耕地新建自用住宅，按照当地适用税额减半征收耕地占用税；其中农村居民经批准搬迁，新建自用住宅占用耕地不超过原宅基地面积的部分，免征耕地占用税。

农村烈士遗属、因公牺牲军人遗属、残疾军人以及符合农村最低生活保障条件的农村居民，在规定用地标准以内新建自用住宅，免征耕地占用税。

根据国民经济和社会发展的需要，国务院可以规定免征或者减征耕地占用税的其他情形，报全国人民代表大会常务委员会备案。

第八条 依照本法第七条第一款、第二款规定免征或者减征耕地占用税后，纳税人改变原占地用途，不再属于免征或者减征耕地占用税情形的，应当按照当地适用税额补缴耕地占用税。

第九条 耕地占用税由税务机关负责征收。

第十条 耕地占用税的纳税义务发生时间为纳税人收到自然资源主管部门办理占用耕地手续的书面通知的当日。纳税人应当自纳税义务发生之日起三十日内申报缴纳耕地占用税。

自然资源主管部门凭耕地占用税完税凭证或者免税凭证和其他有关文件发放建设用地批准书。

第十一条 纳税人因建设项目施工或者地质勘查临时占用耕地，应当依照本法的规定缴纳耕地占用税。纳税人在批准临时占用耕地期满之日起一年内依法复垦，恢复种植条件的，全额退还已经缴纳的耕地占用税。

第十二条 占用园地、林地、草地、农田水利用地、养殖水面、渔业水域滩涂以及其他农用地建设建筑物、构筑物或者从事非农业建设的，依照本法的规定缴纳耕地占用税。

占用前款规定的农用地的，适用税额可以适当低于本地区按照本法第四条第二款确定的适用税额，但降低的部分不得超过百分之五十。具体适用税额由省、自治区、直辖市人民政府提出，报同级人民代表大会常务委员会决定，并报全国人民代表大会常务委员会和国务院备案。

占用本条第一款规定的农用地建设直接为农业生产服务的生产设施的，不缴纳耕地占用税。

第十三条 税务机关应当与相关部门建立耕地占用税涉税信息共享机制和工作配合机制。县级以上地方人民政府自然资源、农业农村、水利等相关部门应当定期向税务机关提供农用地转用、临时占地等信息，协助税务机关加强耕地占用税征收管理。

税务机关发现纳税人的纳税申报数据资料异常或者纳税人未按照规定期限申报纳税的，可以提请相关部门进行复核，相关部门应当自收到税务机关复核申请之日起三十日内向税务机关出具复核意见。

第十四条　耕地占用税的征收管理，依照本法和《中华人民共和国税收征收管理法》的规定执行。

第十五条　纳税人、税务机关及其工作人员违反本法规定的，依照《中华人民共和国税收征收管理法》和有关法律法规的规定追究法律责任。

第十六条　本法自2019年9月1日起施行。2007年12月1日国务院公布的《中华人民共和国耕地占用税暂行条例》同时废止。

附：各省、自治区、直辖市耕地占用税平均税额表（略）

中华人民共和国耕地占用税法实施办法

（2019年8月29日公布　财政部、税务总局、自然资源部、农业农村部、生态环境部公告2019年第81号　自2019年9月1日起实施）

第一条　为了贯彻实施《中华人民共和国耕地占用税法》（以下简称税法），制定本办法。

第二条　经批准占用耕地的，纳税人为农用地转用审批文件中标明的建设用地人；农用地转用审批文件中未标明建设用地人的，纳税人为用地申请人，其中用地申请人为各级人民政府的，由同级土地储备中心、自然资源主管部门或政府委托的其他部门、单位履行耕地占用税申报纳税义务。

未经批准占用耕地的，纳税人为实际用地人。

第三条　实际占用的耕地面积，包括经批准占用的耕地面积和未经批准占用的耕地面积。

第四条　基本农田，是指依据《基本农田保护条例》划定的基本农田保护区范围内的耕地。

第五条 免税的军事设施，具体范围为《中华人民共和国军事设施保护法》规定的军事设施。

第六条 免税的学校，具体范围包括县级以上人民政府教育行政部门批准成立的大学、中学、小学，学历性职业教育学校和特殊教育学校，以及经省级人民政府或其人力资源社会保障行政部门批准成立的技工院校。

学校内经营性场所和教职工住房占用耕地的，按照当地适用税额缴纳耕地占用税。

第七条 免税的幼儿园，具体范围限于县级以上人民政府教育行政部门批准成立的幼儿园内专门用于幼儿保育、教育的场所。

第八条 免税的社会福利机构，具体范围限于依法登记的养老服务机构、残疾人服务机构、儿童福利机构、救助管理机构、未成年人救助保护机构内，专门为老年人、残疾人、未成年人、生活无着的流浪乞讨人员提供养护、康复、托管等服务的场所。

第九条 免税的医疗机构，具体范围限于县级以上人民政府卫生健康行政部门批准设立的医疗机构内专门从事疾病诊断、治疗活动的场所及其配套设施。

医疗机构内职工住房占用耕地的，按照当地适用税额缴纳耕地占用税。

第十条 减税的铁路线路，具体范围限于铁路路基、桥梁、涵洞、隧道及其按照规定两侧留地、防火隔离带。

专用铁路和铁路专用线占用耕地的，按照当地适用税额缴纳耕地占用税。

第十一条 减税的公路线路，具体范围限于经批准建设的国道、省道、县道、乡道和属于农村公路的村道的主体工程以及两侧边沟或者截水沟。

专用公路和城区内机动车道占用耕地的，按照当地适用税额缴纳耕地占用税。

第十二条 减税的飞机场跑道、停机坪,具体范围限于经批准建设的民用机场专门用于民用航空器起降、滑行、停放的场所。

第十三条 减税的港口,具体范围限于经批准建设的港口内供船舶进出、停靠以及旅客上下、货物装卸的场所。

第十四条 减税的航道,具体范围限于在江、河、湖泊、港湾等水域内供船舶安全航行的通道。

第十五条 减税的水利工程,具体范围限于经县级以上人民政府水行政主管部门批准建设的防洪、排涝、灌溉、引(供)水、滩涂治理、水土保持、水资源保护等各类工程及其配套和附属工程的建筑物、构筑物占压地和经批准的管理范围用地。

第十六条 纳税人符合税法第七条规定情形,享受免征或者减征耕地占用税的,应当留存相关证明资料备查。

第十七条 根据税法第八条的规定,纳税人改变原占地用途,不再属于免征或减征情形的,应自改变用途之日起30日内申报补缴税款,补缴税款按改变用途的实际占用耕地面积和改变用途时当地适用税额计算。

第十八条 临时占用耕地,是指经自然资源主管部门批准,在一般不超过2年内临时使用耕地并且没有修建永久性建筑物的行为。

依法复垦应由自然资源主管部门会同有关行业管理部门认定并出具验收合格确认书。

第十九条 因挖损、采矿塌陷、压占、污染等损毁耕地属于税法所称的非农业建设,应依照税法规定缴纳耕地占用税;自自然资源、农业农村等相关部门认定损毁耕地之日起3年内依法复垦或修复,恢复种植条件的,比照税法第十一条规定办理退税。

第二十条 园地,包括果园、茶园、橡胶园、其他园地。

前款的其他园地包括种植桑树、可可、咖啡、油棕、胡椒、药材等其他多年生作物的园地。

第二十一条 林地,包括乔木林地、竹林地、红树林地、森林沼泽、灌木林地、灌丛沼泽、其他林地,不包括城镇村庄范围内的绿化林木用地,铁路、公路征地范围内的林木用地,以及河流、沟渠的护堤林用地。

前款的其他林地包括疏林地、未成林地、迹地、苗圃等林地。

第二十二条 草地,包括天然牧草地、沼泽草地、人工牧草地,以及用于农业生产并已由相关行政主管部门发放使用权证的草地。

第二十三条 农田水利用地,包括农田排灌沟渠及相应附属设施用地。

第二十四条 养殖水面,包括人工开挖或者天然形成的用于水产养殖的河流水面、湖泊水面、水库水面、坑塘水面及相应附属设施用地。

第二十五条 渔业水域滩涂,包括专门用于种植或者养殖水生动植物的海水潮浸地带和滩地,以及用于种植芦苇并定期进行人工养护管理的苇田。

第二十六条 直接为农业生产服务的生产设施,是指直接为农业生产服务而建设的建筑物和构筑物。具体包括:储存农用机具和种子、苗木、木材等农业产品的仓储设施;培育、生产种子、种苗的设施;畜禽养殖设施;木材集材道、运材道;农业科研、试验、示范基地;野生动植物保护、护林、森林病虫害防治、森林防火、木材检疫的设施;专为农业生产服务的灌溉排水、供水、供电、供热、供气、通讯基础设施;农业生产者从事农业生产必需的食宿和管理设施;其他直接为农业生产服务的生产设施。

第二十七条 未经批准占用耕地的,耕地占用税纳税义务发生时间为自然资源主管部门认定的纳税人实际占用耕地的当日。

因挖损、采矿塌陷、压占、污染等损毁耕地的纳税义务发生时间为自然资源、农业农村等相关部门认定损毁耕地的当日。

第二十八条 纳税人占用耕地,应当在耕地所在地申报纳税。

第二十九条 在农用地转用环节,用地申请人能证明建设用地人符合税法第七条第一款规定的免税情形的,免征用地申请人的耕地占用税;在供地环节,建设用地人使用耕地用途符合税法第七条第一款规定的免税情形的,由用地申请人和建设用地人共同申请,按退税管理的规定退还用地申请人已经缴纳的耕地占用税。

第三十条　县级以上地方人民政府自然资源、农业农村、水利、生态环境等相关部门向税务机关提供的农用地转用、临时占地等信息，包括农用地转用信息、城市和村庄集镇按批次建设用地转而未供信息、经批准临时占地信息、改变原占地用途信息、未批先占农用地查处信息、土地损毁信息、土壤污染信息、土地复垦信息、草场使用和渔业养殖权证发放信息等。

各省、自治区、直辖市人民政府应当建立健全本地区跨部门耕地占用税部门协作和信息交换工作机制。

第三十一条　纳税人占地类型、占地面积和占地时间等纳税申报数据材料以自然资源等相关部门提供的相关材料为准；未提供相关材料或者材料信息不完整的，经主管税务机关提出申请，由自然资源等相关部门自收到申请之日起30日内出具认定意见。

第三十二条　纳税人的纳税申报数据资料异常或者纳税人未按照规定期限申报纳税的，包括下列情形：

（一）纳税人改变原占地用途，不再属于免征或者减征耕地占用税情形，未按照规定进行申报的；

（二）纳税人已申请用地但尚未获得批准先行占地开工，未按照规定进行申报的；

（三）纳税人实际占用耕地面积大于批准占用耕地面积，未按照规定进行申报的；

（四）纳税人未履行报批程序擅自占用耕地，未按照规定进行申报的；

（五）其他应提请相关部门复核的情形。

第三十三条　本办法自2019年9月1日起施行。

中华人民共和国
城镇土地使用税暂行条例

（1988 年 9 月 27 日国务院令第 17 号公布　根据 2006 年 12 月 31 日《国务院关于修改〈中华人民共和国城镇土地使用税暂行条例〉的决定》第一次修订　根据 2011 年 1 月 8 日《国务院关于废止和修改部分行政法规的决定》第二次修订　根据 2013 年 12 月 7 日《国务院关于修改部分行政法规的决定》第三次修订　根据 2019 年 3 月 2 日《国务院关于修改部分行政法规的决定》第四次修订　2019 年 3 月 2 日公布国务院令第 709 号　自 2019 年 3 月 2 日起实施）

第一条　为了合理利用城镇土地，调节土地级差收入，提高土地使用效益，加强土地管理，制定本条例。

第二条　在城市、县城、建制镇、工矿区范围内使用土地的单位和个人，为城镇土地使用税（以下简称土地使用税）的纳税人，应当依照本条例的规定缴纳土地使用税。

前款所称单位，包括国有企业、集体企业、私营企业、股份制企业、外商投资企业、外国企业以及其他企业和事业单位、社会团体、国家机关、军队以及其他单位；所称个人，包括个体工商户以及其他个人。

第三条　土地使用税以纳税人实际占用的土地面积为计税依据，依照规定税额计算征收。

前款土地占用面积的组织测量工作，由省、自治区、直辖市人民政府根据实际情况确定。

第四条　土地使用税每平方米年税额如下：

（一）大城市 1.5 元至 30 元；

（二）中等城市1.2元至24元；

（三）小城市0.9元至18元；

（四）县城、建制镇、工矿区0.6元至12元。

第五条 省、自治区、直辖市人民政府，应当在本条例第四条规定的税额幅度内，根据市政建设状况、经济繁荣程度等条件，确定所辖地区的适用税额幅度。

市、县人民政府应当根据实际情况，将本地区土地划分为若干等级，在省、自治区、直辖市人民政府确定的税额幅度内，制定相应的适用税额标准，报省、自治区、直辖市人民政府批准执行。

经省、自治区、直辖市人民政府批准，经济落后地区土地使用税的适用税额标准可以适当降低，但降低额不得超过本条例第四条规定最低税额的30%。经济发达地区土地使用税的适用税额标准可以适当提高，但须报经财政部批准。

第六条 下列土地免缴土地使用税：

（一）国家机关、人民团体、军队自用的土地；

（二）由国家财政部门拨付事业经费的单位自用的土地；

（三）宗教寺庙、公园、名胜古迹自用的土地；

（四）市政街道、广场、绿化地带等公共用地；

（五）直接用于农、林、牧、渔业的生产用地；

（六）经批准开山填海整治的土地和改造的废弃土地，从使用的月份起免缴土地使用税5年至10年；

（七）由财政部另行规定免税的能源、交通、水利设施用地和其他用地。

第七条 除本条例第六条规定外，纳税人缴纳土地使用税确有困难需要定期减免的，由县以上税务机关批准。

第八条 土地使用税按年计算、分期缴纳。缴纳期限由省、自治区、直辖市人民政府确定。

第九条 新征收的土地，依照下列规定缴纳土地使用税：

（一）征收的耕地，自批准征收之日起满1年时开始缴纳土地使用税；

（二）征收的非耕地，自批准征收次月起缴纳土地使用税。

第十条 土地使用税由土地所在地的税务机关征收。土地管理机关应当向土地所在地的税务机关提供土地使用权属资料。

第十一条 土地使用税的征收管理，依照《中华人民共和国税收征收管理法》及本条例的规定执行。

第十二条 土地使用税收入纳入财政预算管理。

第十三条 本条例的实施办法由省、自治区、直辖市人民政府制定。

第十四条 本条例自1988年11月1日起施行，各地制定的土地使用费办法同时停止执行。

中华人民共和国土地增值税暂行条例

（1993年12月13日国务院令第138号公布　根据2011年1月8日国务院令第588号《关于废止和修改部分行政法规的决定》修订　自2011年1月8日起实施）

第一条 为了规范土地、房地产市场交易秩序，合理调节土地增值收益，维护国家权益，制定本条例。

第二条 转让国有土地使用权、地上的建筑物及其附着物（以下简称转让房地产）并取得收入的单位和个人，为土地增值税的纳税义务人（以下简称纳税人），应当依照本条例缴纳土地增值税。

第三条 土地增值税按照纳税人转让房地产所取得的增值额和本条例第七条规定的税率计算征收。

第四条 纳税人转让房地产所取得的收入减除本条例第六条规定扣除项目金额后的余额，为增值额。

第五条　纳税人转让房地产所取得的收入，包括货币收入、实物收入和其他收入。

第六条　计算增值额的扣除项目：

（一）取得土地使用权所支付的金额；

（二）开发土地的成本、费用；

（三）新建房及配套设施的成本、费用，或者旧房及建筑物的评估价格；

（四）与转让房地产有关的税金；

（五）财政部规定的其他扣除项目。

第七条　土地增值税实行四级超率累进税率：

增值额未超过扣除项目金额50%的部分，税率为30%。

增值额超过扣除项目金额50%、未超过扣除项目金额100%的部分，税率为40%。

增值额超过扣除项目金额100%、未超过扣除项目金额200%的部分，税率为50%。

增值额超过扣除项目金额200%的部分，税率为60%。

第八条　有下列情形之一的，免征土地增值税：

（一）纳税人建造普通标准住宅出售，增值额未超过扣除项目金额20%的；

（二）因国家建设需要依法征收、收回的房地产。

第九条　纳税人有下列情形之一的，按照房地产评估价格计算征收：

（一）隐瞒、虚报房地产成交价格的；

（二）提供扣除项目金额不实的；

（三）转让房地产的成交价格低于房地产评估价格，又无正当理由的。

第十条　纳税人应当自转让房地产合同签订之日起7日内向房地产所在地主管税务机关办理纳税申报，并在税务机关核定的期限内缴纳土地增值税。

第十一条　土地增值税由税务机关征收。土地管理部门、房产管理部门应当向税务机关提供有关资料，并协助税务机关依法征收土地增值税。

第十二条　纳税人未按照本条例缴纳土地增值税的，土地管理部门、房产管理部门不得办理有关的权属变更手续。

第十三条　土地增值税的征收管理，依据《中华人民共和国税收征收管理法》及本条例有关规定执行。

第十四条　本条例由财政部负责解释，实施细则由财政部制定。

第十五条　本条例自1994年1月1日起施行。各地区的土地增值费征收办法，与本条例相抵触的，同时停止执行。

中华人民共和国
土地增值税暂行条例实施细则

（1995年1月27日公布　财法字〔1995〕6号
自1995年1月27日起实施）

第一条　根据《中华人民共和国土地增值税暂行条例》（以下简称条例）第十四条规定，制定本细则。

第二条　条例第二条所称的转让国有土地使用权、地上的建筑物及其附着物并取得收入，是指以出售或者其他方式有偿转让房地产的行为。不包括以继承、赠与方式无偿转让房地产的行为。

第三条　条例第二条所称的国有土地，是指按国家法律规定属于国家所有的土地。

第四条　条例第二条所称的地上的建筑物，是指建于土地上的一切建筑物，包括地上地下的各种附属设施。

条例第二条所称的附着物，是指附着于土地上的不能移动，一经移动即遭损坏的物品。

第五条 条例第二条所称的收入,包括转让房地产的全部价款及有关的经济收益。

第六条 条例第二条所称的单位,是指各类企业单位、事业单位、国家机关和社会团体及其他组织。

条例第二条所称个人,包括个体经营者。

第七条 条例第六条所列的计算增值额的扣除项目,具体为:

(一)取得土地使用权所支付的金额,是指纳税人为取得土地使用权所支付的地价款和按国家统一规定交纳的有关费用。

(二)开发土地和新建房及配套设施(以下简称房地产开发)的成本,是指纳税人房地产开发项目实际发生的成本(以下简称房地产开发成本),包括土地征用及拆迁补偿费、前期工程费、建筑安装工程费、基础设施费、公共配套设施费、开发间接费用。

土地征用及拆迁补偿费,包括土地征用费、耕地占用税、劳动力安置费及有关地上、地下附着物拆迁补偿的净支出、安置动迁用房支出等。

前期工程费,包括规划、设计、项目可行性研究和水文、地质、勘察、测绘、"三通一平"等支出。

建筑安装工程费,是指以出包方式支付给承包单位的建筑安装工程费,以自营方式发生的建筑安装工程费。

基础设施费,包括开发小区内道路、供水、供电、供气、排污、排洪、通讯、照明、环卫、绿化等工程发生的支出。

公共配套设施费,包括不能有偿转让的开发小区内公共配套设施发生的支出。

开发间接费用,是指直接组织、管理开发项目发生的费用,包括工资、职工福利费、折旧费、修理费、办公费、水电费、劳动保护费、周转房摊销等。

(三)开发土地和新建房及配套设施的费用(以下简称房地产开发费用),是指与房地产开发项目有关的销售费用、管理费用、财务费用。

财务费用中的利息支出，凡能够按转让房地产项目计算分摊并提供金融机构证明的，允许据实扣除，但最高不能超过按商业银行同类同期贷款利率计算的金额。其他房地产开发费用，按本条（一）、（二）项规定计算的金额之和的百分之五以内计算扣除。

凡不能按转让房地产项目计算分摊利息支出或不能提供金融机构证明的，房地产开发费用按本条（一）、（二）项规定计算的金额之和的百分之十以内计算扣除。

上述计算扣除的具体比例，由各省、自治区、直辖市人民政府规定。

（四）旧房及建筑物的评估价格，是指在转让已使用的房屋及建筑物时，由政府批准设立的房地产评估机构评定的重置成本价乘以成新度折扣率后的价格。评估价格须经当地税务机关确认。

（五）与转让房地产有关的税金，是指在转让房地产时缴纳的营业税、城市维护建设税、印花税。因转让房地产交纳的教育费附加，也可视同税金予以扣除。

（六）根据条例第六条（五）项规定，对从事房地产开发的纳税人可按本条（一）、（二）项规定计算的金额之和，加计百分之二十的扣除。

第八条　土地增值税以纳税人房地产成本核算的最基本的核算项目或核算对象为单位计算。

第九条　纳税人成片受让土地使用权后，分期分批开发、转让房地产的，其扣除项目金额的确定，可按转让土地使用权的面积占总面积的比例计算分摊，或按建筑面积计算分摊，也可按税务机关确认的其他方式计算分摊。

第十条　条例第七条所列四级超率累进税率，每级“增值额未超过扣除项目金额”的比例，均包括本比例数。

计算土地增值税税额，可按增值额乘以适用的税率减去扣除项目金额乘以速算扣除系数的简便方法计算，具体公式如下：

（一）增值额未超过扣除项目金额50%

土地增值税税额＝增值额×30%

(二)增值额超过扣除项目金额50%,未超过100%

土地增值税税额=增值额×40%-扣除项目金额×5%

(三)增值额超过扣除项目金额100%,未超过200%

土地增值税税额=增值额×50%-扣除项目金额×15%

(四)增值额超过扣除项目金额200%

土地增值税税额=增值额×60%-扣除项目金额×35%

公式中的5%、15%、35%为速算扣除系数。

第十一条 条例第八条(一)项所称的普通标准住宅,是指按所在地一般民用住宅标准建造的居住用住宅。高级公寓、别墅、度假村等不属于普通标准住宅。普通标准住宅与其他住宅的具体划分界限由各省、自治区、直辖市人民政府规定。

纳税人建造普通标准住宅出售,增值额未超过本细则第七条(一)、(二)、(三)、(五)、(六)项扣除项目金额之和百分之二十的,免征土地增值税;增值额超过扣除项目金额之和百分之二十的,应就其全部增值额按规定计税。

条例第八条(二)项所称的因国家建设需要依法征用、收回的房地产,是指因城市实施规划、国家建设的需要而被政府批准征用的房产或收回的土地使用权。

因城市实施规划、国家建设的需要而搬迁,由纳税人自行转让原房地产的,比照本规定免征土地增值税。

符合上述免税规定的单位和个人,须向房地产所在地税务机关提出免税申请,经税务机关审核后,免予征收土地增值税。

第十二条 个人因工作调动或改善居住条件而转让原自用住房,经向税务机关申报核准,凡居住满五年或五年以上的,免予征收土地增值税;居住满三年未满五年的,减半征收土地增值税。居住未满三年的,按规定计征土地增值税。

第十三条 条例第九条所称的房地产评估价格,是指由政府批准设立的房地产评估机构根据相同地段、同类房地产进行综合评定的价格。评估价格须经当地税务机关确认。

第十四条 条例第九条(一)项所称的隐瞒、虚报房地产成交价格,是指纳税人不报或有意低报转让土地使用权、地上建筑物及其附着物价款的行为。

条例第九条(二)项所称的提供扣除项目金额不实的,是指纳税人在纳税申报时不据实提供扣除项目金额的行为。

条例第九条(三)项所称的转让房地产的成交价格低于房地产评估价格,又无正当理由的,是指纳税人申报的转让房地产的实际成交价低于房地产评估机构评定的交易价,纳税人又不能提供凭据或无正当理由的行为。

隐瞒、虚报房地产成交价格,应由评估机构参照同类房地产的市场交易价格进行评估。税务机关根据评估价格确定转让房地产的收入。

提供扣除项目金额不实的,应由评估机构按照房屋重置成本价乘以成新度折扣率计算的房屋成本价和取得土地使用权时的基准地价进行评估。税务机关根据评估价格确定扣除项目金额。

转让房地产的成交价格低于房地产评估价格,又无正当理由的,由税务机关参照房地产评估价格确定转让房地产的收入。

第十五条 根据条例第十条的规定,纳税人应按照下列程序办理纳税手续:

(一)纳税人应在转让房地产合同签订后的七日内,到房地产所在地主管税务机关办理纳税申报,并向税务机关提交房屋及建筑物产权、土地使用权证书,土地转让、房产买卖合同,房地产评估报告及其他与转让房地产有关的资料。

纳税人因经常发生房地产转让而难以在每次转让后申报的,经税务机关审核同意后,可以定期进行纳税申报,具体期限由税务机关根据情况确定。

(二)纳税人按照税务机关核定的税额及规定的期限缴纳土地增值税。

第十六条 纳税人在项目全部竣工结算前转让房地产取得的收入,

由于涉及成本确定或其他原因,而无法据以计算土地增值税的,可以预征土地增值税,待该项目全部竣工、办理结算后再进行清算,多退少补。具体办法由各省、自治区、直辖市地方税务局根据当地情况制定。

第十七条 条例第十条所称的房地产所在地,是指房地产的座落地。纳税人转让房地产座落在两个或两个以上地区的,应按房地产所在地分别申报纳税。

第十八条 条例第十一条所称的土地管理部门、房产管理部门应当向税务机关提供有关资料,是指向房地产所在地主管税务机关提供有关房屋及建筑物产权、土地使用权、土地出让金数额、土地基准地价、房地产市场交易价格及权属变更等方面的资料。

第十九条 纳税人未按规定提供房屋及建筑物产权、土地使用权证书,土地转让、房产买卖合同,房地产评估报告及其他与转让房地产有关资料的,按照《中华人民共和国税收征收管理法》(以下简称《征管法》)第三十九条的规定进行处理。

纳税人不如实申报房地产交易额及规定扣除项目金额造成少缴或未缴税款的,按照《征管法》第四十条的规定进行处理。

第二十条 土地增值税以人民币为计算单位。转让房地产所取得的收入为外国货币的,以取得收入当天或当月 1 日国家公布的市场汇价折合成人民币,据以计算应纳土地增值税税额。

第二十一条 条例第十五条所称的各地区的土地增值费征收办法是指与本条例规定的计征对象相同的土地增值费、土地收益金等征收办法。

第二十二条 本细则由财政部解释,或者由国家税务总局解释。

第二十三条 本细则自发布之日起施行。

第二十四条 1994 年 1 月 1 日至本细则发布之日期间的土地增值税参照本细则的规定计算征收。

财政部、国家税务总局关于执行公共基础设施项目企业所得税优惠目录有关问题的通知

(2008年9月23日公布 财税〔2008〕46号
自2008年9月23日起实施)

各省、自治区、直辖市、计划单列市财政厅(局)、国家税务局、地方税务局,新疆生产建设兵团财务局:

根据《中华人民共和国企业所得税法》(以下简称企业所得税法)和《中华人民共和国企业所得税法实施条例》(国务院令第512号)的有关规定,经国务院批准,财政部、税务总局、发展改革委公布了《公共基础设施项目企业所得税优惠目录》(以下简称《目录》)。现将执行《目录》的有关问题通知如下:

一、企业从事《目录》内符合相关条件和技术标准及国家投资管理相关规定、于2008年1月1日后经批准的公共基础设施项目,其投资经营的所得,自该项目取得第一笔生产经营收入所属纳税年度起,第一年至第三年免征企业所得税,第四年至第六年减半征收企业所得税。

第一笔生产经营收入,是指公共基础设施项目已建成并投入运营后所取得的第一笔收入。

二、企业同时从事不在《目录》范围内的项目取得的所得,应与享受优惠的公共基础设施项目所得分开核算,并合理分摊期间费用,没有分开核算的,不得享受上述企业所得税优惠政策。

三、企业承包经营、承包建设和内部自建自用公共基础设施项目,不得享受上述企业所得税优惠。

四、根据经济社会发展需要及企业所得税优惠政策实施情况，国务院财政、税务主管部门会同国家发展改革委等有关部门适时对《目录》内的项目进行调整和修订，并在报国务院批准后对《目录》进行更新。

公共基础设施项目企业所得税优惠目录（2008年版）

（2008年9月8日公布　财税〔2008〕116号
自2008年1月1日起实施）

序号	类别	项目	范围、条件及技术标准
1	港口码头	码头、泊位、通航建筑物新建项目	由省级以上政府投资主管部门核准的沿海港口万吨级及以上泊位、内河千吨级及以上泊位、滚装泊位、内河航运枢纽新建项目
2	机场	民用机场新建项目	由国务院核准的民用机场新建项目，包括民用机场迁建、军航机场军民合用改造项目
3	铁路	铁路新线建设项目	由省级以上政府投资主管部门或国务院行业主管部门核准的客运专线、城际轨道交通和Ⅲ级及以上铁路建设项目
4		既有线路改造项目	由省级以上政府投资主管部门或国务院行业主管部门核准的铁路电气化改造、增建二线项目以及其他改造投入达到项目固定资产账面原值75%以上的改造项目
5	公路	公路新建项目	由省级以上政府投资主管部门核准的一级以上的公路建设项目
6	城市公共交通	城市快速轨道交通新建项目	由国务院核准的城市地铁、轻轨新建项目

续表

序号	类别	项目	范围、条件及技术标准
7	电力	水力发电新建项目(包括控制性水利枢纽工程)	由国务院投资主管部门核准的在主要河流上新建的水电项目,总装机容量在25万千瓦及以上的新建水电项目,以及抽水蓄能电站项目
8		核电站新建项目	由国务院核准的核电站新建项目
9		电网(输变电设施)新建项目	由国务院投资主管部门核准的330kv及以上跨省及长度超过200km的交流输变电新建项目,500kv及以上直流输变电新建项目;由省级以上政府投资主管部门核准的革命老区、老少边穷地区电网新建工程项目;农网输变电新建项目。
10		风力发电新建项目	由政府投资主管部门核准的风力发电新建项目
11		海洋能发电新建项目	由省级以上政府投资主管部门核准的海洋能发电新建项目
12		太阳能发电新建项目	由政府投资主管部门核准的太阳能发电新建项目
13		地热发电新建项目	由政府投资主管部门核准的地热发电新建项目
14	水利	灌区配套设施及农业节水灌溉工程新建项目	由政府投资主管部门核准的灌区水源工程、灌排系统工程、节水工程
15		地表水水源工程新建项目	由政府投资主管部门核准的水库、塘堰、水窖及配套工程
16		调水工程新建项目	由政府投资主管部门核准的取水、输水、配水工程
17		农村人畜饮水工程新建项目	由政府投资主管部门核准的农村人畜饮水工程中取水、输水、净化水、配水工程
18		牧区水利工程新建项目	由政府投资主管部门核准的牧区水利工程中的取水、输配水、节水灌溉及配套工程

财政部关于对分布式光伏发电自发自用电量免征政府性基金有关问题的通知

（2013年11月19日公布　财综〔2013〕103号
自2013年11月19日起实施）

各省、自治区、直辖市财政厅（局），财政部驻各省、自治区、直辖市、计划单列市财政监察专员办事处：

为了促进光伏产业健康发展，根据《国务院关于促进光伏产业健康发展的若干意见》（国发〔2013〕24号）的有关规定，对分布式光伏发电自发自用电量免收可再生能源电价附加、国家重大水利工程建设基金、大中型水库移民后期扶持基金、农网还贷资金等4项针对电量征收的政府性基金。上述规定自本通知发文之日起施行。

财政部、国家税务总局关于风力发电增值税政策的通知

（2015年6月12日公布　财税〔2015〕74号
自2015年7月1日起实施）

各省、自治区、直辖市、计划单列市财政厅（局）、国家税务局，新疆生产建设兵团财务局：

为鼓励利用风力发电，促进相关产业健康发展，现将风力发电增值税政策通知如下：

自2015年7月1日起,对纳税人销售自产的利用风力生产的电力产品,实行增值税即征即退50%的政策。

请遵照执行。

国家发展改革委关于电力行业增值税税率调整相应降低一般工商业电价的通知

(2018年5月15日公布 发改价格〔2018〕732号
自2018年5月1日起实施)

各省、自治区、直辖市发展改革委、物价局、电力公司:

为进一步贯彻落实中央经济工作会议关于降低企业用能成本和《政府工作报告》关于一般工商业电价平均下降10%的目标要求,现就电力行业增值税税率调整相应降低一般工商业电价有关事项通知如下。

一、电力行业增值税税率由17%调整到16%后,省级电网企业含税输配电价水平和政府性基金及附加标准降低、期末留抵税额一次性退返等腾出的电价空间,全部用于降低一般工商业电价。

二、以上规定自2018年5月1日起执行。

三、各省(区、市)价格主管部门要按照本通知规定,抓紧研究提出增值税税率调整相应降低一般工商业电价具体方案,经同级人民政府同意并报我委(价格司)备案后实施。相应降低各省(区、市)一般工商业输配电价水平。

四、各省(区、市)价格主管部门、电网企业要精心组织、周密安排,做好宣传解释工作,确保上述电价政策平稳实施。执行中遇到的情况和问题,请及时报送我委(价格司)。

财政部、税务总局、国家发展改革委关于延续西部大开发企业所得税政策的公告

（2020年4月23日公布　财政部、税务总局、国家发展改革委公告2020年第23号　自2021年1月1日起实施）

为贯彻落实党中央、国务院关于新时代推进西部大开发形成新格局有关精神，现将延续西部大开发企业所得税政策公告如下：

一、自2021年1月1日至2030年12月31日，对设在西部地区的鼓励类产业企业减按15%的税率征收企业所得税。本条所称鼓励类产业企业是指以《西部地区鼓励类产业目录》中规定的产业项目为主营业务，且其主营业务收入占企业收入总额60%以上的企业。

二、《西部地区鼓励类产业目录》由发展改革委牵头制定。该目录在本公告执行期限内修订的，自修订版实施之日起按新版本执行。

三、税务机关在后续管理中，不能准确判定企业主营业务是否属于国家鼓励类产业项目时，可提请发展改革等相关部门出具意见。对不符合税收优惠政策规定条件的，由税务机关按税收征收管理法及有关规定进行相应处理。具体办法由省级发展改革、税务部门另行制定。

四、本公告所称西部地区包括内蒙古自治区、广西壮族自治区、重庆市、四川省、贵州省、云南省、西藏自治区、陕西省、甘肃省、青海省、宁夏回族自治区、新疆维吾尔自治区和新疆生产建设兵团。湖南省湘西土家族苗族自治州、湖北省恩施土家族苗族自治州、吉林省延边朝鲜族自治州和江西省赣州市，可以比照西部地区的企业所得税政策执行。

五、本公告自2021年1月1日起执行。《财政部 海关总署 国家

税务总局关于深入实施西部大开发战略有关税收政策问题的通知》（财税〔2011〕58号）、《财政部 海关总署 国家税务总局关于赣州市执行西部大开发税收政策问题的通知》（财税〔2013〕4号）中的企业所得税政策规定自2021年1月1日起停止执行。

特此公告。

西部地区鼓励类产业目录（2020年本）（节选）

（2021年1月18日公布　国家发展和改革委员会令第40号
自2021年3月1日起实施）

为推进西部大开发形成新格局，促进西部地区产业结构调整和特色优势产业发展，制定本目录。

本目录共包括两部分，一是国家现有产业目录中的鼓励类产业，二是西部地区新增鼓励类产业。

在符合市场准入政策的前提下，本目录原则上适用于在西部地区生产经营的各类企业，其中外商投资企业按照《鼓励外商投资产业目录》执行。

一、国家现有产业目录中的鼓励类产业

（一）《产业结构调整指导目录（2019年本）》（国家发展改革委令2019年第29号）中的鼓励类产业。

（二）《鼓励外商投资产业目录（2020年版）》（国家发展改革委、商务部令2020年第38号）中的产业。

以上目录如修订，按新修订版本执行。

二、西部地区新增鼓励类产业

西部地区新增鼓励类产业按省、自治区、直辖市分列，原则上适用于在相应省、自治区、直辖市生产经营的内资企业，并根据实际情况适时修订;如所列产业被国家相关产业目录明确为限制、淘汰、禁止等类型产业,其鼓励类属性自然免除。

(一)重庆市

23. 风力、太阳能发电场建设及运营

(二)四川省

3. 高效太阳能电池组件技术开发及生产

51. 风力、太阳能发电场建设及运营

(三)贵州省

34. 风力、太阳能发电场建设及运营

(四)云南省

2. 高效太阳能电池组件技术开发及制造

47. 风力、太阳能发电场建设及运营

(五)西藏自治区

3. 太阳能光伏发电系统检测、建设及运营,风力发电场建设及运营

(六)陕西省

26. 陆上风电机组设备制造

31. 风电、光伏、氢能、地热等新能源及相关装置制造产业;太阳能光伏发电系统检测、建设及运营;风力发电场建设及运营;地热能勘探、开发和利用;地热、氢能等新能源产业运营服务

(七)甘肃省

2. 太阳能发电系统建设及运营

3. 风力发电场建设及运营

(八)青海省

2. 太阳能发电系统建设及运营

3. 风力发电场建设及运营

24. 光伏设备及元器件制造

(九)宁夏回族自治区

3. 太阳能发电系统建设及运营

4. 风力发电场建设及运营

（十）新疆维吾尔自治区（含新疆生产建设兵团）

3. 风力、光伏发电场建设及运营，太阳能发电系统制造

（十一）内蒙古自治区

5. 太阳能发电系统建设及运营

6. 风力发电场建设及运营

（十二）广西壮族自治区

36. 风力、太阳能发电场建设及运营

（三）资质与消纳

电力供应与使用条例

（1996 年 4 月 17 日国务院令第 196 号公布　根据 2016 年 2 月 6 日《国务院关于修改部分行政法规的决定》第一次修订　根据 2019 年 3 月 2 日《国务院关于修改部分行政法规的决定》第二次修订　2019 年 3 月 2 日公布　国务院令第 709 号　自 2019 年 3 月 2 日起实施）

第一章　总　　则

第一条　为了加强电力供应与使用的管理，保障供电、用电双方的合法权益，维护供电、用电秩序，安全、经济、合理地供电和用电，根据《中华人民共和国电力法》制定本条例。

第二条　在中华人民共和国境内，电力供应企业（以下称供电企业）和电力使用者（以下称用户）以及与电力供应、使用有关的单位和个人，必须遵守本条例。

第三条　国务院电力管理部门负责全国电力供应与使用的监督管理工作。

县级以上地方人民政府电力管理部门负责本行政区域内电力供应与使用的监督管理工作。

第四条　电网经营企业依法负责本供区内的电力供应与使用的业务工作,并接受电力管理部门的监督。

第五条　国家对电力供应和使用实行安全用电、节约用电、计划用电的管理原则。

供电企业和用户应当遵守国家有关规定,采取有效措施,做好安全用电、节约用电、计划用电工作。

第六条　供电企业和用户应当根据平等自愿、协商一致的原则签订供用电合同。

第七条　电力管理部门应当加强对供用电的监督管理,协调供用电各方关系,禁止危害供用电安全和非法侵占电能的行为。

第二章　供电营业区

第八条　供电企业在批准的供电营业区内向用户供电。

供电营业区的划分,应当考虑电网的结构和供电合理性等因素。一个供电营业区内只设立一个供电营业机构。

第九条　供电营业区的设立、变更,由供电企业提出申请,电力管理部门依据职责和管理权限,会同同级有关部门审查批准后,发给《电力业务许可证》。

电网经营企业应当根据电网结构和供电合理性的原则协助电力管理部门划分供电营业区。

供电营业区的划分和管理办法,由国务院电力管理部门制定。

第十条　并网运行的电力生产企业按照并网协议运行后,送入电网的电力、电量由供电营业机构统一经销。

第十一条　用户用电容量超过其所在的供电营业区内供电企业供电能力的,由省级以上电力管理部门指定的其他供电企业供电。

第三章　供电设施

第十二条　县级以上各级人民政府应当将城乡电网的建设与改造规划，纳入城市建设和乡村建设的总体规划。各级电力管理部门应当会同有关行政主管部门和电网经营企业做好城乡电网建设和改造的规划。供电企业应当按照规划做好供电设施建设和运行管理工作。

第十三条　地方各级人民政府应当按照城市建设和乡村建设的总体规划统筹安排城乡供电线路走廊、电缆通道、区域变电所、区域配电所和营业网点的用地。

供电企业可以按照国家有关规定在规划的线路走廊、电缆通道、区域变电所、区域配电所和营业网点的用地上，架线、敷设电缆和建设公用供电设施。

第十四条　公用路灯由乡、民族乡、镇人民政府或者县级以上地方人民政府有关部门负责建设，并负责运行维护和交付电费，也可以委托供电企业代为有偿设计、施工和维护管理。

第十五条　供电设施、受电设施的设计、施工、试验和运行，应当符合国家标准或者电力行业标准。

第十六条　供电企业和用户对供电设施、受电设施进行建设和维护时，作业区域内的有关单位和个人应当给予协助，提供方便；因作业对建筑物或者农作物造成损坏的，应当依照有关法律、行政法规的规定负责修复或者给予合理的补偿。

第十七条　公用供电设施建成投产后，由供电单位统一维护管理。经电力管理部门批准，供电企业可以使用、改造、扩建该供电设施。

共用供电设施的维护管理，由产权单位协商确定，产权单位可自行维护管理，也可以委托供电企业维护管理。

用户专用的供电设施建成投产后，由用户维护管理或者委托供电企业维护管理。

第十八条　因建设需要，必须对已建成的供电设施进行迁移、改造或者采取防护措施时,建设单位应当事先与该供电设施管理单位协商,所需工程费用由建设单位负担。

第四章 电力供应

第十九条 用户受电端的供电质量应当符合国家标准或者电力行业标准。

第二十条 供电方式应当按照安全、可靠、经济、合理和便于管理的原则,由电力供应与使用双方根据国家有关规定以及电网规划、用电需求和当地供电条件等因素协商确定。

在公用供电设施未到达的地区,供电企业可以委托有供电能力的单位就近供电。非经供电企业委托,任何单位不得擅自向外供电。

第二十一条 因抢险救灾需要紧急供电时,供电企业必须尽速安排供电。所需工程费用和应付电费由有关地方人民政府有关部门从抢险救灾经费中支出,但是抗旱用电应当由用户交付电费。

第二十二条 用户对供电质量有特殊要求的,供电企业应当根据其必要性和电网的可能,提供相应的电力。

第二十三条 申请新装用电、临时用电、增加用电容量、变更用电和终止用电,均应当到当地供电企业办理手续,并按照国家有关规定交付费用;供电企业没有不予供电的合理理由的,应当供电。供电企业应当在其营业场所公告用电的程序、制度和收费标准。

第二十四条 供电企业应当按照国家标准或者电力行业标准参与用户受送电装置设计图纸的审核,对用户受送电装置隐蔽工程的施工过程实施监督,并在该受送电装置工程竣工后进行检验;检验合格的,方可投入使用。

第二十五条 供电企业应当按照国家有关规定实行分类电价、分时电价。

第二十六条 用户应当安装用电计量装置。用户使用的电力、电量,以计量检定机构依法认可的用电计量装置的记录为准。用电计量装置,应当安装在供电设施与受电设施的产权分界处。

安装在用户处的用电计量装置,由用户负责保护。

第二十七条 供电企业应当按照国家核准的电价和用电计量装置的记录,向用户计收电费。

用户应当按照国家批准的电价,并按照规定的期限、方式或者合同约定的办法,交付电费。

第二十八条 除本条例另有规定外,在发电、供电系统正常运行的情况下,供电企业应当连续向用户供电;因故需要停止供电时,应当按照下列要求事先通知用户或者进行公告:

(一)因供电设施计划检修需要停电时,供电企业应当提前7天通知用户或者进行公告;

(二)因供电设施临时检修需要停止供电时,供电企业应当提前24小时通知重要用户;

(三)因发电、供电系统发生故障需要停电、限电时,供电企业应当按照事先确定的限电序位进行停电或者限电。引起停电或者限电的原因消除后,供电企业应当尽快恢复供电。

第五章 电力使用

第二十九条 县级以上人民政府电力管理部门应当遵照国家产业政策,按照统筹兼顾、保证重点、择优供应的原则,做好计划用电工作。

供电企业和用户应当制订节约用电计划,推广和采用节约用电的新技术、新材料、新工艺、新设备,降低电能消耗。

供电企业和用户应当采用先进技术、采取科学管理措施,安全供电、用电,避免发生事故,维护公共安全。

第三十条 用户不得有下列危害供电、用电安全,扰乱正常供电、用电秩序的行为:

(一)擅自改变用电类别;

(二)擅自超过合同约定的容量用电;

(三)擅自超过计划分配的用电指标的;

（四）擅自使用已经在供电企业办理暂停使用手续的电力设备，或者擅自启用已经被供电企业查封的电力设备；

（五）擅自迁移、更动或者擅自操作供电企业的用电计量装置、电力负荷控制装置、供电设施以及约定由供电企业调度的用户受电设备；

（六）未经供电企业许可，擅自引入、供出电源或者将自备电源擅自并网。

第三十一条　禁止窃电行为。窃电行为包括：

（一）在供电企业的供电设施上，擅自接线用电；

（二）绕越供电企业的用电计量装置用电；

（三）伪造或者开启法定的或者授权的计量检定机构加封的用电计量装置封印用电；

（四）故意损坏供电企业用电计量装置；

（五）故意使供电企业的用电计量装置计量不准或者失效；

（六）采用其他方法窃电。

第六章　供用电合同

第三十二条　供电企业和用户应当在供电前根据用户需要和供电企业的供电能力签订供用电合同。

第三十三条　供用电合同应当具备以下条款：

（一）供电方式、供电质量和供电时间；

（二）用电容量和用电地址、用电性质；

（三）计量方式和电价、电费结算方式；

（四）供用电设施维护责任的划分；

（五）合同的有效期限；

（六）违约责任；

（七）双方共同认为应当约定的其他条款。

第三十四条　供电企业应当按照合同约定的数量、质量、时间、方式，合理调度和安全供电。

用户应当按照合同约定的数量、条件用电，交付电费和国家规定的其他费用。

第三十五条 供用电合同的变更或者解除，应当依照有关法律、行政法规和本条例的规定办理。

第七章 监督与管理

第三十六条 电力管理部门应当加强对供电、用电的监督和管理。供电、用电监督检查工作人员必须具备相应的条件。供电、用电监督检查工作人员执行公务时，应当出示证件。

供电、用电监督检查管理的具体办法，由国务院电力管理部门另行制定。

第三十七条 承装、承修、承试供电设施和受电设施的单位，必须经电力管理部门审核合格，取得电力管理部门颁发的《承装（修）电力设施许可证》。

第八章 法律责任

第三十八条 违反本条例规定，有下列行为之一的，由电力管理部门责令改正，没收违法所得，可以并处违法所得5倍以下的罚款：

（一）未按照规定取得《电力业务许可证》，从事电力供应业务的；

（二）擅自伸入或者跨越供电营业区供电的；

（三）擅自向外转供电的。

第三十九条 违反本条例第二十七条规定，逾期未交付电费的，供电企业可以从逾期之日起，每日按照电费总额的1‰至3‰加收违约金，具体比例由供用电双方在供用电合同中约定；自逾期之日起计算超过30日，经催交仍未交付电费的，供电企业可以按照国家规定的程序停止供电。

第四十条 违反本条例第三十条规定，违章用电的，供电企业可以根据违章事实和造成的后果追缴电费，并按照国务院电力管理部门的规定加收电费和国家规定的其他费用；情节严重的，可以按照国家规定的程序停止供电。

第四十一条　违反本条例第三十一条规定，盗窃电能的，由电力管理部门责令停止违法行为，追缴电费并处应交电费5倍以下的罚款；构成犯罪的，依法追究刑事责任。

第四十二条　供电企业或者用户违反供用电合同，给对方造成损失的，应当依法承担赔偿责任。

第四十三条　因电力运行事故给用户或者第三人造成损害的，供电企业应当依法承担赔偿责任。

因用户或者第三人的过错给供电企业或者其他用户造成损害的，该用户或者第三人应当依法承担赔偿责任。

第四十四条　供电企业职工违反规章制度造成供电事故的，或者滥用职权、利用职务之便谋取私利的，依法给予行政处分；构成犯罪的，依法追究刑事责任。

第九章　附　　则

第四十五条　本条例自1996年9月1日起施行。

电力并网运行管理规定

（2021年12月21日公布　国能发监管规〔2021〕60号
自2021年12月21日起实施）

第一章　总　　则

第一条　为深入贯彻落实党中央、国务院决策部署，完整准确全面贯彻新发展理念，做好碳达峰、碳中和工作，构建新型电力系统，深化电力体制改革，持续推动能源高质量发展，保障电力系统安全、优质、经济运行及电力市场有序运营，促进源网荷储协调发展，维护社会公共利益和电力投资者、经营者、使用者的合法权益，根据《中华人民共和国电力法》《电力监管条例》等有关法律法规，制定本规定。

第二条 本规定适用于省级及以上电力调度机构直接调度的火电、水电、核电、风电、光伏发电、光热发电、抽水蓄能、自备电厂等发电侧并网主体，以及电化学、压缩空气、飞轮等新型储能。传统高载能工业负荷、工商业可中断负荷、电动汽车充电网络等能够响应电力调度指令的可调节负荷（含通过聚合商、虚拟电厂等形式聚合）等负荷侧并网主体，省级以下电力调度机构调度管辖范围内的并网主体，视其对电力系统运行的影响参照本规定执行。

第三条 并网主体并网运行遵循电力系统客观规律、市场经济规律以及国家能源发展战略的要求，实行统一调度、分级管理，贯彻安全第一方针，坚持公开、公平、公正的原则。

第二章 运行管理

第四条 电力调度机构负责电力系统运行的组织、指挥、指导和协调。并网主体、电网企业均应严格遵守国家有关法律法规、标准以及电力调度管理规程、电气设备运行规程，共同维护电力系统安全稳定运行。

第五条 发电侧并网主体中涉及电网安全稳定运行的继电保护和安全自动装置、调度通信设备、调度自动化设备、励磁系统和电力系统稳定器、调速系统和一次调频系统、二次调频、调压、直流系统、新能源功率预测系统、水电厂水库调度自动化系统设备、高压侧或升压站电气设备以及涉及网源协调的有关设备和参数等，规划、设计、建设和运行管理应满足国家法律法规、行业标准及电网稳定性要求。有关运行和检修管理、操作票和工作票等制度，应符合国家、行业等有关规定和具体要求。其他并网主体的规划、设计、建设和运行管理应满足国家法律法规、行业标准及电网稳定性要求。

第六条 并网主体应确保涉网一、二次设备满足电力系统安全稳定运行及有关标准的要求。

第七条　并网主体应与电网企业根据平等互利、协商一致和确保电力系统安全运行的原则，参照国家有关部门制订的《并网调度协议》《购售电合同》等示范文本及时签订并网调度协议和购售电合同，无协议（合同）不得并网运行。

第八条　电力调度机构针对电力系统运行中存在的安全问题，应及时制定反事故措施；涉及并网主体的，并网主体应制定整改计划并予以落实。当发生电力安全事故（事件）时，在未获得调度机构允许前，有关并网主体不得并网运行。

第九条　并网主体按照所在电网防止大面积停电预案的统一部署，落实相应措施，编制停电事故处理预案及其他反事故预案，参加反事故演练。

第十条　电力调度机构应及时向有关并网主体通报电力安全事故（事件）情况、原因及影响分析。并网主体应按照有关规定配合相关机构进行事故调查，落实防范措施。

第十一条　并网主体应严格执行电力调度机构制定或市场出清的运行方式和发电调度计划曲线。并网主体运行应严格服从电力调度机构指挥，并迅速、准确执行调度指令。若并网主体值班人员认为执行调度指令可能危及人身、设备或系统安全，应立即向电力调度机构报告并说明理由，由电力调度机构决定是否继续执行。

第十二条　并网主体应在电力调度机构的统一调度下，考虑机组运行特点，落实调频、调压有关措施，保证电能质量符合国家标准。

（一）发电侧并网主体应根据国家能源局派出机构有关规定要求，具备相应的一次调频、自动发电控制（AGC）和无功服务能力。

（二）发电侧并网主体的调频、调压能力和具体指标应满足有关规定和具体要求。

对发电侧并网主体一次调频的考核内容，包括一次调频可用率、调节容量、调节速率、调节精度、响应时间及相关性能等。

对发电侧并网主体提供 AGC 服务的考核内容，包括 AGC 可用率、调节容量、调节速率、调节精度和响应时间等。

对发电侧并网主体提供无功服务的考核内容,包括无功补偿装置或自动电压控制(AVC)装置投运率、调节合格率、母线电压合格率等。受所并入电网系统电压影响,经过调整仍无法达到电压目标的不予考核。

(三)提供调频、调压的其他并网主体,调频、调压能力和具体指标应满足国家有关规定和具体要求。

第十三条 发电侧并网主体调峰能力应达到国家能源局派出机构有关规定要求,达不到要求的按照其调峰能力的缺额进行考核。并网主体参与电力系统调峰时,调频、调压等涉网性能应满足相关规定和具体要求。

第十四条 电力调度机构依据所在地电力并网运行管理实施细则对发电侧并网主体非计划停运/脱网、调度指令执行偏差和新能源功率预测偏差等情况进行考核。

第十五条 黑启动电源点由电力调度机构控制区电网的黑启动预案确定。作为黑启动电源的并网主体,应按照相关规定做好各项黑启动安全管理措施。黑启动电源点在电网需要提供服务时,黑启动并网主体应当及时可靠地执行黑启动预案,帮助系统恢复正常运行。对并网主体由于自身原因未能完成黑启动任务的,应进行考核。

第十六条 发电侧并网主体应根据有关设备检修规定、规程和设备实际状况,提出设备检修计划申请,并按电力调度机构要求提交。电力调度机构统筹安排管辖范围内发电侧并网主体的设备检修计划。

(一)检修计划确定之后,双方应严格执行。

(二)发电侧并网主体变更检修计划,应提前向电力调度机构申请并说明原因,电力调度机构视电网运行情况和其他发电侧并网主体的检修计划统筹安排;确实无法安排变更的,应及时通知该发电侧并网主体按原批复计划执行,并说明原因。因电网原因需变更发电侧并网主体检修计划的,电网企业和并网主体应按照事前约定或事后协商的方式解决。电力调度机构和电力交易机构应按照职责分工,按要求披露相关检修计划及原因,因检修计划调整产生的经济责任,原则上由相应发起主体承担。

（三）电网一次设备检修如影响发电侧并网主体发电或提供辅助服务的，应尽可能与发电侧并网主体设备检修配合进行。

第十七条 电力调度机构应合理安排管辖范围内继电保护和安全自动装置、电力调度自动化及通信、调频、调压等二次设备的检修。发电侧并网主体中此类涉网设备（装置）的检修计划，应经电力调度机构批准后执行。电力调度机构管辖范围内的二次设备检修应尽可能与一次设备检修相配合，原则上不得影响一次设备的正常运行。

第十八条 电力调度机构管辖范围内的设备（装置）参数整定值和保护压板投退应按照电力调度机构下达的整定值和运行管理规定执行。接入电网运行的并网主体二次系统应符合《电力监控系统安全防护规定》和网络与信息安全其他有关规定。并网主体改变其状态和参数前，应经电力调度机构批准。未经电力调度机构许可，不得擅自改变有关技术性能参数。

第十九条 电力调度机构应根据国家能源局及其派出机构的要求和有关规定，开展发电侧并网主体技术指导和管理工作。技术指导和管理的范围主要包括：继电保护和安全自动装置、调度通信设备、调度自动化设备、励磁系统和电力系统稳定器、调速系统和一次调频系统、二次调频、调压、直流系统、新能源功率预测系统、水电厂水库调度自动化系统设备、高压侧或升压站电气设备以及涉及网源协调的有关设备和参数等。

（一）继电保护和安全自动装置技术指导和管理内容包括：

1. 装置和参数是否满足电力系统安全运行要求。

2. 重大问题按期整改情况。

3. 因发电侧并网主体原因造成电力安全事故（事件）情况。

4. 因发电侧并网主体原因造成继电保护和安全自动装置不能正常投入导致电网安全稳定性和可靠性降低的情况。

5. 到更换年限的设备配合电网企业改造计划按期更换的情况。

6. 按继电保护技术监督规定定期向电力调度机构报告本单位继

电保护和安全自动装置技术监督总结情况。按评价规程定期向电力调度机构报告继电保护动作报表情况。

7. 保证电力系统安全稳定运行的继电保护和安全自动装置管理要求。

8. 保证电力系统安全稳定运行的继电保护和安全自动装置检修现场安全管理情况。

(二)调度通信技术指导和管理内容包括:

1. 设备和参数是否满足调度通信要求。

2. 重大问题按期整改情况。

3. 因发电侧并网主体原因造成通信事故情况。

4. 因发电侧并网主体通信责任造成电网继电保护和安全自动装置、调度自动化通道中断情况。

5. 调度电话通道中断情况。

6. 因发电侧并网主体通信异常造成电网安全稳定性和可靠性降低的情况。

(三)调度自动化技术指导和管理内容包括:

1. 发电侧并网主体调度自动化设备的功能、性能参数和运行是否满足国家和行业有关标准、规定的要求。

2. 发电侧并网主体调度自动化设备重大问题按期整改情况。

3. 发电侧并网主体执行调度自动化有关运行管理规程、规定的情况。

4. 发电侧并网主体发生事故时遥信、遥测、顺序事件记录器(SOE)反应情况,AGC 或自动功率控制(APC)控制情况和调度自动化设备运行情况。

(四)励磁系统以及电力系统稳定器技术指导和管理内容包括:

1. 励磁系统以及电力系统稳定器强励水平、放大倍数、时间常数等技术性能参数是否达到国家和行业有关标准要求。

2. 未经电力调度机构许可,不得擅自改变励磁系统以及电力系统稳定器有关技术性能参数。

3. 发电侧并网主体按照国家和行业有关标准要求开展涉网试验。

（五）调速系统以及一次调频系统技术指导和管理内容包括：

1. 调速系统的各项技术性能参数是否达到国家和行业有关标准要求，技术规范是否满足接入电网安全稳定运行的要求。

2. 一次调频功能及参数是否满足国家有关规定和具体要求。

3. 未经电力调度机构许可，不得擅自改变调速系统以及一次调频系统有关技术性能参数。

4. 发电侧并网主体应按照国家和行业有关标准要求开展涉网试验。

5. 发电侧并网主体应编制一次调频系统运行管理规程，制订电网大频差动作应急预案。

（六）二次调频技术指导和管理内容包括：

1. 发电侧并网主体二次调频系统的各项技术性能参数应达到国家和行业有关标准要求，技术规范应满足接入电网安全稳定运行的要求。

2. 发电侧并网主体执行二次调频有关运行管理规程、规定的情况。

3. 发电侧并网主体二次调频系统运行、检修等情况。

4. 发电侧并网主体二次调频系统与调度机构数据交互情况，以及发电侧并网主体监控系统、能量管理系统等执行所属调度机构自动化主站下发的 AGC/APC 指令情况。

5. 发电侧并网主体二次调频有关设备重大问题按期整改情况。

6. 发电侧并网主体执行有关规定，规范 AGC 参数管理相关情况。

（七）调压技术指导和管理内容包括：

1. AVC 功能及参数应满足国家有关规定和具体要求。

2. 发电侧并网主体按照国家和行业有关标准要求开展涉网试验以及电力调度机构认为保障电力系统安全所必须的其他试验。

3. 未经电力调度机构许可，不得擅自改变 AVC 有关参数。

（八）新能源场站技术指导和管理内容包括：

1. 新能源场站短路比应达到合理水平。

2. 新能源场站风机过电压保护、风机低电压保护、风机频率异常保护、光伏逆变器过电压保护、光伏逆变器低电压保护、光伏逆变器频率异常保护等涉网保护应满足国家和行业有关标准要求。

3. 应满足网源协调有关标准要求,具备一次调频、快速调压、低电压/高电压穿越能力,电压和频率耐受能力原则上与同步发电机组耐受能力一致。

4. 新能源场站应具备无功功率调节能力和自动电压控制功能,按照电力调度机构要求装设自动电压控制子站,必要时应配置调相机、静止同步补偿器、静止无功补偿器等动态无功调节设备,并保持设备运行的稳定性。

5. 新能源场站应具备有功功率调节能力,配置有功功率控制系统,接收并执行电力调度机构发送的有功功率控制信号。

6. 应提供可用于电磁和机电暂态仿真的技术资料和实测模型参数,用于电力系统稳定计算。

7. 应按国家和行业有关标准要求开展涉网试验。

8. 应开展功率预测工作,并按照有关规定报送功率预测、单机文件、气象信息、装机容量、可用容量、理论功率、可用功率等,功率预测准确性和各类数据完整性应满足国家和行业有关标准要求。

9. 发电机组发生大面积脱网,新能源场站应及时报告电力调度机构和国家能源局派出机构,未经允许不得擅自并网。

10. 新能源场站汇集系统接地方式应满足国家和行业标准要求,汇集线路故障应能快速切除。

(九)水电厂水库调度技术指导和管理内容包括:

1. 水电厂水库调度专业管理有关规程、规定的执行情况。

2. 水电厂重大水库调度事件的报告和处理情况。

3. 水电厂水库调度自动化系统(水情自动测报系统)有关运行管理规定的执行情况。

4. 水电厂水库调度自动化系统(水情自动测报系统)运行情况(运

行参数和指标）。

5. 水电厂水库流域水雨情信息和水库运行信息的报送情况。

（十）发电侧并网主体高压侧或升压站电气设备的技术指导和管理内容包括：

1. 发电侧并网主体高压侧或升压站电气设备遮断容量、额定参数、电气主接线是否满足要求。

2. 绝缘是否达到所在地区污秽等级的要求。

3. 接地网是否满足规程要求。

（十一）发电机组涉及网源协调保护的技术指导和管理内容包括：

1. 发电机定子过电压保护、转子过负荷保护、定子过负荷保护、失磁保护、失步保护、过激磁保护、频率异常保护、一类辅机保护、超速保护、顶值限制与过励限制、低励限制、过激磁限制等是否达到国家和行业有关标准要求。

2. 技术规范是否满足接入电网安全稳定运行要求。

（十二）发电侧并网主体设备参数管理内容包括：

1. 发电侧并网主体应向电力调度机构提供发电机、变压器、励磁系统、PSS 及调速系统的技术资料和实测模型参数。

2. 励磁系统及调速系统的传递函数及各环节实际参数要求，发电机、变压器、升压站电气设备等设备实际参数是否满足接入电网安全稳定运行要求。

第二十条　新型储能和负荷侧并网主体涉及的技术指导和管理工作，参照发电侧并网主体技术指导和管理相关要求执行。技术指导和管理的范围可包括：继电保护、调度通信设备、调度自动化设备、调频、调压等。

（一）新型储能调度技术指导和管理内容可包括：

1. 储能装置应向电力调度机构提供充放电时间、充放电速率、可调容量范围、最大可调节能力等涉网参数。

2. 继电保护、调频、调压等性能参数是否达到国家和行业有关标准要求，技术规范是否满足接入电网安全稳定运行的要求。

3. 调度通信设备和参数是否满足调度通信要求，调度电话通道中断情况。

4. 调度自动化设备的功能、性能参数和运行是否达到国家和行业有关标准、规定的要求。

5. 由于电池寿命衰减、意外事故等造成的技术性能参数变化，应及时上报电力调度机构。

(二)负荷侧并网主体参数管理内容可包括：

1. 继电保护、调频等涉网性能参数是否满足接入电网安全稳定运行要求。

2. 调度通信设备和参数是否满足调度通信要求。

3. 调度自动化设备的功能、性能参数和运行是否达到国家和行业有关标准、规定要求。

第三章 考核实施

第二十一条 国家能源局各区域监管局依据本规定，商相关省监管办、电网企业、并网主体等修订本区域电力并网运行管理实施细则，报国家能源局备案后施行。各省监管办可在所在区域实施细则的基础上，根据当地实际情况约定不同考核及返还标准，修订辖区内实施细则，保持实施细则在区域内的基本统一和相互协调。

第二十二条 电力调度机构根据实施细则，按照专门记账、收支平衡原则，负责并网运行管理的具体实施工作，对并网主体运行情况进行考核。考核内容应包括运行、检修、技术指导和管理等方面。电力现货试点地区应根据当地电力系统运行和电力市场建设实际，统筹做好衔接，已通过市场机制完全实现的，不得在实施细则中重复考核。

第二十三条 电力调度机构负责电力并网运行管理实施细则的执行、考核费用的计算。电网企业、电力调度机构、电力交易机构按照有关规定和职责分工，向并网主体结算费用。

第二十四条 并网主体运行管理考核原则上采取收取考核费用的方式。考核费用实行专项管理，费用可全部用于考核返还奖励或按辅助服务补偿贡献量大小向有关并网主体进行返还。

第四章 信息披露

第二十五条 信息披露应当遵循真实、准确、完整、及时、易于使用的原则，披露内容应包括但不限于考核/返还、考核种类、调度单元等信息类型。信息披露主体对其提供信息的真实性、准确性、完整性负责。

第二十六条 电力交易机构负责通过信息披露平台向所有市场主体披露相关考核和返还结果，制定信息披露标准格式，开放数据接口。

第二十七条 电力调度机构应及时向电力交易机构按信息类型推送考核和返还公示信息，由电力交易机构于次月10日之前向所有市场主体公示。并网主体对公示有异议的，应在3个工作日内提出复核。电力调度机构在接到并网主体问询的3个工作日内，应进行核实并予以答复。并网主体经与电力调度机构协商后仍有争议的，可向国家能源局派出机构提出申诉。无异议后，由电力调度机构执行，并将结果报国家能源局派出机构。

第五章 监督管理

第二十八条 国家能源局及其派出机构负责电力并网运行的监督与管理，监管本办法及相关规则的实施。国家能源局派出机构负责建立健全并网工作管理协调机制，调解辖区内并网运行管理争议，可根据实际需要，组织对电力调度机构和电力交易机构的执行情况进行评估和监管。工作中发现的重大问题应及时向国家能源局报告。

第二十九条 健全并网调度协议和交易合同备案制度。省级及以上电力调度机构直接调度的并网主体与电网企业应定期签订并网调度协议和相关交易合同，并在协议（合同）签订后10个工作日内向国家能源局相关派出机构备案。与国家电网有限公司、中国南方电网有限责任公司签订并网调度协议和相关交易合同的，直接向国家能源局备案。

第三十条 建立电力调度运行管理情况书面报告制度。省级及以上电力调度机构按月向国家能源局相关派出机构报告电力调度运行管理情况,并在电力调度交易与市场秩序厂网联席会议上通报。国家电力调控中心和南方电网电力调控中心按季度向国家能源局报告电力调度运行管理情况,南方电网电力调控中心同时报告所在地国家能源局派出机构。

第六章 附 则

第三十一条 本规定自发布之日起施行,有效期5年。原国家电力监管委员会《发电厂并网运行管理规定》(电监市场〔2006〕42号)同时废止。

第三十二条 本规定由国家能源局负责解释,国家能源局其他有关文件与本规定不一致的,以本规定为准。

电力业务许可证管理规定

(2005年10月13日国家电力监管委员会令第9号公布 根据2015年5月30日国家发展和改革委员会令第26号《关于废止〈关于印发《股份有限公司规范意见》和《有限责任公司规范意见》的通知〉和对4件规章、1件规范性文件的部分条款予以修改的决定》修正 自2015年5月30日起实施)

第一章 总 则

第一条 为了加强电力业务许可证的管理,规范电力业务许可行为,维护电力市场秩序,保障电力系统安全、优质、经济运行,根据《中华人民共和国行政许可法》、《电力监管条例》和有关法律、行政法规的规定,制定本规定。

第二条 本规定适用于电力业务许可证的申请、受理、审查、决定和管理。国家另有规定的,从其规定。

第三条 国家电力监管委员会(以下简称电监会)负责电力业务许可证的颁发和管理。

电监会遵循依法、公开、公正、便民、高效的原则,建立电力业务许可证监督管理制度和组织管理体系。

第四条 在中华人民共和国境内从事电力业务,应当按照本规定取得电力业务许可证。除电监会规定的特殊情况外,任何单位或者个人未取得电力业务许可证,不得从事电力业务。

本规定所称电力业务,是指发电、输电、供电业务。其中,供电业务包括配电业务和售电业务。

第五条 取得电力业务许可证的单位(以下简称被许可人)按照本规定享有权利、承担义务,接受电监会及其派出机构(以下简称电力监管机构)的监督管理。被许可人依法开展电力业务,受法律保护。

第六条 任何单位和个人不得伪造、变造电力业务许可证;被许可人不得涂改、倒卖、出租、出借电力业务许可证,或者以其他形式非法转让电力业务许可。

第二章 类别和条件

第七条 电力业务许可证分为发电、输电、供电三个类别。

从事发电业务的,应当取得发电类电力业务许可证。

从事输电业务的,应当取得输电类电力业务许可证。

从事供电业务的,应当取得供电类电力业务许可证。

从事两类以上电力业务的,应当分别取得两类以上电力业务许可证。

从事配电或者售电业务的许可管理办法,由电监会另行规定。

第八条 下列从事发电业务的企业应当申请发电类电力业务许可证:

(一)公用电厂;

(二)并网运行的自备电厂;

（三）电监会规定的其他企业。

第九条　下列从事输电业务的企业应当申请输电类电力业务许可证：

（一）跨区域经营的电网企业；

（二）跨省、自治区、直辖市经营的电网企业；

（三）省、自治区、直辖市电网企业；

（四）电监会规定的其他企业。

第十条　下列从事供电业务的企业应当申请供电类电力业务许可证：

（一）省辖市、自治州、盟、地区供电企业；

（二）县、自治县、县级市供电企业；

（三）电监会规定的其他企业。

第十一条　申请电力业务许可证的，应当具备下列基本条件：

（一）具有法人资格；

（二）具有与申请从事的电力业务相适应的财务能力；

（三）生产运行负责人、技术负责人、安全负责人和财务负责人具有3年以上与申请从事的电力业务相适应的工作经历，具有中级以上专业技术任职资格或者岗位培训合格证书；

（四）法律、法规规定的其他条件。

第十二条　申请发电类电力业务许可证的，除具备本规定第十一条所列基本条件外，还应当具备下列条件：

（一）发电项目建设经有关主管部门审批或者核准；

（二）发电设施具备发电运行的能力；

（三）发电项目符合环境保护的有关规定和要求。

第十三条　申请输电类电力业务许可证的，除具备本规定第十一条所列基本条件外，还应当具备下列条件：

（一）输电项目建设经有关主管部门审批或者核准；

（二）具有与申请从事的输电业务相适应的输电网络；

（三）输电项目按照有关规定通过竣工验收；

（四）输电项目符合环境保护的有关规定和要求。

第十四条 申请供电类电力业务许可证的，除具备本规定第十一条所列基本条件外，还应当具备下列条件：

（一）具有经有关主管部门批准的供电营业区；

（二）具有与申请从事供电业务相适应的供电网络和营业网点；

（三）承诺履行电力社会普遍服务义务；

（四）供电项目符合环境保护的有关规定和要求。

第三章 申请和受理

第十五条 申请电力业务许可证，应当向电监会提出，并按照规定的要求提交申请材料。

第十六条 本规定第八条、第九条、第十条所列企业，具有法人资格的，由本企业提出申请；不具有法人资格的，按照隶属关系由其法人企业提出申请。

第十七条 申请电力业务许可证的，应当提供下列材料：

（一）法定代表人签署的许可证申请表；

（二）法人营业执照副本及其复印件；

（三）企业最近2年的年度财务报告；成立不足2年的，出具企业成立以来的年度财务报告；

（四）由具有合格资质的会计师事务所出具的最近2年的财务状况审计报告和对营运资金状况的说明；成立不足2年的，出具企业成立以来的财务状况审计报告和对营运资金状况的说明；

（五）企业生产运行负责人、技术负责人、安全负责人、财务负责人的简历、专业技术任职资格证书等有关证明材料。

第十八条 申请发电类电力业务许可证的，除提供本规定第十七条所列材料外，还应当提供下列材料：

（一）发电项目建设经有关主管部门审批或者核准的证明材料；

（二）发电项目通过竣工验收的证明材料；尚未组织竣工验收的，提供发电机组通过启动验收的证明材料或者有关主管部门认可的质量监督机构同意整套启动的质量监督检查报告；

（三）发电项目符合环境保护有关规定和要求的证明材料。

第十九条　申请输电类电力业务许可证的，除提供本规定第十七条所列材料外，还应当提供下列材料：

（一）输电项目建设经有关主管部门审批或者核准的证明材料；

（二）输电项目通过竣工验收的证明材料；

（三）输电项目符合环境保护有关规定和要求的证明材料；

（四）电能质量和服务质量承诺书。

第二十条　申请供电类电力业务许可证的，除提供本规定第十七条所列材料外，还应当提供下列材料：

（一）供电营业区域的证明材料及其地理平面图；

（二）供电网络分布概况；

（三）设立的供电营业分支机构及其相应的供电营业区域概况；

（四）履行电力社会普遍服务义务的承诺书；

（五）供电项目符合环境保护有关规定和要求的证明材料。

第二十一条　电监会对申请人提出的许可申请，应当根据下列情况分别作出处理：

（一）申请事项不属于电监会职权范围，应当即时作出不予受理的决定，向申请人发出《不予受理通知书》，并告知申请人向有关行政机关申请；

（二）申请材料存在可以当场更正的错误的，应当允许申请人当场更正；

（三）申请材料不齐全或者不符合法定形式的，应当当场或者在5日内一次告知申请人需要补正的全部内容，逾期不告知的，自收到申请材料之日起即为受理；

（四）申请材料齐全、符合法定形式的，向申请人发出《受理通知书》。

第四章　审查与决定

第二十二条　电监会应当对申请人提交的申请材料进行审查。

电监会根据需要，可以对申请材料的实质内容进行核实。

第二十三条　电监会作出电力业务许可决定，依法需要举行听证的，应当按照有关规定举行听证。

第二十四条　电监会应当自受理申请之日起 20 日内作出许可决定。20 日内不能作出决定的，经本机关负责人批准，可以延长 10 日，并将延长期限的理由告知申请人。

作出准予许可决定的，自作出决定之日起 10 日内向申请人颁发、送达许可证。

作出不予许可决定的，自作出决定之日起 10 日内以书面形式通知申请人，说明不予许可的理由，并告知申请人享有依法申请行政复议或者提起行政诉讼的权利。

第二十五条　电力业务许可证由正文和附页组成。

正文载明许可证编号、登记名称、住所、法定代表人、许可类别、有效期限、发证机关、发证日期等内容。

附页包括许可证使用规定，被许可人的权利和义务，发电机组、输电网络或者供电营业区情况登记，检查情况记录，特别规定事项等内容。

电力业务许可证的有效期为 20 年。

第五章　变更与延续

第二十六条　有下列情形之一的，被许可人应当在规定时限内向电监会提出变更申请；经审查符合法定条件的，电监会应当依法办理变更手续：

（一）新建、改建发电机组投入运营，取得或者转让已运营的发电机组，发电机组退役；

（二）新建、改建输电线路或者变电设施投入运营，终止运营输电线路或者变电设施；

（三）供电营业区变更。

第二十七条　因新建、改建发电机组投入运营，申请变更许可事

项的,应当提供下列材料:

(一)变更申请表;

(二)电力业务许可证;

(三)发电项目建设经有关主管部门审批或者核准的证明材料;

(四)有关主管部门认可的质量监督机构同意整套启动的质量监督检查报告;

(五)发电项目符合环境保护有关规定和要求的证明材料。

因取得或者转让已运营机组,申请变更许可事项的,除提供前款第(一)项、第(二)项所列材料外,还应当提供机组所有权合法转移的证明材料。

因机组退役,申请变更许可事项的,除提供本条第一款第(一)项、第(二)项所列材料外,还应当提供机组退役符合国家有关规定的证明材料。

第二十八条 因新建、改建输电线路或者变电设施投入运营,申请变更许可事项的,应当提供下列材料:

(一)变更申请表;

(二)电力业务许可证;

(三)输电项目建设经有关主管部门审批或者核准的证明材料;

(四)输电项目通过竣工验收的证明材料;

(五)输电项目符合环境保护有关规定和要求的证明材料。

因终止运营输电线路或者变电设施,申请变更许可事项的,除提供前款第(一)项、第(二)项所列材料外,还应当提供有关主管部门批准终止运营输电线路或者变电设施的证明材料。

第二十九条 因供电营业区变更,申请变更许可事项的,应当提供下列材料:

(一)变更申请表;

(二)电力业务许可证;

(三)供电营业区变更的证明材料;

(四)供电营业区变更的范围图例。

第三十条　电力业务许可证有效期届满需要延续的，被许可人应当在有效期届满30日前向电监会提出申请。

电监会应当在电力业务许可证有效期届满前作出是否准予延续的决定。逾期未作出决定的，视为同意延续并补办相应手续。

第六章　监督管理

第三十一条　电力监管机构建立健全电力业务许可监督检查体系和制度，对被许可人按照电力业务许可证确定的条件、范围和义务从事电力业务的情况进行监督检查。

电力监管机构依法开展监督检查工作，被许可人应当予以配合。

第三十二条　被许可人应当按照规定的时间，向电力监管机构提供反映其从事许可事项活动能力和行为的材料。

电力监管机构应当对被许可人所报送的材料进行核查，将核查结果予以记录；对核查中发现的问题，应当责令限期改正。

第三十三条　电力监管机构依法对被许可人进行现场检查。检查中发现被许可人有违反本规定和不履行电力业务许可证规定义务的行为，应当责令其改正。

第三十四条　电力监管机构进行监督检查工作的人员应当如实记录监督检查情况和处理结果。

电力监管机构可以将监督检查情况和处理结果向社会公布。

第三十五条　任何组织和个人发现违反本规定的行为，有权向电力监管机构举报，电力监管机构应当进行核实，按照有关规定予以处理。

第三十六条　未经电监会批准，取得输电类或者供电类电力业务许可的企业不得擅自停业、歇业。

第三十七条　被许可人名称、住所或者法定代表人发生变化的，应当自变化之日起30日内到电监会办理相关手续。

第三十八条　有下列情形之一的，电监会应当按照规定办理电力业务许可证的注销手续：

(一)许可证有效期届满未延续的;

(二)被许可人不再具有发电机组、输电网络或者供电营业区的;

(三)被许可人申请停业、歇业被批准的;

(四)被许可人因解散、破产、倒闭等原因而依法终止的;

(五)电力业务许可证依法被吊销,或者电力业务许可被撤销、撤回的;

(六)经核查,被许可人已丧失从事许可事项活动能力的;

(七)法律、法规规定应当注销的其他情形。

第七章 罚　　则

第三十九条 从事颁发和管理电力业务许可证的工作人员,违反法律、行政法规和本规定,擅自颁发电力业务许可证的,应当依法给予处分;构成犯罪的,依法追究刑事责任。

第四十条 未依法取得电力业务许可证非法从事电力业务的,应当责令改正,没收违法所得,可以并处以违法所得 5 倍以下的罚款;构成犯罪的,依法追究刑事责任。

第四十一条 被许可人以欺骗、贿赂等不正当手段获得电力业务许可证的,应当给予警告,处以 1 万元以下的罚款;构成犯罪的,依法追究刑事责任。

第四十二条 被许可人超出许可范围或者超过许可期限,从事电力业务的,应当给予警告,责令改正,并向社会公告;构成犯罪的,依法追究刑事责任。

第四十三条 被许可人有下列情形之一的,应当给予警告,责令改正,并可向社会公告:

(一)未经批准,擅自停业、歇业的;

(二)未在规定的期限内申请变更的。

第四十四条 被许可人有下列情形之一的,应当责令改正;拒不改正的,处以 5 万元以上 50 万元以下的罚款,对直接负责的主管人员和其他直接责任人员,依法给予处分;构成犯罪的,依法追究刑事责任：

（一）拒绝或者阻碍电力监管工作人员依法履行监管职责的；

（二）提供虚假或者隐瞒重要事实的文件、资料的。

第四十五条　涂改、倒卖、出租、出借电力业务许可证或者以其他形式非法转让电力业务许可的，应当依法给予行政处罚；构成犯罪的，依法追究刑事责任。

第八章　附　　则

第四十六条　本规定颁布实施前已经从事电力业务的企业，应当按照电监会规定的期限申请办理电力业务许可证。

第四十七条　电力业务许可证由电监会统一印制和编号。

第四十八条　本规定自2005年12月1日起施行。

附件：1. 电力业务许可证（发电类）样本（略）

2. 电力业务许可证（输电类）样本（略）

3. 电力业务许可证（供电类）样本（略）

国家能源局关于印发《电力业务许可证监督管理办法》的通知

（2020年12月25日公布　国能发资质〔2020〕69号
自2020年12月25日起实施）

各派出机构，国家电网有限公司、中国南方电网有限责任公司、中国华能集团有限公司、中国大唐集团有限公司、中国华电集团有限公司、国家电力投资集团有限公司、国家能源投资集团有限责任公司、内蒙古电力（集团）有限责任公司，有关电力企业：

为进一步完善电力业务许可制度，优化电力业务许可证监督管理,国家能源局对《电力业务许可证(发电类)监督管理办法(试行)》(电监资质〔2010〕36 号)和《电力业务许可证(输电类、供电类)监督管理办法(试行)》(电监资质〔2011〕10 号)进行合并修订。现将修订后的《电力业务许可证监督管理办法》印发你们,请遵照执行。

附件:

电力业务许可证监督管理办法

第一章　总　　则

第一条　为加强电力业务许可证监督管理,规范电力业务许可行为,维护电力市场秩序,保护电力企业合法权益,保障电力系统安全、优质、经济运行,根据《电力监管条例》《电力业务许可证管理规定》及相关法律、行政法规的规定,制定本办法。

第二条　本办法适用于对发电企业、输电企业、供电企业(含拥有配电网运营权的售电公司)及电力交易机构遵守电力业务许可制度的监督管理。

第三条　国家能源局负责全国电力业务许可证的监督管理工作。

国家能源局派出机构(以下简称派出机构)负责辖区内电力业务许可证的监督管理工作。

第四条　电力业务许可证监督管理工作遵循依法、公正、公开、高效的原则。

国家能源局及其派出机构依法开展电力业务许可证监督管理工作,发电、输电、供电企业及电力交易机构应当予以配合,并按照要求如实提供有关情况和材料。

第五条　任何组织或者个人有权对发电、输电、供电企业及电力交易机构违反电力业务许可制度的行为进行举报或投诉,国家能源局及其派出机构按照有关规定核实、处理。

第二章 准入与条件保持

第六条 国家能源局及其派出机构对发电、输电、供电企业实施许可准入监管和相关行为的监督管理。

除国家能源局规定的豁免情形外，任何单位或者个人未取得电力业务许可证（发电类、输电类、供电类），不得从事相应的发电、输电、供电业务（含增量配电业务）。

取得电力业务许可证的企业（以下简称持证企业），应当遵守国家法律、法规和能源监管规章制度，按照《电力业务许可证管理规定》规定的权利和义务在许可范围内从事发电、输电、供电业务，并接受国家能源局及其派出机构的监督管理。

第七条 国家能源局及其派出机构对发电、输电、供电企业及时取得许可证情况实施监督管理。

除豁免情形外，发电企业应在项目完成启动试运工作后 3 个月内（风电、光伏发电项目应当在并网后 6 个月内）取得电力业务许可证，分批投产的发电项目可分批申请。超过规定时限仍未取得电力业务许可证的，有关机组不得继续发电上网。

拥有配电网运营权的售电公司具备向配电区域内现有负荷供电的能力，具有配电网络后续建设规划，承诺供电能力、供电质量符合《供电监管办法》等有关规定，即可申请电力业务许可证，不需待完成配电区域内所有配电网络建设后申请。

第八条 国家能源局及其派出机构对发电、输电、供电企业申请电力业务许可证时有关承诺的真实性实施监督管理。

对于采用告知承诺方式取得电力业务许可证的企业，派出机构应按告知承诺制有关规定对企业承诺的真实性进行监督检查。

第九条 国家能源局及其派出机构对持证企业按照电力业务许可证确定的条件、范围从事电力业务的情况进行监督检查。持证企业应当保持许可条件，并在许可证确定的范围内从事电力业务。

持证企业生产运行负责人、技术负责人、安全负责人和财务负责人的任职资格和工作经历应符合《电力业务许可证管理规定》要求。主要管理人员发生变化的，应在30日内向所在地派出机构报告。

第十条　国家能源局及其派出机构可以根据国家有关政策要求，规定电力业务许可证的“特别规定事项”。持证企业应当履行许可证载明的“特别规定事项”，并将履行结果及时报送所在地派出机构。

第三章　变更延续与退出

第十一条　持证企业具有下列情形之一的，应当自变化之日起30日内向派出机构提出登记事项变更申请：

（一）企业名称、住所、法定代表人等发生变化的；

（二）发电企业发电机组调度关系发生变化的；

（三）发电企业发电机组类型、单机容量发生变化的。

发电机组技改后装机容量发生变化的，应符合国家有关规定。

第十二条　持证供电企业主要供电设施及供电营业分支机构发生变化的，应当于每年二季度集中向派出机构提出登记事项变更申请。

第十三条　持证企业具有下列情形之一的，应当自变化之日起30日内向派出机构提出许可事项变更申请：

（一）发电企业新建、改建发电机组投入运营的；

（二）发电企业取得或者转让已运营的发电机组的；

（三）发电企业发电机组退役的；

（四）供电企业供电营业区变更的。

前款第一项所列情形应在本办法第七条规定的时限内完成许可事项变更。

第十四条　持证输电企业主网架新建、改建输电线路或变电设施投入运营，以及主网架输电线路或变电设施终止运营的，应当于每年二季度集中向派出机构提出许可事项变更申请。

第十五条　发电机组运行达到设计使用年限的，应当向派出机构申请退役或申请延续运行。申请延续运行的，应当符合下列条件：

（一）符合国家产业政策和节能减排政策；

（二）未纳入政府有关部门关停或停运计划；

（三）机组实行必要的改造并经过相关安全评估。

机组延续运行时限依据相关评估结论确定。

第十六条 输电、供电企业（以下简称电网企业）因故需要停业、歇业的，应当在停业、歇业之前以书面形式向发证机关提出申请，经批准后方可停业、歇业。

未经批准，电网企业不得擅自停业、歇业。

电网企业被撤销的，其上级单位应当在撤销之前以书面形式将实施方案报告发证机关。

第十七条 电力业务许可证有效期届满需要延续的，持证企业应当在有效期届满30日前向派出机构提出许可证有效期延续申请。

第十八条 持证企业电力业务许可证损毁、遗失的，应当及时向派出机构申请补办。派出机构原则上应在受理当日予以补办，并在派出机构官方网站发布公告。补办许可证有效期应与原证一致。

第十九条 持证企业具有下列情形之一的，派出机构应当按照有关规定办理电力业务许可证注销手续：

（一）许可证有效期届满未延续的；

（二）不再具有发电机组、输电网络或者供电营业区的；

（三）申请停业、歇业被批准的；

（四）因解散、破产、倒闭等原因而依法终止的；

（五）许可证依法被吊销，或者许可被撤销、撤回的；

（六）经核查，已丧失从事许可事项活动能力的；

（七）法律、法规规定应当注销的其他情形。

持证企业未配合派出机构在规定时间内办理注销手续的，派出机构可公告注销其电力业务许可证。

第二十条 发电企业变更、延续或注销电力业务许可证后，应将有关情况及时告知相关电网企业、电力交易机构。

第二十一条 派出机构应当及时公告电力业务许可证颁发、变更、延续、注销、补办等有关情况。

第四章 并网与交易注册

第二十二条 国家能源局及其派出机构对电网企业及电力调度机构落实许可制度情况实施监督管理。

电网企业在与发电企业签订并执行《并网调度协议》和《购售电合同》时,应核实发电企业是否取得电力业务许可证、机组信息是否与许可证记录相符。

发电企业在本办法第七条规定时限之前签订《并网调度协议》和《购售电合同》的,可暂不提供电力业务许可证;取得电力业务许可证后,应将有关许可内容及时告知相关电网企业。超过规定时限仍未取得电力业务许可证、并网机组信息与许可证记录信息差异较大的机组不得继续发电上网。

电力调度机构应当在每年第一季度向所在地派出机构报送其调度管辖的上一年度发电机组清单等信息。

第二十三条 国家能源局及其派出机构对电力交易机构落实许可制度情况实施监督管理。

发电企业、拥有配电网运营权的售电公司在电力交易机构注册时,电力交易机构应当核实其是否取得电力业务许可证,注册信息是否与许可证记录相符。

发电企业在本办法第七条规定时限之前到电力交易机构注册的,可暂不提供电力业务许可证;取得电力业务许可证后,应将有关许可内容及时告知相关电力交易机构。超过规定时限仍未取得电力业务许可证的、注册信息与许可证记录信息差异较大的机组不得继续参与交易。

拥有配电网运营权的售电公司未按规定取得电力业务许可证的,电力交易机构不得允许其注册、交易。

第五章 监督管理方式

第二十四条 派出机构应对持证企业执行许可制度情况开展日常监管;国家能源局及其派出机构可针对重点领域、重点问题开展不定期的专项监管。

第二十五条 国家能源局及其派出机构应按照电力业务许可信用监管要求,开展持证企业信用状况综合评价,根据企业信用等级采取差异化监管措施。对监管中产生的信用信息,国家能源局及其派出机构应及时归集至能源行业信用信息平台和全国信用信息共享平台。

第二十六条 国家能源局及其派出机构开展监督检查可采取现场和非现场方式。监督检查应落实"双随机、一公开"要求,并结合企业信用状况,确定企业抽查比例、频次和检查方式。

第二十七条 国家能源局及其派出机构进行监督检查时,应当将监督检查情况、检查结果、违规行为处理意见如实记录,并将有关情况反馈被检查单位。国家能源局及其派出机构可根据监管需要公布有关信息。

第六章 法律责任

第二十八条 国家能源局及其派出机构在监督管理中发现企业违反电力业务许可制度的,按照《电力监管条例》《电力业务许可证管理规定》及有关法律、行政法规的规定处理。

第二十九条 电网企业违反本办法第二十二条规定,允许超过规定时限仍未取得电力业务许可证的机组发电上网的,或未按要求核实机组信息与许可证记录是否相符的,由派出机构责令改正;拒不改正的,按照《电力监管条例》及有关规定处理。

电力交易机构违反第二十三条规定,允许超过规定时限仍未取得电力业务许可证的发电企业、拥有配电网运营权的售电公司注册、交易的,或未按要求核实企业注册信息与许可证记录是否相符的,由派出机构责令改正;拒不改正的,按照《电力监管条例》及有关规定处理。

第三十条　持证企业违反本办法第十一、十二、十三、十四条规定,未在规定时限内提出登记事项变更、许可事项变更申请的,由派出机构责令改正,并按照《电力业务许可证管理规定》有关规定处理。

第三十一条　国家能源局及其派出机构工作人员在电力业务许可证监督管理中有违法违规行为的,按照《电力监管条例》《电力业务许可证管理规定》及有关法律、行政法规的规定处理。

第七章　附　　则

第三十二条　派出机构可依据本办法制定实施细则,并报国家能源局备案。

第三十三条　本办法自发布之日起施行。原《关于印发〈电力业务许可证(发电类)监督管理办法(试行)〉的通知》(电监资质〔2010〕36号)和《关于印发〈电力业务许可证(输电类、供电类)监督管理办法(试行)〉的通知》(电监资质〔2011〕10号)同时废止。

电力业务许可证注销管理办法

(2021年6月20日公布　国能发资质规〔2021〕33号
自2021年6月20日起实施)

第一章　总　　则

第一条　为规范电力业务许可证注销管理,保护被许可人的合法权益,保障电力系统安全、稳定运行,维护公共利益,根据《中华人民共和国行政许可法》、《电力监管条例》、《电力业务许可证管理规定》等法律、法规、规章,制定本办法。

第二条　电力业务许可证注销的实施,适用本办法。

本办法所称电力业务许可证是指发电类、输电类、供电类电力业务许可证。

本办法所称电力业务许可证注销是指被许可人已经取得的电力业务许可被依法撤回、撤销,或者电力业务许可证被依法吊销以及其他电力业务许可被依法终止的法定情形,并依法办理注销手续的程序性行为。

第三条 电力业务许可证注销的实施,应当遵循依法、公开、公正的原则。

第四条 国家能源局及其派出机构应当依照本办法实施撤回、撤销电力业务许可和吊销电力业务许可证,办理许可证注销手续。法律、法规另有规定的,从其规定。

第二章 电力业务许可的撤回、撤销

第五条 有下列情形之一的,国家能源局派出机构(以下简称"派出机构")应当作出撤回电力业务许可的决定:

(一)电力业务许可依据的法律、法规、规章修改或者废止导致电力业务许可项目依法被终止的;

(二)准予电力业务许可所依据的客观情况发生重大变化,导致电力业务许可被终止的;

(三)依法应当撤回电力业务许可的其他情形。

第六条 被许可人有下列情形之一的,派出机构应当作出撤销电力业务许可的决定:

(一)以欺骗、贿赂等不正当手段取得电力业务许可的;

(二)已经取得电力业务许可但不能持续保持应当具备的许可条件,且逾期未改正的;

(三)依法应当撤销电力业务许可的其他情形。

第七条 有下列情形之一的,国家能源局或准予电力业务许可的派出机构可以作出撤销电力业务许可的决定:

(一)派出机构工作人员滥用职权、玩忽职守作出准予电力业务许可决定的;

（二）超越法定职权作出准予电力业务许可决定的；

（三）违反法定程序作出准予电力业务许可决定的；

（四）对不具备申请资格或者不符合法定条件的申请人准予电力业务许可的；

（五）依法可以撤销电力业务许可的其他情形。

撤销电力业务许可可能对公共利益造成重大损害的，不予撤销。

第八条 作出撤回、撤销电力业务许可决定前，国家能源局或其派出机构应当告知被许可人撤回、撤销电力业务许可的事实、理由和处理意见，听取被许可人的陈述和申辩。如被许可人无法联系，由准予电力业务许可的派出机构在其网站公告撤销、撤回电力业务许可的事实、理由和处理意见等相关信息，公告期为30日。

对被许可人提出的陈述和申辩，国家能源局或其派出机构应当进行核实；被许可人提出的陈述和申辩成立的，国家能源局或其派出机构应当采纳。

第三章 电力业务许可证的吊销

第九条 被许可人有下列情形之一的，国家能源局或其派出机构可以作出吊销电力业务许可证的决定：

（一）不遵守电力市场运行规则，情节严重的；

（二）发电厂并网、电网互联不遵守有关规章、规则，情节严重的；

（三）不向从事电力交易的主体公平、无歧视开放电力市场或者不按照规定公平开放电网，情节严重的；

（四）依法可以吊销电力业务许可证的其他情形。

第十条 吊销电力业务许可证的行政处罚，由国家能源局或其派出机构按规定程序实施。

第十一条 作出吊销电力业务许可证行政处罚决定前，被许可人有陈述、申辩和要求举行听证的权利；被许可人在规定期限内要求听证的，由国家能源局或其派出机构组织听证。

第十二条 在听取被许可人陈述、申辩或者听证活动结束后，国家能源局或其派出机构认为被许可人违法事实清楚、证据确凿的，应当作出吊销电力业务许可证的决定。

第四章　电力业务许可证的注销

第十三条　有下列情形之一的，应当依法办理电力业务许可证的注销手续：

（一）电力业务许可被依法撤回、撤销，或者电力业务许可证被依法吊销的；

（二）电力业务许可证有效期届满未延续的，或者延续申请未被批准的；

（三）被许可人申请停业、歇业被批准的；

（四）被许可人因解散、破产、倒闭等原因而依法终止的；

（五）被许可人不再具有发电机组或者输电网络或者供电营业区的；

（六）被许可人已丧失从事许可事项活动能力的；

（七）法律、法规规定应当注销电力业务许可证的其他情形。

第十四条　发生第十三条第（一）和（二）项情形的，由派出机构在撤回、撤销、吊销决定生效或电力业务许可证有效期届满后10个工作日内办理注销手续。被许可人应当积极配合并在规定时限内交回电力业务许可证正本、副本。

第十五条　发生第十三条第（三）至（七）项情形的，被许可人应当在相关事项发生30日内向派出机构提出注销申请，并提交以下材料：

（一）法定代表人签署的电力业务许可证注销申请书；

（二）法定代表人身份证原件及复印件，如需代理人办理的，提供代理人身份证原件及复印件，以及法定代表人签字并加盖申请单位公章的《授权委托书》原件；

（三）电力业务许可证正本、副本；

（四）需办理注销事项的有关材料；

（五）法律、法规规定的其他材料。

被许可人申请材料齐全的，派出机构应在提交后10个工作日内办理许可证注销手续。

第十六条 被许可人未按照第十五条规定提出注销申请的，派出机构经核实相关情况后可在其网站上发布注销公告。公告期为30日，公告期满后办理注销手续。

第十七条 派出机构负责公告辖区内注销电力业务许可证的被许可人名单及注销原因。

第五章 附 则

第十八条 本办法自印发之日起施行。原《电力业务许可证注销管理办法》（电监资质〔2012〕47号）同时废止。

国家能源局关于贯彻落实"放管服"改革精神优化电力业务许可管理有关事项的通知

（2020年3月23日公布 国能发资质〔2020〕22号
自2020年3月23日起实施）

各省（自治区、直辖市）和新疆生产建设兵团能源局，有关省（直辖市）发展改革委，各派出机构，国家电网有限公司、中国南方电网有限责任公司，中国华能集团有限公司、中国大唐集团有限公司、中国华电集团有限公司、国家电力投资集团有限公司、国家能源投资集团有限责任公司，有关电力企业：

为贯彻落实"放管服"改革精神，充分发挥电力业务许可制度在落实国家产业政策、规范企业经营行为、维护电力市场秩序、优化营商环境等方面的作用，现就优化电力业务许可管理有关事项通知如下。

一、深入推进简政放权，简化发电类电力业务许可管理

（一）继续实施电力业务许可豁免政策

以下发电项目不纳入电力业务许可管理范围：

1. 经能源主管部门以备案（核准）等方式明确的分布式发电项目；

2. 单站装机容量6MW（不含）以下的小水电站；

3. 项目装机容量6MW（不含）以下的太阳能、风能、生物质能（含垃圾发电）、海洋能、地热能等可再生能源发电项目；

4. 项目装机容量6MW（不含）以下的余热余压余气发电、煤矿瓦斯发电等资源综合利用项目；

5. 并网运行的非燃煤自备电站，以及所发电量全部自用不上网交易的自备电站。

相关企业经营上述发电业务不要求取得发电类电力业务许可证。已取得电力业务许可证的，由国家能源局各派出机构公示注销，公示期不少于30日。公示期满且无异议的，办理注销手续。各派出机构要通过电网企业、调度机构、交易机构等多种渠道积极联系有关发电企业，做好政策宣传工作。

（二）简化部分发电企业许可申请要求

除本通知规定豁免许可的情形外，经营以下发电业务的企业，简化发电类电力业务许可申请要求：

1. 总装机容量50MW及以下的小水电；

2. 太阳能、风能、生物质能（含垃圾发电）、海洋能、地热能等可再生能源发电；

3. 余热余压余气发电、煤矿瓦斯发电等资源综合利用发电。

具体简化内容如下：

主要负责人方面，企业安全负责人、生产运行负责人、技术负责人、财务负责人，允许一人兼任多项职务。

财务资料方面，不再要求提供年度财务报告、财务状况审计报告，提供资产负债表即可。

二、贯彻落实供给侧结构性改革要求，严把许可准入关

（一）明确发电项目许可要求

除豁免情形外，发电项目应当在完成启动试运工作后3个月内（风电、光伏发电项目应当在并网后6个月内）取得电力业务许可证。在此规定时限之前，发电企业与电网企业签订《并网调度协议》《购售电合同》可暂不提供电力业务许可证。发电企业取得电力业务许可证后，应将有关许可内容及时告知相关电网企业及调度机构。超过规定时限仍未取得电力业务许可证的，有关机组不得继续发电上网。

（二）优化风电、光伏发电项目许可准入监管

风电和光伏发电项目应当严格按照规定时限取得电力业务许可证，分批投产的风电或光伏发电项目，可分批申请许可。企业应提供机组通过启动验收的证明材料或质量监督机构出具的《工程质量监督检查并网通知书》作为发电设施具备发电运行能力的证明材料。

对未按要求取得电力业务许可证的风电、光伏发电企业，派出机构要依法予以处理。对不执行相关要求，不配合监管工作的相关电网企业，给予通报批评，拒不整改的，依法予以处理。

（三）做好煤电机组市场退出，促进淘汰落后产能

按照《国家发展改革委 国家能源局关于深入推进供给侧结构性改革 进一步淘汰煤电落后产能 促进煤电行业优化升级的意见》（发改能源〔2019〕431号）精神，对于列入淘汰关停计划的煤电机组（应急备用电源除外），派出机构应按照各省（区、市）人民政府制定的落后煤电机组关停方案和年度关停计划明确的时限，督促企业办理许可证变更或注销手续。经地方能源主管部门确认已实际关停的项目，按规定变更或注销电力业务许可证。煤电应急备用电源关停后应及时变更或注销电力业务许可证。

关停机组发电权转让不需要保留电力业务许可。

三、规范许可管理，加强事中事后监管

（一）调整供电类电力业务许可证申请条件

根据《国务院关于取消和下放50项行政审批项目等事项的决定》

(国发〔2013〕27号),将电力业务许可证(供电类)申请条件中“具有经有关主管部门批准的供电营业区”调整为“具有有关主管部门出具的供(配)电区域划分意见或企业间自主达成的供(配)电区域划分协议”。

(二)规范增量配电业务许可管理

在供电企业持有的电力业务许可证(供电类)副本“供电营业区覆盖范围”中统一标注“不含已许可的增量配电业务配电区域”。各派出机构应当在本通知印发后及时组织供电企业集中办理许可证信息标注工作。

持有电力业务许可证的增量配电业务项目业主依法享有所辖配电区域配电网投资建设及经营管理的权利。原供电企业应当按照《国家发展改革委 国家能源局关于印发〈增量配电业务配电区域划分实施办法(试行)〉的通知》(发改能源规〔2018〕424号)要求,妥善处置存量资产和用户,不得在已许可的增量配电区域内发展新用户。

派出机构向增量配电业务项目业主作出的许可决定应同时抄送原供电企业。

(三)加强输、供(配)电企业许可事中事后监管

持有电力业务许可证的输、供(配)电企业应当严格履行持证企业义务,按照有关规定开展定期自查、申请许可变更。输电企业主网架输电设施投入运营、终止运营的,应于每年二季度集中向所在地派出机构申请办理上一年度此类许可事项变更。供(配)电企业供(配)电设施投入运营、终止运营的,不列入许可事项变更,按照登记事项变更管理。供(配)电企业应于每年二季度集中向所在地派出机构报送主要设施、设备变化情况并办理变更手续。供(配)电企业供(配)电区域发生变化的,应及时申请许可事项变更。

各派出机构要落实“一网通办”要求,企业自查、变更等业务全部实现网上办理,做到办理事项、办理流程和办理结果公开、透明。

各派出机构应按照国家关于加快构建以信用为基础的新型监管机制要求,依法组织实施持证企业信用监管,与“双随机、一公开”监管

相结合,采取差异化监管措施,不断提升信用监管效能。

本通知自印发之日起施行。《国家能源局关于明确电力业务许可管理有关事项的通知》(国能资质〔2014〕151 号)、《国家能源局综合司关于落实电力业务许可管理有关事项的通知》(国能综资质〔2014〕426 号)同时废止。

可再生能源发电全额保障性收购管理办法

(2016 年 3 月 24 日公布　发改能源〔2016〕625 号
自 2016 年 3 月 24 日起实施)

第一章　总　　则

第一条　为贯彻落实《中共中央　国务院关于进一步深化电力体制改革的若干意见》(中发〔2015〕9 号)及相关配套文件的有关要求,加强可再生能源发电全额保障性收购管理,保障非化石能源消费比重目标的实现,推动能源生产和消费革命,根据《中华人民共和国可再生能源法》等法律法规,制定本办法。

第二条　本办法适用于风力发电、太阳能发电、生物质能发电、地热能发电、海洋能发电等非水可再生能源。水力发电参照执行。

第二章　全额保障性收购

第三条　可再生能源发电全额保障性收购是指电网企业(含电力调度机构)根据国家确定的上网标杆电价和保障性收购利用小时数,结合市场竞争机制,通过落实优先发电制度,在确保供电安全的前提下,全额收购规划范围内的可再生能源发电项目的上网电量。

水力发电根据国家确定的上网标杆电价(或核定的电站上网电价)和设计平均利用小时数,通过落实长期购售电协议、优先安排年度发电计划和参与现货市场交易等多种形式，落实优先发电制度和全额保障性收购。根据水电特点，为促进新能源消纳和优化系统运行，水力发电中的调峰机组和大型机组享有靠前优先顺序。

第四条 各电网企业和其他供电主体（以下简称电网企业）承担其电网覆盖范围内，按照可再生能源开发利用规划建设、依法取得行政许可或者报送备案、符合并网技术标准的可再生能源发电项目全额保障性收购的实施责任。

第五条 可再生能源并网发电项目年发电量分为保障性收购电量部分和市场交易电量部分。其中，保障性收购电量部分通过优先安排年度发电计划、与电网公司签订优先发电合同（实物合同或差价合同）保障全额按标杆上网电价收购；市场交易电量部分由可再生能源发电企业通过参与市场竞争方式获得发电合同，电网企业按照优先调度原则执行发电合同。

第六条 国务院能源主管部门会同经济运行主管部门对可再生能源发电受限地区，根据电网输送和系统消纳能力，按照各类标杆电价覆盖区域，参考准许成本加合理收益，核定各类可再生能源并网发电项目保障性收购年利用小时数并予以公布，并根据产业发展情况和可再生能源装机投产情况对各地区各类可再生能源发电保障性收购年利用小时数适时进行调整。地方有关主管部门负责在具体工作中落实该小时数，可再生能源并网发电项目根据该小时数和装机容量确定保障性收购年上网电量。

第七条 不存在限制可再生能源发电情况的地区，电网企业应根据其资源条件保障可再生能源并网发电项目发电量全额收购。

第八条 生物质能、地热能、海洋能发电以及分布式光伏发电项目暂时不参与市场竞争，上网电量由电网企业全额收购；各类特许权项目、示范项目按特许权协议或技术方案明确的利用小时数确定保障性收购年利用小时数。

第九条 保障性收购电量范围内，受非系统安全因素影响，非可再生能源发电挤占消纳空间和输电通道导致的可再生能源并网发电项目限发电量视为优先发电合同转让至系统内优先级较低的其他机组,由相应机组按影响大小承担对可再生能源并网发电项目的补偿费用,并做好与可再生能源调峰机组优先发电的衔接。计入补偿的限发电量最大不超过保障性收购电量与可再生能源实际发电量的差值。保障性收购电量范围内的可再生能源优先发电合同不得主动通过市场交易转让。

因并网线路故障(超出设计标准的自然灾害等不可抗力造成的故障除外)、非计划检修导致的可再生能源并网发电项目限发电量由电网企业承担补偿。

由于可再生能源资源条件造成实际发电量达不到保障发电量以及因自身设备故障、检修等原因造成的可再生能源并网发电项目发电量损失由可再生能源发电项目自行承担,不予补偿。可再生能源发电由于自身原因,造成不能履行的发电量应采用市场竞争的方式由各类机组竞价执行。

可再生能源并网发电项目保障性收购电量范围内的限电补偿费用标准按项目所在地对应的最新可再生能源上网标杆电价或核定电价执行。

第十条 电网企业协助电力交易机构(未设立交易机构地区由电网企业负责)负责根据限发时段电网实际运行情况,参照调度优先级由低到高顺序确定承担可再生能源并网发电项目限发电量补偿费用的机组范围(含自备电厂),并根据相应机组实际发电量大小分摊补偿费用。保障性收购电量范围内限发电量及补偿费用分摊情况按月统计报送国务院能源主管部门派出机构和省级经济运行主管部门备案,限发电量补偿分摊可根据实际发电情况在月度间滚动调整,并按年度结算相关费用。

第十一条 鼓励超出保障性收购电量范围的可再生能源发电量参与各种形式的电力市场交易,充分发挥可再生能源电力边际成本低的优势,通过市场竞争的方式实现优先发电,促进可再生能源电力多发满发。

对已建立电力现货市场交易机制的地区，鼓励可再生能源发电参与现货市场和中长期电力合约交易，优先发电合同逐步按现货交易及相关市场规则以市场化方式实现；参与市场交易的可再生能源发电量按照项目所在地的补贴标准享受可再生能源电价补贴。

第三章 保障措施

第十二条 国务院能源主管部门按照全国可再生能源开发利用规划，确定在规划期内应当达到的可再生能源发电量占全部发电量的比重。省级能源主管部门会同经济运行主管部门指导电网企业制定落实可再生能源发电量比重目标的措施，并在年度发电计划和调度运行方式安排中予以落实。

第十三条 省级经济运行主管部门在制定发电量计划时，严格落实可再生能源优先发电制度，使可再生能源并网发电项目保障性收购电量部分通过充分安排优先发电并严格执行予以保障。发电计划须预留年内计划投产可再生能源并网发电项目的发电计划空间，在年度建设规模内的当年新投产项目按投产时间占全年比重确定保障性收购年利用小时数。

第十四条 电网企业应按照本办法与可再生能源并网发电项目企业在每年第四季度签订可再生能源优先发电合同。

第十五条 电网企业应按照节能低碳电力调度原则，依据有关部门制定的市场规则，优先执行可再生能源发电计划和可再生能源电力交易合同，保障风能、太阳能、生物质能等可再生能源发电享有最高优先调度等级，不得要求可再生能源项目向优先级较低的发电项目支付费用的方式实现优先发电。电网企业应与可再生能源发电企业在共同做好可再生能源功率预测预报的基础上，将发电计划和合同分解到月、周、日、小时等时段，优先安排可再生能源发电。

第十六条 电网企业应建立完善适应高比例可再生能源并网的调度运行机制，充分挖掘系统调峰潜力，科学安排机组组合，合理调整旋转备用容量，逐步改变按省平衡的调度方式，扩大调度平衡范围。

各省(区、市)有关部门和省级电网企业应积极配合,促进可再生能源跨省跨区交易,合理扩大可再生能源电力消纳范围。

第十七条 风电、太阳能发电等可再生能源发电企业应配合电网企业加强功率预测预报工作,提高短期和中长期预测水平,按相关规定向电网企业或电力交易机构提交预报结果,由电网企业统筹确定网内可再生能源发电预测曲线,确保保障性收购电量的分解落实,并促进市场交易电量部分多发满发。可再生能源发电企业应按有关规定参与辅助服务费用分摊。

第十八条 建立供需互动的需求侧响应机制,形成用户参与辅助服务分担共享机制。鼓励通过价格手段引导电力用户优化用电负荷特性,实现负荷移峰填谷。鼓励用户参与调峰调频等辅助服务,提高系统的灵活性和可再生能源消纳能力。

第四章 监督管理

第十九条 国务院能源主管部门及派出机构履行可再生能源发电全额保障性收购的监管责任。

第二十条 国务院能源主管部门派出机构应会同省级经济运行主管部门,根据本办法,结合本地实际情况,制定实施细则,报国家发展改革委、国家能源局同意后实施。

第二十一条 国务院能源主管部门派出机构会同省级能源主管部门和经济运行主管部门负责对电网企业与可再生能源并网发电项目企业签订优先发电合同情况和执行情况进行监管。

第二十二条 可再生能源并网发电项目限发电量由电网企业和可再生能源发电企业协助电力交易机构按国家有关规定的进行计算统计。对于可再生能源并网发电项目限发电量及补偿费用分摊存在异议的,可由国务院能源主管部门派出机构会同省级经济运行主管部门协调。

第二十三条 对于发生限制可再生能源发电的情况,电网企业应及时分析原因,并保留相关运行数据,以备监管机构检查。相关情况由国务院能源主管部门及派出机构定期向社会公布。

第五章 附 则

第二十四条 本办法由国家发展改革委、国家能源局负责解释，并根据电力体制改革和电力市场建设情况适时修订。

第二十五条 本办法自发布之日起施行。

国家发展改革委、国家能源局关于做好风电、光伏发电全额保障性收购管理工作的通知

（2016年5月27日公布 发改能源〔2016〕1150号
自2016年5月27日起实施）

各省（自治区、直辖市）、新疆生产建设兵团发展改革委（能源局）、经信委（工信委、工信厅），国家能源局各派出机构，国家电网公司、南方电网公司、内蒙古电力（集团）有限责任公司，华能、大唐、华电、国电、国电投、神华、三峡、华润、中核、中广核、中国节能集团公司：

为做好可再生能源发电全额保障性收购工作，保障风电、光伏发电的持续健康发展，现将有关事项通知如下：

一、根据《可再生能源发电全额保障性收购管理办法》（发改能源〔2016〕625号），综合考虑电力系统消纳能力，按照各类标杆电价覆盖区域，参考准许成本加合理收益，现核定了部分存在弃风、弃光问题地区规划内的风电、光伏发电最低保障收购年利用小时数（详见附表）。最低保障收购年利用小时数将根据新能源并网运行、成本变化等情况适时调整。

二、各有关省（区、市）能源主管部门和经济运行主管部门要严格

落实规划内的风电、光伏发电保障性收购电量，认真落实《国家能源局关于做好“三北”地区可再生能源消纳工作的通知》以及优先发电、优先购电相关制度的有关要求，按照附表核定最低保障收购年利用小时数并安排发电计划，确保最低保障收购年利用小时数以内的电量以最高优先等级优先发电。已安排2016年度发电计划的省(区、市)须按照附表核定最低保障收购年利用小时数对发电计划及时进行调整。

各省(区、市)主管部门和电网调度机构应严格落实《关于有序放开发用电计划的实施意见》中关于优先发电顺序的要求，严禁对保障范围内的电量采取由可再生能源发电项目向煤电等其他电源支付费用的方式来获取发电权，妥善处理好可再生能源保障性收购、调峰机组优先发电和辅助服务市场之间的关系，并与电力交易方案做好衔接。

三、保障性收购电量应由电网企业按标杆上网电价和最低保障收购年利用小时数全额结算，超出最低保障收购年利用小时数的部分应通过市场交易方式消纳，由风电、光伏发电企业与售电企业或电力用户通过市场化的方式进行交易，并按新能源标杆上网电价与当地煤电标杆上网电价(含脱硫、脱硝、除尘)的差额享受可再生能源补贴。

地方政府能源主管部门或经济运行主管部门应积极组织风电、光伏发电企业与售电企业或电力用户开展对接，确保最低保障收购年利用小时数以外的电量能够以市场化的方式全额消纳。

四、保障性收购电量为最低保障目标，鼓励各相关省(区、市)提出并落实更高的保障目标。目前实际运行小时数低于最低保障收购年利用小时数的省(区、市)应根据实际情况，制定具体工作方案，采取有效措施尽快确保在运行的风电、光伏电站达到最低保障收购年利用小时数要求。具体工作方案应向全社会公布并抄送国家发展改革委和国家能源局。

除资源条件影响外，未达到最低保障收购年利用小时数要求的省(区、市)，不得再新开工建设风电、光伏电站项目(含已纳入规划或完成核准的项目)。

未制定保障性收购要求的地区应根据资源条件按标杆上网电价全额收购风电、光伏发电项目发电量。未经国家发改委、国家能源局同意,不得随意设定最低保障收购年利用小时数。

五、各省(区、市)有关部门在制定发电计划和电量交易方案时,要充分预留风电和光伏发电保障性收购电量空间,不允许在月度保障性收购电量未完成的情况下结算市场交易部分电量,已经制定的市场交易机制需落实保障月度保障性电量的要求。

电网企业(电力交易机构)应将各风电、光伏发电项目的全年保障性收购电量根据历史和功率预测情况分解到各月,并优先结算当月的可再生能源保障性收购电量,月度保障性收购电量结算完成后再结算市场交易部分电量,年终统一清算。

六、风电、光伏发电企业要协助各省级电网企业或地方电网企业及电力交易机构按国家有关规定对限发电量按月进行统计。对于保障性收购电量范围内的限发电量要予以补偿,电网企业协助电力交易机构根据《可再生能源发电全额保障性收购管理办法》(发改能源〔2016〕625 号)的要求,按照风电、光伏发电项目所在地的标杆上网电价和限发电量明确补偿金额,同时要确定补偿分摊的机组,相关报表和报告按月报送国家能源局派出机构和省级经济运行主管部门备案并公示。电网企业应保留限电时段相关运行数据,以备监管机构检查。

各电网企业于 2016 年 6 月 30 日前与按照可再生能源开发利用规划建设、依法取得行政许可或者报送备案、符合并网技术标准的风电、光伏发电企业签订 2016 年度优先发电合同,并于每年年底前签订下一年度的优先发电合同。

七、国务院能源主管部门派出机构会同省级能源主管部门和经济运行主管部门要加强对可再生能源发电全额保障性收购执行情况的监管和考核工作,定期对电网企业与风电、光伏发电项目企业签订优先发电合同和执行可再生能源发电全额保障性收购情况进行专项监管,对违反《可再生能源发电全额保障性收购管理办法》(发改能源〔2016〕625 号)和本通知要求的要按规定采取监管措施,相关情况及时报国家发展改革委和国家能源局。

落实可再生能源发电全额保障性收购制度是电力体制改革工作的一项重要任务，也是解决弃风、弃光限电问题和促进可再生能源持续健康发展的重要措施。各部门要按照上述要求认真做好可再生能源发电全额保障性收购工作，确保弃风、弃光问题得到有效缓。

附件1：

风电重点地区最低保障收购年利用小时数核定表

资源区	地　　区	保障性收购利用小时数
Ⅰ类资源区	内蒙古自治区除赤峰市、通辽市、兴安盟、呼伦贝尔市以外其他地区	2000
	新疆维吾尔自治区乌鲁木齐市、伊犁哈萨克族自治州、克拉玛依市、石河子市	1900
Ⅱ类资源区	内蒙古自治区赤峰市、通辽市、兴安盟、呼伦贝尔市	1900
	河北省张家口市	2000
	甘肃省嘉峪关市、酒泉市	1800
Ⅲ类资源区	甘肃省除嘉峪关市、酒泉市以外其他地区	1800
	新疆维吾尔自治区除乌鲁木齐市、伊犁哈萨克族自治州、克拉玛依市、石河子市以外其他地区	1800
	吉林省白城市、松原市	1800
	黑龙江省鸡西市、双鸭山市、七台河市、绥化市、伊春市，大兴安岭地区	1900
	宁夏回族自治区	1850

续表

资源区	地　　区	保障性收购利用小时数
Ⅳ类资源区	黑龙江省其他地区	
	吉林省其他地区	
	辽宁省	
	山西省忻州市、朔州市、大同市	

附件2：

光伏发电重点地区最低保障收购年利用小时数核定表

资源区	地　　区	保障性收购利用小时数
Ⅰ类资源区	宁夏	1500
	青海海西	1500
	甘肃嘉峪关、武威、张掖、酒泉、敦煌、金昌	1500
	新疆哈密、塔城、阿勒泰、克拉玛依	1500
	内蒙除赤峰、通辽、兴安盟、呼伦贝尔以外地区	1500
Ⅱ类资源区	青海除Ⅰ类外其他地区	1450
	甘肃除Ⅰ类外其他地区	1400
	新疆除Ⅰ类外其他地区	1350
	内蒙古赤峰、通辽、兴安盟、呼伦贝尔	1400
	黑龙江	1300
	吉林	1300

续表

资源区	地　区	保障性收购利用小时数
	辽宁	1300
	河北承德、张家口、唐山、秦皇岛	1400
	山西大同、朔州、忻州	1400
	陕西榆林、延安	1300

国家发展改革委、国家能源局关于建立健全可再生能源电力消纳保障机制的通知

（2019年5月10日公布　发改能源〔2019〕807号
自2019年5月10日起实施）

各省、自治区、直辖市、新疆生产建设兵团发展改革委（能源局）、经信委（工信委、工信厅），国家能源局各派出监管机构，国家电网有限公司、中国南方电网有限责任公司、内蒙古电力（集团）有限责任公司、中国华能集团公司、中国大唐集团公司、中国华电集团公司、国家能源投资集团公司、国家电力投资集团公司、中国能源建设集团有限公司、中国电力建设集团有限公司、中国节能环保集团公司、中国核工业集团公司、中国广核集团有限公司、中国华润集团公司、中国长江三峡集团公司、国家开发投资集团有限公司、中国光大集团、国家开发银行、电力规划设计总院、水电水利规划设计总院、国家可再生能源中心：

为深入贯彻习近平总书记关于推动能源生产和消费革命的重要论述，加快构建清洁低碳、安全高效的能源体系，促进可再生能源开发利用，依据《中华人民共和国可再生能源法》《关于加快培育和发展战略性新兴产业的决定》《能源发展战略行动计划（2014－2020年）》，决

定对各省级行政区域设定可再生能源电力消纳责任权重，建立健全可再生能源电力消纳保障机制。现将有关事项和政策措施通知如下。

一、对电力消费设定可再生能源电力消纳责任权重。可再生能源电力消纳责任权重是指按省级行政区域对电力消费规定应达到的可再生能源电量比重，包括可再生能源电力总量消纳责任权重（简称"总量消纳责任权重"）和非水电可再生能源电力消纳责任权重（简称"非水电消纳责任权重"）。满足总量消纳责任权重的可再生能源电力包括全部可再生能源发电种类；满足非水电消纳责任权重的可再生能源电力包括除水电以外的其他可再生能源发电种类。对各省级行政区域规定应达到的最低可再生能源电力消纳责任权重（简称"最低消纳责任权重"），按超过最低消纳责任权重一定幅度确定激励性消纳责任权重。

二、按省级行政区域确定消纳责任权重。国务院能源主管部门组织有关机构，按年度对各省级行政区域可再生能源电力消纳责任权重进行统一测算，向各省级能源主管部门征求意见。各省级能源主管部门会同经济运行管理部门在国家电网有限公司（简称"国家电网"）、中国南方电网有限责任公司（简称"南方电网"）所属省级电网企业和省属地方电网企业技术支持下，对国务院能源主管部门统一测算提出的消纳责任权重进行研究后向国务院能源主管部门反馈意见。国务院能源主管部门结合各方面反馈意见，综合论证后于每年3月底前向各省级行政区域下达当年可再生能源电力消纳责任权重。

三、各省级能源主管部门牵头承担消纳责任权重落实责任。各省级能源主管部门会同经济运行管理部门、所在地区的国务院能源主管部门派出监管机构按年度组织制定本省级行政区域可再生能源电力消纳实施方案（简称"消纳实施方案"），报省级人民政府批准后实施。消纳实施方案主要应包括：年度消纳责任权重及消纳量分配、消纳实施工作机制、消纳责任履行方式、对消纳责任主体的考核方式等。各省级行政区域制定消纳实施方案时，对承担消纳责任的市场主体设定的消纳责任权重可高于国务院能源主管部门向本区域下达的最低消纳责任权重。

四、售电企业和电力用户协同承担消纳责任。承担消纳责任的第一类市场主体为各类直接向电力用户供/售电的电网企业、独立售电公司、拥有配电网运营权的售电公司(简称“配售电公司”,包括增量配电项目公司);第二类市场主体为通过电力批发市场购电的电力用户和拥有自备电厂的企业。第一类市场主体承担与其年售电量相对应的消纳量,第二类市场主体承担与其年用电量相对应的消纳量。各承担消纳责任的市场主体的售电量和用电量中,农业用电和专用计量的供暖电量免于消纳责任权重考核。

五、电网企业承担经营区消纳责任权重实施的组织责任。国家电网、南方电网指导所属省级电网企业依据有关省级人民政府批准的消纳实施方案,负责组织经营区内各承担消纳责任的市场主体完成可再生能源电力消纳。有关省级能源主管部门会同经济运行管理部门督促省属地方电网企业、配售电公司以及未与公用电网联网的拥有自备电厂的企业完成可再生能源电力消纳。各承担消纳责任的市场主体及用户均须完成所在区域电网企业分配的消纳量,并在电网企业统一组织下协同完成本经营区的消纳量。

六、做好消纳责任权重实施与电力交易衔接。各电力交易机构负责组织开展可再生能源电力相关交易,指导参与电力交易的承担消纳责任的市场主体优先完成可再生能源电力消纳相应的电力交易,在中长期电力交易合同审核、电力交易信息公布等环节对承担消纳责任的市场主体给予提醒。各承担消纳责任的市场主体参与电力市场交易时,应向电力交易机构作出履行可再生能源电力消纳责任的承诺。

七、消纳量核算方式。各承担消纳责任的市场主体以实际消纳可再生能源电量为主要方式完成消纳量,同时可通过以下补充(替代)方式完成消纳量。

(一)向超额完成年度消纳量的市场主体购买其超额完成的可再生能源电力消纳量(简称“超额消纳量”),双方自主确定转让(或交易)价格。

（二）自愿认购可再生能源绿色电力证书（简称“绿证”），绿证对应的可再生能源电量等量记为消纳量。

八、消纳量监测核算和交易。各电力交易机构负责承担消纳责任的市场主体的消纳量账户设立、消纳量核算及转让（或交易）、消纳量监测统计工作。国务院能源主管部门依据国家可再生能源信息管理中心和电力交易机构核算的消纳量统计结果，按年度发布各承担消纳责任的市场主体的消纳量完成情况。各省级行政区域内的消纳量转让（或交易）原则上由省（自治区、直辖市）电力交易中心组织，跨省级行政区域的消纳量转让（或交易）在北京电力交易中心和广州电力交易中心组织下进行。国家可再生能源信息管理中心与国家电网、南方电网等电网企业及各电力交易中心联合建立消纳量监测核算技术体系并实现信息共享。

九、做好可再生能源电力消纳相关信息报送。国家电网、南方电网所属省级电网企业和省属地方电网企业于每年1月底前向省级能源主管部门、经济运行管理部门和所在地区的国务院能源主管部门派出监管机构报送上年度本经营区及各承担消纳责任的市场主体可再生能源电力消纳量完成情况的监测统计信息。各省级能源主管部门于每年2月底前向国务院能源主管部门报送上年度本省级行政区域消纳量完成情况报告、承担消纳责任的市场主体消纳量完成考核情况，同时抄送所在地区的国务院能源主管部门派出监管机构。

十、省级能源主管部门负责对承担消纳责任的市场主体进行考核。省级能源主管部门会同经济运行管理部门对本省级行政区域承担消纳责任的市场主体消纳量完成情况进行考核，按年度公布可再生能源电力消纳量考核报告。各省级能源主管部门会同经济运行管理部门负责督促未履行消纳责任的市场主体限期整改，对未按期完成整改的市场主体依法依规予以处理，将其列入不良信用记录，予以联合惩戒。

十一、国家按省级行政区域监测评价。国务院能源主管部门依托国家可再生能源中心会同国家可再生能源信息管理中心等对各省级行政区域消纳责任权重完成情况以及国家电网、南方电网对所属省级电网企业消纳责任权重组织实施和管理工作进行监测评价，按年度公布可再生能源电力消纳责任权重监测评价报告。各省级能源主管部门会同经济运行管理部门对省属地方电网企业、配售电公司以及未与公用电网联网的拥有自备电厂企业的消纳责任实施进行督导考核。由于自然原因（包括可再生能源资源极端异常）或重大事故导致可再生能源发电量显著减少或送出受限，在对有关省级行政区域消纳责任权重监测评价和承担消纳责任的市场主体进行考核时相应核减。

十二、超额完成消纳量不计入“十三五”能耗考核。在确保完成全国能源消耗总量和强度“双控”目标条件下，对于实际完成消纳量超过本区域激励性消纳责任权重对应消纳量的省级行政区域，超出激励性消纳责任权重部分的消纳量折算的能源消费量不纳入该区域能耗“双控”考核。对纳入能耗考核的企业，超额完成所在省级行政区域消纳实施方案对其确定完成的消纳量折算的能源消费量不计入其能耗考核。

十三、加强消纳责任权重实施监管。国务院能源主管部门派出监管机构负责对各承担消纳责任的市场主体的消纳量完成情况、可再生能源相关交易过程等情况进行监管，并向国务院能源主管部门报送各省级行政区域以及各电网企业经营区的消纳责任权重总体完成情况专项监管报告。

各省级能源主管部门按照本通知下达的 2018 年消纳责任权重对本省级行政区域自我核查，以模拟运行方式按照本通知下达的 2019 年消纳责任权重对承担消纳责任的市场主体进行试考核。各省（自治区、直辖市）有关部门和国家电网、南方电网及有关机构，在 2019 年底前完成有关政策实施准备工作，自 2020 年 1 月 1 日起全面进行监测评价和正式考核。本通知中的 2020 年消纳责任权重用于指导各省级行政区域可再生能源发展，将根据可再生能源发展“十三五”规划实施进展情况适度调整，在 2020 年 3 月底前正式下达各省级行政区域当年可再生能源电力消纳责任权重。

本通知有效期为5年,将视情况适时对有关政策进行调整完善。

附件:1. 可再生能源电力消纳责任权重确定和消纳量核算方法(试行)(略)

2. 各省(自治区、直辖市)可再生能源电力总量消纳责任权重(略)

3. 各省(自治区、直辖市)非水电可再生能源电力消纳责任权重(略)

国家发展改革委、国家能源局关于2021年可再生能源电力消纳责任权重及有关事项的通知

(2021年5月21日公布　发改能源〔2021〕704号
自2021年5月21日起实施)

各省、自治区、直辖市、新疆生产建设兵团发展改革委、能源局、经信委(工信委、工信厅),国家能源局各派出机构,国家电网有限公司、中国南方电网有限责任公司、内蒙古电力(集团)有限责任公司,电力规划设计总院、水电水利规划设计总院:

为贯彻落实碳达峰、碳中和任务,实现2025年非化石能源占一次能源消费比重提高至20%左右的目标,根据《国家发展改革委 国家能源局关于建立健全可再生能源电力消纳保障机制的通知》(发改能源〔2019〕807号),现将2021年可再生能源电力消纳责任权重和2022年预期目标印发给你们,并就有关事项通知如下:

一、从2021年起,每年初滚动发布各省权重,同时印发当年和次年消纳责任权重,当年权重为约束性指标,各省按此进行考核评估,次年权重为预期性指标,各省按此开展项目储备。2021年各省(区、市)

消纳责任权重见附件 1,2022 年各省(区、市)预期目标见附件 2。

二、各省在确保完成 2025 年消纳责任权重预期目标的前提下,由于当地水电、核电集中投产影响消纳空间或其他客观原因,当年未完成消纳责任权重的,可以将未完成的消纳责任权重累计到下一年度一并完成。各省可以根据各自经济发展需要、资源禀赋和消纳能力等,相互协商采取灵活有效的方式,共同完成消纳责任权重。对超额完成激励性权重的,在能源双控考核时按国家有关政策给予激励。

三、各省级能源主管部门会同经济运行管理部门要切实承担牵头责任,按照消纳责任权重积极推动本地可再生能源电力建设,开展跨省跨区电力交易,推动承担消纳责任的市场主体落实可再生能源电力消纳任务。2022 年 2 月底前,向国家发展改革委、国家能源局报送 2021 年可再生能源电力消纳责任权重完成情况。

四、各电网企业要切实承担组织责任,密切配合省级能源主管部门,按照消纳责任权重组织调度、运行和交易等部门,认真做好可再生能源电力并网消纳、跨省跨区域输送和市场交易。2022 年 1 月底前,国家电网、南方电网所属省级电网企业和内蒙古电力(集团)有限责任公司向省级能源主管部门、经济运行管理部门和相关派出机构报送 2021 年本经营区及各承担消纳责任的市场主体可再生能源电力消纳量完成情况。

五、各派出机构要切实承担监管责任,积极协调落实可再生能源电力并网消纳和跨省跨区域交易,对监管区域内消纳责任权重完成情况开展监管。2022 年 2 月底前,向国家发展改革委、国家能源局报送 2021 年监管情况。

国家发展改革委、国家能源局将组织有关单位按月跟踪监测各省级行政区域可再生能源电力建设进展及消纳利用水平,按季掌握电网企业调度部门、交易机构落实中长期电力交易情况,按半年评估各省级行政区域消纳责任权重执行情况,按年度通报各省级行政区域消纳责任权重完成情况。

附件:1. 2021 年各省(区、市)可再生能源电力消纳责任权重(略)

2. 2022 年各省(区、市)可再生能源电力消纳责任权重预期目标(略)

中共中央、国务院关于进一步深化电力体制改革的若干意见

(2015 年 3 月 15 日公布　中发〔2015〕9 号
自 2015 年 3 月 15 日起实施)

为贯彻落实党的十八大和十八届三中、四中全会精神及中央财经领导小组第六次会议,国家能源委员会第一次会议精神,进一步深化电力体制改革,解决制约电力行业科学发展的突出矛盾和深层次问题,促进电力行业又好又快发展,推动结构转型和产业升级,现提出以下意见。

一、电力体制改革的重要性和紧迫性

自 2002 年电力体制改革实施以来,在党中央、国务院领导下,电力行业破除了独家办电的体制束缚,从根本上改变了指令性计划体制和政企不分、厂网不分等问题,初步形成了电力市场主体多元化竞争格局。

一是促进了电力行业快速发展。2014 年全国发电装机容量达到 13.6 亿千瓦,发电量达到 5.5 万亿千瓦时,电网 220 千伏及以上线路回路长度达到 57.2 万千米,220 千伏及以上变电容量达到 30.3 亿千伏安,电网规模和发电能力位列世界第一。二是提高了电力普遍服务水平,通过农网改造和农电管理体制改革等工作,农村电力供应能力和管理水平明显提升,农村供电可靠性显著增强,基本实现城乡用电

同网同价,无电人口用电问题基本得到了解决。三是初步形成了多元化市场体系。在发电方面,组建了多层面、多种所有制、多区域的发电企业;在电网方面,除国家电网和南方电网,组建了内蒙古电网等地方电网企业;在辅业方面,组建了中国电建、中国能建两家设计施工一体化的企业。四是电价形成机制逐步完善。在发电环节实现了发电上网标杆价,在输配环节逐步核定了大部分省的输配电价,在销售环节相继出台差别电价和惩罚性电价、居民阶梯电价等政策。五是积极探索了电力市场化交易和监管。相继开展了竞价上网、大用户与发电企业直接交易、发电权交易、跨省区电能交易等方面的试点和探索,电力市场化交易取得重要进展,电力监管积累了重要经验。

同时,电力行业发展还面临一些亟需通过改革解决的问题,主要有:

一是交易机制缺失,资源利用效率不高。售电侧有效竞争机制尚未建立,发电企业和用户之间市场交易有限,市场配置资源的决定性作用难以发挥。节能高效环保机组不能充分利用,弃水、弃风、弃光现象时有发生,个别地区窝电和缺电并存。二是价格关系没有理顺,市场化定价机制尚未完全形成。现行电价管理仍以政府定价为主,电价调整往往滞后成本变化,难以及时并合理反映用电成本、市场供求状况、资源稀缺程度和环境保护支出。三是政府职能转变不到位,各类规划协调机制不完善。各类专项发展规划之间、电力规划的实际执行与规划偏差过大。四是发展机制不健全,新能源和可再生能源开发利用面临困难。光伏发电等新能源产业设备制造产能和建设、运营、消费需求不匹配,没有形成研发、生产、利用相互促进的良性循环,可再生能源和可再生能源发电无歧视、无障碍上网问题未得到有效解决。五是立法修法工作相对滞后,制约电力市场化和健康发展。现有的一些电力法律法规已经不能适应发展的现实需要,有的配套改革政策迟迟不能出台,亟待修订有关法律、法规、政策、标准,为电力行业发展提供依据。

深化电力体制改革是一项紧迫的任务,事关我国能源安全和经济社会发展全局。党的十八届三中全会提出,国有资本继续控股经营的垄断行业,实行以政企分开、政资分开、特许经营、政府监管为主要内容的改革。《中央全面深化改革领导小组2014年工作要点》、《国务院转批发展改革委关于2014年深化经济体制改革重点任务意见的通知》对深化电力体制改革提出了新使命、新要求。社会各界对加快电力体制改革的呼声也越来越高,推进改革的社会诉求和共识都在增加,具备了宽松的外部环境和扎实的工作基础。

二、深化电力体制改革的总体思路和基本原则

(一)总体思路

深化电力体制改革的指导思想和总体目标是:坚持社会主义市场经济改革方向,从我国国情出发,坚持清洁、高效、安全、可持续发展,全面实施国家能源战略,加快构建有效竞争的市场结构和市场体系,形成主要由市场决定能源价格的机制,转变政府对能源的监管方式,建立健全能源法制体系,为建立现代能源体系、保障国家能源安全营造良好的制度环境,充分考虑各方面诉求和电力工业发展规律,兼顾改到位和保稳定。通过改革,建立健全电力行业"有法可依、政企分开、主体规范、交易公平、价格合理、监管有效"的市场体制,努力降低电力成本、理顺价格形成机制,逐步打破垄断、有序放开竞争性业务,实现供应多元化,调整产业结构,提升技术水平、控制能源消费总量,提高能源利用效率、提高安全可靠性,促进公平竞争、促进节能环保。

深化电力体制改革的重点和路径是:在进一步完善政企分开、厂网分开、主辅分开的基础上,按照管住中间、放开两头的体制架构,有序放开输配以外的竞争性环节电价,有序向社会资本开放配售电业务,有序放开公益性和调节性以外的发用电计划;推进交易机构相对独立,规范运行;继续深化对区域电网建设和适合我国国情的输配体制研究;进一步强化政府监管,进一步强化电力统筹规划,进一步强化电力安全高效运行和可靠供应。

(二)基本原则

坚持安全可靠。体制机制设计要遵循电力商品的实时性、无形性、供求波动性和同质化等技术经济规律,保障电能的生产、输送和使用动态平衡,保障电力系统安全稳定运行和电力可靠供应,提高电力安全可靠水平。

坚持市场化改革。区分竞争性和垄断性环节,在发电侧和售电侧开展有效竞争,培育独立的市场主体,着力构建主体多元、竞争有序的电力交易格局,形成适应市场要求的电价机制,激发企业内在活力,使市场在资源配置中起决定性作用。

坚持保障民生。结合我国国情和电力行业发展现状,充分考虑企业和社会承受能力,保障基本公共服务的供给。妥善处理交叉补贴问题,完善阶梯价格机制,确保居民、农业、重要公用事业和公益性服务等用电价格相对平稳,切实保障民生。

坚持节能减排。从实施国家安全战略全局出发,积极开展电力需求侧管理和能效管理,完善有序用电和节约用电制度,促进经济结构调整、节能减排和产业升级。强化能源领域科技创新,推动电力行业发展方式转变和能源结构优化,提高发展质量和效率,提高可再生能源发电和分布式能源系统发电在电力供应中的比例。

坚持科学监管。更好发挥政府作用,政府管理重点放在加强发展战略、规划、政策、标准等的制定实施,加强市场监管。完善电力监管机构、措施和手段,改进政府监管方法,提高对技术、安全、交易、运行等的科学监管水平。

三、近期推进电力体制改革的重点任务

(一)有序推进电价改革,理顺电价形成机制

1. 单独核定输配电价。政府定价的范围主要限定在重要公用事业、公益性服务和网络自然垄断环节。政府主要核定输配电价,并向社会公布,接受社会监督。输配电价逐步过渡到按"准许成本加合理收益"原则,分电压等级核定。用户或售电主体按照其接入的电网电压等级所对应的输配电价支付费用。

2. 分步实现公益性以外的发售电价格由市场形成。放开竞争性环节电力价格,把输配电价与发售电价在形成机制上分开。合理确定

生物质发电补贴标准。参与电力市场交易的发电企业上网电价由用户或售电主体与发电企业通过协商、市场竞价等方式自主确定。参与电力市场交易的用户购电价格由市场交易价格、输配电价(含线损)、政府性基金三部分组成。其他没有参与直接交易和竞价交易的上网电量,以及居民、农业、重要公用事业和公益性服务用电,继续执行政府定价。

3. 妥善处理电价交叉补贴。结合电价改革进程,配套改革不同种类电价之间的交叉补贴。过渡期间,由电网企业申报现有各类用户电价间交叉补贴数额,通过输配电价回收。

(二)推进电力交易体制改革,完善市场化交易机制

4. 规范市场主体准入标准。按照接入电压等级,能耗水平、排放水平、产业政策以及区域差别化政策等确定并公布可参与直接交易的发电企业、售电主体和用户准入标准。按电压等级分期分批放开用户参与直接交易,参与直接交易企业的单位能耗、环保排放均应达到国家标准,不符合国家产业政策以及产品和工艺属于淘汰类的企业不得参与直接交易。进一步完善和创新制度,支持环保高效特别是超低排放机组通过直接交易和科学调度多发电。准入标准确定后,升级政府按年公布当地符合标准的发电企业和售电主体目录,对用户目录实施动态监管,进入目录的发电企业、售电主体和用户可自愿到交易机构注册成为市场主体。

5. 引导市场主体开展多方直接交易。有序探索对符合标准的发电企业、售电主体和用户赋予自主选择权,确定交易对象、电量和价格,按照国家规定的输配电价向电网企业支付相应的过网费,直接洽谈合同,实现多方直接交易,短期和即时交易通过调度和交易机构实现,为工商业企业等各类用户提供更加经济、优质的电力保障。

6. 鼓励建立长期稳定的交易机制。构建体现市场主体意愿、长期稳定的双边市场模式,任何部门和单位不得干预市场主体的合法交易行为。直接交易双方通过自主协商决定交易事项,依法依规签订电网企业参与的三方合同。鼓励用户与发电企业之间签订长期稳定的合

同,建立并完善实现合同调整及偏差电量处理的交易平衡机制。

7. 建立辅助服务分担共享新机制。适应电网调峰、调频、调压和用户可中断负荷等辅助服务新要求,完善并网发电企业辅助服务考核新机制和补偿机制。根据电网可靠性和服务质量,按照谁受益、谁承担的原则,建立用户参与的服务分担共享机制。用户可以结合自身负荷特性,自愿选择与发电企业或电网企业签订保供电协议、可中断负荷协议等合同,约定各自的服务权利与义务,承担必要的辅助服务费用,或按照贡献获得相应的经济补偿。

8. 完善跨省跨区电力交易机制。按照国家能源战略和经济、节能、环保、安全的原则,采取中长期交易为主、临时交易为补充的交易模式,推进跨省跨区电力市场化交易,促进电力资源在更大范围优化配置。鼓励具备条件的区域在政府指导下建立规范的跨省跨区电力市场交易机制,促使电力富余地区更好地向缺电地区输送电力,充分发挥市场配置资源、调剂余缺的作用。积极开展跨省跨区辅助服务交易。待时机成熟时,探索开展电力期货和电力场外衍生品交易,为发电企业、售电主体和用户提供远期价格基准和风险管理手段。

(三)建立相对独立的电力交易机构,形成公平规范的市场交易平台

9. 遵循市场经济规律和电力技术特性定位电网企业功能。改变电网企业集电力输送、电力统购统销、调度交易为一体的状况,电网企业主要从事电网投资运行、电力传输配送,负责电网系统安全,保障电网公平无歧视开放,按国家规定履行电力普遍服务义务。继续完善主辅分离。

10. 改革和规范电网企业运营模式。电网企业不再以上网电价和销售电价价差作为收入来源,按照政府核定的输配电价收取过网费。确保电网企业稳定的收入来源和收益水平。规范电网企业投资和资产管理行为。

11. 组建和规范运行电力交易机构。将原来由电网企业承担的交易业务与其他业务分开,实现交易机构相对独立运行。电力交易机构

按照政府批准的章程和规则为电力市场交易提供服务。相关政府部门依据职责对电力交易机构实施有效监管。

12. 完善电力交易机构的市场功能。电力交易机构主要负责市场交易平台的建设、运营和管理,负责市场交易组织,提供结算依据和服务,汇总用户与发电企业自主签订的双边合同,负责市场主体的注册和相应管理,披露和发布市场信息等。

(四)推进发用电计划改革,更多发挥市场机制的作用

13. 有序缩减发用电计划。根据市场发育程度,直接交易的电量和容量不再纳入发用电计划。鼓励新增工业用户和新核准的发电机组积极参与电力市场交易,其电量尽快实现以市场交易为主。

14. 完善政府公益性调节性服务功能。政府保留必要的公益性调节性发用电计划,以确保居民、农业、重要公用事业和公益性服务等用电,确保维护电网调峰调频和安全运行,确保可再生能源发电依照规划保障性收购。积极开展电力需求侧管理和能效管理,通过运用现代信息技术、培育电能服务、实施需求响应等,促进供需平衡和节能减排。加强老少边穷地区电力供应保障,确保无电人口用电全覆盖。

15. 进一步提升以需求侧管理为主的供需平衡保障水平。政府有关部门要按照市场化的方向,从需求侧和供应侧两方面入手,搞好电力电量整体平衡。提高电力供应的安全可靠水平。常态化、精细化开展有序用电工作,有效保障供需紧张下居民等重点用电需求不受影响。加强电力应急能力建设,提升应急响应水平,确保紧急状态下社会秩序稳定。

(五)稳步推进售电侧改革,有序向社会资本放开售电业务

16. 鼓励社会资本投资配电业务。按照有利于促进配电网建设发展和提高配电运营效率的要求,探索社会资本投资配电业务的有效途径。逐步向符合条件的市场主体放开增量配电投资业务,鼓励以混合所有制方式发展配电业务。

17. 建立市场主体准入和退出机制。根据开放售电侧市场的要求和各地实际情况,科学界定符合技术、安全、环保、节能和社会责任要

求的售电主体条件。明确售电主体的市场准入、退出规则,加强监管,切实保障各相关方的合法权益。电网企业应无歧视地向售电主体及其用户提供报装、计量、抄表、维修等各类供电服务,按约定履行保底供应商义务,确保无议价能力用户也有电可用。

18. 多途径培育市场主体。允许符合条件的高新产业园区或经济技术开发区,组建售电主体直接购电;鼓励社会资本投资成立售电主体,允许其从发电企业购买电量向用户销售;允许拥有分布式电源的用户或微网系统参与电力交易;鼓励供水、供气、供热等公共服务行业和节能服务公司从事售电业务;允许符合条件的发电企业投资和组建售电主体进入售电市场,从事售电业务。

19. 赋予市场主体相应的权责。售电主体可以采取多种方式通过电力市场购电,包括向发电企业购电、通过集中竞价购电、向其他售电商购电等。售电主体、用户、其他相关方依法签订合同,明确相应的权利义务,约定交易、服务、收费、结算等事项。鼓励售电主体创新服务,向用户提供包括合同能源管理、综合节能和用能咨询等增值服务。各种电力生产方式都要严格按照国家有关规定承担电力基金、政策性交叉补贴、普遍服务、社会责任等义务。

(六)开放电网公平接入,建立分布式电源发展新机制

20. 积极发展分布式电源。分布式电源主要采用"自发自用、余量上网、电网调节"的运营模式,在确保安全的前提下,积极发展融合先进储能技术、信息技术的微电网和智能电网技术,提高系统消纳能力和能源利用效率。

21. 完善并网运行服务。加快修订和完善接入电网的技术标准、工程规范和相关管理办法,支持新能源、可再生能源、节能降耗和资源综合利用机组上网,积极推进新能源和可再生能源发电与其他电影、电网的有效衔接,依照规划认真落实可再生能源发电保障性收购制度,解决好无歧视、无障碍上网问题。加快制定完善新能源和可再生能源研发、制造、组装、并网、维护、改造等环节的国家技术标准。

22. 加强和规范自备电厂监督管理。规范自备电厂准入标准,自

备电厂的建设和运行应符合国家能源产业政策和电力规划布局要求，严格执行国家节能和环保排放标准，公平承担社会责任，履行相应的调峰义务。拥有自备电厂的企业应按规定承担与自备电厂产业政策相符合的政府性基金、政策性交叉补贴和系统备用费。完善和规范余热、余压、余气、瓦斯抽排等资源综合利用类自备电厂支持政策。规范现有自备电厂成为合格市场主体，允许在公平承担发电企业社会责任的条件下参与电力市场交易。

23. 全面放开用户侧分布式电源市场。积极开展分布式电源项目的各类试点和示范。放开用户侧分布式电源建设，支持企业、机构、社区和家庭根据各自条件，因地制宜投资建设太阳能、风能、生物质能发电以及燃气"热电冷"联产等各类分布式电源，准许接入各电压等级的配电网络和终端用电系统。鼓励专业化能源服务公司与用户合作或以"合同能源管理"模式建设分布式电源。

（七）加强电力统筹规划和科学监管，提高电力安全可靠水平

24. 切实加强电力行业特别是电网的统筹规划。政府有关部门要认真履行电力规划职责，优化电源与电网布局，加强电力规划与电源灯规划之间、全国电力规划与地方性电力规划之间的有效衔接。提升规划的覆盖面、权威性和科学性，增强规划的透明度和公众参与度，各种电源建设和电网布局要严格规划有序组织实施。电力规划应充分考虑资源环境承载力，依法开展规划的环境影响评价。规划经法定程序审核后，要向社会公开。建立规划实施检查、监督、评估、考核工作机制，保障电力规划的有效执行。

25. 切实加强电力行业及相关领域科学监督。完善电力监管组织体系，创新监管措施和手段，有效开展电力交易、调度、供电服务和安全监管，加强电网公平接入、电网投资行为、成本及投资运行效率监管，切实保障新能源并网接入，促进节能减排，保障居民供电和电网安全可靠运行。加强和完善行业协会自律、协调、监督、服务的功能，充分发挥其在政府、用户和企业之间的桥梁纽带作用。

26. 减少和规范电力行业的行政审批。进一步转变政府职能、简

政放权,取消、下放电力项目审批权限,有效落实规划,明确审核条件和标准,规范简化审批程序,完善市场规划,保障电力发展战略、政策和标准有效落实。

27. 建立健全市场主体信用体系。加强市场主体诚信建设,规范市场秩序。有关部门要建立企业法人及其负责人、从业人员信用纪录,将其纳入统一的信用信息平台,使各类企业的信用状况透明、可追溯、可核查。加大监管力度,对企业和个人的违法失信行为予以公开,违法失信行为严重且影响电力安全的,要实行严格的行业禁入措施。

28. 抓紧修订电力法律法规。根据改革总体要求和进程,抓紧完成电力法的修订及相关行政法规的研究起草工作,充分发挥立法对改革的引导、推动、规范、保障作用。加强电力依法行政。加大可再生能源法的实施力度。加快能源监管法规制定工作,适应依法监管、有效监管的要求,及时制定和修订其他相关法律、法规、规章。

四、加强电力体制改革工作的组织实施

电力体制改革工作关系经济发展、群众生活和社会稳定,要加强组织领导,按照整体设计、重点突破、分步实施、有序推进、试点先行的要求,调动各方面的积极性,确保改革规范有序、稳妥推进。

(一)加强组织协调。完善电力体制改革工作小组机制,制定切实可行的专项改革工作方案及相关配套措施,进一步明确职责分工,明确中央、地方、企业的责任,确保电力体制改革工作顺利推进。

(二)积极营造氛围。加强与新闻媒体的沟通协调,加大对电力体制改革的宣传报道,在全社会形成推进电力体制改革的浓厚氛围,加强改革工作的沟通协调,充分调动各方积极性,凝聚共识、形成工作合力。

(三)稳妥有序推进。电力体制改革是一项系统性工程,要在各方共识的基础上有序、有效、稳妥推进。逐步扩大输配电价改革试点范围。对售电侧改革、组建相对独立运行的电力交易机构等重大改革事项,可以先进行试点,在总结试点经验和修改完善相关法律法规的基础上再全面推开。

电力中长期交易基本规则

（2020年6月10日公布　发改能源规〔2020〕889号
自2020年6月10日起实施）

第一章　总　　则

第一条　为规范电力中长期交易，依法维护电力市场主体的合法权益，推进统一开放、竞争有序的电力市场体系建设，根据《中共中央国务院关于进一步深化电力体制改革的若干意见》及其配套文件和有关法律、法规规定，制定本规则。

第二条　未开展电力现货交易的地区，电力中长期交易执行本规则。开展电力现货交易的地区，可结合实际，制定与现货交易相衔接的电力中长期交易规则。

第三条　本规则所称电力中长期交易指发电企业、电力用户、售电公司等市场主体，通过双边协商、集中交易等市场化方式，开展的多年、年、季、月、周、多日等电力批发交易。

执行政府定价的优先发电电量和分配给燃煤（气）机组的基数电量（二者统称为计划电量）视为厂网间双边交易电量，签订厂网间购售电合同，相应合同纳入电力中长期交易合同管理范畴，其执行和结算均须遵守本规则。

电力辅助服务市场（补偿）机制相关规则另行制定。

第四条　电力市场成员应当严格遵守市场规则，自觉自律，不得操纵市场价格、损害其他市场主体的合法权益。

任何单位和个人不得非法干预市场正常运行。

第五条　国家发展改革委和国家能源局会同有关部门加强对各地发用电计划放开实施方案制定和具体工作推进的指导和监督；适时

组织评估有序放开发用电计划工作,总结经验、分析问题、完善政策。

国家能源局依法组织制定电力市场规划、市场规则、市场监管办法,区域派出机构会同地方政府对区域电力市场和区域电力交易机构实施监管。

国家能源局派出机构和地方政府电力管理部门根据职能依法履行省(区、市)电力中长期交易监管职责。

第二章 市场成员

第六条 市场成员包括各类发电企业、电网企业、配售电企业、电力交易机构、电力调度机构、电力用户、储能企业等。

第一节 权利与义务

第七条 发电企业的权利和义务:

(一)按照规则参与电力交易,签订和履行各类交易合同,按时完成电费结算;

(二)获得公平的输电服务和电网接入服务;

(三)签订并执行并网调度协议,服从电力调度机构的统一调度;

(四)按照电力企业信息披露和报送等有关规定披露和提供信息,获得市场化交易和输配电服务等相关信息;

(五)具备满足参与市场化交易要求的技术支持手段;

(六)法律法规规定的其他权利和义务。

第八条 电力用户的权利和义务:

(一)按照规则参与电力市场化交易,签订和履行购售电合同、输配电服务合同,提供市场化交易所必须的电力电量需求、典型负荷曲线以及相关生产信息;

(二)获得公平的输配电服务和电网接入服务,按时支付购电费、输配电费、政府性基金及附加等;

(三)依法依规披露和提供信息,获得市场化交易和输配电服务等相关信息;

（四）服从电力调度机构的统一调度，在系统特殊运行状况下（如事故、严重供不应求等）按照电力调度机构要求安排用电；

（五）遵守政府电力管理部门有关电力需求侧管理规定，执行有序用电管理，配合开展错避峰；

（六）依法依规履行清洁能源消纳责任；

（七）具备满足参与市场化交易要求的技术支持手段；

（八）法律法规规定的其他权利和义务。

第九条　售电公司的权利和义务：

（一）按照规则参与电力市场化交易，签订和履行市场化交易合同，按时完成电费结算；

（二）依法依规披露和提供信息，在政府指定网站上公示公司资产、经营状况等情况和信用承诺，依法对公司重大事项进行公告，并定期公布公司年报；

（三）按照规则向电力交易机构、电力调度机构提供签约零售用户的交易电力电量需求、典型负荷曲线以及其他生产信息，获得市场化交易、输配电服务和签约市场主体的基础信息等相关信息，承担用户信息保密义务；

（四）依法依规履行清洁能源消纳责任；

（五）具备满足参与市场化交易要求的技术支持手段；

（六）拥有配电网运营权的售电公司承担配电区域内电费收取和结算业务；

（七）法律法规规定的其他权利和义务。

第十条　电网企业的权利和义务：

（一）保障电网以及输配电设施的安全稳定运行；

（二）为市场主体提供公平的输配电服务和电网接入服务，提供报装、计量、抄表、收费等各类供电服务；

（三）建设、运行、维护和管理电网配套技术支持系统，服从电力调度机构的统一调度；

（四）按照电力企业信息披露和报送等有关规定披露和提供信息，

向电力交易机构提供支撑市场化交易和市场服务所需的相关数据,按照国家网络安全有关规定实现与电力交易机构的数据交互;

(五)收取输配电费,代收代付电费和政府性基金及附加等,按时完成电费结算;

(六)按照政府定价或者政府相关规定向优先购电用户以及其他不参与市场化交易的电力用户(以下统称"非市场用户")提供供电服务,签订供用电合同;

(七)预测非市场用户的电力、电量需求等;

(八)依法依规履行清洁能源消纳责任;

(九)法律法规规定的其他权利和义务。

第十一条　电力交易机构的权利和义务:

(一)参与拟定相应电力交易规则;

(二)提供各类市场主体的注册服务;

(三)按照规则组织电力市场交易,并负责交易合同的汇总管理;

(四)提供电力交易结算依据以及相关服务,按照规定收取交易服务费;

(五)建设、运营和维护电力市场化交易技术支持系统(以下简称"电力交易平台");

(六)按照电力企业信息披露和报送等有关规定披露和发布信息,提供信息发布平台,为市场主体信息发布提供便利,获得市场成员提供的支撑市场化交易以及服务需求的数据等;

(七)配合国家能源局及其派出机构和政府电力管理部门对市场规则进行分析评估,提出修改建议;

(八)监测和分析市场运行情况,依法依规干预市场,预防市场风险,并于事后向监管机构和政府相关部门及时报告;

(九)对市场主体违反交易规则、扰乱市场秩序等违规行为进行报告并配合调查;

(十)法律法规规定的其他权利和义务。

第十二条　电力调度机构的权利和义务:

(一)负责安全校核;

(二)按照调度规程实施电力调度,负责系统实时平衡,保障电网安全稳定运行;

(三)向电力交易机构提供安全约束边界和必开机组组合、必开机组发电量需求、影响限额的停电检修、关键通道可用输电容量等数据,配合电力交易机构履行市场运营职能;

(四)合理安排电网运行方式,保障电力交易结果的执行(因电力调度机构自身原因造成实际执行与交易结果偏差时,由电力调度机构所在电网企业承担相应的经济责任),保障电力市场正常运行;

(五)按照电力企业信息披露和报送等有关规定披露和提供电网运行的相关信息,提供支撑市场化交易以及市场服务所需的相关数据,按照国家网络安全有关规定实现与电力交易机构的数据交互;

(六)法律法规规定的其他权利和义务。

第二节 准入与退出

第十三条 市场主体应当是具有法人资格、财务独立核算、信用良好、能够独立承担民事责任的经济实体。内部核算的市场主体经法人单位授权,可参与相应电力交易。

第十四条 市场准入基本条件:

(一)发电企业

1. 依法取得发电项目核准或者备案文件,依法取得或者豁免电力业务许可证(发电类);

2. 并网自备电厂公平承担发电企业社会责任、承担国家依法依规设立的政府性基金及附加以及与产业政策相符合的政策性交叉补贴,取得电力业务许可证(发电类),达到能效、环保要求,可作为市场主体参与市场化交易;

3. 分布式发电企业符合分布式发电市场化交易试点规则要求。

(二)电力用户

1. 符合电网接入规范、满足电网安全技术要求,与电网企业签订

正式供用电协议(合同);

2. 经营性电力用户的发用电计划原则上全部放开。不符合国家产业政策的电力用户暂不参与市场化交易,产品和工艺属于淘汰类和限制类的电力用户严格执行现有差别电价政策;

3. 拥有燃煤自备电厂的用户应当按照国家规定承担政府性基金及附加、政策性交叉补贴;

4. 具备相应的计量能力或者替代技术手段,满足市场计量和结算的要求。

(三)售电公司准入条件按照国家对售电公司准入与退出有关规定执行。拥有配电网运营权的售电公司应当取得电力业务许可证(供电类)。

第十五条　参加批发交易的市场主体以及参加零售交易的电力用户均实行市场注册。其中,参加零售交易的电力用户的注册手续和程序可以适当简化。

第十六条　参加市场化交易(含批发、零售交易)的电力用户全部电量需通过批发或者零售交易购买,且不得同时参加批发交易和零售交易。所有参加市场化交易的电力用户均不再执行目录电价。

参加市场化交易的电力用户,允许在合同期满的下一个年度,按照准入条件选择参加批发或者零售交易。

第十七条　已经选择市场化交易的发电企业和电力用户,原则上不得自行退出市场。有下列情形之一的,可办理正常退市手续:

1. 市场主体宣告破产,不再发电或者用电;

2. 因国家政策、电力市场规则发生重大调整,导致原有市场主体非自身原因无法继续参加市场的情况;

3. 因电网网架调整,导致发电企业、电力用户的发用电物理属性无法满足所在地区的市场准入条件。

上述市场主体,在办理正常退市手续后,执行国家有关发用电政策。售电公司退出条件按照国家有关售电公司准入与退出管理规定执行。

第十八条 对于滥用市场操纵力、不良交易行为等违反电力市场秩序的行为,可进行市场内部曝光;对于严重违反交易规则的行为,可依据《电力监管条例》等有关规定处理。

第十九条 退出市场的市场主体需妥善处理其全部合同义务。无正当理由退市的市场主体,原则上原法人以及其法人代表三年内均不得再选择市场化交易。

第二十条 无正当理由退市的电力用户,由为其提供输配电服务的电网企业承担保底供电责任。电网企业与电力用户交易的保底价格在电力用户缴纳输配电价的基础上,按照政府核定的目录电价的1.2-2倍执行。保底价格具体水平由各省(区、市)价格主管部门按照国家确定的上述原则确定。

第二十一条 完成市场注册且已开展交易的电力用户,合同期满后未签订新的交易合同但发生实际用电时,不再按照政府目录电价结算。其中,参加批发交易的用户按照各地规则进行偏差结算,参加零售交易的用户按照保底价格进行结算。

完成市场注册但未开展交易的电力用户,可探索公开招标确定售电公司提供零售服务等市场价格形成机制,也可执行政府目录电价。

第三章 市场注册、变更与注销

第二十二条 市场注册业务包括注册、信息变更、市场注销以及零售用户与售电公司业务关系确定等。

第二十三条 市场主体参与电力市场化交易,应当符合准入条件,在电力交易机构办理市场注册,按照有关规定履行承诺、公示、注册、备案等相关手续。市场主体应当保证注册提交材料的真实性、完整性。

第二十四条 企事业单位、机关团体等办理注册手续时应当关联用电户号等实际用电信息,并提供必要的单位名称、法人代表、联系方式等。

参与批发交易的市场主体,应当办理数字安全证书或者采取同等安全等级的身份认证手段。

第二十五条　办理售电增项业务的发电企业，应当分别以发电企业和售电公司的市场主体类别进行注册。

第二十六条　当国家政策调整或者交易规则发生重大变化时，电力交易机构可组织已注册市场主体重新办理注册手续。

第二十七条　市场主体注册信息发生变更时，应当及时向电力交易机构提出变更申请。市场主体类别、法人、业务范围、公司主要股东等有重大变化的，市场主体应当再次予以承诺、公示。公示期满无异议的，电力交易机构向社会发布。

第二十八条　电力用户或者售电公司关联的用户发生并户、销户、过户、改名或者用电类别、电压等级等信息发生变化时，市场主体应当在电网企业办理变更的同时，在电力交易机构办理注册信息变更手续。业务手续办理期间，电网企业需向电力交易机构提供分段计量数据。电力交易机构完成注册信息变更后，对其进行交易结算，提供结算依据。

第二十九条　退出市场的市场主体，应当及时向电力交易机构提出注销申请，按照要求进行公示，履行或者处理完成交易合同有关事项后予以注销。

第三十条　发电企业、电力用户、配售电企业根据交易需求和调度管理关系在相应的电力交易机构办理注册手续；售电公司自主选择一家电力交易机构办理注册手续。各电力交易机构共享注册信息，无须重复注册，按照相应省区的准入条件和市场规则参与交易。电力交易机构根据市场主体注册情况向国家能源局及其派出机构、省级政府有关部门和政府引入的第三方征信机构备案，并通过政府指定网站和电力交易机构网站向社会公布。

第四章　交易品种和交易方式

第三十一条　电力中长期交易现阶段主要开展电能量交易，灵活开展发电权交易、合同转让交易，根据市场发展需要开展输电权、容量等交易。

第三十二条　根据交易标的物执行周期不同，中长期电能量交易包括年度（多年）电量交易（以某个或者多个年度的电量作为交易标的物，并分解到月）、月度电量交易（以某个月度的电量作为交易标的物）、月内（多日）电量交易（以月内剩余天数的电量或者特定天数的电量作为交易标的物）等针对不同交割周期的电量交易。

第三十三条　电能量交易包括集中交易和双边协商交易两种方式。其中集中交易包括集中竞价交易、滚动撮合交易和挂牌交易三种形式。

集中竞价交易指设置交易报价提交截止时间，电力交易平台汇总市场主体提交的交易申报信息，按照市场规则进行统一的市场出清，发布市场出清结果。

滚动撮合交易是指在规定的交易起止时间内，市场主体可以随时提交购电或者售电信息，电力交易平台按照时间优先、价格优先的原则进行滚动撮合成交。

挂牌交易指市场主体通过电力交易平台，将需求电量或者可供电量的数量和价格等信息对外发布要约，由符合资格要求的另一方提出接受该要约的申请。

第三十四条　以双边协商和滚动撮合形式开展的电力中长期交易鼓励连续开市，以集中竞价交易形式开展的电力中长期交易应当实现定期开市。双边合同在双边交易申报截止时间前均可提交或者修改。

第三十五条　同一市场主体可根据自身电力生产或者消费需要，购入或者售出电能量。

为降低市场操纵风险，发电企业在单笔电力交易中的售电量不得超过其剩余最大发电能力，购电量不得超过其售出电能量的净值（指多次售出、购入相互抵消后的净售电量）。电力用户和售电公司在单笔电力交易中的售电量不得超过其购入电能量的净值（指多次购入、售出相互抵消后的净购电量）。

除电网安全约束外，不得限制发电企业在自身发电能力范围内的交易电量申报；发电权交易、合同转让交易应当遵循购售双方的意愿，不得人为设置条件，原则上鼓励清洁、高效机组替代低效机组发电。

第三十六条 在优先安排优先发电合同输电容量的前提下，鼓励发电企业、电力用户、售电公司利用剩余输电容量直接进行跨区跨省交易。

跨区跨省交易可以在区域交易平台开展，也可以在相关省交易平台开展；点对网专线输电的发电机组（含网对网专线输电但明确配套发电机组的情况）视同为受电地区发电机组，纳入受电地区电力电量平衡，根据受电地区发电计划放开情况参与受电地区电力市场化。

第三十七条 对于未来电力供应存在短缺风险的地区，可探索建立容量市场，保障长期电力供应安全。对于燃煤机组利用小时严重偏低的省份，可建立容量补偿机制。

第五章 价格机制

第三十八条 除计划电量执行政府确定的价格外，电力中长期交易的成交价格应当由市场主体通过双边协商、集中交易等市场化方式形成，第三方不得干预。

电能量市场化交易（含省内和跨区跨省）价格包括脱硫、脱硝、除尘和超低排放电价。

第三十九条 因电网安全约束必须开启的机组，约束上电量超出其合同电量（含优先发电合同、基数电量合同、市场交易合同）的部分，由各地根据实际情况在交易细则中明确，鼓励采用市场化机制确定价格。加强对必开机组组合和约束上电量的监管，保障公开、公平、公正。

新投产发电机组的调试电量按照调试电价政策进行结算。

第四十条 市场用户的用电价格由电能量交易价格、输配电价格、辅助服务费用、政府性基金及附加等构成，促进市场用户公平承担系统责任。输配电价格、政府性基金及附加按照国家有关规定执行。

第四十一条　双边交易价格按照双方合同约定执行。集中交易价格机制具体由各地区市场规则确定。其中,集中竞价交易可采用边际出清或者高低匹配等价格形成机制;滚动撮合交易可采用滚动报价、撮合成交的价格形成机制;挂牌交易采用一方挂牌、摘牌成交的价格形成机制。

第四十二条　跨区跨省交易受电地区落地价格由电能量交易价格(送电侧)、输电价格、辅助服务费用、输电损耗构成。输电损耗在输电价格中已明确包含的,不再单独收取;未明确的,暂按该输电通道前三年输电损耗的平均值计算,报国家能源局备案后执行。输电损耗原则上由买方承担,也可由市场主体协商确定承担方式。

第四十三条　执行峰谷电价的用户,在参加市场化交易后应当继续执行峰谷电价。各地应当进一步完善峰谷分时交易机制和调峰补偿机制,引导发电企业、电网企业和电力用户等主动参与调峰。

第四十四条　除国家有明确规定的情况外,双边协商交易原则上不进行限价。集中竞价交易中,为避免市场操纵以及恶性竞争,可对报价或者出清价格设置上、下限。价格上、下限原则上由相应电力市场管理委员会提出,经国家能源局派出机构和政府有关部门审定,应当避免政府不当干预。

第六章　交易组织

第一节　总体原则

第四十五条　政府部门应当在每年11月底前确定并下达次年跨区跨省优先发电计划、省内优先发电计划和基数电量。各地按照年度(多年)、月度、月内(多日)的顺序开展电力交易。

第四十六条　市场主体通过年度(多年)交易、月度交易和月内(多日)等交易满足发用电需求,促进供需平衡。

第四十七条　对于定期开市和连续开市的交易,交易公告应当提前至少1个工作日发布;对于不定期开市的交易,应当提前至少5个工作日发布。交易公告发布内容应当包括:

（一）交易标的（含电力、电量和交易周期）、申报起止时间；

（二）交易出清方式；

（三）价格形成机制；

（四）关键输电通道可用输电容量情况。

第四十八条　交易的限定条件必须事前在交易公告中明确，原则上在申报组织以及出清过程中不得临时增加限定条件，确有必要的应当公开说明原因。

第四十九条　电力交易机构基于电力调度机构提供的安全约束条件开展电力交易出清。

第五十条　对于签订市场化交易合同的机组，分配基数电量时原则上不再进行容量剔除。

第五十一条　各电力交易机构负责组织开展可再生能源电力相关交易，指导参与电力交易的承担消纳责任的市场主体优先完成可再生能源电力消纳相应的电力交易，在中长期电力交易合同审核、电力交易信息公布等环节对承担消纳责任的市场主体给予提醒。各承担消纳责任的市场主体参与电力市场交易时，应当向电力交易机构作出履行可再生能源电力消纳责任的承诺。

第二节　年度（多年）交易

第五十二条　年度（多年）交易的标的物为次年（多年）的电量（或者年度分时电量）。年度（多年）交易可通过双边协商或者集中交易的方式开展。

第五十三条　市场主体经过双边协商形成的年度（多年）意向协议，需要在年度双边交易申报截止前，通过电力交易平台提交至电力交易机构。电力交易机构根据电力调度机构提供的关键通道年度可用输电容量，形成双边交易预成交结果。

第五十四条　采用集中交易方式开展年度（多年）交易时，发电企业、售电公司和电力用户在规定的报价时限内通过电力交易平台申报报价数据。电力交易机构根据电力调度机构提供的关键通道年度可用输电容量进行市场出清,形成集中交易预成交结果。

第五十五条 年度交易结束后,电力交易机构汇总每类交易的预成交结果,并提交电力调度机构统一进行安全校核。电力调度机构在5个工作日内返回安全校核结果,由电力交易机构发布。安全校核越限时,由相关电力交易机构根据市场规则协同进行交易削减和调整。

第五十六条 市场主体对交易结果有异议的,应当在结果发布1个工作日内向电力交易机构提出,由电力交易机构会同电力调度机构在1个工作日内给予解释。逾期未提出异议的,电力交易平台自动确认成交。

第三节 月 度 交 易

第五十七条 月度交易的标的物为次月电量(或者月度分时电量),条件具备的地区可组织开展针对年度内剩余月份的月度电量(或者月度分时电量)交易。月度交易可通过双边协商或者集中交易的方式开展。

第五十八条 市场主体经过双边协商形成的意向协议,需要在月度双边交易申报截止前,通过电力交易平台提交至电力交易机构。电力交易机构根据电力调度机构提供的关键通道月度可用输电容量,形成双边交易预成交结果。

第五十九条 采用集中交易方式开展月度交易时,发电企业、售电公司和电力用户在规定的报价时限内通过电力交易平台申报报价数据。电力交易机构根据电力调度机构提供的关键通道月度可用输电容量进行市场出清,形成集中交易预成交结果。

第六十条 月度交易结束后,电力交易机构汇总每类交易的预成交结果,并提交给电力调度机构统一进行安全校核。电力调度机构在2个工作日内返回安全校核结果,由电力交易机构发布。安全校核越限时,由相关电力交易机构根据市场规则协同进行交易削减和调整。

第六十一条 市场主体对交易结果有异议的,应当在结果发布1个工作日内向电力交易机构提出,由电力交易机构会同电力调度机构在1个工作日内给予解释。逾期未提出异议的,电力交易平台自动确认成交。

第六十二条 电力交易机构应当根据经安全校核后的交易结果,对年度交易分月结果和月度交易结果进行汇总,于每月月底前发布汇总后的交易结果。

第四节 月内(多日)交易

第六十三条 月内(多日)交易的标的物为月内剩余天数或者特定天数的电量(或者分时电量)。月内交易主要以集中交易方式开展。根据交易标的物不同,月内交易可定期开市或者连续开市。

第六十四条 月内集中交易中,发电企业、售电公司和电力用户在规定的报价时限内通过电力交易平台申报报价数据。电力交易机构根据电力调度机构提供的关键通道月内可用输电容量进行市场出清,形成集中交易预成交结果。

第六十五条 电力交易机构将月内集中交易的预成交结果提交给电力调度机构进行安全校核。电力调度机构应当在1个工作日内返回安全校核结果,由电力交易机构发布。市场主体对交易结果有异议的,应当在结果发布1个工作日内向电力交易机构提出,由电力交易机构会同电力调度机构在1个工作日内给予解释。

第六十六条 月内集中交易结束后,电力交易机构应当根据经安全校核后的交易结果,对分月交易计划进行调整、更新和发布。

第五节 偏差电量处理机制

第六十七条 允许发用双方在协商一致的前提下,可在合同执行一周前进行动态调整。鼓励市场主体通过月内(多日)交易实现月度发用电计划调整,减少合同执行偏差。

第六十八条 系统月度实际用电需求与月度发电计划存在偏差时,可通过发电侧上下调预挂牌机制进行处理,也可根据各地实际采用偏差电量次月挂牌、合同电量滚动调整等偏差处理机制。

第六十九条 发电侧上下调预挂牌机制采用“报价不报量”方式，具有调节能力的机组均应当参与上下调报价。发电侧上下调预挂牌机制可采用如下组织方式：

（一）月度交易结束后，发电机组申报上调报价（单位增发电量的售电价格）和下调报价（单位减发电量的购电价格）。允许发电机组在规定的月内截止日期前，修改其上调和下调报价。

（二）电力交易机构按照上调报价由低到高排序形成上调机组调用排序列表，按照下调报价由高到低排序形成下调机组调用排序列表。价格相同时按照发电侧节能低碳电力调度的优先级进行排序。

（三）月度最后七个自然日，根据电力电量平衡预测，各类合同电量的分解执行无法满足省内供需平衡时，电力调度机构参考上下调机组排序，在满足电网安全约束的前提下，预先安排机组提供上调或者下调电量、调整相应机组后续发电计划，实现供需平衡。机组提供的上调或者下调电量根据电力调度机构的实际调用量进行结算。

第七十条 偏差电量次月挂牌机制可采用如下组织方式：

（一）电力调度机构在保证电网安全运行的前提下，根据全网机组运行负荷率确定预挂牌机组负荷率上限和下限，并在月初公布。各机组上调、下调电量的限额按照负荷率上下限对应发电量与机组当月计划发电量的差额确定。

（二）在满足电网安全约束的前提下，将上月全网实际完成电量与全网计划发电量的差额，按照各机组上月申报的预挂牌价格（上调申报增发价格、下调申报补偿价格）排序确定机组上调、下调电量，作为月度调整电量累加至机组本月计划发电量。其中，下调电量按照机组月度集中交易电量、月度双边交易电量、年度分月双边交易电量、计划电量的顺序扣减相应合同电量。

（三）月度发电计划执行完毕后，发电侧首先结算机组上调电量或者下调电量，其余电量按照各类合同电量结算顺序以及对应电价结算；用户侧按照当月实际用电量和合同电量加权价结算电费，实际用电量与合同电量的偏差予以考核。

第七十一条 合同电量滚动调整机制可采用发电侧合同电量按月滚动调整,用户侧合同电量月结月清或者按月滚动调整。

第七章 安全校核

第七十二条 各类交易应当通过电力调度机构安全校核。涉及跨区跨省的交易,须提交相关电力调度机构共同进行安全校核,各级电力调度机构均有为各电力交易机构提供电力交易(涉及本电力调度机构调度范围的)安全校核服务的责任。安全校核的主要内容包括:通道输电能力限制、机组发电能力限制、机组辅助服务限制等内容。

第七十三条 电力调度机构应当及时向电力交易机构提供或者更新各断面(设备)、各路径可用输电容量,以及交易在不同断面、路径上的分布系数,并通过交易平台发布必开机组组合和发电量需求、影响断面(设备)限额变化的停电检修等。

电力交易机构以各断面、各路径可用输电容量等为约束,对集中交易进行出清,并与同期组织的双边交易一并提交电力调度机构进行安全校核。

第七十四条 为保障系统整体的备用和调峰调频能力,在各类市场化交易开始前,电力调度机构可以根据机组可调出力、检修天数、系统负荷曲线以及电网约束情况,折算得出各机组的电量上限,对参与市场化交易的机组发电利用小时数提出限制建议,并及时提供关键通道可用输电容量、关键设备检修计划等电网运行相关信息,由电力交易机构予以公布。

其中,对于年度交易,应当在年度电力电量预测平衡的基础上,结合检修计划,按照不低于关键通道可用输电容量的80%下达交易限额。

对于月度交易,应当在月度电力电量预测平衡的基础上,结合检修计划和发电设备利用率,按照不低于关键通道可用输电容量的90%下达交易限额;发电设备利用率应当结合调峰调频需求制定,并向市场主体公开设备利用率。

对于月度内的交易，参考月度交易的限额制定方法，按照不低于关键通道可用输电容量的95%下达交易限额。

第七十五条 安全校核未通过时，由电力交易机构进行交易削减。对于双边交易，可按照时间优先、等比例等原则进行削减；对于集中交易，可按照价格优先原则进行削减，价格相同时按照发电侧节能低碳电力调度的优先级进行削减。

执行过程中，电力调度机构因电网安全和清洁能源消纳原因调整中长期交易计划后，应当详细记录原因并向市场主体说明。

第七十六条 安全校核应当在规定的期限内完成。安全校核未通过时，电力调度机构需出具书面解释，由电力交易机构予以公布。

第八章 合同签订与执行

第一节 合同签订

第七十七条 各市场成员应当根据交易结果或者政府下达的计划电量，参照合同示范文本签订购售电合同，并在规定时间内提交至电力交易机构。购售电合同中应当明确购电方、售电方、输电方、电量（电力）、电价、执行周期、结算方式、偏差电量计量、违约责任、资金往来信息等内容。

第七十八条 购售电合同原则上应当采用电子合同签订，电力交易平台应当满足国家电子合同有关规定的技术要求，市场成员应当依法使用可靠的电子签名，电子合同与纸质合同具备同等效力。

第七十九条 在电力交易平台提交、确认的双边协商交易以及参与集中交易产生的结果，各相关市场成员可将电力交易机构出具的电子交易确认单（视同为电子合同）作为执行依据。

第二节 优先发电合同

第八十条 跨区跨省的政府间协议原则上在上一年度的11月底前预测和下达总体电力电量规模和分月计划，由购售双方签订相应的购售电合同。合同需约定年度电量规模以及分月计划、送受电曲线或者确定曲线的原则、交易价格等，纳入送、受电省优先发电计划，并优先安排输电通道。年度电量规模以及分月计划可根据实际执行情况，由购售双方协商调整。

第八十一条　对于省内优先发电计划，各地区结合电网安全、供需形势、电源结构等因素，科学安排本地优先发电电量，不得将上述电量安排在指定时段内集中执行，也不得将上述电量作为调节市场自由竞争的手段。

第八十二条　各地区确定的省内优先发电电量，原则上在每年年度双边交易开始前，对执行政府定价的电量签订厂网间年度购售电合同，约定年度电量规模以及分月计划、交易价格等。

年度交易开始前仍未确定优先发电的，可参考历史情况测算，预留优先发电空间，确保市场交易正常开展。

第八十三条　各地区根据非市场用户年度用电预测情况，扣除各环节优先发电电量后，作为年度基数电量在燃煤（气）等发电企业中进行分配。

第八十四条　优先发电电量和基数电量的分月计划可由合同签订主体在月度执行前进行调整和确认，其执行偏差可通过预挂牌上下调机制（或者其他偏差处理机制）处理。

第八十五条　采用“保量保价”和“保量竞价”相结合的方式，推动优先发电参与市场，不断提高跨区跨省优先发电中“保量竞价”的比例，应放尽放，实现优先发电与优先购电规模相匹配。

第三节　合同执行

第八十六条　各省电力交易机构汇总省内市场成员参与的各类交易合同（含优先发电合同、基数电量合同、市场交易合同），形成省内发电企业的月度发电计划，并依据月内（多日）交易，进行更新和调整。电力调度机构应当根据经安全校核后的月度（含调整后的）发电计划以及清洁能源消纳需求，合理安排电网运行方式和机组开机方式。相关电力交易机构汇总跨区跨省交易合同，形成跨区跨省发电企业的月度发电计划,并依据月内(多日)交易,进行更新和调整。

第八十七条 年度合同的执行周期内,次月交易开始前,在购售双方一致同意且不影响其他市场主体交易合同执行的基础上,允许通过电力交易平台调整后续各月的合同分月计划(合同总量不变),调整后的分月计划需通过电力调度机构安全校核。

第八十八条 电力交易机构定期跟踪和公布月度(含多日交易调整后的)发电计划完成进度情况。市场主体对发电计划完成进度提出异议时,电力调度机构负责出具说明,电力交易机构负责公布相关信息。

第八十九条 全部合同约定交易曲线的,按照合同约定曲线形成次日发电计划;部分合同约定交易曲线的,由电力调度机构根据系统运行需要,安排无交易曲线部分的发电曲线,与约定交易曲线的市场化交易合同共同形成次日发电计划。

第九十条 电力系统发生紧急情况时,电力调度机构可基于安全优先的原则实施调度,事后向国家能源局派出机构、地方政府电力管理部门报告事件经过,并向市场主体进行相关信息披露。

第九章 计量和结算

第一节 计 量

第九十一条 电网企业应当根据市场运行需要为市场主体安装符合技术规范的计量装置;计量装置原则上安装在产权分界点,产权分界点无法安装计量装置的,考虑相应的变(线)损。电网企业应当在跨区跨省输电线路两端安装符合技术规范的计量装置,跨区跨省交易均应当明确其结算对应计量点。

第九十二条 计量周期和抄表时间应当保证最小交易周期的结算需要,保证计量数据准确、完整。

第九十三条 发电企业、跨区跨省交易送受端计量点应当安装相同型号、相同规格、相同精度的主、副电能表各一套,主、副表应当有明确标志,以主表计量数据作为结算依据,副表计量数据作为参照,当确认主表故障后,副表计量数据替代主表计量数据作为电量结算依据。

第九十四条 多台发电机组共用计量点且无法拆分,各发电机组需分别结算时,按照每台机组的实际发电量等比例计算各自上网电量。对于风电、光伏发电企业处于相同运行状态的不同项目批次共用计量点的机组,可按照额定容量比例计算各自上网电量。

处于调试期的机组,如果和其他机组共用计量点,按照机组调试期的发电量等比例拆分共用计量点的上网电量,确定调试期的上网电量。

第九十五条 电网企业应当按照电力市场结算要求定期抄录发电企业(机组)和电力用户电能计量装置数据,并将计量数据提交电力交易机构。对计量数据存在疑义时,由具有相应资质的电能计量检测机构确认并出具报告,由电网企业组织相关市场成员协商解决。

第二节 结 算

第九十六条 电力交易机构负责向市场成员出具结算依据,市场成员根据相关规则进行电费结算。其中,跨区跨省交易由组织该交易的电力交易机构会同送受端电力交易机构向市场成员出具结算依据。

第九十七条 电网企业(含地方电网企业和配售电企业)之间结算的输配电费用,按照政府价格主管部门核定的输配电价和实际物理计量电量结算。

第九十八条 发电企业上网电量电费由电网企业支付;电力用户向电网企业缴纳电费,并由电网企业承担电力用户侧欠费风险;售电公司按照电力交易机构出具的结算依据与电网企业进行结算。市场主体可自行约定结算方式,未与电网企业签订委托代理结算业务的,电网企业不承担欠费风险。

第九十九条 电力用户的基本电价、政府性基金及附加、峰谷分时电价、功率因数调整等按照电压等级和类别按实收取,上述费用均由电网企业根据国家以及省有关规定进行结算。

第一百条 电力交易机构向各市场成员提供的结算依据包括以

下内容：

（一）实际结算电量；

（二）各类交易合同（含优先发电合同、基数电量合同、市场交易合同）电量、电价和电费；

（三）上下调电量、电价和电费，偏差电量、电价和电费，分摊的结算资金差额或者盈余等信息（采用发电侧预挂牌上下调偏差处理机制的地区）；

（四）新机组调试电量、电价、电费；

（五）接受售电公司委托出具的零售交易结算依据。

第一百零一条 市场主体因偏差电量引起的电费资金，暂由电网企业收取和支付，并应当在电费结算依据中单项列示。

第一百零二条 市场主体的合同电量和偏差电量分开结算。以年度交易和月度交易为主的地区，按月清算、结账；开展多日交易的地区，按照多日交易规则清算，按月结账。

第一百零三条 采用发电侧预挂牌上下调偏差处理机制的地区，偏差电量电费结算可采用如下方法：

（一）批发交易用户（包括电力用户、售电公司）偏差电量分为超用电量和少用电量，超用电量支付购电费用，少用电量获得售电收入。

批发交易用户偏差电量 = 用户实际网供电量 -（各类交易合同购入电量 - 各类交易合同售出电量）

超用电量的结算价格 = 发电侧上调服务电量的加权平均价 × U1。U1 为用户侧超用电量惩罚系数，U1 ≥ 1。当月系统未调用上调服务时，以月度集中竞价交易最高成交价（或者统一出清价）乘以惩罚系数结算超用电量。

少用电量的结算价格 = 发电侧下调服务电量的加权平均价 × U2。U2 为用户侧少用电量惩罚系数，U2 ≤ 1。当月系统未调用下调服务时，以月度集中竞价交易最低成交价（或者统一出清价）乘以惩罚系数结算少用电量。

根据超用电量或者少用电量的区间范围，可设置分段的惩罚系数。

当售电公司所有签约用户月度实际总用量偏离售电公司月度交易计划时,售电公司承担偏差电量电费。

(二)发电企业偏差电量指发电企业因自身原因引起的超发或者少发电量,超发电量获得售电费用,少发电量支付购电费用。

超发电量结算价格 = 发电侧下调服务电量的加权平均价 × K1。K1 为发电侧超发电量惩罚系数,K1 ≤1。当月系统未调用下调服务时,以月度集中竞价交易最低成交价(或者统一出清价)乘以惩罚系数结算超发电量。

少发电量结算价格 = 发电侧上调服务电量的加权平均价 × K2。K2 为发电侧少发电量惩罚系数,K2 ≥1。当月系统未调用上调服务时,以月度集中竞价交易最高成交价(或者统一出清价)乘以惩罚系数结算少发电量。

根据超发电量或者少发电量的区间范围,可设置分段的惩罚系数。

第一百零四条　电力用户拥有储能,或者电力用户参加特定时段的需求侧响应,由此产生的偏差电量,由电力用户自行承担。

第一百零五条　拥有配电网运营权的售电公司,与省级电网企业进行电费结算,并按照政府价格主管部门的相关规定,向省级电网企业支付输电费用。

第一百零六条　电力调度机构应当对结算周期内发电企业的偏差电量进行记录,包括偏差原因、起止时间、偏差电量等。在发电企业实际上网电量基础上,扣除各类合同电量、偏差电量后,视为发电企业的上下调电量。

发电企业的上下调电量,按照其申报价格结算。

第一百零七条　风电、光伏发电企业的电费结算:

(一)未核定最低保障收购年利用小时数的地区,按照当月实际上网电量以及政府批复的价格水平或者价格机制进行结算。

(二)核定最低保障收购年利用小时数的地区,最低保障收购年利用小时数内的电量按照政府批复的价格水平或者价格机制进行结算。超出最低保障收购年利用小时数的部分应当通过市场交易方式消纳和结算。

第一百零八条 风电、光伏发电量参与市场交易，结算涉及中央财政补贴时，按照《可再生能源电价附加资金管理办法》(财建〔2020〕5号)等补贴管理规定执行。

第一百零九条 非市场用户月度实际用电量与电网企业月度购电量(含年分月电量，扣除系统网损电量)存在偏差时，由为非市场用户供电的电网企业代为结算偏差电量费用，由此造成的电网企业购电成本损益单独记账，按照当月上网电量占比分摊或者返还给所有机组，月结月清。

第一百一十条 电力用户侧(包括批发交易电力用户、售电公司、非市场用户)的偏差电量费用与发电侧的上下调费用、偏差电量费用等之间的差额，按照当月上网电量或者用网电量占比分摊或者返还给所有市场主体，月结月清。

第十章 信息披露

第一百一十一条 市场信息分为社会公众信息、市场公开信息和私有信息。社会公众信息是指向社会公众披露的信息；市场公开信息是指向所有市场主体披露的信息；私有信息是指向特定的市场主体披露的信息。

第一百一十二条 社会公众信息包括但不限于：

(一)电力交易适用的法律、法规以及相关政策文件，电力交易业务流程、管理办法等；

(二)国家批准的发电侧上网电价、销售目录电价、输配电价、各类政府性基金及附加、系统备用费以及其他电力交易相关收费标准等；

(三)电力市场运行基本情况，包括各类市场主体注册情况，电力交易总体成交电量、价格情况等；

(四)电网运行基本情况，包括电网主要网络通道的示意图、各类型发电机组装机总体情况，发用电负荷总体情况等；

（五）其他政策法规要求向社会公众公开的信息。

第一百一十三条　市场公开信息包括但不限于：

（一）市场主体基本信息，市场主体注册准入以及退出情况，包括企业名称、统一社会信用代码、联系方式、信用评价信息等；

（二）发电设备信息，包括发电企业的类型、所属集团、装机容量、检修停运情况，项目投产（退役）计划、投产（退役）情况等；

（三）电网运行信息，电网安全运行的主要约束条件、电网重要运行方式的变化情况，电网各断面（设备）、各路径可用输电容量，必开必停机组组合和发电量需求，以及导致断面（设备）限额变化的停电检修等；

（四）市场交易类信息，包括年、季、月电力电量平衡预测分析情况，非市场化电量规模以及交易总电量安排、计划分解，各类交易的总成交电量和成交均价，安全校核结果以及原因等；

（五）交易执行信息，包括交易计划执行总体情况，计划执行调整以及原因，市场干预情况等；

（六）结算类信息，包括合同结算总体完成情况，差额资金每月的盈亏和分摊情况；

（七）其他政策法规要求对市场主体公开的信息。

第一百一十四条　市场私有信息主要包括：

（一）发电机组的机组特性参数、性能指标，电力用户用电特性参数和指标；

（二）各市场主体的市场化交易申报电量、申报电价等交易申报信息；

（三）各市场主体的各类市场化交易的成交电量以及成交价格等信息；

（四）各市场主体的市场化交易合同以及结算明细信息。

第一百一十五条　市场成员应当遵循及时、准确、完整的原则披露电力市场信息，对其披露信息的真实性负责。对于违反信息披露有关规定的市场成员,可依法依规纳入失信管理,问题严重的可按照规定取消市场准入资格。

第一百一十六条 电力交易机构、电力调度机构应当公平对待市场主体,无歧视披露社会公众信息和市场公开信息。市场成员严禁超职责范围获取私有信息,不得泄露影响公平竞争和涉及用户隐私的相关信息。

第一百一十七条 电力交易机构负责市场信息的管理和发布,会同电力调度机构按照市场信息分类及时向社会以及市场主体、政府有关部门发布相关信息。市场主体、电力调度机构应当及时向电力交易机构提供支撑市场化交易开展所需的数据和信息。

第一百一十八条 在确保安全的基础上,市场信息主要通过电力交易平台、电力交易机构网站进行披露。电力交易机构负责电力交易平台、电力交易机构网站的建设、管理和维护,并为其他市场主体通过电力交易平台、电力交易机构网站披露信息提供便利。电力交易平台、电力交易机构网站安全等级应当满足国家信息安全三级等级防护要求。

第一百一十九条 市场主体如对披露的相关信息有异议或者疑问,可向电力交易机构、电力调度机构提出,由电力交易机构会同电力调度机构负责解释。

第一百二十条 国家能源局派出机构、地方政府电力管理部门根据各地实际制定电力市场信息披露管理办法并监督实施。

第十一章 市场监管和风险防控

第一百二十一条 国家能源局及其派出机构应当建立健全交易机构专业化监管制度,推动成立独立的电力交易机构专家委员会,积极发展第三方专业机构,形成政府监管与外部专业化监督密切配合的有效监管体系。

第一百二十二条 电力交易机构、电力调度机构根据有关规定,履行市场运营、市场监控和风险防控等职责。根据国家能源局及其派出机构的监管要求,将相关信息系统接入电力监管信息系统,按照"谁运营、谁防范,谁运营、谁监控"的原则,采取有效风险防控措施,加强对市场运营情况的监控分析,按照有关规定定期向国家能源局及其派出机构、地方政府电力管理部门提交市场监控分析报告。

第一百二十三条 当出现以下情况时,电力交易机构、电力调度机构可依法依规采取市场干预措施:

(一)电力系统内发生重大事故危及电网安全的;

(二)发生恶意串通操纵市场的行为,并严重影响交易结果的;

(三)市场技术支持系统发生重大故障,导致交易无法正常进行的;

(四)因不可抗力电力市场化交易不能正常开展的;

(五)国家能源局及其派出机构作出暂停市场交易决定的;

(六)市场发生其他严重异常情况的。

第一百二十四条 电力交易机构、电力调度机构应当详细记录市场干预期间的有关情况,并向国家能源局派出机构、地方政府电力管理部门提交报告。

第一百二十五条 电力批发交易发生争议时,市场成员可自行协商解决,协商无法达成一致时可提交国家能源局派出机构、地方政府电力管理部门调解处理,也可提交仲裁委员会仲裁或者向人民法院提起诉讼。

第十二章 附 则

第一百二十六条 国家能源局及其派出机构会同地方政府电力管理等部门组织区域电力交易机构根据本规则拟定区域电力交易实施细则。国家能源局派出机构会同地方政府电力管理等部门根据本规则拟定或者修订各省(区、市)电力交易实施细则。

第一百二十七条 本规则由国家发展改革委、国家能源局负责解释。

第一百二十八条 本规则自发布之日起施行,有效期五年。

关于推进电力交易机构独立规范运行的实施意见

（2020年2月18日公布　发改体改〔2020〕234号
自2020年2月18日起实施）

推进电力交易机构独立规范运行是进一步深化电力体制改革的重要内容，对构建主体多元、竞争有序的电力交易格局，形成适应市场要求的电价机制具有重要意义。为落实党中央、国务院决策部署精神，推进电力交易机构独立规范运行，现提出以下意见：

一、总体要求和主要目标

以习近平新时代中国特色社会主义思想为指导，全面贯彻党的十九大和十九届二中、三中、四中全会精神，按照《中共中央、国务院关于进一步深化电力体制改革的若干意见》和中央经济工作会议部署，坚持安全可靠和市场化改革原则，立足电力工业客观情况，循序渐进、分步实施，尊重规律、科学监管，加快推进电力交易机构（以下简称交易机构）独立规范运行，进一步完善公开透明的电力市场交易平台，加快推进建立市场化电价形成机制，建立电力运行风险防控机制，为逐步实现经营性电力用户发用电计划全面放开创造条件。

2020年底前，区域性交易机构和省（自治区、直辖市）交易机构的股权结构进一步优化、交易规则有效衔接，与调度机构职能划分清晰、业务配合有序。2022年底前，各地结合实际情况进一步规范完善市场框架、交易规则、交易品种等，京津冀、长三角、珠三角等地区的交易机构相互融合，适应区域经济一体化要求的电力市场初步形成。2025年底前，基本建成主体规范、功能完备、品种齐全、高效协同、全国统一的电力交易组织体系。

二、进一步厘清交易机构、市场管理委员会和调度机构的职能定位

交易机构是不以营利为目的、按照政府批准的章程和规则为市场主体提供公平规范电力交易服务的专业机构。交易机构主要负责电力交易平台的建设、运营和管理，组织中长期市场交易，提供结算依据和服务；负责市场主体注册和管理，汇总电力交易合同，披露和发布市场信息等；配合调度机构组织现货交易。结合区域性电力市场建设，鼓励各交易机构开展股权业务融合，完善跨省跨区市场交易机制，允许市场主体自由选择交易机构，推动全国范围内市场融合发展，加快统一电力市场建设，促进电力资源在更大范围优化配置。

市场管理委员会由电网企业、发电企业、售电企业、电力用户、交易机构、第三方机构等各方面代表组成，是独立于交易机构的议事协调机制。市场管理委员会主要负责研究讨论各类交易规则，协调电力市场相关事项，协助政府有关部门监督和纠正交易机构不规范行为；要健全重大事项决策流程和表决机制，确保议事程序公开透明、公平合理，切实保障市场主体的合法权益。每个交易机构须有对应的市场管理委员会，区域性交易机构对应的市场管理委员会主任委员由国家发展改革委、国家能源局提名，省（自治区、直辖市）交易机构对应的市场管理委员会主任委员由国家能源局派出机构和所在地区政府有关部门提名，由各自市场管理委员会投票表决。根据实际需要合理确定主任委员任期，同一主任委员不得连任超过两届任期。

调度机构是电网经营企业和供电企业的重要组成部分，是电网运行的指挥中心，其根本职责是依法行使生产指挥权，对电网运行进行组织、指挥、指导和协调，负责电力电量平衡、发电生产组织、电力系统安全运行、电网运行操作和事故处理，依法依规落实电力市场交易结果，保障电网安全、稳定和优质、经济运行。电网调度工作要坚持"安全第一、预防为主"的方针和"公开、公平、公正"原则，统一调度、分级管理，依靠科技进步和提高人员素质，认真研究社会主义市场经济条件下电网运行管理的新情况，不断完善电网调度管理的措施，保证电网整体最佳效益的实现。

三、完善电力交易规则制定程序

制定交易规则应当公开、公平、公正，符合市场化原则和电力商品技术特性。国家发展改革委、国家能源局、财政部会同区域性交易机构、电网企业、发电企业等方面制定电力交易基本规则和跨省区交易规则；省（自治区、直辖市）内交易细则由国家能源局派出机构和地方政府有关部门组织交易机构在基本规则框架下起草，并由相应的市场管理委员会进行初步审议，经国家能源局派出机构和所在省（自治区、直辖市）政府有关部门审定后执行。交易规则和细则批准实施后，交易机构无权变更；需要修订的，提请市场管理委员会审议后，报原审定机构和部门批准。交易机构可结合业务实际情况提出完善电力交易规则和细则的建议。

四、加快推进交易机构股份制改造

针对当前交易机构全部采用公司制形式的实际情况，按照“多元制衡”原则依法依规加快推进交易机构股份制改造。股东应具备独立法人资格，可来自不同行业和领域，其中，单一股东持股比例不得超过50%。2020年上半年，北京、广州2家区域性交易机构和省（自治区、直辖市）交易机构中电网企业持股比例全部降至80%以下，2020年底前电网企业持股比例降至50%以下。在股份制改造过程中，交易机构应依法依规修订完善公司章程，规范设立股东会、董事会、监事会和经理层，形成权责分明、相互制衡的公司法人治理结构和灵活高效的经营管理机制，实现作为独立法人和市场主体自主经营。交易机构要健全党建工作体系，把党的领导融入公司治理各环节，推动党建与业务有机融合，为党和国家方针政策的贯彻落实提供坚强政治保证。

国家发展改革委、国家能源局组织国家电网有限公司、中国南方电网有限责任公司分别制定北京、广州2家区域性交易机构股份制改造实施方案。在国家发展改革委、国家能源局会同国家电网有限公司、中国南方电网有限责任公司指导下，各省（自治区、直辖市）人民政府相关部门组织省级电力（电网）公司制定本地交易机构股份制改造方案。

五、规范交易机构的人员、资产和财务管理

交易机构的董事会成员由各股东单位推荐,不得同时兼任市场管理委员会成员;高级管理人员可由股东单位推荐、董事会聘任,也可由董事会市场化选聘;自2020年起,交易机构新进普通工作人员一律市场化选聘。建立各交易机构间的人员交流机制,确保人员能进能出、能上能下,畅通员工的职业发展通道。根据行业实际情况,建立科学合理、具备竞争力的薪酬分配机制,保障交易机构从业人员的专业能力。

交易机构应以当前办公场所及物资设备为基础,综合考虑发展需求,采取划转、借用、租赁等方式明晰资产管理关系。对拟划转至交易机构的资产,按程序经国有资产管理部门批准后完成移交;对交易机构拟借用、租赁的资产,依法履行相关手续,明确责任主体后完成使用权转移。现阶段,经市场管理委员会同意后,交易机构可与电网企业共享信息系统、交易系统等资产。

交易机构应坚持非营利性定位,根据员工薪酬、日常办公、项目建设等实际需要,合理编制经费预算。与电网企业共用资产的交易机构原则上不向市场主体收取费用,所需费用计入输配电环节成本并单列,由电网企业通过专项费用支付。具备条件的交易机构经市场管理委员会同意,也可向市场主体合理收费,经费收支情况应向市场主体公开。

六、共同做好电力市场交易组织实施

交易机构、调度机构负责电力市场运行组织,及时发布市场信息,组织市场交易,根据交易结果制定交易计划。交易机构与调度机构要密切配合,充分考虑电力网架结构、安全供电标准、调度运行体系等实际情况,基于安全约束条件组织电力交易,切实保障电力安全稳定供应。调度机构要严格按照交易规则开展包括日前、日内、实时电量交易及辅助服务在内的现货交易出清和执行,并将出清和执行结果提供交易机构。电力网架结构、技术支持系统、交易机构专业能力等条件较为成熟的地区,适时探索由交易机构组织开展日前交易。

市场交易如可能引发安全风险，调度机构必须按照“安全第一”原则进行调度。当发生重大突发事件或电力供应出现较大缺口等特殊情况时，政府有关部门可依法依规暂停市场交易，组织实施有序用电。

七、健全信息共享和安全保障机制

国家电网有限公司、中国南方电网有限责任公司在各自经营范围内统一交易系统平台，统一建设灾备系统，建立数据共享机制，北京、广州等区域性交易机构负责系统平台维护管理和相关数据汇总。健全交易机构和调度机构信息交换机制，调度机构按照交易规则要求，向交易机构准确及时提供市场交易需要的可公开数据。建立健全交易机构信息安全保障机制，根据交易机构内设部门职能设置信息管理权限，控制关键信息知悉范围，定期开展信息安全薄弱环节排查，制定信息安全事故应急处置预案，做好事前主动防御，确保电力运行信息安全可控。建立电力交易从业人员回避和保密管理制度，避免泄露重要信息。

八、加强专业化监管体系建设

国家发展改革委、国家能源局及派出机构、各省（自治区、直辖市）政府相关部门要建立健全对交易机构的专业化监管制度，发展第三方专业评估机构，形成政府监管与外部监督密切配合的综合监管体系。交易机构应有针对性地制定完善相关规章制度，在政府有关部门指导下，加快行业信用体系建设，协助政府有关部门加强电力交易履约监管，对严重违法失信的市场主体记入信用记录并纳入全国信用信息共享平台，依法公开违法失信行为，并采取警告或限制交易等措施实施联合惩戒；对拒不整改或信用评价为不适合参与交易的市场主体，可取消市场交易资格，强制退出电力市场。

国家发展改革委、国家能源局负责推进交易机构独立规范运行工作，进一步优化市场监管方式，确保任何部门和单位不得干预市场主体的合法交易行为，切实维护电力交易市场安全健康发展。各省（自治区、直辖市）政府有关部门会同国家能源局派出机构按照实施意见精神，制定本地区交易机构独立规范运行实施方案，经国家发展改革委、国家能源局同意后组织实施。电网企业、发电企业等市场主体要积极配合，妥善处理资产重组、股权变更、人员劳动关系变动等重大问题，确保交易机构正常稳定运行，科学制定风险防控预案，有效防范电力供应安全风险，相关情况及时按程序报告国家发展改革委、国家能源局。

国家发展改革委、财政部、国家能源局关于试行可再生能源绿色电力证书核发及自愿认购交易制度的通知

（2017 年 1 月 18 日公布　发改能源〔2017〕132 号
自 2017 年 1 月 18 日起实施）

各省、自治区、直辖市发展改革委、财政厅（局）、能源局、物价局，国家能源局各派出机构，国家电网公司、南方电网公司、内蒙古电力公司，华能、大唐、华电、国电、国电投、神华、三峡、华润、中核、中广核、中节能集团公司，水电总院、电规总院、各有关协会、国家可再生能源中心：

为引导全社会绿色消费，促进清洁能源消纳利用，进一步完善风电、光伏发电的补贴机制，拟在全国范围内试行可再生能源绿色电力证书核发和自愿认购，现将有关要求通知如下：

一、建立可再生能源绿色电力证书自愿认购体系。可再生能源绿色电力证书交易制度是完善可再生能源支持政策和创新发展机制的重大举措，有利于促进清洁能源高效利用和降低国家财政资金的直接补贴强度，对凝聚社会共识、推动能源转型具有积极意义。鼓励各级政府机关、企事业单位、社会机构和个人在全国绿色电力证书核发和认购平台上自愿认购绿色电力证书，作为消费绿色电力的证明。

根据市场认购情况，自 2018 年起适时启动可再生能源电力配额考核和绿色电力证书强制约束交易。

二、试行可再生能源绿色电力证书的核发工作。绿色电力证书是国家对发电企业每兆瓦时非水可再生能源上网电量颁发的具有独特标识代码的电子证书，是非水可再生能源发电量的确认和属性证明以及消费绿色电力的唯一凭证。从即日起，将依托可再生能源发电项目信息管理系统，试行为陆上风电、光伏发电企业（不含分布式光伏发电，以下同）所生产的可再生能源发电量发放绿色电力证书。

风电、光伏发电企业通过可再生能源发电项目信息管理系统，依据项目核准（备案）文件、电费结算单、电费结算发票和电费结算银行转账证明等证明材料申请绿色电力证书，国家可再生能源信息管理中心按月核定和核发绿色电力证书。

三、完善绿色电力证书的自愿认购规则。绿色电力证书自2017年7月1日起正式开展认购工作，认购价格按照不高于证书对应电量的可再生能源电价附加资金补贴金额由买卖双方自行协商或者通过竞价确定认购价格。

风电、光伏发电企业出售可再生能源绿色电力证书后，相应的电量不再享受国家可再生能源电价附加资金的补贴。

绿色电力证书经认购后不得再次出售，国家可再生能源信息管理中心负责对购买绿色电力证书的机构和个人核发凭证。

四、做好绿色电力证书自愿认购责任分工。国家可再生能源信息管理中心依托可再生能源发电项目信息管理系统，建设和管理全国绿色电力证书核发和认购平台，做好风电、光伏发电企业的绿色电力证书核发工作，并组织开展全国绿色电力证书认购工作。国家可再生能源信息管理中心定期统计并向全社会发布风电、光伏发电企业绿色电力证书的售卖信息。

各风电、光伏发电企业负责按照相关要求及时在国家能源局可再生能源发电项目信息管理系统填报信息；各电网企业负责做好补贴核减工作，并协助做好发电项目结算电量的复核。

各单位要高度重视本项工作，认真贯彻落实相关要求，按照职责分工加快推进相关工作，促进可再生能源产业持续健康发展。

附件:

绿色电力证书核发及自愿认购规则(试行)

第一章　总　　则

第一条　为规范绿色电力证书核发和自愿认购行为,维护绿色电力证书认购市场秩序,保护各方的合法权益,根据国家相关法律、法规、规章、规范性文件,制定本规则。

第二条　本规则所称“绿色电力证书”(以下简称“证书”)是指国家可再生能源信息管理中心(以下简称“信息中心”)按照国家能源局相关管理规定,依据可再生能源上网电量通过国家能源局可再生能源发电项目信息管理平台(以下简称“信息平台”)向符合资格的可再生能源发电企业颁发的具有唯一代码标识的电子凭证。

第三条　本规则所称“绿色电力证书自愿认购”,是指证书认购参与人在绿色电力证书自愿认购平台(以下简称“认购平台”)上的自愿认购和出售行为。

第四条　本规则是证书核发和自愿认购相关制度和实施细则的基本规则,相关制度和实施细则由信息中心遵循本规则另行制定。

第五条　证书核发和自愿认购行为应当遵守国家相关法律、法规、规章、规范性文件,本规则以及相关业务规则,遵循公开、公平、公正与自愿、有偿、诚实信用原则。

第二章　核 发 规 则

第六条　项目资格审核

信息中心是证书的核发机构。证书核发与自愿认购试行期间,国家可再生能源电价附加资金补助目录内的风电(陆上风电,以下同)和光伏发电项目(不含分布式光伏项目,以下同),应通过信息平台向信息中心申请证书权属资格。

（一）已在信息平台注册企业，应在线补充提交证书权属资格审核所需文件，主要包括企业营业执照、组织机构代码、税务登记证明、企业法定代表人等；

（二）未在信息平台注册企业，应依照《国家能源局关于实行可再生能源发电项目信息化管理的通知》（国能新能〔2015〕358 号）文件要求，在线注册并完整填报项目信息。

第七条　证书核发

信息中心负责审核证书核发资格申报材料。通过资格审核的企业，应依据《国家能源局关于实行可再生能源发电项目信息化管理的通知》（国能新能〔2015〕358 号）文件要求，在信息平台按月填报项目结算电量信息，并于每月 25 日前上传所属项目上月电费结算单、电费结算发票和电费结算银行转账证明扫描件等。对于共用升压站的项目，需提供项目间的电量结算发票及其他证明材料。

信息中心负责复核企业所属项目的合规性和月度结算电量，按照 1 个证书对应 1MWh 结算电量标准，向企业核发相应证书。不足 1MWh 结算电量部分，结转到次月核发。企业应对提交的证书核发申报材料的真实性负责，并遵守证书核发与自愿认购实施细则。

每个证书具有唯一编码，并体现项目的基本情况。信息中心负责验证证书编码的真实性，提供证书在线验真服务。

第八条　自愿认购账户申请

通过资格审核的企业，可申请在认购平台上开户，出售证书。

申请开户时，发电企业法定代表人或其授权代理人需携带第六条中规定的证明材料原件和复印件，到信息中心现场办理开户手续，登记认购平台资金账号等信息。

第三章　自愿认购市场

第九条　自愿认购平台

信息中心负责建设和运行认购平台。认购平台主要由主机及相关的通信系统等组成。

第十条 认购参与人

认购参与人指通过信息平台注册、参与自愿认购证书或出售持有证书的政府机关、企事业单位和自然人等。

第十一条 认购账户

认购账户是指认购参与人向信息中心申请设立的、参与证书认购并接受信息中心监督及服务的账户。

第十二条 自愿认购形式

证书自愿认购采用认购平台挂牌出售形式,出售方可按相关规定挂牌出售持有证书,认购方可自由购买挂牌出售的证书。

第四章 认购规则

第十三条 一般规定

认购参与人通过认购平台提交指令,并按本规则进行认购。认购参与人不允许以自身为对手方进行认购。认购参与人购买可再生能源绿色电力证书后,不得再次出售。

风电、光伏发电企业出售可再生能源绿色电力证书后,相应的电量不再享受国家可再生能源电价附加资金的补贴。

第十四条 认购挂牌

出售方在认购平台挂牌出售证书,挂牌信息主要包括:

(一)绿色电力品种;

(二)绿色电力生产地;

(三)绿色电力项目名称;

(四)项目公司简介;

(五)出售数量;

(六)出售价格;

(七)其他。

认购参与人在发送出售或认购指令前,必须保证其认购账户中持有满足认购成交条件的证书或资金。

证书在有效期内可以且仅可以出售一次,不得再次转手出售。

认购平台可以根据市场发展和管理需要，调整认购方式和单笔认购数量范围。相关调整自认购平台发布的正式公告中明确的时间生效。

第十五条 成交

挂牌出售认购形式下认购方提交的证书认购数量可以等于或低于出售方在认购中的未成交数量。

挂牌证书允许部分成交，也允许多个证书认购方进行认购。未成交证书在挂牌有效期内可继续认购。认购平台允许出售方撤销未成交证书挂牌。

认购活动中，认购平台按认购方支付时间先后的原则确认成交。未支付前认购平台允许双方取消认购活动。

因不可抗力、意外事件、技术故障等原因影响认购结果的确认时，信息中心应最大限度维护认购双方权益、认定认购有效或无效。认购参与人违反本规则，严重扰乱或破坏证书市场正常认购秩序时，认购平台有权认定当期认购无效或撤销当期认购。由此造成的损失由违规的认购参与人作为责任方进行承担。

依照本规则达成的认购，其成交结果以认购平台主机记录的成交数据为准。

第十六条 结算与交收

证书自愿认购实行实时结算与交收。认购双方应按照认购结果履行结算交收义务，并遵守证书核发与自愿认购实施细则。

第五章 认购监管

第十七条 监管事项

国家能源局负责监管绿证核发与自愿认购活动，监管事项包括绿证核发程序的公平性，认购记录的真实性和完整性，认购平台运行可靠性，响应认购参与人咨询、投诉的及时性等。

国家能源局委托信息中心负责对自愿认购活动以下事项予以重点监控：

（一）在认购平台扰乱市场秩序的认购行为，如“频繁撤销认购”、“恶意性大量小额挂牌”等；

（二）虚假、欺骗认购；

（三）其他异常认购行为。

出现以上情形时，国家能源局及时组织派出机构和信息中心等相关机构进行调查。

认购参与人发现其他认购参与人的证书认购出现以上所列重点监控事项时，且可能严重影响证书认购秩序的，应当及时向信息中心报告。

第十八条 监管措施

国家能源局及派出机构组织国家可再生能源信息管理中心等相关机构在现场或非现场调查中，可要求相关认购参与人及时、准确、完整地提供下列文件和资料：

（一）认购参与人的开户资料、认购资金账户情况和相关认购情况等；

（二）异常证书认购账户的实际控制人和操作人情况、资金来源以及相关账户间是否存在关联的说明等；

（三）对异常认购事项的解释；

（四）其他相关资料。

对以上所列重点监控事项中情节严重的行为，国家能源局及派出机构可采取以下处理措施：

（一）口头或书面警示；

（二）要求责任方提交书面承诺；

（三）暂停责任方相关账户证书认购。

责任方如对处理措施持有异议，可自接到处理通知之日起 15 个工作日内，向认购平台申请复核，复核期内暂停证书认购。

第十九条 认购异常情况处理

信息中心发现以下影响认购平台正常认购的情形时，可采取暂缓交收或暂停认购等措施：

（一）不可抗力；

（二）意外事件；

（三）技术故障；

（四）其他异常情况。

认购参与人发现无法执行认购指令或行情传输中断情况时，应及时向信息中心报告。报告人数量超过全部认购参与人总数10%以上的，属于认购异常情况，信息中心可以暂停认购。

信息中心应对暂缓交收或暂停认购予以公告，待相关原因消除后，可恢复认购，并予以公告。

因认购异常情况采取相应措施造成损失的，信息中心不承担赔偿责任。

第二十条 认购纠纷

认购参与人之间发生认购纠纷时，应遵循双方自愿协商原则予以解决，可向信息中心申请提供相关认购记录。情节严重的可提交司法部门进行裁决。

第六章 认购信息

第二十一条 信息发布

认购信息归信息中心所有。未经许可，任何机构和个人不得使用和传播。经信息中心许可使用认购信息的机构或个人，未经许可，不得将认购信息提供给第三方使用或传播。

信息中心负责发布证书认购信息，并通过信息平台、认购平台或其他媒体予以公布。发布信息包括：

（一）认购季报和年报；

（二）异常认购公告；

（三）违规认购公告；

（四）其他公告。

信息中心可根据需要，调整信息发布的方式和内容。

第二十二条 信息报送

信息中心负责对认购信息进行记录和备案，按季度统计汇总并形成报告，报送国家发展和改革委员会、财政部和国家能源局。

第七章　附　　则

第二十三条　本规则下列用语具有如下含义：

（一）不可抗力：指认购平台现场或全国其他部分区域出现或据灾情预警可能出现严重自然灾害、重大公共卫生事件、国家法律法规政策调整、认购平台因非法入侵而中断、终止，遭遇不明黑客攻击或社会安全事件等情形。

（二）意外事件：指认购平台现场发生电力供应故障等意外情形。

（三）技术故障：指认购平台的网络、硬件设备、应用软件等无法正常运行，以及认购平台在主备系统切换、软硬件系统及相关程序升级上线失败等意外情形。

第二十四条　本规则由国家发展和改革委员会、财政部、国家能源局负责解释。

第二十五条　本规则自发布之日起试行。

国家发展改革委、国家能源局
关于积极推进电力市场化交易
进一步完善交易机制的通知

（2018 年 7 月 16 日公布　发改运行〔2018〕1027 号
自 2018 年 7 月 16 日起实施）

各省、自治区、直辖市发展改革委、经信委（工信委、工信厅）、能源局、物价局，国家能源局各派出能源监管机构，国家电网有限公司、中国南方电网有限责任公司，中国华能集团有限公司、中国大唐集团有限公司、中国华电集团有限公司、国家电力投资集团有限公司、中国长江三

峡集团有限公司、国家能源投资集团有限责任公司、国家开发投资集团有限公司、中国核工业集团有限公司、中国广核集团有限公司、华润集团有限公司：

习近平总书记在中央经济工作会议上强调指出，2018 年要加快电力市场建设，大幅提高市场化交易比重。李克强总理在政府工作报告中提出加快要素价格市场化改革。为全面贯彻党的十九大和十九届二中、三中全会精神，以习近平新时代中国特色社会主义思想为指导，认真落实中央经济工作会议和政府工作报告各项部署，继续有序放开发用电计划，加快推进电力市场化交易，完善直接交易机制，深化电力体制改革，现就有关事项通知如下。

一、提高市场化交易电量规模

（一）各地要总结电力市场化交易工作经验，结合实际，进一步加快推进电力体制改革，加快放开发用电计划，加快放开无议价能力用户以外的电力用户参与交易，扩大市场主体范围，构建多方参与的电力市场，大幅提高市场化交易电量规模，统筹协调好扩大市场化交易规模和放开发用电计划。开展电力现货市场试点地区，可根据实际设计发用电计划改革路径。

（二）各地应结合实际，统筹发用电侧放开节奏，做好供需总量平衡，进一步明确放开各类发电企业、电力用户和售电企业进入市场的时间，明确放开比例，制定具体工作方案，并进一步完善和规范参与市场化交易的发电企业、电力用户和售电企业等市场主体准入标准、准入程序和退出机制，向社会公布。

（三）各地要取消市场主体参与跨省跨区电力市场化交易的限制，鼓励电网企业根据供需状况、清洁能源配额完成情况参与跨省跨区电力交易，首先鼓励跨省跨区网对网、网对点的直接交易，对有条件的地区，有序支持点对网、点对点直接交易，促进资源大范围优化配置和清洁能源消纳。北京、广州两个电力交易中心要积极创造条件，完善规则，加强机制建设，搭建平台，组织开展跨省跨区市场化交易。

（四）为促进清洁能源消纳，支持电力用户与水电、风电、太阳能发电、核电等清洁能源发电企业开展市场化交易。抓紧建立清洁能源配额制,地方政府承担配额制落实主体责任,电网企业承担配额制实施的组织责任,参与市场的电力用户与其他电力用户均应按要求承担配额的消纳责任,履行清洁能源消纳义务。

二、推进各类发电企业进入市场

(一)加快放开煤电机组参与电力直接交易,《中共中央 国务院关于进一步深化电力体制改革的若干意见》(中发〔2015〕9 号)文件颁布实施后核准的煤电机组,原则上不再安排发电计划,投产后一律纳入市场化交易,鼓励支持环保高效特别是超低排放机组通过电力直接交易和科学调度多发电。

(二)在统筹考虑和妥善处理电价交叉补贴的前提下,有序放开水电参与电力市场化交易。消纳不受限地区,根据水电站多年平均或上年实际发电能力,综合考虑外送和本地消纳,安排优先发电计划,在保障优先发电优先购电的基础上,鼓励水电积极参与电力市场化交易。水电比重大或消纳受限地区,可根据实际情况有序放开水电,扩大水电参与市场化交易比例。进一步完善优先发电优先购电制度,建立水电等优质电源优先采购机制,提升对居民、农业等优先购电用户的保障能力。

(三)在确保供电安全的前提下,完善和创新交易规则,推进规划内的风电、太阳能发电等可再生能源在保障利用小时数之外参与直接交易、替代火电发电权交易及跨省跨区现货交易试点等,通过积极参与市场化交易,增加上网电量,促进消纳。各地要结合实际合理确定可再生能源保障利用小时数,做好优先发电保障和市场化消纳的衔接。

(四)拥有燃煤自备电厂的企业按照国家有关规定承担政府性基金及附加、政策性交叉补贴、普遍服务和社会责任,取得电力业务许可证,达到能效、环保要求,成为合格市场主体后,有序推进其自发自用以外电量按交易规则参与交易。为促进和鼓励资源综合利用,对企业自发自用的余热、余压、余气发电等资源综合利用机组,继续实施减免系统备用费和政策性交叉补贴等相关支持政策。

（五）在保证安全的情况下，稳妥有序推进核电机组进入市场，在保障优先发电计划外，鼓励核电机组通过参与交易实现多发。

（六）有序开展分布式发电市场化交易试点工作，参与交易的应科学合理确定配电电价。

（七）参与交易的发电企业，其项目的单位能耗、环保排放、并网安全应达到国家和行业标准。不符合国家产业政策、节能节水指标未完成、污染物排放未达到排放标准和总量控制要求、违规建设、未取得电力业务许可证（依法豁免许可的除外）等发电企业不得参与。

三、放开符合条件的用户进入市场

（一）在确保电网安全、妥善处理交叉补贴和公平承担清洁能源配额的前提下，有序放开用户电压等级及用电量限制，符合条件的10千伏及以上电压等级用户均可参与交易。支持年用电量超过500万千瓦时以上的用户与发电企业开展电力直接交易。2018年放开煤炭、钢铁、有色、建材等4个行业电力用户发用电计划，全电量参与交易，并承担清洁能源配额。

（二）支持高新技术、互联网、大数据、高端制造业等高附加值的新兴产业以及各地明确的优势特色行业、技术含量高的企业参与交易，可不受电压等级及用电量限制。

（三）支持工业园区、产业园区和经济技术开发区等整体参与交易，在园区内完成电能信息采集的基础上，可以园区为单位，成立售电公司，整体参与市场化交易。园区整体参与交易的偏差电量，可探索建立在园区企业中余缺调剂和平衡的机制。

（四）条件允许地区，大工业用户外的商业企业也可放开进入市场，可先行放开用电量大、用电稳定的零售、住宿和餐饮服务行业企业（例如酒店、商场等），并逐步放开商务服务、对外贸易及加工、金融、房地产等企业参与交易。

（五）在制定完善保障措施的条件下，稳妥放开铁路、机场、市政照明、供水、供气、供热等公共服务行业企业参与交易。

（六）结合电力市场建设进度，鼓励和允许优先购电的用户本着自愿原则，进入市场。

（七）各地可以结合实际情况，自行确定用户电压等级及用电量限制，扩大放开的范围，新增大工业用户原则上通过参与交易保障供电。参与市场交易的电力用户，其单位能耗、环保排放应达到标准。

四、积极培育售电市场主体

（一）积极推进售电企业参与交易，售电企业履行相关程序后，可视同大用户与发电企业开展电力直接交易，从发电企业购买电量向用户销售，或通过交易机构按规则参与各类交易。规范售电公司经营行为，鼓励售电公司依靠降低成本和提供增值服务参与竞争。

（二）鼓励供水、供气、供热等公共服务行业和节能服务公司从事售电业务。鼓励电能服务商、负荷集成商、电力需求侧管理服务商等扩大业务范围，帮助用户开展电力市场化交易。

（三）积极支持各类售电公司代理中小用户参与交易，帮助用户了解用电曲线，探索建立对售电企业的余缺调剂平衡和偏差考核机制，提高市场化意识，减少市场风险。

五、完善市场主体注册、公示、承诺、备案制度

（一）发电企业、电力用户和售电企业等市场主体需在电力交易机构注册成为合格市场主体；交易机构提供各类市场主体注册服务，编制注册流程、指南，对市场主体进行注册培训。

（二）发电企业、电力用户按要求和固定格式签署信用承诺书，向交易机构提交注册材料，并对提交材料的真实性、准确性、合规性和完备性负责，交易机构收到企业提交的注册申请和注册材料后，原则上在7个工作日内完成材料完整性核验，注册自动生效。售电企业按《售电公司准入与退出管理办法》有关规定进行注册。

（三）发电企业、电力用户和售电企业等市场主体完成注册程序后，纳入市场主体目录，获得交易资格。交易机构按期将市场主体注册情况向能源监管机构、省级政府有关部门和政府引入的全国性行业协会、信用服务机构备案，对市场主体目录实施动态管理。

六、规范市场主体交易行为

（一）发电企业、电力用户和售电企业注册成为合格市场主体后，自愿在电力交易平台按照批准和公布的交易规则参与各类交易，遵守有关规定，服从统一调度管理和市场运营管理，接受政府有关部门监管。市场主体选择进入市场，在3年内不可退出，通过市场竞争形成价格。各地区有关部门要最大限度减少对微观事务的干预，充分尊重和发挥企业的市场主体地位，不得干预企业签订合同，不得强制企业确定电量和电价，不得干扰合同履行，不得实行地方保护。

（二）发电企业与电力用户、售电企业进行直接交易的，为保障公平竞争，电力交易机构应开展对市场交易的审核，市场主体要严格执行包含政府性基金及附加和政策性交叉补贴在内的输配电价，要切实承担清洁能源配额，落实优先购电责任，有关情况及时报告各地政府相关部门。

（三）电力用户原则上应全电量参与电力市场，可自主选择向发电企业直接购电或向售电企业购电。

（四）发电企业与电力用户、售电企业进行直接交易的，应按市场交易规则和电网企业签订三方购售电合同，明确相应的权利义务关系、交易电量和价格、服务等事项，鼓励签订1年以上中长期合同，可由各地组织集中签订，也可自行协商签订，签订的合同由电力交易机构汇总和确认，由电力调度机构进行安全校核。鼓励各地根据实际情况规范直接交易合同，推荐交易双方按统一合同样本签订中长期交易合同。

（五）电力交易机构要加强自身能力建设，搭建公开透明、功能完善、按市场化方式运行的电力交易平台，发挥市场在能源资源优化配置中的决定性作用。要切实发挥好电力交易机构在市场交易核查工作中的第三方监管作用，保证各类主体市场交易行为有序规范。

七、完善市场化交易电量价格形成机制

（一）促进输配以外的发售电由市场形成价格，鼓励交易双方签订中长期市场化交易合同，在自主自愿、平等协商的基础上，约定建立固定价格、“基准电价＋浮动机制”、随电煤价格并综合考虑各种市场因素调整等多种形式的市场价格形成机制，分散和降低市场风险。电力用户的用电价格，由三部分相加组成，包括与发电企业、售电企业协商定价机制确定的价格、政府有关部门明确的输配电价（含损耗）和政府性基金及附加。

（二）协商建立“基准电价＋浮动机制”的市场化定价机制，基准电价可以参考现行目录电价或电煤中长期合同燃料成本及上年度市场交易平均价格等，由发电企业和电力用户、售电企业自愿协商或市场竞价等方式形成。

在确定基准电价的基础上，鼓励交易双方在合同中约定价格浮动调整机制。鼓励建立与电煤价格联动的市场交易电价浮动机制，引入规范科学、双方认可的煤炭价格指数作参考，以上年度煤炭平均价格和售电价格为基准，按一定周期联动调整交易电价，电煤价格浮动部分在交易双方按比例分配。具体浮动调整方式由双方充分协商，在合同中予以明确，浮动调整期限应与电煤中长期合同的期限挂钩。

（三）探索建立随产品价格联动的交易电价调整机制。生产成本中电费支出占比较高的行业，交易双方可参考产品多年平均价格或上年度价格，协商确定交易基准电价、基准电价对应的产品价格、随产品价格联动的电价调整机制等，当产品价格上涨或下降超过一定区间或比例时，电价联动调整，由交易双方共同承担产品价格波动的影响。

（四）交易双方签订年度双边合同后，可探索建立与月度集中竞价相衔接的价格浮动调整机制，根据月度竞价结果，由双方自主协商，对双边合同价格进行调整确认。

（五）探索建立高峰用电市场化机制。积极推进电力现货市场建设，通过市场化机制形成不同时段价格，补偿高峰电力成本；现货市场建立前，参与市场化交易的电力用户应执行峰谷电价政策，合理体现高峰用电的成本和价值差异。

（六）2018年放开煤炭、钢铁、有色、建材等4个行业电力用户发用电计划，全电量参与交易，通过市场化交易满足用电需求，建立市场化价格形成机制。具体实施方案见附件。

八、加强事中事后监管

（一）政府有关部门要有针对性地制定和完善相关法规政策，加强制度建设，着力保障电力市场健康运行。发电企业、电力用户和售电企业要牢固树立法律意识、契约意识和信用意识，合同一经签订必须严格履行。地方经济运行部门会同有关部门和单位对电力市场化交易合同履行情况实行分月统计，发挥大数据平台作用，电力直接交易相关信息纳入平台管理。能源监管机构对市场主体履行合同和执行市场运行规则等情况进行监管。

（二）各相关部门要建立健全交易合同纠纷协调仲裁机制，对市场主体在合同履约过程中产生的纠纷及时进行裁决，营造公平公正的市场环境，坚决避免因合同纠纷造成用户可靠供电受到影响，妥善解决因不可抗力因素造成合同难以执行等问题，避免市场主体受到不公平待遇。

九、加快推进电力市场主体信用建设

国家发展改革委、国家能源局会同有关方面加快推进电力市场主体信用体系建设，针对不同市场主体建立信用评价指标体系，引入全国性行业协会、信用服务机构和电力交易机构，建立信用评价制度，开展电力直接交易数据采集工作，实行市场主体年度信息公示，实施守信联合激励和失信联合惩戒机制，强化信用意识，限制有不良信用记录的市场主体参与电力市场化交易。建立完善红名单、黑名单制度，对于遵法守信，信用评价良好以上的市场主体，纳入红名单，研究给予同等条件下市场交易优先等激励措施；对于违反交易规则和有失信行为的市场主体，纳入不良信用记录，情节特别严重或拒不整改的，经过公示等有关程序后，纳入失信企业黑名单；强制退出的市场主体，直接纳入失信企业黑名单。

附件：

全面放开部分重点行业电力用户发用电计划实施方案

为全面贯彻党的十九大和十九届二中、三中全会精神，以习近平新时代中国特色社会主义思想为指导，认真落实中央经济工作会议和政府工作报告各项部署，积极推进电力市场化交易，全面放开部分重点行业电力用户发用电计划，建立完善科学合理的市场化定价机制，促进电力及上下游行业全产业链协同发展，特制定本方案。

一、充分认识放开重点行业电力用户发用电计划的重要意义

新一轮电力体制改革启动以来，各地区、有关部门和企业认真贯彻党中央、国务院决策部署，大力推进电力市场化交易，逐步建立了规则明确、组织有序、形式多样、主体多元的市场化交易体系，2017 年市场化交易电量达到全社会用电量的 26%，改革成效已经显现。在已有工作基础上，2018 年选择煤炭、钢铁、有色、建材等部分重点行业电力用户，率先全面放开发用电计划试点，进一步扩大交易规模，完善交易机制，形成新的改革突破口和着力点。4 个重点行业市场化程度较高，在电力体制改革过程中已经参与了市场化交易，市场经验丰富，试点全面放开发用电计划具有较好的基础。通过先行先试，有利于充分还原电力商品属性，理顺和打通电力及其上下游行业的价格市场化形成机制，形成全产业链价格联动、利益共享、风险共担协同发展格局，进而有效促进社会主义市场经济的平稳健康运行。

放开煤炭、钢铁、有色、建材等行业用户发用电计划，要坚持“应放尽放”，取消电力用户参与市场的电压等级和电量规模限制；要坚持规范有序，加强市场主体准入、交易合同、交易价格的事中事后监管，落实惩罚性电价；要坚持完善机制，引导交易双方建立“基准电价 + 浮动机制”的市场化价格形成机制，共担市场风险；要坚持保障安全，确保放开发用电计划过程中电网安全稳定运行和电力用户的稳定供应；要

坚持清洁发展,放开发用电计划的用户要公平承担清洁能源配额消纳责任。

二、试点全部放开重点行业发用电计划,提高市场化交易规模

(一)鼓励重点行业电力用户全部开展市场化交易。各地要认真梳理,建立煤炭、钢铁、有色、建材等行业电力用户目录,结合实际情况,在落实清洁能源配额的前提下,积极推进4个重点行业电力用户参与市场化交易,全部放开10千伏及以上电压等级用户。煤炭、钢铁、有色、建材等行业电力用户全电量参与交易,通过市场交易满足用电需求。

(二)具备条件的用户,同步放开发用电计划和电价。煤炭、钢铁、有色、建材等重点行业电力用户可选择与各类型发电企业开展市场化交易,双方可自主协商确定市场化的定价机制。双方协商一致的,全部放开发用电计划和电价。用户也可参与集中竞价交易,或向售电公司购电。

(三)逐步放开重点行业电力用户参与跨省跨区交易。各地要逐步取消发电企业和电力用户参与跨省跨区电力市场化交易的限制,允许重点行业电力用户跨省跨区购电,首先鼓励跨省跨区网对网、网对点的直接交易,对有条件的地区,有序支持点对网、点对点直接交易。北京、广州两个区域电力交易中心要积极创造条件,完善规则,加强机制建设,搭建好平台,适时组织开展重点行业电力用户跨省跨区市场化交易。

(四)支持重点行业电力用户与清洁能源开展交易。为促进清洁能源消纳,支持煤炭、钢铁、有色、建材等行业电力用户与水电、风电、太阳能发电、核电等清洁能源开展市场化交易。尽快建立清洁能源配额制,电网企业、电力用户和售电公司应按要求承担相关责任,落实清洁能源消纳义务。重点行业电力用户与清洁能源开展市场化交易,可适当减免交叉补贴;鼓励参与跨省跨区市场化交易的市场主体消纳计划外增送清洁能源电量,并可通过协商适度降低跨省跨区输电价格。

三、做好发用电计划放开与推进市场化交易完善交易机制的有效衔接

放开煤炭、钢铁、有色、建材等重点行业发用电计划，若电力用户与发电企业双方无法协商一致签订市场化交易合同，暂不具备同步放开条件的，可先放开发用电计划，并设置一定的过渡期，由电力交易机构组织挂牌等交易，用户电价按当地目录电价标准确定，发电企业电价按目录电价扣减输配电价、政府性基金及附加确定，促成双方达成一致，签订交易合同，保障企业电力稳定供应。过渡期后，再由电力用户和发电企业自主协商确定电量和价格形成机制。已参加市场化交易又退出的电力用户，在再次参与交易或通过售电公司购电前，由电网企业承担保底供电责任，执行保底供电价格。

四、建立完善重点行业科学合理的市场化价格形成机制

2018 年起，煤炭、钢铁、有色、建材等重点行业电力用户参与市场化交易，不再执行目录电价。鼓励电力用户和发电企业在签订电力市场化交易合同时自主协商，约定建立“基准电价 + 浮动机制”的市场化价格形成机制。电力用户的用电价格，由三部分相加组成，包括与发电企业协商的“基准电价 + 浮动机制”价格、政府明确的输配电价（含损耗）和政府性基金及附加。

（一）约定基准电价。交易双方可根据发电企业电煤来源，自主协商选取合理的基准电煤价格，将与其对应的发电价格确定为交易合同的基准电价。双方协商达不成一致的，推荐参考煤电标杆上网电价或电煤中长期合同价格对应的发电价格确定为基准电价。

（二）约定浮动机制。煤炭、钢铁、有色、建材等行业电力用户和发电企业签订电力市场化交易合同时，可自主协商建立价格浮动机制，综合考虑各类市场影响因素，协商确定浮动的参考标准、浮动周期、浮动比例。协商达不成一致的，推荐综合考虑发电成本和各类市场因素，主要参考煤炭市场价格，兼顾下游产品价格等市场因素，实施浮动，可每季度浮动调整一次。

（三）支持资源综合利用。为促进和鼓励资源综合利用，对重点行业用户自发自用的余热、余压、余气发电或其他类型资源综合利用机组，继续实施相关支持政策，减免系统备用费和政策性交叉补贴。

（四）严格落实惩罚性电价。煤炭、钢铁、有色、建材等行业电力用户在电力市场化交易中要严格落实相关产业政策，对不符合国家产业政策、以及产品和工艺属于淘汰类的企业不得参与电力市场化交易，且严格执行差别化电价；已出台阶梯电价政策的行业，企业在市场化电价的基础上继续执行阶梯电价政策。对存在违法、违规行为且尚在整改期内的企业和列入“黑名单”的严重失信企业执行更高额度的惩罚性措施。

五、规范重点行业用户交易行为，加快推进签订电力中长期交易合同

（一）推进签订中长期交易合同。积极推进煤炭、钢铁、有色、建材等重点行业电力用户与发电企业及电网企业签订三方发购电合同，约定电量、价格及价格调整机制、偏差处理、违约责任等内容。鼓励签订3—5年甚至更长期限的中长期合同，促进双方锁定经营风险，优化生产安排。鼓励各地根据实际情况规范直接交易合同，推荐交易双方按统一合同样本签订中长期交易合同。

（二）完善重点行业电力用户注册、公示、承诺、备案制度。参与电力市场化交易的煤炭、钢铁、有色、建材等重点行业电力用户，都应在电力交易机构注册成为合格市场主体，交易机构提供注册服务，进行注册培训。电力用户完成注册程序后，自动纳入市场主体目录，获得交易资格。电力交易机构按期将企业注册情况向能源监管机构、省级政府有关部门和引入的全国性行业协会、信用服务机构备案。

（三）确保安全稳定供电。放开煤炭、钢铁、有色、建材等重点行业电力用户发用电计划，要遵循电力供需实时性、波动性等技术经济规律，妥善做好清洁能源消纳、有序用电、应急处置等各项工作衔接，确保电力供应持续安全稳定，实现电力供需动态平衡。

（四）减少地方行政干预。充分尊重企业的市场主体地位，发挥市场在资源配置中的决定性作用，支持企业自主协商签订合同，最大限度减少对微观事务的干预。

(五)加强相关落实责任的核查。放开煤炭、钢铁、有色、建材等重点行业电力用户发用电计划,为确保公平竞争,电力交易机构应开展对市场交易的核查,确保交易完全承担包含政府性基金及附加和政策性交叉补贴在内的输配电价,确保市场主体完全承担清洁能源配额,承担优先购电责任,有关情况及时报告各地政府相关部门。

六、加强事中事后监管,依法严格保障执行

(一)加强合同信用监管。国家发展改革委会同有关方面加强指导,引入全国性行业协会、信用服务机构和电力交易机构开展电力交易信用数据采集,建立动态信用记录,适时公布有关履约信用状况。对诚实守信、认真履约的企业纳入诚信记录,对履行不力甚至恶意违约的企业纳入不良信用记录并视情况公开通报并实施联合惩戒。企业要牢固树立法律意识、契约意识和信用意识,合同一经签订必须严格履行。鼓励和支持签订市场化合同的企业,对市场化交易、合同履约过程中出现的问题,及时向有关部门反映、举报,提出处理建议。

(二)严格保障市场化交易的执行。国家发展改革委、国家能源局负责指导和监督全国发用电计划放开工作,地方政府主管部门负责本地区发用电计划放开工作的组织实施,会同监管部门对市场化交易开展监管。政府有关部门要不断完善相关法规政策。电力交易机构、电力调度机构要按照要求做好市场化交易的组织和落实,配合有关部门开展监管。协调仲裁机构对市场主体反映的合同纠纷要严格按照公平公正的原则予以裁决,保证市场平稳健康运行。行业协会要积极发挥作用,引导行业电力用户参与电力市场交易,加强行业自律,保障市场规范运行。

国家发展改革委、国家能源局关于加快建设全国统一电力市场体系的指导意见

（2022年1月18日公布 发改体改〔2022〕118号
自2022年1月18日起实施）

各省、自治区、直辖市人民政府，国务院各部委、各直属机构，国家电网有限公司、中国南方电网有限责任公司、内蒙古电力（集团）有限责任公司，中国核工业集团有限公司、中国华能集团有限公司、中国大唐集团有限公司、中国华电集团有限公司、国家电力投资集团有限公司、中国长江三峡集团有限公司、国家能源投资集团有限责任公司、国家开发投资集团有限公司、华润（集团）有限公司、中国广核集团有限公司：

党中央、国务院部署实施新一轮电力体制改革以来，我国电力市场建设稳步有序推进，多元竞争主体格局初步形成，市场在资源优化配置中作用明显增强，市场化交易电量比重大幅提升。同时，电力市场还存在体系不完整、功能不完善、交易规则不统一、跨省跨区交易存在市场壁垒等问题。为加快建设全国统一电力市场体系，实现电力资源在更大范围内共享互济和优化配置，提升电力系统稳定性和灵活调节能力，推动形成适合中国国情、有更强新能源消纳能力的新型电力系统，经国务院同意，现提出以下意见。

一、总体要求

（一）指导思想。以习近平新时代中国特色社会主义思想为指导，全面贯彻党的十九大和十九届历次全会精神，完整、准确、全面贯彻新发展理念，遵循电力运行规律和市场经济规律，适应碳达峰碳中和目标的新要求，更好统筹发展和安全，优化电力市场总体设计，健全多层次统一电力市场体系，统一交易规则和技术标准，破除市场壁垒，推进

适应能源结构转型的电力市场机制建设，加快形成统一开放、竞争有序、安全高效、治理完善的电力市场体系。

（二）工作原则。

总体设计，稳步推进。做好电力市场功能结构的总体设计，实现不同层次市场的高效协同、有机衔接。坚持问题导向，积极稳妥推进市场建设，鼓励因地制宜开展探索。

支撑转型，安全可靠。完善体制机制，创新市场模式，促进新能源的投资、生产、交易、消纳，发挥电力市场对能源清洁低碳转型的支撑作用。协同推进市场建设与电网运行管理，防范市场建设风险，确保电力系统安全稳定运行。

立足国情，借鉴国际。立足我国能源资源禀赋、经济社会发展等实际国情，借鉴国际成熟电力市场建设经验，发挥国内市场优势，适应电力行业生产运行规律和发展需要，科学合理设计市场模式和路径。

统筹兼顾，做好衔接。统筹考虑企业和社会的电力成本承受能力，做好基本公共服务供给和电力市场建设的衔接，保障电力公共服务供给和居民、农业等用电价格相对稳定。

（三）总体目标。到 2025 年，全国统一电力市场体系初步建成，国家市场与省（区、市）/区域市场协同运行，电力中长期、现货、辅助服务市场一体化设计、联合运营，跨省跨区资源市场化配置和绿色电力交易规模显著提高，有利于新能源、储能等发展的市场交易和价格机制初步形成。到 2030 年，全国统一电力市场体系基本建成，适应新型电力系统要求，国家市场与省（区、市）/区域市场联合运行，新能源全面参与市场交易，市场主体平等竞争、自主选择，电力资源在全国范围内得到进一步优化配置。

二、健全多层次统一电力市场体系

（一）加快建设国家电力市场。充分发挥北京、广州电力交易中心作用，完善电力交易平台运营管理和跨省跨区市场交易机制。根据电力基础设施建设布局和互联互通情况，研究推动适时组建全国电力交易中心，引入发电企业、售电公司、用户等市场主体和有关战略投资者,建立依法规范、权责分明的公司法人治理体系和运营机制;成立相应的市场管理委员会,完善议事协调和监督机制。

（二）稳步推进省（区、市）/区域电力市场建设。充分发挥省（区、市）市场在全国统一电力市场体系的基础作用,提高省域内电力资源配置效率,保障地方电力基本平衡。贯彻京津冀协同发展、长三角一体化、粤港澳大湾区建设等国家区域重大战略,鼓励建设相应的区域电力市场,开展跨省跨区电力中长期交易和调频、备用等辅助服务交易,优化区域电力资源配置。

（三）引导各层次电力市场协同运行。有序推动国家市场、省（区、市）/区域电力市场建设,加强不同层次市场的相互耦合、有序衔接。条件成熟时支持省（区、市）市场与国家市场融合发展,或多省（区、市）联合形成区域市场后再与国家市场融合发展。推动探索组建电力交易中心联营体,并建立完善的协同运行机制。

（四）有序推进跨省跨区市场间开放合作。在落实电网安全保供支撑电源电量的基础上,按照先增量、后存量原则,分类放开跨省跨区优先发电计划,推动将国家送电计划、地方政府送电协议转化为政府授权的中长期合同。建立多元市场主体参与跨省跨区交易的机制,鼓励支持发电企业与售电公司、用户等开展直接交易。加强跨省跨区与省内市场在经济责任、价格形成机制等方面的动态衔接。加快建立市场化的跨省跨区输电权分配和交易机制,最大程度利用跨省跨区富裕通道优化电力资源配置。

三、完善统一电力市场体系的功能

（一）持续推动电力中长期市场建设。进一步发挥中长期市场在平衡长期供需、稳定市场预期的基础作用。完善中长期合同市场化调整机制,缩短交易周期,提升交易频次,丰富交易品种,鼓励开展较长期限的中长期交易,规范中长期交易组织、合同签订等流程。推动市场主体通过市场交易方式在各层次市场形成分时段电量电价,更好拉大峰谷价差,引导用户削峰填谷。

（二）积极稳妥推进电力现货市场建设。引导现货市场更好发现电力实时价格,准确反映电能供需关系。组织实施好电力现货市场试点,支持具备条件的试点不间断运行,逐渐形成长期稳定运行的电力现货市场。推动各类优先发电主体、用户侧共同参与现货市场,加强现货交易与放开优先发用电计划、中长期交易的衔接,建立合理的费用疏导机制。

(三)持续完善电力辅助服务市场。推动电力辅助服务市场更好体现灵活调节性资源的市场价值,建立健全调频、备用等辅助服务市场,探索用户可调节负荷参与辅助服务交易,推动源网荷储一体化建设和多能互补协调运营,完善成本分摊和收益共享机制。统筹推进电力中长期、现货、辅助服务市场建设,加强市场间有序协调,在交易时序、市场准入、价格形成机制等方面做好衔接。

(四)培育多元竞争的市场主体。有序放开发用电计划,分类推动燃气、热电联产、新能源、核电等优先发电主体参与市场,分批次推动经营性用户全面参与市场,推动将优先发电、优先购电计划转化为政府授权的中长期合同。严格售电公司准入标准和条件,引导社会资本有序参与售电业务,发挥好电网企业和国有售电公司重要作用,健全确保供电可靠性的保底供电制度,鼓励售电公司创新商业模式,提供综合能源管理、负荷集成等增值服务。引导用户侧可调负荷资源、储能、分布式能源、新能源汽车等新型市场主体参与市场交易,充分激发和释放用户侧灵活调节能力。

四、健全统一电力市场体系的交易机制

(一)规范统一市场基本交易规则和技术标准。发展改革委、能源局组织有关方面制定市场准入退出、交易品种、交易时序、交易执行结算等基本交易规则,以及统一的交易技术标准和数据接口标准。各地组织省(区、市)电力交易中心依照基本交易规则制定本地交易细则。推动交易中心之间在技术和数据标准方面有效衔接、总体一致。

(二)完善电力价格形成机制。改革完善煤电价格市场化形成机制,完善电价传导机制,统一规范各地电力市场价格规则,有效平衡电力供需。有序推动工商业用户全部进入电力市场,确保居民、农业、公益性事业等用电价格相对稳定。鼓励清洁取暖用户通过参与电力市场降低采暖成本。强化电网输配电准许收入监管，推动电网企业输配电业务和购售电业务分开核算，妥善处理政策性交叉补贴。提升跨省跨区输电价格机制灵活性，探索跨省跨区交易按最优路径组合等方式收取输电费用。

（三）做好市场化交易与调度运行的高效衔接。在保障电网安全运行和电力可靠供应的前提下，统筹优化电力市场运行与电网调度运行，健全完善电网企业相关业务流程和制度标准。加强电力交易中心与电网企业业务协同，推动规划、营销、计量、财务、调度等信息的互通共享。提升电网智能化水平，加强电力运行调度和安全管理，依法依规落实电力市场交易结果。

（四）加强信息共享和披露。推动全国电力市场主体注册信息共享。落实信息披露制度要求，规范披露流程，依法依规披露电网安全约束条件、跨省跨区可用输电能力等关键信息。建设统一信息披露平台，健全信息安全保障机制，确保电力运行信息安全可控。

五、加强电力统筹规划和科学监管

（一）健全适应市场化环境的电力规划体系。统筹可再生能源和常规电源规划布局，加强全国电力规划与地方电力规划、电源规划与电网规划、电力规划与市场建设之间的衔接，注重发挥市场价格信号对电力规划建设的引导作用。

（二）完善现代电力市场监管体制。提升对电力市场科学监管能力，加强监测预警，强化电力交易机构和调度机构的运营监控和风险防控责任，做好对电力市场信息披露情况的监督和评价。加强对电网企业自然垄断性业务的监管，健全电网公平开放监管制度，强化运行安全和服务质量评价。

（三）健全电力市场信用体系。健全市场主体自律和社会监督机制，完善电力市场信用评价体系，开展市场主体信用评价工作，推动分级分类监管，实现市场主体信用信息共享，健全守信激励和失信惩戒机制，构建以信用为基础的新型监管机制。

（四）完善电力应急保供机制。加快应急备用和调峰电源能力建设，建立健全成本回收机制，通过容量成本回收机制、辅助服务市场等实现合理经济补偿。健全市场应急处置机制，优先保障民生用电供应，确保电力供应安全。

六、构建适应新型电力系统的市场机制

（一）提升电力市场对高比例新能源的适应性。严格落实支持新能源发展的法律法规和政策措施，完善适应高比例新能源的市场机制，有序推动新能源参与电力市场交易，以市场化收益吸引社会资本，促进新能源可持续投资。建立与新能源特性相适应的中长期电力交易机制，引导新能源签订较长期限的中长期合同。鼓励新能源报量报价参与现货市场，对报价未中标电量不纳入弃风弃光电量考核。在现货市场内推动调峰服务，新能源比例较高的地区可探索引入爬坡等新型辅助服务。

（二）因地制宜建立发电容量成本回收机制。引导各地区根据实际情况，建立市场化的发电容量成本回收机制，探索容量补偿机制、容量市场、稀缺电价等多种方式，保障电源固定成本回收和长期电力供应安全。鼓励抽水蓄能、储能、虚拟电厂等调节电源的投资建设。

（三）探索开展绿色电力交易。创新体制机制，开展绿色电力交易试点，以市场化方式发现绿色电力的环境价值，体现绿色电力在交易组织、电网调度等方面的优先地位。引导有需求的用户直接购买绿色电力，推动电网企业优先执行绿色电力的直接交易结果。做好绿色电力交易与绿证交易、碳排放权交易的有效衔接。

（四）健全分布式发电市场化交易机制。鼓励分布式光伏、分散式风电等主体与周边用户直接交易，完善微电网、存量小电网、增量配电网与大电网间的交易结算、运行调度等机制，增强就近消纳新能源和安全运行能力。

七、加强组织实施

（一）强化组织落实。要始终坚持和加强党的领导，把党的领导贯穿全国统一电力市场体系建设全过程。要加强电力统筹规划、政策法规、科学监测等工作，科学指导电力规划和有效投资。发展改革委、能源局要加强对统一电力市场体系建设的总体指导，统筹考虑能源资源禀赋、电价水平、电网安全运行等条件，加强系统研究、协调推进，健全应急调控预案和保障供应机制，完善相关配套政策，强化组织协调、监督管理和风险防范。各省（区、市）政府要明确牵头部门和任务分工，按照总体部署扎实做好本地电力市场建设，推进综合协同监管。

（二）营造改革氛围。组织开展电力市场建设的专项研究培训，鼓励引导相关市场主体发挥各自优势，主动适应新型电力系统建设和市场化方向，积极参与电力市场建设。通过新闻发布会等形式，加强对全国统一电力市场体系建设的宣传引导和政策解读，凝聚电力市场发展共识，营造良好改革氛围。

（三）及时跟踪评估。电力交易机构和调度机构按照职责分工做好市场运行信息的记录、汇总、分析和披露等工作，及时准确反映电力市场运行状况。发展改革委、能源局对电力市场运行状况开展定期评估，及时总结经验，加强对各地电力市场建设的督促指导。

关于深化电力现货市场建设试点工作的意见

（2019年7月31日公布　发改办能源规〔2019〕828号
自2019年7月31日起实施）

为贯彻落实党的十九大精神，加快电力市场体系建设，现就深化电力现货市场建设试点工作提出以下意见。

一、总体要求

（一）总体思路。

以习近平新时代中国特色社会主义思想为指导，深入贯彻党的十九大精神，认真落实党中央关于电力体制改革的决策部署，进一步深化电力市场化改革，遵循市场规律和电力系统运行规律，建立中长期交易为主、现货交易为补充的电力市场，完善市场化电力电量平衡机制和价格形成机制，促进形成清洁低碳、安全高效的能源体系。

（二）基本原则。

坚持市场主导。进一步发挥市场决定价格的作用，建立完善现货交易机制，以灵活的市场价格信号，引导电力生产和消费，加快放开发用电计划，激发市场主体活力，提升电力系统调节能力，促进能源清洁低碳发展。

坚持因地制宜。综合考虑各地供需形势、网源结构、送受电情况、市场化基础和经济社会发展水平等因素，结合实际、因地制宜，研究制定电力现货市场建设方案，鼓励各地差异化探索。

坚持统筹有序。统筹好计划与市场、当前与长远、省内与省间、中长期与现货交易之间的关系，总体设计、分步实施，积极稳妥、有序推进。

坚持安全可靠。做实做细市场模拟，提前发现问题，切实防控风险。推动市场交易和系统运行相互衔接，做好市场应急处理预案，保障电力安全可靠供应。

二、合理设计电力现货市场建设方案

（三）科学论证电力市场模式。因地制宜、科学合理选择电力市场模式，确保市场模式有良好的开放性、兼容性和可扩展性。原则上，电网阻塞断面多的地区，宜选择集中式电力市场模式起步；电网阻塞断面少且发电侧市场集中度高的地区，宜选择分散式电力市场模式起步。

（四）合理选择现货市场组成。现货市场主要开展日前、日内、实时的电能量交易，通过竞争形成分时市场出清价格，并配套开展备用、调频等辅助服务交易。试点地区可结合所选择的电力市场模式，同步或分步建立日前市场、日内市场、实时市场/实时平衡市场。

（五）合理确定现货市场主体范围。市场主体范围应涵盖各类发电企业和供电企业（含地方电网、趸售县、高新产业园区和经济技术开发区、增量配网试点项目等）、售电企业、具备直接参加电力现货交易条件的电力用户等。

（六）有利于区域市场建设。电力现货试点应符合国家区域协调发展要求，服务京津冀协同发展、长三角一体化发展、粤港澳大湾区建设等重大战略，按照建设统一开放、竞争有序的市场体系要求，为未来市场间交易和市场融合创造条件，进一步促进清洁能源更大范围消纳。

三、统筹协调电力现货市场衔接机制

（七）统筹协调省间交易与省（区、市）现货市场。各类跨省跨区中长期优先发电合同和中长期市场化交易合同双方，均需提前约定交易曲线作为结算依据。经过安全校核的日前跨区跨省送电曲线作为受（送）端省份电力现货市场电力的边界条件，偏差部分按照受（送）端省份现货市场规则进行结算。以国家计划为基础的跨区跨省送电计划放开前，可由受端省份电网企业或政府授权的其他企业代表与发电方、输电方协商签订三方中长期合同，约定典型送电曲线及输电容量使用条件。

（八）统筹协调电力中长期交易与现货市场。中长期交易可以实物合同、差价合同等一种或多种形式签订。中长期双边交易形成的电量合同，可由交易双方自行分解为分时曲线。中长期交易实物合同，其分解曲线应在满足电网安全约束的前提下予以执行。对于优先发电、优先购电，根据市场建设进展纳入中长期交易。推动形成中长期交易价格与现货市场价格科学合理的互动机制。

（九）统筹协调电力辅助服务市场与现货市场。配合电力现货试点，积极推进电力辅助服务市场建设，实现调频、备用等辅助服务补偿机制市场化。建立电力用户参与承担辅助服务费用的机制，鼓励储能设施等第三方参与辅助服务市场。

四、建立健全电力现货市场运营机制

（十）有序引导用电侧参与现货市场报价。根据市场发育程度、市场主体成熟度和计量设施情况,电力现货市场中,可采用发电侧单边申报量价的方式,采用负荷预测曲线作为需求,用电侧作为市场价格接受者;具备条件地区,用电侧可报量报价或报量不报价。发电侧单边申报和发用电侧双边申报形成的电力现货价格,均应作为用电侧电力现货结算价格基础,引导电力用户形成对系统友好的用电习惯。

(十一)建立促进清洁能源消纳的现货交易机制。非水可再生能源相应优先发电量应覆盖保障利用小时数。各电力现货试点地区应设立明确时间表,选择清洁能源以报量报价方式,或报量不报价方式参与电力现货市场,实现清洁能源优先消纳。市场建设初期,保障利用小时数以内的非水可再生能源可采用报量不报价方式参与电力现货市场。

(十二)合理选择现货市场价格形成机制。根据各电力现货试点地区的电网结构和阻塞情况,可选择采用节点边际电价、分区边际电价和系统边际电价等价格机制。对于电网阻塞线路多、阻塞成本高的地区,可选择节点边际电价机制;对于电网阻塞线路少、阻塞成本低的地区,可选择分区边际电价或系统边际电价机制。阻塞管理形成的盈余或成本,应及时在发用电侧市场主体间合理分摊。电力现货试点地区可视实际需要探索开展输电权交易。电力现货市场价格形成机制设计应避免增加市场主体间的交叉补贴。

(十三)科学设定现货市场限价。电力现货市场申报和出清限价设置应以促进用户侧削峰填谷、消纳清洁能源和防范价格异常波动为基本原则,避免因上下限设置不合理而影响价格信号发挥作用。

五、强化提升电力现货市场运营能力

(十四)建立健全现货市场运营工作制度。市场运营机构应加强相关工作制度建设,不断提升市场运营水平。建立电力市场运营工作规范,明确调度机构、交易机构相关岗位职责。建立市场运营涉密信息管理制度,规范信息交换和使用程序,防范关键信息泄露。建立市场运营关键岗位和人员回避制度,保障市场运营公开公正。

(十五)提高市场运营机构的组织保障水平。电网企业应在电力现货试点地区第一责任单位等部门和国家能源局派出机构的指导下，加快优化现货市场运营主体的组织机构设置，加强现货市场专业队伍建设，强化现货市场专职人员培训，确保技术支持系统开发建设、运行管理等工作顺利开展，保障满足现货市场建设和运营需要。

（十六）加强电力系统运行管理。严格落实电网安全运行控制标准要求，规范调用电网备用、调频资源，严格按照电力系统安全稳定导则计算电网阻塞断面的传输限值。调度机构可按照事前制定的规则处理电网故障、供需失衡等异常情况，保障电力系统安全可靠运行。

（十七）健全市场信息披露机制。按照保障交易的原则，电力交易机构在汇总各市场成员信息基础上，根据不同时间要求和公开范围，对外披露电力现货市场信息，包括交易规则、交易公告、输电通道可用容量、系统负荷预测、系统可再生能源功率预测汇总数据、市场成交信息等，保障市场公开、公平和公正。采用节点边际电价的地区应提供输电断面、网架拓扑结构、各节点电价、阻塞费用分摊、设备停运信息、非市场机组运行等信息，引导市场主体主动有效参与市场。

六、规范建设电力现货市场运营平台

（十八）规范技术支持系统开发建设。参照《电力市场运营系统现货交易和现货结算功能指南（试行）》要求，建立与电力现货市场建设相适应的信息化平台。市场运营机构应向市场主体提供现货市场技术支持系统功能模块体系，明确出清目标函数及实现过程，形成必要说明文档；做好技术支持系统运行情况分析，解决系统存在的问题，做好定期记录、汇总、披露等工作。

（十九）规范技术支持系统运行管理。技术支持系统建设执行招投标程序，并接受监督。技术支持系统投入试运行前，电力现货试点地区第一责任单位应会同有关部门组织对市场出清软件系统进行第三方标准算例校核。在系统运行各阶段，应建立公正、规范和透明的工作机制。对确需人为干预而进行的系统调整，应符合市场规则，严格做好人工调整记录，并向市场成员披露；系统关键市场参数的设定标准与取值，应经电力市场管理委员会审议通过，并报地方政府有关部门和国家能源局派出机构同意后执行；关键市场参数的调整应建立记录日志，及时向市场成员公布实际参数值。

七、建立完善电力现货市场配套机制

（二十）建立与现货市场衔接的用电侧电价调整机制。统筹考虑优先发电、优先购电结算情况，以及电力现货市场形成的价格信号，逐步建立完善用电侧价格调整机制。

（二十一）完善与现货市场配套的输配电价机制。探索结合电源侧、负荷侧接入电网位置单独计算系统接入成本。结合电力现货市场建设，研究完善与电能量市场价格机制相适应的跨省区输电价格机制和省内输配电价机制。

（二十二）提高电力系统长期供应保障能力。持续做好电力系统长期供应能力评估分析，统筹降成本和稳供应，设计合理市场机制有效引导电力投资。加快研究、适时建立容量补偿机制或容量市场，保证电力系统长期容量的充裕性。

（二十三）加强电力市场监管。强化电力市场科学监管，完善市场监管组织体系。统筹发挥市场监管和行业自律的作用，综合运用信用监管和行政管理手段，对市场成员执行市场规则的行为进行监管，重点对操纵市场、违反市场规则等行为实施监管，维护公平竞争秩序。

（二十四）开展现货市场运营绩效评估。国家发展改革委、国家能源局负责组织制定电力现货市场评价指标体系。从市场运行保障、市场运行效率、社会福利增加、清洁能源消纳等方面，对电力现货市场运行、电力市场规则执行和技术支持系统运行等情况进行全方位后评估，及时总结、不断推动完善市场机制，并不断推动扩大现货试点范围。

八、做好电力现货市场建设组织实施

电力现货试点地区尚未明确工作分工的，要抓紧明确。试点地区政府有关部门、国家能源局有关派出机构、有关电网企业、电力交易机构等，要按照工作分工，协同做好以下工作：

（二十五）加快研究制定现货市场建设方案和运营规则，加快开发建设现货市场相关技术支持系统；

（二十六）配套制定包括市场模拟在内的市场试运行方案，提前发现问题，及时完善市场规则和技术支持系统；

（二十七）加强市场运行跟踪分析、监测和预警，持续完善规则和系统，保障现货市场平稳可持续运行；

（二十八）提前制定市场应急预案，防范潜在风险，科学有序处置突发情况，确保电力安全可靠供应。

九、附则

（二十九）本意见由国家发展改革委、国家能源局负责解释。

电力现货市场信息披露办法（暂行）

（2020 年 11 月 6 日公布　国能发监管〔2020〕56 号
自 2020 年 11 月 6 日起实施）

第一章　总　　则

第一条　为指导和规范电力现货市场信息披露工作，加强信息披露管理，维护市场主体合法权益，依据《中共中央 国务院关于进一步深化电力体制改革的若干意见》（中发〔2015〕9 号）及其配套文件、《电力监管条例》（中华人民共和国国务院令第 432 号）等有关规定，结合电力现货市场实践，制定本办法。

第二条　本办法适用于开展电力现货交易地区的信息披露。未开展电力现货交易的地区，应当根据各地实际情况，加强和完善信息披露工作，不断丰富信息披露内容，可参照本办法执行。

第三条　本办法所称信息披露主体是指参与电力现货市场的市场成员，包括发电企业、售电公司、电力用户、电网企业和市场运营机构。市场运营机构包括电力交易机构和电力调度机构。本办法所称市场主体是指参与电能量买卖或者辅助服务买卖的市场成员。

第四条 本办法所称信息披露是指信息披露主体提供、发布与电力现货市场相关信息的行为。

第二章 信息披露原则和方式

第五条 信息披露应当遵循真实、准确、完整、及时、易于使用的原则。

第六条 市场竞争所需信息应当充分披露,信息披露主体对其提供信息的真实性、准确性、完整性负责。

第七条 电力交易机构总体负责电力现货市场信息披露的实施,创造良好的信息披露条件,制定信息披露标准格式,开放数据接口。电力交易机构应当设立信息披露平台,信息披露平台原则上以电力交易机构现有信息平台为基础。

第八条 信息披露主体按照标准格式通过信息披露平台向电力交易机构提供信息,由电力交易机构通过信息披露平台发布信息。

第三章 信息披露内容

第九条 按照信息公开范围,电力现货市场信息分为公众信息、公开信息、私有信息和依申请披露信息四类。

(一)公众信息:是指向社会公众披露的信息。

(二)公开信息:是指向所有市场成员披露的信息。

(三)私有信息:是指向特定的市场主体披露的信息。

(四)依申请披露信息:是指仅在履行申请、审核程序后向申请人披露的信息。

第一节 发电企业

第十条 发电企业应当披露的公众信息包括:

(一)企业全称、企业性质、所属发电集团、工商注册时间、营业执照、统一社会信用代码(以下简称信用代码)、法定代表人(以下简称法人)、联系方式、电源类型、装机容量、所在地区等。

(二)企业变更情况,包括企业减资、合并、分立、解散及申请破产的决定;或者依法进入破产程序、被责令关闭等重大经营信息。

(三)与其他市场主体之间的关联企业信息。

(四)其他政策法规要求向社会公众公开的信息。

第十一条 发电企业应当披露的公开信息包括:

(一)电厂机组信息,包括电厂调度名称、电力业务许可证(发电类)编号、机组调度管辖关系、投运机组台数及编号、单机容量及类型、投运日期、接入电压等级;单机最大出力、核定最低技术出力、核定深调极限出力;机组出力受限的技术类型,如流化床、高背压供热等。

(二)机组出力受限情况、机组检修及设备改造计划等。

第十二条 发电企业私有信息包括:

(一)中长期交易结算曲线、电力市场申报电能量价曲线、上下调报价、机组启动费用、机组空载费用、辅助服务报价信息等。

(二)机组爬坡速率、机组边际能耗曲线、机组最小开停机时间、机组预计并网和解列时间、机组启停出力曲线、机组调试计划曲线、调频、调压、日内允许启停次数、厂用电率、热电联产机组供热信息等机组性能参数。

(三)机组运行情况,包括出力及发电量等。

(四)各新能源发电企业日前、实时发电预测。

(五)发电企业燃料、燃气供应情况、存储情况、燃料供应风险等。

(六)非国际河流水电企业来水情况、水库运行情况等。

第二节 售电公司

第十三条 售电公司应当披露的公众信息包括:

(一)企业全称、企业性质、售电公司类型、工商注册时间、注册资本金、营业执照、信用代码、法人、联系方式、信用承诺书、资产总额、股权结构、年最大售电量等。

（二）企业资产证明、从业人员相关证明材料、资产总额验资报告等。

（三）企业变更情况，企业减资、合并、分立、解散及申请破产的决定；或者依法进入破产程序、被责令关闭等重大经营信息。

（四）与其他市场主体之间的关联关系信息。

（五）其他政策法规要求向社会公众公开的信息。

第十四条 售电公司应当披露的公开信息包括：

（一）拥有配电网运营权的售电公司应当披露电力业务许可证（供电类）编号、配电网电压等级、配电区域、配电价格等信息。

（二）履约保函缴纳信息（如有）。

第十五条 售电公司私有信息包括：

中长期交易结算曲线、电力市场申报电能量价曲线、与代理电力用户签订的相关合同或者协议信息、与发电企业签订的交易合同信息等。

第三节 电力用户

第十六条 电力用户应当披露的公众信息包括：

（一）企业全称、企业性质、行业分类、用户类别、工商注册时间、营业执照、信用代码、法人、联系方式、主营业务、所属行业等。

（二）企业变更情况，包括企业减资、合并、分立、解散及申请破产的决定；或者依法进入破产程序、被责令关闭等重大经营信息。

（三）与其他市场主体之间的关联关系信息。

（四）其他政策法规要求向社会公众公开的信息。

第十七条 电力用户应当披露的公开信息包括：

企业用电类别、接入地区、年用电量、用电电压等级、供电方式、自备电源（如有）、变压器报装容量以及最大需量等。

第十八条 电力用户私有信息包括：

（一）电力用户用电信息，包括用电户号、用电户名、结算户号、计量点信息、用户电量信息、用户用电曲线等。

（二）中长期交易结算曲线、批发用户电力市场申报电能量价曲线、可参与系统调节的响应能力和响应方式等。

第四节 电网企业

第十九条 电网企业应当披露的公众信息包括：

（一）企业全称、企业性质、工商注册时间、营业执照、信用代码、法人、联系人、联系方式、供电区域、政府核定的输配电线损率等。

（二）与其他市场主体之间的关联关系信息。

（三）政府定价类信息，包括输配电价、各类政府性基金及其他市场相关收费标准等。

（四）电网主要网络通道示意图。

（五）其他政策法规要求向社会公众公开的信息。

第二十条 电网企业应当披露的公开信息包括：

（一）电力业务许可证（输电类）、电力业务许可证（供电类）编号。

（二）市场结算收付费总体情况及市场主体欠费情况。

（三）电网企业代理非市场用户每个交易时段的总购电量、总售电量、平均购电价格、平均售电价格等，含事前预测和事后实际执行。

（四）各类型发电机组装机总体情况，各类型发用电负荷总体情况等。

（五）电网设备信息，包括线路、变电站等输变电设备投产、退出和检修情况等。

（六）全社会用电量、重点行业用电量等。

第五节 市场运营机构

第二十一条 市场运营机构应当披露的公众信息包括：

（一）机构全称、机构性质、机构工商注册时间、股权结构、营业执照、信用代码、法人、组织机构、业务流程、服务指南、联系方式、办公地址、网站网址等。

（二）电力市场适用的法律法规、政策文件。

（三）电力市场规则类信息，包括交易规则、交易相关收费标准，制定、修订市场规则过程中涉及的解释性文档，对市场主体问询的答复等。

（四）信用评价类信息，包括市场主体电力交易信用信息、售电公司违约情况等。

（五）其他政策法规要求向社会公众公开的信息。

（六）市场暂停、中止、重新启动等情况。

第二十二条 市场运营机构应当披露的公开信息包括：

（一）公告类信息，包括电力交易机构财务审计报告、信息披露报告等定期报告、经国家能源局派出机构或者地方政府电力管理部门认定的违规行为通报、市场干预情况、第三方校验报告等。

（二）交易公告，包括交易品种、交易主体、交易规模、交易方式、交易准入条件、交易开始时间及终止时间、交易参数、出清方式、交易约束信息、交易操作说明、其他准备信息等。

（三）交易计划及其实际执行情况等。

（四）市场主体申报信息和交易结果，包括参与交易的主体数量、交易总申报电量、成交的主体数量、最终成交电量、成交均价等。

（五）市场边界信息，包括电网安全运行的主要约束条件、输电通道可用容量、关键输电断面及线路传输限额、必开必停机组组合及原因、非市场机组出力曲线、备用及调频等辅助服务需求、抽蓄电站蓄水水位、参与市场新能源总出力预测等。

（六）市场参数信息，包括市场出清模块算法及运行参数、价格限值、约束松弛惩罚因子、节点分配因子及其确定方法、节点及分区划分依据和详细数据等。

（七）预测信息，包括系统负荷预测、外来（外送）电交易计划、可再生能源出力预测，水电发电计划预测等，任何预测类信息都应当在实际运行后一日内发布对应的实际值。

（八）运行信息，包括实际负荷、实时频率、系统备用信息，重要通道实际输电情况、实际运行输电断面约束情况及其影子价格情况、联络线潮流,输变电设备检修计划执行情况、发电机组检修计划执行情况,非市场机组实际出力曲线等。

(九)参与现货市场机组分电源类型中长期合约占比、合约平均价格、总上网电量等。

(十)市场干预情况原始日志,包括干预时间、干预人员、干预操作、干预原因,涉及《电力安全事故应急处置和调查处理条例》(中华人民共和国国务院令第599号)规定电力安全事故等级的事故处理情形除外。

(十一)市场出清类信息,包括各时段出清电价(节点边际电价市场应当披露所有节点的节点边际电价以及各节点边际电价的电能量、阻塞和网损等各分量价格)、出清电量,调频容量价格和调频里程价格,备用总量、备用价格,输电断面约束及阻塞情况,各电压等级计算网损等。

(十二)每个交易时段的分类结算情况,不平衡资金明细及每项不平衡资金的分摊方式等。

第二十三条　市场运营机构应当向特定市场主体披露其私有信息包括:

(一)中长期结算曲线、分时段中长期交易结算电量及结算电价,日前中标出力及日前节点边际电价,实时中标出力及实时节点边际电价。

(二)结算类信息,包括日清算单、月结算单、电费结算依据等。

第六节　依申请披露信息

第二十四条　市场成员应当报送的依申请披露信息包括:

(一)发电企业报送国际河流水电企业相关数据(如有)。

(二)电网企业报送各非市场用户的类型,购售电电量和电价等。

(三)电网企业报送市场用户进入市场前的用电信息。

(四)电网企业报送能够准确复现完整市场出清结果的电力系统市场模型及相关参数(采用节点边际电价、分区边际电价的电力现货市场地区),包括220kV及以上输电设备(输电线路和变压器)联结关系,输电断面包含的输电设备及其系数、潮流方向、潮流上下限额等。

第二十五条 依申请披露信息纳入特定管理流程,由市场成员向试点地区第一责任单位报送。申请人发起申请,经试点地区第一责任单位审核通过并承诺履行保密责任后方可获取相关信息。申请人应当为参与电力现货市场的市场成员,需书面向试点地区第一责任单位提交申请,申请内容至少包括申请人单位、申请信息内容、申请信息必要性说明、联系方式等。

第二十六条 试点地区第一责任单位应当及时审核申请人提出的信息披露申请。如认定不通过或者披露信息范围需要调整,应及时通知申请人。如不能按时披露申请人提出的相关信息,应当明确延期披露的原因及时限,并在信息披露平台上专栏公示。

第七节 其 他

第二十七条 征得电力用户同意后,电网企业和市场运营机构应当允许售电公司和发电企业获取电力用户历史分时用电数据、用电信息等有关信息,并约定信息开放内容、频率、时效性,以满足市场主体参与现货交易的要求。

第二十八条 市场成员可申请扩增信息,应当将申请发送至信息披露平台,电力交易机构收到扩增信息披露申请后应及时通知所有受影响的市场主体,并报试点地区第一责任单位审核。扩增信息披露申请及审核结果应当通过信息披露平台专栏公示。

第二十九条 信息披露文档形式以可导出的、常规文件格式为主。

第三十条 电力交易机构应当定期向市场主体出具信息披露报告,内容应当包含但不限于电网概况、电力供需及预测情况、市场准入、市场交易、市场结算、市场建设、违规情况、市场干预情况等方面。

第四章 信息保密和封存

第三十一条 任何市场成员不得违规获取或者泄露未经授权披露的信息。市场成员的工作人员未经许可不得公开发表可能影响市场成交结果的言论。市场成员应当建立健全信息保密管理制度，定期开展保密培训，明确保密责任，必要时应当对办公系统、办公场所采取隔离措施。

第三十二条 信息封存是指对关键信息的记录留存。任何有助于还原运行日（指执行日前电力市场交易计划，保证实时电力平衡的自然日）情况的关键信息应当记录、封存。封存信息包括但不限于：

（一）运行日市场出清模型信息。

（二）市场申报量价信息。

（三）市场边界信息，包括外来（外送）电曲线、检修停运类信息、预测信息、新能源发电曲线、电网约束信息等。

（四）市场干预行为，包括修改计划机组出力、修改外来（外送）电出力、修改市场出清参数、修改预设约束条件、调整检修计划、调整既有出清结果等，应当涵盖人工干预时间、干预人员、干预操作、干预原因、受影响主体以及影响程度信息等。

（五）实时运行数据，包括机组状态及机组出力曲线、电网实时频率等。

（六）市场结算数据、计量数据。

第三十三条 电力交易机构、电力调度机构应当建立市场干预记录管理机制，明确记录保存方式。任何单位或者个人不得违法违规更改已封存信息。市场干预记录应当报市场管理委员会备案，国家能源局派出机构可定期对市场干预行为进行监管，保证市场干预行为的公平性。

第三十四条 封存的信息应当以易于访问的形式存档，并且存储系统应当满足访问、数据处理和安全方面的要求。

第三十五条 信息的封存期限为5年，特殊情形除外。

第五章 监督管理

第三十六条 国家能源局派出机构对市场成员按照本办法开展的信息披露行为进行监管，并根据履行监管职责的需要采取信息报送、现场检查、行政执法等监管措施。

第三十七条　市场主体对披露的信息内容、时限等有异议或者疑问,可向电力交易机构提出,由电力交易机构责成信息披露主体予以解释及配合。对未按要求及时披露、变更或者披露虚假信息的市场成员,一年之内出现上述情形两次以上的,国家能源局派出机构可对其采取监管约谈、监管通报、责令改正、出具警示函、出具监管意见等监管措施,并依据《电力监管条例》等有关规定作出行政处罚。

第三十八条　国家能源局派出机构组织专业机构对信息披露总体情况作出评价,从信息披露的有效性、易于使用性和保密性等方面对信息披露情况进行分析,将评价结果向所有市场成员公布,并抄送地方政府电力管理等部门。

第六章　附　　则

第三十九条　本办法由国家能源局负责解释。

第四十条　本办法自发布之日起施行。

附件:

电力现货市场信息披露基本内容

一、公众信息

信息编号	信息类型	发布时间	颗粒度	提供方
1.1	电力市场适用的法律法规、政策文件	相关法规政策制定后	—	电力交易机构
1.2	市场规则(细则)	相关规则制定后	—	电力交易机构

续表

信息编号	信息类型	发布时间	颗粒度	提供方
1.3	市场主体注册流程	市场启动前	包括注册申请表范本、服务指南等	电力交易机构
1.4	市场成员企业基本信息	市场启动前(及时更新)	企业全称、企业性质、信用代码、股权结构、年最大售电量(仅售电公司)等	市场成员
1.5	市场主体注册、注销或者变更类别的详细信息	发生时	—	市场主体
1.6	关联企业信息	市场启动前	电网企业的关联企业,市场主体之间的关联关系	市场成员
1.7	政府定价类信息	市场启动前(及时更新)	目录电价、输配电价、政府性基金	电网企业
1.8	市场主体费用组成	市场启动前	费用说明以及核定方式	电力交易机构
1.9	信用评价类信息	市场启动前(及时更新)	市场主体电力交易信用信息、售电公司违约情况等	电力交易机构
1.10	争议解决流程	市场启动前	—	电力交易机构
1.11	市场力检测	市场启动前	—	电力交易机构
1.12	《电网运行方式编制流程》	市场启动前	—	电力调度机构

续表

信息编号	信息类型	发布时间	颗粒度	提供方
1.13	负荷预测方法和流程	市场启动前	—	电力调度机构
1.14	外来(外送)电预测及其在连接点电量的分配方法	市场启动前		电网企业/电力调度机构
1.15	电网主要网络通道示意图	市场启动前	电压等级覆盖220kV及以上	电网企业/电力调度机构
1.16	调频、各类备用等辅助服务需求计算方法以及采购流程	市场启动前	—	电力调度机构
1.17	数据通信格式流程细则	市场启动前	—	电力交易机构

二、公开信息

信息编号	信息类型	发布时间	颗粒度	提供方
2.1	电厂机组信息	市场启动前(及时更新)	电厂调度名称,电力业务许可证(发电类)编号,机组调度管辖关系,投运机组台数以及编号,单机容量及类型,投运日期,接入电压等级;单机最大出力、核定最低技术出力、核定深调极限出力;机组出力受限的技术类型,如流化床、高背压供热等	发电企业

续表

信息编号	信息类型	发布时间	颗粒度	提供方
2.2	各发电单元的发电能力	每年发布未来3到10年的数据	每年	发电企业
2.3	机组检修以及设备改造计划	每年发布次年信息(及时更新)	每年	发电企业
2.4	机组出力受限情况	日前申报结束前	每个交易时间单元	发电企业
2.5	机组停运信息(起始时间,终止时间,停机容量)	尽快发布	每个交易时间单元	发电企业
2.6	售电公司履约保函缴纳信息(如有)	滚动更新	履约保函缴纳情况,并结合资产总额确定其售电量规模限额	售电公司/电力交易机构
2.7	拥有配电网运营权售电公司基本信息	市场启动前(及时更新)	电力业务许可证(供电类)编号、配电网电压等级、配电区域、配电价格等信息	拥有配电网运营权售电公司
2.8	企业用电信息	市场启动前(及时更新)	企业用电类别、接入地区、年用电量、用电电压等级、供电方式、自备电源(如有)、变压器报装容量以及最大需量等	电力用户
2.9	大型电力用户计划检修信息(起始时间,终止时间,停机容量)	尽快发布	每个交易时间单元	电力用户

续表

信息编号	信息类型	发布时间	颗粒度	提供方
2.10	电网企业基本信息	市场启动前（及时更新）	电力业务许可证（输电类）、电力业务许可证（供电类）编号	电网企业
2.11	市场主体欠费情况	滚动更新	欠费周期、欠费金额等	电网企业
2.12	非市场用户总购电量、总售电量、平均购电价、平均售电价	出清后尽快发布	每个交易时间单元	电网企业
2.13	电网基本情况	市场启动前（及时更新）	各类型发电机组装机总体情况，各类型发用电负荷总体情况等	电网企业
2.14	全社会用电量、重点行业用电量	每年、每季度发布次年、下一季度预测	每年、每季度	电网企业
2.15	电力交易机构财务审计报告	次年5月31日前	—	电力交易机构
2.16	市场日历	市场启动前	多年、年、月、周、多日、日各类交易计划安排	电力交易机构
2.17	交易公告	滚动更新	交易品种、交易主体、交易规模、交易方式、交易准入条件、交易开始时间以及终止时间、交易参数、交易约束信息、交易操作说明、其他准备信息等	电力交易机构

续表

信息编号	信息类型	发布时间	颗粒度	提供方
2.18	市场交易情况	交易完成后公布	交易规则允许的交易颗粒度,包括交易的主体数量、交易总申报电量、成交主体数量、最终成交电量、成交均价、安全校核结果等	电力交易机构
2.19	市场交易执行情况	交易周期结束后	交易规则允许的交易颗粒度,包括交易结算电量、交易结算均价等	电力交易机构
2.20	不平衡资金明细	根据结算规则确定	—	电力交易机构
2.21	信息披露报告等定期报告	每月	电网概况、电力供需及预测情况、市场准入、市场交易、市场结算、市场建设、违规情况、市场干预情况等。详细信息包含但不限于设备检修及投退役情况、电能量及辅助服务市场交易情况、断面约束及阻塞情况、边界条件重大变化情况、不平衡资金明细及分摊方式等。	电力交易机构
2.22	争议解决结果	争议解决后	—	电力交易机构
2.23	年度电网运行方式(风险防范内容除外)	每年发布次年	每年	电力调度机构

续表

信息编号	信息类型	发布时间	颗粒度	提供方
2.24	经国家能源局派出机构或者地方政府电力管理部门认定的违规行为通报、市场干预情况等	发生时	—	电力交易机构
2.25	年度负荷预测(总负荷、分区负荷)	每年发布次年预测,至少留存10年	每月	电网企业
2.26	年前系统间联络线输电能力预测(考虑所有已知影响)	每年发布次年预测	每年	电力调度机构
2.27	电网设备检修计划及其对输电容量的影响报告	每年发布次年计划(每日更新)	每日	电网企业/电力调度机构
2.28	重要线路实际停运及其影响的发用电设备(包括计划检修与非停)	计划检修在每年发布次年情况(及时更新);非停在停运后尽快发布	每个交易时间单元	电力调度机构
2.29	月度电网运行方式(风险防范内容除外)	每月发布次月	每月	电力调度机构
2.30	月前系统间联络线输电能力预测(考虑所有已知影响)	次月至未来12月(初期可按次月至年底)滚动更新	每周(分峰谷平段)	电力调度机构

续表

信息编号	信息类型	发布时间	颗粒度	提供方
2.31	周前负荷预测(总负荷、分区负荷)	滚动预测未来1到8周负荷	每个交易时间单元(初期可按每小时)	电力调度机构
2.32	周前系统间联络线输电能力预测(考虑所有已知影响)	每周发布下一周预测	每个交易时间单元	电力调度机构
2.33	重要线路与变压器平均潮流与热稳定极限值(可视化)	每周发布上一周数据	每小时	电力调度机构
2.34	周前新能源总出力预测	每周发布下一周预测	每个交易时间单元	电力调度机构
2.35	周前水电(含抽蓄)总出力预测	每周发布下一周预测	每个交易时间单元	电力调度机构
2.36	市场参数信息	日前申报结束前	市场出清模块算法及运行参数、价格限值、约束松弛惩罚因子	电力调度机构
2.37	电网安全约束条件	日前申报结束前	运行方式安排、关键输电断面及线路传输限额等	电力调度机构
2.38	必开必停机组名单以及原因	日前申报结束前	必开必停机组明细及原因	电力调度机构
2.39	开停机不满最小约束时间机组名单	日前申报结束前	开停机不满最小约束时间机组明细	电力调度机构

续表

信息编号	信息类型	发布时间	颗粒度	提供方
2.40	电网设备信息	日前申报结束前	线路、变电站等输变电设备投产、退出和检修情况	电网企业/电力调度机构
2.41	发电机组检修计划	日前申报结束前	每个交易时间单元	电力调度机构
2.42	日前负荷预测(总负荷、分区负荷)	运行日日前发布,至少留存一周	每个交易时间单元	电力调度机构
2.43	日前系统间联络线输电曲线预测(考虑所有已知影响)	日前申报结束前	每个交易时间单元	电力调度机构
2.44	发电出力预测(总出力、分区出力、各类非市场机组出力)	日前申报结束前	每个交易时间单元	电力调度机构
2.45	新能源总出力预测(分电源类型)	日前申报结束前	每个交易时间单元	电力调度机构
2.46	水电(含抽蓄)计划发电总出力预测	日前申报结束前	每个交易时间单元	电力调度机构
2.47	预测供需差额(总差额、分区差额)	日前、月前、年前	相应时间颗粒度	电网企业/电力调度机构
2.48	备用、调频等辅助服务需求总量及价格	日前申报结束前、出清后尽快发布	每个交易时间单元	电力调度机构

续表

信息编号	信息类型	发布时间	颗粒度	提供方
2.49	日内系统间联络线输电曲线预测(考虑所有已知影响)	滚动更新	每个交易时间单元	电力调度机构
2.50	市场出清电量、节点/分区边际电价	出清后尽快发布	节点边际电价市场应当披露所有节点的节点边际电价以及各节点边际电价的电能量、阻塞和网损等各分量价格	电力调度机构
2.51	机组状态及实际发电出力(总出力、分区出力、各类非市场机组出力)	实时发布	每个交易时间单元	电力调度机构
2.52	新能源总实时出力(分电源类型)	实时运行结束后尽快发布	每个交易时间单元	电力调度机构
2.53	水电总实时出力	实时运行结束后尽快发布	每个交易时间单元	电力调度机构
2.54	参与现货市场机组中长期合约占比、合约平均价格、总上网电量(分电源类型)	实时运行结束后尽快发布	每日	电力交易机构

续表

信息编号	信息类型	发布时间	颗粒度	提供方
2.55	实时运行信息	实时运行结束后尽快发布,至少留存2年	每个交易时间单元的实际负荷、实时频率、系统备用信息,重要通道实际输电情况、实际运行输电断面约束及其影子价格情况、联络线潮流,输变电设备检修计划执行情况、发电机组检修计划执行情况、非市场机组实际出力曲线等	电网企业/电力调度机构
2.56	第三方校验报告	正式运行前,正式运行的按照市场管理委员会指定的时间	—	电力调度机构
2.57	市场运营机构采取的任何对市场交易产生影响的操作,包括市场干预情况(涉及《电力安全事故应急处置和调查处理条例》(中华人民共和国国务院令第599号)规定电力安全事故等级的事故处理情形除外)等	潮流以及操作应当在实时运行后尽快发布,其他信息可在运行次日发布	每个交易时间单元	电力调度机构/电力交易机构
2.58	系统间联络线输电容量分配结果	每次容量分配后	每个交易时间单元	电力调度机构

续表

信息编号	信息类型	发布时间	颗粒度	提供方
2.59	系统间联络线输电容量预留	每次容量分配后	每个交易时间单元	电力调度机构
2.60	平衡市场交易电量、价格	市场出清后	每个交易时间单元	电力调度机构
2.61	再调度费用及明细	每季度更新	季度	电力调度机构
2.62	确定节点分配因子方法，节点及分区划分依据和详细数据	市场启动前	—	电力调度机构
2.63	日前、实时市场出清的输电断面约束及阻塞情况	实时运行结束后尽快发布	每个交易时间单元	电力调度机构
2.64	各电压等级的计算网损	出清后尽快发布	每个交易时间单元	电力调度机构

注：2.58、2.59、2.60、2.61 适用于分区边际电价市场，2.62、2.63、2.64 适用于节点边际电价市场。

发电企业与电网企业电费结算办法

（2020 年 12 月 30 日公布　国能发监管〔2020〕79 号
自 2021 年 1 月 1 日起实施）

第一章　总　　则

第一条　为维护电力市场秩序，保障电力企业合法权益，规范发电企业与电网企业之间电费结算行为，根据《电力监管条例》（中华人民共和国国务院令第432号)及相关法律法规,制定本办法。

第二条　本办法适用于发电企业与电网企业(包括地方电网、增量配网)按照购售电合同开展的电费结算。电网企业在电力市场交易中承担代收代付电费职责的,与发电企业电费结算参照执行。

第三条　本办法所称的发电企业是指依法取得电力业务许可证(发电类)或符合许可豁免条件,从事发电业务的企业;电网企业是指依法取得电力业务许可证(输电类或供电类),从事输电或供电业务的企业,包括增量配电网企业;电费结算是指发电企业与电网企业就购售电业务相关的电量计量、电费确认、发票开具和资金收付等行为的总称。

第四条　发电企业与电网企业电费结算应当遵循依法依规、公平公正、诚实守信的原则。任何一方不得利用电费结算扰乱社会经济秩序,损害社会公共利益。

第五条　国家能源局及其派出机构(以下统称"能源监管机构")依据《电力监管条例》和本办法对发电企业与电网企业电费结算行为进行监管。

第二章　电费结算要求

第六条　发电企业与电网企业应当按照有关要求签订购售电合同,未签订购售电合同的,不得进行电费结算。

第七条　电网企业代理优先用电用户的年度、月度、月内(多日)省内及跨省跨区电力中长期交易需签订购售电合同。

第八条　电费结算有关事项应当在购售电合同中予以明确,包括但不限于:计量装置及其设置,上网电量的抄录、计算、核对和确认,上网电费的计算、核对、修正和确认,基准电价、市场交易电价、超低排放电价、环保电价等各类价格水平,可再生能源补贴结算,上网电费发票开具,上网电费支付方式,发电企业收款账号,以及违约处理等。

第九条　发电企业、电网企业应当按照有关要求安装符合技术规范的上网电量计量装置,确保计费电量真实、准确。

第十条　发电企业、电网企业应当严格执行国家电价政策和市场规则，不得自行变更电价水平或电价机制进行电费结算。

第十一条　电费结算原则上以月度为周期（结算周期应当为每个自然月）。新建发电机组调试电费自并网运行后以月为周期进行结算。燃煤发电企业超低排放电费原则上以季度为周期进行结算，电网企业自收到环保部门出具的监测报告之日起十个工作日内向燃煤电厂兑现电价加价资金。

第十二条　电网企业应当及时足额向纳入国家补贴范围的可再生能源发电企业转付中央财政等补贴。原则上电网企业在收到中央财政补贴资金十个工作日内，按照有关要求及时兑付给可再生能源发电企业。电网企业转付地方财政补贴有明确规定的，按照有关规定执行；没有明确规定的，电网企业在收到地方财政补贴资金十个工作日内，及时兑付给可再生能源发电企业。

第十三条　发电企业上网电量根据相关地区交易结算有关规定进行抄录和确认，逐步实现发用双方抄表日历同期，原则上应当在次月初五个工作日内完成。

第十四条　发电企业上网电费应当严格按照购售电合同的约定进行计算，按规定进行核对、修正和确认，原则上应当在上网电量确认日后五个工作日内完成。

第十五条　发电企业应当根据厂网双方确认的电费结算单（结算依据）及时、足额向电网企业开具增值税专用发票，原则上应当在上网电费确认日后五个工作日内完成。电费结算单（结算依据）应当详细列明交易品种、交易电量、交易金额、辅助服务考核项目及金额。实行分时电价机制的应当详细列明分时电量、电费等内容。

第十六条　跨省跨区交易结算由相应电力交易机构统一出具结算依据，由电网企业负责电费收取，向输电方支付输配电费及线损折价，向发电企业支付购电费。

第十七条　电网企业根据结算双方确认的电费结算单（结算依据），及时足额支付电费。

电费原则上一次性支付，在电费确认日后十个工作日内，由电网企业将当期电费全额支付给发电企业。电网企业经与发电企业协商一致后，也可分两次支付。第一次支付不低于该期电费的百分之五十，付清时间不得超过电费确认日后五个工作日，第二次付清时间不得超过电费确认日后十个工作日。

第十八条　电费结算采取国家规定的结算方式，由发电企业与电网企业协商一致，在购售电合同中作出明确、合理约定。

从用户侧收取电费中承兑汇票占比较高且经营效益较差的电网企业，向发电企业支付的承兑汇票，不得高于当期从用户侧收取承兑汇票的百分之五十，且应当在发电企业间进行合理分摊。经双方协商一致，电网企业与发电企业结算电费中使用承兑汇票的比例，应当在购售电合同中明确。电网企业不得使用承兑汇票兑付可再生能源发电企业中央财政补贴。

第十九条　电网企业应当采取有效措施从用户侧收取电费，不得以用户侧欠费为由停止或者减少向发电企业支付上网电费。电网企业如不能按合同约定期限支付上网电费（不可抗力因素除外），应当向发电企业支付违约金。违约金由双方协商约定，由电网企业支付至发电企业电费结算账户。

第二十条　电网企业代理的优先用电用户电量（包括跨省跨区交易电量）应当合理分摊辅助服务费用。

第二十一条　发电企业、电网企业应当保存各自电费结算的原始资料与记录。

第二十二条　发电企业、电网企业在电费结算过程中发生争议，双方可自行协商解决。无法达成一致的，可向能源监管机构申请调解，争议和调解不得影响无争议电费的结算。

第三章　电费结算监管

第二十三条　能源监管机构可采取信息统计、座谈交流、查阅资料、现场监管等方式进行监管，并适时在一定范围内发布监管报告。

第二十四条 发电企业、电网企业应当按照电力企业信息报送有关规定,向能源监管机构报送电费结算情况。

第二十五条 能源监管机构按照《国家能源局能源争议纠纷调解规定》(国能监管〔2017〕74 号)对电费结算争议进行调解。经调解仍无法达成一致的,发电企业、电网企业可按照司法程序解决。

第二十六条 电网企业无正当理由未按合同约定支付上网电费的,能源监管机构可责令改正;恶意拖欠电费的,能源监管机构可依据《电力监管条例》有关规定进行处罚,并公示处理结果。

第二十七条 发电企业、电网企业进行电费结算时如有不执行国家电价政策、不执行市场规则、擅自改变电价水平和电价机制等行为,能源监管机构有权制止,责令其限期改正,并公示处理结果。

第二十八条 发电企业和电网企业如有拒绝或者阻碍能源监管机构工作人员依法依规履行监管职责、不按要求向能源监管机构提供有关信息等行为,能源监管机构可依据《电力监管条例》以及电力企业信息报送和披露等有关规定对其进行处罚。

发电企业、电网企业在电费结算过程中扰乱社会经济秩序,损害社会公共利益构成犯罪的,按照司法程序依法追究刑事责任。

第四章 附 则

第二十九条 本办法由国家能源局负责解释。

第三十条 本办法自 2021 年 1 月 1 日起施行,有效期三年,原国家电力监管委员会《发电企业与电网企业电费结算暂行办法》(电监价财〔2008〕24 号)同时废止。

五、其他政策文件

2030年前碳达峰行动方案

（2021年10月24日公布　国发〔2021〕23号
自2021年10月24日起实施）

为深入贯彻落实党中央、国务院关于碳达峰、碳中和的重大战略决策，扎实推进碳达峰行动，制定本方案。

一、总体要求

（一）指导思想。以习近平新时代中国特色社会主义思想为指导，全面贯彻党的十九大和十九届二中、三中、四中、五中全会精神，深入贯彻习近平生态文明思想，立足新发展阶段，完整、准确、全面贯彻新发展理念，构建新发展格局，坚持系统观念，处理好发展和减排、整体和局部、短期和中长期的关系，统筹稳增长和调结构，把碳达峰、碳中和纳入经济社会发展全局，坚持"全国统筹、节约优先、双轮驱动、内外畅通、防范风险"的总方针，有力有序有效做好碳达峰工作，明确各地区、各领域、各行业目标任务，加快实现生产生活方式绿色变革，推动经济社会发展建立在资源高效利用和绿色低碳发展的基础之上，确保如期实现2030年前碳达峰目标。

（二）工作原则。

——总体部署、分类施策。坚持全国一盘棋，强化顶层设计和各方统筹。各地区、各领域、各行业因地制宜、分类施策，明确既符合自身实际又满足总体要求的目标任务。

——系统推进、重点突破。全面准确认识碳达峰行动对经济社会发展的深远影响，加强政策的系统性、协同性。抓住主要矛盾和矛盾的主要方面，推动重点领域、重点行业和有条件的地方率先达峰。

——双轮驱动、两手发力。更好发挥政府作用，构建新型举国体制，充分发挥市场机制作用，大力推进绿色低碳科技创新，深化能源和相关领域改革，形成有效激励约束机制。

——稳妥有序、安全降碳。立足我国富煤贫油少气的能源资源禀赋，坚持先立后破，稳住存量，拓展增量，以保障国家能源安全和经济发展为底线，争取时间实现新能源的逐渐替代，推动能源低碳转型平稳过渡，切实保障国家能源安全、产业链供应链安全、粮食安全和群众正常生产生活，着力化解各类风险隐患，防止过度反应，稳妥有序、循序渐进推进碳达峰行动，确保安全降碳。

二、主要目标

“十四五”期间，产业结构和能源结构调整优化取得明显进展，重点行业能源利用效率大幅提升，煤炭消费增长得到严格控制，新型电力系统加快构建，绿色低碳技术研发和推广应用取得新进展，绿色生产生活方式得到普遍推行，有利于绿色低碳循环发展的政策体系进一步完善。到2025年，非化石能源消费比重达到20%左右，单位国内生产总值能源消耗比2020年下降13.5%，单位国内生产总值二氧化碳排放比2020年下降18%，为实现碳达峰奠定坚实基础。

“十五五”期间，产业结构调整取得重大进展，清洁低碳安全高效的能源体系初步建立，重点领域低碳发展模式基本形成，重点耗能行业能源利用效率达到国际先进水平，非化石能源消费比重进一步提高，煤炭消费逐步减少，绿色低碳技术取得关键突破，绿色生活方式成为公众自觉选择，绿色低碳循环发展政策体系基本健全。到2030年，非化石能源消费比重达到25%左右，单位国内生产总值二氧化碳排放比2005年下降65%以上，顺利实现2030年前碳达峰目标。

三、重点任务

将碳达峰贯穿于经济社会发展全过程和各方面，重点实施能源绿色低碳转型行动、节能降碳增效行动、工业领域碳达峰行动、城乡建设碳达峰行动、交通运输绿色低碳行动、循环经济助力降碳行动、绿色低碳科技创新行动、碳汇能力巩固提升行动、绿色低碳全民行动、各地区梯次有序碳达峰行动等"碳达峰十大行动"。

(一)能源绿色低碳转型行动。

能源是经济社会发展的重要物质基础,也是碳排放的最主要来源。要坚持安全降碳,在保障能源安全的前提下,大力实施可再生能源替代,加快构建清洁低碳安全高效的能源体系。

1. 推进煤炭消费替代和转型升级。加快煤炭减量步伐,"十四五"时期严格合理控制煤炭消费增长,"十五五"时期逐步减少。严格控制新增煤电项目,新建机组煤耗标准达到国际先进水平,有序淘汰煤电落后产能,加快现役机组节能升级和灵活性改造,积极推进供热改造,推动煤电向基础保障性和系统调节性电源并重转型。严控跨区外送可再生能源电力配套煤电规模,新建通道可再生能源电量比例原则上不低于50%。推动重点用煤行业减煤限煤。大力推动煤炭清洁利用,合理划定禁止散烧区域,多措并举、积极有序推进散煤替代,逐步减少直至禁止煤炭散烧。

2. 大力发展新能源。全面推进风电、太阳能发电大规模开发和高质量发展,坚持集中式与分布式并举,加快建设风电和光伏发电基地。加快智能光伏产业创新升级和特色应用,创新"光伏+"模式,推进光伏发电多元布局。坚持陆海并重,推动风电协调快速发展,完善海上风电产业链,鼓励建设海上风电基地。积极发展太阳能光热发电,推动建立光热发电与光伏发电、风电互补调节的风光热综合可再生能源发电基地。因地制宜发展生物质发电、生物质能清洁供暖和生物天然气。探索深化地热能以及波浪能、潮流能、温差能等海洋新能源开发利用。进一步完善可再生能源电力消纳保障机制。到2030年,风电、太阳能发电总装机容量达到12亿千瓦以上。

3. 因地制宜开发水电。积极推进水电基地建设,推动金沙江上游、澜沧江上游、雅砻江中游、黄河上游等已纳入规划、符合生态保护要求的水电项目开工建设,推进雅鲁藏布江下游水电开发,推动小水电绿色发展。推动西南地区水电与风电、太阳能发电协同互补。统筹水电开发和生态保护,探索建立水能资源开发生态保护补偿机制。

“十四五”、“十五五”期间分别新增水电装机容量4000万千瓦左右，西南地区以水电为主的可再生能源体系基本建立。

4. 积极安全有序发展核电。合理确定核电站布局和开发时序，在确保安全的前提下有序发展核电，保持平稳建设节奏。积极推动高温气冷堆、快堆、模块化小型堆、海上浮动堆等先进堆型示范工程，开展核能综合利用示范。加大核电标准化、自主化力度，加快关键技术装备攻关，培育高端核电装备制造产业集群。实行最严格的安全标准和最严格的监管，持续提升核安全监管能力。

5. 合理调控油气消费。保持石油消费处于合理区间，逐步调整汽油消费规模，大力推进先进生物液体燃料、可持续航空燃料等替代传统燃油，提升终端燃油产品能效。加快推进页岩气、煤层气、致密油(气)等非常规油气资源规模化开发。有序引导天然气消费，优化利用结构，优先保障民生用气，大力推动天然气与多种能源融合发展，因地制宜建设天然气调峰电站，合理引导工业用气和化工原料用气。支持车船使用液化天然气作为燃料。

6. 加快建设新型电力系统。构建新能源占比逐渐提高的新型电力系统，推动清洁电力资源大范围优化配置。大力提升电力系统综合调节能力，加快灵活调节电源建设，引导自备电厂、传统高载能工业负荷、工商业可中断负荷、电动汽车充电网络、虚拟电厂等参与系统调节，建设坚强智能电网，提升电网安全保障水平。积极发展“新能源+储能”、源网荷储一体化和多能互补，支持分布式新能源合理配置储能系统。制定新一轮抽水蓄能电站中长期发展规划，完善促进抽水蓄能发展的政策机制。加快新型储能示范推广应用。深化电力体制改革，加快构建全国统一电力市场体系。到2025年，新型储能装机容量达到3000万千瓦以上。到2030年，抽水蓄能电站装机容量达到1.2亿千瓦左右，省级电网基本具备5%以上的尖峰负荷响应能力。

(二)节能降碳增效行动。

落实节约优先方针，完善能源消费强度和总量双控制度，严格控制能耗强度，合理控制能源消费总量，推动能源消费革命，建设能源节约型社会。

1. 全面提升节能管理能力。推行用能预算管理，强化固定资产投资项目节能审查，对项目用能和碳排放情况进行综合评价，从源头推进节能降碳。提高节能管理信息化水平，完善重点用能单位能耗在线监测系统，建立全国性、行业性节能技术推广服务平台，推动高耗能企业建立能源管理中心。完善能源计量体系，鼓励采用认证手段提升节能管理水平。加强节能监察能力建设，健全省、市、县三级节能监察体系，建立跨部门联动机制，综合运用行政处罚、信用监管、绿色电价等手段，增强节能监察约束力。

2. 实施节能降碳重点工程。实施城市节能降碳工程，开展建筑、交通、照明、供热等基础设施节能升级改造，推进先进绿色建筑技术示范应用，推动城市综合能效提升。实施园区节能降碳工程，以高耗能高排放项目（以下称“两高”项目）集聚度高的园区为重点，推动能源系统优化和梯级利用，打造一批达到国际先进水平的节能低碳园区。实施重点行业节能降碳工程，推动电力、钢铁、有色金属、建材、石化化工等行业开展节能降碳改造，提升能源资源利用效率。实施重大节能降碳技术示范工程，支持已取得突破的绿色低碳关键技术开展产业化示范应用。

3. 推进重点用能设备节能增效。以电机、风机、泵、压缩机、变压器、换热器、工业锅炉等设备为重点，全面提升能效标准。建立以能效为导向的激励约束机制，推广先进高效产品设备，加快淘汰落后低效设备。加强重点用能设备节能审查和日常监管，强化生产、经营、销售、使用、报废全链条管理，严厉打击违法违规行为，确保能效标准和节能要求全面落实。

4. 加强新型基础设施节能降碳。优化新型基础设施空间布局，统筹谋划、科学配置数据中心等新型基础设施，避免低水平重复建设。优化新型基础设施用能结构，采用直流供电、分布式储能、“光伏＋储能”等模式，探索多样化能源供应，提高非化石能源消费比重。对标国际先进水平，加快完善通信、运算、存储、传输等设备能效标准，提升准入门槛，淘汰落后设备和技术。加强新型基础设施用能管理，将年综合能耗超过1万吨标准煤的数据中心全部纳入重点用能单位能耗在线监测系统，开展能源计量审查。推动既有设施绿色升级改造，积极推广使用高效制冷、先进通风、余热利用、智能化用能控制等技术，提高设施能效水平。

（三）工业领域碳达峰行动。

工业是产生碳排放的主要领域之一，对全国整体实现碳达峰具有重要影响。工业领域要加快绿色低碳转型和高质量发展，力争率先实现碳达峰。

1. 推动工业领域绿色低碳发展。优化产业结构，加快退出落后产能，大力发展战略性新兴产业，加快传统产业绿色低碳改造。促进工业能源消费低碳化，推动化石能源清洁高效利用，提高可再生能源应用比重，加强电力需求侧管理，提升工业电气化水平。深入实施绿色制造工程，大力推行绿色设计，完善绿色制造体系，建设绿色工厂和绿色工业园区。推进工业领域数字化智能化绿色化融合发展，加强重点行业和领域技术改造。

2. 推动钢铁行业碳达峰。深化钢铁行业供给侧结构性改革，严格执行产能置换，严禁新增产能，推进存量优化，淘汰落后产能。推进钢铁企业跨地区、跨所有制兼并重组，提高行业集中度。优化生产力布局，以京津冀及周边地区为重点，继续压减钢铁产能。促进钢铁行业结构优化和清洁能源替代，大力推进非高炉炼铁技术示范，提升废钢资源回收利用水平，推行全废钢电炉工艺。推广先进适用技术，深挖节能降碳潜力，鼓励钢化联产，探索开展氢冶金、二氧化碳捕集利用一体化等试点示范，推动低品位余热供暖发展。

3. 推动有色金属行业碳达峰。巩固化解电解铝过剩产能成果，严格执行产能置换，严控新增产能。推进清洁能源替代，提高水电、风电、太阳能发电等应用比重。加快再生有色金属产业发展，完善废弃有色金属资源回收、分选和加工网络，提高再生有色金属产量。加快推广应用先进适用绿色低碳技术，提升有色金属生产过程余热回收水平，推动单位产品能耗持续下降。

4. 推动建材行业碳达峰。加强产能置换监管，加快低效产能退出，严禁新增水泥熟料、平板玻璃产能，引导建材行业向轻型化、集约化、制品化转型。推动水泥错峰生产常态化，合理缩短水泥熟料装置运转时间。因地制宜利用风能、太阳能等可再生能源，逐步提高电力、天然气应用比重。鼓励建材企业使用粉煤灰、工业废渣、尾矿渣等作为原料或水泥混合材。加快推进绿色建材产品认证和应用推广，加强新型胶凝材料、低碳混凝土、木竹建材等低碳建材产品研发应用。推广节能技术设备，开展能源管理体系建设，实现节能增效。

5. 推动石化化工行业碳达峰。优化产能规模和布局，加大落后产能淘汰力度，有效化解结构性过剩矛盾。严格项目准入，合理安排建设时序，严控新增炼油和传统煤化工生产能力，稳妥有序发展现代煤化工。引导企业转变用能方式，鼓励以电力、天然气等替代煤炭。调整原料结构，控制新增原料用煤，拓展富氢原料进口来源，推动石化化工原料轻质化。优化产品结构，促进石化化工与煤炭开采、冶金、建材、化纤等产业协同发展，加强炼厂干气、液化气等副产气体高效利用。鼓励企业节能升级改造，推动能量梯级利用、物料循环利用。到2025年，国内原油一次加工能力控制在10亿吨以内，主要产品产能利用率提升至80%以上。

6. 坚决遏制“两高”项目盲目发展。采取强有力措施，对“两高”项目实行清单管理、分类处置、动态监控。全面排查在建项目，对能效水平低于本行业能耗限额准入值的，按有关规定停工整改，推动能效水平应提尽提，力争全面达到国内乃至国际先进水平。科学评估拟建项目，对产能已饱和的行业，按照“减量替代”原则压减产能；对产能尚未饱和的行业，按照国家布局和审批备案等要求，对标国际先进水平提高准入门槛；对能耗量较大的新兴产业，支持引导企业应用绿色低碳技术，提高能效水平。深入挖潜存量项目，加快淘汰落后产能，通过改造升级挖掘节能减排潜力。强化常态化监管，坚决拿下不符合要求的“两高”项目。

（四）城乡建设碳达峰行动。

加快推进城乡建设绿色低碳发展，城市更新和乡村振兴都要落实绿色低碳要求。

1. 推进城乡建设绿色低碳转型。推动城市组团式发展，科学确定建设规模，控制新增建设用地过快增长。倡导绿色低碳规划设计理念，增强城乡气候韧性，建设海绵城市。推广绿色低碳建材和绿色建造方式，加快推进新型建筑工业化，大力发展装配式建筑，推广钢结构住宅，推动建材循环利用，强化绿色设计和绿色施工管理。加强县城绿色低碳建设。推动建立以绿色低碳为导向的城乡规划建设管理机制，制定建筑拆除管理办法，杜绝大拆大建。建设绿色城镇、绿色社区。

2. 加快提升建筑能效水平。加快更新建筑节能、市政基础设施等标准，提高节能降碳要求。加强适用于不同气候区、不同建筑类型的节能低碳技术研发和推广，推动超低能耗建筑、低碳建筑规模化发展。加快推进居住建筑和公共建筑节能改造，持续推动老旧供热管网等市政基础设施节能降碳改造。提升城镇建筑和基础设施运行管理智能化水平，加快推广供热计量收费和合同能源管理，逐步开展公共建筑能耗限额管理。到2025年，城镇新建建筑全面执行绿色建筑标准。

3. 加快优化建筑用能结构。深化可再生能源建筑应用，推广光伏发电与建筑一体化应用。积极推动严寒、寒冷地区清洁取暖，推进热电联产集中供暖，加快工业余热供暖规模化应用，积极稳妥开展核能供热示范，因地制宜推行热泵、生物质能、地热能、太阳能等清洁低碳供暖。引导夏热冬冷地区科学取暖，因地制宜采用清洁高效取暖方式。提高建筑终端电气化水平，建设集光伏发电、储能、直流配电、柔性用电于一体的“光储直柔”建筑。到2025年，城镇建筑可再生能源替代率达到8%，新建公共机构建筑、新建厂房屋顶光伏覆盖率力争达到50%。

4. 推进农村建设和用能低碳转型。推进绿色农房建设，加快农房节能改造。持续推进农村地区清洁取暖，因地制宜选择适宜取暖方式。发展节能低碳农业大棚。推广节能环保灶具、电动农用车辆、节能环保农机和渔船。加快生物质能、太阳能等可再生能源在农业生产和农村生活中的应用。加强农村电网建设,提升农村用能电气化水平。

(五)交通运输绿色低碳行动。

加快形成绿色低碳运输方式,确保交通运输领域碳排放增长保持在合理区间。

1. 推动运输工具装备低碳转型。积极扩大电力、氢能、天然气、先进生物液体燃料等新能源、清洁能源在交通运输领域应用。大力推广新能源汽车,逐步降低传统燃油汽车在新车产销和汽车保有量中的占比,推动城市公共服务车辆电动化替代,推广电力、氢燃料、液化天然气动力重型货运车辆。提升铁路系统电气化水平。加快老旧船舶更新改造,发展电动、液化天然气动力船舶,深入推进船舶靠港使用岸电,因地制宜开展沿海、内河绿色智能船舶示范应用。提升机场运行电动化智能化水平,发展新能源航空器。到 2030 年,当年新增新能源、清洁能源动力的交通工具比例达到 40% 左右,营运交通工具单位换算周转量碳排放强度比 2020 年下降 9.5% 左右,国家铁路单位换算周转量综合能耗比 2020 年下降 10% 。陆路交通运输石油消费力争 2030 年前达到峰值。

2. 构建绿色高效交通运输体系。发展智能交通,推动不同运输方式合理分工、有效衔接,降低空载率和不合理客货运周转量。大力发展以铁路、水路为骨干的多式联运,推进工矿企业、港口、物流园区等铁路专用线建设,加快内河高等级航道网建设,加快大宗货物和中长距离货物运输"公转铁"、"公转水"。加快先进适用技术应用,提升民航运行管理效率,引导航空企业加强智慧运行,实现系统化节能降碳。加快城乡物流配送体系建设,创新绿色低碳、集约高效的配送模式。打造高效衔接、快捷舒适的公共交通服务体系,积极引导公众选择绿色低碳交通方式。"十四五"期间,集装箱铁水联运量年均增长 15% 以上。到 2030 年,城区常住人口 100 万以上的城市绿色出行比例不低于70%。

3.加快绿色交通基础设施建设。将绿色低碳理念贯穿于交通基础设施规划、建设、运营和维护全过程,降低全生命周期能耗和碳排放。开展交通基础设施绿色化提升改造,统筹利用综合运输通道线位、土地、空域等资源,加大岸线、锚地等资源整合力度,提高利用效率。有序推进充电桩、配套电网、加注(气)站、加氢站等基础设施建设,提升城市公共交通基础设施水平。到2030年,民用运输机场场内车辆装备等力争全面实现电动化。

(六)循环经济助力降碳行动。

抓住资源利用这个源头,大力发展循环经济,全面提高资源利用效率,充分发挥减少资源消耗和降碳的协同作用。

1.推进产业园区循环化发展。以提升资源产出率和循环利用率为目标,优化园区空间布局,开展园区循环化改造。推动园区企业循环式生产、产业循环式组合,组织企业实施清洁生产改造,促进废物综合利用、能量梯级利用、水资源循环利用,推进工业余压余热、废气废液废渣资源化利用,积极推广集中供气供热。搭建基础设施和公共服务共享平台,加强园区物质流管理。到2030年,省级以上重点产业园区全部实施循环化改造。

2.加强大宗固废综合利用。提高矿产资源综合开发利用水平和综合利用率,以煤矸石、粉煤灰、尾矿、共伴生矿、冶炼渣、工业副产石膏、建筑垃圾、农作物秸秆等大宗固废为重点,支持大掺量、规模化、高值化利用,鼓励应用于替代原生非金属矿、砂石等资源。在确保安全环保前提下,探索将磷石膏应用于土壤改良、井下充填、路基修筑等。推动建筑垃圾资源化利用,推广废弃路面材料原地再生利用。加快推进秸秆高值化利用,完善收储运体系,严格禁烧管控。加快大宗固废综合利用示范建设。到2025年,大宗固废年利用量达到40亿吨左右;到2030年,年利用量达到45亿吨左右。

3.健全资源循环利用体系。完善废旧物资回收网络,推行"互联网+"回收模式,实现再生资源应收尽收。加强再生资源综合利用行业规范管理，促进产业集聚发展。高水平建设现代化“城市矿产”基地，推动再生资源规范化、规模化、清洁化利用。推进退役动力电池、光伏组件、风电机组叶片等新兴产业废物循环利用。促进汽车零部件、工程机械、文办设备等再制造产业高质量发展。加强资源再生产品和再制造产品推广应用。到2025年，废钢铁、废铜、废铝、废铅、废锌、废纸、废塑料、废橡胶、废玻璃等9种主要再生资源循环利用量达到4.5亿吨，到2030年达到5.1亿吨。

4.大力推进生活垃圾减量化资源化。扎实推进生活垃圾分类，加快建立覆盖全社会的生活垃圾收运处置体系，全面实现分类投放、分类收集、分类运输、分类处理。加强塑料污染全链条治理，整治过度包装，推动生活垃圾源头减量。推进生活垃圾焚烧处理，降低填埋比例，探索适合我国厨余垃圾特性的资源化利用技术。推进污水资源化利用。到2025年，城市生活垃圾分类体系基本健全，生活垃圾资源化利用比例提升至60%左右。到2030年，城市生活垃圾分类实现全覆盖，生活垃圾资源化利用比例提升至65%。

（七）绿色低碳科技创新行动。

发挥科技创新的支撑引领作用，完善科技创新体制机制，强化创新能力，加快绿色低碳科技革命。

1.完善创新体制机制。制定科技支撑碳达峰碳中和行动方案，在国家重点研发计划中设立碳达峰碳中和关键技术研究与示范等重点专项，采取“揭榜挂帅”机制，开展低碳零碳负碳关键核心技术攻关。将绿色低碳技术创新成果纳入高等学校、科研单位、国有企业有关绩效考核。强化企业创新主体地位，支持企业承担国家绿色低碳重大科技项目，鼓励设施、数据等资源开放共享。推进国家绿色技术交易中心建设，加快创新成果转化。加强绿色低碳技术和产品知识产权保护。完善绿色低碳技术和产品检测、评估、认证体系。

2.加强创新能力建设和人才培养。组建碳达峰碳中和相关国家实验室、国家重点实验室和国家技术创新中心，适度超前布局国家重大科技基础设施，引导企业、高等学校、科研单位共建一批国家绿色低碳产业创新中心。创新人才培养模式，鼓励高等学校加快新能源、储能、氢能、碳减排、碳汇、碳排放权交易等学科建设和人才培养，建设一批绿色低碳领域未来技术学院、现代产业学院和示范性能源学院。深化产教融合，鼓励校企联合开展产学合作协同育人项目，组建碳达峰碳中和产教融合发展联盟，建设一批国家储能技术产教融合创新平台。

3. 强化应用基础研究。实施一批具有前瞻性、战略性的国家重大前沿科技项目，推动低碳零碳负碳技术装备研发取得突破性进展。聚焦化石能源绿色智能开发和清洁低碳利用、可再生能源大规模利用、新型电力系统、节能、氢能、储能、动力电池、二氧化碳捕集利用与封存等重点，深化应用基础研究。积极研发先进核电技术，加强可控核聚变等前沿颠覆性技术研究。

4. 加快先进适用技术研发和推广应用。集中力量开展复杂大电网安全稳定运行和控制、大容量风电、高效光伏、大功率液化天然气发动机、大容量储能、低成本可再生能源制氢、低成本二氧化碳捕集利用与封存等技术创新，加快碳纤维、气凝胶、特种钢材等基础材料研发，补齐关键零部件、元器件、软件等短板。推广先进成熟绿色低碳技术，开展示范应用。建设全流程、集成化、规模化二氧化碳捕集利用与封存示范项目。推进熔盐储能供热和发电示范应用。加快氢能技术研发和示范应用，探索在工业、交通运输、建筑等领域规模化应用。

（八）碳汇能力巩固提升行动。

坚持系统观念，推进山水林田湖草沙一体化保护和修复，提高生态系统质量和稳定性，提升生态系统碳汇增量。

1. 巩固生态系统固碳作用。结合国土空间规划编制和实施，构建有利于碳达峰、碳中和的国土空间开发保护格局。严守生态保护红线，严控生态空间占用，建立以国家公园为主体的自然保护地体系，稳定现有森林、草原、湿地、海洋、土壤、冻土、岩溶等固碳作用。严格执行土地使用标准，加强节约集约用地评价，推广节地技术和节地模式。

2. 提升生态系统碳汇能力。实施生态保护修复重大工程。深入推进大规模国土绿化行动，巩固退耕还林还草成果，扩大林草资源总量。强化森林资源保护，实施森林质量精准提升工程，提高森林质量和稳定性。加强草原生态保护修复，提高草原综合植被盖度。加强河湖、湿地保护修复。整体推进海洋生态系统保护和修复，提升红树林、海草床、盐沼等固碳能力。加强退化土地修复治理，开展荒漠化、石漠化、水土流失综合治理，实施历史遗留矿山生态修复工程。到2030年，全国森林覆盖率达到25%左右，森林蓄积量达到190亿立方米。

3. 加强生态系统碳汇基础支撑。依托和拓展自然资源调查监测体系，利用好国家林草生态综合监测评价成果，建立生态系统碳汇监测核算体系，开展森林、草原、湿地、海洋、土壤、冻土、岩溶等碳汇本底调查、碳储量评估、潜力分析，实施生态保护修复碳汇成效监测评估。加强陆地和海洋生态系统碳汇基础理论、基础方法、前沿颠覆性技术研究。建立健全能够体现碳汇价值的生态保护补偿机制，研究制定碳汇项目参与全国碳排放权交易相关规则。

4. 推进农业农村减排固碳。大力发展绿色低碳循环农业，推进农光互补、“光伏+设施农业”、“海上风电+海洋牧场”等低碳农业模式。研发应用增汇型农业技术。开展耕地质量提升行动，实施国家黑土地保护工程，提升土壤有机碳储量。合理控制化肥、农药、地膜使用量，实施化肥农药减量替代计划，加强农作物秸秆综合利用和畜禽粪污资源化利用。

（九）绿色低碳全民行动。

增强全民节约意识、环保意识、生态意识，倡导简约适度、绿色低碳、文明健康的生活方式，把绿色理念转化为全体人民的自觉行动。

1. 加强生态文明宣传教育。将生态文明教育纳入国民教育体系，开展多种形式的资源环境国情教育，普及碳达峰、碳中和基础知识。加强对公众的生态文明科普教育，将绿色低碳理念有机融入文艺作品，制作文创产品和公益广告，持续开展世界地球日、世界环境日、全国节能宣传周、全国低碳日等主题宣传活动，增强社会公众绿色低碳意识，推动生态文明理念更加深入人心。

2. 推广绿色低碳生活方式。坚决遏制奢侈浪费和不合理消费，着力破除奢靡铺张的歪风陋习，坚决制止餐饮浪费行为。在全社会倡导节约用能，开展绿色低碳社会行动示范创建，深入推进绿色生活创建行动，评选宣传一批优秀示范典型，营造绿色低碳生活新风尚。大力发展绿色消费，推广绿色低碳产品，完善绿色产品认证与标识制度。提升绿色产品在政府采购中的比例。

3. 引导企业履行社会责任。引导企业主动适应绿色低碳发展要求，强化环境责任意识，加强能源资源节约，提升绿色创新水平。重点领域国有企业特别是中央企业要制定实施企业碳达峰行动方案，发挥示范引领作用。重点用能单位要梳理核算自身碳排放情况，深入研究碳减排路径，“一企一策”制定专项工作方案，推进节能降碳。相关上市公司和发债企业要按照环境信息依法披露要求，定期公布企业碳排放信息。充分发挥行业协会等社会团体作用，督促企业自觉履行社会责任。

4. 强化领导干部培训。将学习贯彻习近平生态文明思想作为干部教育培训的重要内容，各级党校（行政学院）要把碳达峰、碳中和相关内容列入教学计划，分阶段、多层次对各级领导干部开展培训，普及科学知识，宣讲政策要点，强化法治意识，深化各级领导干部对碳达峰、碳中和工作重要性、紧迫性、科学性、系统性的认识。从事绿色低碳发展相关工作的领导干部要尽快提升专业素养和业务能力，切实增强推动绿色低碳发展的本领。

（十）各地区梯次有序碳达峰行动。

各地区要准确把握自身发展定位，结合本地区经济社会发展实际和资源环境禀赋，坚持分类施策、因地制宜、上下联动，梯次有序推进碳达峰。

1. 科学合理确定有序达峰目标。碳排放已经基本稳定的地区要巩固减排成果，在率先实现碳达峰的基础上进一步降低碳排放。产业结构较轻、能源结构较优的地区要坚持绿色低碳发展，坚决不走依靠“两高”项目拉动经济增长的老路，力争率先实现碳达峰。产业结构偏重、能源结构偏煤的地区和资源型地区要把节能降碳摆在突出位置，大力优化调整产业结构和能源结构，逐步实现碳排放增长与经济增长脱钩，力争与全国同步实现碳达峰。

2. 因地制宜推进绿色低碳发展。各地区要结合区域重大战略、区域协调发展战略和主体功能区战略，从实际出发推进本地区绿色低碳发展。京津冀、长三角、粤港澳大湾区等区域要发挥高质量发展动力源和增长极作用，率先推动经济社会发展全面绿色转型。长江经济带、黄河流域和国家生态文明试验区要严格落实生态优先、绿色发展战略导向，在绿色低碳发展方面走在全国前列。中西部和东北地区要着力优化能源结构，按照产业政策和能耗双控要求，有序推动高耗能行业向清洁能源优势地区集中，积极培育绿色发展动能。

3. 上下联动制定地方达峰方案。各省、自治区、直辖市人民政府要按照国家总体部署，结合本地区资源环境禀赋、产业布局、发展阶段等，坚持全国一盘棋，不抢跑，科学制定本地区碳达峰行动方案，提出符合实际、切实可行的碳达峰时间表、路线图、施工图，避免"一刀切"限电限产或运动式"减碳"。各地区碳达峰行动方案经碳达峰碳中和工作领导小组综合平衡、审核通过后，由地方自行印发实施。

4. 组织开展碳达峰试点建设。加大中央对地方推进碳达峰的支持力度，选择100个具有典型代表性的城市和园区开展碳达峰试点建设，在政策、资金、技术等方面对试点城市和园区给予支持，加快实现绿色低碳转型，为全国提供可操作、可复制、可推广的经验做法。

四、国际合作

（一）深度参与全球气候治理。大力宣传习近平生态文明思想，分享中国生态文明、绿色发展理念与实践经验，为建设清洁美丽世界贡献中国智慧、中国方案、中国力量，共同构建人与自然生命共同体。主动参与全球绿色治理体系建设，坚持共同但有区别的责任原则、公平原则和各自能力原则，坚持多边主义，维护以联合国为核心的国际体系，推动各方全面履行《联合国气候变化框架公约》及其《巴黎协定》。

积极参与国际航运、航空减排谈判。

（二）开展绿色经贸、技术与金融合作。优化贸易结构，大力发展高质量、高技术、高附加值绿色产品贸易。加强绿色标准国际合作，推动落实合格评定合作和互认机制，做好绿色贸易规则与进出口政策的衔接。加强节能环保产品和服务进出口。加大绿色技术合作力度，推动开展可再生能源、储能、氢能、二氧化碳捕集利用与封存等领域科研合作和技术交流，积极参与国际热核聚变实验堆计划等国际大科学工程。深化绿色金融国际合作，积极参与碳定价机制和绿色金融标准体系国际宏观协调，与有关各方共同推动绿色低碳转型。

（三）推进绿色"一带一路"建设。秉持共商共建共享原则，弘扬开放、绿色、廉洁理念，加强与共建"一带一路"国家的绿色基建、绿色能源、绿色金融等领域合作，提高境外项目环境可持续性，打造绿色、包容的"一带一路"能源合作伙伴关系，扩大新能源技术和产品出口。发挥"一带一路"绿色发展国际联盟等合作平台作用，推动实施《"一带一路"绿色投资原则》，推进"一带一路"应对气候变化南南合作计划和"一带一路"科技创新行动计划。

五、政策保障

（一）建立统一规范的碳排放统计核算体系。加强碳排放统计核算能力建设，深化核算方法研究，加快建立统一规范的碳排放统计核算体系。支持行业、企业依据自身特点开展碳排放核算方法学研究，建立健全碳排放计量体系。推进碳排放实测技术发展，加快遥感测量、大数据、云计算等新兴技术在碳排放实测技术领域的应用，提高统计核算水平。积极参与国际碳排放核算方法研究，推动建立更为公平合理的碳排放核算方法体系。

（二）健全法律法规标准。构建有利于绿色低碳发展的法律体系，推动能源法、节约能源法、电力法、煤炭法、可再生能源法、循环经济促进法、清洁生产促进法等制定修订。加快节能标准更新，修订一批能耗限额、产品设备能效强制性国家标准和工程建设标准，提高节能降碳要求。健全可再生能源标准体系，加快相关领域标准制定修订。建立健全氢制、储、输、用标准。完善工业绿色低碳标准体系。建立重点企业碳排放核算、报告、核查等标准,探索建立重点产品全生命周期碳足迹标准。积极参与国际能效、低碳等标准制定修订,加强国际标准协调。

(三)完善经济政策。各级人民政府要加大对碳达峰、碳中和工作的支持力度。建立健全有利于绿色低碳发展的税收政策体系,落实和完善节能节水、资源综合利用等税收优惠政策,更好发挥税收对市场主体绿色低碳发展的促进作用。完善绿色电价政策,健全居民阶梯电价制度和分时电价政策,探索建立分时电价动态调整机制。完善绿色金融评价机制,建立健全绿色金融标准体系。大力发展绿色贷款、绿色股权、绿色债券、绿色保险、绿色基金等金融工具,设立碳减排支持工具,引导金融机构为绿色低碳项目提供长期限、低成本资金,鼓励开发性政策性金融机构按照市场化法治化原则为碳达峰行动提供长期稳定融资支持。拓展绿色债券市场的深度和广度,支持符合条件的绿色企业上市融资、挂牌融资和再融资。研究设立国家低碳转型基金,支持传统产业和资源富集地区绿色转型。鼓励社会资本以市场化方式设立绿色低碳产业投资基金。

(四)建立健全市场化机制。发挥全国碳排放权交易市场作用,进一步完善配套制度,逐步扩大交易行业范围。建设全国用能权交易市场,完善用能权有偿使用和交易制度,做好与能耗双控制度的衔接。统筹推进碳排放权、用能权、电力交易等市场建设,加强市场机制间的衔接与协调,将碳排放权、用能权交易纳入公共资源交易平台。积极推行合同能源管理,推广节能咨询、诊断、设计、融资、改造、托管等"一站式"综合服务模式。

六、组织实施

(一)加强统筹协调。加强党中央对碳达峰、碳中和工作的集中统一领导,碳达峰碳中和工作领导小组对碳达峰相关工作进行整体部署和系统推进,统筹研究重要事项、制定重大政策。碳达峰碳中和工作领导小组成员单位要按照党中央、国务院决策部署和领导小组工作要求,扎实推进相关工作。碳达峰碳中和工作领导小组办公室要加强统筹协调,定期对各地区和重点领域、重点行业工作进展情况进行调度,科学提出碳达峰分步骤的时间表、路线图,督促将各项目标任务落实落细。

(二)强化责任落实。各地区各有关部门要深刻认识碳达峰、碳中和工作的重要性、紧迫性、复杂性,切实扛起责任,按照《中共中央 国务院关于完整准确全面贯彻新发展理念做好碳达峰碳中和工作的意见》和本方案确定的主要目标和重点任务,着力抓好各项任务落实,确保政策到位、措施到位、成效到位,落实情况纳入中央和省级生态环境保护督察。各相关单位、人民团体、社会组织要按照国家有关部署,积极发挥自身作用,推进绿色低碳发展。

(三)严格监督考核。实施以碳强度控制为主、碳排放总量控制为辅的制度,对能源消费和碳排放指标实行协同管理、协同分解、协同考核,逐步建立系统完善的碳达峰碳中和综合评价考核制度。加强监督考核结果应用,对碳达峰工作成效突出的地区、单位和个人按规定给予表彰奖励,对未完成目标任务的地区、部门依规依法实行通报批评和约谈问责。各省、自治区、直辖市人民政府要组织开展碳达峰目标任务年度评估,有关工作进展和重大问题要及时向碳达峰碳中和工作领导小组报告。

中共中央、国务院关于完整准确全面贯彻新发展理念做好碳达峰碳中和工作的意见

(2021 年 9 月 22 日公布并实施)

实现碳达峰、碳中和,是以习近平同志为核心的党中央统筹国内国际两个大局作出的重大战略决策,是着力解决资源环境约束突出问题、实现中华民族永续发展的必然选择,是构建人类命运共同体的庄

严承诺。为完整、准确、全面贯彻新发展理念,做好碳达峰、碳中和工作,现提出如下意见。

一、总体要求

(一)指导思想。以习近平新时代中国特色社会主义思想为指导,全面贯彻党的十九大和十九届二中、三中、四中、五中全会精神,深入贯彻习近平生态文明思想,立足新发展阶段,贯彻新发展理念,构建新发展格局,坚持系统观念,处理好发展和减排、整体和局部、短期和中长期的关系,把碳达峰、碳中和纳入经济社会发展全局,以经济社会发展全面绿色转型为引领,以能源绿色低碳发展为关键,加快形成节约资源和保护环境的产业结构、生产方式、生活方式、空间格局,坚定不移走生态优先、绿色低碳的高质量发展道路,确保如期实现碳达峰、碳中和。

(二)工作原则。

实现碳达峰、碳中和目标,要坚持"全国统筹、节约优先、双轮驱动、内外畅通、防范风险"原则。

——全国统筹。全国一盘棋,强化顶层设计,发挥制度优势,实行党政同责,压实各方责任。根据各地实际分类施策,鼓励主动作为、率先达峰。

——节约优先。把节约能源资源放在首位,实行全面节约战略,持续降低单位产出能源资源消耗和碳排放,提高投入产出效率,倡导简约适度、绿色低碳生活方式,从源头和入口形成有效的碳排放控制阀门。

——双轮驱动。政府和市场两手发力,构建新型举国体制,强化科技和制度创新,加快绿色低碳科技革命。深化能源和相关领域改革,发挥市场机制作用,形成有效激励约束机制。

——内外畅通。立足国情实际,统筹国内国际能源资源,推广先进绿色低碳技术和经验。统筹做好应对气候变化对外斗争与合作,不断增强国际影响力和话语权,坚决维护我国发展权益。

——防范风险。处理好减污降碳和能源安全、产业链供应链安全、粮食安全、群众正常生活的关系，有效应对绿色低碳转型可能伴随的经济、金融、社会风险，防止过度反应，确保安全降碳。

二、主要目标

到2025年，绿色低碳循环发展的经济体系初步形成，重点行业能源利用效率大幅提升。单位国内生产总值能耗比2020年下降13.5%；单位国内生产总值二氧化碳排放比2020年下降18%；非化石能源消费比重达到20%左右；森林覆盖率达到24.1%，森林蓄积量达到180亿立方米，为实现碳达峰、碳中和奠定坚实基础。

到2030年，经济社会发展全面绿色转型取得显著成效，重点耗能行业能源利用效率达到国际先进水平。单位国内生产总值能耗大幅下降；单位国内生产总值二氧化碳排放比2005年下降65%以上；非化石能源消费比重达到25%左右，风电、太阳能发电总装机容量达到12亿千瓦以上；森林覆盖率达到25%左右，森林蓄积量达到190亿立方米，二氧化碳排放量达到峰值并实现稳中有降。

到2060年，绿色低碳循环发展的经济体系和清洁低碳安全高效的能源体系全面建立，能源利用效率达到国际先进水平，非化石能源消费比重达到80%以上，碳中和目标顺利实现，生态文明建设取得丰硕成果，开创人与自然和谐共生新境界。

三、推进经济社会发展全面绿色转型

（三）强化绿色低碳发展规划引领。将碳达峰、碳中和目标要求全面融入经济社会发展中长期规划，强化国家发展规划、国土空间规划、专项规划、区域规划和地方各级规划的支撑保障。加强各级各类规划间衔接协调，确保各地区各领域落实碳达峰、碳中和的主要目标、发展方向、重大政策、重大工程等协调一致。

（四）优化绿色低碳发展区域布局。持续优化重大基础设施、重大生产力和公共资源布局，构建有利于碳达峰、碳中和的国土空间开发保护新格局。在京津冀协同发展、长江经济带发展、粤港澳大湾区建设、长三角一体化发展、黄河流域生态保护和高质量发展等区域重大战略实施中，强化绿色低碳发展导向和任务要求。

（五）加快形成绿色生产生活方式。大力推动节能减排，全面推进清洁生产，加快发展循环经济，加强资源综合利用，不断提升绿色低碳发展水平。扩大绿色低碳产品供给和消费，倡导绿色低碳生活方式。把绿色低碳发展纳入国民教育体系。开展绿色低碳社会行动示范创建。凝聚全社会共识，加快形成全民参与的良好格局。

四、深度调整产业结构

（六）推动产业结构优化升级。加快推进农业绿色发展，促进农业固碳增效。制定能源、钢铁、有色金属、石化化工、建材、交通、建筑等行业和领域碳达峰实施方案。以节能降碳为导向，修订产业结构调整指导目录。开展钢铁、煤炭去产能“回头看”，巩固去产能成果。加快推进工业领域低碳工艺革新和数字化转型。开展碳达峰试点园区建设。加快商贸流通、信息服务等绿色转型，提升服务业低碳发展水平。

（七）坚决遏制高耗能高排放项目盲目发展。新建、扩建钢铁、水泥、平板玻璃、电解铝等高耗能高排放项目严格落实产能等量或减量置换，出台煤电、石化、煤化工等产能控制政策。未纳入国家有关领域产业规划的，一律不得新建改扩建炼油和新建乙烯、对二甲苯、煤制烯烃项目。合理控制煤制油气产能规模。提升高耗能高排放项目能耗准入标准。加强产能过剩分析预警和窗口指导。

（八）大力发展绿色低碳产业。加快发展新一代信息技术、生物技术、新能源、新材料、高端装备、新能源汽车、绿色环保以及航空航天、海洋装备等战略性新兴产业。建设绿色制造体系。推动互联网、大数据、人工智能、第五代移动通信（5G）等新兴技术与绿色低碳产业深度融合。

五、加快构建清洁低碳安全高效能源体系

（九）强化能源消费强度和总量双控。坚持节能优先的能源发展战略，严格控制能耗和二氧化碳排放强度，合理控制能源消费总量，统筹建立二氧化碳排放总量控制制度。做好产业布局、结构调整、节能审查与能耗双控的衔接，对能耗强度下降目标完成形势严峻的地区实行项目缓批限批、能耗等量或减量替代。强化节能监察和执法，加强能耗及二氧化碳排放控制目标分析预警，严格责任落实和评价考核。加强甲烷等非二氧化碳温室气体管控。

（十）大幅提升能源利用效率。把节能贯穿于经济社会发展全过程和各领域，持续深化工业、建筑、交通运输、公共机构等重点领域节能，提升数据中心、新型通信等信息化基础设施能效水平。健全能源管理体系，强化重点用能单位节能管理和目标责任。瞄准国际先进水平，加快实施节能降碳改造升级，打造能效“领跑者”。

（十一）严格控制化石能源消费。加快煤炭减量步伐，“十四五”时期严控煤炭消费增长，“十五五”时期逐步减少。石油消费“十五五”时期进入峰值平台期。统筹煤电发展和保供调峰，严控煤电装机规模，加快现役煤电机组节能升级和灵活性改造。逐步减少直至禁止煤炭散烧。加快推进页岩气、煤层气、致密油气等非常规油气资源规模化开发。强化风险管控，确保能源安全稳定供应和平稳过渡。

（十二）积极发展非化石能源。实施可再生能源替代行动，大力发展风能、太阳能、生物质能、海洋能、地热能等，不断提高非化石能源消费比重。坚持集中式与分布式并举，优先推动风能、太阳能就地就近开发利用。因地制宜开发水能。积极安全有序发展核电。合理利用生物质能。加快推进抽水蓄能和新型储能规模化应用。统筹推进氢能“制储输用”全链条发展。构建以新能源为主体的新型电力系统，提高电网对高比例可再生能源的消纳和调控能力。

（十三）深化能源体制机制改革。全面推进电力市场化改革，加快培育发展配售电环节独立市场主体，完善中长期市场、现货市场和辅助服务市场衔接机制，扩大市场化交易规模。推进电网体制改革，明确以消纳可再生能源为主的增量配电网、微电网和分布式电源的市场主体地位。加快形成以储能和调峰能力为基础支撑的新增电力装机发展机制。完善电力等能源品种价格市场化形成机制。从有利于节能的角度深化电价改革，理顺输配电价结构，全面放开竞争性环节电价。推进煤炭、油气等市场化改革，加快完善能源统一市场。

六、加快推进低碳交通运输体系建设

（十四）优化交通运输结构。加快建设综合立体交通网，大力发展多式联运，提高铁路、水路在综合运输中的承运比重，持续降低运输能耗和二氧化碳排放强度。优化客运组织，引导客运企业规模化、集约化经营。加快发展绿色物流，整合运输资源，提高利用效率。

（十五）推广节能低碳型交通工具。加快发展新能源和清洁能源车船，推广智能交通，推进铁路电气化改造，推动加氢站建设，促进船舶靠港使用岸电常态化。加快构建便利高效、适度超前的充换电网络体系。提高燃油车船能效标准，健全交通运输装备能效标识制度，加快淘汰高耗能高排放老旧车船。

（十六）积极引导低碳出行。加快城市轨道交通、公交专用道、快速公交系统等大容量公共交通基础设施建设，加强自行车专用道和行人步道等城市慢行系统建设。综合运用法律、经济、技术、行政等多种手段，加大城市交通拥堵治理力度。

七、提升城乡建设绿色低碳发展质量

（十七）推进城乡建设和管理模式低碳转型。在城乡规划建设管理各环节全面落实绿色低碳要求。推动城市组团式发展，建设城市生态和通风廊道，提升城市绿化水平。合理规划城镇建筑面积发展目标，严格管控高能耗公共建筑建设。实施工程建设全过程绿色建造，健全建筑拆除管理制度，杜绝大拆大建。加快推进绿色社区建设。结合实施乡村建设行动，推进县城和农村绿色低碳发展。

（十八）大力发展节能低碳建筑。持续提高新建建筑节能标准，加快推进超低能耗、近零能耗、低碳建筑规模化发展。大力推进城镇既有建筑和市政基础设施节能改造，提升建筑节能低碳水平。逐步开展建筑能耗限额管理，推行建筑能效测评标识，开展建筑领域低碳发展绩效评估。全面推广绿色低碳建材，推动建筑材料循环利用。发展绿色农房。

（十九）加快优化建筑用能结构。深化可再生能源建筑应用，加快推动建筑用能电气化和低碳化。开展建筑屋顶光伏行动，大幅提高建筑采暖、生活热水、炊事等电气化普及率。在北方城镇加快推进热电联产集中供暖，加快工业余热供暖规模化发展，积极稳妥推进核电余热供暖，因地制宜推进热泵、燃气、生物质能、地热能等清洁低碳供暖。

八、加强绿色低碳重大科技攻关和推广应用

（二十）强化基础研究和前沿技术布局。制定科技支撑碳达峰、碳中和行动方案，编制碳中和技术发展路线图。采用“揭榜挂帅”机制，开展低碳零碳负碳和储能新材料、新技术、新装备攻关。加强气候变化成因及影响、生态系统碳汇等基础理论和方法研究。推进高效率太阳能电池、可再生能源制氢、可控核聚变、零碳工业流程再造等低碳前沿技术攻关。培育一批节能降碳和新能源技术产品研发国家重点实验室、国家技术创新中心、重大科技创新平台。建设碳达峰、碳中和人才体系，鼓励高等学校增设碳达峰、碳中和相关学科专业。

（二十一）加快先进适用技术研发和推广。深入研究支撑风电、太阳能发电大规模友好并网的智能电网技术。加强电化学、压缩空气等新型储能技术攻关、示范和产业化应用。加强氢能生产、储存、应用关键技术研发、示范和规模化应用。推广园区能源梯级利用等节能低碳技术。推动气凝胶等新型材料研发应用。推进规模化碳捕集利用与封存技术研发、示范和产业化应用。建立完善绿色低碳技术评估、交易体系和科技创新服务平台。

九、持续巩固提升碳汇能力

（二十二）巩固生态系统碳汇能力。强化国土空间规划和用途管控，严守生态保护红线，严控生态空间占用，稳定现有森林、草原、湿地、海洋、土壤、冻土、岩溶等固碳作用。严格控制新增建设用地规模，推动城乡存量建设用地盘活利用。严格执行土地使用标准，加强节约集约用地评价，推广节地技术和节地模式。

（二十三）提升生态系统碳汇增量。实施生态保护修复重大工程，开展山水林田湖草沙一体化保护和修复。深入推进大规模国土绿化行动，巩固退耕还林还草成果，实施森林质量精准提升工程，持续增加森林面积和蓄积量。加强草原生态保护修复。强化湿地保护。整体推进海洋生态系统保护和修复,提升红树林、海草床、盐沼等固碳能力。开展耕地质量提升行动,实施国家黑土地保护工程,提升生态农业碳汇。积极推动岩溶碳汇开发利用。

十、提高对外开放绿色低碳发展水平

(二十四)加快建立绿色贸易体系。持续优化贸易结构,大力发展高质量、高技术、高附加值绿色产品贸易。完善出口政策,严格管理高耗能高排放产品出口。积极扩大绿色低碳产品、节能环保服务、环境服务等进口。

(二十五)推进绿色"一带一路"建设。加快"一带一路"投资合作绿色转型。支持共建"一带一路"国家开展清洁能源开发利用。大力推动南南合作,帮助发展中国家提高应对气候变化能力。深化与各国在绿色技术、绿色装备、绿色服务、绿色基础设施建设等方面的交流与合作,积极推动我国新能源等绿色低碳技术和产品走出去,让绿色成为共建"一带一路"的底色。

(二十六)加强国际交流与合作。积极参与应对气候变化国际谈判,坚持我国发展中国家定位,坚持共同但有区别的责任原则、公平原则和各自能力原则,维护我国发展权益。履行《联合国气候变化框架公约》及其《巴黎协定》,发布我国长期温室气体低排放发展战略,积极参与国际规则和标准制定,推动建立公平合理、合作共赢的全球气候治理体系。加强应对气候变化国际交流合作,统筹国内外工作,主动参与全球气候和环境治理。

十一、健全法律法规标准和统计监测体系

(二十七)健全法律法规。全面清理现行法律法规中与碳达峰、碳中和工作不相适应的内容,加强法律法规间的衔接协调。研究制定碳中和专项法律,抓紧修订节约能源法、电力法、煤炭法、可再生能源法、循环经济促进法等,增强相关法律法规的针对性和有效性。

(二十八)完善标准计量体系。建立健全碳达峰、碳中和标准计量体系。加快节能标准更新升级,抓紧修订一批能耗限额、产品设备能效强制性国家标准和工程建设标准,提升重点产品能耗限额要求,扩大能耗限额标准覆盖范围,完善能源核算、检测认证、评估、审计等配套标准。加快完善地区、行业、企业、产品等碳排放核查核算报告标准,建立统一规范的碳核算体系。制定重点行业和产品温室气体排放标准,完善低碳产品标准标识制度。积极参与相关国际标准制定,加强标准国际衔接。

(二十九)提升统计监测能力。健全电力、钢铁、建筑等行业领域能耗统计监测和计量体系,加强重点用能单位能耗在线监测系统建设。加强二氧化碳排放统计核算能力建设,提升信息化实测水平。依托和拓展自然资源调查监测体系,建立生态系统碳汇监测核算体系,开展森林、草原、湿地、海洋、土壤、冻土、岩溶等碳汇本底调查和碳储量评估,实施生态保护修复碳汇成效监测评估。

十二、完善政策机制

(三十)完善投资政策。充分发挥政府投资引导作用,构建与碳达峰、碳中和相适应的投融资体系,严控煤电、钢铁、电解铝、水泥、石化等高碳项目投资,加大对节能环保、新能源、低碳交通运输装备和组织方式、碳捕集利用与封存等项目的支持力度。完善支持社会资本参与政策,激发市场主体绿色低碳投资活力。国有企业要加大绿色低碳投资,积极开展低碳零碳负碳技术研发应用。

(三十一)积极发展绿色金融。有序推进绿色低碳金融产品和服务开发,设立碳减排货币政策工具,将绿色信贷纳入宏观审慎评估框架,引导银行等金融机构为绿色低碳项目提供长期限、低成本资金。鼓励开发性政策性金融机构按照市场化法治化原则为实现碳达峰、碳中和提供长期稳定融资支持。支持符合条件的企业上市融资和再融资用于绿色低碳项目建设运营,扩大绿色债券规模。研究设立国家低碳转型基金。鼓励社会资本设立绿色低碳产业投资基金。建立健全绿色金融标准体系。

(三十二)完善财税价格政策。各级财政要加大对绿色低碳产业发展、技术研发等的支持力度。完善政府绿色采购标准,加大绿色低碳产品采购力度。落实环境保护、节能节水、新能源和清洁能源车船税收优惠。研究碳减排相关税收政策。建立健全促进可再生能源规模化发展的价格机制。完善差别化电价、分时电价和居民阶梯电价政策。严禁对高耗能、高排放、资源型行业实施电价优惠。加快推进供热计量改革和按供热量收费。加快形成具有合理约束力的碳价机制。

（三十三）推进市场化机制建设。依托公共资源交易平台，加快建设完善全国碳排放权交易市场，逐步扩大市场覆盖范围，丰富交易品种和交易方式，完善配额分配管理。将碳汇交易纳入全国碳排放权交易市场，建立健全能够体现碳汇价值的生态保护补偿机制。健全企业、金融机构等碳排放报告和信息披露制度。完善用能权有偿使用和交易制度，加快建设全国用能权交易市场。加强电力交易、用能权交易和碳排放权交易的统筹衔接。发展市场化节能方式，推行合同能源管理，推广节能综合服务。

十三、切实加强组织实施

（三十四）加强组织领导。加强党中央对碳达峰、碳中和工作的集中统一领导，碳达峰碳中和工作领导小组指导和统筹做好碳达峰、碳中和工作。支持有条件的地方和重点行业、重点企业率先实现碳达峰，组织开展碳达峰、碳中和先行示范，探索有效模式和有益经验。将碳达峰、碳中和作为干部教育培训体系重要内容，增强各级领导干部推动绿色低碳发展的本领。

（三十五）强化统筹协调。国家发展改革委要加强统筹，组织落实2030年前碳达峰行动方案，加强碳中和工作谋划，定期调度各地区各有关部门落实碳达峰、碳中和目标任务进展情况，加强跟踪评估和督促检查，协调解决实施中遇到的重大问题。各有关部门要加强协调配合，形成工作合力，确保政策取向一致、步骤力度衔接。

（三十六）压实地方责任。落实领导干部生态文明建设责任制，地方各级党委和政府要坚决扛起碳达峰、碳中和责任，明确目标任务，制定落实举措，自觉为实现碳达峰、碳中和作出贡献。

（三十七）严格监督考核。各地区要将碳达峰、碳中和相关指标纳入经济社会发展综合评价体系，增加考核权重，加强指标约束。强化碳达峰、碳中和目标任务落实情况考核,对工作突出的地区、单位和个人按规定给予表彰奖励,对未完成目标任务的地区、部门依规依法实行通报批评和约谈问责,有关落实情况纳入中央生态环境保护督察。各地区各有关部门贯彻落实情况每年向党中央、国务院报告。

国家能源局关于可再生能源发展“十三五”规划实施的指导意见

(2017 年 7 月 19 日公布　国能发新能〔2017〕31 号
自 2017 年 7 月 19 日起实施)

省、自治区、直辖市、新疆生产建设兵团发展改革委(能源局),各派出能源监管机构,国家电网公司、南方电网公司、内蒙古电力公司:

在《可再生能源法》以及有关政策支持下,我国可再生能源产业快速发展,技术水平显著提高,制造产业能力快速提升,市场应用规模不断扩大,为推动能源结构调整、保护生态环境和培育经济发展新动能发挥了重要作用。为深入贯彻能源生产和消费革命战略,有效解决可再生能源发展中出现的弃水弃风弃光和补贴资金不足等问题,实现可再生能源产业持续健康有序发展,现就做好可再生能源发展“十三五”规划实施提出以下意见:

一、加强可再生能源目标引导和监测考核

各省(区、市)能源主管部门根据国家能源发展“十三五”规划、电力发展“十三五”规划、可再生能源发展“十三五”规划和《国家能源局关于建立可再生能源开发利用目标引导制度的指导意见》(国能新能〔2016〕54 号)对各地区非水电可再生能源发电量占全社会用电量比重指标以及加强水电利用消纳的要求,结合本地区可再生能源发展规划和市场消纳条件,合理确定本地区可再生能源电力发展目标,加强项目建设管理和政策落实工作，推进可再生能源电力有序规范发展。国家能源局按年度对各省（区、市）可再生能源开发利用进行监测评估和考核，并向社会公布评估和考核结果。

二、加强可再生能源发展规划的引领作用

各省（区、市）能源主管部门应根据国家发展改革委、国家能源局发布的各类能源规划和经国家能源局批复的本区域能源发展"十三五"规划，制定本地区可再生能源发展相关规划并按年度制定实施方案，明确可再生能源电力年度建设规模、建设任务、结构和布局，协调好可再生能源电力与常规能源发电的关系。

各省（区、市）能源主管部门要以有关规划为依据，科学合理布局，结合电力市场编制可再生能源电力建设年度实施方案，指导电网企业研究配套电网建设和可再生能源电力消纳方案。把充分利用存量与优化增量相结合，各年度在落实电力送出和消纳条件的基础上，有序组织水电、风电、光伏发电等可再生能源电力建设。

三、加强电网接入和市场消纳条件落实

各省（区、市）能源主管部门要把落实可再生能源电力送出消纳作为安排本区域可再生能源电力建设规模及布局的基本前提条件。各省级电网公司应对年度新增建设规模的接网条件和消纳方案进行研究，并出具电力消纳意见。集中式风电和光伏发电的年度规模确定及分配都要以省级电网企业承诺投资建设电力送出工程和出具的电力系统消纳能力意见为前提。

对大型水电、风电、光伏发电基地，所在省（区、市）能源主管部门及市（县）级地方政府能源主管部门首先要落实电力消纳市场。所发电量本地消纳的基地，有关省级能源主管部门要会同地方政府和省级电网企业明确电力消纳机制和保障措施；所发电量跨省跨区消纳的基地，要符合国家能源和电力相关发展规划，送受端省级政府及电网企业要协商达成送受电协议、输电及消纳方案。

发挥跨省跨区特高压输电通道消纳可再生能源的作用。对国家能源局已明确可再生能源电量比重指标的特高压输电通道，按已明确的指标进行考核；对未明确指标的特高压输电通道由有关监管机构对其进行一年为周期的监测，确定可再生能源电量比重指标及通道利用指标。水能、风能、太阳能资源富集地区后续规划新建的特高压输电通道均应明确输送可再生能源电量比重指标，以输送水电为主的特高压输电通道应明确通道利用率指标。

四、创新发展方式促进技术进步和成本降低

各省（区、市）能源主管部门应遵循发挥市场在资源配置中起决定性作用和更好发挥政府作用的理念，结合电力体制改革等创新可再生能源电力发展模式。鼓励结合社会资本投资经营配电网、清洁能源局域电网和微电网建设，实现可再生能源高效利用并降低成本。原则上不再支持建设无技术进步目标、无市场机制创新、补贴强度高的集中式光伏发电项目。

国家能源局会同有关部门制定光伏产品的市场应用技术标准、领跑者技术标准，加速技术进步和落后产能退出市场。各省（区、市）能源主管部门组织地方政府，对具备成片开发土地资源且具备统一送出消纳条件的光伏电站场址，编制光伏发电先进技术应用基地。国家能源局按年度统一组织光伏发电先进技术应用基地优选，被选上的基地纳入该地区年度新增建设规模。对优选上的基地，由所在地省级能源主管部门在国家能源局指导下组织地方政府采取公开竞争方式选择项目投资主体，并提出统一的技术标准，以此引领技术进步和产业升级，促进成本下降，减少补贴需求。

五、健全风电、光伏发电建设规模管理机制

各省（区、市）能源主管部门应根据风电产业预警信息合理布局风电项目。预警结果为绿色地区的省（区、市）能源主管部门，根据相关规划在落实电力送出和市场消纳的前提下，自主确定风电年度建设实施方案，严格核实纳入年度建设方案各项目的风资源勘查评价、电力送出及消纳市场等建设条件，并指导开发企业与电网企业做好衔接，将年度建设实施方案报送国家能源局。分散式风电严格按照有关技术规定和规划执行，不受年度建设规模限制。

按照市场自主和竞争配置并举的方式管理光伏发电项目建设。对屋顶光伏以及建立市场化交易机制就近消纳的2万千瓦以下光伏电站等分布式项目,市场主体在符合技术条件和市场规则的情况下自主建设;对集中式光伏电站,以不发生限电为前提,设定技术进步、市场消纳、降低补贴等条件,通过竞争配置方式组织建设;国家能源局统一组织光伏发电先进技术应用基地建设,基地及基地内项目业主均按照有关规定通过竞争方式选择;光伏扶贫根据有关地区扶贫任务的需要,有关省(区、市)能源主管部门会同扶贫部门组织地方政府编制光伏扶贫计划。

根据国家发展改革委、国家能源局发布的各类能源规划和经国家能源局批复的各地区能源发展规划以及各省(区、市)能源主管部门报送的"十三五"风电、光伏发电分年度规模建议,国家能源局将各省(区、市)分年度建设规模方案予以公布(见附件1、2),各省(区、市)能源主管部门按此方案做好规划实施工作。2017年各省(区、市)风电、光伏发电按随文公布的新增建设规模执行。2018年以及后续年度,各省(区、市)能源主管部门按年度向国家能源局报送年度实施方案建议,其中包括新增建设规模和布局信息以及电网公司关于投资建设电力送出工程和消纳能力的意见。

国家能源局对各省(区、市)能源主管部门报送的年度实施方案和相关条件进行核实,按照当年电网企业承诺的电力送出和消纳条件最终确定各省(区、市)当年新增建设规模。对应纳入年度规模管理的发电项目,各省(区、市)能源主管部门必须严格按当年下达的年度新增建设规模组织建设。

六、加强和规范生物质发电管理

生物质发电(主要包括农林生物质发电和垃圾焚烧发电)"十三五"规划布局规模一次性下达。各省(区、市)能源主管部门根据规划布局,组织开展项目核准工作,每年2月底之前上报上一年度项目核准及建设运行情况。"十三五"中期组织开展本地区生物质发电"十三五"规划修编,进行滚动调整。

大力推进农林生物质热电联产,从严控制只发电不供热项目。将农林生物质热电联产作为县域重要的清洁供热方式,为县城及农村提供清洁供暖,为工业园区和企业提供清洁工业蒸汽,直接替代县域内燃煤锅炉及散煤利用。因地制宜推进城镇生活垃圾焚烧热电联产项目建设。

纳入生物质发电"十三五"规划布局方案的是符合国家可再生能源基金支持政策的农林生物质发电和垃圾焚烧发电项目。不符合国家可再生能源基金支持政策,或者不申请国家可再生能源基金支持的布局项目,不纳入本规划布局方案。有关地方能源主管部门核准建设规划布局方案之外的生物质发电项目(沼气发电除外),由所在省(区、市)负责解决补贴资金问题。

七、多措并举扩大补贴资金来源

各省(区、市)能源主管部门组织本地区可再生能源电力建设,除了考虑电网接入和市场消纳保障,还应考虑本地区可再生能源电价附加征收情况、本地区其他补贴资金来源等因素。鼓励各级地方政府多渠道筹措资金支持可再生能源发展,已制定本省级区域支持可再生能源建设和利用补贴政策的地区可相应扩大建设规模。

各省(区、市)能源主管部门和各派出能源监管机构应会同有关部门监测评价风电、光伏发电、生物质发电项目电费结算、补贴资金到位以及企业经营状况,向社会及时发布信息,提醒企业投资经营风险,合理把握可再生能源电力建设节奏。

八、加强政策保障

各级地方政府能源主管部门要积极落实国家支持可再生能源发展的政策,完善政府管理和服务机制,在土地利用等方面降低成本,不得以收取资源费等名义增加企业负担。电网企业要遵照《可再生能源法》的规定,与依法取得行政许可或报送备案的可再生能源发电企业做好衔接,及时投资建设配套电网,签订并网调度协议和购售电合同,履行对可再生能源发电的全额保障性收购责任。

各级地方政府能源主管部门与电网企业要贯彻《可再生能源法》

的要求，按照电力体制改革工作部署，以可再生能源发电全额保障性收购要求作为依据，落实可再生能源发电项目合同的签订和执行。若可再生能源企业优先发电合同未履行，其优先发电权可以转让。

各派出能源监管机构要按照《可再生能源发电全额保障性收购管理办法》第十二、十三条等有关要求，会同省级能源主管部门、经济运行主管部门及电网企业严格落实国家核定的最低保障小时数。各派出能源监管机构要加强可再生能源电力项目接入电网监管，并会同地方政府有关部门加强对可再生能源发电全额保障性收购执行情况的监管和考核工作。

附件：1. 2017－2020 年风电新增建设规模方案（略）

2. 2017－2020 年光伏电站新增建设规模方案（略）

3. 生物质发电"十三五"规划布局方案（略）

"十四五"可再生能源发展规划

（2021 年 10 月 21 日公布　发改能源〔2021〕1445 号
自 2021 年 10 月 21 日起实施）

前　　言

当前，全球新一轮能源革命和科技革命深度演变、方兴未艾，大力发展可再生能源已经成为全球能源转型和应对气候变化的重大战略方向和一致宏大行动。加快发展可再生能源、实施可再生能源替代行动，是推进能源革命和构建清洁低碳、安全高效能源体系的重大举措，是保障国家能源安全的必然选择，是我国生态文明建设、可持续发展的客观要求，是构建人类命运共同体、践行应对气候变化自主贡献承诺的主导力量。

"十四五"时期是我国全面建成小康社会、实现第一个百年奋斗目标之后,乘势而上开启全面建设社会主义现代化国家新征程、向第二个百年奋斗目标进军的第一个五年,也是推动能源绿色低碳转型、落实应对气候变化国家自主贡献目标的攻坚期,我国可再生能源将进入全新的发展阶段。按照《中华人民共和国可再生能源法》要求,根据《中华人民共和国国民经济和社会发展第十四个五年规划和2035年远景目标纲要》和《"十四五"现代能源体系规划》,制订本规划。

一、发展基础和发展形势

(一)可再生能源发展取得显著成就。

"十三五"期间,我国可再生能源实现跨越式发展,装机规模、利用水平、技术装备、产业竞争力迈上新台阶,取得了举世瞩目的成就,为可再生能源进一步高质量发展奠定了坚实基础。

开发规模持续扩大。截至2020年底,我国可再生能源发电装机达到9.34亿千瓦,占发电总装机的42.5%,风电、光伏发电、水电、生物质发电装机分别达到2.8、2.5、3.4、0.3亿千瓦,连续多年稳居世界第一。

利用水平显著提升。2020年我国可再生能源利用总量达6.8亿吨标准煤,占一次能源消费总量的13.6%。其中,可再生能源发电量2.2万亿千瓦时,占全部发电量的29.1%,主要流域水电、风电、光伏发电利用率分别达到97%、97%、98%;可再生能源非电利用量约5000万吨标准煤。

技术水平不断提高。水电具备百万千瓦级水轮机组自主设计制造能力,特高坝和大型地下洞室设计施工能力世界领先。陆上低风速风电技术国际一流,海上大容量风电机组技术保持国际同步。光伏技术快速迭代,多次刷新电池转换效率世界纪录,量产单晶硅、多晶硅电池平均转换效率分别达到22.8%和20.8%。

产业优势持续增强。水电产业优势明显,我国已成为全球水电建设的中坚力量。风电产业链完整,7家风电整机制造企业位列全球前十。光伏产业占据全球主导地位,多晶硅、硅片、电池片和组件分别占全球产量的76%、96%、83%和76%。全产业链集成制造有力推动我国可再生能源装备制造成本持续下降、国际竞争力持续增强。

政策体系日益完善。以可再生能源法为基础,可再生能源发电全额保障性收购管理办法出台,可再生能源电力消纳保障机制稳步实施,市场化竞争性配置有序推进,监测预警机制逐步完善,事中事后监管进一步加强,稳定了市场预期,调动了各类市场主体的积极性。

但也应该看到,虽然可再生能源发电增长较快,但在能源消费增量中的比重还低于国际平均水平;可再生能源规模化发展和高效消纳利用的矛盾仍然突出,新型电力系统亟待加快构建;制造成本下降较快,但非技术成本仍相对较高;可再生能源非电利用发展相对滞后;保障可再生能源高质量发展的体制机制有待进一步健全完善。

(二)可再生能源发展面临新形势。

"十四五"及今后一段时期是世界能源转型的关键期,全球能源将加速向低碳、零碳方向演进,可再生能源将逐步成长为支撑经济社会发展的主力能源;我国将坚决落实碳达峰、碳中和目标任务,大力推进能源革命向纵深发展,我国可再生能源发展正处于大有可为的战略机遇期。

从国际看,大力发展可再生能源成为全球能源革命和应对气候变化的主导方向和一致行动。全球能源转型进程明显加快,以风电、光伏发电为代表的新能源呈现性能快速提高、经济性持续提升、应用规模加速扩张态势,形成了加快替代传统化石能源的世界潮流。过去五年,全球新增发电装机中可再生能源约占70%,全球新增发电量中可再生能源约占60%。各主要国家和地区纷纷提高应对气候变化自主贡献力度,进一步催生可再生能源大规模阶跃式发展新动能,推动可再生能源成为全球能源低碳转型的主导方向,预计2050年全球80%左右的电力消费来自可再生能源。科技创新高度活跃,新一代信息技术、新材料技术为可再生能源高效发展提供有力支撑,储能技术、精准天气预测技术、柔性输电技术、可中断工业负荷技术等持续进步,可再生能源与信息、交通、建筑等领域交叉融合,为可再生能源发展开辟了更加广阔的前景。能源系统形态加速迭代演进，分散化、扁平化、去中心化的趋势特征日益明显，传统能源生产和消费之间的界限逐步打破，为可再生能源营造了更加开放多元的发展环境。

从国内看，我国可再生能源发展面临新任务新要求，机遇前所未有，高质量跃升发展任重道远。我国经济长期向好，能源需求仍将持续增长，发展可再生能源是增强国家能源安全保障能力、逐步实现能源独立的必然选择。按照2035年生态环境根本好转、美丽中国建设目标基本实现的远景目标，发展可再生能源是我国生态文明建设、可持续发展的客观要求。我国承诺二氧化碳排放力争于2030年前达到峰值、努力争取2060年前实现碳中和，明确2030年风电和太阳能发电总装机容量达到12亿千瓦以上，对可再生能源发展提出了新任务、新要求。作为碳减排的重要举措，我国可再生能源将加快步入跃升发展新阶段，实现对化石能源的加速替代，成为积极应对气候变化、构建人类命运共同体的主导力量。我国风电和光伏发电技术持续进步、竞争力不断提升，正处于平价上网的历史性拐点，迎来成本优势凸显的重大机遇，将全面进入无补贴平价甚至低价市场化发展新时期。同时，我国可再生能源发展面临既要大规模开发、又要高水平消纳、更要保障电力安全可靠供应等多重挑战，必须加大力度解决高比例消纳、关键技术创新、稳定性可靠性等关键问题，可再生能源高质量发展的任务艰巨而繁重。

综合判断，“十四五”时期我国可再生能源将进入高质量跃升发展新阶段，呈现新特征：一是大规模发展，在跨越式发展基础上，进一步加快提高发电装机占比；二是高比例发展，由能源电力消费增量补充转为增量主体，在能源电力消费中的占比快速提升；三是市场化发展，由补贴支撑发展转为平价低价发展，由政策驱动发展转为市场驱动发展；四是高质量发展，既大规模开发、也高水平消纳、更保障电力稳定可靠供应。我国可再生能源将进一步引领能源生产和消费革命的主流方向，发挥能源绿色低碳转型的主导作用，为实现碳达峰、碳中和目标提供主力支撑。

二、指导方针和发展目标

（一）指导思想。

以习近平新时代中国特色社会主义思想为指导，全面贯彻党的十九大和十九届历次全会精神，完整、准确、全面贯彻新发展理念，深入实施能源安全新战略，坚持稳中求进工作总基调，锚定碳达峰、碳中和目标，以高质量跃升发展为主题，以提质增效为主线，以改革创新为动力，坚持可再生能源优先发展、大力发展不动摇，以区域布局优化发展、以重大基地支撑发展、以示范工程引领发展、以行动计划落实发展，实施可再生能源替代行动，提高可再生能源消纳和存储能力，巩固提升可再生能源产业核心竞争力，加快构建新型电力系统，促进可再生能源大规模、高比例、市场化、高质量发展，有效支撑清洁低碳、安全高效的能源体系建设。

（二）基本原则。

坚持创新驱动。把创新作为可再生能源发展的根本动力，着力推动可再生能源技术进步、成本下降、效率提升、体制完善，加快培育可再生能源新技术、新模式、新业态，持续提升可再生能源产业链供应链现代化水平，巩固提升可再生能源产业创新力和竞争力。

坚持多元迭代。优化发展方式，坚持集中式与分布式并举、陆上与海上并举、就地消纳与外送消纳并举、单品种开发与多品种互补并举、单一场景与综合场景并举，构建可再生能源多能互补、因地制宜、多元迭代发展新局面。

坚持系统观念。统筹电源与电网、可再生能源与传统化石能源、可再生能源开发与消纳的关系，加快构建新型电力系统，提升可再生能源消纳和存储能力，实现能源绿色低碳转型与安全可靠供应相统一。坚持市场主导。落实“放管服”改革，健全市场机制，破除市场壁垒，营造公平开放、充分竞争的市场环境，充分发挥市场在资源配置中的决定性作用，更好发挥政府作用，调动全社会开发利用可再生能源的积极性，不断提升可再生能源自我发展、自主发展能力。

坚持生态优先。践行绿水青山就是金山银山的发展理念，把生态环境保护摆到更加突出的位置，贯穿到可再生能源规划建设全过程，充分发挥可再生能源的生态环境效益和生态治理效益，推动可再生能源开发利用与生态环境保护协调发展、相得益彰。

坚持协同融合。加强可再生能源与国土、环保、水利、财税、金融等政策协同，形成促进新时代可再生能源高质量发展的强大合力，推动可再生能源与新兴技术、新型城镇化、乡村振兴、新基建等深度融合，不断拓展可再生能源发展新领域、新场景。

（三）发展目标。

1. 2035年远景目标展望2035年，我国将基本实现社会主义现代化，碳排放达峰后稳中有降，在2030年非化石能源消费占比达到25%左右和风电、太阳能发电总装机容量达到12亿千瓦以上的基础上，上述指标均进一步提高。可再生能源加速替代化石能源，新型电力系统取得实质性成效，可再生能源产业竞争力进一步巩固提升，基本建成清洁低碳、安全高效的能源体系。

2.“十四五”可再生能源发展主要目标

锚定碳达峰、碳中和与2035年远景目标，按照2025年非化石能源消费占比20%左右任务要求，大力推动可再生能源发电开发利用，积极扩大可再生能源非电利用规模，“十四五”主要发展目标是：

——可再生能源总量目标。2025年，可再生能源消费总量达到10亿吨标准煤左右。“十四五”期间，可再生能源在一次能源消费增量中占比超过50%。

——可再生能源发电目标。2025年，可再生能源年发电量达到3.3万亿千瓦时左右。“十四五”期间，可再生能源发电量增量在全社会用电量增量中的占比超过50%，风电和太阳能发电量实现翻倍。

——可再生能源电力消纳目标。2025年，全国可再生能源电力总量消纳责任权重达到33%左右，可再生能源电力非水电消纳责任权重达到18%左右，可再生能源利用率保持在合理水平。

——可再生能源非电利用目标。2025年，地热能供暖、生物质供热、生物质燃料、太阳能热利用等非电利用规模达到6000万吨标准煤以上。

专栏1　2025年可再生能源开发利用主要目标				
类别	单位	2020年	2025年	属性
1　可再生能源发电利用				
1.1　可再生能源电力总量消纳责任权重	%	28.8	33	预期性
1.2　非水电可再生能源电力消纳责任权重	%	11.4	18	预期性
1.3　可再生能源发电量	万亿千瓦时	2.21	3.3	预期性
2　可再生能源非电利用	万吨	—	6000	预期性
3　可再生能源利用总量	亿吨标准煤	6.8	10	预期性

三、优化发展方式，大规模开发可再生能源

坚持生态优先、因地制宜、多元融合发展，在“三北”地区优化推动风电和光伏发电基地化规模化开发，在西南地区统筹推进水风光综合开发，在中东南部地区重点推动风电和光伏发电就地就近开发，在东部沿海地区积极推进海上风电集群化开发，稳步推动生物质能多元化开发，积极推动地热能规模化开发，稳妥推进海洋能示范化开发。

（一）大力推进风电和光伏发电基地化开发。

在风能和太阳能资源禀赋较好、建设条件优越、具备持续规模化开发条件的地区，着力提升新能源就地消纳和外送能力，重点建设新疆、黄河上游、河西走廊、黄河几字弯、冀北、松辽、黄河下游新能源基地和海上风电基地集群。

统筹推进陆上风电和光伏发电基地建设。发挥区域市场优势，主要依托省级和区域电网消纳能力提升，创新开发利用方式，推进松辽、冀北、黄河下游等以就地消纳为主的大型风电和光伏发电基地建设。利用省内省外两个市场，依托既有和新增跨省跨区输电通道、火电“点对网”外送通道，推动光伏治沙、可再生能源制氢和多能互补开发，重点建设新疆、黄河上游、河西走廊、黄河几字弯等新能源基地。

加快推进以沙漠、戈壁、荒漠地区为重点的大型风电太阳能发电基地。以风光资源为依托、以区域电网为支撑、以输电通道为牵引、以高效消纳为目标，统筹优化风电光伏布局和支撑调节电源，在内蒙古、青海、甘肃等西部北部沙漠、戈壁、荒漠地区，加快建设一批生态友好、经济优越、体现国家战略和国家意志的大型风电光伏基地项目。依托已建跨省区输电通道和火电“点对网”输电通道，重点提升存量输电通道输电能力和新能源电量占比，多措并举增配风电光伏基地。依托“十四五”期间建成投产和开工建设的重点输电通道，按照新增通道中可再生能源电量占比不低于50%的要求，配套建设风电光伏基地。依托“十四五”期间研究论证输电通道，规划建设风电光伏基地。创新发展方式和应用模式，建设一批就地消纳的风电光伏项目。发挥区域电网内资源时空互济能力，统筹区域电网调峰资源，打破省际电网消纳边界，加强送受两端协调，保障大型风电光伏基地消纳。

专栏2　“十四五”重大陆上新能源基地
01　新疆新能源基地 结合哈密－郑州、准东－皖南特高压通道输电能力提升和哈密－重庆新规划外送通道建设，统筹本地消纳和外送消纳，在北疆以风电为主建设千万千瓦级的新能源基地；在南疆以光伏为主建设千万千瓦级的新能源基地，探索光伏治沙等新发展方式；在东疆风电、光伏发电、光热发电相结合，建设千万千瓦级新能源基地。
02　黄河上游新能源基地发挥黄河上游水电调节优势，重点在青海海西州、海南州等地区统筹推进光伏发电和风电基地化开发。在甘肃庆阳、白银等地区建设千万千瓦级风电光伏基地。
03　河西走廊新能源基地 依托甘肃省内新能源消纳能力和酒泉－湖南特高压直流输电能力提升，有序推进酒泉风电基地二期后续风电项目建设，重点在河西地区新增布局若干个百万千瓦级的新能源基地。

续表

04　黄河几字弯新能源基地 依托宁夏－浙江、宁东－山东、上海庙－山东、蒙西－天津南、陕北－湖北等跨省跨区输电通道，结合黄河流域生态保护和高质量发展，有序推进配套新能源基地开发建设，推动传统能源基地向综合绿色能源基地转型，形成辐射地域广阔的新能源基地集群。重点在内蒙古西部阿拉善、巴彦淖尔、鄂尔多斯、包头，陕西榆林、延安、渭南，山西大同、忻州、朔州、运城，宁夏北部和东部地区布局建设新能源基地。
05　冀北新能源基地 切实提高锡盟－山东、锡盟－泰州、张北－雄安等既有输电通道利用率和新能源电量占比，加快推进张家口可再生能源示范区建设，重点在张家口、承德、乌兰察布、锡盟等地区布局一批百万千瓦级新能源基地。“十四五”期间，重点推进河北地区张家口可再生能源示范区、承德风电基地三期建设推进内蒙古锡盟特高压通道和火电“点对网”通道增配新能源基地建设，继续推进乌兰察布风电基地建设。
06　松辽新能源基地 推进黑龙江大庆可再生能源综合应用示范区建设和哈尔滨、佳木斯等地区新能源基地建设；在吉林结合本地负荷增长、扎鲁特－青州特高压通道外送能力提升等，推动白城、松原、四平新能源基地（陆上风光三峡）开发建设在辽西北铁岭、朝阳、阜新等地区结合工矿废弃土地修复、乡村振兴及光伏治沙开展新能源项目建设；在蒙东地区结合通辽、赤峰本地负荷增长以及扎鲁特－青州输电通道外送能力提升，推动新能源基地建设。
07　黄河下游绿色能源廊道 在河南、山东的黄河下游干支流及周边区域，集中规划实施一批风电、光伏发电规模化应用工程。在河南洛阳、新乡、商丘、平顶山等地区重点推进风电开发；在山东滨州、潍坊等鲁北地区利用丰富的盐碱滩涂地等未利用土地资源，推动新能源与储能等融合发展。

有序推进海上风电基地建设。开展省级海上风电规划制修订，同步开展规划环评，优化近海海上风电布局，鼓励地方政府出台支持政策，积极推动近海海上风电规模化发展。开展深远海海上风电规划，完善深远海海上风电开发建设管理，推动深远海海上风电技术创新和示范应用，探索集中送出和集中运维模式，积极推进深远海海上风电降本增效，开展深远海海上风电平价示范。探索推进具有海上能源资

源供给转换枢纽特征的海上能源岛建设示范，建设海洋能、储能、制氢、海水淡化等多种能源资源转换利用一体化设施。加快推动海上风电集群化开发，重点建设山东半岛、长三角、闽南、粤东和北部湾五大海上风电基地。

专栏3 “十四五”海上风电开发建设重点
01　海上风电基地集群 推动山东半岛、长三角、闽南、粤东、北部湾等千万千瓦级海上风电基地开发建设，推进一批百万千瓦级的重点项目集中连片开发，结合基地开发建设推进深远海海上风电平价示范和海上能源岛示范工程。
02　深远海海上风电平价示范 推进漂浮式风电机组基础、远海柔性直流输电技术创新和示范应用，力争“十四五”期间开工建设我国首个漂浮式商业化海上风电项目。在广东、广西、福建、山东、江苏、浙江、上海等资源和建设条件好的区域，结合基地项目建设，推动一批百万千瓦级深远海海上风电示范工程开工建设，2025年前力争建成一至两个平价海上风电场工程。
03　海上能源岛示范 结合山东半岛、长三角、闽南、粤东和北部湾等重点风电基地开发，融合区域储能、海水淡化、海洋养殖等发展需求，在基地内或附近配套建设1～2个海上能源岛示范工程。
04　海上风电与海洋油气田深度融合发展示范 统筹海上风电与油气田开发，形成海上风电与油气田区域电力系统互补供电模式，逐步实现海上风电与海洋油气产业融合发展。

（二）积极推进风电和光伏发电分布式开发。

积极推动风电分布式就近开发。在工业园区、经济开发区、油气矿区及周边地区，积极推进风电分散式开发。重点推广应用低风速风电技术，合理利用荒山丘陵、沿海滩涂等土地资源，在符合区域生态环境保护要求的前提下，因地制宜推进中东南部风电就地就近开发。创新风电投资建设模式和土地利用机制，实施“千乡万村驭风行动”，大力推进乡村风电开发。积极推进资源优质地区老旧风电机组升级改造，提升风能利用效率。

大力推动光伏发电多场景融合开发。全面推进分布式光伏开发，重点推进工业园区、经济开发区、公共建筑等屋顶光伏开发利用行动，在新建厂房和公共建筑积极推进光伏建筑一体化开发，实施“千家万户沐光行动”，规范有序推进整县（区）屋顶分布式光伏开发，建设光伏新村。积极推进“光伏+”综合利用行动，鼓励农（牧）光互补、渔光互补等复合开发模式，推动光伏发电与5G基站、大数据中心等信息产业融合发展，推动光伏在新能源汽车充电桩、铁路沿线设施、高速公路服务区及沿线等交通领域应用，因地制宜开展光伏廊道示范。推进光伏电站开发建设，优先利用采煤沉陷区、矿山排土场等工矿废弃土地及油气矿区建设光伏电站。积极推动老旧光伏电站技改升级行动，提升发电效益。

专栏4　风电和光伏发电分布式开发
01　城镇屋顶光伏行动 重点推动可利用屋顶面积充裕、电网接入和消纳条件好的政府大楼、交通枢纽、学校医院、工业园区等建筑屋顶，发展“自发自用、余电上网”的分布式光伏发电，提高建筑屋顶分布式光伏覆盖率。“十四五”期间，新建工业园区、新增大型公共建筑分布式光伏安装率达到50%以上。
02　“光伏+”综合利用行动 推动农光互补、渔光互补等光伏发电复合开发，在新能源汽车充电桩、高速铁路沿线设施、高速公路服务区等交通领域和5G基站、数据中心等信息产业领域推动“光伏+”综合利用。
03　千乡万村驭风行动 以县域为单元大力推动乡村风电建设，推动100个左右的县、10000个左右的行政村乡村风电开发。
04　千家万户沐光行动 结合乡村振兴战略，统筹农村具备条件的屋顶或统筹安排村集体集中场地开展分布式光伏建设，建成1000个左右光伏示范村。

续表

05　新能源电站升级改造行动 在风光资源禀赋优越区域，推进已达或临近寿命期的风电和光伏发电设备退役改造，提升装机容量、发电效率和电站经济性。因地制宜推进受环保约束与经济性提升要求需提早退役的风电机组和光伏电站升级改造，理顺相关政策与管理机制，推动有序发展。
06　光伏廊道示范 重点利用铁路边坡、高速公路、主干渠道、园区道路和农村道路两侧用地范围外的空闲土地资源，推进分布式光伏或小型集中式光伏开发建设，拓展光伏应用场景，推进光伏发电与生态环保、文化旅游相结合。

（三）统筹推进水风光综合基地一体化开发。

科学有序推进大型水电基地建设。推进前期工作，实施雅鲁藏布江下游水电开发。做好金沙江中上游等主要河流战略性工程和控制性水库的勘测设计工作，按照生态优先、统筹考虑、适度开发、确保底线原则，进一步优化工程建设方案。积极推动金沙江岗托、奔子栏、龙盘，雅砻江牙根二级，大渡河丹巴等水电站前期工作。推动工程建设，实现金沙江乌东德、白鹤滩，雅砻江两河口等水电站按期投产；推进金沙江拉哇、大渡河双江口等水电站建设；重点开工建设金沙江旭龙、雅砻江孟底沟、黄河羊曲等水电站。落实网源衔接，推进白鹤滩送电江苏、浙江输电通道建成投产，推进金沙江上游送电湖北等水电基地外送输电通道开工建设。加强四川等地的电网网架结构，提升丰水期通道输电能力，保障水电丰水期送出。

积极推进大型水电站优化升级，发挥水电调节潜力。充分发挥水电既有调峰潜力，在保护生态的前提下，进一步提升水电灵活调节能力，支撑风电和光伏发电大规模开发。在中东部及西部地区，适应新能源的大规模发展，对已建、在建水电机组进行增容改造。科学推进金沙江、雅砻江、大渡河、乌江、红水河、黄河上游等主要水电基地扩机。

做好生态环境保护与移民安置。继续做好水电规划环境影响评价和项目环境影响评价，加强保护措施效果跟踪监测，推进环境影响跟踪评价，持续改进和提升生态环境保护措施及其运行效果。建立健全移民、地方、企业共享水电开发利益的长效机制，充分发挥水电开发的经济效益和社会效益，推动库区发展、移民收益与电站效益结合，增强库区发展动力，构筑水电开发共建、共享、共赢的新局面。

依托西南水电基地统筹推进水风光综合基地开发建设。做好主要流域周边风能、太阳能资源勘查，依托已建成水电、“十四五”期间新投产水电调节能力和水电外送通道，推进“十四五”期间水风光综合基地统筹开发。针对前期和规划水电项目，按照建设水风光综合基地为导向，统筹进行水风光综合开发前期工作。统筹水电和新能源开发时序，做好风电和光伏发电开发及电网接入，明确风电和光伏发电消纳市场，完善水风光综合基地的资源开发、市场交易和调度运行机制，推进川滇黔桂、藏东南水风光综合基地开发建设。

专栏5 “十四五”水风光综合基地
01 川滇黔桂水风光综合基地 依托水电调节能力及外送通道，重点推进金沙江上游川藏段（四川侧）和川滇段、金沙江中下游、大渡河、雅砻江、乌江、红水河等水风光基地综合开发。
02 藏东南水风光综合基地 “十四五”期间，重点推进金沙江上游川藏段（西藏侧）、雅鲁藏布江下游等水风光基地综合开发。中长期依托西藏地区水电大规模开发，持续推进西藏主要流域水风光综合基地规划论证和统筹建设。

（四）稳步推进生物质能多元化开发。

稳步发展生物质发电。优化生物质发电开发布局，稳步发展城镇生活垃圾焚烧发电，有序发展农林生物质发电和沼气发电，探索生物质发电与碳捕集、利用与封存相结合的发展潜力和示范研究。有序发展生物质热电联产，因地制宜加快生物质发电向热电联产转型升级，为具备资源条件的县城、人口集中的乡村提供民用供暖，为中小工业园区集中供热。开展生物质发电市场化示范，完善区域垃圾焚烧处理收费制度，还原生物质发电环境价值。

积极发展生物质能清洁供暖。合理发展以农林生物质、生物质成型燃料等为主的生物质锅炉供暖,鼓励采用大中型锅炉,在城镇等人口聚集区进行集中供暖,开展农林生物质供暖供热示范。在大气污染防治非重点地区乡村,可按照就地取材原则,因地制宜推广户用成型燃料炉具供暖。

加快发展生物天然气。在粮食主产区、林业三剩物富集区、畜禽养殖集中区等种植养殖大县,以县域为单元建立产业体系,积极开展生物天然气示范。统筹规划建设年产千万立方米级的生物天然气工程,形成并入城市燃气管网以及车辆用气、锅炉燃料、发电等多元应用模式。

大力发展非粮生物质液体燃料。积极发展纤维素等非粮燃料乙醇,鼓励开展醇、电、气、肥等多联产示范。支持生物柴油、生物航空煤油等领域先进技术装备研发和推广使用。

专栏6　生物质能多元化开发
01　生物天然气示范 在河北、山东、河南、安徽、内蒙古、吉林、新疆等有机废弃物丰富、禽畜粪污处理紧迫、用气需求量大的区域,开展生物天然气示范县建设,每县推进1～3个年产千万立方米级的生物天然气工程,带动农村有机废弃物处理、有机肥生产和消费、清洁燃气利用的循环产业体系建立。
02　生物质发电市场化示范 在长三角、珠三角等经济发达、垃圾处理收费基础好的地区优先试点,开展生活垃圾焚烧发电市场化运行示范,示范区内新核准垃圾焚烧发电项目上网电价参考当地燃煤发电基准价实行竞争性电价机制。
03　生物质能清洁供暖示范 在华北、东北、华中等乡村地区开展生物质能清洁供暖试点示范,坚持因地制宜,推广"生物质成型燃料＋户用炉具"、集中式生物质锅炉供暖等不同类型应用。

(五)积极推进地热能规模化开发。

积极推进中深层地热能供暖制冷。结合资源情况和市场需求,在北方地区大力推进中深层地热能供暖,因地制宜选择"取热不耗水、完全同层回灌"或"密封式、井下换热"技术,最大程度减少对地下土壤、岩层和水体的干扰。探索新型管理技术和市场运营模式，鼓励采取地热区块整体开发方式，推广“地热能+”多能互补的供暖形式。推动中深层地热能供暖集中规划、统一开发，鼓励开展地热能与旅游业、种养殖业及工业等产业的综合利用。加强中深层地热能制冷研究，积极探索东南沿海中深层地热能制冷技术应用。

全面推进浅层地热能开发。重点在具有供暖制冷双需求的华北平原、长江经济带等地区，优先发展土壤源热泵，积极发展再生水源热泵，适度发展地表水源热泵，扩大浅层地热能开发利用规模。满足南方地区不断增长的供暖需求，大力推进云贵等高寒地区地热能开发利用。

有序推动地热能发电发展。在西藏、青海、四川等地区推动高温地热能发电发展，支持干热岩与增强型地热能发电等先进技术示范。在东中部等中低温地热资源富集地区，因地制宜推进中低温地热能发电。支持地热能发电与其他可再生能源一体化发展。

专栏7　地热能规模化开发重点
01　中深层地热能开发 大力推进华北平原、汾渭平原、松辽平原、鄂尔多斯盆地等地区水热型地热供暖开发，重点推动河南千万平方米级中深层地热供暖规模化利用。鼓励利用不同地热资源品位，开展中深层地热能供暖利用模式和应用范围示范，探索有利于地热能开发利用的新型管理技术和市场运营模式。
02　浅层地热能开发 在满足土壤热平衡情况下，积极采用地埋管地源热泵供暖供冷；在确保100%回灌的前提下，积极稳妥推广地下水源热泵供暖供冷；对地表水资源丰富的长江中下游区域，积极发展地表水源热泵供暖供冷；大力推进云贵高寒地区地热能利用。在京津冀晋鲁豫以及长江流域地区，结合供暖（制冷）需求因地制宜推进浅层地热能开发，推进浅层地热能集群化利用示范。

（六）稳妥推进海洋能示范化开发。

稳步发展潮汐能发电。优先支持具有一定工作基础、站址优良的潮汐能电站建设，推动万千瓦级潮汐能示范电站建设。开展潟湖式、动态潮汐能技术等环境友好型新型潮汐能技术示范，开展具备综合利用前景的潮汐能综合开发工程示范。开展潮流能和波浪能示范。继续实施潮流能示范工程，积极推进兆瓦级潮流能发电机组应用，开展潮流能独立供电示范应用。探索推进波浪能发电示范工程建设，推动多种形式的波浪能发电装置应用。

探索开发海岛可再生能源。结合“生态岛礁”工程，选择有电力需求、可再生能源资源丰富的海岛，开展海岛可再生能源多能互补示范，探索海洋能在海岛多能互补电力系统的推广应用。

四、促进存储消纳，高比例利用可再生能源

加快建设可再生能源存储调节设施，强化多元化智能化电网基础设施支撑，提升新型电力系统对高比例可再生能源的适应能力。加强可再生能源发电终端直接利用，扩大可再生能源多元化非电利用规模，推动可再生能源规模化制氢利用，促进乡村可再生能源综合利用，多措并举提升可再生能源利用水平。

（一）提升可再生能源存储能力。

加快推进抽水蓄能电站建设。开展各省（区、市）抽水蓄能电站需求论证，积极开展省级抽水蓄能资源调查行动，明确抽水蓄能电站的建设规模和布局，编制全国新一轮抽水蓄能中长期规划。大力推动项目建设，实现丰宁、长龙山等在建抽水蓄能电站按期投产；加快已纳入规划、条件成熟的大型抽水蓄能电站开工建设；加快纳入全国抽水蓄能电站中长期规划项目前期工作并力争开工。在新能源快速发展地区，因地制宜开展灵活分散的中小型抽水蓄能电站示范，扩大抽水蓄能发展规模。

专栏8　“十四五”抽水蓄能电站开发建设重点
01　重点开工抽水蓄能项目 已批复电站:华北电网区域的河北滦平、徐水、灵寿,内蒙古美岱、乌海山东泰安二期,山西浑源;东北电网区域的辽宁庄河、大雅河,黑龙江尚志华东电网区域的浙江磐安、泰顺、天台、建德、桐庐,安徽桐城、宁国、岳西、石台、霍山,江苏连云港,福建云霄;华中电网区域的江西奉新、洪屏二期,河南鲁山,湖北大幕山、平坦原、紫云山,湖南安化;西南电网区域的重庆栗子湾;西北电网区域的甘肃昌马,青海哇让,宁夏牛首山;南方电网区域的广西南宁,贵州贵阳(石厂坝)、黔南(黄丝),海南羊林。 中长期规划电站:依据全国抽水蓄能电站中长期规划,积极推进纳规项目前期工作,加快推进具备条件的项目开工建设。
02　抽水蓄能资源调查行动 坚持生态优先,避让生态保护红线、天然林和基本草原等管控因素,加大抽水蓄能电站选点工作力度,选择地形条件、工程地质、水文泥沙等建设条件合适、距高比等关键经济指标合理的抽水蓄能站点,按照能纳尽纳的原则纳入中长期抽水蓄能发展规划。
03　中小型抽水蓄能示范 统筹大规模电力送受、新能源渗透率不断提高等因素,在中东南部地区利用已建成的山谷水库和沿岸山顶地势,试点推进灵活分散的中小型抽水蓄能电站建设,提升区域新能源电力消纳能力。研究探索利用矿井等开展中小型抽水蓄能电站布局。

推进黄河上游梯级电站大型储能试点项目建设。开展黄河上游梯级电站大型储能项目研究,解决工程技术问题,提升开发建设经济性。探索新能源发电抽水与梯级储能电站、流域梯级水电站的联合运行,创新运行机制。充分利用黄河上游已建成梯级水电站调节库容,推进龙羊峡－拉西瓦河段百万千瓦级梯级电站大型储能试点项目建设,支撑青海省新能源消纳和外送。有序推进长时储热型太阳能热发电发展。推进关键核心技术攻关,推动太阳能热发电成本明显下降。在青海、甘肃、新疆、内蒙古、吉林等资源优质区域,发挥太阳能热发电储能调节能力和系统支撑能力,建设长时储热型太阳能热发电项目,推动太阳能热发电与风电、光伏发电基地一体化建设运行,提升新能源发电的稳定性可靠性。

推动其他新型储能规模化应用。明确新型储能独立市场主体地位，完善储能参与各类电力市场的交易机制和技术标准，发挥储能调峰调频、应急备用、容量支撑等多元功能，促进储能在电源侧、电网侧和用户侧多场景应用。创新储能发展商业模式，明确储能价格形成机制，鼓励储能为可再生能源发电和电力用户提供各类调节服务。创新协同运行模式，有序推动储能与可再生能源协同发展，提升可再生能源消纳利用水平。

（二）促进可再生能源就地就近消纳。

加强电网基础设施建设及智能化升级，提升电网对可再生能源的支撑保障能力。加强可再生能源富集地区电网配套工程及主网架建设，提升关键局部断面送出能力，支撑可再生能源在区域内统筹消纳。推动配电网扩容改造和智能化升级，提升配电网柔性开放接入能力、灵活控制能力和抗扰动能力，增强电网就地就近平衡能力，构建适应大规模分布式可再生能源并网和多元负荷需要的智能配电网。

提升可再生能源就地消纳能力。积极推进煤电灵活性改造，推动自备电厂主动参与调峰，在新能源资源富集地区合理布局一批天然气调峰电站，充分提升系统调节能力。优化电力调度运行，合理安排系统开机方式，动态调整各类电源发电计划，探索推进多种电源联合调度。引导区域电网内共享调峰和备用资源，创新调度运行与市场机制，促进可再生能源在区域电网内就地消纳。

（三）推动可再生能源外送消纳。

加强送受端电网支撑，提升“三北”地区既有特高压输电通道新能源外送规模。强化送受端地区网架结构，提升电网基础设施支撑能力，推动“三北”地区既有特高压交直流通道输电能力尽快达到设计水平。统筹配套一批风电和光伏发电基地，充分提升输电通道中新能源电量占比，扩大跨省跨区可再生能源消纳规模，持续提升存量特高压通道可再生能源电量输送比例。

提升基础设施利用率，推动既有火电“点对网”专用输电通道外送新能源。利用上都、托克托、锦界、府谷等火电“点对网”专用输电通道,就近布局风电和光伏发电项目,通过火电专用通道外送,推动传统单一煤电基地向风光火(储)一体化综合能源基地转型。

优化新建通道布局,推动可再生能源跨省跨区消纳。加快建设白鹤滩至华东、金沙江上游至湖北特高压输电通道,在确保水电外送的基础上,扩大风电和光伏发电外送规模。加快建设陕北至湖北、哈密至重庆、陇东至山东等特高压直流输电通道建设,提升配套火电深度调峰能力,在送端区域内统筹布局风电和光伏发电基地,可再生能源电量占比原则上不低于50%。

(四)加强可再生能源多元直接利用。

推动可再生能源发电在终端直接应用。在工业园区、大型生产企业和大数据中心等周边地区,因地制宜开展新能源电力专线供电,建设新能源自备电站,推动绿色电力直接供应和对燃煤自备电厂替代,建设一批绿色直供电示范工厂和示范园区,开展发供用高比例新能源示范。结合增量配电网试点,积极发展以可再生能源为主的微电网、直流配电网,扩大分布式可再生能源终端直接应用规模。在边远地区,结合新型储能,构建基于高比例可再生能源的独立供电系统,推动可再生能源直接应用。

扩大可再生能源非电直接利用规模。做好区域可再生能源供暖与国土空间规划、城市规划等的衔接,在北方清洁供暖中因地制宜优先利用可再生能源供暖,在具备条件的地区开展规模化可再生能源供暖行动。在城镇新区推动可再生能源供暖与天然气、电力等其他清洁供暖方式的耦合集成,示范建设以可再生能源供暖为主的多能互补供暖体系。持续推进燃料乙醇、生物柴油等清洁液体燃料商业化应用,在科学研究动力和安全性能的基础上,扩大在重型道路交通、航空和航运中对汽油柴油的规模化替代。提高燃气、热力管网等基础设施对可再生能源应用的兼容性,加快完善相关标准,探索推动地热能集中供暖纳入城镇供热管网、生物天然气并入城乡燃气管网。

开展高比例可再生能源应用示范。在学校医院、机场车站、工业园区等区域,推动可再生能源与终端冷热水电气等集成耦合利用,促进可再生能源技术融合、应用方式和体制机制等创新，建设高度自平衡的可再生能源局域能源网，实现高比例可再生能源自产自用。在可再生能源资源富集、体制机制创新先行先试地区等，扩大分布式能源接入和应用规模，以县域为单位统筹可再生能源开发利用，创新可再生能源全产业链开发利用合作模式，因地制宜创建绿色能源示范县（园）。继续推进清洁能源示范省建设，推动可再生能源资源丰富地区率先实现碳达峰，并在支撑全国能源清洁低碳转型中发挥更大作用，推动中东部能源消费集中的地区显著提升可再生能源消费比重。

专栏9　可再生能源多元直接利用
01　可再生能源规模化供热行动 推动建筑领域、工业领域可再生能源供热，开展生物质替代城镇燃料工程统筹规划、建设和改造供热基础设施，建立可再生能源与传统能源协同互补梯级利用的供热体系。
02　发供用高比例新能源示范 在有条件的地区，利用新能源直供电、风光氢储耦合、柔性负荷等技术，通过开发利用模式创新，推动新能源开发、输送与终端消费的一体化融合，打造发供用高比例新能源示范，实现新能源电力消费占比达到70%以上。
03　绿色能源示范县（园） 选择国际合作生态园、国家经济开发区、省级产业园区等示范带动作用显著的园区，开展区域内新增能源消费100%由可再生能源供给的绿色能源园区示范。
04　清洁能源示范省 继续推进清洁能源示范省建设，推动四川、宁夏、甘肃、青海等可再生能源资源丰富地区进一步提升可再生能源消费占比，争取率先实现碳达峰，增强可再生能源供给能力。推动浙江等中东部能源消费集中的地区，创新体制机制，挖掘省内可再生能源资源潜力，扩大外部调入规模，显著提升可再生能源消费比重。

（五）推动可再生能源规模化制氢利用。

开展规模化可再生能源制氢示范。在可再生能源发电成本低、氢能储输用产业发展条件较好的地区，推进可再生能源发电制氢产业化发展，打造规模化的绿氢生产基地。

推进化工、煤矿、交通等重点领域绿氢替代。推广燃料电池在工矿区、港区、船舶、重点产业园区等示范应用，统筹推进绿氢终端供应设施和能力建设，提高交通领域绿氢使用比例。在可再生能源资源丰富、现代煤化工或石油化工产业基础好的地区，重点开展能源化工基地绿氢替代。积极探索氢气在冶金化工领域的替代应用，降低冶金化工领域化石能源消耗。

专栏 10　可再生能源规模化制氢利用
创新可再生能源利用方式，开展大规模离网制氢示范和并网型风光制氢示范。

（六）扩大乡村可再生能源综合利用。

加快构建以可再生能源为基础的乡村清洁能源利用体系。利用建筑屋顶、院落空地、田间地头、设施农业、集体闲置土地等推进风电和光伏发电分布式发展，提升乡村就地绿色供电能力。继续实施北方地区清洁取暖工程，因地制宜推动生物质能、地热能、太阳能、电能供暖，完善产业基础，构建县域内城乡融合的多能互补清洁供暖体系。提高农林废弃物、畜禽粪便的资源化利用率，发展生物天然气和沼气，助力农村人居环境整治提升。推动乡村能源技术和体制创新，促进乡村可再生能源充分开发和就地消纳，建立经济可持续的乡村清洁能源开发利用模式。开展村镇新能源微能网示范，扩大乡村绿色能源消费市场，提升乡村用能清洁化、电气化水平，支撑生态宜居美丽乡村建设。

持续推进农村电网巩固提升。加大农村电网基础设施投入，加快实施农村电网巩固提升工程，聚焦脱贫地区等农村电网薄弱环节，加快消除农村电力基础设施短板，提升农村电网供电可靠性。全面提升乡村电气化水平，建设满足大规模分布式可再生能源接入、电动汽车下乡等发展需要的县域内城乡互联配电网，筑牢乡村振兴电气化基础。

提升乡村可再生能源普遍服务水平。统筹乡村可再生能源发展与乡村集体经济，通过集体土地作价入股、收益共享等机制，培育乡村能源合作社等新型集体经济模式，支持乡村振兴。强化县域可再生能源开发利用综合服务能力，积极开展乡村能源站行动，建设具备分布式可再生能源诊断检修、电动汽车充换电服务、生物质成型燃料加工等能力的乡村能源站，培养专业化服务队伍，提高乡村能源公共服务能力。结合数字乡村建设工程，推动城乡可再生能源数字化、智能化水平同步发展，推进可再生能源与农业农村生产经营深度融合，提升乡村智慧用能水平。积极探索能源服务商业模式和运行机制，引导鼓励社会主体参与，壮大乡村能源队伍，构建功能齐全、上下联动、自我发展的乡村可再生能源服务体系。

专栏 11　乡村可再生能源综合利用
01　乡村能源站行动 在居住分散、集中供暖供气困难、可再生能源资源丰富的乡村地区，建设以生物质成型燃料加工站为主的乡村能源站；在人口规模较大、具备集中供暖条件的乡村地区，建设以生物质锅炉、地热能等为主的乡村能源站，实现当地可再生能源资源集约开发和高效运营管理。
02　农村电网巩固提升行动 加快西部及脱贫地区，特别是国家乡村振兴重点地区及革命老区的农村电网巩固提升工程。推进中东部地区城乡供电服务均等化进程，加快提升农村电网信息化、自动化、智能化水平，筑牢乡村振兴电气化基础。
03　村镇新能源微能网示范 在有条件的区域结合当地资源及用能特点，以村镇为单元，综合利用新能源和各类能源新技术，构建以风、光、生物质为主，储能、天然气为辅，高度自给的新能源微能网。

五、坚持创新驱动，高质量发展可再生能源

布局前沿方向，激发创新活力，完善可再生能源创新链，加大可再生能源关键技术攻关力度，加快培育新模式新业态，提高产业链现代化水平，提升供应链弹性韧性，持续巩固提升我国可再生能源产业竞争力。

（一）加大可再生能源技术创新攻关力度。

推行“揭榜挂帅”、“赛马制”等创新机制，提升新型电力系统稳定性可靠性。改善新能源发电涉网性能，提高风能、太阳能资源预报准确度和风电、光伏发电功率预测精度，提升风电、光伏发电主动支撑能力和适应电力系统扰动的能力。加大新型电力系统关键技术研究与推广应用，提升系统智能化水平，创新高比例可再生能源、高比例电力电子装置的电力系统稳定理论、规划方法和运行控制技术，提升系统安全稳定运行水平。研究建立电力应急保障体系，合理配置长时新型储能，优化系统风光水火储发展结构，提高多元互济能力，提高气象灾害预警精度，提升电力可靠供应裕度和应急保障能力。

加强可再生能源前沿技术和核心技术装备攻关。加强前瞻性研究，加快可再生能源前沿性、颠覆性开发利用技术攻关。重点开展超大型海上风电机组研制、高海拔大功率风电机组关键技术研究，开展光伏发电户外实证示范，掌握钙钛矿等新一代高效低成本光伏电池制备及产业化生产技术，突破适用于可再生能源灵活制氢的电解水制氢设备关键技术，研发储备钠离子电池、液态金属电池、固态锂离子电池、金属空气电池、锂硫电池等高能量密度储能技术。推进大容量风电机组创新突破；突破生物天然气原料预处理、消化、利用等全产业链关键技术；推进适用于可再生能源制氢的新型电解水设备研制；加快大容量、高密度、高安全、低成本新型储能装置研制。

持续推进可再生能源工程技术创新及应用。以重大工程为依托，推动水电特殊地质条件地区地基处理与筑坝技术研究，突破高水头大容量水轮发电机组制造技术。重点推进深远海海域海上风电勘察、施工、输电、运维新技术研究和应用。推进光热发电工程施工技术与配套装备创新，研发光热电站集成技术。支持干热岩开发技术、高温地热发电技术的研究与应用，开展中深层地热供暖技术创新。

专栏 12　可再生能源技术创新示范
01　深远海风电技术 支持大容量风电机组由近(海)及远(海)应用,开展海上新型漂浮式基础风电机组示范,推进新型基础的使用,提升海上风电柔性直流输电技术,推动海上风电运维数字化、智能化发展。
02　光伏发电户外实证 结合不同地区气候特点,在寒温、暖温、高原、湿热等典型气候地区进行光伏发电实证基地建设,开展光伏关键部件及系统实证研究,为光伏产业升级提供支撑。
03　新型高效光伏电池技术 开展新型高效晶硅电池、钙钛矿电池等先进高效电池技术应用示范,以规模化市场推动前沿技术发展,持续推进光伏发电技术进步、产业升级。
04　地热能发电技术 研发大容量高效地热型蒸汽轮机设备;研发单机容量兆瓦级以上规模的地热发电系统关键设备及系统集成技术,并开展示范。
05　中深层地热供暖技术 开发中深层水热型地热开采模拟软件,攻关砂岩地层尾水回灌技术,研究降低钻井成本、提高深埋管传热效率技术,实现气举反循环钻进工艺在中深含水层储能成井方面的应用,实现防腐蚀井管和滤水管成井工艺应用,研发地下水抽灌系统的防垢和除垢系统。

（二）培育可再生能源发展新模式新业态。

推动可再生能源智慧化发展。推动可再生能源与人工智能、物联网、区块链等新兴技术深度融合,发展智能化、联网化、共享化的可再生能源生产和消费新模式。推广新能源云平台应用,汇聚能源全产业链信息,推动能源领域数字经济发展。

大力发展综合能源服务。依托智能配电网、城镇燃气网、热力管网等能源网络,综合可再生能源、储能、柔性网络等先进能源技术和互联通信技术,推动分布式可再生能源高效灵活接入与生产消费一体化,建设冷热水电气一体供应的区域综合能源系统。发展与大规模分布式可再生能源相适应的专业化、网格化运行维护服务体系,通过移动用户终端等方式实现分布式能源设备运行状态监测、故障检修的快速响应，培养一批高专业化水平的新能源“店小二”。

推动可再生能源与电动汽车融合发展。利用大数据和智能控制等新技术，将波动性可再生能源与电动汽车充放电互动匹配，实现车电互联。采用现代信息技术与智能管理技术，整合分散的电动汽车充电设施，通过电力市场交易等促进可再生能源与电动汽车互动发展。

创新推动光伏治沙规模化发展。开展光伏治沙示范应用，因地制宜科学选择治理模式、种植作物等，探索形成不同条件下合理的光伏治沙建设方案。重点在内蒙古西部的库布其、乌兰布和、巴丹吉林、腾格里沙漠地区，新疆南部塔里木盆地，青海西部柴达木盆地，甘肃河西走廊北部，陕西北部等地区，统筹资源条件和消纳能力，建设一批光伏治沙新能源发电基地。带动沙漠治理、耐旱作物种植、观光旅游等相关产业发展，形成沙漠治理、生态修复、生态经济、沙漠产业多位一体、治用并行、平衡发展的体系。

(三)提升可再生能源产业链供应链现代化水平。

锻造产业链供应链长板。推动可再生能源产业优化升级，加强制造设备升级和新产品规模化应用，实施可再生能源产业智能制造和绿色制造工程，推动产业高端化、智能化、绿色化发展。

补齐产业链供应链短板。推动可再生能源产业基础再造，加快重要产业技术工程化攻关。推动退役风电机组、光伏组件回收处理技术与新产业链发展，补齐风电、光伏发电绿色产业链最后一环，实现全生命周期绿色闭环式发展。发展可再生能源发电、供热、制气等先进适用技术，推动可再生能源产业链供应链多元化。

完善产业标准认证体系。健全可再生能源技术装备标准、检测、认证和质量监督组织体系，完善可再生能源设备生产、项目建设和运营管理。鼓励国内企业积极参与国际可再生能源领域标准制定，

推进标准体系、合格评定体系与国际接轨，促进认证结果国际互认。

(四)完善可再生能源创新链。

加强科技创新支撑。加大对能源研发创新平台支持力度，重点支

持可再生能源、新型电力系统、规模化储能、氢能等技术领域，整合资源、组织力量对核心技术方向实施重大科技协同研究和重大工程技术协同创新。加大高水平人才培养与引进力度，鼓励各类院校开设可再生能源专业学科并与企业开展人才培养合作，完善可再生能源领域高端人才引进机制，完善人才评价和激励机制，造就一批具有国际竞争力的科技人才与创新团队。

打通科技成果转化通道。发展大容量风电机组及其关键零部件测试技术与平台，建设典型气候条件下光伏发电技术实证公共服务平台，加快推动新技术实证验证与工程转化。加强知识产权保护，推进创新创业机构改革，建设专业化市场化技术转移机构和技术经理人队伍，促进科技成果转化，通过产学研展洽会等多种形式，加强国内外先进科技成果转化对接。

六、健全体制机制，市场化发展可再生能源

深化能源体制和“放管服”改革，推进能源低碳转型，激发市场主体活力，完善可再生能源电力消纳保障机制，健全可再生能源市场化发展体制机制，健全绿色能源消费机制，充分发挥市场在资源配置中的决定性作用，更好发挥政府作用，为可再生能源发展营造良好环境。

（一）深化可再生能源行业“放管服”改革。

加大简政放权力度。落实政府权责清单制度，持续优化可再生能源市场化法治化营商环境。实施市场准入负面清单制度，破除清单之外隐性准入壁垒，进一步放宽准入限制。完善投资管理机制，对不涉及国家安全、全国重大生产力布局和战略性资源开发的可再生能源项目，推动核准改备案，鼓励实施企业投资项目承诺制。优化可再生能源项目核准和备案流程，规范风电和光伏发电增容更新、延寿运行等管理，进一步简化分布式可再生能源投资管理程序。

完善监督管理机制。构建有利于可再生能源发展的协同监管机制，加强可再生能源规划、产业政策、开发建设、电网接入、调度交易、消纳利用等监管，确保国家规划政策有效实施。对可再生能源新产业新业态实施包容审慎监管。推进可再生能源行业信用体系建设，大力推进信用监管，建立市场主体信用评级制度，健全守信激励和失信惩戒机制。

提升政务服务水平。创新政务服务方式，构建能源与自然资源、生态环境等多部门联动审批机制，推行项目核准（备案）“一站式”服务。深入开展“互联网＋政务服务”，促进政务服务标准化规范化，推动政务服务质量和效能全面提升。建立可再生能源开发利用多部门协调机制，优化相关权证办理流程，推动落实项目建设条件，营造良好发展环境。

（二）健全可再生能源电力消纳保障机制。

强化可再生能源电力消纳责任权重引导。建立以可再生能源利用为导向的开发建设管理机制，明确可再生能源电力消纳责任权重目标并逐年提升，逐步缩小各地权重目标差异，引导各地加强可再生能源开发利用，推动跨省跨区可再生能源电力交易。强化权重目标分解落实，促进各类市场主体公平合理共担可再生能源电力消纳责任，推动自备电厂、市场化电力用户等积极消纳利用可再生能源。

加强可再生能源电力消纳责任权重评价考核。加强对省级行政区域消纳责任权重完成情况监测评价，推动纳入地方政府考核体系，强化对电网、市场主体消纳量完成情况考核，压实地方责任。完善激励机制，建立完善鼓励消纳、优先利用可再生能源的政策机制，扩大可再生能源消纳利用规模。

建立健全可再生能源电力消纳长效机制。科学制定可再生能源合理利用率指标，形成有利于可再生能源发展和系统整体优化的动态调整机制。统筹电源侧、电网侧、负荷侧资源，完善调度运行机制，多维度提升电力系统调节能力。推动源网荷共担消纳责任，构建由电网保障消纳、市场化自主消纳、分布式发电交易消纳共同组成的多元并网消纳机制。

（三）完善可再生能源市场化发展机制。

健全可再生能源开发建设管理机制。完善风电、光伏发电项目开发建设管理办法，建立以市场化竞争配置为主、竞争配置和市场自主相结合的项目开发管理机制。开展生物质发电项目竞争性配置，逐步形成有效的市场化开发机制，推动生物质发电补贴逐步退坡。探索水风光综合基地市场化开发管理机制，推动各类投资主体积极参与水风光综合开发。加强风电、太阳能、生物质能、地热能项目开发建设统计和非电利用生产运行信息统计，推进可再生能源行业统计体系全覆盖。发挥全国统一电力市场体系价格信号引导作用，通过市场机制优化可再生能源开发建设布局。

完善可再生能源全额保障性收购制度。落实可再生能源法，进一步完善全额保障性收购制度，做好可再生能源电力保障性收购与市场化交易的衔接。逐步扩大可再生能源参与市场化交易比重，对保障小时数以外电量，鼓励参与市场实现充分消纳。

完善可再生能源价格形成和补偿机制。完善风电和光伏发电市场化价格形成机制，促进技术进步和成本下降，稳定投资预期。建立完善有利于分布式发电发展、可再生能源消纳利用的输配电价机制。完善抽水蓄能电站价格形成机制，提升抽水蓄能电站开发建设积极性，促进抽水蓄能大规模、高质量发展。建立完善地热能发电、生物质发电价格机制。

构建可再生能源参与市场交易机制。完善可再生能源参与电力市场交易规则，破除市场和行政壁垒，形成充分反映可再生能源环境价值、与传统电源公平竞争的市场机制。推动可再生能源与电力消纳责任主体签订多年长期购售电协议，推动受端市场用户直接参与可再生能源跨省交易。完善可再生能源参与现货市场相关机制，充分发挥日内、实时市场作用。完善电力辅助服务补偿和分摊机制，体现调峰气电、储能等灵活性调节资源的市场价值，促进区域电网内调峰和备用资源的共享。完善分布式发电市场化交易机制，规范交易流程，扩大交易规模。

（四）建立健全绿色能源消费机制。

完善绿色电力证书机制。强化绿证的绿色电力消费属性标识功能，拓展绿证核发范围，推动绿证价格由市场形成，鼓励平价项目积极开展绿证交易。做好绿证与可再生能源电力消纳保障机制的衔接。做好绿证交易与碳交易的衔接,进一步体现可再生能源的生态环境价值。

建立绿色能源消费评价、认证与标识体系。在统一的绿色产品标识与认证体系下,推动建立绿色能源消费评价体系,逐步建立基于绿证的绿色能源消费认证标准、制度和标识体系,激发绿证交易活力,以评价、认证为手段促进科学、灵活的绿色能源消费体系构建。

积极引导绿色能源消费。发挥媒体作用,深入开展绿色能源消费公益宣传和教育,加大对使用可再生能源的企业、服务、活动等消费主体和消费行为的认证力度。加大绿色能源消费产品认证力度,鼓励新能源设备制造、汽车、IT 等企业提高绿色能源使用比例,生产绿色产品。提高工业、建筑、交通等领域和公共机构绿色用能要求,运用政府采购政策支持可再生能源消费。

七、坚持开放融入,深化可再生能源国际合作

加强应对气候变化国际合作,积极参与全球能源转型变革,深层次推进可再生能源产业国际合作。

(一)持续参与全球绿色低碳能源体系建设。

持续完善国际合作交流机制和平台。用好"一带一路"能源部长会平台,打造绿色、包容的"一带一路"能源合作伙伴关系,凝聚"一带一路"绿色发展共识。办好国际能源变革论坛及相关活动。加强与重要国际组织和国家间的可再生能源政策对话及合作,深入开展规划引领、政策设计、技术交流、融资互动、经验分享等全方位对接,发出中国声音、讲好中国故事。

积极参与全球能源与气候治理。强化与其他发展中国家能源绿色发展合作,提高发展中国家能源领域应对气候变化能力。为有需要的国家提供能力建设、低碳转型等支持,务实推动全球能源转型。

(二)深化推进国际技术与产能合作。

加强可再生能源与新能源技术创新合作。围绕构建新型电力系统,加强与相关国家在高效低成本新能源发电技术、储能、氢能等先进技术上的务实合作。鼓励可再生能源领域国际技术创新交流,积极融入全球可再生能源创新网络。

推进可再生能源产业国际化和国际产能合作。充分把握国际国内市场差异化特点,发挥国内市场规模大、应用场景多等优势,积极探索与国外先进企业合作的新模式、新途径。鼓励制造业企业开展包括装备、技术、标准、品牌在内的可再生能源优质产业走出去。

(三)积极参与可再生能源国际标准体系建设。

加大可再生能源技术标准的交流合作与互认,积极参与国际电工委员会等可再生能源合格评定互认体系,支持国内企业和机构参与国际标准的制修订,提升我国在国际认证、认可、检测等领域的贡献度。

八、保障措施

强化政策协同保障,开展可再生能源资源详查与储量评估,完善可再生能源发展相关土地、财政、金融等政策,为可再生能源快速发展提供保障。

(一)完善可再生能源资源评估和服务体系。

加强可再生能源开发生态环境保护关键技术研究。重点针对水电、风电等开发过程中对生态环境造成的影响,开展水生生态、陆生生态影响基础研究及相关环境影响减缓技术研究。

加强可再生能源资源开发储量评估。会同自然资源、气象等管理部门共同开展地热能利用、风电和光伏发电开发资源量评估,对全国可利用的风电和光伏发电资源进行全面勘查评价,按照资源禀赋、土地用途、生态保护、城乡建设等情况,准确识别各县域单元具备开发利用条件的资源潜力,建立全国风电和光伏发电可开发资源数据库,并及时将可再生能源资源的可开发利用范围等空间信息纳入同级国土空间基础信息平台和国土空间规划一张图,对重要的新能源开发基地、储备基地、抽水蓄能站点等进行前瞻性布局。会同建筑管理部门开展建筑附加和建筑一体化太阳能资源评估。会同农业农村管理部门开展农村生物质能等新能源资源评估,明确可再生能源发展空间。

构建资源详查评估服务体系。发挥各级公共机构和各类企业优势，健全网格化、立体式新能源资源详查评估服务体系，通过政府组织等方式，实现各类新能源资源共享，科学引导新能源产业投资与项目开发。

（二）加强可再生能源土地和环境支持保障。

依据国土空间规划，完善可再生能源空间用途管制规则，出台可再生能源空间布局专项规划，保障可再生能源开发利用合理的用地用海空间需求。统一土地性质认定，明确不同地类的用地标准，优化土地用途和生态环境保护管理，完善复合用地政策，降低不合理的土地使用成本。全面评估秸秆综合利用、畜禽粪污资源化利用、垃圾焚烧等的环境保护价值，强化生物质能利用与大气污染物排放标准等环境保护要求和政策的协同，加强生物质能的资源化利用，推进生物质成型燃料及专用设备标准制定。

（三）加强可再生能源财政政策支持。

加大可再生能源发展基金征收力度，央地联动，根据“以收定支”的原则，研究完善深远海风电、生物质能、地热能等对于碳达峰有重要作用的可再生能源支持政策。

（四）完善可再生能源绿色金融体系。

完善绿色金融标准体系，实施金融支持绿色低碳发展专项政策，把可再生能源领域融资按规定纳入地方政府贴息等激励计划，建立支持终端分布式可再生能源的资金扶持机制。丰富绿色金融产品和市场体系，开展水电、风电、太阳能、抽水蓄能电站基础设施不动产投资信托基金等试点，进一步加大绿色债券、绿色信贷对符合条件新能源项目的支持力度。鼓励社会资本按照市场化原则，多渠道筹资，设立投资基金，支持可再生能源产业发展。

九、规划实施

（一）加强规划衔接。

以国家发展规划为统领，以国土空间规划为基础，强化可再生能源发展规划与中长期能源规划、现代能源体系规划和各分领域能源规划的衔接。建立健全能源领域规划会商与协调机制，协调可再生能源开发规模、布局、时序与系统调节能力、跨省跨区输电通道建设,保障可再生能源规划重点任务、重大工程实施。

(二)细化任务落实。

更好发挥国家规划对地方规划的导向作用,各省级政府应将本规划确定的主要目标、重点任务和重大工程等列入本地区能源发展规划及相关专项规划,明确责任主体、进度要求和考核机制。

(三)加强国家统筹。

对纳入国家基地的项目,坚持自上而下、上下结合、国家统筹、省负总责,建立国家和省两级协调,在现有投资管理体制下,以省为主体统筹开展基地开发建设,各类企业平等竞争,开发企业、电网企业和项目所在地方政府具体落实。国家对基地项目实行统一规划、统一布局、明确标准和要求,对纳入国家基地项目协调落实土地、环保、送出消纳、并网运行等建设条件。

(四)加强监测评估。

坚持对规划实施情况进行动态监测、中期评估和总结评估,严格评估程序,适时开展评估工作,及时总结经验、分析问题、制订对策,对规划滚动实施提出建议,规划确需调整的,由国家能源局按程序修订后公布。建立可再生能源发电项目开发建设月度调度机制,及时掌握项目建设运行情况、协调解决重大问题。

十、环境影响分析

可再生能源开发利用可替代大量化石能源消耗、减少温室气体和污染物排放、显著增加新的就业岗位,对环境和社会发展起到重要且积极作用。可再生能源上游装备制造业绿色发展趋势明确,业内主流的风电、光伏发电设备制造企业纷纷做出100%使用可再生能源、大幅提前实现企业碳中和等公开承诺,产能不断向可再生能源资源丰富区域优化布局,降低生产过程碳排放等环境影响。水电、风电、太阳能发电、太阳能热利用在能源生产过程中不排放污染物和温室气体,可显著减少各类化石能源消耗,同时降低煤炭开采的生态破坏和燃煤发电的水资源消耗。农林生物质从生长到最终利用的全生命周期内不增加二氧化碳排放,生物质发电排放的二氧化硫、氮氧化物和烟尘等污染物也远少于燃煤发电。可再生能源尤其是风电、光伏发电设备批量退役与回收处理问题将制定具体的管理办法。随着全生命周期碳排放管理、全生命周期环境影响评价体系的建立和完善,可再生能源产业将积极构建全生命周期绿色闭环式发展体系。同时,对于可再生能源大规模开发的重点地区,将根据有关法规要求,做好区域资源环境承载能力分析和生态环境影响预测评估,分析重大项目建设的环境影响,提出预防或减轻不良环境影响的政策、管理、技术措施,进一步促进可再生能源开发利用与生态环境保护协调发展。

2025 年,全国可再生能源年利用量折合 10 亿吨标准煤,届时可再生能源年利用量相当于减少二氧化碳排放量约 26 亿吨,减少二氧化硫排放量约 50 万吨,减少氮氧化物排放约 60 万吨,减少烟尘排放约 10 万吨,年节约用水约 40 亿立方米,环境效益显著。

国务院关于促进光伏产业健康发展的若干意见

(2013 年 7 月 4 日公布　国发〔2013〕24 号
自 2013 年 7 月 4 日起实施)

各省、自治区、直辖市人民政府,国务院各部委、各直属机构:

发展光伏产业对调整能源结构、推进能源生产和消费革命、促进生态文明建设具有重要意义。为规范和促进光伏产业健康发展,现提出以下意见:

一、充分认识促进光伏产业健康发展的重要性

近年来,我国光伏产业快速发展,光伏电池制造产业规模迅速扩大,市场占有率位居世界前列,光伏电池制造达到世界先进水平,多晶硅冶炼技术日趋成熟,形成了包括硅材料及硅片、光伏电池及组件、逆变器及控制设备的完整制造产业体系。光伏发电国内应用市场逐步扩大,发电成本显著降低,市场竞争力明显提高。

当前,在全球光伏市场需求增速减缓、产品出口阻力增大、光伏产业发展不协调等多重因素作用下,我国光伏企业普遍经营困难。同时,我国光伏产业存在产能严重过剩、市场无序竞争,产品市场过度依赖外需、国内应用市场开发不足,技术创新能力不强、关键技术装备和材料发展缓慢,财政资金支持需要加强、补贴机制有待完善,行业管理比较薄弱、应用市场环境亟待改善等突出问题,光伏产业发展面临严峻形势。

光伏产业是全球能源科技和产业的重要发展方向,是具有巨大发展潜力的朝阳产业,也是我国具有国际竞争优势的战略性新兴产业。我国光伏产业当前遇到的问题和困难,既是对产业发展的挑战,也是促进产业调整升级的契机,特别是光伏发电成本大幅下降,为扩大国内市场提供了有利条件。要坚定信心,抓住机遇,开拓创新,毫不动摇地推进光伏产业持续健康发展。

二、总体要求

(一)指导思想。

深入贯彻党的十八大精神,以邓小平理论、"三个代表"重要思想、科学发展观为指导,创新体制机制,完善支持政策,通过市场机制激发国内市场有效需求,努力巩固国际市场;健全标准体系,规范产业发展秩序,着力推进产业重组和转型升级;完善市场机制,加快技术进步,着力提高光伏产业发展质量和效益,为提升经济发展活力和竞争力作出贡献。

(二)基本原则。

远近结合,标本兼治。在扩大光伏发电应用的同时,控制光伏制造总产能,加快淘汰落后产能,着力推进产业结构调整和技术进步。

统筹兼顾,综合施策。统筹考虑国内外市场需求、产业供需平衡、上下游协调等因素,采取综合措施解决产业发展面临的突出问题。

市场为主,重点扶持。发挥市场机制在推动光伏产业结构调整、优胜劣汰、优化布局以及开发利用方面的基础性作用。对不同光伏企业实行区别对待，重点支持技术水平高、市场竞争力强的骨干优势企业发展，淘汰劣质企业。

协调配合，形成合力。加强政策的协调配合和行业自律，支持地方创新发展方式，调动地方、企业和消费者的积极性，共同推动光伏产业发展。

（三）发展目标。

把扩大国内市场、提高技术水平、加快产业转型升级作为促进光伏产业持续健康发展的根本出路和基本立足点，建立适应国内市场的光伏产品生产、销售和服务体系，形成有利于产业持续健康发展的法规、政策、标准体系和市场环境。2013－2015年，年均新增光伏发电装机容量1000万千瓦左右，到2015年总装机容量达到3500万千瓦以上。加快企业兼并重组，淘汰产品质量差、技术落后的生产企业，培育一批具有较强技术研发能力和市场竞争力的龙头企业。加快技术创新和产业升级，提高多晶硅等原材料自给能力和光伏电池制造技术水平，显著降低光伏发电成本，提高光伏产业竞争力。保持光伏产品在国际市场的合理份额，对外贸易和投融资合作取得新进展。

三、积极开拓光伏应用市场

（一）大力开拓分布式光伏发电市场。鼓励各类电力用户按照“自发自用，余量上网，电网调节”的方式建设分布式光伏发电系统。优先支持在用电价格较高的工商业企业、工业园区建设规模化的分布式光伏发电系统。支持在学校、医院、党政机关、事业单位、居民社区建筑和构筑物等推广小型分布式光伏发电系统。在城镇化发展过程中充分利用太阳能，结合建筑节能加强光伏发电应用，推进光伏建筑一体化建设，在新农村建设中支持光伏发电应用。依托新能源示范城市、绿色能源示范县、可再生能源建筑应用示范市（县），扩大分布式光伏发电应用，建设100个分布式光伏发电规模化应用示范区、1000个光伏发电应用示范小镇及示范村。开展适合分布式光伏发电运行特点和规模化应用的新能源智能微电网试点、示范项目建设，探索相应的电力管理体制和运行机制,形成适应分布式光伏发电发展的建设、运行和消费新体系。支持偏远地区及海岛利用光伏发电解决无电和缺电问题。鼓励在城市路灯照明、城市景观以及通讯基站、交通信号灯等领域推广分布式光伏电源。

(二)有序推进光伏电站建设。按照“合理布局、就近接入、当地消纳、有序推进”的总体思路,根据当地电力市场发展和能源结构调整需要,在落实市场消纳条件的前提下,有序推进各种类型的光伏电站建设。鼓励利用既有电网设施按多能互补方式建设光伏电站。协调光伏电站与配套电网规划和建设,保证光伏电站发电及时并网和高效利用。

(三)巩固和拓展国际市场。积极妥善应对国际贸易摩擦,推动建立公平合理的国际贸易秩序。加强对话协商,推动全球产业合作,规范光伏产品进出口秩序。鼓励光伏企业创新国际贸易方式,优化制造产地分布,在境外开展投资生产合作。鼓励企业实施“引进来”和“走出去”战略,集聚全球创新资源,促进光伏企业国际化发展。

四、加快产业结构调整和技术进步

(一)抑制光伏产能盲目扩张。严格控制新上单纯扩大产能的多晶硅、光伏电池及组件项目。光伏制造企业应拥有先进技术和较强的自主研发能力,新上光伏制造项目应满足单晶硅光伏电池转换效率不低于20%、多晶硅光伏电池转换效率不低于18%、薄膜光伏电池转换效率不低于12%,多晶硅生产综合电耗不高于100千瓦时/千克。加快淘汰能耗高、物料循环利用不完善、环保不达标的多晶硅产能,在电力净输入地区严格控制建设多晶硅项目。

(二)加快推进企业兼并重组。利用“市场倒逼”机制,鼓励企业兼并重组。加强政策引导和推动,建立健全淘汰落后产能长效机制,加快关停淘汰落后光伏产能。重点支持技术水平高、市场竞争力强的多晶硅和光伏电池制造企业发展,培育形成一批综合能耗低、物料消耗少、具有国际竞争力的多晶硅制造企业和技术研发能力强、具有自主知识产权和品牌优势的光伏电池制造企业。引导多晶硅产能向中西部能源资源优势地区聚集,鼓励多晶硅制造企业与先进化工企业合作或重组,降低综合电耗、提高副产品综合利用率。

(三)加快提高技术和装备水平。通过实施新能源集成应用工程,支持高效率晶硅电池及新型薄膜电池、电子级多晶硅、四氯化硅闭环循环装置、高端切割机、全自动丝网印刷机、平板式镀膜工艺、高纯度关键材料等的研发和产业化。提高光伏逆变器、跟踪系统、功率预测、集中监控以及智能电网等技术和装备水平,提高光伏发电的系统集成技术能力。支持企业开发硅材料生产新工艺和光伏新产品、新技术,支持骨干企业建设光伏发电工程技术研发和试验平台。支持高等院校和企业培养光伏产业相关专业人才。

(四)积极开展国际合作。鼓励企业加强国际研发合作,开展光伏产业前沿、共性技术联合研发。鼓励有条件的国内光伏企业和基地与国外研究机构、产业集群建立战略合作关系。支持有关科研院所和企业建立国际化人才引进和培养机制,重点培养创新能力强的高端专业技术人才和综合管理人才。积极参与光伏行业国际标准制定,加大自主知识产权标准体系海外推广,推动检测认证国际互认。

五、规范产业发展秩序

(一)加强规划和产业政策指导。根据光伏产业发展需要,编制实施光伏产业发展规划。各地区可根据国家光伏产业发展规划和本地区发展需要,编制实施本地区相关规划及实施方案。加强全国规划与地方规划、制造产业与发电应用、光伏发电与配套电网建设的衔接和协调。加强光伏发电规划和年度实施指导。完善光伏电站和分布式光伏发电项目建设管理制度,促进光伏发电有序发展。

(二)推进标准化体系和检测认证体系建设。建立健全光伏材料、电池及组件、系统及部件等标准体系,完善光伏发电系统及相关电网技术标准体系。制定完善适合不同气候区及建筑类型的建筑光伏应用标准体系,在城市规划、建筑设计和旧建筑改造中统筹考虑光伏发电应用。加强硅材料及硅片、光伏电池及组件、逆变器及控制设备等产品的检测和认证平台建设,健全光伏产品检测和认证体系,及时发布符合标准的光伏产品目录。开展太阳能资源观测与评价,建立太阳能信息数据库。

(三)加强市场监管和行业管理。制定完善并严格实施光伏制造行业规范条件,规范光伏市场秩序,促进落后产能退出市场,提高产业发展水平。实行光伏电池组件、逆变器、控制设备等关键产品检测认证制度,未通过检测认证的产品不准进入市场。严格执行光伏电站设备采购、设计监理和工程建设招投标制度,反对不正当竞争,禁止地方保护。完善光伏发电工程建设、运行技术岗位资质管理。加强光伏发电电网接入和运行监管。建立光伏产业发展监测体系,及时发布产业发展信息。加强对《中华人民共和国可再生能源法》及配套政策的执法监察。地方各级政府不得以征收资源使用费等名义向太阳能发电企业收取法律法规规定之外的费用。

六、完善并网管理和服务

(一)加强配套电网建设。电网企业要加强与光伏发电相适应的电网建设和改造,保障配套电网与光伏发电项目同步建成投产。积极发展融合先进储能技术、信息技术的微电网和智能电网技术,提高电网系统接纳光伏发电的能力。接入公共电网的光伏发电项目,其接网工程以及接入引起的公共电网改造部分由电网企业投资建设。接入用户侧的分布式光伏发电,接入引起的公共电网改造部分由电网企业投资建设。

(二)完善光伏发电并网运行服务。各电网企业要为光伏发电提供并网服务,优化系统调度运行,优先保障光伏发电运行,确保光伏发电项目及时并网,全额收购所发电量。简化分布式光伏发电的电网接入方式和管理程序,公布分布式光伏发电并网服务流程,建立简捷高效的并网服务体系。对分布式光伏发电项目免收系统备用容量费和相关服务费用。加强光伏发电电网接入和并网运行监管。

七、完善支持政策

(一)大力支持用户侧光伏应用。开放用户侧分布式电源建设,支持和鼓励企业、机构、社区和家庭安装、使用光伏发电系统。鼓励专业化能源服务公司与用户合作,投资建设和经营管理为用户供电的光伏发电及相关设施。对分布式光伏发电项目实行备案管理,豁免分布式光伏发电应用发电业务许可。对不需要国家资金补贴的分布式光伏发电项目,如具备接入电网运行条件,可放开规模建设。分布式光伏发电全部电量纳入全社会发电量和用电量统计,并作为地方政府和电网企业业绩考核指标。自发自用发电量不计入阶梯电价适用范围,计入地方政府和用户节能量。

(二)完善电价和补贴政策。对分布式光伏发电实行按照电量补贴的政策。根据资源条件和建设成本,制定光伏电站分区域上网标杆电价,通过招标等竞争方式发现价格和补贴标准。根据光伏发电成本变化等因素,合理调减光伏电站上网电价和分布式光伏发电补贴标准。上网电价及补贴的执行期限原则上为20年。根据光伏发电发展需要,调整可再生能源电价附加征收标准,扩大可再生能源发展基金规模。光伏发电规模与国家可再生能源发展基金规模相协调。

(三)改进补贴资金管理。严格可再生能源电价附加征收管理,保障附加资金应收尽收。完善补贴资金支付方式和程序,对光伏电站,由电网企业按照国家规定或招标确定的光伏发电上网电价与发电企业按月全额结算;对分布式光伏发电,建立由电网企业按月转付补贴资金的制度。中央财政按季度向电网企业预拨补贴资金,确保补贴资金及时足额到位。鼓励各级地方政府利用财政资金支持光伏发电应用。

(四)加大财税政策支持力度。完善中央财政资金支持光伏产业发展的机制,加大对太阳能资源测量、评价及信息系统建设、关键技术装备材料研发及产业化、标准制定及检测认证体系建设、新技术应用示范、农村和牧区光伏发电应用以及无电地区光伏发电项目建设的支持。对分布式光伏发电自发自用电量免收可再生能源电价附加等针对电量征收的政府性基金。企业研发费用符合有关条件的,可按照税法规定在计算应纳税所得额时加计扣除。企业符合条件的兼并重组,可以按照现行税收政策规定,享受税收优惠政策。

（五）完善金融支持政策。金融机构要继续实施“有保有压”的信贷政策，支持具有自主知识产权、技术先进、发展潜力大的企业做优做强，对有市场、有订单、有效益、有信誉的光伏制造企业提供信贷支持。根据光伏产业特点和企业资金运转周期，按照风险可控、商业可持续、信贷准入可达标的原则，采取灵活的信贷政策，支持优质企业正常生产经营，支持技术创新、兼并重组和境外投资等具有竞争优势的项目。创新金融产品和服务，支持中小企业和家庭自建自用分布式光伏发电系统。严禁资金流向盲目扩张产能项目和落后产能项目建设，对国家禁止建设的、不符合产业政策的光伏制造项目不予信贷支持。

（六）完善土地支持政策和建设管理。对利用戈壁荒滩等未利用土地建设光伏发电项目的，在土地规划、计划安排时予以适度倾斜，不涉及转用的，可不占用土地年度计划指标。探索采用租赁国有未利用土地的供地方式，降低工程的前期投入成本。光伏发电项目使用未利用土地的，依法办理用地审批手续后，可采取划拨方式供地。完善光伏发电项目建设管理并简化程序。

八、加强组织领导

各有关部门要根据本意见要求，按照职责分工抓紧制定相关配套文件，完善光伏发电价格、税收、金融信贷和建设用地等配套政策，确保各项任务措施的贯彻实施。各省级人民政府要加强对本地区光伏产业发展的管理，结合实际制定具体实施方案，落实政策，引导本地区光伏产业有序协调发展。健全行业组织机构，充分发挥行业组织在加强行业自律、推广先进技术和管理经验、开展统计监测和研究制定标准等方面的作用。加强产业服务，建立光伏产业监测体系，及时发布行业信息，搭建银企沟通平台，引导产业健康发展。

（此件有删减。）

关于促进储能技术与产业发展的指导意见

（2017年9月22日公布　发改能源〔2017〕1701号
自2017年9月22日起实施）

各省、自治区、直辖市及计划单列市、新疆生产建设兵团发展改革委、能源局，国家电网公司、南方电网公司：

储能是智能电网、可再生能源高占比能源系统、"互联网+"智慧能源（以下简称能源互联网）的重要组成部分和关键支撑技术。储能能够为电网运行提供调峰、调频、备用、黑启动、需求响应支撑等多种服务，是提升传统电力系统灵活性、经济性和安全性的重要手段；储能能够显著提高风、光等可再生能源的消纳水平，支撑分布式电力及微网，是推动主体能源由化石能源向可再生能源更替的关键技术；储能能够促进能源生产消费开放共享和灵活交易、实现多能协同，是构建能源互联网，推动电力体制改革和促进能源新业态发展的核心基础。

近年来，我国储能呈现多元发展的良好态势：抽水蓄能发展迅速；压缩空气储能、飞轮储能，超导储能和超级电容，铅蓄电池、锂离子电池、钠硫电池、液流电池等储能技术研发应用加速；储热、储冷、储氢技术也取得了一定进展。我国储能技术总体上已经初步具备了产业化的基础。加快储能技术与产业发展，对于构建"清洁低碳、安全高效"的现代能源产业体系，推进我国能源行业供给侧改革、推动能源生产和利用方式变革具有重要战略意义，同时还将带动从材料制备到系统集成全产业链发展，成为提升产业发展水平、推动经济社会发展的新动能。为贯彻习近平总书记关于"四个革命、一个合作"的能源战略思想，落实《中华人民共和国国民经济和社会发展第十三个五年规划纲要》和《能源生产和消费革命战略(2016－2030)》任务,促进储能技术与产业发展,提出如下意见。

一、总体要求

(一)指导思想

全面贯彻党的十八大和十八届三中、四中、五中、六中全会精神,深入贯彻习近平总书记系列重要讲话精神,按照中央财经领导小组第六次、第十四次会议和国家能源委员会第一次、第二次会议重大决策部署要求,适应和引领经济社会发展新常态,着眼能源产业全局和长远发展需求,紧密围绕改革创新,以机制突破为重点、以技术创新为基础、以应用示范为手段,大力发展“互联网＋”智慧能源,促进储能技术和产业发展,支撑和推动能源革命,为实现我国从能源大国向能源强国转变和经济提质增效提供技术支撑和产业保障。

(二)基本原则

政府引导、企业参与。加强顶层设计,加大政策支持,研究出台金融等配套措施,统筹解决行业创新与发展重大共性问题。加强引导和信息服务,推动储能设施合理开放,鼓励多元市场主体公平参与市场竞争。

创新引领、示范先行。营造开放包容的创新环境,鼓励各种形式的技术、机制及商业模式创新。充分发挥示范工程的试点作用,推进储能新技术与新模式先行先试,形成万众创新良好氛围。

市场主导、改革助推。充分发挥市场在资源配置中的决定性作用,鼓励社会资本进入储能领域。结合电力体制改革进程,逐步建立完善电力市场化交易和灵活性资源的价格形成机制,还原能源商品属性,着力破解体制机制障碍。

统筹规划、协调发展。加强统筹规划,优化储能项目布局。重视上下游协调发展,优化从材料、部件、系统、运营到回收再利用的完整产业链。在确保安全的前提下发展储能,健全标准、检测和认证体系,确保产品质量和有序竞争。推行绿色设计理念,研究建立储能产品的梯级利用与回收体系,加强监管,杜绝污染。

（三）发展目标

未来10年内分两个阶段推进相关工作，第一阶段实现储能由研发示范向商业化初期过渡；第二阶段实现商业化初期向规模化发展转变。

“十三五”期间，建成一批不同技术类型、不同应用场景的试点示范项目；研发一批重大关键技术与核心装备，主要储能技术达到国际先进水平；初步建立储能技术标准体系，形成一批重点技术规范和标准；探索一批可推广的商业模式；培育一批有竞争力的市场主体。储能产业发展进入商业化初期，储能对于能源体系转型的关键作用初步显现。

“十四五”期间，储能项目广泛应用，形成较为完整的产业体系，成为能源领域经济新增长点；全面掌握具有国际领先水平的储能关键技术和核心装备，部分储能技术装备引领国际发展；形成较为完善的技术和标准体系并拥有国际话语权；基于电力与能源市场的多种储能商业模式蓬勃发展；形成一批有国际竞争力的市场主体。储能产业规模化发展，储能在推动能源变革和能源互联网发展中的作用全面展现。

二、重点任务

（一）推进储能技术装备研发示范

集中攻关一批具有关键核心意义的储能技术和材料。加强基础、共性技术攻关，围绕低成本、长寿命、高安全性、高能量密度的总体目标，开展储能原理和关键材料、单元、模块、系统和回收技术研究，发展储能材料与器件测试分析和模拟仿真。重点包括变速抽水蓄能技术、大规模新型压缩空气储能技术、化学储电的各种新材料制备技术、高温超导磁储能技术、相变储热材料与高温储热技术、储能系统集成技术、能量管理技术等。

试验示范一批具有产业化潜力的储能技术和装备。针对不同应用场景和需求，开发分别适用于长时间大容量、短时间大容量、分布式以及高功率等模式应用的储能技术装备。大力发展储能系统集成与智能控制技术，实现储能与现代电力系统协调优化运行。重点包括

10MW/100MWh级超临界压缩空气储能系统、10MW/1000MJ级飞轮储能阵列机组、100MW级锂离子电池储能系统、大容量新型熔盐储热装置、应用于智能电网及分布式发电的超级电容电能质量调节系统等。

应用推广一批具有自主知识产权的储能技术和产品。加强引导和扶持，促进产学研用结合，加速技术转化。鼓励储能产品生产企业采用先进制造技术和理念提质增效，鼓励创新投融资模式降低成本，鼓励通过参与国外应用市场拉动国内装备制造水平提升。重点包括100MW级全钒液流电池储能电站、高性能铅炭电容电池储能系统等。

完善储能产品标准和检测认证体系。建立与国际接轨、涵盖储能规划设计、设备及试验、施工及验收、并网及检测、运行与维护等各应用环节的标准体系，并随着技术发展和市场需求不断完善。完善储能产品性能、安全性等检测认证标准，建立国家级储能检测认证机构，加强和完善储能产品全寿命周期质量监管。建立和完善不合格产品召回制度。

（二）推进储能提升可再生能源利用水平应用示范

鼓励可再生能源场站合理配置储能系统。研究确定不同特性储能系统接入方式、并网适应性、运行控制、涉网保护、信息交换及安全防护等方面的要求，对于满足要求的储能系统，电网应准予接入并将其纳入电网调度管理。

推动储能系统与可再生能源协调运行。鼓励储能与可再生能源场站作为联合体参与电网运行优化，接受电网运行调度，实现平滑出力波动、提升消纳能力、为电网提供辅助服务等功能。电网企业应将联合体作为特殊的“电厂”对待，在政府指导下签订并网调度协议和购售电合同，联合体享有相应的权利并承担应有的义务。

研究建立可再生能源场站侧储能补偿机制。研究和定量评估可再生能源场站侧配置储能设施的价值，探索合理补偿方式。

支持应用多种储能促进可再生能源消纳。支持在可再生能源消纳问题突出的地区开展可再生能源储电、储热、制氢等多种形式能源存储与输出利用；推进风电储热、风电制氢等试点示范工程的建设。

(三)推进储能提升电力系统灵活性稳定性应用示范

支持储能系统直接接入电网。研究储能接入电网的容量范围、电压等级、并网适应性、运行控制、涉网保护、信息交互及安全防护等技术要求。鼓励电网等企业根据相关国家或行业标准要求结合需求集中或分布式接入储能系统,并开展运行优化技术研究和应用示范。支持各类主体按照市场化原则投资建设运营接入电网的储能系统。鼓励利用淘汰或退役发电厂既有线路和设施建设储能系统。

建立健全储能参与辅助服务市场机制。参照火电厂提供辅助服务等相关政策和机制,允许储能系统与机组联合或作为独立主体参与辅助服务交易。根据电力市场发展逐步优化,在遵循自愿的交易原则基础上,形成"按效果付费、谁受益谁付费"的市场机制。

探索建立储能容量电费和储能参与容量市场的规则机制。结合电力体制改革,参考抽水蓄能相关政策,探索建立储能容量电费和储能参与容量市场的规则,对满足条件的各类大规模储能系统给予容量补偿。

(四)推进储能提升用能智能化水平应用示范

鼓励在用户侧建设分布式储能系统。研究制定用户侧接入储能的准入政策和技术标准,引导和规范用户侧分布式电储能系统建设运行。支持具有配电网经营权的售电公司和具备条件的居民用户配置储能,提高分布式能源本地消纳比例、参与需求响应,降低用能成本,鼓励相关商业模式探索。

完善用户侧储能系统支持政策。结合电力体制改革,允许储能通过市场化方式参与电能交易。支持用户侧建设的一定规模的电储能设施与发电企业联合或作为独立主体参与调频、调峰等辅助服务。

支持微电网和离网地区配置储能。鼓励通过配置多种储能提高微电网供电的可靠性和电能质量;积极探索含储能的微电网参与电能交易、电网运行优化的新技术和新模式。鼓励开发经济适用的储能系统解决或优化无电人口供电方式。

(五)推进储能多元化应用支撑能源互联网应用示范

提升储能系统的信息化和管控水平。在确保网络信息安全的前提下，促进储能基础设施与信息技术的深度融合，支持能量信息化技术的研发应用。逐步实现对储能的能源互联网管控，提高储能资源的利用效率，充分发挥储能系统在能源互联网中的多元化作用。

鼓励基于多种储能实现能源互联网多能互补、多源互动。鼓励大型综合能源基地合理配置储能系统，实现风光水火储多能互补。支持开放共享的分布式储能大数据平台和能量服务平台的建设。鼓励家庭、园区、区域等不同层次的终端用户互补利用各类能源和储能资源，实现多能协同和能源综合梯级利用。

拓展电动汽车等分散电池资源的储能化应用。积极开展电动汽车智能充放电业务，探索电动汽车动力电池、通讯基站电池、不间断电源（UPS）等分散电池资源的能源互联网管控和储能化应用。完善动力电池全生命周期监管，开展对淘汰动力电池进行储能梯次利用研究。

三、保障措施

（一）加强组织领导

国家发展改革委、国家能源局会同财政部、科技部、工业和信息化部等有关部门统筹协调解决重大问题，建立完善扶持政策，切实推动各项措施落实到位，形成政、产、学、研、用结合的发展局面。依托行业力量建设国家级储能技术创新平台；充分发挥专业协（学）会、研究会作用，引导行业创新方向。建立储能专业咨询委员会，为政府决策提供支撑。推动成立国家级产业联盟，加强产业研究、建立信息渠道。鼓励各省级政府依照已出台的智能电网、微电网、多能互补、“互联网+”智慧能源、电动汽车充电设施、废旧动力蓄电池回收利用、配电网建设、电力现货市场等相关政策对储能进行支持，并根据实际情况出台配套政策、给予资金支持和开展试点示范工作，对符合条件的储能企业可按规定享受相关税收优惠政策，将储能纳入智能电网、能源装备制造等专项资金重点支持方向，在具备条件的地区开展技术与政策机制综合性区域试点示范，鼓励清洁能源示范省因地制宜发展储能。各地能源及相关主管部门应结合实际，研究制定适合本地的落实方案，因地制宜,科学组织,杜绝盲目建设和重复投资,务实有序推进储能技术和产业发展。国家能源局各派出能源监管机构根据职责积极参与相关机制研究,加强安全和市场监管,督促相关政策和重大示范工程的落实。

(二)完善政策法规

建立健全相关法律法规,保障储能产业健康有序发展。加强电力体制改革与储能发展市场机制的协同对接,结合电力市场建设研究形成储能应用价格机制。积极开展储能创新应用政策试点,破除设备接入、主体身份、数据交互、交易机制等方面的政策壁垒,研究制定适应储能新模式发展特点的金融、保险等相关政策法规。加强储能技术、产品和模式等的知识产权管理与保护。加强储能安全与环保政策法规及标准体系建设,研究建立储能产品生产者责任延伸制度。鼓励储能系统开发采用标准化、通用性及易拆解的结构设计,协商开放储能控制系统接口和通讯协议等利于回收利用的相关信息。

(三)开展试点示范

围绕促进可再生能源消纳、发展分布式电力和微网、提升电力系统灵活性、加快建设能源互联网等重大需求,布局一批具有引领作用的重大储能试点示范工程。跟踪试点示范项目建设运营情况,建立健全促进行业可持续发展的体制机制。鼓励和支持国家级可再生能源示范区及其他具备条件的地区、部门和企业,因地制宜开展各类储能技术应用试点示范。在技术创新、运营模式、发展业态和体制机制等方面深入探索,先行先试,总结积累可推广的成功经验。

(四)建立补偿机制

结合电力体制改革,研究推动储能参与电力市场交易获得合理补偿的政策和建立与电力市场化运营服务相配套的储能服务补偿机制。推动储能参与电力辅助服务补偿机制试点工作,建立相配套的储能容量电费机制。建立健全补偿监管机制,严惩违规行为。

(五)引导社会投资

落实简政放权精神,研究建立程序简化、促进投资的储能投资管理机制，对于独立的储能项目，除《政府核准的投资项目目录》已有规定的，一律实行备案制，按照属地原则备案，备案机关及其权限由省、自治区、直辖市和计划单列市人民政府规定。企业按照地方有关规定向主管部门备案。充分发挥中央财政科技计划（专项、基金）作用，支持开展储能基础、共性和关键技术研发。研究通过中央和地方基建投资实施先进储能示范工程，引导社会资本加快先进储能技术的推广应用。鼓励通过金融创新降低储能发展准入门槛和风险，支持采用多种融资方式，引导更多的社会资本投向储能产业。

（六）推动市场改革

加快电力市场建设，建立储能等灵活性资源市场化交易机制和价格形成机制，鼓励储能直接参与市场交易，通过市场机制实现盈利，激发市场活力。建立健全准入制度，鼓励第三方资本、小微型企业等新兴市场主体参与市场，促进各类所有制企业的平等、协同发展。

（七）夯实发展基础

依托行业建立储能信息公共平台，加强信息对接、共享共用和交易服务。创新人才引进和培养机制，引进一批领军人才，培育一批专业人才，形成支持储能产业的智力保障体系。加强宣传，扩大示范带动效应，吸引更多社会资源参与储能技术研究和产业创新发展。

贯彻落实《关于促进储能技术与产业发展的指导意见》2019－2020年行动计划

（2019年6月25日公布　发改办能源〔2019〕725号
自2019年6月25日起实施）

为落实《关于促进储能技术与产业发展的指导意见》（发改能源〔2017〕1701号，以下简称《指导意见》），进一步推进我国储能技术与产业健康发展,支撑清洁低碳、安全高效能源体系建设和能源高质量发展,特制定本行动计划。

一、加强先进储能技术研发和智能制造升级

(一)加强先进储能技术研发。在国家重点研发计划中,着力加强对先进储能技术研发任务的部署,集中攻克制约储能技术应用与发展的规模、效率、成本、寿命、安全性等方面的瓶颈技术问题,使我国储能技术在未来5-10年甚至更长时期内处于国际领先水平,形成系统、完整的技术布局,在重要的战略必争技术领域占据优势,并形成新的具有核心竞争力的产业链。(牵头部门:科技部)

(二)加大储能项目研发实验验证力度。重点推进大容量压缩空气储能等重大先进技术项目建设,推动百兆瓦压缩空气储能项目实现验证示范。(牵头部门:发展改革委)

(三)继续推动储能产业智能升级和储能装备的首台(套)应用推广。鼓励储能产业相关企业积极利用智能制造新模式转型升级。推动首台(套)储能装备推广应用,支持符合条件的储能装备申请享受首台(套)重大技术装备保险补偿政策。(牵头部门:工信部)

(四)提升储能安全保障能力建设。在电源侧研究采用响应速度快、稳定性高、具备随时启动能力的储能系统,提高机组运行稳定性和故障快速恢复能力,在电厂全厂失电的情况下实现发电机组黑启动。在电网侧研究采用大容量、响应速度快的储能技术,抑制因系统扰动导致的发电机组振荡,在短时间内提供足够的有功功率动态支撑,降低系统崩溃的风险。(牵头部门:能源局)

二、完善落实促进储能技术与产业发展的政策

(五)推动配套政策落地。推进电力体制改革,加快增量配电业务改革和电力现货市场建设,完善电力市场化交易机制,营造有利于储能产业发展的市场环境。引导地方根据《国家发展改革委关于创新和完善促进绿色发展价格机制的意见》(发改价格规〔2018〕943号),进一步建立完善峰谷电价政策,为储能行业和产业的发展创造条件,探索建立储能容量电费机制,推动储能参与电力市场交易获得合理补

偿。（牵头部门：发展改革委）

（六）规范电网侧储能发展。围绕电网侧储能，会同地方能源主管部门，组织相关咨询机构和电力企业，明确电网侧储能规划建设原则，研究项目投资回收机制，规范引导电力系统储能健康有序发展。（牵头部门：能源局）

（七）建立储能项目备案制。按照《指导意见》要求，结合地方实际情况指定地方备案机关，督促地方备案机关建立备案流程、出台相关规定，指导企业进行储能项目备案。（牵头部门：各省、自治区、直辖市和计划单列市能源投资主管部门）

三、推进抽水蓄能发展

（八）调整抽水蓄能电站选点规划并探索研究海水抽水蓄能电站建设。在"十二五"期间全国重点省份抽水蓄能电站选点规划工作基础上，根据各省实际情况，完成新疆、山东等省份抽水蓄能电站选点规划调整，明确2025水平年抽水蓄能规划调整推荐站点。组织水电水利规划设计总院和福建省发展改革委针对福建浮鹰岛海水抽水蓄能电站开展示范技术、建设条件、配套政策、业主选择等研究工作，提出具体工作方案，争取资金和价格等有关政策支持，为示范项目启动创造条件。（牵头部门：能源局）

四、推进储能项目示范和应用

（九）组织首批储能示范项目。以促进储能技术创新为主线，制定并出台储能示范项目管理规定与工作方案，组织相关单位开展首批储能示范项目征集与评选工作，推动储能在大规模可再生能源消纳、分布式发电、微网、用户侧、电力系统灵活性、电力市场建设和能源互联网等领域的示范应用。（牵头部门：能源局）

（十）积极推动储能国家电力示范项目建设。积极跟踪储能国家电力示范项目建设情况，重点推动大连液流储能电站、江苏压缩空气储能电站和甘肃网域大规模电池储能电站建设工作。（牵头部门：能源局）

（十一）推进储能与分布式发电、集中式新能源发电联合应用。鼓励和支持负荷侧储能发展，探讨储能与分布式发电相结合，建设分布式能源系统,实现可再生能源就地就近消纳利用。以提升用户侧可再生能源就地消纳能力为目标,以相关可再生能源示范区规划实施为依托,在条件具备地区,鼓励实施可再生能源+储能项目。研究探索信息技术、人工智能等前沿科技与可再生能源、储能领域的融合。推进集中式新能源发电与储能的技术应用,结合电力现货市场建设,以降低新能源发电出力随机性为目的,引导和支持开展与集中式新能源发电协调的储能技术推广应用。(牵头部门:能源局)

(十二)开展储能保障电力系统安全示范工程建设。电网侧,储能应急电源在严重自然灾害下作为保底电源,提高电网故障恢复速度,打造局部坚强电网,提升电网防灾抗灾能力。用户侧,开展重要用户储能应用示范工程建设,减少电能波动,提升供电质量。当电网供电不足或遇到其他特殊情况时,储能为用户提供应急电源,保证重要用户稳定不间断供电。(牵头部门:能源局)

(十三)推动储能设施参与电力辅助服务市场。按照《国家能源局关于印发〈完善电力辅助服务补偿(市场)机制工作方案〉的通知》(国能发监管〔2017〕67号)有关要求,鼓励储能设施参与电力辅助服务市场。(牵头部门:能源局)

五、推进新能源汽车动力电池储能化应用

(十四)开展充电设施与电网互动研究。组织充电基础设施促进联盟等相关方面开展充电设施与电网互动等课题研究,2020年,研究开展试点示范等相关工作。(牵头部门:能源局)

(十五)完善储能相关基础设施。持续推进停车充电一体化建设,促进能源交通融合发展,为新能源汽车动力电池储能化应用奠定基础。(牵头部门:发展改革委)□

六、加快推进储能标准化

(十六)完善储能标准体系建设。会同有关部门,出台《关于加强储能标准化工作的实施方案》,建立储能标准化协调工作机制,协调解决储能标准化工作中的重大问题。健全储能标准化技术组织,建立与国际接轨、涵盖储能系统与设备全生命周期,相互支撑、协同发展的标准体系。开展重点储能技术标准研制,推进储能技术创新与标准化协同发展,提高标准质量。提升我国储能标准国际影响力。(牵头部门:能源局)

各牵头部门要按照职责分工抓好各项任务措施细化落实。国家能源局会同各有关部门进一步加强沟通协调,切实形成工作合力,扎实稳妥推进储能技术与产业发展。各地方要结合本地实际,与牵头部门加强对接,细化任务措施,扎实推动《指导意见》等已明确的政策措施及本行动计划落地见效。各地方能源行业主管部门牵头做好统计与信息反馈工作,每年12月向国家能源局上报落实《指导意见》及本行动计划的情况。过程中有关重大事项请及时反馈国家能源局及有关牵头部门。

发展改革委、能源局关于推进电力源网荷储一体化和多能互补发展的指导意见

(2021年2月25日公布 发改能源规〔2021〕280号
自2021年2月25日起实施)

各省、自治区、直辖市、新疆生产建设兵团发展改革委、能源局,国家能源局各派出机构:

为实现"二氧化碳排放力争于2030年前达到峰值,努力争取2060年前实现碳中和"的目标,着力构建清洁低碳、安全高效的能源体系,提升能源清洁利用水平和电力系统运行效率,贯彻新发展理念,更好地发挥源网荷储一体化和多能互补在保障能源安全中的作用,积极探索其实施路径,现提出以下意见:

一、重要意义

源网荷储一体化和多能互补发展是电力行业坚持系统观念的内

在要求,是实现电力系统高质量发展的客观需要,是提升可再生能源开发消纳水平和非化石能源消费比重的必然选择,对于促进我国能源转型和经济社会发展具有重要意义。

(一)有利于提升电力发展质量和效益。强化源网荷储各环节间协调互动,充分挖掘系统灵活性调节能力和需求侧资源,有利于各类资源的协调开发和科学配置,提升系统运行效率和电源开发综合效益,构建多元供能智慧保障体系。

(二)有利于全面推进生态文明建设。优先利用清洁能源资源、充分发挥常规电站调节性能、适度配置储能设施、调动需求侧灵活响应积极性,有利于加快能源转型,促进能源领域与生态环境协调可持续发展。

(三)有利于促进区域协调发展。发挥跨区源网荷储协调互济作用,扩大电力资源配置规模,有利于推进西部大开发形成新格局,改善东部地区环境质量,提升可再生能源电量消费比重。

二、总体要求

(一)指导思想。

以习近平新时代中国特色社会主义思想为指导,全面贯彻党的十九大和十九届二中、三中、四中、五中全会精神,落实"四个革命、一个合作"能源安全新战略,将源网荷储一体化和多能互补作为电力工业高质量发展的重要举措,积极构建清洁低碳安全高效的新型电力系统,促进能源行业转型升级。

(二)基本原则。

绿色优先,协调互济。遵循电力系统发展客观规律,坚守安全底线,充分发挥源网荷储协调互济能力,优先可再生能源开发利用,结合需求侧负荷特性、电源结构和电网调节能力,因地制宜确定电源合理规模与配比,促进能源转型和绿色发展。

提升存量,优化增量。通过提高存量电源调节能力、输电通道利用水平、电力需求响应能力,重点提升存量电力设备利用效率;在资源条件较好、互补特性较优、需求市场较大的送受端,合理优化增量规模、结构与布局。

市场驱动，政策支持。使市场在资源配置中起决定性作用，更好发挥政府作用，破除市场壁垒，依靠技术进步、效率提高、成本降低，加强引导扶持，建立健全相关政策体系，不断提升产业竞争力。

（三）源网荷储一体化实施路径。

通过优化整合本地电源侧、电网侧、负荷侧资源，以先进技术突破和体制机制创新为支撑，探索构建源网荷储高度融合的新型电力系统发展路径，主要包括区域（省）级、市（县）级、园区（居民区）级“源网荷储一体化”等具体模式。

充分发挥负荷侧的调节能力。依托“云大物移智链”等技术，进一步加强源网荷储多向互动，通过虚拟电厂等一体化聚合模式，参与电力中长期、辅助服务、现货等市场交易，为系统提供调节支撑能力。

实现就地就近、灵活坚强发展。增加本地电源支撑，调动负荷响应能力，降低对大电网的调节支撑需求，提高电力设施利用效率。通过坚强局部电网建设，提升重要负荷中心应急保障和风险防御能力。

激发市场活力，引导市场预期。主要通过完善市场化电价机制，调动市场主体积极性，引导电源侧、电网侧、负荷侧和独立储能等主动作为、合理布局、优化运行，实现科学健康发展。

（四）多能互补实施路径。

利用存量常规电源，合理配置储能，统筹各类电源规划、设计、建设、运营，优先发展新能源，积极实施存量“风光水火储一体化”提升，稳妥推进增量“风光水（储）一体化”，探索增量“风光储一体化”，严控增量“风光火（储）一体化”。

强化电源侧灵活调节作用。充分发挥流域梯级水电站、具有较强调节性能水电站、火电机组、储能设施的调节能力，减轻送受端系统的调峰压力，力争各类可再生能源综合利用率保持在合理水平。

优化各类电源规模配比。在确保安全的前提下，最大化利用清洁能源，稳步提升输电通道输送可再生能源电量比重。

确保电源基地送电可持续性。统筹优化近期开发外送规模与远期自用需求,在确保中长期近区电力自足的前提下,明确近期可持续外送规模,超前谋划好远期电力接续。

三、推进源网荷储一体化,提升保障能力和利用效率

(一)区域(省)级源网荷储一体化。依托区域(省)级电力辅助服务、中长期和现货市场等体系建设,公平无歧视引入电源侧、负荷侧、独立电储能等市场主体,全面放开市场化交易,通过价格信号引导各类市场主体灵活调节、多向互动,推动建立市场化交易用户参与承担辅助服务的市场交易机制,培育用户负荷管理能力,提高用户侧调峰积极性。依托5G等现代信息通讯及智能化技术,加强全网统一调度,研究建立源网荷储灵活高效互动的电力运行与市场体系,充分发挥区域电网的调节作用,落实电源、电力用户、储能、虚拟电厂参与市场机制。

(二)市(县)级源网荷储一体化。在重点城市开展源网荷储一体化坚强局部电网建设,梳理城市重要负荷,研究局部电网结构加强方案,提出保障电源以及自备应急电源配置方案。结合清洁取暖和清洁能源消纳工作开展市(县)级源网荷储一体化示范,研究热电联产机组、新能源电站、灵活运行电热负荷一体化运营方案。

(三)园区(居民区)级源网荷储一体化。以现代信息通讯、大数据、人工智能、储能等新技术为依托,运用"互联网+"新模式,调动负荷侧调节响应能力。在城市商业区、综合体、居民区,依托光伏发电、并网型微电网和充电基础设施等,开展分布式发电与电动汽车(用户储能)灵活充放电相结合的园区(居民区)级源网荷储一体化建设。在工业负荷大、新能源条件好的地区,支持分布式电源开发建设和就近接入消纳,结合增量配电网等工作,开展源网荷储一体化绿色供电园区建设。研究源网荷储综合优化配置方案,提高系统平衡能力。

四、推进多能互补,提升可再生能源消纳水平

(一)风光储一体化。对于存量新能源项目,结合新能源特性、受端系统消纳空间,研究论证增加储能设施的必要性和可行性。对于增量风光储一体化,优化配套储能规模,充分发挥配套储能调峰、调频作用，最小化风光储综合发电成本，提升综合竞争力。

（二）风光水（储）一体化。对于存量水电项目，结合送端水电出力特性、新能源特性、受端系统消纳空间，研究论证优先利用水电调节性能消纳近区风光电力、因地制宜增加储能设施的必要性和可行性，鼓励通过龙头电站建设优化出力特性，实现就近打捆。对于增量风光水（储）一体化，按照国家及地方相关环保政策、生态红线、水资源利用政策要求，严控中小水电建设规模，以大中型水电为基础，统筹汇集送端新能源电力，优化配套储能规模。

（三）风光火（储）一体化。对于存量煤电项目，优先通过灵活性改造提升调节能力，结合送端近区新能源开发条件和出力特性、受端系统消纳空间，努力扩大就近打捆新能源电力规模。对于增量基地化开发外送项目，基于电网输送能力，合理发挥新能源地域互补优势，优先汇集近区新能源电力，优化配套储能规模；在不影响电力（热力）供应前提下，充分利用近区现役及已纳入国家电力发展规划煤电项目，严控新增煤电需求；外送输电通道可再生能源电量比例原则上不低于50%，优先规划建设比例更高的通道；落实国家及地方相关环保政策、生态红线、水资源利用等政策要求，按规定取得规划环评和规划水资源论证审查意见。对于增量就地开发消纳项目，在充分评估当地资源条件和消纳能力的基础上，优先利用新能源电力。

五、完善政策措施

（一）加强组织领导。以电力系统安全稳定为基础、以市场消纳为导向，按照局部利益服从整体利益原则，发挥国家能源主管部门的统筹协调作用，加强源网荷储一体化和多能互补项目规划与国家和地方电力发展规划、可再生能源规划等的衔接，推动项目有序实施。在组织评估论证和充分征求国家能源局派出机构、送受端能源主管部门和电力企业意见基础上，按照“试点先行，逐步推广”原则，通过国家电力发展规划编制、年度微调、中期滚动调整，将具备条件的项目优先纳入国家电力发展规划。

（二）落实主体责任。各省级能源主管部门是组织推进源网荷储一体化和多能互补项目的责任主体,应会同国家能源局派出机构积极组织相关电源、电网、用电企业及咨询机构开展项目及实施方案的分类组织、研究论证、评估筛选、编制报送、建设实施等工作。对于跨省区开发消纳项目,相关能源主管部门应在符合国家总体能源格局和电力流向基础上,经充分协商达成初步意向,会同国家能源局派出机构组织开展实施方案研究并行文上报国家能源主管部门。各地必须严格落实国家电力发展规划,坚决防止借机扩张化石电源规模、加剧电力供需和可再生能源消纳矛盾,确保符合绿色低碳发展方向。

(三)建立协调机制。各投资主体应加强源网荷储统筹协调,积极参与相关规划研究,共同推进项目前期工作,实现规划一体化;协调各电力项目建设进度,确保同步建设、同期投运,推动建设实施一体化。国家能源局派出机构负责牵头建立所在区域的源网荷储一体化和多能互补项目协调运营和利益共享机制,进一步深化电力辅助服务市场、中长期交易等市场化机制建设,发挥协同互补效益,充分挖掘常规电源、储能、用户负荷等各方调节能力,提升可再生能源消纳水平,实现项目运行调节和管理规范的一体化。

(四)守住安全底线。坚持底线思维,统筹发展和安全,在推进相关项目过程中,有效防范化解各类安全风险,通过合理配置不同电源类型,研究电力系统源网荷储各环节的安全共治机制,探索新型电力系统安全治理手段,保障新能源安全消纳,为我国全面实现绿色低碳转型构筑坚强的安全屏障。

(五)完善支持政策。源网荷储一体化和多能互补项目中的新能源发电项目应落实国家可再生能源发电项目管理政策,在国家和地方可再生能源规划实施方案中统筹安排;鼓励具备条件地区统一组织推进相关项目建设,支持参与跨省区电力市场化交易、增量配电改革及分布式发电市场化交易。

(六)鼓励社会投资。降低准入门槛,营造权利平等、机会平等、规则平等的投资环境。在符合电力项目相关投资政策和管理办法基础上,鼓励社会资本等各类投资主体投资各类电源、储能及增量配电网项目,或通过资本合作等方式建立联合体参与项目投资开发建设。

(七)加强监督管理。国家能源局派出机构应加强对相关项目事中事后监管,全过程监管项目规划编制、核准、建设、并网和调度运行、市场化交易、电费结算及价格财税扶持政策等,并提出针对性监管意见,推动源网荷储一体化和多能互补项目的有效实施和可持续发展。

本指导意见由国家发展改革委、国家能源局负责解释,自印发之日起施行,有效期5年。

国家能源局关于减轻可再生能源领域企业负担有关事项的通知

(2018年4月2日公布　国能发新能〔2018〕34号
自2018年4月2日起实施)

各省、自治区、直辖市、新疆生产建设兵团发展改革委(能源局),各派出能源监管机构,国家电网公司、南方电网公司、内蒙古电力公司:

为深入贯彻国务院关于减轻市场主体负担的有关要求,进一步规范可再生能源行业管理,减轻可再生能源企业(含其他机构和个人投资者,以下同)投资经营负担,促进可再生能源成本下降,支持可再生能源相关实体经济健康发展,现就有关政策落实的要求和支持措施通知如下。

一、严格落实《可再生能源法》要求,切实保障可再生能源产业健康发展

(一)严格执行可再生能源发电保障性收购制度。对符合国家可再生能源开发利用规划以及在国务院能源主管部门下达的年度建设规模内,经省级能源管理部门列入年度实施方案,且符合国家可再生能源保障性收购及产业投资环境监测预警机制、市场环境监测评价机制有关政策的风电、光伏发电、生物质发电等可再生能源发电项目，电网企业要及时受理项目并网申请，明确提供并网接入方案的时限，对符合并网安全技术标准的项目，不得自行暂停、停止受理项目并网申请或拒绝已办理并网手续的项目并网运行。电网企业应与符合规划以及年度建设规模（年度实施方案）且规范办理并网手续的项目单位签订无歧视性条款的符合国家法规的并网协议，承诺按国家核定的区域最低保障性收购小时数落实保障性收购政策（国家未核定最低保障性收购小时数的区域，风电、光伏发电均按弃电率不超过5%执行），因技术条件限制暂时难以做到的，最迟应于2020年达到保障性收购要求。对于未落实保障性收购要求的地区，国务院能源主管部门将采取暂停安排当地年度风电、光伏发电建设规模等措施控制项目开发建设节奏，有关省级能源管理部门不得将国务院能源主管部门下达的风电、光伏发电建设规模向此类地区配置。水力发电根据国家确定的上网标杆电价（或核定的电站上网电价）和设计平均利用小时数，通过落实长期购售电协议、优先安排年度发电计划和参与现货市场交易等多种形式，落实优先发电制度和保障性收购。

（二）电网企业负责投资建设接网工程。各类接入输电网的可再生能源发电项目的接网及输配电工程，全部由所在地电网企业投资建设，保障配套电网工程与项目同时投入运行。之前相关接网等输配电工程由可再生能源发电项目单位建设的，电网企业按协议或经第三方评估确认的投资额在2018年底前完成回购。电网企业投资建设可再生能源发电项目的接网及输配电工程的合理费用，在扣除可再生能源电价附加补助资金后，计入所在省级电网输配电价核定成本范围。接入配电网的分布式可再生能源发电项目，接网工程及配套电网改造工程由电网企业（含社会投资增量配电网企业，以下同）投资建设。所有可再生能源发电项目的电能计量装置和向电网企业传送信息的通讯设施均由电网企业出资安装。

（三）电力市场化交易应维护可再生能源发电企业合法权益。各电网企业和电力交易机构应遵循《可再生能源法》和电力改革关于可再生能源优先发电相关规定，按照《可再生能源发电全额保障性收购管理办法》（发改能源〔2016〕625号），对国务院能源主管部门会同经济运行主管部门核定的区域最低保障性收购小时数内的电量（国家未核定最低保障性收购小时数的区域，风电、光伏发电均按弃电率不超过5%执行），按国家价格主管部门核定或经招标、优选等竞争性方式确定的上网电价落实保障性收购。鼓励可再生能源发电企业超过最低保障性收购小时数的电量参与市场化交易。电网企业应与可再生能源发电企业签订优先发电合同，优先发电合同可以转让并按可再生能源发电企业所获经济利益不低于按国家价格主管部门核定或经招标、优选等竞争性方式确定的上网电价执行优先发电合同的原则获得相应补偿。实施可再生能源电力配额制，对各省级行政区域规定可再生能源占电力消费比重配额指标并进行考核，提高可再生能源利用水平。

二、优化投资环境，降低可再生能源开发成本

（四）减少土地成本及不合理收费。各地区能源管理部门应编制好可再生能源开发利用规划，并与相关土地利用、农牧林业、生态环保等规划衔接，优先利用未利用土地，鼓励按复合型方式用地，降低可再生能源项目土地等场址相关成本。地方能源管理部门在进行可再生能源项目布局时，应充分考虑土地类型及适用政策等因素，避免在适用城镇土地使用税和耕地占用税增加土地成本偏多的范围内规划布局集中式风电、光伏电站项目。村集体可以土地折价入股等方式参与项目投资，降低土地成本，并将所得收益用于支持村集体公益事业和增加农民收入。

（五）通过绿色金融降低企业融资成本。鼓励金融机构将可再生能源开发利用纳入绿色金融体系，加大对可再生能源项目投资企业的信贷投放，建立符合可再生能源项目的信用评级和风险管控体系，对信用良好的投资企业，在国家规定的基准利率基础上适度下浮，适当延长贷款期限并给予还贷灵活性。支持和鼓励可再生能源企业发行绿色债券和非金融企业绿色债务融资工具。鼓励地方通过专业化绿色担保机制等手段撬动更多社会资本投资于可再生能源等绿色产业领域。鼓励可再生能源投资企业与金融机构合作开展可再生能源投资项目资产证券化。完善可再生能源投资项目质量监测和风险评价体系。

（六）制止纠正乱收费等增加企业负担行为。各级地方政府有关部门不得向可再生能源投资企业收取任何形式的资源出让费等费用，不得将应由地方政府承担投资责任的社会公益事业相关投资转嫁给可再生能源投资企业或向其分摊费用，不得强行要求可再生能源企业在获取项目配置资格的同时对当地其他产业项目进行投资，不得将风电、光伏发电指标与任何无直接关系的项目捆绑安排，不得强行从可再生能源项目提取收益用于其他用途。已向风电、太阳能发电、生物质能等可再生能源项目违规收取资源出让费（或有偿配置项目，以下同）的地区，应按照“谁收取，谁退还”的原则，在本通知发布一年内完成清退。对继续强行收取资源出让费的地区，国家不在该地区布局各类可再生能源示范工程，有关省级能源管理部门不得将国务院能源主管部门下达的风电、光伏发电建设规模向此类地区配置。

三、完善政府放管服等公共服务，激发市场活力

（七）创新可再生能源项目开发机制，切实做好可再生能源政府服务。鼓励地方能源管理部门组织可再生能源项目前期工作，在落实项目建设外部条件后，采取招标方式选择项目投资主体。地方负责前期工作且采取招标方式组织的项目建设过程中，由地方能源管理部门会同有关部门负责落实各种审批手续。鼓励按照“谁审批，谁负责”的原则，建立能源管理部门牵头，相关部门协同配合的项目核准、备案等“一站式”服务。

（八）加强政策落实和监管。国家建立可再生能源开发利用法规政策执行监测评价机制，将相关法规政策执行和优化政府服务列入可再生能源项目投资预警机制的监测评价范围。国务院能源主管部门派出机构要加强对可再生能源项目年度建设规模、项目优选、项目接网情况、优先上网及保障性收购情况的监管，加强对各地区落实可再生能源产业政策情况的监督。各省级能源管理部门应将可再生能源开发利用规划、项目配置办法等进行公示。电网企业应按月向所在地区的能源监管机构报送可再生能源发电项目接网、优先上网、保障性收购相关信息。各省级能源管理部门在编制项目建设年度实施方案或组织项目配置时，应要求市（县）级有关部门对项目涉及土地类型、税费等作出说明或承诺。对监测评价不合格的地方，停止在该地区安排国家组织开展的示范工程或支持的新的可再生能源开发利用项目。

（九）减少可再生能源项目物流成本。鼓励各地区公路管理机构要强化风机超大部件运输管理服务能力建设，提升大件运输行政许可服务水平。鼓励各地区对秸秆储存给予政策支持。

四、完善行业管理，减少投资和经营负担

（十）规范技术标准及其应用。电网企业应按照有关标准对可再生能源发电项目并网运行进行审查，确保电网安全高效运行。电网企业应根据电网安全以及网络与信息安全需要合理选择技术标准，避免可再生能源项目不必要的设备配置。区分接入电压等级、规格设定适宜的技术条件，对分布式发电功率因数等考核要考虑自发自用利用方式影响，在分布式电源满足接网安全技术及质量标准的前提下，能够在电网系统采取措施改善电能质量，不向分布式发电用户提出不合理的技术要求或进行不合理的考核收费。对风电、光伏发电等项目功率预报考核要公平合理。

（十一）转变风电设备质量风险控制方式。鼓励发挥保险的风险转移作用，促进风电设备质量保险发展，创新风电设备质量保险服务模式，丰富质量保险产品，加强风电设备质量监测评价和信用体系建设，鼓励以风电设备质量保险替代风电设备质量保证金。

（十二）规范各类检查和收费。电网企业对可再生能源发电项目进行并网及运行安全检查不收取费用，并网检测技术机构对项目采用已检测过的产品不重复检测，仅当检查或运行中发现项目所用涉网设备不符合并网标准，且项目单位完成技术整改后，才进行复查检测并按国家核定标准收费。各类检查均不得将应由本单位负担的公务费用向可再生能源项目单位转嫁。减少各种检查工作的随意性和对项目生产经营的干扰。

本通知自印发之日起执行。

关于完善能源绿色低碳转型体制机制和政策措施的意见

(2022 年 1 月 30 日公布 发改能源〔2022〕206 号
自 2022 年 1 月 30 日起实施)

各省、自治区、直辖市人民政府,新疆生产建设兵团,国务院有关部门,有关中央企业,有关行业协会:

能源生产和消费相关活动是最主要的二氧化碳排放源,大力推动能源领域碳减排是做好碳达峰碳中和工作,以及加快构建现代能源体系的重要举措。党的十八大以来,各地区、各有关部门围绕能源绿色低碳发展制定了一系列政策措施,推动太阳能、风能、水能、生物质能、地热能等清洁能源开发利用取得了明显成效,但现有的体制机制、政策体系、治理方式等仍然面临一些困难和挑战,难以适应新形势下推进能源绿色低碳转型的需要。为深入贯彻落实《中共中央、国务院关于完整准确全面贯彻新发展理念做好碳达峰碳中和工作的意见》和《2030 年前碳达峰行动方案》有关要求,经国务院同意,现就完善能源绿色低碳转型的体制机制和政策措施提出以下意见。

一、总体要求

(一)指导思想。

以习近平新时代中国特色社会主义思想为指导,全面贯彻党的十九大和十九届历次全会精神,深入贯彻习近平生态文明思想,坚持稳中求进工作总基调,立足新发展阶段,完整、准确、全面贯彻新发展理念，构建新发展格局，深入推动能源消费革命、供给革命、技术革命、体制革命，全方位加强国际合作，从国情实际出发，统筹发展与安全、稳增长和调结构，深化能源领域体制机制改革创新，加快构建清洁低碳、安全高效的能源体系，促进能源高质量发展和经济社会发展全面绿色转型，为科学有序推动如期实现碳达峰、碳中和目标和建设现代化经济体系提供保障。

（二）基本原则。

——坚持系统观念、统筹推进。加强顶层设计，发挥制度优势，处理好发展和减排、整体和局部、短期和中长期的关系，处理好转型各阶段不同能源品种之间的互补、协调、替代关系，推动煤炭和新能源优化组合，统筹推进全国及各地区能源绿色低碳转型。

——坚持保障安全、有序转型。在保障能源安全的前提下有序推进能源绿色低碳转型，先立后破，坚持全国"一盘棋"，加强转型中的风险识别和管控。在加快形成清洁低碳能源可靠供应能力基础上，逐步对化石能源进行安全可靠替代。

——坚持创新驱动、集约高效。完善能源领域创新体系和激励机制，提升关键核心技术创新能力。贯彻节约优先方针，着力降低单位产出资源消耗和碳排放，增强能源系统运行和资源配置效率，提高经济社会综合效益。加快形成减污降碳的激励约束机制。

——坚持市场主导、政府引导。深化能源领域体制改革，充分发挥市场在资源配置中的决定性作用，构建公平开放、有效竞争的能源市场体系。更好发挥政府作用，在规划引领、政策扶持、市场监管等方面加强引导，营造良好的发展环境。

（三）主要目标。

"十四五"时期，基本建立推进能源绿色低碳发展的制度框架，形成比较完善的政策、标准、市场和监管体系，构建以能耗"双控"和非化石能源目标制度为引领的能源绿色低碳转型推进机制。到 2030 年，基本建立完整的能源绿色低碳发展基本制度和政策体系，形成非化石能源既基本满足能源需求增量又规模化替代化石能源存量、能源安全保障能力得到全面增强的能源生产消费格局。

二、完善国家能源战略和规划实施的协同推进机制

（四）强化能源战略和规划的引导约束作用。以国家能源战略为导向，强化国家能源规划的统领作用，各省（自治区、直辖市）结合国家能源规划部署和当地实际制定本地区能源规划，明确能源绿色低碳转型的目标和任务，在规划编制及实施中加强各能源品种之间、产业链上下游之间、区域之间的协同互济，整体提高能源绿色低碳转型和供应安全保障水平。加强能源规划实施监测评估，健全规划动态调整机制。

（五）建立能源绿色低碳转型监测评价机制。重点监测评价各地区能耗强度、能源消费总量、非化石能源及可再生能源消费比重、能源消费碳排放系数等指标，评估能源绿色低碳转型相关机制、政策的执行情况和实际效果。完善能源绿色低碳发展考核机制，按照国民经济和社会发展规划纲要、年度计划及能源规划等确定的能源相关约束性指标，强化相关考核。鼓励各地区通过区域协作或开展可再生能源电力消纳量交易等方式，满足国家规定的可再生能源消费最低比重等指标要求。

（六）健全能源绿色低碳转型组织协调机制。国家能源委员会统筹协调能源绿色低碳转型相关战略、发展规划、行动方案和政策体系等。建立跨部门、跨区域的能源安全与发展协调机制，协调开展跨省跨区电力、油气等能源输送通道及储备等基础设施和安全体系建设，加强能源领域规划、重大工程与国土空间规划以及生态环境保护等专项规划衔接，及时研究解决实施中的问题。按年度建立能源绿色低碳转型和安全保障重大政策实施、重大工程建设台账，完善督导协调机制。

三、完善引导绿色能源消费的制度和政策体系

（七）完善能耗"双控"和非化石能源目标制度。坚持把节约能源资源放在首位，强化能耗强度降低约束性指标管理，有效增强能源消费总量管理弹性，新增可再生能源和原料用能不纳入能源消费总量控

制,合理确定各地区能耗强度降低目标,加强能耗“双控”政策与碳达峰、碳中和目标任务的衔接。逐步建立能源领域碳排放控制机制。制修订重点用能行业单位产品能耗限额强制性国家标准,组织对重点用能企业落实情况进行监督检查。研究制定重点行业、重点产品碳排放核算方法。统筹考虑各地区可再生能源资源状况、开发利用条件和经济发展水平等,将全国可再生能源开发利用中长期总量及最低比重目标科学分解到各省(自治区、直辖市)实施,完善可再生能源电力消纳保障机制。推动地方建立健全用能预算管理制度,探索开展能耗产出效益评价。加强顶层设计和统筹协调,加快建设全国碳排放权交易市场、用能权交易市场、绿色电力交易市场。

(八)建立健全绿色能源消费促进机制。推进统一的绿色产品认证与标识体系建设,建立绿色能源消费认证机制,推动各类社会组织采信认证结果。建立电能替代推广机制,通过完善相关标准等加强对电能替代的技术指导。完善和推广绿色电力证书交易,促进绿色电力消费。鼓励全社会优先使用绿色能源和采购绿色产品及服务,公共机构应当作出表率。各地区应结合本地实际,采用先进能效和绿色能源消费标准,大力宣传节能及绿色消费理念,深入开展绿色生活创建行动。鼓励有条件的地方开展高水平绿色能源消费示范建设,在全社会倡导节约用能。

(九)完善工业领域绿色能源消费支持政策。引导工业企业开展清洁能源替代,降低单位产品碳排放,鼓励具备条件的企业率先形成低碳、零碳能源消费模式。鼓励建设绿色用能产业园区和企业,发展工业绿色微电网,支持在自有场所开发利用清洁低碳能源,建设分布式清洁能源和智慧能源系统,对余热余压余气等综合利用发电减免交叉补贴和系统备用费,完善支持自发自用分布式清洁能源发电的价格政策。在符合电力规划布局和电网安全运行条件的前提下,鼓励通过创新电力输送及运行方式实现可再生能源电力项目就近向产业园区或企业供电,鼓励产业园区或企业通过电力市场购买绿色电力。鼓励新兴重点用能领域以绿色能源为主满足用能需求并对余热余压余气等进行充分利用。

（十）完善建筑绿色用能和清洁取暖政策。提升建筑节能标准，推动超低能耗建筑、低碳建筑规模化发展，推进和支持既有建筑节能改造，积极推广使用绿色建材，健全建筑能耗限额管理制度。完善建筑可再生能源应用标准，鼓励光伏建筑一体化应用，支持利用太阳能、地热能和生物质能等建设可再生能源建筑供能系统。在具备条件的地区推进供热计量改革和供热设施智能化建设，鼓励按热量收费，鼓励电供暖企业和用户通过电力市场获得低谷时段低价电力，综合运用峰谷电价、居民阶梯电价和输配电价机制等予以支持。落实好支持北方地区农村冬季清洁取暖的供气价格政策。

（十一）完善交通运输领域能源清洁替代政策。推进交通运输绿色低碳转型，优化交通运输结构，推行绿色低碳交通设施装备。推行大容量电气化公共交通和电动、氢能、先进生物液体燃料、天然气等清洁能源交通工具，完善充换电、加氢、加气（LNG）站点布局及服务设施，降低交通运输领域清洁能源用能成本。对交通供能场站布局和建设在土地空间等方面予以支持，开展多能融合交通供能场站建设，推进新能源汽车与电网能量互动试点示范，推动车桩、船岸协同发展。对利用铁路沿线、高速公路服务区等建设新能源设施的，鼓励对同一省级区域内的项目统一规划、统一实施、统一核准（备案）。

四、建立绿色低碳为导向的能源开发利用新机制

（十二）建立清洁低碳能源资源普查和信息共享机制。结合资源禀赋、土地用途、生态保护、国土空间规划等情况，以市（县）级行政区域为基本单元，全面开展全国清洁低碳能源资源详细勘查和综合评价，精准识别可开发清洁低碳能源资源并进行数据整合，完善并动态更新全国清洁低碳能源资源数据库。加强与国土空间基础信息平台的衔接，及时将各类清洁低碳能源资源分布等空间信息纳入同级国土空间基础信息平台和国土空间规划“一张图”，并以适当方式与地方各级政府、企业、行业协会和研究机构等共享。提高可再生能源相关气象观测、资源评价以及预测预报技术能力，为可再生能源资源普查、项目开发和电力系统运行提供支撑。构建国家能源基础信息及共享平台,整合能源全产业链信息,推动能源领域数字经济发展。

(十三)推动构建以清洁低碳能源为主体的能源供应体系。以沙漠、戈壁、荒漠地区为重点,加快推进大型风电、光伏发电基地建设,对区域内现有煤电机组进行升级改造,探索建立送受两端协同为新能源电力输送提供调节的机制,支持新能源电力能建尽建、能并尽并、能发尽发。各地区按照国家能源战略和规划及分领域规划,统筹考虑本地区能源需求和清洁低碳能源资源等情况,在省级能源规划总体框架下,指导并组织制定市(县)级清洁低碳能源开发利用、区域能源供应相关实施方案。各地区应当统筹考虑本地区能源需求及可开发资源量等,按就近原则优先开发利用本地清洁低碳能源资源,根据需要积极引入区域外的清洁低碳能源,形成优先通过清洁低碳能源满足新增用能需求并逐渐替代存量化石能源的能源生产消费格局。鼓励各地区建设多能互补、就近平衡、以清洁低碳能源为主体的新型能源系统。

(十四)创新农村可再生能源开发利用机制。在农村地区优先支持屋顶分布式光伏发电以及沼气发电等生物质能发电接入电网,电网企业等应当优先收购其发电量。鼓励利用农村地区适宜分散开发风电、光伏发电的土地,探索统一规划、分散布局、农企合作、利益共享的可再生能源项目投资经营模式。鼓励农村集体经济组织依法以土地使用权入股、联营等方式与专业化企业共同投资经营可再生能源发电项目,鼓励金融机构按照市场化、法治化原则为可再生能源发电项目提供融资支持。加大对农村电网建设的支持力度,组织电网企业完善农村电网。加强农村电网技术、运行和电力交易方式创新,支持新能源电力就近交易,为农村公益性和生活用能以及乡村振兴相关产业提供低成本绿色能源。完善规模化沼气、生物天然气、成型燃料等生物质能和地热能开发利用扶持政策和保障机制。

(十五)建立清洁低碳能源开发利用的国土空间管理机制。围绕做好碳达峰碳中和工作,统筹考虑清洁低碳能源开发以及能源输送、储存等基础设施用地用海需求。完善能源项目建设用地分类指导政策，调整优化可再生能源开发用地用海要求，制定利用沙漠、戈壁、荒漠土地建设可再生能源发电工程的土地支持政策，完善核电、抽水蓄能厂（场）址保护制度并在国土空间规划中予以保障，在国土空间规划中统筹考虑输电通道、油气管道走廊用地需求，建立健全土地相关信息共享与协同管理机制。严格依法规范能源开发涉地（涉海）税费征收。符合条件的海上风电等可再生能源项目可按规定申请减免海域使用金。鼓励在风电等新能源开发建设中推广应用节地技术和节地模式。

五、完善新型电力系统建设和运行机制

（十六）加强新型电力系统顶层设计。推动电力来源清洁化和终端能源消费电气化，适应新能源电力发展需要制定新型电力系统发展战略和总体规划，鼓励各类企业等主体积极参与新型电力系统建设。对现有电力系统进行绿色低碳发展适应性评估，在电网架构、电源结构、源网荷储协调、数字化智能化运行控制等方面提升技术和优化系统。加强新型电力系统基础理论研究，推动关键核心技术突破，研究制定新型电力系统相关标准。推动互联网、数字化、智能化技术与电力系统融合发展，推动新技术、新业态、新模式发展，构建智慧能源体系。加强新型电力系统技术体系建设，开展相关技术试点和区域示范。

（十七）完善适应可再生能源局域深度利用和广域输送的电网体系。整体优化输电网络和电力系统运行，提升对可再生能源电力的输送和消纳能力。通过电源配置和运行优化调整尽可能增加存量输电通道输送可再生能源电量，明确最低比重指标并进行考核。统筹布局以送出可再生能源电力为主的大型电力基地，在省级电网及以上范围优化配置调节性资源。完善相关省（自治区、直辖市）政府间协议与电力市场相结合的可再生能源电力输送和消纳协同机制，加强省际、区域间电网互联互通，进一步完善跨省跨区电价形成机制，促进可再生能源在更大范围消纳。大力推进高比例容纳分布式新能源电力的智能配电网建设，鼓励建设源网荷储一体化、多能互补的智慧能源系统和微电网。电网企业应提升新能源电力接纳能力，动态公布经营区域内可接纳新能源电力的容量信息并提供查询服务，依法依规将符合规划和安全生产条件的新能源发电项目和分布式发电项目接入电网，做到应并尽并。

（十八）健全适应新型电力系统的市场机制。建立全国统一电力市场体系，加快电力辅助服务市场建设，推动重点区域电力现货市场试点运行，完善电力中长期、现货和辅助服务交易有机衔接机制，探索容量市场交易机制，深化输配电等重点领域改革，通过市场化方式促进电力绿色低碳发展。完善有利于可再生能源优先利用的电力交易机制，开展绿色电力交易试点，鼓励新能源发电主体与电力用户或售电公司等签订长期购售电协议。支持微电网、分布式电源、储能和负荷聚合商等新兴市场主体独立参与电力交易。积极推进分布式发电市场化交易，支持分布式发电（含电储能、电动车船等）与同一配电网内的电力用户通过电力交易平台就近进行交易，电网企业（含增量配电网企业）提供输电、计量和交易结算等技术支持，完善支持分布式发电市场化交易的价格政策及市场规则。完善支持储能应用的电价政策。

（十九）完善灵活性电源建设和运行机制。全面实施煤电机组灵活性改造，完善煤电机组最小出力技术标准，科学核定煤电机组深度调峰能力；因地制宜建设既满足电力运行调峰需要、又对天然气消费季节差具有调节作用的天然气“双调峰”电站；积极推动流域控制性调节水库建设和常规水电站扩机增容，加快建设抽水蓄能电站，探索中小型抽水蓄能技术应用，推行梯级水电储能；发挥太阳能热发电的调节作用，开展废弃矿井改造储能等新型储能项目研究示范，逐步扩大新型储能应用。全面推进企业自备电厂参与电力系统调节，鼓励工业企业发挥自备电厂调节能力就近利用新能源。完善支持灵活性煤电机组、天然气调峰机组、水电、太阳能热发电和储能等调节性电源运行的价格补偿机制。鼓励新能源发电基地提升自主调节能力，探索一体化参与电力系统运行。完善抽水蓄能、新型储能参与电力市场的机制，更好发挥相关设施调节作用。

（二十）完善电力需求响应机制。推动电力需求响应市场化建设，推动将需求侧可调节资源纳入电力电量平衡，发挥需求侧资源削峰填谷、促进电力供需平衡和适应新能源电力运行的作用。拓宽电力需求响应实施范围，通过多种方式挖掘各类需求侧资源并组织其参与需求响应，支持用户侧储能、电动汽车充电设施、分布式发电等用户侧可调节资源，以及负荷聚合商、虚拟电厂运营商、综合能源服务商等参与电力市场交易和系统运行调节。明确用户侧储能安全发展的标准要求，加强安全监管。加快推进需求响应市场化建设，探索建立以市场为主的需求响应补偿机制。全面调查评价需求响应资源并建立分级分类清单，形成动态的需求响应资源库。

（二十一）探索建立区域综合能源服务机制。探索同一市场主体运营集供电、供热（供冷）、供气为一体的多能互补、多能联供区域综合能源系统，鼓励地方采取招标等竞争性方式选择区域综合能源服务投资经营主体。鼓励增量配电网通过拓展区域内分布式清洁能源、接纳区域外可再生能源等提高清洁能源比重。公共电网企业、燃气供应企业应为综合能源服务运营企业提供可靠能源供应，并做好配套设施运行衔接。鼓励提升智慧能源协同服务水平，强化共性技术的平台化服务及商业模式创新，充分依托已有设施，在确保能源数据信息安全的前提下，加强数据资源开放共享。

六、完善化石能源清洁高效开发利用机制

（二十二）完善煤炭清洁开发利用政策。立足以煤为主的基本国情，按照能源不同发展阶段，发挥好煤炭在能源供应保障中的基础作用。建立煤矿绿色发展长效机制，优化煤炭产能布局，加大煤矿"上大压小、增优汰劣"力度，大力推动煤炭清洁高效利用。制定矿井优化系统支持政策，完善绿色智能煤矿建设标准体系，健全煤矿智能化技术、装备、人才发展支持政策体系。完善煤矸石、矿井水、煤矿井下抽采瓦斯等资源综合利用及矿区生态治理与修复支持政策，加大力度支持煤矿充填开采技术推广应用，鼓励利用废弃矿区开展新能源及储能项目开发建设。依法依规加快办理绿色智能煤矿等优质产能和保供煤矿的环保、用地、核准、采矿等相关手续。科学评估煤炭企业产量减少和关闭退出的影响,研究完善煤炭企业退出和转型发展以及从业人员安置等扶持政策。

(二十三)完善煤电清洁高效转型政策。在电力安全保供的前提下,统筹协调有序控煤减煤,推动煤电向基础保障性和系统调节性电源并重转型。按照电力系统安全稳定运行和保供需要,加强煤电机组与非化石能源发电、天然气发电及储能的整体协同。推进煤电机组节能提效、超低排放升级改造,根据能源发展和安全保供需要合理建设先进煤电机组。充分挖掘现有大型热电联产企业供热潜力,鼓励在合理供热半径内的存量凝汽式煤电机组实施热电联产改造,在允许燃煤供热的区域鼓励建设燃煤背压供热机组,探索开展煤电机组抽汽蓄能改造。有序推动落后煤电机组关停整合,加大燃煤锅炉淘汰力度。原则上不新增企业燃煤自备电厂,推动燃煤自备机组公平承担社会责任,加大燃煤自备机组节能减排力度。支持利用退役火电机组的既有厂址和相关设施建设新型储能设施或改造为同步调相机。完善火电领域二氧化碳捕集利用与封存技术研发和试验示范项目支持政策。

(二十四)完善油气清洁高效利用机制。提升油气田清洁高效开采能力,推动炼化行业转型升级,加大减污降碳协同力度。完善油气与地热能以及风能、太阳能等能源资源协同开发机制,鼓励油气企业利用自有建设用地发展可再生能源和建设分布式能源设施,在油气田区域内建设多能融合的区域供能系统。持续推动油气管网公平开放并完善接入标准,梳理天然气供气环节并减少供气层级,在满足安全和质量标准等前提下,支持生物燃料乙醇、生物柴油、生物天然气等清洁燃料接入油气管网,探索输气管道掺氢输送、纯氢管道输送、液氢运输等高效输氢方式。鼓励传统加油站、加气站建设油气电氢一体化综合交通能源服务站。加强二氧化碳捕集利用与封存技术推广示范,扩大二氧化碳驱油技术应用,探索利用油气开采形成地下空间封存二氧化碳。

七、健全能源绿色低碳转型安全保供体系

（二十五）健全能源预测预警机制。加强全国以及分级分类的能源生产、供应和消费信息系统建设，建立跨部门跨区域能源安全监测预警机制，各省（自治区、直辖市）要建立区域能源综合监测体系，电网、油气管网及重点能源供应企业要完善经营区域能源供应监测平台并及时向主管部门报送相关信息。加强能源预测预警的监测评估能力建设，建立涵盖能源、应急、气象、水利、地质等部门的极端天气联合应对机制，提高预测预判和灾害防御能力。健全能源供应风险应对机制，完善极端情况下能源供应应急预案和应急状态下的协同调控机制。

（二十六）构建电力系统安全运行和综合防御体系。各类发电机组运行要严格遵守《电网调度管理条例》等法律法规和技术规范，建立煤电机组退出审核机制，承担支持电力系统运行和保供任务的煤电机组未经许可不得退出运行，可根据机组性能和电力系统运行需要经评估后转为应急备用机组。建立各级电力规划安全评估制度，健全各类电源并网技术标准，从源头管控安全风险。完善电力电量平衡管理，制定年度电力系统安全保供方案。建立电力企业与燃料供应企业、管输企业的信息共享与应急联动机制，确保极端情况下能源供应。建立重要输电通道跨部门联防联控机制，提升重要输电通道运行安全保障能力。建立完善负荷中心和特大型城市应急安全保障电源体系。完善电力监控系统安全防控体系，加强电力行业关键信息基础设施安全保护。严格落实地方政府、有关电力企业的电力安全生产和供应保障主体责任，统筹协调推进电力应急体系建设，强化新型储能设施等安全事故防范和处置能力，提升本质安全水平。健全电力应急保障体系，完善电力应急制度、标准和预案。

（二十七）健全能源供应保障和储备应急体系。统筹能源绿色低碳转型和能源供应安全保障，提高适应经济社会发展以及各种极端情况的能源供应保障能力，优化能源储备设施布局，完善煤电油气供应保障协调机制。加快形成政府储备、企业社会责任储备和生产经营库

存有机结合、互为补充,实物储备、产能储备和其他储备方式相结合的石油储备体系。健全煤炭产品、产能储备和应急储备制度,完善应急调峰产能、可调节库存和重点电厂煤炭储备机制,建立以企业为主体、市场化运作的煤炭应急储备体系。建立健全地方政府、供气企业、管输企业、城镇燃气企业各负其责的多层次天然气储气调峰和应急体系。制定煤制油气技术储备支持政策。完善煤炭、石油、天然气产供储销体系,探索建立氢能产供储销体系。按规划积极推动流域龙头水库电站建设,提升水库储能、运行调节和应急调用能力。

八、建立支撑能源绿色低碳转型的科技创新体系

(二十八)建立清洁低碳能源重大科技协同创新体系。建设并发挥好能源领域国家实验室作用,形成以国家战略科技力量为引领、企业为主体、市场为导向、产学研用深度融合的能源技术创新体系,加快突破一批清洁低碳能源关键技术。支持行业龙头企业联合高等院校、科研院所和行业上下游企业共建国家能源领域研发创新平台,推进各类科技力量资源共享和优化配置。围绕能源领域相关基础零部件及元器件、基础软件、基础材料、基础工艺等关键技术开展联合攻关,实施能源重大科技协同创新研究。加强新型储能相关安全技术研发,完善设备设施、规划布局、设计施工、安全运行等方面技术标准规范。

(二十九)建立清洁低碳能源产业链供应链协同创新机制。推动构建以需求端技术进步为导向,产学研用深度融合、上下游协同、供应链协作的清洁低碳能源技术创新促进机制。依托大型新能源基地等重大能源工程,推进上下游企业协同开展先进技术装备研发、制造和应用,通过工程化集成应用形成先进技术及产业化能力。加快纤维素等非粮生物燃料乙醇、生物航空煤油等先进可再生能源燃料关键技术协同攻关及产业化示范。推动能源电子产业高质量发展,促进信息技术及产品与清洁低碳能源融合创新,加快智能光伏创新升级。依托现有基础完善清洁低碳能源技术创新服务平台,推动研发设计、计量测试、检测认证、知识产权服务等科技服务业与清洁低碳能源产业链深度融合。建立清洁低碳能源技术成果评价、转化和推广机制。

（三十）完善能源绿色低碳转型科技创新激励政策。探索以市场化方式吸引社会资本支持资金投入大、研究难度高的战略性清洁低碳能源技术研发和示范项目。采取“揭榜挂帅”等方式组织重大关键技术攻关，完善支持首台（套）先进重大能源技术装备示范应用的政策，推动能源领域重大技术装备推广应用。强化国有能源企业节能低碳相关考核，推动企业加大能源技术创新投入，推广应用新技术，提升技术水平。

九、建立支撑能源绿色低碳转型的财政金融政策保障机制

（三十一）完善支持能源绿色低碳转型的多元化投融资机制。加大对清洁低碳能源项目、能源供应安全保障项目投融资支持力度。通过中央预算内投资统筹支持能源领域对碳减排贡献度高的项目，将符合条件的重大清洁低碳能源项目纳入地方政府专项债券支持范围。国家绿色发展基金和现有低碳转型相关基金要将清洁低碳能源开发利用、新型电力系统建设、化石能源企业绿色低碳转型等作为重点支持领域。推动清洁低碳能源相关基础设施项目开展市场化投融资，研究将清洁低碳能源项目纳入基础设施领域不动产投资信托基金（REITs）试点范围。中央财政资金进一步向农村能源建设倾斜，利用现有资金渠道支持农村能源供应基础设施建设、北方地区冬季清洁取暖、建筑节能等。

（三十二）完善能源绿色低碳转型的金融支持政策。探索发展清洁低碳能源行业供应链金融。完善清洁低碳能源行业企业贷款审批流程和评级方法，充分考虑相关产业链长期成长性及对碳达峰、碳中和的贡献。创新适应清洁低碳能源特点的绿色金融产品，鼓励符合条件的企业发行碳中和债等绿色债券，引导金融机构加大对具有显著碳减排效益项目的支持；鼓励发行可持续发展挂钩债券等，支持化石能源企业绿色低碳转型。探索推进能源基础信息应用，为金融支持能源绿色低碳转型提供信息服务支撑。鼓励能源企业践行绿色发展理念，充分披露碳排放相关信息。

十、促进能源绿色低碳转型国际合作

（三十三）促进“一带一路”绿色能源合作。鼓励金融产品和服务创新,支持“一带一路”清洁低碳能源开发利用。推进“一带一路”绿色能源务实合作,探索建立清洁低碳能源产业链上下游企业协同发展合作机制。引导企业开展清洁低碳能源领域对外投资,在相关项目开展中注重资源节约、环境保护和安全生产。推动建设能源合作最佳实践项目。依法依规管理碳排放强度高的产品生产、流通和出口。

(三十四)积极推动全球能源治理中绿色低碳转型发展合作。建设和运营好“一带一路”能源合作伙伴关系和国际能源变革论坛等,力争在全球绿色低碳转型进程中发挥更好作用。依托中国－阿盟、中国－非盟、中国－东盟、中国－中东欧、亚太经合组织(APEC)可持续能源中心等合作平台,持续支持可再生能源、电力、核电、氢能等清洁低碳能源相关技术人才合作培养,开展能力建设、政策、规划、标准对接和人才交流。提升与国际能源署(IEA)、国际可再生能源署(IRENA)等国际组织的合作水平,积极参与并引导在联合国、二十国集团(G20)、APEC、金砖国家、上合组织等多边框架下的能源绿色低碳转型合作。

(三十五)充分利用国际要素助力国内能源绿色低碳发展。落实鼓励外商投资产业目录,完善相关支持政策,吸引和引导外资投入清洁低碳能源产业领域。完善鼓励外资融入我国清洁低碳能源产业创新体系的激励机制,严格知识产权保护。加强绿色电力认证国际合作,倡议建立国际绿色电力证书体系,积极引导和参与绿色电力证书核发、计量、交易等国际标准研究制定。推动建立中欧能源技术创新合作平台等清洁低碳能源技术创新国际合作平台,支持跨国企业在华设立清洁低碳能源技术联合研发中心,促进清洁低碳、脱碳无碳领域联合攻关创新与示范应用。

十一、完善能源绿色低碳发展相关治理机制

(三十六)健全能源法律和标准体系。加强能源绿色低碳发展法制建设,修订和完善能源领域法律制度,健全适应碳达峰碳中和工作需要的能源法律制度体系。增强相关法律法规的针对性和有效性,全面清理现行能源领域法律法规中与碳达峰碳中和工作要求不相适应的内容。健全清洁低碳能源相关标准体系,加快研究和制修订清洁高效火电、可再生能源发电、核电、储能、氢能、清洁能源供热以及新型电力系统等领域技术标准和安全标准。推动太阳能发电、风电等领域标准国际化。鼓励各地区和行业协会、企业等依法制定更加严格的地方标准、行业标准和企业标准。制定能源领域绿色低碳产业指导目录，建立和完善能源绿色低碳转型相关技术标准及相应的碳排放量、碳减排量等核算标准。

（三十七）深化能源领域"放管服"改革。持续推动简政放权，继续下放或取消非必要行政许可事项，进一步优化能源领域营商环境，增强市场主体创新活力。破除制约市场竞争的各类障碍和隐性壁垒，落实市场准入负面清单制度，支持各类市场主体依法平等进入负面清单以外的能源领域。优化清洁低碳能源项目核准和备案流程，简化分布式能源投资项目管理程序。创新综合能源服务项目建设管理机制，鼓励各地区依托全国投资项目在线审批监管平台建立综合能源服务项目多部门联审机制，实行一窗受理、并联审批。

（三十八）加强能源领域监管。加强对能源绿色低碳发展相关能源市场交易、清洁低碳能源利用等监管，维护公平公正的能源市场秩序。稳步推进能源领域自然垄断行业改革，加强对有关企业在规划落实、公平开放、运行调度、服务价格、社会责任等方面的监管。健全对电网、油气管网等自然垄断环节企业的考核机制，重点考核有关企业履行能源供应保障、科技创新、生态环保等职责情况。创新对综合能源服务、新型储能、智慧能源等新产业新业态监管方式。

六、典型案例

典型案例1 | 擅自变更投资主体对合同效力的影响

【案例名称】

江苏某新能源公司与深圳某股份有限公司、吴某项目转让合同纠纷案

【案号】

(2017)苏04民终744号

【裁判要旨】

项目单位不得自行变更光伏电站项目备案文件的重要事项,包括项目投资主体、项目场址、建设规模等主要边界条件,双方所签的“合作协议”实质上是转让有关项目(光伏电站)的投资开发权,为无效协议。

【案情简介】

吴某持有深圳某股份有限公司拥有青海省某州10兆瓦光伏电站的投资建设指标。

某新能源公司拟收购吴某持有的光伏电站投资建设指标,2014年7月11日,双方就上述事宜签订“合作协议”,合作协议内容为:“甲方将收购乙方所持有的开发权,具体落实以合资公司形式;乙方以0.6元/W的单价向甲方转让此开发权,转让后的开发权收益乙方不享有;甲方在该县成立合资公司时,乙方应积极配合协助,股权结构为甲方95%,乙方5%;双方成立的合资公司正式拥有开发权,转让金支付时间及方式为一周内支付350万元,余款250万元在甲方后续开发项目同等条件下,使用乙方逆变器时另行支付(12月前);项目公司成立后,所有手续交甲方,并将全部股权转让给甲方。”

2014年7月14日,某新能源公司支付吴某人民币350万元。后因故双方未能履行“合作协议”,吴某退还了某新能源公司人民币100

万元,未予退还剩余的 250 万元,某新能源公司将吴某诉至法院,要求吴某退还剩余股权转让款 250 万元并承担本案诉讼费。

【裁判结论】

一审法院判决双方所签“合作协议”为无效协议,深圳某股份有限公司于判决生效之日起 20 日内返还某新能源公司人民币 250 万元。

二审驳回上诉,维持原判。

【裁判观点】

法院认为,某新能源公司、吴某签订的“合作协议”从内容来看,实质上是转让有关项目(光伏电站)的投资开发权,该协议违反了国家关于“项目单位不得自行变更光伏电站项目备案文件的重要事项(包括项目投资主体)”之规定,故双方所签“合作协议”为无效协议,深圳某股份有限公司因无效协议而取得的财产应返还某新能源公司。另外,“合作协议”最终也未能履行,深圳某股份有限公司当然也不可获利。据此,某新能源公司要求深圳某股份有限公司返还有关款项的请求符合法律规定,应予支持。根据深圳某股份有限公司出具的授权委托书,吴某的行为属职务行为,该行为的有关后果应由深圳某股份有限公司承担。

【裁判依据】

《民事诉讼法》第一百七十条第一款第(一)项、第一百四十二条;《合同法》第五十二条第(五)项(《民法典》第一百五十三条);《光伏电站项目管理暂行办法》第三十三条

典型案例 2 | 项目选址压覆已设置探矿权的矿产资源

【案例名称】

某新能源公司与某矿业公司财产损害赔偿纠纷案

【案号】

(2019)内 04 民终 455 号

【裁判要旨】

依法取得的探矿权受法律保护。探矿权系用益物权,被告未取得是否压覆矿产资源的批复,即在已设矿业权的土地上进行新能源项目建设,导致原告已查明的矿产资源不能开发利用,侵犯了原告合法的探矿权,应当承担相应损害赔偿责任。

【案情简介】

2008 年 7 月,某市国土资源局向某矿业公司下发矿产资源勘查许可证,矿业公司由此取得了勘察面积为 45.17km^2 的探矿权,有效期限至 2020 年 6 月 15 日。

2013 年 8 月,某新能源公司开发建设的风电站项目取得国土资源局及发改委批准,项目线路塔基用地位于赤峰市阿鲁科尔沁旗罕苏木。2018 年 4 月 28 日,根据某矿业公司提出的申请,内蒙古自治区国土资源厅下发了内国土资字〔2018〕242 号关于矿业有限公司信息公开申请的答复,称赤峰市阿鲁科尔沁旗境内的,某新能源公司建设的 220KV 输高压电线工程项目未办理用地审批手续、未办理压覆矿产资源查询和审批手续。

经国土资源勘查公司鉴定:(1)某新能源公司塔罕线输电线路穿越阿鲁科尔沁旗甘珠尔庙东南铜多金属矿勘查区,经研究,该线路的建设将影响铜多金属矿的进一步勘探及开发,并对部分探明矿产造成压覆。(2)为确保输电电路安全,依据《电力法》《电力设施保护条例》《电力设施保护条例实施细则》等相关法律、法规的要求,高压输电线的压覆范围确定为:架空线路实际占地范围及保护区范围(15m)外 500m 范围,经测算,压覆区面积为 6.69km^2。(3)依据《内蒙古自治区阿鲁科尔沁旗甘珠尔庙东南铜多金属矿勘查工作总结》,在塔罕线输电线路压覆范围内,塔罕线输电线路压覆的矿产资源储量为(333)矿石量 211,351t,铜金属量 1619t,银金属量 6211kg。(4)矿区内的输电线路除对已投入的勘察工作量和资源量造成直接压覆外,根据现有相关学者研究,电网正常供电期间,矿区内的高压输电线路的电磁辐射有可能影响电磁法勘探的质量,严重限制了勘探方式的选择,极大地增大了进一步矿产勘查工作的成本。经资产评估公司鉴定,输电线路压覆部分(6.69km²)探矿权评估价值为506.17万元。

某矿业公司因某新能源公司建设项目压覆其探矿权的问题向法院提起诉讼,要求某新能源公司赔偿其经济损失。

【裁判结论】

一审法院判决:被告某新能源公司于本判决生效后10日内赔偿原告某矿业公司5,061,700元。

二审法院判决:驳回上诉,维持原判。

【裁判观点】

一审法院认为,《物权法》第123条规定:“依法取得的探矿权、采矿权、取水权和使用水域、滩涂从事养殖、捕捞的权利受法律保护。”据此,矿业公司依法取得的探矿权受法律保护。探矿权系用益物权,《侵权责任法》第2条规定:“侵害民事权益,应当依照本法承担侵权责任。本法所称民事权益,包括生命权、健康权、姓名权、名誉权、荣誉权、肖像权、隐私权、婚姻自主权、监护权、所有权、用益物权、担保物权、著作权、专利权、商标专用权、发现权、股权、继承权等人身、财产权益。”据此,对于侵害探矿权的行为,侵权行为人应当承担侵权责任。

本案中,某矿业公司自2008年取得了位于内蒙古阿鲁科尔沁旗白音温都苏木,勘查面积为45.17km²,勘查项目名称为内蒙古自治区阿鲁科尔沁旗甘珠尔庙东南铜多金属矿勘探的探矿权。某新能源公司建设的塔罕线输电线路穿越阿鲁科尔沁旗甘珠尔庙东南铜多金属矿勘查区,对某矿业公司享有的部分探矿权造成压覆,其所造成的压覆资源量和压覆部分的探矿权价值均委托有资质的鉴定机构进行鉴定,某新能源公司应当对其侵害矿业公司探矿权的行为承担侵权责任,故对某矿业公司的诉讼请求,法院予以支持。某新能源公司以没有实施侵权行为,某矿业公司未取得土地使用权,某矿业公司不具有诉权,某新能源公司的输高压线没有架设在矿业公司的矿体上及已超过诉讼期限等抗辩意见,因无有效证据证明,法院不予采信。综上所述,某矿业公司的诉讼请求成立。

依照《物权法》第123条、《侵权责任法》第2条、第6条第1款、第19条之规定，二审法院认为，该案二审争议焦点为上诉人所建设的输变电线路对被上诉人的探矿权是否构成压覆的问题。首先，压覆矿产指的是“在现有技术经济条件下，因建设项目实施后，导致已查明的矿产资源不能开发利用，但是建设项目与矿区范围重叠而不影响矿产资源正常开采的，不作压覆处理”。根据该定义，确认是否构成压覆矿产资源，先看是否存在已经查明的矿产资源。矿业公司提交的《内蒙古自治区阿鲁科尔沁旗甘珠尔庙东南铜多金属矿普查物探工作报告》说明，涉案区域内资源量已经处于查明状态。其次，关于涉案区域内的矿产资源是否还能开发利用问题。鉴于上诉人电力设施建设完成，就获得了《电力法》《电力设施保护条例》《电力设施保护条例实施细则》等法律法规关于电力设施的特殊保护，进而对包括矿业权人在内的其他人的权利义务产生法律上的不利影响。该案中，上诉人是在未经某矿业公司允许的情况下在涉案区域内建设的输电线路，且没有提供任何证据证明已经采取了相关补救措施，足以使某矿业公司可以采取爆破形式进行后续的勘探和开采，因此法院认为，上诉人所建设的输变电线路对某矿业公司的探矿权构成压覆。

【裁判依据】

《物权法》第一百二十三条(《民法典》第三百二十九条)；《侵权责任法》第六条(《民法典》第一千一百六十五条)、第十九条(《民法典》第一千一百八十四条)

典型案例3 | 项目选址占用林地的刑事责任

【案例名称】

马某和、韩某杰非法占用农用地案

【案号】

(2019)豫01刑终1063号

【裁判要旨】

被告人马某和系黄某岭公司法定代表人,负责涉案项目林地手续办理工作,被告人李某东系涉案项目施工建设的负责人,二人均对涉案项目建设和实施负有责任,在明知涉案项目越界的情况下,未办理涉案项目林地手续;被告人孟某强、韩某杰、宋某周在现场施工,在明知没有办理林地手续的情况下,与被告人申某锋私自达成用地租赁协议,占地施工并将施工石渣倾倒于山体,毁坏林地,六被告人的行为构成共同犯罪,各被告人行为均系造成山体林地破坏的因素,均系主犯。被告人马某和、孟某强、韩某杰、李某东、宋某周、申某锋违反土地管理法规,非法占用林地,改变土地用途,数量较大,均已构成非法占用农用地罪。

【案情简介】

被告人马某和、李某东、孟某强分别在担任黄某岭公司、某建公司、某州公司的法定代表人,项目负责人,项目部经理、负责人期间,明知占用林地要办理相关手续,而在新密市境内未办理相关用地手续,擅自将新密市苟堂镇申门村的林地用于修路及建造风力发电机。

2017 年 4 月至 2018 年 3 月,被告人韩某杰、宋某周在承包某州公司黄某岭风力发电项目部(48.4MW)风电场工程,被告人申某锋在未取得相关部门同意情况下,代表 5 家承包荒山农户收取项目部 50,000 元包赔款后同意施工。施工到新密市境内时,施工方将该修建道路产生的石渣倾倒在山坡上,造成植被破坏。

新密市人民政府文件及规划图纸,证实苟堂镇申门村与禹州市交界处林地全部为乔木林;损坏林地现场测量报告,证实新密市苟堂镇孙家庄村与申门村林地被国电公司风力发电项目违规修路造成林地被破坏。经鉴定,苟堂镇申门村某州公司毁坏林地面积为 76.1 亩,其中道路占地面积 14.7 亩,石块掩埋林地面积 61.4 亩。

【裁判结论】

一审法院认为,六被告人的行为构成共同犯罪,各被告人行为均系造成山体林地破坏的因素,均系主犯,六被告人的行为均已构成非法占用农用地罪。判处被告人马某和有期徒刑一年零二个月，并处罚金人民币10,000元；被告人宋某周有期徒刑一年零四个月，缓刑二年，并处罚金人民币10,000元；被告人孟某强有期徒刑一年零四个月，缓刑二年，并处罚金人民币10,000元；被告人韩某杰有期徒刑一年零四个月，并处罚金人民币10,000元；被告人申某锋有期徒刑一年，缓刑一年，并处罚金人民币5000元；被告人李某东有期徒刑一年，缓刑二年，并处罚金人民币8000元。

二审法院认为，原判认定事实清楚，证据确实、充分，定罪准确，量刑适当，审判程序合法，判决驳回上诉，维持原判。

【裁判观点】

一审法院认为，被告人马某和系黄某岭公司法定代表人，负责涉案项目林地手续办理工作，被告人李某东系涉案项目施工建设的负责人，二人均对涉案项目建设和实施负有责任，在明知涉案项目越界的情况下，未办理涉案项目林地手续；被告人孟某强、韩某杰、宋某周在现场施工，在明知没有办理林地手续的情况下，与被告人申某锋私自达成用地租赁协议，占地施工并将施工石渣倾倒于山体，毁坏林地。构成共同犯罪，各被告人行为均系造成山体林地破坏的因素，均系主犯。被告人马某和、孟某强、韩某杰、李某东、宋某周、申某锋违反土地管理法规，非法占用林地，改变土地用途，数量较大，均已构成非法占用农用地罪。依据《刑法》第25条第1款，第65条第1款，第67条第1款、第3款，第72条第1款、第3款，第73条第2款、第3款，第342条之规定，判决：(1)被告人马某和犯非法占用农用地罪，判处有期徒刑一年零二个月，并处罚金人民币10,000元。(2)被告人宋某周犯非法占用农用地罪，判处有期徒刑一年零四个月，缓刑二年，并处罚金人民币10,000元。(3)被告人孟某强犯非法占用农用地罪，判处有期徒刑一年零四个月，缓刑二年，并处罚金人民币10,000元。(4)被告人韩某杰犯非法占用农用地罪，判处有期徒刑一年零四个月，并处罚金人民币10,000元。(5)被告人申某锋犯非法占用农用地罪，判处有期徒刑一年，缓刑一年，并处罚金人民币5000元。(6)被告人李某东犯非法占用农用地罪，判处有期徒刑一年，缓刑二年，并处罚金人民币8000元。

二审法院认为，由于上诉人马某和、韩某杰违反土地管理法规，非法占用林地，改变被占用林地的用途，数量较大，二人行为已构成非法占用农用地罪。上诉人马某和作为黄某岭公司的法定代表人，负责涉案项目林地手续办理，与施工建设负责人李某东对涉案项目建设和实施负有责任，明知涉案项目越界施工的情况下，未办理涉案项目越界境内林地占用手续。上诉人韩某杰与被告人孟某强、宋某周在现场施工，明知没有林地手续的情况下，与被告人申某锋私自达成用地租赁协议，占地施工，同时将施工石渣倾倒于山体，造成林地毁坏，上述六被告人的行为构成共同犯罪，且系主犯。同时有相关证人证言、证明函、邮件截图、图纸、微信截图等证据证实上诉人马某和对越界施工明知，但仍未办理相关林地占用手续。另根据鉴定意见，涉案被毁坏的林地面积已达到追诉标准，其行为已构成非法占用农用地罪。故其上诉理由证据不足，法院对其上诉理由及其辩护意见不予支持。综上，原判认定事实清楚，证据确实、充分，定罪准确，量刑适当，审判程序合法。二审法院判决驳回上诉，维持原判。

【裁判依据】

《刑法》第三百四十二条，第二十五条第一款，第六十五条第一款，第六十七条第一、三款，第七十二条第一、三款，第七十三条第二、三款

典型案例 4 | 项目选址涉及基本农田

【案例名称】

某新能源公司违法占用基本农田建设光伏项目案[1]

① "2018年自然资源部通报10起违法占用永久基本农田案件"之一。

【裁判要旨】

项目选址范围涉及基本农田,已建成项目需要拆除相关设施,恢复土地原状

【案情简介】

2017年8月,某新能源公司违法占用某村永久基本农田约3.88公顷建设光伏项目。为了坚决防止永久基本农田“非农化”,应重点关注农村土地流转、农业规模化经营中擅自改变农业用途、以农业结构调整等为名进行非农业建设占用永久基本农田等问题,及时发现,坚决制止和惩处违法占用、破坏耕地特别是永久基本农田的行为,牢牢守住耕地保护红线,给农业留下更多良田。某国土资源局对新能源公司违法占用基本农田的行为进行了及时制止;某区政府组织拆除了光伏板、水泥桩等设施,恢复土地原状。

【裁判结果】

责令某新能源公司拆除光伏板、水泥桩等设施,恢复土地原状。

【裁判依据】

《土地管理法》(2004年修订)第二十六条、第四十四条、第四十五条、第七十七条

典型案例5　项目选址涉及湿地

【案例名称】

某农业科技公司与某市自然资源局资源行政管理案

【案号】

(2019)辽06行终171号

【裁判要旨】

某农业科技公司的“渔光互补”太阳能光伏发电项目工程所用的土地,系国家级滨海湿地的保护区。原告虽然经招商签订了有关协议,也已取得相关部门的复函和环评报告、招商部门的开工通知等,但

对其项目占用湿地的问题并未取得有关部门批复。原告在没有合法取得占用湿地批复的情况下占用湿地,属违法行为,违法事实清楚、证据确凿。

【案情简介】

2015年6月,某农业科技公司投资建设"渔光互补"水产养殖和太阳能发电项目,实际占用的面积为108亩。2015年9月,该项目通过项目所在地环境保护局的审批,同年12月开工建设。2017年8月,某市环境保护局以湿地保护为由,向该项目下发了停建、拆除并恢复原状的整改函。

2019年2月作出东自然监字(2019)1号行政处罚决定书。原告不服该行政处罚,遂于2019年3月向法院提起行政诉讼。

【裁判结论】

原告在没有合法取得占用湿地批复和工程合法开工建设的情况下就占用湿地,至今也未能得到审批而占用湿地的违法事实清楚、证据确凿。被告对原告违法占用湿地并处罚款,处罚决定程序合法,适用法律正确。

【裁判观点】

法院认为,《辽宁省湿地保护条例》第4条第3款规定,滨海湿地的保护工作,由海洋与渔业行政主管部门负责。中共东港市委东委发〔2019〕2号文件,中共东港市委、东港市人民政府关于转发中共辽宁省委办公厅、辽宁省人民政府办公厅印发《东港市机构改革方案》的通知中,明确海洋与渔业局的海洋资源管理职责由现自然资源局行使。故被告作出的涉案处罚决定有职权依据。

根据国务院国函〔1997〕109号《国务院关于发布芦芽山等国家级自然保护区名单的通知》和《丹东鸭绿江口湿地国家级自然保护区总体规划》,原告某农业科技公司的"渔光互补"太阳能光伏发电项目工程所用的土地系国家级滨海湿地的保护区。原告虽然经招商签订了有关协议,也有相关部门的复函和环评报告、招商部门的开工通知等,但并未允许其占用湿地。原告在没有取得占用湿地批复的情况下就占用湿地，至今也未能得到审批而占用湿地的违法事实清楚、证据确凿。被告对原告违法占用湿地并处罚款，处罚决定程序合法，适用法律正确。故被告作出的行政处罚决定合法。

【裁判依据】

《辽宁省湿地保护条例》第四条第三款、《东港市机构改革方案》、《国务院关于发布芦芽山等国家级自然保护区名单的通知》、《丹东鸭绿江口湿地国家级自然保护区总体规划》

典型案例 6 | 租赁土地未履行法定程序

【案例名称】

某光伏电力公司与某县村民委员会土地租赁合同纠纷案

【案号】

(2016)陕04民终2151号

【裁判要旨】

因涉案《土地租赁合同》未履行法定民主程序、未报政府批准而建设光伏发电项目改变土地的农业用途，法院依法判决该合同无效。

【案情简介】

2015年11月，某光伏电力公司与村民委员会签订《土地租赁合同》，约定由某光伏电力公司租用村集体土地用于开发2×20MWP分布式太阳能光伏发电项目。

租赁合同签订前，某光伏电力公司与村民委员会并未进行村内入户调查。村民委员会原村支部书记赵某在合同签订后才组织对部分村民的入户调查，并未召开村民代表大会；向法院提供的村民代表大会的会议记录是在赵某指示下编写的，且自合同签订至诉讼之日，村民委员会仍未向所在镇人民政府上报相关土地流转的文件，土地租赁未获得镇政府批准。最终，双方对《土地租赁合同》的效力和损失赔偿问题发生争议，诉至法院。

【裁判结论】

一审判决:双方于2015年11月签订的《土地租赁合同》无效;驳回村民委员会的其他诉讼请求。

二审判决:驳回上诉,维持原判。

【裁判观点】

一审法院认为:违反法律强制性规定的合同无效。村民委员会与某光伏电力公司签订的《土地租赁合同》未事先经该集体经济组织会议2/3以上成员或者2/3以上村民代表的同意,也未报镇人民政府批准;建设光伏发电项目亦改变了土地的农业用途,上述事实均违反了法律的强制性规定,故合同无效。因村民委员会未提供有效证据证明其实际损失,村民委员会对合同无效亦存在过错,故对其赔偿经济损失的诉讼请求不应予以支持。

二审法院认为:签订《土地租赁合同》之前未召开村民会议,且至今未报镇人民政府批准,亦未进行改变土地用途的变更审批手续,违反了《土地管理法》第63条、《农村土地承包法》第8条、第33条、第48条的强制性规定,故一审判决认定合同无效正确,应予维持。

【裁判依据】

《合同法》第五十二条第(五)项(《民法典》第一百五十三条);《土地管理法》第六十三条;《农村土地承包法》第八条、第三十三条、第四十八条

典型案例7 | 新能源项目未依法办理用地手续

【案例名称】

某市国土资源局诉某供电公司行政非诉执行裁定案

【案号】

(2017)吉0382行审34号

【裁判要旨】

某供电公司在建设某风电场送电线路塔时，未经土地主管部门批复，擅自占用集体建设用地、林地、耕地、基本农田、草地等，构成非法占用土地，被土地主管部门责令退还土地、拆除违法建筑并处以罚款。根据《行政强制法》，对违法的建筑物、构筑物、设施等需要强制拆除的……行政机关可以依法强制拆除。行政机关认为被申请人未经批准、未履行审批手续的占地行为违法，依据《最高人民法院关于违法的建筑物、构筑物、设施等强制拆除问题的批复》，法律已经授予行政机关强制执行权的，行政机关可以强制行使执行权。

【案情简介】

某供电公司于2016年7月，未经某市国土资源部门批准，在该市多个乡镇内，为某风电场建设220千伏送电线路塔，占地面积为17,635.8m^2（其中集体建设用地244.5m^2、林地2341.26m^2、耕地5256.3m^2、基本农田6745.13m^2、盐碱地1444.5m^2、草地1526.6m^2、交通运输用地77.51m^2）。某市国土资源局依据《土地管理法》第76条、《土地管理法实施条例》第42条、《吉林省土地管理条例》第59条的规定对供电公司作出了双国土资执罚(2016)50号行政处罚决定书。行政处罚决定书内容为：(1)责令供电公司退还非法占用土地，没收在非法占用土地上新建的建筑物和其他设施，限期履行用地手续。改正基本农田或者治理恢复原种植条件。(2)集体建设用地按3元/m^2标准处以罚款[(3元/m^2 ×244.5m^2) = 733.50元]；林地按3元/m^2标准处以罚款[(3元/m^2 ×2341.26m^2) = 7023.78元]；耕地按5元/m^2标准处以罚款[(5元/m^2 ×5256m^2) = 26281.50元]；盐碱地按3元/m^2标准处以罚款[(3元/m^2 ×1444.5m^2) = 4333.50]；草地按3元/m^2标准处以罚款[(3元/m^2 ×1526.6m^2) = 4579.80元]；基本农田按20元/m^2标准处以罚款[(20元/m^2 ×6745.13m^2) = 134,902.6元]。合计178,087.21元。某供电公司在法定期限内未申请复议亦未提起行政诉讼，没有按处罚决定履行相应义务，某市国土资源局向法院申请强制执行。

【裁判结论】

法院判决:准予该某市国土资源局作出的双国土资执罚(2016)50号行政处罚决定书强制执行,由该市人民政府责成有关部门实施。

【裁判观点】

申请执行人某市国土资源局对被申请人某供电公司作出的双国土资执罚(2016)50号行政处罚决定书事实清楚,程序合法,适用法律正确,应准予强制执行。根据《行政强制法》,对违法建筑物、构筑物、设施等需要强制拆除的,行政机关可以依法强制拆除。行政机关认为被申请人占地行为未经批准未履行审批手续行为违法,依据《最高人民法院关于违法的建筑物、构筑物、设施等强制拆除问题的批复》,法律已经授予行政机关强制执行权的,行政机关可以强制行使执行权。

【裁判依据】

《行政强制法》第四十四条、第四十六条;《城乡规划法》第六十四条、第六十八条;《行政诉讼法》第九十七条

典型案例8 未履行招投标程序对EPC总承包合同效力的影响

【案例名称】

某光伏科技公司与某能源科技发展公司建设工程施工合同纠纷案

【案号】

(2015)民一终字第144号

【裁判要旨】

某能源科技发展公司(以下简称能源公司)与某光伏科技公司(以下简称光伏公司)签订的《光伏发电项目EPC总承包合同》(以下简称总承包合同)没有按照《招标投标法》的规定履行招投标法定程序,违反《招标投标法》第3条强制性规定,应为无效,故能源公司依据与光

伏公司签订的总承包合同所取得的履约保证金应当返还并赔偿利息损失。此外,违约赔偿的诉讼请求应当建立在合同有效的基础上,因涉案合同无效,能源公司主张违约赔偿缺乏法律依据。

【案情简介】

2012年7月,能源公司(作为发包人)与光伏公司(作为承包人)签订总承包合同,约定由光伏公司作为该30MWp光伏发电项目工程的总承包方。但能源公司并未对该项目的总承包合同进行招标工作,光伏公司也未收到任何招标文件及进行投标。

2012年8月31日和9月3日,能源公司向光伏公司出具的两份《收据》载明,其收到各500万元的银行承兑汇票。2012年10月20日,能源公司与光伏公司签订《合同终止协议书》,约定双方一致同意于2012年10月20日终止总承包合同,双方不再继续履行原合同之约定。

双方就总承包合同效力问题及履约保证金返还问题发生了争议,光伏公司提起诉讼,请求能源公司返还履约保证金1000万元;支付从2013年6月11日起至判决生效之日按银行同期贷款利率计算的利息损失;一审中能源公司提出反诉,请求光伏公司赔偿损失14,983,061.8元。

【裁判结论】

一审法院判决:(1)能源公司于判决生效后10日内返还光伏公司履约保证金1000万元,并自2013年6月11日起至判决生效时止按中国人民银行同期同类贷款基准利率计付利息;(2)驳回能源公司的全部反诉请求。

二审法院判决:能源公司的上诉请求均不能成立,法院不予支持。一审判决认定事实清楚,适用法律正确,应予维持。

【裁判观点】

(1)案涉总承包合同的性质和效力问题:本案能源公司作为发包方与光伏公司作为承包方签订的总承包合同,约定光伏发电项目工程的设计、建筑工程、安装工程等全过程的总承包,属于《合同法》所规定的承包人进行工程建设、发包人支付价款的建设工程合同性质,合同最终目的是要实现该光伏发电项目竣工并网发电,因此,本案应为建设工程施工合同纠纷而非加工承揽合同纠纷。根据《招标投标法》第3条规定,在中华人民共和国境内进行下列工程建设项目包括项目的勘察、设计、施工、监理以及与工程建设有关的重要设备、材料等的采购,必须进行招标:(一)大型基础设施、公用事业等关系社会公共利益、公众安全的项目……经国务院批准的《工程建设项目招标范围和规模标准规定》第2条规定,关系社会公共利益、公众安全的基础设施项目的范围包括煤炭、石油、天然气、电力、新能源等能源项目;第3条规定,关系社会公共利益、公众安全的公用事业项目的范围包括供水、供电、供气、供热等市政工程项目;第7条还规定:"本规定第二条至第六条规定范围内的各类工程建设项目,包括项目的勘察、设计、施工、监理以及与工程建设有关的重要设备、材料等的采购,达到下列标准之一的,必须进行招标:(一)施工单项合同估算价在200万元人民币以上的;(二)重要设备、材料等货物的采购,单项合同估算价在100万元人民币以上的;(三)勘察、设计、监理等服务的采购,单项合同估算价在50万元人民币以上的;(四)单项合同估算价低于第(一)、(二)、(三)项规定的标准,但项目总投资额在3000万元人民币以上的。"本案双方当事人约定的光伏发电项目EPC总承包,承包范围包括涉及该项目所需的设计、采购及施工,属于关系社会公共利益、公众安全的基础设施项目和公用事业项目,且作为承包合同总价达3.03亿元,应属于《招标投标法》第3条所规定依法必须招标的工程项目。2012年9月,该省发改委出具的项目核准的批复中载明的"项目招标严格按《招标投标法》规定执行,工程设备供应商及施工单位均采用招标方式确定",亦明确了案涉项目必须履行招标程序。本案双方并没有按照《招标投标法》的规定履行招投标法定程序,根据《合同法》第52条第5项以及《最高人民法院关于审理建设工程施工合同纠纷案件适用法律问题的解释》第1条第3项的规定,能源公司与光伏公司签订的总承包合同因违反《招标投标法》第3条强制性规定,应为无效。

能源公司应否返还光伏公司履约保证金1000万元及支付利息损

失的问题。《合同法》第58条规定："合同无效或者被撤销后，因该合同取得的财产，应当予以返还；不能返还或者没有必要返还的，应当折价补偿。有过错的一方应当赔偿对方因此所受到的损失，双方都有过错的，应当各自承担相应的责任。"能源公司作为总承包合同项下项目发包方，未依法履行法定招投标手续，导致合同无效，应承担主要过错责任。能源公司依据与光伏公司签订的总承包合同所取得的履约保证金应当返还并赔偿利息损失。

【裁判依据】

《合同法》第五十二条第（五）项（《民法典》第一百五十三条）、第五十八条（《民法典》第一百五十七条）；《招标投标法》第三条；《最高人民法院关于审理建设工程施工合同纠纷案件适用法律问题的解释》第一条第（三）项

典型案例9　未取得工程规划许可证对EPC合同效力的影响

【案例名称】

江苏某晖电力工程公司与徐州某典科技发展公司建设工程施工合同纠纷案

【案号】

（2020）苏03民终5507号

【裁判要旨】

《物权法》第43条（《民法典》第244条）规定，国家对耕地实行特殊保护，严格限制农用地转为建设用地，控制建设用地总量《城乡规划法》第40条规定，在城市、镇规划区内进行建筑物、构筑物、道路、管线和其他工程建设的，建设单位或者个人应当向城市、县人民政府城乡规划主管部门申请办理建设工程规划许可证。因而，就尚未取得建设工程规划许可审批手续的工程而言，发包人与承包人签订的建设工程

施工合同应属无效。涉案工程未取得用地规划许可、建设工程规划许可,且在一审法庭辩论终结前也未取得相应审批手续或者经主管部门批准,故涉案 EPC 总承包合同应认定为无效。

【案情简介】

2015 年 3 月 11 日,某典科技发展公司(以下简称某典公司)(甲方)与某晖电力工程公司(以下简称某晖公司)(乙方)签订《EPC 总承包协议》,将涉案工程交付某晖公司总承包。双方约定由某晖公司委托具有设计资质的单位对整个工程进行设计,并按照经某典公司审核确认后的施工图纸、技术规范书组织设备采购及现场施工工作,某晖公司负责整个工程所需行政性的电网公司的并网相关手续办理及费用承担,某典公司给予全力的协助。双方约定工程总价款为 8099.46 万元。在该协议的附件中,对项目所需的行政性文件清单进行了列举,其中包括永久性建筑用地部分的土地征用手续的办理,土地协议的签署及对应的土地证和房屋产权证的办理,建设用地规划许可证、建设工程规划许可证、建设工程施工许可证的办理。同日,双方签订了《太阳能发电系统工程施工承包合同》。2015 年 5 月 30 日,某典公司与某晖公司又签订《EPC 总承包协议之补充协议》,就支付工程进度款等问题作出了新的约定。

2013 年 12 月 31 日,江苏省发改委向徐州市发改委就关于某典公司徐州市 20MW 鱼塘水面光伏电站项目备案发出通知,该通知第 4 条载明,鉴于国家正在研究光伏应用总量规模管理制度,2014 年起对光伏应用项目实行总量规模管理,该项目是该制度出台前的项目,考虑到和新政策的衔接,务请徐州市发改委督促项目于 2014 年 6 月 30 日前竣工。同时,该通知还要求徐州市发改委通知项目业主,根据该备案通知,向有关主管部门依法办理土地、电网接入等相关手续后,方可开工建设。2014 年 8 月 18 日,徐州市发改委对于上述项目作出说明,该项目备案文件有效期为两年,建设单位可据此办理有关手续。2013 年 12 月 23 日,徐州市铜山区国土资源局向某典公司作出关于徐州市 20MW 鱼塘水面光伏发展项目用地初步预审意见,该意见要求某典公司利用农村养殖水面进行光伏发电工程建设，并要求光伏板等其他设施不得占用基本农田，建设配电房占地面积约0.4公顷。2014年6月13日，徐州市铜山区国土资源局再次向某典公司作出用地初步预审意见，该意见要求某典公司利用农村养殖水面进行光伏发电工程建设，同时要求光伏组件影响用地约750亩，拟建设升压站一座，占地面积约0.3333公顷，土地现状为建设用地，土地规划用途为建设用地。2014年7月28日，江苏省国土资源厅同意某典公司20MW鱼塘水面光伏电站项目用地预审（有效期两年），用地面积控制在0.315公顷范围内（其中建设用地0.315公顷）。2014年12月，某典公司与徐州某建设工程监理有限公司签订建设工程监理合同一份，约定的监理范围及内容均包含了工程的施工。

某典公司于2013年7月3日以租赁的方式承租铜山区某村809.27亩土地进行涉案工程建设，该部分土地使用现状为耕地、农村道路、沟渠、田坎及沼泽地。在合同履行过程中，某典公司陆续于2015年3月8日支付8,100,000元，6月23日支付5,790,000元，同日又支付950,000元，7月10日支付1,478,140.4元，7月17日支付315,300元，7月31日支付1,740,000元，共计支付给某晖公司工程款18,373,440.4元。

某晖公司对涉案工程进行了施工，认为其支出的数额已经超过了从某典公司处收到的工程款，有据可查的部分为2074万元，尚有无票支出及法院确定的工程欠款1000多万元。2015年8月17日，国土资源局认为，某典公司未经批准，擅自占用土地的行为，违反《土地管理法》的规定，遂向某典公司发出责令停止违法行为通知书，要求其停止违法行为。2016年7月14日，国土资源局向某典公司作出行政处罚决定书：认为某典公司于2015年7月未经批准，非法占用村集体土地674平方米建设光伏发电项目升压站，而在土地利用总体规划图上体现为基本农田，不符合土地利用总体规划。某典公司的行为违反《土地管理法》第44条的规定，依照《土地管理法》第76条、《土地管理法实施条例》第42条的规定，对某典公司作出如下行政处罚决定：（1）责令15日内将非法占用的674m^2土地退还给该村集体组织；（2）限期15

日内自行拆除在非法占用的674m² 土地上新建的建筑物和其他设施，恢复土地原状；(3)对非法占用的674m² 土地处以30元/m² 的罚款，计20,220元。国地资源局并向法院提出执行申请。2017年5月25日铜山区人民法院作出(2017)苏0312行审109号行政裁定书，准许强制执行申请执行人徐州市铜山区国土资源局对被执行人某典公司作出的行政处罚决定。

经现场勘验，涉案工程目前现场仍有升压站房屋、基座残余等工程，土地上为村民种植的农作物。升压站房屋仍然完好，没有被拆除。

【裁判结论】

一审法院认为EPC总承包合同无效。

二审法院驳回上诉，维持原判。

【裁判观点】

一审法院认为，合同类案件，首先审查合同的效力。关于涉案合同，某典公司认为双方所签订的EPC合同系有效合同，其中太阳能发电系统工程施工承包合同为无效合同，而某晖公司认为涉案合同属于无效合同。现行法律并无有关EPC总承包合同效力认定的特别规定，对EPC总承包合同效力的认定，仍应当以《合同法》及对建设工程合同效力作出特别规定的法律作为依据。《物权法》第43条规定，国家对耕地实行特殊保护，严格限制农用地转为建设用地，控制建设用地总量，《城乡规划法》第40条规定，在城市、镇规划区内进行建筑物、构筑物、道路、管线和其他工程建设的，建设单位或者个人应当向城市、县人民政府城乡规划主管部门……申请办理建设工程规划许可证。因而，就尚未取得建设工程规划许可审批手续的工程而言，发包人与承包人签订的建设工程施工合同应属无效。涉案工程未取得用地规划许可证、建设工程规划许可证，且在一审法庭辩论终结前也未取得相应审批手续或者经主管部门批准。故涉案EPC总承包合同应认定为无效。

二审法院认为，EPC是指工程总承包，即公司受业主委托，按照合同约定对工程建设项目的设计、采购、施工、试运行等实行全过程或若干阶段的承包，系为适应现阶段建筑业发展需求所推行的一种工程项目承包、管理模式，依据其主要权利义务关系，为建设工程施工合同，属于《建筑法》的调整范围。经查，涉案工程在施工中以租赁方式占用部分基本农田进行工程建设，且在未取得用地规划许可证、建设工程规划许可证的情况下签订涉案《EPC 总承包协议》并开工建设，在一审法庭辩论终结前也未取得相应审批手续或者经主管部门批准，故一审法院据此认定某晖公司与某典公司之间的总承包合同无效，并无不当。

【裁判依据】

《合同法》第五十二条（《民法典》第一百五十三条）、第五十八条（《民法典》第一百五十七条）；《物权法》第四十三条（《民法典》第二百四十四条）；《城乡规划法》第四十条

典型案例 10　EPC 总包合同与招投标文件的实质性内容相背离

【案例名称】

某恩公司、某业公司建设工程施工合同纠纷案

【案号】

（2021）豫 01 民再 280 号

【裁判要旨】

根据《招标投标法》第 3 条规定，涉案工程属于部分使用财政资金的太阳能发电项目，必须依法进行招标。本案中，某业公司、某恩公司根据招投标文件于 2013 年 3 月 9 日签订了涉案工程的总承包合同后，并未实际履行中标合同，而是于 2013 年 9 月 10 日又签订了一份与中标合同内容不一致的其他合同。关于 2013 年 9 月 10 日某恩公司与某业公司签订的总承包合同是否构成对 2013 年 3 月 9 日总承包合同内容的实质性变更问题，根据《招标投标法》第 46 条，法院认为，该合同

是否构成对中标合同实质性内容的变更,应当从建设工期、工程质量、工程价款等内容的变化综合进行判定。本案中,某业公司、某恩公司于2013年9月10日签订的总承包合同在工程范围、建设工期、工程质量、工程价款等实质性内容方面对2013年3月9日合同进行了变更,因此应当按照2013年3月9日的中标合同确定某业公司、某恩公司双方的权利义务。

【案情简介】

2012年12月4日,河南省某造价咨询有限公司在中国采购与招标网发布了《2MWp工程太阳能发电项目招标公告》,主要内容为:"本招标项目2MWp光电太阳能发电项目招标人为某恩公司。项目已具备招标条件,现对本项目施工进行国内公开招标。"2013年1月24日,河南省某造价咨询有限公司在中国政府采购网发布了《2MWp光电惠豫工程太阳能发电项目招标中标公示》,将郑州某机械厂列为第二中标候选人。

2013年3月9日,某恩公司(甲方)与某业公司(乙方)签订《2MWp光电工程太阳能发电项目系统集成总承包合同》。2013年9月3日,某恩公司向某业公司发出《中标通知书》一份:"贵单位对2MW(一期0.55MWp)光电惠豫工程太阳能项目工程总承包和农业大棚2MW太阳能发电项目总承包的投标,已中标,成交金额为1938万元。请接到本通知后,与业主签订正式合同。"2013年9月10日,某恩公司(甲方)与某业公司(乙方)签订《某集团电力有限公司2MW(一期0.55MWp)光电工程太阳能项目和某市农业大棚2MWp太阳能发电项目总承包合同》。

此后,双方因工程价款的支付问题产生纠纷,诉至法院。

【裁判结论】

一审法院判决:应当按照2013年3月9日的中标合同确定某业公司、某恩公司双方的权利义务;判决某恩公司向某业公司支付工程款7,831,600元。

二审法院判决:一审法院按照2013年3月9日中标合同确定双方

权利义务适用法律正确,但实体处理不当,判决:撤销一审判决;某恩公司向某业公司支付工程款6,983,812元。

再审法院判决:二审判决以双方2013年3月9日签订的总承包合同认定工程款相关事宜,并无不当,但二审法院认定事实存在错误,判决撤销前述判决;判决某恩公司向某业公司支付工程款7,558,120元。

【裁判观点】

一审法院认为:(1)关于2013年3月9日《2MWp光电工程太阳能发电项目系统集成总承包合同》的效力问题。根据《招标投标法》第3条规定,涉案工程属于部分使用财政资金的太阳能发电项目,依照招投标法的规定,必须依法进行招标。该案中,某恩公司依法组织招标,某业公司积极投标,经过评标委员会评审后确定某业公司为第二中标单位,双方之间根据《招标投标法实施条例》第55条之规定,于2013年3月9日就涉案工程签订的《2MWp光电工程太阳能发电项目系统集成总承包合同》合法有效。(2)关于2013年3月9日双方签订的《2MWp光电工程太阳能发电项目系统集成总承包合同》是否实际履行的问题。从两份合同约定的预付款金额、实际施工地点以及工程名称来看,2013年3月9日双方签订的《2MWp光电工程太阳能发电项目系统集成总承包合同》并未实际履行,双方实际履行的合同为2013年9月10日双方签订的《某集团电力有限公司2MW(一期0.55MWp)光电工程太阳能项目和农业大棚2MWp太阳能发电项目总承包合同》。(3)关于2013年9月10日某业公司、某恩公司双方签订的总承包合同是否构成对2013年3月9日总承包合同内容的实质性变更问题。根据《招标投标法》第46条,该合同是否构成对中标合同实质性内容的变更,应当从建设工期、工程质量、工程价款等内容的变化综合进行判定。该案中,某业公司、某恩公司双方于2013年9月10日签订的总承包合同在工程范围、建设工期、工程质量、工程价款等实质性内容方面对2013年3月9日合同进行了变更,应当按照2013年3月9日的中标合同确定某业公司、某恩公司双方的权利义务。

二审法院认为:该案中,某恩公司与某业公司签订的2013年3月9日总承包合同与招投标文件一致,不违反法律、行政法规的强制性规定,经过备案,是有效的中标合同。双方签订的2013年9月10日总承包合同与2013年3月9日总承包合同内容不一致,工程名称、工程地点、建设工期、工程质量、工程价款等内容均有重大变化,构成对2013年3月9日总承包合同内容的实质性变更。一审法院按照2013年3月合同确定双方权利义务适用法律正确。

再审法院认为,某恩公司与某业公司签订的2013年3月9日总承包合同与招投标文件一致,是有效的中标合同,二审判决并无不当。

【裁判依据】

《招标投标法》第四十六条;《合同法》第四十一条(《民法典》第四百九十八条)、第五十二条第一款第(五)项(《民法典》第一百五十三条);《建筑法》第十八条、第十九条、第二十条

典型案例11 EPC合同承包方不具备承包资质对合同效力的影响

【案例名称】

山东某阳电源股份有限公司与浙江某呈新能源有限公司建设工程施工合同纠纷案

【案号】

(2016)鲁民终708号

【裁判要旨】

承包人只能在其资质等级许可的范围内承接建设工程,严禁建筑业企业无资质或者超越资质等级许可的业务范围承接建设工程,否则,所订立的建设工程施工合同是不合法的,也即如果承包人不具有相应的资质等级,其所订立的建设工程施工合同因违反法律的强制性规定而必然无效。而从双方签订的《协议书》来看,本案所涉工程承包

范围虽然包括建筑安装和设计、设备的研发和销售等项目，但合同载明的合同总价款为25,480,000元，且某阳电源股份有限公司（以下简称某阳公司）为总承包，合同价款已超过其资质等级中可承担投资额800万及以下工程的限定。因此，双方签订的《协议书》违反法律、行政法规的强制性规定而无效。

【案情简介】

2013年5月25日，某阳公司与某呈新能源有限公司（以下简称某呈公司）签订《某1.274MW储能示范项目建筑安装工程承包合同》。

合同签订后，某阳公司依约对涉案工程进行设计、建设，并将其中的支架制作、安装、设备安装等土建工程于2013年6月17日分包给山东省某安装公司。2013年10月6日，因涉案工程遭受"菲特"台风影响，造成了部分组件和支架损坏，双方于2013年12月20日签订《某1.274MW储能电站项目补充协议》。该协议签订的当日，双方还签订《付款协议》一份，载明：甲、乙双方一致确认：工程总承包款2548万元（大写：贰仟伍佰肆拾捌万元整），2013年5月已付工程款300万元（大写：叁佰万元整），截至该协议签订之日，甲方应付乙方合同工程款2248万元（大写：贰仟贰佰肆拾捌万元整）。

2014年6月25日，浙江省发改委、省能源局委托温州市发改委对涉案工程进行验收，验收结论为同意本项目通过竣工验收，要求项目单位加强工程运行维护和管理，切实使国家补助资金发挥最大效益。验收意见显示：项目关键设备的选择符合金太阳工程要求，项目设计合理，技术可行，运行良好，符合国家独立光伏系统技术规范（CB/T 29196－2012）的要求。

双方因质量问题产生纠纷，某阳公司将某呈公司诉至法院，但在一审中某呈公司提起反诉，以某阳公司资质不足为由请求判决合同无效。

【裁判结论】

一审法院判决：双方签订的合同无效。

二审法院判决：驳回上诉，维持原判。

【裁判观点】

对于双方签订的合同是否有效的问题,从资质证书来看,原告某阳公司的主项资质等级为:机电设备安装工程专业承包三级,承包工程范围为:机电设备安装工程三级企业;可承担投资额800万元及以下的一般工业和公共、民用建设项目的设备、线路、管道的安装,非标准钢构件的制作、安装。其经营范围为:HW49阀控式密封废铅酸蓄电池收集、储存(凭许可证经营,有效期至2016年8月31日,有效期限以许可证为准);蓄电池、电池、太阳能电池、新型化学物理电源、蓄电池零部件、电源设备、电子电器、风能驱动、光伏发电及其他发电机组、机械零部件、机械设备的研发、制造和销售、新技术改造应用;该公司生产及代理产品、技术的出口业务;该公司科研和生产使用及代理产品、技术的进口业务(国家限定公司经营或禁止公司经营的货物或技术除外);经营"三来一补"业务;机电设备安装工程专业承包;节能产品与技术的开发,节能技术的转让、咨询和服务;节能方案设计;蓄电池及电源系统的维修、维护;房屋、设备租赁。(涉及许可经营的,凭许可证或批准文件经营;依法须经批准的项目,经相关部门批准后方可开展经营活动)。《最高人民法院关于审理建设工程施工合同纠纷案件适用法律问题的解释》第1条明确规定:"建设工程施工合同具有下列情形之一的,应当根据《合同法》第五十二条第(五)项的规定,认定无效:(一)承包人未取得建筑施工企业资质或者超越资质等级的……"从上述规定来看,我国现行建设工程立法对建设工程施工合同的承包人实行严格的市场准入制度,明确要求承包人必须具有国家有关行政主管部门依法核准的资质等级,承包人只能在其资质等级许可的范围内承接建设工程,严禁建筑业企业无资质或者超越资质等级许可的业务范围承接建设工程,否则,所订立的建设工程施工合同是不合法的;也即如果承包人不具有相应的资质等级,其所订立的建设工程施工合同因违反法律的强制性规定而必然无效。而从双方签订的《协议书》来看,本案所涉工程承包范围虽然包括建筑安装和设计、设备的研发和销售等项目,但合同载明的合同总价款为25,480,000

元，且某阳公司为总承包，合同价款已超过某阳公司资质等级中的可承担投资额800万元及以下工程的限定。故双方签订的《协议书》因违反法律、行政法规的强制性规定而无效。因而，某呈公司认为某阳公司超越资质等级签订合同，致使双方于2013年5月25日签订的合同无效的反诉请求，一审法院予以支持。

【裁判依据】

《合同法》第五十八条（《民法典》第一百五十七条）；《民事诉讼法》第一百七十条第一款第（一）项；《最高人民法院关于适用〈中华人民共和国民事诉讼法〉的解释》第三百三十四条

典型案例12 非法转包对施工合同效力及工程款结算的影响

【案例名称】

某合电力工程有限公司、某电力工程有限公司建设工程施工合同纠纷案

【案号】

（2017）最高法民申4412号

【裁判要旨】

根据《最高人民法院关于审理建设工程施工合同纠纷案件适用法律问题的解释》第2条：建设施工合同无效，但建设工程经竣工验收合格，承包人请求参照合同约定支付工程价款的，应予支持。某电力公司将其承包的涉案工程转包给某电力公司，违反了《建筑法》的强制性规定，某合公司与某电力公司签订的施工合同应属无效。

【案情简介】

2013年3月10日，某昌公司与某合公司签订总承包合同，约定：某昌公司将案涉光伏厂区建筑、安装工程及升压站建筑、设备、安装工程发包给某合公司，承包范围包括：水土保护工程、环境保护工程、电

气设备、电缆及光缆采购、35KV电缆头制作及安装,合同总价款4628.37万元。2013年4月25日,某合公司与某电力公司签订施工合同,约定:某电力公司承包修建某合公司分包的“某50MW光伏并网发电项目升压站建筑、安装工程”项目,承包范围包括:光伏发电场区建筑工程(光伏区场平,检修道路、光伏支架基础、箱变基础、电缆分支箱基础等设备基础工程,电缆沟道工程,房屋建筑等光伏区相关建筑工程),安装工程(光伏组件、支架、箱式变电站、电缆分支箱、逆变器、直流柜、汇流箱、电缆线路、防雷接地等),升压站建筑、安装、站区取水工程,以上均包括相应的施工辅助、水土保持、环境保护工程等;承包范围不包括:全部电气设备、电力电缆、光缆的采购,高压电缆头的采购及制作安装。

双方签订合同后,某合公司组织进行了施工。2013年12月30日,涉案工程项目实现并网。后因光伏支架基础出现质量问题,某电力公司对光伏支架基础进行修复及支架临时加固,至本案一审审理中该工程项目尚未完工,涉案工程至今未进行竣工验收。

某电力公司向一审法院起诉请求:(1)某合公司支付工程欠款1097万元。(2)某合公司按银行同期贷款利率支付逾期付款利息80万元(一审审理中变更为按银行同期贷款利率支付自2014年1月30日至2015年1月15日止欠款利息1,370,750.51元)。(3)某合公司承担该案诉讼费用。

【裁判结论】

一审法院判决:某合公司与某电力公司签订的施工合同应属无效;对于某电力公司要求支付工程欠款的请求,一审法院不予支持。

二审法院判决:某合公司于判决生效后15日内支付某能源集团某电力公司工程款7,273,550元及利息786,291.06,该部分上诉请求成立,予以支持。

再审法院驳回某合公司的再审申请。

【裁判观点】

一审法院认为:某合公司将其承包的涉案工程转包给某电力公

司，违反了《建筑法》的强制性规定，某合公司与某电力公司签订的施工合同应属无效。《最高人民法院关于审理建设工程施工合同纠纷案件适用法律问题的解释》第2条规定："建设工程施工合同无效，但建设工程经竣工验收合格，承包人请求参照合同约定支付工程价款的，应予支持。"依据上述规定，某电力公司要求某合公司参照合同约定支付工程价款的前提是涉案工程竣工验收合格。因某电力公司提供的验收申请表只证明光伏组件支架基础工程验收合格，其提供的质量监督检查报告复印件是施工中对涉案工程首次及土建工程进行的质量监督检查，某电力公司以此主张涉案工程已经竣工验收合格及上述验收申请表说明其已向某合公司提交了竣工验收资料的理由，均不能成立。涉案工程属光伏发电工程，依照《光伏发电工程验收规范》（GB/T 50796－2012）的规定，光伏发电工程应通过单位工程、工程启动、工程试运和移交生产、工程竣工四个阶段的全面检查验收。故某电力公司所提涉案工程并网发电即视为工程已竣工验收的理由，亦不予采信。某电力公司未能提供涉案工程已竣工验收合格的证据，且涉案工程因光伏支架基础出现质量问题，某电力公司对光伏支架基础进行修复及支架临时加固，该案审理中该工程项目亦未完工，因此，对于某电力公司要求支付工程欠款的请求，一审法院不予支持。

二审法院认为：一审法院认定施工合同系转包合同，应属无效正确，予以维持。某电力公司上诉提出讼争建设项目是某合公司承建"施工＋试运行"的总承包EPC项目，故其有权将施工内容分包给某电力公司。EPC模式只是工程总承包的一种方式，即设计＋采购＋施工，而某合公司签订总包合同时，并没有约定承包工程设计和采购。从合同内容看，总包合同的实质就是一个施工合同。因此，某电力公司的该上诉理由不成立。

再审法院认为：（1）关于涉案工程质量问题。《最高人民法院关于审理建设工程施工合同纠纷案件适用法律问题的解释》第13条规定："建设工程未经竣工验收，发包人擅自使用后，又以使用部分质量不符合约定为由主张权利的，不予支持；但是承包人应当在建设工程的合理使用寿命内对地基基础工程和主体结构质量承担民事责任。”某合公司申请再审时所称工程质量问题是光伏支架基础有问题,但未提交充分证据证明该问题属于地基基础或主体结构问题,由于某合公司在该案并未对质量问题提起反诉,在认定涉案工程已由其占有使用的情况下,某合公司以工程部分质量存在问题为由主张不支付工程款,该主张不应予以支持。(2)关于工程移交的认定问题。某合公司主张光伏行业存在特殊的惯例,并网发电不属于移交生产,但其并未提供充分证据证明其所述惯例。而某合公司所主张的质量问题,也未涉及总辐射量累计达到60KWh/m^2后逆变器在该段时间内运行性能是否保持稳定,其主张不能成立。同时,原审判决并未单纯以并网时间作为认定的依据。合同约定的开工时间为2013年5月6日,计划竣工时间为2013年10月31日,而2015年11月17日,某合公司还向某电力公司出具函件,该函载明:“该项目于2013年12月30日实现并网,2014年3月光伏区全部并网。”二审综合全案事实作出认定,并无不当。另外,关于利息问题。从前述2015年11月17日某合公司向某电力公司所发函件看,某合公司认可2014年3月光伏区全部并网,二审判决认定某合公司从2014年4月1日起计付欠付工程款利息,并无不当。

综上,某合公司的再审申请不符合《民事诉讼法》第200条第2项规定的情形,依照《民事诉讼法》第204条第1款、《最高人民法院关于适用〈中华人民共和国民事诉讼法〉的解释》第395条第2款的规定,裁定如下:驳回某合公司的再审申请。

【裁判依据】

《建筑法》第二十八条;《最高人民法院关于审理建设工程施工合同纠纷案件适用法律问题的解释》第十三条、第十四条第(三)项、第十七条、第十八条第(一)项

典型案例13 | 建设工程未经竣工验收擅自投入使用

【案例名称】

某建设集团公司与某建设工程公司建设工程施工合同纠纷案

【案号】

(2016)最高法民终188号

【裁判要旨】

建设工程未经竣工验收或者验收不合格,发包人违反法律规定或合同约定擅自使用,视为发包人在交付工程时对质量问题的认可,或者自愿对质量不合格承担责任。随着发包人对未经验收工程的使用,其工程质量责任的风险也由承包人转移给发包人,发包人也因此丧失了以工程未验收合格为由向承包人主张工程质量责任的权利。

【案情简介】

2012年10月,某建设集团公司与某建设工程公司签订了《工程劳务扩大分包协议》(以下简称分包协议),约定某建设集团公司承建该风电场49.5兆瓦工程风机设备基础及场内道路工程,委托某建设工程公司进行施工。工程施工内容为招标图纸及招标文件中的全部工作。

2012年12月,某建设集团公司与某建设工程公司签订了《工程劳务扩大分包协议补充协议》(以下简称补充协议),约定某建设集团公司承诺2012年10月签订的《分包协议》有效,某建设集团公司完全履行该协议内容;某建设工程公司保证由其承建的工程质量合格,并通过验收,因工程质量问题所造成的一切经济损失由某建设工程公司承担;某建设工程公司保证于2012年12月28日前完成锚板调平工程和高强灌浆料的浇灌工程,双方到现场进行检查并确认因施工引起质量问题由某建设工程公司负责处理,并且不能影响业主的吊带工作,因工期延误,对某建设集团公司造成的经济损失由某建设工程公司负责等内容。

该项目业主于2013年10月就该项目向省电力公司申请并网运行,省电力公司主持对并网工程进行并网验收,检验合格后,于2013年11月下发了“并网运行通知”,该风电场自2013年11月至诉讼之日均并网发电。但在上述事实发生之时,该项目尚未经竣工验收。某建设集团公司与某建设工程公司因工程质量问题无法竣工验收而发生争议,遂诉至法院。

【裁判结论】

一审法院判决:(1)某建设集团公司于判决生效后15日内向某建设工程公司支付剩余工程款15,053,498.61元及按照中国人民银行的同期同类贷款利率计息的相应利息;(2)由于某建设集团公司未经竣工验收情况下擅自投入使用该风电场,驳回某建设集团公司要求支付质量缺陷整改费用的反诉请求。

二审法院判决:驳回上诉,维持原判。

【裁判观点】

有关竣工验收的问题,法院经审理认为:该案的争议焦点为某建设集团公司提出的反诉请求是否存在未完成工程量及质量缺陷整改费用问题。根据《最高人民法院关于审理建设工程施工合同纠纷案件适用法律问题的解释》第13条的规定,“建设工程未经竣工验收,发包人擅自使用,又以使用部分质量不符合约定为由主张权利的,不予支持”建设工程未经竣工验收或者验收不合格,发包人违反法律规定或合同约定擅自使用,视为发包人在交付工程时对质量问题的认可,或者自愿对质量不合格承担责任。随着发包人对未经验收工程的使用,其工程质量责任的风险也由承包人转移给发包人,发包人也因此丧失了以工程未验收合格为由向承包人主张工程质量责任的权利,故某建设集团公司没有要求某建设工程公司支付质量整改费用的权利。

【裁判依据】

《合同法》第六十条(《民法典》第五百零九条)、第二百七十九条(《民法典》第七百九十九条);《最高人民法院关于审理建设工程施工

合同纠纷案件适用法律问题的解释》第十七条、第十八条、第十九条；《民事诉讼法》第一百二十九条、第一百五十二条

典型案例14　新能源项目骗取国家财政补贴

【案例名称】

刘某、王某俊协助掩饰、隐瞒公司骗取国家财政补贴案

【案号】

(2018)湘09刑初28号

【裁判要旨】

《刑法》第312条规定："明知是犯罪所得及其产生的收益而予以窝藏、转移、收购、代为销售或者以其他方法掩饰、隐瞒的，处三年以下有期徒刑、拘役或者管制，并处或者单处罚金；情节严重的，处三年以上七年以下有期徒刑，并处罚金。单位犯前款罪的，对单位判处罚金，并对其直接负责的主管人员和其他直接责任人员，依照前款的规定处罚。"被告人刘某、王某俊明知公司虚构事实骗取国家财政补贴的犯罪事实，在公司接受审计时，仍根据公司实际控制人颜某海的安排，组织公司员工伪造资料，以掩饰、隐瞒诈骗犯罪所得，情节严重，其行为已构成掩饰、隐瞒犯罪所得罪。被告人刘某、王某俊的辩护人均提出，刘某、王某俊系犯罪未遂。经查，只要行为人实施了掩饰、隐瞒犯罪所得的行为即构成本罪，因此，不存在犯罪未遂的问题。

【案情简介】

2014年8月和9月，北京鉴衡认证中心(以下简称鉴衡中心)按照国家财政部、科技部和国家能源局对金太阳示范工程进行审核验收的要求，两次对湖南某公司、株洲某公司、常德某公司、益阳某公司等四家公司在湖南长沙、益阳、株洲和常德的光伏发电项目进行审核验收。某公司实际控制人颜某海为非法占有国家金太阳示范工程项目补贴资金，派遣舒某俊从上海赶往湖南负责通过鉴衡中心的审核验收。吴

某胜作为湖南地区负责人,具体负责应对鉴衡中心的审核验收,并随时向颜某海报告审核验收工作进展情况。舒某俊、吴某胜均受颜某海直接指挥。在鉴衡中心两次审核验收期间,舒某俊、吴某胜、郑某亮、顾某淼等人明知湖南某公司等四家公司的项目建设当时绝大部分未达到金太阳示范工程审核验收的要求,为应付鉴衡中心的审核验收,舒某俊、吴某胜多次组织和指挥郑某亮、顾某淼以及湖南公司其他工作人员伪造租赁企业屋顶发电合作协议、项目现场照片、电力部门的分布式并网验收意见单和并网说明、发电量统计表等项目审核要求的相关资料;规避验收人员检查未建或少建的子项目现场等。舒某俊、吴某胜、郑某亮、顾某淼等人虚报湖南某公司、株洲某公司、常德某公司、益阳某公司未建的湖南某食品有限公司、湖南某纺织有限公司、湖南某实业有限公司、长沙某公司、长沙某机械有限公司、某集团炎陵纺织有限公司、株洲某家居城、湖南某食品有限公司 8 个子项目,虚报发电装机容量 1363.325 千瓦;少建多报湖南某公司、株洲某公司、常德某公司、益阳某公司的沅江高新技术产业园、常德某汽车有限公司、长沙某机电有限公司、长沙某有限公司、株洲某重机有限公司和攸县工业园 6 个子项目,多报发电装机容量 1428.084 千瓦。鉴衡中心未严格按照金太阳示范工程的审核要求,未认真履行审核验收职责,出具了内容失实的审核验收报告,致使湖南某公司等四家公司通过国家相关部门的审核验收。截至 2015 年 6 月 30 日,湖南某公司等四家公司采取虚报、少建多报方式骗取金太阳示范工程国家财政补贴 11,206.501 万元。其中湖南某公司骗取财政补贴 3042.432 万元;株洲某公司骗取财政补贴 3389.144 万元;常德某公司骗取财政补贴 1961.625 万元;益阳某公司骗取财政补贴 2813.3 万元。

2016 年上半年,国家审计署长沙特派办对湖南某公司等四家公司进行审计时,发现其存在光伏发电项目少建、未建的问题,该四家公司涉嫌骗取国家财政补贴。为掩盖该四家公司骗取国家财政补贴的事实,颜某海指示湖南地区负责人被告人刘某完善资料应付审计,并于 2016 年 6 月指派上海区域负责人被告人王某俊来湖南应付审计事项。

被告人刘某、王某俊遂安排公司工作人员崔某、刘某禹、张某哲等人伪造项目平移及企业并网的情况说明、电力部门的并网验收意见单、项目的现场照片等相关资料来欺骗和应对审计部门的专项审计，直至案发。

【裁判结论】

一审法院判决：(1)被告人刘某犯掩饰、隐瞒犯罪所得罪，判处有期徒刑3年，缓刑4年，并处罚金人民币50,000元(已缴纳)。(缓刑考验期限，从判决确定之日起计算)。(2)被告人王某俊犯掩饰、隐瞒犯罪所得罪，判处有期徒刑3年，缓刑4年，并处罚金人民币50,000元(已缴纳)。(缓刑考验期限，从判决确定之日起计算)

【裁判观点】

被告人刘某、王某俊明知公司虚构事实骗取国家财政补贴的犯罪事实，在公司接受审计时，仍根据公司实际控制人颜某海的安排，组织公司员工伪造资料，以掩饰、隐瞒诈骗犯罪所得，情节严重，其行为已构成掩饰、隐瞒犯罪所得罪。公诉机关指控的罪名成立。被告人刘某、王某俊的辩护人均提出，刘某、王某俊系犯罪未遂。经查，只要行为人实施了掩饰、隐瞒犯罪所得的行为即构成本罪，因此，不存在犯罪未遂的问题。辩护人提出的该辩护意见不成立，不予采纳。被告人刘某、王某俊的辩护人均提出，刘某、王某俊在共同犯罪中系从犯。经查，被告人刘某、王某俊系根据公司实际控制人颜某海的要求而实施犯罪行为，在共同犯罪中，起了次要作用，系从犯，依法应当从轻处罚。辩护人提出的该辩护意见成立，予以采纳。被告人刘某、王某俊的辩护人均提出，刘某、王某俊有自首情节。经查，公安机关在发现被告人刘某、王某俊的犯罪线索后，将刘某、王某俊带到公安机关进行讯问，并对刘某、王某俊采取强制措施，刘某、王某俊均不是自首。辩护人提出的该辩护意见不成立，不予采纳。但刘某、王某俊均能如实供述自己的罪行，依法可以从轻处罚。被告人刘某、王某俊的辩护人均提出，刘某、王某俊积极配合司法机关挽回国家的经济损失，认罪态度好，有悔罪表现，请求对王某俊从轻处罚，适用缓刑。经查，案发后，被告人刘某、王某俊积极协助司法机关挽回 3650 万元经济损失,认罪悔罪,没有再犯罪的危险,经社区矫正机关评估,宣告缓刑对所居住社区没有重大不良影响,符合适用缓刑的条件。辩护人提出的该辩护意见成立,予以采纳。

【裁判依据】

《刑法》第三百一十二条,第二十七条,第六十七条第三款,第七十二条第一款,第七十三条第二款、第三款